삼대록계 국문장편소설

조씨삼대록

2

역주자 김문희(金文姬)는 부산외대 국문과를 졸업하고 서강대 국문과에서 석사, 박사 학위를 받았다. 이화여대 한국문화연구원의 전임 연구원을 거쳐 현재는 서강대 인문과학연구소 연구교수로 있다. 국문장편소설의 가독성(可讀性)에 관심을 가지고 있으며 독자를 작품 속으로 끌어들이는 국문장편소설의 서술과 표현의 묘미가 무엇인가를 탐색하고자 한다. 저서로는 『전기소설의 서술문체와 환상성』, 논문으로는 「『현몽쌍룡기』의 서술 문체론적 연구」, 「『조씨삼대록』의 서술전략과 의미」, 「국문장편소설의 중층적 서술의식 연구」, 「장편가문소설의 가독성 연구」 등이 있다.

역주자 조용호(趙鏞豪)는 경기도 용인에서 나서 서강대학교 국문과를 졸업하고 그 대학에서 박사학위까지 받았다. 현재 목포대학교 국문과 교수로 재직하면서 고전문학 전반에 대하여 연구와 강의를 병행하고 있다. 논문으로는 「『남가록』 연구」, 「개화기 국한문소설 『여영웅』 연구」 등 고전소설에 관한 것, 「최영년의 『시금강』과 1920년대의 한시계」 등 한시에 관한 것, 「〈이상곡〉의 의미와 음사적 성격」 등 고전시가에 관한 것들이 다수 있다. 번역서로는 『19세기 선비의 의주 금강산 기행』과 『한국 최고의 전쟁 종교 환상소설 남가록』이 있으며, 저서로는 『삼대록 소설 연구』와 『남가록 연구』 등 단독 연구서와 기타 공저서가 있다.

이화한국문화연구총서 11

조씨삼대록 2

초판 인쇄 2010년 2월 20일 **초판 발행** 2010년 2월 25일

역주자 김문희 · 조용호 **펴낸이** 박성모 **펴낸곳** 소명출판 **출판등록** 제13-522호

주소 서울시 서초구 서초동 1621-18 란빌딩 1층

전화 02-585-7840 **팩스** 02-585-7848 **전자우편** somyong@korea.com **홈페이지** www.somyong.co.kr

값 34,000원

ISBN 978-89-5626-458-5 93810
ISBN 978-89-5626-445-5 (세트)

이 저서는 2005년 정부의 재원으로 한국연구재단의 지원을 받아 수행된 연구임(KRF-2005-078-AS0041)

이화한국문화연구총서 .11

삼대록계 국문장편소설

조씨삼대록 2

김문희 · 조용호 역주

소명출판

| 일 러 두 기 |

가. 현대어역 및 주해

1. 현대어 번역은 한글 맞춤법 체계에 의거해 어법에 맞는 자연스러운 현대 한국어 문장이 되도록 하였다.
2. 띄어쓰기와 관련해 한 인물에 대한 관직명이 연달아 나올 때는 붙여 쓰기로 한다.
3. 띄어쓰기와 관련해 '공'이나 '부인'과 같은 호칭이 성과 연달아 나올 경우, 원래는 띄어 써야 하나 독서의 편의를 위해 예외적으로 붙여 썼다.
4. 현대어로 번역한 표현이 작품 원문의 단어와 형태가 많이 달라졌을 경우, 각주에서 원문의 단어를 밝혀 주었다.
5 현대어역 본문에서 어려운 한자어는 한자를 병기해 주었다.
6. 판독(判讀)이 어려운 어휘나 문장은 가능하면 이본을 참조하여 보완하고 주석을 달아 그 사실을 명기(明記)하였다.
7. 이본을 참조해도 판독이 불가할 경우 그 사실을 각주를 통해 밝혔다.
8. 면이 바뀔 경우 바뀐 부분의 첫 글자 위에 방점(˙)을 찍고 원문의 면수를 표시하였다.
9. 주해는 다음과 같은 경우에 하였다.
   1) 관직명, 인명과 같은 고유명사.
   2) 전고(典故)가 있는 한자어 및 지금은 사용하지 않는 한자어.
   3) 어학적 주석이 필요한 근대 국어 어휘나 표기 체계.
   4) 등장인물 및 그들 간의 관계, 앞 줄거리를 환기시킬 필요가 있을 경우.
10. 주석의 표제어는 현대어역 본문을 대상으로 하였다.
11. 문장 부호의 사용은 다음과 같다.
   1) 큰 따옴표(" ") : 직접 인용, 대화, 장명(章名).
   2) 작은 따옴표(' ') : 간접 인용, 인물의 생각이나 내적 독백.
   3) 『 』: 책명(冊名).
   4) 「 」: 편명(篇名)
   5) 〈 〉: 작품명
   6) ( ) : 한자어를 드러낼 경우.
   7) [ ] : 표제어에서 제시하는 단어와 한자어가 음이 같은 경우는 '( )'로 표시하고, 만약 음이 일치하지 않는 경우에는 '[ ]'를 사용함.
   8) { } : 원문에 표시된 어휘를 밝히기 위해 원문 내용을 그대로 옮긴 경우.

나. 원문

1. 현대 맞춤법 체계에 의거해 띄어쓰기를 해 주었다.
2. 한자는 병기하지 않았다.
3. 면이 바뀌는 곳은 면 표시를 해 주었다.
4. 판독이 불가한 경우나 지워진 경우에는 □ 표시를 해 주었다.
5. 원문 순서에 오류가 있는 경우에는 괄호 앞에는 오류를 수정한 면수를 써 주고 괄호 안에는 원래의 면수를 써 주었다.

조씨삼대록 해제

이 책의 현대어역 대상은 현재 유일본으로 전하고 있는 서강대 소장본 40권 40책 『조씨삼대록』이다. 『조씨삼대록』은 『현몽쌍룡기』의 후편으로, 연작형 삼대록계 국문장편소설에 해당하는 작품이다. 대부분의 국문소설이 그러하듯 작자는 미상이다. 또한 필사기가 없어서 필사자에 대한 정보나 필사 시기도 알 수 없다. 다만 이 책의 현대어역 대본인 서강대 소장본 곳곳에서 발견되는 '낙장(落張)' 표기를 근거로 할 때 좀 더 풍부한 내용을 담고 있었던 『조씨삼대록』의 존재 가능성에 대해 생각해볼 수 있다.

현재까지 알려진 것 가운데 『조씨삼대록』에 대해 언급한 가장 이른 시기의 기록은 홍희복의 『제일기언』 서문(필사 시기 1848년 추정)이고, 그 이후의 기록으로는 『언문칙목녹』(필사 시기 1872년 추정)과 『한국서지』(1894년), 『고대소설』(1969년) 등이 있다. 이러한 기록들은 『조씨삼대록』의 창작 하한선을 19세기 중엽 이전으로 추정하는 데 근거가 된다. 홍희복은 『제일

기언』 서문에서 자신이 번역한 『경화연』의 우수성을 알리기 위해 비판적 관점으로 세간에 유행하는 소설의 제명을 나열 하고 있다. 이때 "셰간의 젼파ᄒᆞᄂᆞᆫ 바 언문 쇼셜"로 『유씨삼대록』, 『옥원재합』, 『완월회맹연』, 『숙향전』, 『풍운전』 등과 함께 이 작품이 거론되었으니 『조씨삼대록』의 인기를 짐작할 만하다. 이 외에 『현씨양웅쌍린기』 연작의 셋째 작품에 해당하는 『명주옥연기합록』에 『소현성록』, 『구래공정충직절기』 등과 함께 작품명은 물론 작중 인물이 차용되었는데, 이 역시 『조씨삼대록』의 인지도를 가늠할 수 있는 근거가 된다.

서강대 소장본 『조씨삼대록』의 경우, 겉표지에 한자로 '曺氏三代錄'이 적혀 있고 본문이 시작되는 처음 부분에는 '조시삼대록'이 한글로 적혀 있다. 각 권당 분량은 평균 119면 정도이고, 매 면은 10행, 행당 평균 17자로 되어 있는데, 그 중 15권(총98면), 16권(총102면), 19권(총104면), 38권(총109면), 39권(총105면), 40권(총87면) 등이 상대적으로 분량이 적다. 전반적으로 필체는 단정한 궁체이며 오탈자에 대한 교정이 적어 깔끔하게 필사된 편이지만 15, 16, 17권의 경우 흘려 쓴 필체로 되어 있다. 그러므로 적어도 2명 이상의 필사자가 서강대 소장본 『조씨삼대록』의 필사에 참여했음을 알 수 있다. 그리고 책을 엮는 과정에서 실수를 하여 1권의 79면에서 98면, 12권의 109면에서 112면 등 몇 부분의 순서가 뒤바뀌었다. 각 권의 서두는 앞 권의 끝 부분 내용을 반복 서술하는 경우와 반복 없이 앞 내용에 이어서 서술하는 경우로 나뉜다. 또 각 권의 가장 마지막에 "하회 셕남ᄒᆞ라", "ᄎᆞ청 하회ᄒᆞ라", "하회 분셕ᄒᆞ라" 등의 '독자 유인어구'가 있는 경우와 그렇지 않은 경우로 나뉜다. 그러나 서강대 소장본 『조씨삼대록』의 독자 유인어구나 앞 내용의 반복 등은 일정한 경향성을 띠지 않는 것으로 보아 필사자 혹은 작가가 그때그때 자유롭게 첨가하여 독자의 독서를 도운 기록 정도로 봐야 할 것이다.

『조씨삼대록』은 『현몽쌍룡기』의 후편이므로, 가문 배경이나 인물구도 등을 전편인 『현몽쌍룡기』로부터 이어 받아 이야기를 전개한다. 『현몽쌍룡기』의 중심인물이 평남후 조숙의 쌍둥이 아들 조무와 조성 부부였다면, 후편 『조씨삼대록』에서는 삼대록이라는 이름에 걸맞게 자녀, 손자 세대로 이야기를 확대하여 그들을 작품의 중심인물로 삼고 있다. 단편적인 언급까지 모두 합하면 조씨 가문의 인물만 해도 조무의 10자 3녀와 조성의 7자 2녀 그리고 그들의 자녀까지 수십여 명이 등장한다. 그러나 실제 서사에서는 조무의 아들 기현 부부, 운현 부부, 딸 월염 부부, 그리고 손자 명윤 부부와 조성의 아들 유현 부부, 딸 자염 부부, 그리고 손자 명천 부부 등에 관한 내용이 비중 있게 그려진다.

이들 중심인물이 겪는 갈등은 주로 남편이 아내의 정절을 의심하여 박대하는 과정을 그린 부부갈등, 시부모가 며느리를 박대하는 고부갈등, 그리고 형제의 장자권이나 행복을 시기하여 모해를 가하는 형제갈등 등의 양상을 띤다. 이때 『조씨삼대록』 역시 전편 『현몽쌍룡기』와 유사하게 호방한 성격의 인물, 단엄한 성격의 인물 등 인물의 성격에 차이를 둠으로써 다양한 갈등 해소 양상을 그린다. 그러나 전편 『현몽쌍룡기』에서처럼 하나의 사건에 두 형제가 함께 연루되어 해결 과정에서 극명한 성격적 대비를 보이는 구도를 적극 활용하거나 하지는 않는다.

또 『현몽쌍룡기』에서는 조무와 조성 부부의 갈등 해결이나 악을 행하는 금선공주 일당과의 대결을 위해 가문 구성원 전체가 합심하여 고민하고 문제를 해결하는 양상을 보이는데 반해, 후편 『조씨삼대록』에서는 어려움을 겪는 부부가 중심이 되어 문제를 해결해나는 양상에 초점을 두고 있을 뿐 가문 차원의 위기의식이나 가문 구성원의 공동 대응 등을 그리지 않는다.

그러므로 『조씨삼대록』의 서사는 가문의 권위 확립이나 가부장권의 강화를 통해 가족 구성원을 하나의 통합된 질서 안으로 규합하는 삼대록계 국문장편소설의 기본적 틀은 유지하면서도 부부 각각의 갈등과 그 갈등에 대처하는 인물들의 개성적인 면모를 보여주는 데 목적이 있다고 볼 수 있다. 개별 부부의 관계 혹은 인간의 욕망이나 인성 탐구 등에 대한 작가의 관심은 인물을 선인과 악인으로 양분하지 않고 다양한 유형으로 구분한 것, 선인에 속하면서도 자신의 애정 욕망에 충실한 인물을 그리거나 윤리규범에 위배되는 행위를 하지만 타인으로부터 욕망에 대한 동정이나 공감을 이끌어내는 인물을 등장시키는 것 등을 통해서도 확인할 수 있다. 또 일상생활에서 벌어질 수 있는 부부간의 기질 대립 양상 등을 실감나게 서술하거나 인물들의 내면 심리를 노출하여 한 인물 안에 담겨진 성격의 다양성을 드러내는 서술 등은 『조씨삼대록』의 오락적 성격을 부각시키는 동시에 현실감 있는 대중적 독서물로서의 면모를 보여주는 것이기도 하다.

『조씨삼대록』의 큰 줄기는 선이 승리하고 가부장적 질서에 순응하는 인물이 긍정적인 평가를 받는다는 유가적 교훈을 전달한다. 그러나 남편의 관심과 애정을 요구하며 상사병에 걸리는 중년 여인 형씨의 이야기, 조무·조성 형제가 벗과 농담을 주고받는 이야기, 젊은 요녀(妖女) 무릉선에게 홀려 체통을 잃는 조노공의 이야기, 요도(妖道) 진선대랑과 결탁한 금선공주를 깨우치기 위해 집안사람들이 한바탕 연극을 벌이는 이야기

등 곁가지에 위치한 이야기들은 윤리 교과서 밖에 존재하고 있는 현실적인 삶과 사람들의 모습을 간간이 보여주는 여유가 있다.

『조씨삼대록』이 이처럼 딱딱한 이야기를 가볍게 풀어나가는 여유를 보일 수 있었던 이유로 작가의 역량과 함께 축적된 독서 경험을 생각해볼 수 있는데, 실제 『조씨삼대록』은 전대 소설인 『소문록』, 『사씨남정기』, 『소현성록』 등과 모티프 면에서 유사성을 보인다. 특히 이 중에서도 『조씨삼대록』에는 『소현성록』의 독서 경험이 많이 반영되어 있는데, 복거지인 '운산'에 대한 묘사는 『소현성록』의 '자운산' 묘사와 거의 일치하며, 허구적 인물인 선인황후 소황후는 『소현성록』에서 창작한 인물로서 『조씨삼대록』에도 그대로 등장한다. 직접적이고 단편적인 차용 외에도 『소현성록』의 갈등구조를 변화시켜 『조씨삼대록』 창작에 반영한 부분들은 현대적 의미의 비판적 다시 쓰기와 비교될 만하다.

『조씨삼대록』의 이러한 특징은 '삼대록계 국문장편소설' 내부에서 이루어진 형식적, 주제적 분화의 양상을 보여주는 것으로서 '삼대록계 국문장편소설', 넓게는 국문장편소설 연구의 다양한 지평에 대해 고민할 수 있게 한다는 점에서 의미가 있다. 또한 서로 복잡하게 관계망을 형성하며 영향을 주고 영향을 받았던, 당시 국문장편소설 창작의 관습을 뒷받침할 만한 구체적 증거들을 담고 있기 때문에 17~19세기 국문장편소설 독서와 국문장편소설 창작에 대한 이해의 폭을 넓혀주는 자료적 가치도 있다.

서강대 소장본 40권 40책 『조씨삼대록』의 역주를 달고 현대어로 옮기는 작업에는 7명의 연구진이 참여했는데, 각각 분량을 나누어 번역하고 이것을 교차 윤문한 후 통합하는 과정을 거쳤다. 『조씨삼대록』을 현대어로 옮기는 작업에는 김문희(1권~14권), 조용호(15권), 정선희(16권~23권 58

면), 전진아(23권 59면~30권), 허순우(31권~38권 54면), 장시광(38권 55면~40권)이 참여하였다. 한 올 한 올의 씨실과 날실을 엮어 그럴듯한 옷을 만드는 작업처럼 『조씨삼대록』의 현대어역은 더디지만 재미와 보람이 있는 작업이었다. 물론 더 손질하고 싶은 아쉬움이 있기도 하다. 이제 새로운 모습으로 단장하여 세상으로 나가는 『조씨삼대록』이 독자들에게 유익한 읽을거리가 되었으면 한다.

2010년 1월

허순우

◎ 조씨삼대록 2

차례

현대어역

원문

조 씨 삼 대 록

8권

1 설포.[1] 이때에 정한림이 도적들의 재난에 다급히 어머니를 업고 누이를 찾았으나 찾지 못하였다. 그러나 시간이 지체되면 어머니가 다치실까 봐 바삐 뒷문을 나와 아버지가 계신 곳에 이 변고를 아뢰고 어머니를 모시었다. 승상과 사인이 매우 놀라 급히 정씨를 데리고 오라고 하니 정한림이 도로 정씨가 묵었던 곳에 왔지만 벌써 도적의 무리는 간 곳을 알 수 없었고 정씨를 두루 찾았으나 형체와 그림자도 없었다. 오직 문에 있던 노복의 무리가 울며 말하였다.

2 "도적이 부인을 옆에 끼고 내다르며 '정씨를 내 손안에 쥐었으니 다른 인명은 상하게 하지 말고 돌아가자'고 하니 여러 도적이 노잣돈을 뒤져 가지고 갔습니다."

정한림이 이 말을 들으니 심신이 산란스러워 발을 구르며 말하였다.

"너희들이 죽음으로써 부인을 빼앗지 못하고 가는 곳이 어딘지 살피지 않았느냐?"

여러 노복이 대답하였다.

"저희들이 따르려고 하니 칼로 찌르려 하였습니다. 적은 여럿이고 저희들은 숫자가 많았지만 미칠 방법이 없었습니다."

정한림이 마음이 부서지는 듯하여 친히 불을 밝히고 두루 정씨를 찾았
으나 형체와 그림자가 없었다. 소저의 유모도 어디에 있는지 알 수 없었고
3 경홍이 또 없었다. 정한림이 매우 놀라워 눈물을 흘리고 많은 노복을 데리
고 방방곡곡을 두루 찾았지만 어디까지 가서 찾겠는가? 어쩔 수 없어 통곡
하는 것을 그치지 않았다. 차마 부모께 아뢸 말이 없어 이 때문에 두루 생
각하였지만 생각다 못해 부득이 사실대로 고하였다. 부인이 가슴을 두드

---

1) 설포 : 앞의 이야기와 다른 이전에 있었던 일을 말하면서 장면을 전환하는 장면 전환어임.

리며 통곡하고 승상은 눈물을 비처럼 흘리며 크게 탄식하고 말하였다.
"내 딸이 다른 평범한 사람보다 뛰어난 사람됨을 가졌으니 비록 몸의
누명이 참혹하나 마침내 풍운의 좋은 때를 만나 복록을 누릴까 생각하
였다. 내가 꼼꼼하지 못하여 딸아이의 부부 사이가 좋지 못하고 또한
중도에서 딸을 잃어버리니 사정이 절통한 것은 다 이를 것도 없다. 도 4
적에게 잡혀가 살기가 만무하니 속절없이 꽃다운 몸을 마쳤구나! 이 없
어지지 않는 한을 어디에다 풀 것인가? 조공이 과도하게 염려하여 딸
이 몸을 보전하기를 재삼 당부하니 내가 도리어 괴이하게 여겼는데 조
공이 신명하여 장래의 일을 미리 내다보며 달포 후의 일을 깊이 알고
있었구나. 내가 길을 반도 못가서 이런 참혹한 변을 만나 부질없이 딸
을 찾을 생각을 못하니 무슨 면목으로 조공 부자를 대하며 차마 딸을
잃었다는 말을 하겠는가?"
말을 마치자 한 번 길게 탄식하며 눈물이 비 오듯하였다. 정공과 사인 5
형제가 눈물을 흘려 오랫동안 매우 비참해 하며 참혹해하고 고통스러워
하는 사정은 말로 형언할 수 없었다. 원래 갈 길이 바빠서 여러 아들의 아
내는 다 각각 친정에 두었고, 정공의 가족은 아직 서울에 머물게 하였으
며 설부인 모녀만 데리고 오다가 이 변을 만나게 된 것이었다. 사인 등이
어머니를 붙들고 어쩔 줄 몰라 잠시도 곁을 떠나지 못하였다. 이와 같이
참혹한 상황이었으나 이미 도적의 거처를 알 길이 없고 많은 날이 걸리는
행도를 지체하기도 어려워 이날 날이 저물자 길을 나서 금주로 향하였다.
망극한 행도에 참혹한 변을 더하여 슬픈 회포를 형언하기 어려웠다. 정 6
한림이 울고 말하였다.
"소자가 지식이 얕으며 짧고 힘이 부족하여 두 몸을 보호하지 못하여

어머니를 모시고 이곳에 왔으며, 나중에 누이를 건지려고 했던 생각이 잘못되어 이런 참혹한 변을 만났습니다. 스스로 누이를 두루 찾아 누이의 사생을 알게 되면 바야흐로 금주로 갈 것이고 그렇지 않으면 차마 조씨 가문의 부자(父子)를 보지 못할 것 같습니다."

정공이 탄식하며 말하였다.

"네 말이 내 뜻과 같구나. 이제 건장한 노복과 준마를 뽑아 노복에게 각각 무기나 병기를 갖추고 노자를 많이 준비하여 딸을 끝까지 찾아 죽

7 었는지 살았는지 소식이나 알아라."

부자가 이별하고 승상은 금주로 가고 정한림은 오던 길을 따라 깊은 산과 깊은 산골짜기를 다 돌며 밤낮을 생각하지 않고 누이를 찾았다. 아깝다! 만일 2~3일만 주점에 머물렀다면 정씨를 거의 만났을 텐데……. 흉악한 인간 호급사의 계략으로 정씨를 강변으로 재촉하여 보내고 또한 물에 들어가게 하였다. 정씨가 총명한데도 이 일에 이르러서는 하늘이 잘못 인도한 것이니 어찌 하겠는가? 정한림이 3~4일을 두루 물으며 정씨 찾는 것을 그치지 않고 마침내 호급사의 주점 안에 들어가게 되었다. 호급사가 정한림의 추종(騶從)과 부유해 보이는 모습을 보고는 정한림이 가난한 서

8 생이 아니고 풍족한 사람인줄 알고 궁금하여 물었다.

"외관을 보니 풍채가 뛰어난 것이 향촌의 서생이 아니시니 무슨 일로 이곳에 오셨으며 어디로 가시는지 곡절을 알고자 합니다."

정한림이 자기의 사정을 들으면 혹시 유익함이 있을까하여 말하였다.

"나는 과연 서울의 정한림이다. 이리저리하여 금주 고향에 가다가 누이를 도적의 습격에 잃어버리고 이리 찾아다닌다."

호급사는 정한림이 어제 분명히 자기가 죽인 여자의 오라비인 줄 알고

말하였다.

“어제 어떤 중년 여자가 젊은 여자를 데리고 내게 와서 금주로 갈 길을
물었습니다. 내가 측은하여 약간의 노자를 주고 금주로 가는 길을 가 9
르쳐주었습니다. 그 여자가 어찌하여 그 앞 금강으로 가서 물에 빠져 죽었다고 하니 그 곡절은 모르겠지만 참혹하다고 생각하였습니다. 이 사람이 상공께서 찾으시는 사람인가 합니다.”

정한림이 이 말을 들으니 안색이 차가운 재와 같이 되어서 물었다.

“그대가 진실로 그 여자가 물에 들어가는 것을 친히 보았는가? 또 그 데리고 있는 종은 어떠하며 어디로 갔느냐?”

호급사가 말하였다.

“내가 우연히 지나다가 보니 그 여자가 물에 빠졌다 하며 유모가 무수
히 우는 모습을 보았으나 그 후는 알지 못합니다. 그러나 그 일이 일어
난 것이 오래 되지 않았으니 강변에 유모가 그대로 있나 가보십시오.” 10

호급사가 정한림이 타고 있던 말을 빼앗을 마음이 급하여 생각하기를 ‘아무튼 이곳에서 밤에 재우고 말을 빼앗으리라’하고 말하였다.

“유모가 강변에 있을 리가 만무하지만 가 보고자 한다면 가시고, 유모를 찾든지 못찾든지 간에 이리 도로 오십시오. 인심이 사나워 여행객이 도적의 습격을 만나는 일이 자주 있으니 모르는 곳에 가 밤을 지내시다가 더욱 위태해질 것입니다.”

정한림이 누이가 물에 빠져죽었다는 소식을 듣고 심신이 날아가는 듯
하고 오장이 끊어지는 것 같아 즉시 금강으로 갔다. 수많은 강물은 하늘
에 닿아있고 가을 물결은 세차게 일어났는데 간간히 어부의 무리와 뱃사
람의 무리가 배를 띄우며 다녔다. 정한림이 마음을 둘 곳이 없어 뱃사람 11

에게 물었다.

"어제나 오늘이나 이 강물에 사람이 빠져 죽는 모습을 보았느냐?"

뱃사람이 말하였다.

"어제 날이 저문 후에 모습이 세상사람 같지 않은 젊은 여자가 한 중년의 여인을 데리고 강가에 섰더니 그 여자가 물에 뛰어들었습니다. 도적이 따라오니 짐작에 적에게 쫓긴 여자인가 하였습니다. 그 중년 유모가 밤새도록 울고 오늘 아침에야 어디로 갔습니다."

정한림이 이 말을 듣고 누이가 죽은 것이 확실한 줄 알고 생각하기를
12 '분명히 누이가 적에게 잡혔다가 도망하여 강변에 다다라 상황이 좋지 않
고 힘이 다하자 옥 같은 몸을 강물에 던졌구나! 비록 장부의 마음이지만
일시에 다 녹는구나!' 했다.

정한림이 한바탕 통곡하고 실성하여 숨이 끊어질 듯하고 정신을 수습하지 못하였다. 종이 민망하여 정한림을 붙들어 구하였다.

이때에 유모가 정씨를 강물에 던지고 종일토록 강변에서 울면서 날이
저물고 밤이 새어도 늦게까지 울다가 거의 탈진하게 되었다. 한 어부가
자기 집이 강가여서 유모를 데리고 와 뜨거운 방에서 유모에게 물을 먹이
며 죽을 내어와 구하였다. 이때 정한림이 유모를 만나보면 정씨의 소식을
13 거의 들을 듯하고 유모가 간 지 오래되지 않았다는 말을 듣고 종에게 유
모를 부르게 하여 찾았는데 마침 유모가 있는 집을 지나가게 되었다. 유
모가 자기를 부르는 소리를 듣고 엎어지고 자빠질 듯하여 나왔다. 정한림
이 종을 데리고 가서 부르짖으며 서로 만나 통곡하며 숨이 끊어질 듯하였
다. 유모가 울음을 그치고 사실을 낱낱이 말하였다. 자기들은 궤 속에 들
어갔다가 도적의 무리가 경홍을 정씨라고 생각하고 겁탈하여 가고 정씨

는 뒷문으로 도망하여 산골짜기에서 한림을 찾아 왔다갔다 거닐다가[2] 호
급사의 주점에 들어가 호급사가 속인 일과 정씨가 강가에서 급한 강도의
욕을 피하지 못할 것을 알고 물에 급히 뛰어 들어갔기 때문에 구하지 못 14
한 일의 수말을 유모가 일일이 고하고 한 번 통곡하니 숨이 끊어질 듯하
였다. 정한림과 여러 종들이 유모를 간호하였다. 유모를 데리고 일일이
물어 정씨가 빠졌던 곳에 가 그 중에 건장한 노복의 옷을 벗기고 물속을
헤쳐보라고 하였다. 노복이 물에 들어가 살펴보았지만 종적이 없었다. 정
한림이 애환이 쌓여 자기 옷을 벗어 초혼하였다. 제문을 지어 글을 올리
고 물속을 바라보며 방성통곡하니 햇빛이 점점 어두워지고 강물도 이 슬
픔 때문에 흐르지 못하였다.

주점의 주인이 정씨를 잘못 인도한 것을 정한림이 몹시 원통해 하여 다
시 주점으로 왔다. 호급사가 정한림을 보고 반기며 말을 얻을 수 있겠다
생각하고 기뻐하며 영접하였다. 정한림이 분노가 갑자기 일어나서 사내 15
종에게 명하여 호급사를 결박하게 하였다. 처음에 정씨와 유모를 속여 금
강으로 보낸 적이 있느냐고 물었지만 호급사가 기꺼이 말하지 않고 변명
하며 말하였다.

"유모가 잘못 가서는 남에게 잘못을 미룹니까? 내가 무슨 일로 남을 죽을 곳에 넣겠으며 무엇 때문에 노자를 주며 도왔겠습니까? 실로 억울합니다."

정한림이 매우 화를 내며 큰 매로 때리며 말했다.

"호가가 가장 흉악하고 독한 사람이다."

---

2) 왔다갔다 거닐다가 : {바ᄌᆞ이다가}. 옛말 '바자니다'는 '부질없이 짧은 거리를 자꾸 오락가락 거닐다'의 의미임.

호급사가 크게 소리를 지르며 말하였다.

"무고한 사람에게 형벌을 내리는구나!"

이렇게 다투고 있을 때 수많은 종과 깃발과 절월(節鉞)이 앞을 인도하여
뒤에 한 명의 젊은 이름난 선비가 금으로 꾸민 안장을 얹은 백마를 타고
16 붉은 일산을 받치며 붉은 도포와 금빛 띠를 입고 나왔다. 옥 같은 모습과
영웅같은 모습이 시원하고 상쾌하여 빛나는 해가 가려졌으며 기개가 늠
름한 것이 가을 하늘의 밝은 달 같았으니 천고에도 없는 영민하고 준수한
사람이고 한 시대의 장부였다. 이러한 영광과 위의로 생각해보면 안원(按
院)[3]의 행차가 아니면 반드시 종마어사[4]였다. 나이가 16살을 넘지 못한
종마어사여서 시골 사람들이 길가에 엎드려서 공경하고 우러러 보았다.
정한림이 눈을 들어보니 이 사람은 곧 서울의 한림학사 양인광이었다. 정
한림이 반가워하며 인사를 마치고 자리에 앉았다. 정한림이 주점주인이
불측하고 흉악하여 정씨를 물에 빠뜨린 일과 처음에 강가에서 있었던 일
17 을 말하며 마음속에 서린 비회가 서로 얽혀 능히 말을 이루지 못하며 흉
악한 호급사의 죄를 말하였다. 양인광이 말하였다.

"시운이 좋지 않아 이와 같이 되었구나!"

정한림이 다시 주점 주인의 사나움을 말하고 양인광에게 주점 주인을 처치할 것을 청하였다. 양인광이 즉시 호급사를 엄하게 문책하니 호령은 가을 서리 같고 엄숙한 위의는 엄동에 삭풍이 부는 것 같았다. 호급사가 혼이 빠지고 낙담하여 비로소 일일이 죄를 털어놓았다. 양인광과 정한림이 매우 화를 내면서 말하였다.

---

3) 안원(按院) : 여러 곳을 돌아다니며 살피고 조사하는 어사의 다른 이름.

4) 종마어사 : 장수와 말을 거느린 어사.

"살인자를 살해하는 것은 한나라 고조의 약법삼장(約法三章)[5]에도 벗어
나지 않는 것이다. 정부인을 물에 빠뜨려 죽인 것은 다 이놈의 죄다.
어찌 그 죄로 목을 베어 죽은 혼을 위로하지 않겠는가? 즉시 호씨를 목
베고 남은 무리를 엄하게 벌하여 내칠 것이니 앞으로는 이곳에 강도가 18
적을 것이다."

정한림이 양인광과 이별하고 돌아왔다. 슬픈 한이 뼈에 사무쳐 유모를
데리고 금주로 내려와 이 이야기를 부모께 아뢰었다. 온 집에 곡성이 진
동하고 정공이 뼈에 사무치고 마음이 매우 슬퍼 수많은 눈물을 흘렸다.
부인은 슬피 울고 한스러워 했으며 모든 사람의 더할 나위 없이 슬픈 통
곡소리가 천지에 사무쳤다. 이에 가짜 위패를 차려놓고 제사를 지내고 죽
은 승상의 장사를 마치고는 정씨를 허장(虛葬)하였다.[6] 부모 형제가 뼈에
사무치도록 원통해하는 중에도 정한림의 가득한 슬픔은 더욱 비교할 바
가 없었다. 정공이 서찰에 딸이 물이 빠져 죽은 곡절을 쓰니 만 편의 글에 19
슬픈 말과 고통스러운 이야기였다.

차설(且說). 정씨는 여러 도적의 무리가 뒤쫓는 급박한 상황을 만나 한 번 죽는 수밖에는 더러운 욕을 벗어날 길이 없음을 알고 몸을 강물에 던졌다. 슬프다! 정상국의 천금 같은 딸이어서 발이 뜰아래 내려가지 않고 옥루(玉樓) 규방의 존귀함이 궁궐의 공주에게 뒤지지 않으며 몸에 비단 옷을 무거워하고 진귀하고 맛있는 음식이 입에 맞지 않을까 근심하여 명주

---

5) 한나라 ~ 약법삼장(約法三章) : 한(漢)나라 초기의 법(法). 한나라 고조(高祖가 진(秦)나라 군사를 격파하고 처음으로 함양(咸陽)에 들어갔을 때 지방의 유력자와 법삼장을 약속한 사실, 또는 그 법삼장을 가리킴. "사람을 살해한 자는 사형에 처하고, 사람을 상해하거나 남의 물건을 훔친 자는 죄 값을 받는다"는 내용으로, 그 밖의 진나라의 무자비한 법은 모두 없앴다고 함.
6) 허장(虛葬)하였다 : 오랫동안 생사를 모르거나 시체를 찾지 못하는 경우에 시체 없이 그 사람의 옷가지나 유품으로써 장례를 치름. 또는 그 장례.

와 보옥(寶玉) 같이 만금같이 매우 소중히 사랑하여 다른 사람이 감히 우
20 러러 바라보지 못하더니 시운이 좋지 못하여 몸이 강물에 떨어지니 그 생
사의 슬픈 상태를 기록하기 어려웠다. 만이랑이나 되는 푸른 물결 속에
약한 몸이 세차게 일어나는 물결에 떠내려가니 어찌 살 길을 기약하겠는
가? 이때 정씨는 잉태한 지 4달이 되었는데 정씨가 오히려 깨닫지 못하고
있었다. 모자 두 사람을 죽이는 것이 애달프고 안타까워 밝은 하늘이 살
피시고 천지신명이 곁에 있으면서 어진 사람을 돕는 것이었다.

이때 형주의 월출산 장락사의 으뜸 법사인 수정 이고(尼姑)[7]가 두루 돌
아 산중으로 내려갔다. 큰 강을 건너 서편 마을에서 자려고 하며 잠잘 집
을 정한 후 들어가 바랑을 벗어 놓고 저녁 공양을 마치고 수정이 갑자기
21 피곤하여 잠깐 졸았다. 흰옷을 입은 대사가 앞에 와 급하게 말하였다.

"오늘 북두성의 부인이 금강에 빠졌으니 내가 자비한 마음을 이기지 못하여 정씨가 과거에 나의 제자이고 불가와 오래 묵은 인연이 있어서 물속에서 자연히 보호하여 육지에 올려 둔덕에 내려놓았다. 네 마땅히 급히 가서 정씨를 구하여 데려다가 함께 산중에 가 정씨를 깊이 데리고 있다가 뱃속에 있는 남두성이 오는 것을 기다려 정씨를 돌려보내고 재앙에 빠지게 마라."

수정이 합장하여 절하고 곧 강으로 가려고 하다가 문득 깨달으니 한바
22 탕 신이한 꿈이 역력하였다. 매우 놀라서 어찌할 바를 몰라 강변의 하류
에 가보니 사람의 시신을 건져 강변에 놓았는데 이 사람은 곧 세상의 보
통 사람이 아니고 비단 치마와 푸른빛의 적삼이 재상가와 제후가문의 귀
한 소저의 복색을 하고 있었다. 손에 붉은 옥 반지를 꼈고 머리 위의 쌍

7) 이고(尼姑) : '비구니'를 낮추어 이르는 말.

봉잠(鳳簪)[8]이 하나도 빠지지 않았다. 호흡이 끊어지지 않았고 명맥이 있으니 이고가 슬프고 참혹함을 이기지 못하여 주머니 안에서 알약을 내어 갈아서 입에 넣었다. 마을에 가서 더운 물을 떠와 그 사람의 입에 넣으며 젖은 옷을 쥐어짜고 붙들어 무릎 위에 누이고 그 얼굴을 보았다. 온갖 자태와 영묘한 광채가 완전하니 이른바 당대의 제일가는 정숙하고 아름다 23
운 여자이고 한 시대의 경국지색이었다. 수정 이고가 본래 덕성을 사랑하는 데다 부처의 법을 받들어 극진히 여자를 구하였다.

이윽고 정씨가 정신을 차려 물을 토하고 눈을 떠 보니 흰옷을 입은 한 명의 이고가 자기를 구하는 것이었다. 놀라움을 이기지 못하여 정신이 희미한 가운데 물에 들어갔던 상황을 생각하고 이곳에 와서 살아난 곡절을 몰라 눈물을 흘렸다. 정씨가 정신을 차려 이고를 보고 옥 같은 눈물을 드리우고 자신을 구한 까닭을 묻고 일이 어떻게 된 것인가를 알고자 하였지만 오히려 정신이 까무러칠 것 같아 말을 못하고 답답하게 슬퍼할 뿐이었다. 이고가 이에 슬프고 참혹하여 눈물을 머금고 말하였다. 24

"소승이 본래 출가한 몸으로 사람의 급한 일을 구하는 것을 좋게 여겼습니다. 아까 한바탕 신이한 꿈을 꾸고 이곳에 오게 되어 소저의 거동을 보게 되었습니다. 틀림없이[9] 귀한 집안의 천금 같은 몸인데 무슨 액운을 만나 이 지경에 이르셨는지 듣고자 합니다."

정씨가 탄식하며 눈물을 흘리고 감사해하며 말하였다.

"사부의 어지신 마음은 속인이 미칠 바가 아닙니다. 내가 어찌 마음을 숨기겠습니까? 나는 전임 승상인 정공의 딸이고 지금 승상인 초국공의

---

8) 봉잠(鳳簪) : 봉황의 모양을 대가리에 새긴 큼직한 비녀.
9) 틀림없이 : {벅벅이}. '벅벅이'는 틀림없이, 분명히의 의미임.

며느리입니다. 부모가 장사를 지내러 금주 선영으로 오시니 시댁에 변
25 고가 있어서 부모를 따라오다가 길에서 도적의 화를 만나 몸이 가족과
흩어지게 되었습니다. 마침내 죽을 뜻이 없었는데 금강에 와서 뒤쫓는
도적이 소나기 같으니 약한 여자가 어찌 장차 욕을 면하겠습니까? 이
때문에 깊은 강물에 몸을 감추어 욕을 면할까 하여 강물에 뛰어 들어갔
습니다. 그 후 일은 아득하여 알지 못합니다. 이제 사부께서 구해주신
뜻을 몰라 놀라 어찌할 바를 모르겠습니다."

이고가 탄식하며 말하였다.

"옛날부터 홍안 박명하니 어찌 재앙이 적겠습니까? 천기가 비밀스러워
화복 길흉이 정한 운수가 있으니 부인의 몸이 가족과 헤어지고 물에 빠
지는 재앙이 또 하늘의 뜻입니다. 부인은 한스럽게 생각하지 마십시
26 오. 마음을 청정히 하여 오는 재액을 면하십시오."

정씨가 온 정신이 아득하여 여러 말을 못하였다. 이고가 스스로 정씨
를 거두어 업고서 숙소에 와서 정씨를 따뜻한 곳에 누이고 죽을 가지고
와서 마시기를 권하였다. 정씨가 정신을 차려 죽을 마시고 고요히 누워
생각하니 자기 신세가 기구한 것이 진실로 망극하였다. 한 몸이 외로워
타향에 던져져 의지할 곳이 없었고 비록 물속에 빠져 죽는 것은 면하였지
만 금주 고향에 계신 부모님과는 아득하니 망망하게 서러운 회포와 아득
한 심사를 펴기 어려웠다. 이에 이고를 대하여 말하였다.

27 "첩이 이미 맑은 강물에 몸을 던졌는데 사부가 수고하시면서 살려내니
다시 살려주신 은혜가 있으나 도리어 외로운 일신이 큰 바다의 부평초
같습니다. 그 박명함을 헤아릴 수 없고 근심과 애환이 서로 얽히니 어
찌 살기를 생각하겠습니까?"

이고가 웃고 말하였다.

"부인을 보니 고운 얼굴과 아름다운 덕행이 반드시 다른 사람보다 뛰
어나십니다. 어찌 한때의 서러움을 참지 못하여 천금 같은 귀한 몸을
버리시겠습니까? 처음에 물에 들어간 것은 절개를 완전히 하여 욕을
보지 않으시려고 하신 것이지만 이제는 흉악한 적이 없고 제가 정성을
다해 구하여 가히 소저의 유모를 대신하겠습니다. 이제 부인이 다시 28
부모를 찾으려 하시지만 재앙이 있을 것이니 저와 함께 산간에 숨어 풍
운의 좋은 때를 만나시면 끝없는 복록을 가히 근심하지 않을 것입니
다."

정씨가 슬피 눈물을 흘리며 말하였다.

"내가 비록 무식한 여자이지만 또한 재상가 여자이고 남편 또한 공맹의 가르침을 배워 성인의 가르침을 따르는 군자입니다. 어찌 차마 산사에서 타향살이 하면서 불가의 제자가 되겠습니까? 이렇게 하여 살아나도 뒷날 남편을 볼 낯이 없을 것이니 차라리 죽어 불쌍하게 여기는 귀신이 되는 것이 무던할 것 같습니다."

이고가 정색하면서 말하였다.

"소저께서 하나만 알고 둘은 모르십니다. 불도와 유도는 비록 서로 다 29
르지만 산사에 유학하는 선비도 가득히 모입니다. 제가 머무는 절이
본래 여승뿐이고 부인이 머리를 자르고 불가의 제자가 되라는 것이 아
닙니다. 몸을 청정하게 하여 절에 몸을 감추고 세상과 사절하여 재앙
을 소멸한 후에는 부인이 돌아가기를 마음대로 하실 것인데 어찌 저를
의심하십니까?"

정씨가 생각하니 몸이 의탁하여 돌아갈 곳이 없고 거처도 모르는 여승

을 따라가기도 어려워서 흐르는 것이 눈물뿐이었다. 수정 이고가 간절히
30 권하여 죽을 자주 내왔다. 이날 밤에 두 사람이 함께 지내면서 수정 이고
가 정성으로 섬기니 그 정성이 유모에게 지지 않았다. 이고는 정씨에게
이로움과 손해를 말하며 장락사에 들어가기를 청하니 정씨는 아득히 슬
퍼 말을 못하고 정신이 가물가물하여 눈을 감았다. 비몽사몽간에 한 명의
낭랑(娘娘)이 나와 웃으며 말하였다.

"네가 인간 세계의 고락을 그렇게 겪으니 애환이 장차 어떠하더냐?"

정씨가 정신이 놀랍고 두려워 바삐 절을 하고 말하였다.

"속세의 아득한 사람이라 이제 선녀의 얼굴을 바라보게 되었으나 누구신지 알지 못하겠습니다. 청컨대 가르쳐 주십시오."

낭랑이 탄식하며 말하였다.

31 "나는 곧 상고시대의 여와(女媧)[10]다. 전생에 너는 나와는 군신지간 같
았는데 네가 세상에 나서 덕행이 천지신명을 감동시켰다. 너는 7년의
고초를 겪을 것인데 그것이 줄어서 3년 동안의 고난과 수년 동안 산사
에서 타향살이하는 재앙을 두루 겪게 되었다. 몸이 왕후의 부인으로
존중받을 것이고 덕화가 무궁할 것이니 어찌 슬퍼하겠느냐? 네 뱃속에
임신한 아이는 현인군자이고 일대의 어진 재상이 될 것이니 모름지기
몸을 가볍게 하지 말고 수정을 따라가 월출 장락사에서 수년 동안 고초
를 겪을 것이다. 대원수의 깃발이 일어나는 때는 부부가 다시 만나고
32 부자가 서로 보게 될 것이다. 천기는 비밀스러우니 어찌 미리 누설하
겠는가? 자녀와 영화와 복록이 모두 갖추어질 것이다. 너는 본래 여러

10) 여와(女媧) : 중국의 천지 창조 신화에 나오는 여신. 오색 돌을 빚어서 하늘의 갈라진 곳을 메우고 큰 거북의 다리를 잘라 하늘을 떠받치고 갈짚의 재로 물을 빨아들이게 하였다고 함. 사람의 얼굴과 뱀의 몸을 한 여신으로 알려졌음.

적인을 모아 풍화를 빛내게 하였으니 갈수록 덕을 닦아 인을 행하여 조
금도 투기하는 마음을 두지 말고 강씨를 감화시켜 꽃다운 덕을 빛내야
한다. 네 뱃속에 있는 아이는 혼사를 맺은 곳이 여러 곳이다. 원비는
황실에서 태어날 것인데, 이 아이와 같은 해, 같은 월일에 태어날 것이
며 나의 첫째 제자인 월궁선이다. 인간 세상에서 남두성(南斗星)의 배필
로 삼을 것이니 모름지기 이 말을 명심하여 허탄하게 여기지 마라. 이
제 수정을 따라 절에 가는 것을 괴롭게 여긴다면 부처를 노하게 하여 33
반드시 천백 가지 괴로움이 있을 것이다. 내가 너의 고초를 구하고자
하지만 석가여래의 변화를 이루다 막지 못하니 너는 명심하여 장락사
에 가라."

정씨가 놀라고 탄복하여 일어나 두 번 절하고 말하였다.

"제자가 아득하여 전세의 일을 알지 못하고 항상 서첩을 보고 낭랑의
성덕을 우러러 흠앙하였습니다. 오늘 낭랑의 존귀한 얼굴을 외람되게
바라보고 성교를 들으니 속세의 고행을 겪을 것 같으니 이고를 따라가
겠습니다. 엎드려 바라건대 낭랑은 부모와 시부모를 빨리 찾게 하시고 34
첩의 몸의 누명을 벗게 해 주십시오."

낭랑이 웃으며 말하였다.

"누명은 뜬 구름이다. 시부모와 남편이 분명히 네가 애매한 것을 아는데 어떤 부끄러움이 있겠는가?"

말을 마치자 한 떼의 상서로운 구름이 호위하여 낭랑이 간 곳을 알지 못하니 정씨가 신기함을 탄복하였다. 문득 수정 이고가 깨워서 일어나니 침상 위에서 꾼 꿈이었다. 정씨가 마음속으로 놀라서 어찌할 바를 몰랐지만 입 밖으로 내지 않았다. 일의 형편상 마지못하여 이고를 따라 10여 일

만에 장락사에 이르렀다.

35 절이 크고 수 백 여인이 있으면서 부처를 모시고 있는데 상서로운 기
운이 온 절집에 퍼지고 좋은 향기가 방마다 가득하였다. 수정 이고가 말
하였다.

"부인이 불전에 한 번 예배하시는 것은 피하지 못하실 것입니다."

정씨가 마지못하여 향을 태우고 예배를 드렸다. 마음속으로 축원하는 것은 부모와 시부모를 만나 그 분들 앞에서 절할 수 있기를 바라는 것이었다.

수정 이고가 이에 그윽한 집을 깨끗이 치우고 정씨를 머물게 하였다.
깁을 얻어 이부자리를 정제하고 한 벌의 의복을 갖추어 편하도록 하였다.
음식이 정씨의 식성에 맞아서 정씨가 감격하고 한편으로는 기이하게 여
겼다. 자기가 입고 먹는 것이 예정된 것보다 많이 허비하는 것이 아닌가
36 불안하여 가락지와 비녀를 팔아 촉나라 비단과 금빛 나는 실을 사서 장만
하여 수를 놓아 시장에 팔았다. 그 수는 값이 많이 나가고 바느질이 신묘
하여 사람들이 다투어 샀다. 형주는 부유한 땅이고 사치스러운 이름난 선
비가 많이 사는 곳이었다. 사대부 명가에서 수놓은 것을 다투어 사니 돈
이 넘치고 촉나라 비단이 계속해서 끊어지지 않았다. 이고가 정씨가 괴로
울 것을 염려하여 그만두게 하였지만 수에서 손을 떼게 하지는 못했다.

정씨가 마음을 붙일 곳이 없어서 수놓는 것으로 벗을 삼았으나 반시간
도 손을 놓지 않았다. 이 때문에 금은이 밀려들어와 쌓였지만 정씨는 입
고 먹는 비용 외에는 다 이고에게 맡겨 일절 아는 척하지 않았다. 이고가
37 더욱 감격하여 정씨 받들기를 부처 다음으로 하였다. 정씨는 몸이 편했
기 때문에 근심하는 사람 같지 않았으나 시부모와 부모를 이별하여 안부

를 알 수 없고 때때로 슬퍼서 옥 같은 눈물이 붉은 빰에 굴러 눈물이 그칠 때가 적었다.

화설. 조유현이 귀양지로 향하였다. 평생 처음으로 부모님 곁을 떠나고 형제가 이별하여 기약이 없으니 이별의 정이 비교할 곳이 없었다. 비록 장부의 철석 같은 심장을 가졌지만 능히 편하겠는가? 북쪽을 향해 아버지를 생각하며 머리를 돌려 여러 아우를 생각하니 마음이 섭섭하였다.
머리가 하얀 존당과 어머니의 정을 생각하니 아득한 회포로 인해 영웅의 38
기운이 작아지고 장부의 웅대한 마음이 줄어들었다. 유현은 먹어도 단맛을 느끼지 못했고 누워도 편하게 잠자지 못했으나 오히려 매우 무겁고 넓은 마음과 하해 같은 생각을 지니고 있어서 견고한 마음으로 감정을 누그러뜨리고 한걸음에 무사히 행하였다. 지나가는 주현(州縣)의 사람들이 저마다 나와서 유현을 보고 하늘의 신을 대한 듯하니, 소년 영웅과 명망이 변경지역에도 진동하였다. 비록 유현이 일시의 죄인이지만 늠름한 위의와 용과 봉황 같은 기질을 본다면 반드시 출장입상하여 공과 업적이 일세를 통일하게 하고 위엄 있는 기개가 온 세상을 떠들썩하게 하여 얼굴을 기린각(麒麟閣)[11]에 그리고 제자백가(諸子百家)의 스승과 벗으로서 이름을
역사책에 드리울 큰 그릇임을 누가 모르겠는가? 유현이 어려운 때를 당 39
하자 그의 마음을 기쁘게 하고 정성을 들여 사귀고자 하는 사람이 벌떼가 모이고 구름이 모이듯하여 간 곳마다 유현에게 주는 노자와 좋은 음식과 재백(財帛)[12]을 이루 다 받아들이기 어려웠다. 유현이 말하였다.

"죄인의 가는 길에는 나라에서 주현에서 주는 한 그릇 밥을 허락하셨

11) 기린각 (麒麟閣) : 중국 한나라의 무제가 장안의 궁중에 세운 전각. 선제 때 곽광 외 공신 11명의 초상을 그려 각상(閣上)에 걸었다고 함.

12) 재백 (財帛) : 재화와 포백을 아울러 이르는 말.

으니 다시 노자는 쓸 데가 없소. 하물며 죄인의 행색이 고요해야 하는 데 어찌 번거롭게도 지부(知府)[13]와 자사의 후한 대접을 받겠소? 일의 형편이 편안하지 않으니 감히 후한 대접을 받들지 못하겠소."

이렇게 말하고 일일이 환송하고 한 가지 물건도 받지 않았으나 말이 온
40 화하고 안색이 엄정하여 사람으로 하여금 엄연히 더욱 공경하게 했고 지
날 때마다 청렴함과 높은 절개가 더욱 나타났다.

이때 채관 손덕수가 유현을 데리고 가면서 행동거지와 일처리를 보니
만사에 기특하며 숙연하고 정대한 것이 진실로 대군자이자 절개가 굳은
대장부였다. 나이가 어림에도 불구하고 크고 훌륭한[14] 역량과 상쾌한 행
동이 맑은 하늘의 밝은 해와 같으니 유현의 나이를 생각하지 않고 공경하
고 우러러보기를 춘추 난세 때에 공자를 다시 본 것처럼 예의로 공경하고
보호하였다. 그러니 어찌 소인(小人) 설강의 청을 받아들이겠는가? 손덕
수가 유현의 좌우에서 떠나지 않고 지극하게 대하였다. 유현이 또한 손덕
41 수가 어질고 너그러운 것을 보고 객지에서 심회를 둘 곳이 없었는데 손덕
수가 자신의 곁을 떠나지 않는 것을 기뻐하며 서로 문답하면서 전당강을
건넜다. 배에 올랐는데 일시에 뇌성벽력이 천지에 진동하며 광풍이 크게
일어나고 큰 비가 퍼 붓듯이 오며 장차 배 안을 덮칠 듯하였다. 배 안의
사람들이 다 경악하고 실색하여 어찌할 줄을 몰랐다. 오직 유현만이 안색
을 태연하게 하여 말하였다.

"사람의 생사는 하늘에 달린 것이다. 두려워하여 무엇 하겠는가?"

뱃사람이 말하였다.

---

13) 지부(知府) : 부(府)의 책임을 맡은 관리.

14) 크고 훌륭한 : {어위촌}. '어위추다'는 도량이 넓고 크다, 크고 훌륭하다의 의미임.

"원래 이 강을 건널 때는 반드시 소와 양을 죽여 수차례 용신에게 제사
를 지내고 건너야 무사합니다. 그렇지 않으면 재앙이 있습니다." 42

유현이 가만히 웃으며 말하였다.

"인명이 본래 정해졌으니 용궁의 바다 생물이 어찌 군자의 앞길을 범하겠는가?"

이렇게 말하고 편안히 움직이지 않았다. 이윽고 한 마리 푸른 용이 길이가 만여 장이나 되고 하늘 같은 기세를 드러내며 바다에서부터 배안에 뛰어들어 입으로 물을 뿜으니 빗발처럼 되었다. 배안의 모든 사람이 다 실색하여 엎어졌으나 유현만이 단정하게 앉아서 놀라지 않고 안색을 변하지 않고 용을 꾸짖었다.

"네가 비록 바다 생물의 으뜸 신령이나 군자가 있는 곳에 감히 난을 일
으키지 못할 것이다. 옛날부터 풍운을 만들어 인명을 상하게 한 것이 43
다 너의 죄다. 이제 다시 나의 앞길에 이와 같이 변을 일으켜 또 인명을 해치려고 하지만 오히려 나는 해치지 못할 것이다. 내가 너의 죄를 마땅히 천지신명께 아뢰어 목 벨 것이지만 참는다. 너는 군자의 행도를 범하지 말고 물러가 사나운 행실을 고쳐라."

이때 배안의 사람들은 이 용의 기세를 보고 거의 죽을 지경이었다. 용
은 유현의 엄정한 말과 위엄을 보고 의심하여 서서 관망하다가 갑자기 푸
른 도포와 녹색 띠를 띤 관원으로 변하여 두 번 절하고 말하였다. 44

"북두성군이 가시는 것을 바다 생물이 알지 못하여 죄를 범하였습니다. 바라건대 죄를 용서하십시오."

이렇게 말하고 물러가니 갑자기 간 곳이 없었다. 바람이 그치며 배안이 고요하여 배안의 사람들이 비로소 정신을 차려보았다. 유현이 의연하

게 단정히 앉아있는데 기운이 봄바람 같이 온화하고 안색이 태연자약하여 웃고 말하였다.

"너희 또한 남자의 몸인데 어찌 그토록 약하여 죽을까 걱정하느냐?"

이때 손덕수가 배안에서 두려워하던 중에 유현의 거동을 보고 용이 변
해서 사죄하고 엎어지며 일기와 바람의 기세가 순하게 되는 것을 보고 유
45 현이 진실로 군자이며 성인인 것을 알았다. 손덕수는 유현의 사람됨이
보통 사람이 아닌 것을 알았으나 이렇게까지 하는 줄은 몰랐다가 탄복하
고 놀라기를 마지않으며 치하하고 말하였다.

"선생이 비록 해외에서 몸이 일시에 괴로우시나 오늘 일을 보아서는 비상하심이 다른 사람에게 비교할 바가 아닙니다. 이제 선생께서 귀양 가시지만 서백(西伯)이 유리에 있는 옥에 감금된 것15)과 주공(周公)이 동관에서 당한 액16)과 같으니 가히 근심하며 염려할 바가 아닙니다."

유현이 감사하며 말하였다.

"현공의 과도한 말이 누추한 사람을 불안하게 하는구나. 원래 사람이 세차고 정신이 맑으면 자연히 잡 기운이 진정되는 것이다. 마침 배안

15) 서백(西伯)이 ~ 것 : 서백(西伯)은 주나라의 기초를 닦은 문왕의 별칭임. 문왕의 성은 희(姬), 명은 창(昌)인데 서방제후의 수장이란 뜻으로 서백(西伯)이라 불렀음. 숭(崇)나라 제후였던 호(虎)는 시기심이 많은 사람으로, 고죽국(孤竹國)의 이름난 백이(伯夷)와 숙제(叔齊)까지 서백(西伯)의 치정에 감복하여 따르려 하자 은나라의 주(紂)에게 모함하기를 "모든 제후들이 서백의 덕화에 기울어지니 장차 임금께 불리할 것입니다"고 말하자 마침내 주는 서백을 유리옥에 가두었음. 유리는 험준한 지세로 둘러싸인 지명으로, 서백의 땅으로부터 동쪽으로 약 800여Km 떨어져 있는데 오늘의 하남성(河南省) 탕음시(湯陰市) 북쪽 3Km의 지점임. 남북의 거리가 100여미터, 동서의 거리가 100여미터가 되는 넓이의 유리성이 있었고 성안에 옥(獄)이 있었음. 서백의 신하들은 많은 미녀와 진귀한 물건을 주에게 바치고 서백을 구명(求命)하였음.

16) 주공(周公)이 ~ 액 : 주공이 동관에서 당한 액. 주(周) 무왕(武王)이 붕어하고 아들 성왕(成王)이 즉위했으나 나이가 어린 탓에 숙부인 주공이 섭정하였는데, 무왕의 아우인 관숙(管叔)과 채숙(蔡叔)이 나라에 말을 퍼뜨리기를, "공이 장차 어린애에게 이롭지 못하리라"라고 하였음. 주공이 형들인 관숙과 채숙의 처벌을 주청할 수도 없는 처지에서 성왕의 의심을 사게 되자 황공하여 자신이 동도로 피해 있다가 뒤에 성왕이 주공을 맞아 돌아온 일을 말함.

에 액이 적어 용신이 물러가고 바람의 기세가 잦아진 것이지 다만 내 46
가 능해서 그런 것은 아니네. 군자는 또 허망한 말을 옮기지 않으며 들어도 믿지 않으니 청컨대 현공은 이 말을 입 밖에 내지마라.”

손덕수가 더욱 탄복하였다.

강을 건너 해가 지자 하룻밤 묵을 곳을 얻어 밤을 지냈다. 이곳은 부유한 장사치의 집이었는데 방이 여러 개가 있고 집이 광활하여 곳곳에 곡식을 쌓아놓고 있었다. 유현이 손님의 방에 들어 앉아 있었는데 벽에서 울부짖으며 앓는 소리가 요란하여 괴롭기까지 해서 말하였다.

“내가 비록 죄인의 행색이지만 상하의 체면으로 그렇지 못할 것인데
어찌 내가 자는 방 옆에 환자를 두었느냐?” 47

주인이 땅에 엎드려 말하였다.

“소인이 어찌 어르신의 행차를 소홀하게 생각하겠습니까마는 집에 손님방이 없고 다만 이곳뿐입니다. 병든 사람을 방에서 꺼내려고 해도 어쩔 수가 없습니다. 이 환자는 다른 사람이 아니라 저의 맏자식입니다. 장사하러 갔다가 공연히 죽을병을 얻어 주야로 앓은 지가 4달이나 되었습니다. 만일 환자를 다른 곳으로 옮겨 눕히려고 하면 아주 기절하니 못 옮기고 있습니다.”

유현이 핑계를 대는 것이라고 꾸짖어 물리치고 앉았으나 밤 깊도록 앓는 소리가 괴로웠다. 유현이 문을 열고 그 쪽을 바라보고 앉아있으니 아름답게 화장을 하고 여러 가지 빛깔과 무늬가 있는 옷을 입은 미녀도 나
오고 칼과 창을 든 검은 옷을 입은 군졸이 가득히 나왔다. 이때는 야경이 48
아득하고 달빛이 환하게 비쳤다. 유현이 이를 보니 분명한 귀신이었다. 요괴인 줄 알고 손덕수에게 말하였다.

"현공이 저 살기를 알겠는가?"

손덕수가 눈을 들어 보고 말하였다.

"이 깊은 밤에 미인이 저렇게 많으며 군졸은 어찌 저리 왔습니까? 객을 해치는 무리가 아닌지요? 매우 놀랍습니다."

유현이 웃음을 머금고 말하였다.

"공이 오히려 알지 못하는구나!"

즉시 소리를 내어 말하였다.

"너희들은 어떤 요괴이기에 감히 군자의 앞에 와서 형체를 드러내어 죽기를 두려워하지 않느냐?"

이 말에 따라 한 귀졸이 앞에 엎드려 말하였다.

49 "우리는 이 집의 귀신입니다. 주인의 자식을 밤낮으로 보채어 죽이려 하기 때문에 우리가 모두 방어하러 왔습니다. 이곳에 귀인께서 행차하셨으니 물러갑니다."

붉은 치마를 입은 여인이 일시에 꿇어앉아 말하였다.

"이 귀신이 거짓말로 속이니 죄가 더욱 무겁습니다. 우리가 주인의 자식을 죽이려 하였는데 상서의 마음을 꿰뚫어보는 눈빛[17]이 요괴를 알아보는 태공망(太公望)의 조마경(照魔鏡)[18]보다 더 한 것 같습니다."

유현이 다시 말을 하지 않고 항상 길을 가는 중에는 활과 화살을 머리

17) 마음을 ~ 눈빛 : {조심경안광(照心鏡眼光)}. 마음을 꿰뚫어 보는 눈빛이나 통찰력을 의미함.

18) 태공망(太公望)의 조마경(照魔鏡) : 태공망은 주(周)나라 초기의 정치가이자 공신으로 속칭 강태공으로 알려져 있음. 무왕을 도와 상나라 주왕을 멸망시켜 천하를 평정하였으며 제(齊)나라에 봉함을 받아 그 시조가 되었음. 고대 중국 은왕조의 마지막 왕인 주(紂)왕은 달기(妲己)에게 빠져 주지육림(酒池肉林)을 만들고 포락(炮烙)의 형 등을 만들어내어 폭정을 일삼다가, 주(周) 무왕(武王)이 이끄는 군세에 의해 잡혀 처형되었음. 또한 이 처형 때에, 달기의 요사한 술법에 의해 목이 잘리지 않을 때, 무왕의 측근참모였던 강태공이 조마경(照魔鏡)을 꺼내어 달기에게 보이자, 백면금모(白面金毛)의 구미호의 정체를 드러내어 도망치려고 했음. 이에 강태공이 보검을 빼어 내던지니, 구미호의 몸은 셋으로 나뉘어 흩어졌다고 전해지고 있음.

맡에 두는 까닭에 친히 화살을 넣어 여러 요괴를 향해 쏘았다. 붉은 옷을 입은 귀졸이 절하며 말하였다.

"북두성신의 기운을 받아 이제는 우리들이 난을 일으키지 못해서 물러 50
갑니다."

이렇게 말하고 급히 달아나니 많은 음산한 바람이 불고 검은 안개가 일어났다.

유현이 종에게 화살을 맞아 죽은 것을 가지고 오라고 하여 보았다. 검은 돼지 여러 마리가 화살을 맞아 죽었고 큰 벌이 뭉개지고 화살에 수없이 맞았으니 유현이 깨끗이 치워서 없애라고 하고 손공을 돌아보고 웃으며 말하였다.

"반드시 주인의 자식이 나을 것이다."

손공이 기특히 여겨 말하였다.

"선생께서 능히 어찌 그것을 아십니까?"

유현이 답하였다.

"어찌 요망한 것과 사람을 분별하지 못하겠는가? 이 집에서 반드시 돼
지와 벌을 많이 기르다가 죽여 이 변이 있는 것이다." 51

자리에 있던 사람들이 모두 괴이하게 여겼다. 그런데 과연 옆방에서 말소리가 그치고 제 아비를 부르는 소리가 진동하니 사람들이 괴이하게 여겼다. 자기 아비가 이르니 그 아들이 말하였다.

"괴이하며 시원하고 기쁜 일입니다. 그리 죽는 것처럼 앓았었는데 밤사이에 아프지 않으니 이제는 살겠습니다."

주인이 듣고 기쁨을 이기지 못하여 유현에게 머리를 조아리고 감사하여 그렇게 된 사연을 아뢰었다. 손덕수가 칭찬하며 말하였다.

"선생은 이른바 군자입니다. 정대하고 공명한 기운과 천지 기운을 다 타고 나셨으니 속인에게 비교할 바가 아닙니다."

유현이 기뻐하지 않고 다만 말하였다.

52 "네 집에서 옛날부터 돼지와 벌을 많이 기르다 죽였느냐?"

주인이 말하였다.

"대대로 돼지와 벌로 생업을 삼았다가 겨우 일 년을 그렇게 하지 않았습니다."

유현이 웃고 물러가라고 하고 부적과 절구(絶句) 한 편을 써서 주며 문에 붙이라고 하였다. 이때부터 주인의 자식이 낫고 무사하게 되었다. 손덕수는 유현이 하는 일마다 신기하니 일부러 성현군자라고 말하였다.

갑자기 유현의 손이 저리고 비바람이 촛불을 흐리자 유현이 스스로 깨달아 소매 안에서 한 괘를 얻고 아까 잡은 것을 사람처럼 꾸며 눕히고 자기의 이불을 덮어두었다. 옆에 있는 사람을 다 좌우로 갈라놓고 이불로
53 얼굴을 싸서 눕게 하고 자기는 오히려 자지 않았다. 손덕수가 놀라서 이유를 물으니 유현이 이유를 말하지 않고 쇠밧줄을 잡고 불을 끄라고 하였다. 손덕수가 기미를 알아채고 앞에 나아가 말하였다.

"선생의 기색을 보니 미리 막고 방비하는 일이 있는 것 같습니다. 나이가 서로 다르지만 정성이 다정한 것은 관포(管鮑)가 마음을 알아주는 것[19]을 따르는데 어찌 마음을 속여 말씀하시지 않으십니까?"

유현이 손덕수가 묻는 것을 보고 말하였다.

"어찌 현공과 내외하겠는가? 의심컨대 뜻밖의 변이 있어도 현공에게는

---

19) 관포(管鮑)가 ~ 것 : 관포(管鮑)는 관중과 포숙아를 가리킴. 관중과 포숙아의 우정이 돈독했기 때문에 '관포지교(管鮑之交)'라는 고사가 유래함.

해롭지 않을 것이니 마음을 놓게나. 이 일을 입 밖에 내어 말하는 것이
어찌 좋겠느냐? 서울에서 내려올 때 현공에게 부탁한 자가 있을 듯하 54
니 나를 해치려는 자를 아마도 깨달을 것이다. 현공에게는 해롭지 않
을 것이고 현공의 몸에는 아무 일도 일어나지 않을 것이다. 애달픈 것
은 나를 해치려고 하는 자가 청춘의 이름난 선비로 재주와 풍모가 충분
하고 어진 사람인데 길을 잘못 들어 앞길을 스스로 이미 재해에 빠지게
하는 것이니 그 재주와 용모를 아깝게 생각한다. 그러나 그 사람됨이
한 조각의 현명함이 있을 것이니 마침내 한 번 깨달음은 있을 것이다.
내 말을 그에게 전하여 그로 하여금 알게 하고 처신을 인자하게 하여
재앙에 빠지지 않게 하라. 오늘 밤에 자객이 온다면 아무 생각이 없이
준비하지 않으면 어려워 질 것이니 이런 까닭에 방비하여 구차하게 살 55
기를 생각하는 것이네."

손덕수가 유현의 신과 같은 말을 들으니 모골이 송연하여 자리에서 물러나와 사례하며 말하였다.

"선생의 너그럽고 어진 큰 도량과 신명함은 천신 같습니다. 과연 제가 여기 오기 전에 어질지 못한 말을 말하고 들었습니다. 차마 그것을 입 밖에 내지 못했는데 알지 못하겠습니다. 어찌 그것을 들으셨습니까?"

유현이 정색하고 사양하며 말하였다.

"현공이 어찌 나를 불안하게 만드느냐? 원래 그 사람이 나를 해치려고
하는 것이 한갓 그 사람의 허물만 있는 것이 아니라 나의 덕행이 사람
을 감복시키지 못하고 항상 지혜가 넓지 못하여 친구가 기뻐하지 않았 56
기 때문에 일이 이에 이르게 된 것이다. 어찌 과찬함을 받겠는가? 내가
들은 것이 아니라 짐작에 그러한 것 같아 말한 것이다. 그러나 잠을 자

지 않는 것이 수고스럽구나!"

이렇게 말한 후에 자기 이불을 버리고 쇠밧줄을 쥐고 다른 곳에서 누워 자며 촛불을 껐다. 일행이 피곤하여 잠이 깊이 들었다.

이때에 석환이 설강에게 돈을 받고 조유현의 뒤를 따라왔다. 벌써 일
을 행하려고 했지만 설강이 분부하기를 채관이 내통하는 것을 기다렸다
57 가 들어가라고 하였다. 그래서 밤마다 묵는 곳에서 동정을 몰래 살피며
채관의 내통을 기다렸지만 손덕수의 동정이 없었다. 전당을 무사히 지나
가자 석환이 세월만 지체하니 이 날은 뜻을 정하여 한밤중에 비수를 끼고
유현이 묵고 있는 곳에 와 침실에 들어가 두루 살폈다. 새벽달이 희미하
였는데 장막 안에서 이불을 덮고 누운 자가 있고 좌우로 여러 명이 갈라
서 누워있었다. 석환이 생각하기를 구석에 이불을 편 자가 조상서라고 하
여 바삐 칼을 들어 머리를 베려고 하였다. 그런데 옆에서 난데없는 쇠밧
줄로 자기 몸을 옭아 당겨 매는 자가 있었다. 놀라서 돌아보니 유현이 칼
58 을 벌써 빼앗고 어느 사이에 석환을 단단히 동여매어 움직이지 못하게 하
였다. 석환이 강하고 용감한데도 어떻게 하지 못하였다. 유현이 물도 못
나갈 만큼 동여매 놓고 손덕수를 깨워서 말하였다.

"도적이 들어왔는데 공은 알지 못하는가?"

그런 후에 불을 켜라고 하고 좌우에서 자는 사람을 깨우라고 하였다. 사람들이 놀라 깨어 불을 켜보니 유현이 흉악하고 사나운 장수 한 사람을 단단히 동여매어 한 끝을 잡고 앉아 있는 것이었다. 손덕수가 매우 놀라 말하였다.

"이 지경까지 된 것은 너무 심합니다. 어찌 이렇게 잘 묶으셨습니까?"

유현이 탄식하며 말하였다.

"오늘밤 이 변을 당하니 어찌 한심치 않겠는가?" 59

이에 석환을 대하여 무슨 일로 이런 한밤중에 비수를 끼고 들어왔으며 보낸 사람은 누구인가를 자세히 물었다. 석환이 이미 잡히니 어쩔 수가 없었다. 설강의 말을 일일이 하여 죄상을 곧바로 밝히고 탄식하며 말하였다.

"세상을 살아가는 것이 외롭고 쓸쓸하여 자객 노릇을 하였지만 반평생 이 일을 하면서 패한 적이 없었다. 오늘 잡히니 이는 하늘의 뜻이다."

유현이 다시 석환에게 죽인 사람의 수를 물으니 전후로 10명이 넘었다. 손덕수가 탄식하며 말하였다.

"이 일은 그냥 묻어두지 못할 것이니 어찌 하고자 하십니까?"

유현이 탄식하며 말하였다.

"살인자를 살인에 처하는 것은 한고조의 약법삼장에도 벗어나는 것이 60
아니다. 이제 내가 비록 죽지 않았지만 이 자가 전후에 살인한 사람이 십여 인이라고 제 입으로 죄상을 털어놓으니 진실로 놓아주어 다시 인명을 죽이지 못하게 해야 할 것이다. 그러니 이 자의 요패(腰牌)[20]를 떼서 현공은 가져가 서울에 알리고 이 본 읍의 지주(知州)[21]에게 보내어 목을 베고 죄를 바로 잡는 것이 현공의 처치에 달려있네."

손덕수가 칭송하고 탄복하며 마땅하다고 말하였다. 석환의 강하고 용
감함을 보고 자다가 실수를 할까 유현과 손덕수가 다시 자지 않고 석환을
시중드는 사람에게 지키게 하였다. 유현이 손덕수에게 설강의 사람됨을
개탄하여 돌아가 말하기를 부디 인을 행하고 악을 그치게 타이르라고 하 61

20) 요패(腰牌) : 군졸이나 사령 · 별배 등이 신분을 나타내기 위하여 허리에 차던 패. 나무로 만들어 패의 위쪽에 '엄금(嚴禁)'이라고 새겼음.

21) 지주(知州) : 중국 송나라와 청나라 때에 둔 주(州)의 으뜸 벼슬아치.

였다. 자기를 죽이려고 자객을 보낸 것을 격분하고 통한하여 했지만 유현의 행동거지가 태연자약하고 말이 온화하고 맑으니 이른바 하늘과 땅 같은 도량이고 하해 같은 마음이었다. 손덕수가 마음속으로 칭찬하고 탄복하는 뜻이 마음에 가득하여 이루 형언하지 못하였다.

날이 밝자 석환의 요패를 떼어서 관아의 종을 본 현에 보내어 죄상을 기별하고 사형에 처할 것을 청하였다. 지부(知府)가 듣고 매우 놀라 즉시 자객을 올려서 죄를 묻고 목을 베어 사형에 처하여 뭇사람들에게 보였다. 나아가 유현을 보고는 놀랍고 참혹한 흉한 변란에 놀라지 않았는지 위로하였다.

62 유현이 감사해하며 말하였다.

"누추한 사람이 행실이 박하고 덕이 엷어 일이 이에 미쳤으니 다시 말해서 무엇 하겠소?"

지부가 그 소년의 영웅다운 풍모가 햇빛에 찬란하고 풍채가 대인군자의 기상인 것을 매우 탄복하며 유현이 길을 떠나는 것을 아까워하였다. 이에 유현이 길을 다시 떠나니 숙소의 주인이 여러 번 절하고 머리를 땅에 조아리며 자기 자식의 고질병이 나아서 다시 살게 된 것을 감사하고 신명한 어르신이라고 칭하였다. 유현이 그 말을 괴롭게 여겼다.

수 삼일을 행하여 비로소 운남에 이르렀다. 땅 저편은 운남의 경계이고 이편은 천촉(川蜀)[22]지역이었다. 남해 태수 계연과 자사 왕수은이 공
63 문을 보고 즉시 나와 유현을 대접하며 청하는 것을 과도하게 하였다. 유현이 스스로 분수에 맞는 도리를 차려 자사와 태수 보는 것을 장졸이 대

22) 천촉(川蜀) : 사천은 중국 중부 양자강 상류의 사천 분지와 티벳 고원의 동쪽에 위치하는 성(省)인 사천(四川) 지역을 말함. 고대에 촉(蜀)이 자리했던 지방이므로 천촉(川蜀)이라고 함.

장을 섬기듯이 예로 하고 예전에 존귀하던 습관을 두지 않았다. 자사와 태수가 불안하여 사양하고 큰 집을 선택하는 등 대접이 과도하였다. 유현이 초가집을 얻어 일행을 편안하게 쉬게 하고 친히 관아에 나가 점고에 참여하였다. 자사가 다급히 내려와 유현을 맞아 붙들고 그렇게 하지 말라고 탄식하며 말하였다.

"이것은 명공이 일시에 겪는 참혹한 변란이고 오래가지 않을 것입니다. 제가 이 땅의 지부(知府)이지만 어찌 명공께서 뜰아래에서 예의를 행하는 것을 두고 보겠습니까?"

이렇게 말하고 유현에게 오를 것을 청하자 유현이 간절히 사양하였다. 64
돌아와 이후부터는 태수와 자사가 자주 안부를 묻자 유현이 공경하게 대하였다. 유현은 경전과 시서에 마음을 붙이고 육도삼략[23]을 살펴 공부를 열심히 하여 근심을 덜었으나 고향을 생각하니 아득한 많은 산천과 변방의 관문이 가려있었다. 임금과 부모를 그리워하고 형제와 여러 사촌들을 생각하며 기러기가 날개를 나란히 하는 것처럼 존당을 모시던 것을 헤아려보니 일장춘몽과 같았다. 효자가 객지에서 어버이를 생각하는 마음으로 어찌 초나라 죄수가 울지 않겠는가마는[24] 오히려 슬픈 얼굴을 감추고

---

23) 육도삼략 : 중국의 오래된 병서로 태공망이 지은 『육도』와 황석공이 지은 『삼략』을 아울러 이르는 말.

24) 초나라 ~ 않겠는가마는 : {초슈[楚囚]의 울기롤 면ᄒᆞ리오마는}. 국가가 어려움에 처해 있거나 혹은 기타 변고에 처했을 때 아무런 대책 없이 슬피 눈물만 흘리는 것을 의미함. 남조(南朝) 송(宋)의 유의경(劉義慶)이 지은 『세설신어(世說新語)』「언어(言語)」에서 나온 말. "강을 건너는 사람들이 매양 길일을 맞이하면 신정(新亭)에서 서로 만나 풀을 깔고 잔치를 열었다. 제후 주개(周顗)가 자리에 앉아 있다가 탄식하며, '풍경은 다르지 않은데 산하(山河)의 다름이 있구나.'라고 하니 모두 서로를 바라보며 눈물을 흘렸다. 오직 승상 왕도(王導)만이 정색하며 말하기를, '마땅히 함께 왕실을 무너뜨리고 다시 신주(神州)를 회복해야 할 것이어늘 어찌 초나라 죄수처럼 서로 마주보고만 있습니까?'라고 하였다[過江諸人，每至美日，輒相邀新亭，藉卉飲宴。周侯(周顗)中坐而歎曰：'風景不殊，正自有山河之異.' 皆相視流淚。唯王丞相(王導)愀然變色曰：'當共戮力王室，克復神州，何至作楚囚相對']."

65 화복이 운명과 관련 있다는 것과 헤어지고 만나는 것이 때가 있다는 것을
알아 행동거지가 태연하였다.

손덕수가 생각하였다.

'저 사람이 스무 살이 안 된 소년으로 부모님 곁을 떠나 해외에서 죄수가 되니 마음이 굳은 것이 강철이라도 슬플 것인데 늦가을부터 한겨울까지 앉고 눕는 것을 함께 하였으나 한 번도 슬픈 안색을 보지 못하니 너무 어려서 그러한가? 그러나 모든 일에 숙성하니 홀로 이별의 슬픔을 깨닫지 못하겠는가? 이것은 참고 견디는 바가 견고한 것이다.'

이렇게 생각하고 유현에게 더욱 마음으로 복종하였다. 손덕수가 만 리
까지 말을 달려왔고 흰눈이 쌓이자 행도를 차릴 길이 없어 한 달을 머무
66 르며 유현과 지내게 되었다. 손덕수가 보니 유현은 모든 일에 처신하는
것이 다른 소년이 생각하지 못할 바였다. 거처하는 것이나 의복에 있어서 다 죄인의 도리를 극진히 차릴 뿐 아니라 임금과 어버이를 생각하는 마음이 조금도 차이가 없었다. 임금의 안부를 말할 때는 슬퍼하며 임금을 그리워하는 눈물이 떨어질 듯하니 이 때문에 손덕수가 일마다 탄복하였다.

해가 바뀌어 다음 해 신정이 되었다. 유현이 객지의 회포가 대단하였
는데 새봄이 되어 궁궐에서 임금님께 축하하던 때와 부모님께 아침저녁
문안인사를 드릴 때를 생각하니 충효 군자의 심사가 참담하였다. 여덟 번
67 절하는 예를 마치고 일어나 꿇어 앉아 '아버지와 숙부께서도 돌아와 계시
겠구나'라고 생각하고 두루 사모하는 마음을 가졌다. 스스로 슬피 탄식하니 이 소리와 함께 맑은 눈물이 옷깃에 떨어졌다. 손덕수가 이것을 보고 슬픔을 느끼며 말하였다.

"선생이 하늘을 받들 기운이 있는데 어찌 마음을 상해하십니까?"

유현이 눈물을 거두고 말하였다.

“군신유의와 부자유친은 사람의 막대한 인륜이다. 내가 이제 죄를 얻
어 만 리나 떨어진 변방 땅에 내쳐져 위로는 임금님과 아래로는 친족을
떠나서 이렇게 해가 바뀌니 신하의 마음을 말하지 않아도 알 것이다.
온 조정의 뭇 신하와 함께 임금님을 모시던 일과 형제들과 소매를 나란
히 하여 아버지 곁을 모시던 일이 꿈같아서 능히 눈물을 흘리지 않을 68
수 없었네. 현공이 나를 유약하게 여기는 것을 보니 스스로 부끄럽네.
나이가 어려서 임금님의 은혜를 입어 임금님을 우러르는 것이 아버지
와 다름이 없었는데 충효를 온전히 못하여 변방에서 수자리하는 사람
이 되어 신년을 맞이하니 슬픔을 이길 수가 없었네.”

손덕수가 탄식하며 말하였다.

“선생의 충효는 세상 사람들이 바랄 바가 아닙니다. 이와 같은 한결같은 충성은 천지신명도 다 알 것이니 설마 이곳에서 오래 있겠습니까?”

유현이 길이 탄식하였다. 수일 후 손덕수가 돌아가려고 하자 유현이
존당과 부모님께 편지를 써서 손덕수에게 주고 술잔을 잡아 권하며 말하 69
였다.

“귀양길에 현공의 덕을 입어 몸을 보전하게 되었고 친밀함이 매우 친한 친척 같았는데 이제 돌아가니 나의 마음이 지향할 곳이 없네. 바라건대 공은 만 리의 행도에 몸을 보중하시고 한 통의 편지를 아버님께 전하여 부자가 그리워하는 정을 위로하게나. 비록 내가 죄인이지만 지부의 후한 대우와 이곳의 인심이 순박하여 의식이 편하고 몸이 무사한 것을 아뢰어 아버지의 여러 가지 근심을 덜게 하면 그것은 다 공의 덕이네. 두 번째는 설강을 만나 내가 골똘하게 생각하는 뜻을 말하고 서

70 찰을 전하여 주게나.”

손덕수가 서운함을 이기지 못하여 탄식하며 말하였다.

“선생을 모시고 있다가 이곳에 두고 가는 마음이 실로 서운합니다. 어찌 잠시나 잊겠습니까? 천도가 순환하니 소인(小人)이 패하는 날 선생이 반드시 영화롭게 서울로 돌아오실 것이니 그때 서로 만날 것이니 부질없이 슬퍼하지 않는 것이 저의 소원입니다.”

그런 후에 이별하였는데 서로가 연연해하였다. 손덕수가 유현과 이별하고 길을 떠났는데 여러 날 만에 서울에 이르러 일의 결과를 임금에게 보고 하였다. 임금이 손덕수를 만나보고 위로하고 말씀하셨다.

71 “유현이 능히 허물을 뉘우쳐 짐을 원망함이 없더냐?”

손덕수가 임금의 말을 듣고 분기함을 이기지 못해 하며 아뢰었다.

“신이 어찌 성상께서 물으시는 전교를 듣고 거짓말을 아뢰겠습니까? 유현이 비록 죄인이지만 진실로 지극히 어진 군자였습니다. 주현의 관찰사가 공경하는 예로 유현을 대하고자 하였으나 유현이 한 개의 물건도 받은 것이 없고 미녀와 풍악을 즐기며 새롭게 담소하고 희학함도 없었습니다. 수행하고 처신하는 것이 금옥과 같은데 누가 감히 거짓말을 아뢰겠습니까?”

임금이 탄식하며 말하였다.

“유현의 아름다움을 시기하여 해치는 자가 있구나. 자객은 누가 보냈
72 다고 하더냐?”

손덕수가 자객의 요패를 올리고 말하였다.

“오래되지 않아 유현의 누명이 푸른 하늘에 밝은 해같이 벗어질 것이고 자객을 보낸 자도 자기가 스스로 아뢸 것이니 신이 어찌 분명하지

않은 일을 고하겠습니까?"

임금이 매우 의심하고 자객을 보낸 자를 헤아리지 못하였다. 난교의 일을 요사하고 간사하게 여겼지만 소후가 정궁이 되면서부터 상관없다고 여겼으므로 난교에게 벼슬도 주지 않고 있었다. 임금이 손덕수가 충성스럽고 조심스러움이 많은 것을 아름답게 여겨 특지로 벼슬을 형부시중을 시키며 술을 내리고 보냈다.

손덕수가 사은하고 물러나와 먼저 조씨 집안에 와서 명첩(名帖)[25)]을 드 73
리고 운남에 갔던 채관이라 하니 초공이 반가움을 이기지 못하여 친히 나와 맞았다. 손덕수가 마루 끝에서 예의를 차리고 계절 인사를 끝냈다. 초공이 먼저 물었다.

"알지 못하겠구나. 공이 일찍 내 아들을 데리고 만 리 원정에 수고하니 아들의 몸이 아무 탈이 없는가?"

손공이 온순하게 절하고 소매 안에서 유현의 글을 받들어 초공에게 주며 대답하였다.

"제가 이부를 모시고 밤낮으로 한 방에서 있으면서 4~5개월이 되었습니다. 제가 돌아올 때까지는 아무 탈 없으셨고 거처하는 것과 입고 드시는 것에 너무 직분을 생각하여 예의를 차려 천금 같은 몸을 아끼지
않아 해로움이 많았습니다." 74

초공이 매우 반가웠고 온 마음에 기쁨이 가득하였지만 안색을 바로 하고 편지를 받아 떼어 보니 대강 다음과 같았다.

불초하고 죄있는 아들 유현은 머리를 조아리고 여러 번 절하고 삼가 글을 받들어

25) 명첩(名帖) : 이름을 적은 명함을 뜻함.

아버님께 올립니다. 제가 도리에 어그러져 아버님의 밝은 가르침을 받들지 못하고
몸이 창해에 빠지고 죄가 역률(逆律)[26]에 걸리게 되었습니다. 비록 제가 이 죄를 범
하지 않은 것을 아버님의 뛰어난 지혜로 아실 것입니다. 제가 어리석고 아득하여 제
75 한 몸을 유지하는 계책이 없어 일이 이에 미쳤습니다. 성천자의 넓고 큰 은혜를 입
어 하늘 아래에서 목 베이는 것을 면하고 변방에 내치시니 성은이 바다와 같습니다.
감히 누구를 원망하며 무엇을 한탄하겠습니까?

엎드려 저의 사사로운 정을 헤아리면 불효한 죄가 산과 같습니다. 머리를 두드려
붓을 잡고 종이를 보면 눈물이 떨어집니다. 이렇게 슬픔이 큰 이유는 제가 아버님의
교훈을 받들어 충효를 세우지 못하고 낳고 길러주신 몸을 해외에 던져 어버이의 은
혜를 저버리고 염려를 끼친 것입니다. 죄가 비록 죽어도 용서받기 힘드니 무슨 면목
76 으로 하늘의 해를 대하겠습니까? 사사로운 정으로 참지 못하는 것은 북당의 어머니
께서 슬퍼하시는 것과 둘째는 백부와 아버지께 아뢰지 못하고 떠나와 두 분께서 거
의 돌아오실 기한이 다 되었는데 아버님을 맞이하지 못한 것입니다. 저의 마음이 우
울하여 오직 구구하고 사사로운 정이 만 리에 사무칩니다. 외로운 몸이 고향을 생각
하는 마음을 머금어 꿈속의 넋이나마 아버님의 얼굴을 만나 뵙고 마음을 어루만져
아침저녁 문안인사 때 형제가 나란히[27] 아버님 앞에서 절하려고 하였습니다. 그런
데 만 리 변방의 산천이 가로막히고 변방의 관문이 막혔으니 천박한 마음이 가히 슬
픔을 참기 어렵습니다.

77 제가 어린 나이에 성은이 과도하셔서 작위가 이조 판서에 오르고 후한 녹봉이 천
석에 미치니 작록을 도적질한 것이 대단하고 임금의 덕을 갚은 것이 또 없습니다.

---

26) 역률(逆律) : 역적을 처벌하는 법률.

27) 형제가 나란히 : {안항(雁行)을 갈와}. '안항(雁行)'은 기러기의 행렬이란 뜻으로, 남의 형제를 높여 이르는 말이지만 여기서는 자기 형제를 뜻함. '갈와'는 옛말 '굴오다'에서 온 말로 '나란히 하다'의 의미임.

조물주가 시기함이 이와 같으니 어찌 사람을 탓하겠습니까? 오직 성은을 마음에 새
기고 용안을 사모하여 성상을 영원히 사모하는 마음이 아버님과 마찬가지이니 이른
바 군신은 부자의 관계와 같은 것입니다. 옛날부터 현인군자와 충신열사가 사환(四
患)[28]으로 분주하며, 충성을 다하고 나라의 은혜를 갚는 자가 죄에 나아가며 재앙
에 걸린 자가 한 두 명이 아니라 저뿐만 아니니 설마 어찌하겠습니까? 78

해와 달이 뜬구름을 헤치면 저도 한 번 누명을 벗고 성상을 뵐 날이 있을 것입니
다. 엎드려 바라건대 아버지께서는 불초아를 걱정하지 마시고 옥체를 진중히 하시
어 만 리에서 영원히 사모하는 저의 마음을 살펴주시기 바랍니다. 채관이 떠남에 임
해서 총총히 아룁니다. 저의 마음이 신춘이 되니 한 배는 더 슬픈데 채관이 하직한
다고 하니 마음이 더욱 슬퍼져 제 마음에 품은 생각을 감히 다 아뢰지 못하고 만분
에 일만을 아룁니다. 불효를 용서하시고 사정을 살피셔서 옥체가 만강하시다는 서 79
찰을 보내주시는 것이 제가 바라는 바입니다.

초공이 편지를 다 보고 난 후에 슬픔을 느껴 얼굴 표정을 고치고 손덕수를 향하여 감사해하며 말하였다.

"공이 어질어서 혈기가 정해지지 않은 아이를 만 리까지 무사하게 데려가 두고 또 수고롭게 서찰을 전해 부자의 소식을 통하게 하니 은혜가 크지 않겠는가?"

손덕수가 절하며 엎드려 감사드리고 일컫는 것이 유현의 기특함이었
다. 절강에서 용신을 제어하고 숙소의 요괴를 다 없애고 자객을 잡아 죽 80
인 일을 일일이 전하였다. 초공이 듣고 놀라움을 이기지 못하였으나 가만

28) 사환(四患) : 정치를 하는 사람이 흔히 빠지기 쉬운 일로서 특히 경계해야 할 네 가지 일. 거짓, 사사로움, 방심, 사치를 이름.

히 웃으며 말하였다.

“공이 너무 과장하는구나. 그 아이가 무슨 기특함이 있겠는가? 원래 재주와 덕은 사람이 꺼리는 것이니 이 말이 설사 옳더라도 타인에게 누설하지 마시게. 일찍 청운에 올라 고관대작이 되어 과도하니 재앙이 날까 밤낮으로 걱정스러워하였네.”

손덕수가 탄복하였다. 초공의 일월 같은 정신과 풍채와 가을 물 같은 눈빛이 부자가 다름이 없음을 기이하게 여겨 생각하였다.

81 ‘이 아비가 낳았으니 그 아들이 그러하구나. 초공은 단정하고 침묵함이 더 나은 듯하고 조이부는 상쾌하고 뜻이 웅대한 것이 더 나은 듯하다. 그러나 전체의 모습은 한 판에 박은 듯 같고 눈빛의 찬란함은 초공이 더하다’

온 마음으로 초공을 존경하고 감복하여 물러나왔다. 차후로는 손덕수가 조가와 친하게 되어 자주 왕래하였다.

초공이 유현이 진왕과 존당께 보내는 여러 장 편지를 광현을 시켜 들여보내고 아들의 마음이 편지에 어려 있는 것 같아 편지를 어루만지니 눈물이 났다. 거울을 들어 자신의 얼굴을 비추어 보고 탄식하며 말하였다.

“내 얼굴이 아들과 같지만 거울을 비추어도 아이의 얼굴을 보지 못하니 이 마음을 풀기가 어렵구나.”

82 이렇게 말한 후에 유현의 편지로 얼굴을 가리고 죽침에 누워 서서히 생각하니 슬프고 불쌍함을 견디기 어려웠다. 여러 아들이 있지만 중요하게 생각하는 아들은 유현이고 사랑하는 아들은 광현이었다. 이제 유현의 몸이 만 리에 있어 부모와 형제를 생각하여 혈기가 정해지지 않은 천금 같은 몸을 상하는가 싶으니 걱정이 일어나고 심사가 슬퍼서 한 번 탄식하

면 두 줄기 눈물이 흘러내렸다.

광현과 운현이 들어와 초공이 누워서 눈물을 흘리는 것을 보고 놀랐지 83
만 까닭을 깨닫지 못하였다. 광현이 아버지가 운남에 있는 형을 생각하는
줄 깨닫고 머리를 숙이고 눈물을 흘렸다. 그리고는 천천히 눈물을 거두고
꿇어앉아 아뢰었다.

"아버지께서 일찍 누워계신 것을 보지 못하였습니다. 저녁 문안 때라
백부께서 들어와 계시는데 아버지께서는 여기 누우셔서 편치 않은 기
색이 계시니 제가 황공함을 이기지 못하여 까닭을 알지 못하니 그 까닭
을 알고 싶습니다."

초공이 눈을 들어 보니 아들들이 좌우에 모시고 있으면서 놀라워하는
기색과 나직한 기운을 하고 있었다. 이것을 불쌍하게 여겨 사랑하는 마음
이 일어났다. 아들들의 맑은 눈빛은 사방에 밝게 비치고 옥 같은 얼굴과
눈 같은 피부는 흰 옥이 티끌을 씻은 것 같으며 붉은 입술과 꽃 같은 뺨의
찬란한 고운 빛은 얼핏 모친인 양정렬의 빼어난 아름다움을 가지고 있었
다. 초공이 억지로 일어나 앉아 두 아들의 손을 잡고 탄식하였다. 84

"너희들은 집에 편하게 있어 아비의 사랑과 어미의 정을 받지만 너희
형은 긴 날의 짧은 밤에 숙식이 불안하여 만 리에서 어버이를 생각하면
서 반드시 병이 생길 것이다. 이것을 생각하니 내 마음이 슬픈 까닭에
누워서 마음을 안정시키고 있었더니 벌써 저녁문안 때가 되었구나."

초공이 손에 쥐었던 서찰을 비로소 연갑에 넣고 관을 고쳐 쓰고 정당으
로 향하였다. 원래 초공은 아들을 사랑하는 것이 진왕과 달라 항상 그 사
람됨이 단정하고 침묵하는 자는 매우 기뻐하며 사랑하여 매사를 천성대
로 하니 이 때문에 그 자식이 방자함이 없고 조심하여 두려워하였다. 광 85

현과 운현은 단정하고 침묵하는 까닭에 태어난 이래 꾸짖음을 받은 적이 없었다.

초공이 정당에 들어가니 노공과 진왕이 바야흐로 유현의 글을 보고 있었다. 노공은 눈물을 비 오듯이 흘리고 진왕은 노공을 위로하였다. 초공이 기쁜 목소리와 온화한 기운을 내어 아버지를 위로하였다.

이날 밤에 초공은 양정렬을 대하여 조금 전에[29] 이별을 슬퍼하여 눈물을 머금은 것도 깨닫지 못하였다. 양정렬이 아들의 편지를 보니 새롭게 슬프고 참혹하며 정씨의 참혹한 일을 슬퍼하고 구슬 같은 눈물을 계속해서 흘렸다. 초공이 탄식하고 위로하며 말하였다.

86 "아들의 서찰을 보아도 이렇게 하지 말라고 빌었으니 부인이 어찌 지나치게 슬퍼하며 만 리에 떠난 아들의 사정을 생각하지 않는 것이오? 편지글을 보니 기운이 빠졌으나 약하지 않고 간절하고 공경하며 삼가는 효의는 글 가운데 나타나니 내가 실로 아들을 두고 부인이 태교를 어질게 한 것을 알겠소. 행도하는 중에 한 행동을 들으니 아비 된 자가 기쁘고 어미 된 자가 다행스러웠소. 수 년 동안의 이별을 애통하게 여기는 것은 부인의 옛날의 큰 도량과는 다른 것 같소."

이렇게 말하고 손덕수가 전한 말을 이르니 기쁜 기운이 양미간에 어렸
87 다. 양정렬이 그 말을 들으니 또한 아름답고 다행스러워 눈물을 거두고 감사해하며 말하였다.

"아들의 사람됨이 용렬하지 않지만 몸을 닦고 행동이 이에 이른 것은 명공의 교훈이 엄정하기 때문입니다. 첩은 하나도 가르친 것이 없으니 어찌 태교를 어질게 했다는 말을 듣겠습니까?"

---

29) 조금 전에 : {ᄋᆞᄌᆞ의}. 방금 전, 조금 전의 의미임.

이렇게 말하고 정씨의 소식을 전하고자 하나 존당이 아직 모르고 있다는 것과 이씨가 남편을 떠나보낸 후에 억울한 죄를 쓰고 시댁에서 내쫓겨 친정으로 돌아가 계속되는 상사(喪事)를 만나 슬프고 외로운 사정을 말하고 다시 참변을 당하여 옥 같은 아름다운 몸이 어디에 있는가 알지 못한다는 것을 전하며 슬퍼하였다. 초공이 말하였다.

"이씨는 투철한 사군자(士君子)이오. 쉽게 목숨을 마칠 사람이 아니니 88
반드시 예전에 부인이 사리에 밝아 일을 잘 처리하여 자기 몸을 보존하던 방법이 있을 것이오. 원래 이씨는 부인과 많이 흡사하고 환란이 또 부인이 겪은 것과 비슷하니 어찌 여자의 아름다운 모습이 해가 없겠소?"

양정렬이 탄식하며 말하였다.

"첩은 오히려 당 위에 양친이 계셔서 몸을 보존할 계책을 의논하던 사람이 있었지만 이씨는 누가 있어 이런 계책을 내겠습니까? 속절없이 나비가 등잔불에 잠기고 옥이 부서질까 애달프고 안타깝습니다."

초공이 탄식하며 말하였다.

"우리 아이의 액운이 괴이하여 부부 세 사람이 세 곳에서 각각 이별하
여 이렇게 되었으나 마침내 단란하게 모이는 기쁜 일이 있을 것이니 89
부인은 염려하지 마시오."

양정렬이 정씨가 물에 빠져 죽었다는 소식을 몰랐지만 이렇게 믿는 것이 슬프고 참혹하여 대답하였다.

"명공의 선견지명이 신기하시나 이제 형세로 헤아려보면 며느리가 모여 즐길 날이 없을 듯합니다. 첩의 남은 액이 며느리에게 끼치는 것을 한스럽게 생각합니다."

초공이 도리어 미소를 지었다. 이때 자염 소저가 부모님을 모시고 있었는데 촛불 아래의 사랑스러운 태도와 상쾌하고 깨끗한 기질이 어머니와 흡사하여 매우 뛰어나고 영묘한 광채를 온전히 가지고 있었다. 초공이 집을 떠나 있다가 자염을 보니 더욱 기이하여 기뻐하며 천천히 자염의 탐
90 스러운 머리를 쓰다듬고 옥 같은 손을 어루만지며 말하였다.

"나의 두 며느리의 아름다운 모습이 민망한데 너의 독보적인 얼굴이 진실로 염려스럽구나. 너는 모름지기 마음을 닦고 덕을 길러 재액을 소멸하고 젊은 나이에 해로움을 받지 않도록 해라."

자염이 가을 물 같은 밝은 눈을 가늘게 뜨고 팔자(八字) 모양의 봄 산 같은 눈썹을 가지런히 나직하게 하고 말을 하지 않았다. 양정렬이 말하였다.

"이 아이는 비록 얼굴이 곱지만 행실과 부덕(婦德)이 진실로 흠잡을 곳이 없을 뿐만 아니라 성품과 마음이 명공을 많이 닮고 어미를 닮지 않았으니 행여 복을 누릴까 합니다."

91 초공이 웃으며 말하였다.

"나를 닮았다고 한들 어찌 유복할 줄 알겠소? 이와 같은 아름다운 모습이 해가 없는 것은 어렵겠지만 정씨와 이씨 두 며느리와 이 아이는 나중에는 복록이 완전할 관상이니 근심이 없을 것이오."

양정렬이 초공의 신명함을 믿었지만 지금은 정씨가 죽었는지 살았는지 알지 못하고 이렇게 말하는 것을 슬퍼하며 탄식하였다.

다음날 노공이 대서헌에서 비로소 정공의 서찰을 보고 정씨가 참혹하게 죽은 소식을 전하였다. 초공이 경악함을 이기지 못하였으나 오히려 이 사실을 의심하였다. 초공이 침착하고 무게가 있었지만 이 사실을 알고는

슬픔과 참혹함이 양미간에 가득하여 머리를 숙이고 오래도록 말을 못하 92
더니 길이 탄식하고 진왕을 보며 말하였다.

"제가 어릴 때부터 저의 안목이 사람을 안다고 하였습니다. 오늘 정씨 며느리가 죽었다는 소식을 들으니 세상사가 제 생각과는 다르다는 것을 알겠습니다. 정씨는 한갓 미모가 뛰어날 뿐 아니라 긴 눈썹이 눈 밖에 나지 않았으니 기상이 깨끗하고 빼어납니다. 맑은 눈빛이 새벽별 같으니 가을 물 같은 정신을 지니고 있습니다. 그 기운이 뛰어나고 강하며 편안하고 한가로워 수복이 반드시 있을 관상입니다. 양미간 사이에 복스러운 기운이 어리어 자녀를 갖추며 오복(五福)에 흠이 없을 듯하
니 어찌 일점 골육이 없이 젊어서 물에 빠진 혼백이 되겠습니까? 결단 93
코 거짓말 같은데 정자상이 평상시라도 이런 말로 사람을 속이지 않을 것이고 더욱 이때에 농담을 하지 않을 것입니다. 정씨가 죽은 것이 확실한가 싶으니 세상사를 어찌 믿겠습니까? 이렇게 본다면 이씨와 유현은 모두 다 아직 생각도 못하겠습니다."

진왕이 말하였다.

"정씨가 한 명의 어린아이도 없이 일찍 죽을 사람이면 세상에 믿을 것이 무엇이 있겠느냐? 시녀 무리가 물에 빠진 것을 잘못 안 것이 아닌가 한다. 그러나 정씨 집안에서 분명 부고를 전하고 죽었다는 것이 분명하다고 하니 비록 내쫓은 며느리이지만 복제(服制)[30]를 어찌 하려고 하
느냐?" 94

초공이 아무 말 없이 깊이 생각한 후에 말하였다.

"정씨의 죄악이 백옥같이 흠이 없으나 죄를 벗기 전에는 살아서 며느

30) 복제(服制) : 상례(喪禮)에서 정한 다섯 가지의 전통적 상례복식을 의미함.

리로 거느리지 못하였으니 어찌 복제를 차리겠습니까? 반드시 누명을 벗는 날 위패를 데리고 오고 복제를 차려 며느리로 대우할 것입니다. 제 마음에는 실로 믿기지 않아 정씨가 죽을 리 만무한 듯하니 잠깐 일의 기미를 보아 처리하겠습니다."

그런 후에 태부인이 못 들으시는 곳에 가 통곡하여 슬퍼하였지만 복제
를 차리지 않았다. 이씨 집안에 사람을 보내어 이씨의 소식을 물으니 오
95 히려 죽은 정씨와 다름이 없어 이씨가 간 곳이 없다고 하고 다만 이공자
가 장사를 지내고 망극하여 돌아와 있다고 하였다. 초공이 이 말을 듣고 수레를 밀어 이씨 집안에 와서 이공의 영전에 와서 통곡하고 이공자에게 조상하며 상사의 슬픔을 말하였다. 그리고는 며느리의 참혹한 변란을 한탄하며 애석하게 여겼다. 이공자가 몸을 굽히고 눈물을 흘리며 사례하고 한 장의 글을 받들어 드렸다. 초공이 놀라 바삐 떼어 보니 이씨 화벽의 편지였다.

강포한 도적이 자기가 외로운 신세인 것을 업신여겨 도적의 어질지 못
한 마음이 사람을 죽인 후에나 그칠 것 같아 천한 노비를 대신하여 그들
96 에게 잡혀가게 하였다는 것과 분명히 어쩔 수 없어서 그렇게 한 뜻과 저
의 자취를 알 수 없다고 하여 주위 사람을 속이는 뜻과 깊이 숨어있으므로 번거로울 것 같아 시아버지께 사실을 속이는 것을 사죄하는 내용이었다. 또한 만 리의 험한 길에 무사히 돌아오신 기쁨을 하례하고 지척에서 뵙지 못한 것을 사죄하는 내용이었다.

비단 같은 필법이 찬란하고 더할 수 없이 슬픈 마음이 사람의 마음을 감동시켰다. 수많은 글자와 말이 비단과 주옥(珠玉) 같았고 숙녀의 얌전하고 덕스러운 자태와 행동이 글 위에 어리고 간절하고 지극한 정성이 글자

마다 나타나 빼어난 아름다운 모습과 부드럽고 온화한 옥 같은 목소리를 보고 듣는 듯하였다.

초공이 편지를 다보고 양미간이 환해지고 봄바람이 꽃을 흐드러지게
피게 하니 동쪽 정원에 좋은 빛이 무르녹는 것 같았다. 편지를 접어 주머 97
니 속에 깊이 간직하고 기뻐하며 이공자를 향하여 말하였다.

"이씨 며느리의 투철하고 밝은 식견은 노부가 거의 짐작함이 있었으나 규방의 어린 여자가 이렇게 깊은 생각을 하며 식견이 높고 사물에 밝을 줄을 알았겠는가? 이것은 일부러 총명하고 사리에 밝아 일을 잘 처리하여 자기 몸을 보존하는 것[31]이니 노부가 아름답고 기특함을 이기지 못할 것 같네."

이공자가 이 말을 감히 받아들이지 못하여 절하고 사례하면서 말하였다.

"천한 누이가 비록 총명함으로 자기를 기약하지만 어찌 어르신께서 과
하게 포장하시는 칭찬을 받겠습니까? 다만 누이가 귀댁의 큰 복과 혜
택을 입어 위태롭고 어지러운 가운데서도 화를 피한 것을 신기하게 생
각하니 모두 조씨 가문의 좋은 명망 때문입니다." 98

초공이 오랫동안 말하다가 석양이 지자 집으로 돌아와 존당을 뵈었다. 주위가 고요해지자 태부인과 부모께 이씨가 위험에서 벗어나 생존하여 이씨 집안의 깊은 곳에 은신하여 간악한 무리가 드러날 때를 기다리는 것을 아뢰고 이씨의 서찰을 받들어 드렸다. 태부인과 노공 부부가 편지를 다 보고 매우 놀라며 신이함을 이기지 못하여 글을 재삼 살펴 그 기특함을 말하였다. 이 편지를 거두어 상자 속에 간수하고 탄식하며 말하였다.

---

31) 총명하고 ~ 것 : {명철보심}. '명철보신(明哲保身)'의 오기인 듯함.

"이씨 며느리가 생존해 있다는 것은 분명한데 알지 못하겠구나. 정씨
며느리의 옥 같은 아름다운 몸은 어찌 되었는가? 정씨 며느리가 진실
99 로 살아있지 않다면 유현이 부부간의 화락한 관계를 이루어 종사를 드
러내고 빛낼 수 없을 것 같구나."

진왕과 초공이 온화한 목소리와 부드러운 말로 위로하며 말하였다.

"하늘의 뜻은 지극히 공정하여 사사로움이 없습니다. 정씨가 죽었다고 하지만 눈앞에서 그 사실을 보고 들은 것이 없으니 혹시나 죽는 상황에서도 살 도리가 있을까 합니다. 엎드려 바라건대 할머니와 부모님께서는 근심하지 마시고 천도의 순환하는 이치를 바라십시오."

존당이 항상 한편으로는 원통해하고 한편으로 탄식하며 우울하게 유현 부부를 생각하는 마음이 새로웠다.

화설(話說). 손덕수가 설씨 집안에 나아가 설강을 보고는 유현의 편지
100 를 주고 자객이 들어왔던 말과 유현이 자객을 예사로 알고 이와 같이 하
여 자객을 잡아 본 현에 보내 죽인 일을 말하였다. 또한 자객의 요패를 끌러다가 임금께 드리니 임금께서 자객 보낸 자를 재삼 찾고자 하시던 일과 유현이 매우 안타까워하고 탄식하던 말을 낱낱이 전하였다. 설강은 얼굴이 더워지고 심신이 다급하여 어쩔 줄 모르고 정신이 나간 듯이 입을 열지 못하였다. 다만 유현의 편지를 떼어 보니 편지는 다음과 같았다.

한 번 이별이 아득하여 절기의 차례가 바뀌니 형의 생활은 어떠하신지요? 누추한
저는 성상의 죄인을 살려주는 덕을 입고 아래로는 여러 벗들이 염려해주신 덕분으
101 로 귀양지에 무사히 도달하여 편안하게 지내고 있소이다. 위로는 임금과 어버이를
사모하며 그 다음엔 여러 친구들을 그리워하여 꿈속에서 넋은 서울에 돌아가고 몸

은 타향살이하니 저의 마음이 더할 나위 없이 슬프니 어찌 탄식과 슬픔을 참겠소?

형과 제가 서로 사귄 지 오래되었는데 서로 원망을 가지고 또 한을 품은 것이 없
소이다. 그런데 떠나서 생각하니 형이 반드시 누추한 저를 염려하여 변방 만 리에서
몸을 보전할 도리를 가르쳐줄까 하였는데 누가 생각지도 못한 흰 칼날이 이를 줄을
알았겠소? 아! 인명이 중대하니 임금님도 오히려 사람의 죄의 경중을 생각하여 온 102
나라가 다 죽이는 것이 옳다고 해야 목을 벱니다. 알지 못하겠소. 이 조운희가 설의
백께 무슨 죄를 얻어 원한을 쌓았으며 이 지경에까지 미쳤소?

성인이 말씀하시기를 은혜는 맺고는 잊지 말라고 하셨으며 원수는 풀고 잊으라
고 하셨소. 제가 비록 넓고 깊은 생각은 없으나 형의 이와 같은 괴상한 행동을 놀라
워할망정 마음에 두고 아주 작은 원망[32]을 가지며 원수를 갚을 뜻은 없소. 형을 위
하여 지극히 염려하고 애달파하는 것은 형이 재주의 아름다움이 있고 빛나는 재주
는 이백도 비웃을 정도이며 스무 살 전에 태학사가 되어 임금의 총애가 온 몸에 만 103
족스럽고 뛰어난 명성이 조정과 재야에 나타나니 바른 도로 임금을 섬기고 나라의
은혜를 갚아 충신으로 행세하여 일신의 복록을 지키고 형의 조상을 드러내야 하는
데 무슨 까닭으로 마음을 괴롭게 하여 사람을 시기하여 선을 버리고 잘못된 길을 찾
아 가는가 하는 것이오? 비록 하룻저녁에는 악을 가릴 수 있으나 천고의 세월동안
더러운 이름을 면하지 못할 것이오. 친구를 모함하여 사지에 넣는 것도 인자(仁者)
가 차마 하지 못할 악한 일이오.

주상께서 지혜롭고 총명하셔서 마침내 선악을 아실 것이오. 슬프다! 왕법이 삼엄 104
한데 조정 신하가 궁궐에 왕래하고 궁녀와 결탁하여 사람을 해치는 것을 태연하게
하니 빙산이 무너지는 날 형의 몸을 장차 어느 땅에 두며 어머니에 대한 불효와 일

---

32) 아주 ~ 원망 : {ᄋᆡᄌᆞ지원[睚眥之怨}. '애자지원'은 한 번 흘겨보는 정도의 원망이란 뜻으로, 아주 작은 원망을 의미함.

세의 부끄러움을 어찌 하려고 하시오? 제가 현명하지 못하고 어질지 못하지만 잠깐
사람을 알아보는 마음의 거울이 있소이다. 처음에 형이 부질없이 자객을 보내어 저
의 집에 변란을 만들고 전후에 나를 해쳐 변방 만 리에서 수자리 서는 사람으로 만
105 들었소. 이것은 형의 신기한 수단임을 알았지만 한하지 않았소. 유현의 수년 동안
의 귀양은 빙산이 무너지는 날이면, 임금님의 밝은 지혜가 어두운 곳을 현격히 살피
셔서 자연히 고향에 돌아가 임금과 부모와 여러 친구를 반길 것이니 설의백의 불쌍
한 일신을 어찌하겠소?

형을 위하여 염려하건대 오직 마음을 고치고 인을 행하여 스스로를 계책함이 옳
으니 성인께서 잘못을 고치는 것이 귀하다고 하셨소. 저를 이 지경에 이르게 하고
또 석환을 보내어 저를 죽이려 하니 가히 심하다고 말할 것이지만 제가 어찌 무고하
106 게 죽겠소? 제가 석환을 잡아 죽인 것은 뒷날 형이 석환과 마음을 같이하여 모의하
던 자취를 감추고 형이 그릇된 곳에 빠진 것을 골똘하게 생각하여 한 장의 편지를
써서 형이 살아갈 방법을 알려주니 형이 총명하니 깊이 생각하고 뒷날 후회하지 마
시오. 만일 잘못을 뉘우치고 자신을 책망하면 유현이 마침내 오래 사귄 벗의 얼굴을
좋게 보고 원한을 품지 않을 것이니 밝게 살피고 깊이 생각하시오.

설강이 편지를 다 보고 얼굴이 흙빛이 되어 말을 못하였다. 유현의 편
지 속의 말이 자기가 전후에 저질렀던 악한 일을 따라 다니며 본 듯하여
107 심신이 놀랍고 실로 장래를 헤아리니 두렵고 위태하였다. 두 번 자객을
보내어 인명을 해치려고 했던 흉한 마음을 세상이 안다면 어찌 선비의 무
리에 들어가 사람을 대하겠는가? 안색이 기운을 잃어 붉으락푸르락 하였
다. 손덕수가 이 모습을 보고 마음속으로 애달파 이에 말하였다.

"조유현과 오래 함께 있으면서 보니 밖으로는 여름 해의 두려움이 있

고 안에는 강하의 넓은 도량이 있었네. 그 정신과 총명함은 해와 달의 맑고 아름다운 기운과 같았으며 그 사람의 기운은 가을 하늘의 시원하고 상쾌함과 같았네. 하물며 의기와 어진 마음은 천성에 나타나는 바이니 말마다 설의백을 애달파하고 진심으로 자네가 어질게 되고 깨달아 길이 몸을 보전하기를 바라는 뜻이 각별하였네. 나에게 재삼 당부하여 자객과 관련된 일을 번거롭게 하지 말고 임금님 앞에서 이 일을 설의백에게 미루지 말라고 하였네. 실로 내 마음에도 감격스러운데 아우만 감동하지 않겠는가? 내가 자네와 먼저 친하고 친척의 정도 겸하였는데 그 정을 어찌 유현에게 비기겠는가마는 차마 잘못된 것을 돕지 못하고 사람의 마음이 차마 대군자를 해치지 못하여 떠날 때 부탁한 일을 다시 행하지 못하니 면목이 없네. 그러나 청컨대 마음을 고쳐 조유현의 어진 말을 저버리지 말게" 108

설강이 길이 탄식하고 하늘을 우러러 길게 탄식하며 말하였다. 109

"일세에 어찌 설강을 내시고 또 조유현을 내셨는가? 유현을 해치고자 함이 잘못된 것을 모르지 않지만 유현이 조정에 나서면 시원하고 상쾌한 풍채 있는 몸이 소와 말 중에 있는 기린이었다. 엄숙하고 예의 있는 모습과 엄정한 기운은 늠연히 9월의 가을 하늘 같아서 충효와 성스러운 행동과 말과 기질이 한 세대에 걸출하였다. 나 설강이 혼자 나서면 두려운 사람이 없다가도 조유현과 함께 서면 몸이 어린아이 같고 기운이 줄어들어 서리 맞은 뱀이 용을 대하는 것 같았다. 어린 마음에 분하고 한스러움을 참지 못하여 한 번 해치고 두 번 해쳐 오늘에 이르렀다. 110
세력이 양립하지 못하여 조유현을 죽인 후에 그치겠다고 하였더니 유현이 나의 행동을 살피는 것이 햇빛처럼 밝고 내가 다시 악을 더한다면 내가 유현은 죽이지 못하고 나의 죄 한 개를 더할 것이다. 차후에는 마음을 고쳐 다시 잘못함이 없을 것이다. 노형은 어진 유현과 매우 친한 사람이다. 나의 만 리 같은 앞길을 돌아보아 나의 많은 허물을 다시 입 밖에 내어 세상에 알게 하지 마라."

손덕수가 일어나 칭찬하며 말하였다.

"만일 마음을 고쳐 덕을 닦으면 화를 돌이켜 복을 취할 것이네. 내가
111 어찌 설의백의 과실을 누설하겠는가? 길이 생각하여 현인의 영향을 받아 행동을 변화시키게."

설강이 탄식하고 이후로는 악한 마음을 태반이나 줄여 제 스스로 부끄러워하였다. 그러나 난교를 궁중에 두었으니 무슨 일이 있을까 두려웠다. 그러나 어쩔 수 없어 운남에 왕래하는 사람을 살펴보아 답장을 써서 유현에게 사죄하였다. 그런데 그 편지가 유현에게 가지 못하고 평진후 소천에게 가게 되었다. 평진후가 편지를 펴 보니 그 속에는 설강의 반평생 간계를 말하여 사죄하고 이후로는 잘못을 뉘우쳐 자책하니 뒷날 용서해 줄 것을 청하는 것이었다. 평진후가 매우 분노하며 말하였다.

112 "설강 소인의 악한 일이 이와 같으니 마땅히 임금님 앞에 이 글을 드려 유현을 구해야겠다."

마침 기현이 왔다가 이것을 보고 탄식하며 말하였다.

"군자의 큰 덕으로 소인을 감화시켜야 합니다. 사촌 동생이 비록 소인에게 잡혀 화를 만났으나 천도가 밝고 뚜렷하니 누명을 벗을 날이 있을 것입니다. 어찌 구차하게 한 장 편지를 잡아 성상께 고하겠습니까? 만약 유현의 누명을 말한다면 원래 장인어르신께서 저희 가문과는 사돈 간으로 두 집안의 정분이 평범하지 않다는 것은 성상께서 아시고 온 세

상이 아는 바입니다. 사촌 동생의 누명을 말하지만 이것은 공론이 되지 못할 것이니 아는 체 하지 마십시오."

평진후가 칭찬하며 말하였다.

"나의 사위는 과연 성현이다. 의논하는 것이 관대하니 내가 어찌 듣지 않겠는가?"

드디어 설강의 편지를 감추고 임금님 앞에 아뢰지 않았다. 113

화설(話說). 진왕의 둘째 아들 영현과 셋째 아들 운현은 정숙렬이 낳은 쌍둥이 아들이었다. 영현의 자는 선희였다. 용모가 초산(楚山)[33]의 백옥 같고 풍채가 금당(金堂)의 수많은 버드나무가 휘어져 있는 것 같았다. 봉황 같은 눈은 유성 같고 누에가 누워있는 것 같은 눈썹[34]은 뛰어난 문채가 가득하여 산천의 정기를 거둔 것 같고 고운 뺨과 붉은 입술은 어머니의 하늘로부터 타고난 아름다운 모습을 닮았다. 방년 14세에 신장이 크고 문장과 빛나는 재주가 사마천(司馬遷)[35]을 압도하였다. 성품과 도량이 단정하고 말이 간략하여 이른바 옥 같은 군자였다. 사람들이 칭찬하여 진왕
이 복이 많다고 말하였다. 조부모가 매우 사랑하였으나 진왕은 영현이 114
너무 미려하고 단정하여 부인네와 같다고 나무랐다. 초공이 웃으면서 말

---

33) 초산(楚山) : 산 이름. 형산(荊山)으로 호북성 남장현 서쪽에 있음. 초나라 변화(卞和)가 박옥(璞玉)을 얻은 산이라고 전함.

34) 누에가 ~ 눈썹 : {와잠미(臥蠶眉)}. 잘 생긴 남자의 눈썹을 표현할 때 주로 사용되는 표현임.

35) 사마천(司馬遷) : 전한(前漢)의 역사가. 자는 자장(子長). 태사령 사마담(司馬談)의 아들로 부친 사망 후 부친의 뒤를 이어 태사령이 됨. 태사는 나라의 법규와 기록을 맡은 벼슬. 사마천은 한(漢)나라 사람으로, 황제(黃帝)로부터 한나라 무제(武帝)에 이르기까지 삼천 여년의 일을 적은 기전체(紀傳體) 역사서 『사기(史記)』 130권을 저술함. 무제(武帝) 때 흉노에게 항복한 이릉(李陵)의 일족을 다 죽이려는 논의가 있자, 그의 충신(忠信)과 용전(勇戰)을 변호하다가 무제의 격노를 사서 궁형을 당하고 그 후에 중서령(中書令)이 됨. 부친이 끝내지 못한 역사 기술을 계승하여 태사령으로 있을 때 궁중에 소장된 도서를 자유롭게 읽었고 궁형을 당한 후에는 더욱 발분하여 거작인 『사기(史記)』를 지음.

하였다.

“자식이 방탕하고 분에 넘치는 것이 민망하지, 단정하고 수행이 영현이 같으면 어찌 부족하겠습니까?”

진왕이 웃으며 말하였다.

“아우가 알지 못하느냐? 영현의 얼굴이 완전히 여자의 자태를 가졌고 성정이 밝게 빛나고 단아하여 장부의 기상이 아니다. 나의 열 명의 아들 중에 유현만한 사람이 없으니 어찌 애달프지 않겠느냐? 운현은 장부 기상이 나오지만 너무 방탕하고 모질고 거만하며 거리낌 없이 호방하니 또한 큰일이네.”

노공이 웃으며 말하였다.

115 “너의 열 명의 아들 중에서 기현이 으뜸이고 성[36]의 일곱 명의 아들 중
에서 유현이 가장 뛰어나지만 얼굴과 재주야 고하가 있겠느냐? 유현
다음은 광현이고 기현 다음으로 기상이 상쾌하고 시원하며 훤칠하여
아버지의 풍모가 완전한 자는 운현이다.”

두 사람이 머리를 숙이고 웃음을 머금었다. 누이인 조부인 등이 낭랑하게 웃으며 말하였다.

“두 아우는 욕심이 끝이 없는 것 같구나. 기현의 십 형제와 유현의 칠
형제의 온화한 기운과 풍류 있는 모습과 옥 같은 얼굴과 영웅스러운 모
습이 용과 봉황의 기질이고 하나같이 백옥경의 신선 같다. 그런 아들
이 하나만 있어도 복인데 열 명의 자식과 일곱 명의 자식을 두고 오히
116 려 쓸 데 없이 자식의 흉을 포폄하느냐? 너희들도 어릴 때에 어찌 허물
이 없었겠느냐?”

---

36) 성 : 초공을 가르킴. 초공의 이름이 조성임.

진왕이 희미하게 웃었다.

영현과 운현이 함께 장성하니 수많은 매파가 문을 떠들썩하게 하였다.
서평후 철관이 삼자 일녀를 두었는데 딸이 먼저 장성하였다. 딸이 14세가
되자 옥 같은 얼굴과 달처럼 아름다운 자태와 성스러운 행동과 사덕(四德)
이 옛날의 정숙하고 아름다운 숙녀의 모습이었다. 조영현의 옥 같은 얼굴
과 선비다운 풍모를 철후가 친히 보고 주진(朱陳)의 호연(好緣)[37]을 간청
하여 혼인하였다. 부부의 기질이 한 쌍의 좋은 짝이고 겸금(兼金)과 양옥
(良玉)[38]이었다. 태부인이 기뻐하고 시부모가 매우 기뻐하였다. 부부가
화합하며 부부간의 즐거움[39]이 일세에 비교할 곳이 없었다. 철소저가 남 117
편의 명령을 순순히 따르며 시부모를 효도로써 받들기를 극진한 도리로
하여 편안하고 한가로운 도량과 얌전하고 정숙한 행동이 소씨와 정씨[40]
의 무겁고 넓은 마음에 미칠 바가 아니고 이씨[41]의 사군자의 풍모를 따
르지 못하였지만 당대의 일대 숙녀라고 온 집안이 칭찬하였다.

운현의 자는 석희이다. 태어나 자라나니 상쾌하고 시원한 얼굴은 초승달이 동쪽 고개에 밝은 것 같았고 늠름한 풍채는 용이 오르며 범이 움직이는 듯하고 누에 같은 눈썹과 봉황 같은 눈이며 하얀 코[42]와 붉은 입술이 아버지의 영웅스러운 풍모를 오로지 지니고 있었다. 신장이 8척이고 손목이 무릎을 넘어가고 솔직하고 절개가 있는 거동이 천고에도 없는 영

---

37) 주진(朱陳)의 호연(好緣) : 주씨 집안과 진씨 집안의 좋은 인연. 중국 서주(徐州)에 주씨와 진씨만 살아 대대로 혼인한 것에서 전(轉)하여 대대로 통혼하는 두 집안의 좋은 인연을 뜻함.

38) 겸금(兼金)과 양옥(良玉) : 겸금(兼金)은 품질이 뛰어나 값이 보통 금보다 갑절이 되는 좋은 황금을 뜻하고 양옥(良玉)은 좋은 옥을 뜻함.

39) 부부간의 즐거움 : {관져지락[關雎之樂]}. '관관이 우는 저구새의 즐거움'이란 뜻으로 군자와 숙녀가 좋은 배필을 만나 즐거워함을 의미함. 『시경』의 「주남」편의 〈관저(關雎)〉 시에 나오는 말임.

40) 소씨와 정씨 : 소씨는 기현의 첫째 부인이고 정씨는 유현의 첫째 부인임.

41) 이씨 : 유현의 세 번째 부인인 화벽을 가르킴.

42) 하얀 코 : {호비}. 하얀 코의 의미를 지닌 '호비(皓鼻)'로 봄.

118 웅호걸이었다. 기상이 뛰어나고 성정이 훤칠하며 재주와 용모와 문필과
품격이 일세에 빼어났다. 가슴에 세상을 다스리고 백성을 구제할 큰 생각
을 품고 수중에 세상을 경영할 뛰어난 재주를 가져 장막 안에서 계책을
부리고 천 리 밖에서 싸움을 승리로 이끄는[43] 재주와 기량을 겸하였다.
보는 사람이 칭찬하고 존경하여 복종하고, 진왕이 여러 아들 중에서 운현
을 각별히 편애하였다. 다만 운현의 기운이 한 세상을 억누르고 방탕하고
호방하여 두려워할 것이 없었으며 아름다운 여자를 보면 건성으로 흘려
보내지 않을 정도였다.

진왕이 비록 어릴 때는 여색을 좋아하고 작은 예절은 거리끼지 않았으
나 나이가 찬 후에는 모든 일에 숙성하여 여러 아들을 계책하는 것이 초
119 공보다 훨씬 더하였다. 여러 공자가 거리끼지 않고 제멋대로 하면 친아
들과 조카를 가리지 않고 잘못을 꾸짖었다. 이런 까닭에 초공의 여러 아
들들은 그 아버지께 볼기를 맞지 않았지만 진왕에게는 자주 맞았다.

진왕이 운현의 거리낌 없고 제멋대로인 행동을 보고 외모에 나타나는
엄숙함이 한겨울의 차가운 하늘같아서 운현이 4~5세가 된 이후에는 얼굴
빛을 좋게 하여 운현을 가까이 하는 것이 없고 반드시 양미간에 차가운
가을바람과 같은 기운이 어리어 운현의 기운을 제어하였다. 운현이 아버
지 앞에 임하면 송구하고 떨려 차가운 땀이 옷을 적셨다. 기운을 거두
고[44] 유학에 힘쓰며 마음을 가다듬어 여색을 멀리하였지만 술과 여자와
120 기생에 미쳐 있었다. 운현이 때를 얻으면 양인광과 함께 제녀당과 진궁

---

43) 장막 ~ 이끄는 : {운쥬유악지즁[運籌帷幄之中]의 결승천리(決勝千里)ᄒᆞᄂᆞᆫ}. 장막 안에서 계책을 부리고 천 리 밖에서 싸움을 승리로 이끈다는 의미임. 한나라 고조의 모사인 장량의 이야기를 다루고 있는『사기(史記)』「장량전(張良傳)」에서 나오는 말임.

44) 거두고 : {쥬리혀고]. 옛말 '주리혀다'는 거두다의 뜻임.

의 구자의 곳에[45] 나아가 풍류를 대하여 기생을 가까이 두고 풍류와 호탕함이 비교할 바가 없었다. 운현은 아버지가 돌아올 때가 곧 되면 풍악을 그치고 늠연히 정숙하였다. 진왕은 오히려 운현이 풍류와 미색을 탐하는 것을 다 알지 못하였다.

45) 구자의 곳에 : {구즈의 곳의}. 어느 곳을 가리키는지 미상임.

조 씨 삼 대 록

9권

1 화설(話說). 조운현이 이때 14세가 되어 몸이 크고 만사에 성숙하였다. 진왕이 며느리를 선택하는 일을 특별하게 하여 매파가 문을 가득 채웠으나 쉽게 허락하지 않았다. 여러 서모가 웃고 말하였다.

"위로 두 아들이 아내를 얻을 때 며느리를 선택하는 것은 이토록 하지 않으시더니 셋째 공자에게는 이같이 유별나십니다. 원래 셋째 공자의 얼굴과 기상이 진왕과 같기 때문에 편애하시는 것 같습니다."

진왕이 웃음을 머금고 대답하였다.

"이 아이가 구태여 나와 같다고 하여 귀중하게 여기는 것이 아닙니다.
2 기현은 진중한 으뜸 군자이고 영현은 단아한 군자이니 예사로워 근심
이 없습니다. 그러나 운현은 기운이 하늘을 받들 듯하고 호방하고 방탕하니 만일 평범한 여자를 얻으면 반드시 복종시킬 길이 없을 것입니다. 부디 특이한 여자를 얻어야 운현을 복종시킬 수 있을 것이니 며느리를 선택하는 것을 대충 하겠습니까?"

초공이 웃으며 말하였다.

"이 아이가 비록 호탕하나 역량이 깊고 원대하니 제가(齊家)하는 데는 근심이 없을 것입니다."

진왕이 웃었으나 마음을 정하지 못하였다.

황족인 연왕이 다만 한 명의 딸만 있어 자못 편애하였다. 금년 봄에 영
3 현이 과거에 급제하고 운현이 장원이 되니 헌칠하고 시원하며 상쾌한 모
습이 수많은 사람 가운데 우뚝하고 소년의 재주와 명망이 일세에 진동하였다. 영현과 운현의 옥 같은 얼굴과 선비다운 풍모가 전각 아래와 위에 빛났다. 임금이 공경하고 사랑함을 이기지 못하여 각별히 위로하고 진왕을 불러 칭찬하며 말하였다.

"산이 높아야 옥이 나오고 바다가 깊어야 진주가 나온다고 했다. 선생의 기특함으로 어찌 아들이 범상하겠는가? 성인 같은 도덕을 지닌 기현은 지금 천하의 대현(大賢)이라 할 만하네. 그런데 두 아우의 아름다움이 이와 같음은 한갓 선생의 복록일 뿐만 아니라 짐의 행복이니 한 잔 술을 주지 않을 수가 없구나."

임금이 옥 술잔에 술을 부어 주니 진왕이 머리를 조아리고 공손히 받으며 말하였다.

"신이 박덕하고 재주가 없는데도 외람되게 성은을 입고 어린 자식이 4
이와 같이 성은을 받으니 실로 옅은 복이 줄어들까 합니다. 두 자식이 다 나이가 어리고 재주가 없어 썩은 글귀로 급제하였으나 성상을 섬기고 임무를 살피는 재주가 없습니다. 그러니 4~5년 말미를 주시면 다시 훌륭한 스승에게서 수련하여 성상의 은혜를 갚게 하겠습니다."

임금이 이 말을 들으시고 웃으며 말하였다.

"재주는 나이가 많고 적은 것에 있는 것이 아니네. 오늘 운현의 풍채와 모습이 완연히 선생과 다름이 없고 세 번의 과거시험에서 장원하는 것은 천고에도 없는 희한한 일이다. 글 가운데 세상을 다스리고 경륜하
는 글귀가 은은히 들어 있으니 선생은 너무 겸손하지 말라." 5

이렇게 말하고 친히 어화(御花)를 꽂아 주고 차례로 술을 내려 주며 벼슬을 정해 주니 운현이 신진 명사로 임금의 총애가 부형에 버금가고 재주와 풍모가 조정과 재야를 놀라게 하였다.

연왕은 임금과는 성(姓)이 다른 형제간이었다. 기운이 교만하고 성정이 시기심 많고 엉큼하기 때문에 임금이 겉으로는 친한 척하면서도 속으로는 멀리하며 연왕을 괴롭게 여겼다. 연왕이 운현을 보고 마음속으로 유의

하며 온 조정 신하가 물러가기를 기다려 사혼(賜婚)하라는 임금의 뜻을 얻
어 운현을 사위로 삼고자 하였다.
임금이 영현을 또 한림원에 뽑아 썼다. 이날 운현이 어화를 숙이고 임
6 금이 내려주는 술에 반쯤 취해 과거에 급제한 동료들을 거느리고 궐문 밖
에 나왔다. 집사와 사내종은 앞에서 가리고 뒤에서 옹위하며 임금이 내려
준 아리따운 소년과 두 개의 일산이 앞을 인도하고 금색 옷을 입은 재인
(才人)은 재주를 겨루며 조씨 집안으로 돌아왔다. 진왕 형제가 뒤에 있고
기현의 행렬이 이어져 영광이 온 길을 덮었고 풍채와 기상이 햇빛에 찬란
하니 사람마다 탄복하였다. 이렇게 조씨 집안으로 돌아오니 태부인과 노
공 부부의 기쁨은 비할 데가 없고 여러 서모와 누이들이 진왕을 향하여
칭찬하는 소리가 물결이 이는 듯하였다. 초공이 어질고 아름다워 자식과
7 조카를 다르게 생각하지 않아 기뻐하였지만 운남에 외롭게 있는 아들을
생각하여 온화한 기운이 넘쳐나는 가운데도 양미간에 근심이 은은하게
드러나니 진왕이 기미를 알고 또한 애달파하였다.

각설(却說). 연왕이 임금에게 청하여 말하였다.

"신이 운명이 기박하여 다른 자식이 없고 오직 딸 한 명만 있어 재주와
용모가 비루하지 않습니다. 그래서 사위를 구하는 것을 근심하던 중에
딸에게 걸맞은 자를 만나지 못하여 안타까워하였습니다. 그러던 중 장
원 조운현은 용과 봉황의 기질이 있고 이백의 정신과 풍채를 가지고 있
었습니다. 신이 소망하는 사위로는 과분합니다만 진왕 조무가 신과는
사이가 좋지 않아 서로 만나면 흔연히 인사도 주고받지 않습니다. 그
8 러니 신의 딸로써 운현에게 사혼(賜婚)하시기를 청하옵니다."

임금이 대답하였다.

“혼인은 풍화(風化)에 가장 관련된 것이고 인륜의 처음이다. 피차 뜻이
맞은 후에야 반드시 서로를 취하는 것이다. 만일 조무가 허락하지 않
는다면 짐이 조용하게 타일러 보겠다.”

연왕이 절하며 말하였다.

“그렇지 않습니다. 신이 황실의 친척으로 폐하를 우러러 모든 일이 잘
되기를 바랍니다. 조무가 비록 거절하기 어렵겠지만 폐하께서 친척을
위하여 성지를 엄히 내리시면 자기가 감히 폐하의 뜻을 거스르겠습니
까? 설사 사양할지라도 폐하께서 빨리 혼인을 이루라고 하시면 조무가
어찌 거역하겠습니까? 이것을 허락하시지 않으시면 신의 바라던 바가
아닙니다.” 9

임금이 웃으며 말씀하셨다.

“짐이 조운현을 보니 기운은 가을 하늘 같고 정신은 넓고 비범하여 천
고에도 없는 영웅호걸이니 한 명의 처로 늙을 자가 아니다. 혹시 경의
딸은 요조숙녀를 질투하는 인물은 아닌가? 만약 그렇다면 운현이 기뻐
하지 않아 경의 딸의 평생이 좋지 않을 것이니 모든 일을 깊이 생각하
라. 옛날 선제(先帝)께서 조무의 풍채와 기상을 매우 사랑하시어 금선
공주를 시집보내셨네. 속절없이 금선의 평생이 버려진 부인 신세를 면
치 못하여 아침저녁으로 원한이 맺혔네. 부부 사이는 임금의 위엄으로
도 어쩔 도리가 없는 것이네. 금선공주가 선제(先帝)의 친딸이고 짐의 10
누이동생이니 임금의 귀한 딸이지만 존귀함을 드러낼 길이 없었네. 그
러므로 실로 짐은 이 혼인을 권하지 못하겠네.”

연왕이 매우 분노하여 또 아뢰었다.

“성상이 한갓 조무가 영웅호걸인 줄만 말씀하시고 군신의 대의와 임금

의 위엄을 드러내지 못하시니 이런 까닭에 조무가 방자하여 임금을 압도하여 두려워하는 것이 없는 것입니다. 신이 비록 어질지 못하지만 딸을 가르치는 데에 조무가 자식을 가르치는 것보다 못하겠습니까? 이 혼인을 이루어주시지 않으시면 신이 근심하며 분하여 마음을 태울 것입니다."

임금이 웃으며 말하였다.

11 "경은 노하지 말고 조무에게 구혼하여 허락하지 않으면 짐이 사혼할 것이다."

연왕이 아뢰었다.

"구혼하여도 조무가 들을 리 없을 것입니다. 이리저리 하시면 조무가 어찌 거역하겠습니까?"

왕이 친척의 안면을 생각하여 허락하고 다음날 전지를 내려 말하였다.

이번 과거에 장원한 조운현은 옥 같은 사람이고 뛰어난 인물이니 짐이 각별히 사랑한다. 그런데 짐은 그가 처를 취하지 않았음을 아는 까닭에 황친 연왕의 딸인 천화군주는 짐이 사랑하는 아이로 얌전하고 착한 여자여서 군자의 좋은 짝이 될 만하니 특별히 주혼(主婚)하여 혼인하게 하노라. 피차가 왕공(王公)의 자녀이기 때문에 결혼해도 손색이 없을 것이니 중매하는 사람이 도리에 벗어나서 믿음직스럽지 않다
12 고 한다면 신하의 도리가 아니다. 양가가 잘 알고 빨리 혼인을 이루어 짐의 마음을 저버리지 않게 하라.

이런 교지가 내리니 연왕은 매우 기뻐하고 진왕은 양미간을 찡그리고 말하였다.

"운현이 나를 닮았더니 반드시 부부 사이에 마가 끼게 되었구나."

즉시 글을 올려 말하였다.

신의 아들 운현이 본래 무식하고 꼼꼼하지 못하며 어설퍼 하나도 취할 만한 것이
없습니다. 어찌 감히 황실의 친척과 부부가 되어 군주를 욕되게 하겠습니까? 신이
본래 성품이 어리석고 고집스러워 세상에 태어난 이래 뜻을 고치지 못했습니다. 연
왕과 사돈이 될 복이 없습니다. 비록 폐하의 명령이 계시나 이 혼인은 이루지 못할 13
것입니다. 엎드려 바라건대 폐하는 은혜로운 뜻을 거두시는 것이 저의 소원입니다.

임금이 글을 보고 속으로 깊이 생각하니 소후가 간하였다.

"혼인은 양가의 뜻이 합쳐진 후에 정하는 것입니다. 임금은 위엄을 이런 곳에 내세울 것이 아닙니다. 연왕이 한 명의 딸을 두고 사위를 어디 가서 못 얻겠습니까? 이는 구차하게 도모할 것이 아니고 성상께서도 많이 바쁘시니 조무의 뜻대로 버려두십시오."

임금이 이 말을 옳게 여겨서 즉시 비답(批答)[46]하였다.

사혼과 관련된 일은 양가에 좋은 일이어서 명을 내렸는데 선생의 뜻이 이와 같이
견고하고 확실하니 짐이 어찌 핍박하겠는가? 연왕도 구구하게 조무에게 청혼하지 14
말고 다른 곳에서 사위를 구하라.

진왕이 기뻐하며 은혜에 감사하고 물러나왔다. 마음속으로는 연왕이 다시 임금의 뜻을 흔들까 두려워하여 급히 아들의 좋은 짝을 택하려고 하

46) 비답(批答) : 임금이 상주문(上奏文)의 말미에 적는 가부의 대답.

였다.

이 시절에 좌복야 태학사 남두관은 대대 명문의 자손이고 어린 나이에 벼슬에 올라 작위가 재상에 올랐다. 부인 조씨는 팔대왕의 손녀로서 조용하고 그윽한 덕성과 수려한 얼굴이 그 시대에 독보적이었다. 남공이 또한 기개와 절조가 굳세고 사람됨이 청렴하고 결백하여 일대의 군자이며 이름난 사람이었다. 초공과는 지기지우(知己之友)가 되어 관중과 포숙아 같
15 은 두터운 정이 있었다. 슬하에 이남 일녀를 두어 두 아들은 아내를 얻고 딸 선혜는 장성하여 13세가 되었다. 선혜는 천지의 빼어난 정기와 산천의 신령스러운 기운을 받아 태어났다. 옥같이 맑은 피부와 향기로운 살은 바야흐로 백설이 할 말을 잃게 하고 붉은 연꽃이 이슬에 젖었으며 가을 물결 같은 두 눈은 지는 해가 푸른 파도에 부서지는 듯하고 봉황 같은 눈썹과 단사(丹沙) 같은 붉은 입술은 천고에도 없는 아름다운 얼굴이었다. 성품은 보통 사람보다 뛰어나고 행동이 법도가 있어 그 어짊이 하늘과 같았고 그 지혜가 신과 같았다. 가까이 오면 달 같고 멀리서 보면 해와 같아서 온갖 자태의 아름다움이 옛날이나 과거에 비교할 곳이 없는 아름다운 사람이었다.

16 남공 부부가 딸을 천금과 지란(芝蘭)같이 사랑하고 귀중해하며 자녀가 얼마 되지 않았으므로 매우 사랑하였다. 남공이 진왕과 초공의 자식과 조카를 마음에 두었으나 조씨 집안에서 여러 공자를 규방 여자같이 숨기니 남공이 미처 조공자들을 살피지 못하였다. 그러다가 이번 과거에서 두 공자를 보고 매우 사랑하였지만 영현은 철공의 사위이고 운현은 연왕이 구혼한다고 하니 늦게야 두 공자를 알게 된 것을 한스러워하였다. 그런데 진왕이 임금에게 상소하여 연왕의 구혼을 물렸다는 말을 들었다. 남공이

뜻을 정하고 평진후 소공을 보고 중매를 해 달라고 청하였다. 이에 소공이 웃으며 말하였다.

"조무가 며느리를 매우 신중하게 택한다고 하니 형의 딸이 능히 운현
에게 걸맞은 숙녀냐?" 17

남공이 웃으며 말하였다.

"아비가 딸을 칭찬하는 것은 남이 곧이듣지 않겠지만 평진후가 사방을 다 돌아보아도 미모와 덕을 겸비한 내 딸 같은 숙녀는 얻기 어려울 것이다."

소공이 크게 웃고 쾌히 월하노인이 될 것을 허락하였다.

문득 초국공 조상공이 온 것을 아뢰니 소공과 남공이 초공을 반기고 기뻐하며 바삐 초공을 맞아 예를 마치고 인사를 나누었다. 평진후 소공이 웃으며 말하였다.

"남공이 보채어 곧 자네의 집에 가려고 하였는데 사원이 이르렀구나. 자네의 뜻이 진왕의 뜻이고 진왕의 뜻이 자네의 뜻이니 먼저 말해보겠네."

초공이 가만히 웃으며 말하였다.

"남형이 무슨 일로 형을 보챘으며 우리 형제를 보고 말하고자 하는 것 18
이 무엇인가?"

평진후가 웃으며 말하였다.

"형과 남형은 서로 나이를 잊고 허물없이 사귀는 친구이다. 내가 다리를 놓는 몸으로 할 말이 없으니 남형은 스스로 구혼하게."

남공이 또한 웃고 한 명의 딸과 운현을 혼인시키고자 하는 뜻을 말하고 간청하였다. 초공이 대답하였다.

"혼인은 양가의 좋은 일이니 형의 명문 벌열가와 사돈되는 것이 좋지 않겠는가? 다만 형님이 며느리를 구하는 것을 매우 신경 쓰시고 조카의 사람됨이 호걸스러우니 마음이 무산(巫山)[47]과 요지(瑤池)[48]에 있

19 네. 형은 깊이 생각하여 혼사를 이루게 하라."

남공이 웃으면서 말하였다.

"자네의 형님이 며느리 구하기를 유별나게 하지만 내 딸은 족히 자네 형님의 마음에 들 것이네. 운현이 호방하지만 딸을 시집보낼 만하네. 나는 더욱 운현의 기상을 사랑하여 슬하의 사위로 삼고자 하는 것이네."

초공이 본래 남공의 어질고 후하며 정직한 것을 공경하는 까닭에 그 딸이 범상하면 이렇게 말하지 않을 줄 알고 웃으면서 말하였다.

"마땅히 돌아가 내 형님께 아뢰고 소식을 전하겠네. 그러나 형이 조카같이 거리낌 없이 방탕하게 놀고 거만한 사위를 갈구하여 어떡하려고 하나?"

평진후가 웃으며 말하였다.

"자네의 조카가 거리낌 없이 방탕하게 논다고 하지만 진왕의 어릴 때

20 보다 더하지는 않을 것이네."

초공이 웃으며 말하였다.

---

47) 무산(巫山) : 『문선(文選)』에 수록된 송옥(宋玉)의 〈고당부(高唐賦)〉에서 비롯된 말. 전국시대 초(楚)의 양왕(襄王)이 송옥과 함께 운몽(雲夢)이라는 곳에서 놀다가 고당관에 이르러 연회를 열고 즐기다가 잠시 낮잠을 자게 되었는데, 꿈속에 아름다운 여인이 찾아와 말하기를 자신은 무산(巫山)의 선녀라면서 왕과 운우의 정(雲雨之情)을 나눈 뒤 헤어지면서 자신은 아침에는 구름이 되고 저녁에는 비가 되어 양대(陽臺) 아래에서 아침저녁으로 당신을 그리워하고 있다고 말하며 사라졌다는 고사가 있음.

48) 요지(瑤池) : 중국 곤륜산(崑崙山)에 있는 연못으로 주(周) 목왕(穆王)이 서왕모(西王母)를 만나 즐겼다는 곳. 서왕모는 불사(不死)의 약을 가지고 있는 아름다운 선녀로 전해짐.

"자네가 어찌 아이를 평가하면서 어른을 들추어내어 옛날 말을 하는가? 남의 시비를 말하면 자기의 과실이 드러날 것이니 조심하게."

평진후가 크게 웃으며 말하였다.

"내게 무슨 허물이 있겠는가? 자네 형의 포복절도할 만한 일을 이제 말하려고 하면 새롭게 우스울 뿐이네."

남공이 또한 웃었다.

초공이 돌아가 남공이 구혼하던 말과 자기가 들은 말을 다 전하고 급하게 된 것을 고하였다. 진왕이 기뻐하며 말하였다.

"사돈이 뜻에 맞으니 아버님께 아뢰고 혼사를 빨리 이루어야겠다."

이렇게 말하고 노공께 아뢰니 노공이 답하였다.

"자식의 혼인은 아비가 주관하는 것이다. 늙은 아비가 근력이 쇠약하 21
니 어찌 혼사를 할지 말지를 알겠느냐? 너의 뜻대로 해라."

진왕이 명을 받들어 즉시 남씨 집안에 혼인을 허락하였다. 남공이 매우 기뻐하여 즉시 날을 잡으니 일자가 촉박하여 한 달 정도밖에 남지 않았다.

이때 연왕은 진왕이 자기 집안과의 혼인을 물리치고 급히 남씨 집안과 정혼한 것을 알고 매우 분노하고 이를 갈며 말하였다.

"내가 당당히 분을 풀고 말 것이다."

천화[49] 군주의 아명(兒名)은 봉교였다. 옥 같은 얼굴에 꽃 같은 자태와 비교할 곳 없는 묘한 자질이 한 세상에 빼어나며 지혜가 뛰어나고 꾀가 많으며 담략이 다른 사람보다 많았다. 속마음은 어질지 못하지만 겉으로
는 인자하고 아름다운 자질을 지니고 있는 것처럼 보여 악을 감추고 선한 22

49) 천화 : {천혀}. '천혀'로 되어 있으나 '천화'의 오기임.

것처럼 꾸몄다. 부모가 천화군주를 기특하게 여기고 보는 사람이 친애하였다. 천화군주는 일찍이 궁궐 안에 들어가 올봄 과거의 장원 조운현을 과거 날에 높은 누각에서 구경하였는데 운현은 자기가 평생 소원하던 사람과 같았다. 다른 사람을 생각하지 않고 돌 같은 정성이 운현에게 맺혔다. 그런데 뜻밖에도 진왕이 자신과의 혼인을 물리치고 남씨 집안과 정혼한 것을 듣고 크게 분해하며 말하였다.

"내가 만일 조운현의 아내가 되지 못하고 다른 가문에 시집간다면 두 마음을 가진 부끄러움이 있을 것이다. 천하에 조운현만한 풍채와 기상을 가진 사람이 또 어디에 있겠는가? 이제 진왕이 성상의 명령에 응하
23 지 않고 나를 거절하니 내가 황친인 것을 괴롭게 여긴 것이다. 운현을 보니 소년 영웅호걸로 풍류와 호색을 일삼는 남자다. 내가 한 계책을 내어 조씨 집안에 들어가면 저 남씨가 어찌 나의 빼어난 아름다운 모습을 바랄 수 있겠는가? 자연스레 소년 남아의 뜻이 내게 돌아올 것이니 은정을 받으면 적인을 모두 없애서 환공(桓公)이나 문공(文公)과 같은 일[50]을 하고 말겠다"

이렇게 말하고 부왕을 대하여 울면서 말하였다.

"소녀가 비록 불초하지만 몸이 천승국군(千乘國君)의 하나뿐인 딸이 되어 어찌 절의를 빛내고자 하지 않겠습니까? 규방 여자의 도리에 외인
24 을 보는 것이 마땅치 않지만 올봄 과거에 소녀가 궁궐 안에 들어가 문득 과거에 급제한 사람을 엿보았습니다. 장원 조운현의 걸출한 기상을

50) 환공(桓公)이나 ~ 같은 일 : {환문지업(桓文之業)}. 환문(桓文)은 중국 춘추(春秋) 시대 오패(五霸) 가운데 제(齊)나라의 환공(桓公)과 진(晉)나라의 문공을 가리킴. 제나라 환공은 관중과 포숙아의 도움으로 패자(霸者)가 되어 B.C. 651년 규구에서 제후들을 모아 회맹하였고 진(晉)나라의 문공은 오랜 망명 끝에 강력한 라이벌인 초나라 성왕을 물리치고 패자(霸者)로서 인정받았음.

보니 당대에 제일이었습니다. 그래서 소녀가 맹세하여 조운현이 아니
면 규방 안에서 늙으려 하였습니다. 듣자오니 조가에서 우리 집을 물
리치고 남가에 정혼했다고 하니 소녀는 조운현의 둘째 부인이 되는 것
을 싫어하지 않습니다. 부왕이 이리저리 하시어 운현을 청하여 일을
이루고 술을 먹여 매우 취하게 하십시오. 소녀를 내어 보이시고 간절
히 청혼하시면 소년 남자가 저의 빼어난 모습을 보면 반드시 마음을 바
꿀 것입니다. 비록 다른 일을 핑계 대고 거절하여도 소녀는 또 다른 계 25
교가 있어 조가 부자가 소녀를 버리지 못하게 할 것입니다."

연왕이 천화가 무남독녀이므로 매우 사랑하는 것이 병이 될 정도여서 일마다 다 들어주었다. 연왕이 운현을 사위로 삼고자 하는 자기의 뜻을 이루지 못했지만 운현을 청하려 하였다.

하루는 연왕이 길에서 운현을 만나게 되었다. 운현이 백마(白馬)에 금
으로 꾸민 안장에 앉아서 나는 듯이 달려오다가 연왕을 만나니 문득 말을
돌려 골목 안으로 들어갔다. 백마에 금으로 꾸민 안장 위에 오사모(烏紗
帽)와 자포(紫袍)[51]가 더욱 특이하고 옥 같은 얼굴과 영웅스러운 풍모가
햇빛에 밝게 빛났다. 연왕은 새롭게 자기의 사위를 삼고자 하는 욕심이
생겨났다. 연왕이 문득 수레를 머물게 하고 팔을 들어 읍(揖)하고[52] 운현 26
을 청하여 말하였다.

"과인이 본래 재주를 사랑하는 마음이 남다르네. 자네의 뛰어나고 빛나는 재주에 탄복함을 이기지 못하고 있었는데 자네는 한 번도 찾아오

---

51) 오사모(烏紗帽)와 자포(紫袍) : 오사모는 관복을 입을 때 쓰던, 얇은 비단으로 짠 검정색 모자이고 자포는 자주빛 도포임. 높은 벼슬아치의 복식임.

52) 읍(揖)하고 : 두 손을 맞잡아 얼굴 앞으로 들어올리고 허리를 앞으로 공손히 구부렸다가 몸을 펴면서 손을 내리는 인사하는 예.

지 않는가? 오늘 기특하게 만난 것이 행운인데 어찌 피하는가?"

운현이 연왕이 기뻐하며 아는 체하는데 모르는 체하지 못해서 말머리를 돌려 도중에 말에서 내려 공경하며 사례하고 말하였다.

"소생은 부리가 누런 새 새끼 같은 어린아이인데 외람되게도 임금님의 은혜를 입어 한림원에 들어가게 되었으나 어린 나이에 직임이 무거우므로 인사를 하지 못하고 한 번도 귀궁에 가서 뵙지 못한 것을 황공해

27 합니다. 오늘 말씀이 이와 같으시니 감격하면서도 황송하고 부끄럽습니다."

연왕이 말하였다.

"신진 명사가 황친을 괴롭게 생각하지만 너무 나를 하찮게 여기지는 못할 것이네. 내 궁이 여기서 수 리 정도 떨어져 있으니 말머리를 돌려 내 집이 어떻게 생겼는지 알고 서로 왕래하기를 괴롭게 여기지 말게."

운현이 매우 괴로웠으나 나이가 어려 세상의 물정을 경험하지 못했고 연왕의 청이 간절하여 면박하는 것도 어렵고 해서 흔연히 사례하며 말하였다.

"마땅히 명을 받들어 뒤에 가는 수레에 모시고 귀궁에 갈 만하지만 날이 늦어 아버지를 뵙는 것이 늦어졌습니다. 오늘은 돌아가 뒷날 귀궁에서 뵙겠습니다."

28 왕이 들은 체하지 않고 자기 하리(下吏)를 시켜 조운현의 말을 끌고 오게 하며 함께 모시라고 하고 운현의 소매를 이끌어 말에 오르기를 간청하였다. 조운현이 비록 총명함이 귀신과 같지만 어찌 연왕의 흉한 마음을 알겠는가? 운현은 본래의 성품이 꼼꼼하지 못하고 연왕이 단지 자기의 재주를 사랑하는 줄로 알고 잠깐 연왕의 책망을 면하기 위해 연왕을 좇아

연궁에 이르렀다.

연왕이 외궁에서 운현을 대접하였는데 흔연히 운현을 사랑하여 차후로도 자주 왕래하여 자신을 찾아주기를 청하고 좋은 술과 진수성찬으로 대접하였다. 운현이 집을 떠나 여러 곳을 다녔기 때문에 바야흐로 빈속이
었다. 아름다운 진수성찬은 금쟁반에 낭자하고 맑은 향온주는 옥 술잔에 29
가득하니 운현이 여러 잔을 마시고 갑자기 정신이 흐려지고 사지가 풀어져 매우 취하여 움직이기 어려웠다. 운현이 억지로 일어나 하직하고자 하였지만 점점 정신이 혼미하여 어지러우니 민망해하였다. 연왕이 말하였다.

"내가 자네의 뛰어난 재주와 풍모를 매우 사랑하여 사위로 맞고자 하였지만 자네 아버지가 고집을 부려 나의 청을 물리쳐 어쩔 수 없게 되었네. 자네는 과인의 몹시 딱하고 가엾은 정리를 생각하여 다른 곳의 숙녀를 아내를 맞아도 내 딸을 재취로 맞기를 바라네."

말을 마치고 좌우에 있는 시비에게 군주를 부르라고 하였다. 잠깐 만
에 안쪽 문이 열리는 곳에서 무수한 궁녀가 한 명의 아름다운 소저를 모 30
시고 나왔다. 이때에 운현은 정신이 혼미해지는 약과 독한 술을 먹어 오장육부가 혼미하고 어지러웠으며 정신과 기운이 아득하여 연왕의 말이 무슨 말인지 알지 못하였다. 또 정신이 어지러워 그것이 예에 어긋나고 곡절이 있는 줄을 알지 못하였다. 잠깐 눈을 들어 군주의 날씬하고 아리따운 자태를 아름답게 여겼지만 슬픈 회포로 마음이 서글픈 중이라 겨우 미인에게 인사를 하고 자리에 고꾸라졌다. 그런 후에는 어떻게 되는 줄 모르니 뒤따르는 사람과 하리가 빨리 운현을 데리고 가려고 기다리고 있
었다. 이러구러 날이 어두워지자 연왕이 궁관을 시켜 운현의 추종에게 31

물러갔다가 새벽에 분부를 기다리게 하도록 하였다.

이에 운현을 붙들어 딸의 숙소로 들이고 군주로 하여금 운현을 간호하
게 하였다. 군주는 금침을 편안하게 하여 운현을 눕혔다. 아! 연군주가 왕
실의 천금 같은 공주로 남자의 풍채에 매혹되어 음란한 간계로 꼼꼼하지
못한 나이어린 남자를 후려 풍화를 어지럽히는 큰 변란을 만드니 어찌 놀
랍지 않은가? 원래 운현은 부형을 두려워하여 술을 먹지 않았지만 주량이
한 말 술을 사양하지 않았다. 어찌 두어 잔 술에 인사를 모르겠는가마는
32 술 안에 정신을 흐리는 약을 탔고 운현이 아무 생각이 없는 가운데 굶주
려서 기운이 없었던 차라 여러 잔을 마신 까닭에 한바탕 큰 변란을 만나
게 된 것이다. 다음을 살펴보아라.

차설(且說). 천화군주가 지극한 꾀와 요사스러운 계책으로 길을 가는
조운현을 속여서 제 방에 눕히고 모든 악을 다하였다. 좌우에 있는 시비
를 물러가게 하고 자기 혼자서 운현을 간호하였다. 운현이 한밤중까지 피
곤하여 이곳이 어떤 곳인 줄 모르고 곁에 사람이 있는지 없는지를 몰랐
다. 봉교[53] 이 음란한 여자는 운현을 가까이에서 대하여 보니 눈 같은 미
모에 술기운이 퍼져 수많은 화신(花神)이 웃는 듯 수려한 두 눈썹과 달 같
33 은 이마며 해 같은 눈빛에 붉은 입술과 꽃 같은 뺨이 기특하지 않는 곳이
없었다. 음란한 여자가 마음을 빼앗기고 넋이 뛰놀아 철석 같은 정과 불
같은 음란한 마음이 염치를 잃고 곁에 앉아 오늘밤의 좋은 일은 만금으로
도 바꾸지 못한다고 하면서 몸을 맞대고 입술을 깨물어 한없는 정을 이기
지 못하였다.

새벽에야 운현이 잠깐 몸을 움직여 정신을 차려 눈을 떠 보았다. 이때

53) 봉교 : 천화군주의 아명(兒名)임.

는 초여름 사월이었는데 날씨가 퍽 덥고 바람은 고요하였다. 촛불 그림자
가 희미한데 한 명의 미인이 화장하고 색깔이 고운 옷으로 병풍에 기대
있으니 매우 빼어나 온갖 자태가 아름다웠다. 운현이 취한 눈을 거듭 떠
보고 누워 가만히 생각하니 이곳이 집이 아닌 것을 깨달았다. 또 어제 연 34
왕이 데리고 오던 일과 청혼하던 일이 생각났다. 운현이 문득 물었다.

"이곳이 어디오?"

군주가 넌지시 대답하였다.

"연궁입니다."

운현이 목이 말라 차를 요구하니 군주가 친히 차를 가지고 왔다. 운현이 차를 마시고 생각하였다.

'연왕이 어제 나를 청하여 혼인을 요구하더니 나를 재우고 미녀에게 심부름을 시키니 이것은 나의 방탕함과 호색함을 시험하여 사위를 삼고자 하는 것이다. 가히 이 여자를 가까이하여 연왕이 나의 호방함을 싫게 여겨 다시 구혼하지 못하게 해야겠다.'

이렇게 결심하고 선뜻 일어나 군주의 손을 이끌어 침석에 나아가며 웃 35
으며 말하였다.

"미인의 근본은 모르지만 연궁의 아름다운 창기가 아니면 시녀 중의 하나일 것이다. 연왕께서 나를 청하여 밤에 이곳에 자게 하며 미녀를 맡기셨으니 호탕한 남아가 가만 두고 볼 꽃이 없으니 한 방에 있는 미인을 사양하겠는가?"

이렇게 말하며 매우 기뻐하였고 군주는 죽은 듯이 있으면서 자기의 귀천을 말하지 않고 사양하지 않았다.

새벽 북이 자주 치니 닭울음소리가 잦았다. 군주는 일어나 나가고 운

현이 일어나 앉으니 벌써 세수할 물과 조반이 대령되어 있었다. 운현이
36 세수를 하고 조반을 다 먹고 나오려고 할 때 눈을 들어 살펴보니 방석과 방안의 물건과 병풍과 금침이 완연히 신방을 꾸민 아녀자의 방 같았다. 운현이 괴이하게 여겨 물었다.

"이곳이 사랑이 아니고 어디냐?"

시비가 대답하였다.

"군주의 침소입니다."

운현이 매우 놀라며 즉시 밖으로 나와 연왕에게 하직하였다. 연왕이 문득 웃고 운현의 손을 잡고 말하였다.

"어제는 남이더니 오늘 아침은 나의 사위이구나."

운현이 놀랐으나 안색을 바꾸지 않고 정대하게 말하였다.

"대왕은 황실의 친척이고 천승의 임금입니다. 말씀이 법도가 있을 것인데 어찌 이런 허탄한 말씀을 하십니까?"

연왕이 정색하면서 말하였다.

37 "내가 어찌 허탄한 말을 하겠는가? 자네가 어제 내 궁에 와 청사에서 내 딸과 예로 인사하고 마주 대하여 앉았으니 신랑 신부가 서로 절을 주고받는 예가 아니면 무엇인가? 딸과 함께 숙소에서 합궁하는 예를 이루었으니 어찌 허탄하다고 하겠는가? 그렇지 않다면 자네가 무슨 일로 내 딸의 숙소에서 자고 오느냐?"

운현이 이 말을 들으니 분해서 머리털이 관 밖으로 치솟고 눈빛이 타오르며 소리를 바로 하여 크게 말하였다.

"대왕은 황실의 친척임을 유세하여 사람이 차마 하지 못할 일로 사람을 위협하고 풍교를 어지럽혔습니다. 제가 나이가 어리고 꼼꼼하지 못

해 대왕의 인면수심을 알지 못하고 이곳에 온 것은 저의 죄입니다. 그
렇지만 혼인은 인륜의 중요한 일입니다. 보잘 것 없이 미천한 집도 마 38
땅히 양가가 상의하여 예로 행합니다. 그런데 대왕은 눈으로 교화를
살피고 지위가 왕공에 있으며 한 딸의 사위를 구하면서 어느 곳에 사위
가 없어 음흉한 꾀로 저를 이끌어 이곳에 데리고 와 비루한 의사로 나
를 취하게 하여 눕히고 괴이한 색녀를 시켜 저를 시험했습니까?[54] 제
가 대왕의 구혼하는 것을 막고자 하여 미녀를 친압하였으니 어찌 대왕
의 딸과 함께 즐겼겠습니까? 이것은 차마 군자가 눈을 바로 하여 들을
말이 아닙니다. 대왕이 아무렇게나 죄를 얽었으나 조운현도 세 치 혀
가 있으니 임금 앞에 가도 옳은 것으로 아뢸 뿐입니다." 39

말을 마치자 노기가 대단하고 위풍이 헌걸차 소매를 떨치고 돌아왔다. 마음속으로 놀랍고 한심할 뿐만 아니라 밤에 집을 나와서 자고 이 변을 만났으니 죄가 있든 없든 간에 아버지의 엄한 노기가 장차 죽음에 미칠 것 같아 떨리는[55] 두려움과 딱하게 애태우는 마음이 여러 가지로 생겼다. 연씨 집안에 갔던 것을 뉘우치며 애달픔을 이기지 못하며 마음속으로 생각하였다.

'그 미인은 결단코 군주는 아니다. 어느 왕가의 규수가 외간 남자와 같
은 방에 있겠는가? 다만 연왕이 나를 협박한 것은 제 딸을 물리치지 못
하게 하려 해서이다. 아버지의 성품을 아니 내가 반드시 큰 죄를 얻어 40
한바탕 죽을 상황을 얻었으니 한번 잘못하여 일마다 난처하구나.'

온 마음에 심려가 들끓은 채로 집안으로 돌아왔다. 벌써 남녀노소 모

54) 시험했습니까? : {믹바드니}. '맥받다'는 시험하다의 옛말임.

55) 떨리는 : {유유히}. '유유(愉愉)히'로 보아 괴로워 떨리는 모양으로 옮김.

두가 존당께 아침에 문안인사를 드렸는데 남자는 왼쪽으로 여자는 오른쪽으로 나누어 있었다. 운현이 나가 인사를 마치고 형제 항렬을 찾아 빨리 가 무릎을 꿇고 앉았다. 진왕이 두 눈을 길게 흘겨보며 운현에게 물었다.

"운현은 자기 숙직도 아닌데 어디 가서 밤을 새우고, 가는 곳도 내게 아뢰지 않고 마음대로 하느냐? 알지 못하겠구나. 너의 행동이 점점 아비를 알지 못하고 방자하여 곁에 사람이 없는 것처럼 하니 한심하구나!"

41 운현이 고개를 숙이고 엎드려 말하였다.

"방자한 것이 아니라 나갈 적에 즉시 올 생각으로 가서 아뢰지 못한 것입니다. 길에서 연왕을 만나 연왕이 저를 위력으로 데려갔습니다. 제가 즉시 오려고 했는데도 연왕이 간청하여 자기 집에서 있으라고 하고 술을 권하였습니다. 불과 술 몇 잔에 공연히 어질하여 사람의 도리를 모르고 거꾸러져 밤을 지내고 오니 제가 삼가지 못한 죄입니다."

진왕이 노하여 꾸짖으며 말하였다.

"장부가 임금과 아비 이외에는 누구를 두려워하겠느냐? 네가 가지 않으면 아무리 연왕인들 위력으로 너를 데려갔겠느냐? 공연히 연궁에 간 것도 괴이하고 거기 가서 잔 것도 이상하다. 밤을 함께 보내면서 혹 뜻
42 이 맞는 친구와 잘 어울렸다면 말이 되지만 연왕이 일가 어른도 아니고 너의 친구도 아닌데 마지못하여 갔다면 보통 인사만 하고 왔어야 했다. 무슨 까닭으로 부형이 있는 사람이 마음대로 나가서 밤에 남의 집에서 잠을 자느냐? 어지럼증이 났다고 했는데 너의 안색이 봄꽃 같고 거동이 소나무와 잣나무 같으니 무슨 병이 불의에 그리 대단했겠느냐? 말을 꾸며 아비를 속이는 것을 능사로 아니 그 죄를 어찌 면하겠느냐?"

안색이 하늘의 타는 해와 같고 눈빛이 맹렬하였다. 운현이 어찌할 줄 모르고 떠는 것은 이루 말로 표현할 수 없었다. 오직 머리를 조아리고 엎드려 말마다 사죄를 청할 뿐이었다. 운현의 황공해하는 얼굴빛과 두려워
하는 거동이 더욱 아름답고 시원하고 상쾌하게 보였다. 초공은 웃음을 43
머금고 노공은 운현을 매우 사랑하여 나오라고 하여 운현의 손을 잡고 진왕을 돌아보며 말하였다.

“이 아이가 너를 두려워하는 것이 이와 같은데 어찌 너무 조르느냐? 오늘은 이 늙은 애비의 청으로 아이의 죄를 용서하여라.”

진왕이 자리에서 물러앉으며 아뢰었다.

“엄한 가르침이 이와 같으시니 태벌하는 것은 참겠지만 이 아이가 항상 이러하기 때문에 거만한 아이가 점점 방약무인할까 우려가 됩니다.”

운현을 돌아보니 관을 숙이고 엎드려 감히 얼굴을 들지 못하였다. 진왕이 다시 책망하면서 말하였다.

“마음먹고 엄하게 다스리려고 하였는데 엄명이 이와 같으시니 아직 너 44
그럽게 용서하지만 차후에 도리에 넘치는 행동이 있다면 두 죄를 함께 다스릴 것이다.”

운현이 머리가 땅에 닿도록 두 번 절하여 사죄하고 어른들을 모시고 앉았으나 마음 한편에서는 큰 근심이 있었다. 이런 작은 일에 아버지의 말씀이 이와 같다면 연왕의 입에서 자기가 했던 도리에 어그러진 행동이 나온다면 반드시 큰 죄를 당할 것이었다. 또 귀한 여인이건 천한 여인이건 간에 고이 자고 나오지 않았으니 스스로 삼가지 못한 것을 뉘우치고 수많은 근심이 마음에 가득하였다. 그러나 오히려 안색을 온화하게 하고 기운

이 나직하여 그런 기색이 외모에 나타남이 없었다.

아침 문안 인사를 마치고 진왕과 초공이 자식과 조카를 거느리고 조회
45 에 참석하고서 돌아왔다. 진왕이 진궁에서 바깥일을 지휘하며 직무를 시작하였다. 시중드는 사람이 갑자기 연왕이 문에 왔다고 하여 인사를 하고 안부를 묻고는 진왕이 사례하여 말하였다.

"제가 한 번 귀궁에 나아가 뵙고자 하였는데 어른들을 모신 데다 관직의 일이 매우 많아 보통사람과 같은 한가한 몸이 아닙니다. 재주가 없고 덕이 없는데도 나라의 중요한 일을 담당하니 밤낮으로 한가할 때가 없어서 일찍 귀궁에 가지 못했습니다. 그러던 차에 귀하신 몸이 왕림하시니 은혜에 감격하여 황송하고 부끄럽습니다."

연왕이 흔연히 웃으며 말하였다.

"대왕과는 옛날에는 그냥 친한 사이였지만 오늘은 문득 사돈 간의 의리가 있으니 어찌 옛날과 같겠습니까?"

46 진왕은 이 말이 억지로 잡아두며 다시 구혼하고자 하는 뜻인 줄 알고 안색을 엄하게 하여 사양하며 말하였다.

"지난 번에 사혼하라는 임금님의 뜻을 받고 황송하고 감격스러웠습니다. 그러나 제가 비록 여러 자식이 있지만 한 몸에 일이 많아 자식을 가르칠 여가가 없어 아들 운현이 방탕하고 무식하며 군자의 도와 선비로서의 행실이 변변치 못하여 군주의 평생을 욕되게 할 것입니다. 하물며 군주는 금지옥엽(金枝玉葉)[56]이고 제 아이는 포의한사(布衣寒士)[57]입니다. 귀천에 차이가 나고 존비가 현격하니 아들이 행여 성은을 입어

---

56) 금지옥엽(金枝玉葉) : 금으로 된 가지와 옥으로 된 잎이라는 뜻으로, 임금의 가족을 높여 이르는 말.

57) 포의한사(布衣寒士) : 베옷을 입은 가난한 선비라는 뜻으로, 벼슬이 없는 가난한 선비를 이르는 말.

한림원에 들어갔으나 어찌 분수를 생각하지 않고 감히 대왕의 사돈이
되는 것을 생각하겠습니까? 이런 까닭에 혼사를 거절한 것이니 대왕은 47
괴이하게 생각하지 마십시오."

말을 마치자 말이 화평한 가운데 자연스레 위엄이 있고 세차며 엄숙한 기운이 가을 하늘과 서릿발 같았다. 연왕이 웃으며 말하였다.

"대왕이 어찌 이렇게 알지 못하십니까? 어제 조한림이 벌써 나의 사위가 되었는데 어찌 물정 모르는 말씀을 하십니까?"

진왕이 선뜻 웃으며 말하였다.

"대왕이 비록 희롱을 즐기시지만 어찌 이런 말씀을 하여 나를 떠보십
니까? 혼인은 인륜의 중요한 일입니다. 어찌 제 아비가 모르는 성혼이
하루 사이에 그리 쉽게 되겠습니까? 벌써 운현이 정혼한 곳이 있어 혼
인날이 한 달 정도 남았고 현훈(玄纁)도 보냈습니다." 48

연왕이 정색하면서 말하였다.

"제가 도리에 어그러졌지만 빈말을 하여 희롱하겠습니까? 어제 댁의
아드님이 술에 취해 내 집에 왔기에 내가 혼인을 청하였습니다. 한림
이 흔연히 말하기를 '아버님께서 혼사를 정한 곳이 있지만 장부가 한
명의 처로 늙을 것이 아니고 벼슬이 한림원의 이름난 선비이니 권도(權
道)로 오늘이 길일이니 대왕의 면전에서 예를 행하고 밤을 지내고 갈
것이니 댁의 따님을 보여주십시오.'라고 했습니다. 내가 실로 운현을
사랑하는 마음으로 발 빠른 자에게 운현을 빼길까봐 두려워 권도로 딸 49
을 보여주었습니다. 서로 절을 주고받고 운현이 딸의 침소에서 밤을
보내고 딸의 팔위에 붉은 점이 없어졌으니 어찌 허탄하겠습니까? 내
말을 믿지 못하겠다면 조한림이 있을 것이니 물어 보십시오."

진왕이 이 말을 듣고 놀라고 분함을 이기지 못하여 믿지 않았으나 운현이 집을 나가 자고 왔으므로 일이 있을 줄을 알고 있었다. 대단한 화가 불이 일어나듯 하여 한바탕 차게 웃고 말하였다.

"천하에 어찌 이런 변란이 있겠습니까? 내가 도리에 어그러져 자식을
가르치지 못하여 일이 이에 미쳤으나 대왕은 천승의 임금이고 황실의
50 친척으로 이런 불의(不義)의 법을 행하니 무슨 면목으로 성상을 뵐 것
이며 세상에 서시려고 합니까? 이 일을 조사하여 밝혀서 만일 대왕의
말과 같다면 내 아들을 죽여 속죄하고 내 스스로 성상 앞에서 죄를 청
하여 자식을 가르치지 못한 죄를 받겠습니다."

말을 마치자 노기가 크게 일어나 좌우에 있는 종을 꾸짖어 운현을 잡아
내리라고 하였다. 이때 진왕의 엄하고 격렬한 노기가 등등하여 수려한 양
미간에 삭풍이 일어나고 엄한 호령은 겨울날의 차가운 하늘과 같았다. 좌
우에 가득한 모시는 사람들이 떨지 않는 사람이 없었고 땀이 흘러 옷을
적셔 호흡을 제대로 하지 못했다. 이때 운현이 놀라고 두려워하며 황공해
51 하는 거동을 어찌 기록하지 않겠는가마는 운현은 생겨나기를 다른 사람
보다 뛰어났기 때문에 이에 안색을 바꾸지 않고 관을 벗고는 옷의 띠를
벗고 계단 아래에 엎드렸다. 진왕이 소리를 엄하게 하여 연왕이 했던 말
을 다 이르고 다시 말하였다.

"내가 비록 용렬하지만 내가 살아있는 한은 네가 이와 같은 불법은 방자하게 못할 것이다. 이날 밤에 나가서 자고 온 것을 내가 가장 절통히 여겼으나 이런 음란하고 예의에 어그러진 일을 한 줄은 깨닫지 못하였으니 내가 현명하지 못한 탓이다. 전후의 곡절을 낱낱이 바로 아뢰어라. 조금이라도 꾸며 거짓말을 한다면 죄 위에 죄를 더하여 반드시 사

생을 결단할 것이다.”
운현이 꿇어 앉아 명을 듣고는 일어나 두 번 절하고 머리를 조아리며 52
말하였다.
“오늘 소자의 몸이 이런 괴이한 죄에 빠진 것은 실로 생각지 못한 바입
니다. 제가 설사 막돼 먹고 불초하지만 밤낮으로 아버지의 훈계에 몸
을 조심하고 있습니다. 일찍 제가 호탕하다고 말씀하시지만 기생도 아
버지의 엄명을 두려워하여 가까이 한 적이 없는 것은 아버지께서 잘 아
십니다. 몸 숨기기를 규방 여자같이 하여 방밖으로 나간 적이 없었습
니다. 요사이 임무를 살피면서부터 세상에 나왔지만 일찍 사사롭게 다
녀 친구를 사귄 적도 없습니다. 그러니 제가 왕가 황친을 무슨 일로 찾
았겠습니까? 어제 길에서 연왕을 만나니 연왕을 피하여 말을 돌렸지만
연왕이 간절하게 청하면서 연궁으로 가자고 했습니다. 제가 나이가 어 53
려 세상일을 알지 못하는 까닭에, 또 연왕이 왕공 귀인이고 황실의 친
척이라 거만하고 무례하게 대하지 못하였습니다. 어리석은 마음에 미
숙한 아이라서 연왕이 은근히 청하는데 거절하고 돌아오는 것이 예가
아니라 하여 연왕을 따라 갔습니다. 몇 마디 하지 않아서 연왕이 술과
안주를 성대하게 준비하여 친히 잔을 들어 간절히 권해서 마지못해 여
러 잔을 마셨습니다. 정신이 없고 아득하여 그 뒷일은 어떻게 되었는
지 모르겠습니다. 새벽에야 잠깐 정신을 차려 보니 저는 방안에 들여
져 눕혀 있었습니다. 곁에는 나이어린 아름답게 꾸민 미녀가 앉아있었
는데 조금도 수습하며 부끄러워함이 없고 남자를 많이 경험해 본 창기 54
같았습니다. 속으로 생각하기를 ‘연왕이 나에게 괴롭게 청혼하니 아버
지께서 국척과 혼인을 맺는 것을 바라지 않고 내가 또 기쁘지 않다. 아

름다운 여자를 곁에 앉혀두고 나를 시험하니 이 여자를 가까이 하여 나
의 방탕함을 알게 하여 구혼과 관련된 일을 그만두게 해야겠다'고 하였
습니다. 그 여자와 관계를 맺고 즉시 나와 하직하니 연왕의 말씀이 이
와 같았습니다. 제가 분하고 놀라움을 이기지 못하였지만 돌아와 아버
님께 아뢰지 못한 것은 아버지의 엄하심을 과도하게 두려워했기 때문
55 입니다. 스스로 연궁에 가서 오늘이 길일이니 혼인을 이루자고 한 말
은 연왕이 전혀 근거 없이 한 말입니다. 소자의 죄는 처음에 연왕을 떨
치지 못하고 연궁에 간 것이 첫 번째 죄입니다. 술을 다소 마신 것은 잘
못하였으니 두 번째 죄입니다. 세 번째 죄는 기녀를 아는 체 하지 말고
나올 것을 어리석은 생각을 내었다가 이런 데에 빠지게 된 것입니다.
이 세 가지 일이 저의 죄인데 이 밖에는 실로 엄하신 아버지 아래에서
말씀드리려고 해도 다시 죄가 없고 꾸민 것이 없습니다. 아버지께서는
현명하시니 소자가 어리석고 아득하여 실로 아버지를 압도하려 하고
예에 어그러진 일을 알고서 저지르지는 않았음을 살펴주십시오."

56 운현의 말이 편안하고 조용하였으며 기운이 정숙하였다. 진왕의 뛰어난 식견으로 어찌 자식의 성품과 행동거지를 생각하지 못하겠는가? 꼼꼼하지 못하여 세심함이 없는 아이가 연왕의 간사한 꾀에 빠진 것을 깨달으니 분노를 이기지 못하여 다시 꾸짖어 말하였다.

"네 말이 이와 같으나 연왕의 말씀이 분명하니 어찌 감히 변명하여 아비를 속이느냐?"

연왕이 기쁘게 웃으며 말하였다.

"일이 여기에 이르렀으니 다투어 무엇 하겠습니까? 좋게 양가가 좋은 인연을 맺을 뿐입니다."

또한 운현을 보고 말하였다.
"자네가 어제 나에게 청하지 않았다면 내가 무슨 염치로 딸을 내어 자네를 주었겠는가? 자네가 원래 내 집에 와서 술을 여러 잔 이상 마시지 않았으니 취하여 사람의 도리도 모르도록 했겠냐마는 벌써 어디 가서 57
잔뜩 취해 진흙이 되어 있었네. 어젯밤 일은 다 자네가 한 일인데 모르는 체하고 내 딸을 예로 맞았으니 어찌 자네가 아무것도 모르고 내가 구혼하는 일을 막는다고 내 딸을 천인으로 여겨 친근하게 대했다는 말을 하는가?"
운현이 무고하게 억지로 핑계 대는 말에 분노하며 말하였다.
"대장부가 죽을죄를 지었으나 어찌 부형 면전에서 속이겠습니까? 대왕의 인면수심을 알지 못하고 따라간 것이 나의 용렬함이고 주량이 비록 작으나 두 잔 술에 정신이 없고 아득하겠습니까? 반드시 속에 무슨 희롱하는 술책이 있기 때문입니다. 나를 속여 이런 곳에 넣고 억지로 잡 58
아 놓지만 나는 부형 면전에서 죄를 입었을 뿐입니다. 그런데 대왕은 어떤 사람이고 댁의 따님은 또 어떤 계집이 되겠습니까? 제가 비록 예법이 엄하지 못하고 수행이 변변치 못하지만 가정의 교훈을 받아 비례(非禮)를 알지 못합니다. 제가 그릇된 간계에 빠졌으나 밤에 내게 왔던 자가 귀궁의 계집종인지 댁의 따님인지 알지 못하였습니다. 만일 댁의 따님이라고 하더라도 나는 모르고 일을 저질렀습니다. 만약 댁의 따님이라고 한다면 만고에도 없는 간사하고 음란한 악녀입니다. 이 죄는 마땅히 목 벨만하니 이것이 적은 변고가 아니고 사사롭게 묻어둘 바가 아닙니다. 성상께 아뢰어 피차 분변할 따름입니다. 제가 세상에 태어 59
나 14세에 일찍 듣도 보도 못한 일을 몸소 당하니 운수와 액운이 기구한 것을 탄식합니다."

말을 끝내자 분한 머리털이 관을 향해 서고 눈빛이 타올라 분기가 가득 하였다. 진왕이 아들의 격분함을 보니 알고 저지른 일이 아니었음을 알았으나 연왕의 흉계에 속은 것과 귀천을 분간하지 못하고 여자와 관계하여 제멋대로 거리낌 없이 군 것에 몹시 놀라워하고 일을 두루 어지럽게 만든 것에 대해 매우 노하였다. 이에 진왕이 무릎을 쓸고 정대하게 하여 말하였다.

"제가 문견이 고루하여 일찍 댁의 따님과 제 아들과 같은 재주를 가진
60 사람은 태어나서 처음입니다. 성상께 아뢰어 결단코 제 불초자를 엄하
게 다스려 분을 풀 것입니다. 댁의 따님 또한 규방 여자의 행실로 법도를 잃은 죄가 있습니다. 빨리 돌아가 죄를 밝게 다스리시고 댁의 따님과 저의 아들의 인연을 이룰 일을 생각하지 마십시오."

말을 끝마치자 노기가 대단하여 운현을 형구에 올려 매라고 하였다. 좌우에 있는 종에게 큰 매를 가려 10개씩 잡으라고 하고 엄하게 형구를 벌였다. 구름 같은 군졸과 하리는 삼이 서듯이 열 지어 있었다. 두 줄의 검은 옷을 입은 군관은 갈라서서 세게 치기를 외치고 붉은 옷을 입은 군
61 관은 매의 수를 헤아리니 위엄이 뇌성벽력 같고 호령이 성화 같았다. 진
왕의 노기가 엄숙하고 세차니 매를 때릴 때마다 엄하게 살펴 매를 잡은 노비가 넋을 잃고 있는 힘을 다하였다. 운현이 태형을 받아보았으나 이렇게 엄중한 태형은 평생 처음이라 액운이 괴이함을 탄식하였다. 연왕을 향한 분노의 기운이 가슴에 맺히고, 자신의 본성이 억세고 독하여 아버지가 때리시는 것이고 하관(下官)과 종들이 자기의 사람답지 않은 일 때문에 때리는 것을 스스로 부끄러워하여 소리를 조금도 내지 않고 눈물도 머금지

않고 맞으니 실로 대장부였다. 연왕이 눈으로 보는 것이 무료하여 분노하며 말하였다.

"댁의 아드님이 비록 일시 잘못하였으나 이것이 무슨 일입니까?"

진왕이 정색하고 대답하지 않았다. 매가 50대에 이르니 옥 같은 피부가 상하여 많은 피가 옷을 적시고 운현의 얼굴이 차가운 재 같아도 그치 62
지 않았다.

이때 여러 공자가 상부(相府)[58]에서 아무것도 모르고 있었는데 정숙렬이 이 일을 알고 급히 영현을 불러 탄식하며 말하였다.

"네 부친의 성품이 화가 나면 헤아림이 적으시다. 운현이 비록 기골이 장대하나 14세의 어린아이이니 엄한 태벌을 어찌 이기겠느냐? 네 숙부께 아뢰어 운현을 빨리 구해라."

영현이 눈물을 흘리며 상부에 갔지만 초공이 손님을 대하고 있어서 이 말을 아뢰지 못하고 다급해하는 기색이 현저하였다. 초공이 괴이하게 여
겨 손님이 돌아가자 운현의 일을 알고 매우 놀라 진궁에 이르렀다. 바야 63
흐로 매질이 낭자하고 운현은 60대를 넘게 맞고 눈을 감은 채 있었으니 떨어진 피와 살을 차마 보지 못할 지경이었다. 초공이 바삐 당에 오르자 연왕이 노기를 띠었다가 초공과 인사를 나누었다. 초공이 급히 말하였다.

"내가 형님께 조용히 할 말이 있으니 매질을 그쳐라."

그러고는 진왕의 앞에 나가 양미간을 찡그리고 꿇어앉아 말하였다.

"제가 알지 못하였더니 운현의 태벌이 이 지경에 미쳤으니 죄의 경중은 모르겠지만 운현의 행동을 헤아려보면 결단코 죽을죄는 짓지 않았

---

58) 상부(相府) : 초공 조성의 집을 뜻함. 진왕은 진궁에 거처하고 순태부인과 노공 부부, 초공 부부와 초공의 자식들이 여기에 거처함.

64 을 것입니다. 혈기가 아직 정해지지 않은 아이를 태형으로 벌하시나 천륜의 정을 먼저 하시고 엄한 위엄은 뒤에 행하셔야 합니다. 오늘의 모습은 차마 보지 못하겠습니다. 여기서 더하면 일이 나게 될 것이니 세 번 생각하십시오."

매를 치는 노비 또한 초공의 명령에 의해 매를 때리지 않고 다시 진왕의 명을 기다렸다. 진왕이 또 분노가 일어나는 중이었으나 초공의 온화한 기색과 사리에 꼭 들어맞은 말에 잠깐 마음을 진정하여 길이 탄식하며 말하였다.

"내가 비록 어질지 못하지만 자식 아낄 줄을 모르겠느냐? 그러나 이와 같은 변괴를 들으니 분하여 즉각 운현을 죽이고 싶구나. 아우가 어질

65 어서 나의 과도함만 알고 아들의 막돼 먹은 행동을 알지 못하는구나!"

초공이 대답하였다.

"운현이 비록 호방하지만 한 가닥 곧은 마음이 있어서 비례(非禮)는 원수같이 합니다. 이것은 곧 다른 사람이 속인 것이니 이토록 심하게 태형을 내리실 것이 아니라 어린아이의 목숨을 돌아보십시오."

진왕이 또한 운현의 얼굴이 잿빛과 같은 것을 보고 노기가 잠깐 줄어들고 불쌍한 마음이 났다. 매를 그치게 하여 운현을 멀리 보내려고 하자, 운현이 정신을 억지로 차리고 머리를 땅에 조아리고 사양하며 말하였다.

"제 죄는 만 번 죽어도 아깝지 않으니 죽을죄를 감당할 것입니다. 내치는 자식이 되는 것을 원하지 않습니다."

초공이 위로하면서 말하였다.

66 "형님께서 노기가 풀어지는 대로 처리하실 것이니 아직은 물러가 조리하여라."

운현이 정신이 아득한데도 아버지의 명령을 기다려 엎드려 일어나지 않았다. 진왕이 운현은 본래 매우 사랑하는 아들이라 마음이 저렸지만 정색하고 책망하면서 말하였다.

"너 같은 불초자는 내가 보지 않는 것이 좋으니 물러가라. 잘못을 고치고 선해져 수행하는 날 나를 볼 수 있을 것이다."

운현이 머리를 조아리고 명령을 받들자 여러 공자가 눈물을 흘리며 운현을 붙들어 눕히고 간호하였다. 운현이 길게 탄식하며 말하였다.

"대장부가 처세를 일월같이 하려고 하였지만 음란하고 악한 계집과 간사하고 흉악한 친척의 희롱하는 술책에 빠져 나의 평생의 의지와 기개
를 잃고 부모님께서 남겨주신 몸을 점점이 상하게 하니 무슨 면목으로 67
세상에 서겠는가?"

영현이 운현의 피 묻은 옷을 벗기고 다른 옷을 입히며 매우 눈물을 흘렸다. 운현이 도리어 웃으며 말하였다.

"형님께서 연약하십니다. 제가 또 오히려 아무렇지도 않은데 이토록 하십니까?"

영현이 말하였다.

"형제는 한 몸이다. 네 몸이 아픈데 형이 울지 않겠느냐?"

말을 잠시 멈추고 있는데 기현이 존당을 모시고 나왔다가 이 소식을 듣고 매우 놀라서 이르렀다. 운현이 기현을 보고 몸을 일으키려고 하였지만 그렇게 하지 못하였다. 기현이 바삐 손을 잡고 슬퍼하며 말하였다.

"우리들이 불초하여 아버지께 죄를 끼치니 아버지께서 우리들의 죄를 68
다스리시면서 마음이 아프셨을 것이다. 무슨 일로 죄가 이토록 되었느냐?"

운현이 기현의 무릎 위에 머리를 얹고 슬퍼하며 말하였다.

"제가 비록 막돼 먹었지만 마음을 방자하게 먹어 얻은 죄가 아닙니다."

이렇게 말하고 죄를 지은 일을 일일이 고하니 기현이 놀라워하며 말하였다.

"세상에 이런 변이 있겠는가? 내가 이 일을 성상께 아뢰어 분을 풀어야겠다."

운현이 탄식하며 말하였다.

"무슨 마음으로 성상께 고하시려고 합니까? 연씨 집안에 간 것을 스스로 부끄러워하니 비록 아버지께서 이것을 용서하셨으나 마음을 진정하지 못하겠습니다."

기현이 가만히 웃으며 말하였다.

69 "너를 대장부로 알았더니 이렇게 약하냐? 연왕의 부녀가 부끄럽지 네가 무슨 허물이 있겠느냐? 쓸데없는 염려는 하지 말고 상처나 잘 조리하여라."

운현이 정신이 가물가물하여 다시 말을 못하고 기현은 운현의 상처를 살펴 약을 부지런히 준비하였다. 여러 공자가 운현의 곁을 떠나지 않고 간호하였지만 운현의 분한 마음이 병을 악화시켜 상처에 열이 나고 기운이 올라 한 순가락의 물과 약을 떠먹지 못하였다.

이때에 연왕과 진왕이 서로 다투어 연왕은 딸을 보내겠노라고 하고 진
왕은 모르겠다고 하였다. 연왕이 딸을 보내면 진왕은 운현을 아주 죽여
70 뜻을 세우겠노라고 하였다. 초공이 권하여 피차 다투는 것이 부질없으니
양가가 상의하여 분노가 진정되거든 성상께 아뢰어 처분을 기다리고 사
사롭게 다투어 체면을 손상시키지 말 것을 간하였다. 연왕이 소매를 떨치

고 돌아가며 말하였다.

"제 자식이 사나워 남의 규수를 범해놓고[59] 도리어 모른다고 하니 인면수심이구나!"

진왕이 매우 분노하여 운현을 다시 때리고자 하니 초공이 타이르며 말하였다.

"운현이 무슨 죄가 있다고 이러십니까? 이제는 부득이 국가에 아뢰어 처치를 기다려야합니다. 연왕이 뜻을 어찌 바꾸겠습니까? 우리는 외람되게 공후장상이 되었으니 임금을 섬기고 백성을 다스리면서 너그럽 71
고 어진 다스림에 힘쓰며 예의와 풍화를 가다듬어야 합니다. 비록 도리에 어그러졌지만 어찌 연군주를 다른 가문에 가게하며 또 어찌 문을 바라보는 내쫓긴 부인을 만들어 오월에 서리가 내리게 하겠습니까? 급히 남씨를 취하여 첫째 부인으로 정하고 연군주도 마저 부인으로 정해 서리가 내리는 원한이 없게 하는 것이 너그럽고 어진 일에 힘쓰는 것입니다."

진왕이 말하였다.

"네가 하는 일마다 어리석은 형이 미치지 못하겠구나! 놀라운 것은 그런 음란하고 악한 여자를 며느리의 대열에 둘 수 있겠느냐 하는 것이다. 유현에게 일어난 강씨의 변란과 같을 것이다."

초공이 탄식하며 말하였다.

"모든 일이 하늘의 운명이니 설마 어찌하겠습니까? 운현이 제가(齊家)
를 바로 하면 근심이 없을 것입니다." 72

진왕이 도리어 웃으며 말하였다.

---

59) 범해놓고 : {젹시고}. 옛말 '젹시다'는 범하다의 의미임.

"이것은 양인광이 일으킨 변란과 다름이 없구나!"

저녁 문안 인사 때가 되어 노공이 운현을 찾으니 진왕이 자리에서 물러 앉으며 연왕의 말과 운현의 죄를 아뢰고 태형을 내린 일을 두루 아뢰었다. 태부인과 위부인이 눈물을 머금고 말하였다.

"어린아이를 그토록 때리느냐?"

노공이 자기에게 아뢰지 않고 마음대로 한 것에 노하였다. 진왕이 이것을 짐작하고 매우 황공해하며 기운을 낮추고 안색을 온화하게 하여 노공을 모시니 노공이 탄식하며 말하였다.

"고인이 말씀하시기를 '부모가 사랑하는 일은 개와 말이라도 아낀다'고
73 하였다. 내가 늘그막에 만금 같은 손자들을 보며 소일거리로 삼는데 나의 뜻을 받든다면 내게 아뢰고 꾸짖어야 했을 것이다. 마음대로 죄를 다스려 나를 업신여기니 사람이 늙는 것은 죽는 것보다 괴롭다는 말이 옳구나! 이후로는 네 마음대로 하고 너는 존귀한 왕공의 몸으로 괴로운 노부를 한하지 마라."

진왕이 관을 벗고 머리를 조아리며 말하였다.

"불초아의 죄는 백 번 죽어도 아깝지 않습니다. 아버지의 말씀을 들으니 황공하여 몸 둘 바를 모르겠습니다."

노공이 탄식하며 말하였다.

"운현의 나이가 겨우 14세다. 무슨 무거운 죄가 있다고 죽이려고 하느냐? 너의 마음을 알지 못하겠다."

초공이 안색을 온화하게 하고 아뢰었다.

74 "아버지가 되어 위의가 없다면 여러 자식을 가르치지 못할 것입니다. 형의 염려가 이와 같아서 운현의 죄를 다스린 것입니다. 운현이 비록

일부러 죄를 지은 것은 아니지만 일이 어지럽게 되었으니 어찌 가만히 두겠습니까? 아버지께 방자하게 군 것이 아닙니다.”

초공이 온화한 목소리와 부드러운 말로 아뢰니 노공이 비로소 운현의 상처를 묻고 염려하니 진왕이 깨달아 뉘우쳤다.

차설(且說). 운현의 병이 날로 더하여 약을 먹지도 못하고 열이 대단하여 날뛸 정도였다. 기현 등이 다급하여 어찌할 줄 모르고 약을 썼지만 점
점 위급하여 운현은 사람이 출입하는 것도 알지 못하였다. 노공이 친히 75
나와 운현을 보고 흰 수염에 눈물이 계속해서 떨어지며 진왕을 꾸짖었다. 진왕이 이때에 뉘우치며 민망하여 친히 운현을 간호하였지만 운현이 정신이 가물가물하여 아무것도 알지 못하였다. 진왕이 놀라고 초공과 함께 진맥하여 약을 지으니 초공이 말하였다.

“마음을 쓰고 분하여 난 병이지 한갓 매를 심하게 맞아 생긴 독 때문만도 아닙니다.”

이렇게 말하고 모두에게 위로하고는 착실히 약을 썼다. 진왕이 또 남씨 집안에 사람을 보내어 신랑의 병이 심하니 나아지는 것을 기다려 혼사를 이루자고 하였다. 진왕이 조회에 참석하지 않고 운현의 상태를 보니 임금이 또 놀라고 염려하며 내시에게 문병을 시키고 어의에게 운현을 치
료하게 하였다. 이처럼 소년 명사에 대한 임금의 총애가 일세에 최고였 76
다.

진왕이 밤낮으로 운현을 간호하여 보름 후에 비로소 운현이 눈을 떴다. 운현은 아버지가 친히 와서 간호하는 것을 알고 황공하여 이불을 헤치고 일어나 앉으려고 하였다. 진왕이 마음속으로 가엾게 여기며 아들을 사랑하여 평생 처음으로 엄숙한 낯빛을 고쳐 아들의 손을 잡고 탄식하며 말하

였다.

"네 몸을 병들게 하려 함이 아니었다. 위로 존당의 염려와 부모의 우려를 생각지 않고 마음을 쓰고 분노를 만들어 다시는 몸에 병을 더하게 하지 마라."

운현이 엎드려 아버지의 매우 화평한 훈계를 듣고 크게 황공하여 안색
77 을 온화하게 하고 사죄하여 말하였다.

"우연한 질병이 아버지께 염려를 끼쳤으니 소자의 죄가 더욱 큽니다."

이렇게 말하자, 진왕이 손을 만졌다. 부자의 정은 천륜 가운데 가장 컸으므로 운현이 황공하고 은혜에 감사하여 고개를 숙이고 감히 진왕을 바라보지 못하였다. 진왕이 더욱 사랑하고 불쌍히 여겨 잠깐 웃음을 머금고 책상에 기대 운현을 훈계하여 곁에 눕히고 손을 어루만져 말하였다.

"아비가 이와 같이 사랑하지만 아이는 매사에 삼가 다시 괴이한 행동을 하지 마라."

운현이 사람의 도리를 알고 있으므로 이 말을 감히 감당하지 못하여 온화한 목소리와 부드러운 말로 고하였다.

"소자가 불초하여 이 지경에 이르렀으니 죄가 산처럼 무겁습니다. 지
78 금은 병이 차도가 있으니 아버지께서는 몸을 수고롭게[60] 하지 마시고 쉬시기를 바랍니다."

진왕이 그 효순함과 조심함을 보고 잠깐 웃으며 말하였다.

"임금님께서 또한 매우 염려하셔서 문병하시는 내시가 이어졌으니 어찌 마음을 놓겠느냐?"

운현이 움직여 사례하면서 말하였다.

---

60) 수고롭게 : {잇비}. 옛말 '잇비'는 피곤하게, 수고롭게의 의미임.

"임금님과 아버지의 큰 은혜를 갚을 방법을 알지 못하겠습니다."

진왕이 이에 나왔다. 기현 등 종형제가 모두 연일 간호한 후에 한 달 만에 운현의 병이 나아 죽을 잘 먹으니 온 집안이 다행으로 여기며 기뻐하였다.

화설(話說). 한림학사 조운현이 오래 조회에 참여하지 않은 것에 인종
황제가 놀라고 염려하여 조회를 마친 후에 진왕을 대하여 말하였다. 79

"운현의 기품이 소나무와 대나무 같고 풍채가 헌칠하더니 한 달 동안 병이 들어 소임을 하지 못하니 무슨 병이 그리 오랫동안 가는가?"

진왕이 땅에 엎드려 아뢰었다.

"운현이 괴이한 변고를 일으켜 신이 참지 못하여 심하게 60대를 때렸더니 병이 되어 지금 고생합니다."

임금이 탄식하며 말하였다.

"또한 무슨 변고가 있었던고? 나이어린 자식을 너무 심하게 벌하여 짐의 마음을 알지 못하니 좋지 못한 일이구나!"

진왕이 절하고 사례하며 말하였다.

"어린 자식 운현이 성려(聖慮)를 이리 끼치니 복이 줄어들 것입니다. 연
왕이 이리저리 하여 운현이 군주와 함께 밤을 지내고 돌아왔습니다. 80
신이 놀라워 운현을 죽여 법을 바르게 하고자 하였습니다. 운현의 사람됨이 꼼꼼하지 못하여 사람에게 속은 것이고 운현이 기꺼이 한 일이 아니어서 부자의 정으로 약간 벌하였습니다. 한갓 맞은 상처만 아픈 것이 아니라 운현은 분한 마음 때문에 병이 더해 죽을 것 같아 염려가 되었는데 수일 사이에 차도가 있게 되었습니다만 모든 일의 시초가 다 연왕의 탓입니다. 이 일을 성상께 고하려 하였지만 일마다 더러운 것

이라 황공하였습니다. 이제 성상께서 물으시니 아뢰옵니다만 처리를 어찌해야 합니까?"

임금이 말을 다 듣고 놀라며 말하였다.

81 "일이 이와 같게 된 것은 다 이상한 연고 때문이니 운현이 무슨 죄가
있겠는가? 선생이 모든 일에 너무 급하도다. 그러나 일이 풍화와 관계
가 있고 연왕의 딸이 다른 남자를 좇지 못할 것이니 운현과 혼인하는
것 이외는 다른 계교가 없구나."

진왕이 머리를 조아리고 말하였다.

"신이 차마 음란한 여자를 며느리로 삼지 못할 듯합니다. 이미 남두관의 딸과 혼인하였으나 우연히 운현이 병이 나서 아직 혼사를 미루었습니다. 남두관의 딸은 빙물을 받은 여자입니다. 남씨를 취하고 천희 군주가 잘못을 뉘우치는 것을 기다려 운현의 둘째 부인으로 취할 것입니다."

임금이 탄식하며 말하였다.

"연왕이 무슨 까닭으로 한 명의 딸을 구차하게 구혼하는가? 선생의 말
82 이 마땅하니 짐이 어찌 친척의 사사로운 정으로 공정한 도의를 받아들
이지 않겠는가?"

이렇게 말하고 임금의 엄중한 명령으로 연왕을 엄하게 꾸짖으니 연왕이 감히 변명하지 못하고 근심하며 분하게 여겼다.

세월이 물같이 흘러 여름 유월 그믐이 되었다. 운현이 병이 나아 세수를 하고 존당에 문안을 하니 태부인과 위부인이 운현의 손을 잡고 눈물을 머금으며 다시 살아난 사람이라고 하였다. 노공이 또 기뻐하니 고모인 조씨 등이 웃으며 말하였다.

“자식이 비록 아무리 뜻과 같지 못하지만 그토록 심하게 때리느냐? 네가 항상 네 아버지를 모진 범같이 두려워하더니 이상하지 않구나.”

운현이 꿇어앉아서 아무 말이 없었다. 자리에 있던 사람들이 운현을
보니 시원하고 상쾌한 얼굴은 푸른 하늘의 가을달이 광채를 토하고 온화 83
한 기운은 봄바람에 만물이 다시 태어나는 것 같았다. 조부모가 사랑하고
초공이 탄식하며 말하였다.

“군주의 음란하고 악함은 헤아릴 수 없으나 사람을 알아보는 능력은 기특하여 운현의 기상을 능히 알아보고 좇고자 하는구나. 그래도 그 위인을 대하면 사람됨이 그렇지 않으니 어찌 운현의 아내가 되겠는가?”

운현이 공손하게 대답하였다.

“제가 도리에 어그러져 보잘 것 없지만 이와 같은 여자를 아내라고 하시는 것은 매우 한심합니다. 제가 산간에 도주한다면 아내로 허락하지 못할 것입니다.”

자리에 있던 사람들이 크게 웃고 초공이 가만히 웃으며 말하였다.

“네가 남의 규수를 간통하고서 버리려고 하는 것이 말이 되느냐?” 84

기현이 가만히 웃으며 말하였다.

“이것은 다 네가 꼼꼼하지 못하기 때문이다. 연왕을 따라 갔다고 해도 어찌 취하도록 술을 먹으며 비록 미인을 한 방에 넣었다고 하더라도 본체하지 않으면 미인이 무엇이라고 하겠느냐? 연왕도 도리에 어긋난 일을 했지만 결국은 너의 호색한 마음 때문에 일어난 일이다. 그런데 이제 분노하여 그 여자를 저버리려고 하느냐? 보잘 것 없는 여자도 절개를 지키고 원한을 품으면 버리기 어려운데 하물며 왕공의 딸은 버리지

못할 것이다. 아버지의 명령대로 먼저 남씨와 혼인하여 아내로 정하여라. 네 스스로 지은 일은 아니지만 60대의 중벌이면 오히려 충분하다. 그런데 이 일로 죽으려고 하느냐?"

85 운현이 가만히 웃으며 말을 하지 않았다. 초공이 기쁜 기운이 흘러나와 진왕에게 하례하며 말하였다.

"그 아이는 우리 가문의 큰 아이입니다. 정대하고 어짊이 조상의 음덕 때문이고 그 나머지 여러 아이들은 가까이 다가갈 수도 없습니다. 형수님께서 어질게 태교하신 덕분입니다."

조씨 등이 초공의 말을 이어 칭찬하며 말하였다.

"실로 좋은 일이다."

진왕이 미소를 짓고 운현을 특별히 사랑하였다.

남씨 집안에서 다시 길일을 알리니 조씨 집안에서 큰 잔치를 베풀어 신랑을 보내고 신부를 맞이하였다. 내외의 빈객이 구름 같아서 정씨, 연씨, 최씨 세 부인과 양씨, 왕씨, 윤씨 세 부인이 각각 며느리를 거느리고 위부인을 모셔 자리를 정하고 여러 손님을 접대하였다.

86 이때 양정렬이 정씨와 이씨의 덕이 있는 자태와 아름다운 모습을 생각하고 더욱 슬퍼하였다. 강씨와 조씨가 자리를 이어 앉아있으니 아리따운 태도가 꽃가지가 이슬을 마신 듯하였으나 어찌 정씨와 이씨와 같이 온갖 자태의 아름다운 모습에 미치겠는가? 초공 부부의 회포를 이에 알 만하였다. 초공이 화평한 가운데도 은은히 넓은 양미간에 근심이 어렸고, 양정렬의 팔자 모양의 봄 산 같은 눈썹에 근심이 일어났다. 조씨 등과 정숙렬이 이것을 알아보고 슬프게 탄식하여 유현 부부가 당한 참혹한 화를 애달파하고 아까워하였다. 금선공주도 이 자리에 참석해 있었다.

노공이 자녀를 거느리고 들어오니 친척들이 바삐 서로를 보았다. 진왕
형제가 자리를 나란히 하여 앉아서 온화한 얼굴과 부드러운 말로 여러 사 87
람을 기쁘게 하였다. 쌍쌍의 자녀가 좌우로 갈라서서 어른들을 모시고 있으니 남자는 천상의 신선 같고 여자는 월궁의 선녀 같았다. 노공이 술이 반쯤 취하여 흥이 높았는데 갑자기 탄식하고 눈물을 흘렸다. 진왕 형제가 그 까닭을 물으니 노공이 슬퍼하며 말하였다.

"자손이 부족하지 않고 집안에 경사가 적지 않지만 수많은 아이들이 벌리고 서 있는데 유현의 자리가 비어 있구나. 유현의 달 같은 모습과 온화한 풍모가 눈에 삼삼하고, 맑고 온화한 목소리가 귀에 머물러 있구
나. 외로운 몸이 변방에 던져진 지 거의 1년이 다 되었다. 늙은 마음에 88
슬픔을 이기지 못하겠구나."

진왕 형제가 온화한 목소리로 아뢰었다.

"만나고 헤어지는 것은 때가 있고 화와 복은 운수에 달려 있습니다. 유현의 액운이 대단하지만 설마 어찌하겠습니까? 유현이 억울함을 분명히 풀 것이니 아버지는 염려하지 마십시오. 소자 등의 마음을 돌아보시어 근심을 더십시오."

노공이 길이 탄식하고 태부인이 눈물을 금하지 못하였다. 신랑에게 길복을 입혔으니 노공이 살폈다. 유상서가 웃으면서 말하였다.

"이 아이는 기상이 완전히 진왕의 소년 때의 모습입니다. 부자가 이와 같음을 기특하게 생각합니다."

노공이 웃으며 말하였다.

"원래 나의 여러 손자가 아버지의 풍모와 어머니의 모습을 지녀 하나
도 용렬한 자가 없지만 운현은 세상의 뛰어난 인물이니 제 아비보다 89

나은가 싶다."

유상서가 웃으며 말하였다.

"진왕의 기상은 뛰어나지 않습니까?"

노공이 기뻐하였으나 오히려 흠이 되는 일은 유현이 만 리에 귀양 간 것이었다. 금선공주가 노공께 아뢰었다.

"이제 후염이 장성하였으나 진왕이 사위를 구할 의사가 없으니 오직 아버님께서 후염을 염려해 주실 것을 바랍니다."

노공이 대답하였다.

"자식의 인륜대사는 그 아비가 주관하는 것이다. 두 아이가 아내를 얻은 후에 후염을 염려할 것이니 어찌 노부가 수고하겠느냐?"

진왕이 두 눈을 흘기며 말하였다.

90 "딸의 인륜대사를 어찌 염려하지 않겠습니까마는 후염은 머리가 하얗게 되어도 무서워 장가 들 사람이 없을까 합니다. 공주의 소문을 하늘로 머리를 둔 자는 모르는 사람이 없으니 어찌 열 달을 태교한 남자가 며느리를 삼으며 아내로 정하겠습니까? 내가 아무리 마음을 태우고 갈구하지만 사람만 우습게 되고 사위를 얻지 못할 것이니 장차 어찌 하겠습니까?"

조씨 등이 낭랑하게 웃으며 말하였다.

"아우가 사람을 말로 비난하는구나. 공주의 소문이 고요하지 않지만 후염은 진왕의 천금 같은 딸이고 성상의 외손녀이니 누가 마다고 하겠느냐? 그러나 진왕의 마음을 생각해 보면, 후염이 성상의 손녀지만 친
91 딸이라고 하더라도 실로 시기심 많고 사악하니 천하에 다시 조무 같은 애꿎은 남자가 있으면 모르겠지만 사람의 도리를 생각해보면 규방에

서 늙게 하는 수밖에 없겠구나."

금선공주가 얼굴을 붉히며 말하였다.

"요임금과 순임금의 아들도 불초하였고 고수(瞽叟)[61]의 아들이 순임금이었습니다. 후염이 비록 제 어미가 사납지만 조씨 집안의 문풍으로 함부로 사납겠습니까? 첩이 당시에는 허물이 매우 컸지만 지금은 무슨 허물이 있기에 모임 중에 이렇게 비난하십니까?"

진왕이 정색하며 아무 말이 없었다. 초공은 멀리 앉아서 눈을 들지 않으니 성인의 가르침에 예가 아니면 듣지도 말라[62]고 하였으니 그래서 이 말을 듣지 않고 있었던 것이다. 여러 사람들이 새롭게 초공에게 탄복하였다. 금선공주가 눈물을 흘리며 초공을 향하여 말하였다. 92

"진왕이 후염의 혼인을 생각하지 않고 있으니 서방님은 좋은 사위를 살펴보아 후염의 혼인을 이루게 해 주십시오."

초공이 몸을 굽히며 대답하였다.

"형님이 집에 계시니 옥주께서 지나치게 걱정하실 바가 아닙니다. 그러하나 저도 조카의 남편을 유의하지 않겠습니까?"

진왕이 두 눈을 흘겨 금선공주를 보고 막돼 먹고 염치가 없는 것을 근심하고 놀라워하니 석태상 부인이 참지 못하여 웃으면서 칭찬하며 말하였다.

"치원[63] 부자는 마음에 마땅치 않으면 눈이 점점 가늘어지고 못 보는

---

61) 고수(瞽叟) : 순임금의 아버지로 우매하고 선악을 분별하지 못한 사람이어서 당시 사람들이 눈먼 노인이라는 뜻의 '고수(瞽叟)'라고 별명을 붙임. 후처의 소생인 상과 함께 순 임금을 죽이려고 함.

62) 예가 ~ 말라 : 『논어』 「안연」 편에 나오는 말로 그 원문은 다음과 같음. '공자께서 말씀하시기를 예가 아니면 보지 말며 예가 아니면 듣지 말며 예가 아니면 말하지 말며 예가 아니면 움직이지 마는 것이다[子曰 非禮勿視 非禮勿聽 非禮勿言 非禮勿動].'

63) 치원 : 진왕의 자임.

듯하면서 사람이 그 눈빛을 보면 놀랍고 두렵게 하니 실로 눈 들기가
93 괴롭구나."

자리에 있던 사람들이 크게 웃고 진왕이 웃음을 머금고 말하였다.

"비위 좋은 치원이니 견디며 지금 공주를 대하는 것입니다."

초공이 정색하면서 말하였다.

"이렇게 말씀하실 것이 아닙니다. 옥주의 지나간 일은 다시 말하는 것이 무익하니 원컨대 형님은 너그럽고 어질고 후덕하게 하시어 그렇게 마십시오."

존당이 웃으며 말하였다.

"성의 말이 옳으니 너무 매정하게 하는 것은 어진 덕에 나쁠 것 같구나."

그러자 금선공주가 울면서 말하였다.

"첩이 잘못하여 서방님을 원망하였더니 오늘 그것을 뉘우칩니다. 서방님은 우리 모녀의 불쌍함을 돌아보십시오."

초공이 이 말에 사례하였다.

94 날이 늦어져 신랑이 행렬을 거느리고 남씨 집안으로 향하였다. 수많은 빈객이 앞에서 가리고 뒤에서 옹위하여 위풍을 도우니 보잘 것 없는 신랑이 아니라 일품의 관복에 금빛 부채를 쥐고 단정히 앉았으니 영웅스러운 풍모가 햇빛 아래에 밝게 빛났다. 남씨 집안에 이르러 옥으로 만든 상에 기러기를 전하고 신부를 맞아 집으로 돌아와 부부가 서로 맞절을 마쳤다. 운현의 풍모를 한번 보니 이목을 놀라게 하고 심신을 어리게 하였다. 하물며 소년의 훌륭한 인망을 누가 칭찬하지 않겠는가?

운현이 눈을 들어 남씨를 한번 보니 훌륭한 덕이 미모에 드러났다. 운

현의 기쁜 기운이 양미간에 감도니 여러 형제가 눈빛을 주고받으면서 웃
었다. 신부가 폐백을 받들어 시부모와 존당에게 올렸다. 시부모와 존당 95
이 눈을 들어 신부를 보니 신부는 문득 세속의 화장한 여자가 아니었다.
6척의 신장에 긴 옷을 끌고 가냘프고 여린 허리를 굽히며 예를 행하는 거
동이 봉황이 기산에서 노는 것 같았고 서왕모(西王母)가 백옥경에 조회하
는 듯하였다. 신기한 고운 자질과 맑은 기운이 천지의 정기와 산천의 빼
어난 기운을 모아 사람됨이 뛰어났다. 눈에는 오색 빛이 영롱하고 아름다
운 눈썹에는 상서로운 기운이 어리고 수많은 온화한 기운이 이마에 서렸
다. 백설 같은 피부와 옥 같은 태도며 복숭아꽃 같은 두 뺨이 깨끗하고 아
름다웠으며 이마의 붉은 기운과 찬란한 광채는 부상(扶桑)의 붉은 해와 같 96
았다. 맑은 거동은 푸른 하늘의 흰 달과 같아서 한 번 보면 눈이 아찔하며
마음을 빼앗기고 다시 보면 공경하고 사랑하게 되었다. 남씨의 한없는 고
움은 소씨와 정씨보다 더하였으니 노공이 놀라고 기쁘지 않을 수 없었다.
여러 손님이 다투어 하례하니 진왕과 정숙렬의 기쁨은 비교할 곳이 없었
다. 초공이 자리에서 물러앉으며 사례하였다.

"오늘 신부를 보니 용모는 보통이지만 조용하고 그윽하며 정숙한 덕과
인자하고 지혜로운 덕이 있어 복록이 두루 아름답고 어진 마음씨가 매
우 깊으니 당대의 숙녀이며 절개 있는 부인입니다. 우리 정씨 형수님
의 훌륭한 덕을 입어 우리 가문에 큰 복을 받은 것입니다. 방탕한 남편
의 기운을 진압하고 규방을 화평하게 할 것입니다. 형님을 위하여 하 97
례하고 운현의 복을 기뻐합니다."

진왕이 기쁘게 웃으며 말하였다.

"어리석은 형이 조상의 음덕(蔭德)과 부모의 덕을 입어 슬하에 자식이

많고 세 아들이 부인을 맞으면서 며느리가 이와 같이 아름다우니 아우의 치하를 사양하지 않겠다. 그러나 운현의 복이 지나친 것이 두렵구나."

존당이 즐거워하고 노공이 반쯤 취해 기뻐하는 뜻이 얼굴에 가득하여 기쁨을 스스로 이기지 못하였다. 조씨 등이 자리를 떠나 일시에 부모께 하례하면서 말하였다.

"왕년에 부모님께서 쓸 데 없는 딸들을 낳고 대를 이을 아들이 없어서
98 근심할 때에 오늘 이와 같이 집안이 번성할 것을 생각했겠습니까? 부
모님의 어진 덕을 천지신명이 말없이 도우신 것입니다. 아울러 정씨 아우의 얌전하고 덕스러운 인물됨이 수많은 변란을 진정시키고 커다란 복이 산과 같아 소씨의 기특함과 남씨의 아름다움을 쌍으로 얻게 된 것입니다. 정씨 아우는 당대에 오로지 유일한 부인입니다. 소녀 등이 소진(蘇秦)과 장의(張儀)[64]의 말솜씨가 없어 치하를 능히 다 못합니다."

세 조씨들의 흰 치아와 붉은 입술은 젊고 아름다운 소년을 비웃을 정도이니 부모가 기뻐하며 말하였다.

"딸의 치하를 어찌 사양하겠는가? 나의 여러 손자들이 다 일세의 기린이니 조상이 남기신 복이 아니겠느냐?"

진왕이 웃으며 말하였다.

99 "누님들께서 오직 정씨만 어질다고 하고 저의 공은 말씀하지 않으십니
다. 정씨가 아무리 어질다고 해도 조무가 아니었으면 어찌 행복과 경사가 생기겠습니까? 항상 일가의 의논이 이와 같으니 우리 원비가 스

64) 소진(蘇秦)과 장의(張儀) : 중국 전국 시대의 유명한 변론가. 소진은 진(秦)에 대항하기 위해 6국이 연합해야 한다는 합종(合縱)을 주장하였고, 장의는 6국이 진을 섬겨 연합해야 한다는 연횡(連衡)을 주장하였음.

스로 자기가 잘난 체하여 조무의 덕을 알지 못하니 어찌 분하지 않겠습니까?"

여러 사람들이 일시에 박장대소하고 초공이 미소를 지었다. 조씨 등이 말하였다.

"두 아우가 어질지만 정씨와 양씨의 어짊을 따르지 못할 것이다."

태부인이 웃으며 말하였다.

"나의 손녀 세 사람은 여자 중에서 호걸이고 정씨와 양씨는 여자 중에서 성현이다. 이제 손자며느리가 다 기특하지만 하늘이 돕지 않겠는가?"

화파가 흥을 타고 말하였다.

"정씨와 양씨 두 부인을 평가하니 행여 잘못 본 것이 아닙니다. 하시는 100
말씀을 들으니 오늘 잔치 자리에서 정씨와 양씨 두 부인과 조씨 세 부
인을 같이 비교해볼까요?"

태부인이 웃으며 말하였다.

"잔치자리 가운데서 좋은 말로 분위기를 돋우는 것은 자네가 제일이다. 어쨌든 세 딸과 두 며느리를 잠깐 평가해 보아라."

화파가 절하고 소리를 가다듬어 아뢰었다.

"곱고 아름다운 자태는 말하지 말고 우리 석태상 부인이 마음이 크고
도량이 넓으며 훌륭하고[65] 상쾌하지만 어진 마음으로 사랑하는 마음
이 조금 부족하시니 대개 여자 중에 군왕이십니다. 가히 한나라 고조
에 비길 만합니다. 유상서 부인은 성품이 어질고 약하시지만 지극히
공정하십니다. 한나라 혜제(惠帝)[66]에 비길 만합니다. 소참정 부인은 101

65) 도량이 ~ 훌륭하고 : {어위추고}. 옛말 '어위추다'는 도량이 넓고 크다의 의미임.

단정하고 정중하며 너그럽고 어질어 덕이 한나라 소제(昭帝)[67]와 비슷합니다. 정숙렬 부인은 아는 것이 신과 같고 총명하고 영특한 기운, 맑은 덕과 선행이 사군자(士君子)와 영웅의 자질입니다. 지극히 공정하여 사사로움이 없으시니 어진 덕과 신과 같은 슬기는 하늘과 같은 마음입니다. 양정렬 부인은 정숙렬 부인과 다툴 만하지만 온화하고 도량이 크고 넓으며 정숙렬 부인보다 더합니다. 그러나 맑고 높으며 공정하고 인자하기는 정숙렬 부인이 더하시니 우리 정숙렬 부인과 양정렬 부인이 으뜸입니다."

자리에 있던 사람들이 일시에 웃고 말하였다.

"실로 바른 의견이다."

조씨 등이 낭랑하게 웃으며 말하였다.

102 "서모가 우리를 나무라고 정숙렬과 양정렬을 칭찬하지만 이에 보건대 공자와 맹자가 비록 성인이시나 반평생을 수레를 타고 돌아다니며 두 성인이 모두 피로하셨으니 어찌 역대의 제왕이 천하를 통일하는 공업에 비교하겠습니까? 정숙렬과 양정렬 두 아우를 비할 데 없는 성인군자라고 하고 우리는 나라를 창업하는 임금에 비기니 우리가 으뜸이고 두 아우는 우리 아래가 될 것입니다."

여러 사람이 크게 웃고 진왕이 웃음을 머금고 말하였다.

"석태상 누이를 제왕에 비교한 것은 서모가 잘못 본 것입니다."

조씨 등이 낭랑하게 웃으며 말하였다.

---

66) 한나라 혜제(惠帝) : 한(漢)나라의 2대 황제로, 여후(呂后)의 아들. 한나라 고조 유방이 죽자 여후는 그가 총애하던 척희를 인체(人彘)를 만들어 변소에 버리는데, 혜제가 이를 보고 병이 나 1년 만에 죽음. 마음이 유약한 인물임.

67) 한나라 소제(昭帝) : 한나라의 8대 황제로 무제(武帝)가 죽고 난 후 정치적 불안정이 가속화되자 무제의 뒤를 이어 왕이 되었음. 짧은 평화를 이룩하였지만 요절함.

"네 말이 알 만하구나. 우리들을 제왕에 비교하고 정씨 아우를 군자에 비교하니 이것을 애달파하며 우리를 깎아내리는구나. 네 부인은 높여 요순임금 같다고 하여라."

이렇게 한가롭게 웃었다. 태부인과 위부인이 입이 벌어졌고 오직 초공 103
이 무릎을 꿇고 단정히 앉아서 양미간에 봄바람 같은 기운을 띠고 있으니
숙연한 거동이 맑고 고결하고 온화한 봄날이 따사로운 듯하니 실로 천추
에도 없는 군자이고 일대의 성현이었다. 소참정 등 세 사람이 얼굴빛을
엄숙하게 고치고 경축하여 노공께 고하였다.

"오늘 여러분의 의론이 분분하여 제왕과 군자가 가득하나 소생은 이
좌중에 한 명의 성인이 있다고 봅니다. 그 사람을 바라보면 기특하고
공자와 맹자를 뵙지 못했지만 그 사람의 거동은 볼 때마다 기특합니다.
치원이 세상을 구할 재주와 덕이 있고 온 세상을 진정시킬 때 한결같은
충성과 큰 절개를 가져 한 세대에 비교할 사람이 없지만 마침내 그 사 104
람의 거동은 따르지 못할 줄을 아십니까?"

세 사람이 손으로 초공을 가리키며 탄복하였다. 노공이 자녀의 희롱을 살펴보고 있다가 세 사람의 소리를 듣고 초공을 돌아보니 초공에 아름다움을 이기지 못하여 웃고 말하였다.

"어진 사위들의 과도한 칭찬을 어찌 받아들이겠는가? 비록 그러하나 성의 행실과 도덕은 이 세상에 부끄러움이 없다. 이제 여러 아이가 성을 본받기를 바란다."

진왕이 웃음을 머금고 말하였다.

"아우의 선행과 어진 마음은 천성에 타고난 바입니다. 어릴 때부터 본래 그러하였는데 매형들은 새롭게 놀랍니까?"

105 석참정이 웃으며 말하였다.

"치원의 심술궂은 마음은 알 만하다. 누이를 칭찬하니 자기 아내들과 다툴 만한가 묻고 아우를 칭찬하니 싫게 여기느냐?"

진왕이 크게 웃고 초공은 아무 말이 없었다. 종일 단란하게 보내고 여러 손님이 각각 흩어졌다.

태부인이 남씨를 매우 사랑하여 진궁에 보내지 않고 영설당에 처소를
정하여 머무르게 하였다. 운현이 남씨와 은정이 매우 정다워 부부 간의
금슬이 이때에 비교할 곳이 없었다. 남씨는 존당을 섬기며 남편, 동서와
시누이를 각각 예도에 맞게 극진하게 하니 남씨를 칭찬하는 소리가 온 집
106 안에 가득하였다. 태부인이 남씨를 만금과 같은 사랑하는 아이로 대하고
남씨가 정씨와 이씨의 기이함을 이었지만 태부인은 정씨와 이씨를 함께
곁에 두지 못하는 것을 한탄하였다. 유현이 만 리 밖으로 유배 간 것을 한
스러워하며 때때로 상심하고 조부모와 누이들이 애달파하니 초공과 양정
렬의 마음이야 말할 것이 있겠는가?

이때 연왕이 딸의 계책으로 생각지도 못했던 일을 하고 기뻤으나 진왕이 마침내 혼인을 허락하지 않고 남씨를 취하니 천화군주와 연왕이 다시 분을 풀 틈을 생각하였다. 군주가 연왕을 가르쳐 잠잠하게 있으면서 서서히 일을 도모하고자 하니 이런 까닭에 연왕이 분한 마음을 품고 있었다.

화설. 쌍란이 두병기의 집에 있은 지 한 달이 넘었다. 쌍란은 상복을
107 벗는 3년을 기다리면 두병기의 뜻을 따르겠다고 하고 두병기를 가까이도
오지 못하게 하였다. 쌍란은 굳은 뜻을 품고 한번 등문고를 울려 주인의
억울함을 알릴 기회를 살피며 두병기의 일거수일투족을 엿보고 있었다.

경홍이 경후번의 집에서 또한 쌍란과 같은 생각을 가지고 설강이 마음

을 다하여 모의하던 일을 낱낱이 적어 두었다.

이때에 설강이 유현의 편지를 보고 난 후부터 악한 마음이 태반이나 줄
어들고 염려가 매우 많아 심정이 타들어갔다. 세월이 매우 빨리 흘러 해
가 바뀌고 조유현이 만 리에 귀양 간 것이 3년이 되었다. 조씨 집안에서 108
유현을 생각하는 마음과 여러 친구의 애달파하는 마음이 똑같았다. 임금
또한 유현을 깊이 생각하여 유현의 훤칠한 기상과 강개한 성품을 잊지 못
하였다. 유현을 귀양 보낼 때에는 유현의 죄명이 무겁고 사실을 밝히기
전에는 가볍게 처리하지 못할 것으로 생각하였지만 항상 마음이 편하지
못하여 유현의 재주와 사람됨을 크게 생각하였다.

이때 난교가 궁궐에 있는 지가 4년이나 되었는데 벼슬을 얻지 못하였
다. 소후가 위에 서면서부터 난교에 대한 임금의 총애가 약해져서 난교가
애달팠으나 설강이 준 요사스러운 약이 있었으므로 가만히 정궁의 수라
에 그 약을 넣었다. 소후가 신처럼 현명하고 본래 일월 같았기 때문에 수 109
라를 먹지 않고 반찬을 없애고 여러 궁인이 연루되는 일을 미리 막았다.
소후는 노상궁 진씨에게 밤낮으로 간사한 일을 한 자를 발각해 내라고 하
니 소후의 말이 비밀스러워 궁녀들이 아는 사람이 없었다. 진상궁이 명령
을 받들어 밤낮으로 무심히 살피는 일이 없었다.

하루는 난교가 요괴로 목인(木人)을 만들어 왕후의 침실 주변에 묻고자
하였는데 진상궁이 이것을 보게 되었다. 진상궁이 본래 강직하여 이에 임
금님께 아뢰었다. 임금이 크게 노하여 즉시 난교를 내리고 극형으로 엄하
게 문책하였다. 난교가 본래 심지가 굳세고 사람됨이 괴이하며 사악하니 110
어찌 바로 죄를 아뢰겠는가? 한결같이 변명하여 진상궁이 자기를 모함한
다고 하였다. 임금의 분노가 대단하여 때리는 매마다 꾸짖으며 수십 대에

이르러서는 피와 살이 어지럽고 피가 뚝뚝 떨어졌다. 난교가 견디지 못하
여 일일이 죄를 바로 아뢰었다. 자기 아비를 설강이 처음 보고 했던 말과
자기가 설강의 집에서 자라나 그 은혜를 갚고자 하여 스스로 설강의 뜻대
로 한 것과 설강이 자기를 시킬 때 안과 밖에서 소식을 주고받고 변화하
는 개용단을 설강이 스스로 삼키고 조유현의 얼굴이 되어 자정전에 들어
111 갔던 일과 설강의 청으로 마지못하여 조유현에게 많은 간악한 계책을 행
하고 정궁을 해친 것을 하나하나 털어놓았다.

임금이 이 말을 다 듣고 매우 분노하여 난교를 가두고 외헌에 나가 조회를 열어 여러 대신을 모았다. 금오관(金吾官)[68]에게 명하여 대궐의 규율에 따라 준비하라고 하니 문무백관들이 많이 모여 그 죄가 어느 곳에 미칠지를 알지 못하여 모두 매우 떨고 있었다. 임금이 즉시 설강을 잡아들이라 하였다.

이때 설강이 태학사의 반열에 있으면서 붉은 도포와 옥띠를 하고 임금
112 을 모시고 있었다. 얼굴색이 흙빛이 되고 많은 나졸이 일시에 관을 벗기
고 사슬에 옭아매어 대전 아래에 무릎을 꿇렸다. 임금이 묵묵한 노기를 띠고 난교의 죄를 심문한 초사를 내리고 전후에 저지른 악한 일을 추궁하고 심문하였다. 설강은 하늘에서부터 재앙이 내려 이와 같은 상황을 당하니 유현의 말이 끝내 생각나서 술에 취한 것 같고 미친 것 같았다. 그러던 중에도 넓적한 곤장이 전후에 나열해 있고 법관과 위사(衛士)[69]가 죄명을 읽고 형벌을 재촉하였다. 매우 치라고 외치는 소리가 하늘을 흔들고 또 흉악하고 사나운 노비는 소리에 응하여 힘을 다하여 치지 않는다면 가까

68) 금오관(金吾官) : 의금부(義禁府)의 관리.
69) 위사(衛士) : 대궐, 능, 관아, 군영 따위를 지키던 장교.

이에 계신 임금이 노하실 것이니 누가 조금이나마 인정을 두겠는가? 매 113
한 대마다 뼈가 깨지고 살점이 떨어졌다. 설강이 어릴 때부터 부귀하게
자라고, 홀어미의 외동아들로 천금 같은 사랑을 받고 자라 입신양명하여
부귀가 대단하고 호화로우며 사치스럽게 지냈기 때문에 어찌 조그만 태
형인들 받아보았겠는가? 설강이 아픔을 이기지 못하여 눈물을 흘리고 아
뢰었다.

"신의 죄악이 쌓여 있으니 어찌 심하게 맞고 아뢰겠습니까? 신이 마음
을 잘못 먹고 사람에 대한 시기를 지나치게 하였습니다. 조유현의 어
진 아내인 정씨는 신의 친척입니다. 내외를 하지 않아 정씨의 얼굴을
보고 신이 혼인을 청하였지만 정석규가 신의 청혼을 거절하고 유현을 114
사위로 삼았습니다. 신은 유현을 혼인하기 전에 사귀어 이리저리 하여
유현의 마음을 격동시켰으나 유현은 듣고서 믿지 않았습니다. 여러 순
간 편지를 지어내고 자객을 보내어 그 부부 사이를 훼방 놓은 것이 신
이 한 짓입니다. 이번에 운남으로 귀양 간 것도 신이 꾸민 것입니다.
그러나 유현은 신을 미워하지 않고 일일이 글월을 써서 저를 가르쳤습
니다. 신이 그 글을 본 후는 매우 감동하여 신의 수많은 죄과를 드러내
성상께 고하고 유현의 억울함을 풀어 유현의 은혜를 갚고자 하였지만
황공하고 몸이 떨려 시일을 끌고 있었습니다. 오늘 엄하게 문책하는 115
때에 어찌 숨기는 것이 있겠습니까?"

이렇게 말한 후에 자기가 저지른 전후의 악한 일과 유현의 어질고 기특함을 매를 더하지 않아도 일일이 자백하였다. 금주와 운남에 자객을 따라 보내니 정씨는 금강에 빠져 죽었고 자객인 석환은 유현에게 잡혀 죽게 되었다는 것을 고하였다. 임금이 용상을 치며 매우 화를 내며 말하였다.

"설강의 죄상은 만 번 죽여도 오히려 가볍다. 마땅히 형벌을 엄하게 하여 짐의 마음을 상쾌하게 하고 머리를 베어 왕법을 바르게 할 것이다."

이에 때리는 매마다 엄히 살피고 관장하여 한차례 몹시 치니 피가 줄줄
116 흐르고 설강의 얼굴빛이 차가운 재와 같아서 정신을 차리지 못하였다. 대신 반열에서 한 명의 신하가 금색 도포를 입고 옥홀을 받들어 빠른 걸음으로 나와 임금님 아래에 엎드렸다. 기개와 위엄이 엄숙하고 풍채 있는 몸이 시원하고 상쾌하며 성스럽고 인자한 덕은 긴 눈썹에 나타나고 가득한 충효를 가슴에 넣어 숙연한 예의 있는 몸가짐은 늠름하고, 맑은 눈빛은 해를 가리니 여러 사람들이 매우 놀라 칭찬하였다. 임금이 용안을 들어서 보니 승상 황태부 초국공 조성이었다. 임금이 일어나는 화를 누르고 기쁘게 말하였다.

"선생이 무슨 충고할 말이 있는가?"

초공이 절하고 엎드려 말하였다.

117 "이제 죄인 설강이 저지른 전후의 악한 일은 마땅히 죽일 만하지만 한꺼번에 가혹한 형벌을 더하시면 성스러운 임금의 덕화에 해롭습니다. 아직 형벌을 늦추시고 다시 그 죄의 경중을 의논하시고 법률을 바르게 논의하셔서 정하시는 것이 마땅할까 합니다."

평진후 소천이 벌컥 화를 내며 아뢰었다.

"역적 설강은 한갓 악한 마음을 공교하게 하여 성상의 훌륭한 덕을 가리고 국가의 훌륭한 인재를 사지(死地)에 넣으며 간악한 여자를 궁궐 안에 들이고 조정 신하가 되어 밤이 되어 궁녀와 마음을 같이하여 모의하고 변란을 만들었으니 죄는 역신(逆臣)과 같습니다. 승상 조성이 너무 어진 덕을 숭상하기 때문에 나라를 어지럽히는 신하와 불충한 인간을

두둔하여 보호하지만 설강의 죄상은 죽이지 않을 수 없습니다. 머리를 118
베어 성상의 다스림을 어지럽히고 어진 신하를 업신여기며 궁녀가 반
역에 동참한 죄를 바로잡아 주십시오."

예부상서 조기현이 붉은 도포를 입고 옥띠를 띠고 대열에서 나와 땅에 엎드려 나왔다. 얼굴은 백옥을 다듬고 풍채는 일만 개의 버들가지가 봄바람에 휘날리는 듯하였다. 이백을 비웃으며 용 같은 눈썹과 봉황 같은 눈에 수려한 광채가 전각 위에 쏘였다. 이에 온화한 소리로 아뢰었다.

"오늘 소천의 아뢰는 말씀은 죽이자는 형벌을 오로지 하여 형벌만 세
우고 너그럽고 어진 덕을 세우지 않았으니 신이 실로 취하지 않습니다.
설강의 죄가 비록 가득하나 곧 역신(逆臣)은 아닙니다. 매 한 대를 더하 119
지 않아서 전후에 저지른 악한 일을 자백한 것을 보면 그가 잘못을 뉘
우친 것을 알 만합니다. 형벌 세 번을 한꺼번에 더하면 반드시 즉석에
서 죽을 것입니다. 어진 임금의 덕화가 초목과 곤충에 이르니 사형에
처할 죄인을 살려주시는 덕을 베풀 것을 힘쓰시고 죽이는 것을 엄격하
게 하시기를 바랍니다. 설강이 바라던 대로 된 것은 없고 설강 때문에
죽은 사람은 없으며 마음을 바꾸어 자책하는 때에 죽이시면 성상께서
현명하지 못하다는 후세의 기롱을 면치 못하실 것입니다."

화평한 기운이 봄바람이 만물을 살리는 듯하고 엄정한 거동은 구월 가
을날의 차가운 바람과 같았다. 초공의 기특한 도덕으로도 일대에 비교할 120
자가 없는데 또 기현의 맑은 행실과 유현의 기특함을 임금이 칭찬하며 말
하였다.

"국가가 유복하여 어진 군자와 충효 대절이 뛰어난 남자가 숨어 있었구나. 경이 아뢰는 말이 상부가 어진 것과 흡사하니 짐이 아름답게 여

긴다. 그러나 설강의 죄악은 법전에서 벗어나지 못할 것이니 한 번의 형장을 늦추어도 마침내 몸을 보전하지 못할 것이다."

초공이 다시 아뢰었다.

"모든 일이 실로 불행합니다. 설강이 만일 잘못을 뉘우치지 않는다면 그 죄는 죽이지 않을 수 없습니다. 그러나 지금은 잘못을 뉘우쳐 자책
121 하며 자기의 사나움을 자백하였으니 성군의 덕화로 한 목숨을 용서하심이 옳습니다. 소천의 아뢰는 말이 이와 같으니 성상께서는 충신이 죄를 논하는 것을 따르셔서 성덕에 힘쓰십시오."

여러 신하가 다투어 설강을 목 베라고 하는 사람도 있고 한 목숨을 살리자는 사람도 있어서 의견이 분분하였다. 설강의 사생이 어찌 되겠는가? 다음 회를 들어라.

조 씨 삼 대 록

10권

1 차설(且說). 이때에 경홍이 후번의 집에서 있으면서 온갖 계책으로 몸을 빼낼 방법을 생각하더니 선뜻 큰 뜻을 내어 궁궐의 등문고를 올려 자기의 억울한 상황을 아뢰려고 하였다. 후번이 나간 때를 틈타 내달아 대궐 아래에 오다가 길에서 한 여자를 만났는데 낯이 익었다. 경홍이 자세히 보았더니 다른 사람이 아니라 이부인의 시비 쌍란이었다. 경홍이 반가워 쌍란을 붙들고 말하였다.

"쌍란아! 이별한 후에 3년이나 되었는데 별 탈 없었으며, 조씨 가문과 이부인도 귀체(貴體) 평안하시냐?"

2 쌍란이 이미 이공의 삼년상이 거의 다 되었으니 두생의 겁박을 면할 길이 없어 이 날은 마음이 자연스레 변하여 지금까지 있었던 억울한 상황을 써 가지고 등문고를 울려 이부인의 억울함을 아뢰려고 하였다. 마침 두병기는 집안에 없었고 쌍란은 닭이 처음 울자 몸을 빼내 인가(人家)의 푸른 의복을 입고 빨리 큰 길에 나와 대궐 아래로 오게 되었다. 두 여자의 마음이 함께 요동쳤을 때 공교롭게도 설강에게 변이 막 나게 되었으니 이것 또한 하늘의 뜻이었다. 부부 세 사람의 원한을 풀어버리는 것이 일시에 거울같이 되었는데 쌍란과 경홍이 이때에 맞춰 절의를 드러낸 것이었다.

3 쌍란이 또한 경홍을 보고는 반가움을 머금고 손을 잡으며 서로 지나간 일을 일일이 말하였다. 두 사람의 처지가 서로 같고 두 부인의 재앙이 차이가 나지 않았지만 더욱 경홍은 정부인이 살았는지 죽었는지 몰랐으므로 눈물이 비 오듯하여 원통함을 금하지 못하였다. 쌍란이 매우 분노를 느끼며 말하였다.

"어르신께서 만 리에 귀양 가시고 두 부인의 환란이 이와 같으시니 우리 두 사람이 죽기를 결심하고 쾌히 원한을 풀게 하여 원수가 죄를 받게 하자."

이렇게 말을 하고 두 사람이 서로 정회를 말하며 대궐 아래에 다다랐
다. 대궐문이 매우 요란하고 매질하는 소리가 진동하였다. 두 사람이 범 4
상한 여자였다면 두려워하는 마음에 입을 열지 못하겠지만 강렬함이 문인 열사의 풍모가 있어서 조금도 두려워하지 않고 등문고를 올려 북소리가 다급하였다.

임금이 바야흐로 설강의 죄를 결단하지 못하고 있었는데 북소리를 듣고 위사(衛士)가 시녀를 잡아 와서 물었다. 쌍란의 초사(招辭)는 다음과 같았다.

천한 시비 쌍란은 운남에 귀양 간 죄인 조유현의 세 번째 부인의 시녀입니다. 주
인인 이씨는 운명이 기구하여 어린 나이에 부모와 헤어져 유모의 양육을 받았습니
다. 10살에 부모를 찾으려고 하고 선뜻 남자의 옷을 입고 서울로 와서 우연히 조상 5
서를 만나게 되었습니다. 조상서는 우리 주인에게 부모와 형제의 수를 물으며 부모와 헤어진 이유를 물었습니다. 우리 주인이 대답하니 조상서가 의기와 어진 마음으로 급한 사정을 구하여 이참정을 찾아 부녀가 만나게 되었습니다. 우리 주인이 부모를 찾아 돌아온 후에 다른 가문의 남자인 조상서와 얼굴을 대하고 같은 자리에서 앉아 말을 한 것을 생각하고 풍교를 지켜 혼자 늙기로 하였습니다. 이참정이 마지못하여 조상서에게 구혼하였습니다. 만조백관이 요객이 되고 백대의 수레로 돌아와[70]

70) 백대의 ~ 돌아와 : {빅냥우구}. '빅냥우구'는 '빅냥우귀[百兩于歸]'의 오기인 듯함. 100대의 수레로 돌아옴의 의미임. '백량(百兩)'은 100대의 수레를 뜻하는데, '兩'은 수레바퀴가 둘인 데서 수레를 이르며 특히 결혼 때 쓰는 수레를 가리킴. 『시경』 「소남(召南)」의 〈작소(鵲巢)〉 편에 "까치가 둥지를 둠에 비둘기가 살도다. 새아씨가 시집옴에 백량으로 맞도다[維鵲有巢 維鳩居之. 之子于歸 百兩御之]."가 있음. '백량우귀(百兩于歸)'는 백대의 수레로 새아씨를 맞아옴을 이르는

예의를 차려 왔으니 어찌 비례(非禮)의 행동이 있겠습니까? 조씨 집안에 온 이후부
6 터 존당과 여러 부인 등이 우리 주인인 이씨와 화목하고 우애 있게 지내기를 아황(娥皇)과 여영(女英)의 고사[71]처럼 규방에서 화락하였습니다.

강씨가 사혼(賜婚)으로 시집오시니 수많은 변란이 생겼습니다. 자객이 조씨 집안에 들어오고 음란한 편지가 던져지고 무고지사(巫蠱之事)와 음식에 독을 넣는 일과 같은 흉악한 변고가 계속해서 일어났습니다. 이것은 강씨의 유모 경파의 흉계입니다. 정씨와 강씨 두 부인이 내쫓기는 화를 당한 후에 다시 괴이한 흉심을 내서 강씨가 스스로 계양궁 공주의 세력에 기대어 우리 주인을 맹랑한 일로 곤경에 빠지게 하였습니다. 시녀에게 뇌물을 주어 죄를 우리 주인에게 모두 씌우고 두병기에게 부탁
7 하여 우리 주인의 고운 얼굴을 이야기해 주며 데려다가 으르고 협박하라고 하였습니다. 계양궁의 종을 시켜 이씨 집안에 불을 지르라고 하였습니다.

슬픕니다! 혈혈단신이 임금님께 죄를 얻고 시댁을 떠나 친정에 돌아왔으나 양친을 연이어 잃고 외롭게 빈집을 지키며 하늘에 사무치는 슬픔이 깊었습니다. 그런데 불이 나고 도적이 일시에 들어오니 제갈공명이 다시 살아나도 이 화를 벗어날 길이 없었습니다. 우리 주인이 어쩔 수가 없어서 주인이 천한 시비가 되고 제가 주인이 되어 이리저리 하여 두병기에게 저를 잡혀 보내고 주인은 몸을 빼내 조상의 가묘를 품고 목숨을 구하려고 도망갔습니다. 알지 못하겠습니다. 어진 임금님이 다스리는
8 세상에서도 억울한 일이 있음은 간신과 불충한 사람이 임금님의 총명을 가리기 때문입니다.

어사 원광이 사람의 부탁을 듣고 근거 없는 말로 임금님을 속여 명부(命婦)를 사

말.

71) 아황(娥皇)과 ~ 고사 : 아황과 여영은 중국의 요임금의 두 딸로 요임금이 순임금에게 시집보냈음. 두 여인이 순임금을 사이좋게 모시고 화락하다가 순임금이 죽자 두 사람도 상강(湘江)에 빠져 죽음.

지에 보내었습니다. 신이 주인을 위하여 기신(紀信)의 충성을 본받아 두생을 따라온 후로 겁탈당하는 모욕을 온갖 방법으로 핑계를 대어 면하였습니다. 계교가 다하여 한 장의 하소연하는 글을 임금님께 고합니다. 천첩의 억울한 상황을 이것으로 결단할 것이 아니라 강씨 유모인 경파와 두병기 부자와 추향과 설매, 선옥과 시어사 원광에게 똑같이 물으시어 확실함을 아신 후에 실상을 조사하여 여자의 오뉴월에도 서리가 내리는 원한을 살펴주십시오.

또 경홍의 소(疏)는 다음과 같았다. 9

천첩 경홍은 전 이부상서 조유현의 첫째 부인 정씨의 시비입니다. 첩의 주인은
안으로 적인 강씨의 해를 받고 밖으로 설강이 가까운 친척의 의리를 지니고 있으면
서도 도리어 고난에 빠뜨리는 것을 매우 심하게 하여 시댁에서 내쫓기는 지경에 이
르게 되었습니다. 주인이 오히려 죽지 못하여 저를 경후번이라는 자객에게 딸려 보
내게 되었는데 천첩이 주인을 대신하여 가게 되었지만 주인은 살았는지 죽었는지를
알지 못합니다. 지극한 원한과 대단한 슬픔이 다 추향과 설매가 빌미를 제공한 것이
고 부질없이[72] 죄를 당하게 된 것은 설강으로 말미암은 것입니다. 신첩이 후번을
따라가 설강과 모의하는 바를 낱낱이 들은 까닭에 원통함을 이기지 못해 억울한 상 10
황을 아룁니다. 설강이 선비의 행실을 해야 하는데도 여색을 탐하여 의롭지 못한 일
을 행한 것을 다스려 주인이 억울하게 길 떠나면서 고초를 겪은 것을 판단하셔서 살
펴주십시오.

임금이 이것을 보고 두 여자의 주인을 위하는 정성스러운 마음과 충절

72) 부질없이 : {힘히}. '부질없이'의 의미인 '힘힘이'로 보고 이와 같이 옮김.

을 지닌 열사 같은 마음을 기특하게 여겨 즉시 원광과 최학수를 일시에
부르고 경후번을 잡고 계양궁의 노비와 두탁 부자를 잡아 죄를 심문하셨
다. 임금의 위엄이 엄정하고 일이 벌써 크게 드러나자 두탁은 오직 떨며
11 계양공주의 청을 듣고 마지못해 쌍란을 잡아와 쌍란을 이씨로 알고 지내
다가 오늘 새벽에 쌍란이 없어진 것을 고하고 계양궁의 궁노 등이 다 이
씨 집안에 불을 지르고 온 수말을 고하였다. 경후번이 하늘을 우러러 탄
식하며 설강이 전후로 모의하던 말과 경홍을 정부인으로 알고 데리고 와
3년이 지나도록 자기 말을 듣지 않고 이 변을 일으킨 것을 아뢰고 죽여주
기를 청하였다. 시어사 원광이 계양공주와 설강의 말을 곧이듣고 상소하
게 된 것을 아뢰고 사죄를 청하였다. 임금이 혀를 차며 말하였다.

"이 가운데 짐의 실덕이 크구나."

이렇게 말하고 강씨의 시비와 유모 경파를 다 올리자 이들이 강씨와 공
12 주와 마음을 함께하고 모의하던 일을 처음부터 일일이 죄상을 털어놓았
다. 임금이 놀라워하며 초공을 돌아보며 말하였다.

"여자의 질투와 악함이 이와 같은 것은 오히려 괴이하지 않지만 강씨
가 저지른 전후의 나쁜 마음은 천고에도 듣지 못하던 바니 강씨는 요악
한 소인(小人)이다. 짐이 잘못하여 어진 신하를 귀양 보내고 소인을 좌
우에 두어 안으로 궁내를 어지럽히고 밖으로 치화(治化)를 상하게 하여
명부(命婦)를 사지에 넣었구나. 재상가와 제후의 집안에 변을 일으킨
것은 다 설강의 죄인데 상부가 설강을 죽이는 것이 지나치다고 하겠느
냐? 이제야 유현의 기특함을 아름답게 여긴다. 강씨는 유현의 집안의
13 일이니 마땅히 유현이 돌아와 처치할 것을 기다릴 것이다. 최학수와
원광은 간사한 인간과 마음을 함께하여 짐을 속이고 현인 부부를 재난

에 빠트리며 궁내를 어지럽혔으니 삭탈관직하고 귀양 보내라. 두탁은 문밖에 내쳐서 보내고 또 두병기는 사형은 면하게 하고 유배 보내라. 난교는 목을 잘라 죽이며 허창은 해도에 내치고 계양궁의 월봉록은 거두고 설강은 사형에 처하라"

이렇게 말한 후 유현에게 이부상서를 겸하여 참지정사 홍문관 태학사를 겸하게 하였다. 예부상서 조흠에게 절월(節鉞)을 가지고 가서 밤낮으로
운남에 가 유현을 맞아 오라고 하였다. 이처럼 임금의 일처리가 명쾌하 14
니 자리에 있던 신하들이 일시에 이것이 마땅하심을 고하였다. 임금이 유현을 용서하니 여러 친구들이 기뻐하지 않는 사람이 없었다.

임금이 경홍과 쌍란에게 칭찬하며 상을 후하게 하였다. 경후번에게 형장을 세 차례나 가하여 저잣거리에 가서 목을 베라고 하였다. 초공이 얼굴빛을 온화하게 하고 아뢰었다.

"설강의 죄는 죽는 것이 마땅하지만 설강이 깨달아 잘못을 뉘우쳤으니 남은 목숨을 살려주시고 죄인을 살려주는 제왕의 덕을 드리우시면 성덕일까 합니다."

임금이 오랫동안 말없이 생각하다가 말하였다.

"너는 네가 저지른 전후의 악한 일을 생각하라. 실로 죽는 것이 억울하고 답답한가?"

설강이 머리를 조아리고 말하였다.

"신의 죄는 만 번 죽어도 오히려 가벼우니 부월(斧鉞)에 죽어도 어찌 억 15
울함이 있겠습니까? 오직 조유현이 말하기를 '재앙의 그물에 걸리는 날 내 말을 생각할 것이다'라고 했던 것을 깨달아 슬픕니다. 신의 노모에게는 오직 죄 많은 저뿐이니 신의 죄가 불효하고 불충한 것입니다. '사

람이 죽으려고 할 때에 그 말이 선하고 새가 죽으려고 할 때에 그 소리가 슬프다고 했습니다.'[73] 이렇게 죽게 되니 슬프고 뉘우칩니다. 이제 성상께서 용서하신다고 해도 살고자하는 뜻이 있겠습니까?"

임금이 초공을 보고 말하였다.

"짐이 일마다 경이 하자는 대로 따랐지만 이 일에 관해서는 받아들이지 못한다. 백 번 생각하여도 설강을 용서할 뜻이 없다."

초공이 두 번 절하고 아뢰었다.

16 "신도 설강을 죽이는 것이 마땅할까 하였습니다만 설강의 말을 들으니 사람이 목석이 아니기 때문에 가슴에 사무쳐 슬픕니다. 설강은 비록 자기의 죄로 죽지만 그 어미는 한 아들을 보전하지 못하여 칼 아래 죽은 사람의 넋이 된다면 그 죄는 산과 같고 어미의 한은 오월에도 서리가 내릴 것입니다. 어진 임금은 인효로 천하를 다스린다고 하니 설강을 용서하시어 잘못하지 않게 하는 것이 죄인을 살려주는 제왕의 덕이 될 것입니다. 또한 유현이 죄가 없지만 과도하게 예관이 멀리까지 가는 수고를 하게 하십니까?"

임금이 웃고 돌아서 여러 신하를 보니 진왕 조무와 우승상 연광이 관을 숙이고 한 말도 하지 않았다. 임금이 물었다.

"두 공이 무슨 생각이 있느냐?"

17 진왕이 절하고 말하였다.

"신의 소견으로는 설강의 죄악은 비록 죽어도 갚기 어렵습니다. 왕법은 사사로움이 없으니 어진 임금의 치화가 비록 어질게 하는 것이지만

---

73) 사람이 ~ 했습니다 : {인지쟝ᄉᆞ[人之將死]의 기언(其言)이 션[善]ᄒᆞ고 됴지쟝ᄉᆞ[鳥之將死]의 기명(其鳴)이 ᄋᆡ(哀)라}. 이것은 『논어』에 나오는 말로 "曾子 言曰 鳥之將死에 其鳴也哀하고 人之將死에 其言也善 이니라"를 변형하여 인용한 것.

법전은 굽히지 못하고 위엄은 없애지 못할 것입니다. 빨리 설강의 목을 베셔서 뒷사람을 징계하시고 왕법을 바로 할 것입니다. 설강은 유현의 원수인 까닭에 말을 못하겠습니다. 신의 아우 조성이 너무 어질기 때문에 유약하기까지 하니 가히 그 의견을 쓰지 마시고 소천이 아뢰는 말을 시행하십시오."

연왕이 또 아뢰었다.

"조무가 아뢰는 말과 소천의 뜻이 신과 같음을 아뢰니다."

임금이 말하였다.

"평진후의 말이 짐의 마음과 같다. 상부의 어진 뜻이 한편으로는 죄인 18
을 살려주는 제왕의 덕을 말한 것이지만 그래도 상부의 뜻을 시행하지
못하니 모름지기 허물을 삼지 마라."

초공이 절하고 사례하며 말하였다.

"신이 성품이 나약하고 현명하지 못하여 사형에 처할 죄를 구하는 것이 임금님의 체면을 손상할까 황공함을 이기지 못하겠습니다. 사람을 죽이는 것이 너무 급한 것 같으니 잔명을 살려두어 옥에 가두고 다시 의논하여 처치하시기를 바라옵니다. 또한 유현에 대한 대우는 너무 지나친가 합니다."

임금이 웃으며 말하였다.

"선생은 무슨 말인가? 짐이 유현을 저버려 다시 볼 낯이 없으니 예의로
공경하는 은총을 더하고자 하는데 어찌 과한 것이 있겠는가? 하물며
부부 세 사람이 서로 떨어져 이별한 것이 모두 설강과 짐의 허물이다. 19
이제 정씨를 데리고 와서 원비로 올리고 이씨를 용서하여 조가에 돌아
오게 하라. 두 시비가 신비한 묘책을 베풀던 바를 들으니 정씨와 이씨

두 사람의 지략이 기특하구나. 군자와 숙녀가 액운을 받은 것이 짐의 실덕이 되었구나. 유현의 재주와 덕이라면 오늘 정승의 인수(印綬)를 주어도 족한데 선생은 너무 염려하지 말라."

드디어 죄인을 옥에 가두고 조서를 지어 그날 운남으로 발송하고 조회를 마쳤다.

진왕과 초공이 일시에 조회에서 물러나 집으로 돌아왔다. 한결같은 마
20 음으로 걱정하고 생각하던 자식과 조카의 억울함을 풀어버리는 것이 뚜렷해졌고 서울로 돌아오는 날이 가까워지니 기쁜 마음이 상쾌하였다. 초공의 어진 마음은 설강이 잘못을 뉘우치고 자책하는 뜻을 불쌍하게 여겨 잠깐 시일을 끌어 임금의 분노를 풀게 하여 한 목숨을 살려주고자 하였다. 그러나 진왕은 시각을 재촉하여 설강의 목을 베고자 하였다. 이미 전지를 받아 이씨 집안에 전하고 쌍란이 이씨 집안에 돌아갔다. 경홍이 또한 만족하여 조씨 집안에 이르렀다.

이때 진왕 형제가 돌아와 오늘 일을 모두 일일이 아뢰고 유현을 풀어준다는 임금의 조서가 운남으로 발송된 것을 아뢰었다. 양 존당이 기쁨을
21 이기지 못하고 온 집안에 즐거움이 물결이 일어나는 듯하였다. 양정렬의 온 얼굴에 온화한 기색이 가득하였고 새롭게 애환이 뼈에 사무치는 듯하였다. 경홍이 조씨 집안에 들어와 보니 온 집안사람들이 반기고 그 뛰어난 충절에 탄복하니 어찌 보통의 시비에 비하겠는가? 양정렬이 엎어질 듯이 와서 경홍에게 정씨의 참혹한 소식을 묻고 눈물을 금치 못하였다. 경홍이 아뢰었다.

"주인을 위하여 수많은 고초와 험난함을 겪고 죽기를 결심하여 등문고를 울려 억울함을 풀었으나 문득 소저의 아름다운 몸이 강물에 떨어져

죽은 것 같습니다. 비록 충성이 있으나 베풀 곳이 없고 기쁜 일이 있으나 아뢸 길이 없습니다." 22

경홍이 슬픔으로 마음이 찢어지는 것 같아 수많은 눈물이 빗발이 흐르는 것 같아서 식음을 폐하고 죽기를 원하였다. 양정렬이 애처롭고 불쌍하여 그 충의를 기특히 여겨 친히 경홍을 불러 위로하고 음식을 먹였다.

차설(且說). 초공이 즉시 위의를 차리고 한 편의 서찰을 이씨에게 보내고 돌아오기를 바라니 비로소 온 가족이 이씨가 살아있음을 알고 기쁨을 이기지 못하였다.

화설(話說). 이씨가 심회당에 일 년 동안 머리를 내밀지 않고 세상과 인연을 끊고 있었다. 밤낮으로 축원하는 것이 몸의 누명을 벗고 유현이 돌아오기를 바라고 며느리의 도리를 하며 그 은혜를 갚는 것이었다. 부모 23
의 기일이 돌아오니 더할 수 없는 슬픔이 장을 마디마디 태우는 것이었다. 흐르는 눈물이 푸른 바닷물을 더하니 좌우에 있던 시비가 갑자기 슬프게 울고 있던 도중에 쌍란을 데리고 와서 수많은 기쁜 소식을 전하였다. 이씨는 생각지도 않았는데 기쁜 소식이 전해져서 양친을 생각하고 오열하며 상심함을 이기지 못하여 쌍란의 손을 잡고 오열하면서 말하였다.

"너의 은혜는 내가 죽어도 갚지 못할 것이다. 내가 어찌 너를 시비로 대접하겠는가? 내가 마땅히 너를 자매로 대접하여 은혜를 마음과 뼈에 새길 것이다."

쌍란이 눈물을 흘렸다. 다음날 시아버지의 편지와 수레가 이르니 이씨가 슬퍼하며 말하였다.

"엄명을 거역하는 것이 잘못되었으나 마땅히 4, 5달을 기다려 부모의 24
삼년상을 지내고 시댁에 돌아가 길이 슬하에서 모실 것이다. 하물며 강씨에 대한 처리가 아직 결정되지 않았는데 내가 먼저 나가는 것이 좋은 일이 아니다. 상서가 돌아와 가사를 처리하고 내가 상복을 벗은 후에 시댁에 나가야겠다."

이렇게 생각을 정하고 시부모에게 글월을 써서 고하였다. 외로운 동생이 홀로 있으며 제사를 책임지고 맡을 사람이 없으니 네다섯 달 여유를 준다면 망극한 삼년상을 지내고 시부모를 모실 것을 청하는 것이었다. 또한 시아버지의 명령을 받들지 못함을 사죄하고 있었다. 시부모가 그 편지
25 가 애달픈 것을 슬퍼하고 이씨를 다시 부르지 않았다. 한편으로는 정씨가 물에 빠져 죽은 것을 몹시 절박하게 생각하였다.

이때에 설강이 중형을 수차례 받아 차가운 감옥에 이르렀다. 숨이 꽉 막히고 흐르는 눈물이 강물 같으니 잘못을 뉘우치고 애달파 생각하였다.

'내가 14세에 과거에 급제하여 재주와 풍모가 일세에 빛나고 임금의 총애가 대단하였다. 뜻을 순하게 하고 마음을 어질게 먹었다면 청현(淸顯)[74]을 자임하고 유현에게 미치지 못하겠지만 일생을 편안하게 보냈을 것이다. 뜻을 간사하게 잘못 가져 몸이 이 지경에 이르게 되어 더러운 이름을 몸에 싣고 일세에 부끄러운 주검이 되니 늙으신 어머니와 젊
26 은 처는 누구를 바라겠는가? 한 명의 형제도 없고 슬하에 일점 혈육이 없으니 조상의 뒤를 잇는 후사(後嗣)도 끊어질 것이다. 죽어도 조상의 죄인이 될 것이고 선친을 저버린 것이다.'

생각이 이에 미치니 기운이 갑자기 막혀 혼절하기를 자주 하고 한 술의 미음도 먹지 못하였다. 장형의 상처 때문에 생긴 독으로 만신이 견디지

74) 청현(淸顯) : 청환(淸宦)과 현직(顯職)을 이르는 말. '청환'은 지위와 봉록은 높지 않으나 뒷날에 높이 될 자리를 의미하고 '현직'은 높고 중요한 직위를 뜻함.

못하니 목을 베기도 전에 죽게 되었다. 초공이 이 소식을 듣고 측은함을 이기지 못하였다. 부디 한 목숨을 구하고자 하였지만 임금께서 굳이 설강을 죽이려고 하시니 여러 번 다투지 못하여 밤낮으로 깊이 생각하고 있었다.

그러는 사이에 설강의 어머니 범씨가 설강이 죽게 된 것을 듣고 지극한
한과 대단한 아픔을 아뢸 곳이 없었다. 두루 생각하니 승상 초국공이 사 27
람의 급한 것을 구하고 어진 마음이 있고 쌓은 덕이 높으며 임금이 초국
공의 말을 받아들인다는 것을 들었다. 염치를 생각하지 않고 교자를 타고 조씨 집안에 왔다. 범씨가 초공에게 사죄하여 슬픈 사정을 교자 속에서 아뢰고 한 목숨을 살려달라고 애걸하니 사람이 들으면 목석이라도 사무쳐 슬퍼할 정도였다. 초공이 교자를 보고 놀라 금박을 입힌 부채를 들어 얼굴을 가리고 시비에게 말을 전하였다.

"부인의 사정은 사람이 목석이 아니니 어찌 감동하지 않겠습니까마는
댁의 아드님이 죄를 저지른 것이 한두 가지가 아니라 온 조정의 대신 28
들이 다 한입으로 죽이는 것이 옳다고 합니다. 임금의 마음이 반드시 설강을 죽이려고 하시니 달리 어떻게 할 방법이 없습니다. 부인이 친히 궁궐의 등문고를 올려 슬프고 한스러운 바람을 아뢴다면 제가 힘써 주선하여 볼 것입니다. 이 일이 번거로우니 빨리 돌아가십시오."

이렇게 말하고 한 장의 상소하는 글을 지어 주고 이대로 임금님께 상언(上言)을 올리라고 하였다. 범씨가 감격하고 머리를 땅에 조아리고 돌아가 아뢸 말을 지어 다음날 조회가 열릴 때 등문고를 올렸다.

이때 임금이 설강을 다시 올려 중형을 더하고 죽이고자 하였다. 문득
범씨가 등문고(登聞鼓)를 치고 글을 올려 자기가 죄를 대신하고 그 자식을 29

살려달라고 슬프게 고하였다. 말이 딱하고 가엾으며 슬퍼서 원수라도 죽일 마음이 없고 슬프게 할 만하였다. 그 어미가 아들을 대신하여 용서해 달라고 청하였으니 그 말이 흐르는 듯 보는 사람으로 하여금 눈물을 흘리게 하였다.

초국공 조성이 대열에서 나와 땅에 엎드려 말하였다.

"설강의 죄악이 가득하여 사람을 죄에 따라 죽이는 것이 성덕에 당연한 것입니다. 그러나 그 어미의 사정이 이와 같으며 아들의 목숨을 성
상께 비는데 용서하시지 않으신다면 어진 임금님이 다스리는 시대에
흠이 되는 일일 것입니다. 신이 어리석지만 성상께서 옳지 않다고 하
30 더라도 힘써 간하지 않겠습니까? 세 번 생각하시어 고목이 살아나고
죽은 자가 다시 살아나는 덕을 드리우십시오."

임금이 얼굴빛을 고치고 사례하면서 말하였다.

"상부가 짐을 돕는 것을 다 어진 덕으로 하니 어찌 받아들이지 않겠는가?"

임금이 특별한 은혜로 설강에게 사형을 면하게 하여 운남의 군졸로 충당시키고 범씨를 돌려보니 초공의 큰 덕을 설강 모자가 마음과 뼈에 새겼다. 임금이 매우 놀라워하며 그날 설강을 석방하라고 하였다.

이때 설강이 옥문을 나섰다. 관차가 죄인을 데리고 바로 문밖을 나가
31 니 여러 친구와 동료들이 누가 돌아보겠는가? 범씨와 그 처가 차마 홀로
보내지 못하여 설강이 기약 없는 군졸로 충당되는 것이라 설강과 함께 돌아갔다. 그 모습이 참혹하여 옛날의 부귀공명의 번화한 것이 일장춘몽이 되었다. 설강은 몸에 장형으로 생긴 독이 크게 오르고 열이 나서 때때로 정신을 잃으니 만 리의 길에 생환할 길이 없었다. 모자와 부부가 붙들고

슬픔을 이기지 못하였지만 다만 울 뿐이고 어찌할 길이 없었다. 설강이 오직 하늘을 우러러 길이 탄식하며 말하였다.

"소자가 불초하여 어머니께 이런 불초를 이루고 앞길을 마쳤으니 누구
를 원망하고 누구를 한하겠습니까? 한 목숨이 조금 남았으나 운남 만 32
리에 반도 못 가서 죽을 것이니 어머니께서는 저를 따라 남해의 험한
땅에 오지 마십시오. 아내와 집을 지키고 저는 칼 아래에서 죽은 사람
으로 생각하십시오. 오직 어진 사람을 해치고 어진 말을 좇지 않아 이
지경에 미치게 된 것을 부끄러워합니다."

범씨가 크게 울고 초공이 하던 말을 하고 울면서 말하였다.

"어찌 어진 초공이 아니었다면 우리 모자가 살기를 바라겠느냐? 네가 이제 운남의 수졸로 가니 내가 누구를 바라고 서울의 집을 지키고 있겠느냐? 너와 사생을 함께 하겠다."

설강이 서러움을 이기지 못하였지만 돌이켜도 한스러워 할 말이 없었
다. 겨우 목숨을 부지하여 운남으로 가니 그 처와 어머니가 동행하였다. 33

화설(話說). 조씨 집안에서 운남으로 임금의 명이 간 날부터 태부인이 손가락을 꼽고 날짜를 세며 유현이 돌아올 것을 다급하게 기다렸다. 그러나 초공은 정씨의 일로 항상 괴이해 하며 불쌍히 여겼다. 정석규가 상복을 벗고 상(喪)을 마치니 임금이 생각하여 태사 평주후로 봉하고 적거사마(赤車駟馬)[75]로 청하였다. 두 명의 정공을 이전의 벼슬로 부르고 정사인을 예부시랑으로 부르며 한림 운계는 춘방학사 우부 도어사로 불렀다. 정씨 집안에 대한 임금의 특별한 사랑이 새롭게 대단하였다. 조씨 집안에서

75) 적거사마(赤車駟馬) : '적거(赤車)'는 고관이나 귀인이 타는 붉은 색의 수레이고 '사마(駟馬)'는 한 채의 수레를 끄는 네 필의 말을 뜻함.

34 는 이때에 정씨가 살아 돌아오지 못한 것을 슬퍼하였다.

수개월이 되지 않아서 정공 일행이 서울로 돌아와 임금께 사은숙배하니 임금이 슬퍼하며 3년이 덧없음을 위로하고 감싸주며 아끼는 은총이 옛날보다 더하였다. 정공이 집에 와서 식구들과 집안일을 정돈하니 진왕 형제가 이르렀다. 진왕 형제가 반가움을 이기지 못하여 삼년상이 덧없음을 말하며 슬픔을 위로하고 며느리의 참혹한 재난을 말하였다. 정공이 눈물을 계속 흘리며 말하였다.

"제가 명이 질겨 삼 년 동안 아무 일 없고 탈 없이 지내며 구차하게 목숨을 연명하였습니다.[76] 딸의 상사(喪事)를 지나치게 슬퍼하지 못했지
35 만 부녀간의 천륜은 인지상정이니 딸이 죄가 없는데도 몸에 누명을 실어서 원한을 품고 일찍 죽어서 시신도 온다는 것을 생각하면 천고에도 사라지지 않는 탄식이 될 것입니다. 제가 죽기 전에는 어찌 능히 잊겠습니까? 제 딸은 세상에 나왔던 자취가 묘연하여 일점의 혈육도 없으니 운명이 박한 것이 이토록 될 줄은 생각하지 못했습니다."

진왕 형제가 정공을 위로하며 말하였다.[77]

"이 한을 어디에다 비교하겠습니까마는 형은 당대의 대장부이니 물이 엎질러진 뒤에는 어찌할 도리가 없으니 슬퍼하여도 무익한 것 같습니다."

그런 후에 진왕 형제가 설강이 저지른 전후의 악한 일을 말하고 정씨와

---

76) 구차하게 ~ 연명하였습니다 : {구연시식(苟延視息)ᄒᆞ니}. 구차하게 눈뜨고 있는 목숨을 연장하다의 의미임.

77) 진왕 ~ 말하였다 : 원문에는 없는 말인데 문맥을 고려하여 넣음. 필사과정에서 일부분이 빠진 것처럼 보임. 정공의 대화가 계속되는 것처럼 서술되어 있으나 정공의 대화가 계속되는 것이 아니라 진왕 형제가 정공을 위로하는 말이 이어지고 있기 때문에 진왕 형제의 말로 처리하는 것이 타당함.

유현의 재앙이 설강의 계책 때문임을 말하였다. 정공이 이 말을 듣고 분 36
한 기운이 하늘을 찌를 듯하여 말하였다.

"내 딸의 원수를 갚을 것인데 형이 어찌 난신적자를 구하여 운남으로 보냈소? 내가 당당히 내일 임금님을 뵙고 설강을 도로 잡아다가 머리를 베서 수족을 자르고 천하에 보여 저승에 있는 내 딸의 죽은 영혼을 위로할 것입니다."

초공이 도리어 웃고 타이르며 말하였다.

"설강의 죄악이 죽일 만하지만 그 사정은 애처롭고 불쌍합니다. 하물며 잘못을 뉘우치고 자책하니 아주 작은 원한을 반드시 갚을 것이 아닙
니다. 또한 설강은 수차례 형장을 받아 반쯤은 죽고 반쯤은 살았습니
다. 구태여 나라와 관련된 죄가 아니라 며느리의 액운이 대단하여 이 37
에 미쳤으니 어찌 한갓 설강의 탓이겠습니까? 설강은 이제 만 리의 험한 땅에 수졸이 되었으니 살아나는 것은 어렵습니다. 성상께서 목 베는 것을 용서하셨으나 장형을 맞고 위태로운 여생이니 살아나기를 바라겠습니까? 이제 형이 설강을 죽이기를 청하니 너무 인정 없고 야박한 의논입니다. 며느리가 물에 빠져 죽었다는 것은 놀라움과 참혹함을 이길 수 없지만 다만 이때까지 미심쩍은 일이 있어 저는 지금도 복제(服制)를 하지 않고 유현을 기다리고 있습니다. 눈앞에서 물에 빠지는 것을 보지 않았으니 며느리가 죽었다는 것을 실로 믿지 못할 것입니다."

정공이 한숨을 쉬고 탄식하며 말하였다.

"내 딸의 죽음은 실로 설강 도적 때문입니다. 물에 빠진 것은 내 딸의 38
유모가 보았으니 어찌 믿는 것이 있어서 다시 기대하는 것이 있겠습니

까?"

드디어 정씨가 도적의 화를 만나 피한 일을 말하고 물에 빠진 것을 전하였다. 정어사가 자리에서 일어나 눈물을 흘리며 말하였다.

"제가 오늘 아저씨를 보니 볼 낯이 없고 마음을 칼로 베는 것 같으니 어찌 하늘을 원망하지 않겠습니까?"

이렇게 말하고 정씨가 물에 빠진 것이 짧은 순간이라 뒤따랐으나 정씨
가 형세가 어렵고 힘이 다하여 물에 떨어져 죽은 것을 고하니 정공 부자
가 눈물을 비처럼 흘렸다. 초공이 이 말을 듣고는 다시 기대할 것이 없었
39 다. 그 위패를 곧 찾아 정씨를 잃은 슬픔을 펴고자 하였으나 빨리 집으로
오려고 그만두고 슬픔을 참지 못하여 구슬픈 소리로 길게 탄식하며 눈물
을 떨어뜨리며 말하였다.

"저는 오히려 며느리가 오랫동안 장수할 관상을 철석같이 믿어 죽었다는 것을 실로 믿지 않았는데 지금 며느리가 살았다고 하는 것은 가소롭습니다. 하늘이 내 집을 밉게 여기시고 제 아들이 복이 없어 숙녀가 복을 누리게 하지 못했습니다. 저 창공이 어찌 차마 이런 일을 하실 줄을 알았겠습니까?"

이렇게 말하고 경홍이 등문고를 울린 것을 말하고 추향 등 간악한 시비
를 목 베고자 하지만 유현이 돌아올 때를 기다려 처리할 것임을 고하였
40 다. 초공이 매우 슬퍼하다가 집으로 돌아가 슬픔이 무궁하였지만 유현이
돌아온다는 기쁜 소식을 들었다. 정씨 며느리의 맑은 자태와 난초 같은
자질을 슬프게 생각하고 처음에 정씨의 참혹한 소식을 듣던 날보다 더하
였다. 채련각에 정씨의 위패를 갖추니 태부인이 비로소 알고 뼈에 사무치
도록 슬퍼하고 양정렬이 부서지는 듯 슬퍼하고 안타까워하였다. 경홍이

모든 시비들을 붙들고 울면서 흘리는 눈물이 강물을 보탤 정도였다.

정어사가 형주의 자사를 하게 되어 부인 오씨와 자녀를 거느리고 가니 정공 부부가 서운함을 이기지 못하였고 정어사도 유현을 빨리 보지 못할 일을 생각하니 더욱 한스러워하였다. 설부인이 서울로 돌아온 후에는 서러움이 예전보다 배나 더하여 설강을 몹시 원통해하는 것이 골수에 맺혔 41
으며 조씨 집안에서 추향 등이 죽지 않은 것을 분해하였다. 그러나 초공은 추향 등 경파를 가두어 유현이 돌아오기를 기다렸다.

재설(再說).[78] 유현이 귀양지에 있은 지 3년이 되었다. 머리를 북쪽으로 돌려 임금과 어버이를 생각하여 슬픔을 금하기 어려웠으니 속절없이 객지에서 어버이를 그리워하는 한이 길어지고 영웅의 눈물이 옷깃을 적셨다. 여러 사촌 형제와 기러기가 줄 지어 오르락내리락 날아가듯이 정다운 모습을 생각하고 마음이 슬퍼졌으나 하해 같은 도량으로 오히려 넓게 생각하여 몸을 조심하여 불효를 삼가고 매우 화평하게 지내며 임금을 원 42
망하지 않고 길운을 기다리고 있었다. 유현이 아버지의 편지를 보고 초공과 진왕이 평안하며 온 가족에게 별일 없다는 소식과 아버지의 수많은 경계를 보며 눈물이 종이를 적시는 것을 깨닫지 못했다.

본 현의 자사가 유현을 자주 만나러 와서 위로하였다. 유현은 여러 아이들에게 공부를 시키고 소일하여 회포를 풀었다. 30여 명의 제자 중에서 한 명의 기이한 아이를 얻어 부자의 정을 맺었는데 그 아이의 이름은 조선경이고 자는 조신이니 태조 때인 문덕황제 연간의 승상 조보의 종손이고 태학사 조광의 손자였다. 조광의 아들 조훈은 벼슬이 한림학사였는데 43
불행하여 조정[79]의 억울한 일로 운남에 유배를 갔다. 조훈이 죽고 한 명

78) 재설(再說) : 고전소설에서 장면을 전환할 때 쓰는 말로, 이미 한 이야기를 다시 하는 경우에 씀.

의 아들인 선경이 오직 홀어미와 함께 머물다가 그 어머니 정씨도 죽게 되었다. 선경이 삼년상을 마친 후에 타향살이 하며 의지할 곳이 없었다. 유현이 선경을 불쌍하게 여겨 입고 먹는 것을 함께 하고 선경에게 학문을 가르쳤다. 선경은 가장 총명하고 인물이 신선의 풍광을 가지고 있으며 가장 기특하여 한 자를 가르치면 열 자를 아는 당대의 이름난 사람이었다. 유현이 선경을 매우 사랑하여 학행을 권장하고 장래에 매부로 삼고자 유의하면서 보았다.

44 겨울 10월에 예관이 운남에 이르니 자사와 지현(知縣)[80]이 다 모여 치하하였다. 유현이 시원하게 억울함을 풀게 되었고 임금과 어버이가 이를 다행스럽게 여겼으나 유현은 안색을 바로 하고 꿇어 앉아 북쪽을 향해 네 번 절하며 머리를 조아리고 은혜에 감사한 후에 친서를 보고 매우 반기고 하객을 맞았다. 예부상서 소광윤이 이르러 두 번 절하며 말하였다.

"제가 성상의 명령을 받들어 밤낮을 잊고 왔으니 원컨대 빨리 서울로 돌아가십시오."

자사와 수령이 유현에게 시원하게 억울함을 풀게 된 것을 치하하고 명망 높게 직위가 오른 것을 하례하여 떠나게 된 것을 서운해 하였다. 유현이 사례하면서 말하였다.

"제가 유배지에서의 고초를 자사와 수령의 후의로 몸을 보전할 수 있
45 었습니다. 우연하게 맺은 정리가 골육 같은데 성은을 입어 고향으로 돌아가니 기쁨이 적지 않지만 보잘것없는 저에 대한 은총이 너무 지나치시고 현공과 서운하게 이별하니 마음이 슬픕니다."

---

79) 조정 : {농조[龍朝]}. 조정을 뜻함.
80) 지현(知縣) : 중국 송나라, 청나라 때에 둔 현(縣)의 으뜸 벼슬아치.

드디어 며칠 동안 길 떠날 여장을 준비하고 떠났다. 자사와 군현의 사람들이 십리정에 나와서 유현을 이별하고 군현의 마을 사람들이 그 덕을 칭송하며 눈물을 뿌리고 이별을 아쉬워하였다. 유현이 수없이 겸손하게 사양하고 그 사람들을 각각 위로하니 저마다 탄복하였다. 길을 떠나 절강을 건너 남해로 향하니 경현[81] 등이 노복과 더불어 즐기는 것이 비교할 곳이 없었다.

유현이 임금과 어버이를 반기는 마음이 적지 않았지만 자기의 나이가
어린데 임금의 은혜가 매우 큰 것에 놀라고 설강의 죽을죄가 자기로 말미 46
암은 것이기 때문에 마음이 참담하여 벼슬길에 뜻이 없었다. 청정한 곳을 가려서 정하고 형제와 사촌들과 한가롭게 놀며 효성으로 양친을 봉양하고자 하는 의사가 있었으나 아버지와 숙부가 서울에 계시니 물러가지 못하고 문밖에 별채를 정하여 정원을 만들려고 하였다.

길을 떠나 서울로 돌아갈 날은 6~7일 정도 남았는데 어느 날 낮에 문득 한 명의 죄인을 압송해 오는 것이었다. 교자에다 반쯤은 죽고 반쯤은 살아 있는 시체 같은 사람을 실어왔는데 그 모습이 참혹하고 슬펐다. 유현이 놀라서 좌우에 있는 사람에게 물었다. 설강이 장형을 맞고 위태로운 몸으로 매우 고생하여 갔지만 몸을 움직이지 못하고 정신이 가물가물하
여 누워 겨우 6~7일을 갔으나 그래도 병이 조금 나은 때라 눈을 떠 멀리 47
바라보았다. 전후에 추종과 하리가 구름 같고 널찍한 곤장과 긴 매를 든 군졸이 길을 열고 절월(節鉞)[82]을 받들고 옹위하고 있는 가운데 붉은 일

81) 정현 : {정현}. 뒷부분에서는 '경현'으로 되어 있으므로 '경현'으로 통일하기로 함.
82) 절월(節鉞) : 부절(符節)과 부월(斧鉞). 임금이 부임하는 절도사나 정벌에 오르는 정군에게 주는 것. 부절(符節)은 수기(手旗)와 같은 신표(信標)이며 부월(斧鉞)은 도끼와 같은 것으로 생살권을 상징함.

산이 바람에 나부끼고 은빛 나는 안장과 흰 말 위에 한 높은 벼슬아치가
앉아 있었다. 광채가 멀리서도 비치어 해와 달 같은 밝음과 상서로운 기
운을 지닌 대단한 영웅호걸이었다. 이조판서 위에 태학사의 작록을 지녔
으니 호령이 뇌성벽력 같고 네 필의 말과 두 개의 일산이 앞을 인도하고
예관이 절월을 잡고 있었다. 설강이 진실로 마음속으로 칭찬하기를 이것
48 이 남아의 사업이라고 생각하였다. 설강이 놀라 점점 가까이 살피니 이
사람은 3년 동안 남해에 귀양 갔던 조유현이었다. 설강이 이것을 보고 간
담이 무너지는 듯하여 애달프고 슬프하며 분노하여 뉘우침이 다시 일어
났다. 그러는 가운데 자기 신세를 생각하니 슬프고 후회하는 마음이 함께
일어났다. 장형을 맞고 위태로운 여생이 초교(草轎)[83]에 실리어 노모와
처자를 앞에 싣고 만 리 밖의 한없이 먼 길을 떠나니 돌아올 기약이 영영
끊어지고 일세에 더러운 이름과 천고에도 없는 불명예스러운 이름을 얻
어 만 리나 되는 앞길을 아주 끊고 스무 살 소년의 공부한 공명이 그림의
49 떡이 된 것이었다. 이것을 생각하니 아홉 구비 창자가 일시에 끊어져 설
강이 길게 한 소리를 지르고 말에서 떨어졌다. 형색은 숨이 끊어질 듯하
고 기운이 막히니 채관 등이 설강을 주물러 구하였다.

유현이 하리에게 물어 이것이 설강의 행차임을 알고 슬퍼하여 다시 사람을 시켜 채관에게 이렇게 말하게 하였다.

"그 죄인의 거동을 보니 목숨이 경각에 달려있어서 갈 방법이 없다. 내가 또한 이 사람과 친한 사이이니 숙소에 눕혀 쉬게 하라"

그런 후에 관가에 묵지 않고 사처에 들어가 설강의 교자를 데리고 오라고 하여 설강을 친히 붙들어 곁에 앉히고 손을 잡고 슬프게 말하였다.

---

83) 초교(草轎) : 삿갓가마라고 함. 가마의 가장자리에 흰 휘장을 두르고 위에 큰 삿갓을 씌웠음.

"이것이 무슨 형상인가? 비록 만대(萬代)의 원수라고 하더라도 이 모습 50
을 보면 슬퍼할 것인데 하물며 오랫동안 사귄 정리로 어떠하겠는가? 내 마음이 돌이 아니니 이 모습을 차마 보지 못할 것이다. 무슨 일 때문에 이 지경에 이르렀는가?"

설강의 눈물이 오월에 내리는 장맛비 같아 말을 하지 못하고 다만 눈물을 흘리며 사례하고 말하였다.

"소제(小弟)의 죄악이 천지에 자욱하였으니 이 몸이 오늘까지 실낱 같은 목숨이 있는 것도 초국공의 산과 바다 같은 은혜 때문이네. 내가 형에게 죄를 얻은 것이 하늘 같고 저버린 죄가 태산 같네. 오늘 형을 대면
하니 죽고 싶어도 묻힐 땅이 없네. 형의 어진 편지를 받고 감격하며 부 51
끄러운 한이 뒤얽혀 죄를 뉘우치고 자책하였지만 스스로 지난날의 악을 발설하지 못하여 몸이 이 지경에 이르렀네. 터럭을 뽑아도 내 죄는 다 헤아리지 못할 것이네. 성은이 가득하여 성상께서 나의 일을 용서하셨으나 어찌 세상에 머물 뜻이 있겠는가? 다만 노모를 버리지 못하여 형벌에 목숨을 마치지 않고 남은 목숨이 구차하게 만 리의 귀양길을 가게 되었네. 중간에서 일이 낭패가 되어 어머니께 서하(西河)의 울음[84]을 끼친 죄인이 될 것이네. 천만고(千萬古)에 설강의 일 같은 사람이 있겠는가?"

말을 마치자 눈물이 흘렀다. 유현이 얼굴빛을 고치고 탄식하며 말하였다.

"내가 비록 행실이 얕지만 어찌 작은 원망을 가져 오랫동안 사귄 정을 52

84) 서하(西河)의 울음 : 부모가 자식을 잃고 우는 것을 의미함. 자하(子夏)가 서하(西河)에 있을 때 자식을 잃고 너무 슬피 운 나머지 소경이 된 고사에서 유래.

잊겠는가? 과거 일은 이미 지나갔으니 다시 말해 무익하네. 남아가 벼
슬을 하면서 화란에 빠지며 멀리서 수자리를 사는 것이 성인군자라도
자주 있는 것이네. 내가 수 년 동안의 귀양도 액운이 대단해서 그러한
것이니 어찌 임금을 원망하며 또 어진 사람을 원망하겠는가? 형이 잘
못된 길을 간 것도 역시 커다란 재앙이니 수많은 허물을 저지른 것이
또한 하늘이 정한 바이네. 잘못을 고치고 선을 권하는 것은 성인도 허
락하신 바이니 내가 어떤 사람이라고 잘못을 뉘우치고 맑은 덕을 가진
사람에게 감동하지 않겠는가? 마음을 어질게 먹고 충효를 완전히 하여
53 정도를 닦는다면 하늘이 형의 뛰어난 재주를 내시고 설마 운남에서 마
치게 하겠는가? 마음을 철석같이 하여 동요하지 않는 것은 군자가 해
야 할 바른 일이고 하늘의 뜻을 따르는 것은 운명이 회복되게 하는 것
으로 지식 있는 자가 행하는 바이네. 내가 홀몸으로 친척을 이별하고
형제를 떠나서 수졸(戍卒)[85]이 된 지 3년에 마음을 한가하게 하고 뜻을
훤칠하게 하여 올바른 마음으로 공부하니 장부의 역량으로 못 견딜 일
이 없었네. 내가 몸에 병이 없고 이제 임금의 은혜를 받고 고향으로 돌
아가니 형은 초나라 죄수[86]처럼 우는 것을 본받지 말고 고인의 곧은
54 절개를 생각하여 일신을 보호하고 어머니께 불효를 끼치지 말게."

유현의 온화한 얼굴은 따뜻한 봄볕에 무르녹고 어진 말은 강하를 헤치는 듯하고 어진 덕이 지성으로 하였다. 설강이 자객을 보내어 유현을 죽이려고 하고 온갖 계책을 모의하던 일을 생각하고 유현의 어짊을 보니 오히려 괴이하고 한편으로는 감격하여 겨우 몸을 움직여 두 번 절하며 말하

---

85) 수졸(戍卒) : 변방을 국경을 지키는 수자리 서는 병사.
86) 초나라 죄수 : {초슈[楚囚]}. 국가가 어려움에 처해 있거나 혹은 기타변고에 처했을 대 아무런 대책없이 슬피 눈물만 흘리는 것을 의미함.

였다.

"나를 낳아준 사람은 부모고 나를 구해준 사람은 어진 형이다.[87] 욕된 아우는 만 리에서 살아날 기약이 없으며 만일 살아난다고 한다면 형의 은덕은 구천에 돌아가도 뼈에 사무칠 것 같네."

유현이 급히 설강을 붙들어 앉히고 위로하여 친구가 선한 행동을 할 것
을 권유하고 위로하며 서로 사랑하는 마음을 말하였다. 그런 후에 설강 55
이 형벌을 받은 것을 살펴보니 살이 다 헐고 흰 뼈가 드러나 피가 흘러 온
몸에 엉겨 붙어 보기에 놀라웠다. 유현이 양미간을 찡그리며 말하였다.

"형의 몸이 이와 같을 줄을 생각하지 못했네. 부모가 남겨주신 몸을 상하게 한 것은 잘못된 일을 고치게 하기 위해서이니 앞으로는 마음을 굳게 잡게나. 임금과 아버지는 똑같으니 형이 불행하여 아버지를 일찍 잃고 배운 것이 적어 잘못된 곳에 빠졌으니 성상께서 수차례 가한 형장으로 잘못을 뉘우친 것이네. 자책하여 어진 덕을 행한다면 성상께서 어찌 고향에 돌아오는 것을 허락하지 않겠는가?"

설강이 이 말을 듣고는 더욱 감동하고 부끄러워하였다. 유현이 웃옷을 56
벗기고 침을 가져와 형장에 맞은 상처를 따고 고름을 짜며 약을 내어 바르고 흰 깁의 한삼을 떼서 설강의 두 다리를 동여매어 지성으로 수고하고 조용히 설강을 대하였다. 점심밥을 설강과 한 상에서 나누어 먹었는데 본현에서 잔치를 베풀어 손님을 대하는 상이 이르니 온갖 음식이 이루 다 먹을 수 없을 정도였지만 바로 설강의 어머니인 범부인의 숙소로 가게 하였다. 범부인에게 말을 전하여 문안하고 친하고 두터운 정이 대대로 친하

87) 나를 ~ 형이다 : {싱아재[生我者]는 부모(父母)오 구아재[救我者]는 현형(賢兄)이라}. 『사기(史記)』〈관안열전(管晏列傳)〉의 "나를 낳아준 사람은 부모요, 나를 알아 준 사람은 포숙아다[生我者父母, 知我者鮑子也]."를 변용한 말.

게 사귄 집안의 숙모와 조카의 의리로 하였다. 설강의 모자가 은혜에 감
격하여 뼈에 새기며 감사해하며 흘리는 눈물이 비 오듯하였다. 유현이 채
57 관에게 청하여 부탁하며 여러 가지를 잊지 말고 잘 생각해 줄 것을 부탁
하고 급히 가지 말고 조심해서 갈 것을 당부하였다.

유현이 이날 밤은 설강과 함께 자며 병을 지극히 살펴 낫도록 하니 설
강의 슬프고 외로운 정사를 참혹하게 생각하였다. 설강이 감격하고 슬퍼
하며 밤이 새도록 자신의 죄과를 계속해서 사죄하고 정씨가 금강에서 빠
져 죽었다는 것과 당초에 저지른 죄를 바른 대로 고하였다. 유현이 이 말
을 들으니 다 자기의 짐작과 다름이 없었으나 한편으로 놀란 것은 정씨가
물에 빠져 죽었다는 것이었다. 그러나 유현의 안색이 오히려 밝은 것은
정씨의 사람됨이 쉽게 물에 빠져 죽을 자가 아니니 혹시나 자객이 잘못
58 전한 것이 아닌가 해서였다. 비록 만 리의 해외에 있었으나 아버지의 편
지에는 여러 번이나 그런 말씀이 없었으니 이 말을 믿지 않으며 탄식하고
말하였다.

"살고 죽는 것이 비록 내 몸을 해치더라도 개의치 않는데 하물며 일개 부인쯤이야……. 앞으로는 몸을 닦고 행동을 다스려 옛날의 잘못은 뜬 구름에 던지게."

설강이 머리를 조아리고 사례하였다. 다음날 서로 이별하는데 설강이
59 유현을 붙들고 차마 떠나지 못하여 실성하며 눈물을 흘리며 말하였다.

"어진 형을 오늘 이별하니 어느 날 어느 때에 신선 같은 풍모를 대하여 가르침을 듣겠는가? 몸은 수졸이 되었지만 마음은 형의 그림자를 따르겠네."

말을 마치고 눈물을 흘렸다. 유현이 참회하여 눈물을 머금고 위로하면

서 말하였다.

"화복이 운명과 관계되고 만나고 헤어지는 것이 때가 있으니 형은 너무 슬퍼하지 말게. 대장부가 세상을 살아가면서 사생에도 우는 것이 옳지 않는 법인데 어찌 보잘 것 없는 선비의 구구한 행동을 하며 영웅의 기운을 꺾이게 하겠는가? 나는 벼슬길에 뜻이 없으니 일의 형세를 보아 문밖의 깊은 곳에 한 가지 일을 얻어 백성이 되고자 하네. 그러나 오히려 부형의 뜻을 몰라서 혹시 벼슬길에 나간다면 형을 구하여 고향에 돌아올 방법을 강구할 것이니 어머니를 모시고 만 리의 험한 길에 몸을 무사하게 보중하게."

그러고는 가지고 있던 재화와 포백을 주며 정을 표하면서 귀양지에서
생활을 돕고 남해 태수와 자사에게 서찰을 보내 설강의 모든 일을 돌봐줄 60
것을 부탁하였다. 서로 이별하여 설강은 남쪽으로 가고 유현은 서울로 가니 설강의 슬픈 정사와 유현의 가엾고 측은한 마음을 비교할 곳이 없었다.

이미 역마가 나는 듯이 달려 서울로 돌아오는 것이 화살 같으니 6~7일 만에 남문 밖 사십 리에 숙소를 정하여 묵으니 이곳은 벽운산 취현동 은 선항이었다. 산천의 경치가 빼어나고 많은 골짜기와 기이한 산봉우리와 층암절벽이 좌우에 깎아지른 듯하고 그 가운데 평안한 들이 십여 리나 펼쳐져 있었다. 광활하고 깊숙하고 그윽하여 인간의 세계가 아니라 신선계
같았고 봉래산(蓬萊山)과 방장산(方丈山)[88]과 같았다. 근처에 인가가 즐비 61

88) 봉래산(蓬萊山)과 방장산(方丈山) : 봉래산(蓬萊山)은 중국 전설에서 나타나는 가상적 영산(靈山)인 삼신산(三神山) 가운데 하나. 동쪽 바다의 가운데에 있으며, 신선이 살고 불로초와 불사약이 있다고 함. 방장산(方丈산)은 불교에서 화상(和尙)・국사(國師) 등의 고승(高僧)이 거처하는 처소. 중국 전설에서 나타나는 가상적 영산(靈山)인 삼신산(三神山) 가운데 하나. 동쪽 바다의 가운데에 있으며, 신선이 살고 불로초와 불사약이 있다고 함.

하였는데 모두 촌민이고 글 읽는 선비와 높은 벼슬을 하는 사람[89]이 근거지를 정하고 사는 사람이 없었다. 유현이 모든 일이 신이하여 산맥 중에서 신묘하지 않는 곳이 없으니 이곳을 보고 기뻐하며 생각하였다.

'취현동 은선항은 내 뜻에 꼭 맞으니 임금과 어버이께 절할 뜻이 급하지만 아직 이곳에 머물고 임금과 아버지께 글을 올려 내 생각을 고해야겠다.'

이렇게 생각을 정하고 이날 밤에 임금께 드리는 상소와 아버지께 드리는 글을 올려 예관에게 보냈다. 조시랑이 매우 놀라며 말하였다.

"소관이 임금님의 명령을 받아 한 걸음에 바삐 행한 것은 선생을 모시고 성상 앞에서 사은숙배하게 하여 임금님께서 기뻐하시는 것을 보고
62 자 했기 때문입니다. 임금님이 이곳에 머무르시고 제가 혼자 가면 무슨 낯으로 임금님을 뵙겠습니까?"

유현이 슬피 탄식하며 말하였다.

"나의 간절한 마음이 있으니 마지못해서 이렇게 하는 것이네. 현공은 일찍 들어가 일을 보고하라. 내가 어찌 임금님과 어버이께 바삐 절할 마음이 없겠는가마는 생각을 크게 해 보니 작위를 감당하지 못할 것 같네."

그러고는 친척에게 보내는 편지를 경현의 편에 들여보내고 예관에게는 임금에게 전하는 상소를 들여보낸 후에 조선경을 이끌고 벽운산에 올라 두루 노닐며 즐겼다. 벽운산은 경개가 빼어나고 대나무 숲과 소나무와 잣나무의 푸른빛이 눈 속에 홀로 엄숙하였다. 유현이 산천을 둘러보고 살
63 만한 곳을 가리고 마음이 상쾌하여 생각하였다.

---

89) 글 ~ 사람 : {사태후(士太侯)}. '사태후'는 글 읽는 선비와 높은 벼슬을 하는 사람.

'임금님과 아버지가 만일 이것을 허락하시면 매우 다행이겠지만 그렇지 못하여도 이곳은 버리지 못할 것이다.'

이때 임금이 날짜를 헤아리며 유현을 기다리고 있었는데 갑자기 조흠이 갔던 일을 보고하고 한 통의 상소를 받들어 올리고 유현이 벼슬에서 물러날 뜻을 아뢰었다. 임금이 매우 불쾌하여 탄식하며 말하였다.

"유현이 반드시 짐을 깊이 유감스럽게 생각하여 삼고초려(三顧草廬)[90]를 하기를 바라는 것이다."

이에 상소를 보니 말에 곧은 절개가 드러나 있으며 고사(高士)[91]의 재덕을 지니고 보잘것없는 분수를 평안히 하여 산중의 한가한 초부(樵夫)가
되기를 바라고 있었다. 임금이 이 상소를 다 보고 즉시 태학사 오명기에 64
게 성상의 친필로 쓴 조서와 절월을 가지고 가서 다시 조유현을 청하여 당일로 조정에 들어오게 하였다.

화설(話說). 조씨 집안에서는 유현이 돌아오기를 기다리는 마음이 경각을 다투었다. 경현과 노복이 들어와 뵈니 온 집안사람들이 놀란 것은 말할 것도 없고 초공이 조용하고 무게가 있는 사람이지만 소리가 급해지는 것을 깨닫지 못하고 말하였다.

"알지 못하겠구나. 유현이 바로 대궐로 갔더라도 하리가 이리로 올 듯하고 유현이 또한 돌아올 듯한데 어찌 너희들만 돌아왔느냐?"

경현이 절을 하고 편지를 드렸다. 초공이 유현의 친필을 보고 마음이
조금 편하여 편지를 뜯어보니 그 편지는 이러하였다. 65

---

90) 삼고초려(三顧草廬) : 촉한(蜀漢)의 유비가 남양(南陽)땅에 있는 제갈량의 오두막집을 세 번이나 방문하여 군사(軍師)로 맞아들인 일을 가리킴. 인재를 맞아들이기 위해 참을성 있게 마음을 쓰는 태도를 뜻함.

91) 고사(高士) : 인격이 높고 성품이 깨끗한 선비. 특히 산속에 숨어 살며 세속에 물들지 않은 덕망 있는 선비를 이름.

불초자 유현은 두 번 절하고 글월을 아버지께 드려 저의 품은 바를 아뢰니다. 소
자가 나이가 어려 세상의 일을 알지 못하고 분수에 맞는 도리를 삼가지 못하여 위로
는 아버지의 가르침을 어기고 아래로는 몸의 재주와 덕을 헤아리지 못하여 13세의
어린아이로 과거에 참여하여 한림원에 들어가게 되었습니다. 사람이 보잘것없는데
지위가 과하며 공이 없는데 성은과 영총이 대단하여 재앙이 이르고 화란이 급하게
되어 몸은 남해의 수졸이 되고 죄는 역적을 처벌하는 법률을 범하니 3년을 벼슬에
66 서 물러간 것이다 소자가 불초하기 때문이고 일찍 높은 지위에 오른 까닭입니다. 마
음을 어루만져 아버지의 뜻을 받들지 못한 것을 자책할 따름입니다. 이제 성은이 융
성하시어 복을 잃어버릴 행동이 많고 외람되게도 작위가 육경(六卿)의 위에 있어 감
당하지 못할 바입니다. 사물이 성하면 쓰러지는 것은 천지간의 떳떳한 도리입니다.
이제 아버지와 백부가 장수와 재상의 중요한 권력을 잡고 계시고 성상께서 예의로
중시하시는 것이 백관 중에서 으뜸입니다. 여러 사촌 형제 또한 청현(淸顯)으로 봉
사하니 진실로 두렵고 조심스럽습니다. 소자가 문밖에 머물면서 한 장의 편지를 올
67 려 임금님과 아버지께 한 몸에 바라는 바는 적은 분수나마 평안히 하고 넓은 복을
편안하게 지내면서 어진 임금이 다스리는 시대에 한가한 백성이 되어 길이 부형을
모시고 앞 냇물에서 낚시질을 하고 뒷산에서 고사리를 캐어 증자의 효를 다하고자
하는 것입니다. 그러나 이것 또한 마음대로 하지 못할 일이라 오직 아버지의 명령을
기다립니다. 3년 동안 부모님 곁을 떠난 사사로운 정을 참고 몸을 보전할 계책을 생
각하여 임금님과 부모님께 우러러 아뢰니 엎드려 가르침을 바랍니다.

이때에 초공이 아들의 글을 보고 말이 비록 옳고 세운 뜻이 잘못되지
68 않았으나 제 아비가 오히려 사직할[92] 의사를 내지 못하는데 아들이 벼슬

92) 사직할 : {히골 빌}. '해골(骸骨)을 빌다'라는 표현은 사직하기를 청한다는 뜻으로, 걸해(乞骸),

을 사양하고 물러나는 것을 허락할 리가 있겠는가? 진왕이 정색하면서 말하였다.

“이 아이가 성격이 상쾌하더니 오늘 고집을 부려서 도리어 꽉 막힐 줄 어찌 알았겠는가? 이제 성은이 대단하시고 존당이 기다리시는데 이것을 생각하지 않고 문밖에서 머물면서 못되게 사양을 하고 빨리 어버이 얼굴을 보지 않으니 매우 잘못된 일이다. 20살이 되기도 전에 벼슬을 사양하고 물러나는 재상이 어디 있겠는가? 마땅히 꾸짖고 빨리 집으로 들어오게 하라. 제 몸이 아무리 화란을 당하더라도 어찌 미리 근심하겠는가?”

초공이 웃으며 대답하였다.

“아이가 되지도 않을 의사를 내어 이렇게 하나 성상께서 반드시 성상 69
의 뜻대로 할 것이니 염려할 바가 아닙니다. 제 아비를 보는 것을 빨리 하지 않으니 제가 다시 불러 무엇 하겠습니까?”

드디어 답장을 하지 않았다. 예부상서 기현과 한림 운현이 여러 아우와 함께 육형제가 고삐를 나란히 하여 남문 밖으로 나와 유현을 보게 되었다.

이때 유현이 예관과 조서를 맞아 한 통의 상소를 올려 죄를 청하고 나가지 않으니 오직 오학사가 여러 번 권했지만 유현이 끝내 듣지 않았다. 오학사가 어쩔 수가 없어서 돌아가 이대로 보고하니 임금이 우려하고 초공을 불러서 수돈(繡墩)[93]을 밀어주고 기뻐하며 말하였다.

“오늘 상부를 부른 것은 다른 일이 아니라 유현이 짐을 유감스럽게 생 70

걸해골(乞骸骨), 걸신(乞身) 등으로 쓰임. 흔히 신하가 임금에게 사직하기를 청할 때 쓰임.

93) 수돈(繡墩) : 수놓은 돈대. 임금이 앉은 자리에 신하가 앉도록 바닥에서 조금 돋운 의자.

각하여 문밖에서 있으면서 오지 않아 짐이 청한 것이 한두 번이 아닌데 고집을 부리고 있기 때문이네. 선생은 빨리 유현을 타일러서 조회하게 하라."

초공이 머리를 조아리고 사례하며 말하였다.

"신이 자식을 가르치지 못하여 유현의 행사가 임금과 아비를 모르고 군명을 어겼으니 어리석은 아비의 말을 듣지 않을까 합니다."

임금이 웃으며 말하였다.

"유현은 충효군자여서 경이 말을 하면 두 번 거역하지 않을 것이네."

초공이 절하고 엎드려서 말하였다.

"원래 유현 같은 쓸모없는 평범한 남자를 이와 같이 다르게 생각하셔서 무엇에 쓰시려고 하십니까?"

임금이 대답하였다.

71 "선생의 깊은 마음에서 나오는 말이 안과 밖을 달리 하는 것이 없더니 오늘의 말은 거짓으로 꾸민 말이네. 유현이 쓸모없는 평범한 남자가 아니라는 것은 선생이 알고 있는데 무슨 말인가?"

초공이 절하고 사례하며 말하였다.

"유현이 재주가 없다고 하는 것이 아니라 충효가 천박하여 임금과 아버지를 알지 못하니 유현을 쓰셔도 유익함이 없을 것입니다."

임금이 역시 웃고 임금이 직접 쓴 조서를 내려 말하였다.

경이 예전에 있었던 짐의 일을 원망하여 다시 짐을 보기를 원하지 않으니 이것은 짐의 잘못이다. 경이 마침내 나오지 않는다면 짐이 친히 가서 경을 이끌어 돌아올 것이다. 경은 모름지기 체면을 돌아보아 조회하라.

임금이 정시랑 화기를 부르라고 하니 초공이 마지못하여 두어 줄 글을 72
부쳤다.

이때에 유현이 임금의 명령을 갖고 온 관원을 돌려보내고 자기의 생각 대로 되지 않을 것을 우려하고 있었다. 문득 여러 사촌 형제가 이르러 손을 잡고 무릎을 나란히 하여 각각 기뻐하는 빛을 띠고 끝없는 정을 말하였다. 유현이 일어나 기현과 양인광에게 절하고 존당과 부모님의 문안을 묻고 양태사의 안부를 물었는데 온화한 기운이 무르녹았다. 그러나 기현이 슬피 탄식하며 말하였다.

"네가 어찌 되지도 못할 의사를 내어 이곳에 머무르며 존당과 부모님께서 일각을 여삼추같이 기다리는 마음을 생각하지 않느냐?"

유현이 슬픈 빛을 띠고 대답하였다.

"제가 어찌 부모님께 절할 생각을 지체하겠습니까마는 벼슬에 나갈 마 73
음이 사라져 이곳에 은거하여 여러 형제와 어버이를 받드는 것을 매우
긴요하게 하고자 하였습니다. 부형이 잘못되었다고 여기신다면 제가
어찌 일시나 지체하겠습니까? 날이 이미 저물었으니 새벽에 가겠습니
다."

여러 형제가 즐거워하며 이 밤을 함께 잤다. 설강의 도리에 어그러짐과 난교의 변란을 말하니 유현이 탄식하고 한탄하며 길에서 설강을 만난 말을 하고 참혹하다고 하였다. 양인광이 분노하며 말하였다.

"설강과 같은 반역자를 목 베지 못한 것을 한스러워한다. 성상의 너그
럽고 어지심과 초공 형의 어진 사랑 때문이니 어찌 설강이 불쌍하겠는 74
가? 내가 너를 강하고 세찬 사람이라고 여겼더니 이 말을 들으니 부인
네에 가깝구나."

유현이 탄식하며 말하였다.

"설강을 도중에 만나니 구면이라 사람의 마음에 측은하였고 하물며 그가 잘못을 뉘우치고 자책하는 것이 진심에서 우러나온 것이었습니다. 작은 한을 품어 갑자기 닥친 어려운 일을 구하지 않으면 이것은 어진 사람의 일이 아닙니다."

여러 형들이 탄복하였다.

정시랑이 임금의 명령을 받아 이르니 유현이 다급하게 의관을 바로 하
고 향안(香案)을 차려놓고 사은하였다. 정시랑을 만나 반기고 유현이 정공
의 삼년상이 덧없음을 말하며 장인 장모의 안부를 물었다. 정시랑이 누이
75 의 끔찍한 광경을 차마 말하지 못하고 손을 잡으며 말하였다.

"빨리 성은을 갚지 못하고 성상께서 날로 기다리시는데 이곳에 머물러 성상이 애쓰시게 하고 나를 수고하게 하느냐? 세상에 대한 체면은 괴이하지 않지만 개인적인 친구들과 일가의 정으로는 괴롭고 불쾌함[94]을 이기지 못할 것이네. 자네 아버지의 편지가 여기 있네."

유현이 이 편지를 받아 공경하며 보니 편지는 다음과 같았다.

부자의 이별이 3년이나 되었다. 성은이 하늘과 같아 너의 억울함을 풀고 외람되
게 작호를 주시니 신하의 도리는 빨리 나가 성은을 갚고 아비의 사사로운 정을 위로
76 함이 옳다. 그러나 너는 되지도 않을 의사를 내어 충효를 다 상하게 하니 네 아비가
바라던 것이 아니다. 이것은 내가 너를 가르치지 못한 것이니 임금께 죄를 청하여
처분을 기다려라.

---

94) 불쾌함 : {토심져오믈}. '토심(吐心)'은 좋지 않은 낯빛이나 말투로 대할 때에 일어나는 불쾌한 마음을 의미함.

유현이 편지를 다 본 후에 황공하고 놀라서 즉시 길을 나섰다. 여러 공자는 조씨 집안으로 가고 유현은 성문에 들어가니 여러 친구들과 여항의 시민이 다 우러러 반겼다. 대궐에 다다르니 유현이 대궐문에서 죄를 기다렸다. 정시랑은 일을 보고하고 유현이 대궐문에서 죄를 기다리고 있다고 아뢰었다. 임금이 매우 기뻐하며 유현을 빨리 들어오라고 하였다.

이때 초공이 진왕과 함께 임금을 모시고 있었는데 유현이 들어와 네 번
절하고 사은숙배하였다. 3년 사이에 유현의 영웅다운 풍모는 더욱 활발 77
하고 호탕하며 화려한 얼굴빛은 가을달이 밝은 것 같았고 밝은 양미간에
는 기쁜 기운을 띠고 있었으며 온화한 안색은 봄의 신[95]이 따뜻한 바람
을 이끌어 만물을 도와서 기르는 것 같았다. 늠름한 위풍을 함께 지니고
있으며 두 팔이 무릎을 지나가고 엄중한 거동이 진왕의 웅대하고 훌륭함
과 초공의 깊이 생각하는 모습을 함께 지니고 있었다. 맑은 눈빛은 가을
물에 햇빛이 비치고, 눈부시게 빛나고 위풍이 당당한 것은 전보다 배나
나았다. 유현이 온 조정의 신하들 사이에 섞이니 까막까치 중에 있는 봉
황이고 소와 말 중에 있는 기린과 같았다.

자리에 있던 사람들이 유현을 우러러 보고 진왕과 초공이 아름답게 여
기는 마음이 솟아나니 임금과 진왕, 초공이 기쁨을 이기지 못하였다. 유 78
현이 임금과 아버지의 얼굴을 우러러보니 자신을 반기며 흐뭇해하니 유
현은 오직 땅에 엎드려 죄를 청하며 말하였다.

"보잘것없는 신하가 충효가 천박하여 망극한 죄명으로 변방에 던져져 성상과 어버이의 훌륭한 덕을 갚지 못할까 하였습니다. 성상의 은혜가

---

95) 봄의 신 : {동군(東君)}. '동군(東君)'은 봄의 신. 또는 태양의 신을 의미함. 음양오행에서, 동(東)을 '봄'에 대응시켜 봄을 맡고 있는 신을 나타낸 데서 유래함.

만방에 일월을 더하시어 신의 죄를 용서하시고 외람되게도 작위를 주
시니 어찌 빨리 와서 성상의 은혜를 갚고자 하지 않겠습니까마는 제가
나이가 어리고 작위가 높은 것이 두렵고 몸이 떨려 마음이 깊은 연못의
얇은 얼음과 같이 조심스럽습니다. 차라리 쓸모없는 신하가 들에서 호
79 미를 들고 분수를 바로 하며 성상의 천만 세를 축수하여 고인을 본받
고자 하였습니다. 성은이 하늘과 같아서 예관이 계속해서 찾아오니 죄
를 무릅쓰고 두려움을 머금고 성상의 명령을 거역한 죄를 청합니다."

이때에 임금이 유현을 보니 말과 예법이 초공과 비슷하여 큰 보배를 얻
은 듯하여 얼굴이 기쁜 빛으로 가득하여 말하였다.

"짐이 현명하지 못하여 경의 충성스럽고 현명함을 알지 못하고 해외에
내치니 경이 어찌 억울하지 않겠는가? 이제 짐의 박덕함과 현명하지
못함을 생각하여 경이 소부(巢父)와 허유(許由)[96]를 본받고자 하니 짐이
우려하였는데 이제 경을 보니 기쁨이 적지 않구나."

유현이 엎드려 절하며 말하였다.

80 "이 말씀은 신의 불충함을 드러낸 것입니다. 감히 죽을죄를 청합니다."

전탑 아래에서 두 대신이 반열에서 나와 아뢰었다.

"유현이 위로는 성은을 잊고 아래로는 부형을 모르니 어찌 예의로 정중하게 대하는 특별한 은혜를 받겠습니까? 마땅히 법전을 자세히 살피셔서 죄를 바르게 다스리십시오."

임금이 놀라서 보니 진왕 조무와 초공 조성이었다. 임금이 웃음을 머금고 유현을 보았다. 유현은 숙부의 말을 듣고 몹시 두려워하고 조심하며

96) 소부(巢父)와 허유(許由) : 모두 요(堯) 임금 때의 인물로서 요 임금이 왕위를 물려주려 했으나 거절하였음.

걸어가 옥 계단에 머리를 찧으며 죄를 청하였다. 임금이 진왕과 초공을 보고 탄식하며 말하였다.

"충신을 구하니 효자의 가문에서 난다고 했으니 유현이 무슨 죄가 있겠는가? 짐이 오늘에야 위왕의 12대 수레에서 비추는 구슬[97]을 부러
워하지 않으니 두 사람은 괴이한 말을 하지 말라." 81

진왕과 초공이 절하고 사례하며 말하였다.

"유현이 어떤 사람이라고 이런 성은을 받겠습니까?"

모든 자리에 있던 여러 신하가 일시에 아뢰었다.

"조무 등이 너무 엄정하여 자식을 죄가 있다고 하니 인정이 아닙니다."

임금이 유현을 위하여 의관을 주며 나오라고 하여 유현의 섬섬옥수를 나란히 잡고 말하였다.

"임금과 신하는 아버지와 아들의 관계와 같다. 경이 10살 안팎의 어린 나이에 남해의 거친 땅에서 몸을 상한 것이 적지 않을까 걱정했는데 오늘 보니 눈 같은 피부와 꽃 같은 용모가 시원하고 상쾌하여 갓 핀 꽃과 달 같구나. 사람됨이 군세고 강하여 그렇지만 물과 풍토에 상함이 없
으니 경은 충성을 다하여 짐을 도와라." 82

유현은 본래 하늘이 내신 효자로 임금과 아버지를 한가지로 생각하다가 3년의 귀양 생활을 하며 임금과 아버지를 간절히 그리워하였는데 오늘 임금으로부터 이와 같은 중요한 권력을 받으니 마음속으로 어린 나이에 일찍 높은 지위에 오른 것을 뉘우쳤다. 아주 벼슬을 사양하고 물러나

---

97) 위왕의 ~ 구슬 : 예전에 제나라와 위나라 임금이 모여 회담하는 중 위나라 임금이 자랑하기를 "과인(寡人)은 비록 소국이지만 구슬을 좋아하여 수레의 전후에 12명을 태우고 10매씩을 들고 비추게 합니다."라고 하였음. 그러자 제나라 임금은 어진 신하가 있어 먼 나라 도적이 두려워한다 하니 위나라 임금이 부끄러워했다고 함.

려고 하는 것이 아니라 문밖의 한적하고 외진 곳을 골라서 전원을 만들어
형제와 더불어 부모를 효도로써 받들고자 하여 대궐에 한 번 들어와 임금
을 뵙고 사정을 아뢰려고 하였다. 그런데 아버지의 뜻을 알고 매우 놀라
워하며 임금의 은혜에 황공하여 조회하니 은총이 대단하고 임금이 손을
맞잡아 주니 은혜에 감격하여 뼈에 새기고 골수에 사무쳤다. 임금에 대한
83 충성은 몸이 죽을 때까지 갚을 뜻이 있으니 어찌 벼슬에서 물러날 의사가
있겠는가? 몸을 굽히며 나아가[98] 눈물을 흘리고 사죄하며 말하였다.

"신이 도리에 어그러져서 성상의 성은을 저버린 죄는 비록 죽어도 용서받기 어렵습니다. 지난 일은 보잘것없는 신의 불충 때문이니 어찌 감히 한스러워하며 마음에 두겠습니까? 이 모든 것이 신이 불초하기 때문입니다."

임금이 유현의 말을 듣고 그 말마다 아끼고 사랑하여 몸을 펴라고 하고 얼굴에 기쁜 기운이 가득하였다. 온 조정의 신하들이 유현에게 향하는 임금의 은혜를 보니 유현을 우러러 보기를 태산과 북두성같이 하고 마음속 깊이 존경하고 복종하니 유현 형제가 도리어 기뻐하지 않았다.

날이 늦어 유현이 조회를 끝내고 집에 돌아왔다. 유현이 집을 떠난 지
84 3년이 되었기 때문에 온 집안에 기뻐하는 소리가 물이 끓듯하고 온 가족
이 반가워하였다. 아버지와 숙부를 모시고 눈을 들어 보니 기쁘지 않은
것이 없고 온 마음이 흐뭇하였다. 유현이 마루에 올라 어른들을 뵈니 온
화한 기운이 온 자리에 가득 퍼졌다. 무릎을 꿇고 단정하게 앉아 어른들
의 존후를 묻고 불효를 끼치게 된 것을 사죄하니 시원하고 상쾌한 기운이

98) 몸을 ~ 나아가 : {국궁진췌[鞠躬進就]ᄒᆞ야}. '국궁진췌'의 '췌'는 '취'의 오기로 보임. '국궁(鞠躬)'은 '몸을 굽힘'의 의미이고, '진취(進就)'는 앞으로 나아감의 의미.

기특하였다. 태부인과 위부인이 좌우에서 유현의 손을 잡고 매우 반가워
하며 눈물을 참지 못했다. 양정렬이 평소에는 단정하고 엄숙하지만 오늘
은 입이 열리어 웃으니 붉은 입술에 흰 치아가 밝게 드러났다. 유현이 어
머니의 얼굴을 우러러 기뻐하며 두 분의 조모를 위로하여 온화한 목소리
와 부드러운 말로 시름을 덜어드렸다. 여러 숙모가 유현을 반기고 화파와
설파 등의 치하가 떠들썩하게 이어졌다.

초공은 안색에 기쁜 빛을 띠고 있었으나 진왕은 유현을 보면서 그 사 85
랑하고 귀중해 하던 모습이 없어지고 안색이 엄숙하였다. 여러 소년들이
몹시 두려워하고 유현이 한 쌍의 밝은 눈으로 보니 백부의 좋지 않은 기
색이 자기가 한 행동 때문에 그러할 줄 깨달아 몹시 두려워하며 조심스럽
게 걸음을 걸었다. 노공이 유현을 매우 사랑하여 그 애정이 비교할 곳이
없어서 유현의 손을 잡고 등을 어루만져 사랑하는 마음을 이기지 못했다.

외당[99]에 하객이 구름같이 모였으니 초공과 진왕이 자식과 조카를 거
느리고 손님을 맞이하였다. 여러 손님이 다투어 유현이 귀양에서 돌아온
것을 치하하니 초공 부자가 이 말을 감당하지 못할 것 같다고 인사하였
다. 정태사가 유현의 손을 잡고 이별의 회포를 말하였지만 딸의 참혹한 86
일을 말하지 못하고 슬퍼하면서도 반가워하는 뜻을 다 기록하기 어려웠
다. 유현이 정공에게 삼년상을 마친 것을 위로하고 그 사이의 존후를 물
어 은근함과 자상함을 표현하며 사위의 도리를 다하니 정공이 더욱 감회
가 새로웠다.

초공과 연공과 화공이 유현의 좌우에 둘러 있으면서 유현의 기상을 새
롭게 우러러 보며 사모하였다. 유현에 대한 조학사와 정태사의 사랑이 똑

99) 외당 : {의당}. '외당'의 오기로 보임.

같았는데 오직 이참정이 보이지 않았다. 유현은 이참정이 늙고 쇠약해서 병으로 오랫동안 앓는 것이라고 생각하며 여러 사람이 있어서 오히려 묻지 못하였다.

날이 저물어 여러 손님이 각각 흩어지고 초공과 정공, 조학사와 소년
87 선비 네다섯 명이 조씨 집안에 머물고 이야기를 하고 있었다. 진왕이 안
색이 엄정하여 한마디도 하지 않고 있더니 소리를 가다듬어 좌우에 있는
종에게 유현을 잡아 내리게 하였다. 유현이 몹시 두려워하며 계단 아래에
내려가 관을 벗고 땅에 엎드렸다. 진왕이 꾸짖으며 말하였다.

"네 죄를 아는가?"

유현이 두 번 절하며 말하였다.

"어린아이가 성품이 편협하며 고집스럽고 생각을 잘못하여 임금의 명령을 받들지 않고 아버지께 오지 않고서 수일 동안 문밖에서 지체하였으니 어찌 죄를 모르겠습니까?"

진왕이 꾸짖으며 말하였다.

"비록 벼슬길에 뜻이 없으나 3년 동안 해외에 떠나 있으면서 너를 생각
하던 부자의 정과 임금의 큰 은혜를 생각하지 않고 스스로 성은을 믿고
88 서 방자한 뜻을 내어 문밖에 있으면서 성상께서 친히 조서를 쓰게 하
셨고 예관을 괴롭게 하였다. 또한 존당의 기다리시는 마음을 돌아보지
않았으니 불효하고 불충한 것이다. 네가 임금을 뵙고 너의 마음을 애
걸하여 해결할 문제인데 스스로 물러앉아 교만하고 어리석은 뜻을 내
느냐? 네 아비는 사사로운 정이 지나쳐 일마다 기뻐하고 성상께서도
너의 풍채 있는 모습에 빠지셔서 그 죄를 깨닫지 못하시니 네 백부가
절통함을 이기지 못하여 죄를 꾸짖고자 하니 너는 알겠느냐?"

유현이 여러 번 절하고 머리를 조아리며 사죄를 청할 뿐이니 좌우에 있는 여러 사람들이 다 놀랐다. 정태사가 진왕을 붙들고 타이르며 말하였다.

“오늘 유현이 죄가 없다는 것은 여러 사람이 아는 것이네. 소견이 달라 89
수일 동안 문밖에서 사직한 것이 어찌 부형을 업신여긴 것이겠는가? 그 아버지가 꾸짖지 않는데 형이 어찌 남의 천금 같은 사위를 꾸짖는가?”

정태사[100]가 간절하게 말리는 것을 보고 유현에게 청하여 당 위에 오르라고 하였지만 유현이 어찌 오르겠는가? 땅에 엎드려 백부의 명령을 기다리니 조심스럽게 걷고 삼가는 거동은 사람의 마음을 감동시켰다. 기현이 중간 계단에 꿇어앉아 간하였다.

“유현이 비록 잘못하였으나 3년 동안 부모님 곁을 떠나 오늘 처음으로 반가운 정을 펴지도 못하고 아버지의 엄한 노여움을 받으니 그 마음이 송구함을 알겠습니다. 평소 때 유현의 효순함을 생각하셔서 용서해 주십시오.”

말을 마치고 당 위에 오르지 못하고 형제 두 사람이 머리를 숙이며 꿇 90
어 엎드려 있으니 공경하는 마음으로 순종하는 모습이 사람을 감동시킬 정도였다. 자리에 있던 사람들이 우러러 공경하고 사랑하여 당에 오르라고 하였으나 유현은 오르지 않고 아버지와 백부의 명령을 기다렸다. 초공이 천천히 웃으며 말하였다.

“제가 평생 자식을 가르치지 못하여 유현의 행사가 이와 같습니다. 그

---

100) 정태사 : {쇼공}. 현재 조씨 집안에 남아 있는 사람은 초공, 정태사, 조학사와 소년 선비 네 다섯 명이므로 정태사를 나타내는 ‘정공’의 오기로 보임.

러나 성상께서 유현을 용서하시고 3년 동안 이별한 후에 처음 보는 날 유현을 뜰에 꿇어앉히고 꾸짖는 것이 부자의 조용한 도리가 아닌 것 같습니다. 형님께서는 아이가 어리석고 고집스러운 것을 용서하시고 잘못된 것이 있으면 엄하게 다스리십시오."

진왕이 본래 매우 화가 난 것이 아니고 유현이 임금의 총애를 믿어 임
금의 사랑에 의지해 교만하고 어리석음이 있을까 해서였다. 임금의 총애
91 가 너무 대단한 것을 염려하고 초공이 기뻐하여 꾸짖지 않는 것을 보고
일부러 이렇게 하여 여러 사람이 알게 하기 위해서였다. 진왕이 초공의
온화한 말을 듣고 미소를 지으며 말하였다.

"아우가 매사에 성품이 어질고 약하지 않는데 자애(慈愛)는 대단하구나. 아비가 이리 다급해하고 두 명의 장인이 자리에 있으면서 나를 원망하니 용서한다. 그러나 아비의 도리는 풀어진 것 같구나."

초공이 웃음을 머금고는 유현을 용서하고 당에 오르라고 하였다. 유현이 두 번 절하고 당에 오르니 초공이 천천히 유현의 손을 잡고 온 마음으로 흐뭇해하며 온화한 기운이 양미간에 무르녹아 좌우에 있는 사람들에게 말하였다.

"여러 형들께서는 저의 용렬함을 비웃지 마십시오. 저는 평생 매사를
92 솔직하고 꾸밈없이 합니다. 우리 부자가 만 리 밖에서 헤어져 있다가
오늘에야 만나니 천륜의 정은 인지상사입니다. 이런 까닭에 저의 형님
은 항상 제가 자식을 가르치면서 엄하게 하지 않는 것을 책하셨습니다.
그것이 옳은 줄을 알면서도 마음이 시키는 대로 하였습니다."

이에 유현에게 말하였다.

"너는 즉시 대궐 아래에서 성상께 보고하고 우리를 생각해야 신하의

도리인데 어찌 안 될 의사를 내려고 하였느냐? 무릇 은사(隱士)가 되기 위해 벼슬에서 물러나는 것은 각각 때가 있는 것이다. 너는 어린아이로서 아비가 있으니 의논하고 일을 결정해야 한다. 앞으로는 삼가 부형의 뜻을 따라라."

유현이 아버지의 자애로운 가르침을 들으니 은혜에 감격하고 황공하
여 즉시 몸과 마음을 단속하고 공경하는 마음으로 순종하고 조금도 제멋
대로 방자하게 구는 것이 없었다. 아버지의 무릎 아래에 엎드려 밝은 가 93
르침을 받아 죄를 청할 뿐이었다. 여러 사람이 초공의 복을 칭찬하고 부
자와 숙질간의 형우제공(兄友弟恭)을 칭찬하였다.

날이 황혼이 되자 여러 손님이 흩어졌다. 유현이 아버지와 숙부를 모시고 자리에 죽 벌여 앉아서 말을 하였다. 유현이 비로소 조선경에 대한 말을 고하였다. 조선경이 어린 나이로 타향살이하는 것이 측은하며 일세에 영민하고 준수한 사람이라고 말하니 진왕과 초공이 불쌍하게 여겨 함께 인을 행하여 이 아이에게 선을 쌓는 것이 가장 좋겠다고 하였다.

밤이 깊도록 서로 말을 나누다가 이공 부부가 죽은 것을 말하고 차마
정씨의 참혹한 일을 전하지 못하니 바깥에서 일어난 흉한 변을 전하지 않 94
은 것이었다. 유현이 광현 등 동생들이 성장한 것을 보고 기뻐하며 웃고
아버지께 아뢰었다.

"셋째 아우가 이와 같이 장성하였는데 어찌 아내를 취하게 하지 않습니까?"

초공이 탄식하며 말하였다.

"네가 일찍 젊은 나이에 높은 벼슬에 나아가고 운남에 귀양 가는 탄식이 있은 후에는 내 마음에 아이들이 스무 살 정도가 되면 혼인을 시키

려고 했는데 이제 많은 친척들이 이것을 허락하지 않는구나."

누이인 조씨 등이 웃으며 말하였다.

"아우의 저 말을 들으면 매우 답답하고 우울하다. 셋째 조카가 장성하여 숙녀를 맞아도 해롭지 않는데 어찌 20살까지 기다리겠는가?"

초공이 가만히 웃고 노공이 역시 웃으며 말하였다.

95 "네 뜻이 그러하나 어머니와 우리의 마음이 바쁘니 빨리 숙녀를 택하
여라."

초공이 명령을 받들었다. 화파가 웃으며 말하였다.

"셋째 공자의 나이가 14세의 젊은이입니다. 버들가지가 봄을 맞은 것과 같으니 어찌 숙녀를 기다리고만 있겠습니까?"

태부인이 탄식하며 말하였다.

"이것은 내가 광현의 혼인을 못 보게 하려고 그러는 것이다."

초공이 황공하여 며느리를 곧 구하겠다고 하였다. 초공이 설강의 일을 말하였다.

"설강의 죄는 죽일 만하지만 정사가 불쌍하여 내가 겨우 구하여 귀양 보냈는데 길에서 만나 보았느냐?"

유현이 참혹한 정사를 알고 탄식하니 운현이 웃으며 말하였다.

"형님께서 설강을 보고 뭐라고 말씀하셨습니까?"

유현이 말하였다.

"내가 어찌 설강에게 원한을 가지겠느냐? 비록 설강과는 마음을 알아
96 주는 친한 벗은 아니지만 설강의 거동을 보니 마음이 좋지 않아 이리
저리 말하였다. 남해의 척박한 땅에서 외롭게 편모를 모시고 살아나기
어려우니 어찌 몹시 놀랍지 않겠느냐?"

자리에 있던 사람들이 탄복하여 몹시 칭찬하고 초공이 기뻐하며 말하였다.

“지극히 선을 행하면 자손에게 덕이 미칠 것이니 내가 어찌 기쁘지 않겠는가?”

진왕이 비로소 화평한 얼굴빛으로 유현을 나아오라고 하여 유현의 등을 어루만져 웃고 말하였다.

“그 아비에 그 아들이 마땅하니 기특하구나. 내 마음으로는 요사하고 간악함을 대면하기 어려운데 너는 비위가 좋구나. 설강과 한 상에서 먹고 마시고 한 자리에서 잠을 자니 기이하구나.”

여러 소년들이 한담하면서 말을 하고 진왕이 웃으며 말하였다.

“이것은 아무도 못할 일이니 누가 유현을 과격하다고 하겠느냐?” 97

초공이 탄식하는 것이 평생 처음이라 여러 아들을 보고 말하였다.

“이것은 성현의 유풍이 있는 것이다. 너의 소소하고 좁은 도량으로 흠이 될 것이 아니니 아름답지 않겠느냐?”

노공이 기쁨을 이기지 못하여 탄복하여 칭찬하고 말하였다.

“유현이 이와 같은 것은 제 부모의 어진 덕을 가졌기 때문이다. 근본을 따져본다면 그 부모의 덕분이다.”

좌우에 있는 종에게 옥 술잔에 좋은 술을 가득 붓게 하여 초공에게 주며 말하였다.

“네가 아들을 잘 낳고 어질게 가르쳤기 때문에 늙은 아비가 너에게 치하한다.”

이때 초공은 북당에 머리가 하얀 늙으신 할머니가 계시고 양친의 수염과 눈썹이 반백이 되었지만 기력이 강건하시고 군자와 현인 같은 자식과

98 조카가 쌍쌍이 모시고 앉아있는 것이 옥이 가득한 것 같았고 자식과 조카가 어질어 부자와 형제가 대하여 기뻐하는 소리가 드높고 늙은 부모가 강건하심이 이와 같으니 모든 일이 뜻대로 되어 인생이 기쁘고 오복이 모두 갖추어져 거칠 것이 없었다. 3년 동안 그리던 아들을 만나 아들의 행동이 인자하여 그것을 치하하는 술잔이 아비에게 이르니 초공의 희로애락을 남이 알지 못했다. 초공은 온화한 기운이 봄바람 같아 꿇어앉아서 아버지의 잔을 받고 두 번 절하였다. 석태상 부인이 웃으며 말하였다.

"네가 평생 너의 희로애락을 남이 모르더니 오늘밤에는 아들 덕에 한 잔 술을 먹고 웃는 입이 벌어졌으니 너를 기쁘게 하는 것도 쉽구나."

초공이 웃으며 말하였다.

99 "저에게는 이만 한 기쁨이 없습니다."

진왕이 웃으며 말하였다.

"내 마음이 좋지 않지만 내가 또한 너에게 칭찬의 말을 해야겠구나."

이에 잔을 들어 치하하면서 말하였다.

"유현을 항상 경박한 사람이라고 하더니 지금도 경박한 것이 있느냐? 깊고 먼 역량이 어진 아우의 뒤를 이을 만하니 한 잔 술을 마셔라."

초공이 꿇어앉아 술잔을 받아 마시고 또 한잔 술을 진왕에게 주며 말하였다.

"유현의 사람됨을 아비보다 먼저 아셨으니 이 아이가 사람의 도를 갖게 된 것은 형님의 덕입니다. 제가 한 잔을 올리고 치하합니다."

진왕이 웃음을 머금고 술잔을 기울였다. 화파가 웃으며 말하였다.

"두 분이 왕공의 자리에 있으면서 자식과 조카 덕분에 먹는 술 한 잔에
100 저리 좋아하십니까?"

태부인이 기뻐하며 말하였다.

"아버지와 숙부는 천천히 하고 나는 저 아이에게 상을 주어야겠다."

말을 마치고 유현을 무릎 아래에 앉히고 기이한 과일과 좋은 술을 먹였다. 유현이 술이 많은 까닭에 반을 마시고 여러 아우에게 주고는 일어나 절하고 사례하니 조씨 등이 웃으며 말하였다.

"술 먹는 사람이 한 잔 술을 남기느냐?"

태부인이 다 먹으라고 하니 감히 사양하지 못하여 마시니 조씨 등이 웃으며 말하였다.

"양씨 아우에게 한 잔 술로 상을 내리지 않으시니 슬퍼하는 것 같습니다."

태부인이 웃고 한 잔 술을 양정렬에게 주면서 말하였다.

"맹모(孟母)의 삼천지교(三遷之敎)와 태임(太任)의 태교라도 내 손자며느리에게는 미치지 못할 것이니 상을 주지 않아서야 되겠느냐?"

양정렬이 술잔을 받아 붉은 입술에 조금 대다가 화파를 주며 말하였 101
다.

"할머니의 명령이시지만 먹지 못하니 서모는 나누어 마십시다."

자리에 있던 사람들이 기쁘게 웃었다. 이렇게 오랫동안 즐거워하였지만 정씨의 참혹한 일을 말하지 못하였다. 밤이 깊어지자 진왕은 여러 아들과 진궁으로 돌아가고 유현은 초공을 모시고 잤다. 부자의 정이 은근하고 계속되면서[101] 잠이 들었다. 첫 잠이 몽롱하게 들었는데 초공이 이불 속에서 아들과 몸을 붙여서 끝없는 정이 천륜 이상으로 특별하였다. 유현이 깨달아 아버지의 사랑을 보고 감동함을 이기지 못하여 공경하고 삼가

101) 은근하고 계속되면서 : {은근 쳬쳬(遞遞) ᄒᆞ여}. '체체'는 어떤 것이 연속되는 모양을 의미함.

는 효성이 비할 곳이 없었다. 자애가 이렇게 자상하여 말로 표현하지 못
102 할 정도였지만 자식이 조심하는 마음이 이와 같아 조심하고 공경하였다.

다음날 아침 문안 인사 때 어수선하고 소란스러워 유현이 모친을 조용
히 모시지 못하니 모자가 다 서로에 대한 궁금함이 심하였다. 4~5일이 지
난 후에 집안이 고요해지니 초공이 옥매정에서 유현을 불러 앉히고 몇 번
을 길게 탄식하고 말하였다.

"너를 대하여 말하는 것이 늦어졌구나. 벌써 부음을 알렸어야 했는데
유배지에서 이 말을 들으면 무익하고 세월이 흘러 정씨가 죽은 지 3년
이나 지나 참담하구나. 정씨가 이리저리 하여 금강에 빠져 죽으니 청
춘의 원혼이 천고에도 없는 한이 되었다. 우리의 마음이 생각하면 좋
지 않는데 하물며 정자상의 마음은 어떠하겠느냐? 이 말을 들으면 슬
103 프고 참혹하겠지만 남아가 매사에 중도로 처신하고 모든 일에 경중이
있으니 한 여자를 위하여 지나친 행동을 하지 마라."

양정렬이 구슬 같은 눈물을 줄줄 흘렸다. 유현이 슬픈 마음이 대단하
였으나 안색을 변치 않고 두 번 절하며 말하였다.

"흉한 소식은 설강이 말해서 대강 들었습니다. 정씨의 사람됨이 쉽게
목숨을 마칠 사람이 아니니 다른 계책이 있는가 합니다. 이제 막 집에
도착해서 어수선하고 소란스러워 여유롭지 못하여 정공을 뵈었지만
묻지 못하였습니다. 아버님의 말씀을 들으니 정씨가 죽은 것 같습니
다. 인생이 이에 이르니 모든 일을 믿을 것이 없고 관상에서 얼굴의 생
김새가 믿을 만한 것이 아닌가 합니다. 제가 정씨와 혼인한 지 3년 만
104 에 서로 헤어져 부부의 도리를 모르고 억울한 죄명을 쓰고 내쫓긴 부
인이 되어 물에 빠져 죽은 일이 근본적으로는 소자의 허물이고 정씨의

박명함 때문이니 이제 말해도 무익합니다. 만 리 밖에서 죽은 소식을 몰라 상복을 차리지 못한 것이 한입니다. 그러나 정씨의 일은 엎어진 물이니 부모님을 모시고 있으면서 처자를 오랫동안 생각하겠습니까?"

말이 이와 같고 안색이 태연하니 부모가 아름답게 여기며 말하였다.

"강씨와 추향을 처치해라."

이에 유현이 말하였다.

"강씨의 죄악이 이와 같은 까닭에 3명의 시녀를 죽이지 않았는데 어찌 이들을 살려두겠습니까?"

부모가 이씨의 기이한 묘책과 곧은 절개를 말하고 이공이 죽은 것이 슬프고 한스러움을 말하니 유현이 말하였다.

"지금까지 저의 아내가 죽거나 떠나서 여태껏 부모님을 모신 자는 조 105
씨뿐입니다. 어찌 며느리의 도로 가지고 있으면서 이씨처럼 편안하게 물러가 있겠습니까?"

초공이 말하였다.

"그것은 내 뜻이 그러했기 때문이다. 네가 집안일을 잘 처리하고 바르게 하여라."

유현이 '예예'하면서 물러가니 마음이 슬프고 즐거움이 줄어들었다. 유현이 채련각에 이르러서 주위를 보니 대청 안에 물건들이 슬픈 회포를 불러일으켰다. 그윽하고 깊은 구석에 정씨의 위패를 모셨는데 손길이 닿은 곳마다 슬픔이 느껴졌다. 정씨를 3년 동안 박대한 것을 뉘우치며 옥 같은 아름다운 몸이 물에 빠져 죽은 것을 안타까워 심장이 무너지는 것 같으니 수많은 눈물이 쏟아졌다. 한번 통곡하고 대나무 베개에 쓰러져 몇 번을 길게 탄식하고 말하였다.

106 “하늘이 유현과 정씨를 내시고 무슨 까닭으로 검은 머리카락이 다 자라지 않아도 정씨를 물속에 고기의 밥이 되게 하셨는가? 비록 목석이라고 하더라도 더할 수 없는 슬픔을 참겠는가?”

이렇게 말하고 속절없이 흐르는 눈물이 소매에 젖었다. 이때 초공이 옥매정에서 나와 밖으로 가다가 유현이 난간에 누워 있는 것을 보고 걸음을 멈추고 유현을 불렀다. 유현이 아버지의 소리를 듣고 황급히 일어서니 초공이 유현이 눈물을 흘린 흔적을 보고 화평하게 말하기를 화원으로 나오라 하고 혼자 누워서 공연히 마음을 태우지 말라고 하였다. 유현이 감사하며 몸을 굽히고 온화한 목소리와 부드러운 말로 조용히 말을 태연자
107 약하게 하고 나왔다. 초공은 젊은 부부가 운명이 어긋난 것을 불쌍하게 여겨 유현을 사랑하고 소중하게 여길 뿐이었다. 유현이 비록 때가 늦었으나 정씨를 위하여 상제(喪制)[102]로서 일을 처리하고 제문을 지어 제사를 베푸니 슬픈 한이 끝이 없었다.

수일 후에 추향과 경파 등 네 사람을 불러 형벌의 위엄을 드러내어 간사한 일의 전모를 추궁하고 심문하였다. 유현의 호령이 가을 서리 같고 노기가 성화 같으니 보는 자가 혼이 몸에서 떨어져 나가는 것 같았다. 경파 등이 간악하고 흉악하지만 결국은 죄가 발각되었다. 머리를 두드려 전후의 간악한 일을 일일이 털어놓았다. 유현이 원통함을 이기지 못하여 네 명의 시비에게 중형 80대를 때리게 하고 추향을 목 베어 높은 곳에 걸어두고 사람들이 보게 하였다. 이씨의 간악한 시비 선옥도 똑같이 목을 베
108 었지만 설매는 멀리 귀양 보내고 강씨를 사사(賜死)하려고 초공에게 고하였다. 초공이 탄식하며 말하였다.

102) 상제(喪制) : 부모와 조부모, 가족 등이 세상을 떠나서 거상 중에 있는 사람을 뜻함.

"이미 우리 집에서 내친 후에는 유공의 안면을 보아야 하니 어찌 강씨를 가혹하게 죽이겠는가?"

유현은 아버지의 명령을 따라서 강씨를 아는 척하지 않고 수일 후에 이씨 집안에 나아갔다. 장인 장모의 영연(靈筵)[103] 앞에서 통곡하고 이공자를 보고 삼년상이 덧없음을 위로하고 이씨를 찾아 만나게 되었다. 이씨의 상쾌하고 시원한 용모는 푸른 하늘의 흰 달과 같았고 요지(瑤池)의 복숭아꽃 같았다. 부모를 잃은 아픔을 겪고도 타고난 아름다운 얼굴이 빼어나서 유현의 정신을 취하게 하였다. 유현이 이씨의 온갖 자태의 아름다운 모습을 보니 정씨의 예쁜 얼굴을 더욱 생각하고 슬퍼하며 이씨에게 부모의 삼년상을 위로하였다. 109

정씨 집안에 이르러 장인 장모를 보았다. 부인은 유현의 신이한 풍모와 시원하고 상쾌한 모습이 갖추어진 것을 보고 더욱 반갑고 아름답게 여기면서도 딸을 생각하니 슬픈 한이 간절하여 흐르는 눈물이 옷을 적셨다. 정공은 유현의 손을 잡아 흐르는 눈물이 수염을 적셨다. 유현이 관을 숙이고 가을 물결이 어린 봉황 같은 눈에 눈물이 떨어지니 흰 연꽃 같은 잘생긴 얼굴의 여러 정생들이 다 눈물을 금치 못하였다. 오랜 후에 유현이 눈물을 거두고 장인 장모를 온갖 방법으로 위로하니 부인 등 온 가문이 다 유현을 사랑하고 흠모하였다.

유현이 돌아와 정한림이 형주의 외관직을 맡은 것을 알고 만나지 못한 것을 한스럽게 생각하였다. 유현이 임금의 은혜에 감격하여 임금을 모시 110
고 백성을 다스리며 세상일을 경험하니 덕화가 전보다 배나 더하였고 집안이 완전무결하였다. 임금의 총애가 융성하고 유현을 중요하게 여기는

103) 영연(靈筵) : 죽은 사람의 영궤(靈几)와 그에 딸린 모든 것을 차려 놓는 곳.

것은 진왕과 초공도 미치지 못할 정도였다.

이공 부부의 삼년상이 다하고 이씨가 상복을 벗으니 초공이 이씨를 데
려와 위로하고 참혹한 난리 속에서 몸을 보전한 것을 다행스럽다고 말하
였다. 존당이 이씨를 반기고 양정렬 등이 이씨에 대한 사랑이 가득하여
표현하기 어려웠다. 이씨는 시부모의 산과 같은 은혜와 바다 같은 덕에
감사해하였다. 정씨가 물에 빠져 죽었다는 것을 이씨가 처음으로 듣고는
애달프고 안타까움을 이기지 못하였다. 이씨가 조씨 등을 만나 서로 반기
111 고 정씨가 물에 빠지게 되었을 때 기특하게도 단단히 마음을 먹고 옥 같
은 아름다운 몸을 던져 유현과 화락하는 것이 뜬구름같이 되어버린 것을
말하니 조씨가 또한 진심으로 슬퍼하였다. 문득 유현이 중당을 나오다가
조씨와 이씨 두 부인을 만나 정씨에 관한 말을 하고 정씨의 성품과 행실
이 어질다고 하였다.

조 씨 삼 대 록

11권

1 이때에 유현이 중당에서 나오다가 조씨와 이씨 두 부인을 만나 정씨에
관한 말을 이르고 정씨의 성품과 행실이 어질다는 것을 말하였다. 이
후로 유현은 집안의 도를 바로 잡고 다스려 조씨와 이씨를 낮에 보면
반가워하며 관대하게 대하고 은근히 기뻐하였지만 밤이 되면 아버지
의 침전에서 떠나지 않았다. 형제와 여러 사촌들과 화락하게 지내고
월아(月娥)[104] 같은 아름다운 창기가 있었지만 찾지 않아 여승처럼 지
냈다. 초공이 괴이하게 여기고 양정렬이 유현을 대하여 탄식하며 말하
였다.

"정씨 같은 어진 아내를 잃어버리고 조씨와 이씨가 한 곳에 모이니 너
2 의 심사가 어찌 편하겠는가? 비록 그러하나 네가 귀양 가는 사람이 되
어 수 년 동안 서로 헤어졌던 부인을 만난 지 6~7일이나 되었는데 한
번도 부인의 처소를 찾지 않으니 무슨 이유가 있느냐?"

유현이 안색을 온화하게 하고 위로하면서 말하였다.

"사생이 하늘에 달려 있고, 화복이 운명에 달려 있으니 설마 어찌 하겠
습니까? 정씨의 운명이 박하고 제가 액이 있어서 그러하니 남아가 한
번 부인을 근심하고 염려하지 않겠습니까? 조씨가 유약하나 사덕(四德)
이 있고 이씨는 집안을 어지럽히지 않습니다. 다만 부인의 처소를 찾
지 않는 것은 부인들을 박대하는 것이 아니라 살아있는 부인을 대하니
3 죽은 사람이 생각나서입니다. 정씨를 잊고자 하지만 혼인한 지 3년 만
에 부부의 의를 저버리고 한스럽고 억울하게 내쳐 금강의 원혼이 되게
하였습니다. '백인(伯仁)이 나 때문에 죽었다'[105]고 하니 장부의 마음이

104) 월아(月娥) : 곧 항아(姮娥)를 말함. 항아는 일반적으로 달에 사는 아름다운 여신을 뜻함.
105) 백인(伯仁)이 ~ 죽었다 : {빅인[伯仁]이 유아이ᄉᆞ[由我而死] ㅣ 라}. 백인이 나 때문에 죽었다는 의미. 백인은 중국 진나라 때 사람으로 왕도라는 사람이 곤경에 빠진 것을 구해준 적이 있었음.

지만 정씨를 잊은 적이 없으니 죽었다는 말을 듣고 아무렇지도 않겠습니까? 3년 동안 부인들과 관계를 맺지 않고 정씨를 3년 동안 박대했던 한을 갚고자 하니 이후에는 자연스레 다른 부인들을 후대할 때가 있지 않겠습니까? 소자가 불초하지만 입신양명하고 집안에 아내가 있습니다. 부모님께 염려를 끼치고 운남에 귀양 가는 사람이 되어 수많은 근심을 드렸지만 오늘까지 염려를 끼치니 불효한 죄가 이와 같습니다. 어머니께서는 속절없는 염려는 마시고 너무 마음 쓰시지 마십시오."

양정렬이 감격하여 울면서 말하였다. 4

"내 아들의 말을 들으니 군자가 신의가 있구나. 어미가 되어 아름답게 여기지 않겠느냐? 네 나이가 20살이나 되었는데 농장(弄璋)의 경사를 보지 못하니 네 어미의 뜻이 절박하고 존당이 손자를 바라시는데 죽은 사람을 위하여 산 사람을 버리니 무엇이 유익하겠느냐?"

유현이 태연자약하게 웃고 말하였다.

"어머니의 말씀이 마땅하십니다. 사람의 팔자가 같기가 어렵고 자식을 보는 것이 부부가 친하고 그렇지 않는가에 있는 것이 아닙니다. 소자가 자식이 없지만 결단코 20명의 자식을 두겠습니다. 어머니께서는 너무 염려하지 마십시오."

이렇게 말하고 어머니가 즐기지 않는 것이 민망하여 앞에 앉아 온화한 5
소리로 온갖 소리를 내는 것이었다. 유현이 일부러 유아의 희롱으로 아양을 떨며[106] 말하였다.

뒤에 이 일과 관련하여 죽게 되었을 때 왕도는 백인을 구할 수 있는 위치에 있었지만 백인이 자기를 구해주었다는 사실을 몰랐기 때문에 그냥 지나쳤고 백인은 죽게 됨. 나중에 백인이 자기를 구하기 위해 올렸던 글을 보고 후회하면서 했던 말임.

106) 아양을 떨며 : {니릐}. 옛말 '이릐ᄒᆞ다'는 응석부리고 아양떨다의 의미임.

"어머니, 제가 자식이 없는 것을 근심하시지만 소자가 위력으로 자식을 낳아도 옥동자를 낳아 드리겠습니다. 어찌 이런 일에 염려하겠습니까?"

이렇게 귀여운[107] 말로 양정렬의 걱정하는 마음을 물리쳤다. 양정렬이 가만히 웃으며 말하였다.

"네 말이 옳지만 지금 네가 자식이 없는 것은 너의 탓이다. 정씨와 처음부터 화락했다면 어찌 일점 골육이 없었겠느냐? 아들을 위력으로 낳을 것이면 세상에 자식이 없는 사람이 어디 있겠느냐? 10명의 자식은
6 사람마다 쉽지 않지만 옥 같은 기린을 낳아라."

모자가 서로 대하여 문답하고 있을 때 조씨와 이씨가 양정렬을 모시고 있었다. 이씨의 맑은 아름다움은 황금과 벽옥이 밝게 비치는 것 같았고 조씨의 자애롭고 아리따운 태도는 향기를 토하는 것 같았다. 양정렬이 기뻐하며 며느리들을 자기 옆에 앉히고 진기한 보물 같이 여겼다. 유현이 웃으면서 말하였다.

"어머니께서 조씨와 이씨에 대한 사랑이 소자보다 더하시니 소자는 이것을 애달파합니다."

양정렬이 웃으며 말하였다.

"두 며느리는 기대고 의지하는 사람이 우리뿐이니 어찌 사랑스럽지 않겠느냐? 네가 요사이 규방에 자취를 끊고 여자의 정을 살피지 않으니 내가 애달파 한다. 오늘부터 서로 공경하고 화락하여 집안의 도를 온
7 화하게 하여라. 죽은 사람은 헤어졌으니 살아있는 아내와 길이 화락하여 가내가 화평하기를 바란다."

107) 귀여운 : {어리ᄅᆞ온}. 옛말 '어리롭다'는 철없다, 어리다, 귀엽다의 의미임.

유현이 두 부인을 보며 말하였다.

“어머니의 말씀이 이와 같으시니 부인들이 내가 부인들의 안부를 묻지 않은 것을 원망하여 어머니께서 그 사실을 아신 까닭에 이렇게 염려하시는 것이오. 차후는 내가 규방에 있으면서 움직이지 않아야 후대한다고 하겠소. 이 일로 보니 죽은 사람이 어진 덕을 지니고 있었소. 내가 정씨와 어릴 때 혼인하였지만 내가 총명하지 못하고 어두워 간사한 말에 혹하여 3년을 서로 남 같이 하여 정씨를 주인과 손님 같이 박절하게 대했소. 그러나 정씨는 마음먹기를 유순하게 하고 마음을 바로 하여
한 번 나를 대해도 좋지 않은 원망의 얼굴빛이 없고 안과 밖의 마음이 8
봄바람 같고 행동이 얼음처럼 맑고 옥 같았고 죄 없이 내쫓겨도 원망함이 없었소. 이제 부인들은 태평한 시절에 부부간의 사사로운 만남이 드물다고 부부간의 원망이 대단하여 가정의 근심을 만드니 옛날과 지금 사람의 도리가 판이하게 다른 것을 알겠소.”

조씨는 부끄러워하고 이씨는 태연자약하게 단정히 앉아있었다. 양정렬이 웃으며 말하였다.

“어찌 험한 말을 이렇게 하느냐? 어느 여자가 남편이 오지 않는다고 시어미에게 원망하겠느냐? 뜻밖의 말을 하여 어진 며느리를 보채느냐?”

유현이 웃고 일부러 부인들을 힐책하며 어머니가 정씨를 생각하는 마
음을 덜게 하려 하였다. 그러나 정씨를 향한 양정렬의 정은 언덕과 산같 9
이 많아서 잊을 길이 없었다.

이때 진왕의 장녀 후염은 금선공주의 소생이었다. 아버지의 신선과 같은 풍채는 닮지 않고 어머니의 눈부시게 아름다운 태도도 닮지 않아 흉한 얼굴과 미운 거동이 나이가 들어감에 따라 더하였다. 나이 15살에 가로로

퍼진 얼굴은 맷돌 같고 몸과 얼굴과 행동이 이상하고 흉물이면서도 천연두를 심하게 앓아서 한 눈이 잘못되어 흉악하고 망측하였다. 검은 살이 한결같이 헐어 터져 돌절구 같았다. 온 집안사람들이 한탄하며 저토록 되
10 는 것이 이상하다고 하고 실로 근심하였다. 무염을 시집보내지 않는 것도 어렵고 만약 혼인을 하고자 한다면 한갓 얼굴이 박색이나 마음이 어질고 순하면 무염(無鹽)[108]이나 맹광(孟光)[109] 같은 부류가 된다면 어쩌면 혼인을 할 수도 있겠지만 무염은 악하기만 하고 심술궂은 마음이 바르지 못하여 하는 일이 흉포하고 억세고 모질었다.

진왕이 후염을 보면 양미간을 찡그리고 두통거리로 삼으니 진왕은 후염을 대하면 엄숙한 거동이 더하였기 때문에 후염이 괴롭게 여겨 아버지를 피하고 보지 않았다. 정숙렬이 후염을 만나면 알아듣도록 타이르고 경계하면 문득 불순한 소리로 정숙렬을 원망하여 자기가 낳은 자식이 아니기 때문에 미워서 꾸짖는다고 욕을 하였다. 정숙렬이 그런 후염을 다그치
11 지 않았지만 염려하면서도 진왕의 성품으로 후염의 잘못을 알면 자식을 죽이는 화가 있을까 두려워하여 후염의 허물을 감추었다.

후염이 월염 등을 미워하여 항상 눈을 바로 떠서 보지 않고 만나면 주먹을 쥐고 싸우려고 하였다. 월염은 무겁고 넓은 마음을 지녀 후염에게 따지지 않았지만 그 동생이 이와 같은 것을 애달프고 안타깝게 생각하였

---

108) 무염(無鹽) : 중국의 전국시대(戰國時代) 제(齊)나라의 무염(無鹽)이라는 지방에 살았던 '종리춘(鐘離春)'을 가리킴. 종리춘은 선왕에게 제나라의 문제점들에 대한 해결책을 제시함으로써 그 재능을 인정받아 무염군에 봉해져 황후가 되었음. 춘추시대(春秋時代) 월(越)나라의 미녀인 서시(西施)에 비유하여 못생긴 여자를 '무염'이라고 하면서부터 무염은 고대 중국의 대표적 추녀(醜女)로 불림. 진왕과 금선공주의 딸 무염도 제나라 무염을 생각하여 이름을 이렇게 지었음.

109) 맹광(孟光) : 후한(後漢) 시절 양홍(梁鴻)의 처. 힘이 센 추녀였으나 덕행이 매우 뛰어났음. 밥상을 눈썹에까지 들어올려 남편에게 바칠 정도로 남편을 지극하게 공경한 거안제미(擧案齊眉)의 고사로 유명함.

다. 후염은 마음을 고쳐먹을 사람이 아니기 때문에 사위를 택할 방법이 없었다. 금선공주가 다급해하며 기현과 운현을 불러놓고 아침저녁으로 보채니 모두 근심하여 사윗감을 두루 살폈다. 그러나 부귀와 집안의 문벌은 한 나라의 으뜸이지만 금선공주의 큰 악을 모르는 사람이 없으니 누가 12
즐겨 후염과 결혼하겠는가? 성혼하자는 말을 듣는 사람이 머리를 흔들어 허락하지 않았다.

좌복야 철신이 3남 1녀를 두어 혼인을 시키고 막내아들 철수문이 15살인데 두목지(杜牧之) 의 풍채와 한유(韓愈)[110]와 이백과 같아서 출중한 위인이 일대의 영웅호걸이었다. 진왕의 위력 있는 명성과 맑은 덕을 공경하고 우러러 후염에게 청혼하였다. 기현 등이 매우 기뻐하여 혼인을 허락하였지만 진왕이 머리를 흔들며 말하였다.

"비록 철신이 모르고 청혼하였지만 사람을 속이겠는가? 후염은 집에 조용하게 두어 집안의 명성을 욕 먹이지 않는 것이 옳을 것이다."

초공이 말하였다.

"비록 그러하나 후염을 이유 없이 시집보내지 않겠습니까? 철신의 구혼이 있으니 모름지기 허락하십시오." 13

태부인이 힘써 권하고 조씨 등이 권해도 진왕이 끝내 듣지 않았다. 철씨 집안에서 굳이 성혼을 청하였다. 철신의 누이는 황제가 총애하는 여인이었는데 철신의 누이가 혼사를 주관해 줄 것을 간청하였다. 임금이 진왕을 청하여 사혼하니 진왕이 마지못하여 혼인을 허락하였다. 그리고는 어

110) 한유(韓愈) : 자는 퇴지(退之). 송대 이후 성리학의 선구자였던 중국 당나라의 문학가 겸 사상가. 산문의 문체개혁(文體改革)과 시에 있어 지적인 흥미를 정련(精練)된 표현으로 나타낼 것을 시도하는 등 문학상의 공적을 세웠음. 이는 송대 이후 중국 산문문체의 표준이 되고 제재(題材)의 확장을 주는 등 영향을 주었음.

떤 일이 있어도 자신을 원망하지 말라고 하니 철공이 결혼을 시키기 싫어
서 핑계 대는 것이라고 하여 끝내 그 말을 곧이듣지 않고 혼인을 이루었
다. 철수문 같은 천고에도 없는 어질고 고결한 사람이 매우 악하고 행실
이 나쁜 부인을 얻어 짝이 되는 것은 그 아버지가 괴이한 까닭이다.
14 기현 등이 바깥일을 극진히 준비하고 정숙렬과 금선공주가 힘을 합하
여 안의 일을 준비하니 위의의 대단함과 기구의 장려함이 진실로 왕공의
딸이 시집을 가며, 신부가 임금의 조카라는 사실을 알 만하였다. 임금이
일상생활에서 쓸 혼인 도구를 다 주어 신혼을 빛내니 공주가 시집을 가는
것과 차이가 없을 정도였다. 그러나 기현 형제는 이 혼인을 매우 근심하
여 몸에 병이 생길 정도였다.
혼인날에 철생이 위의를 거느려 진궁에 이르러 신랑이 기러기를 전하
는 의식을 이루고 신부가 가마에 오르기를 기다렸다. 외당에 손님이 가득
하였지만 진왕과 초공의 일월 같은 풍광과 가을 하늘 같은 기상이 세대에
15 찾기 드물었으며 이부 유현과 예부 기현이 이어서 좌석에 앉아 있었다.
그 아래 층층이 여러 소년이 줄지어 섰으니 기현과 유현의 백옥 같은 얼
굴빛과 가을 하늘 같은 풍채 있는 몸이 늠름하고 상쾌하고 시원하여 금옥
과 명월 보벽이 서로 빛을 다투는 것 같았고, 한 사람 한 사람이 신선의
무리 같아 완연히 옥경(玉京)의 신선의 모임에 여러 신선이 모인 듯하였
다. 부형의 엄숙한 위의가 드러나고 그 넓은 청사(廳舍)에 여러 부인들이
죽 벌여 앉아서 후염을 단장하여 혼인을 치르니 후염은 화장이 검은 얼굴
16 을 가리지 못하며 쑥 같은 누른 머리와 두 눈은 금방울 같고 두 뺨은 식은
재를 칠한 것 같았다. 한 아름이나 되는 허리에 비단옷이 찬란하였지만
단장하여 빛나는 것이 흉한 얼굴을 더 두드러지게 하였다. 모여 있는 아

름다운 여인들 중에서 우두(牛頭)[111]나 찰흑귀(刹黑鬼)[112]가 있는 것 같았다. 태부인이 탄식하며 말하였다.

"여러 자손 중에 이 아이가 이와 같으니 부끄럽지 않겠는가?"

조씨 등이 웃으며 말하였다.

"이런 사람이 유복하다고 하니 어찌 하겠습니까?"

태부인이 밖의 신랑을 부르라고 하였다. 진왕과 초공이 신랑을 데리고 내당에 이르니 조씨 일가만 있었다. 태부인이 신랑을 보니 실로 후염과는
하늘과 땅처럼 현격하게 달랐다. 철생이 들어가서 보니 넓은 마루 위에 17
북쪽에 의자를 놓고 백발노인이 단정하게 앉아있었다. 그 다음에 한 명의 부인이 금으로 만든 의자 위에 앉고 좌우에 붉은 옥으로 만든 의자 넷을 놓고 초공의 부인 세 명이 어깨를 나란히 하여 앉아있고 조부인 등과 여러 소년이 각각 부인을 거느리고 앉아있었다. 자연스럽고 온화한 풍모의 아름다운 얼굴과 고운 자태는 만고에도 없는 독보적인 모습이었다. 오른쪽 네 명의 부인이 더욱 아름다우며 정숙렬과 연비의 꽃과 달 같은 얼굴과 매우 아리따운 풍모는 경국지색(傾國之色)었으며 곧은 절개가 높은 숙녀임을 알 수 있었다. 좌우와 전후의 여러 부인들이 죽 벌여있으니 철생
의 도덕적 수양이 높은 눈에도 어질어질하여 정신을 차리기 어려웠다. 18

철생이 모든 곳에 절하니 모든 사람들이 몸을 일으켜 답례로 절하였다. 태부인이 그것을 기뻐하며 말하였다.

"노인이 덕을 베풀고 조상의 공덕으로 여러 자손이 있으나 이제 증손

---

111) 우두(牛頭) : 불교에서 말하는 지옥의 옥졸(獄卒). 소의 머리를 하고 있으며 사람의 몸을 가지고 있음.

112) 찰흑귀(刹黑鬼) : 정확한 뜻은 미상이나 검은 얼굴을 한 귀신을 이르는 듯함.

녀를 성혼시키며 낭군 같은 아름다움은 생각하지 못하였다. 손녀의 못 생긴 얼굴과 누추한 자질로 꿩 같은 비루한 아이가 난학(鸞鶴)과 짝을 맺게 되었으니 외람되고 근심이 되어 경사인 줄을 모르겠다. 철생의 신수가 각박하구나."

위부인이 말을 이어 후염의 매우 비루한 자질로 군자의 건즐(巾櫛)을 받
들지[113] 못할 것이라고 말하고 정숙렬과 연비와 공주가 모두 똑같이 말
하였다. 철생이 후염을 보니 인물도 흉하고 사덕(四德)에서 벗어나는 것
19 같았다. 듣던 소문과 같은 것을 마음속으로 탄식하였지만 좌우 전후에
있는 여러 사람들이 자기를 공경하고 사랑하는 마음을 받자 옷깃을 여미
고 단정히 앉았다. 금선공주는 매우 즐거워하여 체면을 잃고 있었다.

날이 늦어져 신랑이 나가고 진왕이 후염을 조용히 경계하며 말하였다.

"만일 내 경계대로 말을 듣지 않으면 내쫓겨도 내 집에 올 생각을 말고 죽어서 부끄러움을 피해라. 네 마음을 고치지 못하면 오늘 이별이 영원한 이별이 될 것이다."

진왕이 수없이 알아듣도록 타이르며 양미간에 차가운 빛이 눈서리가
내리는 것 같으니 좌우에 있던 사람들이 두려워 할 정도였다. 후염이 비
록 매우 악하였지만 아버지의 엄정함을 대하고 맺고 끊는 것 같은 말을
20 들으니 황공하고 두려워 두 눈에 눈물이 비 오듯하였다. 정숙렬이 위로
하며 말하였다.

"이것은 다 너의 잘못을 고치게 하려고 하는 것이다. 맹광(盟光)과 황씨[114]도 후세에서는 숙녀로 일컬으니 성품과 행실이 어질면 얼굴이 곱

113) 건즐(巾櫛)을 받들지 : 수건과 빗을 아울러 이르는 말임. 관용적으로 '건즐을 받들다'는 여자가 아내나 첩이 됨을 겸손하게 이르는 말.

114) 황씨 : 제갈공명의 아내로 얼굴은 박색이나 지덕이 뛰어남.

지 않아도 관계가 있겠느냐? 설사 시댁에서 얼굴을 나무란다고 해도 이것은 그 허물이 시댁에 있는 것이다. 네가 덕을 닦으면 복을 누리지 못할까 근심하겠느냐?"

금선공주가 탄식하며 말하였다.

"내가 운명이 박하여 한 명의 딸이 이와 같으니 어찌 섧지 않겠습니까?"

좌중이 냉소하고 진왕이 소매를 떨치고 외헌으로 나갔다. 신부를
덩[115]에 넣고 신랑이 덩을 잠그자 수많은 요객이 대로에 신랑 신부를 끼
고 이르렀다. 신랑의 옥 같은 모습과 영웅 같은 풍모를 사람들이 왁자지 21
껄하게 칭찬하여 일컬으니 누가 비단 가마 안에 쑥대머리의 귀신 같은 얼
굴을 넣어 가는 것을 알겠는가?

철씨 가문에 다다르니 철공이 손님을 모아놓고 가운데에 앉아서 신부
를 기다리고 있었다. 후염과 합환주를 나누어 마시는 혼인의 예식을 치르
며 신부를 보았다. 넓은 면상은 검고 푸르며 얽어 흙바닥 같고 이마가 뚝
튀어났으며 눈썹이 쑥 같았고 입이 치켜 올라가[116] 어금니와 턱이 입 밖
에 났으니 차마 보지 못할 것 같았다. 키는 작고 허리는 한 아름이나 되어
흉악하였다. 자리에 있던 여러 사람들이 놀라서 얼굴빛이 달라지고 철생
이 놀라 정신이 없어지며 분한 기운이 가슴에 가득하여 얼굴빛이 차가운
재 같아 밖으로 나갔다. 신부가 폐백을 받들어 시부모에게 올리니 철공 22
부부가[117] 놀라 정신이 없어졌다. 부인이 마음 아파하며 눈물을 흘리며
말하였다.

---

115) 덩 : 공주나 옹주가 타던 가마.
116) 치켜 올라가 : {거두들녀}. 옛말 '거두들다'는 추어 올리다의 의미임.
117) 철공 부부 : {셜공 부뷔}. '셜공'은 '철공'의 오기인 듯함.

"나의 신선 같은 아들이 귀신같은 형상과 짝하겠는가?"

원통하고 분함을 참지 못해하니 후염이 눈을 높이 뜨고 말하였다.

"사리와 체면을 모르는 부인도 있구나. 나는 평진왕의 장녀이고 임금의 조카이며 돌아가신 황제의 외손녀이다. 어찌 귀중하게 대할 줄을 모르고 얼굴을 나무라느냐?"

온 자리에 있던 많은 사람들이 일시에 크게 웃었다. 철공과 부인이 정
신이 나간 듯이 능히 입을 열지 못하고 탄식하니 무슨 흥으로 잔치를 하
23 겠는가? 손님이 흥 없이 흩어졌다. 철생의 놀란 혼백이 구름 밖으로 흩어
지니 어찌 화촉에 얼굴을 대할 뜻이 있겠는가? 철생이 외당에 나와 몸을 움직이지 않았다. 이때 철생이 어이없어 저녁밥도 먹지 않으니 두 형이 위로하고 철공이 알아듣도록 타일러 금선공주의 분노를 사지 말고 임금의 얼굴을 보아 후염과 대면하기를 권하니 철생이 다시 말이 없었다. 후염은 여러 사람이 모인 자리에서 신랑의 풍채를 보고 온 마음으로 기뻐하며 신랑이 들어오기를 기다렸다. 그러나 신랑의 그림자도 없으니 마음이 다급하여 문을 열고 가 보려고 하였다. 유모와 시비들이 후염을 붙들어 말리며 말하였다.

24 "소저께서 얼굴이 남만 못하고 행동이 이와 같으니 남들만 웃기게 되
고 부녀자의 행실이 한심하게 됩니다."

후염이 매우 화를 내며 말하였다.

"필부(匹夫)가 무례하여 신방을 비우는가?"

이렇게 말하고 어지럽게 철생을 꾸짖으니 유모 등이 참혹하게 여겼다. 후염이 시댁에 머물면서 망측한 거동이 무수하고 철생의 박대를 원망하였다. 철생이 운명의 박함을 한탄하고 시서(詩書)로 소일하였지만 자연스

례 근심하는 얼굴빛을 감추지 못하고 후염을 지나가는 행인 같이 대하였
다. 진왕과 초공이 자주 왕래하여 철생에게 친근하게 대하니 철생이 자연
스레 은혜에 감격하여 조씨 집안에 와서 소일하였지만 후염을 대면하지
않았다. 후염이 갈수록 행동이 도리에 어그러지고 흉악하니 철공이 감당 25
하기 어려울 정도로 힘들어[118] 통한하고 철생은 더욱 한탄하였다.

하루는 철생이 조씨 집안에 와서 한담을 나누고 있는데 진왕이 철생에게 물었다.

"내 딸의 못 생긴 얼굴 때문에 규방에서 늙히려고 하였는데 자네의 아내로 정하여 그것이 우환이 되었으니 이것은 실로 자네 아버지의 실수다. 자네의 풍채가 아까우니 한 명의 숙녀를 택하여 설욕하고자 하네. 태학사 유성의 딸이 과연 숙녀이니 자네에게 천거하네. 내 아들이 있는데도 미루고 자네를 위하여 중매하네. 그러나 유공이 딸이 재실이 되는 것을 싫어하니 이번 과거에서 입신하게."

철생이 감격함을 이기지 못하여 절하며 명령을 받들었다. 철생이 이후 26
로 진왕이 베푼 은혜에 감사하여 이따금 후염을 찾아 가깝게 지냈다. 이
후염의 행동이 하나도 볼 만한 것이 없었지만 철생은 후염을 하나도 책망
하지 않고 후대하고 있었지만 재취를 생각하고 있었다.

이 해 봄에 과거가 있었는데 노공과 태부인의 권유로 광현 등 세 아들이 과거 시험장에 들어갔다. 진왕의 자손 중에는 몽현이 13세였다. 광현의 도덕과 문현의 재주로 과거를 치르고 과거 급제자의 이름을 크게 부르니 광현이 으뜸이고 문현이 두 번째이며 철수문이 세 번째였다. 창현도

118) 감당하기 ~ 힘들어 : {쥬톄 어즈러워}. '주체가 어지럽다'는 관용적 표현으로 '감당하기 어려울 만큼 짐스럽고 귀찮아 정신이 어수선하다'의 의미임.

급제자로 이름이 불리니 조씨 집안의 아들 세 사람과 철생의 풍채와 기골
27 과 문장의 재주와 학식이 만인 중에서 뛰어나 백옥이 진토에 섞여있는 듯
하고 나라를 안정시킬 사람이었다. 임금이 매우 칭찬하고 진왕과 초공을
보며 말하면서 수없이 특지(特旨)[119]로 칭찬하며 두 사람의 복을 일컫고
온 조정의 백관이 인재를 얻었다고 만세를 불렀다. 진왕과 초공이 두려워
몸 둘 바를 몰라하여 두 번 절하며 말하였다.

"신이 무지하여 세 명의 아들과 사위가 과거에 급제하여 방목(榜目)[120]에 올랐더니 성상의 은혜가 하늘과 같아서 일시에 지위가 높게 되니 복을 잃는 시비(是非)를 두려워합니다."

임금이 웃으며 면전에서 두 사람을 잘 타이르고 어주(御酒)로 치하하였
다. 새로 과거에 급제한 사람에게 계수나무 꽃과 청삼(靑衫)을 내려주며
28 각각 애중하게 대하며 벼슬을 주고자 하였다. 진왕과 초공이 수없이 임
금을 설득하여 3~4년의 말미를 얻어 아들이 재주와 나이가 찬 후에 조정
에 참여할 것을 아뢰었다. 임금이 윤허하지 않고 2년 말미를 주며 철수문
에게 중서사인을 시켰다. 은혜에 감사하고 조회에서 물러나자 위의가 대
단한 것은 천고에도 드물 정도였다. 기현 등 10형제가 소년 재상으로 벼
슬을 하며 유복함이 곽분양(郭汾陽)[121]보다 더 나았다.

이들이 집안에 돌아왔다. 노공이 대서헌에서 여러 공자들과 놀다가 대문이 떠들썩하며 진왕과 초공이 자식과 조카들을 거느리고 과거에 급제

---

119) 특지(特旨) : 임금의 특별한 명령이나 뜻.

120) 방목(榜目) : 과거시험에 합격한 사람의 합격자 명부.

121) 곽분양(郭汾陽) : 이름은 자의(子儀)로, 당(唐) 나라 현종(玄宗) · 숙종(肅宗) 때 명장. 안녹산의 난을 평정하고 높은 공을 세워 분양왕에 봉해져 영화를 누린 인물. 한 몸으로 천하의 안위를 맡게 됨이 20여 년이었으며 벼슬이 태위(太尉)중서령(中書令)에 이르렀고 분양군왕(汾陽郡王)을 봉하여 세상에서 곽분양(郭汾陽)이라 명칭함.

한 사람들을 앞세우고 왔다. 네 사람의 옥 같은 얼굴과 영웅스러운 모습
에 계수나무 꽃과 청삼으로 수를 놓은 비단 관복을 갖추어 입어 위의가 29
드러나고 빛나는 광채가 인간 세상에 드물었다.

내당에서 태부인이 슬퍼하며 눈물을 머금고 말하였다.

"내가 옛날에 남편과 일찍 이별하고 외로운 몸으로 오늘날 이렇게 번창할 줄은 어찌 알았겠는가? 여러 손자의 존귀한 벼슬[122]이 분수에 넘치는데 이와 같은 경사를 당하니 오늘밤에 죽어도 다시 여한이 없구나."

조생 등이 일시에 하례하니 석태상의 넷째 아들 석준과 유상서의 셋째
아들 유한이 각각 과거에 급제하여 방목(榜目)[123]에 이름이 실려 자기 집
으로 들어감을 고하니 겹겹의 경사가 층층이 쌓였다. 제후공경과 온 조정
의 요객이 다 새로 과거에 급제한 사람들을 부르니 노공이 모든 자손을
거느리고 손님을 접대하였다. 술상 위 그릇에 담긴 음식이 낭자하고 좌 30
중에 있는 사람들이 노공을 우러러 고금에도 없는 복록을 말하며 그 자손
에게 청혼을 많이 하였다. 초공이 겸손하게 사양하고 혼인을 허락하지 않
으니[124] 화소사가 간청하여 장원인 광현을 마음에 두었다. 노공이 화소
사의 어짊을 아는 까닭에 초공에게 말하였다.

"광현이 나이가 어리지만 존당이 혼인을 급하게 바라시니 어찌 숙녀를 사양하겠느냐?"

초공이 절하며 명령을 받들고 드디어 혼인을 허락하였다. 화공이 매우

---

122) 존귀한 벼슬 : {금ᄌᆞ관면[金紫金印]}. '금자(金紫)'는 '금인(金印)'과 '자수(紫綬)'라는 뜻으로 존귀한 사람을 비유적으로 이르는 말임. '관면(冠冕)'은 벼슬하는 것을 일컬음.

123) 방목(榜目) : 과거에서 합격한 합격자 명부.

124) 혼인을 ~ 않으니 : {허혼ᄒᆞ니}. 그러나 앞뒤 문맥을 고려하면 초공이 겸손하게 사양하며 '허혼ᄒᆞ지 않으니'가 연결되어야 문맥이 자연스럽게 됨. 그러므로 '혼인을 허락하지 않으니'로 옮김.

기뻐하여 온화한 기운이 흘러나오니 여러 사람들이 일시에 축하하였다. 태학사 정천이 초공을 향하여 웃으며 말하였다.

31 "내가 한 명의 숙녀를 얻어 합하(閤下)께 천거하여 내리시는 술을 먹고자 하였더니 화소사에게 뺏기게 되어 애달파하네."

원래 정학사의 외사촌 누이 소씨는 강능후 소계현의 딸이었다. 정학사가 초공의 은혜에 항상 감격하고 있었는데 장원 광현의 기특함을 보고 생각하기를 '그 만고에도 없는 빼어난 아름다움과 독보적인 행사를 알아 월로노인을 자임하고자 하다가 장원을 화소사에게 뺏겼구나.'하며 탐화(探花)인 문현을 마음에 두었지만 말을 하지 못해 애달파하였다. 초공이 정학사와 중요한 관계가 있는 것을 아는 까닭에 기뻐하며 말하였다.

"형은 일가와 같으니 나의 여러 아들을 모를 리가 없다. 광현과 함께
32 태어난 동생이 있으니 형은 어디에 숙녀가 있다면 천거하라."

정학사가 웃으며 말하였다.

"나에게 두 명의 숙모가 있는데 성평장 부인은 일찍 과부가 되었고 강능후 소공이 한 명의 딸을 두어 사위를 간절히 구하시며 나로 하여금 형에게 구혼하셨네. 그런데 내가 요사이 병이 있어서 문을 나가지 못하였더니 이제 일등 신랑을 화형에게 빼앗겼네. 그러나 탐화인 문현의 기특함이 형의 아래가 아니니 나를 믿고 소씨 집안의 규수에게 혼인을 허락하게나."

초공이 대답하기도 전에 노공과 진왕이 이 말이 마땅하다고 하였다. 돗자리 위에서 두 혼인을 허락하니 좌중에 있던 사람이 다 치하하였다.
33 날이 저물어 여러 손님들이 각각 흩어지고 화공이 돌아가 즉시 택일하고 알리니 혼인날까지는 겨우 한 달 정도가 남아있었다. 소씨 집안에서도 혼

인날을 알리니 3달 정도가 남았다. 존당은 기뻐하였지만 초공은 일찍 혼인하는 것을 기뻐하지 않았다.

유현이 운남에서 돌아온 후 몇 개월이 되지 않아서 여러 동생들이 과거에 급제하니 조씨 가문의 경사가 희한하였다. 진왕은 철생이 뜻을 이룬 것을 자식과 조카가 과거에 급제한 경사보다 더 기뻐하고 금선공주도 매우 기뻐하여 철생에 대한 사랑이 대단하였다. 그러나 철생의 뛰어난 식견이 사람의 현명함과 어리석음을 잘 아는 까닭에 정숙렬과 연비와는 말을 화평하게 나누었지만 금선공주를 대하면 보통의 안부 인사뿐이니 금선공
주가 가장 못 마땅하게 여겼다. 34

철생이 입신하니 진왕이 힘써 주선하여 유씨를 취하게 하였다. 유씨는 조용하고 그윽한 덕과 너그럽고 아리따운 태도가 철생과는 한 시대의 아름다운 짝이었다. 철씨 집안에서는 감격함을 이기지 못하여 후염을 매우 후대하였다. 그러나 후염은 투기가 크게 일어나 유씨를 가끔 치며 욕하였다. 철생은 후염이 난을 일으키는 것이 심하면 진왕에게 기별하여 장인어른을 청하겠다고 하며 위협하니[125] 후염이 감히 방자하게 굴지 못하였다. 유씨가 괴로움이 끝이 없었지만 어쩔 수 없었다.

이때에 천화군주와 연왕이 위력을 써서 운현과 천화군주가 육체관계
를 이루었지만 인연을 이루는 것은 아득하였다. 두 사람이 밤낮으로 생 35
각하여 남씨를 해칠 것을 도모하려고 하니 한 명의 요승(妖僧)을 만나게 되었다. 그 요승은 날아서 나비가 되기를 잘 하고 신통을 부리는 까닭에 때를 살펴 환술로 남씨를 잡아채서 돌아왔다. 천화군주가 요승을 기다리고 있었는데 문득 호접이 나비를 이끌고 왔다. 원래 남씨는 잠결에 어떻

125) 위협하니 : {져히니}. 옛말 '져히다'는 위협하다의 의미임.

게 되는 줄도 모르고 이르렀는데 천화군주는 남씨의 아름다운 모습을 보고 일견에 크게 화를 내고 시기하여 큰소리로 꾸짖으며 말하였다.

"너 같이 천한 종이 잡혀온 줄을 아느냐?"

36 남씨가 정신을 차려 보니 몸에 한 벌의 옷이 없어서 놀라 망극해하고 있는데 강한 호령을 듣고 비로소 좌우를 살폈다. 누대가 대단히 크며 아름다웠고 한 여자가 안색이 이슬 맞은 붉은 복숭아꽃에 서리를 띠고 있는 것처럼 노기가 등등하여 두 눈에 살기가 대단하니 천하의 간악한 살기였다. 남씨는 정신이 아득하여 흩어지는 것 같았지만 생각하고 말하였다.

"내가 어찌 여기에 왔으며 나를 어찌 데려왔는가? 내가 다른 사람에게 원수진 게 없고 시집을 왔지만 적인이 없으니 괴이하구나. 친부모께서 아시지 못하고 잉태한 지 만삭에 이런 일을 당하니 살 길이 없으나 계책을 세울 길이 없으니 죽기는 면하지 못하겠구나. 그러나 죽어도 시신이 어떻게 되었는지 알 길이 없고 뱃속의 아이가 불쌍하구나."

37 말을 마치며 눈물만 흘렸다. 천화군주가 그 아름다운 모습을 보고 더욱 시기하여 금척을 들어 남씨의 머리를 두드리며 말하였다.

"내가 조운현의 백년을 함께할 짝으로 부부간의 육체적 관계를 먼저 이루었는데 너 같은 요물이 방해하니 어찌 분하지 않겠는가? 그러나 너는 여염집의 작은 딸이고 나는 연왕의 금지옥엽이다. 존비(尊卑)가 서로 다른데도 필부(匹夫) 운현이 불충한 신하로 조씨 집안이 나를 거절하고 너를 맞아 화락하여 내 원한이 쌓였으니 네가 죽겠느냐 살겠느냐?"

남씨가 매를 맞아 골이 부서지는 듯 강렬함을 단련하는 것처럼 아팠지만 목소리를 맹렬하게 하여 말하였다.

"첩은 여염집의 여자로 부모의 명으로 조씨 가문에 시집을 갈 뿐이니 38
어찌 알겠습니까? 군주께서는 황제의 친척인데 법대로 하시지 않고 무
고하게 저를 잡아오셨습니까? 그대가 모름지기 존귀하지만 내가 연궁
의 소속된 사람이 아닌데 구타하고 욕을 보임이 무슨 일입니까? 나는
죽겠지만 군주도 명부(命婦)를 무단히 욕을 보입니까?"

천화군주가 매우 화를 내며 남씨를 때리고자 하였는데 요승이 몇 마디
말을 하니 여러 궁노가 즉시 남씨를 농 안에 넣고 심복에게 노자로 50냥
을 주어 농을 강에 넣어 가라앉는 것을 보고 오라고 하였다. 모든 노비가
뛸 듯이 기뻐하고 농을 지고 남강에 이르렀다. 아직 하늘이 밝지 않아서
농을 강물에 넣고 보는 사람이 있을까 하여 급급히 돌아왔다. 슬프다! 청
춘에 죄가 없이 14살의 젊은 나이에 시댁과 친정도 모르게 아이를 가져 39
만삭이 되어 남강의 원혼이 되니 천지가 무심하겠는가?

천화군주가 이튿날 연왕을 보고 울며 말하였다.

"소녀는 부왕의 하나밖에 없는 딸로 더할 수 없이 귀중한데 조씨 부자의 고집으로 소씨를 맞아들이니 다시 계교를 낼 것이 없습니다. 외삼촌 장당의 양녀가 되어 속여서 조씨 집안과 구혼하는 것이 어떻겠습니까?"

연왕이 기뻐하며 웃었다. 원래 장당은 연왕비 홍씨의 남동생이었다. 충직하고 인정이 두터운 사람인데 자녀가 없어서 슬퍼하며 천화군주를 친딸같이 대하였다. 천화군주와 연왕이 진정으로 청하니 양녀로 삼고 조씨 집안에 청혼하였다.

이때 진궁에서 일가가 정당에 모두 모여 남씨가 간 곳이 없는 것을 알 40
고 온 가족이 놀라서 얼굴빛이 변하여 살폈다. 유모가 말하였다.

"소저의 의복과 비단 치마가 다 있고 야간에 몸만 없어졌으니 어찌 된 것인지 알 수가 없습니다."

모든 사람들이 놀라고 참혹해하였다. 진왕이 무겁고 넓은 생각을 하는 사람인데도 생각을 못하여 세세히 살펴보고 벌컥 화를 내며 말하였다.

"연궁에 요괴가 있어 운현을 잡아가던 수단을 부리는 것이다. 살펴보아 그것이 확실하다면 임금님께 아뢸 것이다."

초공이 웃으며 말하였다.

"한밤중에 요사스러운 도적이 소문이 나게 남씨를 잡아갈 리는 만무합니다. 남씨가 돌아오는 날이면 진위를 알 것입니다. 그러나 남씨가 죽지는 않았을 것 같으니 형님은 걱정하지 마십시오."

41 남씨 집안에서는 남씨의 소식을 듣고 초상난 집 같았다. 종에게 여기저기를 뒤지고 살피게 했지만 남강에 넣은 남씨를 어디 가서 알겠는가? 남공 부부의 비참한 모습은 죽은 사람보다 더하였다. 조생들이 번을 서러 나가고 여러 형제가 남씨에 관한 일을 듣고 의심스럽고 괴이하게 여기며 망측해하였다.

이때에 장사공이 진왕에게 혼인을 간청하니 진왕이 장공의 호걸스러움을 아는 까닭에 아들의 부인 자리가 비었으므로 혼인을 허락하였다. 운현이 장씨를 만나니 옥 같은 얼굴과 아름다운 자태가 기이하여 옥매화가 눈을 맞고 있는 것 같았고 봉숭아꽃에 이슬이 떨어지는 것 같았으니 어여
42 쁨이 양왕(襄王)의 꿈[126]을 놀라게 할 정도였다. 운현이 남씨를 잊지 못하

---

126) 양왕(襄王)의 꿈 : 양왕이 꿈속에서 무산선녀와 운우지정을 나눈 것을 가리킴. 전국시대 초(楚)의 양왕(襄王)이 운몽(雲夢)이라는 곳에서 놀다가 고당관에 이르러 연회를 열고 즐기다가 잠시 낮잠을 자게 되었는데, 꿈속에 아름다운 여인이 찾아와 말하기를 자신은 무산(巫山)의 선녀라면서 왕과 운우의 정(雲雨之情)을 나눈 뒤 헤어지면서 자신은 아침에는 구름이 되고 저녁에는 비가 되어 양대(陽臺) 아래에서 아침저녁으로 당신을 그리워하고 있다고 말하며 사라졌다는 고

여 정이 두터웠지만 장씨는 새신랑을 끼고 온갖 요술로 남자를 홀리니 운현이 미혹되어 만사를 잊고 발자취가 장씨의 침소를 떠나지 않고 장씨에게 빠져들었다. 시부모는 장씨를 미덥지 않아하고 남씨를 밤낮으로 사모하여 마음에 근심거리가 되었고 정숙렬은 남씨를 잊을 때가 없었다.

재설(再說). 남씨가 농 안에 들어가 뱃속의 아기와 강물에 던져지니 가라앉지 않고 바람 같이 흘러 농 안에는 조금도 물이 들어오지 않고 만 이랑의 푸른 물결에 무사하였다. 갑자기 해가 떠올랐을 때 한 대신의 행차가 강을 건너게 되었다. 이 부인은 동평장사 추밀 연충의 아내였다. 연공
이 벼슬을 사양하고 부인 변씨가 딸과 고향인 연주로 가려고 하였는데 문 43
득 물 위에 한 개의 농이 떠오는 것이었다. 연소저의 유모가 사람에게 시켜 농을 건져 올리게 하였다. 유모가 농 안에 사람이 든 것을 모르고 재화와 포백이 든 농이라고 생각하여 농을 열지 않고 강을 건너 숙소에 들어갔다.

농 안에서 사람이 흐느끼는 소리가 나니 경임 소저가 듣고 놀라 유모에게 농을 열게 하고 보았다. 농 안에는 한 명의 미인이 단정한 차림으로 엎드려 반쯤은 죽고 반쯤은 살아있는 것이었다. 연소저가 매우 놀라 무릎이 떨렸지만 연소저는 어진 마음에 의기가 높은 숙녀였다. 부모가 만금 같이 사랑하고 처사 두연기와 어릴 때 정혼하여 혼기가 얼마 남지 않아 고향으
로 가는 길이었다. 연소저가 놀라고 슬프며 참혹하여 농 안에 들어 있는 44
사람을 내어 보니 온갖 자태의 아름다운 모습이 만고에도 없는 아름다운 얼굴이었다. 연소저가 슬퍼하며 말하였다.

"피차 여자로 부인이 천고에도 없는 변을 만났는가 싶습니다. 원컨대

사가 있음.

이유를 알고자 합니다."

남씨가 겨우 정신을 차리고 탄식하며 말하였다.

"저는 태학사 남공의 딸이며 평진왕 조무의 며느리로 운명이 몹시 놀라워 연궁에서 변란을 일으켜 나를 잡아 농에 넣어 강에 던졌으니 억울함과 원통함을 어찌 참겠습니까? 농 안에 잡아넣었을 때 무슨 요술을 부렸는지 정신이 아득하여 이유를 모릅니다."

말을 마치고 옥 같은 눈물이 줄줄 흘렀다. 연소저가 슬퍼서 목이 메어
45 자기의 옷을 입히고 눈물을 흘리며 말하였다.

"옛날부터 홍안박명이라고 했습니다. 부인의 참혹한 변란에 눈물을 흘립니다. 우리가 만난 것이 하늘의 인연이니 슬퍼하지 말고 나중을 보십시오."

남씨가 연소저의 은혜에 감사하더니 문득 혼절하였다. 연소저와 유모가 남씨를 구하자 남씨가 정신을 차려 매우 사례하고 한 대의 교자를 청하여 자기 부모에게 가서 절할 것을 청하였다. 연소저가 남씨가 떠나는 것을 안타까워하고 속으로 깊이 생각하다가 말하였다.

"부모님께 아뢰고 길 떠날 채비를 차리겠습니다."

이렇게 말하고 이 밤을 같이 지내니 두 사람이 정이 들어 매우 정다웠다. 연소저가 정혼한 집은 남공의 매부인 두처사였다. 연공이 딸을 데리고 혼인을 하려고 고향으로 돌아오다가 두공을 만나고 난 뒤 부인과 의논
46 하려고 숙소에 이르렀다. 연소저가 부모께 남씨의 수많은 사연을 아뢰고
남씨가 숙녀임을 말하였다. 연공이 매우 놀라며 남씨를 데려다가 남씨의 집으로 보내라고 하고 연공이 남강을 건너 서울로 왔다. 남씨가 연소저와 함께 한 덩을 타고 숙소에서 같이 지냈다. 남씨가 자기 부모께 소식을 알

리고자 하였지만 연소저가 말리며 간인의 흉계가 무서우니 이곳에 머물고 있다가 때를 보아 가라고 남씨를 보호하였다. 남씨가 그러는 것이 좋겠다고 생각하여 참고 있었다. 4~5일 후에 남씨가 한 명의 옥동자를 낳으니 연공 부인이 인자하여 극진이 간호하여 조씨 집안에 알리고자 하였다.

초공이 마침 연공을 따라 와서 서로 안부 인사를 전하다가 연공이 가 47
만히 남씨의 일을 말하였다. 남씨가 이곳에 온 지 6일 만에 아들을 낳아 남씨의 친정에 알리고자 하였지만 간악한 인간을 두려워하여 그렇게 하지 못하였다는 말과 연씨가 잡혀 간 곳이 연궁이라고 하던 말을 자세히 전하였다. 초공이 기뻐하는 빛이 얼굴에 가득하고 자기의 생각과 같음을 깨달아 감사하며 말하였다.

"현형의 어진 덕과 따님의 어진 마음과 덕은 다른 사람이 미칠 바가 아닙니다. 이미 큰 은혜를 입어 질부가 몸을 보전하였습니다. 조카의 두 번째 부인이 이제 막 들어와 마음이 어진지 알지 못하니 아직 질부를 이곳에 두고 일의 끝을 보아가며 데리고 갈까합니다. 아직 형과 나만
알고 다른 사람에게는 누설하지 않도록 하고 유현에게도 말하지 마십 48
시오."

연공이 고개를 끄덕였다. 초공이 돌아간 후에 연공이 딸에게 말해 초공의 뜻을 남씨에게 전하고 아직 조씨 집안에 알리지 말고 있으라고 하였다. 남씨가 이 말을 옳게 여기고 숙부의 명령이라 순순히 따르며 연소저와 함께 한 방에 있으면서 아들을 보호하였다. 연소저의 대접이 떠났던 형을 만난 사람 같아 극진한 정으로 대접하니 규방에서 마음을 알아주는 벗이 되었다. 초공이 돌아와 진왕에게도 이 사실을 고하지 않았다.

차설(且說). 천하가 평안하고 나라 안 백성이 자기 일에 편안하게 종사

하여 오랫동안 전쟁이 없었다. 그런데 남쪽 오랑캐가 반란하여 역적이 되
49 어 송나라의 경계를 침략하니 변란이 일어났다는 보고가 눈 날리듯하였
다. 임금이 근심하여 조정의 대신을 모아 적을 치는 것을 의논하였다. 초
공과 진왕이 반열에서 나와 아뢰었다.

"신 등이 천은을 입어 장수와 재상의 지위에 있는데도 능적이 창궐하니 성상께서 숙식이 불평하시니 저희들이 도적을 평정하여 성상의 근심을 덜겠습니다."

임금이 대답을 하기도 전에 한 명의 소년이 붉은 도포를 입고 옥띠를
하고 자원하여 전쟁에 나갈 것을 아뢰었다. 임금이 이 소년을 보니 8척의
키에 긴 팔이 무릎을 지나고 그 모습이 사해(四海)에 군림할 인상[127]이고
천지의 조화와 모략을 품고 있으며 위엄이 온 조정에 뛰어났다. 여러 사
50 람들이 얼굴빛을 고치고 칭찬하고 임금이 기뻐하고 보니 홍문관 태학사
조유현이었다. 임금이 기뻐하며 초공을 돌아보며 말하였다.

"선생이 자원하여 출병하려고 하고 유현의 아뢰는 말이 이와 같으니 반드시 아버지와 숙부보다 못하지 않구나. 선생의 소견은 어떠한가?"

초공과 진왕이 유현을 아름답게 여기고 대답하였다.

"아들을 아는 사람은 아비만한 사람이 없지만 유현이 나이가 어리고 재주가 없어서 군사 일에 익숙하지 못하니 국가 대사가 염려스럽습니다. 그러나 자기가 자원하니 시험하여 한 가지 근심스러운 일을 살펴 보십시오."

평진후 소천이 칭찬하며 말하였다.

"능적이 반란하였지만 성상의 커다란 복이 두터우셔서 유현 같은 지혜

---

127) 사해(四海)에 ~ 인상 : {텬일지표(天日之表)}. 사해(四海)에 군림할 인상(人相)을 의미함.

로운 자를 얻었습니다. 유현이 한 번 나가면 한신(韓信)이 삼진(三秦)을
평정하던 공[128]이 있을 것입니다. 신 같은 필부는 국록만 허비하는 쓸 51
모없는 사람이니 저 소년의 나라를 위하는 충심과 세상을 다스리는 큰 지략으로 성상의 염려를 덜고 아래로는 억조창생을 구할 것 같아 다행스럽고 기쁘게 생각합니다."

온 조정의 대신들이 이 말이 마땅함을 아뢰니 임금이 매우 기뻐하며 조유현을 평능 대원수로 정하고 40만 대군을 주어 군사를 일으키게 하였다. 임금이 유현에게 대원수의 인신(印信)[129]을 주고 인검(引劍)[130]을 주며 군법을 어긴 자를 먼저 목 벤 후 뒤에 아뢰라고 하며 상방검(尙房劍)[131]을 주었다. 유현이 머리를 조아리고 절하며 말하였다.

"신이 충성을 다하여 흉한 적을 베어 도탄에 빠진 백성을 구하고 성상
의 중대한 부탁을 갚을 것입니다. 만일 일에 소홀하다면 제 머리를 바 52
치겠습니다."

말과 위풍이 늠름하니 이때 유현의 나이가 19세였다. 수려한 풍채와 시원하고 상쾌하며 빛나는 얼굴이 학의 날개를 탄 신선이었다. 유현이 금

---

128) 한신(韓信)이 ~ 공 : 한신은 진말(秦末) 한초(漢初)의 뛰어난 장수이자 유방(劉邦)을 도와 한(漢)나라를 건설하는데 혁혁한 공훈을 세운 장수임. 처음에는 초나라의 항량·항우를 섬겼으나 중용되지 않아 한왕의 군에 참가했음. 한때 군사적으로 항우에 비해 훨씬 열세였던 유방은 어쩔 수 없이 파·촉 지역으로 물러나게 되는데, 이때 유방은 수도 남정(南鄭)으로 가면서 그들이 지나온 '잔도(棧道)'를 끊어, 항우를 반격할 의사가 없다는 뜻을 보이며 그들을 안심시켰음. 한신은 유방이 한중(漢中)에 들어올 때 불질렀던 잔도(棧道)를 복구하여 적군의 시선을 그쪽으로 쏠리도록 속인 다음, 직접 군대를 이끌고 몰래 남정(南鄭)의 옛길을 따라 진창(陳倉)으로 진격하여 초나라 군대를 대파하고 일거에 관중(關中) 지역을 점령하였음. 이로써 한신의 공로로 유방은 삼진(三秦)을 평정할 수 있었음.

129) 인신(印信) : 도장이나 관인 따위를 통틀어 이르는 말.

130) 인검(引劍) : 임금이 병마를 통솔하는 장수에게 주던 검. 명령을 어기는 자는 보고하지 않고 죽일 수 있는 권한을 주었음.

131) 상방검(尙房劍) : 상방(尙房)은 임금이 일용에 쓰는 물건을 만들던 한 나라 때의 관서로, 이곳에서 만든 칼을 상방검이라고 함. 상방검은 임금을 상징하는 물건으로 임금을 대신하여 전쟁 등의 중요한 일에서 명을 집행할 때 임금을 대신하여 일을 집행하게 한다는 의미로 하사하였음.

인(金印)을 허리에 차고 옥 같은 서생이 변하여 호랑이 같은 대장이 되었으니 온 조정의 백관이 시끄럽게 칭찬하고 많은 사람들이 칭송하였다.

문득 한 명의 소년이 유현과 함께 출전할 것을 자원하였다. 풍채 있는 몸과 위엄은 침묵하고 있어도 천인(千人)이 스스로 자살하던[132] 위엄이고 온 자리에 비치는 광채가 사람을 감동시켰다. 임금이 기뻐하며 그 사람을 보니 도어사 양인광이었다. 임금이 양인광을 칭찬하며 말하였다.

"짐이 오히려 경을 잊고 있었구나."

53 이렇게 말하고 부원수 좌선봉을 시키니 갑자기 한 사람이 금빛 도포를 입고 홀을 잡고 늠름한 풍채가 일월의 광채를 비추며 온 조정을 흔드는 듯 성난 목소리로 아뢰었다.

"신이 비록 재주가 없지만 성은을 많이 입었으니 아침부터 밤까지 갚을 방법을 알지 못하여 죽을 것을 맹세하여 충성을 다하고자 합니다. 양인광이 비록 재주가 있으나 양인광은 독자입니다. 사정이 절박하니 신이 양인광 대신 선봉이 되어 성은을 만분의 일이나마 갚고자 합니다."

임금이 그를 보니 한림학사 조운현이었는데 용호 같은 변화무쌍함을
54 지니고 있어서 거룩하였다. 임금이 그 말이 마땅하다고 일컬었다. 양태사
가 땅에 엎드려 아뢰었다.

"인광이 나이가 어리고 미천한 재주로 시문을 희롱하지만 어찌 수많은 진영에서 대선봉이 되겠습니까?"

진왕이 땅에 엎드려 아뢰었다.

---

132) 침묵하고 ~ 자살하던 : {음아(喑啞)의 쳔인[千人]이 ᄌᆞ폐(自斃) ᄒᆞ던'}. '음아(喑啞)'는 말하지 않고 침묵한다는 의미이고, '자폐(自斃)'는 자살하다는 의미임.

“아들을 아는 사람은 그 아비만한 사람이 없고 신하를 아는 사람은 그 임금만한 분이 없다고 합니다. 운현의 소원대로 선봉의 인수(印綬)를 주십시오.”

초공이 아뢰었다.

“양인광이 본래 장사의 재목이어서 운현을 부러워하지 않습니다. 양인광을 부원수로 삼으시고 운현을 선봉을 시키십시오.”

여러 신하들이 하나같이 똑같이 말하니 인광을 부원수로 삼고 운현을 선봉으로 삼았다. 유현이 조회를 마치고 아버지와 숙부를 모시고 집에 왔다. 노공이 이 소식을 듣고 놀라고 태부인이 놀라며 말하였다.

“내 목숨이 서산에 지는 해와 같은데 네가 전쟁에 나가느냐? 하물며 유 55
현은 만 리를 떠나면서 작별하여 그리워하던 때가 얼마 되지도 않았는데 또다시 이별을 하려고 하니 이것이 가히 효라고 할 수 있겠느냐?”

유현이 온화하게 웃으면서 말하였다.

“제가 어찌 할머니 곁을 떠나겠습니까마는 국가의 큰일이니 일찍 개선가를 울리고 돌아오겠습니다.”

운현이 위로하면서 말하였다.

“비록 일시나마 할머니 곁을 떠나는 것이 매우 어렵지만 형의 신이한 기운과 위무로 얼마 안 가서 돌아와 할머니께 뵈올 것이니 염려 하지 마십시오.”

이렇게 두 사람의 온화한 기운이 봄바람 같으니 조씨 등이 태부인을 위로하고 이별하였다. 이때 자손이 많고 지금 그 슬하에 자손이 모여있으며 진왕과 초공이 태부인을 모시고 있었으나 태부인은 두 손자의 출전을 매
우 염려하여 이별을 슬퍼하고 오히려 마음을 놓지 않았다. 56

날이 저물어 각각 저녁 문안인사를 드리고 아버지와 숙부를 모시고 나왔다. 진왕이 말하였다.

"유현은 만 리나 되는 해외에 3년이나 떠났다가 이별의 회포를 지니고 있었는데 또 처자와 이별하는 것이 몹시 놀라우니 처자와 서로 이별하고 떠나라."

유현이 관을 숙이고 어물어물 시간을 끌었다. 초공이 탄식하며 말하였다.

"내가 자식을 대하여 말하지 않았더니 요사이 염려스럽게 자질구레한
일까지 말하게 되는구나. 네 아내가 여러 명이지만 변란에 마음을 상
해 지금 남녀 간에 어린아이를 보지 못하였다. 불효하는 삼천 가지 중
에서 후손이 없는 것이 가장 크다. 정씨는 죽은 사람이고 이씨는 숙녀
57 의 사덕(四德)이 너에게 욕되지 않는다. 너와 이씨가 자식을 두어 너의
뒤를 잇는 것이 좋겠다. 이제 네가 멀리 가니 앞으로 만날 날이 오래 걸
릴 것이다. 형님의 가르침이 지극한데 어찌 어물어물 시간을 끌며 자
식과 조카의 예를 하지 않느냐?"

유현이 천연스레 절하고 사례하며 말하였다.

"백부의 가르침이 이와 같으시니 소자가 어찌 거역하겠습니까? 깊이 생각하니 소자의 성효가 천박하고 액운이 기구하여 3년 동안 유배지에서 아버지를 생각하여 슬퍼 흐느끼던 정을 잊지 못하였습니다. 또 이별이 오래될 것이라 대의를 받들어 사정이 절박하지만 오늘밤 사실(私室)에서 아버지를 모시고 부모님 곁을 떠나는 사사로운 정을 펴지 못하지만 존당을 모시니 다른 염려가 있겠습니까?"

58 초공이 유현의 성효를 더욱 애중하게 여기면서도 말하였다.

"내가 어찌 너와 이별의 정을 펴고자 하지 않겠는가마는 매사에 아비의 뜻을 따르는 것이 효이다. 너는 고집부리지 마라."

유현이 여러 번 간하지 못하고 아버지의 명령을 받들었다. 진왕과 초공이 운현을 데리고 밤을 지내고 유현은 아버지와 숙부가 침상에 오른 후에 어머니를 모시고 말을 하였다. 양정렬이 만 리나 떨어진 전쟁터로 떠나면서 나누는 이별을 서운해 하였다. 이씨가 하루 사이에 병세가 심해져서 양정렬이 친히 가보고 이씨를 잊지 못하고 간호하였다. 이 때문에 양정렬이 근심하고 있는데 유현은 자기가 출전하는 것을 어머니가 염려하는가 하여 온화한 말로 즐겁게 해드렸다. 양정렬이 탄식하며 말하였다.

"너는 일마다 근심할 줄을 모르니 그것이 너의 성품인 것 같구나. 그러
나 불쌍한 이씨는 양친을 여의고 외롭고 고독한 일신이 믿는 것은 시 59
댁뿐인데 너는 꼼꼼하지 못하여 규방의 정사를 살피지 못하는구나. 만리의 전쟁터에 출병하는 때에 이씨의 병이 심해지니 근심이 적겠느냐?"

유현이 태연자약하게 대답하였다.

"죽은 사람도 있으니 살아있는 사람을 후대하여 어머니의 뜻을 받드는데 어찌 지나치게 걱정하십니까? 제가 임금님의 은혜를 갚고자 출병하니 엎드려 바라건대 어머니께서는 염려하지 마십시오. 소자가 3년 귀양살이를 하면서 불효가 가볍지 않고, 앉은 자리가 편하지 않은데 또
만 리로 떠나면서 이별을 하니 제 마음에 어찌 편하겠습니까? 이씨의 60
병은 한때의 가벼운 질병이고 이씨가 굳세고 강하니 무슨 염려가 있겠습니까?"

양정렬이 말하였다.

"네 말이 옳지만 그러나 어찌 생각하지 않겠느냐? 마음 한구석에 참혹
하고 아픈 마음이 드는 것은 정씨가 참혹하게 죽었으며 자식을 낳는 재
미를 보지 못한 것이다. 너희 부부 내외의 금슬이 좋지 않아 조씨와 이
씨는 장신궁(長信宮)의 한이 있으니 내가 어찌 마음이 한가하겠느냐? 이
때 이씨가 네가 출병하는 때에 병세가 심해졌다고 하니 내 마음이 편하
지 못하구나."

유현이 어머니의 말씀을 듣고 기뻐하며 아뢰었다.

"제가 어찌 아내에 대한 대접이 박하겠습니까? 정씨는 이미 엎어진 물
61 이고 조씨와 이씨는 제가 중대하게 여기는 부부이지만 운남에서 온 후
에 새롭게 박대하겠습니까마는 직무에 바쁘고 부모님을 받들고 여가
시간도 한가하지 못하여 부인들을 찾을 틈이 없었습니다. 틈이 나면
자주 찾을 것이니 이 때문에 염려하시겠습니까? 자식은 부부의 만남에
서 생기는 것이 아닙니다. 아까 큰아버님의 염려도 이와 같으셔서 모
시고 자지 못하고 물러 나왔는데 또 어머니의 말씀도 이와 같으시니 이
제 이씨의 병을 살펴보러 가겠습니다."

양정렬이 유현의 효순한 말과 온화한 기색을 더욱 사랑하여 금으로 만
든 술통에서 향온주를 데우고 과실을 내어 먹이며 모자가 서로 대하여 은
62 근하게 계속되는 정으로 마음을 주고받았다. 유현이 부모를 만나 덧없이
또 멀리 이별을 하게 되어 심사가 어지러웠다. 부친이 밤에 자신을 찾지
않을 것이기 때문에 한 통의 술을 다 마시고 과실을 먹어 배가 불렀다. 밤
이 깊어지자 이씨의 침당에 이르렀다.

이때 이씨는 임신한 지 세 달이 되었다. 병세가 매우 심하니 유모와 쌍란이 근심하였다. 유현이 어린 여자 종에게 촛불을 들게 하고 들어오니

이씨가 매우 놀라 이불을 밀어내고 일어나고자 하였다. 유현이 기뻐하며
팔을 들어 그만하게 하고 가까이 앉아 이씨를 바라보았다. 구슬 같은 땀
이 흐르고 약한 기질이 숨을 가쁘게 쉬며 헐떡거렸다. 가을 물결 같은 두
눈은 더욱 나직하고 팔자 모양의 눈썹은 아리따운 거동과 세상에 빼어난 63
풍광이 새롭게 기특하였다. 유현이 놀라서 염려하며 말하였다.

"능적이 침범하였기 때문에 임금님의 잠자리가 편치 않으시니 신하의
도리로 침식을 편하게 할 때가 아니라 자원하고 출병하여 생이 오래지
않아 내일 떠나려고 하오. 생각지도 못했는데 부인의 증세가 위중하시
니 실로 예사롭지 않소. 알지 못하겠구려. 무슨 병으로 짧은 순간에 이
리 심하게 되었소? 대사를 미루기 어려워 사사로운 정을 말할 때가 아
니라 부인의 병이 낫는 것을 보지 못하고 떠나게 되니 마음이 심란하
오."

이씨가 안색을 바로 하고 사례하면서 말하였다.

"장부가 임금을 섬기고 나라의 은혜를 갚으려고 할 때에 집을 돌아보
지 않는데 삼군의 장졸을 거느리고 우두머리가 되어 어찌 아녀자에게 64
연연해하시며 마음을 흩트리십니까? 첩의 병은 일시의 질환이니 좋은
집에서 편안하게 누워서 시부모님의 혜택과 시누이의 넓은 은혜로 일
신이 젖으니 조금도 근심이 없습니다. 명공은 소소한 염려를 버리시고
흉한 적을 없애시고 밝은 해 같은 충성을 완전히 하시면 첩 등이 집안
을 깨끗이 치우고 남편을 영접하는 것이 소원입니다."

옥 같은 목소리가 금 쟁반에 진주를 굴리는 듯하고 온갖 자태의 아름다
운 모습이 촛불 아래에 비치니 방안이 찬란하였다. 유현이 기쁜 기운이
흘러나와 무릎을 치고 감탄하며 말하였다.

65 "부인은 규방의 군자이오. 내가 비록 용렬하고 어리석으나 부인의 어짊을 내가 저버리지 않을 것이오. 나의 길은 염려하지 말고 몸을 보중하여 부모의 염려를 끼지 마시오."

이씨가 머리를 들고 감사하다고 말하고 아픈 몸을 이끌어 억지로 일어나려고 하였지만 몸을 제대로 가누지 못했다. 유현이 옥 같은 팔을 잡아 맥을 짚어보았다. 분명히 아이를 밴 맥이었는데 왼쪽 맥은 성하고 양맥(陽脈)133)은 움직여 분명히 남자아이를 가진 것이니 임산부가 불편함을 느끼는 것은 예사로 있는 증세였다. 부모의 자손에 대한 근심과 자기가 절박하게 기다리던 일이 이루어져 이씨가 임신하니 큰 경사였다. 유현은 양미간에 온화한 기운이 가득하여 얼굴 가득 봄바람 같은 기운이 가득 차고 붉은 입술과 흰 치아가 찬란하여 이씨의 손을 잡고 산과 바다 같은 정으로 말하였다.

66 "생을 속이지 마시오. 부인의 질환은 한갓 감기가 아니고 태중(胎中)에 아이가 생긴 증세오. 생이 잘못 안 것이 아니니 부인은 속이지 마시오."

이씨는 부끄럽고 창피한 얼굴로 속이지 않았다. 유현이 크게 웃으며 말하였다.

"부인은 나와는 마음을 알아주는 부부인데 무엇이 부끄러워 이렇듯이 시원하게 이르는 말이 없소? 마땅히 옳은 대로 말하여 만 리로 떠나는 마음을 풀게 하시오."

이씨의 옥 같은 얼굴이 붉어지며 나직이 대답하였다.

"당신께서 아시는 것이 분명하시다면 물으실 것이 없습니다. 첩이 우

---

133) 양맥(陽脈) : 병이 양증(陽症)일 때 나타나는 맥. 부맥, 삭맥, 활맥, 홍맥 따위를 이름.

연한 병이 걸렸으니 어찌 분명하지 않는 일을 입 밖에 내어 허탄함을
취하겠습니까? 첩의 병은 염려하지 말고 천금 같은 몸을 보중하여 존 67
당과 시부모님께서 바라시는 대로 하셔서 마음을 위로하십시오. 그리
고 아래로는 첩 등의 구구한 정을 기억하셔서 기한 안에 돌아오실 것을
바랍니다."

유현이 이 말에 일의 기미를 알고 마음이 든든하며 다행스러웠다. 그
러나 서글픈 마음이 들고 정씨가 뛰어난 덕을 지니고 있는데도 수 삼년
동안 이별을 하여 부부간의 화락한 정이 부족한 것을 깨닫고는 원비의 소
중함과 어릴 때 혼인한 큰 도리를 생각하며 더불어 자식을 낳아 종사를
기약하였으나 오늘날 어진 영혼이 강물에서 물고기 밥이 되고 외로운 넋
은 저승과 무덤에 가서 천고에도 없는 박명한 사람이 될 줄을 알았겠는
가? 정씨를 박대한 것을 뉘우치고 젊은 나이에 요절한 정씨의 참혹한 죽
음을 뼈에 사무쳐하는 생각이 이에 미쳐 별 같은 눈에 물결이 어리고 양 68
미간에 슬픈 기운이 모이며 한 번 길게 탄식하며 말하였다.

"백인(伯仁)이 나 때문에 죽었으니 죽기 전에는 한을 풀기 어렵구나."

이씨가 유현의 거동과 말을 들으니 유현의 생각이 정씨에게 미친 것을 알고 그 신의에 감탄하였다. 정씨의 얌전하고 덕이 있는 자태를 생각하니 또한 이씨의 옥 같은 눈에도 눈물이 고여 유현을 위로하였다. 유현이 이씨에게 몸조리를 잘 하지 못할까 염려하고 이씨의 옥 같은 손을 잡고 편히 누울 것을 청하였다. 스스로 침상에 나아가 은애가 샘 솟듯 하였지만 병을 염려하고 태아를 보호하느라고 참았다.

다음날 아침에 유현은 아침 문안인사를 드리고 내당을 지나는 길에 조 69
씨를 보고 이별을 하였다. 이때 조씨는 임신한 지 여러 달이 되었다. 기운

이 게을러지고 음식을 먹어도 맛이 없어 아름다운 얼굴이 몹시 야위고 약한 몸이 아름답고 섬약하여 곤산의 희고 깨끗한 아름다운 옥이 있는 것 같았다. 조씨가 이별하는 마음으로 수척하여 두 눈에 시름이 맺혀 슬피 탄식하며 말하였다.

"군자께서 만 리 해외의 귀양생활을 겨우 면하고 또 전쟁터에서 고생
하실 것입니다. 하물며 능적의 기세가 대단해서 전장에 여러 번 갔다
온 숙련된 장수도 이기기 어렵습니다. 군자는 스무 살이 되지 않았고
지금까지 반평생 학업만을 힘썼으니 군사 일에 어찌 생소하지 않겠습
70 니까? 귀하신 몸이 고생할 것을 생각하니 첩의 마음을 칼로 베는 듯합
니다."

유현이 웃고 위로하면서 말하였다.

"내가 비록 스무 살이 안 된 서생이지만 염려하지 않소. 부인은 약한 몸을 보중하시오."

이렇게 말하고 조씨와 이별하였다. 정당에 이별을 고하니 태부인과 노공 부부가 이별을 상심하고 좌우 부인들이 이별을 서운해 하였다. 유현과 운현이 위로하고 부자와 형제가 잔을 돌리며 간절히 생각하며 그리워하였다. 진왕과 초공이 두 사람을 온갖 말로 경계하니 두 사람이 두 번 절하고 명을 받들었다. 진왕이 다시 말하였다.

"유현은 이렇게 가면 반드시 큰 공을 이루고 전쟁터에 나가 적을 당할
것이니 염려하지 않는다. 그러나 운현을 보내니 혈기에 찬 용맹을 부
71 려 항상 앞을 맡아서 잘못할까 염려가 된다. 군대 안에서는 농담을 하
지 않으니 너희가 비록 형제간이지만 사사로운 정을 끊고 공정한 도의
를 실천하여 나에게 책망이 오지 않게 하여라."

운현이 절하고 명령을 받들었다.

이때 조씨와 이씨와 장씨가 자리에 있었으나 유현은 이들을 각별히 마음에 두지 않았다. 그러나 장씨가 농락으로 운현을 홀렸기 때문에 운현은 많은 사람들이 보는 것을 생각하지 않고 두 눈으로 장씨를 바라보며 연연해하며 애석해하였다. 정숙렬의 밝은 눈빛이 이것을 짐작하고는 탄식하고 애석해하며 시누이인 조씨들을 보며 말하였다.

"첩이 어릴 때부터 험난함을 겪었으나 시부모님의 명망과 시누이의 후
한 정으로 좋은 집에서 편안하게 앉아서 자녀가 번성하고 얻은 며느리 72
가 다 부덕(婦德)이 있으니 길이 운현 부부가 함께 노닐 것이라고 생각
하였습니다. 그러나 소장지변(蕭墻之變)의 화[134]가 일어나 남씨가 사라
지고 하룻밤 사이에 모습이 없으니 죽었다고 해도 남씨의 꽃다운 몸을
염습하여 장사를 지내지 못하고 있고 남씨의 그림자가 큰 바다에 부평
초 같으니 이것은 모두 첩의 재앙이 다 하지 않은 것입니다. 차라리 남
씨가 떠돌다가 죽었다면 참혹하고 가슴 아플 뿐이겠지만 세월이 흐를
수록 마음을 칼로 베는 듯합니다. 무식한 운현은 남씨가 있을 때 남씨
에 대한 은정이 과해 남의 눈에 우습게 보이더니 지금은 조금도 생각하
지 않습니다. 옛날부터 운현 같은 사람은 없었습니다. 이제 죽은 사람
의 옥 같은 아름다움은 아득히 알지 못하니 어찌 한심하지 않겠습니 73
까?"

조씨들이 낭랑하게 웃으며 말하였다.

"옛날부터 남자의 뜻이 원래 그러하니 운현만 그러하겠습니까? 유현이 정씨 같은 숙녀가 그 강에 빠진 것을 들었는데 운현이 남씨를 생각하지

134) 소장지변(蕭墻之變)의 화 : 집안 내부나 한패 속에서 일어난 변란을 뜻함.

않는다고 다만 책망하겠습니까?"

정숙렬이 정색하면서 말하였다.

"유현[135]이 정씨를 생각하지 않는 것은 군자가 너그럽고 작은 일에 얽매이지 않기 때문이니 유현의 외모가 태연자약하지만 속마음은 슬퍼하고 자상하니 신의 있는 장부입니다. 운현을 비교하겠습니까?"

화파가 웃으며 말하였다.

"비록 그러하나 오늘은 멀리 떠나는 때이니 불만스럽게 생각하지 마십시오. 남씨가 액운이 괴이하여 잘못된 것이니 한림이 무심하겠습니까? 물이 엎어진 것과 같으니 책망하지 마십시오."

자리에 있던 사람들이 크게 웃고 말하였다.

"서모는 변명을 잘 하십니다."

74 장씨는 양미간에 요사스러운 기운을 감추고 있으나 숨기지 못하여 진왕 등이 불만스럽게 생각하고 초공은 일을 짐작하고 있었다. 군대 일이 급하였기 때문에 유현과 운현이 하직하고 적진으로 향하였다. 노공부터 차례차례로 존당이 경계하고 양인광의 손을 잡고 연연해하고 훈계하니 양인광이 절하고 사례하였다.

양인광과 유현 등이 대궐에 하직하려고 할 때 진왕 등이 함께 조회에 나갔다. 임금이 대궐문에서 조회하고 일등 여악(女樂)으로 전별하였다. 유현이 과분하다고 하며 사양하고 부자와 형제와 숙질이 각각 전송하였다. 임금께 절하고 사례하여 하직하고 삼군이 셋으로 나누었는데 앞장서서
75 가는 군대의 선봉장은 순금 투구에 많은 꽃을 수놓은 전포를 입고 천리마

135) 유현 : {운현}. 앞뒤 내용상 정씨와 남씨의 경우를 비교하고 유현과 운현을 비교하는 부분이므로 운현이 아니라 유현의 오기로 보임.

를 탔으니 위풍이 천신 같았고 용과 호랑이의 거동이었다. 가운데 대원수는 황금 갑옷에 붉은 비단의 전포를 입고 순금 투구를 썼으며 두 가닥의 백옥으로 된 띠를 두르고는 상방검을 들고 백설마를 탔으니 해와 달 같은 광채와 가을 하늘 같은 기상이 첫 추위의 차가운 바람이 살을 에는 듯 하고 천하를 잘 계획하여 다스리는 재주[136]와 나라를 안정시키는 재주를 지니고 있으니 제갈공명의 맑은 덕과 주아부(周亞夫)[137]의 위풍이었다.

삼군의 대오가 흐트러지지 않고 위엄이 거룩하였다. 초공과 진왕, 양
태사가 새롭게 칭찬하고 웃음을 머금고 십리정에서 전별하고 집으로 돌 76
아와서 갑자기 이별함을 이기지 못하여 탄식하였다.

유현이 임금님께 하직하고 부모와 존당과 이별하고는 세 번의 북소리에 삼군이 기세 있고 힘차게 범이 뭉치는 듯하고 용이 엉기는 듯하여 기세가 풍우 같이 물밀듯이 나아갔다. 장한 위풍과 늠름한 덕의 위력을 지닌 소년 장군이고 당대에 대적할 사람이 없으니 진왕과 초공이 즐거워하였다. 임금이 동남의 근심을 맡기고 돌아와 노공과 진왕과 초공에게 상을 내렸다. 이들에게 문안하는 사관이 도로에 이어져 이들을 위로하게 하니 조씨 집안에서 임금의 은혜에 감사하였다.

이때 남씨 집안에서는 부모가 딸을 잃고 근심하며 분해하고 안타까워 77
하며 침상에서 쓰러져 있었다. 연소저가 혼인을 하게 되어 두공 부자가 남씨 집안에 왕래하니 남씨가 부모가 병이 든 것을 듣고 밤이 되어 친정으로 돌아갔다. 남씨가 옥 같은 어린아이를 품고 있으니 남공 부부가 바

---

136) 천하를 ~ 재주 : {경텬위디지지[經天緯地之才]}. '경천위지(經天緯地)'는 온 천하를 조직적으로 잘 계획하여 다스림의 의미임.

137) 주아부(周亞夫) : 한(漢)나라 문제(文帝) 때 흉노가 대거 침입하자 세류영(細柳營)에서 주둔했다가 흉노를 크게 물리친 한나라 명장군. 그런데 만년에 경제(景帝)의 의심을 받아 구속되어 피를 토하고 죽었음. 충신의 비유로 자주 쓰이는 쓰임.

라던 것 이상으로 매우 기뻐하였다. 대낮에 신선이 내려온 듯 남씨를 붙들고 울며 곡절을 물었다. 남씨가 눈물을 거두고 지나간 이야기를 아뢰어 연소저 덕분으로 무사하게 살아 아이를 낳았으며 초공이 이 사실을 알고 있다는 것과 아직 연씨 집안에 있으면서 연공이 일의 형편을 보라고 하셨기 때문에 즉시 오지 못하였다고 하였다. 남공이 슬퍼하며 말하였다.

"이것은 반드시 연군주가 악한 일을 한 것이다. 세상에 이와 같은 악독
78 한 여자가 있는가? 네가 살아난 것이 실로 이상하지만 초공이 신이한
기운을 가졌는데도 네가 연씨 집안에 숨어있으라고 하는 것은 너에게 원한을 품은 여자가 있는 것이다. 이제 네가 이미 내 집에 왔고 운현은 형을 따라 전쟁터에 나갔으니 그윽한 곳에서 몸을 편안하게 있으면서 아직 네가 살아있다는 것과 자식의 아름다움을 전하지 않는 것이 상책인 것 같구나. 그런데 너를 잡아갈 때 어떤 사람이 무슨 요술로 잡아갔느냐? 내가 엉성한 탓으로 일을 살피지 못하고 너를 조씨 집안과 성혼시켜 참혹한 난을 많이 당하게 하니 어찌 애달프지 않겠느냐?"

이렇게 말하고 손자를 보니 일월 같은 얼굴이 운현을 빼닮아 있었다.
남공이 매우 사랑하여 이 때문에 병이 나았다. 남씨는 이때부터 몸을 감
79 추어 비복에게도 보이지 않았다. 조씨 집안에서도 남씨가 살아있다는 것
을 알지 못하였다. 남공은 서서히 일의 형편을 보아가며 처리하려고 하였으나 운현이 남씨가 없어진 후 정이 사라지고 이상하게 한 번도 장인을 찾는 일이 없이 출병하니 남공이 염려하여 딸과 운현이 사이가 좋지 않아 그런가 의아해하였다.

화설(話說). 정씨는 수정 이고를 따라가 세상과 이별하고 장락사에 숨어 세월을 보냈다. 외로운 몸이 한 해를 넘기며 산사에서 타향살이를 하

여 부모와 시부모의 소식을 알지 못하고 남편의 부탁을 저버리니 때때로
눈물이 옥 같은 눈에서 거침없이 흘렀다. 이고의 지극한 정성이 살을 헐
고 죽어도 갚기 어려울 정도로 지극하고 아침저녁으로 정씨를 위로하여 80
의식을 극진히 하였다. 정씨가 여기에 힘입어 다음 해 2월이 되어 갑자기
순산하고 아들을 낳았다. 방안에 향기로운 구름이 자욱하게 끼고 상서로
운 기운이 가득한 가운데 옥같이 깨끗한 골격과 영웅의 풍모는 꽃과 달이
떨어진 듯하였는데 이 아이에게는 초공과 진왕의 모습이 있었다. 이고가
축하하며 말하였다.

"부인은 다만 고초를 근심하지 말고 어린 공자만 힘써서 보호하십시오. 제가 사람을 알아보는 능력이 없지만 이 아이는 이름이 천하에 가득할 것이고[138] 온 세상에 무서울 것이 없을 것이니 어찌 평범한 아이겠습니까?"

정씨가 길이 탄식하며 말하였다.

"사부의 은혜가 감사하지만 어찌 강보에 싸인 아이가 귀한 사람이 될
관상임을 알겠습니까? 사부의 큰 은혜로 아이의 몸을 보전하기를 바랄
뿐입니다. 아이가 천륜을 알 길이 없으니 어찌 슬프지 않겠습니까?" 81

말을 마치고 눈물이 비 오듯하였다. 이고가 정씨를 위로하고 지극히 간호하며 공자를 보호하고 정씨를 구제하는 것을 지극한 정성으로 하니 정씨가 감사하여 눈물을 흘렸다. 이고가 지극히 간호하여 삼칠일이 지나니 정씨가 기운을 차리고 어린아이가 완전하고 확실하게 모양을 잡으니 아버지와 할아버지의 위풍과 모습을 닮았으니 천고에도 없는 옥동자였다.

138) 이름이 ~ 것이고 : {명만텰하}. 이름이 천하에 가득 찬다는 '명만천하[名滿天下]'의 오기인 듯함.

세월이 훌쩍 지나가 3년의 시간이 흘렀는데 세상 소식이 묘연하였다.
어린아이가 말을 하고 영웅의 풍모가 도도하여 완전히 유현의 모습이었
다. 아이가 말을 배우고 글자를 깨우치며 한 번 들으면 백가지 일을 통하
82 였다. 정씨는 아이가 출중한 것을 두려워하여 글자를 가르치지 않았으나
아이가 스스로 어머니를 보채어 글자를 배우니 한 자를 가르치면 백 자를
알았다. 정씨가 이것으로 위로로 삼고 수를 놓은 것에 힘써 의식을 이어
갔다. 밤이 되면 고서를 살펴 흐느끼고 탄식하며 자기 신세의 괴이함을
슬퍼하고 부모와 시부모를 뵐 길이 없음을 밤낮으로 애통해하였다.

이때에 정자사가 형주에 부임하여 부인 오씨와 아들 여러 명과 딸만 형
주에 와 있었다. 정자사가 백성을 사랑하고 다스리는 것이 지극히 공정하
고 사사로움이 없으니 형주의 아전과 백성이 탄복하여 다른 읍까지 정자
사를 칭찬하는 소리가 떠들썩하였다. 정씨의 솜씨가 형주에 진동하여 이
83 웃 읍의 명부(命婦)부인과 소저들이 이고를 찾아 수를 받아갔다. 오부인
이 이런 것을 숭상하였는데 이고를 사귀어 이고가 관아에 출입하여 정씨
가 수를 놓은 것을 값을 쳐서 받아 여러 번 필요한 곳에 썼다. 이고는 현
인(賢人)의 인복에 관한 화복을 아는 길점에 통달하여 정씨의 일을 미리
알아채고 백금선(白錦扇)[139]을 주어 수를 놓아 가지고 관아에 와서 오부
인에게 보이고 말하였다.

"부인이 수를 귀하게 여기시니 기이한 것을 가지고 왔으니 보십시오."

오부인이 백금선을 받아 보니 백금선에 수를 놓았는데 그 솜씨가 기묘하고 황홀하여 말하였다.

"내가 값을 매길 수 없을 정도로 후하게 주고 백금선을 사려고 하는데

139) 백금선(白錦扇) : 흰 비단 부채.

이 수를 놓은 여자를 알고자 한다."

이고가 웃으며 말하였다.

"산사에서 타향살이 하는 사람이 많으니 어찌 이만한 재주가 없겠습니 84
까? 과연 제가 감추고 있는 부인이 나이가 스무 살이 못 되었는데 이런 기질은 세상에 없으며 장락사에서 수 삼년 동안 제가 모시고 공양하고 있습니다. 제가 서울에 가서 이름난 재상가의 숙녀를 두루 보았지만 이 같은 부인은 없었습니다. 어떤 일로 물에 빠지게 되어 부인을 건져 구했는데 아이를 낳아 그 아이가 3살이 되도록 찾는 사람이 없으니 제가 애잔하게 여겼습니다. 어젯밤에 부처가 꿈에 나타나 길인을 구하여
영광이 있을 것이니 먼저 동기를 찾아 수족이 상봉하고 그 다음에 부 85
부가 다시 만날 것이니 때를 잃어버리지 말라고 하셨으며 마땅히 관아의 자사부인을 보아 길인의 일신을 영화롭게 하라고 하셨습니다. 인연을 맺을 길이 없어서 수를 핑계대고 아뢰게 되었습니다."

오부인이 이 말을 듣고 깜짝 놀라며 말하였다.

"사부의 어진 마음은 실로 사람이 미치지 못할 것입니다. 그 여자의 성명이 무엇이며 그 남편이 어떤 사람입니까?"

이고가 말하였다.

"남편과 헤어질 때 이부판서로 일대의 이름난 재상이니 시아버지의 성명은 초국공 조성[140]이고 아버지는 상국 정모라 합니다. 괴이한 변란
으로 부모를 모시고 고향으로 가다가 불의에 변을 만나 금강에 빠졌지 86
만 살아난 것이 천만 뜻밖의 일입니다. 그 수놓은 것을 전하여 근본을

140) 초국공 조성 : {초국공 조무}. 초국공은 조성을 가리키고 평진왕은 조무를 가리키므로 '조무'를 '조성'으로 잘못 필사한 것 같음.

묻고자 하여 제후의 가문과 명문가에 다녔습니다. 일찍 그 사람의 아름다움과 근본을 모를 리 없었지만 부인이 조심스럽게 물으시니 제가 의심이 일어나 그 부인의 근본을 낮게 말하였습니다."

오부인이 매우 놀라며 다시 묻고자 하였는데 그때 문득 금방울 소리가 들렸다. 정자사가 안채에 이르는 위의였다. 정자사는 본래 비구니를 배척하였기 때문에 이고가 다급하게 달아났다. 정자사가 들어와 오부인을 보고 양미간에 희색이 가득하였는데 오부인이 그 까닭을 물었다. 정자사가 대답하였다.

87 "조유현이 평능 대원수가 되어 이 땅을 지난다고 하니 어찌 반갑지 않겠소?"

오부인이 탄식하며 말하였다.

"조유현의 기상이 이러할 줄은 알았지만 저승에 있는 시누이의 영혼이 어찌 슬프지 않겠습니까? 첩에게 장락사 이고가 수를 가져왔길래 그 수를 샀는데 이고의 말이 이와 같았습니다. 그 사람의 성명은 분명히 모르고 조원수 부인 같으니 자세히 묻고자 하는 차에 이고가 갔습니다."

정자사가 이 말을 다 듣고 매우 놀라며 말하였다.

"어찌 이런 일이 있겠소? 섬약하고 약한 몸이 바닷물에 떨어져 살았다는 말이 믿기지 않지만 이고에게 자세히 물으면 알 것이오. 어쨌든 대
88 원수를 영접하기 위해서 현(縣)이 분주하고 반가운 일이 사람을 산란하게 하니 어찌 하겠소?"

정씨의 유모인 현파가 밤낮으로 울고 죽을 것 같은 거동을 하니 정자사가 참혹하게 여겨 현파의 소원대로 금강에 가 크게 제사를 지내고 통곡하

게 하였다.

화설(話說). 유현이 남방을 정벌하였다는 말을 듣고 승승장구하여 자원해서 출전하여 정병 30만과 명장 60여 명을 거느리고 남으로 나왔다. 대군이 행할 때마다 덕택이 봄볕 같고 위엄이 뇌성벽력 같아서 수많은 적과 대항할 지혜와 용기를 갖추고 있었다. 더불어 부원수 양인광이 세상을 경륜할 재주를 겸하였으니 그 기세가 대나무를 때리는 것 같았다. 백성들이
대나무 밥그릇의 밥과 병에 넣은 마실 것으로 임금의 군대를 맞았다. 유 89
현이 군사에게 엄하게 금하고 추호도 백성을 범하지 말게 하였다. 닭과 개가 놀라지 않게 하고 초목이 상하지 않게 하니 아전과 백성이 시장을 옮기지 않았다.

군대가 행하여 금강에 이르니 잘 꾸민 배에 비단 돛을 달아 강변에 기다리고 구름 같은 차일에 수많은 군사와 말이 사방을 덮고 있었다. 유현이 금강을 바라보니 옥 같은 정씨가 원통하게 죽은 구슬픈 심정이 구름 낀 하늘에서 흐느끼는 듯하고 강물은 매우 세차게 일어나 근심 있는 사람의 슬픈 마음을 끊는 것 같았다. 슬픈 바람이 으스스하고 쓸쓸하게 불어 장수의 기운을 슬프게 하고 쓸쓸한 근심이 고요하게 일어났다. 유현이 강
가 마을에 집을 잡아 술과 안주를 벌여 놓고 심회를 이기지 못하여 붓을 90
들어 글을 지으니 그 내용이 수없이 많았다. 그 글은 다음과 같았다.

> 유세차(維歲次)[141] 모년 월일에 박정한 이부상서 정남 대원수 조유현은 깨끗한 술과 여러 가지 음식으로 죽은 정부인의 영전에 머리를 조아리고 몹시 슬프고 원통스러운 글을 부칩니다. 아, 마음 아프고 아, 슬픕니다. 피차 액운이 괴이하여 저는

141) 유세차(維歲次) : '이해의 차례는'이라는 뜻으로, 제문(祭文)의 첫머리에 관용적으로 쓰는 말.

남해에 귀양 가고 그대는 금주로 갔지만 다시 하늘의 해를 만나 정을 나눌까 했습니
다. 집에 돌아오니 모든 일이 그대로인데 그대의 얼굴을 보지 못하고 흉한 소식이
91 귀를 놀라게 했습니다. 슬픔이 오장육부를 막아 한이 뱃속에 쌓였습니다. 비록 고
관대작으로 나라를 위하여 신하가 되지만 무슨 재미가 있겠습니까? 이 소식을 들은
후에는 베개에서 잠을 이루지 못하고 밥이 목으로 내려가지 않습니다. 아침에 낀 구
름과 저녁에 내리는 비에 넋을 태운 것이 몇 번인 줄 알겠습니까? 생각이 그대에게
이르러 원통함이 하늘에 사무치고 나의 경박한 행동을 뉘우친들 어디 가서 비교하
겠습니까마는 그대는 천추에도 없는 원한 맺힌 객이 되니 모두 나의 잘못입니다.
슬픕니다. 충신과 의사(義士)가 비록 소나무와 잣나무 같지만 그 어진 임금을 만
92 나지 못하면 재주와 용맹을 펴지 못하고 여자가 빼어나지만 사람을 만나지 못하면
운명이 박하게 됩니다. 그대의 빼어난 어진 행동과 맑은 덕과 광채, 어진 의(義)로
나 같은 경박한 사람을 만났으니 '백인(伯仁)이 나 때문에 죽은 것'과 같습니다. 내
마음이 돌이 아니고 철도 아니어서 이 한을 누구에게 말하며 슬픔을 참겠습니까마
는 오히려 경중이 있어서 북당에 어머니를 모시고 있는 사람이라 마음대로 슬퍼하
며 근심스러운 얼굴을 짓지 못하여 즐거운 척하였습니다. 그러나 그대의 옥 같은 얼
굴과 꽃다운 목소리는 귓가에 울리고 얌전한 자태와 인품은 두 눈에서 흩어지지 않
으니 철석같은 심장을 가지고 있다고 하더라도 참을 수 있겠습니까?
93 아, 가슴 아픕니다. 죽은 몸을 거두어 묻지 못하고 복제를 갖추지 못하여 아무 것
도 알지 못한 채 3년을 지냈습니다. 고향에 돌아와 그대의 소식을 듣고 오히려 꿈인
가 의심하고 나를 속이는가 하였습니다. 어찌 그대가 어질며 오복이 모두 갖추어진
관상으로 이 지경에 미치게 되었습니까? 그대가 본래 정씨 가문의 여자로 제 아버지
께서 그대를 며느리로 삼고 슬하에 온 날부터 그 애중하게 생각하시는 것은 평범한
며느리가 아니었습니다. 그대를 친정으로 돌려보내실 때 그 당시 아버지께서 그대

에게 부탁하시는 뜻이 깊고 그대를 믿으셨는데 그대의 지극한 성효로 길러주신
몸[142]을 선뜻 강물에 던져 양가 부모님께 무한한 한을 끼치고 나에게 아픔을 주십 94
니까?

아, 그대의 마음을 알지 못하니 한스러워합니다. 만 이랑이나 되는 푸른 파도에 뒤따르는 도적이 성화 같으니 이때 강물에 뛰어들 때 금옥 같은 마음이 어떠했겠습니까? 비록 그대가 죽은 것이 놀랐지만 서리 같은 절개가 뚜렷하여 세상에 빛나고 어진 성품과 행동은 온 가문의 모든 사람들에게 그 덕이 미쳤습니다. 그대가 명이 짧아 후인에게 눈물을 드리우게 할 만하니 하물며 나의 마음이야 어떻겠습니까?

슬픕니다. 몸이 떠났지만 어찌 한 명의 골육이 없어 죽고 난 후를 이를 자식이 없
게 합니까? 가히 세상사를 알지 못할 것 같습니다. 생이 나라의 은혜를 입어 그대의 95
억울함을 벗은 것이 일월 같아 간악한 시비를 목 베었으나 그대가 없으니 함께 기쁜 말을 하지 못합니다. 칼로 마음을 베는 듯한 심정이 설령 화평하다고해도 또한 이별을 하게 되었습니다. 임금의 군대로 삼군을 거느려 금강을 건너니 이곳이 부인이 빠져 죽은 곳입니다.

아, 그대의 영혼이 오신 것을 알겠습니다. 사람이 죽으면 관에 넣고 상복을 입으며 땅속에 묻는 것이 옛날부터 해온 일인데 그대는 무슨 죄로 천금 같은 몸을 강물
에 던져버리고 찾을 사람이 없게 하니 어찌 된 일입니까? 남편이 있지만 울면서 그
관을 만지지 못하고 인정이 많아서 슬픔을 모르지 않았지만 어버이를 모시고 있는 96
사람이라 마음대로 못하였는데 여기에서는 그대가 죽었으므로 한 번 울고 한 번 정을 펴지 않을 수 없습니다. 나의 반평생 마음을 다하여 그대의 외로운 혼을 위로하니 그대는 흠향(歆饗)[143]하십시오.

142) 길러주신 몸 : {싱흉지신}. '길러주신 몸'의 의미를 지닌 '생휵지신[生慉之身]'의 오기로 보임.
143) 흠향(歆饗) : 신명(神明)이 제물을 받아서 먹는 것을 의미함.

유현이 강물을 향하여 실성하여 통곡하니 눈물이 한없이 마구 흘렀다. 운현과 양인광이 유현을 붙들고 위로하면서 말하였다.

"몸에 중요한 임무를 지고 군대의 우두머리가 되어 이렇듯이 부인 때
문에 지루하게 울어서는 안 됩니다. 모름지기 지나치게 상심하셔서 삼
97 군을 놀라게 하지 마십시오."

유현이 울음을 그치고 도리어 웃으면서 말하였다.

"네 말이 가히 우습구나. 나 같은 토목 같은 심장이 아니면 정씨 같은
부인을 강물에 넣고 한 번만 울겠느냐? 만일 너희들이 이 일을 당했다
면 반드시 옷을 벗고 강물에 뛰어들고자 할 사람들이니 도리어 나를 나
무라 부인 때문에 운다고 뭐라고 하겠느냐? 집에 있을 때는 정씨를 잊
은 것 같이 해서 3년 동안은 즐거운 행동을 하는 것처럼 하고 흉한 소
식을 들은 지 오래 되었지만 한결같이 화평하게 지냈다. 지금은 정씨
98 를 생각하고 정씨가 죽은 것이 나를 위한 것이니 대원수의 위의가 아
니라 임금의 존귀함을 지니고 있어도 아내를 생각하여 큰 소리로 우는
것이 그리 괴이하겠느냐?"

말을 마치고 삼군을 지휘하여 움직여서 강을 건너 6~7일 후에 형주의
관사로 갔다. 유현이 체면에 마지못하여 공복을 입고 형주의 지경에 이르
렀을 때 삼군의 깃발과 절월이 따르고 금빛 창과 칼이 서리와 흰 눈같이
서슬 퍼랬다. 유현이 문기(門旗)[144] 아래에 백설마를 타고 좌우에 대장이
호위하여 오니 엄숙한 위의와 장한 거동이 천고에도 없을 정도로 희한하
였다. 임금이 준 백모황월과 상방검이 위의를 돕고 붉은 비단 일산은 반
99 공에 솟았으니 조유현의 가을 달 같은 얼굴빛과 용과 봉황 같은 기질이

144) 문기(門旗) : 복판에 금박으로 '門' 자가 새겨진 의장기(儀仗旗). 붉은색 삼각기임.

이날 더욱 새로워 바라보니 찬란한 광휘가 백설에 섞어있는 듯하였다. 선봉 운현과 부원수 양인광의 풍광이 오히려 대원수의 풍성한 모습을 도왔다.

정자사가 반가움을 이기지 못하여 피차 웃음을 머금고 관아로 들어갔다. 유현이 정자사의 손을 잡고 슬픈 빛이 가득하여 말하였다.

"살았으니 자연스레 만났지만 알지 못하겠습니다. 동생이 물에 빠져 죽은 환란은 어찌된 일입니까?"

말을 마치고 봉황 같은 눈에 눈물이 어리고 수려한 양미간에 슬픈 빛이 가득하였다. 정자사가 두 줄기 눈물을 비단 도포에 계속해서 떨어뜨리고 길이 탄식하며 말하였다.

"밝고 밝은 천도가 사람에게 차마 못할 노릇을 하셨네. 내가 이제 운희 100
자네를 보니 낯이 뜨겁고 마음이 슬프네. 내 슬픔과 한을 어찌 다 기록
하겠는가?"

유현이 정자사가 매우 슬퍼하는 것을 보고 도리어 웃고 탄식하며 말하였다.

"사생이 운명과 관련된 것이니 자기의 운명이 박한 것입니다. 다시 슬퍼한들 무엇 하겠습니까? 다만 죽은 뒤를 이어 위로할 자손이 없으니 무슨 천도가 있겠습니까? 세상사가 헛된 것을 알겠습니다. 내가 오히려 정씨를 잊으려고 노력하고 길을 떠나면서 마음 아파하고 슬퍼한 것이 오래되었습니다. 장인장모께서 매우 슬퍼하시는 것을 볼 때마다 정씨의 불효가 가볍지 않는 것을 탄식할 뿐입니다."

이렇게 말하고 서울소식을 전하며 정공의 글을 주었다. 정자사가 급히
글을 받아보고 아버지에 대한 그리움으로 다급함을 이기지 못하였다. 유 101

현이 조정의 일과 친구의 회포를 말하며 정자사와 한 방에서 자게 되었다. 조용한 때에 정자사가 말하였다.

"내가 오늘 의심스러운 말을 들었는데 자네가 오는 소문이 들리고 분란하여 자세히 묻지는 못했네. 장락사의 이고가 관아 안에 다니더니 이러저러한 일이 있었네. 누이가 살아있다는 말은 뜻밖의 일이고 의심스럽네."

유현이 새롭게 슬픈 마음이 일어나 말하였다.

"형이 사리에 어두운 사람입니다. 비록 누이가 살아있는 것이 만무하겠지만 어찌 자세히 묻지 않았습니까?"

정자사가 말하였다.

"내일 현파를 보내어 보고 오라고 하겠네."

유현이 말했다.

102 "월출산이 여기서 몇 리나 됩니까? 비록 그 말이 허탄하지만 갑갑하니 내가 알고 갈 것입니다."

정자사가 이 말을 다 듣고 현파를 불러 천리마를 태워 장락사로 보내어 자세한 이유를 알아오라고 하고 사연을 말해주었다. 현파가 새벽에 닭이 울 때 떠나 장락사로 갔다. 유현은 현파를 보내고 비로소 잠이 들었는데 문득 정씨가 옥 같은 기린을 품고 완연히 곁에 누워있었다. 유현이 반가워하며 정씨의 옥 같은 손을 잡고 물었다.

"부인이 이별한 지 3년만에 금강에 빠져 죽었다는 것을 듣고 내 마음이 칼로 베는 듯하였는데 한 번 꿈속에서도 만나지 못하더니 오늘 어찌 이르렀소?"

정씨가 머리를 들고 사례하면서 말하였다.

"제가 물귀신이 되려다 요행히 장락사의 유발승(有髮僧)[145]이 되어 세 103
상과 인연을 끊은 지 3년이 되었습니다. 오빠와 부군께서 이곳에 임하
시니 이것은 저의 행운이고 어린아이가 부자유친을 완전하게 하는 것
입니다. 군자께서 신의가 있으셔서 죽은 사람을 잊지 않으시고 금강에
서 제사를 지내주셨기 때문에 첩이 살아있는 넋으로 흠향하고 오늘 이
르렀습니다. 원컨대 귀체를 중요하게 여기시고 첩을 염려하지 마십시
오."

유현이 흐뭇하게 기뻐하며 아이를 받아보니 얼굴 모습[146]이 상쾌하고
체형이 장대하여 자기를 한 판에 박은 듯하였다. 아이에게 얼굴을 대고
품에 넣어 정씨가 생존한 것을 기뻐하며 들뜬 마음을 정돈하지 못하여 다
시 말을 하고자 하였다. 그러나 문을 여는 소리에 놀라 깨니 동방이 훤하 104
게 밝으려고 하였다. 유현이 마음이 갑자기 쓸쓸하여 보통 때와 다름을
탄식하고 한편으로 괴이하여 생각하였다.

'몽사는 허탄한데 원래 정씨가 보통 사람과 달랐으니 마침내 천고에도
없는 박명한 사람이 되지는 않았을 것 같다. 또 괴이한 소식을 들었고
몽사가 이와 같으니 혹 살아서 산에서 은거하는 스님이 되었는가? 정
씨의 됨됨이로 보면 결단코 삭발하여 스님이 되지는 않았을 것 같다.
비록 산사에서 몸을 의탁하고 있지만 꿈에 아이의 거동이 살아있는 사
람과 흡사하니 혹시 정씨가 살아있는 경사가 있을 것인가?'

이렇게 심사가 요란하여 이날 관사에 머물면서 현파가 오기만을 기다 105
렸다.

---

145) 유발승(有髮僧) : 머리를 깎지 않은 중으로 속인이 불도를 닦는 사람을 의미함.

146) 얼굴 모습 : {미목(眉目)}. '미목'은 눈썹과 눈을 아울러 이르는 말이나 눈썹과 눈이 얼굴 모습을 좌우한다고 하여 얼굴 모습 전체를 이르기도 함.

이때에 정씨가 정락사에서 세상 소식이 아득하여 속절없이 옥 같은 마음을 태우고 있었다. 어느 날 밤에 한 꿈을 꾸었는데 전일에 빠졌던 금강에 몸이 언제 가는 줄 모르고 이르렀다. 수많은 군사와 말이 사방을 덮고 있었고 한 대장의 위의로 제사를 지내고 수많은 제문을 지어 읽는데 슬픈 말이 매우 애절하였다. 자기의 몸이 날아서 그 버린 술과 과일을 먹으며 슬피 울었는데 곁에 있던 이고가 깨웠다. 제문의 말이 역력하여 일어나 앉아 촛불을 밝히고 제문의 말을 종이와 붓으로 기록하여 꿈속의 일을 감
106 추고 부부가 만나는 증거로 삼으려고 하였다. 이 때문에 마음이 더욱 요동쳐서 이고에게 말하였다.

"첩이 사부의 은혜로 몸을 보전하는 것이 지극하지만 부모와 시부모를 만날 기약이 아득합니다. 사부께서 3년을 참으라고 하더니 이제 3년이 다 지나도록 이 기약이 아득하니 어느 시절에 천륜을 완전하게 하겠습니까? 사부는 자비한 마음으로 첩의 소원을 이루게 해주십시오."

이고가 웃고 말하였다.

"부인은 근심하지 마십시오. 관음께서 지도하고 가르치시는 것이 명명하시니 오래되지 않아 길운을 만날 것입니다."

이렇게 말한 후에 이고는 더욱 수를 가져가 명문대가에 유심히 살펴 정
107 씨의 고달픈 운명을 제도하고자 하였다. 오부인이 물었기 때문에 말을 다하고 돌아오면서 이고가 생각하였다.

'자사가 정씨라고 하고 얼핏 보니 정부인의 모습과 닮은 것 같다. 내 말을 또 반가워하며 들으니 혹 정부인과 친척인가?'

이렇게 생각하고 오는데 관리가 분분히 대원수의 행차를 영접한다고 하며 여승 이고라고 하여 쫓아냈다. 이고가 생각나는 것이 있어 대원수의

근본을 물었다. 관리가 대답하였다.

"이 대원수는 승상 초국공의 아들이고 참지정사 이부 판서로 평능 대원수이다. 요사스러운 중이 알아서 무엇 하겠는가?"

이고가 돌아와 그대로 정씨에게 말하였다. 정씨가 초국공이라는 세 글자를 들으니 눈물이 방울방울 흐르며 말하였다.

"과연 초국공은 나의 시아버지입니다. 대원수가 그 아들이라고 하니 108
시아버지는 여러 아들을 두셨으니 사부는 자세히 알아와 주십시오. 나
의 남편은 눈빛이 일월 같고 솟는 햇발 같이 광채가 있으며 8척의 신장
에 손목이 무릎을 지나갈 정도로 길고 영웅의 모양이 현저합니다. 사
부께서 총명하시기 때문에 짐작할 수 있을 것입니다."

이고가 말하였다.

"자사부인 오씨의 총기가 다른 사람보다 뛰어나시니 자사의 근본을 자세히 알면 알기 쉬울 것입니다."

정씨가 말하였다.

"어쨌든 사부는 자세히 알아와 주십시오. 나의 다섯 오빠가 다 입신하
여 벼슬을 하니 혹 자사로 오는 것도 괴이한 일이 아닙니다. 첩이 이 말
을 들으니 정신이 두렵고 갈팡질팡하니 이때를 잃어버리면 죽을 것 같 109
습니다."

이렇게 문답하고 있는데 밖에서 관아에서 어떤 여인이 와서 사부를 찾는다고 고하였다. 이고가 즉시 나와 현파를 보고 말을 고하였다.

"오부인의 말씀으로 노신을 보내어 그 부인의 얼굴을 보고 오라고 하셔서 왔습니다."

이고가 말하였다.

"그러나 부인의 성품이 엄정하시니 사람을 대하지 않네. 원래 자사상공의 성명과 내력을 말해주게."

현파가 탄식하며 말하였다.

"나의 회포는 지극히 원통합니다. 고인이 주인을 위하여 죽는 일과 비
교하면 저는 스스로 부끄럽습니다. 정자사 어른께서는 정태사의 둘째
110 아들이고 노신은 정부인의 유모로 이리저리하여 정부인께서 금강에
빠져죽으셨지만 첩이 따라 죽지 못하였습니다. 그 원통함이 골수 마디
마디에 박혀있었는데 이제 자사가 여기 오시게 되었습니다. 대원수는
자사의 매부인데 이 사연을 들으시고 부인이 혹시 살아 계신가 하여 천
리마를 주어 자세히 알아오라고 하시고 서서 기다리고 계십니다. 만일
부인을 뵙고 그 분이 우리 정부인이라면 스님의 은덕입니다."

말을 마치고 눈물이 비 오듯하였다. 이고가 충성에 감동하여 역시 목메어 울고 엎어질 듯이 들어가 웃으면서 말하였다.

"3년 동안 그리워하던 슬픈 마음이 오늘에야 동기와 남편을 만나게 되었습니다."

이렇게 말하고 전후사연을 전하며 현파의 말을 했다. 정씨가 이 말을
111 들으니 회비가 뒤얽혔다. 유모가 아니면 금강에서 있었던 일을 알 사람
이 없으니 이 여자를 보는 것이 해롭지 않다 생각하고 유모를 들어오라고
하였다. 유모가 들어와 정씨와 서로 보니 십여 년 동안 정씨를 기르던 유
모를 어찌 모르겠는가? 자기도 모르는 사이에 서로 붙들고 통곡하면서 말
하였다.

"부인이 어찌된 일입니까? 진짜인지 꿈인지 모르겠습니다. 노첩이 금강에서 따르지 못하고 불충한 죄로 밤낮으로 죽고자 하였더니 오늘날

살아계시는 것이 다행입니다."

정씨가 넋이 나간 듯 취한 듯 눈물을 흘리며 말하였다.

"내가 박명하여 죽은 몸이 살아난 것을 한 번에 다 말하지 못하겠지만 친정과 시댁 소식이 어떠한가?"

유모는 정씨를 어루만지며 눈물을 흘리고 정이 흐뭇해서 능히 말을 못 112
하였다. 그러다가 비로소 정신을 차리고 조씨 집안은 반석 같아서 서울에
서 옛날같이 부귀를 부리시고 있으며 정자사가 형주에 부임하고 대원수
를 맞아 관사에서 이 소식을 듣고 자기에게 일을 알아보라고 보낸 말을
모두 고하였다. 정씨가 기뻐하며 오빠가 형주에 온 일을 매우 다행스럽게
생각하고 슬픔이 도리어 기쁜 기운이 되어 넘치니 봄바람의 온화한 기운
이 감도는 것 같았다. 이고가 정씨의 평생 근심하는 모습을 대하다가 오
늘에야 기뻐하는 기운이 가득한 것을 보니 정씨는 꽃이 활짝 피어 만물의
빛을 잃게 하고 수많은 화신(花神)이 다투어 웃는 듯 온갖 자태의 아름다 113
운 모습이 천하에도 없는 미인이었다.

이고가 이 일을 치하하고 현파는 이고에게 은덕을 무수히 칭찬하여 그치지 않았다. 소공자가 나와 어머니가 슬퍼하다가 즐거워하는 기색을 보이니 그 이유를 묻고 늙은 노파가 누구인지를 물었다. 현파가 매우 놀라며 이 아이가 누구인지를 물었다. 정씨가 매우 즐거워하던 중에 미쳐 말하지 않다가 아들을 낳은 것을 말하였다. 현파가 매우 기뻐하며 합장하면서 말하였다.

"부처의 도우심과 사부의 큰 은혜는 우리 주인과 제가 몇 번이나 다시
환생해도 갚지 못할 것입니다. 이제 정부인께서 생존하신 것은 천고에
도 없는 경사인데 소공자의 기이함은 비할 곳이 없습니다. 이 소식을 114

알리는 것이 한시도 급하니 어르신께 고해야겠습니다."

정씨가 탄식하며 말하였다.

"오빠는 저를 데리러 오실 것이지만 원수께서 어찌 산사에 있는 한 여자를 위해 행차하시겠습니까? 아들의 천륜을 이루게 하고 제가 부모님과 시부모님을 뵙는 것이 지극한 소원입니다."

이고가 웃으며 말하였다.

"부인은 여자 중에서 성인입니다. 조원수의 뜻이 이렇지 않을 것이니 어찌 깊은 규방에 부인을 폐한 채 내버려 두겠습니까?"

유모가 정씨의 억울함이 해와 달같이 밝게 풀린 것을 고하고 추향과 설매와 설강 등의 일과 유현이 정씨를 사모하던 말과 그간의 일을 고하였다. 정씨가 봉황 같은 눈을 찡그리며 말하였다.

115 "그들의 죄는 만 번 죽어도 아깝지 않지만 나 때문에 이렇게 되었으니 무엇이 기쁘겠는가?"

유모가 말하였다.

"노첩은 그들의 고기를 먹고자 합니다."

이렇게 말한 후에 하직하고 관사로 왔다. 정씨가 한 통의 편지를 정자사께 보내고 이고가 전후수말을 아뢰게 하였다. 다음 회를 살펴보아라.

조 씨 삼 대 록

12권

1 이때 유현이 현파를 기다리는 것이 다급하였는데 한나절쯤 되니 현파
가 돌아왔다. 현파는 기뻐하는 기색이 무르녹아 장락사에 가서 본 일과
서로 나눈 말을 아뢰고 소공자가 3살이 되어 매우 뛰어나던 말을 아뢰었
다. 정자사는 환희하여 한편으로는 놀라고 한편으로 매우 기뻐하였다. 운
현과 양인광이 크게 치하하며 말하기를 원수의 큰 복이라고 하였다.

이때의 유현의 마음이야 말하지 않아도 알 만하였다. 죽었던 부인이
살아있고 생각지도 못한 3살의 기린 같은 아들을 얻으니 기뻐하는 기분
이 생전 처음인 것 같았다. 그러나 이와 같은 기쁜 와중에도 유현은 단정
2 히 앉아 있으니 모두 희롱하였다. 유현이 엄숙함에도 불구하고 매우 기
뻐하며 이고에게 금은으로 상을 주었다. 이때 유현은 이고의 큰 은혜를
사례하여 상을 많이 내리니 이고는 마음이 청정하여 많은 상을 도리어 불
안해하고 정씨가 떠나는 것을 슬퍼하였다. 정자사가 하리에게 금은을 챙
기게 하여 월출산으로 향하면서 유현에게 같이 가자고 하였다. 유현이 아
들을 볼 마음이 시급하여 웃었지만 대군을 지휘하는 자리를 비우고 가는
것이 마음이 편하지 않아 정씨와 아들이 관아로 오면 보기로 하였다.

이때 현파가 정씨의 편지를 올리니 유현이 반가움을 머금고 떼 보았다.
3 종이 위에 주옥이 가득 떨어져 있는 것 같았고 말뜻이 엄숙하였는데 글
전체가 그동안의 허다한 사연들이었다. 한편으로 기뻐하고 한편으로 슬
퍼하며 울음이 변하여 웃음이 났다. 정자사가 매우 기뻐하고 반가워하며
부인에게 알리지 못하고 비단으로 아름답게 꾸민 가마와 시녀를 갖추어
장락사로 갔다. 현파는 말을 타고 정자사의 뒤를 따랐다.

이때 정씨는 정자사가 온다는 것을 듣고 매우 반가워하면서도 슬프기
도 하였다. 남매가 서로 만나게 되자 정자사가 누이를 붙들고 통곡하니

보는 사람이 신기하다고 탄복하였다. 정자사가 정씨와 많은 회포를 나누고 나서 어린아이를 나오게 하여 보니 천고에 없는 기린아였다. 정자사가 말하였다.

"문계가 아들을 급하게 보고 싶어 하고 내가 거마를 차려 왔으니 함께 4
가자."

이렇게 재촉하니 정씨가 돌아가기에 임하여 평생의 지극한 소원을 이루었지만 수정 이고와의 3년간의 지극한 정을 일시에 버리고 돌아가는 것이 서운하여 슬프게 탄식하였다. 봉황 같은 눈썹을 찡그리고 이고를 돌아보며 말하였다.

"제게 오늘날이 있는 것은 다 사부께서 다시 살려주신 은혜 때문입니다. 이제 돌아가게 되니 이별의 슬픔이 나의 기쁨보다 더합니다. 어느 날 다시 만날 것을 기약하겠습니까?"

이고가 눈물을 어지럽게 흘리며 말하였다.

"세상 일이 이랬다 저랬다 하는 것과 사람이 헤어졌다 만나는 것은 다 때가 있습니다. 소저께서 마음이 결연하시니 어찌 길운이 더디 오겠습
니까마는 소저를 마음으로 바라보고 우러르기를 관음화상을 받들 듯 5
이 하였더니 천 리의 이별이 아득하여 다시 뵐 기약이 없습니다. 하물며 노신이 정신이 점점 쇠하여 서울에 왕래하는 것이 옛날만 못합니다. 부인은 오직 천추에도 없는 끝없는 복을 누리실 때에 저의 구구한 정성을 잊지 마십시오."

정씨가 이고가 슬퍼하는 것을 보고 또한 마음이 슬프고 쓰라림을 이기지 못하여 이에 자기가 협사(篋笥)[147]의 물건들을 다 이고에게 주며 자기

147) 협사(篋笥) : 버들가지, 대나무 따위를 결어 상자처럼 만든 직사각형의 작은 손그릇.

를 보는 것처럼 쓰라고 하였다. 그리고는 불상 앞에 나가 예배를 하며 마
음속으로 큰 은혜를 일컬으며 예를 갖추어 허리를 굽히고 절하는 것을 마
6 쳤다. 문득 일어나 목메어 울며 차마 떠나지 못하니 이고도 함께 형주로
오게 되었다.

정자사가 누이를 데리고 관사로 돌아왔다. 이때 오부인이 시누이가 살
아서 돌아오게 되자 매우 기뻐하는 것이 정자사와 마찬가지였다. 정씨의
행차가 안채에 이르니 오부인이 신을 벗고 중계를 내려가 정씨를 맞아 당
에 올라 인사를 나눈 후에 서로 붙들고 눈물을 흘리며 애통해하고 지난
일을 말하였다.

정자사가 친히 외당에 나가 유현을 데리고 내당에 들어왔다. 유현 또
한 예전에 정자사의 부인과 서로 만난 적이 있고 정자사가 간청하니 사양
7 하지 못하여 내당으로 들어가 오부인과 인사를 나눈 후에 눈을 들어 정씨
를 보았다. 정씨가 편안하고 조용하게 인사를 하였다. 유현은 반가운 정
이 온 마음에 가득하여 매우 기뻐하였다. 온화한 기운이 양미간에 영롱하
여 길게 답례하고 동서로 나누어 앉았다. 정자사 부인이 먼저 부부가 다
시 만나게 된 것과 조카가 겪은 평범하지 않은 사정에 대해 치하하였다.
유현이 이곳에서 만나게 된 것이 하늘의 밝으심 때문이라고 부드럽고 온
화하게 대답하면서 곁눈질로 부인을 살폈다.

정씨의 흰 눈 같은 피부는 더욱 윤택하여 곤산(崑山)[148]의 아름다운 옥
같고 꽃 같은 빰은 무릉도원의 복숭아꽃이 매우 붉어 향기를 토하는 듯하
였다. 좋은 풍채가 배는 더 뛰어나 푸른 하늘에 떠 있는 흰 달의 아름다운
8 자태도 정씨에 비해 부족하고 선녀 같은 풍모와 뛰어난 자질은 맑고 깨끗

148) 곤산(崑山) : 곤륜산(崑崙山). 중국 전설상의 높은 산으로 중국 서쪽에 있으며 옥이 많이 난다고 함.

하여 속세를 벗어나 매우 가볍게 신선이 되어 하늘로 올라갈 것 같았다.
또 서왕모(西王母)의 영약(靈藥)[149]을 삼켰으며 신선의 감로(甘露)[150]를 맛
본 듯이 온갖 자태의 아름다운 모습이 옛날보다 더욱 뛰어났다. 유현이
반가워하며 기쁜 정이 온 몸에 퍼지며 두 눈이 자주 정씨에게 가는 것을
면치 못하였다. 정씨의 슬픈 얼굴이 조용하고 엄숙하니 그 푸른 바다 같
은 마음과 무겁고 신중한 속을 가히 헤아리지 못할 것 같았다. 정씨가 부
끄러움을 띠며 먼저 존당의 안부를 묻고 만 리의 귀양지에서 돌아온 것을
치하하였다. 옥 같은 목소리가 낭랑하여 귓가를 상쾌하게 하였다. 유현이
기뻐하며 어른들께서 별고 없으며, 무사하게 서로 만나게 된 것을 기뻐하 9
고 정씨의 참변을 말하며 아들을 찾았다. 공자는 현파가 가마에 태워 데
리고 오기 때문에 제일 뒤에 들어왔다.

공자는 옥 같은 골격에 별 같은 눈동자를 가지고 있었는데 가냘프고 여린 허리에 붉은 띠를 두른 푸른 옷을 입고 나왔다. 검은 머리털이 바야흐로 이마를 가렸으니 흰 연꽃 같은 귀밑이 맑고 밝아 초승달이 푸른 하늘에 솟은 것 같아서 단산(丹山)의 봉황[151]과 같았고 춘추 시대에 공자(孔子)를 위해 기린[152]이 조정과 재야에 내려온 것 같았다. 이마가 뚜렷하고 봉황과 같은 눈썹이 눈을 지나 매우 길었고 흰 코와 붉은 입술, 연꽃 같은

149) 서왕모(西王母)의 영약(靈藥) : 서왕모(西王母)는 곤륜산(崑崙山)의 요지(瑤池)에서 사는 중국 고대의 선녀임. 영약(靈藥)은 불사약을 뜻함.

150) 신선의 감로(甘露) : 신선계의 단 이슬이라는 뜻으로 천주(天酒)라고도 함. 감로(甘露)는 하늘에서 내리는 맛이 단 이슬로, 마시면 하고 싶은 일이 다 이루어짐.

151) 단산(丹山)의 봉황 : 단산(丹山)은 단사(丹沙)가 나는 산으로, 곧 신선들이 사는 산을 의미함. 신선이 살기 때문에 단산에는 봉황이 많았음.

152) 춘추시대에 ~ 기린 : 기린은 공자의 어머니가 공자를 가졌을 때 나타나서 위대한 현인이 세상에 나온다는 것을 알게 했음. 공자의 어머니가 임신했을 때 다섯 개의 별의 정령이 동물 한 마리를 데리고 왔는데 이것이 기린이었음. 기린은 '주나라를 계승하고자 작은 왕이 태어나다'라고 쓰인 종이를 한 장 토해냈는데 이것은 바로 세상을 구할 어진 성인인 공자가 태어날 것을 암시한 것임.

뺨과 눈 같은 귀밑머리가 당대에는 비교할 사람이 없을 것 같았다. 유현
10 을 가리키며 저기 앉아계신 분이 아버지이니 나가 절하라고 하니 공자가
빨리 일어나 유현에게 두 번 절하였다. 태어나 처음 아버지를 보았지만
반가워하는 얼굴과 기특한 거동이 아무 관련 없는 사람의 마음에도 기특
하고 어여쁜데 하물며 부모의 마음에야 가히 헤아리지 못할 정도였다.

이때 유현이 아들을 보고 황홀하여 만면에 봄바람 같은 기운이 감돌아
온 자리에 퍼졌다. 여러 부인이 있었지만 나이가 20살이 다 되어 가는데
슬하에 아들을 둔 재미를 느끼지 못해 항상 기현의 두 아이를 부러워하는
마음을 가지고 있었다. 이제 자기의 아들을 얻었으니 그 기특함을 온 마
음으로 기뻐하였는데 바라던 바가 이루어진 것이다. 서둘러 아들을 무릎
11 위에 앉히고 손을 잡고 머리를 쓰다듬으며 기쁘고 만족스러운 웃음을 띠
었다. 정자사가 치하하며 말하였다.

"어린아이의 기특함이 한갓 자네를 닮았을 뿐만 아니라 미모와 기품이 자네의 아버지와 매우 흡사하네. 진실로 당대의 영민하고 준수한 사람이 될 것이니 조씨 가문이 더욱 창대해질 것을 알겠네."

유현이 웃으며 말하였다.

"강보에 싸인 어린아이가 어찌 영민하고 준수한 사람의 풍모가 있겠습니까? 그러나 생긴 것이 평범하지 않으니 정씨 집안의 용렬하고 졸렬함을 닮지 않고 우리 가문의 광대하고 건장한 풍모가 있는 것이 다행스럽습니다."

정자사가 웃으며 말하였다.

"자네를 닮았다면 무엇에 쓰겠는가? 정씨 가문이 용렬하고 졸렬하다고 배척하지만 너의 사나움을 닮지 않은 것이 다행이네."

이때 유현의 공자에 대한 기쁜 사랑이 너그럽고 은혜로워 공자에게 물었다. 12

"내가 너의 아비인데 어찌 지금까지 찾지 않았느냐?"

공자가 대답하였다.

"아버지께서 저를 찾지 않으시니 어린아이가 어머니의 젖을 떠나지 못할 때에 어찌 부친을 찾겠습니까?"

유현이 매우 기뻐하며 말하였다.

"네 이름이 무엇이냐?"

공자가 말하였다.

"어머니께서 말씀하시기를 자식의 이름은 아비가 지어야 하기 때문에 아직 이름이 없는 아이라고 하시니 이름이 없습니다."

정자사가 무릎을 치며 감탄하며 말하였다.

"이 아이의 슬기롭고 남보다 뛰어난 것이 진실로 유현의 아들이구나!"

유현이 아들의 아름다움을 이기지 못하여 무릎 위에 올려 유희하니 아이의 대답이 물 흐르는 듯하고 자기의 얼굴을 대어 반기는 거동이 천륜의 13
큰 도리를 거의 아는 것 같았다. 유현이 기뻐하며 말하였다.

"사람이 금수와 다르니 어찌 이름이 없겠느냐? 오늘부터 명천이라고 이름을 짓고 자를 달문이라고 할 것이니 너는 이름을 욕되게 하지 마라."

공자가 기쁨이 가득하여 아버지의 말씀을 받들고 어머니를 돌아보며 말하였다.

"아버지를 모시고 집으로 돌아가요."

말이 사랑스럽고 아름다워 거절하기 어려웠다. 유현이 정씨를 돌아보며 말하였다.

"이제부터 부인의 일생의 행복과 즐거움이 좋아질 것이오. 지나간 일은 일장춘몽이니 어찌 마음에 두겠소?"

정씨가 몸가짐과 용모를 단정히 하여 대답하였다.

14 "명이 박한 인간이 일마다 괴이하여 끝내는 물고기의 배를 채우게 되었는데 하늘이 도우셔서 모자의 목숨이 오늘까지 보전하게 되었습니다. 오빠와 서로 모이고 군자를 대하니 진실로 꿈같습니다."

유현이 탄식하며 말하였다.

"남쪽에서 돌아와 서로 만날 것을 기약했다가 놀라운 소식을 들으니
이 진실로 부형께서 그 소식을 말씀하지 않으셨다면 거짓말이라고 했
을 것이오. 내가 비록 사람을 알아보는 능력이 없으나 부인의 복된 관
상은 거의 알고 있었소. 그런데 분명히 부인이 죽었다는 말을 들으니
어찌 괴이하지 않았겠소? 이번 행도에 금강을 지나면서 실로 한 번의
15 통곡을 면치 못하여 부질없이 울고 슬픈 제문을 지었던 것이 한바탕
가소로움을 면하지 못하겠소."

정씨가 겸손하게 말하였다.

"첩의 지식이 어두워 시아버님의 가르침을 저버리고 물속에 몸을 던져 부모님께 불효를 끼치고 군자께서 수고롭게 통곡하시게 하였으니 어찌 첩의 탓이 아니겠습니까? 이제 요행이 오늘날이 있게 되었지만 부모께 아뢰지 못하니 첩의 한이 깊습니다. 여자의 행장이 왔다 갔다 하는 것이 어렵고 길에서 도적의 화를 본 뒤부터는 마음이 더욱 두렵고 걱정스러우니 어찌 서울에 도달할 수 있겠습니까? 조심스러운 마음이 적지 않습니다."

유현이 정씨의 말을 다 듣고 나아가 정씨의 옥 같은 손을 잡으며 웃음
을 머금었는데 한없는 뜻과 무궁한 정이 산과 바다 같았다. 그 밤을 함께 16
지내니 옛날의 정을 이어 즐겁고 흡족한 정이 헤아리지 못할 정도였다.
정씨가 지난날 꿈속에서 금강에 가 제사를 흠향하고 제문을 듣고 기록한
일을 모두 말하였다. 지나온 일을 다시금 생각하며 아들을 어루만지고 슬
퍼하며 말하니 유현이 정씨의 신이함을 감탄하여 웃으며 말하였다.

"나의 정성이 부인의 살아있는 넋을 감동시켰으니 어찌 나를 박정하다
고 하겠소? 비록 그러하나 부인의 총명함이 능히 꿈의 일을 이와 같이
생각하여 제문을 놓고 베껴낸 듯하니 가히 뛰어난 총명이오." 17

이렇게 말하고 어린 아들을 어루만지고 부인과 즐겁게 지내며 수삼 일이 되었다. 정씨가 정색하면서 말하였다.

"제가 들으니 남자가 몸을 나라에 허락하였다면 충성을 다하고 장수가
북소리를 들으면 그 목숨을 잊는다고 하였습니다. 이렇기 때문에 하나
라 우임금은 아이의 울음소리를 들었지만 집의 문을 지나면서도 집안
에 들어가지 않습니다. 이제 군자께서 나라의 명령을 받들어 몸에 대
장의 인수(印綬)를 차시고 삼군의 장사를 거느려 소임이 막대하니 아내
와 어린아이를 차마 떠나지 못할 때가 아닙니다. 원컨대 일찍이 떠나
셔서 역사에 공을 세우고 이름을 남기셔서 위로는 임금의 은혜를 갚고
아래로는 첩 등의 정사를 편안하게 하시는 것이 장부가 행할 행동입니 18
다. 첩의 모자에 연연하여 임금의 군대를 소홀히 여기고 삼군이 해이
해질 것이 매우 염려스러워 이에 당돌하게 고합니다. 군자께서는 어리
석은 소견을 받아들여주시기를 바랍니다."

정씨의 안색이 단엄하고 말이 당연하니 유현이 매우 감탄하여 얼굴빛

을 고치고 말하였다.

"부인의 말을 들으니 생이 진실로 집에 어진 아내를 두었소. 내 몸에
어찌 도움이 되지 않겠소? 충성스러운 말은 귀에 거슬리지만 행동에는
이롭고 독한 약이 입에 괴롭지만 병에 이롭다고 하오. 그러나 이제 서
19 로 만난 지 불과 3~4일 만에 가라고 하오? 말이 반갑지는 않지만 사리
에 당연하니 내가 비록 덕이 없지만 어찌 저버리겠소? 마땅히 내일 아
침에 수레를 돌려 떠나겠지만 나의 천금 같은 아들과 훌쩍 이별하려니
정신이 아찔한 것 같소."

정씨가 미소를 지으며 말하였다.

"이 또한 실언입니다. 양친의 슬하를 떠나도 견디는데 어린아이를 떠나는 것이 무엇이 대수롭겠습니까?"

유현이 기분 좋게 웃으며 말하였다.

"내가 처음으로 어린아이를 보니 연연해하는 정이 인륜에 자연스러운
일인데 어찌 괴이하다고 하시오? 생이 관직에 있으면서 친구도 나의
허물을 말하는 사람이 없었는데 집에 들어가면 이씨가 나의 허물을 자
20 주 말하고 부인이 또한 이렇듯이 하니 괴롭구려."

정씨가 아무 말이 없었다. 유현이 부인과 아들에 대한 무궁한 정으로 떠날 마음이 없었지만 국가의 중요한 임무가 몸에 있으니 여러 날을 머무르지 못하여 다음날 행군하겠다는 명령을 내렸다. 정자사에게 정씨를 이곳에 머물게 하였다가 가을에 함께 데리고 가라고 하였다. 정자사가 유현의 말을 응낙하고 잔치를 열어 작별을 하며 치하하였다. 이때 이고가 아직도 여기에 머물고 있으면서 차마 정씨와 하직하지 못하고 있었는데 정씨가 아직 관사에 머무르게 되어 서울로 돌아가는 날이 먼 것을 다행스럽

게 생각하여 함께 잔치에 참여하였다.

정자사와 양인광, 유현 세 사람이 함께 죽 벌여 앉아서 술을 마시며 풍 21
악을 울렸다. 유현이 아버지와 숙부의 경계를 명심하였지만 이때에는 죽었던 부인을 다시 만나고 어린 아들이 초승달과 옥수(玉樹)[153] 같아서 모든 일이 뜻대로 되고 하물며 마음을 알아주는 친구를 대하여 좋은 술과 안주가 가득하니 선뜻 형나라와 초나라의 미녀들을 불러 풍류를 연주하게 하여 즐겼다.

이 가운데 계수와 해진이라는 두 창녀의 나이가 바야흐로 20살이었다. 몸매가 뛰어났지만 두 사람이 원래 자식이 없어 아름다운 아이를 얻어 길러 양녀로 삼았다. 두 사람이 풍물을 가르친 기녀가 많았지만 그 중에서
여덟 미인의 나이가 14~15세로 팔 위에 붉은 점이 그대로 있었다. 옥 같 22
은 얼굴에 꽃다운 모습이 빼어나고 가냘픈 허리에 봉황의 날개 같은 두 팔이 난새를 탄 왕자진[154]과 같아서 형나라와 초나라의 절색이고 일등 명기(名妓)였다. 이들에 대한 계수와 해진의 사랑이 자기 자식보다 더하고 광객(狂客)에게는 보이지 않고 천하호걸을 선택하여 섬기게 하여 두 사람이 노년에 이들을 의지하고자 하여서 가볍게 기녀로 나오지 않게 하였다.

오늘 잔치에서 유현의 풍채와 기상을 보고 두 사람이 우러러보며 사모함을 이기지 못하여 이에 앉은 자리에서 일어나 아뢰었다.

"오늘 성대한 잔치의 풍물이 볼 만하지 않지만 천첩 등이 깊이 숨겨두고 기른 여자 여덟 명이 있습니다. 청컨대 이들을 원수께 드려 가무를

153) 옥수(玉樹) : 아름다운 나무라는 뜻으로, 재주가 뛰어난 사람을 이르는 말.

154) 왕자진(王子晉) : 주(周)나라 영왕(靈王)의 태자. 중국 하남성(河南省) 언사현(偃師縣) 남쪽에 있는 구씨산 꼭대기에서 7월 7일 흰 학을 타고 가족과 작별한 뒤 신선이 되어 날아갔다고 함. 피리로 봉황 소리를 잘 냈다고 함.

23 보시고 그들의 일생을 맡기고자 합니다."

유현이 이 날 술이 취하여 흥이 높아서 선뜻 웃고 여덟 명의 여자를 부르라고 하였다. 짧은 순간에 여덟 명의 여자가 붉은 치마와 푸른 적삼을 입고 구슬 신을 끌고 와 당 아래에서 머리를 조아리고 네 번 절하였다. 유현이 이들을 바라보니 여덟 명의 자태와 아름다움이 곱게 화장하여 아침 해에 떨쳤으니 가는 허리는 버드나무가 봄바람에 흔들흔들 하는 것 같았다. 절아의 은사녀[155]를 나무라고 조비연이 수정 쟁반에서 춤추던 것을 비웃을 정도였다. 지혜롭고 우아한 심성과 총명하고 민첩한 재질이 진실로 지나치거나 모자람 없는 딱 맞는 명기(名妓)였다. 하늘이 풍류스러운
24 군자를 내시고 그 풍채와 기상[156]에 유의하여 내신 빼어난 아름다운 여자였다.

유현의 뛰어난 식견으로 이들이 반드시 어질고 착하여 다 각각 왕손의 첩이 될 관상이 있어 보통의 기녀가 아닌 것을 알았다. 유현이 봄바람 같은 온화한 기운을 띠고 이들의 이름을 묻고 나이를 물었다. 여덟 미녀가 부끄러움을 띠고 맑은 목소리를 내어 성명과 나이를 아뢰었다. 그 이름은 모란, 혜월, 청낭, 두경, 애섬, 숙경, 후연, 후진이라고 하였다. 이 이름은 꽃과 달과 고인을 두고 지은 것이었다. 유현이 그 자태와 아름다움을 보고 문득 정취와 흥치가 일어나 뒷날 자신의 첩의 대열[157]에 둘 생각이 굳어졌다. 유현이 계수와 해진을 돌아보며 말하였다.

25 "너희들을 보니 여자 중에 의협심이 있는 사람이구나. 나는 가장 아름다움을 기특하게 여기는 사람이다. 이 여덟 명이 다른 사람을 섬기지

---

155) 절아의 은사녀 : 미상임.
156) 풍채와 기상 : {풍ᄎᆞ기ᄉᆡᆼ}. 문맥을 고려해서 살펴보면 '풍치기ᄉᆼ'의 오기인 듯함.
157) 첩의 대열 : {금ᄎᆞ지열[金釵之列]}. 금비녀를 낀 첩의 무리를 뜻함.

않았다고 하니 마땅히 나의 첩의 대열에 둘 것이다. 이들을 너희에게 맡길 것이니 내가 돌아올 때를 기다리거나 정자사가 서울로 돌아가실 때에 함께 데려가게 해라. 앞으로 이들이 장수와 재상의 소실로 부귀를 누리는 때에 두 사람을 저버리지 않을 것이다."

유현의 방탕한 옥 같은 얼굴의 밝은 빛이 온 자리를 비추었다. 봉황 같
은 눈썹에는 뛰어난 문채가 어리고 백옥 같은 눈에 붉은 빛이 활짝 피어
화려하고, 꽃동산에 수많은 화신(花神)이 다투어 웃는 듯하였다. 흰 치아
가 찬란하여 아름다운 옥을 새긴 듯하고, 온화한 기운은 봄 햇빛이 무르 26
녹은 것 같고, 상쾌하고 시원한 풍채는 많은 사람들을 놀라게 하였다. 어
찌 한갓 무릉도원의 복숭아꽃 같은 아름다움과 꽃과 버들 같은 풍모의 아
름다운 풍채뿐이겠는가? 보통 때의 그 기품이 하해 같은 역량을 지녔고
가을 서리 같은 매서움을 지니고 있어서 도도하게 나오는 말이 옥 같았
다.

여러 미인들이 아득하게 넋을 태우고 두 눈이 취하여 정신이 어린 듯 바라보고는 염치를 잊고 말하였다.

"쓰레질 하는 무리에나 들어가기를 바랍니다."

계수와 해진이 절하며 말하였다.

"어르신의 분부를 삼가 따라 어르신께서 찾으실 때를 기다리겠으니 마
침내 저버리지 않기를 바랍니다. 다만 드리고 싶은 말씀은 이 여덟 명
이 천하기는 하지만 본래 예사 창기가 아닙니다. 제 어버이가 모두 양 27
민인데 일찍 죽어 의탁할 사람이 없어서 저희들에게 의지한 것으로 뜻
은 정결하여 여자의 절개를 깊이 사모합니다. 오늘 어르신의 말씀을
금석같이 믿었다가 만일 다시 찾지 않으신다면 반드시 원한을 품은 계

집이 될 것입니다. 어르신께서는 신물을 주시어 저희들이 믿을 수 있게 해주십시오."

유현이 미소를 짓고 절구의 아름다운 글을 지어 여덟 창기에게 주고 손에 쥐고 있던 붉은 비단 부채를 주며 말하였다.

"장부가 어찌 말을 내고 너희들 천인의 무리를 속이겠는가?"

그리고는 정자사를 돌아보고 웃으며 말하였다.

28 "여덟 창기는 형주에 속한 기녀가 아니라 불편할 것이 없을 것입니다.
내 집에 아름다운 여인[158]이 적은 것이 아니지만 이 여자들의 복스럽
게 생긴 얼굴을 따를 사람이 없으니 결단코 첩으로 삼을 것이지만 처리
할 도리가 없어서 오로지 형에게 맡깁니다. 형께서 이들을 거느려 형
의 집에 두고 내가 돌아오기를 기다려주십시오."

정자사가 박장대소하면서 말하였다.

"이 분수에 넘치고 교활한 손님아! 내가 무슨 액운으로 매부의 여덟 창기를 맡아 어찌 머무르게 하겠느냐?"

양인광이 웃으면서 말하였다.

"사부께서 단엄하신데 저런 짓을 하고 끝내 어쩌려고 하느냐?"

유현이 웃으면서 말하였다.

"남아가 아름다운 여자를 좋아하는 것은 예사입니다. 비례의 처첩이
아니니 아버지께 아뢰어도 무슨 책망이 있겠습니까? 삼촌은 전에 선월
29 정에서 난을 일으켜 남조차 곤장을 맞게 하였지만 나는 백 명의 미인
을 모아도 남에게는 더욱 해가 없을 것이니 근심하지 마십시오."

158) 아름다운 여인 : {초요월안}. 미인의 가는 허리와 달 같은 얼굴로 아름다운 여인을 비유적으로 표현하는 말임. '초요(楚腰)'는 미인의 가느다란 허리를 의미하는 말로 중국 초나라의 영왕이 허리가 가는 미인을 좋아했다는 데서 유래함. '월안(月顔)'은 달같이 아리따운 얼굴을 의미함.

정자사와 유현과 양인광 세 사람이 일시에 즐겁게 웃었다. 운현이 웃으면서 말하였다.

"자범[159]이 선월정에서 일으킨 난 때문에 우리 형제가 40대나 곤장을 맞은 것은 이제 생각하여도 원통하니 너를 데리고 왕래하는 것이 실로 어렵더라."

양인광이 크게 웃으며 말하였다.

"내가 10대쯤은 맞으려면 맞거니와 60대를 맞는다고 해도 그만 두지 않고 미색을 구할 것인데 어찌 엉덩이의 살이 성할 때가 있을 것이라고 망령되게 나를 원망하느냐?"

정자사가 어떻게 된 일인지 사연을 묻고 난 후 한바탕 박장대소하고 농
담이 여전하였다. 운현은 명월 같은 안색과 별 같은 봉황의 눈에 연꽃 같 30
은 뺨과 붉은 입술을 하고 있었고, 양인광은 바다 위에 뜬 달 같은 풍광을 지니고 있으며 여름 해 같은 기개가 일대에도 비교할 수 없는 영민하고 준수한 사람이며 천고에도 없는 풍채를 지녔으니 여러 창기가 넋을 잃고 이들의 가인(佳人)이 되고자 하였다. 그러나 운현은 유현을 어렵게 여겨 창기와 가까이 하는 것을 꺼리고, 양인광은 한 마음이 오롯이 월염에게 있었기 때문에 집안에 있는 여인들에게는 정을 주어도 집밖에서 미인을 모으지 않았으므로 여러 창기에게 정을 주지 않았다. 여덟 명의 창기가 유현의 아름다운 글과 부채를 얻고는 스스로 영화로운 행운이라고 생각하여 잔치를 마치고 물러났다. 유현이 이들에게 정자사가 서울에 돌아갈 때 따라가 서울에 가서 정씨 집안에 머물라고 분부하였다. 여덟 명의 창
기가 유현의 명령을 받들고 일제히 물러갔다. 31

159) 자범 : 양인광의 자.

이날 밤에 유현이 부인과 아들의 얼굴을 대하여 즐거운 가운데 내일의 하직이 마음에 걸려 이에 말하였다.

"나의 마음이 본래 근심이 없더니 이제 아들을 떠나는 것이 이렇게 어려우니 진실로 천륜이 막대하구려. 부인은 아들을 보호하여 우리 아버지께 보이면 부인이 삼생의 윤리로 몸을 보호한 것보다 기뻐하실 것이오."

이에 여덟 명의 창기에 대한 말을 이르고 정자사에게 그들을 맡겼음을 말하였다. 정씨가 얼굴빛을 가다듬고 단정히 앉아서 말이 없었다. 유현이 웃으며 말하였다.

32 "부인이 질투심이 나오? 옥 같은 얼굴이 보통 때와 다르게[160] 말이 없소?"

정씨가 정색하며 말하였다.

"제가 보잘 것 없고 누추한 자질로 나이가 14살이 못 되어 조씨 가문에 들어와서 당신의 아내가 되었지만[161] 둔하고 어리석어 관저(關雎)[162]의 덕이 없고 숙녀의 이름이 후세에 길이 전해지는 것을 몰랐습니다. 수많은 험난함을 다 겪고 재앙과 난리 끝에 살아남아 이제 다시 당신을 만났으니 진실로 세상에 이상한 일입니다. 한 명의 아이가 첩의 분수에는 족하여 세상의 영욕이 저에게는 뜬구름 같으니 투기를 생각하겠습니까? 다만 여덟 명의 창기를 일시에 데리고 와서 집안에 두는 것은

160) 보통 ~ 다르게 : {표표ᄒᆞ여}. 사람의 생김새나 풍채, 옷차림 따위가 눈에 띄게 두드러진다는 의미인 '표표(表表)'로 보아 이같이 옮김.

161) 아내가 되었지만 : {긔쵀롤 밧들미}. '긔쵀'는 쓰레받기와 비를 의미하는 '긔취[箕帚]'의 오기인 듯함. '기취를 받들다'는 관용적으로 여자가 아내나 첩이 된다는 의미이므로 이와 같이 옮김.

162) 관저(關雎) : 『시경(詩經)』「주남(周南)」편에 실린 노래. 덕 있는 여인을 칭송하는 내용. 주(周) 문왕(文王)과 그 후비(后妃)의 성덕(盛德)을 읊은 시. 여자의 덕과 행실, 부부간의 화목 등을 노래한 것임.

아버님의 뜻에 어긋날까 걱정이 됩니다. 첩의 어리석은 생각으로는 아
버님께서 이것을 나쁘게 여기시면 세월이 오래되어도 화를 풀지 않으 33
실 것입니다. 이제 나랏일로 외방에 나와서 어른께 아뢰지도 않고 미
녀들을 모으시면 훗날 깊이 근신하여야 할 것입니다. 아버님께서 나쁘
게 여기시는 것이 두렵지 않다면 마음대로 하실 일이지만 가히 부형을
모시는 사람으로서 삼가는 도리는 아닐 것입니다. 예로부터 친구에게
좋은 일을 권하도록 하였는데 제 오빠는 한 마디도 당신을 말리지 못하
여 이제 당신께서 이미 창기들에게 신물을 주시고 글을 주어 노래 부르
게 하였으니 그녀들이 바라는 바가 태산 같을 것입니다. 또 군자의 말
한 마디는 천 년이 흘러도 고칠 수 없는 것이니 여덟 창기를 버리지 못
하게 되었습니다. 그러니 첩의 어리석은 소견에 군자의 행동이 끝내
마땅한 것 같지 않아 밝은 표정으로 대답하지 못한 것입니다. 저의 본 34
성이 용렬하고 졸렬하여 당신이 듣기 좋은 말을 하지 못한 것이지 어찌
질투심이라 하겠습니까?"

정씨의 기품이 차가운 달과 같고 단엄한 말이 현인과 군자 같았다. 유
현이 술이 취한 후라 바르지 못한 의관을 똑바로 하고 무릎을 치며 감탄
하고 칭찬하며 말하였다.

"집이 가난할 때 어진 처를 생각하고 나라가 어지러울 때 어진 재상을
생각한다고 했소. 부인의 현숙한 말을 들으니 족히 내조를 하는 여인
의 스승이 될 것이라 존경하고 감동스러움을 이기지 못하겠소. 일찍
부인의 말을 듣지 못하여 여덟 창기와 얼굴을 맞대고 약속한 것을 뉘우
치오. 그러나 아버지께 내가 돌아가 법도대로 아뢰고 이들을 거느리면
죄가 되지 않을 듯하오. 구태여 나의 본뜻을 말하자면 어질고 선한 처 35

첩을 여러 명 구하여 집안을 채워 슬하에 비범한 자녀를 많이 두고 남아의 일생이 상쾌하고 일생을 즐겁게 보내는 것에 흠이 없는 것이오. 문왕의 삼천 명의 후비와 백 명의 아들을 부러워하고 있으니 색욕은 성인도 능히 면하지 못하시는 것이오. 아버지께서 비록 숙연하시지만 사람의 성품이 각각인 것을 헤아리셔서 용서할 것이니 부인은 깊이 염려하지 마시오."

정씨가 몸가짐과 용모를 단정히 하여 알았다고 하고 다시 쓸데없는 말을 하지 않았다.

이날 밤에 부부와 부자가 대하여 명천이 슬하에 놀면서 낭랑한 봉황 같
36 은 목소리와 옥 같은 얼굴과 버드나무 같은 모습으로 부모의 마음을 무르
녹게 하였다. 유현이 만사를 잊고 정신이 나간 듯이 아들을 바라보며 천
금 같은 소중함과 만금 같은 사랑이 형언할 수 없었다. 유현의 엄하고 위
엄 있는 기상이 아들 명천에게는 따뜻한 떡처럼 무르게 된 것이다.

정씨의 처지는 남편의 하늘같이 끝없는 마음과 아들의 아름다움으로
인해 남편의 총애가 일신에 가득하여 옛날에 조씨 집안에서 내쫓길 때의
상황과는 비교할 바가 아니었다. 그러나 정씨는 얼굴빛이 단엄하고 안정
되어 조금도 기뻐하고 방약무인함이 없으며 냉엄하고 엄격하여 옛날의
일을 마음속에 두는 것도 없이 온화한 기운이 대단하여 봄날의 아침 해
같았다. 정씨에 대한 유현의 한없는 사랑이 비교할 곳이 없었지만 유현은
37 이씨의 흰 달 같은 광채와 이름난 거동과 잉태의 조짐이 있었던 것을 생
각하고 그 신상이 지금 어떠한가 하는 염려가 적지 않았다. 또한 조씨의
아름답지만 약한 몸을 염려하여 옥 같은 얼굴의 아름다운 모습이 푸른빛
을 내는 등불과 희미한 달을 대하여 시름할 것을 잊지 못하였으니 남아가

걱정해야 할 일이 많은 것이 이와 같았다.

다음 날 아침에 대군이 떠날 때 유현이 정자사와 이별하면서 말하였다.

"오늘 이별하면 내년 봄에나 서로 볼 것입니다. 그 사이 형이 이 땅에 있지 않을 것이니 형이 돌아갈 때는 나의 처자를 거느려 금주로 갈 때의 일같이 부끄럽게 하지 마십시오."

정자사가 웃으면서 말하였다.

"금주로 갈 때의 일처럼 부끄럽게 한다고 원망하지 말게. 오늘날의 이 38
런 경사는 누가 마련한 것인가? 원래 자네가 누이를 금주로 보내지 않았던들 그런 근심이 있었겠는가? 그 일의 근본은 자네 탓이네. 누이와 어린 조카를 데려가는 것은 자네의 부탁을 기다리지 않아도 내가 알아서 하겠지만 저 여덟 명의 미인은 어디에 머물라고 애꿎은 나에게 맡기는 것인가?"

유현이 역시 웃으면서 말하였다.

"데려다가 잘 머물게 하시오. 장인어른이 아셔도 허물로 삼지 않을 것이지만 장모께서 아신다면 매우 좋지 않게 생각하실 것이오. 형이 알아서 힘써 주시오."

정자사가 웃으며 대답하였다.

"내가 가을이나 겨울에 돌아갈 것 같으니 이 땅에서 다시 자네를 못 만날 것 같네."

유현이 명천을 안고 말하였다. 39

"내가 오래지 않아 돌아올 것이니 잘 지내면서 어머니의 곁을 떠나지 마라."

명천이 울면서 유현을 놓지 않고 말하였다.

"겨우 만났는데 어찌 차마 떠나십니까? 어머니를 두고 아버지를 따르고 싶지만 어머니의 젖을 얻어먹지 못하니 어찌 하겠습니까?"

유현이 안색을 고치고 탄식하며 말하였다.

"내가 오래지 않아 올 것이다. 군중은 시퍼런 칼날이 빗기는 곳이니 어린아이는 가지 못할 곳이다."

이렇게 재삼 위로하고 현파에게 명천을 주며 말하였다.

"내당에 들어가 잘 달래라."

드디어 세 번 호통하고 대군이 떠났는데 깃발이 천 리에 이어지고 북과 나팔이 하늘에 시끄럽게 퍼지며 군대의 위용이 매우 장대하고 엄숙하였
40 다. 그 위엄이 형나라와 초나라를 떠들썩하게 하고 천고에도 찾아볼 수 없는 희한한 광경이었다. 백성들이 남녀노소 없이 산과 들에 가득하여 개미집을 쑤신 듯이 벌이 떼를 짓듯이 모여 곳곳에서 구경하였다. 사람의 어깨가 갈리는 것처럼 부딪히고 땀을 흘리면 비가 된다는 것이 오늘의 장관을 두고 이르는 것이다.

정자사가 십 리 밖에 나와 전별하고 기율(紀律)[163]과 엄숙한 호령을 보고 칭찬하면서 말하였다.

"유현은 세상에 없는 뛰어난 인재이다. 20살이 되지 못하여 행군하는 영웅의 풍모가 주아부(周亞夫)가 군사를 거느리는 것이 아니라면 한신(韓信)의 용맹함이라고 할 수 있다. 한 번 가면 반드시 사업을 역사책에
41 드리우고 이름을 온 세상에 떨칠 것이니 누이의 평생이 복됨을 하례한다."

정씨가 탄식하고 말이 없었다. 정자사가 사람을 서울로 보내 누이를

163) 기율(紀律) : 도덕상으로 여러 사람에게 행위의 표준이 될 만한 질서.

만나게 된 것과 유현이 누이와 서로 만나보고 이별한 수말을 고하였다.
또한 조카의 이야기와 그 조카가 뛰어난 것이 유현의 풍모를 닮았다고 말
했다. 유현이 본가에 보내는 서찰을 또한 조씨 집안에 보냈다. 정씨가 비
로소 양가 부모님께 편지를 올렸는데 그 편지의 내용은 자신이 산사에 숨
어있으면서 3년 동안 세상과 사절하고 요행히도 오빠를 만나 함께 모였
지만 즉시 어른들을 뵙지 못함을 슬퍼하는 것이었다. 이 소식을 정씨 집
안과 조씨 집안에 전한다면 그 기뻐함을 보지 않아도 알 만하였다. 42

이고가 정씨와 공자를 떠나게 되자 때때로 잊지 못하여 관아 안에 와서
정씨를 자주 보고 지극한 정이 현파와 똑같았다. 정씨가 감격하여 죽을
때까지 이고의 은혜를 잊지 않을 마음이 있었다.

이때 이고가 정씨를 이별하고 우울하여 즐겁지 않았는데 공교롭게 한
아름다운 소저의 시신을 얻게 되었는데 천만고에 드문 아름다운 모습이
었다. 이고는 자비롭고 어진 마음에 매우 불쌍하게 여겨 이 소저를 거두
어 장락사에서 간호하였는데 4, 5일이 지나자 이 소저가 정신을 새롭게
차렸다. 이고가 정씨가 있던 방안에 소저를 두고 사랑으로 대하고 공경하
는 것이 정씨와 마찬가지였다. 원래 길인(吉人)은 복을 하늘이 한결같이 43
내려주시고 현인은 죽을 곳을 만나도 다시 살 것을 가르치는 것이 절절한
창천의 공정하신 뜻이다. 조유현이 세상을 기울일 재덕과 천고에도 대적
할 사람이 없는 풍채와 기상을 지니고 한 세상에 독보적인 존재로 태어나
게 하였다. 모든 것을 갖춘 숙녀와 세상에서 뛰어난 미인을 쌍쌍이 내어
풍류와 재앙과 난리를 모두 경험한 후 집안의 도가 높고 무겁고 자녀가
많아 다섯 명의 처와 열 명의 창기가 장부의 일생을 상쾌하게 하는 것이
었다. 알지 못하겠구나. 또 어떤 맑고 아름다운 여인이 있어서 정씨와 이

씨에 능히 대적하는 성품과 사덕(四德), 자태와 아름다운 얼굴이 있는 것인가?

44 각설. 한림직사 경담은 승상 경설의 아들이고 명장 경문창의 손자로 문과에서 장원하여 재주와 청렴한 명망이 한 세상을 떠들썩하게 하였다. 경담이 본래 형주 사람인데 할아버지가 다 벼슬을 사양하고 물러나 고향에 있었기 때문에 3년의 말미를 얻어 고향에 내려왔다. 먼저 아버지인 승상이 죽고 삼년상을 겨우 마치니 또 할아버지인 평장공이 세상을 떠났다. 경한림이 계속되는 초상을 당하여 고향에 거려(居廬)[164]한 것이 여러 해가 되었다.

경한림은 일찍 여러 아들과 딸을 보지 못하고 있다가 부인 윤씨가 쌍둥이로 남녀를 낳았다. 그 어여쁨은 곤강의 아름다운 옥과 같았고 바다 깊
45 은 곳의 맑은 구슬과 같았다. 아들은 환이고 딸은 미혜였는데 딸이 먼저 태어나고 아들은 뒤에 태어났다. 두 아이의 빼어남이 점점 기이하여 세상에 보기 드문 신기한 보배여서 부모가 이들을 만금의 보옥같이 귀중하게 생각하였다.

소저가 꽃다운 나이 11세가 되자 경한림이 전후의 삼년상에 몸이 상하고 계모가 매우 심한 괴로운 일을 많이 만들었으므로 문득 병을 얻어 자리에 누워 다시 일어나지 못하고 길이 세상을 버렸다. 윤부인이 남편을 여의고 마음이 슬프고 아픔을 이기지 못하였다. 아비 없는 자녀를 거느리
46 면서 오장(五臟)이 떨어져서 흩어지는 것 같고 앞일이 매우 한심하였다.

그러나 소저는 얼굴과 거동이 진실로 아름답고 어질어 인자하고 효성스러움과 공정한 역량이 옛날의 아황(娥皇)과 여영(女英)을 정결하게 본받

164) 거려(居廬) : 상제가 무덤 가까이 지은 누추한 초막에서 머무는 일.

아 뒷날 만고에도 없는 아름다운 이름을 거룩하게 빛낼 영웅의 풍모가 있
었다. 태임(太任)과 태사(太姒)의 덕을 지니고 있으며 온 마음에 품은 것은
재주와 뛰어난 글 솜씨였다. 공자 환과 더불어 일찍이 시문과 서화를 희
롱하며 고사를 넓게 읽어 신기한 재주가 일취월장하여 옛일에도 밝고 지
금의 일에도 능통하며 소약란(蘇若蘭)[165]의 재질을 겸하고 있었다. 꽃다
운 효성이 제영(緹縈)[166]의 뜻을 품어 일찍 아버지를 잃고 육아(蓼莪)의 아
픔이 오장을 채우고 있었으나 편모의 곡진한 정사를 염려하여 슬픔을 마 47
음속에 담고 온화한 기운과 온순한 효성으로 어머니를 잘 따랐다. 할머니
단부인의 흉포한 호령을 미워하고 원망함이 없었으나 부친이 단부인 때
문에 평생에 괴롭던 일과 모친이 몸을 보전하는 것이 어렵게 된 것을 뼈
에 사무치도록 절박하게 여겼으나 슬픔을 고할 곳이 없어서 모녀가 슬픈
마음을 위로하였다. 비록 재상의 가문이요 제후의 집안이었지만 단부인
이 수많은 재물을 깊이 넣어 잠가두고 하나도 내어 쓰지 못하게 하였기
때문에 윤부인은 소저와 함께 밤낮으로 수를 놓거나 베를 짜서 생계를 이
어갔다. 그 괴로움이 대단하고 자녀의 원통함이 더욱 깊었다. 48

어느 날 단씨가 미혜 소저를 자기의 조카에게 주려고 하여 가만히 밤이 되면 협박하여 위력으로 혼인을 이루면 순종할 것이라고 하였다. 소저의 유모 계향이 이 말을 가만히 듣고 윤부인에게 고하였다. 윤부인 모녀가 매우 놀라서 몸이 떨리고 마음이 서늘하여 화를 피할 계책이 없었다. 윤

165) 소약란(蘇若蘭) : 서진(西秦)때의 여인으로 남편을 그리워하여 시를 짓고 이것을 비단에 수놓아 남편에게 보냈다고 하는데 이를 직금도(織金圖)라고 함. 시문을 짓는 실력이 빼어난 여인을 비유할 때 자주 인용하는 인물임.

166) 제영(緹縈) : 중국 한 나라 문제(文帝) 때의 효녀. 그녀의 아버지 순우의(淳于意)가 죄가 있어 사형을 당하게 되자, 임금에게 상소하여 자신이 관비(官婢)가 되어 아버지 죄를 속(贖)하겠다고 하니, 문제가 그 뜻을 동정하여 사형을 감해 주었다는 고사가 있음.

부인의 남동생 윤시랑의 집이 가깝고 윤시랑의 하나밖에 없는 딸이 미혜 소저와 동년생이므로 가만히 소저를 윤씨 집안으로 옮기고 소문을 내기를 미혜 소저가 공연히 실성하여 도주하였다고 하였다.

49 단부인이 깊이 의심하여 심복 시녀에게 탐문하게 하였다. 소저의 액이 대단하였기 때문에 단부인이 소저가 윤씨 집안에 숨어있는 것을 알고 매우 분노하였다. 가만히 단생을 청하여 일의 수말을 말하고 윤시랑이 나간 때를 틈타 소저를 빼앗아 가라고 하였다. 그런데 이 일은 윤부인이 전혀 모르고 있었고 소저 또한 윤씨 집안으로 간 뒤부터는 방심하여 외사촌 동생 윤소저와 한 방에 있으면서 한가하게 지내고 있었다.

단생이 윤시랑의 집을 싸고 소저를 빼앗아 가려고 하였다. 윤시랑은 나가고 다만 노복의 무리만 바깥문을 지키고 있었는데 한밤중이 되자 잠
50 이 깊이 들었으므로 도적이 사람이 하나도 없는 곳같이 달려 들어왔다. 경소저가 이 지경을 보고 그 신이하고 총명함으로 할머니 단씨가 한 일이라는 것을 알아챘으나 갑자기 욕을 면할 길이 없었으므로 급히 칼을 빼 스스로 목숨을 끊고자 하였다. 유모가 경소저를 붙들어 말리며 소저를 업고 다급하게 내달아 어두운 곳을 달리다가 문득 진흙 구덩이에 빠지게 되었다. 이때는 여름 유월 보름께라 웅덩이의 물이 불어 넘쳐 사람이 곳곳에서 익사하였으니 그 구덩이 속에 물이 가득 차 있었다. 깊은 산으로 가려고 골짜기로 들이닫다가 잘못 실수하여 마을 사람들이 범을 잡기 위해
51 산골짜기에 구덩이를 파고 올무를 놓아둔 곳에 유모와 경소저가 빠져 생사를 알지 못하게 된 것이다.

이날 마침 수정 이고가 형주에서 정씨를 보고 돌아오다가 산골짜기 구덩이 안에서 두 사람의 시신을 보고 크게 놀라고 참혹하여 친히 나아가

건져냈다. 두 여자가 몸이 물에 잠겼는데 젊은 여자는 아주 죽은 것 같았고 중년 여자는 여염집 시비의 옷을 입고 있었는데 오히려 죽지 않았다. 이고가 즉시 두 사람을 건져내니 중년 여자가 정신을 차리지 못했지만 죽을 염려는 없었다. 두 사람을 함께 데려가고자 하였지만 힘이 미치지 못
하여 소저의 주검만 품에 품고 수고로움과 괴로움을 참고 산중에 돌아오 52
니 인적이 오히려 없었다.

시신이 아름답고 얼굴 모양이 기이하니 이고가 지성으로 간호하였다. 3~4일이 되니 소저가 정신을 차리므로 이고가 이곳에 온 까닭을 물어 알게 되니 슬픔을 새롭게 이기지 못했다. 이고가 불쌍하여 간절히 근본을 물으니 경소저가 심상치 않은 이고라고 생각하여 이에 공경하여 전후수말을 속이지 않고 세세히 전하였지만 오히려 단씨의 흉포함은 말하지 않으려고 하였다. 이고가 매우 반기며 웃고 말하였다.

"노신이 비록 스님이 되었지만 경승상 상원비 두부인과 제가 삼촌간으 53
로 숙모와 조카가 되는 친척입니다. 두부인께서 계실 때는 제가 자주 부인을 찾아가서 뵙고 친척의 정이 자연스레 깊었습니다. 그런데 부인이 세상을 떠나신 후에는 내가 늙고 병들어 세상에 자주 가지 못하고 단부인이 나를 두부인의 친척이라고 심하게 쫓아냈기 때문에 가지 않았는데 그 사이 사람의 일이 이토록 괴이하게 되었습니까? 단부인의 행동이 반드시 일을 낼 줄 알았습니다. 제가 이와 같이 사람을 구한 것이 한두 번이 아니니 소저는 마음을 놓고 이곳에 머물러 계시면 내가
내려가 윤부인께 가만히 고하여 마음을 평안하게 하겠습니다. 이곳에 54
고요히 숨어 있다가 아름다운 임자를 만나 평안이 돌아가시는 것이 상책일까 합니다."

경소저가 정신이 아득한 가운데도 모친을 다시 보고 사생을 결정하려고 하여 눈물을 머금고 사례하면서 말하였다.

"사부의 다시 살려주신 은혜는 하늘과 땅 같으시니 이제 저의 생사화복이 사부의 손바닥 안에 있습니다. 어찌 가르침을 저버리겠습니까?"

이고가 매우 사랑하여 정씨를 보내고 서운한 심사를 이로써 위로하고
정씨가 있었던 방에 경소저를 머무르게 하였다. 경소저가 그곳에 있으면
55 서 마음을 굳게 잡아 세상과 관계를 끊고 지내는 중에도 어머니가 과도하
게 슬퍼하여 몸이 상하실 것을 염려하여 이고에게 부탁하여 가만히 글을
써서 어머니께 자기가 무사히 살아있는 소식을 고하였다. 윤부인이 이 편
지를 다 보고 매우 기뻐하여 경소저를 그곳에 있으라고 하니 이고도 또한
기뻐하였다.

수정 이고가 경씨를 얻은 후에 하루는 한 꿈을 얻게 되었는데 흰옷을 입은 관음이 말하였다.

"경미혜는 이곳 백옥경의 선녀이다. 70일 말미를 얻어 세상에 나서 조
군과 삼생의 숙연이 무거우니 만일 조유현이 아니면 그 짝이 없을 것이
다. 네가 또 원앙채(鴛鴦債)[167]를 힘써 주선하여 사람의 앞길을 제도하
56 라. 조원수가 오래지 않아 큰 공을 이루고 형주를 지나갈 것이니 네가
먼저 경소저와 정씨가 인연을 맺게 하여라. 경소저의 얼굴이 고금에드
물고 복록이 집안에서 영귀할 팔자이니 정씨보다 못하게 대접하지 마
라."

이고가 급히 일어나 절하고 예를 표하다 잠에서 깨니 침상에서 꾼 꿈이

167) 원앙채(鴛鴦債) : 연인들 간에 이루지 못한 마음의 소원을 비유하는 말로 부부가 되거나 연인이 되는 것을 의미함.

었다. 마음속으로 신기하게 여기며 이튿날 관아에 나아가 정씨를 보고 경 소저에게 있었던 일의 수말을 세세히 고하였다. 또 관음이 꿈에 나타나서 서 가르쳐 지시하시던 바를 전하고 조원수와 인연 맺기를 청하였다. 정씨
가 그 정사를 애석하게 여겨 이고와 상의하여 계교를 정하였다. 57

차설. 능국왕 금석탈이 그 처 계환과 함께 변방을 침략하였다. 변방을 지키던 장수가 그 세력이 강포함을 보고 능히 싸우지 못하였다. 금석탈의 부부가 몸소 대적하여 향하는 곳마다 대단하여 송나라 병사가 여러 번 패하고 장수가 전부 죽었다. 능왕이 스스로 천하에 대적할 사람이 없을 것이라 하여 이에 다시 병사를 일으켜 군대의 기강을 수습하고 군사를 연습시키고 있었다. 그런데 갑자기 조원수의 격서가 왔다고 전하므로 능왕이 받아보니 그 글은 다음과 같았다.

천조 대원수 삼노 도총병 조문계는 글을 능왕의 휘하에 보낸다. 우리 태조 고황 58
제께서 신성하시며 영민하셔서 용맹함으로 후덕과 관용이 천하를 덮었으니 그 공이 삼황오제(三皇五帝)[168]와 서로 같으시다. 천하의 인심이 돌아가는 것이 주나라 백성들이 서기의 제후로 있던 문왕에게 돌아가고 진나라 백성이 한나라 황제인 고조를 존경하여 따르는 것 같아서 황제의 지위를 받들어 옥서를 전한다. 하늘에 응답하고 백성의 뜻을 따르셔서 대위를 이루셨기 때문에 그 천자께 이르러서는 문왕, 무왕의 덕과 우임금, 순임금의 교화를 따르셔서 사물을 길러주는 혜택이 초목과 곤충에게까지 미치니 온 세상이 남풍가(南風歌)[169]를 부르고 격양가(擊壤歌)[170]를 부르며

168) 삼황오제(三皇五帝) : 세 명의 황제와 다섯 명의 임금. '삼황(三皇)'은 중국 고대 전설에 나오는 세 명의 임금. 천황씨(天皇氏), 지황씨(地皇氏), 인황씨(人皇氏)로 보는 설과 수인씨, 복희씨, 신농씨로 보는 설이 있음. '오제(五帝)'는 고대 중국의 다섯 성군(聖君). 소호(少昊), 전욱(顓頊), 제곡(帝嚳), 요(堯), 순(舜)을 이름.

169) 남풍가(南風歌) : 순임금이 다섯 줄의 거문고를 타며 불렀다는 노래임. 순임금은 스스로 오현금

59 잔뜩 배불리 먹고 배를 두드리는 것이 있다.

외국의 번왕이 바닥에 머리를 두드려 성덕에 감복하지 않을 자가 없다. 저 흉노
의 억세고 강한 적과 거란의 무예와 용맹으로도 간담이 떨어지는 듯하여 허물을 뉘
우치고 조공을 받들어 송나라를 부모의 나라로 섬긴다. 홀로 너희 무리는 하늘의 뜻
을 알지 못하고 망령되게 무기를 들어 여러 번 송나라 조정에 항거하고 송나라 장수
를 죽여 하늘을 거스르는 무도함을 보이니 하늘이 진노하시고 덕이 높은 우리 천자
께서 너의 가득한 죄에 분노하신다. 그러므로 나라에서 나에게 명하시어 40만 정병
60 과 60명의 명장을 주셔서 능적의 머리를 베어 천하에 두루 보여 변방의 백성을 구
하라고 하셨다. 내가 하늘의 도를 순순히 따라 여섯 군대를 국경의 관문에 머물게
하여 격서를 전하니 눈을 뜨고 일월의 밝음을 보라.

능왕이 격서를 다 보고 나서 노한 머리털이 관을 향해 일어나고 분한 기운으로 가슴이 막혀 말하였다.

"내가 병사를 일으켰을 때부터 어디를 가도 대적할 자가 없었다. 송나라 적이 어떤 자인데 감히 나의 위엄을 업신여기는가?"

승상 서변이 대장군 화원과 함께 아뢰었다.

(五絃琴)을 타며 남풍가(南風歌)라는 노래를 지어 불렀다고 하는데 그 가사는 다음과 같음. "남풍이 훈훈하여 우리 백성의 분노를 풀어 주리라. 남풍이 때맞추어 불어와 우리 백성들을 풍족하게 하리[南風之薰兮 可以解吾民之兮 南風之時兮 可以阜吾民之財兮]." 이 노래는 요임금 때의 '격양가'와 더불어 후세에 태평성대를 상징하는 노래가 되었음.

170) 격양가(擊壤歌) : '땅을 치며 노래한다'는 뜻이며 요(堯)나라 때의 태평세월을 구가한 것임. 요임금이 천하를 다스린 지 50년이 되었을 때, 과연 천하가 잘 다스려지고 백성들이 즐거운 생활을 하고 있는지 직접 확인하고자 평민 차림으로 거리에 나섰음. 한 노인이 길가에 두 다리를 쭉 뻗고 앉아 한 손으로는 배를 두들기고 또 한 손으로는 땅바닥을 치며 장단에 맞추어 노래를 부르고 있었음. "해가 뜨면 일하고, 해가 지면 쉬고, 우물 파서 마시고, 밭을 갈아 먹으니, 임금의 덕이 내게 무슨 소용이 있으랴[日入而息 鑿井而飮 耕田而食 帝力于我何有哉]." 이는 정치의 고마움을 알게 하는 정치보다는 그것을 전혀 느끼기조차 못하게 하는 정치가 진실로 위대한 정치라는 것을 뜻하는 것으로, 이 노래를 격양가라 함.

"노하는 것이 전쟁의 해로움을 이루고 성을 내는 것이 패배를 이룹니 61
다. 송나라 병사가 깊이 불모지에 들어와 피곤한 군사와 말을 지니고
있으면서도 먼저 큰 소리를 치는 것은 가히 두려워할 바가 아닙니다.
마땅히 크게 싸워 승부를 낼 것이니 구태여 이렇게 분노하시는 것은 부
질없을까 합니다."

능후 계환이 내달아 와서 말하였다.

"제가 원컨대 선봉이 되어 송나라 진영 장수의 머리를 한 칼에 베어 대
왕의 분을 풀고 그 다음에는 사졸의 넋을 없애겠습니다."

능왕이 매우 기뻐하며 말하였다.

"왕후가 선봉이 되면 반드시 수고롭게 싸우지 않아도 이길 것이오."

이에 송나라 진영에 회답을 하여 내일 싸우자고 약속하고 매우 용맹함 62
을 드러내며 송나라 병사를 대적하고자 하였다.

이때 송나라 원수 유현이 여러 장수를 모아놓고 각각 군령을 전하고 삼
군을 정비하여 첫 싸움에서 적진의 날카로운 기운을 꺾으라고 하였다. 술
과 고기로 사졸을 먹여 위로하고 마음을 즐겁게 하였다. 삼군의 장수와
병졸이 감격하여 저마다 좋아서 뛰며 한 사람이 열 명을 대적하여 우리
원수의 큰 은혜를 갚을 것이라고 하였다.

다음날 유현이 대군을 지휘하여 움직이고 선봉 운현에게 먼저 철원성
을 쳐서 성을 지키고 있는 장수 위난을 목 베고 성을 빼앗으라고 하였다.
운현이 명령을 받들어 적진과 마주하여 진을 치니 기율(紀律)이 가지런하 63
고 위엄이 진동하였다. 유현이 승승장구하여 능국의 성에 영채(營寨)를 세
워 머물렀다.

능국의 왕후 계환이 용감하게 뛰어 창을 끼고 말에 뛰어올라 먼저 만

명의 갑옷 입은 병사를 뽑아 내달아 송나라 진영과 마주하여 진을 쳤다. 송나라 진영의 선봉 운현이 오천 명의 정예 군사를 거느리고 천 리 오초마에 채찍질해서 내달았다. 능후 계환이 이것을 바라보니 붉은 깃발 아래 한 명의 젊은 장수가 금색 갑옷과 비단 도포에 옥띠를 두르고 용천검을 잡고 앞으로 나서 있었다. 눈빛이 멀리까지 비추어 붉은 빛이 북두칠성에 쏘이고 백옥 같은 얼굴과 가을 달 같은 이마와 용 같은 눈썹과 봉황 같은
64 눈에 흰 코와 붉은 입술이 화장을 한 미인을 비웃을 정도였다. 엄연한 위의와 늠름한 풍채 있는 몸이 진실로 일세의 영웅호걸이고 천고에도 없는 풍류랑이었다. 능후가 한 번 보고 온 정신이 유유히 흩어지고 황홀하여 매우 놀라고 음란한 욕망이 크게 일어났다. 그래서 싸울 마음은 없고 도리어 사랑하는 마음과 기특함을 참지 못하여 두 눈으로 송나라 진영을 쏘아 바라보았다.

이때 선봉 운현이 큰소리로 꾸짖으며 말하였다.

"적장은 나와 승패를 결정하자."

이렇게 말하고 바라보니 능후 계환이 장군의 복색을 하였지만 미인의 얼굴이었다. 고운 자태는 젊고 아름다웠으며 만 개의 꽃봉오리가 돌아와
65 향기를 뱉는 것 같았고 백옥의 채색이 산뜻하고 고우니 진실로 경국지색이었다. 운현이 마음속으로 생각하였다.

'능적이 강성한 것은 용맹한 장수가 많은 것을 믿고 있는 것인데 이제 어찌 저 미인을 보내어 송나라 병사에게 항거하는가? 가히 우습구나.'

문득 능후가 말 위에서 옥 같은 손을 들어 길이 읍하여 말하였다.

"몸에 갑옷과 투구가 있어서 예의를 차리지 않으니 장군께서는 용서하십시오. 첩은 바로 능국의 왕후입니다. 왕의 명령을 받아 선봉이 되었

으나 이제 장군을 보니 반드시 세상을 건질 재주와 만세를 편히 할 덕
이 있습니다. 내가 힘을 다하여 싸우지 않을 것이니 장군은 능히 첩의
마음을 알아 저버리지 않으시겠습니까? 한 번 첩이 당당히 군사의 갑 66
옷을 벗기고 항복하여 장군을 좇을 것입니다."

운현이 이 말에 매우 화를 내며 봉황 같은 눈을 높이 뜨고 용 같은 눈썹
을 치키고 매우 꾸짖으며 말하였다.

"요악한 계집이 나라를 배반하고 지아비를 저버려 타인을 보고 욕심을
내는구나. 이런 짐승 같은 음란한 계집을 보면 비위가 거슬려 진정하
지 못하니 어찌 이런 예가 아닌 말을 하느냐? 쾌히 한 번 승패를 결정
하여 음란한 계집을 목 베고 대장부의 위풍을 빛내야겠다."

말을 마치고 능후를 공격하였다. 능후가 또한 매우 분노하여 힘을 다
하고 정신을 가다듬어 싸웠다. 운현이 이리와 같은 허리를 굽히고 원숭 67
이 같은 팔을 들어 능후와 접전하였다. 운현의 칼 쓰는 법이 신출귀몰하
여 평소의 힘을 다하니 능후의 굳세고 용감함으로도 능히 당하지 못하였
다. 수 십여 합에 운현의 칼쓰는 법이 승승장구하니 이 칼 쓰는 재주가 능
후 계환의 머리를 얻게 되었다. 능후의 옥 같은 얼굴과 꽃 같은 태도가 완
연히 사라졌다.

원수 유현이 능후의 머리를 가지고 삼군에게 보이며 말하였다.

"여자가 되어 다른 남자의 풍채 있는 모습을 보고 지아비를 배반하며
음란한 욕망을 내어 염치를 잊었기 때문에 머리를 베어 그 죄를 바로 68
잡는 것이다."

여러 장수와 군졸이 무릎을 치고 탄복하며 칭찬하여 서로 말하였다.

"미색은 사람이면 누구나 욕망하는 것인데 조장군은 소년의 풍류스러

운 마음으로도 만고에도 없는 미인을 목 베니 진실로 관우가 초선의 목을 벤 것[171]과 같구나.”

이때 능왕이 능후 계환이 죽은 것을 듣고 매우 슬퍼하며 갑옷을 벗고 말에서 내려 진영 앞에 내달아 원수와 승패를 결정하자고 하였다. 송나라 진영의 문이 크게 열리고 세 번의 호통이 일어나고 한 명의 장군이 붉은 비단 쇄자갑(鎖子甲)[172]에 천 리 부운총을 타고 백모황월을 나부끼며 붉은 일산이 뚜렷하게 흔들리며 대원수의 깃발이 눈에 띄게 두드러졌다. 크
69 게 글자를 썼는데 천조 이부상서 겸 참지정사 홍문관 태학사 천하 대원수 도총병 조문계라고 되어 있었다.

능왕이 바라보니 뒤이어 좌우에 여러 장수가 호위하고 원수가 황금 갑옷에 붉은 도포를 껴입고 옥 같은 얼굴에 백마를 타고 보검을 빗겨 차고 있어서 풍광이 멀리서도 비쳐 찬란한 빛이 흰 해와 빛을 다툴 지경이었다. 숙연한 위풍은 달 아래 가을 서리가 번득이는 것 같고 봉황의 눈과 맑은 빛은 나라를 안정시킬 재주를 감추고 있었다. 양미간에 천하를 경륜할 역량과 장막 안에서 계책을 부리고 천 리 밖에서 싸움을 승리로 이끌 신기한 책략을 겸하고 있었다. 적국의 병사들이 유현을 바라보고 놀라고 두
70 려워하며 탄복하여 백주에 천신이 임하고 백옥경의 선군이 희롱하는가 두려워하였다. 부원수 양인광과 선봉 조운현의 호탕한 풍채 있는 몸이 서로 비치니 세 사람의 뛰어난 인재가 세상을 구제하며 이름을 역사에 남길

171) 관우가 ~ 것 : 조조(曹操)가 여포(呂布)를 교살(絞殺)한 뒤, 초선(貂蟬)이 유비(劉備)의 수중으로 들어오게 되었을 때, 매우 아름다운 초선을 보고 유비와 장비 등이 빠져들게 됨. 초선 때문에 동탁(董卓)과 여포(呂布)가 망했듯이 자신들 세 사람도 초선에게 미혹되어 사이가 나빠지고 천하를 도모하는 큰일을 이룰 수 없다고 관우는 판단하여 초선을 청룡언월도(青龍偃月刀)로 죽인 일을 말함.

172) 쇄자갑 (鎖子甲) : 갑옷의 하나. 사방 두 치 정도 되는 돼지가죽으로 된 미늘을 작은 고리로 꿰어 만들었음.

재주가 있음을 알 만하였다. 능왕이 매우 놀라서 생각하였다.

'내가 대군을 일으키면서부터 한 번도 패한 적이 없었다. 왕후의 독보
적인 아름다운 얼굴과 뛰어난 모습은 천하에 당할 사람이 없는데 한 번
송나라 선봉의 칼이 나의 사랑하는 왕후을 목 베니 한갓 사사로운 정으
로도 절박할 뿐만 아니라 전쟁에 길한 도(道)가 아니다. 송나라 장수의
위엄이 저토록 기특하여 세 명의 대장이 다 영웅호걸이니 나의 싸움이 71
반드시 위태로움이 많을 것이다. 그러나 나의 위엄이 대단하고 남방의
대왕이 되어 어디를 가도 대적할 자가 없으니 이 무리들은 다 부리가
누런 새 새끼 같은 어린아이로 입에 젖내가 마르지 않은 무리이다. 비
록 풍채 있는 몸은 위엄이 있으나 어찌 나의 만 사람이 당하지 못할 용
맹을 당하겠는가?'

이에 읍(揖)하여 말하였다.

"몸에 갑옷과 투구가 있어 예의를 차리지 못하지만 능국이 본래 대국
으로 다른 나라를 간섭함이 없고 군대를 일으켜 동북을 막은 것은 다른
도적을 방비하기 위해서였지 송나라의 조정에 항거하는 것이 아니었
다. 변방을 지키는 관원이 도적을 막을 재주가 없었기 때문에 잘못 혼
동하여 송나라 임금께 아뢰어 능국을 의심한 것이다. 이 분함을 이기 72
지 못하여 먼저 목 베고 후에 고하려고 하였는데 진실과 거짓을 자세히
알지 못하고 황제의 군대를 수고롭게 만 리 변방에까지 말을 달려오게
하였다. 하물며 두 군대가 마주하여 진을 쳤으니 마땅히 재주와 힘으
로 승부를 겨루어야 하는데 먼저 남의 처자를 목 베니 어진 자의 도리
가 아니다. 송나라가 고아와 과부를 죽이고 천하를 얻으니 어질지 못
한 자의 나라이다."

원수 조유현이 매우 꾸짖으며 말하였다.

"하늘을 따르는 자는 창성하고 하늘을 거스르는 자는 망한다고 했다.
우리 고황제는 하늘에 순응하고 백성을 따라 대위를 이루셔서 요임금
73 과 순임금의 덕과 우임금과 탕임금의 어지심을 겸하셨다. 이제 4대를
이어 세상을 다스리니 나라 안과 번국이 귀순하여 복종하지 않을 사람
이 없는데 너는 천명을 알지 못하고 시대의 조류를 몰라 송나라 조정에
항거하니 너의 가득한 죄를 하늘이 돕지 않아 처자를 보전하지 못한 것
이다. 오히려 그것을 뉘우치지 않고 또 송나라 장수에게 항거하니 번
신(藩臣)173)의 도가 아니라 죄 위에 죄를 더하는 것이다. 네가 만일 용
맹과 재주가 있거든 힘껏 싸워 후회하지 마라."

능왕이 매우 분노하여 방천극을 들고 말을 타고 달려들었다. 부원수 양
인광이 옆으로 내달아 접전하니 양인광의 창을 쓰는 기술이 신기하여 수
74 합 만에 창끝으로 능왕의 투구를 벗기고 찌르려고 하였다. 능왕이 매우 놀
라 말을 달려 달아났다. 능군이 일시에 내달아 능왕이 투구를 쓰게 하고
능왕이 군사를 거느리고 다시 싸웠다. 능왕이 분발하여 양인광의 군대와
크게 싸우게 되었다. 두 장수의 기운이 점점 배나 더하여 태산의 맹수와
벽해의 창룡이 뛰어넘는 듯하여 육십 여 합에도 승부를 가리지 못했다.

운현이 벌컥 화를 내며 내달아 크게 호통 치며 말하였다.

"여러 병사들은 힘을 다해야한다. 내가 맹세코 이 도적을 목 벨 것이다."

이렇게 말하고 좌우에서 협공하였다. 능왕이 또한 매우 분노하며 운현

173) 번신(藩臣) : 중앙에서 먼 곳에 있는 감영의 관찰사를 의미함. 여기서는 송나라를 섬기는 능국을 낮추어 가리키는 말임.

을 맞아 오십 여 합에 능적의 강한 용맹이 배나 더하였다. 유현이 탄식하 75
며 말하였다.

"가히 만 사람이 당하지 못할 용맹이로구나."

즉시 징을 쳐서 군사를 거두어 돌아오니 운현이 왈칵 성을 내며 말하였다.

"제가 힘을 다하여 능적을 베려고 하는데 어찌 군사를 물리십니까?"

유현이 웃으며 말하였다.

"네가 오히려 나이가 어리고 기백만 날카로워 멀리 내다보는 생각이 없구나. 능왕의 뛰어난 역량은 다른 사람보다 월등해서 신기한 묘책을 써야만 이길 것이지 한갓 용맹으로만 대적하지 못할 것이다. 그 얼굴 빛이 구리 같고 그 살점이 무쇠 같으니 어찌 싸워서 이기겠느냐? 비록
힘을 다하여 이기더라도 군사가 망할 것이니 아직 싸움을 천천히 하고 76
요긴한 진을 차례로 빼앗아 그 오른쪽 날개를 베면 군사가 땀을 흘려 말을 달리는 수고로움이 없이 이길 것이니 경솔하게 싸우지 않아야 한다."

운현이 웃으면서 말하였다.

"이 말씀도 옳지만 우리들이 임금님의 명령을 받들고 깊이 불모지에 들어와 하루가 바쁩니다. 힘으로 능히 이길 수 있을 것 같으면 그 또한 구태여 꾀를 내야겠습니까? 빨리 역적을 소멸하고 개선가를 올리며 돌아갈 것이니 어서 묘한 계책을 정하여 신속하게 일을 하십시오."

유현이 즉시 여러 장수를 모아놓고 명령을 내리며 말하였다.

"능군이 이제 이곳에서 서로 맞서 있으면서 싸움을 기다리고 다른 곳
을 미리 막는 것이 없을 것이다. 아직 채책(砦柵)[174]을 굳이 지키어 싸 77

우지 않을 것이니 부원수는 5천 명의 병사를 이끌고 산곡의 작은 길로 따라 계행산 너머의 함관을 쳐라. 운현은 5천 명을 거느리고 불시에 나아가 서관을 빼앗아서 지키고 우장군 조정화는 3천 명을 이끌고 동관을 치고 거기장군 반행은[175] 남관을 쳐서 네 곳의 중요한 곳을 빼앗아 장수에게 지키게 하면 능국의 입술과 이와 목구멍과 같은 중요한 곳을 다 빼앗아서 저들이 살려고 하여도 오히려 살지 못할 것이다. 이렇게 한다면 능왕을 잡는 것은 손바닥을 뒤집는 것처럼 쉬운 일이 될 것이다."

네 명의 장수가 명령을 듣고 네 방향의 길로 나아갔다. 네 곳의 산을 지
78 키고 있는 장수가 비록 중요한 곳을 지키고 있으나 훈련하지 않은 군졸로 불의에 정예병을 만나니 다급하여 어쩔 줄 몰라 대적하지 못할 뿐만 아니라 조유현, 양인광의 영웅스러운 면모와 조운현의 위의를 어찌 감히 넘볼 수 있겠는가? 양인광은 함관의 수장을 목 베고, 조운현은 서관의 승지를 쳐 빼앗고 장수를 목 벤 뒤 송나라의 깃발을 세우고 백성을 어루만져 위로하였다. 우장군 조정화[176]가 동관의 중요한 곳을 쳐서 이기고 거기장군(車騎將軍)[177] 반행이 남관을 빼앗고 장수 손한을 생포하니 네 개의 성을 이미 함락시켰다.

능왕이 이 소식을 듣고 매우 놀라 말하였다.

79 "네 관문은 나의 목구멍과 같이 중요한 곳이다. 어찌 이렇게 부질없이

---

174) 채책(砦柵) : 방어하기 위해 대나무 같은 것으로 쳐 놓은 울타리.

175) 동관을 ~ 반행은 : 원문에 없는 구절이지만 다음의 내용을 살펴보면 '거기장군 반행이 남관을 빼앗는 부분이' 누락된 것을 알 수 있음. 문맥상 누락된 부분이 있으므로 재구하여 삽입함.

176) 조정화 : {조계화}. 우장군을 조정화, 조영화 등으로 혼동하여 표기하고 있으므로 조정화로 통일함.

177) 거기장군(車騎將軍) : 수레와 말을 통솔하는 장군.

빼앗길 줄을 생각하였겠는가? 이미 네 관문의 요지를 송나라 장수에게 빼앗겼으니 내가 장차 위태할 것이다."

승상 서번이 말하였다.

"일이 이미 급하게 되었습니다. 그러나 군사를 거느리고 네 관문으로 간 송의 장수들이 아직 돌아오지 못하고 있으니 군사가 나누어진 이때를 틈타 송의 진영을 치면 가히 이길 수 있을 것입니다."

장군 화원이 말하였다.

"신이 한 이인(異人)을 얻었으니 매우 사납고 날쌔서 풍운과 비와 안개를 만드는 모든 도술을 마음대로 부립니다. 이 사람을 불러 대원수를 삼아 송나라 군사를 대적하면 앉아서 대업을 근심하지 않을 것입니다."

능왕이 매우 기뻐하며 그 사람을 부르라고 하였다. 그 사람이 들어오 80
니 능왕이 눈을 들어 보았다. 얼굴이 잿빛 같고 눈이 번개 같았으며 키는
9척이고 몸통의 굵기가 두 아름이나 되었다. 거동이 흉악하고 참혹하니
능왕이 한 번 보고 매우 놀라서 말하였다.

"가히 장사로구나. 성명이 무엇이며 배운 재주는 무엇이 있느냐?"

장사가 대답하였다.

"신의 성명은 구은택이고 별호는 조성사라고 합니다. 재주는 신이함이 없지만 귀신을 부리며 바람과 비를 부르고 칼을 들어 사람의 머리 베기를 풀잎같이 합니다. 만일 현명한 임금을 만나면 뜻을 기울여 섬길 것이고 그렇지 않으면 산수 간에 즐기고 놀며 몸을 굽히지 않으려고 합니다."

능왕이 웃으며 말하였다. 81

"이제 그대를 장군으로 임명하여 대원수를 시켜 송나라 장수를 대적하게 하려고 한다. 능히 재주를 다하여 적의 무리를 깨트리고 공업을 이루겠느냐?"

은택이 말하였다.

"저를 알아주는 현명한 임금을 만났으니 대왕의 은택을 받들 것인데 어찌 고인의 충절을 본받지 않겠습니까?"

능왕이 이에 은택을 대장으로 삼고 싸움을 북돋았다.

이때 송의 진영에는 네 명의 장수가 미처 돌아오지 못하고 있었다. 원수인 유현이 장막 안에 앉아있으니 능왕이 싸움을 걸어왔다. 유현이 웃으며 말하였다.

"이 적이 더 쓸 계책이 없고 힘이 다하여 흉악한 인간을 데리고 왔구나."

82 즉시 여러 장수를 거느리고 진중에 나와 꾸짖으며 말하였다.

"하늘을 거역하는 필부가 이미 네 관문을 빼앗기고 외로운 성이 아침저녁으로 위태한데도 다시 왔느냐?"

능왕이 분노하며 말하였다.

"원수가 지략을 생각하지 못하고 망령되게 관문으로 들어와 내 성지를 빼앗아갔지만 조금도 두려워하지 않는다."

이렇게 말하고 좌우를 돌아보며 싸우라고 하니 구은택이 말하였다.

"대왕께서 친히 대적하십시오. 힘을 다해 돕겠습니다."

유현이 눈을 들어 구은택을 보니 흉악하고 사나운 장사였고 더불어 가슴속에 요술을 품어 심상치 않음을 알았다. 유현이 능왕을 친히 접전하여
83 유현의 칼이 능왕의 머리에 미치게 되었다. 그러자 은택이 내달아 환도

(還刀)를 써서 유현의 칼을 쳐 능왕을 구하고 두 장수가 싸웠다. 한 사람이
백 명을 당하여 원수의 은혜를 갚고자 하더니 은택이 입으로 검은 기운을
뿜어 지척을 분간하지 못하게 되고 광풍이 크게 일어나 수많은 군사와 말
이 수없이 내달아 와서 송나라 병사를 쳤다. 그러자 유현이 한 번 백우선
(白羽扇)을 휘두르고 '정풍' 두 글자를 쓰고 '청군' 두 자를 써서 공중을 향
하여 던졌는데, 갑자기 바람이 그치고 쇠붙이로 만든 갑옷을 입은 장수가
무수히 내달아 다 송나라 깃발을 잡고 일시에 소리를 내고 은택을 쫓아갔
다. 검은 안개가 흩어지고 능군이 대패하니 능왕이 두려워하고 다급해하 84
였다.

은택이 몸을 변화시켜 큰 범이 되어 입으로 송나라 군사를 삼켰다. 유
현이 급히 몸을 날려 활과 화살을 가져다 옆으로 목구멍을 향하여 쏘았
다. 화살이 박혀 은택이 말에서 떨어졌지만 오히려 화살이 박힌 채로 싸
우다가 형세가 급하게 되자 능군을 청하였다. 능왕이 친히 은택에게 박힌
화살을 빼니 은택이 기운이 꺾여 대적하지 못하고 달아났다. 유현이 뒤를
쫓지 않고 병사를 거두어 본진으로 돌아왔다. 네 관문으로 갔던 여러 장
수들이 각각 관문을 지키고 원수인 유현에게 공을 받쳤다. 유현이 기뻐하
며 다음날 결전하려고 하였다. 선봉인 운현에게 능왕과 은택을 이리저리 85
욕하여 분노를 일으키라고 하였다. 부원수에게 뒤에 진을 치고 있다가 능
왕이 진문에 들어오거든 진을 고쳐 충충이 싸고 사로잡으라고 하였다. 그
나머지 여러 장수에게는 술과 고기를 마음껏 먹이고 말하였다.

"내일 능군과 승부를 결정할 것이니 너희들은 힘과 충성을 다하고 성
공하여 돌아오도록 하라."

여러 군사들이 일시에 원수의 소리에 응해 말하였다.

“저희들은 대장군님의 큰 은혜를 입어 죽어도 그 은혜를 갚을 것이니 성공할 마음이 없겠습니까?”

다음날 송나라 군사가 군대의 위력을 과시하며 능국 진영에 사람을 보내어 싸움을 걸었다. 은택이 말하였다.

86 “조유현의 정명한 기운이 요사(妖邪)를 진정시키고 귀신을 제어하니 신기하고 묘한 계책이 당세에 빼어납니다. 만일 신이 아니면 조유현을 대적하지 못할 것이니 오늘 삼군을 호령하여 크게 죽이도록 합시다.”

능왕이 말하였다.

“송나라 병사가 한 사람 한 사람이 굳세며 용감하고 조유현이 제갈공명과 한신의 재주가 있다. 그 선봉과 부원수가 다 용과 호랑이 같으니 오늘 삼군을 정제하여 송나라 군사의 날카로운 기운을 꺾어라.”[178]

그러고는 군대의 위용을 엄하게 하여 송나라 군사와 진을 마주하고 있었다. 유현이 말을 달리며 크게 꾸짖었다.

“역적을 어제 목 베지 않고 돌려보낸 은혜를 생각하지 않고 또 감히 기
87 용하였느냐? 내가 오늘 죄를 바로 잡을 것이니 목을 늘이고 칼을 받아
라.”

능왕이 역시 꾸짖으며 말하였다.

“네가 감히 큰소리를 치느냐?”

이렇게 말하고 달려드니 운현이 내달아 능왕을 대적하였다. 운현의 칼 쓰는 기술이 서리와 무지개 같아서 용맹이 백 배나 뛰어나고 굳세고 용감함이 남과 달라 이에 온 힘을 다해 싸웠다. 운현이 침을 뱉고 꾸짖으며 말

---

178) 송나라 ~ 꺾어라 : {숑군의 예긔ᄅᆞᆯ 최찰치 말나}. 송군의 예기를 꺾지 말라는 뜻이지만 문맥을 고려하면 송군의 예기를 꺾어라가 더 적절함.

하였다.

"내가 불행하게 선봉이 되어 너 같은 오랑캐와 맞서 싸우다니 내 반평생의 무용을 욕되게 하였으니 어찌 부끄럽지 않겠느냐? 네가 만일 항복하면 한 목숨을 살려주겠지만 그렇지 않는다면 네 머리를 베어 붉은 깃발을 만들어 잡을 것이다."

능왕이 분노하며 꾸짖었다. 88

"부리가 누런 새 새끼 같은 어린아이가 나를 이토록 욕하는가? 내가 맹세코 이 적을 베어 왕후의 원수를 갚고 분을 씻을 것이다. 너희들은 힘써서 싸워라."

여러 능국의 장수가 일시에 달려들어 운현을 쳤다. 능왕과 은택이 분노를 참지 못하여 운현을 쫓아서 송나라 진영 안에 이르렀다. 그런데 운현은 보이지 않고 원수인 유현이 진문을 열고 말을 비스듬히 잡고 말하였다.

"이 궁박하고 용렬한 도적이 우리 진영에 와서 대적할 계교를 내지 못하고 한갓 분한 기운을 내어 따를 줄만 아는구나. 만일 네가 나를 당할 수 있을 것 같으면 지금 내 진을 능히 치겠느냐? 나의 진법(陣法)[179]을 네가 알아내 보아라."

능왕이 더욱 분노하여 유현의 위풍을 매우 괴롭게 여겼다. 말을 잡고 89
좌우를 돌아보며 진의 형세를 보니 팔문(八門) 모양의 대오가 차례 없이 느슨하고 어지러워 치기 쉬워보였다. 능왕이 웃으며 말하였다.

"네가 팔문금쇄진(八門擒鎖陣)[180]을 본떴으나 대오가 가지런하지 못하

179) 진법(陣法) : 안진(雁陣), 학익진(鶴翼陣) 따위와 같이 전투를 수행하기 위하여 진(陣)을 치는 방법.
180) 팔문금쇄진(八門擒鎖陣) : 여덟 방향으로 통로가 나도록 병사들을 배치하여 진으로 들어온 적군이 빠져나가지 못하도록 막는 진법.

니 내가 어찌 이 진을 깨트리지 못하겠느냐?"

은택이 또한 대군에 이어서 달려드니 갑자기 진이 변하여 팔문(八門)이 변하여 사문(四門)이 되고 진 가운데 다시 진이 되어 형상이 뚜렷하여 천지를 본뜨고 이십팔수(二十八宿)를 생각하여 만드니 속이 광활하였고 사면
90 이 철통같아서 날개가 있어도 나갈 틈이 없었다. 능왕과 은택이 무심결
에 송나라 진영에 달려들어 크게 깨부수려고 하였는데 진이 고쳐 만들어지고 등 뒤에서 한 대장이 창을 겨누고 크게 꾸짖으며 말하였다.

"쥐 같은 도적이 죽을 땅에 들어왔으니 빨리 목을 씻고 칼을 받아라."

소리가 맑고 높으며 위엄이 늠름하여 범의 위풍이 있었는데 이 사람은 부원수 양인광이었다. 능왕이 정신을 차리고 양인광과 수합을 싸우지 않아서 은택이 요술을 부려 진중에서 변이 일어나며 갑자기 불이 나 동문에
91 붙어 다시 눈을 뜨지 못하게 되었다. 유현과 양인광이 이 모습을 보고 유
현은 황색 깃발에 '우수' 두 글자를 써 들고 양인광은 '제요' 두 자를 부르짖었다. 문득 비가 담아서 붓듯이 내려 불을 꺼버렸다.

은택이 정신이 다급하고 어지러워 요술을 다시 부리지 못했다. 송나라 군사가 승승장구하여 두 원수와 선봉인 조운현이 일시에 힘을 다해 싸워서 성화같이 치니 군사가 용감하고 날카로워 한 사람이 백 명을 당할 정도였다. 능국의 군사가 정신을 차려 송나라 군사와 어우러져 싸우는 것을 사시(巳時)[181]부터 신시(申時)[182]까지 하였지만 그치지 않았다. 능국의 군사 중에서 죽은 사람이 산과 같았고 은택과 능왕이 패잔군을 거두어 좌충
92 우돌하나 진으로 에워 싼 것을 헤치고 나가지 못했다.

---

181) 사시(巳時) : 십이시(十二時)의 여섯째 시. 오전 아홉 시부터 열한 시까지.
182) 신시(申時) : 십이시(十二時)의 아홉째 시. 오후 세 시에서 다섯 시까지.

은택이 죽기를 결심하고 크게 소리를 내며 문득 변하여 사슴이 되어 뛰어 달아나려고 하였다. 양인광이 활에 살을 먹여 쏘아 그 사슴의 눈을 맞추어 뒤꼭지까지 꿰뚫었다. 은택의 흉한 모습이 진안에 엎어져 다시 일어나지 못하니 양인광이 달려들어 창끝에 그것을 꿰어 들고 크게 외쳤다.

"너의 대장이 나의 고기 잡는 그물에 들어왔으니 너희들이 만일 항복하면 어찌 용서하지 않겠느냐?"

말을 마치자 은택을 따랐던 장졸 천여 명이 일시에 소리를 내고 투항하였다. 양인광이 은택을 시원하게 베고 능왕에게 갔다. 능왕이 분발하여 93
힘써 싸우니 굳세고 사나움이 백배나 더하여 송나라 군사가 크게 상하였다. 유현이 즉시 진을 풀어 능왕을 놓아주라고 하였다. 좌우에 있던 여러 장수들이 크게 소리 지르며 말하였다.

"이제 도적을 거의 잡았는데 어찌 문을 열어 놓아주겠습니까?"

유현이 말하였다.

"너희들은 병서를 보지 못하였느냐? 궁한 상황에 있는 사람을 쳐서 빼앗지 말라고 하였다. 이제 능왕을 놓아주지만 장졸이야 무슨 죄가 있겠느냐? 내가 비록 재주가 없으나 제갈공명이 맹획(孟獲)을 일곱 번 잡았다가 놓아준 일[183]을 공경하고 우러른다. 장군의 명령이 한 번 내렸

183) 제갈공명이 ~ 놓아준 일 : 중국 촉나라의 제갈량이 맹획(孟獲)을 일곱 번이나 사로잡았다가 일곱 번 놓아 준 일. 촉한(蜀漢)의 제1대 황제인 유비(劉備)는 제갈공명에게 나랏일을 맡기고 세상을 떠났음. 제갈공명은 후주(後主)인 유선(劉禪)을 보필하게 되었는데, 그때 각지에서 반란이 일어나 위(魏)나라를 공략하여 생전의 유비의 뜻을 받들어야 했던 제갈공명은 먼저 내란부터 수습해야 했음. 유선이 아직 어리고 철이 없어 군대를 동원하는 것이 무리라고 생각한 제갈공명은 적진에 유언비어를 퍼뜨려 이간책을 썼음. 과연 반란군은 자중지란(自中之亂)을 일으켜 서로 살육을 일삼았는데 그 결과 마지막으로 등장한 반란군이 바로 맹획이라는 장수였음. 맹획이 반기를 들자 제갈공명은 노강 깊숙이 들어가 그를 생포했는데 맹획을 생포한 제갈공명은 오랑캐로부터 절대적 신임을 받고 있는 그를 죽이는 것만이 능사는 아니라고 판단하고 오랑캐의 마음을 사로잡고 나면 그들의 인적, 물적 자원을 바탕으로 북벌(北伐)도 한결 용이할 것이라 생각하여 맹획을 풀어주었음. 이렇게 하기를 일곱 번, 마침내 맹획은 제갈공명에게 마음속

으니 너희들이 뜻을 고집할 일이 아니다."

94 양인광이 즉시 문을 열어 능왕을 석방하였다. 오직 50여 명을 풀어주고 문을 닫아 능왕의 군사를 가두니 남은 군졸들이 일시에 투항하였다. 능왕이 겨우 목숨을 보전하여 도망하였는데 수십 명의 병사들과 산곡을 타고 도망하여 해가 장차 서쪽 고개에 떨어지려고 하였다. 능왕이 산길을 가는 것이 슬프고 두려워 다급하게 가다가 문득 뛰어난 한 군마가 마구 달려오고 한 명의 대장이 창을 비껴 끼고 나오고 있었다. 이 사람은 좌장군 경패였다. 능국의 군사와 싸우고 있다가 문득 산 위에서 크게 소리 지르며 말하였다.

"능적은 도망가지 마라. 내가 이미 원수의 명령을 받아 너를 기다린 지 오래되었다."

95 이렇게 요란한 소리를 내어 말하니 능왕의 수십 명의 군사가 사방으로 흩어져 도망갔다. 능왕이 혼자 달아나고 있는데 거기장군 반행[184]와 우장군 조정화,[185] 호위장군 왕반이 전후좌우에서 협공하고 항복하라고 하였다. 능왕이 하늘을 우러러 보면서 말하였다.

"항우(項羽)가 오강(烏江)에서 스스로 목을 베었다고 하니[186] 내가 오늘

으로 복종하여 부하되기를 자청했음. 여기서 '칠종칠금(七縱七擒)'이란 말이 나오게 됨.

184) 거기장군 반행 : {거긔쟝군 박힝쥬}. 앞서 동일 인물을 '거긔쟝군 반힝'이라고 하였으므로 이로 통일함.

185) 우장군 조정화 : {우쟝군 조영화}. 동일인물을 조정화, 조계화 등으로 혼동하여 표기하고 있으므로 조정화로 통일함.

186) 항우(項羽)가 ~ 하니 : 항우(項羽)는 중국 진(秦)나라 말기에 유방(劉邦)과 천하를 놓고 다툰 무장. 유방(劉邦)과 항우의 천하쟁탈전 끝자락, 유방의 군사에 쫓겨 사면초가에 몰린 항우는 20여 기 남은 기병과 함께 오강(烏江) 기슭에 도착했음. 그곳을 지키던 관리가 "강동(江東)이 비록 작으나 땅이 사방 천리요, 백성이 수십 만에 이르니 족히 왕업(王業)을 이룰 만한 곳입니다. 대왕께서는 빨리 강을 건너십시오."라고 했지만 항우는 웃으며 "하늘이 나를 버리는데 강을 건너 무엇하리. 내가 강동을 떠날 때 강동 젊은이 8000명이 나를 따랐는데 그 부모형제들이 나를 불쌍히 여겨 왕으로 받아 준다 해도 내가 무슨 면목으로 그들을 대하겠는가."라고 말했음. 항우는 끝내 강을 건너지 않았고 밀려온 한나라 군사 중 자신의 옛 부하가 있는 것을 보고는 "내 머리

황산 협곡에서 망한 것이 힘이 없어서 그런 것이 아니고 천명 때문이구나."

칼을 들어 스스로 목을 찌르려고 하였다. 그런데 문득 함성이 일어나는 곳에서 두 명의 장수가 나는 듯이 삼천여 명의 기병을 끌고 와 송나라 진영을 헤치고 능왕을 구하였다. 이 장수들은 승상 서번과 장군 하원이었다. 능왕이 두 사람을 보고 통곡하면서 말하였다. 96

"내가 오늘날 50만 병사를 패하게 하고 일신이 적에게 싸여 목숨이 경각에 달려 있었는데 경들이 나를 구했기 때문에 살았다. 그러나 내가 무슨 면목으로 돌아가 신하와 백성을 보겠는가?"

두 사람이 위로하면서 말하였다.

"이기고 지는 것은 전투에서 흔히 있는 일입니다. 대왕께서는 슬퍼하지 마십시오. 마땅히 돌아가 다시 병사를 일으켜 원한을 씻을 것입니다."

그러고는 송나라의 병사를 헤치고 능왕을 구해냈다. 송나라의 네 장수가 따르지 않아서 능왕이 겨우 벗어나 두 사람과 함께 달아났다. 이때가 벌써 황혼 무렵이었다. 갑자기 앞에서 불빛이 환하게 빛나고 군중을 호령하는 북과 나팔이 일제히 울리며 삼군의 노련한 병사가 일시에 일어나니 97
좌우는 석호병과 범탁이고 앞에는 유성취가 쫓아오며 큰소리로 꾸짖으며 말하였다.

"네가 이제 날개가 있다면 달아나고 그렇지 않다면 빨리 밧줄을 받아라."

능왕이 두 장수를 보며 말하였다.

에 천금이 걸렸다 하니 내 그대에게 은혜를 베풀어 주리라" 하고 스스로 목을 찔렀음.

"도적이 이와 같이 심하게 따라오니 이제 한갓 적의 손에 죽는 것보다 스스로 죽을 것이다."

이렇게 말하고 곧 목을 찌르려고 하였다. 두 장수가 능왕을 붙들어 말리고 능왕을 보호하여 달아나려고 하였는데 전후좌우에서 에워싼 것을 벗어날 길이 없었다. 송군의 네 장수가 힘을 합쳐 공격하였는데 범탁은 뒤에서 쫓아오며 어깨를 치고 말이 놀라 뛰노는 사이에 석호병은 무예가
98 뛰어나기 때문에 손을 가볍게 놀려 능왕을 잡아매고 크게 외치며 말하였다.

"이미 적의 괴수를 잡았으니 너희들은 차차로 잡을 것이다."

범탁은 서번을 잡아매고 유성취는 하원을 잡아매니 능국의 병사들이 일시에 무릎을 꿇고 포복하여 살기를 빌었다. 네 장수가 크게 이기고 여러 군사를 거느리고 능왕과 여러 신하를 죄인 싣는 수레에 넣어 돌아왔다.

다음날 아침에 원수가 진영 안에 단정하게 앉고 이에 여러 장수가 공을 받치면서 능왕을 섬돌 아래에 무릎 꿇렸다. 능왕이 눈물을 흘리고 말하였다.

"내가 재주가 없어서 잡힌 것이 아니라 간사한 계책에 속은 것이다. 죽
99 어도 마음은 항복하지 않는다."

여러 장수가 일시에 아뢰었다.

"이 적의 사나움이 오늘 항복한다고 해도 내일 배반할 것이니 빨리 목을 베어 남방의 백성들을 도탄에서 구하십시오."

유현이 좌우를 돌아보며 말하였다.

"내가 운현에게 능국의 도성을 밤에 함몰시키라고 하였는데 어찌 소식

이 없느냐?"

말이 끝나자 선봉인 운현의 사자가 돌아와 고하였다.

"선봉이 이미 능국을 빼앗고 능왕의 두 딸과 두 아들을 다 잡아 가두고 방을 붙여 백성을 편안하게 하였습니다."

유현이 기쁜 빛이 얼굴에 나타나고 이에 능왕을 참수하고 하원과 서번을 크게 꾸짖으며 말하였다.

"너희가 임금을 어질게 돕지 않고 패악과 불의로 임금을 인도하였으니 100
이제 나라가 멸망하고 몸이 죽는 것은 다 너희들의 죄다. 어찌 죽는 것을 면하겠느냐?"

즉시 군영에서 목을 베고 비로소 대군을 이끌고 능국의 성에 들어가 능왕의 자녀를 멀리 해도로 옮겼다. 능국의 남적(南賊) 태원길이 인자하고 관대하여 사람들이 우러러보는 덕망을 지녔기 때문에 태원길을 세워 임금으로 삼아 백성을 진정시켰다.

4~5일 정도 군사를 쉬게 하고 이에 회군하였다. 이때는 겨울 10월이니 유현이 출병한 지 7~8개월이 되었다. 유현이 임금과 어버이를 그리워하고 삼군에게 음식을 주어 위로하고 금과 비단을 상으로 내렸다. 수많은 장졸들이 전투에서 죽은 사람이 없어 저마다 유현의 덕을 칭송하니 삼군
의 여러 장수들이 기뻐하였다. 101

10월 초순에 군대를 돌려 돌아올 때 능왕 태원길이 백 리에 나와 전송하고 남방의 백성들이 길을 막아 저마다 눈물을 흘리니 꼭 갓난아이가 부모를 바라는 것과 같았다. 유현이 능왕을 대하여 말하였다.

"이제 능왕 금석탈이 방종하여 위로 천의를 거스르고 아래로 민심을 잃으니 죄악이 천지에 가득하였기 때문에 나라가 멸망하고 그 목숨을

잃게 되었다. 왕이 어질기 때문에 군왕의 옥새와 인끈을 맡기니 온 땅의 백성이 왕의 신하 아닌 자가 없다[187]고 했다. 모름지기 나라를 다스리고 백성을 편안하게 하고 송나라 조정을 섬겨 군신의 대의를 상하게 하지 마라."

102 능왕이 공손히 사례하니 유현이 웃으면서 말하였다.

"왕이 이미 섰는데 어찌 하늘을 거스르던 때의 국호를 다시 쓰겠는가?"

이에 국호를 고쳐 금이라고 하니 차후로 금국이 되었다. 여러 백성을 위무하고 대군이 일시에 일어나 기세 있고 힘차게 돌아왔다.

11월 그믐께 형주에 다다라 승전보를 먼저 임금께 아뢰었다. 그리고는 관사에 들어가 정자사를 맞아 서로 서로 반가움을 이기지 못하고 정자사가 입공하고 승전한 것을 치하하였다. 정자사가 이때 임금에게 등용되어 바야흐로 임금이 병부상서 태학사로 부르니 일마다 자기 뜻대로 되어 기뻐하였다.

103 이때에 정씨가 유현과 이별한 후에 임신하여 버드나무 가지 같은 가는 허리가 옛날과는 사뭇 달랐다. 아들 명천은 옥 같은 깨끗한 골격과 영웅의 풍모가 더욱 기이하여 오직 일월의 광채와 성인의 품질을 지니고 있으며 기산의 봉황 같고 춘추시대의 기린 같았다. 명천이 남색 도포를 나부끼고 아버지를 매우 반기며 앞에 와서 절하였다. 유현이 엄중하였지만 부인이 만삭인데도 아무 탈이 없고 아들이 빼어난 것을 보고는 기뻐하는 기색이 흘러나와 아들의 손을 잡고 말하였다.

"내 아이가 그 사이 이와 같이 자랐으니 알지 못하겠구나. 요사이에도

---

187) 온 ~ 없다 : {솔토지빈이 막비왕신이라}. '솔토지민, 막비왕신(率土之民, 莫非王臣)'은 『시경』에 나오는 말로 온 땅의 백성이 왕의 신하 아닌 자가 없다는 의미임.

글을 배우고 있느냐?"

명천이 대답하였다.

"어머니께 배우려고 하면 외삼촌께 배우라고 하시고 외삼촌께 배우려 104
고 하면 어머니께 배우라고 하시니 글을 배우지 못하고 오직 이따금 당
시를 읽었습니다."

유현이 웃음을 띠고 정상서[188]를 보면서 말하였다.

"형이 벌써 서울로 돌아가셨나 싶었습니다. 자식과 아내가 지금 부모님을 뵙지 못한 것이 실로 내 뜻이 아니지만 내 몸에 왕명이 있어 오래 머물기 어려우니 먼저 갑니다. 형은 빨리 나의 처자와 여덟 창기를 거느리고 올라오십시오."

정상서가 말하였다.

"나 또한 급한 마음이 활시위를 떠난 화살 같네. 어찌 자네의 처첩을 호위하여 가겠는가?"

유현이 웃었다. 이날 밤에 정씨를 대하고 이별의 회포를 말하고 빨리 105
상경하지 못하는 것을 한탄하였다. 정씨가 말하였다.

"날씨가 매우 추운데 어린아이와 천 리 여행이 어렵습니다. 수일 전에 양가 아버지의 편지를 보니 봄을 기다리라고 하시니 오빠의 행도가 오히려 내년 봄이 될 것 같습니다. 시일이 미루어지는 것이 첩의 마음에는 실로 불안합니다."

유현이 탄식하며 말하였다.

"내가 또한 행역에 깊이 몸이 상하였으니 승전보를 올리고 이곳에서

---

188) 정상서 : 정자사를 정상서로 원문에서 지칭하고 있음. 정자사가 병부상서 태학사로 승격되었기 때문에 정상서로 옮김.

수일 동안 병을 조리하고자 하오."

일행과 사졸을 각각 머물러 쉬게 하였다. 형주에 머무른 지 4~5일에 부
106 인과 아들을 대하여 만사를 잊으며 기뻐하고 즐거워하며 백년의 시간도 부족해하는 마음이 있었다.

하루는 유현이 정씨를 마주하고 앉아 있을 때에 수정 이고가 들어와 뵙고 입공하고 군사를 이끌고 돌아온 것을 하례하였다. 유현이 비록 이 말을 괴롭게 여겼지만 이고의 은혜가 특별하였기 때문에 흔연히 자리를 내주었다. 이고가 얼마간의 시간이 흐른 후에 품에서 흰 비단 족자를 내어 펴면서 말하였다.

"미인도를 어떤 곳에서 팔아달라고 하는데 화법이 기특하고 그림 가운데 미인의 얼굴이 세상에 비교할 사람이 없으니 부인께서 이 그림을 사시렵니까?"

정씨가 이고와 이미 의논한 일이라 그림을 받아보았다. 한 명의 미인
107 이 단정히 불전에 예배하는 모습이었다. 검은 눈썹에 별 같은 눈과 꽃 같은 뺨에 앵두 같은 입술이며 구름 모양으로 쪽진 탐스러운 머리털과 안개 같이 풍성한 귀밑머리를 하고 있었다. 촉나라 비단을 걸친 가는 허리에 아름다운 미모가 빼어나 생기가 흘러나왔다. 찬란한 얼굴빛이 눈을 황홀하게 하니 정씨의 고움과 이씨의 청아하고 상쾌하고 시원함을 겸하고 아름다운 모습이 정씨와 이씨 두 부인에게 조금도 떨어지지 않았다.

유현이 정씨의 곁에서 그림을 보고 백년을 함께할 기이한 만남의 상대를 보고 자연스레 마음이 보통 때와 달라서 웃고 물었다.

"이 미인도의 기특함이 만금의 가치가 있는 뛰어난 보물이오. 만일 이
108 미인이 세상에 있다면 내가 당당히 만금으로 그 사람을 취하고자 하

오. 복색과 거동이 규수의 모양새인데 만일 이 여자를 안다면 이고가 월하노인을 자임하시오. 그러면 이것은 부인을 살려낸 공보다 더할 것이오."

이고가 웃으며 말하였다.

"어르신의 위엄이 나라 안에 진동하고 덕망이 일세를 기울이십니다.
이미 집안에 옥 같은 부인이 쌍쌍이 계신데 한 장의 그림을 보시고 마
음을 요동하십니까? 과연 이 그림 안의 여자는 저의 절에 있는데 이 여
자는 처지가 외로워 부모를 잃은 슬픔으로 하늘을 부르짖어 큰소리로
울고 있습니다. 할머니 단씨의 괴이한 심술궂은 마음이 일생의 앞길을
방해하기 때문에 이와 같은 변고를 만나 노신이 이 여자를 거두어 받 109
들고 있습니다. 이 그림은 어머니 유씨가 소저를 생각하고 밤낮으로
애통하게 여기니 그 소저의 남동생 경공자가 이 모습을 그려 어머니를
위로하고 늘 벽에 걸어두고 계신 것입니다. 제가 정부인이 경소저를
보지 못해 답답해하시므로 잠깐 보시게 하려고 가지고 왔습니다. 그런
데 어르신의 말씀을 들으니 실소를 금치 못하겠습니다. 경소저는 명성
있는 거족으로 방년 14살이며 재주와 용모가 독보적이고 그 어머니가
다만 딸이 하나뿐이니 어찌 어르신의 다섯 번째 부인으로 보내 천 리의
이별을 하겠습니까?"

유현이 이 말을 다 듣고 기뻐하며 웃고 그림을 다시 펴 보았다. 온갖 110
자태가 완전하고 얌전하며 정숙한 정성스러운 마음이 나타나니 경씨에게
마음이 기울고 뜻을 돌려 생각하였다.

'장부가 세상에 처하면서 미색을 사양할 바가 아니지만 이 여자의 기이함이 정씨와 이씨와 적수가 될 만하다. 하물며 정씨는 아황(娥皇)의 덕

이 있고 이씨는 온순함이 겸비되었으니 경씨를 취하여 함께 정상서를 따라 서울로 오게 하고 아버지께 경씨를 취한 사연을 아뢰지 말고 장인인 정태사에게 부탁하여 혼인을 허락받은 후에 올바르게 취하여 가도(家道)를 정할 것이다.'

111 유현이 이고를 대하여 경씨의 근본과 곡절을 일일이 묻고 정씨를 돌아보며 말하였다.

"부인은 생의 마음을 알 것이오. 내가 경씨를 취하여 부인에게 맡기고 서울로 가려고 하니 부인의 뜻은 어떻소?"

정씨가 웃음을 머금고 대답하였다.

"군자께서 뜻을 정하셨으니 아녀자의 보잘 것 없는 의견으로 간섭할 바가 아닙니다. 군자의 풍류와 재주와 덕으로 관관히 우는 저구새처럼 좋은 숙녀를 만날 것이니[189] 가히 저구(雎鳩)[190]와 행채(荇菜)[191]를 재촉할 것이며 갈담(葛覃)[192]의 온화한 기운을 볼 것입니다. 첩이 또한 이씨와 조씨와 함께 아황과 여영의 고사를 본받아 군자의 가도가 창성하고 자손이 번성하여 곽분양을 함께 모시는 것이 소원입니다. 그러나

112 깊이 생각해보면 아버님께서는 공손하시며 검소하시고 작위가 삼정승

---

189) 관관이 ~ 것이니 : {관관호귀니}. 『시경(詩經)』「주남(周南)」 편의 〈관저(關雎)〉 시에 나오는 구절로 군자와 숙녀가 좋은 짝을 만날 것을 노래한 부분임. 전문은 다음과 같음. "관관히 우는 저구새는 냇물 모래톱에 노니네. 그윽이 아름다운 숙녀는 군자의 좋은 짝이라네[關關雎鳩 在河之州窈窕淑女 君子好逑]."

190) 저구(雎鳩) : 『시경』의 「주남」 편의 〈관저(關雎)〉의 내용을 가리킴.

191) 행채(荇菜) : 『시경』의 「주남」 편의 〈관저(關雎)〉의 일부분으로 '행채(荇菜)'는 2장에 나오는 구절임. "들쑥날쑥한 마름나물을 좌우로 물길따라 취하도다. 요조한 숙녀를 자나깨나 구하도다[參差荇菜 左右流之 窈窕淑女寤寐求之]."에서 행채(荇菜)는 요조숙녀를 구하는 일을 비유한 것이라고 할 수 있음.

192) 갈담(葛覃) : 『시경(詩經)』「주남」편에 실린 시로, 집안의 화목과 번성을 노래한 것으로, 후비(后妃)가 스스로 직접 지은 것임. 후비는 신분이 이미 귀해졌는데도 부지런하고, 이미 부유한데도 검소하며, 이미 어른이 되었는데도 스승에 대한 공경이 해이해지지 않고, 이미 시집갔어도 친정 부모에 대한 효성이 쇠퇴하지 아니하였음.

에 오르시고 제자(諸子)의 스승과 벗이 되시며 지위가 신하의 극에 이르셨지만 오직 세 분의 부인만 계시고 다시 한 명의 첩도 더 두지 않아 번거롭게 하지 않으셨습니다. 군자께서 그런 아버지를 본받지 않으시고 아름다운 여자를 볼 때마다 자기의 소유로 삼고자 하시니 뒷날 무엇이라고 고할 것인지 이것을 생각하면 첩의 마음이 놀랍고 두렵습니다."

유현이 대답하였다.

"부인의 말이 금옥 같소. 우리 아버지의 지극한 정성과 큰 덕을 내가
실로 바라지 못하오. 그러나 경씨의 아름다움을 구하여도 얻기 어려울
뿐만 아니라 또한 이미 나에게 처첩이 많으니 아버지의 허락을 받고 경
씨를 취하려고 하면 경씨와 내가 머리가 하얗게 되어도 어려울 것이
오. 만일 경씨와 정혼하고 올라간다면 내가 임무에 바쁜 몸이라 어찌 113
형주에 다시 내려올 수 있겠소? 아버지께 이 혼인을 허락받는 일은 장
인어른께서 주선하여 자연스레 일이 이루어질 것이니 부인은 염려하
지 말고 중매의 소임을 힘쓰고 숙녀를 잃지 말도록 하시오."

정씨가 웃으며 말하였다.

"시아버지를 속이는 것이 첩의 마음에 떨리고 두렵습니다. 하물며 군자께서 작위가 높으시고 온갖 행동이 숙연해야 하는 이때에 부형을 속이는 것이 매우 행실에 해가 있을 것 같아 저는 민망합니다."

유현이 크게 웃으며 말하였다.

"여자는 의심이 많아 가히 대사를 의논하지 못하겠소. 이고는 힘써서 114
일이 되게 하시오."

이고와 정씨가 이미 윤부인의 허락을 받고는 미인도를 가져와 유현에게 보인 것인데, 유현이 풍류를 일삼는 성격으로 자신이 바라는 바를 이

루고자 하여 이고를 보채어 경씨의 집에서 혼인을 허락받아오라고 하였다. 정상서와 양인광에게 이 일을 의논하니 세 사람이 크게 웃었으나 이 일이 마땅하다고 말하고 윤부인에게 경씨와 혼인할 뜻을 전하였다.

조 씨 삼 대 록

13권

1 화설. 윤부인이 단부인을 두려워하여 비록 딸과 이별하는 것이 몹시
놀라웠으나 이고의 말뿐만 아니라 조유현의 뛰어난 명성은 온 세상이 아
는 까닭에 마음을 결정하여 딸과의 혼인을 허락하였다. 그러나 감히 딸을
집으로 데리고 오지 못하고 다시 외삼촌인 윤시랑의 집에 데려가 속히 성
혼하여 정씨가 있는 곳으로 보내려고 하였다.

유현이 이 사실을 알고 기뻐하며 택일하니 혼인날까지는 며칠 정도가
남아 있었다. 양인광이 웃으며 말하였다.

"저런 분수에 넘치는 일을 하고 네가 장차 뒷날 사부께 어쩌려고 하느
냐?"

유현이 웃으며 말하였다.

"남의 죄 때문에 40대를 맞았으니 내 죄로 부형께 곤장을 맞는 것을 어
2 찌 피하겠습니까?"

정상서가 크게 웃으며 말하였다.

"모질고 거만한 놈이 나를 업신여겨 이런 분수에 넘치는 일을 저지르
고 나에게 일을 주선하라고 하니 내가 당당히 너의 아버지께 아뢰어 심
한 곤장을 맞게 할 것이다."

유현이 웃으며 말하였다.

"내가 어찌 형을 업신여기겠소? 내가 형을 믿고 사랑하기 때문에 나의
어려운 일을 다 맡기는 것이니 잘 처리해주시오. 심한 곤장을 맞으면
내가 아픈 것은 말할 것도 없고 형의 누이는 마음이 오죽하겠소?"

정상서가 유현의 그 뛰어난 사람됨을 매우 소중하게 생각하기 때문에
이 일이 잘못된 것을 알았지만 말리지 않았다.

3 혼인날에 유현이 길복을 갖추고 윤가에 이르러 기러기를 올리는 예를

마치고 친영(親迎)하여 관아 안에 이르렀다. 윤부인이 거짓으로 단부인을 속이며 조카의 혼사에 간다고 하고 친정에 왔다. 윤부인이 신랑의 남보다 뛰어나고 매우 훌륭한 모습을 보고 죽은 남편을 생각하여 슬픈 감회를 이기지 못하였다. 관아 안에서 신랑 신부가 대청 가운데서 서로 절을 주고받을 때 유현이 봉황 같은 눈을 흘겨 신부를 바라보았다.

신부의 봉황 같은 눈썹은 봄 산의 아담함을 능가하고 두 눈의 정기는 가을 물의 맑은 빛을 지니고 있었다. 천연한 성덕과 청한한 행실이 양미간에 드러났다. 천상의 꽃 한 가지가 옥루에 꽂혀 있으며 남해의 다섯 빛
깔을 띠는 구슬이 빛을 토하는 것 같았다. 정씨의 온갖 자태의 아름다움 4
으로 모든 일에 걸맞은 행동과 이씨의 깨끗하고 맑으며 빼어난 광채와 비교하여도 조금도 모자람이 없었다. 신부의 모습이 오채가 영롱하고 기묘하니 풍류스러운 장부가 기뻐하고 즐거워하는 것을 비교할 곳이 없었다.

이날 정씨가 혼례식 때 기쁜 잔치를 여니 검고 윤기 나는 머리털과 아리따운 검은 눈썹에 온화한 기운이 따스하며 인자하고 붉은 뺨과 붉은 입술에 흰 치아가 드러나니 상쾌하고 시원한 광채가 경소저와 비교하여 한 쌍의 숙녀였다. 자리에 있던 모든 사람들이 왁자지껄하게 칭찬하였다. 양인광과 운현이 다 들어오니 오부인은 장막 안에서 그 광경을 살펴보았다.
이고가 머물러 있으면서 모든 일을 보살피며 정씨가 경씨를 지극히 후대 5
하여 모든 일에 있어서 풍성하고 아름다워 미진함이 없었다.

유현이 외당에 나오니 정상서가 하례하면서 말하였다.

"운희 같은 복 있는 사람이 있느냐? 쌍쌍의 숙녀와 꽃 같은 미인을 갖추어 모았으니 뒷날 자네 아버지께서 아시면 곤장 100대밖에 더할 것이 없으며 네가 장정이니 견고하여 능히 그 정도는 견딜 것이다. 그러

니 무슨 염려가 되겠는가?"

자리에 있던 사람들이 크게 웃고 유현이 웃으면서 말하였다.

"형이 남의 잔치 자리에서 불길한 말을 하지 마시오. 우리 아버지의 맑은 덕이 본래 노예도 상하게 하지 않으시는데 어찌 자식을 100대나 치
6 시겠소? 내가 한 일이 잘못되었지만 과거에 극진히 하고 조심하여 아버지의 뜻을 받들었으니 어찌 나를 책망하시겠소?"

운현이 웃으면서 말하였다.

"형이 오히려 알지 못하십니다. 작은 아버지께서는 조그마한 일도 용서하지 않으시니 만일 이 일이 발각되면 곤장 100대보다 더 어려운 경계가 있을까 합니다."

양인광이 웃으며 말하였다.

"곤장 100대보다 더 하신다면 죽이시겠느냐? 과도한 말을 하지 마라. 이러나저러나 유현은 좋아 보인다. 나는 한 번 조씨의 얼굴을 본 죄로 40대를 맞고 4년을 수절하여 남아의 풍정을 펴지 못하니 어찌 억울하지 않겠는가?"

7 운현이 크게 웃으며 말하였다.

"부끄럽고 무안하지도 않은지 이 말을 항상 들추어내느냐? 누가 내 누이를 위하여 수절하라 하였느냐? 형의 머리가 하얗게 되어도 우리 아버지가 형을 사위로 허락하지 않으실 것이니 부질없이 절개를 지키지 말고 숙녀를 골라 내 사촌 형님을 부러워하지 마라."

양인광이 양미간을 찡그리고 말하였다.

"머리털이 하얗게 되더라도 조씨를 원비로 삼은 후에 다른 처첩을 두는 것이 나 자범의 뜻이다. 내가 벌써 16살의 청년이 되었는데도 괴롭

게 홀로 지내면서 남아의 행락을 펴지 못하니 자네의 아버지가 좋지 못한 일을 하시는 것이다."

유현과 운현이 한바탕 박장대소를 하였다. 8

이날 밤 유현이 먼저 정씨의 숙소에 와서 아들을 어루만지며 연연해하고 정씨를 대하여 웃으며 말하였다.

"신부를 사랑하는 것이 옛날 부인을 사랑하는 것보다 더하지만 아들을 품에서 떠나게 되니 곤란한 일인 것 같소."

정씨가 정색하고 단정히 앉아서 말이 없었다. 유현이 또 웃으며 말하였다.

"부인은 신부를 보고 어찌 즐거워하는 빛이 없소?"

정씨가 대답하였다.

"군자는 침중하고 묵묵함이 으뜸입니다. 이 혼사가 한때의 즐거운 일
이고 운명적인 기이한 만남이지만 부모님께 고하지 않고 아내를 취하
고도 잘못에 대한 걱정이 없으시며 흥을 내십니까? 제가 아버님께서
행하시는 바를 보니 시어머니와 서로 공경하시는 것이 상대를 높이는 9
주인과 손님 같았습니다. 여러 숙모와 할머니들의 희롱을 주고받으면
서도 일찍이 농담하는 일을 보지 못하였고 항상 숙연하셨습니다. 이제
군자의 행사가 이와는 서로 크게 다르니 제가 한심해 하는 것이지 어느
겨를에 질투하는 마음이 나겠습니까? 하물며 정실을 대하여 자주 애증
과 은총을 의논할 바가 아닙니다. 이 말씀을 들으니 제가 귀를 씻고 싶
습니다. 군자의 행사를 시비하는 것이 당돌하지만 임금이 잘못되면 신
하가 간하고 부모가 잘못이 있으면 자식이 간하는 것은 성인의 경계입
니다. 고인(古人)이 내조의 공을 말씀하시고 경강(敬姜)이 베틀로 인해 10

나라를 다스리는 도를 가르쳤으니 공자께서 경강을 기리신 것입니다.
제가 변변치 못한 행실과 지혜롭지 못한 기질로 외람되게 군자의 원비
라는 이름을 빌어 아내의 자리에 있으니 그 허물이 많습니다. 군자께
서 수행을 일월같이 하시고 아버님의 어진 덕을 이으시면 제가 어머님
의 맑은 덕을 조금이나마 본받고자 하는데 군자의 말씀이 이러하니 자
못 황송하고 부끄럽습니다."

정씨의 말과 얼굴빛이 단엄하고 안색이 화청하나 마음은 가을 달 같으
며 사군자(士君子)와 절개 굳은 대장부의 풍모가 갖추어져 있었다. 유현이
11 갑자기 정씨에게 존경하는 뜻을 표하고 관을 바로하고 공경하고 칭찬하
며 말하였다.

"천자가 잘못을 바른 말로 간하는 신하가 일곱 명이면 천하를 두시고
제후가 잘못을 바른 말로 간하는 신하가 세 명이면 그 나라를 잃지 않
는다고 하며 아비가 잘못을 간하는 자식을 두면 허물을 면하고 남자가
어진 처를 두면 그 집이 흥한다고 하였소. 만일 강후(姜后)의 간하는 말
이 아니었으면 주선(周宣)이 중흥을 이루었겠소? 오늘 부인의 간하는
말에 어찌 조문계[193]가 허물을 깨닫지 않겠소? 어릴 때부터 아버지의
교훈을 밤낮으로 조심하여 아버지의 가르침을 어기는 것이 없었는데
이씨를 취할 때에 이리저리 하고 세월이 오래 되었으니 이제는 잘못을
저지른 책임을 거의 면하게 되었소. 그러나 오늘 나의 행동이 마땅하
12 지 않다는 것을 알지만 남아의 풍정을 면하지 못하니 어찌 황공함이
적겠소? 비록 그러하나 장부가 모든 일을 훤칠하게 할 것이라 깨닫지
못하고 있었고 근심을 하지 않았소. 또 신부가 현숙하니 생의 처궁(妻

193) 조문계 : 문계는 세상 사람들이 조유현을 다르게 부르던 별칭임.

宮)이 유복함을 자부하여 신부를 얻고 난 후 실언하여 부인의 공격을 받으니 부끄럽소."

정씨가 부끄러워하는 얼굴빛으로 사례하여 예절에 맞는 몸가짐이 차분하고 조용하였다. 유현이 다시 희롱하는 말을 하지 못하고 몸을 일으켜 신방에 이르렀다. 신부를 상대하니 촛불 아래에 온갖 자태의 아름다움이 더욱 기이하고 아름다워 세속의 화장한 아름다운 여자들을 비웃을 정도
였다. 유현이 신부를 애중하게 여기며 촛불을 끄고 옥 같은 손을 잡고 가 13
는 허리를 붙들어 길게 단장한 것을 벗기고 침상의 요로 나아갔다. 산과 같은 은애와 수많은 풍류를 비할 곳이 없었다.

신부에 대한 정이 흡족하여 다음날 날이 늦도록 일어나지 않으니 정상서가 종에게 말을 전하였다.

"비록 새 부인에게 깊이 빠졌으나 머리를 내어 여러 장수의 하례와 우리들의 치하를 사양하지 마라."

유현이 기뻐하며 웃고는 일어나 외당에 나왔다. 오히려 세수와 양치질을 하지 않았으니 깃을 곧추세운[194] 봉황 같았고 구름을 안고 노는 용 같았다. 눈에 띄게 훤칠한 신장이 멋스러웠는데 비단 도포를 입고 이마에 검은 관을 쓰고 나와 선뜻 웃으며 말하였다.

"형은 무슨 일로 남의 단잠을 깨우고 괴롭게 청하시오?" 14

정상서가 웃음을 머금고 말하였다.

"너의 거동이 매우 주접스럽고 용렬하다. 아내 사랑을 너같이 하는 자가 어디 있겠느냐?"

유현이 대답하였다.

---

194) 깃을 ~ 곧추세운 : {깃 거ᄉᆞ린}. '거ᄉᆞ리다'는 곧추세우다의 의미이므로 이와 같이 옮김.

"형이 사람의 부부가 화락하는 곳을 보면 심술궂은 마음을 내십니다. 옛날에 누이의 방밖을 몰래 훔쳐보더니 오늘은 또 이렇듯이 나를 보채니 그 뜻을 알지 못하겠습니다."

양인광과 운현이 크게 웃고 여러 장수가 들어와 하례하였다. 유현이
늠름하게 말하니 엄동의 차가운 하늘과 같은 묵묵한 거동이 있었다. 여러
사람들이 선뜻 존경하는 뜻을 표하고 경탄함을 그치지 않았다. 실로 유현
15 이 초공의 자식이지만 성품이 조금 다름이 있었다. 유현은 화려하고 상
쾌하여 언변이 풍성하고 친구를 대하면 농담과 미담이 흐르는 물 같아 사
람을 즐겁게 하는 까닭에 초공이 단정하고 침중한 것과는 달랐다. 유현은
신부를 대하여 옛날 부인인 정씨를 공경하고 여덟 명의 창기를 총애하며
남아의 행락이 쾌활하였다. 이 때문에 복록이 끝이 없고 자손이 창성하여
인간의 만복이 완전하니 유현보다 나은 사람이 없었다. 정상서가 이것을
탄복하고 공경하며 부러워하고 날을 택하여 떠났다.

유현이 경공자를 청하여 보니 한 명의 뛰어난 인자(仁者)이고 풍류가 상
16 쾌하고 깨끗하였다. 옥 같은 군자였고 재주와 학문이 폭넓으니 유현이
사랑하여 함께 서울로 가기를 청하였다. 경공자가 편모가 외로워할 것이
고 집안이 영락하기 때문에 떠나지 못하겠다고 하였다. 유현이 정상서에
게 쌀과 재화와 포백을 얻어 윤부인께 드려 시골에서의 고초를 위로하라
고 하고 이고에게 다시 상을 내렸다.

유현이 정상서보다 먼저 떠나게 되어 며칠 먼저 서울로 향하게 되었다.
정상서가 떠날 때 말하기를 정씨의 수레를 바로 조씨 집안으로 보내고 경
소저와 여덟 명의 창기는 정씨 가문의 별채에 설부인 모르게 머무르게 하
17 고 정태사에게 부탁하여 자기가 들어간 후 이리저리하라고 하였다. 정상

서가 응낙하고 이별하였다.

정상서가 정씨와 경씨 두 부인과 여덟 명의 창기를 거느리고 길을 떠나게 되었다. 윤부인이 마음이 어수선하고 딸을 다시 보지 못하고 떠나는 것을 슬퍼하였다. 경소저 또한 어머니와 동생을 다시 보지 못하고 떠나는 것을 슬퍼하였다. 불시에 남의 행차에 따라가게 되니 스스로 운명을 탄식하며 슬픔을 참지 못하였으나 심사를 굳게 잡고 외모는 평상시처럼 태연자약하였다. 정씨가 경소저의 정사를 불쌍하게 여겨 함께 길에 올랐다. 명천이 경소저를 어머니라고 칭하고 따르면서 친어머니같이 하였다.

화설. 조씨 집안에서는 천금 같은 두 손자를 함께 보내고 태부인과 노 18
공이 두 손자를 생각하는 마음으로 잠자리가 편하지 않고 먹어도 음식의 맛을 몰랐으며 부모의 염려와 규방의 젊은 부인의 우려가 깊었다. 장씨[195]는 운현을 근심하고 염려하여 병이 생겨 침상에 몸을 던지니 시부모가 놀랍게 생각하였다. 이씨는 병이 나았고 이 해 한 겨울에 쌍둥이 옥동자를 낳았다. 두 아이의 아름다움이 옥처럼 아름다운 나뭇가지와 같았으며 기린과 봉황과 교룡(蛟龍)[196]과 같았다. 양정렬이 친히 이씨에게 찾아가서 온 마음에 기쁨이 가득하였으며 존당이 매우 기뻐하여 온 가문에 치하가 분분하였다. 하물며 초공은 유현의 아들을 바라고 염려하고 있었
는데 이씨가 두 명의 기이한 아들을 일시에 낳으니 그 기특함을 비할 곳 19
이 없었고 기쁜 기색이 양미간에 가득하였다. 진왕이 역시 다행스럽고 기

195) 장씨 : 천화군주를 가리킴. 운현과 혼인하기 위해서 외삼촌의 수양딸로 들어와 자신의 정체를 숨기고 장씨라고 함.

196) 교룡(蛟龍) : 상상 속에 등장하는 동물로, 모양이 뱀과 같고 몸의 길이가 한 길이 넘음. 넓적한 네 발이 있고 가슴은 붉고 등에는 푸른 무늬가 있으며 옆구리와 배는 비단처럼 부드럽고 눈썹으로 교미하여 알을 낳는다고 함. 신성한 동물로 여기서는 기린과 봉황과 함께 뛰어난 아들을 비유함.

뻐하기를 며느리 소씨가 아들을 낳았을 때같이 하였다. 집안에 하객이 종일토록 끊이지 않았다. 초공이 손자가 처음이었는데 갑자기 조씨가 한 명의 뛰어난 아들을 낳았다. 그 아들이 남해의 진주와 곤산의 미옥 같아서 아버지의 풍모와 어머니의 모습이 다 각각 있으니 초공 부부의 기쁨이 비교할 곳이 없었다.

삼칠일 후 이씨와 조씨가 몸이 회복되어 일어나고 초공이 아이를 데리
고 와서 존당과 부모에게 보게 하였다. 세 아들의 옥 같은 골격과 기질이
평범한 아이가 아니었다. 이씨의 쌍둥이는 더욱 기특하여 아버지의 풍모
20 를 그대로 물려받았고 조씨의 아들도 또한 뛰어났다. 초공이 기쁜 빛을
얼굴에 띠고 아이를 안아 태부인께 드리고 아뢰었다.

"유현이 올해 스무 살입니다. 지금 한 명의 자식이 없는 것을 우려하였더니 이제 한 달 사이에 세 명의 아들을 얻으니 실로 이것을 바라지 못했습니다. 하물며 어린아이의 거동이 뛰어나고 슬기로우며 수려하여 이와 같이 기특하니 어찌 다행스럽지 않겠습니까?"

태부인이 아이를 받으며 말하였다.

"제 아비가 돌아와 이 경사를 본다면 반드시 기뻐할 것이다."

초공이 태부인의 말에 미처 대답하기도 전에 밖에 정태사가 왔다고 하였다. 초공이 아이를 놓고 나와 정태사와 서로 인사를 나누자 정태사가 기쁜 빛이 얼굴에 가득하여 말하였다.

21 "바삐 전할 소식이 있으니 인사말은 천천히 나누십시다. 형주의 소식
을 들으니 죽었던 딸이 다시 살아나고 없었던 손자가 이제 3살이 되었
다고 하니 어찌 기쁜 일이 아니겠소? 이번 길에 유현 부부가 와 부자가
다시 만나니 인간 세상에 희한한 경사가 아니겠소? 원래 즉시 사람을

시켜 소식을 전하려고 하였는데 하인이 중간에서 도적의 화를 만나 죽었고 형주에서는 우리의 거처를 몰라 사람이 오는 것이 늦어져서 기쁜 소식을 늦게야 듣게 되었으니 어찌 한스럽지 않겠소?"

이에 아들 정상서의 편지와 정씨의 편지를 전하였다. 초공이 기쁜 빛
을 걷잡지 못해하며 바야흐로 세 손자의 아름다움을 얻고 또 이 소식을
들으니 꿈인가 의심하여 한 편으로 정공의 말을 들으면서 한 편으로는 정 22
씨의 글을 보았다. 그 글에는 자기가 다시 살아난 이야기와 이제 부부가
서로 만난 일이 일일이 적혀있었다. 초공이 글을 다 보고 경사가 이어져
서 쾌활함이 양미간에 요동하니 온 얼굴에 봄바람 같은 기운이 은은하여
탄식하며 말하였다.

"만사가 하늘의 뜻이니 어찌 인력으로 하겠습니까? 제가 원래 제 며느
리의 기질이 그 정도로 생을 마치지 않을 것을 알았지만 형께서 며느리
가 분명히 죽었다고 하시니 다시 믿을 것이 없어 제가 실로 세상일을
탓하였습니다. 오늘의 경사는 진실로 생각 밖입니다. 죽은 사람이 다
시 살아난 것도 기특한 경사인데 다시 천리를 달리는 기린이 태어나서
3살이 되었다고 하니 유현이 무슨 운수가 통하여 이와 같이 숙녀와 다 23
시 만나고 없던 아들이 생겼으니 이것은 막대한 경사입니다."

그런 후에 이씨와 조씨가 순산하여 아들을 낳은 것을 전하고 더욱 기뻐하였다. 정공이 또한 이 일을 치하하고 기쁨을 이기지 못하여 술잔을 내와 실컷 마셨다. 진왕이 나갔다가 돌아와 이 소식을 듣고 기뻐하며 정공과 초공을 향하여 매우 칭찬하고 축하하며 조카의 큰 복을 다행스러워하였다.

이때, 조기현의 아내 소씨가 해산을 하고 나서 연이어 세 명의 아들과

한 명의 딸을 낳았고 여씨와 범씨가 다 한 명의 아들을 낳았다. 영현는 한
24 명의 아들이 있었다. 조기현의 예부 벼슬이 태자태부 참지정사로 올라
명망과 곧은 절개가 더욱 빛나고 태자를 도왔으며 언론과 고결하고 공정
한 의견이 성현의 풍모가 있었다. 태자가 나이가 어렸지만 총명하고 학문
을 좋아하니 조정과 재야가 기쁜 마음으로 복종하였다.

오직 장씨가 아이를 임신하는 경사가 없고 남씨가 친정에 숨어 어린 아
들을 품고 9달 만에 낳은 자식을 시댁에는 소식을 전하지 못하고 있었다.

이때, 광현이 벼슬에 나아가 직무를 맡아 중서사인으로 맑고 높은 명망
이 온 백성들에게 떠들썩하였다. 화씨와 부부간의 즐거움이 흡족하고 벌
써 옥동자를 낳으니 아버지의 풍모와 어머니의 모습이 있고 천고에도 없
는 기이한 아이였다. 문현이 또한 한림원의 이름난 선비로 임금의 총애가
25 융성하였고 소씨와 화락하였다. 진궁 안에 영화가 완전하게 갖추어지고
복록이 대단하며 해마다 경사가 이어졌다. 존당이 정씨가 생존했다는 소
식을 듣고 과도하게 즐거워하고 온 집안에 기쁜 기운이 가득하였다. 양정
렬이 기뻐하고 정숙렬이 가까운 친척의 정과 숙모와 조카의 의리로 빨리
정씨와 그 아들을 만나기를 바랐다.

이때, 날씨가 매우 추워 내년 봄을 기다리며 부모와 존당이 다시 두 아
들의 승전보를 기다리고 있었다. 진왕의 걱정거리는 오직 남씨의 일이었
다. 그 옥 같은 마음과 얼음 같은 자질로 어느 곳에 떠돌면서 살고 있는지
26 알지 못하였다. 후에 남공을 만나니 남공이 참지 못하여 잠깐 남씨의 소
식을 전하였다. 진왕이 즐거웠고 마음이 기뻐, 모든 일에 도리를 중요하
게 여기는 까닭에 운현이 돌아오기 전에 남씨를 조씨 집안으로 데리고 왔
다.

남씨가 감히 시아버지의 명을 거역하지 못하고 조씨 집안에 돌아왔다.
옥 같은 기이한 아들을 데리고 왔는데 아름다움이 수놓은 비단의 기이한
꽃 같았다. 시부모가 특히 사랑하며 두 존당이 남씨가 살아서 돌아온 것
이 세상에 없는 기쁜 일이라고 일컫고 남씨를 아끼고 사랑하는 것이 손바
닥 안의 보옥과 같았다. 장씨가 남씨를 보고 온 마음에 질투심이 불이 일
어나듯 하였지만 온화한 말과 얼굴빛으로 화합하고 우애하는 거동이 사
랑하는 동기 같았다. 그러나 남씨가 어찌 저 천화군주를 몰라보겠는가?
분명히 자기를 농 안에 넣어 강물에 넣으라고 한 여자인 것을 알았다. 남 27
씨는 모골이 송연하고 장씨를 대하면 차가운 땀이 옷을 적셨지만 오직 모
르는 체하니 그 신세가 불쌍하였다. 정숙렬이 남씨를 자애로 대하고 마음
을 쓰기를 어린 딸같이 하였다.

이때, 초공의 네 번째 아들 창현의 자는 수희니 왕부인의 소생이었다.
사람됨이 단정하여 변화씨(卞和氏)의 아름다운 옥[197] 같았다. 하물며 온
마음에 비단같이 아름다운 문장을 지니고 있어서 이백과 두보를 비웃을
정도였다. 이미 두 형과 함께 과거에서 한 번에 급제하여 벼슬이 한림원
에 이르고 이때의 나이가 15살로 사람마다 우러러 보고 공경하여 매파가
문에 가득하였다. 창현의 성품이 강직하였지만 성급하여 불과 같고 언어 28
가 단정하였지만 한 가지 병통이 있었다. 초공이 항상 경계하면서 말하였

197) 변화씨(卞和氏)의 옥 : '화씨지벽(和氏之璧)'으로 널리 알려진 옥을 가리킴. 전국시대, 초(楚)나라에 변화씨(卞和氏)란 사람이 산 속에서 옥(玉)의 원석을 발견하자 곧바로 여왕에게 바쳤는데 여왕이 보석 세공인에게 감정시켜 보니 보통 돌이라고 하자 화가 난 여왕은 변화씨를 발뒤꿈치를 자르는 형벌에 처했음. 여왕이 죽은 뒤 변화씨는 그 옥돌을 무왕(武王)에게 바쳤으나 결과는 마찬가지였는데 이번에는 왼쪽 발뒤꿈치를 잘리고 말았음. 무왕에 이어 문왕(文王)이 즉위하자 변화씨는 그 옥돌을 끌어안고 궁궐문 앞에서 사흘 낮 사흘 밤을 울었는데 문왕이 그 까닭을 묻고 옥돌을 세공인에게 맡겨 갈고 닦아 본 결과 천하에 둘도 없는 명옥이 영롱한 모습을 드러냈음. 문왕은 곧 변화씨에게 많은 상을 내리고 그의 이름을 따서 이 명옥을 '화씨지벽'이라 명명했음.

다.

"남아가 반드시 침묵하고 정대하며 너그러워야 한다. 너의 조급함과 편애함은 아녀자 같으니 내가 바라는 바가 아니다. 너는 큰 형의 넓은 마음과 둘째 형의 단정하고 묵묵함과 셋째 형의 침묵하고 정중함을 배우면 모자람이 없이 딱 맞는 군자가 될 것이다."

창현이 아버지의 말을 절하고 받아들였지만 천성을 고치지 못하였다. 창현의 아내를 널리 구하여 태학사 황광현의 딸을 취하였다. 황씨의 옥같이 아름다운 얼굴은 빼어나고 부덕(婦德)이 온화하고 공손하며 재질이 청한하였다. 그 시어머니 양정렬이 황씨를 편애하는 것이 다른 며느리에 비
29 해 세 배나 더하니 초공이 매우 기뻐하였다.

세월이 자주 바뀌어 신정이 되었다. 유현의 승전보가 임금께 오르고 글월이 조씨 집안에 이르니 부모와 존당이 다행스럽게 여기고 기뻐하는 것을 이루 다 기록하기 어려웠다. 손가락을 꼽고 날짜를 세며 두 손자들이 서울로 돌아오기를 기다렸다. 봄이 한창인 음력 2월에 유현의 대군이 돌아온다는 소식이 이르니 임금이 매우 기뻐하며 난가(鑾駕)[198]를 지휘하여 움직여 남문 밖에서 대군을 맞았다. 남문 밖 십리에 장막을 치고 조원수 유현을 기다렸다. 진왕 형제가 또한 자식과 조카를 거느리고 어가(御駕)를 모시고 나와 있었다.

이때에, 유현의 대군이 기세 있고 힘차게 돌아오니 도성의 백성들이 다
30 투어 문 밖을 가득 메우고 구경하는 사람이 광야를 뒤덮었다. 오랜 친구와 친척이 거마를 나란히 하여 나왔다. 유현이 멀리서 바라보니 장막은

198) 난가(鑾駕) : 임금이 거둥할 때 타고 다니던 가마. 옥개(屋蓋)에 붉은 칠을 하고 황금으로 장식하였으며, 둥근기둥 네 개로 작은 집을 지어 올려놓고 사방에 붉은 난간을 달았음.

창공에 이어져있고 구름과 안개 같은 차일(遮日)은 밝게 빛나는 해를 가리고 있었다. 난가가 움직이니 임금의 수레가 친히 오신 것을 깨달아 이에 삼군에게 명령을 내려 일시에 진을 만들고 자기는 말에서 내려 빠른 걸음을 걸어 '산호만세(山呼萬歲)'[199]를 불렀다. 임금이 매우 기뻐하며 기쁜 빛이 여덟 빛깔을 띤 눈썹에 영롱하여 유현의 손을 잡고 매우 반기며 위무하고 말하였다.

"경이 한 번 가니 어찌 오늘이 있을 줄 알았겠으며 한 명의 군사도 다치고 죽은 자가 없이 승리하여 돌아와 짐을 보니 공이 우주를 덮고 재주 31
와 덕이 온 세상을 떠들썩하게 하는구나. 짐이 바야흐로 침식이 편안해질 것이니 그 공을 무엇으로 갚겠는가? 짐이 경을 두어 근심이 없으니 한갓 능적을 멸한 것이 경사가 아니고 경을 둔 것을 행운으로 생각한다."

부원수 양인광과 선봉 조운현을 또 위로하며 말하였다.

"경등 세 사람은 진실로 한나라 고조의 삼걸(三傑)[200]을 부러워하지 않을 것이니 짐이 스스로 다행스럽게 생각한다."

세 사람이 머리를 조아리고 은혜에 감사하였다. 유현이 다시 은혜에 감사하며 말하였다.

"보잘 것 없는 신하를 위해 옥체를 친히 움직이셔서 교외에서 맞아주시니 신이 복이 줄어들까 두렵습니다. 폐하의 큰 복을 입어 흉한 적을

---

199) 산호만세(山呼萬歲) : 나라의 중요 의식에서 신하들이 임금의 만수무강을 축원하여 두 손을 치켜들고 만세를 부르던 일. 중국 한나라 무제가 숭산(嵩山)에서 제사 지낼 때 신민(臣民)들이 만세를 삼창한 데서 유래.

200) 한나라 ~ 삼걸(三傑) : 한나라 고조를 도와 중국을 통일하는데 큰 공을 세운 세 사람을 가리킴. 장량(張良)은 전략에 능하였고 소하(蕭何)는 내정(內政)에 달인이었으며 한신(韓信)은 작전 지휘를 잘 하였는데 이들을 가리켜 한고조 삼걸(三傑)이라 부름.

32 깨끗이 없앴지만 신이 말을 땀 흘리게 하는 수고로움을 몸소 행하는 것이 없이 능적을 깨트렸습니다. 이것은 실로 신의 공이 아니라 삼군 장사의 힘이니 어찌 공을 갚으신다는 말씀을 바라겠습니까? 오직 용안을 뵈니 반갑고 옥음을 들으니 신의 소망이 이루어졌습니다."

임금이 웃으며 말하였다.

"경의 말을 들으니 그 마음에 더욱 감탄한다. 상벌을 너무 그렇게 분명하게 따진다면 무엇으로써 어질고 그렇지 않는 것을 구별하겠는가?"

유현이 절하며 감사해하였다. 반열에 있는 아버지와 숙부를 올려다보고 반가움이 마음에 넘쳤다. 형제를 돌아보니 면면에 기쁜 빛을 이기지 못하였지만 지척에 계신 임금으로 인해 감히 사사로운 정을 말하지 못하
33 여 오직 눈으로만 정을 보냈다. 임금이 큰 잔치를 펼치고 여러 장수와 사졸을 먹이니 균천광악(鈞天廣樂)[201]은 하늘을 떠들썩하게 하고 승전곡은 태평성대를 연주하였다. 붉은 구름과 자줏빛 안개가 장막을 두르고 향기로운 바람이 산들산들하게 불어 요순시대의 태평한 기상이 은은하였다. 많은 문무 대신이 금관을 쓰고 조복을 입고 좌우에서 임금을 모시고 섰으니 꽃빛이 찬란하고 금옥이 굉장한 것 같았다. 임금의 옥안에 기뻐하는 기운이 가득하여 손으로 수염을 만지고 눈으로 온 자리의 반열을 살폈다. 진왕과 초공이 자식과 조카의 은혜로운 영화를 과분하게 생각하고 불안하여 사모를 숙이고 숙연하고 공경하며 삼갈 뿐이었다. 임금이 마음속으
34 로 탄복하며 돌아서 조유현을 보니 영웅 같은 풍모와 빼어난 골격이 만인 중에서 뛰어났다. 가을 달 같은 면모는 백옥을 무색하게 하고 봉황 같은 눈의 맑은 빛은 온 자리를 비추었으며 넓은 이마는 해와 달을 본뜬 것 같

201) 균천광악(鈞天廣樂) : 천상의 음악. '균천'이란 천제(天帝)가 산다는 하늘의 중앙을 가리킴.

았고 엄숙한 거동과 상쾌하고 시원한 형상이 가을 하늘과 나란히 할 정도로 맑았다. 늠름한 위엄과 조용하고 고요한 기개는 많은 사람 중에 가장 뛰어났다. 만일 초공과 진왕이 아니었다면 지금 시대의 최고의 군자와 영민하고 뛰어난 사람이 될 정도였다. 자리에 있던 사람들의 이목이 새롭게 탄복하고 갈채를 보냈다. 임금이 마음속 깊이 존경하며 복종하고 사랑하며 옥 술잔을 차례로 내리고 사랑하는 은총이 온 조정에 으뜸이었다. 임
금의 옥음이 따스하고 온화한 기운이 봄바람 같았다. 35

술이 여러 잔 돌아가니 유현의 옥 같은 모습이 장차 흐트러지려고 하였지만 임금의 총애가 끊어지지 않았다. 유현이 땅에 엎드려 임금 앞에서 황공해하며 사양하였지만 임금이 웃으며 말하였다.

"경의 술 취한 얼굴은 만금을 주어도 사지 못할 것이다. 하물며 짐이 술을 먹이는데 누가 뭐라고 하겠는가? 임금과 신하가 즐기는 것을 다 하고자 하니 마땅히 경들은 각각 지위대로 잔을 들어 경사를 축하하라."

온 조정이 일시에 절하고 감사해하며 명령을 받들고 삼공육경(三公六卿)이 차례차례로 잔을 받들어 술잔을 올리고 만수무강을 빌었다. 여러 신하들의 금옥이 쨍그랑거리는 소리와 나가고 물러나 절하는 거동이 많은 신
선이 백옥경에 모여 있는 듯하였다. 36

유현의 시원하고 상쾌한 수려함과 기현의 겨울 해 같은 위엄이 침묵하고 정대하여 가슴에 공자와 맹자의 도덕을 품고 온 마음에 세상을 덮을 충효를 넣고 있으니 천하의 성인이고 현명한 군자였다. 운현의 용호 같은 위풍과 광현, 문현의 성자도학이 찬란히 두드러지고 신선 같은 풍모와 도인 같은 골격이 하나같이 비범하니 여러 사람들이 경탄함을 이기지 못하

였다.

임금이 이에 군정사가 공로를 적은 것을 보고 유현을 다시 본직 대사마
병부상서 평능후로 봉하고 운현을 예부상서 평능백으로 봉하고 양인광을
37 태학사 겸 추밀사 평능백으로 봉하셨다. 여러 장수의 공을 차례로 정하
여 나누고 작위의 등급을 정하셨다. 유현이 땅에 엎드려 굳이 사양하며
말하였다.

"신이 평능후의 공이 비록 있지만 자원해서 출전하여 상으로 주는 벼슬을 받는다면 이것은 작위와 녹을 도적질하는 것이니 무슨 면목으로 천하에 서겠습니까? 병부와 이부의 중요한 권력을 신의 한 몸에 마음대로 맡기시면 이것은 스스로 화란을 취하는 것입니다. 엎드려 바라건대 지혜로우신 성상께서는 신의 지극한 소원을 살피셔서 평능후의 작위를 거두어주시면 신의 마음이 편할 것입니다."

초공이 안색을 똑바로 하고 대열에서 나와서 아뢰었다.

"유현의 적은 공로와 적은 재주를 칭찬하시고 장려하시어 후한 작위가
38 너무 과합니다. 신은 원컨대 승상의 인수를 도로 바치고 부자가 외람
된 작위와 녹을 도적질하였다는 후세의 시시비비를 듣지 않으려 합니
다. 엎드려 바라건대 성상께서는 이를 살펴주십시오."

말이 단엄하고 안색이 격렬하고 절실하니 임금이 탄복하고 칭찬하며 말하였다.

"진왕이 병부를 떠나면서부터 다시 그 직책을 맡을 재목이 선생의 자식과 조카 중에서 나오지 않으므로 유현에게 맡기고자 하였으나 선생의 뜻이 이렇듯이 바라지 않는다면 짐이 어찌 핍박하겠는가?"

이에 유현의 본직에 다시 평능후만 더해주고 양인광의 평능백의 직위

를 거두고 병부상서를 시켰다. 유현이 평능후를 다시 사양하니 임금이 정색하면서 말하였다. 39

"이는 너무 나라의 은혜를 잊는 것이며 짐의 마음을 모르는 것이다. 이와 같으면 삼군의 장졸이 누가 임금이 상으로 내리는 것을 안심하고 받겠는가?"

유현이 마지못하여 사은하였다. 날이 장차 저물자 평능후 유현이 대열에서 나와 임금이 궁으로 돌아가실 것을 청하였다. 임금이 비로소 수레를 움직이며 유현에게 명하여 진을 쳐서 유현을 앞에 서라 하고 뒤에서 가게 하였다. 유현이 선봉이 되어 가니 군대의 사기가 정숙하고 대오가 가지런하여 한신(韓信)을 나무라고 손무(孫武)[202]를 비웃으며 제갈공명(諸葛孔明)과 주아부(周亞夫)의 위풍이 갖추어져 있었다. 30만 정병과 60여 명의 장수가 차례로 가니 장한 거동이 천고에도 없는 장관이었다. 앞에서는 태 40
평곡을 치고 승전고 소리가 맑고 깨끗하였고 많은 신하들이 뒤에서 임금을 보호하고 따라가니 거동의 장려함이 천고에도 없는 모습이었다. 이렇게 행차하여 임금이 궁궐에 들어간 후에 여러 사람이 일시에 조정에서 물러나왔다. 유현이 삼군의 장졸을 다 각각 돌려보내고 아버지와 숙부를 모시고 조씨 집안으로 돌아왔다.

여러 사람들이 기쁜 빛을 띠었으니 봄바람 같은 기상을 보는 사람이 탄복하지 않을 사람이 없었다. 집의 문 앞에 임하여 진왕과 초공이 앞에 서고 여덟 명의 자식과 조카의 수레가 등 뒤에 있으며 할머니가 계신 훤당에 이르렀다. 평능후 유현과 평능백 운현이 두 할머니와 여러 어머니께 41

---

202) 손무(孫武) : 춘추전국 시대의 탁월한 병법가임. 기원전 6세기경의 사람으로, 오나라 왕 밑에서 초나라, 진나라를 위압하고 절도와 규율 있는 군사를 양성하고 저서에는 병서 『손자』가 있음.

인사를 마치고 숙모와 누이에게 인사를 마친 후에 기러기가 날아가는 행렬처럼 늘어 서 있었다. 유현 형제의 웃는 아름다운 얼굴은 봄바람에 무르녹아 붉은 입술에 백옥 같은 흰 치아가 찬란하였다. 오직 집을 떠난 사이의 안부를 묻고 그리워하던 마음을 아뢰었다. 한순간에 부자와 형제가 대하여 기뻐하고 즐거워함이 온 마음에 흡족하였다. 늙으신 증조할머니 태부인은 오히려 기력이 강령하시고 두 분 조부모와 각각의 어머니가 반석 같으심을 보고 자기들이 바라던 바와 같으니 수려한 양미간에 기쁜 빛이 흘러나왔다. 태부인과 위부인과 여러 숙모가 일시에 반가움을 띠고 기
42 뻐하는 빛이 대단하였다. 노공이 두 손자의 손을 잡고 반기며 기뻐함을 이기지 못하여 말하였다.

"그 사이 경사가 이어져서 위로는 국가의 근심을 덜고 그 다음에는 노부의 즐거움을 이루게 되었다. 일찍 네 아비와 숙부가 다 공을 세우고 전투에서 승리하여 돌아온 적이 있었으나 오늘같이 아무 탈이 없고 즐거움을 알지 못하였다. 오늘의 기쁨이 옛날보다 더하니 노부가 오늘 죽어도 상쾌한 넋이 될 것이다."

두 사람이 일어나서 두 번 절하고 말하였다.

"오늘의 입공과 전투에서의 승리는 위로는 주상의 큰 복과 할아버지의 덕을 쌓은 공덕으로 복을 받은 것입니다. 저희들이 무슨 공이 있겠습
43 니까? 몸이 무사히 돌아와 훤당에 절하게 되었으니 이만한 기쁨이 없습니다. 성은이 융성하셔서 나이가 어리고 재주가 없는데도 감히 후백(侯伯)의 자리를 굳세게 지키고 있으면서 작록을 도적질하는 것이 심히 불안합니다."

말을 하고 얼마 있다가 화파가 웃으며 두 사람을 대하여 말하였다.

“매우 기쁜 소식이 있다. 그냥은 듣지 못할 것이니 비싼 값을 주고 이 기쁜 소식을 들어라.”

유현과 운현이 모두 기쁘게 웃고 말하였다.

“먼저 말씀하시면 우리가 천금이라도 드리겠습니다.”

화파가 웃으며 말하였다.

“군자의 일언은 천년이 지나도 고치지 않는다고 했다. 평능후와 평능
백이 천금이 아니고 만금이라도 어찌 어렵겠느냐? 신의를 저버리면 그
대들도 인면수심(人面獸心)이다. 평능후가 집을 나간 사이에 옥 같은 세 44
아들이 기린과 봉황 같으며 평능백은 잃었던 부인이 비웅(羆熊)의 상서
로움[203]에 따라 천리를 달리는 기린 같은 아들을 낳는 경사를 이루니
이만한 기쁜 일이 있느냐?”

두 사람이 이 말을 들으니 진실로 기쁜 소식이어서 양미간에 기쁜 빛이 영롱하여 웃고 말하였다.

“이는 우리의 복이니 천금이 흙 같다고 해도 드릴 수 있을까요?”

조씨들이 크게 웃으며 말하였다.

“서모께서 기쁜 일을 급히 말씀하셔도 하나도 상금은 얻지 못하니 가히 불쌍하다고 하겠습니다. 내가 마땅히 너에게 반가운 아이를 보여주겠다.”

즉시 이씨의 쌍둥이와 조씨의 아들, 남씨의 아들을 태부인 뒤에서 안 45
아내어 앞에 놓으며 말하였다.

“이 어린아이의 수려한 골격을 보아라. 만금인들 아깝겠느냐?”

203) 비웅(羆熊)의 상서로움 : 비웅(羆熊)은 큰 곰을 의미하는데 아들을 낳을 것이라는 상서로움을 의미함.

평능후 유현이 눈을 들어 보니 네 아이의 옥 같은 아름다운 얼굴이 환하게 비쳐 완전히 흰 옥을 씻으며 진주를 다듬은 것 같았다. 희고 깨끗하여 난새와 봉황 같았고 맑고 깨끗한 학 같으니 유현과 운현의 영광과 행복을 비교할 곳이 없었다.

밤이 깊어지자 각각 숙소로 물러갔는데 유현 형제가 아버지와 숙부를 모시고 외헌에서 나왔다. 진왕과 초공이 두 아들을 돌아보며 말하였다.

"만 리에서 수고하고 고생한 몸이 편치 못할 것이니 사실에 가서 편하게 쉬어라."

46 두 사람이 명령을 받들고 물러가니 두 사람이 그 뜻을 알고 각각 내실로 들어갔다. 유현이 이씨를 보고 병이 나은 것과 두 아들을 낳은 경사로 인해 기뻐하여 부부의 정이 매우 기쁘고 쾌락하여 이별한 동안의 정회를 풀었다. 이씨 또한 정부인을 다시 만난 경사를 치하하니 기쁨이 비할 곳이 없었다. 이씨는 자기 부모의 자취가 없는 것을 슬퍼하였다.

평능백 운현이 돌아왔지만 장씨에 대한 옛날의 마음이 없고 남씨가 돌아온 것과 아들을 낳은 경사를 온 마음으로 기뻐하여 남씨를 먼저 보며 치하하면서 말하였다.

"변고가 이상하여 부인의 천금 같은 몸을 거의 위태롭게 하니 반드시 부인을 모해하는 자가 있을 것이오. 그 곡절을 듣고자 하오."

47 남씨가 옷깃을 여미고 온화하게 대답하였다.

"이는 첩의 운수가 기구하기 때문입니다. 깊은 밤 삼경에 몸이 어디로 가는 줄 모르고 어떤 곳에 이르렀습니다. 이러저러한 상황을 당하여 죽음이 순간에 달려 있고 다시 살아나는 것이 만무하였습니다. 그런데 전혀 생각지도 않았던 사람을 살리는 살아있는 부처를 만나 이리저리

하여 몸이 다시 이 세상에 있으나 이 역시 하늘이 내리신 운명입니다. 누구를 한하며 그 잡아갔던 곳을 어딘 줄 능히 알겠습니까?"

이렇게 대답하고 조금도 지금의 장씨가 천화군주[204]이며 천화군주의
악한 행동이 자기에게 이르렀다는 말을 발설하지 않았다. 그러니 운현이
어찌 그 화의 근본을 생각하겠는가? 다만 그때의 변고가 놀랍다고 말하 48
였다. 그런 후에 원앙이 그려진 장막에 나아가 화락한 은정이 산도 낮고
바다도 얕을 정도로 대단하였다.

새벽의 첫 닭 울음소리를 듣고 일어나 세수하고 양치질하여 정당에 모
여 아침문안 인사를 마친 후에 남자는 왼쪽에 여자는 오른쪽에 나뉘어서
자리에 앉았다. 유현과 운현 두 사람이 온화한 목소리와 부드러운 말로
이별의 회포를 고하였다. 전장의 승패와 길가의 물정을 고하였는데 흰 치
아와 붉은 입술 가운데 산골짜기의 물이 흐르는 듯하였고 어른을 뵙는 온
화한 기운이 봄볕이 따스한 것과 같았다. 시원하고 상쾌한 기상과 부드럽
고 온화한 면모가 가을 달이 중천에 나온 듯하여 사람의 수많은 불평스러
운 것을 살라버리는 것 같았다. 이에 모든 사람들이 정신이 취한 듯이 두
사람을 바라보았다. 존당과 부모의 깊고 지나친 사랑은 비교할 곳이 없 49
었다.

또 양인광의 재주와 공업을 말하고 칭찬하였다. 진왕이 또한 양인광을 기특하게 여겼지만 마침내 딸 조월염과의 혼사는 생각지도 않았다. 초공이 나직이 진왕에게 고하였다.

"인광의 행사가 비록 제멋대로 굴고 방탕하지만 어릴 때의 허물 때문

---

204) 천화군주 : {됴군주}. 앞에서 천화군주를 장씨나 연군주로 지칭하고 여기서는 조군주로 부르고 있는데 '천화군주'로 옮김.

에 군자의 재주를 해치지 않을 것입니다. 조카를 마침내 다른 가문에 결혼시키지 못할 것이니 일을 순조롭게 하셔서 예를 이루는 것이 좋을까 합니다."

진왕이 봉황 같은 눈썹을 찡그리며 말하였다.

"어리석은 형이 어찌 이것을 모르겠느냐마는 마음 한편으로 흉악한 인간 양인광의 아비 양세를 생각하면 인광이 비록 왕공의 귀함과 인간 세
50 상에서 독보적인 재목일지라도 귀하게 생각하는 마음이 없다. 네 말이 이와 같으니 나의 사랑하는 어린 딸을 규방에서 마치게 하는 것을 차마 보지는 못할 것이라 인광과 혼인시키는 것은 지극히 옳은 일이지만 인광의 사람됨이 처자에게는 괴로움을 많이 줄 사람이다. 마침내 지란 같은 약한 딸을 인광의 처로 허락하면 염려가 적지 않을 것이다."

초공이 웃으며 말하였다.

"형님의 하해(河海) 같은 도량으로도 조카를 위해서는 이렇듯이 하시니 천륜의 의리로 딸을 사랑하는 것을 알겠습니다. 원래 조카의 용모가 찬란하여 인광이 아니라도 다른 일로 보통사람과 다를 것입니다. 어찌 혼인하는 초기에 미리 이런 염려를 하시겠습니까? 비록 그러나 끝내는
51 복이 있을 상(相)입니다. 조카가 아니면 인광을 진압하지 못할 것이니 인광과 월염은 이른바 하늘이 정한 아름다운 짝이고 한 세대에 찾아볼 수 없는 좋은 짝입니다. 사위를 고르셔도 인광보다 나은 사람이 없을 것입니다. 철수문이 비록 꽃과 달 같고 풍채 있는 몸으로 세상을 덮을 영민한 사람이지만 인광을 따르지 못할 것이라는 것을 알지 못하십니까?"

진왕이 웃으며 말하였다.

"내가 생각하고 있는 일을 결단할 때 네 말을 듣지 않은 적이 없었지만 월염의 혼인에 관해서는 네 말을 듣지 않겠다고 뜻을 굳게 정하였다. 그러나 이 일에 있어서도 네 말을 듣지 않을 수가 없겠구나."

이렇게 말하고 인광을 사위로 삼으려고 하였다.

이날 유현이 정씨 집안에 이르러 장인을 반기며 장모를 절하고 뵈었 52
다. 설부인이 사위 유현의 기특함을 보니 완전히 하늘의 해와 같은 풍모와 용과 봉황과 같은 자질을 가지고 있었다. 고관대작으로 이미 공후의 높은 지위가 그 위풍을 도우니 설부인이 유현을 보고 황홀하여 깊이 사랑하고 그 웃는 입이 저절로 열렸다. 딸이 살아있어서 다행스러웠고 어린 손자를 낳은 기특한 경사가 이어져 즐거워 입이 바빠지고 안색이 흐뭇하여 기쁜 기운이 양미간에 넘쳤다. 유현이 또한 웃음을 머금고 아들의 기이함이 도리어 아이의 모습을 벗어나 환하게 빛나며 몸집이 크고 빼어나 기이한 것을 말하고 설부인이 놀랍게도 옛날 모습과 똑같아 검은 머리카
락이 풍성하고 붉은 옥 같은 얼굴이 갈수록 곱다고 말하며 기쁘고 상쾌한 53
기운이 온 자리에 가득하였다.

설부인이 새롭게 기대했던 것 이상으로 더 기뻐서 만사에 흠이 없으니 어찌 유현이 한 번 방탕했다고 해서 여덟 창기를 거느리며 새로운 처를 마음대로 정하고 수많은 분수에 넘치는 일이 있다는 것을 알겠는가? 오늘은 옛날에 유현이 호탕하다고 꾸짖고 딸에게 박정하게 군다고 나무라던 마음이 뜬구름이 흩어지듯이 사라졌다. 설부인의 유현에 대한 황홀한 사랑이 아들보다 더하니 아름답고 온화한 기운이 온 자리에 낭자하고 청아한 말은 젖먹이 아이에게 하는 것과 같았다. 유현의 역량으로 이것을 깊이 살피고는 웃음을 머금고 설부인이 자신을 공경하고 사랑하는 이유를

54 낱낱이 알았지만 물 흐르듯이 설부인을 공손하고 위하니 유현의 마음의
깊이를 사람이 헤아리지 못할 지경이었다.

곧 한가하게 장모를 모시면서 이야기를 하고 있었는데 이에 형주에서
오는 일행이 다 돌아왔다. 유현이 경씨와 여덟 창기가 함께 오는 것을 아
는 까닭에 이에 외당으로 나와서 정공이 고요히 앉아있는 틈을 타서 웃고
말하였다.

"제가 욕심이 많아서 죽었던 아내를 얻고 새롭게 처를 맞는 분수에 넘
치는 일이 있었습니다. 제가 마음대로 새 부인을 데리고 오지 못해서
정씨에게 맡겨 이리 오게 되었는데 이곳에 온다면 장모께서 용서하지
않으실 것입니다. 장인어른께서 마음이 넓고 어지시니 이리저리하시
어 저의 아버지께 혼인을 청하시면 허락하지 않으실 듯하니 한 곳의 별
55 채를 빌려서 이들을 머물게 하시고 이 일을 순조롭게 주선하여 아버지
께는 제가 마음대로 아내를 취하지 않은 것처럼 해서 죄를 면하게 해주
시면 장인어른의 큰 은혜를 받을 수 있을 것입니다."

정공이 어이없어 하였지만 도리어 유현의 기상을 일마다 기뻐하고는
거짓으로 정색하며 말하였다.

"자네의 일을 자네가 알아서 하고 아내를 얻었을 것이니 내가 어찌 그
일을 맡아서 주선하겠는가? 하물며 내 딸이 구사일생으로 겨우 만나게
되었는데 또 이런 일이 있으니 또 후회할 줄을 어찌 알겠는가? 자네 존
당께서는 며느리가 여러 명일수록 좋아하실 것이니 바로 데려다가 처
리하고 여기에 둘 생각은 말게."

유현이 태연자약하게 웃고 말하였다.

56 "이것은 제가 알 바가 아닙니다. 정상서가 힘써 권하여 아내를 얻게 하

고 나중에 처리하겠다고 하니 일을 처리하지 않겠습니까? 오직 일을 잘 주선하여 저희 아버지의 엄한 분노를 면하게 해주시기를 장인어른께 바랍니다."

정공이 선뜻 웃고 말하였다.

"자네의 넘치는 행동이 이와 같으니 이것은 처의 아비를 업신여기는 것이다. 나는 구구하고 일이 많은 것을 면치 못하는구나. 자네에게 존중을 받지 못하는 것을 통분한다."

차설(且說). 정씨가 시어머니를 모시고 옥매정에 이르니 조부모가 뜰
아래로 내려와 정씨의 손을 잡고 당에 올랐다. 조부모는 살아돌아온 정씨
가 매우 반갑고 그 모습이 흐뭇하니 절하는 것을 기다리지 못하고 좌우에 57
서 붙들고 다시 정씨가 살아온 즐거움과 어린 아들을 낳아 다시 모인 기
쁨을 말하였다. 정씨가 각각 조부모의 안부를 묻고 그 사이 재앙이 놀랍
고 참혹하여 존당과 조부모께 불효함을 사죄하여 서로 말을 수없이 나누
며 날이 저물도록 다함이 없었다.

저녁밥이 오르자 같은 당에서 먹고 그런 후에 저녁 문안인사를 마치니
정씨가 시어머니를 모시고 침실에 이르렀다. 조씨와 이씨 두 부인이 또한
따라 들어오니 양정렬의 며느리 사랑이 가득하였다. 정씨가 시어머니를
우러르는 정성이 모녀지간과 다름이 없었다. 양정렬이 며느리를 데리고
지난 일을 물으며 자연스레 밤이 깊어진 것을 깨닫지 못하였다. 정씨가 58
이렇게 3~4일을 시어머니를 모시고 정을 나누니 양정렬이 정씨를 애중하
게 여기는 마음이 옛날보다 더하였다. 정씨가 조씨와 이씨와 함께 정을
나누니 자매가 서로 모인 것 같아서 조금도 사랑을 시기하는 마음이 없으
니 세 사람의 하늘이 내린 맑은 덕이 나타나는 것을 이것으로 알 수 있었

다. 유현이 모든 일이 소원대로 되었지만 경씨를 데려오지 못하여 근심이 되었다.

정씨가 채련각을 둘러보고 경홍을 만나자 손을 잡고 눈물을 흘리며 말하였다.

"너는 나의 기신(紀信)[205]이다. 오히려 죽음을 면하고 나를 다시 보니 기신보다 더 위이구나."

59 경홍이 다행스럽고 반가움을 이기지 못하여 전후수말을 고하니 정씨가 길이 탄식하였다. 정공과 설부인이 딸이 늦게 오자 어서 오기를 재촉하니 정씨가 시부모께 고하고 근친(覲親)하려고 하였다. 초공이 쾌히 허락하고 외당에 있는 유현에게 근친을 아뢰니 꽃이 새겨진 가마와 옥으로 장식한 수레를 갖추어 정씨가 가는 위의를 차려 주었다. 시비들이 이 일을 그대로 아뢰니 고모인 조씨 등이 웃으며 말하였다.

"오늘은 정씨를 꾸짖지 않고 이와 같이 하니 말이 옛날과 지금이 다르고 부인을 대접하는 것이 전후에 다른 사람인 것처럼 하는구나. 가히 질부의 엄명이 남자를 감동시켰으며 행실이 천지신명을 꾸짖어 바로
60 잡아서 복록이 이와 같으니 어찌 기특하지 않겠는가? 옛날과 사뭇 달라 만삭이 된 거동으로 옥 같은 기린을 낳아 가문을 빛내라."

정씨가 머리를 숙이고 단정히 앉아서 잠깐 부끄러워하는 빛을 띠었다. 이윽고 유현이 현파를 불러 정씨에게 말을 전하였다.

"이미 일의 형편이 한 번의 근친을 막지 못할 것이니 천 리 길을 말 달려오고 또 이제 몸을 빼서 가면 반드시 불편함이 있을 것이오. 부인의

---

205) 기신(紀信) : 중국 한나라 고조 때의 장군. 항우의 군사에게 포위당한 고조를 위해 자신이 고조로 위장하여 항복함으로써 한 고조를 탈출시키고 자신은 살해당함. 주인을 위해 절개를 보인 신하.

몸을 우려하는 것이 아니라 뱃속에 아이를 염려하는 것이니 모름지기 조심하여 일찍이 돌아오시오."

원래 유현이 전하는 이 말은 정씨가 혼자 사실에 있을 것이라 생각하고
한 것인데 현파가 용렬하고 가벼워서 모임 중에서 바로 전하였다. 좌우 61
에 있던 여러 소년이 웃음을 참지 못하고 조씨 등이 낭랑하게 웃으며 말하였다.

"조카가 부인을 염려하는 것이 낯간지럽구나."

정씨가 부끄러워하여 몸을 둘 곳이 없는 것처럼 하니 초공이 침중하지만 잠깐 웃음을 띠고 정씨를 향하여 말하였다.

"너의 산달이 장차 언제냐?"

정씨가 감히 대답하지 않을 수 없어서 몸을 굽혀 대답하였다.

"한 달이 남았습니다."

초공이 놀라워하는 얼굴빛을 띠고 말하였다.

"그렇다면 천 리 행도가 실로 위태로운 일이 될 것 같구나. 조심하여 빨리 오너라."

정씨가 절하고 공손히 명령을 받들고 돌아왔다. 초공이 유현에게 벌써
자녀가 많이 있는 것을 매우 기뻐하며 말하였다. 62

"유현이 자식이 늦는 것을 근심하였더니 이제는 바라던 것보다 그 이상이니 유현의 복 있는 상을 가히 알겠구나."

조씨들도 일시에 칭찬하고 축하하였다.

정씨가 친정에 돌아오니 설부인이 반기고 슬퍼하며 붙들고 도리어 술에 취하고 미친 것 같아 모녀의 눈물이 강물 같으니 자리에 있던 사람들이 다 슬퍼하였다. 정상서 부인이 붙들어 위로하고 타이르며 말하였다.

"이미 지나간 일은 뜬구름 같고 이제 복록이 온전히 다 갖추어져 있습니다."

그리고는 정상서 부부가 진중하지만 조유현이 아들을 지나치게 사랑
63 하는 모습을 태반이나 지어 말하면서 설부인의 슬픔을 위로하였다. 설부인이 울음을 그치고 도리어 웃음을 내어 입이 벌어지고 기뻐하였다. 손자를 붙들고 그 빼어남을 말하고 세상에 뛰어난 것을 자랑하고 머리를 쓰다듬으면서 말하였다.

"네 어미가 수많은 고난과 재앙을 겪고 이와 같은 기이한 아이를 낳았으니 나의 영광과 행운을 어디에다 비교하겠는가? 이제 죽어도 눈을 감을 수 있겠다."

그런 후에 모녀가 대하여 전후수말을 일일이 고하였다. 이고 수정의 태산 같은 은덕을 말하니 설부인이 이고 수정의 은혜를 뼈에 새기고 감사하여 서로 보며 사례하지 못하는 것을 한스러워하였다. 정씨가 어머니의
64 마음을 아는 까닭에 경씨와 여덟 창기에 대한 말은 드러내지 않았다.

밤이 되자 정씨는 어머니 몰래 작은 가마를 타고 금정[206]에 나와 경씨를 보았다. 경씨의 외로운 몸이 아직 서너 명의 시비들과 함께 깊숙하게 묻혀 있으니 좌우에 친한 사람이 없고 비록 친족이 있으나 아직 찾아오는 사람이 없었다. 마음이 어지러워 아름다운 눈썹에 수심이 가득 쌓여있었고 옥 같은 얼굴에 진주 같은 눈물이 맺혀 고향을 생각하였다. 그러나 거리가 수 천리나 떨어져 있고 산천이 가로 막혀 있어서 편지[207]가 끊어져 홀어머니의 외로움과 동생의 괴로움을 생각하니 금옥 같은 마음이 낱낱

---

206) 금정 : 미상이나 경씨가 머물고 있는 정씨 집안의 별사로 추측됨.
207) 편지 : {어안}. 어안(魚雁)은 물고기와 기러기라는 뜻으로, 편지나 통신을 이르는 말. 잉어나 기러기가 편지를 날랐다는 데서 유래함.

이 재가 되는 것 같았다. 슬피 길게 탄식하며 운명을 탓하니 정씨가 슬퍼
하며 감동하고 빨리 나가 경씨의 손을 잡고 탄식하며 말하였다. 65

"부인의 심사가 다 어찌 이렇지 않겠습니까마는 만사가 다 하늘의 뜻이니 슬퍼하는 것은 무익합니다. 일의 형세를 보아 어머니를 서울로 모셔올 것입니다. 지금 바로 조씨 집안으로 가지 못하는 것은 어른들께 처음으로 뵙는 예의를 차리지 않을 수 없기 때문이고 조씨 집안이 지금은 매우 소란스러우니 안정되기를 기다려야 하니 이곳에서 안정하고 계십시오. 내가 또 여기 있어서 불편함이 없을 것이니 어찌 슬퍼하기를 과하게 하여 약한 마음을 태우십니까?"

경씨가 탄식하며 말하였다.

"제가 조씨 집안에 못 가는 것을 슬퍼하는 것이 아니라 군자의 거동을
살피니 군자께서 저를 데리고 온 것이 스스로 마음대로 한 것이고 예 66
의로 취한 것이 아닙니다. 지금 저를 처리하지 못하고 있으니 반드시 무사할 줄을 알겠습니까? 제 마음에 조군을 수행하는 군자로 알았는데 어찌 인륜지대사를 마음대로 자행할 줄 알았겠습니까?"

정씨가 말하였다.

"전쟁에 출정할 때에 아버님께서 마땅한 곳이 있거든 처를 취하라고 하신 말씀이 있었던 까닭에 군자가 부인을 만나 이곳에 데려온 것입니다. 아직 고요하게 머물고 있다가 혼인을 주선하게 하는 것입니다."

경씨가 고개를 숙이고 탄식하고 말이 없었다. 정씨가 어머니와 헤어졌
다 다시 만나 금세 떠나기 어려웠고 또 경씨를 잊지 못하여 정씨 집안에 67
오래 머물고 있으면서 때를 타서 경씨를 위로한 것이었다. 조씨 집안에서는 정씨를 데려오라고 재촉하였지만 유현은 경씨 때문에 심사가 어지러

워 아직 정씨를 친정에 머물게 하고 있었다.

하루는 주위가 조용할 때 유현이 태부인을 모시고 있으면서 좌우에 있던 시비도 물러간 때를 틈타 태부인의 무릎 아래에 나가 고하였다.

"이번에 출정했다가 큰일을 저질렀으니 증조할머니께서 혼인을 주선하셔서 제가 죄를 면하게 해주시기를 바랍니다."

태부인이 놀라서 물었다.

"무슨 일을 저질렀느냐? 내 힘으로 너를 구할 수 있다면 어찌 힘을 다하지 않겠느냐? 자세히 말해보아라."

68 유현이 웃음을 머금고 소리를 나직이 하여 경씨를 취한 사연과 여덟 명의 창기를 데리고 온 곡절을 낱낱이 고하고 말하였다.

"이 일이 다 증조할머니께서 주선하시는 것에 달려 있습니다. 오늘 정공이 와서 구혼할 것이니 증조할머니께서는 아직 잠잠하게 계시다가 정공이 다녀간 후에 아버지를 청하여 이리저리하시면 아버지가 처음에는 허락하지 않을 것입니다. 그러나 증조할머니께서 모든 방법으로 힘쓰셔서 마음을 움직이시면 아버지가 허락할 것이니 어찌 거역하겠습니까? 이렇게 하고 먼저 경씨를 데리고 온 후에 또 여덟 명의 창기를 이리저리하고 증조할머니께서 부르라 하시면 아버지도 자연스레 허락할 것입니다."

태부인이 놀랐지만 한 편으로 기뻐하며 말하였다.

69 "경씨가 네 눈에 드는 여자이면 반드시 정씨와 더불어 걸맞을 것이다. 네가 분수에 넘치는 일을 했구나. 그러나 이미 얻어온 여자를 어찌 버리겠느냐? 네 말대로 할 것이니 너는 제가(齊家)를 잘 하여라. 여덟 창기는 부질없다. 창기야 누구를 못 따르겠느냐? 다시 이것은 생각하지

마라."

유현이 웃고 말하였다.

"여덟 창기가 아니라도 저는 다섯 명의 부인과 열 명의 미인은 정하여 두려고 합니다. 이미 어질고 착한 창기를 얻어와 버리기는 불쌍하고 다시 이런 창기를 얻기도 어렵습니다. 명목상으로는 천하지만 서리 같은 절행이 죽기를 결심하고 다른 사람을 섬기지 않을 것이니 어찌 하겠습니까?"

태부인이 말하였다. 70

"분수에 넘치는 것이 네 숙부[208]보다 더하니 늙은 할미의 호령으로 두 가지 일을 다 못할 것 같구나."

유현[209]이 웃음을 머금고 아양을 떨며 말하였다.

"사리를 생각하여 다시 주선해주십시오."

다음날 정공이 유현의 청으로 조씨 집안에 이르러 진왕과 초공과 함께 한가롭게 이야기를 하고 있었는데 그때 유현 형제가 자리에서 모시고 있었다. 정공이 초공을 향하여 말하였다.

"내가 오늘 형에게 기쁜 일로 중매하러 왔으니 기꺼이 따라 주겠나?"

초공이 웃으며 대답하였다.

"어느 아이를 위하여 월하노인을 자임하겠습니까?"

정공이 말하였다.

"다른 아이가 아니라 나의 사위를 위하여 월하노인을 자임하려고 하 71

---

208) 숙부 : {아비}. 평능후 유현이 방일하고 호탕하여 여색에 탐혹하는 것은 아버지인 초공보다는 숙부인 진왕을 닮았다는 서술이 『조씨삼대록』 곳곳에 드러나 있음. 초공은 침중하고 엄격한 성인군자의 면모를 지니고 있기 때문에 유현의 이런 모습은 풍류를 즐기고 호탕한 진왕의 면모를 닮았다고 하는 것이 맞으므로 서술자의 오류로 보고 이와 같이 옮김.

209) 유현 : {능빅}. '평능백'은 운현이고 '평능후'는 유현인데 문맥상 '능후 유현'을 잘못 쓴 것으로 보임.

네. 형주의 경담의 딸이 괴이한 일로 서울에서 타향살이하면서 내 딸과 사귀어 정의가 특별하고 아황과 여영의 고사를 본받고자 하네. 그러나 내 딸이 자네 가문의 뜻을 알지 못하여 이 사실을 발설하지 못하였네. 그런데 내 딸이 경씨와 함께 있을 때 우연히 유현을 대하여 유현이 그 얼굴을 서로 보았으니 경씨가 스스로 부끄러워하며 차마 다른 곳에 시집가지 못하고 있는데 그 할머니가 다른 곳에 경씨를 혼인시키려고 하였네. 그러자 경씨가 집을 떠나 내 딸을 따라 내 집에 이르러 별사에 있네. 사위에게 이 사연을 말했지만 자기에게 아내가 많고 자식이
72 여럿 있으니 다른 마음이 없다고 정중하게 사양하였네. 그러나 경씨의 고상한 뜻은 금석같이 굳어서 구차하게 다른 가문에 시집가는 것을 원치 않고 조용히 규방에서 한 몸을 마치려고 하네. 하물며 경씨는 그 사람됨이 열녀이고 정숙하며 아름다워 군자에게 걸맞은 좋은 짝일 것이네. 유현의 사람됨이 여러 첩을 모았으나 제가를 근심할 바가 아니니 형은 원컨대 내 말을 허탄하게 여기지 말고 경씨를 유현의 부인으로 허락하게."

초공이 정공의 말을 다 듣고 한 끝을 들어도 백 가지를 꿰뚫는 총명을 지니고 있으니 이것이 유현의 부탁인 것을 알아채고 눈으로 유현을 보며 잠깐 웃으며 말하였다.

73 "이 아이는 집안에 여러 아내가 있으니 다시 아내가 번다한 것이 자기의 소원이 아닐 것입니다. 또한 처자의 정절도 명분이 있습니다. 비록 남자의 얼굴을 보았으나 서로 언약이 없어 초례를 하지 않았더라도 정혼하고 납빙을 하였으면 다른 가문을 거절하고 그 남자를 바라는 것을 정절이라 칭하는 것이 옳습니다. 그런데 어찌 일시에 우연하게 아무

생각없이 서로 마주쳐 한 번 보았다고 해서 아무리 절개가 있는 여자라도 수절하여 천리나 먼 길에 부모를 버리고 집을 떠나 도망하여 따라오겠습니까? 이것은 모두 거짓말인 것 같으니 형은 나를 속이지 마십시오."

유현에게 말하였다.

"정형이 구혼하는데 이 곡절을 너는 자세히 알 것이니 이것을 말하여 74
라."

유현은 정공이 자신이 가르친 대로 잘 하지 못하여 아버지의 의심을 받은 것을 보고 놀라고 두려웠지만 안색을 화평하게 하고 소리를 나직이 하여 아뢰었다.

"이 일은 다 정씨가 당돌하여 일을 어지럽게 만든 것입니다. 제가가 전쟁터에서 돌아오기 전에 정씨가 경씨를 보고 그 재주와 용모와 성품과 행실을 사랑하여 아황과 여영의 일을 어리석은 마음에 본받고 제 이름으로 납빙하였습니다. 제가 돌아오니 경씨를 아내로 삼으라고 권하였지만 제가 다시 번거로운 일에 마음이 없고 또한 아버지의 뜻을 알지
못하여 여자의 당돌함을 꾸짖었습니다. 혼서를 도로 찾으려고 하니 경 75
씨가 혼서를 주지 않고 수절하여 자기 갈 곳으로 가지 않고 정씨[210]를 따라 간다고 하였습니다. 경씨가 스스로 끝을 어떻게 할지 저나 아버지께서 마음에 둘 것이 아닌 것 같습니다."

말이 엄정하고 기색이 늠름하였다. 처음에 초공이 유현을 의심하였으나 유현의 기상이 가을 달과 겨울 하늘 같아서 조금도 놀라고 두려워함이 없고 말이 이치에 맞았다. 정씨에게 일을 미루어 일의 시작과 끝을 모두

---

210) 정씨 : {경씨}. 문맥을 살펴보면 '경씨'의 오기로 보임.

분명히 하고 조금도 잘못한 것이 없다고 하니 거짓으로 꾸민 것인 줄 다
른 사람이 모르게 하였다. 초공의 해와 달 같은 밝음과 사광(師曠)의 귀 밝
76 음으로도 자연스레 속았다. 경씨가 숙녀의 이름난 풍모가 있다는 것을
듣고 아름다운 마음으로 다른 가문에 시집갈 것을 생각하지 않는 줄 알았
다. 수많은 분수에 넘치는 일이 다 유현의 술책으로 한 것인 줄 어찌 알겠
는가? 진왕이 웃고 초공에게 청하여 말하였다.

"정씨의 어진 덕이 남편에게 숙녀를 천거하고자 한 것이네. 벌써 빙물을 받은 여자를 끝내 돌려보내지 못할 것이니 이 일을 순조롭게 하고 여자가 서리를 내리게 하는 한을 품지 않게 하여라."

정공은 유현의 말을 들으니 어이가 없어서 한갓 웃음을 띠고 있을 뿐이
었다. 딸에 관해서는 혹 초공이 단정하고 정중하지 못하게 여기더라도 너
그럽게 용서하겠지만 유현의 분수에 넘치는 일은 점점 이와 같으니 이 일
77 이 발각되면 무거운 죄를 면하지 못할 것이라고 생각하였다. 어쩔 도리
가 없어서 한갓 웃고 그러한 체하고 있었다. 유현의 신기한 소견이 사람
으로 이렇게 믿게 하는 것이었다. 초공이 일이 어쩔 수 없다는 것을 알고
웃으며 말하였다.

"어진 며느리는 당대의 예의를 아는데 어찌 경솔하게 내 뜻을 모르고 이런 일을 했겠습니까? 며느리가 질투심이 없고 시원하고 원대한 줄은 알았지만 부도(婦道)에 따라 온순하고 자신을 낮추는 마음을 가져야 하는데 이 행동은 잠깐 며느리의 본심과 다른 것 같습니다. 그러나 대단한 고난을 겪고 이에 다시 만났으니 내가 어찌 작은 허물을 말하겠습니까? 경씨를 유현의 부인으로 삼는 것은 위에 부모님이 계시니 아뢰어 소식을 알려드리겠습니다."

정공이 고맙다고 말하고 돌아가며 눈으로 유현을 보았다. 유현이 무릎을 꿇고 단정히 앉아서 두 눈은 나직하고 기운이 고요하여 오직 아버지 앞에서 공경하고 삼가는 거동이 갖추어져 다른 일을 생각하지 않았다. 정공이 손가락을 튕기며 칭찬하고 온 마음으로 공경하고 사랑하여 그 사람됨을 매우 우러러보고 사랑하여 아들을 귀중하게 여기는 마음보다 더하였다. 정공이 초공에게 간청하여 빨리 혼인을 허락하라고 말하고 돌아갔다. 78

유현이 급히 태부인께 들어가 일의 수말을 고하고 아버지가 오시거든 이리저리하라고 말하였다.

태부인이 웃으며 말하였다.

"너는 죄를 면하겠지만 어진 손자며느리는 불쌍하지 않겠느냐?"

유현이 웃으면서 대답하였다.

"정씨는 미심쩍게 생각하시지만 죄를 주시지는 않을 것입니다. 저는 79
발각되면 절박하지 않겠습니까?"

태부인이 크게 웃었다. 마침 정숙렬과 양정렬이 들어오다가 이 말의 한 끝을 듣고 신기한 총명함으로 그 말뜻을 알고 놀라움을 이기지 못하여 들어와 태부인을 모시고 앉았다. 유현이 어머니를 맞아 옷깃을 여미고 무릎을 꿇고서 모시니 기운이 온화하여 다른 기색이 없었다. 양정렬의 마음을 꿰뚫어보는 눈빛이 그윽이 아들을 살피고 정색하여 아들에게 눈길을 주니 숙연하고 정제되어 단엄한 거동이 차가운 달이 백설을 비추는 것 같았다. 유현이 황공하여 감히 담소를 과하게 못하였다.

문득 진왕과 초공이 노공을 모시고 들어오니 여러 자식과 자손이 차례 80
로 모여 어른들을 모시고 앉았다. 초공이 미처 말을 하기도 전에 순태부인[211]이 말하였다.

“내가 아까 들으니 정공이 구혼했다고 하던데 어쩐 일이냐?”

초공이 두 손을 맞잡고 공경의 뜻을 나타내며 대답하였다.

“어찌 이 말을 들으셨습니까?”

태부인이 말하였다.

“집안에 조그만 일도 아는데 너와 정공이 마주앉아 여러 말을 나눈 것을 모르겠느냐? 여러 아이들이 전하는 말로 들었다.”

초공이 전후의 말을 전하고 말하였다.

“정씨 며느리의 이번 일은 미심쩍으니 괴이합니다.”

태부인이 말하였다.

81 “정씨가 구사일생하여 화란을 두루 겪고 겨우 모였는데 이런 말을 들으면 심사가 불평할 것이니 너는 이 말을 꺼내지 마라. 경씨를 빨리 유현의 아내로 맞는 것이 옳은 일이다. 유현이 강씨를 내보내고 세 명의 처가 무엇이 많으며 경씨 한 사람이 무슨 해가 되겠느냐?”

초공이 절하고 사례하며 말하였다.

“경씨의 옥 같은 외모는 중요하지 않는데 유현이 한 여자만 편벽되게 사랑하면 다시 집안에 변란이 생길 것이니 이 때문에 스스로 주저합니다.”

태부인이 말하였다.

“네가 근심하는 것이 마땅하지만 원래 유현은 여러 아이 중에서 내가 사랑하는 아이이다. 바로 저 아이의 풍류 기상에 쌍쌍이 아름다운 처

211) 순태부인 : {위태부인}. ‘위태부인’으로 되어 있으나 초공이 태부인을 보고 자신을 ‘쇼숀’이라고 칭하는 것으로 보아 순태부인이 문맥상 자연스러움. 위태부인은 초공의 어머니이고 순태부인이 초공의 할머니이므로 이와 같이 옮김.

를 갖추어 주나라 문왕 같이 90명의 아들을 두기 바란다. 비록 뒷날에
여러 명이 들어온다고 해도 내가 장차 얼마나 많은 세월동안 세상에 82
있겠느냐? 내가 살았을 때 경씨를 맞아 귀한 손자를 쌍쌍이 보고자 한
다."

초공이 슬퍼하며 얼굴빛을 고치고 두 번 절하고 말하였다.

"삼가 높으신 명령을 받들겠습니다. 저와 유현이 함께 사지(死地)에라도 가더라도 할머니께서 한 번 기뻐하시는 것을 돕고자 합니다. 이와 같이 쉬운 일을 받들지 않겠습니까?"

초공이 상쾌하게 허락하며 이에 결단하여 정공에게 소식을 알려 빨리 혼인을 이루려고 하였는데 이런 까닭에 혼인이 쉽게 이루어지게 되었다. 그러나 초공이 앞일을 잘 내다보았지만 이 유현의 술책에 빠지게 되었다.

이때에 정공이 돌아가 조씨 집안에 가서 했던 문답과 유현의 대답을 83
전하였다. 정씨가 매우 놀라 머리를 숙여 말을 하지 않더니 탄식하였다.

"조군의 일이 이에 미칠 줄은 소녀가 오히려 깨닫지 못했습니다. 원래 경씨의 기특함을 들으니 소녀의 마음에도 다른 가문에 시집보내기는 아까워서 아황과 여영의 고사를 본받아 함께 군자를 섬기고자 하는 마음이 있었습니다. 그러나 먼저 서울의 시부모님께 고하고 조용히 처리하려는 뜻을 가지고 있었습니다. 군자의 마음을 알고자 하여 먼저 미인도로 시험하였는데 뜻하지 않게 불시에 그곳에서 경씨와 혼인을 이룰 뜻을 낸 것입니다. 경씨를 취하고 돌아와 허물을 다 소녀에게 미루
니 비록 이것보다 못한 일이라 하더라도 시부모님께 죄를 짓고 무슨 84
낯으로 시부모님을 뵙겠습니까? 죄를 변명하고자 하지만 그렇게 되면 군자께서 시아버지의 분노를 당할 것이니 여러 가지 평안하지 못한 일

이 많을 것입니다. 이를 장차 어찌 하겠습니까? 군자의 뜻을 따르고 일 이 무사히 이루어지게 할 뿐입니다."

말을 멈추고 있는 사이에 조씨 집안에서 혼인을 허락하는 편지가 왔다. 정공이 웃고 택일하니 겨우 한 달이 남아있었다. 정씨가 친정에 머물러 있으면서 어머니 몰래 신부에게 약간의 치장을 해 주려고 하였지만 빙폐를 보내왔기 때문에 어머니에게는 조씨 집안으로 간다고 하여 하직하고
85 나와 다시 혼인 준비를 하였다.

경씨가 까닭을 몰라 더욱 의심하니 정씨가 속여 경씨에게 말하였다.

"군자가 그대를 형주에서 존당이 모르시게 취하여 시부모님께서 이 사실을 들으시고 그대를 보지 못한 것을 기뻐하지 않으셨습니다. 부인이 서울에 올라왔다는 것을 들으시고 다시 육례(六禮)[212)]와 백 대의 수레[213)]로 맞으라고 하신 것은 부인을 공경하고자 함이라고 합니다."

경씨가 그렇다고 여겼으나 더욱 수상하여 기뻐하지 않았다.

혼인날이 다다르자 유현이 위의를 거느려 정씨 집안에 이르렀다. 신부와 함께 기러기를 상위에 올리고 절하는 예를 치르고 경씨를 맞아 돌아왔다. 정씨가 신부와 한 덩에 들어가 조씨 집안으로 돌아왔다. 정씨가 시부
86 모를 뵙는데 시부모가 다른 말은 없고 기뻐하며 정씨에게 앉을 것을 명하였다. 오랫동안 돌아오지 않은 까닭을 묻고는 반기며 얼굴빛이 기쁘니 정씨가 스스로 황송하고 부끄러워 바늘 위에 앉은 듯하였다.

조씨 등의 며느리와 일가친척이 넓은 당에 모여 있었는데 소씨 등과 조씨와 이씨 등이 모두 자리를 이어 앉아있었는데 붉고 푸르게 꾸민 얼굴이

212) 육례(六禮) : 혼인의 여섯 가지 예법. 납채, 문명(問名), 납길, 납폐, 청기(請期), 친영을 이름.
213) 백 ~ 수레 : {백량(百兩)}. 100대의 수레를 뜻하는데, '兩'은 수레바퀴가 둘인 데서 수레를 이르며 특히 결혼 때 쓰는 수레를 가리킴.

꽃 수풀을 이루어 햇빛을 가리는 듯하니 태부인이 기뻐하여 다시 신부의 아름다움을 보니 실로 유현의 욕심을 알 수 있을 것 같았다.

신부가 이르러 신랑과 함께 대청 가운데서 독좌(獨坐)하니 유현은 이미 신부를 본 적이 있어서 기색이 늠름하고 행동거지가 엄숙하여 예를 마치
고 밖으로 나갔다. 신부가 밤과 대추를 받들어 두 존당과 시부모님께 드 87
렸다. 자리에 있던 모든 사람들의 이목이 일시에 이 광경을 보니 신부의 하늘이 내린 아름다운 얼굴은 보통 사람보다 빼어나 얼음과 옥을 더럽게 여길 정도이고 광채가 나는 태양이 중천에 환하게 비치고 명월이 푸른 구름에 오른 듯하였다. 화장한 아리따운 눈썹에 먼 산을 맑게 그렸으며 윤기 나는 검은 머리카락에는 상서로운 기운이 모였으니 맑은 두 개의 거울을 달고 있는 것 같아 동방의 정기를 토하였다. 눈 같은 피부와 달 같은 이마는 옥을 나무라고 흰 코와 붉은 입술은 단사(丹沙)를 나무라고 달이 숨고 꽃이 부끄러워할 정도의 아름다운 얼굴을 지닌 요조숙녀였다. 자리에 있던 여러 손님들이 왁자지껄하게 칭찬하고 존당이 매우 놀라 기뻐하
여 일시에 칭찬하고 복을 축하하는 말을 사양하지 않았다. 태부인이 온 88
마음으로 기뻐하여 정씨, 조씨, 이씨, 경씨를 둘러앉히고 좌중에서 자랑하면서 말하였다.

"친척들은 나의 손부들이 어떠한지 함께 논의해 보시오."

여러 사람들이 칭찬하며 말하였다.

"남교(藍橋)의 옥녀이고 하주(河洲)의 숙녀입니다. 평능후의 처복이 천고에도 찾아볼 수 없는 드문 것입니다."

태부인이 기뻐하였다. 초공이 경씨를 보니 아름다움을 말할 필요도 없고 이와 같이 빼어날 줄은 꿈에도 생각지 못해 정씨가 혼인을 권한 것을

도리어 기특하게 여겼다. 이런 까닭에 마음에 들지 않던 마음이 풀려 봄 바람의 온화한 기운이 무르녹았다. 초공의 누이들이 웃으며 말하였다.

89 "며느리를 얻는 날은 좋은지 실로 오늘은 아우의 화색을 보겠구나. 한
명의 아들에 다섯 명의 며느리가 무엇이 그토록 기쁘냐?"

초공이 웃으며 말하였다.

"신부가 아름답고 현숙한 것을 기뻐합니다."

원래 며느리를 얻는 날은 해롭지 않는 날이어서 누이와 아우가 서로 웃고 축하하였다.

종일 즐거움을 다하고 신부가 숙소를 설매정에 정하였는데 채련각과 매선당, 청운당 이 네 곳이 동서로 마주해 있었다. 경씨가 설매정에 머물면서 시부모를 받들고 명령을 순순히 따르며 동서들을 우애로 공경하여 온화하게 말하여 각각 극진히 섬기며 삼가고 조심하였다. 경씨는 겨울 햇
90 볕의 따사로움처럼 사랑스러운 거동을 하였고 가을 서리와 흰 달처럼 은
은한 빛을 뿜었다. 모든 일이 정숙하고 아름다워 뛰어나니 정씨에게 미치지 못할 일이 없었고 이씨에게도 추호도 미치지 못함이 없으니 꽃다운 기질이 천고에도 없는 숙녀였다. 유현이 경씨에 대한 정이 매우 두터워 떨어지지 않고 은정이 대단하였고 경씨가 하는 모든 일이 마음에 차고 뜻에 맞았다. 그러나 여덟 명의 창기를 정씨 집안의 방안에 감춰두고 데리고 오지 못하여 고민하니 남아가 풍류를 일삼는 것이 이러하였다.

이때 양정렬이 유현의 도리에 넘치는 일을 얼핏 알고 있었는데 하루는 조용한 때를 틈타 유현에게 물었다.

"네가 이제 한 번 길에서 창기를 마음대로 모으니 호걸이라고 하겠지
91 만 군자가 수신하는 행실과는 거리가 멀다. 네 아버지는 높은 재상은

말할 것도 없고 천한 사람도 속이는 것을 보지 못했는데 너는 이제 부
형을 속이는 것을 태연하게 하는구나. 요사이 너는 눈썹을 치켜세우고
기운을 떨쳐 조금도 거칠 것이 없는 형상을 하고 있는데 네 부친의 총
명함으로 너의 그런 모습을 끝내 모르실 줄 아느냐? 네 마음이 부형을
속이는 것을 능사로 하고 네가 형제들 중에서 첫째 자리에 있으며 하물
며 외람되게 성은이 조정과 재야에 나타나 지위가 후백에 있는데 네가
사람의 염치를 가지고 있으면 서울에 올라와 스스로 아버지께 바른 대
로 고하고 죄를 청하여 죄에 또 죄를 더하지 않는 것이 옳다. 그런데 너
는 일마다 거만하게 하고 분수에 넘쳐 정공에게 부탁하고 증조할머니
를 부추겨 그 위엄을 끼고 제 마음대로 이용하여 부형을 속이고 부모 92
에게 알리지 않고서 아내를 취한 죄를 지으니 설상가상(雪上加霜)이다.
비록 피와 살이 뚝뚝 떨어지지만 너의 책망이 어떤 곳에 이른다고 해도
네가 능히 그것을 면할 것 같으냐? 네가 어린아이의 나이가 아니고 몸
이 재상의 지위에 있는데 네가 한 일이 드러나면 그 시절의 부끄러움과
헛됨은 어떻게 하겠느냐?"

말을 마치니 엄절하고 냉담함이 눈 위의 서리 같았다. 유현이 매우 놀라 다급히 관을 벗고 어머니의 무릎 아래에 머리를 조아리고 죄를 청하며 말하였다.

"저의 도리에 어그러지고 불초함은 죽고자 하여도 죽을 땅이 없을 정
도입니다. 어머니의 가르침과 같이 했더라면 어찌 죄 위에 죄를 더했
겠습니까? 과연 죽을 재앙이 닿았고 소년의 풍정으로 앞뒤를 생각지 93
못하여 이런 행동을 하여 죽을죄를 범하였습니다. 서울에 올라와 끝을
감추려고 자연이 분수에 넘치는 일을 더하였습니다. 어머니께서 이것

을 벌써 아시는 것이 분명하시니 아버지께서 아시는 날도 아침저녁에 달려 있습니다. 아버지께서 아시게 되면 저는 반드시 죽을죄를 얻을 것입니다."

양정렬이 탄식하며 말하였다.

"내가 말하지 않겠지만 네 아버지가 반드시 아실 것이다. 어찌 어미의 마음이 편하며 자식을 잘못 낳은 것이 부끄럽지 않겠느냐?"

유현이 황송하고 부끄러워 머리를 두드리며 전후수말의 말을 일일이
고하였다. 그리고는 일이 이에 미쳤으니 어머니는 이 일을 아버지께 고하
94 지 말라고 비는 말이 금석도 움직일 정도로 간절하였다. 원래 비밀스러
운 말이 잘 드러나고 좋은 일에 근심이 오는 법이다.

이때, 초공이 정당에 낮 문안 인사를 마치고 옥매정으로 들어오고 있었
다. 방안에서 말을 하는 가운데 부인의 말소리가 들렸다. 초공이 다른 말
이었으면 즉시 방안으로 들어갔겠지만 언사가 반드시 분수에 넘치는 일
이 있다는 것을 듣고 걸음을 멈추고 전후수말을 낱낱이 듣게 되었다. 마
음속으로 매우 놀랍고 몹시 분해 이가 갈리고 분노가 일어 방안에 들어가
지 않고 바로 나오니 양정렬 모자는 초공이 들어온 것을 알지 못했다. 초
95 공이 밖으로 나와 평능백 운현을 불러 가까이 앉으라고 하고 정색하며 말
하였다.

"유현은 아비와 어미를 모르는 도리에 어긋난 필부(匹夫)이다. 너는 적이 어진 마음을 가지고 있는데도 유현과 마음을 함께하여 나를 아무렇지도 않게 속이니 그것이 어떤 도리냐? 모름지기 유현이 출정했을 때의 행사를 일일이 고하면 오히려 죄를 용서하겠지만 그렇게 하지 않는다면 너는 나를 숙부로 여기지 말고 오늘부터 너와는 숙질간의 관계도

끊고 얼굴을 대하지 않을 것이다. 내가 그 말과 일을 알고 하는 말이니 일일이 고하여라.”

말이 겨울날의 차가운 하늘 같고 기색이 엄숙하였다. 운현이 매우 놀라 자리에서 물러나서 아뢰었다.

“이번 출정 때에 형과 제가 죄를 지은 것이 없습니다. 오늘 숙부의 엄 96
한 말씀이 이와 같으시나 감히 무슨 말씀인지 깨닫지 못하여 아뢸 바를
알지 못하겠습니다.”

초공이 말하였다.

“나의 호령이 분명하지 못하여 너희에게 말이 서지 못하니 내가 무슨 면목으로 너희들의 아비와 숙부 노릇을 하겠느냐? 다시 너의 얼굴을 보지 못할 것이다.”

옆에서 모시고 있던 노비에게 운현을 밀어 나가게 하였다. 그리고는
오랫동안 말없이 똑바로 앉아서 유현의 일을 상세히 생각해보았다. 만일
엄하게 곤장을 때려도 유현의 견고함이 40, 50대로는 아무렇지도 않게 여
길 것이고 만 리의 전쟁터에서 달려와 편히 쉬지도 못하여서 중형을 더한
다면 병만 생기게 할 것이고 그 마음은 고치지 못할 것 같았다. 특별히 다 97
른 행동으로 유현의 마음을 꺾어 뒷날을 경계하고자 마음을 정하였기 때
문에 유현을 찾지 않았다.

운현이 숙부에게 등이 떠밀려 내쳐져 감히 다시 다투지 못하고 유현을 찾아가 숙부가 꾸짖던 말씀과 자기가 했던 대답을 이리저리 말하고 숙부가 내치시던 수말을 일일이 전하였다. 유현이 흔들리지 않는 무거운 심사를 지니고 있었으나 이 말을 듣고 놀라고 두려워하는 빛이 안색에 나타나고 차가운 땀이 옷을 적셨다.

유현이 편안하게 한때를 한가하게 있지 못해 서헌으로 나오니 초공이
98 유현을 보고 노기가 확 일어났다. 좌우에 있는 노비에게 더러운 물을 한
사발 떠오라고 하여 앞에 놓고 유현을 당 아래 내려 죄를 물으며 말하였
다.

"너는 네 분수에 넘치고 거만하여 도리에 어그러지고 불초하며 아비가
없는 것처럼 하니 죄상을 생각하면 볼 낯이 없고 입이 괴로워 말하지
못한다. 이는 네가 잘못한 죄가 아니라 내가 사람의 아비가 되어 자식
에게 호령을 분명하게 하지 못하고 내가 아는 것이 천박하여 네가 나를
업신여기는 것이니 이것은 다 나의 죄다. 내가 스스로 네가 보는 앞에
서 더러운 벌수(罰水)를 마셔 아버지로서 아들을 잘못 가르친 죄를 받을
것이다. 너의 부정하고 거만한 거동을 내 눈에 보지 않는 것이 상책이
99 어서 내 죄를 알아 내 허물을 다스리겠다. 너에게 태교를 잘못한 우리
부부의 죄를 아니 차후에는 네가 나를 아비로 알지 말고 물러가 마음대
로 모든 일을 해라."

말을 마치고 정당을 향해 꿇어앉아 물그릇을 들어서 마시려고 하였다.
말이 차가운 서리 같고 면모가 냉담하면서도 열렬하였다. 이때의 유현의
망극함이 어찌 자기 몸에 떨어지는 100대의 곤장보다 더하지 않겠는가?
마음이 다급하였지만 좌우에서 말리는 사람이 없으니 아버지가 금방이라
도 그 물을 마실 것 같았다. 두렵고 매우 다급하여 급히 당 위로 올라와
죽기를 결심하고 아버지가 들고 있는 물그릇을 빼앗으니 초공은 무심결
100 에 물그릇을 빼앗겼고 유현은 아버지 면전에 꿇어 앉아 스스로 벌수를 다
마셨다. 그리고는 머리를 계단 아래에 부딪히고 죄를 청하며 말하였다.

"제가 죽을죄를 지었으니 엎드려 바라건대 아버지께서는 수백 대를 때

리셔서 후일을 징계하시고 이렇게 과도한 거조를 하지 마셔서 제가 다 시 인간의 무리에 들어가게 해주십시오."

초공이 유현에게 물그릇을 빼앗기고 아들의 거동을 보니 아버지의 화를 풀기 위해서 노력하되 방자함이 전일과는 판이하게 달라서 그런 아들이 애달팠다. 그러나 종에게 호령하여 유현의 등을 밀어 내치라고 하였다. 유현이 더욱 망극하여 죄를 청하며 말하였다.

"아버지께서는 부자(父子)의 은덕을 베푸셔서 면전에서 죄를 다스리지
않으십니까? 비록 여기서 죽어도 감당할 것입니다. 어찌 멀리 저를 내 101
쳐서 다른 사람이 요란하게 알게 하십니까? 제가 원컨대 아버지의 면
전에서 죽기를 바랍니다."

말을 마치고 봉황 같은 눈에서 눈물이 비가 오듯이 비단 도포에 계속 떨어지고 수없이 절하고 머리를 조아리며 죄를 받기를 바랐다. 초공이 조금도 마음을 바꾸고 않고 좌우에 있는 종을 시켜 부인에게 말을 전하였다.

"욕된 자식 유현이 조씨 문중을 반드시 욕되게 할 것이오. 아비와 어미
가 자식을 가르치지 못한 죄로 내 스스로 육단부형(肉袒負荊)[214]하여 정
당에 죄를 청할 것이오. 그런데 부인은 어찌 높은 당에 편안하게 거처
하여 죄가 없는 사람같이 있으시오? 내가 박절한 것이 아니라 아들의
불초함을 깨닫고 나의 일이 과도하다고 여기지 마시오." 102

말을 마치고 종을 꾸짖어 유현을 밀어서 문밖에 내치니 매우 엄한 노기가 평생 처음 보는 것이라 차가운 바람과 눈서리 같았다. 유현이 굳이 다

214) 육단부형(肉袒負荊) : 윗옷 한쪽을 벗고 등에 형장을 지고 간다는 뜻으로, 형장으로 맞아 사죄하겠다는 뜻을 나타냄을 이르는 말.

투지 못하여 두 번 절하고 쫓겨 나오면서 눈물이 비 오듯하였다.

이때 조씨 집안의 여러 자질(子姪)들은 마침 진왕이 불러 글을 짓게 하였기 때문에 다 모여 있었고 유현은 미처 가지 못하고 있다가 환란을 만나게 된 것이었다. 존당과 노공이 이것을 듣지 못하고 진왕이 또한 이 사실을 알지 못하니 누가 있어서 유현을 구하겠는가?

양정렬이 초공의 전하는 말을 듣고 초공의 뜻에 탄복하여 일부러 아들
103 의 마음을 격동시키려고 즉시 작은 당에 내려와 화관과 비녀를 빼고 사람
을 시켜 유현에게 말을 전하였다.

"내가 비록 어질지 못하나 조씨 가문의 사람이 된 지 장차 수십 년이 된다. 비록 중간에 괴이한 환란을 겪었으나 네 아버지께서 나를 책망하는 소리를 듣지 못했고 죄를 당하지 않았다. 그런데 너 같은 불초자를 둔 까닭에 이렇게 죄를 당하여 소당에 스스로 처하는 죄인이 되니 살아 있는 것이 죽는 것만 못한 것 같다. 네가 염치가 오히려 없으나 무슨 면목으로 사람을 대하겠느냐?"

이때 유현은 감히 상부에 머물지 못하여 순식간에 갈 곳이 없었다. 진
궁 안춘각에 들어가서 의관을 벗고 근심스럽게 시름하는 양미간을 펴지
104 못하고 잠잠히 눈물을 흘리고 있었다. 어머니께서 전하는 말을 들으니
더욱 놀랍고 슬퍼 바삐 협문을 통해 어머니 계신 곳에 이르렀다. 양정렬이 소당에 있으면서 화관을 벗고 비녀를 빼고는 죄인의 모습으로 있었다. 유현이 이 거동을 보고 눈물을 방울방울 흘리고는 머리를 조아리고 죄를 청하며 말하였다.

"저의 죄는 만 번 죽어도 아깝지 않지만 아버지께서 어찌 차마 이런 거조를 하시어 저로 하여금 천지간에 용납되지 못하게 하십니까? 제가

죽어서 이 일을 모르는 것이 소원입니다."

양정렬이 탄식하며 말하였다.

"너의 불초하고 도리에 어그러진 행동은 다른 사람이 알게 해서는 안
된다. 너의 아버지께서는 예의를 중요하게 생각하시고 정대하시기 때
문에 어찌 그냥 지켜보고 계시겠느냐? 이런 까닭에 자식을 낳고 기른 105
불민함을 자책하여 이 거조에 이르렀으니 한스러워 할 것이 있겠느냐?
네 어미가 중간에 반평생의 화란을 겪고 너를 처음으로 얻으니 과연 풍
성한 얼굴이 평범하지 않아 부모의 마음에 즐거운 것이 손안의 보옥 같
았다. 엄하게 가르치면 네가 상할까 염려하여 만금 같은 보배로운 구
슬로 여기고 키웠다. 효도와 우애가 지극한 자식이라도 어버이의 사랑
에 이르지 못하는 것은 고금에도 흔히 있는 일이다. 네 아버지의 환하
게 밝은 지혜와 신령스럽고 현명한 덕으로 여러 아이들을 어질게 하고
자 하셨고 사람의 도에서 벗어나지 않게 하고자 하셨다. 그런데 너는 106
큰 아들로서 아버지의 교훈을 듣지 않고 정인군자의 도를 행하여야 하
는데도 문득 부모에게 알리지 않고 아내를 취하고 분수에 넘치는 일을
마음대로 자행하고 부모를 속이는 것을 능사로 하였다. 또한 존당께
부탁하여 아버지를 억누르고 자기 뜻을 이루니 어찌 끝내는 이런 일이
없겠느냐? 너는 빨리 물러가 모든 허물을 고치고 어진 덕을 닦고 새롭
게 잘못한 것이 없으면 네 아버지께서 용서할 것이다. 지레 초조하여
몸에 병을 만들지 마라."

유현이 다시 어머니의 가르침을 들으니 황송하고 부끄러움을 이기지
못하였다. 그러면서도 어머니가 자기 죄 때문에 이 지경에 이른 것을 더
욱 뼈에 사무치게 슬퍼하며 황공해 하여 죽어서 죄를 씻고 싶었다. 유현 107

이 어머니께 하직하고 안춘각에 돌아와 석고대죄하여 하늘의 해를 보지 않았다.

날이 저문 후에 여러 형제가 이 일을 알고 매우 놀라 모두 진궁의 안춘각에 와서 이 모습을 보고 슬프고 두려워하며 좋은 말로 유현을 위로하였다. 이 날 저녁에 여러 사람이 자리를 벌여 앉아있는데 그 자리에 유현과 운현[215]이 없었다. 노공이 그 까닭을 물으니 초공이 앉았던 자리에서 물러나며 그 일의 자초지종을 다 아뢰고 말하였다.

"운현은 제 스스로 죄를 짓지는 않았지만 능수능란하고 교활한 유현과 마음을 한 데 모아 숙부를 속이니 가장 놀라운 행동이라 앞으로 내 눈
108 에 보이지 마라하고 내쳤더니 오늘 문안에 불참하였습니다."

노공이 놀라며 한 편으로 웃으며 말하였다.

"원래 유현은 기운이 왕성하고 마음이 활발한 까닭에 일을 도리에 넘치게 하였으나 사람됨이 총명한 군자이다. 빨리 깨달음이 있을 것이니 너그럽게 용서해라. 더욱이 운현은 죄명이 없으니 빨리 불러라."

노공의 명으로 운현을 부르니 운현이 들어와 죄를 청하며 말하였다.

"제가 도리에 어그러져 숙부께 죄를 얻었는데 용서하신다는 명을 듣지 못했습니다. 그래서 존당께 드리는 문안에 참석하지 못했습니다."

노공이 웃으며 말하였다.

"손자가 숙부의 명령을 두려워하여 이렇게 하니 효순하구나."

109 이렇게 말하고 초공에게 운현을 용서하여 부르라고 하니 운현이 비로소 들어와 관을 벗고는 의대를 풀고 중간 계단에서 땅에 엎드려 감히 당

215) 유현과 운현 : {능후}. 능후는 유현을 가리키지만 문맥적으로 보면 운현이 문안인사에 빠진 것을 화제로 삼고 있으므로 유현과 운현을 가리키는 '능후와 능빅'이라고 해야 문맥적으로 자연스럽게 됨.

에 오르지 못하고 있었다. 진왕과 초공이 부형을 속이는 것은 사람의 아들 된 도가 아니라고 심하게 질책하였다. 노공이 운현을 불러 면전에서 초공이 말했던 일의 수말을 일일이 묻고 그 능수능란한 처사와 거리끼지 않고 행동하는 것을 도리어 기뻐하였다. 그러다가 양정렬이 자리에 없는 것을 알고 놀라 태부인이 양정렬이 어디 있느냐고 물었다. 이때 양정렬이 초공의 명에 따라 소당에 내려와 예복을 벗고 비녀를 빼고 죄를 받는다고 전하였다. 여러 며느리가 놀라고 두려워 표정이 매우 좋지 못하였다. 광
현 등 여러 조생들이 다 당황하여 일시에 모두 고하였다. 110

"형의 분수에 넘치는 일은 어머니와는 아무 상관없으니 어머니의 체면상 그렇게 해서는 안 되는데 어찌 일시라도 어머니를 소당에 내려오시게 하겠습니까? 저희들의 정사를 살피지 않으십니까?"

노공 부부와 태부인이 웃으며 말하였다.

"유현이 비록 죄가 있으나 그 죄는 아비와 어미에게 똑같이 있다. 어찌 홀로 어진 며느리만 소당에 내려오게 하겠느냐? 하물며 며느리가 자기의 며느리와 딸이 가득히 있는 자리에서는 체면을 높게 생각해야 하는데 부질없이 소당에 내려가 자기 며느리들을 당황하게 하고 체면을 손상시키느냐?"

초공이 절하며 사례하고 말하였다.

"저의 죄가 제일 많습니다. 제가 더러운 벌수를 먹으려고 했는데 분수 111
에 넘치고 교활한 자식이 스스로 벌수를 다 마시니 벌을 주지 못했습니다."

좌우에 있는 여러 누이들과 서모들이 일시에 모두 웃고 말하였다.

"아들이 많으면 두려운 일이 많다고 했는데 아우를 두고 한 말이구나.

두루 잘못된 거조를 그만하고 양씨 아우를 빨리 청해서 오게 해라."

노공과 태부인이 양정렬에게 청하여 말하였다.

"유현의 분수에 넘치는 행동은 어진 며느리의 죄가 아니다. 무슨 까닭으로 소당에 처하면서 죄를 기다리는가? 우리가 자녀들이 당황해하는 거조와 좌우에 있는 사람을 보지 못하겠으니 빨리 들어오너라."

양정렬이 자기가 이렇게 하고 있는 것을 존당께서 아신 것을 의아해하
112 며 마지못하여 즉시 들어와 죄를 청하였다. 태부인이 양정렬을 흔연히 위로하여 다시 소당에 들어가 자녀들이 두려워하고 당황스럽게 하지 말라고 하였다. 양정렬이 즐거워하는 빛이 없어 나직이 사례하면서 말하였다.

"제가 불초하여 도리에 어그러진 자식을 낳아 존문의 덕음을 저버리게 하니 고인의 삼천지교(三遷之敎)와 태임(太任)의 태교를 본받지 못했습니다. 그러니 이제 소당에 내려갈 뿐이겠습니까? 실로 시댁에서 내쫓겨도 마땅할 것입니다. 이제 시부모님과 존당의 죄를 너그럽게 용서하시는 은혜를 얻었으나 무슨 면목으로 높은 집에 편안하게 있으면서 명
113 부(命婦)의 지위를 감당하겠습니까?"

조씨 등이 웃으며 말하였다.

"양씨 아우는 놀라운 말을 듣고 소당에 내려가 두려워하는 것이 군신의 도리를 하니 도리어 우습지 않느냐?"

초공이 가만히 웃으며 말하였다.

"신하가 임금을 좇는 것이 여자가 지아비를 받드는 것과 어찌 차이가 있겠습니까? 양씨의 일이 가소롭다고 한다면 남편을 업신여겨 남편이 말해도 들은 체 않고 시켜도 행하지 않아야 옳다고 하겠습니까?"

조씨 등이 크게 웃으며 말하였다.

"네 부인은 기특하겠지만 우리는 예법을 모른다. 양씨가 너무 저런 일을 하는 것이 가장 가소롭구나."

초공이 머리를 숙이고 아무 말이 없었다. 태부인과 노공이 초공을 돌아보며 말하기를 유현을 빨리 용서하라고 하니 초공이 '예예'하고 명령을 받들었다. 114

저녁 문안인사를 마치고 여러 조생들이 모두 안춘각에 이르렀다. 유현이 머리를 풀로 만든 베개에 던지고 식음을 전폐하고 눈물을 흘리며 누워 있었는데 눈물이 비와 같았다. 그러다가 여러 형제들을 보고 말하였다.

"내가 죄를 지은 것이 태산 같으니 아버지의 용서를 얻기 어렵다. 그래서 백 번 뉘우치지만 아버지께 알릴 길이 없으니 원컨대 여러 형제들은 나의 회포를 그윽이 살펴 이 사정을 아버지와 백부께 아뢰어 빨리 용서를 받게 해주기를 바란다."

말을 마치니 흰 연꽃 같은 귀 밑에 눈물이 흘렀다. 여러 형제가 위로하면서 말하였다. 115

"숙부가 어지시고 밝으시니 너의 뉘우침을 아신다면 어찌 용서하지 않겠느냐? 너무 마음을 과도하게 쓰지 말고 고요히 수행하여 숙모가 정당에 가시게 하여라."

유현이 슬퍼하며 감탄하고 회포를 풀 곳이 없어 하였다.

조 씨 삼 대 록

14권

1 익설(益說).[216] 평능후 유현이 아버지의 엄한 분노를 만나 스스로 소당
에 갇혀 있으면서 심신이 두려워 떨면서 먹지 못하고 자지도 못하였다.
정숙렬이 이런 유현을 불쌍하게 여겨 친히 내려와 보고 먹는 것을 권하
였다. 유현이 큰어머니를 만나 반갑기도 하고 슬퍼서 나직이 사례하면
서 말하였다.
"어린아이가 도리에 어그러지고 불초하여 아버지께 죄를 얻어 이곳에
오래 머물고 있습니다. 큰아버지 또한 저를 용서하지 않으셔서 아버지
와 큰아버지를 뵙지 못하고 있습니다. 어머니가 또한 이 일로 인해 소
당에 내려가 계셨다는 말을 듣고는 불초자의 죄가 천지에 가득하였습
2 니다. 그러니 어찌 음식이 목에 내려가며 돗자리에서 잠을 편하게 자
겠습니까? 스스로 몸을 닦아 죄를 용서받고자 하지만 미치지 못하는
것을 한스럽게 생각합니다."
정숙렬이 유현을 경계하며 말하였다.
"너의 어질고 효성스러운 행실로 일마다 보통 사람보다 나은 것이 있
더니 이 일에 다다라서는 어찌 이토록 어리석게 행동하여 서방님께서
늘 말씀하시던 교훈을 저버리고 내쳐진 자식이 되었느냐? 서방님이 어
지시고 천륜에는 더욱 각별하시니 끝내 오랫동안 너를 내쳐서 너의 성
효를 저버리시겠느냐? 네가 걱정하고 잘못을 뉘우치는 것을 들으시면
자연스레 너를 용납하실 것이다. 너무 좁게 마음을 태우는 것이 보통
3 때의 너의 상쾌한 면모와 다르구나."
그런 후에 음식을 먹이고 그 훌륭한 모습이 완전히 바뀐 것을 보고 마
음속으로 안타까워 사랑하는 마음이 친아들과 같아 애련함을 이기지 못

[216] 익설(益說) : 이미 일어났던 사건을 다시 자세히 말할 때 쓰는 말.

하였다. 유현이 두 번 절하고 말하였다.

“큰어머니께서 친히 오셔서 가르침이 이와 같이 각별하시니 감사함을 이기지 못하여 아뢸 바를 모르겠습니다. 제가 비록 불초하나 일찍 부모님께서 지나치게 꾸짖는 것을 듣지 못하였는데 슬하에서 내치시는 것은 평생 처음 당하는 일이라 마음이 어지럽습니다. 또한 어머니께서 당에서 내려가신 일이 더욱 저의 마음을 안정하지 못하게 합니다. 아
무리 생각하여도 억제하지 못하겠고 온 정신이 구름 밖으로 흩어지는 4
것 같습니다. 큰어머니께서 사랑으로 저를 위로하시는 것을 들으니 어머니를 대한 것처럼 더욱 심회의 슬픔을 이기지 못하겠습니다.”

말을 마치고 저절로 참혹해하는 얼굴빛으로 눈물이 연꽃 같은 두 뺨을 적셨다. 정숙렬이 도리어 웃고 말하였다.

“조카의 하해(河海) 같은 도량으로 일찍 거리낌이 없더니 어찌 오늘은 이처럼 구구하고 약하게 구느냐? 모름지기 너무 걱정하지 마라.”

유현이 서글피 절하고 사례하며 말하였다.

“제가 어릴 때부터 구구한 마음이 없었다는 것은 큰어머니께서도 아시는 바이지만 실로 아버지께서 저를 잘못되었다고 여기시는 것이 계속
황공해서 자연스레 그렇게 되었습니다. 오늘부터 큰어머니의 가르침 5
을 명심하고 잊지 않겠습니다.”

정숙렬이 기뻐하고 웃으며 재삼 위로하고 들어왔다. 이후로 유현이 마음을 겨우 넓게 가지며 하루 두 번 식사를 하였지만 한 때도 근심스러운 눈썹을 펴지 못했다. 종종 걸음을 걸으며 황공하여 앞에서 꾸짖음을 받고 아버지가 노하시는 것을 대하는 것처럼 양미간에 근심스런 기색이 맺혀 있었다. 맑고 깨끗한 눈물이 때때로 봉황 같은 눈에 어린 듯 어버이를 그

리워하는 눈물이 어리어 큰어머니를 사모하는 정성이 마음에 녹는 듯하였다. 하물며 하늘이 내신 효자로 부득이한 죄가 있어 부모와 이별하여
6 며칠만 부모의 모습을 보지 못하면 걱정하며 몸에 병이 일어나는데 이제 어머니를 모시지 못한 것이 달포나 되었지만 아버지의 용서한다는 말을 듣지 못하고 있었다. 그래서 음식을 먹어도 단 줄을 몰랐고 누워도 편안하게 잠을 자지 못하여 아침저녁으로 슬퍼하여 차마 견디지 못해하였다.

광현 등 여러 형제들이 민망하여 모여 유현을 위로하였지만 어찌 능히 위로하겠는가? 여러 형제의 말이 모두 뜬 구름 같아서 온 정신이 부모와 존당께 가 있었다. 날마다 풍성하던 모습이 완전히 바뀌어 없어지고 식사를 받았지만 목에 넘어가지 못하고 항상 즐기던 술잔도 입에 대지 않았
7 다. 정숙렬이 때때로 좋은 반찬과 술을 보냈지만 한 잔의 술도 마시지 않고 마음을 졸였다. 이부(吏部)에 밀린 정사(政事)와 홍문관에 쌓여있는 문서가 가득하였으나 유현은 벼슬을 사양하고 안춘각에 거적자리를 펴고 있으면서 입을 열어 웃지 않았고 말을 크게 하지 않아 화려함이 한 때도 없었다.

여러 형제가 염려하고 조씨와 이씨, 정씨와 경씨 네 사람이 불안하여 정당께 드리는 문안에 불참하고 비녀를 빼고 침소에 들어가 있었다. 존당이 네 사람이 없는 것을 보고 좌우에 있는 시비에게 불러오게 하니 네 사람이 감히 명을 거역하지 못하여 초라한 의상으로 화관을 벗고 정당으로
8 나왔다. 노공 부부가 태부인을 모시고 진왕과 초공이 어깨를 나란히 하여 태부인을 모시고 있었다. 조씨와 정숙렬, 양정렬 등 여러 부인과 화파 등 많은 사람들이 태부인을 모시고 있었으며 여러 소저들이 죽 벌여 있으니 남자의 풍모와 여자의 모습이 두드러지게 빼어나 신선의 성대한 모임

같았다.

네 사람이 아름다운 발걸음을 가볍게 옮겨 나아오니 낙포(洛浦)의 선녀[217]가 내려온 듯하였고 직녀가 오작교에 내려온 것 같았다. 맑은 광채는 해가 산머리에 오른 듯하였고 한줄기 달빛이 옥난간에 빛나는 듯하였다. 너그럽고 편안한 풍모는 하늘의 꽃 네 송이가 옥으로 만든 병에 꽂혀 있는 것 같았고 연꽃이 향내 나는 물에 피어있는 것 같았으며 단정하고 빼어나며 부드럽고 온화한 거동으로 외모에 성덕이 나타났다. 존당과 시부모가 이들을 사랑스러워하고 새로이 기특하게 여겨 더욱 사랑하여 흔
연히 자리를 내주었다. 초공이 네 사람의 단장이 보잘 것 없는 것을 보고 9
물었다.

"내 며느리들이 어찌 예복을 입지 않고 근심하는 기색이 자욱한가?"

정씨가 자리에서 물러나 앉으며 대답하였다.

"제가 재주가 없고 누추한 자질로 내조를 본받지 못하여 남편의 행실이 아버님께 죄를 얻었으니 어찌 편안하게 정당께 드리는 문안 인사 때 화려한 옷을 입고 오겠습니까?"

옥 같은 목소리가 화평하고 봄바람에 화려한 버들이 가을 서리에 따가운 햇볕과 향기롭게 섞여 있었으니 맑은 행동은 고금에도 찾아볼 수 없는 정숙하고 아름다운 여인이었다. 조씨가 이어서 옷깃을 여미고 대답하였다.

"남편이 아버님께 죄를 얻어 내쳐졌으니 어떻게 저희들이 편안하게 존당을 화장한 얼굴로 모시겠습니까?"

---

217) 낙포(洛浦)의 선녀 : 낙포(洛浦)의 딸. 복희씨(伏羲氏)의 딸 복비(宓妃)를 일컬음. 낙수에 익사하여 낙수의 신이 되었다 함. 위(魏)나라 조식(曺植)이 조비(曺妃)의 황후가 된 옛 정인의 혼을 낙수가에서 만나보고, 그 일을 낙수신 복비(宓妃)를 만나는 것으로 비유하여 〈낙신부〉를 지었음.

이씨가 두 번 절하고 말하였다.

10 "저는 어리석고 더러운 자질로 남편의 행실을 어질게 내조하지 못하고
한갓 부인의 수를 채우고 있으니 남편이 죄를 얻은 것이 다 저의 죄입
니다. 죄를 받는 것을 아침저녁으로 기다리니 무슨 마음으로 화관과
옥비녀를 갖추겠습니까?"

말이 청아하여 단산(丹山)의 봉황이 우는 듯하고 안색이 온화하여 봄날 정원의 꽃봉오리가 다투어 웃는 듯하였다. 앵두 같은 입술에 향기로운 뺨이며 가을 물같이 고운 눈에 붉은 앵두 같은 입술이 고운 빛을 띠어 맑고 깨끗하며 단엄하니 사군자(士君子)의 풍모가 있었다. 자리에 있던 사람들이 모두 이씨의 얼굴을 우러러 공경하고 부러워하는 중에 경씨가 수습하는 태도가 있어서 절하며 말하였다.

"저는 나이가 어리고 어리석으며 시골에서 나고 자라서 예도를 모르지
11 만 생각하건대 남편의 죄명이 소첩 때문인 것 같습니다. 여러 부인 중
에서 제 죄가 제일 큽니다. 낯을 들어 감히 어른들 앞에 뵙지 못할 것이
어서 존당께 문안을 못하고 처소에서 죄를 기다리고 있었습니다. 존명
을 받들어 나왔지만 어찌 화장하고 화려하게 꾸미겠습니까?"

말하는 소리가 옥쟁반에 진주를 굴리는 듯하고 얌전한 태도와 슬픈 얼
굴은 흰 달이 푸른 하늘에 걸려 있는 듯하였다. 연꽃이 향기를 토하는 듯
희고 깨끗하며 상쾌하고 시원하여 매우 빼어나게 아리따운 것이 어린 나
이임에도 더욱 뛰어나게 어여뻤다. 자리에 있던 사람들이 정신이 취한 듯
이 바라보고 넋을 잃으니 초공이 얼굴에 기쁜 빛을 띠며 돌아서 누이들을
12 보고 웃으며 말하였다.

"오늘 제 며느리들의 언사와 거동이 당대의 숙녀입니다. 유현 같은 허

황하고 방탕한 아이가 이같이 견줄 수 없이 뛰어나고 아름다운 처를 모았으니 역시 괴이하고, 여인들의 사정이 또한 가련한 것 같습니다. 누이들은 제 어진 며느리들이 어떤 것 같습니까?"

석태상 부인이 웃으며 말하였다.

"내가 보기에는 가장 일반적이고 평범하여 기특한 곳을 모르겠구나."

자리에 있던 사람들이 크게 웃고 초공이 웃음을 머금고 말하였다.

"이 말씀은 농담이시겠지만 원래 누이들의 사람을 알아보는 안목으로도 며느리들의 아름다움을 모르는 것 같습니다."

유상서 부인이 낭랑하게 웃으며 말하였다.

"아우가 무슨 일로 아들을 내쳐 얼굴을 보지 않고 며느리는 저토록 자 13
랑하여 평소때 단엄하던 위의를 잃느냐?"

초공이 크게 웃으며 말하였다.

"인정상 저와 같은 며느리를 기뻐하지 않을 사람이 없습니다. 아들은 죄가 있어서 내치고 며느리는 죄가 없고 아름다우니 기뻐하는 것이 인지상정입니다. 제가 특별한 뜻이 있는 것이 아닙니다."

누이인 조씨들이 낭랑하게 웃었다. 노공이 말하였다.

"유현의 일이 지나침이 있으나 저도 깨달음이 있을 것이니 모름지기 빨리 유현을 용서하여 며느리들의 마음을 편안하게 하여라."

초공이 말하였다.

"자식을 아는 것은 아비만한 사람이 없습니다. 유현에게 내린 벌을 그
만두어 용서하지 못할 것이니 서너 달을 지내고 나서 유현이 개과천선 14
하는 것을 본 후에 보겠습니다."

노공이 머리를 끄덕이며 다시 유현을 부르라고 하지 않았다. 초공이

며느리를 위로하여 행동거지를 평소 때처럼 하라고 하고 기뻐하는 기색이 양미간에 가득하였다. 양정렬이 또한 며느리를 아름다워 하였다. 여러 시누이들이 웃고 그 며느리가 남들보다 뛰어난 것을 치하하였다.

유현이 두문불출한 지 달포쯤 되었을 때 임금이 유현의 병을 염려하여 내시에게 문병시키고 태의에게 간병하게 하니 임금의 은혜가 대단하였다. 정공 부자가 또한 놀라 조씨 집안에 이르렀다. 진왕과 초공을 보고 유현의 병이 어떠냐고 물었다. 초공이 정색하고 말하였다.

15 "불초자가 아비를 속이고 전후에 분수에 넘치는 일이 무궁합니다. 유
현이 또 사람의 마음을 가졌으니 조정에 나가지 못한 것이지 병은 아닙니다. 현형께서는 제 아이와는 장인과 사위의 의리가 있습니다. 사위는 반쯤은 아들의 의리가 있는 것인데 아이의 허물을 보고 꾸짖고 타이르지 않고 마음을 함께하고 협력하여 나를 속여 혼인을 이루고 여덟 창기를 감추어 아들의 방자함을 기르고 도우니 어찌 한심하지 않겠습니까?"

정공이 일이 발각된 것을 알고 웃으며 말하였다.

"내가 어찌 사위와 마음을 함께하고 자네를 속였겠는가마는 벌써 형주에서 일을 이루고 온 뒤라 어쩔 수 없었네. 자네에게 바로 고한다면 사
16 위가 무거운 벌을 면하지 못할 것이고 일만 요란할 것이기에 마지못하
여 혼인을 이루고자 한 것이네. 일이 이미 그렇게 되었으니 벌써 지나간 일을 가지고 그토록 하여 눈 아래로 내쳐 후백의 자리에 있는 아들을 조금도 생각하지 않는가?"

초공이 정상서를 대하여 말하였다.

"옛날부터 친구들 사이에는 착한 일을 하라고 권해야 한다고 했네. 내

아들이 비록 도리에 어그러졌으나 자네가 마땅히 예의로 타이르고 도리에 넘치는 일을 금하는 것이 당연한데 어찌 도리어 제멋대로 구는 아이를 돋우어 미녀와 아름답게 꾸민 여인들과 함께 낭자하게 놀고 나를 속이니 평소에 내가 자네를 친애하던 바가 아니네."

정상서가 흔연히 사죄하며 말하였다.

"제가 아저씨께 치사를 받을까 하고 한 일이 오늘 책망을 받으니 어찌 17
억울하고 답답하지 않겠습니까? 제가 유현을 책하여 잘못을 바로 잡지
못한 것은 아저씨의 말씀과 같겠지만 그러나 저의 공이 무거우니 적은
죄를 용서받을 줄 알았습니다. 그런데 이런 말씀으로 공을 몰라주실
줄은 생각지도 못했습니다. 누이와 조카를 구하여 온 것은 동기의 정
때문에 그런 것이니 아저씨께 칭찬을 받을 일은 아니지만 경부인 같은
만고에도 없는 숙녀를 얻어 천거하니 유현에게 경사를 선사하고 아저
씨께서 숙녀인 어진 며느리를 얻게 된 것은 저의 공입니다. 하늘이 준
것을 받지 않으면 도리어 재앙을 받는다고 하였습니다.[218] 유현의 기
특한 풍채와 기질로 숙녀들이 자연히 모이니 이것은 운수에 매인 것이 18
니[219] 어찌 홀로 유현을 분수에 넘치고 교활하다고 하며 저의 탓이라
고 하십니까? 지나간 일을 과하게 다스려 아들의 얼굴을 보지 않고 슬
하에 내치시니 저 유현이 보잘 것 없는 사람이 아니라 덕망과 기질이
조정과 재야에 떠들썩하고 임금님의 총애와 대업으로 일세를 진동시

218) 하늘이 ~ 하였습니다 : {텬여블슈[天與不受]면 반슈기앙[反受其殃]}. 하늘이 주는 것을 갖지 않으면 도리어 그로 인한 화를 받게 된다는 뜻임. 이 말은『사기』「회음후열전(淮陰候列傳)」에 나오는 말로, 괴통(蒯通)이 한신(韓信)을 달래기 위해 인용한 것임. 괴통이 한신을 회유하기 위해 "대개 말하기를 '하늘이 주는 것을 갖지 않으면 도리어 그 꾸중을 받고, 때가 이르러도 행하지 않으면 도리어 그 화를 받는다(天與不受 反受其咎 時至不行 反受其殃)'고 말한 데서 유래함.

219) 운수에 ~ 것이니 : {현쇽의 미인 바이니}. '현속'의 의미가 미상이나 문맥상 '운수에 달린 것이니'의 의미인 듯함.

키는 사람인데 어찌 소소한 일로 부자의 의리를 끊게 하십니까? 아름답지 않은 소문이 일세에 나타나 유현으로 하여금 지극하던 효행을 상하게 하시니, 아저씨께서 이 일에 있어서는 너무 엄준하신가 합니다.
19 바라건대 아저씨께서는 저의 낯을 보아 유현의 걱정스러운 정사를 살펴주십시오."

초공이 도리어 웃으며 말하였다.

"자네의 흐르는 듯한 말솜씨는 소진(蘇秦)[220]이 더 능숙하다고 못할 정도이지만 내 아들의 도리에 어긋난 죄는 벗기 어렵네. 보잘 것 없는 자식이 아닐수록 용서하지 못할 것이니 자네의 공이 크나 일이 정대하지 않다면 실로 어쩔 수 없네."

진왕이 크게 웃었고, 정상서가 웃으며 말하였다.

"유현의 죄상이 비록 크지만 아저씨의 인자함으로 유현이 전쟁터에서 오랫동안 말을 달린 것과 수많은 수고를 한 것을 생각하시어 잠시 곤장을 때리시고 나서 부자(父子)로 용납하시는 것이 옳은 것 같습니다."

초공이 정색하면서 말하였다.

20 "만 리의 전쟁터에서 말을 달리며 수고했는데 곤장을 때리는 것이 옳겠느냐?"

진왕과 정공은 미소를 지었으나 초공은 행동거지가 너그러워 그윽하였다. 정공 부자가 그 뜻을 알고 자기들의 말을 허락하지 않는 것을 알고 돌아갔다. 정공 부자가 유현을 보려고 하니 유현이 문을 닫고 사과하며 말하였다.

---

220) 소진(蘇秦) : 중국 전국시대 중엽의 유세가. 강국 진(秦)에 대해 상대적으로 열세에 있던 6국의 제후들이 모색한 전략적인 외교책으로 소진은 합종(合縱)을 주장했음. 그의 동생 소대, 소여도 역시 유세가로서 알려짐.

"제가 도리에 어그러져 아버지께 죄를 얻고 사람을 대할 낯이 없습니다. 아버지의 용서를 얻은 후에 뵙고 잘못을 용서받겠습니다."

정공 부자가 유현의 뜻이 견고한 것을 보고 딸과 누이를 보고 돌아갔다.

초공이 수개월이 되도록 유현을 찾지 않으니 유현이 자연스레 병이 들
어 식음을 전폐하고 자리에 누워 눈물을 흘리면서 여러 형제들도 대하지
않고 밤낮으로 베개에서 흐르는 눈물에 잠겨 있었다. 여러 사촌들이 근 21
심하고 광현 등이 형의 간절한 심회를 민망히 여겨 자주 아버지께 간하였
지만 초공이 아는 체도 하지 않았다. 노공이 나서서 권하지 않으니 누가
초공의 마음을 돌리겠는가? 진왕도 또한 오랫동안 유현을 보지 못했는데,
수개월이 되어 병이 심하다는 말을 듣게 되었다. 진왕은 본래 유현에 대
한 사랑이 자못 과도하였는데 비로소 안춘각에 나와 서로 만나게 되었다.

유현이 큰아버지가 오셨다는 말을 듣고 매우 반가웠으나 슬픔이 일어
났다. 뜰에 내려가 큰아버지를 맞이하였는데, 진왕이 눈을 들어 보니 유
현이 흐트러진 머리에 띠를 풀고 관을 벗은 채 바삐 두 번 절하고 죄를 청
하면서 눈물을 금하지 못했다. 빼어난 눈빛에 흐트러진 머리와 모습이 22
더욱 기이하여 깃을 다듬은 봉황의 모습이고 구름에 나는 학의 모습 같았
다. 맑은 눈빛에는 어버이를 그리워하는 눈물이 어리었으니 가을 물의 긴
강에 샛별이 어른거리고 아리따운 눈썹에 근심을 금하지 못하니 상서로
운 기운이 천지의 정화를 모아 온 것 같았다. 오직 온화한 기운이 없어지
고 윤택한 흰 피부색은 줄어들어 빙옥이 서로 비추고 있는 듯하고 연꽃이
비스듬히 기대 있는 것 같았다. 담홍빛의 혈색이 이제는 다른 사람이 되
었고 몸에 입은 옷도 이기지 못할 정도였다. 진왕이 유현을 한 번 보고 매

23 우 놀라고 반가워하며 불쌍하게 여기는 정회를 능히 막지 못하여 손을 잡
고 당에 들어가 경계하면서 말하였다.
"너의 분수에 넘치는 일과 부형을 속인 죄가 아름답지 않고 네 아비의
뜻이 너를 개과하고자 하는 까닭에 내가 너를 보지 않았다. 그 사이 너
의 약한 모습이 여자와 같아졌으니 내 마음에 놀라움을 이기지 못하겠
구나. 무슨 병이 있어 얼굴이 이처럼 되었느냐?"
유현이 땅에 엎드려 아뢰었다.
"저의 도리에 어그러지고 불초한 죄는 죽어도 갚기 어렵습니다. 어찌
죄를 한스럽게 생각하겠습니까마는 아버지께서 저의 죄를 다스리지
않으시고 멀리 내치셔서 얼굴을 대면하지 않으셨습니다. 제가 옛날부
터 나라 일이 아니면 아버지의 얼굴을 일시도 떠나지 않았는데 수개월
24 이 지나도록 부모와 여러 형제들을 보지 못하였고, 또 아버지께서 언
제 죄를 용서할지 전혀 모르니 자연히 숙식을 잘 못하기 때문에 생긴
병이 사라지지 않습니다. 이 또한 불효입니다. 제가 아리따운 사랑에
서 태어났고 호화로움 속에서 자라 하나의 근심도 모르다가 이제 어머
니께서 당에 내려와 꿇어앉으시니 제가 사람의 마음이 있고 사람의 아
들 된 정이 있는 까닭에 어찌 한 때라도 견디겠습니까? 큰아버지께 나
가 회포를 펼까 바랐더니 또한 황공하여 마음을 정하지 못하고 구구한
마음이 넋을 태우는 것 같아 큰아버지를 뵈니 슬픈 정을 금하지 못하겠
25 습니다. 큰아버지의 성덕으로 저의 죄를 용서하시고 슬하에서 위로하
고 사랑해주시는 은혜를 입으니 반갑고 다행스러움을 금치 못하겠습
니다. 그러나 더욱 아버지를 생각하니 이 마음을 붙일 곳이 없습니다."
말을 마치고 흐르는 눈물을 금하지 못하면서, 지극한 효성에서 우러나

오는 삼가고 조심함을 감추지 못하였다. 진왕이 유현을 매우 불쌍하게 여기고 사랑하여 도리어 웃고 말하였다.

"아우가 평생 어짊을 주장했으니 어찌 홀로 편벽되게 너에게만 부자간의 정이 박하겠느냐? 너를 경계하여 잘못을 고치게 하여 착하게 하려고 그러는 것이다. 너는 모름지기 너무 근심하지 말고 몸을 닦고 행동을 조심하여 행실을 수행하면 내가 또한 너희 부자가 화해할 수 있도 26
록 힘써 권하겠다."

유현이 감사함을 이기지 못하여 일어나 두 번 절하고 사례하면서 말하였다.

"큰아버지의 이와 같은 말씀을 들으니 제가 은혜에 감사하여 황공합니다. 삼가 다시 방자하겠습니까? 몸을 닦고 바른 길로 갈 것이니 바라건대 이 뜻을 아버지께 알려주셔서 용서하시는 명을 얻게 해주십시오."

진왕이 재삼 위로하고 술을 가져오라고 하여 그 초췌한 기운을 펴게 하려고 하였다. 유현은 눈물을 흘리고 차마 술을 마시지 못하여 두 번 절하고 말하였다.

"제가 도리에 어그러져 아버지께 죄를 얻었는데 큰아버지의 눈앞에서 어찌 술을 얻어먹겠습니까?"

진왕이 탄식하며 말하였다.

"아들 된 자의 마음으로 이것이 괴이하지 않으니 내가 어찌 굳이 술을 27
권하겠느냐?"

문득 저녁밥이 왔는데, 진왕이 밥상을 보니 낮은 상에 두어 가지 반찬이 초라함을 면치 못하여 밥을 겨우 먹을 만하였다. 진왕이 또한 자기의 저녁밥을 가져오라고 하여 유현과 함께 먹으며 자기 밥상의 음식을 유현에게 옮겨 주며 유현에게 먹기를 권하였다. 그러고는 궁의 시비를 불러 꾸짖으며 말하였다.

"유현이 이곳에서 눈물을 흘리며 누워있는데 어찌 밥상을 이렇게 소홀하게 차려오느냐?"

유현이 대답하였다.

"이것은 제가 부탁해서 그렇게 한 것이지 반찬을 아껴서 그렇게 한 것이 아닙니다."

진왕이 그 뜻을 알고 더욱 아름답게 여기고 유현이 고생하고 있는 것이 애석하여 재삼 근심하지 말라고 이르고 방을 나왔다. 유현이 당에 내려와
28 진왕과 작별하니 울적함을 이기지 못하였다.

진왕이 돌아와 유현을 잠시도 잊지 못하여 초공을 대하여 말하였다.

"유현이 도리에 어긋난 행동을 하여서 내가 수개월 동안 보지 않았다. 유현이 병이 심하게 들었다고 해서 가서 보니 실로 병세가 먹어도 단맛을 모를 정도가 되었고 얼굴이 변하였으니 작은 근심이 아니다. 그 아이의 사람됨이 명쾌하고 한 번 휘둘려서 고쳐지지 않을[221] 성품이다. 그런데 모든 허물을 후회하여 몸을 닦고 행동을 조심하며, 다른 사람들처럼 아버지를 그리워하는 눈물을 비 오듯이 흘리고 있다. 네가 오직 부자의 정을 생각하여도 아들을 보고 싶은 생각이 전혀 없는 것이냐?"

29 초공이 고개를 숙여 길게 웃으며 말하기를 "유현에게 다시 잘못됨이 없게 하려고 이러는 겁니다." 하였다. 그러고 나서 대답하였다.

---

221) 한 ~ 않을 : {한번 두로미 요개(撓改)치 아니ᄒᆞᄂᆞᆫ}. 옛말 '두로다'는 휘두르다의 의미이고, '요개하다'는 휘어서 고치다의 의미임. 문맥을 고려하여 이같이 옮김.

"삼가 형님의 말씀을 따르겠습니다마는 유현의 심지가 무거워 분수에 넘치는 것이 보통이 아닙니다. 아직 한 달을 더 보고 있다가 유현이 깨끗하게 잘못을 뉘우친 후에 만나보려고 합니다."

진왕이 웃었다. 이럭저럭하여 한 달이 지나갔다. 유현이 부모를 그리워하는 마음으로 날로 슬퍼하며 침상에 자리를 펴고 잠자고 먹는 것을 그만두고 있었다. 광현 등이 계속해서 초공에게 유현의 위태로운 병세를 아뢰고 용서해 줄 것을 간절히 청하였다. 그러나 초공은 아무 말 없이 정색하여 못들은 체하니 초공의 뜻을 헤아리기 어려웠다.

이때에, 임금이 유현이 오랫동안 병이 들어 있다는 말을 듣고는 직무를
하지 못하는 것을 우려하여 내시를 나열시켜 문병하게 하여 보낸 태의가 30
문을 메웠다. 초공이 이것을 기뻐하지 않아 둘째 아들 광현에게 말하여
유현에게 말을 전하였다.

"네가 어떤 사람이라고 임금의 은혜를 입고 중요한 작위를 가지고 있으면서도 직무를 폐하고 병이 났다고 핑계를 대느냐? 이는 아비에게 역정을 내는 것이니, 내가 무슨 면목으로 사람을 대하겠느냐? 오늘부터 직무를 맡아 일하고 병을 핑계대고 방에 들어가 있지 마라."

광현이 유현에게 나와 이대로 전하니 유현이 황송하고 놀라움을 이기
지 못하여 몸을 일으켜 아버지의 명에 따랐다. 눈물이 얼굴에 가득하여
마음속의 회포가 끝이 없었다. 마음대로 말을 아버지께 전하는 것이 더욱 31
황공하여 글월로 속마음을 아뢰어야겠다고 생각하였다. 드디어 책상에
꿇어 앉아 마음을 풀려고 하니 봉황 같은 눈에서 맑은 눈물이 계속해서
떨어졌다. 글월을 다 써서 아우에게 주면서 말하였다.

"너는 나를 위하여 황공한 사정을 잘 아뢰어 어리석은 형의 죄를 더하

지 마라."

광현이 위로하고 아버지께 형의 황공해하고 조심하고 삼가는 거동을 모두 아뢰고 글월을 올렸다. 초공이 글월을 받아 아무 말 없이 오랫동안 보았다. 그 글월의 내용은 다음과 같았다.

불초자 유현은 머리를 조아리고 백 번 절하며 죄를 무릅쓰고 황공한 정사를 아뢥
32 니다. 불초자가 도리에 어긋나 아버지의 가르침을 저버리니 죄는 마땅히 만 번 죽어
도 애석함이 없습니다. 저의 어리석은 마음을 훤히 알고 계실 것이고 아버지의 눈
밖으로 내치신 지 3달이 되었습니다. 불효한 죄는 죽어도 마땅하지만 어리석은 제
가 일시라도 부모님 곁을 떠나는 것이 병이 나는 것과 다름이 없습니다. 이제 세 달
이나 되니 아들로서의 다급한 정리와 슬픈 회포를 어느 곳에 비교하겠습니까? 이제
죄과를 뉘우치고 옛일을 생각하니 기운을 잃고 가히 먹고 자는 일을 못하겠습니다.
더욱 직무를 전폐하여 임금님께 근심을 드리니 이 죄는 마땅히 만 번 죽어도 아깝지
33 않습니다. 부형께 죄를 받고 눈 밖으로 내쳐진 일을 다른 사람에게 들리게 해서는
안 될 일입니다. 이른 아침과 늦은 밤까지 마음이 떨리니 어찌 이조판서의 자리에
있겠으며 홍문관의 맑은 명망에 어찌 불초한 자식이 외람되게 관직에 있겠습니까?
어리석은 마음이 이와 같아서 병을 억지로 참지 못하고 성대한 성은이 미천한 신하
에게 과하셔서 임금님의 말씀이 전해지니 불초아가 더욱 걱정스럽고 두려움을 이기
지 못하고 있던 중에 나갈지 물러갈지를 결정하지 못하고 있었습니다. 죄의 경중을
오히려 분간하지 못하여 때때로 엎드려 아버지의 명령을 바라고 있었습니다. 오늘
34 아버지의 가르침을 들으니 놀랍고 두려움을 이기지 못하겠습니다. 즉시 궁궐에 들
어가 조회하고 직무에 나가는 것이 신하 된 자의 도리에 당연하지만 아버지께서 죄
를 용서하신다는 말씀을 듣지 듣기 전에는 제가 불효한 죄인이라 사람을 어찌 대하

고 조정에 설 수 있겠습니까? 제 마음이 이와 같으니 아버지의 가르침을 받들지 못
하겠고 머리를 두드려 만 번 죽기를 무릅쓰더라도 황망하고 민망한 제 마음을 아뢰
니다. 그러나 아버지의 가르침을 어기고 방자히 번거롭게 한 죄는 백 번 죽어도 가
볍지 않으니 우러러 죄를 기다립니다. 엎드려 바라건대 아버지께서는 저의 불초하
고 도리에 어그러짐을 다스리셔서 끊어져 가는 저의 마음을 살려주시면 아버지가 35
아들의 잘못을 숨겨주는[222] 성덕일까 합니다.

초공이 이 글월을 다 읽고 그 신기한 필적을 보니 쌍룡이 서린 듯하였
고 간절한 성효는 만 편의 글월에 나타나 한 장의 편지에 피눈물을 흘리
는 심정을 알 수 있었다. 아들의 특이한 사람됨이 그 위에 나타나니 초공
이 천륜의 자애로 자연히 감동하는 뜻이 무궁하여 그 자리에서 아들의 아
름다운 얼굴이 그리워 반갑고 어여쁜 뜻이 샘솟 듯하였다. 그러나 안색을
억지로 고치고 글을 다시 보며 아무 말 없이 기뻐하지 않는 표정을 지으
니 광현 등이 다급함을 이기지 못하였다. 36

이때 임금이 하루는 조회에서 조유현이 오랫동안 병이 있는 것을 근심하였다. 초공이 임금께 아뢰었다.

"유현이 어떤 사람이라고 3개월 동안 나오지 않는데 관직을 바꾸지 않으십니까? 유현이 병도 있지만 원래 무식하고 꼼꼼하지 못하고 어설퍼서 국가의 중임을 감당하지 못합니다. 이부와 병부의 직책을 거두시고 지식 있는 사람에게 그 직책을 대신하시는 것이 좋을 것 같습니다."

---

222) 아버지가 ~ 숨겨주는 : {부위즈은[父爲子隱] 호시는}. '아버지가 자식의 잘못을 숨겨주다'의 의미임. 『논어』「자로(子路)」편에서 나오는 말임. 아비가 양을 훔친 사실을 증언한 아들을 정직하다고 칭찬한 섭공(葉公)에 대해 공자는 "우리의 정직은 이와 다릅니다. 아비는 아들의 잘못을 숨겨 주고, 아들은 아비의 잘못을 숨겨 주나니, 정직은 바로 그러한 가운데 있습니다[吾黨之直者, 異於是, 父爲子隱, 子爲父隱, 直在其中矣]."라고 하였음.

임금이 웃고 말하였다.

"선생이 이 무슨 말을 하는가? 옛날 말에 의하면 벼슬은 덕망을 보고
쓰라고 하였다. 유현은 세상을 구제하고 백성을 편안하게 할 재주와
음양을 다스리고 사시(四時)에 순응하는 재주가 뛰어난 사람이다. 이부
37 판서는 말할 것도 없고 온 세상을 지키게 해도 잘 할 것이니 너무 겸양
하지 마라."

태사 석공이 반열에서 나와 아뢰었다.

"오늘 조성이 성상 앞에서 사사로운 정 때문에 혐의를 받을까 평소의 겸손한 뜻으로 도리어 말을 안과 밖이 다르게 아뢰었으니 도덕에 큰 흠이 되는 것 같습니다. 유현이 병을 핑계대고 조정에 나오지 못하는 것은 다른 일이 아니라 그 아버지에게 죄를 얻어 그 아버지가 자기의 눈앞에 보이지 말라고 하여 세 달이 지나도록 지금 죄를 기다리고 있는 것입니다. 그래서 관직에 나오지 않으니 이것은 유현의 죄가 아닙니다."

이렇게 말한 후에 유현이 형주에서 경씨를 취한 일과 여덟 창기를 얻은
38 곡절을 자세히 아뢰었다. 또한 초공이 유현을 내쳤기 때문에 효성스러운
마음으로 자연히 병이 난 것도 아뢰었다. 임금이 웃으면서 유현의 사람됨
을 기특하게 여기며 말하였다.

"귤이 수레에 가득한 것은 호걸의 고사에도 있는 것이니 유현에게 족히 두목지의 풍채가 있다는 것을 알 만하구나. 규수가 서로 모이니 유현의 풍채와 기상이 다른 사람보다 뛰어난 것이다. 어찌 선생의 죄와 벌이 심하지 않겠는가? 모름지기 짐의 얼굴을 보아 유현의 죄를 용서하고 공사(公事)를 순조롭게 수행하도록 하라."

초공이 두 번 절하고 은혜에 감사하며 말하였다.

"신이 불초한 자식을 가르치지 못하고 집안의 도를 엄하게 하지 않은 까닭에 당돌하여 아뢰는 것이 황공합니다. 그러나 성은이 이와 같으시 39
니 신이 비록 재주가 없지만 물러가 자식을 계책하여 국정의 임무를 살피도록 하겠습니다."

임금이 웃고 유현이 빨리 임무를 살필 수 있도록 하라고 재촉하였다. 초공이 물러나와 바로 존당에 들어오니 뒤이어 여러 자식과 조카들이 다 들어와 동서로 나누어 앉았다. 노공이 여러 손자들이 벌여 앉아 있는 것을 보고 기뻐하면서도 유현의 기린 같은 기상을 생각하여 이날 얼굴빛을 고치고 즐거워하지 않았다. 진왕과 초공이 노공에게 즐거워하지 않는 이유를 물었다. 노공이 길이 탄식하며 말하였다.

"유현은 나의 천금 같은 사랑하는 손자인데 석 달을 보지 못하니 주위
가 허전하였다. 유현에 대한 생각이 간절하여 너에게 한 번 사리를 알 40
아듣도록 타일러야겠다고 생각했는데 네가 자식을 가르치는 위엄을 방해하지 못하여 기다리고 있었다. 그런데 석 달이 다 되도록 움직임이 없으니 자연히 마음이 좋지 않구나."

초공이 얼굴빛을 온화하게 하고 자리에서 일어나며 대답하였다.

"제가 불초하여 고인이 색동옷을 입은 것[223]을 본받지 못하고 도리어 아버지의 뜻을 거스른 것이 이와 같으니 황공함을 이기지 못하여 감히 죽을죄를 받기를 청합니다. 이제 유현을 불러서 보시는 것이 무엇이 어렵겠습니까?"

---

223) 고인이 ~ 것 : 중국 춘추 시대 초(楚)나라의 현인(賢人)인 노래자(老萊子)가 일흔 살에도 색동옷을 입고 부모 앞에서 어린아이 짓을 하여 부모를 기쁘게 하였다는 고사(故事)를 가리킴. 부모에게 지극한 효도를 행한다는 뜻으로 자주 인용됨.

즉시 좌우에 있는 아들에게 유현을 부르라고 하였다. 노공이 매우 기
41 뻐하고 여러 아들들이 기쁨을 이기지 못하여 문현이 빨리 나가 초공의 명
을 전하였다.

이때 유현은 존당에 문안 인사를 드리는 때가 되자 심회를 안정시키지
못하고 있었다. 그런데 갑자기 문현이 와 형이 슬퍼하는 것을 보고 슬픔
을 금하지 못하였지만 얼굴빛을 고치고 아버지의 명령이 내려 형을 들어
오라고 했다는 뜻을 전하였다. 유현이 반갑고 기뻐서 푸른 하늘에 오른
듯하고 만 길이나 되는 구렁텅이에 빠졌다가 평지에 올라온 듯하여 그 말
을 믿는 둥 마는 둥 하였다. 병이 본래 마음을 노심초사하였기 때문에 생
긴 것이어서 아버지가 용서한다는 말을 들으니 순간적으로 사지가 가벼
워지고 마음이 상쾌하였다. 즉시 이불을 헤치고 의관을 가다듬어 존당에
42 들어가 감히 당에 오르지 못하고 계단 아래에서 머리를 조아리고 수없이
절하여 불효한 죄를 벌하기를 청하였다. 반가움을 참지 못하여 봉황 같은
눈에서 눈물이 떨어지고 몸을 굽혀 명령을 기다리고 조심하여 삼가며 걷
는 거동과 조심하는 모양을 하고 있었다. 석 달을 보지 못하였다가 유현
의 얼굴을 대하니 옥 같은 골격과 영웅의 풍모가 더욱 기특하여 천 개의
버드나무 가지가 봄바람에 흔들흔들하고 만 개의 화신(花神)에 봄볕이 돌
아온 것 같아 온화한 거동은 겨울 해의 따스함 같았다. 의관을 벗었으니
그 모습이 뚜렷하여 해와 같고 양미간에 온화한 기운을 띠어 봉황 같은
43 눈을 낮추었으니 맑고 뛰어난 기운이 좌우에 비쳤다. 다만 그 풍성한 모
습이 없어지고 담홍색의 혈기가 줄어들어 있었다. 그러나 좋은 기질과 수
려한 거동이 예전보다 백배는 더해 송옥(宋玉)의 고움을 우습게 여기고 반
악(潘岳)의 맑음을 더럽게 여길 정도였다. 유현의 행동거지가 조용하고 침

착하여 도리어 유약한 사람이 되었으니 초공이 조용한 가운데 자식을 가르치는 위의를 볼 수 있었다.

태부인과 노공 부부가 가엾게 여기고 사랑스러움과 반가움을 이기지 못하여 유현에게 빨리 당에 오르라고 하였지만 유현이 땅에 엎드려 아버지의 명령을 기다렸다. 그 황공해하는 모습이 더욱 기특하여 아버지의 근심을 풀어 버리게 할 정도였다. 양정렬 등 여러 어머니뻘 되는 사람들이 반가움을 이기지 못하였다. 초공이 엄숙하고 단엄하였지만 마음속으로
반가움과 기쁨이 가득하였다. 그러나 그것을 드러내는 것을 염려하여 오 44
랫동안 뚫어지게 보다가 말하였다.

"어른의 명령을 순순히 받드는 것이 너의 도리인데 어찌 괴롭게 땅에서 죄수의 모습을 하고 있느냐?"

좌우에 있는 사람에게 유현의 의대를 주면서 당에 오르라고 하였다. 유현이 비로소 절하여 사례하고 당에 올라 존당과 부모님께 그 사이의 안부를 묻고 자기의 죄상을 말하며 두 눈에 물결이 어렸다. 이때 양정렬과 초공의 사랑과 기쁨이 헤아릴 수 없을 정도였지만 오히려 안색을 태연하
게 하고 눈길을 들어 아들의 신상을 살폈다.[224] 유현이 감히 얼굴을 들지 45
못하여 관을 낮추고 몸을 굽히고 있는데 황공하여 바늘 위에 앉은 것 같았다. 사랑스러운 얼굴에 온화한 기운이 풍성하여 두루 기특하니 태부인과 노공 부부가 애지중지하여 유현의 손을 잡고 등을 어루만지고 기쁨을 이기지 못하여 말하였다.

"어떤 일로 분수에 넘치는 일을 하여 어려운 아버지께 죄를 얻었느냐?"

---

224) 안색을 ~ 살폈다 : {안식을 타연히 ᄒᆞ여 □의 신샹의 둘러시니}. 이처럼 원문에는 한 글자를 알아볼 수 없게 필사되어 있음. 문맥을 고려하여 '이에 눈길을 들어 아들의 신상을 살펴보다'의 의미로 옮김.

유현이 머리를 조아리고 절하며 명을 받들고 있었고 좌우에 숙모들이 벌여 앉아 있었다. 유현이 석 달 동안 벌을 기다리고 있었기 때문에 유현을 계책하는 아버지의 명령을 듣고자 하였다. 초공이 아들이 잘못을 뉘우치는 것이 시원스러운 것을 보고 어여쁘게 여겨 얼굴빛을 바로하고 한바
46 탕 크게 꾸짖었다. 유현이 말마다 사죄하였는데 너그럽고 얌전한 기운이 부드럽고 온화하였다. 고모인 조씨들이 웃으며 희롱하자 초공이 웃음을 머금고 말하였다.

"누이들께서는 아들을 가르치는 엄격함만 아시고 아들의 기특함을 모르십니다. 제가 비록 유현을 내치고 보지 않았지만 만일 저 아이의 사람됨이 불초하고 효성이 박했더라면 한갓 아비를 원망했을 것이고 행동을 제멋대로 했을 것입니다. 어찌 근심하고 걱정하며 조심하고 두려워하며 행실을 닦고 마음을 고치겠습니까? 그 어짊과 효성스러움은 하늘이 내신 것이고 그래서 식견이 넓은 것인데 누이들은 오히려 모르시는군요."

자리에 있던 사람들이 크게 웃고 노공이 기뻐하며 말하였다.

47 "유현은 매우 효성스런 군자여서 다른 사람에게 비길 바가 아니다."

고모 조씨들이 웃으며 말하였다.

"아우의 자식 사랑이 심한 것은 이미 알았지만 일찍 입 밖으로 그 말을 내어 사랑한다는 것을 오늘에야 처음 듣게 되었구나. 어찌 이럴 줄을 알았겠으며 아들에게 죄를 무엇 때문에 주었느냐?"

초공이 웃음을 머금었다.

이날 밤에 유현이 어머니께 들어가 죄를 청하며 반가운 정을 이기지 못하였다. 양정렬이 또한 유현의 손을 잡고 무궁한 사랑이 흘러나와 후일을

경계하였다. 유현은 어머니가 손을 잡고 위로하고 사랑해주시자 모든 근
심이 사라졌지만 아직 아버지의 밝은 가르침을 듣지 못하여 급히 백화헌
에 나가 아버지를 모셨다. 아버지가 고요하게 단정히 앉아있었고 여러 48
아우들이 아직 오지 않은 상태였다. 유현이 몸을 굽히고 황공해하고 조심
하며 삼가는 거동이 실로 성실하고 전일한 성효를 다하여 더욱 묘하였다.
초공이 나무와 철과 같은 마음을 가지지 않았으니 어찌 마음을 돌려 감동
하지 않겠는가? 아들의 손을 잡고 경계하면서 말하였다.

"네가 석 달을 떠나 아비를 생각하는 마음이 깊겠지만 부자의 마음이 어찌 다름이 있겠느냐? 앞으로는 마음과 뜻을 가다듬고 조심하여 몸을 닦고 행동을 조심하여 군자의 침묵하고 정대함에 힘쓰며 추호도 허랑함과 호탕함을 일삼지 마라."

유현이 은혜에 감사함을 이기지 못하고 황공하여 아버지의 손을 잡고
무릎에 엎드려 눈물을 흘리며 사죄하면서 말하였다. 49

"제가 앞으로는 아버지의 밝은 가르침을 받아 다시 불효를 하지 않겠습니다. 석 달을 부모님 곁을 떠나 일마다 뉘우치니 사람을 만날 면목이 없습니다. 이제 용서를 받으니 다시 행동거지를 고치지 않겠습니까? 앞으로는 마음과 뜻을 가다듬고 조심하여 아버지의 뜻을 받들겠습니다."

초공이 말하였다.

"너에게 성은이 대단하시어 성상께서 네가 병이 든 것을 염려하시는 것이 네 아비보다 더하셨다. 성상께 삼가 충성을 다하고 성은을 만에 하나라도 갚기를 애써라. 내일부터 임무를 살펴서 석 달 동안 미진했던 정사를 다스려라."

50 유현이 절하고 사례하며 명령을 받들었다. 이윽고 여러 아들이 다 들
어오니 초공이 다 물러가라 하고 이날 밤은 유현만 데리고 잤다. 유현이
아버지의 이부자리를 살피고 효성을 다하니 마음속으로 느끼는 다행스러
움과 즐거움을 드러내지 못할 정도였다. 유현은 옛날의 잘못을 버리고 새
롭게 도덕을 행하니 모든 일이 숙연하고 정제되었다. 아버지가 잠든 후에
곁에서 모시고 자는데 마음이 든든하여 기쁨을 억제하지 못해 잠들지 못
하다가 밤이 깊어지자 잠이 들었다. 초공이 깨어나 유현이 곁에 누워있는
것을 보니 기쁨을 비할 곳이 없어 아들을 어루만지고 손을 잡고 능히 잠
51 을 이루지 못하였다. 부자의 천륜의 정이 자연히 이러하였다.

평능후 유현이 다음날 아침에 조회하니 임금이 반기고 기뻐하며 구태
여 그 일은 아는 체하지 않았다. 유현이 이부에 쌓여있는 공사를 처리하
는데 사람 쓰는 공이 조금도 사사로운 정이 없었고 맑은 눈은 저울과 같
았으며 하는 말이 신명(神明)하였다. 유현에 대한 임금의 총애가 조정과
재야를 떠들썩하게 했고 위세와 권력이 일세에 진동하나 유현이 더욱 조
심하였다. 유현이 이후에는 더욱 마음을 고치고 덕을 닦으니 옛날에 활발
하고 통이 크고 경솔하며 방탕하던 마음은 다 없어지고 침묵하고 정직하
52 며 단엄하여 대인군자의 도로 그 아버지와 숙부의 침묵하고 단정하며 곧
음을 본받았다. 전후로 다른 사람이 되어 여색을 멀리하고 호탕하고 쾌활
함과는 거리가 멀어 국사를 돌보고 여가 시간에는 아버지와 숙부를 모셨
으니 사람들이 괴이하게 여겼고 집안사람들이 매우 기뻐하였다.

하루는 태부인이 여덟 명의 창기를 불렀다. 옛날에 유현이 좋아했던
자현과 채란과 이 여덟 창기를 한 데 모아 아리따운 모습을 보니 매우 기
특하여 정실을 공경하고 극진히 따를 것 같았다. 이들을 사랑하여 각각

거처를 정하여 시녀 6명씩을 주고 비단과 능라, 금은을 후하게 상으로 주
었다. 각각 물러가려고 하는데 이때 정숙렬 등이 존당을 모시고 있다가 53
10명의 미인을 보니 가장 뛰어난 미인이고 현숙한 여자들이었다. 여러 사
람이 탄복하고 존당과 양정렬이 이들을 아름답게 여기는 것이 비교할 곳
이 없었다.

유현은 여덟 창기가 조씨 집안에 온 것을 알았지만 세월이 흐를수록 효행을 다하여 몸을 닦는 것을 부지런히 하고 규방으로 향하는 발자취가 드물었으니 더욱이 여덟 명의 창기를 돌아보겠는가? 그랬더니 초공이 도리어 경계하면서 말하였다.

"군자의 도리는 엄숙하고 화평한 것이 으뜸이다. 지아비는 온화하고 아내는 순종하면 집안이 화평하고 태사(太姒)의 덕을 둘 것인데 어찌 규방에 발자취를 끊어 여자와 남이 되게 하느냐?"

유현이 절하고 사례하며 말하였다.

"제가 분수에 넘치고 교활하며 호색하여 부모님께 죄를 지었습니다. 54
마음이 다시 여색에는 뜻이 없습니다."

초공이 아들의 말을 아름답게 여겼지만 그렇게는 하지 말라고 타일렀다. 이후로 유현이 여러 처첩을 거느리는데 버드나무가 흔들거리듯 엄정하고 고요하였다. 정부인이 단정하고 정중하여 규방이 고요하며 정실과 첩의 분수가 분명하고 꽃다운 성덕이 관저(關雎)의 풍모를 따르니 집안이 숙연하고 안과 밖에 봄꽃과 봄바람이 무르녹아 일가가 덕을 칭송하였다.

세월이 흐르는 물 같아서 이 해 초겨울은 진왕과 초공의 생일이었다. 평능후 유현이 태사 기현과 함께 의논하며 말하였다.

"우리가 입신양명하고 부모의 몸을 귀하게 하고 이름을 떨치는 것이 55

무엇을 말하는 것이겠느냐? 한 번 잔치를 크게 열어 장수를 비는 정성을 보여드리자. 우리들이 남방과 북방을 정벌하는 것에 골몰하여 여가가 없어서 한 번도 부모를 영화롭게 하는 효도를 못하였는데 그 소원을 풀자."

이렇게 여러 아들이 의논하여 큰 잔치를 베풀었다. 구름과 안개 같은
담이 하늘에 닿아있는 것 같고 수놓은 장막과 깔개가 햇빛에 밝게 빛나는
데 안과 밖의 손님이 그 수를 헤아리지 못할 정도였다. 임금이 이 소식을
듣고 초공의 생일이라 잔치에 쓰이는 기구를 마련해주고 어전 풍악과 교
방(敎坊)[225] 풍물로 영광을 빛내며 오음육률(五音六律)[226]의 특전을 연주
56 하게 하고 주는 것이 물과 같이 풍부하였고 각 도에서 나오는 물건을 보
내어 잔치를 도왔다. 구름 같은 차일은 하늘에 솟았으며 하늘거리는 춤사
위와 맑고 밝은 거문고 곡조가 사람의 흥을 도왔다. 온 조정의 대신과 제
후, 공경(公卿)과 종친들이 모두 잔치에 참여하니 천고에도 없는 장관이었
다. 안과 밖의 넓은 당에 들마루를 크게 만들어놓았으나 당이 가득 찼다.
자리의 순서를 잡아 앉았는데 노공이 으뜸이 되어 가운데에 앉고 적서(嫡
庶)의 여섯 사위와 두 아들이 비단 도포와 옥띠를 띠고 좌우에서 모시고
있었으며 여러 손자가 차례로 모셨다. 금옥으로 만든 관이 환하게 눈이
부시고 패옥소리가 맑게 울렸다.

57 날이 정오쯤 되니 술을 마시는 것이 잦아졌으며 풍악을 연주하여 소년
명사들이 다 취기를 띠고 있었다. 그러나 오직 태사 기현과 능후 유현, 어

225) 교방(敎坊) : 기생을 가르치는 곳을 의미함.

226) 오음육률(五音六律) : 옛날 중국 음악의 다섯 가지 소리와 여섯 가지 율(律). 궁(宮), 상(商), 각(角), 치(徵), 우(羽)의 오음과 황종(黃鐘), 태주(太簇), 고선(姑洗), 유빈(蕤賓), 이칙(夷則), 무역(無射)의 육률을 이름.

사 영현과 사인 광현과 한림 문현이 한 잔도 마시지 않고 술이 오면 붉은 입술에 대기만 했으며 희롱을 걸면 미소를 띠고 단정히 앉아서 쓸데없는 말을 하지 않았다. 부형의 면전에서는 공경하고 삼가는 예모를 하고 은은하고 온화한 기운이 봄바람에 꽃이 피는 것을 재촉하고 중천에 뜬 햇볕이 따뜻한 것 같았다.

하물며 태사 기현의 부드럽고 온화한 풍모는 진실로 현명한 군자이고 현명한 재상의 모습이었다. 온 세상에 군림할 인상과 용과 봉황의 자질이
외모에 드러나니 천승(千乘)을 소유할[227] 광채였다. 광현은 단엄하고 천 58
고에도 없는 성현의 모습이었고 옥 같은 얼굴의 풍모가 많은 사람들을 감동시켰다. 평능백 운현의 호탕하고 시원한 격조와 늠름한 풍채 있는 몸은 호걸스러운 군자였다. 천고 영웅의 모습인 문현의 기상이 부드럽고 온화하나 마음은 부정한 것을 보지 못하였다. 많은 사람이 모인 자리에 기린이 내려왔고 까막까치 속에 봉황이 섞였으니 온 자리에 있던 손님이 눈이 부셔 제대로 볼 수 없을 지경이었다.

진왕과 초공이 노공께 술잔을 올리고 차례차례 술잔을 올리며 축수가를 불렀다. 양양한 풍류로 잔치의 분위기가 한결같이 좋으니 노공이 매우 즐거워하여 손자에게 마주 서서 춤추라고 하였다. 조생들이 노래자가 옷
을 색동저고리로 바꿔 입고 부모를 기쁘게 한 일을 존경하니 어찌 노공의 59
말을 거역할 리가 있겠는가?

유현이 흔연히 기현과 마주 보고 춤을 출 것을 청하였다. 진왕이 웃으며 운현에게 명하고 기현과 광현에게도 명하여 마주 보고 춤을 추게 하였

227) 천승(千乘)을 소유할 : {천승(千乘)을 귀필[期必]할}. '승(承)'은 4필의 말이 끄는 수레를 세는 단위로 제후는 천승(千乘)을 부릴 수 있었기 때문에 천승은 곧 제후를 말함. 여기서는 제후가 될 만하다는 의미임.

다. 광현의 기상은 지상의 신선과 같아 옥 같은 골격과 영웅의 풍모로 하
늘거리는 춤추는 소매가 봄바람에 흩날려 떨어지는 백설에 복숭아꽃이
섞여 있는 것 같았다. 봉황 같은 눈이 가늘고 용마(龍馬)[228]의 채색처럼
영롱하여 나가고 물러가며 춤추는 늠름한 기골이 소와 말 중에 기린이 있
는 것 같았다. 허리에 금옥 띠를 두르고 어깨에 붉은 도포를 입고 연꽃 같
은 흰 귀밑에 재상의 관을 쓰고 있으니 기특한 춤 솜씨가 일대에 대적할
60 사람이 없었다. 더욱이 유현과 운현의 신기한 놀이는 귀신이 돕는 듯 유
희하니 온 자리에 있던 손님들이 바라보고 구경거리로 삼으며 노공과 진
왕, 초공이 기쁨을 이기지 못하였다. 유현과 운현이 절하고 물러나 앉자
여러 손자들이 차례로 자리에 앉으니 그 모습은 평생 공부한 사람보다 더
나음이 있었다. 온 자리에 있던 여러 사람들이 큰 복을 하례하였다.

유현의 빼어난 기상이 변하여 침묵하고 조용하며 단정한 군자가 되었으니 옛날에 그를 알던 사람은 새롭게 신기하게 여겼다. 평진후 소천이 웃으며 유현을 희롱하여 물었다.

"옛날에는 호색하여 아버지에게서 내쳐져 여러 달을 노심초사하여 병
61 이 들었다고 하더니 그 곡절을 듣고 싶구나."

유현이 안색을 바로 하고 대답하였다.

"제가 불초하고 도리에 어그러진 것은 다른 사람에게 들리게 해서는 안 될 일인데 아저씨께서 어떻게 들으셨습니까? 황공함을 이기지 못하겠습니다."

평진후 소천이 또 웃으며 말하였다.

"네가 자네를 위하여 한 마디 해야겠네. 자네가 어린 나이로 호화롭고

228) 용마(龍馬) : 복희씨 때 황하강에서 팔괘(八卦)를 등에 싣고 나왔다는 준마(駿馬)를 뜻함.

사치스러워 한때 분수에 넘치는 일이 있었으나 그것이 무슨 큰일이라 고 초공 형이 그렇게까지 하니 너무 하지 않는가? 어찌 잠잠히 있었는가? 치원[229] 형은 10살에 팔 위에 찍힌 붉은 점을 없애고 창기 10명과 서로 어울려 노공 어르신께 곤장을 맞고 부인을 이리저리하여 얻어와
곤장 40대를 감수하였으니 어찌 자식과 조카를 꾸짖겠는가?" 62

여러 사람들이 박장대소하고 자리에 있던 사람들이 놀랐지만 유현은 옷깃을 바로잡고는 단정히 앉아서 묵묵하게 있으니 엄숙한 거동이 온 자리에 빛났다. 초공이 미소 지으며 말하였다.

"소공이 자기 행실은 깨닫지 못하고 남의 말을 하여 비난하고 웃으니 어찌 가소롭지 않겠습니까? 형이 80대를 맞았던 일을 뒷사람들은 전혀 모르니 제가 잠깐 말하여 아버지와 숙부의 일을 알게 하겠습니다."

그러고는 평진후가 주부인 때문에 규방에 난을 일으키고 혼인을 이루
면서 윤부인에게 빰을 맞으며 노공께 80대를 맞던 일을 본 것처럼 전하 63
였다. 말은 많이 하지 않았지만 소진(蘇秦)과 자공(子貢)[230]의 말솜씨와 비슷하였다. 초공이 평진후가 자신의 형을 희롱하는 것을 밉게 여겨 한바탕 말을 하니 자리에 있던 사람들이 일시에 박장대소하였다. 평진후의 자식과 조카들이 다 이곳에 모여 있었는데 부형의 말을 듣고 감히 웃지 못하였다. 그러나 각각 웃음을 참지 못하고 얼굴을 돌려 겨우 참았으나 웃음 띤 얼굴로 키득거렸다. 유현과 운현이 웃으며 말하였다.

"소형이 아저씨의 곤장 맞던 말을 듣고 웃으면서 웃음살이 얼굴에 퍼

---

229) 치원 : 진왕 조무의 자(字)임.

230) 자공(子貢) : 춘추시대 위(衛)나라의 학자. 성 단목(端木)이고 이름 사(賜)로 공자의 열 제자 중 한 사람으로 재아(宰我)와 더불어 언어에 뛰어났다고 함. 공자가 죽은 뒤 노나라를 떠나 위나라에 가서 벼슬하였으며, 제나라에서 죽었음. 공자가 죽었을 때 여러 제자들이 3년 동안 스승의 묘를 지키다가 대부분 떠났지만, 자공은 그 이후로도 3년을 더 지켰다고 함.

졌으니 부형의 곤경을 들으면 놀라 얼굴빛을 바꾸는 것이 옳은데 이처
64 럼 즐거워하는 마음을 도리어 모르겠다."

이때 경수는 평진후의 막내아들이고 소순의 양자였다. 5살 때부터 초
공에게 수학하여 평소의 성품이 고결하고 풍채가 늠름하여 고운 버드나
무를 비웃을 정도였고 이백과 두보의 호방한 풍모를 나무랄 정도였다. 글
재주가 훌륭하여 공자의 도를 닦고 선비로서의 온갖 행실과 충성과 곧은
절개가 천고에도 비교할 사람이 없으니 초공이 친자식처럼 사랑하였다.
오늘 사부와 아버지가 서로 희롱하시는 것을 들으면서도 기운을 낮추고
두 손을 맞잡고 아버지를 모시고 있을 따름이고 여러 사람이 웃을 때도
65 웃는 빛이 없었다. 운현이 이 거동을 보고 봉황 같은 눈을 흘겨 말하였다.

"두 분께서 옛날 일을 말씀하셔서 우리가 우스갯소리를 듣고 있을 뿐
인데 너는 어찌 우리들을 비웃으며 방자하게 조롱하느냐?"

여러 조생이 일시에 경수를 꾸짖었지만 경수의 조용한 말에 미치지 못
하였다. 초공이 경수의 손을 잡고 탄식하며 말하였다.

"이 아이는 소씨 집안의 천리마입니다. 소형이 호방한데도 이와 같은
뛰어난 아들을 두었으니 이는 형수님의 빼어남에서 기인한 것입니다.
80대를 맞고도 주부인을 취한 공이 있는 것 같습니다."

여러 조생이 크게 웃고 노공이 웃으며 말하였다.

"네가 희롱하는 말을 들으니 역시 놀라운 일이구나."

초공이 절하여 사례하였고 평진후 역시 웃었다. 이와 같이 즐겁게 웃
66 고 단란하게 즐기며 마음껏 취하니 날이 저물었다. 노공이 자손을 거느
리고 내당에 들어가 태부인께 술잔을 올렸다. 손님들은 장막 안으로 들어
가고 며느리와 친척만 태부인을 모셨다. 노공이 옥 술잔을 받들어 태부인

께 올리고 차례로 잔을 올리는데 관옥 같은 풍모와 이백과 같은 풍모여서 태부인의 기쁨을 비교할 곳이 없었다.

노공이 술이 취하고 흥이 높아 진왕과 초공에게 마주하여 춤을 추라고 하였다. 두 사람이 부모를 기쁘게 해드리는 정성이 대단하니 어찌 사양하겠는가? 흔연히 명령을 받들어 존당과 부모님께 절하고 용이 그려진 관복
을 입고 백옥의 띠를 두르고 금관을 숙여 하늘거리는 넓은 소매로 춤을 67
추니 늠름한 모습이 해와 달이 서로 빛을 다투어 밝은 빛을 토하고 가을 하늘에 계수나무가 높고 높아[231] 풍채가 비슷하였다. 맑은 눈빛은 가을 물이 비스듬히 비치는 것 같았으며 천지의 정화를 거두어 덕량이 잘 갖추어져 훌륭하고, 군자의 큰 도를 지니고 있으니 영웅의 풍채를 알 만하였다. 서로 희롱하는 거동이 천고에도 없는 일인자이고 당세에 독보적이었다. 초공의 성현의 풍모와 진왕의 광활한 풍모가 난형난제였다. 잘 생긴
얼굴이 서로 비슷하니 두 사람의 기이함이 측량하기 어려웠다. 68

이때에 진왕과 초공의 가득한 자손이 좌우에 갈라서서 부숙(父叔)의 신기한 춤 솜씨를 구경하였다. 기쁜 기운이 가득하여 화기애애하니 또한 천고에도 없는 장관이었다. 태부인과 노공이 입이 벌어져 기쁨이 넘치고 무궁하니 일가친척이 한 목소리로 갈채를 보냈다.

정숙렬과 양정렬과 조씨 등이 다 각각 태부인께 술잔을 올리고 모든 며느리가 뒤를 이었다. 정숙렬과 연씨, 최씨 세 비(妃)와 양정렬과 왕씨, 윤씨 세 부인의 아름다운 모습은 젊었을 때 모습이 그대로 남아있어서 조용하고 얌전한 덕성과 끝없는 밝은 빛이 자리에 앉은 모든 사람들을 비웃는
것 같았다. 소씨와 정씨, 남씨와 이씨, 경씨 등이 일세에 뛰어나니 존당과 69

231) 가을 ~ 높아 : {츄텬의 계싊 승승ᄒᆞ여}. '계슈[桂樹] ㅣ 승승[乘勝]ᄒᆞ여'로 보아 이와 같이 옮김.

시부모가 사랑하며 기뻐하는 것이 비교할 곳이 없었다.

노공이 다시 외당에 나와 두 아들의 춤이 천고에 없이 묘하다고 말하면서 크게 웃었다. 평진후 소공과 정승상 등이 웃고 말하였다.

"치원은 본래 풍류랑이라 가곡과 춤에 능한 것은 이상하지 않는데, 사원[232]은 그런 것에 생소할 줄 알았습니다. 어찌 이곳에서 시키지 않으시어 저희들이 구경하지 못하게 하십니까?"

노공이 웃으며 말하였다.

"자네들에게 뵈려고 하면 노모께서 못 보시기 때문이다. 내전에 들어가 춤을 추게 한 것은 어머니를 기쁘게 해드리기 위해서였네."

평진후와 정승상이 애달파 하였다.

70 어악(御樂)과 가장 뛰어난 명기(名妓)를 들어오게 하여 여러 조생이 가무를 시키고 즐거움을 다하고 단란하였다. 젊은이들이 다 여러 창기의 옥 같은 모습과 꽃 같은 자태를 보고 우스갯소리가 낭자하였다. 그러나 조생들은 집안이 숙엄할 뿐만 아니라 하늘이 내신 효성과 몸을 닦고 행동을 조심하는 것이 다른 부류와 매우 다르기 때문에 오직 부형을 위하여 온화한 얼굴빛과 기쁜 빛을 지었다. 봉황 같은 눈이 무릎 근처에 머물고 기운이 편안하고 조용하여 창기들의 얼굴에 신경 쓰지 않으니 정숙한 거동이 실로 군자의 풍모가 있었다. 이것을 보고 자리에 있던 사람들이 자식과 조카의 무례함과 자기들의 거동이 무엄함을 깨달아 마음속으로 탄복하였다.

71 유현이 여러 사람들에게는 엄숙한 거동과 상쾌한 말을 하였지만 아버지 앞에서는 말이 나직하며 온화하고 부드러웠다. 여러 사람들이 유현이

---

232) 사원 : 초공인 조성의 자(字)임.

약한 여자 같은 것을 이상하게 여겼고, 평진후는 유현이 아버지 앞에서 이와 같이 하는 것을 원래 알고 있었지만 새롭게 사랑스러워하고 공경하였다. 조추밀이 참지 못하여 웃으며 말하였다.

"유현이 여덟 창기를 일시에 친애하던 풍류와 기상으로 어찌 오늘 미녀가 교태가 있고 요염한 것을 무심하게 보느냐?"

유현이 미소를 지으며 말하였다.

"너희 같은 미친 무리야 아버지 앞인 것을 생각하지 않고 방자하게 희롱하겠지만 우리들은 사실(私室)에서는 8명의 창기가 아니라 10명의 창
기라도 사양하지 않지만 부형 앞에서는 아름다운 여자와 유희하여 너 72
희같이 호탕하게 하지 않는다."

정상서가 웃으며 말하였다.

"제가 대군자라면 본래 천박하고 경솔한 일은 못하는 것인데 처첩에 욕심이 차서 부형을 속이며 얻어오는 것을 잘했는가?"

여러 사람들이 크게 웃고 조추밀이 웃으며 말하였다.

"나는 금시초문이다. 정형은 자세하게 말해서 이것이 무슨 일이지 알게 하게."

정상서가 유현의 옛날 일을 한바탕 말하니 유현이 빙그레 웃음을 머금고 말하였다.

"정형이 나를 가지고 웃고자 하지만 자기의 소행이 나타나는구나. 한밤중에 바쁘게 뛰어다니면서 남의 사실을 엿보니 비루하고 경박한 행
실이 부끄러운 줄을 모르고 나의 오줌을 맛본 것을 지금 다행스럽게 73
자랑하는구나. 너의 행사가 그나마 사람의 도를 지니는 것은 대군자의 오줌을 맛본 덕이다."

조추밀과 정상서 두 사람이 일시에 유현을 꾸짖는데 서로 친애하는 동기 같았다. 종일 즐거움을 다하고 석양이 지고 밝은 달이 빛을 토하니 여러 손님들이 취기를 띠고 각각 흩어졌다. 조생들이 촛불을 다시 켜서 아버지와 숙부를 모시고 존당에 들어가 남은 흥을 이으니 초공이 여러 아들과 조카를 경계하여 말하였다.

"우리가 너희들의 정성을 막지 못하여 위로 부모님을 기쁘게 해드리기
위해 오늘 생일잔치를 받았으나 우리 집안이 번성한 것이 외람되지 않
74 겠으며 두렵지 않겠느냐? 너희가 내 뜻을 받들지 않고 한 번 부유하고
화려하게 하여 잔치를 여니 실로 이것은 나의 뜻이 아니다. 내가 여러
손님을 대하여 부모님께서 즐기시는 때라 좋지 않은 빛을 내지 않았지
만 어찌 마음이 편했겠느냐?"

여러 아들과 조카가 절하고 사례하면서 말하였다.

"비록 의(義)가 아닌 일과 모범이 되지 않는 일 이외의 사치는 금하는 것이 당연하시지만 저희들이 다 재주와 명망을 펼쳐 한 번 부형의 생신 잔치를 여는 것이 어찌 외람된 일이며 옳지 않은 일입니까? 두 분께서 과도하게 금하시기 때문에 오히려 정성을 다 펴지 못하였습니다."

누이인 조씨들이 감탄하며 말하였다.

"아우들의 겸손함은 다른 사람이 미칠 바가 아니다. 여러 조카들은 두
75 사람의 어짊을 본받아 복록을 이어라."

여러 자식과 조카가 일시에 모두 절하고 사례하며 명령을 받들었다. 생일잔치를 다 열었기 때문에 진왕과 초공의 대단한 복이 곽분양(郭汾陽)을 비웃을 정도였다. 위로 임금의 총애가 온 조정에 드높고 기개와 절조[233]가 일세에 독보적이며 덕망이 태산북두(泰山北斗)처럼 높아, 당대 사

람들이 모두 이들에게 방자하지 못하고 공경하고 두려워하며 높이 받들고 복종하였다. 이것은 다 진왕과 초공이 말과 행동을 삼가고 조심했기 때문이었다.

이때 병부상서 양인광은 16살의 청춘에 홀로 있으면서 창녀와 시간을 보내면서 시름을 풀고 여기저기서 구혼하는 것을 거절하고[234] 오직 조월
염을 얻은 후에 다른 여자를 취하려는 절개가 열녀보다 더하였다. 양공 76
부부도 조소저의 기특함을 본 것처럼 알기 때문에 다른 곳을 거절하고 초공을 보채며 말하였다.

"인광이 나이가 젊지만 작위가 맑고 고결한데 내조할 이가 없네. 우리 부부가 나이가 많고 사정이 급한데 진왕이 언제나 고집을 꺾고 아들이 함께 노니는 것을 보겠는가? 자네는 빨리 혼인을 주선하게."

초공이 웃고 대답하였다.

"형님의 마음이 거의 인광에게 돌아가고 있으니 인광이 아니고 누가 형님의 사위가 되겠습니까? 장인어른께서는 너무 근심하지 마십시오."

양공이 말하였다.

"그러나 자네 형의 고집이 다른 사람과 다르고 내 아들의 허물을 자네
형이 좋지 않게 여기니 비록 자네 형이 조소저를 다른 가문에 시집보 77
내는 것을 생각하지 않지만 혼인은 이루기는 쉽지 않을 것 같은 생각이 드네. 자네 조카가 도요(桃夭)의 시름[235]을 풀 때가 아니지만 양씨 집안의 형편이 타인과 달라 독자(獨子)로서 제사 지내는 일과 손님을 대접하

---

233) 기개와 절조 : {거졀}. 문맥을 고려하여 '긔졀[氣節]'로 보아 이같이 옮김.
234) 거절하고 : {밀막아}. 옛말 '밀막다'는 밀어 막다, 말리다, 거절하다의 의미임.
235) 도요(桃夭)의 시름 : 시집을 못가서 시름함의 의미임. 『시경(詩經)』의 「국풍(國風)」의 〈도요(桃夭)〉란 시에서 나오는 '도지요요(桃之夭夭)'라는 구절로 복숭아나무가 한껏 물이 올라 싱싱함을 표현한 말로 시집갈 때를 의미함.

는 일을 노인이 능히 하지 못하네. 하물며 아내를 정하지 못하여 인광이 방일한 기운이 더하여 창기를 모으니 어찌 안타깝고 답답한 염려가 없겠나?"

초공이 사정이 딱하여 슬퍼하며 대답하였다.

"말씀하지 않으셔도 제가 어찌 모르겠습니까? 조카가 올해 13세이니
78 그 아이 나이가 혼인이 바쁘지는 않지만 그 상황이 급한 것을 제가 이
미 알고 있습니다. 마땅히 돌아가 형과 서로 상의하여 빨리 혼인을 이루겠습니다."

양공이 머리를 끄덕이며 말하였다.

"만일 자네 형의 뜻을 빨리 돌리면 실로 나에게는 다행스러울 것이니 사위의 주선을 바라네. 우리 부부가 적막하여 며느리를 얻는 일이 급하고 바쁘네."

초공이 돌아와 진왕을 타일러 혼사를 이루려고 하였다.

이때 조소저 월염의 꽃다운 나이가 바야흐로 13세였다. 옥 같은 흰 피부와 꽃 같은 자태가 아름다우며 부드럽고 가냘퍼 여름 달이 동쪽 고개에 오른 듯하였다. 옥돌의 결처럼 마음이 깨끗하고 맑은 행실은 백희(伯姬)가 불이 났는데도 당을 내려가지 않은 고집을 본받았다. 그런데 천만 뜻밖에
79 도 양인광이 일으킨 변란을 만나 일생동안 몸의 더러움으로 삼고 더욱 몸을 숨기고 수행을 일삼았다. 발이 문 밖으로 나가지 않고 존당께 드리는 문안인사 때도 자주 나오지 않았으며, 사람들이 모이면 물러가고 태부인이 고요하게 계실 때를 틈타 들어갔다. 비록 이와 같이 고집하며 단정하고 조용하였지만 오히려 친척과 이웃 사람들이 자연히 조소저를 칭찬하는 꽃다운 소리가 일시에 떠들썩했고 향기를 감추었으나 그 향기를 감추

지는 못하였다. 장안의 구름 같은 공후(公侯)와 귀한 집안의 아들 있는 사
람은 저마다 월염이 평진왕의 딸이고 정숙렬의 소생이라 부귀를 흠모하
여 다투어 좋은 인연 맺기를 청하였다. 80

진왕이 비록 양인광의 행동을 놀라워했지만 상황이 딸을 다른 가문에
시집보낼 수가 없기에 여기저기서 청혼하는 곳마다 거절하여 정혼한 곳
이 있다고 회답하여 보냈다. 초공이 진왕에게 간절하게 권하여 말하였다.

"이미 다른 곳의 청혼을 거절하시면서도 인광을 빨리 사위로 맞지 않
으시니 조카를 깊은 규방에서 늙히려 하십니까? 하물며 인광이 조카에
게 혹하여 지금 처를 구하지 않고 그 얼굴을 그리워하여 아침저녁으로
사모하고 생각한다고 합니다. 그러니 일이 매우 좋지 않고 풍교에 해
롭습니다. 일의 형편상 빨리 혼인을 시키시는 것이 옳은데 이와 같이 81
미루시니 형님이 무슨 생각을 하고 계신지 제가 실로 알지 못하겠습니
다."

진왕이 선뜻 웃고 또한 탄식하며 말하였다.

"내가 이미 뜻을 정했으니 빨리 하든 천천히 하든지 간에 혼인을 시키
겠지만 오직 한스러워하는 것은 내가 천금 같은 딸을 두고 양세의 며느
리로 삼는 것이다. 이것을 실로 한스러워하고 원하지 않으니 어찌 그
아비 된 자의 마음이 편하겠느냐? 양인광이 태어난 상황을 생각하면
항상 마음에 들지 않아 빨리 결단하여 혼인을 이룰 생각이 사라진다.
양인광의 도리에 넘치는 마음을 꺾으려 딸의 나이가 들기를 기다리는 82
데 아우는 단지 양공이 재촉하는 것 때문에 나를 이와 같이 보채는가
싶구나."

초공이 웃으면서 대답하였다.

"양공도 재촉했지만 일의 형편상 빨리 혼인을 이루는 것이 마땅한 것 같고, 인광도 다시 괴이한 행실이 있을까 해서 입니다."

진왕이 초공의 말을 듣고는 잠깐 웃고 말을 하지 않았다.

양인광이 월염을 사모하는 정이 날로 깊어가고 시시각각 더하였지만
진왕의 뜻이 확고하여 좋은 소식을 듣지 못한 까닭에 초공이 가만히 진왕
83 을 타이르고 설득하였지만 양인광이 듣는 곳에서는 혼인 말을 하지 않았
다. 양인광이 매우 다급하여 죽기를 결심하고 다시 선월정에 들어가고자
하였다. 그러나 월염이 한 번 변을 당한 이후에는 어머니를 모시고 협실
에 있으면서 일찍 자기 처소에 돌아올 적이 없으니 무슨 방법으로 다시
변란을 일으키겠는가? 월염의 아름다운 모습이 눈과 귀로 보고 듣는 것처
럼 밤낮으로 생각나니 양인광이 참지 못하여 한 통의 편지를 써서 조씨
집안에 왔다. 양인광이 여러 조생들과 말하다가 내당에 들어와 양정렬을
보고 자염의 기이한 꽃과 달 같은 얼굴을 보니 완전히 월염의 옥 같은 미
84 모를 대한 것 같아서 마음이 더욱 서운하고 섭섭하였다. 그러나 그 편지
를 전할 사람을 찾지 못하고 있었다. 진왕의 막내아들 계현의 나이가 아
홉 살이었다. 양인광이 계현을 보고 속이면서 한 통의 편지를 주며 말하
였다.

"내가 아까 옥매정에 들어가니 마침 조카딸이 이 편지를 써서 진궁에 보내고자 하였다. 그 봉투의 글씨를 사랑하여 부질없이 가지고 나오니 조카가 말하기를 '선월정 월염 언니께 전할 것이니 이 편지를 갖다가 계현에게 주어 네가 네 누나에게 전하라'고 하여 내가 편지를 가지고 와서 너에게 주는 것이다. 다른 사람에게는 주지 말고 네가 선월정 누나에게 주어라."

계현이 본래 나이가 어릴 뿐만 아니라 행실이 조금 어리석어 남의 말 85
을 그대로 듣고 돌이켜 생각하지 못하였다. 양인광이 말하는 대로 무심코
편지를 받아 소매에 넣고 말하였다.

"누이들이 아침저녁으로 서로 만나면서 또 어느 사이에 편지를 주고받고 합니까? 내가 누이의 시녀가 아니니 이 편지를 전하러 다닐 일이 없습니다."

양인광이 말하였다.

"이것이 무엇이 힘든 일이라고 그만한 청을 듣지 않느냐?"

계현이 마지못하여 웃고 일어났다. 원래 진궁과 상부 사이가 꽤 떨어
져 있으므로 규수의 왕래가 불편하여 혹 모이지 못하는 날은 편지를 서로
주고받기도 하였다. 저 의심 없는 계현이 무심히 편지를 받아 소매에 넣 86
었다. 양인광이 웃고 말하였다.

"조카가 나에게 당부하여 편지를 잊지 말고 너에게 주어 선월정에 전하라고 하였다."

계현이 응낙하고 진궁으로 갔다. 백화헌에 이르니 사촌 형제가 가득하였는데 바야흐로 표(表)를 지으며 시를 쓰고 있었다. 계현이 또한 나가 자리에 앉으니 진왕이 명령하여 말하였다.

"너는 형제 중에서 글씨를 잘 쓰지 못하고 부족하니 먼저 대자를 써라."

계현이 명을 받들고 종이를 펴고 붓을 빼서 글씨를 썼다. 그런데 본래
아무 생각이 없고 또한 그 편지를 감추고자 하는 생각이 없어서 선뜻 옷
을 벗을 때 한 통의 편지가 떨어졌다. 진왕이 괴이하게 여겨 편지를 보았 87
다. 계현이 또한 놀랐지만 대수로운 일이 아니라고 생각하여 엎드려 글씨
를 쓰니 진왕이 말하였다.

"그 편지는 누가 쓴 편지냐?"

계현이 대답하였다.

"사촌 누나가 선월정에 갖다 주라고 하여 가져왔습니다."

진왕이 보니 위에 봉투에 아무런 글씨를 쓰지 않아서 떼어 보니 글씨가 찬란하고 먹빛이 비교할 곳이 없었다. 그 편지는 이러하였다.

병부상서 태학사 양자범은 삼가 조소저께 절합니다. 남녀가 세상에 나서 부부는
88 오륜의 첫째입니다. 양생이 비록 용렬하고 어리석지만 부모의 은덕으로 재주와 품
격이 낮지 않고 임금의 성은으로 작위와 직분이 병부상서 태학사입니다. 임금의 은
총이 온 조정에 부끄럽지 않고 배운 글의 재주가 다른 사람에게 뒤지지 않아서 생각
하기를 요조숙녀로 남자의 일생을 상쾌히 하기를 바랐습니다. 하늘이 길을 인도하
시고 삼세의 숙연이 중대하여 우연히 진궁의 화원에서 한 번 유람하면서 소저의 곱
고 아름다운 빼어난 얼굴을 구경하게 되었습니다. 비록 남녀가 다르고 예법이 삼엄
89 하니 문왕이 성인(聖人)이지만 하주(河洲)의 숙녀를 오매불망하여 잊지 못하고 그
리워하셔서 시경 제 일 편[236]이 되었습니다.

나 인광은 속세의 남자입니다. 어찌 소저 같은 숙녀를 보고 사모하는 정욕이 없겠습니까? 한 번 선월정에 들어간 것이 과실이지만 아직 소저의 팔 위에 붉은 점이 완연하니 생의 행실이 하혜(下惠)와 미자(微子)[237]에게 부끄럽지는 않습니다. 하혜와 미자라도 만일 소저 같은 아름다운 얼굴을 어둡고 깊은 밤에 보면 어떻게 할지

---

236) 문왕이 ~ 편 : 『시경(詩經)』「주남(周南)」편 〈관저(關雎)〉장은 문왕(文王)이 요조숙녀를 만나 부부의 화락함을 이루는 내용임.

237) 하혜(柳下惠)와 미자(微子) : 유하혜(柳下惠)는 춘추시대 노(魯)나라의 현자. 폭풍우로 집을 잃은 옆집 젊은 과부가 혼자 있는 유하혜에게 재워 달라고 하자 유하혜는 서슴지 않고 맞아 한 방에서 밤을 새웠음. 그러나 누구 한 사람 이들의 관계를 의심하지 않을 만큼 행실이 바른 인물이었음. 미자(微子)는 은나라 마지막 임금인 주(紂)의 배다른 형인데, 주가 음란하자 간하였으나 듣지 않으므로 은을 떠나 은둔한 사람임. 두 사람 모두 현인으로 이름이 높음.

알겠습니까마는 소저의 아버지가 오히려 저를 알지 못하시고 심하게 책망하시고 우리 두 사람의 혼인을 미루기만 하십니다.

제가 비록 용렬하나 몸은 8척 장부로 풍채 있는 몸이 다른 사람에게 뒤지지 않고 90
문벌이 소저의 집안에 뒤지지 않습니다. 비록 소저가 아니라도 절색과 아름다운 처
를 어느 곳에서 못 얻겠습니까마는 오히려 안타까워하는 바는 소저의 평생의 앞길
을 방해하는 것이 나 인광의 탓이기 때문입니다. 비록 서로 부부간의 화락한 정을
맺었다고 말하지 못하더라도 한 자리에서 같이 앉아 말을 통하고 손을 잡아 숨 막히
는 정이 이미 두 사람에게 있으니 부부라고 말할지라도 저버리지 못할 것입니다. 가
히 다른 가문에 시집가지 못할 형세이니 나를 배반하고 다른 가문에 시집가는 것은 91
박정하고 신의 없는 일입니다. 괴롭게 기다리고 소저의 아버지가 마음을 바꾸시기
를 바라지만 끝내 움직임이 없습니다.

나 또한 부모께는 하나 밖에 없는 아들이고 조상의 제사를 받드는 일이 막대합니
다. 마지못하여 집안에 옥 같은 숙녀를 맞게 된다면 소저는 첫째 자리가 아닌 아래
등급의 사람이 될 것이니 소저의 뜻을 알고 마음을 정하고자 합니다. 만일 소저의
마음이 그대의 아버지와 같아서 아름다운 호걸을 좇아 다른 가문에 시집갈 뜻이 있
다면 이 인광이 또한 다른 가문의 숙녀를 맞이할 것입니다. 만일 소저의 정절이 초
나라 여자[238]를 본받아 인광에게 정절을 지키고 다른 가문에 시집갈 생각을 하지 92
않으시면 인광이 머리가 하얗게 되더라도 소저를 기다리고 소저의 아버지께서 깨달
으시기를 기다리겠습니다. 비록 여자의 소견이나 그 주관이 있는 의견은 다 똑같을
것이니 뜻을 정하여 인광의 애타는 마음을 돌아보십시오.

238) 초나라 여자 : 미상이나 초나라에서 정절을 지킨 여자로 자주 인용되는 인물인 백영(伯嬴)인 듯함. 그녀는 초나라 평왕의 부인이며 소(昭)왕의 어머니이자 진(秦) 목(穆)공의 딸로, 오(吳)나라 군대가 초나라의 도읍에 이르렀을 때 오왕 합려가 평왕의 후궁 등을 모두 따르게 하자 칼로 자결함.

술에 취해 미친 척하고 선월정에 들어가 소저와 의논하고자 하지만 소저가 나의 자취를 피하여 숙소를 떠났으니 감히 선월정에 나가지 못하고 한 통의 편지를 써서 나의 사정을 알리고자 합니다. 소저의 맑고 지혜로운 자질과 낭랑한 목소리와 봉황
93 같은 음성이 자나 깨나 언제나 나에게 맺혀 있으니 어느 날에나 능히 잊을 수 있겠습니까? 소저가 오히려 나에 대한 좋은 평판과 내 마음을 알지 못해 다른 호걸을 생각하시면 혹시 어떻게 할까요? 깊이 생각하셔서 한 자의 답장이라도 아끼지 마십시오.

진왕이 편지를 다 보고 매우 화를 내며 봉황 같은 눈이 둥글어지고 얼굴빛이 엄연하여 좌우에 있는 종에게 계현을 잡아 내리게 하고 말하였다.

"네가 배우는 것을 그만두고 두루 다니면서 예의에 맞지 않고 도에 어그러지며 음탕한 편지를 맡아 가지고 누이를 욕보이려는 것이 무슨 의도이냐? 또한 내가 물으니 거짓말을 꾸며 아비를 속이기를 능숙하게
94 하니 인광의 도리에 어그러진 행동은 말할 것도 없고 너의 사나운 죄를 먼저 처치해야겠다."

계현이 혼백이 날아갈 듯하여 눈물을 흘리며 말하였다.

"제가 어찌 아버지를 속이겠습니까? 예의가 아닌 편지는 알지도 못했습니다. 인광이 이 편지를 옥매정에서 나오며 주었는데 사촌 누이가 썼다고 해서 받았습니다. 사촌 누이가 이 편지를 계현에게 주어 선월정에 보내라고 하며 주었답니다. 편지를 받아와 선월정에 가려다가 아버지의 명령으로 이리 들어온 것이니 진실로 저는 잘못이 없습니다."

진왕이 더욱 화를 내며 꾸짖고 말하였다.

"네가 어리지만 오히려 사람의 도리는 알 것이다. 네 사촌누이들이 선

월정에 글을 보낸다면 시녀가 많은데 어찌 구차하게 양생에게 주어 너에게 맡기라고 청했겠느냐? 이것은 네가 아비를 속인 것이다. 이제 입에 젖내가 마르지 않은 것이 아비 속이기를 일삼으니 어찌 살려 두겠느냐?" 95

크게 호령하여 곤장을 치려고 준비하였다. 계현이 곤장을 맞기도 전에 얼굴이 식은 재 같아서 자신의 애매함을 아뢰었다. 초공이 웃고 말하였다.

"열 살이 안 된 아이에게 곤장을 때리시면 생사가 염려됩니다. 계현이 어찌 감히 거짓말로 부형을 속이겠습니까? 계현은 인광의 꾀에 속은
것입니다. 이런 일을 염려하여 제가 혼인을 재촉하지 않았습니까? 계 96
현을 꾸짖으실지라도 그 아이에게 마땅한 벌을 쓰십시오."

진왕의 매우 무겁고 넓은 마음과 하해(河海) 같은 도량으로도 딸을 깊은 규방에서 아주 늙힐 일을 생각하니 평생 사랑하는 딸의 혼사가 자기 뜻과 같이 되지 않는 것을 매우 슬퍼하였다. 그러나 초공이 오랜 시간동안 온갖 방법으로 마음을 풀도록 타이르고 술을 권하면서 하던 말이 마음속에 생각나서 서서히 딸과 양인광의 혼인을 허락하고자 하였다. 그런데 양인광의 방자함이 다시 진왕의 분노를 돋우었다. 진왕이 노기가 크게 일어나 애꿎은 계현을 심하게 때려 인광의 날카로운 기운을 꺾으려고 하였다.

초공의 말을 듣고, 계현의 얼굴이 푸른 옥 같고 두 눈에 눈물이 가득하 97
여 넋을 잃은 것을 보고도 진왕은 결단코 종에게 명하여 볼기를 때렸다. 호령이 뇌성 같으니 계현이 옥 같은 다리를 높이 걷고 눈물을 흘리며 매를 맞았다. 계현이 양인광을 원망하며 말하였다.

"사람을 속여 거짓말로 누이의 편지라고 하고 나를 속여 이 죄를 얻게

하니 어찌 놀랍지 않겠습니까?"

진왕이 꾸짖으며 말하였다.

"누이의 편지라고 해도 속아서 갖고 오는 사람이 어리석으니 그 죄로 맞는 것이다."

이렇게 낱낱이 살피고 관장하니 옥 같은 살이 매의 끝이 닿는 곳마다
98 피가 솟아나왔다. 계현이 아픔을 견디지 못하지만 한 소리도 내지 않고
옥 같은 귀밑머리에 눈물을 쌍쌍이 흘릴 뿐이었다. 초공이 불쌍하고 가엾
어 온화한 소리로 아뢰었다.

"이것은 계현의 죄가 아닙니다. 의심 없는 아이가 그 말을 곧이들은 것이 이상하겠습니까? 이것을 짐작하셔서 용서하기를 바랍니다."

진왕이 본래 대단한 일로 화를 냈다가도 초공의 말은 일마다 믿고 듣는 편이었다. 이에 계현을 용서하고 엄하게 꾸짖으며 말하였다.

"네가 이 편지를 도로 인광에게 주고 전하여라. '네가 만일 내 딸을 상림(桑林)의 천한 사람[239]으로 알아 건방진 행실을 이렇게 한다면 결단코 큰일을 낼 것이다'라고 해라."

99 차설. 인광이 편지를 계현에게 주고 답장을 바라고 있었다. 그런데 답
장은 받지 못하고 큰 변이 난 것이었다. 인광이 매우 분노하며 유현을 보
고 진왕의 통하지 않고 답답함을 말하였다. 유현이 말하였다.

"삼촌은 어찌 우리 큰아버지를 낭자하게 원망하여 답답하게 통하지 않는다고 합니까?"

양인광이 여유 있게 웃으며 말하였다.

239) 상림(桑林)의 ~ 사람 : 뽕나무 숲에서 만나는 천한 사람이라는 뜻임. 『시경』의 '상중(桑中)'이라는 시에서 남녀의 불의(不義)한 만남이라는 소재를 읊었음.

"여색은 사람이면 욕심내는 것이고 성인도 사복[240]을 보고 반계곡경[241]으로 취하지 않았느냐?"

유현이 선뜻 웃으며 말하였다.

"삼촌도 하나만 알고 그 둘은 모르십니다. 내가 경씨를 취한 것도 작은 잘못됨이 있지만 삼촌의 행실과는 다릅니다. 경씨를 내가 비례(非禮)로 사모하여 담장을 엿보고 구멍을 내는 음란하고 비루한 행실은 없었습니다. 또한 사사롭게 서로 만나서 남의 규수의 손을 잡고 무릎을 맞댄 100
일도 없었고, 다만 아버지의 명령 없이 아뢰지 않고 아내를 취한 허물뿐입니다. 삼촌은 남의 규방에 한밤중에 들어가서 우리 누이를 협박하고 허락을 재촉하여 핍박하기를 여지없이 하고 오히려 그칠 줄을 모르고 이와 같은 법도에 어긋나는 편지로 아녀자를 욕보이는 것을 기탄없이 하였습니다. 그러니 큰아버지께서 노하시는 것이 이상하겠습니까? 삼촌이 옛날과 달라 몸이 조정에 들어가 위엄과 권위가 산과 바다 같이 무겁고 임금의 총애가 태산북두처럼 높으며 예의로 공경하시니 온 대신들이 우러러봅니다. 지위가 재상의 반열에 있어 나이 어린 재상과 101
판이하게 다릅니다. 그러니 어찌 이와 같은 일이 한심하고 놀랍지 않겠습니까?"

양인광이 한숨 쉬며 탄식하고 말하였다.

"내가 비록 덕이 없고 재주가 없으나 어찌 그릇됨을 알지 못하겠는가마는 진왕이 고집을 부려 날마다 혼인 허락을 받기 어려우니 까마귀가 희고 백로가 검다고 해도 그 굳은 뜻을 꺾어 고치지 못할 것이다. 서로

---

240) 사복 : 누구를 가리키는지 미상임.

241) 반계곡경(盤溪曲徑) : 일을 바른 길을 좇아서 순탄하게 하지 않고 정당한 방법이 아닌 그릇되고 억지스럽게 함을 이르는 말.

모일 기약이 묘연하여 또한 세월만 보낼 따름이니 마음이 다급하여 참 지 못한 것이다. 이것이 무슨 큰 죄를 범한 것이 되겠느냐? 진왕은 가히 고집이 매우 센 어른이다."

비록 이렇게 말하고 태연히 걱정이 없는 척하였지만 이로부터 마음이
102 더욱 우울하여 병이 생겨 누웠다. 침상에서 병이 들어 백약이 효험이 없
고 먹고 마시는 것이 목구멍에 내려가지 않았다. 양태사와 조군주가 다급
하고 초조하여 눈물을 흘리며 극진히 간호하였다. 태의가 와서 살펴보고
약을 쓰고 문병하는 내시가 끊임없이 왔다 갔다 하니 양씨 집안에서는 임
금의 은혜를 매우 황송해하고 감격하였다.

초공이 양인광이 병든 이유를 짐작하고 매우 한심해 하였지만 어쩔 도리가 없어 진왕에게 힘써 권하였다.

"일의 형편이 부득이하니 양인광을 사위로 맞아 다시 아름답지 않은 소문이 퍼지지 않게 하는 것이 옳습니다. 형님께서는 재삼 살피셔서 다시 고집을 부리지 마십시오."

진왕이 일의 형편이 어쩔 수 없고 초공의 말은 아무리 어려워도 듣기
103 때문에 이에 길게 탄식하며 말하였다.

"내 차마 내 딸이 이 혼사를 하는 것을 매우 애통하게 생각하지만 설마 어찌 하겠느냐? 네 마음대로 해라."

초공이 매우 기뻐하여 이 일을 존당과 부모님께 고하고 즉시 양씨 집안에 택일한 날짜를 알렸다. 혼삿날이 사람의 지극한 소원을 따라 한 달 정도밖에 남지 않았으니 양태사 부부가 기대 이상으로 더 기뻐하였다. 양인광의 병이 이 일 때문에 생긴 까닭에 진왕이 혼인을 허락하고 택일을 전해왔다는 말을 들으니 온갖 병이 구름 밖으로 날아가는 것 같았다. 사지

가 경쾌하며 뜻이 상쾌하여 즉시 일어나 세수하고 양치질하니 양공 부부가 더욱 기뻐하였다.

세월이 흘러 혼삿날이 다다랐다. 양씨 집안에서 큰 잔치를 열고 유명한 재상과 대신을 다 청하였다. 양인광이 시각이 되어 백마에 금으로 꾸 104
민 안장을 하고 수많은 위의를 거느려 진궁에 이르렀다. 옥으로 만든 상에 기러기를 전하는 예를 하고 자리에 나갔다. 진궁의 내연(內宴)의 화려함은 말할 것도 없고 진왕과 초공이 노공을 받들어 정면으로 바라보이는 벽에 앉고 여러 아들들이 차례로 이들을 모시고 있으니 옥 같은 얼굴과 영웅의 풍모가 새롭게 빼어났다. 그러나 신랑의 풍채와 기상이 여러 조생들에게 빠지지 않았다. 진왕의 얼굴에 기뻐하는 기운이 흘러나오고 자리에 있던 사람들이 치하하니 초공이 웃으며 말하였다.

"이 신랑이 우리 집은 매우 생소해서 들어와 체면을 잃기 쉽겠지만 형님의 뜻에 신랑이 어떻습니까? 중매한 제가 축하하는 술잔이나 먹을 105
수 있겠습니까?"

자리에 있던 여러 사람들이 크게 웃고 진왕도 역시 웃으며 말하였다.

"신랑이 내 뜻에 차지 않으니 여러 사람 중에서 축하하는 술잔은커녕 벌수(罰水)를 먹일까 한다."

초공이 희미하게 웃고 양인광이 꿇어앉아 말하였다.

"제가 용렬하지만 설마 벌수를 먹이시도록 형편없지는 않을 것입니다. 원컨대 우리 사부를 벌하지 마시고 제가 스스로 벌로 술을 먹겠습니다."

여러 사람이 크게 웃고 말하였다.

"그 신랑이 너무 부끄러움이 없으니 처음으로 장인에게 방자한 죄로 벌수를 먹이십시오."

106 진왕과 초공이 다 웃고 술과 안주가 앞에 낭자하였다. 양인광이 자리에 나가 여러 조생들과 어깨를 나란히 하고 앉아서 술을 마시며 담소하기를 태연자약하게 하였다. 그 풍채와 기상이 오늘 더욱 빼어나고 상쾌하니 초공이 다시 유쾌한 사위를 얻은 것을 칭찬하고 축하하였다.

내당에서 태부인과 두 명의 부인과 상부의 부인들과 소저들이 다 진궁에 모여 월염의 혼인을 보았다. 월염을 단장하여 중청에 세우고 고모인 조씨들이 칭찬하며 말하였다.

"양생이 어떤 사람이기에 복과 덕이 이와 같아서 이런 성녀를 만나 아
내로 삼느냐? 양생이 비록 이백의 풍모와 반악의 모습을 가지고 있으
107 나 우리 조카에게는 미치지 못할 것이다."

양정렬이 양미간에 기쁜 기운이 영롱하여 말하였다.

"조카도 기특하지만 양생도 조카에게 뒤지지 않으니 그렇게 공격하지 마십시오."

정숙렬이 월염에게 띠를 둘러주고 탐스러운 쪽진 머리를 바로해주며 좌우에 말하였다.

"내 딸의 얼굴은 별로 중요하지 않지만 어여쁘고 아리따운 정성스러운 마음과 자애롭고 인자한 행실이 천성에 타고난 바입니다. 사람의 아내와 며느리가 됨에 거의 허물이 없을 것입니다. 그러나 사람의 소견이 다 각각 다르니 어미 된 자의 마음에는 오히려 염려가 있고, 양생이 풍류가 많고 빼어나서 여자의 근심이 적지 않을까 싶으니 어찌 마음을 놓을 수 있겠습니까?"

조씨들이 웃으며 말하였다.

"아직 이러한 근심은 멀었네. 원래 양생을 간혹 보았으니 아직 친영(親 108
迎) 전이기는 하지만 입막지빈(入幕之賓)[242]이니 청하여 보세."

양정렬이 말하였다.

"못 본 신랑과 무엇이 다르겠습니까? 날이 늦었으니 그만두십시오. 내일이면 신랑을 볼 것입니다. 양씨 집안에서 신부를 보지 못해 일시가 급할 것인데, 내당에서 신랑을 보신다고 하면 신부의 행례가 늦어지니 이런 논의를 그만하십시오."

모두가 옳다고 하고 신부를 불러 덩에 넣었다. 양인광이 기뻐하는 기
운이 외모에 가득하여 덩 문을 잠그고 말에 올랐다. 양정렬이 정씨 등 여
러 며느리를 거느리고 함께 나갔다. 꽃을 새긴 가마와 옥으로 장식한 수
레와 고운 빛깔로 수놓고 비단으로 치장한 덩이 햇빛에 환하게 빛나고 대 109
단한 위의가 십 리에 덮여 있었다. 양씨 집안에 다다르니 조군주가 한결
같이 모든 일을 정제하여 모든 당에 빈객을 모으고 신부의 대례(大禮)를
받았다.

242) 입막지빈(入幕之賓) : 잠자는 휘장 안으로까지 들어오는 손님이라는 뜻으로, 특별히 가까운 손님을 이르는 말.

조 씨 삼 대 록

15권

1 이때 양정렬이 양씨 집안에 다다르자 조군주가 모든 일의 제도를 정하
여 방안에 가득 찬 손님들을 모아 신부의 대례를 받고 있었다. 양정렬이
여러 부인들과 함께 자리로 나아가니 정씨, 조씨, 이씨, 경씨, 화씨 등의
고운 얼굴이 눈부시게 빛나 그 자리에 있던 화장한 여자들이 빛을 잃었
다. 조군주와 양태사가 기뻐하였으며 한편으로는 신부의 명성을 익히 듣
기는 했으나 오히려 어떨까 싶어 마음이 긴장되고 조급하였다.

이윽고 신부가 이르러 혼례를 마치자 신부의 온갖 아름다운 자태가 온
2 좌석을 밝게 비쳐 신랑의 얼굴에 화기가 가득하였다. 단장을 고치고 폐
백을 받들어 시부모께 나아가니 가느다란 허리는 버들처럼 여리고 가벼
운 어깨는 봉황이 나는 듯하였다. 일곱 가지 보배와 구슬 목걸이는 고운
낯을 가리고 진주와 비취의 아름다운 광택은 약한 기질을 이기지 못할 듯
하였다. 피부는 흰 눈 같고 팔자 눈썹에는 고운 빛이 가득하며 아름다운
검은 머리는 초대(楚臺)[243]의 구름이요, 새벽별 같은 눈에 복숭아 꽃 같은
두 뺨과 단사(丹沙)같이 붉은 입술은 맵시가 빼어났다. 멀리서 보면 그 광
채가 해와 달 같고 가까이에서 대하면 일만 송이 꽃봉오리가 온갖 향기를
3 내뱉는 듯하니 신장이 한 치만 더하면 너무 크고 한 치만 덜하면 너무 적
을 만큼 온갖 자태가 빼어나 더할 나위 없이 훌륭하고 아름다웠다. 절하
는 법도가 예절에 들어맞고 나아가고 물러나며 손님 접대하는 절차가 주
목할 만하였으며 단정한 거동은 옛날 정숙렬의 풍모가 있고 어질고 훌륭

243) 초대(楚臺) : {죠대}. '초대'의 오기로 보임. 『문선(文選)』에 수록된 송옥(宋玉)의 〈고당부(高唐賦)〉에서 비롯된 말. 전국시대 초(楚)의 양왕(襄王)이 송옥과 함께 운몽(雲夢)이라는 곳에서 놀다가 고당관에 이르러 연회를 열고 즐기다가 잠시 낮잠을 자게 되었는데, 꿈속에 아름다운 여인이 찾아와 말하기를 자신은 무산(巫山)의 선녀라면서 왕과 운우의 정(雲雨之情)을 나눈 뒤 헤어지면서 자신은 아침에는 구름이 되고 저녁에는 비가 되어 양대(陽臺) 아래에서 아침저녁으로 당신을 그리워하고 있다고 말하며 사라졌다는 고사를 있음. 초대는 바로 이 양대(陽臺)를 말함.

한 덕성은 선비와 군자의 역량이 있으니 이른바 규방의 숙녀요, 군자의 백년동안의 배필이었다. 모든 좌중이 크게 놀라 눈이 부시고 정신이 취한 듯하여 신선인가 의심하고 귀신인가 하며 놀랐다.

양태사와 조군주는 신부가 바라던 바의 이상이라 딸 양정렬을 돌아보고 웃으며 말하였다.

"오늘 이 같은 여자 성인에 어진 며느리를 슬하에 두는 영화를 보게 되
었으니 이는 다 사위의 덕이로구나. 너의 단정하고 정중한 말로 신부 4
의 아름다움은 거의 알았지만 이토록 기특한 줄은 몰랐구나. 하늘이
두 집안을 어여삐 여기시고 이런 어진 며느리를 주었으니 이 어찌 조상
의 은덕이 아니겠느냐?"

이 말을 듣고 양정렬이 축하드리고 좌석에 앉아 있던 모든 사람들 역시 큰 소리로 하례하니 양태사 부부가 크게 기뻐하였다. 초공이 바깥에서 손님 접대에 참여하고 있으니 양태사가 내당으로 청하였다. 여러 손님들이 장막 안으로 피하자 양태사가 초공을 향해 웃으며 말하였다.

"오늘 신부의 기특한 모습을 보니 내 아이의 분수에 넘치는 생각이 괴
이하지 않구나. 내가 아들의 죄를 용서하고 사위의 높은 덕을 갚을 길
이 없으니 이 모든 것이 조상의 은덕이네." 5

초공이 웃으며 대답하였다.

"이 또한 천생연분입니다. 혼인은 두 집안에 좋은 일인데 어찌 과도한 말씀을 하십니까? 오직 질녀가 유약하고 외모가 너무 뛰어나 적지 않은 재앙이 있을까 두렵습니다."

그러자 양태사가 탄식하며 말하였다.

"하늘이 이 같은 여자 성인을 내 집에 빌려주시니 무슨 재앙이 있을 줄

알겠는가? 사위는 신명하여 장래를 예측하는데 이 말을 들으니 염려가 적지 않네."

초공이 대답하였다.

"비록 그렇다 해도 두 아이에게 다복할 상이 나타나니 필경은 아들딸
6 많이 낳고 부족함이 없을 것입니다. 과히 염려하지 마십시오."

양태사도 그 말이 옳다 하고 술을 내와 종일 즐기기를 다하고 석양이 저물어 잔치를 끝내고 신부의 숙소를 영소정으로 정하였다. 양정렬이 나와 저녁을 친히 권하고 조군주가 신부를 사랑하는 모습이 대단하였다.[244]

이날 두씨는 문을 닫고 밖으로 나오지 않으면서 신부의 기특한 모습을
문구멍으로 엿보았는데 마음이 기쁘면서도 슬퍼 오장이 분노로 무너지고
간장이 물 끓는 듯하였다. 자기처럼 천고에 박복한 인생이 구차하게 목숨
을 유지하는 것은 저 어린 자식을 길러 오늘 같은 날을 기다린 것이었으
7 니 이제 어린아이가 장성하여 벼슬이 공후에 있고 저 같은 숙녀를 짝으로
얻었으므로 여한이 없을 터이나 자기가 저 아이를 낳아 놓고도 감히 어미
로 행세하지 못하고 이렇게 갇혀 있는 처지라 편안할 수가 없었던 것이
다. 두씨는 가만히 눈물을 뿌리며 옷깃이 젖는 것도 깨닫지 못하였다.

손님들이 즐기기를 다하고 각각 흩어진 후 양인광이 양태사의 명으로 영소정에 이르니 신부가 긴 단장을 벗고 촛불 아래에서 양정렬을 모시고 앉아 있다가 천천히 일어나 맞았다. 양인광이 팔을 들어서 앉으라고 청하니 양정렬이 웃으며 말하였다.

244) 사랑하는 ~ 대단하였다 : {ᄉᆞ랑ᄒᆞ미 미출ᄃᆞᆺᄒᆞᆫ디라}. 조군주가 신부를 사랑함이 밖으로 표현되는 것을 의미하므로 문맥을 고려하여 이와 같이 옮김.

"네가 밤도 되지 않아서 신방을 찾으니 내가 자연히 여기 있지 못하겠구나."

이에 촛불을 들게 하고 정전으로 향하니 인광이 웃음을 머금고 아직 8
머무시기를 청하고 계단 아래로 내려 보낸 후 도로 방으로 들어와 두 신랑 신부가 마주보고 앉았다. 시녀들이 휘장 밖으로 물러난 후 인광이 촛불 아래로 와서 오매불망 잊지 못하던 조소저를 대하니 전에는 처음으로 피는 매화 같았는데 오늘 와서 보니 화려한 비단 옷에 아름답게 화장한 모습이 마치 꽃 같았다. 정신이 정처 없이 떠도는 듯하여 자리를 가까이 하고 말을 시작하였다.

"생이 변변치 못하고 비천한 자질로 외람되게 소저에게 득죄한 것이 많으나 이 역시 하늘의 뜻이니 이제 용서해주시기 바라오."

소저는 여기까지 다다르자 옛날 일을 생각하고 오늘밤 인광의 허랑한 9
말이 군자에서 벗어나는 것이 한탄스러워 입을 닫고 눈을 낮추니 그 모습이 마치 나무 인형 같았다. 인광이 크게 웃고 나서 은정을 이기지 못하여 촛불을 들고 비단 휘장 속으로 다가가니 소저가 크게 놀라 눈에 눈물이 가득하였으나 인광의 힘이 주나라 솥[245]을 들고 태산을 넘을 만하여 난초같이 연약한 기질로 슬픔을 나타낼 수가 없었다. 손을 잇고 소매를 접하니 기이한 향내가 방에 가득하고 산이 낮고 바다가 옅은 듯한 은은한 정이 넘쳐 아교와 옻처럼 떨어질래야 떨어질 수가 없었다. 소저는 너무나 분하고 놀라워 선월정의 변을 다시 만난 것 같았으나 부모의 명을 받들어

---

245) 주나라 솥 : {구명[九鼎]}. 주나라의 솥이란 국가의 보물을 뜻함. 본래는 우(禹)가 수토(水土)를 평정한 후 구주(九州)에서 바쳐 온 쇠붙이를 한 데 모아 주조한 큰솥으로 '구정(九鼎)'이라 함. 삼대(三代) 시절 그것을 전국(傳國)의 보물로 삼았는데, 무왕(武王)이 상(商) 나라와 싸워 이긴 후 그 솥을 낙읍(洛邑)으로 옮겨왔기 때문에 주나라 솥(周鼎)이 됨.

10 남편의 중함과 인륜의 대의를 아는 터라 괴이한 생각을 피하지 못하였다. 그러나 여자의 몸이 되어 이같이 욕됨을 한스러워하는 한편 인광이 기운이 넘쳐 교만한 것을 보고 마침내 자기 일생이 편치 못할 듯싶어 내심 슬프고 분하였다. 그래서 구슬 같은 눈물이 꽃 같은 뺨에 구르니 인광이 웃으며 위로하였다.

다음 날 아침 소저가 새로이 단장하는데 인광이 경대 뒤에서 문득 글을 지어 읊었다.

"거울 가운데 옥련화 한 줄기가 비추니 연성(連城)의 보배[246]로다. 샛별 한 쌍이 환하게 빛나니 미인의 눈빛이로다. 아름답게 빛나는 검은 머
11 리가 상서로운 기운에 물드니 봉래산(蓬萊山) 오색구름이요, 붉은 뺨과 붉은 입술이 고운 빛을 띠었으니 신선의 정원에 핀 꽃봉오리가 봄의 향기[247]를 마셨구나. 열 개의 가느다란 손가락은 초나라 옥을 새긴 듯하니 계수나무 그림자를 좇아 신선이 몸단장 하는 것을 구경하리로다."

소저가 이 말을 듣고 분함을 이기지 못하여 문득 거울을 버리고 조용히 일어나 예복을 가지런히 하고 정당으로 향하였다. 그러자 인광이 앞을 막으며 말하였다.

"부인은 무슨 이유로 내 말을 듣고 갑자기 노한 기색을 보이는 것이오? 내가 비록 용렬하나 부인의 하늘이라 할 것이요, 부인이 비록 높다 하
12 나 이 양인광의 아내이니 끝내 그토록 엄한 기상을 기르고 이상한 행동을 한다면 내 비록 어린 양생에 불과하나 좋게 보기 어려울 것이오."

---

246) 연성(連城)의 보배 : '연성벽(連城璧)'의 준말로, 전국 시대 때 진(秦) 나라 소왕(昭王)이 15성(城)과 바꾸자고 청했던 조(趙) 나라 소장의 '화씨벽(和氏璧)'을 말함. 여러 성을 바꿀 만큼 귀한 보배를 뜻함.

247) 봄의 향기 : {동황(東皇)의 훈화(薰華)}. '동황'은 봄을 주관하는 신을 말하는 것으로 여기서는 봄을 의미함.

소저가 고개를 숙인 채 아무 대답 없이 훌쩍 들어가니 인광이 크게 웃
고 정당으로 들어갔다. 양태사 부부가 양정렬과 함께 신부의 문안을 받는
데 조씨의 그 풍성한 검은 머리가 어제보다 더 새로워 가벼운 단장과 자
연스런 꾸밈이 더욱 기특하였다. 그 광채는 어둔 밤에 밝은 진주를 비추
고 하늘에 흰 달이 빛을 토하는 듯하므로 양태사가 입을 벌리고 있다가
그제야 두씨를 불렀다. 두씨가 나와서 신부와 형제의 의로 인사를 하는
것을 보자 양태사 부부는 마음이 서글퍼졌다. 양정렬 또한 슬퍼하였으나 13
신부와 신랑에게는 두씨가 친어머니임을 절대 알리지 않았다. 인광이 어
려서는 두씨를 유모로 알았으나 자라면서 모든 일이 수상하여 천한 사람
이 아니지 않냐고 물은 적이 있었다. 태사 부부가 인광을 속여 '두씨는 사
실 네 형수다'라고 말하니 인광이 놀라면서 말하였다.

"형이 계신다면 저는 둘째일 텐데 어찌 항상 첫째라 말씀하셨습니까?"

태사가 말하였다.

"네 형이 한 점 혈육 없이 죽고 네 기상이 범연하지 않으니 형이 죽으면 아우가 뒤를 잇는 것[248]은 떳떳한 일이다."

그래도 인광이 완전히 기뻐하지 않으며 말하였다.

"그러면 소자가 아내를 얻어 자식을 낳으면 두씨를 두고 저더러 장자 14
가 되란 말씀입니까? 예의에 어긋나고 사람의 도리에도 맞지 않으니
저는 결단코 이 집의 장자가 되지 않으렵니다."

양태사가 탄식하며 말하였다.

"네 형이 착한 구석이 없어 덕을 욕되게 하는 일이 많았으므로 살아있

---

248) 형이 ~ 것 : {형망데급[兄亡弟及]}. '형망제급'이란 형이 아들 없이 죽었을 때 그 아우가 계통을 잇는 것을 말함.

을 때 내 부자의 연을 끊고 죽은 후에는 한 묘에 들어가지 않고자 다른 산천을 택하여 묻었는데 어찌 종사를 잇게 하겠느냐? 나라에 고하고 장자를 바꾸게 해달라고 청하였으니 대사는 이미 정해졌고 형세는 나아지지 않았느냐?"

인광이 처량하고 슬퍼서 즐거워하지 않으며 말하였다.

"양씨 같은 명문가에 어찌 이런 일이 있단 말입니까?"

15 이런 이유로 두씨 공경하기를 모친 다음으로 하였으나 그 서글픈 거동
과 고단한 신세를 보면 언제나 마음이 아프고 슬픈 생각이 들어 정성으로
대하였으니 이 둘 사이는 평범한 형수와 시동생 사이가 아니었다. 두씨는
감히 자기 입으로 모자의 정을 말하지 못하고 속으로 슬퍼할 뿐이었다.
두씨가 신부의 기이한 태도와 특출한 기질을 대하여 눈물을 머금고 손을
잡으며 정이 끝이 없었으니 이 둘 사이도 평범한 동서[249] 사이가 아니었
다. 그러나 조씨는 마음을 꿰뚫는 안목으로 인륜을 바꾸는 것에 자연히
마음이 편치 않았다. 그래서 조씨는 시부모를 효로써 봉양하고 남편을 섬
기는 데에 일마다 예의를 본으로 삼아 그 효성이 공경스럽고 조심스러웠
16 으며 마치 가득 찬 그릇을 받들고 귀한 옥을 집는 듯이 아침에는 일찍 일
어나고 밤에는 늦게 자면서 부지런하기가 옛 사람보다 더하였다. 두씨를
공경하는 것도 시어머니보다 덜하지 않았다. 하지만 인광을 대할 때는 온
화하던 기운이 줄어들고 겨울 달이 눈에 반사되고 뜨거운 태양이 구름에
가린 듯 먹먹하여 벙어리 같고 귀 먹은 듯하여 인광이 천 번 말해도 듣지
못하고 만 번 말해도 모르는 듯 대답하는 일이 없었다. 인광이 여러 해 동
안 조소저를 사모하다가 천신만고 끝에 조소저를 얻어 화목한 기운과 좋

249) 동서 : {금장(錦帳)}. '비단 장막'이란 뜻으로 여기서는 '동서'를 가리킴.

은 낮으로 관저(關雎)의 즐거움을 따를까 하였다가 생각지도 못하게 그녀 가 목석같이 입을 다물고 말을 하지 않자 너무나 원통하고 화가 났다. 그
래서 소저가 입을 다물고 말하지 않으면 꾸짖거나 달래며 타이르는 말이 17
금석을 녹일 듯하였으나 소저의 한 번 먹은 마음은 한결같이 요동함이 없었다. 인광은 속상한 것이 화가 되어 소저를 보면 나무라고 타일렀다.

하루는 인광이 조씨 집안에 이르니 진왕이 그를 데리고 내당으로 들어가 태부인을 뵈었다. 인광의 가을 달 같은 얼굴빛과 하얀 연꽃 같은 귀밑과 하얀 치아와 붉은 입술은 완연히 태을선군 같았다. 여러 부인들이 그 아름다움을 칭찬하면서 사랑하는 마음을 이기지 못하였으며 정숙렬[250]은 처음으로 이런 모습을 보고 얼굴에 즐거운 기운이 가득하였다. 순태부인과 위태부인[251]도 즐거워하며 말하였다.

"약한 손녀로 낭군의 기린 같은 풍채를 보게 되니 진실로 아름답고 즐
거우나 손녀의 성정이 보잘것없고 배운 게 넓지 못하여 귀한 가문에 18
죄를 짓거나 남편의 높은 안목에 맞지 않을까 걱정이네."

인광이 자리에서 물러나 공손히 절하며 말하였다.

"어렸을 때부터 존부에서 자라고서 외람되게도 사위의 자리를 얻게 되었으니 어찌 그 뜻이 보통이겠습니까? 오늘 존전을 찾아뵈었는데 하교가 이와 같으시니 황송합니다."

정숙렬이 인광의 말을 이어 말하였다.

"내 딸이 자질이 변변치 못하여 군자의 쌍이 아니지만 하늘에서 정해

250) 정숙렬 : {경비}. 정숙렬을 나타내는 '경비'의 오기인 듯함.

251) 순태부인과 위태부인 : {최부인과 위부인}. 이 장면은 양인광이 태부인과 정숙렬, 진왕, 초공, 조생들과 대화를 나누는 부분임. 아래 대화를 살펴보면 최부인과 위부인은 조씨가문의 태부인인 순부인과 위부인을 가리키는 것으로 보임. 그러므로 '최부인'은 필사자의 오류로 보임.

준 연분이 지중하고 일의 형세가 그만둘 수 없어 친척이 되었구나. 낭
군 같은 영웅은 내 딸이 바랄 수 있는 바가 아닌데 꿩같이 비루한 자질
로 난새와 봉황을 짝하게 되니 무사하길 바라지 못할 듯하네. 집을 떠
19 난 지 한 달이 되었는데 약한 아이가 몸에 별 탈이나 없는가?"

그때 인광이 곁눈질로 장모를 바라보니 옥처럼 윤택한 피부는 밝은 진주처럼 따사하고 맑은 빛은 흰 눈이 겨울 달에 비추는 듯하며 천연스럽고 깨끗한 아리따움은 젊은이의 붉은 얼굴을 비웃는 듯하여 그 숙연한 거조와 단정한 위의에는 사군자의 풍모가 온전하였다. 화평한 목소리는 기산(箕山)에서 봉황이 노니는 듯하고 법에 맞는 말은 물 흐르는 듯하므로 인광이 놀라고 탄복하여 몸을 굽혀 아뢰었다.

"소생은 무식한 필부로 일찍이 귀궁에 허물을 얻은 것이 커서 존전을
뵙는 것도 황송하고 부끄럽습니다. 장인어른께서 인자하고 너그러우
20 셔서 저의 죄를 용서하시고 거두어 슬하에 사위를 삼아주시니 초례(醮
禮)와 납빙(納聘)을 하고 육례(六禮)를 갖춰 백량(百兩)으로 신부를 취하
여 화촉을 밝혔습니다. 이렇게 부부의 의를 이미 정한 터에 생각지도
못했는데 안사람이 괴이하게 행동하여 소생을 마치 승냥이나 호랑이
보듯 하고 입을 다물고 아무 말을 하지 않으며 차가운 눈초리로 업신여
기기를 마치 미친 사람 대하듯 하니 소생이 자연히 쓸 데 없이 근심을
허비하였습니다. 죄책감을 무릅쓰고 겨우 만났는데 소저가 아무 말이
없으니 벙어리나 목석같습니다. 일러도 듣지 못하고 물어도 대답하지
않으니 이 같을 줄 알았다면 부형과 사부가 권한다 한들 취하였겠습니
까? 금석 같은 굳은 정성으로 신명을 감동시켜 겨우 조씨를 얻었으나
21 또 소박맞았으니 소생 같은 어리석은 남자는 다시 없을 것입니다."

말을 마치자 얼굴에 봄바람이 가득하여 주위에 앉아 있던 사람들의 마음을 움직이고 온화한 웃음이 붉은 입술과 흰 치아에 영롱하여 태부인과 노공은 크게 웃기를 마지않았다. 초공처럼 단정하고 온화한 사람과 진왕처럼 침착하고 위엄 있는 사람도 한참을 웃고 나서 이렇게 말하였다.

"이 신랑처럼 넘치는 자는 처음 보았구나. 장모를 처음 보면서 아내 흉을 보는 것은 너무 성급하지 않으냐? 내 딸은 대쪽 같이 맑은 아이인데 너는 이와 같이 부잡스러우니 뜻이 맞지 않아 네 딸이 입을 봉하였구나. 부인은 다른 사람에게 굽혀야 하는 법[252]인데 어찌 남편을 소박시
키겠느냐? 네가 빌고 구차하게 보채지 말고 안색을 씩씩하게 하고 말 22
투를 위엄 있게 하여 딸아이로 하여금 두렵고 감탄스러워 마음으로 따르게 하면 자연히 입이 열리고 귀가 밝아질 것이다."

이 말에 여러 사람들이 크게 웃자 인광이 공손히 말하였다.

"장인어른의 가르치심이 마땅하시나 소생이 비록 선월정으로 뛰어 들어간 것이 그르다 한들 그 밖에 무슨 죄가 있다고 항상 부잡스럽다 하십니까? 또한 소저에게 소박맞을 일이 어디 있겠습니까? 바라건대 장인어른은 소저를 엄히 꾸짖으셔서 이 사위로 하여금 장부의 위풍을 잃지 않게 해주십시오."

그러자 진왕이 웃으며 말하였다.

"내 너의 방자함을 용서하고 딸아이를 너에게 허락하였는데 장부가 되
어 아내를 제어하지 못하고 나에게 청하니 어찌 괴롭지 않겠느냐? 집 23
안을 바르게 다스릴 묘한 이치를 가르쳤으니 돌아가 그대로 하여라."

252) 부인은 ~ 법 : {부인(婦人)은 복어인(伏於人)이라}. 부인은 다른 사람에게 뜻을 굽혀야 한다는 의미로 『내훈(內訓)』 권 1에 나옴.

운현이 참지 못하여 웃음을 머금고 말하였다.

"내 누이는 성인이라 네가 선월정에서 한 행실을 더럽게 여기는 것이니 네 죄가 무겁다. 누이가 말하는 것을 듣고 싶다면 누이를 안고 가새주리[253]를 져서 머리를 조아리고 죄를 청하여 잘못한 것을 사죄하여라. 누이가 예의를 중요하게 생각하니 설마 볼기야 때리겠느냐? 그 밖에는 방법이 없을 것이다."

인광이 웃으며 말하였다.

"나는 아직 그런 일을 겪지 않았으니 모르겠지만 웃통을 벗고 등에 형장을 지고 죄를 청하는 것이 조씨 가문의 풍속인가보지. 네가 가장 익
24 숙하겠구나. 인광이 비록 소박은 맞았으나 조부인께 가새주리를 지고 죄를 청하지는 못하겠으니 네 계교는 다 쓰지 못하겠다. 하지만 장인 어른께서 가르치신 것을 받들어 강포한 호령으로 네 누이를 휘어잡을 것이다."

그러자 정숙렬이 조용히 말하였다.

"사위가 비록 허물이 있으나 여자가 어찌 남편을 원망하며 교만하게 남을 업신여겨 묻는 말에도 대답하지 않는단 말이냐? 이는 예를 몰라서 그런 것이니 사위는 관대한 도량으로 아녀자의 허물을 책망하지 말고 위엄과 덕으로 거느려 안사람의 부덕을 바깥사람들에게 알게 하지 마라. 나도 딸아이를 꾸짖어 남편에게 사죄하게 하겠다."

인광이 손을 모아 정숙렬께 감사하며 말하였다.

25 "소생이 허물이 크니 어찌 안사람의 행실을 책망하겠습니까마는 월

253) 가새주리 : {가싀}. '가새주리'를 가리키는 것으로 '전도주뢰(剪刀周牢)', 즉 가위 모양의 주리를 말함.

염[254]을 괴롭게 기다려 서로 만났으니 부창부수(夫唱婦隨)하여 화목하게 지내야 할 텐데 그렇게 하지 못하고 있습니다. 그 차갑게 업신여기는 얼굴을 보면 소생의 흥겨운 기분이 사라지니 마음이 좋지 않아 말한 것입니다."

이 말을 듣고 유현이 말하였다.

"삼촌은 낯이 두껍고 말이 능하니 여러 말 마십시오. 장부가 처세하면
서 어찌 부인 한 명을 제압하지 못하고 오히려 흉을 본단 말입니까? 누
이가 말을 하지 않는 것은 삼촌의 예에 어긋나는 짓이 한심하고 부잡스
러워 미친 사람을 사귀려 하지 않는 것입니다. 도가 같지 않거든 사귀
지 말라 하였으니 삼촌의 거동이 얼마나 단정하고 정중하였으면 부인
이 말하기를 싫어하겠습니까? 이후에는 행실을 가다듬어 누이에게 업 26
신여김 당하는 욕을 받지 마십시오. 조씨 가문의 풍속은 부인이 본래
남편 섬기기를 신하가 임금 섬기듯이 하니 누이가 기롱하려 그러는 것
이 아니라 삼촌의 하는 일이 하나도 단정하고 정중한 데가 없어 누이처
럼 얌전하고 정숙한 사람과는 서로 크게 다른 데다 선월정에서 있었던
일을 생각하면 한심하여 말하지 않는 것인데 무엇이라 책망하겠습니
까?"

좌중이 웃고 유현의 말이 옳다고 하니 계현이 웃으며 말하였다.

"이러나저러나 고맙지 않구나. 내 죄로 맞는 것도 어려운데 양형으로
인해 벌을 받는 것은 애달프구나. 내가 봐도 미운데 누이가 어찌 미워 27
하지 않겠는가? 누이가 대면하기 싫어하는 것도 괴이하지 않으니 만일
저런 남편과 같이 앞으로 살 길을 생각하지 않는다면 금빛 자로 남편을

254) 월염 : {ᄌᆞ염}. 인광의 아내를 가리키므로 월염의 오기임.

실컷 재어[255] 가까이 붙이지 말아야 할 것이지만 누이가 어질고 유약하여 한 방에 있는 것이네."

그러자 여러 사람들이 박장대소하며 말하였다.

"네가 원해 맞이한 누이가 너를 꾸짖으니 양생의 일이 또한 서럽구나. 그 아이는 예의를 아는 아이니 결국은 남편 공경하는 것을 어기지 않을 것이다. 네가 집안을 법으로 다스리고 행실을 해와 달같이 하여 예전의 허물을 버리면 그 아이가 자연히 굴복하고 부도(婦道)를 지킬 것이다."

이 말에 인광이 웃고 감사하였다.

28 이윽고 철생이 들어와 앉아 말을 하는데 철생의 준수하고 우아한 풍채
와 선비다운 풍모가 지극히 아름답기는 했으나 양인광의 찬란하게 아름
다운 얼굴과 빼어난 광채에는 미치지 못하였다. 철생이 인광의 드높은 풍
채는 따르지 못하였으나 두 사위 모두 과연 아름다운 군자였다. 진왕이
즐거움을 이기지 못하여 희색이 가득하니 좌우에서 아름다운 사위라 칭
찬하였다.

양인광은 조소저와 부부 간의 즐거움을 나누고 싶은 마음이 간절하였
으나 소저는 여전히 입을 닫고 말을 하지 않았다. 정당에 나아가면 옥이
향을 품고 꽃이 웃는 듯한 태도가 있어서 겨울날의 태양 같이 온화한 기
29 운과 봄바람의 따뜻한 기운을 겸하였으나, 인광을 대하기만 하면 얼음이
굳고 옥이 차가운 것과 같이 냉랭하였다. 겨울에 피는 매화가 동짓날의
눈을 띠고 흰 달이 빙산에 부서지는 듯하니 인광이 푸른 바다를 아우르며

255) 금빛 ~ 재어 : {금쳑[金尺]으로 탁군(度君)을 슬컷 ᄒᆞ여}. '금척'은 금빛 나는 자를 말하며 '탁군'은 그 자로 남편을 잰다는 뜻으로 쓰임.

춘풍을 이끄는 따스한 기운으로 대하여도 소저를 사귀지 못하여 끝내 한 마디 말도 나누지 못하였다.

인광이 원통한 마음을 이기지 못하여 소저를 만나면 미워하는 사이 같이 눈살을 찌푸리고 차갑고 엄숙한 노기가 가득하였다. 하지만 소저는 두 눈을 낮춘 채 행동거지를 편안하고 조용하게 하여 인광이 분하고 원통하여 화내는 것을 보고도 요동함이 없었다. 그가 온갖 위엄을 보이고 노기를 띤 채 바람이 일어나듯 호령하여도 소저는 편안하고 침착하게 요동하지 않았다. 양정렬은 시댁으로 돌아갔고 시부모 양태사 부부도 이것을 알지 못하였으나, 두씨는 알아차리고 적이 민망하여 조용히 말하였다. 30

"나는 박복한 사람이라 세상과 결별한 지 오래였는데 이제 소저의 고운 자태와 아리따운 자질을 구경하게 되었으니 이는 양씨 가문의 경사이다. 박복한 인생에도 빛이 있어 다행한 마음이 적지 않구나. 사람이 세상에 나서 삼강오륜에서 중요한 것 중 부부간 같은 것이 없다. 그대는 모든 일에 얌전하고 아리따우면서 어찌 남편의 허물을 보는가? 쌀쌀한 거동으로 남자의 분노를 돋우어 화평한 기상을 잃게 하는 것은 부도(婦道)에 따르는 도리가 아니니 취하지 않아야 한다. 시부모님께서 아시면 못마땅하게 여기실 것이니 그대는 깊이 생각하라. 이후부터는 31
서로 공경하고 화목하여 즐거운 기분을 상하게 하지 마라."

이 말에 소저는 옷깃을 여미며 감사하였다. 그 말이 예의와 법도가 있고 얌전하고 점잖아 덕과 도의를 겸비한 숙녀임을 공경하고 진정을 담은 생각으로 가르쳐주시는 데 감격하였으나 어찌 남편을 낳은 진짜 시어머니인 줄을 깨닫겠는가?

이때부터 인광의 분노가 점점 더해갔다.

하루는 인광이 술에 취하여 영소정으로 들어오니 소저가 일어나 맞은 후 멀리 떨어져 앉았다. 냉랭하고 엄한 기운은 전과 마찬가지였으나 그 고운 얼굴은 보기에도 기이하였다. 인광이 조소저의 맑고 편안한 음성을
32 듣지 못하니 마음이 답답하여 문득 정색하고 꾸짖으며 말하였다.

"내 비록 용렬하나 그대의 남편이오. 나를 보면 어렸을 때 멸시하던 것보다 훨씬 더하여 혼인한 지 수 개월이 되었는데도 온순한 빛을 한 번 보이지 않고 대답 한 마디 하는 것을 괴롭게 여기니 이는 왕공의 귀한 딸이라 하여 자신만 중하게 여겨 교만하고 건방지게 구는 것이구려. 만일 내가 뜻에 차지 않고 시집이 낮게 여겨지거든 높은 몸을 욕되게 하여 양생의 아내라 하지 말고 돌아갈 곳이 있거든 맘대로 돌아가시오."

소저는 이 말을 듣고 팔자 모양의 눈썹이 낮아지고 가을 물결 같은 두 눈이 살짝 가늘어지면서 한 마디도 대답하지 않았다. 인광은 취중에 마음
33 속에서 북받쳐 오르는 화를 이기지 못하여 분연히 칼을 들어 상을 깨뜨리고 소리 높여 크게 꾸짖으며 말하였다.

"요사하고 간악한 여자가 감히 친정의 위세를 믿고 남편 중한 줄을 알지 못하니 이 어찌 남편을 공경하는 도리란 말인가?"

이와 같이 호령이 우레 같아도 소저가 조금도 요동함이 없이 안색이 태연하므로 그가 더욱 분노하여 소리를 지르며 좌우를 불렀다. 시녀들이 두려워 빨리 명령에 대답하니 그가 엄히 분부하였다.

"너희 주인이 남편을 알지 못하고 능멸하기를 여지없이 하니 내 비록 미천한 신분이나 이런 멸시를 달게 받을 사람이 아니다. 빨리 당에서 내려 죄를 받게 하여라."

말을 마치지 못하여 소저가 비녀를 풀고 천천히 계단 아래로 내려가니
이때는 몹시 추운 겨울이라 날씨가 대단히 추웠다. 소저가 다른 사람 같 34
았으면 추위와 호령을 이기지 못했을 것이나 끝내 한 마디 말도 하지 않
으니 인광이 소저를 세워 두고 한없이 소리를 질러 오도가도 못 하게 하
였다. 이날 차가운 바람이 얇은 비단옷을 스치므로 인광이 속으로는 귀하
게 자란 사람이 상할까봐 염려가 적지 않았으나 소저의 교만하고 건방짐
이 껄끄러워 초경부터 이경[256] 말에 이르기까지 세워 두었다. 소저는 추
위와 괴로움을 이기지 못하였으나 숨을 식식거릴 뿐 끝내 한 마디 말도
하지 않은 채 온 몸을 오한으로 덜덜 떨면서도 유모에게 기대어 바람을
맞고 서 있었다.

시녀가 이 상황을 시어머니 조군주께 고하자 조군주가 크게 놀라 급히 35
소저를 부르니 소저가 명을 받고 들어와 조군주를 뵈었다. 조군주가 소저
를 곁에 앉히고 그 손을 잡으니 얼음같이 차가우므로 소저의 유모를 불러
곡절을 물었다. 유모가 앉아 상황을 아뢰자 조군주가 탄식하며 말하였다.

"며느리는 대갓집의 법도 있는 가문의 요조숙녀라 온갖 일이 다 아름
답고 뜻에 차서 아들에게 과분할까 두려운데 이 어리석은 녀석이 방자
하고 오만하게도 너에게 호령하며 이런 짓까지 벌였으니 어찌 하심하
지 않겠느냐? 그러나 여자의 한평생 고락(苦樂)은 남편의 손바닥 안에
있는 것이니 그 아이가 성품은 상냥하지만 시기심이 많고 음흉하며 과 36
격한 데가 있어 한 번 마음을 정하면 주나라 솥이 오히려 가벼울 정도
이고 그 뜻을 잃은 후에는 얻기 어려우며, 그 수하에 있는 사람에게 미
친 듯이 화를 내면 그 사람은 괴로울 수밖에 없다. 너처럼 얌전하고 아

---

256) 초경부터 이경 : 초경(初更)은 저녁 7시에서 9시 사이이며 이경(二更)은 밤 9시에서 11시사이임.

리따운 사람이 무슨 일로 아들의 성을 돋우었느냐?"

소저가 엎드려 사죄하며 말하였다.

"첩이 자질이 비천하여 일마다 군자의 높은 안목에 맞지 않는가 싶지 만 무슨 일로 군자의 마음에 맞지 않는지 어찌 알겠습니까? 다만 그 꾸짖는 말씀으로는 첩이 오만방자하여 남편을 공경하는 예를 잃었다 하시니 이는 다 첩이 불민한 탓입니다. 한밤중에 방 밖으로 나가는 욕을 당하였으니 제 스스로 마땅히 감수할 일인데 어머님께서 이처럼 하찮
37 은 일을 이같이 살피시고 어루만져주시니 황공하고 감사한 마음을 이
기지 못하겠습니다."

그러자 조군주가 가만히 웃으며 말하였다.

"너의 높은 행실로 어찌 남편을 능멸하며 교만한 일이 있었겠느냐? 저 아이는 성품이 풍치 있고 화려하여 너의 성품과는 전혀 다르니 천금 같이 귀하고 약한 몸이 욕을 보는구나."

그러면서 더운 것을 마시게 한 후 소저의 손을 잡고 녹여주며 한없는 애정을 베푸니 친어머니와 다름이 없었다. 소저는 그 은혜에 너무나 감동하여 오로지 온화한 안색과 나직한 기운을 갖추고 조금도 불평하는 뜻이 없었다. 조군주는 소저가 사랑스럽고 가련하여 인광을 불러다 꾸짖었다.

38 "조씨 같은 숙녀가 어찌 너 같은 탕자를 만나니 비록 개인적인 마음으
로는 기쁘지만 항상 조씨를 불쌍하게 여겼다. 과연 내 염려와 같아 자식이 혼미하고 어리석어 너의 사납고 막된 위엄과 시기심 많고 음흉한 성정으로 시녀들을 어지러이 치고 어진 처를 때리고 욕하였으니 이 어찌 사람이 할 바란 말이냐? 내 그 어미가 되어 너 같은 자식을 가르치지 못해 조씨 같은 어진 며느리를 편히 거느리지 못하였구나. 네가 공

연히 모질게 성을 내며 난초처럼 약한 기질을 겨울바람이 차가운 곳에
세워 두고 몹쓸 말로 욕을 하였으니 진실로 괴이하구나. 네가 구박하
며 네 부인을 가라고 하였으니 네가 그리 하지 않아도 내가 네 부인을
친정에 보내고 다시는 데려오지 않으려고 했다. 사납고 막돼 먹은 너
에게 맡겨 남의 귀한 자식한테 병을 키우게 한다면 어미 된 자로서 어 39
찌 부끄럽지 않겠느냐?"

그때 인광이 소저를 보고 노기가 불같지만 어머니께서 앞에 계신 까닭
에 낯빛을 바르게 하고 소리를 가다듬어 말하였다.

"소자가 비록 용렬하긴 하나 혼인한 의리가 있는데 조씨가 아무리 기
특하기로 부부의 윤리가 명백한 터에 소자를 미친 사람으로 알고 묻는
말에 대답하지 않으니 이토록 괴이한 행실을 하여도 나이가 어려서 부
끄러워 그러는가 했습니다. 그런데 점점 더욱 교만해지니 차마 한 방
에서 대면할 수가 없어 소자를 버리고 가라 한 것인데 어머니께 무엇이
라 꾸며 아뢰었기에 이렇게 친히 꾸짖으신단 말입니까? 왕공의 딸이 40
아니라 황녀라 해도 행실이 저와 같다면 쫓겨나는 것을 면할 수 없을
것이니 이는 분명 그 계모 금선공주를 닮았는가 싶습니다. 조씨를 집
에 두기 괴로우니 내일이라도 보내십시오."

조군주가 더욱 노하여 꾸짖으며 말하였다.

"불초한 자식이 어진 부인을 이렇듯 욕하니 너 같은 자식을 두어 양씨
가문의 조상들에게 죄인이 될까 걱정이구나. 조씨는 네가 보내라 하지
않아도 내보내겠지만 남의 천금같이 귀한 딸을 옳지 못한 방법으로 구
차하게 구하여 혼인을 하고서도 도리어 이런 미친 짓을 하고 있으니 여
자가 남편을 잘못 만나면 괴롭다는 것을 다시 한 번 깨닫겠구나. 네 낯 41

이 아무리 두껍다 해도 무슨 면목으로 진왕을 보려 하느냐?"

인광이 웃으며 말하였다.

"어머님께서는 어찌 저 사람의 불초함은 꾸짖지 않으시고 저만 꾸짖으십니까? 진왕이 저 같은 딸을 두었으니 가르치지 못한 것이 부끄럽지 소자가 무슨 낯이 뜨겁단 말씀입니까?"

이렇게 말하고도 사실은 소저를 돌려보낼까 겁이 나서 도리어 웃으며 말하였다.

"소저가 이러하니 위엄이 서지 못하겠지만 어느 사이에 내치시겠습니까? 그 부형의 낯을 보아 아직 머물러 두고 그 괴물을 가르치십시오."

부인이 인광을 꾸짖고 소저를 위로하며 말하였다.

42 "옛 사람이 여도(女道)의 공을 일컫고 경강(敬姜)의 베틀에 빗대어 나라 다스리는 도를 베푸니 공자께서 기리신 것이다. 어진 며느리는 법도 있는 가문에서 낳고 자라 어진 숙녀와 왕비의 행실을 받들어 본받을 것이니 저 어리석은 아이의 미친 짓을 개의치 말고 날이 추우니 침소로 돌아가 편히 쉬어라. 저 아이를 어질게 내조하여 허물을 고치고 행실을 가다듬게 하면 이는 너의 공일 것이다."

소저는 엎드려 명을 받들었으나 다시 친정으로 가란 명을 들으니 온갖 생각이 쏟아지는 듯하였다. 그러나 시어머니의 명을 거역하지 못하여 유모와 함께 영소정으로 갔다. 인광이 먼저 나왔다가 소저를 보고 눈을 흘겨 뜨며 낭랑하게 웃고 이렇게 말하였다.

43 "사람의 외모가 저러하면서 속이 그렇다는 것은 생각 밖이로군. 부인이 위세를 자랑하나 공주라도 시집 간 후에 이렇게 교만하면 끝이 있을 것인데 이것이 나를 나무랄 일이오? 만일 한 마디라도 한다면 내 다시

는 캐묻거나 비난하지 않겠소."

소저는 인광의 마음이 점점 헤아릴 수 없게 되어 가는 것을 보고 속으로 깊이 한탄하였으나 예의를 알기 때문에 옷깃을 여미고 자리에서 물러나서 대답하였다.

"첩은 규방에서 자란 무식한 사람이라 예의를 알지 못하고 옛 서적에 통달하지 못하여 군자께 득죄한 것이 많습니다. 군자께서 꾸짖으시는 것을 감히 원망하며, 내쫓긴다 해도 어찌 면하겠습니까? 첩이 들으니
위가 깨끗하면 자연히 아래를 다스릴 수 있다 하였습니다. 군자께서는 44
백행(百行)을 겸비한 사군자로서 예의로 처신하고 충효로 행동하여 해와 달 같은 행실로 공자와 맹자를 따르신다면 첩이 비록 인정이 없다고 하여도 맹광(孟光)의 거안제미(擧案齊眉)[257]를 본받아 군자를 공경할 것입니다. 어찌 부부가 서로 얼굴을 마주보고 태연하게 담소를 나눈 후에야 군자를 공경한다 하겠습니까? 첩이 어려서부터 여러 오라버니들이 입신하여 수행하는 것을 보아왔으나 군자처럼 행하시는 것은 예법에서도 듣지 못하였습니다. 어린 생각에 놀랍고 당혹스러워 일찍이 물으시는 바에도 대답하지 못하였습니다. 또한 인간관계에 서툴러 부형
밖에 대한 사람이 없다가 불의에 군자의 위엄을 대하니 여자로서 부끄 45
러워한 것도 인지상정입니다. 군자께서는 그 관대한 도량으로 어찌 아버님처럼 여자의 허물에 눈 감으시지 않고 날마다 크게 꾸짖고 말끝마다 부형의 권세를 믿는다 말씀하시며 내치면 돌아갈 곳이 있으리라 하

---

257) 맹광(孟光)의 거안제미(擧案齊眉) : 맹광은 동한(東漢) 시대의 양홍(梁鴻)의 아내로 몸집이 크고 힘이 센 추녀였으나 덕행이 뛰어남. 『후한서(後漢書)』의 「일민전(逸民傳)」에 보면 '거안제미(擧案齊眉)'는 맹광(孟光)이 남편 양홍(梁鴻)에게 밥상을 올릴 때 자기 눈썹 높이만큼 상을 받들어 드려 공경한 일을 말함.

신단 말씀입니까?

첩의 기구한 운명으로 선월정 욕을 보고도 정결한 아녀자처럼 자결하
지 못하고 이러한 욕을 달게 받고 있으니 이는 다 첩의 죄입니다. 감히 누
구를 원망하겠습니까? 죄가 있으면 어느 때에 내치지 못할 것이라고 한밤
중에 방 밖으로 내쫓아 천첩처럼 욕을 당하게 하시니 이는 군자의 덕을
46 손상시키시는 것입니다. 이제 또 저를 멸시하고 천대하는 것이 이와 같
으시니 이는 제가 사람됨이 비천하여서겠지만 군자에게는 실덕이옵니다.
첩이 존문에 들어온 지 겨우 몇 달 되지 않았는데 여러 가지 행동거지가
여기까지 미쳤으니 첩의 마음이 어찌 놀랍지 않겠습니까? 군자라면 깊은
밤에 더욱 행실을 수련할 텐데 보는 사람이 없다 하여 깊은 밤에 규방으
로 뛰어 들어오는 군자가 어디 있겠습니까? 첩이 비록 쫓겨나는 화를 당
할지라도 생각한 바를 숨기지 않을 것이니 첩의 성품이 미련하고 구차하
여 여러 말씀을 듣고 말하니 낯이 뜨겁고 부끄러워 죽고자 하여도 죽을
땅이 없을 듯합니다."

47 이렇듯 말하는 것이 강개하고 엄하여 기산(箕山)에서 봉황새가 울고 옥
쟁반에 진주가 구르는 듯하므로 인광은 무엇에 홀린 듯이 그 입으로 말하
는 것을 바라보며 정신을 못 차렸다. 소저의 말이 그치자 인광이 곧이어
웃으며 말하였다.

"그대가 이처럼 말을 많이 하는 것은 실로 뜻밖이오. 내가 부끄럽지 않은데 그대가 무엇이 부끄럽단 말이오? 부인의 아름다운 용모를 흠모하여 정도가 아닌 굽은 길의 구차함도 허물치 않고 장인어른의 굳은 뜻을 돌이켜 겨우 만났는데 갑자기 돌로 만든 사람 같이 변해서 말을 하지 않으니 어찌 잘난 척 한다 하지 않겠소? 내 들으니 철수문의 처가 얼굴

이 박색일 뿐 아니라 성품과 행실이 불초하여 남편과 시집을 제압한다 48
하니 원래 장인장모께서 남자는 낱낱이 잘 낳으시고 여자는 다 억세고
모질게 낳으셨나 보오."

그러자 소저는 담담한 얼굴이 되어서 다시 말을 잇지 않았다. 인광이
크게 웃고 함께 이부자리로 나아가니 은정이 태산 같고 하해 같았다. 조
소저는 선월정에서의 일이 골수에까지 사무쳐 마음이 분했기 때문에 비
록 남편의 체면이 높은 줄 알고도 그 말에 대답하지 않은 채 석 달을 가만
히 있었다. 그런데 인광의 노기가 하늘을 찔러 곤륜산(崑崙山)에서 나는
옥처럼 무겁고 시부모의 경계와 두부인의 말씀이 너무나 간절하여 마지
못해 묻는 말에 대답하니 인광이 기뻐하여 은애가 무거웠다. 49

임금이 병부상서 양인광을 총애하는 것이 온 조정을 기울일 만하여 그
풍채와 기상을 칭찬하는 뜻으로 소주(蘇州)와 항주(杭州)의 나이 어린 미녀
창기 40여 인을 내려주었다. 양인광은 사양하였으나 거절할 수가 없어 창
기들을 망월루에 머무르게 하고 그 중 미색이 뛰어난 명기 10여 인에게
정을 주어 날마다 술을 먹으며 풍류를 드리워 즐겼다. 그러나 양태사 부
부는 이를 알지 못하였고 조소저는 알면서도 행동거지가 태연하여 양인
광의 자취가 드물수록 시원하게 생각하고 있었다.

하루는 양태사가 안에 들어갔을 때에 하필이면 그 때를 타서 인광이 여
러 창기들을 데리고 망월루에서 풍악을 울리게 하고 술을 먹으며 흥을 이 50
기지 못하고 있었다. 그 때 문득 벽제(辟除) 소리[258]가 멀리 들리면서 사
륜마차 한 대가 문 앞에 당도하였다. 인광이 바라보니 사부인 초공이었

258) 벽제(辟除) 소리 : 지위가 높은 사람이 행차할 때, 구종(驅從)과 별배(別陪)가 잡인의 통행을 금하던 일.

다. 망월루는 본래 길에서 가깝고 안이 멀어 내당으로 가는 길이 망월루
를 지나가게 되어 있었다. 노랫소리가 높고 무희들의 옷소매가 가볍게 나
부끼며 사람 소리가 들리므로 초공이 눈을 들어 보니 양인광이 크게 취해
눈이 풀어지고 취기에 젖어 여자들을 가까이 당겨 손을 이끌며 즐거운 웃
음과 풍성한 말이 태연자약하였다. 초공은 얼굴을 가리고 바로 내당으로
51 들어가 장인장모를 뵙고 질녀를 불렀다. 질녀가 앞으로 나아오니 기쁘고
반가워 사랑하는 모습은 친딸과 차이가 없었다. 초공이 질녀에게 그 사이
의 안부를 묻고 크게 반가워하자 소저 또한 아버지를 뵙는 것과 마찬가지
였다. 소저가 온화한 얼굴과 공손한 기운으로 부드럽고 인자하게 존당 부
모의 안부를 여쭈니 초공이 대답하였다.

"아직 반석 같으시나 할머님께서 너를 생각하시고 계시니 속히 돌아와 뵈어라."

뒤이어 양태사께 여쭈었다.

"인광은 어디 갔습니까?"

양태사가 말하였다.

"집에 있는데 어디 있나 모르겠네. 밖에 있나 불러 보게."

이 말에 초공은 아무 말이 없었다. 이윽고 양인광이 얼굴에 취기가 가
52 득하고 두 눈이 풀어져 와 사부를 보고 황송한 빛이 나타났다. 예를 마치
고 자리를 정해 앉자 양태사가 말하였다.

"너는 어디 가서 이렇듯 취하였느냐?"

양인광이 대답하였다.

"마침 친구들과 서로 잔을 권하다 취하였기에 황공하여 어른을 찾아뵙지 못하였는데 사부께서 오셨다기에 뵙지 않을 수 없어 이렇게 왔습니

다."

초공이 눈을 들어 한참 동안 양인광을 바라보다가 말하였다.

"저는 외부 사람이라 장인께서 아들을 가르치시는 일이나 집안일에는
관여하지 않아야 옳을 듯하나 인광의 행실과 몸가짐은 다른 사람보다
더 가다듬어야 할 것입니다. 더구나 인광과 저 사이에는 사제의 의리
가 있는데 인광의 허물을 보고도 잠잠히 있으면 이는 소생이 장인을 저
버리는 일이 될 뿐 아니라 그 마음을 저버리는 일이 될 것입니다. 인광 53
의 방약무인(傍若無人)한 거동이 위로는 부모님을 모르는 것이고 다음
으로는 소생을 알지 못하는 것이니 이토록 버릇없이 굴면서 어찌 임금
을 섬기겠습니까? 외람되오나 소생이 저 아이의 사부로서 장인께서 미
처 살피지 못한 바를 다스린다 해서 무엇이 잘못이겠습니까? 오늘 인
광이 망월루에서 술에 크게 취하여 창녀들과 희롱하는 거동이 사람으
로 하여금 크게 부끄럽게 하여 소생이 낯을 가리고 지나왔습니다. 인
광의 벼슬이 재상의 반열에 있고 또 나이 어린 소년이 아니니 모든 일
을 제 마음대로 하여 부형을 모시는 사람 같지 않은 것을 능히 다스릴
것입니다. 오늘 그만두면 내일 또 저럴 것이니 어찌 한심하지 않겠습 54
니까?"

초공이 눈썹 언저리에 서리를 뿌린 듯 안색이 겨울 하늘의 흰 달 같으므로 양태사 부부가 탄복하여 말하였다.

"인광은 사위를 사부로 모셨으니 염려가 없구나. 이 늙은 아비가 시환(時患)이 깊이 들었으니[259] 인광이 훗날을 삼가게 하라."

259) 시환(時患)이 ~ 들었으니 : {싀질[時疾]이 침칙[沈着]ᄒᆞ니}. '시질(時疾)'은 때에 따라 유행하는 상한병(傷寒病)이나 전염성 질환을 뜻하고, '침칙ᄒᆞ니'는 깊이 달라붙다는 의미인 '침착(沈着)하니'로 보아 이와 같이 옮김.

이 말에 초공이 공손히 절하였다.

이때 양인광은 초공의 말과 부모의 대답을 듣고 부끄럽고 황공하여 어
찌할 줄을 몰라 엎드려 죄를 기다릴 따름이었다. 날이 늦어 초공이 하직
하고 나올 때 양인광이 등에 식은땀을 흘리며 외당으로 따라 나오니 초공
55 이 마루 위에 단정히 앉아 좌우에 있던 사람들에게 양인광을 잡아 내리게
하였다. 그리고 하인에게 명하여 매를 들라 하고 탄식하며 말하였다.

"내 자식도 매질을 해서 나무라지 못하는데 너에게 이 문책을 하는 것은 내가 실로 장인의 측은한 마음을 생각하여 불행히 네 스승 노릇을 하게 된 지 이제 10년이 다 되었기 때문이다. 사람들이 이르기를 네가 나의 으뜸 제자라 하는데 이토록 버릇없는 행실이 있다는 것은 정말 뜻밖이구나. 이는 모두 내가 사부가 되어 잘 가르치지 못한 죄다. 부모를 꺼리지 않고 제멋대로 난봉이나 부리고 음탕한 짓을 하니 어찌 한심하지 않겠느냐?"

양인광이 두 손을 공손히 맞잡고 엎드려 대답하였다.

"제자의 오늘 행동은 죽을죄를 내리신 데도 달게 받아야 하오나 사부
56 께서는 어찌 유현의 열 첩은 용납하시면서 제가 잠시 창기를 즐기는
것에는 죄를 물으십니까?"

초공이 인광의 말을 듣고 낯빛을 고치며 꾸짖었다.

"유현이 전에 비록 방탕한 짓을 했다 하나 내 앞에서는 저런 거동을 하지 않았고 지금에 이르러서는 열 명의 창기가 아니라 백 명의 창기라도 행실에 해로움이 없다. 네가 모든 일을 유현만큼만 하면 창녀가 백 명이라도 막지 않을 것이다. 슬프구나, 사람이 부모를 사랑할 줄은 알면서 공경할 줄을 모르면 금수와 마찬가지인데 부형이 계신 데서 저런 낯

빛과 거동을 하며 태연히 아버지 앞에서 말한단 말이냐? 내 비록 용렬
하나 여러 제자 중에 너 같이 모질고 거만한 자를 보지 못했으니 어찌 57
놀랍지 않겠느냐?"

말을 마치자 대답을 기다리지 않고 매질을 행하니 양인광의 기운으로도 너무 두려워 말을 못하고 의대를 풀고 매를 맞았다. 양태사는 나란히 앉아서 한 대 한 대 자세히 살피며 인광의 눈같이 흰 피부가 상하여도 한 마디도 하지 않았다. 이윽고 초공이 매질을 그치려고 하였으나 양태사가 더 쳐서 40대에 이르러서야 비로소 그쳤다. 양인광이 아무렇지도 않게 어른들을 모시며 조금도 싫어하는 기색이 없으니 양태사는 양인광을 꾸짖으며 막돼먹었다고 나무라고 초공은 한 마디 말도 않고 돌아가자. 이에 양인광이 황공해하였다.

양인광이 다음 날 밤 영소정에 와서 소저를 보고 탄식하며 말하였다. 58

"요사이 부인이 나를 미워하더니 숙부를 보고 무엇이라 했기에 핑계하여 40대를 매질하고 돌아가신단 말이오? 어린 인광이 아내 덕으로 매를 맞았으니 속히 구원하고 마음이나 온순하게 하여 마음을 풀게 하시오."

소저는 이 말을 듣고 마음속으로 크게 놀랐으나 겉으로 드러내지 않고 편안한 목소리로 대답하였다.

"사위를 매질하는 장인도 없고 어린 자 중에 맞는 이도 드무니 우리 숙
부께서 괴이하신 분이시긴 하나 어찌 매를 치셨겠습니까? 다만 군자와
10년간 사제지간이었던 도리로 매를 치신 것은 사리에 당연한 일이니
어찌 놀랍고 괴이하겠습니까? 군자께서 스스로 행실을 단속하고 근신 59
하셔야 할 일이니 의아하고 당혹스런 마음을 이기지 못하겠습니다."

그러자 양인광이 눈살을 찡그리고 짐짓 여러 말로 원망하며 소저를 격하게 하였으나 소저는 오직 못 듣는 듯이 말을 하지 않았다. 그래도 양인광은 침상에 오르며 즐거워하는 정이 예전과 똑같았고 맞은 상처를 보여주며 말하였다.

"이러나저러나 부인 때문에 이러한 거조가 있는 것이오. 부인의 이러한 행동이 있기 전에도 사부께서 매를 치신 적이 있소?"

이 말을 듣고 소저는 빙그레 웃으며 말하였다.

"군자께서 첩을 의심하시는데, 이 사실은 숙부도 모르시고 부모님께나 군자의 흉을 보았을 것이라고 의심하시는 것입니까?"

그래도 양인광은 계속 소저를 보채었다.

"자지도 못하게 했으니 맞은 데를 낫게 해주시오."

60 소저는 이 말을 듣고도 한 마디도 주고받지 않았다.

초공이 진왕에게 인광이 행실이 바른 데가 없음을[260] 고하고 매를 쳤음을 전하였다. 진왕이 웃으며 말하였다.

"내 사위를 네 마음대로 볼기를 때렸단 말이냐? 미녀와 즐기는 것은 남자라면 누구나 하는 일이니 무엇이 대단하겠느냐?"

그러자 초공이 웃으며 말하였다.

"이렇게 하지 않으면 인광은 점점 외입을 할 것입니다."

진왕 또한 웃으며 말하였다.

"인광은 호방하고 쾌활하여 한 여자로 늙을 사람이 아니다. 몇 사람을 모을 줄 어찌 알겠느냐? 나는 이런 일을 근심하지 않는다. 생각하면 딸

---

260) 행실이 ~ 없음을 : {무ᄉᆞᄒᆞᆷ을}. 앞의 문맥상 '무상(無狀)함을'로 보여 이와 같이 풀이함. '무상'이란 아무런 공적이나 착한 행실이 없다는 뜻으로 함부로 굴어 버릇없다는 뜻으로도 쓰임.

아이를 진흙에 묻은 듯하구나."

초공이 탄식하며 말하였다.

"이 모든 것이 하늘이 정한 연분이 아니겠으며 하늘의 운명이니 대단
히 아름답습니다. 양씨 사위는 명문대가의 자손이라 남이 뭐라 하여도 61
하자가 될 것이 없으나 마음이 언짢을 뿐입니다."

진왕은 탄식할 따름이었다.

다음날 양인광이 조씨 집안에 와서 장인을 뵈니 초공은 다시 이 일을
언급하지 않았고 진왕은 흔쾌히 반기며 이야기를 나눴다. 이 둘은 본래
거칠 것 없이 웅대한 생각이 서로 들어맞아 나이는 달라도 실로 서로를
알아주는 지기(知己)였다. 진왕은 양인광을 보면 기뻐하며 사랑하였다.

양인광은 조소저와 더불어 은정이 태산 같아 속으로 은근히 재취할 뜻
이 있어도 부모가 허락하지 않으실 것이고 초공이 두렵기도 하여 조심하
고 있었다. 그런데 하늘이 양인광의 소원을 이뤄 주시고 조소저의 액운이
때가 되었는지 천고의 요녀를 만났으니 이 어떠한 사람인가? 62

차설(且說). 서주후 곽관성은 임금이 동궁일 때 태자소부로 있었는데
성정이 강직하고 위인이 명철하여 초공과 함께 동궁을 모시며 그 어진 이
름이 조정과 재야에 드높았다. 임금이 즉위한 후 그에 대한 대접이 두텁
고 은총이 커서 서주후로 봉하고 국가의 대소사를 그와 의논하였다. 곽관
성은 겨우 1남 1녀를 두어 아직 관례를 시키지 않고 있었다. 그 딸 월성은
그 외모가 아주 아름답고 사람됨이 봄바람에 스치는 흰 달 같으며 성정이
남달리 영리하고 슬기로운데다 지혜와 꾀가 민첩하고 일을 당하면 결단
력 있고 강직하며 명철하고 얼굴까지 고와서 족히 사랑할 만하였다. 그 63
러나 승냥이와 이리의 모진 것을 품고 독사의 사악함을 가지고 있어 혹

종들이 죄를 지으면 교묘한 꾀로 얽어 죽이되 너무나 간악하고 교활하여 부모조차도 그 일을 모를 정도였다. 부모는 오로지 딸 하나를 두었기에 사위를 가려서 택하고자 하였는데, 곽씨가 병부상서 양인광을 보고 흠모하게 되어 부모를 보채어 양인광에게 청혼하게 하였다. 인광은 허락하고자 하였으나 양태사는 거절하며 말하였다.

"인광은 이미 선비 가문의 숙녀를 취하였고 그 아름다움이 왕비의 기풍을 갖추고 있는데 어찌 이유 없이 재취를 하겠습니까?"

이렇게 양태사가 청혼을 허락하지 않자 곽후는 이미 딸의 뜻이 인광에게 기울었고 천고에 드문 빼어난 인재를 사랑하는 마음에 임금께 인광과
64 의 혼인을 부탁드렸다. 임금은 인광을 사랑하고 곽후를 존경하기에 청혼을 허락하였다. 그러나 양태사의 견고한 성품을 아는 터라 이유 없는 사혼이 되지 않을까 하여 조회를 파한 후 인광과 유현 등을 앞으로 불러 한가하게 말을 나누었다. 도덕에 대한 유현의 논의와 영웅에 대한 인광의 논의가 양자강(揚子江) 천 리에 거칠 것이 없으므로 임금이 크게 칭찬하고 바둑판을 내오게 하고 웃으며 말하였다.

"옛날 당태종(唐太宗)[261]이 위징(魏徵)[262]과 함께 바둑을 두신 일은 천고에 아름다운 일이었다. 오늘 짐이 한가하니 경들과 함께 기국(碁

---

261) 당태종(唐太宗) : 당(唐)나라 2대 황제. 본명은 이세민(李世民). 중국 역사상 유수(有數)의 영주(英主)로 알려져 있음. 수(隋)나라 양제(煬帝)의 폭정으로 내란의 양상이 짙어지자, 태원(太原) 방면 군사령관이었던 아버지를 설득하여 군사를 일으켜, 장안을 점령하고 당나라를 수립함. 그 뒤 군웅을 평정하고 국내 통일을 실현시킨 것은 20세 안팎인 그의 활동에 의한 것이며, 아버지의 양위를 받아 즉위하여 돌궐(突厥)을 비롯한 사방의 이민족을 제압하고 번한(蕃漢)의 양사회를 포용하여 당나라를 세계 제국이 되게 함.

262) 위징(魏徵) : 당나라 태종 때의 명신(名臣). 학자로서 수(隋)나라 말기 혼란기에 이밀(李密)의 군대에 참가하였으나 곧 당고조(唐高祖)에게 귀순하여 고조의 장자의 유력한 측근이 됨. 황태자 건성이 아우 세민(世民, 후의 太宗)과의 경쟁에서 패하였으나 위징의 인격에 끌린 태종이 위징을 불러 간의대부 등의 요직을 주고 재상으로 중용하였음. 굽힐 줄 모르는 직간으로 황제 태종을 보필한 것으로 유명함.

局)[263]을 하여 승부를 보려 한다."

태사 기현이 아뢰었다.

"여러 신하들을 부르시어 나라를 다스리고 백성을 편안히 할 방법과 65
요순(堯舜)의 덕을 의논하시며 사해 만민을 살피셔야 할 것을 어찌 신하
들에게 한가하게 기국이나 하자고 청하시며 농락하신단 말씀이십니
까?"

유현이 아뢰었다.

"애초에 신들은 위징을 옳지 않게 여겼습니다. 임금과 신하의 신분은 하늘과 땅 차이입니다. 신들이 나이도 어리고 재주도 없사온데 성은을 입어 외람되게도 중신이 되었으니 충성을 다하여 나라를 다스리기를 바랄 따름일 뿐 어찌 망령되게 임금과 신하의 도리를 상하게 하겠습니까?"

임금은 두 신하의 위엄 있고 씩씩한 모습을 보고 공경하는 마음에 이렇게 말하였다.

"가히 나의 급암(汲黯)[264]이로구나. 어찌 경들의 말을 따르지 않겠느
냐? 바둑판을 가져와 승부를 결정하는 것을 경들이 사양하나 아무래도 66
한 판 승부는 보아야겠다."

인광이 엎드려 말하였다.

"두 조공의 말씀은 직언이시나 신의 소견은 다르옵니다. 천자를 지척

263) 기국(碁局) : 바둑판이나 장기판.

264) 급암(汲黯) : 한나라 무제 때의 사람으로 직간(直諫)과 선정(善政)으로 유명함. 자는 장유(長孺). 무제 때 주작도위(主爵都尉)가 되었으며, 9경(九卿)의 한 사람이 됨. 승상(丞相) 장탕(張湯)과 어사대부(御史大夫) 공손 홍(公孫弘) 등을 법률 만능주의자요 천자에게 아첨하는 무리라고 비난하고, 황로지도(黃老之道)·무위(無爲)의 정치를 주장하며 왕에게 간(諫)하였으나 받아들여지지 않자 회양태수(淮陽太守)를 마지막으로 관직에서 물러남.

에서 모시는 신하가 임금을 대하여 잠시 재미 삼아 바둑 한 판 둔다 해서 무슨 대단한 허물이 되겠습니까? 당 황제 같은 임금의 일이니 신은 원컨대 성상께서 고요하신 때 성상의 웃음을 돕고자 합니다."

그러자 임금이 웃으며 말하였다.

"군자와 영웅의 도를 갖추었으나 뜻이 다르니 오늘 두 조공의 정대함은 즐겁고 기특하구나."

그런 후 즉시 병부상서 인광에게 바둑판을 내오게 하니 부드럽고 온화하면서도 즐겁고 유쾌하였다. 어주(御酒)를 섞어 승부를 결정하니 임금과 신하가 서로 뜻이 맞아 잘 통하니 임금이 한편으로 웃으며 말하였다.

67 "승부는 나게 되어 있으니 경이 지거든 천하를 떠받칠 능력 있는 신하를 천거하고 짐이 지거든 숙녀를 사혼하리라."

기현과 유현은 천자의 뜻을 짐작하였고 인광은 공손히 명을 받들었다.

"삼가 분부하신 대로 하겠습니다."

흥겨운 기운이 크게 일어나 세 판을 서로 겨루니 임금이 웃으며 "재주는 관계없는 일에도 나타나는구나."라고 하고 "짐이 신용을 잃어서야 되겠느냐?"라고 하며 즉시 분부하여 곽후의 딸을 인광의 재취로 허락하였다. 그러자 인광이 사양하며 말하였다.

"신의 풍채가 보잘 것 없는데다 하물며 바둑 한 판에 어찌 사혼하시는 것을 감당하겠사옵니까? 분부를 거두어 주시옵소서."

임금이 말하였다.

68 "경의 풍채와 장수다운 지략은 작위 있는 부인을 쌍으로 두어도 충분할 것이니 이번 소실을 사양하지 말고 취하라."

인광은 감히 먼저 청하지는 못하였지만 진실로 바라던 바라 머리를 조아려 감사하고 사양하지 않았다. 인광이 집으로 돌아와 일의 전말을 고하자 양태사는 기뻐하지 않았으나 사양하지 못하리란 것을 알고 황명을 좇아 택일을 하니 그 날짜가 그다지 멀지 않았다. 인광은 즐겁고 유쾌한 기분을 이기지 못하였으나 조씨를 취한 지 4, 5 개월이 못 되어 재취를 하게 되니 마음이 애처롭고 진왕 보기도 편안하지 않았다. 그러나 인광은 본래 생각이 광활하여 거리끼는 것이 없었다. 조씨 집안에서 이 소식을 듣고 정숙렬이 탄식하며 말하였다.

"풍류가 넘치는 자를 사위로 삼으면 첩실을 두지 않을 수 없겠지만 들 69
어오는 자가 어질지 못하면 딸아이의 신세가 편하지 못할 것입니다."

그러자 진왕이 말하였다.

"자식의 첩실을 이토록 근심한단 말이오?"

정숙렬이 탄식하며 말하였다.

"그렇지 않습니다. 첩의 운명이 기구하여 당초에 험한 난리를 많이 겪었으나 하늘의 태양을 보면서부터 우환이 없었고 연부인과 최부인 또한 황명을 따라 매사에 우환이 없었습니다. 하지만 양생은 나이 어리고 풍정이 호방한지라 집안을 잘 다스리지 못할 것이니 딸아이의 근심이 적지 않을 것입니다."

진왕이 웃으며 말하였다.

"딸아이는 복상(福相)[265]이 완전하니 필경은 무사할 것이오."

양씨 집안에서는 양태사 부부가 조씨를 불쌍히 여겨 조씨에게 이렇게 말하였다.

"며느리가 내 집에 온 지 수개월 만에 재취를 들이는 혼삿날이 멀지 않 70

---

265) 복상(福相) : 복스럽게 생긴 얼굴.

게 되니 너를 생각하면 기쁘지가 않구나. 어진 며느리는 높은 가문의 숙녀이다. 투기는 칠거지악으로 경계하고 있으니 너라면 숙녀의 교화를 베풀겠지만 규방을 다스리는 주아(周雅)[266]의 밝은 풍속을 따른다면 우리가 늘그막에 경사를 보겠구나. 그러나 그렇지 않다면 곧 화가 될 것이다."

조씨가 엎드려 명을 받들고 이렇게 말하였다.

"첩이 비록 재주 없고 자질이 비천하나 외람되게도 시부모님께서 베푸시는 은혜를 입어 높은 집에 편안히 누워 있으니 분수에 넘치옵니다. 시부모께서 구혼하신다 해도 원망하지 못할 것인데 하물며 성상께서 내리신 사혼을 어찌 하겠습니까? 또한 숙녀를 얻게 될 것이니 첩은 그
71 사람과 함께 군자를 섬기며 평생 시부모를 봉양하여 아황과 여영의 의고사를 즐길 것입니다. 어찌 질투의 일로 두 집안의 맑은 덕을 버리겠습니까?"

조씨가 이처럼 말하는 것이 편안하고 조용하며 봄바람같이 온화한 기운이 가득하니 시부모는 조씨를 공경하고 사랑하는 마음을 이기지 못해 소중하게 여겼다. 조씨가 물러나면서 말하였다.

"시부모님께서 재취가 있다는 것을 알려 주셨으니 내가 길복(吉服)을 갖추어야겠구나."

그런 후 채색 비단으로 관복을 짓고 흉배(胸背)를 수놓아 길복을 갖추었다.

---

266) 주아(周雅) : 「주아(周雅)」는 『시경(詩經)』의 「소아(小雅)」 「대아(大雅)」 두 편을 말함. 여기에는 주(周)나라 문왕(文王)의 후비(后妃)인 태사(太姒)가 나무가 가지를 드리우듯 첩들에게 은덕을 드리워, 첩들이 그녀를 공경하고 그 덕을 기려 집안이 화평했다는 〈규목(樛木)〉 편 등 여성의 부덕(婦德)과 관련된 내용들이 있음.

길일이 다다르자 양정렬이 조씨 집안의 친척을 모아 잔치를 열어 집안
에 손님이 가득하였다. 조씨가 첫째 부인의 품계로 정결한 예복을 갖춰
입으니 모든 것이 예절에 들어맞았다. 조씨가 머리에 쌍룡관을 쓰고 옥
같은 머리카락에 모란 모양으로 장식한 비녀를 꽂은 채 가느다란 허리에 72
는 붉은 비단치마를 두르고 두 팔에는 월(越) 나라 비단으로 만든 적삼을
입고 자리에 나서니 그 타고난 광채는 둥근 달이 서광을 머금고 동쪽 하
늘에 오른 듯하였다. 얌전하고 아리따운 모습은 온갖 자태를 아우르고 있
으며 붉은 입술과 꽃 같은 두 뺨에는 고운 빛이 무르녹았으니 시부모가
새로이 즐거워하며 사랑하였다. 좌중에 단장한 여인들이 수풀같이 많았
으나 모두 시끄럽게 칭찬하며 요조숙녀라 하였다.

인광이 들어와 길복을 입으려 하니 어머니 조군주가 웃으며 말하였다.

"조씨를 취한 지 4~5개월 만에 또 새 사람을 취하니 그저 그 있는 옷이나 입고 가라."

인광이 빙그레 웃고 눈을 들어 조씨를 보는데, 양정렬이 꾸짖으며 말 73
하였다.

"조씨가 이곳에 들어온 지 겨우 4~5개월 만에 새로 장가를 가게 되었으니 어느 사이에 아내 소임인들 하겠느냐? 또한 어머님께서 시키시지 않았으니 시키는 사람도 없는데 길복을 섬기겠느냐? 너는 무슨 염치로 아내를 조르고자 하느냐?"

그러자 인광이 웃으며 대답하였다.

"제가 어찌 염치가 없겠습니까? 비록 어머님께서 이르시지 않았다 하나 부인의 소임을 차리고 남편을 중요하게 여긴다면 미천한 가장처럼 낡은 옷을 입혀 보내겠습니까?"

인광의 말에 좌우에서 웃음을 머금었다. 조씨는 고개를 숙이고 한 마디도 하지 않았으나 인광의 말이 끝나자 뒤이어 유모가 관복 한 벌을 갖
74 추어 가지고 나오니 뜻밖에 바느질이 대단히 기이하였다. 그 자리에 있던 모든 사람들이 크게 칭찬하며 그치지를 않았다. 양태사는 희색이 얼굴에 가득한 채 이렇게 말하였다.

"천고에 투기 없는 사람인 문왕의 비 태사(太姒)라도 길복을 이처럼 만들지는 못했을 것이니 어진 며느리는 실로 일세에 독보적인 숙녀로구나. 인광이 무슨 재주와 덕으로 이 같은 숙녀를 감당할까? 어진 며느리는 스스로 길복을 입혀 성덕을 다하여라."

조씨가 자리에서 일어나 명을 받드는데 온화한 기운이 나직하였다. 비록 말을 하지는 않았으나 시아버지의 명령을 공경하여 감격한 안색을 온화하게 하였으며 팔자 모양의 눈썹에는 즐거운 기운이 무르녹았다. 태양이 한 낮을 가리킬 때 길복을 들고 나오니 안색이 태연하고 말투가 봄바
75 람 같았다. 편안하고 고요하게 고름을 매고 띠를 두른 후 천천히 물러나니 온화한 기운이 주위에 앉은 사람들에게 흩어졌다. 세 치의 어여쁜 발에는 난초 향이 그윽하였으며 옷소매 사이에서는 옥으로 만든 패옥 소리가 낭랑하니 그 꽃다운 기질은 백세에 찬양할 만하였다. 양태사가 허락하자 그 자리에 가득한 모든 사람들이 일제히 소리를 지르며 갈채하여 혀가 닳을 듯하였다. 시부모는 기쁨을 이기지 못하여 웃는 입을 다물지 못하였고 인광은 조씨에게 탄복하여 조씨에 대한 태산 같은 은정이 미인 백 명을 모은다 해도 더하지 않을 듯하였다.

양인광이 행렬을 거느리고 곽씨 집안에 이르러 혼례를 마치고 신부를
76 맞아와 독좌(獨坐)하게 하였다. 신부가 폐백을 받들어 시부모를 뵙는 예

를 행하는데 옥 같은 얼굴은 따스한 태양이 봄바람에 흔들흔들거리는 것 같았고 삼색 복숭아꽃이 이슬을 마신 듯 붉은 입술은 단사 같았고 두 눈은 별 같았다. 구름 같이 풍성한 검은 머리에는 얌전하고 사랑스러운 모습이 아리땁게 어렸으며 봉황의 날개 같이 아름다운 두 팔과 가느다란 허리에 곱게 단장한 얼굴은 천고에 드문 미인이었다. 시부모는 기뻐하였고 온 좌석의 손님들은 치하하면서 인광이 처복이 많다고 부러워하였다.

좌중의 칭찬을 사양하지 않을 만큼 두 신부는 뛰어나게 아름답고 남편은 유쾌하고 즐거워 안팎으로 편안하고 한가하여 거리낄 것이 없는 듯하였다. 시부모는 아름다움을 이기지 못하여 신부의 손을 잡고 조씨를 가리키며 말하였다.

"아들의 조강지처인 첫째 부인이다. 정숙하고 단아하며 천고에 드문 77
숙녀이니 함께 화목하게 지내며 아황과 여영의 고사를 빛내어라."

신부가 거듭 절하며 명을 받들고 조씨를 향해 공손히 절하니 조씨 또한 공손히 답례하고 같은 항렬에서 공경을 다하였다. 곽씨는 조씨를 보자 정신이 빠져나가고 심신이 어지러웠다.

다음 날 인광이 조씨의 침소에 이르러 마치 새 신부에게 마음을 쓰지 않는 체하니 조씨가 가소롭게 여기고 밤이 늦었으니 신방으로 가라고 권하였다. 그러자 인광이 웃으며 말하였다.

"부인도 신부라 할 것이고, 저 사람도 신부라 할 것이니 몸이 두 곳으로 갈리었으나 사사로운 정이 부인께 돌아가는 듯하여 여기로 왔소."

그러자 조씨가 얼굴빛을 바로 하고 말하였다.

"정실은 뜻으로 서로 공경하고 화목할 뿐 어찌 사사로운 정을 이르겠 78
습니까? 일찍 돌아가 예를 갖추시면 첩이 방탕한 사람의 아내라는 손가락질과 비웃음을 면할 듯싶습니다. 실로 군자께 치욕스럽게 사사로운 정을 구하지는 않을 것입니다."

인광이 태도를 바꾸어 공경하는 태도로 말하였다.

"내 이제 갈 테니 부인은 잘 지내시오. 우리 부부가 그리워하며 애태우다 희귀하게 만났는데 반 년도 채 못 되어 다른 사람에게 정을 옮기게 되었으니 부인의 마음이야 오죽하겠소?"

이 말에 조씨는 오히려 그 마음을 밝게 알고 웃음을 참지 못하여 붉은 입술 사이로 하얀 이를 드러내고 산뜻하게 웃었다. 말을 하지는 않았으나
79 온갖 아름다움이 가득하므로 인광은 조씨에 대한 정을 이기지 못하여 어쩔 줄을 몰라 하며 그 손을 잡고 무릎을 베고는 일어날 생각을 하지 않았다. 조씨가 안색을 고치고 몸을 일으키라 재촉하니 인광이 웃으며 말하였다.

"내 성품이 사부와는 완전히 다르다는 것을 아니 실로 도를 좇아 행하기는 어려울 듯싶소. 내 오직 우리 장인을 본받으려 하는데 부인은 어찌 숙부를 본받기만 기다리고 장인을 닮지 말라 하시오? 그대와 나 중 누가 나은가 인물의 높고 낮음을 생각해 보시오."

조씨가 얼굴빛을 바로 하고 말하였다.

"아버님을 본받으시려 한다 하여도 첩은 말리지 않을 것입니다. 그러나 군자께서 이렇듯 경박하게 하신다면 우리 부친을 따르기는 어려울
80 듯합니다. 남과 내가 지향하는 바가 다르고 첩은 기질이 천박하여 여자 중에서도 가장 용렬한데 어찌 군자께 비기겠습니까?"

그러자 인광이 웃으며 말하였다.

"이러나저러나 기품에 대해 자세히 서열을 매겨주어야만 나갈 것이

오.”

조씨도 웃으며 말하였다.

“각각 생각하기 나름 아닙니까? 남보다 낫다 하여도 인간사는 알지 못할 일이니 군자께서 스스로 짐작하실 일입니다. 첩이 어찌 알겠습니까?”

인광이 크게 웃은 후 일어나면서 이렇게 말하였다.

“사양하는 마음은 예의 시작[267]이라고 하였으니 부인의 말이 낫다 하여도 나를 업신여기지는 못할 테지요.”

인광은 말을 마치고도 거듭 미련을 두고 가지 못하다가 이윽고 돌아갔다.

신부는 단장을 벗고 촛불 아래 단정히 앉아 있었는데 그 유연한 몸매와
아리따운 기질이 낙포(洛浦)의 선녀요, 월궁의 항아(姮娥)였다. 인광은 한 81
번 보자마자 정신이 황홀하고 은밀한 정이 샘솟는 듯하여 흔쾌히 말을 펼쳤다.

“소저는 제후 가문의 천금같은 규수로 이처럼 황명으로 인해 서로 만나게 된 것도 하늘이 정한 인연이라 할 것이오. 정실 조씨는 왕궁의 여자로 사덕(四德)을 두루 갖춘 요조숙녀이니 부인은 질투하지 말고 길이 화평하게 지내어 나에 대한 내조를 빛내주시오.”

---

267) 사양하는 ~ 시작 : {ᄉᆞ양지심[辭讓之心]은 례지단야[禮之端也]}. 맹자의 사단설(四端說) 가운데 나오는 말로, 『맹자(孟子)』「공손추(公孫丑) 상」 편에 있음. 원문은 다음과 같음. “불쌍히 여기는 마음이 없으면 사람이 아니고, 부끄러운 마음이 없으면 사람이 아니며, 사양하는 마음이 없으면 사람이 아니며, 옳고 그름을 아는 마음이 없으면 사람이 아니다. ‘불쌍히 여기는 마음’은 어짐의 극치이고, 부끄러움을 아는 마음은 옳음의 극치이고, 사양하는 마음은 예절의 극치이고, 옳고 그름을 아는 마음은 지혜의 극치이다[無惻隱之心非人也 無羞惡之心非人也 無辭讓之心非人也 無是非之心非人也. 惻隱之心仁之端也 羞惡之心義之端也 辭讓之心禮之端也 是非之心智之端也].”

곽씨가 눈을 내리 뜨고 앉아서 인광을 가만히 보니 새하얀 옥처럼 아름
다운 용모에 밝은 달처럼 뛰어난 풍채는 적강한 이백(李白) 같아서 사랑하
는 마음이 샘솟는 듯하였다. 그러나 조씨를 숙녀라 하고 첫째 부인이라고
이르니 왕공의 부귀로 재물과 성덕이 시부모와 남편을 마구 흔들어 높고
82 중함이 제(齊)나라 환공(桓公)과 진(晉)나라 문공(文公)[268]의 패업과 같으니
곽씨는 속으로 '내가 어떻게 하여야 적국을 쓸어버리고 온 집안을 통일하
여 저 같은 영웅 장부와 백년해로를 할 수 있을까?'라고 생각하며 겨우 몸
을 펴고 조심스럽게 앉아 있었다. 인광이 촛불을 끄고 곽씨를 붙들어 비
단으로 만든 휘장 속으로 들어갔는데 곽씨는 조금도 부끄러워하는 기색
이 없었다. 인광은 속으로 흡족하지 않았으나 애틋한 정을 못내 잊을 수
없어 사소한 허물은 마음에 두지 않았다.

이로부터 곽씨는 시부모를 효성스럽게 봉양하고 군자의 뜻을 받들고
좇으며 조씨 공경하기를 천첩이 정실 대접하는 것과 마찬가지로 하니 인
83 광은 풍류와 금슬이 날마다 흡족하였다. 조씨는 항상 정숙하여 만나면
자신을 꺼려하였으나 곽씨는 맑고 아름다운 웃음과 낭랑한 말로 자연히
남자를 즐겁게 하는 까닭에 술에 취하고 흥이 나면 반드시 곽씨를 찾아
거리낄 것 없이 즐기곤 하였다. 이후 날이 갈수록 곽씨에게 침혹하여 그
발걸음이 해월정을 떠나지 않으므로 조군주는 아들의 편벽됨을 몹시 원
통하게 여겨 인광을 불러 크게 꾸짖었다.

"네가 조씨와 혼인한 지 반 년 만에 새사람을 취하였으나 조씨는 얌전

---

268) 제(齊) ~ 문공(文公) : 춘추시대 제후 중에서 두각을 나타낸 사람을 오패(五覇)라 하였는데, 오패는 제 환공(齊桓公), 진문공(晉文公), 진목공(秦穆公), 송양공(宋襄公), 초장왕(楚莊王) 등을 말함. 제환공의 이름은 소백(小白)이고 진문공의 이름은 중이(重耳)이며 두 사람은 가장 일찍이 오패(五覇)가 됨.

하고 아리따워 너에게는 과분한 아내이다. 새 사람이 아름다운 용모를 가지고 있으나 어찌 옛 사람을 잊는단 말이냐? 이 늙은 어미는 놀랍고 당황스럽구나."

그러자 인광이 선뜻 사죄하였다.

"어머니께서는 너무 염려하지 마십시오. 조씨는 여자 중의 군자여서 84
모든 행실에 흠이 없고 하물며 소자가 스스로 원해서 취해왔으니 마음에 흡족하고 뜻에 맞는데 백 사람이 들어온다 한들 어찌 데면데면하며 박대하겠습니까? 다만 소자의 성품이 장난과 해학을 즐기는 탓에 말없는 사람은 답답합니다. 하지만 해월정의 곽씨는 사람이 가벼워 아무 일에라도 기꺼이 받들고 따르니 장난과 해학을 위해 들어간 것입니다. 조씨는 간혹 소자를 대하면 귀한 손님을 모시는 사람같이 위엄 있고 정숙하니 소자의 마음이 자연히 서먹해져서 겉으로 장난을 드러내지 못
하고 어린 마음에 풍정으로 말 한 마디라도 잘못하면 반드시 낯빛을 85
엄하게 하고 정대하게 꾸짖으니 말은 옳으나 듣기는 싫습니다. 그러니 자연 자주 들어가는 것은 해월정만 못하였어도 실제 정은 태산 같고 공경하기는 전혀 반대인 줄을 어머니께서 모르시고 부질없이 염려하신 것입니다."

조군주가 아들의 진심을 듣고 웃으며 말하였다.

"예로부터 충신열사가 임금의 허물을 힘써 간하면 혹 멀리 유배 보내고 뜻에 맞지 않으면 요임금과 순임금, 우임금과 탕임금이라도 기뻐하지 않는 법이다. 그러나 말없는 군자는 사람들이 친하게 지내지 못하고 입이 가벼운 소인배는 자연히 가까이 하게 되는 것이니 조씨가 강렬하고 씩씩한 것은 당나라 위징(魏徵)과 한나라 급암(汲黯)과 같다. 너는

86 충신을 회양(淮陽)으로 내쳤던 한 무제(武帝)를 본받지 말고[269] 그 옳게 간하는 대로 좇아 군자가 제가(齊家)하는 도리를 지극하고 공경스럽게 행하여라. 충언이 귀에는 거슬리나 행실에는 유익하다 하였으니 조씨가 너를 거스르며 간하는 엄정한 말이 부드러운 소리보다 네 신상에 유익하다는 것을 깨닫지 못하겠느냐?"

그러자 인광이 웃으며 사죄하였다.

"소자가 어머님 말씀을 명심하여 따르겠습니다."

이윽고 조씨와 곽씨가 함께 들어오니 조군주가 반갑게 맞아 자리에 앉게 하였다. 그 아름다움을 이기지 못하여 함께 앉히고 살펴보니 조씨의 꽃 같은 얼굴과 가을 물 같은 눈동자는 맑고 기특한 것이 진정 마음이 바

87 른 숙녀라 할 수 있었으며 곽씨의 총명하고 뛰어남은 하등이라고는 할 수 없었지만 낱낱이 아름답기로는 조씨에 미치지 못하였다. 조군주가 마음이 즐거워 인광을 돌아보고 말하였다.

"두 아내가 정숙하고 아름다우니 분수에 넘치는 줄 알고 모름지기 우대나 홀대나 골고루 하여 여자의 일생을 편하게 하고 규방의 평화와 즐거움을 잃지 않게 하여라."

인광이 이상하게 여기며 말하였다.

"어머님은 어찌 소자를 용렬하게 여기시는 것입니까? 두 처가 비록 아름답다 하나 소자의 풍채에는 당해낼 수 없을 것입니다."

조군주가 이 말을 듣고 다만 즐거워할 뿐이었다.

곽씨는 날이 갈수록 투기하는 마음이 불 일 듯하여 겉으로는 온화하였

---

269) 충신을 ~ 말고 : 한(漢)나라 때 회양(淮陽) 지방을 다스리며 선정을 베푼 것으로 유명했던 급장유(汲長孺)에 얽힌 고사를 가리킴. 한(漢) 무제(武帝)의 철권통치에 맞서 백성에 대해 선정을 베풀 것을 직언하다 회양 지방 관리로 좌천되어 그 곳에서 선정을 베풂.

으나 속으로는 칼을 삼키고 조씨를 해칠 방법을 밤낮으로 생각하였다. 겉
으로는 바다와 같은 마음으로 순하고 슬기로운 체하였으나 속으로는 악 88
한 마음을 가지고 있었다. 사람들이 구름을 바라보고 해를 따르는 것 같이 조씨를 우러르며 공경하고,[270] 남편은 일마다 탄복하며 조씨를 만금보다 소중하게 여기고 온 집안 남녀 노복들은 다 머리를 조아리며 그 덕을 추앙하고 바라보기를 북두성같이 하고 자기에 대한 후의와 은혜롭게 공경하는 것과 내조의 기특함은 모두가 다 아는 바였다. 하는 일마다 이토록 기이하므로 곽씨는 조씨를 해칠 틈을 얻지 못하고 마음을 졸이느라 잠을 이루지 못하였고 먹고 마시는 것도 자연히 부실하였다.

하늘이 현인을 내심에 현자는 현인을 돕고 악자는 악인을 돕는 법이다. 곽씨의 유모 취한이라 하는 자는 세상에 드문 간사한 사람이었다. 곽씨의
권세가 조씨보다 아래이고 덕과 자질이 우러러 바라보지 못할 처지인 것 89
을 몹시 원통해하며 머리를 마주 대고 일일이 상의하며 꾀를 생각하곤 하였다. 그러던 어느 날 취한이 말하였다.

"제가 조씨 부인을 뵈니 얼굴뿐만 아니라 어질고 너그러운 마음씨 또한 겸비하여 이른바 선비나 군자 같은 숙녀라 할 수 있었습니다. 우연한 남이라도 기특한 것을 그냥 넘기지 못할 텐데 금슬을 소중하게 여기는 남편이야 더 말해 무엇 하겠습니까? 지금 소저의 용모가 조씨를 따르지 못하고 덕성이나 위세 또한 조씨에게 미치지 못하니 조씨를 일찍이 없애지 않았다가는 후환이 될 것입니다. 내 생각에는 이리저리하여 주군을 미혹시키고 꾀를 써서 조씨를 폐할 일을 생각하는 것이 좋을 듯

270) 사람들이 ~ 공경하고 : {망지여운(望之如雲)이고 취지여일[就之如日]이라}. '바라보기를 구름같이 하고, 나가기를 해에 나가듯한다'는 뜻으로 요임금의 덕이 지극하여 사람들이 요임금을 칭송하면서 한 말임.

90 합니다. 밖으로 갈수록 후하게 하여 시부모와 남편으로 하여금 소저가 덕이 있다고 일컬어져 집안에서 세력을 얻은 후에 일을 이룰 것입니다."

곽씨는 탄식하며 말하였다.

"내 자고로 얼굴과 재질이 천하에 나보다 나은 사람은 없을 줄 알았더니 천만 뜻밖으로 조씨 같은 적국을 만나게 될 줄 어찌 알았겠느냐? 밤낮으로 묘한 계책을 생각하였으나 저 사람의 위인이 가볍지 않아 온갖 행실에 사덕(四德)을 갖추어 틈이 없으니 어찌하면 조씨를 독수공방하게 하고 은총을 빼앗을 수 있겠느냐? 유모는 나를 위해 좋은 계교를 생각하여라."

취한이 말하였다.

"지금은 조씨에게 달리 할 일이 없으니 먼저 어머님과 상공께서 조씨
91 의 성품이 불순하고 교만한 것으로 아시게 하고 이리저리하여 상공 마음을 얻은 후에 비로소 계교를 쓸 수 있을 것입니다. 소저께서 그 사이에 옥 같은 기린을 낳아 부모님께 대를 이어받으면 정실 자리를 빼앗고 조씨를 폐하는 것은 손바닥 뒤집듯 쉬울 것입니다."

곽씨가 탄식하며 말하였다.

"유모의 말은 옳지만 다른 일은 마음대로 해도 기린이야 어찌 마음대로 낳겠느냐?"

취한이 말하였다.

"소저는 내가 하라는 대로 말만 잘 들으십시오."

이 말에 곽씨는 크게 기뻐하였다. 이후부터 곽씨는 더욱 드러내지 않고 악한 짓을 행하며 거짓으로 착한 체하여 양인광이 보는 때에는 조씨를

더욱 기이하게 공경하고 은정이 하해 같은 듯 좌우에게 은덕을 끼쳐 계책을 꾀하였다.

이 무렵 진왕의 자녀들이 차례로 장성하여 다섯째 아들 몽현이 15세에 92
한림원(翰林院) 학사가 되었으나 아직 가정을 이루지 못하고 있었다. 월염을 혼인시킨 후 널리 구혼하여 태학사 단규의 딸을 취하였는데 단씨는 얼굴과 기질이 기이하고 신묘하였으나 다만 투기가 위징(魏徵)의 부인 같이 심하여 몽현 앞에 시녀들이 어른거리지 못하게 하였다. 몽현은 본래 예법이 삼엄한 집안에서 태어나 남편을 신하가 임금 섬기듯이 섬기며 손님처럼 서로 공경하고 부창부수(夫唱婦隨)하는 도를 보아왔기에 속으로 이 혼인을 주관한 아버지를 원망하고 소매를 떨치고 나가 외당에서 거하며 내당에 자취를 드리우지 않았다. 몽현과 단씨는 서로 얼굴을 보지 않으니 자연히 금슬이 좋지 않았다. 진왕은 도리를 매우 중요하게 여기는 사람이
라 사소한 것은 아는 체하지 않았으나 정숙렬은 크게 염려하며 조용히 몽 93
현을 꾸짖으면서 단씨에게 인정 없이 냉정한 이유를 물었다. 몽현이 있는 대로 말하니 단씨의 행실이 점점 드러나게 되었다. 정숙렬이 몽현을 달래고 타이르며 말하였다.

"부인 여자가 어린 나이에 태임(太任)과 태사(太姒)나 번희(樊姬)[271] 같은 숙녀가 아니고서야 투기 없는 사람이 어디 있겠느냐? 위징은 이름 난 군자였어도 투기 때문에 아내를 내친 일이 없는데 하물며 너의 도량으로야 말해 무엇 하겠느냐? 네 도량의 크기는 부형께 미치지 못할 것이

271) 번희(樊姬) : 초(楚)나라 장왕(莊王)의 비(妃)로, 장왕이 패업(霸業)을 이룩하는 데에 그녀의 지혜로운 내조가 큰 역할을 했다고 함. 왕이 수렵에 빠져 있자 고기를 먹지 않고 간하여 왕의 마음을 돌리고 직간하는 충신과 현자를 가까이 두게 했음. 이러한 내조로 초나라가 3년 만에 패자(霸者)가 되었다고 함.

다. 마음을 가다듬어 억지로라도 힘써 보아라."

몽현이 탄식하며 말이 없었으나 숙녀를 다시 얻고자 태부인께 부탁하
고 노공의 마음을 움직이려고 사정을 말하였다. 두 어른은 몽현의 아름다
94 운 용모와 특출한 풍채를 애지중지하여 몽현이 투기 하는 부인을 만난 것
을 몹시 가슴 아파하였다. 몽현의 사정을 들으니 탄식하지 않을 수 없었
으나 진왕이 듣지 않으므로 재취시키지는 못하였다. 그리하여 몽현이 항
상 큰 형의 부인인 소씨와 둘째 형의 부인인 남씨를 보고 자신도 그런 부
인 얻기를 소망하였다.

이 무렵 기주후 장탄은 딸 하나를 두고서 조몽현을 마음에 들어 하여 간절하게 청혼하였다. 하루는 모두 태화전에 모여 있는데 진왕에게 장공의 서간이 이르러 그것을 펼쳐 보니 갑작스럽게도 청혼하는 내용이었다. 진왕이 초공에게 그것을 보이고 나서 노공께 고하였다.

"소자가 여러 아들을 두었지만 번잡한 일을 원치는 않았는데 기현의
세 처와 운현의 두 처는 실로 뜻과 같지 않았습니다. 그런데 이제 또 장
95 탄이 몽현을 간절히 구하니 대갓집 자손으로 사위 하나를 못 얻어 이
렇게 구차하게 구는지 그 뜻을 알지 못하겠습니다."

노공이 미처 대답하지 못하고 있을 때에 단씨가 달려 들어와 머리를 두드리며 말하였다.

"첩이 비록 어질지는 못하나 한림 몽현의 처가 되고 3개월에 이르는 동안 아무 죄도 짓지 않았는데 공연히 박대하며 인륜을 폐하고 동서로 재취를 간절히 구하니 이 사람은 경박하고 방탕한 남자입니다. 집안에 있는 아름다운 여자를 내치지 않고 창녀마다 가까이 하니 첩은 깊은 규방에 갇힌 폐인이 될 것입니다."

이 모습을 보고 좌우에 있던 사람들은 모두 크게 놀랐다. 유현은 이런 여자를 평생 한스럽게 여기는 터라 문득 몸을 일으켜 진왕 면전에서 옷깃을 여미고 바로 앉아 이렇게 말하였다.

"남아가 되어 처 하나에 첩 하나를 두는 것은 예사인데 몽현은 벼슬이 96
한림원에 오르고 몸이 장부이니 장공의 간절한 구혼을 어찌 막겠습니까? 자식에게 인륜의 한을 남기지 마시고 속히 허락하십시오."

그 자리에 있던 모든 사람들이 유현의 말을 옳다고 하니 진왕이 말하였다.

"네 말이 내 뜻과 같다. 몽현이 용렬하긴 하나 어찌 처 하나로 늙겠느냐?"

그런 후 혼인을 허락하니 이는 진왕이 단씨의 가벼운 행동과 말에 너무 놀라 유현의 말로 치욕을 갚고자 한 것이었다. 단씨는 가슴에 천 마리 원숭이가 뛰는 듯하여 눈물을 강물처럼 흘리며 유현을 욕하였다. 그리고 눈
을 독하게 뜨고 말하려 하는데 몽현이 자리에서 일어나며 죄를 청하면서 97
말하였다.

"투기 하는 부인이 이처럼 변란을 일으키니 이는 모두 소자의 죄입니다."

말을 마치고 벌컥 화를 내며 좌우의 시비를 꾸짖어 단씨를 붙들어 침소로 보내었다. 몽현의 노기가 서리 같고 위엄이 소나기 같으니 여러 시녀들이 너무 놀라고 얼이 빠져 단번에 단씨를 끌고 침소로 갔다. 이 모습을 보고 고모인 조부인 등이 칭찬하여 말하였다.

"범의 새끼가 개 되지 않는다 하더니 몽현이 온화하고 유쾌하여 어질 뿐이었는데 오늘 이처럼 기운이 넘치니 어찌 기특하지 않겠느냐? 우리

는 항상 강한 것이 부족하구나."

그러자 여러 부인들이 일시에 칭찬하니 진왕이 가만히 웃으며 말하였다.

"내 평소에 사소한 곡절을 알려고 하지 않아 몰랐으니 단씨[272]의 부덕
98 (婦德)이 이런 줄은 알았겠느냐? 너는 집안 다스리기를 잘 하여 단씨가
투기를 부리지 못하게 하여라."

몽현이 공손히 명을 받들자 여러 조생들이 몽현을 칭찬하며 말하였다.

"오늘 너의 한 마디에 재취를 허락하였으니 어찌 기쁘지 않겠느냐?"

그러자 몽현이 웃었다.

272) 단씨 : {다시}. '단시'의 오기인 듯함.

조 씨 삼 대 록　원 문

조시삼대록 권지팔

1면

셜표 시시의 정한림이 젹화의 챵황이 모친을 업고 ᄆᆡᄌᆞ를 ᄎᆞᄌᆞ나 엇지 못ᄒᆞ고 더ᄃᆡ면 모친이 샹홀가 밧비 뒤문을 나 부친 햐쳐의 와 ᄎᆞ변을 알외고 부인을 다려 뫼시니 승샹과 샤인이 대경ᄒᆞ여 급히 쇼져를 다려오라 ᄒᆞ니 한림이 도로 올ᄉᆡ 발셔 젹당은 부지거쳐ᄒᆞ고 쇼져ᄂᆞᆫ 두로 어드ᄃᆡ 형영이 업ᄂᆞᆫ지라 오직 문의 잇던 노복의 무리 울고 니ᄅᆞᄃᆡ 젹이 부인을 엽희 ᄭᅵ고 내다ᄅᆞ며 니ᄅᆞᄃᆡ 졍시를 내 숀의 쥐여

2면

시니 다ᄅᆞᆫ 인명은 샹히오지 말고 도라가ᄌᆞ ᄒᆞ니 졔젹이 반젼을 뒤여 가지고 가니이다 한림이 ᄎᆞ언을 드ᄅᆞᄆᆡ 심신이 산란ᄒᆞ니 발굴너 닐오대 여등이 쥭으므로ᄡᅥ 앗지 못ᄒᆞ고 가ᄂᆞᆫ 대를 ᄉᆞᆯ피지 아닌다 즁복이 ᄃᆡ왈 쇼복 등이 ᄯᆞᆯ오려 ᄒᆞᆫ즉 칼노 지ᄅᆞ려 ᄒᆞ고 젹은 여러히오 쇼복 등은 슈다ᄒᆞ나 밋칠 길이 업더이다 한님이 마음이 바아지ᄂᆞᆫ ᄃᆞᆺᄒᆞ여 친히 블 붉히고 두로 어드대 형영이 업고 쇼져의 유랑도 거쳐 묘망ᄒᆞ니 경홍이 ᄯᅩ 업ᄂᆞᆫ지라 한림이 ᄎᆞ악ᄒᆞ여 눈믈을 흘니고

3면

슈다 노복을 다리고 방방곡곡이 두로 어드대 어대가지 향ᄒᆞ여 ᄎᆞᄌᆞ리오 홀일업셔 통곡ᄒᆞ기를 긋치지 아니코 ᄎᆞ마 부모긔 알욀 말ᄉᆞᆷ이 업셔 일노조ᄎᆞ 두로 혜아리며 혜다가 못ᄒᆞ여 부득이 이대로 고ᄒᆞᆫᄃᆡ 부인이 가ᄉᆞᆷ을 두다려 통곡ᄒᆞ고 승샹이 누쉬 여우ᄒᆞ여 크게 탄식ᄒᆞ고 ᄀᆞᆯ오ᄃᆡ 아녜 타류 범골의 지ᄂᆞᆫ 쟉인이니 비록 신뉘 ᄎᆞᆷ혹ᄒᆞ나 맛ᄎᆞᆷ내 풍운 길시를 만나 복녹을 누릴가 ᄒᆞ여더니 내 쇼로ᄒᆞ여 일즉 ᄲᅡᆼ이 쾌치 못ᄒᆞ고 겸ᄒᆞ여 즁도의 실산ᄒᆞ니 ᄉᆞ졍의 통박ᄒᆞ기

4면

ᄂᆞᆫ 다 니ᄅᆞᆯ 것 업고 젹슈의 잡혀갈 젹 살기 만무ᄒᆞ니 쇽졀 업시 방신을 맛쳣도다 이 블멸지한을 어ᄃᆡ 지향ᄒᆞ며 조공이 념녀ᄒᆞ기ᄅᆞᆯ 과도히 ᄒᆞ여 보젼ᄒᆞ기ᄅᆞᆯ ᄌᆡ삼 당부ᄒᆞ니 내 도로혀 고이히 너겻더니 신명ᄒᆞ미 쟝ᄅᆡᄅᆞᆯ 예탁ᄒᆞ여 월여의 일을 깁히 아닷다 내 길을 반도 못ᄒᆞ여셔 이런 ᄎᆞᆷ변을 만나 힘힘히 ᄎᆞᄌᆞᆯ 의ᄉᆞᄅᆞᆯ 못ᄒᆞ니 하면목으로 조공 부ᄌᆞᄅᆞᆯ ᄃᆡᄒᆞ며 ᄎᆞᆷ아 일헛ᄃᆞᆫ 말을 ᄒᆞ리오 언종의 일셩 쟝탄ᄒᆞ여 항뉘 여우ᄒᆞ니 졍공 등

5면

과 샤인 형뎨 눈믈을 흘녀 참졀ᄒᆞ기ᄅᆞᆯ 잇지 못ᄒᆞ여 참통ᄒᆞᆫ 졍ᄉᆞᄂᆞᆫ 블가형언이라 원내 ᄒᆡᆼ되 총총ᄒᆞ여 졔ᄉᆡᆼ의 ᄂᆡ권을 다 각각 친졍의 두고 졍공이 가친을 아직 경ᄉᆞ의 머믈고 아직 셜부인 모녀만 오다가 ᄎᆞ변을 만ᄂᆞ니 샤인 등이 모친을 븟들고 황황ᄒᆞ여 잠시ᄅᆞᆯ ᄯᅥᄂᆞ지 못ᄒᆞ더라 여ᄎᆞ 참졀 즁이나 임의 젹당의 거쳐ᄅᆞᆯ 알 길이 업고 허다 ᄒᆡᆼ도ᄅᆞᆯ 여러 ᄂᆞᆯ 뉴련ᄒᆞ기도 어려워 ᄎᆞ일 ᄂᆞ즌 후 길 나 금쥐로 ᄒᆡᆼᄒᆞᆯᄉᆡ 망극ᄒᆞᆫ ᄒᆡᆼ도의 참변을 더어

6면

슬픈 회포ᄅᆞᆯ 형언키 어려오니 한림이 울고 ᄀᆞᆯ오대 쇼ᄌᆡ 지식이 쳔단ᄒᆞ고 힘이 부족ᄒᆞ여 두 몸이 보호치 못ᄒᆞ여 ᄌᆞ위ᄅᆞᆯ 뫼셔 이곳의 오고 도로 ᄆᆡᄌᆞᄅᆞᆯ 건지려 ᄯᅳᆺ이 그ᄅᆞᆺ도여 이런 ᄎᆞᆷ변을 만ᄂᆞ니 ᄉᆞᄉᆞ로 두로 ᄎᆞ져 ᄆᆡᄌᆞ의 ᄉᆞᄉᆡᆼ을 알고 바야흐로 금쥐로 갈 거시오 그러치 아니면 ᄎᆞ마 조문 부ᄌᆞᄅᆞᆯ 보지 못ᄒᆞ리로쇼이다 졍공이 탄왈 여언이 졍합오의라 이졔 건쟝ᄒᆞᆫ 노복과 쥰마ᄅᆞᆯ ᄲᅡ 노복을 각각 병인을 ᄀᆞᆺ초고 반젼을 만히 ᄒᆞ여 궁극히 ᄎᆞ져 ᄉᆞᄉᆡᆼ간 쇼식이나 알녀 ᄒᆞ

7면

여 부ᄌᆡ 분슈ᄒᆞ여 승샹은 금쥐로 가고 한림은 오던 길노 말ᄆᆡ암아 심산과 궁곡을 다 돌며 쥬야ᄅᆞᆯ 혀지 아니코 ᄎᆞᄌᆞ니 셕ᄌᆡ라 만일 이삼 일만 쥬졈의 머무더면 거의 맛ᄂᆞᆯ 거ᄉᆞᆯ 흉인 호가의 연고로 강변을 ᄌᆡ촉ᄒᆞ여 보내고 ᄯᅡ라 믈의 들게 ᄒᆞ고 졍시의 총명으로도 이 일의 다다라ᄂᆞᆫ 하ᄂᆞᆯ이 그ᄅᆞᆺ 인도ᄒᆞ미니 엇지ᄒᆞ리오 한림이 삼ᄉᆞ 일을 두

로 무ᄅᆞ며 ᄎᆞᆺ기를 ᄭᅳᆺ치지 아니ᄒᆞ니 맛촘 호급ᄉᆞ의 졈즁의 드니 호급ᄉᆡ 한님의 츄종 이며 부셩ᄒᆞ믈 보니 빈ᄒᆞᆫ 셔ᄉᆡᆼ이 아니

8면

오 풍족ᄒᆞᆫ 쥴 알고 그 말을 알고져 무ᄅᆞ대 ᄀᆡᆨ관을 보오니 풍ᄎᆡ 비샹ᄒᆞ여 향촌 셔ᄉᆡᆼ이 아니시니 무ᄉᆞ 일 이곳의 오시며 어ᄃᆡ로 가시ᄂᆞᆫ고 곡졀을 알고져 ᄒᆞᄂᆞ이다 한림이 그 졍ᄉᆞ를 드러 혹 유익ᄒᆞ미 이실가 ᄒᆞ여 나는 과연 경ᄉᆞ 졍한림이러니 여ᄎᆞᄒᆞ여 금쥐 고향의 가다가 누의를 ᄯᅩ 젹환의 실산ᄒᆞ고 이리 ᄎᆞᄌᆞ단니노라 호급ᄉᆡ 쟉일 분명이 졔가 ᄡᅡ라 죽인 녀ᄌᆞ의 오라빈 쥴 알고 니ᄅᆞᄃᆡ 어졔 엇던 즁년 녀ᄌᆡ 져믄 녀ᄌᆞ를 다리고 내게 와 금쥐로 갈 길을 뭇거ᄂᆞᆯ 내 측은

9면

ᄒᆞ여 약간 반젼을 쥬고 금쥐로 가ᄂᆞᆫ 길을 가ᄅᆞ쳐더니 그 녀ᄌᆡ 엇지ᄒᆞ여 그 압 금강으로 가셔 물의 ᄲᅡ져 죽다 ᄒᆞ니 그 곡졀은 모ᄅᆞ대 ᄎᆞᆷ혹ᄒᆞ더니 이 아니 샹공 ᄎᆞ지시ᄂᆞᆫ 사ᄅᆞᆷ인가 ᄒᆞᄂᆞ이다 졍ᄉᆡᆼ이 ᄎᆞ언을 드ᄅᆞᄆᆡ 안ᄉᆡᆨ이 ᄎᆞᆫᄌᆡ ᄀᆞᆺᄐᆞ여 문왈 그대 진실노 그 녀ᄌᆡ 물의 들믈 친히 보와시며 그 다린 종은 엇더ᄒᆞ며 어ᄃᆡ로 가더뇨 호개 왈 내 우연이 지ᄂᆞ다가 보니 그 녀ᄌᆡ 물의 ᄲᅡ지다 ᄒᆞ고 유랑이 무슈이 우ᄂᆞᆫ 양을 보와시나 그 후ᄂᆞᆫ 아지 못ᄒᆞᄂᆞ이다 연즉 그 ᄉᆞ이 오ᄅᆡ지 아니니 강변의 그져 잇나 가 보리

10면

라 호개 말을 아ᄉᆞᆯ ᄯᅳᆺ이 급ᄒᆞ여 ᄉᆡᆼ각ᄒᆞᄃᆡ 아모려나 이곳의셔 밤을 ᄌᆡ오고 말을 아ᄉᆞ리라 ᄒᆞ여 왈 강변의 이실 니 만무ᄒᆞ거니와 가 보고져 ᄒᆞ거든 가시고 ᄎᆞ지나 못 ᄎᆞ지나 이리 도로오쇼셔 이 ᄯᅩ 인심이 무샹ᄒᆞ여 ᄒᆡᆼᄀᆡᆨ이 젹환 만ᄂᆞ기를 ᄌᆞ로 ᄒᆞᄂᆞ니 모ᄅᆞᄂᆞᆫ ᄃᆡ 가 밤을 지내시다가ᄂᆞᆫ 더옥 위ᄐᆡᄒᆞ시리이다 한림이 ᄆᆡᄌᆞ의 익슈ᄒᆞᆫ 쇼식을 듯고 심신이 비월ᄒᆞ고 오내 여할ᄒᆞ여 즉시 금강의 니ᄅᆞ니 ᄇᆡᆨ쳔 강슈ᄂᆞᆫ 하늘의 다핫고 츄슈 증세ᄂᆞᆫ 흉용ᄒᆞᆫ대 간간이 어옹의 무리와 션인의 ᄂᆔ

11면

ᄇᆡ를 ᄯᅴ오며 단니거ᄂᆞᆯ 한림이 심ᄉᆡ 지향ᄒᆞᆯ 길이 업셔 션인다려 문왈 어졔나 오ᄂᆞᆯ이

나 이 강슈의 사ᄅᆞᆷ 빠져 쥭ᄂᆞᆫ 양을 보왓ᄂᆞ냐 션인 왈 어제 져믄 후의 형용이 셰샹 사ᄅᆞᆷ ᄀᆞᆺ지 아닌 져믄 녀ᄌᆡ ᄒᆞᆫ 즁년의 녀인을 다리오고 슈변의 셧더니 그 녀ᄌᆡ 물의 쒸여들거ᄂᆞᆯ 보니 뒤히 젹되 ᄯᆞ라오니 짐ᄌᆞᆨ의 젹의게 ᄲᆞᆺ치인 녀ᄌᆡᆫ가 ᄒᆞᄂᆞ이다 그 즁년 유랑이 ᄉᆡ도록 울고 오ᄂᆞᆯ 아ᄎᆞᆷ의야 어ᄃᆡ로 가더이다 한림이 ᄎᆞ언을 드ᄅᆞᄆᆡ ᄆᆡᄌᆞ의 쥭으ᄆᆡ 젹실ᄒᆞᆫ 쥴 알고 일졍 젹의게 잡혓

12면

다가 도망ᄒᆞ여 강변의 다다라 셰궁 력진ᄒᆞ여 옥보 방신이 강심의 더지도다 비록 쟝부지심이나 일시의 다 녹ᄂᆞᆫ지라 일쟝 통곡ᄒᆞᄆᆡ 실셩 운졀ᄒᆞ여 졍신을 슈습지 못ᄒᆞᄂᆞᆫ지라 종재 민망ᄒᆞ여 븟드러 구ᄒᆞ더니 시시의 유랑이 쇼져ᄅᆞᆯ 강슈의 더지고 종일토록 강변의셔 우러 날이 져믈고 밤이 ᄉᆡ여 늣도록 우니 거의 진케 되니 ᄒᆞᆫ 어뷔 졔 집이 강가이니 다려 더운 방의 물을 먹이며 쥭을 나와 구ᄒᆞ더라 이ᄯᆡ 한림이 유랑을 만ᄂᆞ 보면 거의 드ᄅᆞᆯ 듯ᄒᆞ고 간 지 오ᄅᆡ지

13면

아니튼 말을 듯고 종쟈로 부ᄅᆞ며 ᄎᆞᆺ더니 맛참 유랑 잇ᄂᆞᆫ 집을 지ᄂᆞ가ᄂᆞᆫ지라 유랑이 듯고 져ᄅᆞᆯ 부ᄅᆞᄂᆞᆫ 쇼ᄅᆡᄅᆞᆯ 듯고 젼지도지ᄒᆞ여 나오니 한림이 노복을 다려 브ᄅᆞ지져 셔로 만나 호곡 운졀ᄒᆞᄂᆞᆫ지라 우름을 그치고 낫낫치 말ᄒᆞᄃᆡ 궤 속의 드럿다가 젹당이 경홍을 쇼졔로 알고 겁탈ᄒᆞ여 가고 쇼져ᄂᆞᆫ 뒤문으로 도망ᄒᆞ여 산곡의 한림을 ᄎᆞ져 바ᄌᆞ이다가 호가의 쥬졈의 드러 호개 속인 일과 쇼졔 강가의 급ᄒᆞᆫ 강도의 욕을 면치 못ᄒᆞᆯ 쥴 알고 믈의 급히 쒸여들므로 구치

14면

못ᄒᆞᆫ 슈말을 일일이 고ᄒᆞ고 호곡 일셩의 운졀ᄒᆞ니 한림과 졔뇌 구호ᄒᆞ여 다리고 일일이 무러 익슈ᄒᆞ던 곳의 가 그 즁 건쟝ᄒᆞᆫ 노복을 벗겨 그 물 속을 혜쳐 보라 ᄒᆞᆫᄃᆡ 물의 드러 어드대 종젹이 업ᄉᆞ니 한림이 비환이 빠혀 ᄌᆞ긔 오술 버셔 초혼ᄒᆞᆯᄉᆡ 졔문 지어 졔ᄒᆞ고 강슈ᄅᆞᆯ 대ᄒᆞ여 방셩대곡ᄒᆞ니 일ᄉᆡᆨ이 홈암ᄒᆞ고 강쉬 위ᄒᆞ여 흐ᄅᆞ지 못ᄒᆞ더라 졈쥬의 그ᄅᆞᆺ 인도ᄒᆞᄆᆞᆯ 한림이 통한ᄒᆞ여 다시 졈으로 오니 호개 보고 반겨 말 어덧다 ᄒᆞ고 흔연 영졉ᄒᆞ거ᄂᆞᆯ 한림이 노긔

15면

발연ᄒᆞ여 아역을 명ᄒᆞ여 호급ᄉᆞ를 결박ᄒᆞ고 쳐음 부인과 유랑을 속여 금강으로 보내던 쥴 무ᄅᆞ니 호개 즐겨 니ᄅᆞ지 아니코 발명 왈 유랑이 그릇 가고 남의게 미뤼ᄂᆞᆫ고 내 무슴 일 남을 쥭을 곳의 너흐며 무엇ᄒᆞ라 반젼을 도아시리오 실노 원민ᄒᆞ여이다 한림이 대로ᄒᆞ여 큰 ᄆᆡ로 쳐 무ᄅᆞᆫ대 호개 졔일 흉독지인이라 이의 크게 쇼ᄅᆡ 질너 무고ᄒᆞᆫ 사ᄅᆞᆷ을 형벌ᄒᆞᆫ다 ᄒᆞ고 다톨 적의 홀연 허다 아역과 긔치 졀월이 압흘 인도ᄒᆞ여 뒤히 일위 쇼년 명ᄉᆡ 금안 ᄇᆡᆨ마로 홍양

16면

산을 밧치며 홍포 금대로 나오니 옥모 영풍이 쇄락ᄒᆞ여 ᄇᆡᆨ일이 가리오며 긔위 늠연ᄒᆞ여 츄텬 명월 ᄀᆞᄐᆞ니 쳔고 영쥰이오 일대 쟝뷔라 일로 영광 위의 안원의 힝ᄎᆞ 곳 아니면 반ᄃᆞ시 종마 어ᄉᆡ라 년긔 이팔이 넘지 못ᄒᆞᆫ 종마 어ᄉᆡ라 촌민이 길가의 부복ᄒᆞ여 경앙ᄒᆞ니 한님이 눈을 드러 보니 이 곳 경ᄉᆞ 한림혹ᄉᆞ 양닌광이라 한림이 반겨 례필 좌뎡의 졈쥬의 블측 흉악ᄒᆞ여 정쇼져를 익슈케 ᄒᆞᆫ 말이며 초의 강가의 셜화를 니ᄅᆞ고 비회 교집ᄒᆞ여 능히

17면

말을 일우지 못ᄒᆞ고 흉한 호가의 죄를 니ᄅᆞ니 양혹ᄉᆡ 왈 시운이 부졔ᄒᆞ미 여ᄎᆞᄒᆞᆺ다 한림이 다시 졈쥬의 무샹을 니ᄅᆞ고 쳐치ᄒᆞ믈 청ᄒᆞ니 양어ᄉᆡ 즉시 호가를 엄문ᄒᆞᆯᄉᆡ 호령은 츄샹 ᄀᆞᆺ고 엄위 뇌동 삭풍이 발홈 ᄀᆞᄐᆞ니 호개 샹혼 낙담ᄒᆞ여 비로쇼 일일이 복초ᄒᆞ니 어ᄉᆞ와 한림이 대로 왈 살인쟈를 살홈은 한고조의 약법 삼쟝의도 버셔ᄂᆞ지 못ᄒᆞ엿ᄂᆞ니 정부인 슈ᄉᆞᄒᆞ믄 다 이놈의 죄라 엇지 그 죄를 버혀 망혼을 위로치 아니리오 즉시 호가를 참ᄒᆞ고 여

18면

당을 즁형ᄒᆞ여 내치니 ᄎᆞ후ᄂᆞᆫ 이곳의 강되 젹은이라 한림이 어ᄉᆞ를 니별ᄒᆞ고 도라올ᄉᆡ 비ᄒᆞᆫ이 각골ᄒᆞ여 유랑을 다리고 금쥐로 나려와 이 셜화를 부모긔 알외며 합가의 곡셩이 진동ᄒᆞ고 승샹이 각골 통도ᄒᆞ여 안쉬 쳔항이라 부인은 통읍 비원ᄒᆞ여 모ᄃᆞᆫ 사ᄅᆞᆷ의 비졀ᄒᆞᆫ 곡셩이 텬디의 ᄉᆞᄆᆞᆺ더라 이의 허위를 배셜ᄒᆞ여 셜졔ᄒᆞ고 션승샹 쟝ᄉᆞ

를 맛고 쇼졔를 허장ᄒᆞ고 부모 형뎨 각골 통원ᄒᆞᆫ 가온대 한림의 쳡쳡 비원은 더옥 비ᄒᆞᆯ ᄃᆡ 업더라 졍

19면

공이 셔찰을 닥가 녀ᄋᆞ의 슈ᄉᆞᄒᆞᆫ 곡졀을 베플ᄉᆡ 만편 셔츌의 비ᄉᆞ 고에라 ᄎᆞ셜 쇼졔 졔 적당이 ᄯᆞᄅᆞᄂᆞᆫ 급ᄒᆞᆷ을 만나 ᄒᆞᆫ번 쥭은 밧 누욕을 버셔날 길이 업ᄉᆞᆷ을 보고 몸이 강슈의 ᄲᅥ러지ᄆᆡ 슬프다 졍샹국 쳔금 쇼져여ᄂᆞᆯ 발이 ᄯᅳᆯ 아ᄅᆡ 나리지 아니코 옥누 규각의 존귀ᄒᆞ미 금달공쥬의 나리지 아니ᄒᆞ여 몸의 나의를 무거워ᄒᆞ고 음식 진찬이 입의 맛ᄀᆞᆺ지 아닐가 근심ᄒᆞ여 명쥬 보옥ᄀᆞᆺ치 만금 즁ᄋᆡᆨᄒᆞ여 타인이 블감앙망이러니 시운이 부졔ᄒᆞ여 몸이 강슈의 ᄲᅥ

20면

러지니 그 ᄉᆡᆼᄉᆞ의 슬픈 경샹을 긔록키 어려온지라 만경쳥파지즁의 약질이 흉용ᄒᆞᆫ 물결의 ᄲᅥᄂᆞ려 가니 엇지 ᄉᆡᆼ도를 긔약ᄒᆞ리오 이ᄯᅢ 졍쇼졔 잉ᄐᆡ ᄉᆞ 삭이라 쇼졔 오히려 ᄭᆡᄃᆞᆺ지 못ᄒᆞ엿더니 모ᄌᆞ 이 인을 맛기도 ᄎᆞ셕ᄒᆞ거ᄂᆞᆯ 명텬이 살피시고 신명이 ᄌᆡ방ᄒᆞ여 현인을 돕ᄂᆞᆫ지라 이ᄯᅢ 형쥐 월츌산 쟝낙ᄉᆞ의 웃듬 법ᄉᆞ 슈졍 니괴 두로 도라 산즁으로 나려갈ᄉᆡ 큰 강을 건너 셔편 마을의셔 ᄌᆞ려 ᄒᆞᆯᄉᆡ 쥬인의 드러 푸개를 버셔 노코 셕지를 파ᄒᆞᄆᆡ 슈졍이 홀연 혼

21면

곤ᄒᆞ여 잠간 조으더니 ᄇᆡᆨ의 대ᄉᆡ 읇히 와 ᄇᆞᆺ비 니ᄅᆞ대 금일 북두셩의 부인이 금강의 ᄲᅡ져시니 내 ᄌᆞ비지심을 이긔지 못ᄒᆞ여 졍시 젼일 나의 뎨ᄌᆞ오 블가의 슉연이 이시니 슈즁의 ᄌᆞ연이 보호ᄒᆞ여 뉵디의 올녀 두덩의 나와시니 네 맛당이 급히 가 구ᄒᆞ여 다려다가 ᄒᆞᆫ가지로 산즁의 가 깁히 간슈ᄒᆞ여 ᄇᆡᆨ의 든 남두셩이 오기를 기다려 도라보내고 화란의 ᄲᅡ지게 말나 슈졍이 합쟝ᄇᆡᄉᆤᄒᆞ고 졍히 강으로 가려 ᄒᆞ더니 믄득 ᄭᆡ다ᄅᆞ니 일쟝 신몽이 녁녁ᄒᆞᆫ지라 크게 경혹ᄒᆞ

22면

여 강변 가 하류의 가 본즉 사ᄅᆞᆷ의 시신을 건져 강변의 노하시ᄃᆡ 이 졍히 셰샹 범인

아니오 져의 나샹 취삼이 샹가 후문 귀쇼져의 복ᄉᆡᆨ이라 ᄉᆞᆫ의 홍옥지환을 ᄢᅵ고 두샹의 ᄡᅡᆼ봉잠이 하나토 ᄡᅡ지지 아냣더라 호흡이 ᄭᅳᆫ치지 아니코 명ᄆᆡᆨ이 이시니 니괴 ᄎᆞᆷ연ᄒᆞ믈 이긔지 못ᄒᆞ여 낭즁으로조ᄎᆞ 약환을 내여 가ᄅᆞ 입의 너코 마ᄋᆞᆯ의 와 더온 물을 ᄡᅧ 너흐며 져즌 호술 쥐여 ᄲᅢ고 붓드러 무릅 우히 누이고 그 용안을 본 즉 ᄇᆡᆨ틱 쳔광이 완젼ᄒᆞ여 닐온바 당금 뎨일 숙

23면

완이오 일대 경국ᄉᆡᆨ이라 슈졍 니괴 본대 덕셩을 ᄉᆞ랑ᄒᆞ고 ᄒᆞ믈며 부쳐의 법을 밧드러 극진이 구ᄒᆞ니 이윽고 졍신을 ᄎᆞ려 믈을 토ᄒᆞ고 눈을 ᄡᅥ 보니 ᄒᆞᆫ ᄇᆡᆨ의 니괴 ᄌᆞ긔를 구ᄒᆞᄂᆞᆫ지라 블승경아ᄒᆞ여 희미ᄒᆞᆫ 가온대 물의 드렷던 경샹을 ᄉᆡᆼ각고 이곳의 와 ᄉᆞ라ᄂᆞᆫ 곡졀을 몰나 눈믈을 흘니더라 졍쇼졔 졍신을 출여 니고를 보고 옥누를 드리워 그 구ᄒᆞᆫ 연고를 뭇고 일을 뭇고져 ᄒᆞᄃᆡ 오히려 어득ᄒᆞ여 못ᄒᆞ고 ᄆᆡᆨᄆᆡᆨ히 슬허ᄒᆞᆯ 샌이라 니괴 이의 ᄎᆞᆷ연ᄒᆞ여 눈믈

24면

을 먹음고 ᄀᆞᆯ오ᄃᆡ 쇼승이 본대 츌가ᄒᆞᆫ 몸으로 사ᄅᆞᆷ의 급ᄒᆞᆫ 일을 구ᄒᆞ기를 됴히 너기더니 앗가 일쟝 신몽을 엇고 이의 오ᄆᆡ 쇼져의 거동을 목도ᄒᆞ니 벅벅이 귀가 쳔금지신이라 무ᄉᆞᆷ ᄋᆡᆨ을 맛나 ᄎᆞ경의 니ᄅᆞ신고 듯고져 ᄒᆞᄂᆞ이다 졍시 탄식 톄루 샤왈 ᄉᆞ부의 현심은 쇽인의 밋출 ᄇᆡ 아니라 내 엇지 심ᄉᆞ를 은휘ᄒᆞ리오 나ᄂᆞᆫ 젼임 승샹 졍공의 녀오 시임 승샹 초국공 며ᄂᆞ리라 부뫼 슈샹ᄒᆞ여 금쥐 션영으로 오시니 구가의 변괴 이셔 부모를 ᄶᆞᆯ와오다가 길히셔 적

25면

화를 만나 몸이 실산ᄒᆞ여 맛ᄎᆞᆷ내 죽을 ᄯᅳᆺ이 업더니 금강의 와 ᄶᆞᆯ오ᄂᆞᆫ 도적이 취우 ᄀᆞᆺᄐᆞ니 약ᄒᆞᆫ 녀ᄌᆞ 엇지 쟝ᄎᆞᆺ 욕을 면ᄒᆞ리오 고로 깁흔 강슈의 몸을 ᄀᆞᆷ초와 욕을 면ᄒᆞᆯ가 강슈의 ᄯᅱ여드니 그 후 일은 아ᄃᆞᆨᄒᆞ여 아지 못ᄒᆞ고 이제 ᄉᆞ부의 구ᄒᆞᄂᆞᆫ ᄯᅳᆺ을 몰나 경혹ᄒᆞ노라 니괴 탄ᄒᆞ여 ᄀᆞᆯ오ᄃᆡ ᄌᆞ고 홍안이 박명ᄒᆞ니 엇지 ᄌᆡ앙이 젹으리잇고 텬긔 밀밀ᄒᆞ여 화복 길흉이 졍ᄒᆞᆫ 쉬 이ᄉᆞ오니 부인의 몸이 실산ᄒᆞ여 ᄋᆡᆨ슈지환이 ᄯᅩ 하늘이니 부인은 한치 마ᄅᆞ쇼셔

26면

마음을 청정이 ᄒᆞ여 오는 직익을 면ᄒᆞ쇼셔 정시 심혼이 아득ᄒᆞ여 여러 말을 못ᄒᆞ니 니괴 스ᄉᆞ로 거두워 업고 쥬인의 와 쇼져를 더온 대 누이고 쥭을 가지고 쇼져의 마시기를 권ᄒᆞ니 쇼졔 정신을 출여 쥭을 마시고 고요히 누워 싱각ᄒᆞ딕 ᄌᆞ긔 신셰 긔구ᄒᆞ미 진실노 망극ᄒᆞᆫ지라 일신이 고고ᄒᆞ여 타향의 더지어 의지홀 곳이 업고 비록 슈즁의 쥭기는 면ᄒᆞ나 금쥐 고향 친측이 아득ᄒᆞ니 망망이 셜운 회포와 아득ᄒᆞᆫ 심ᄉᆞ를 펴기 어려올지라 이의 니고를 대ᄒᆞ여 글오대 쳡이

27면

임의 뭀은 강슈의 더져거늘 ᄉᆞ뷔 슈고로이 살와 ᄂᆡ니 직싱지은이나 도로혀 고고 일신이 대히의 평초 ᄀᆞᆺᄐᆞ니 그 박명ᄒᆞ미 측냥 업고 근심과 비환이 교집ᄒᆞ니 엇지 살기를 도모ᄒᆞ리오 니괴 웃고 글오대 부인을 보니 싀덕이 반ᄃᆞ시 사름의게 지나시리니 엇지 일시 셜우믈 춤지 못ᄒᆞ고 쳔금 귀톄를 바리시리잇고 쳐음 물의 들기는 졀을 완젼이 ᄒᆞ여 욕을 아니 보려 ᄒᆞ시미어니와 이졔는 흉젹이 업고 빈되 정셩을 다ᄒᆞ여 구ᄒᆞ믜 가히 쇼져의 유모를 딕신ᄒᆞ려니와

28면

이졔 부인이 다시 부모를 ᄎᆞᄌᆞ려 ᄒᆞ시니 그 직익이 이실 거시니 빈도와 ᄒᆞᆫ가지로 산간의 슘어 풍운의 길시를 만ᄂᆞ시면 무량ᄒᆞᆫ 복녹을 가히 근심치 아니시리이다 정시 츄연 타루 왈 내 비록 무식ᄒᆞᆫ 녀직나 또ᄒᆞᆫ 상문지녀오 가뷔 또ᄒᆞᆫ 공밍지교를 혹ᄒᆞ여 셩문 군직라 엇지 ᄎᆞ마 산ᄉᆞ의 뉴락ᄒᆞ여 블가 뎨직 되리오 이리ᄒᆞ여 ᄉᆞ라나도 타일의 가군을 볼 ᄂᆞᆺ치 업ᄉᆞᆫ지라 출하리 쥭어 잔잉이 너기는 귀신이 되미 무던홀가 ᄒᆞ노라 슈정이 정식 왈 쇼졔도 지기일

29면

이오 미지기이로다 블도와 유되 비록 현격ᄒᆞ나 산ᄉᆞ의 유혹ᄒᆞ는 션비도 가득이 모ᄃᆞ니 승의 머무는 졀이 본딕 녀승ᄲᅮᆫ이오 부인의 머리를 삭ᄒᆞ여 블가 뎨직 되쇼셔 ᄒᆞ는 일이 아니라 몸을 청정이 ᄒᆞ여 사문의 감초여 셰샹을 ᄉᆞ절ᄒᆞ여 직익을 쇼멸ᄒᆞ고 도라가기를 임의로 ᄒᆞ실지니 엇지 빈도를 의심ᄒᆞ시ᄂᆞ뇨 정시 실노 싱각ᄒᆞ니 몸이 의탁

ᄒᆞ여 도라갈 곳이 업고 거쳐도 모ᄅᆞᄂᆞᆫ 승니를 ᄶᅡ라가기도 어려오니 흐ᄅᆞᄂᆞ니 누슈ᄲᅮᆫ이라 슈졍이 간졀이 권ᄒᆞ여

30면

쥭믈을 ᄌᆞ로 나오니 ᄎᆞ야를 ᄒᆞᆫ가지로 지닐ᄉᆡ 슈졍이 졍셩으로 셤기니 유랑의 지지 아니며 니히로 위로ᄒᆞ여 쟝락ᄉᆞ로 가기를 쳥ᄒᆞ니 졍시 유유히 슬허 말을 못ᄒᆞ고 졍신이 혼혼ᄒᆞ여 눈을 감으ᄆᆡ 비몽간의 일위 낭낭이 나아와 쇼왈 네 인간 고락을 그만 격그니 비환이 쟝ᄎᆞᆺ 엇더ᄒᆞ더뇨 쇼졔 졍신이 경공ᄒᆞ여 년망이 ᄇᆡ샤 왈 진토 아득ᄒᆞᆫ ᄉᆞ름이라 이졔 션안을 쳠망ᄒᆞ니 존위를 아지 못ᄒᆞᄂᆞ니 쳥컨대 가ᄅᆞ치쇼셔 낭낭이 탄ᄒᆞ여 ᄀᆞᆯ오ᄃᆡ 나ᄂᆞᆫ 곳 샹고

31면

녀왜라 젼셰의 네 날노 더브러 군신지간 갓더니 네 셰샹의 ᄂᆞᄆᆡ 덕힝이 신기를 감동ᄒᆞ니 칠 년 고초를 격글너니 감ᄒᆞ여 삼 년 란쟝과 슈년 산ᄉᆞ의 유락ᄒᆞᄂᆞᆫ 익화를 ᄀᆞᆺ초 지ᄂᆡ고 몸이 왕후의 부인으로 존즁ᄒᆞ고 덕홰 무궁ᄒᆞ리니 엇지 무익히 샹회ᄒᆞ리오 너의 복즁의 회ᄐᆡ 현인 군ᄌᆞ오 일ᄃᆡ 현샹이 되리니 모ᄅᆞ미 몸을 가ᄇᆡ야이 말고 슈졍을 ᄶᅡ라가 월츌 쟝낙ᄉᆞ의 슈년 고초를 격글지라 대원슈 긔치 니ᄂᆞᆫ ᄡᅵ의 부뷔 지합ᄒᆞ고 부ᄌᆡ 샹견ᄒᆞ리니

32면

텬긔 비밀ᄒᆞᆫ지라 엇지 미리 누셜ᄒᆞ리오 ᄌᆞ녀와 영화 복녹이 구젼ᄒᆞ려니와 본ᄃᆡ 여러 젹인을 모화 풍화를 빗내게 ᄒᆞ여시니 가지록 덕을 닷가 인을 힝ᄒᆞ여 반졈 투심을 두지 말고 강녀를 감화ᄒᆞ여 ᄭᅩᆺ다온 덕을 빗닐지어다 네 복즁의 ᄋᆞ히 혼ᄉᆞ를 ᄆᆡ즌 곳이 여러 곳이라 원비ᄂᆞᆫ 황가의 날 거시니 이 ᄋᆞ히로 동년 월일시의 날 거시오 나의 웃듬 뎨ᄌᆞ 월궁션이오 인간의 두셩의 ᄇᆡ필을 삼게 ᄒᆞᄂᆞ니 모ᄅᆞ미 명심ᄒᆞ여 허탄이 아지 말나 이졔 슈졍을 ᄶᅡ라 산

33면

문의 가기를 괴로이 알진대 부쳐를 노케 ᄒᆞ믈 만나 반ᄃᆞ시 쳔ᄇᆡᆨ 가지 괴로오미 이실

거시니 내 너의 고초를 구코져 ᄒᆞ나 셕가여릭 변화를 이로 막지 못ᄒᆞ니 너는 명심ᄒᆞ여 쟝낙ᄉᆞ로 가라 졍시 놀ᄂᆞ고 탄복ᄒᆞ여 니러 ᄌᆡ배 왈 데ᄌᆡ 아득ᄒᆞ여 젼셰 일을 아지 못ᄒᆞ오니 ᄆᆡ양 셔쳡 가온대로조ᄎᆞ 낭낭의 셩덕을 우러러 흠앙ᄒᆞ옵더니 금일 낭낭 존안을 쳠망ᄒᆞ옵고 셩교를 듯ᄌᆞ오니 진토 고힝을 ᄒᆞᆯ 거시오니 니괴를 ᄯᆞ라가오려니와 복원 낭낭은 부모

34면

와 구고를 슈이 ᄎᆞᆺ게 ᄒᆞ시고 쳡의 몸의 누명을 벗게 ᄒᆞ여 쥬옵쇼셔 낭낭이 쇼왈 누명은 부운이라 구고와 가뷔 쇼연히 ᄋᆡᄆᆡᄒᆞᆫ 쥴 알진ᄃᆡ 무슨 븟그러오미 이시리오 셜파의 ᄒᆞᆫ ᄯᅦ 샹운이 호위ᄒᆞ여 부지거쳐ᄒᆞ니 졍쇼졔 신긔ᄒᆞ믈 탄복ᄒᆞ더니 믄득 슈졍의 ᄭᅵ오믈 인ᄒᆞ여 ᄭᅵ다ᄅᆞ니 침샹 일몽이라 졍시 심니의 경혹ᄒᆞ나 구외의 ᄂᆡ지 아니코 ᄉᆞ셰 마지못ᄒᆞ여 니고를 ᄯᆞᄅᆞ나 십여 일 만의 쟝낙ᄉᆞ의 니ᄅᆞ니 졀이 크고 슈빅 여 인이 이셔 부쳐를 뫼셔시

35면

니 셔긔 방당ᄒᆞ고 쳔향이 만실ᄒᆞ더라 슈졍이 골오ᄃᆡ 부인이 블젼의 ᄒᆞᆫ번 례ᄇᆡ는 면치 못ᄒᆞ시리이다 졍시 마지못ᄒᆞ여 분향 례ᄇᆡᄒᆞ여 심니의 츅원ᄒᆞ는 거시 부모와 구고를 맛나 존젼의 졀ᄒᆞ기를 원ᄒᆞ더라 슈졍이 이의 그윽ᄒᆞᆫ 당ᄉᆞ를 셔ᄅᆞ져 부인을 머무ᄅᆞ고 깁을 어더 부인의 욕셕을 경졔ᄒᆞ고 ᄒᆞᆫ 벌 의복을 ᄀᆞᆺ초와 편토록 ᄒᆞ고 음식이 부인 식셩의 마즌지라 졍시 감격ᄒᆞ고 일변 긔이히 너겨 ᄌᆞ가의 의식이 료외의 거술 허비ᄒᆞ믈 블안ᄒᆞ여 지

36면

환 봉ᄎᆞ를 파라 촉단 금ᄉᆞ를 쟉만ᄒᆞ여 슈 노화 시샹의 팔며 갑시 만코 슈션이 신묘ᄒᆞ여 닷토와 ᄉᆞ니 형줘는 부요지디오 치ᄉᆞᄒᆞᆫ 명시 만히 ᄉᆞ는지라 ᄉᆞ부 명가의셔 슈를 닷토와 ᄉᆞ니 금젼이 밀니고 촉단이 년쇽 부졀ᄒᆞ니 니괴 쇼져의 괴로오믈 념ᄒᆞ여 믈니치ᄃᆡ ᄲᅦ앗지 못ᄒᆞ는지라 졍시 마음을 븟칠 곳이 업셔 그 슈션으로 벗ᄒᆞ나 반시도 노지 아니니 일노조ᄎᆞ 금은이 밀니여 ᄡᅡ히ᄃᆡ 쇼져의 의복 밧긔 다 니고를 맛져 일졀 아른 쳬 아니니 니괴 더

37면

옥 감격ᄒᆞ여 졍시 밧들믈 부쳐 지ᄎᆞ로 ᄒᆞ니 졍시 몸은 편ᄒᆞ므로 슈우ᄒᆞᄂᆞᆫ 사ᄅᆞᆷ ᄀᆞᆺ지 아니나 먼니 구고와 부모를 샹니ᄒᆞ여 존문이 아득ᄒᆞ니 시시로 슬허 옥뉘 홍협의 구을너 긋칠 ᄊᆡ 젹더라 화셜 조샹셰 젹쇼로 향ᄒᆞᆯᄉᆡ 평ᄉᆡᆼ 쳐음으로 친측을 써나 그 형뎨 니별ᄒᆞ여 ᄀᆡ약이 업ᄉᆞ니 니졍이 비길 곳이 업ᄉᆞᆫ지라 비록 쟝부의 쳘셕 심쟝이나 능히 편ᄒᆞ리오 북으로 엄친을 ᄉᆞ샹ᄒᆞ며 머리를 두로혀 졔뎨를 ᄉᆡᆼ각ᄒᆞ니 ᄆᆡ쳐 셥셥ᄒᆞ고 학발 존당과 ᄌᆞ모의 졍을 ᄉᆡᆼ각

38면

ᄒᆞ니 아득ᄒᆞᆫ 회푀 영웅의 ᄀᆡ운이 셜셜ᄒᆞ고 쟝부의 웅심이 쇼삭ᄒᆞ니 ᄉᆡᆨ블감미ᄒᆞ고 침블안셕ᄒᆞ나 오히려 쳔균지심과 하ᄒᆡ지량이라 견심 관회ᄒᆞ여 일노의 무ᄉᆞ히 힝ᄒᆞ니 지ᄂᆞᄂᆞᆫ 쥬현이 져마다 나와셔 보고 텬신을 ᄃᆡᄒᆞᆫ ᄃᆞᆺ 쇼년 영웅과 명망이 ᄉᆡ외의 진동ᄒᆞ엿ᄂᆞᆫ지라 비록 일시 죄인이나 늠연ᄒᆞᆫ 위의와 농봉 ᄀᆡ질을 보건ᄃᆡ 반ᄃᆞ시 츌쟝입샹ᄒᆞ여 공업이 일셰의 혼일ᄒᆞ고 위엄의 ᄀᆡ위 ᄒᆡ내를 들네여 얼골을 ᄂᆡ각의 그리고 뎨ᄌᆞ의 ᄉᆞ우로 일홈이 쥭빅

39면

의 드리올 큰 그ᄅᆞ신 쥴 뉘 모ᄅᆞ리오 곤ᄒᆞᆫ ᄊᆡ를 당ᄒᆞ여 마음을 깃거ᄒᆞ고 졍셩을 닷토와 ᄉᆞ괴고져 ᄒᆞ리 별이 뭉킈고 구름이 못ᄃᆞᆺ 간 곳마다 반젼과 미찬 ᄌᆡ빅이 이로 슈응이 어려오니 샹셰 왈 죄인의 길이 나라흐로셔 쥬현의 ᄒᆞᆫ 그ᄅᆞᆺ 밥을 허ᄒᆞ여 겨시니 다시 반젼을 쁠 ᄃᆡ 업고 ᄒᆞ믈며 죄인의 힝ᄉᆡᆨ이 고요ᄒᆞᆯ 거시니 엇지 번극이 지부 ᄌᆞᄉᆞ의 후례를 바드리오 ᄉᆞ톄 미안ᄒᆞ니 감히 후례를 밧드지 못ᄒᆞᄂᆞ이다 ᄒᆞ고 일일 환숑ᄒᆞ고 일물도 므ᄅᆞ지 아니나 말ᄉᆞᆷ이 화ᄒᆞ고 안

40면

ᄉᆡᆨ이 엄졍ᄒᆞ여 ᄉᆞᄅᆞᆷ으로 ᄒᆞ여금 엄연이 ᄀᆡ경ᄒᆞ고 지ᄂᆞᄂᆞᆫ 바의 쳥렴 고졀이 더옥 나타ᄂᆞ니 ᄎᆞ시 ᄎᆡ관 숀쉬 조ᄉᆡᆼ을 다리고 일노의 힝지쳐ᄉᆞ를 보니 만ᄉᆞ의 ᄀᆡ특ᄒᆞ며 슉연 졍ᄃᆡᄒᆞ미 진실노 대군ᄌᆞ 녈쟝뷔라 년ᄀᆡ 동치를 면치 못ᄒᆞ여시ᄃᆡ 그 어위ᄎᆞᆫ 역냥과 샹쾌ᄒᆞᆫ 힝ᄉᆡ 쳥텬 ᄇᆡᆨ일 ᄀᆞᆺᄐᆞ니 그 년ᄀᆡ를 ᄉᆡᆼ각지 아니코 경앙ᄒᆞ기를 츈츄 난셰의

공부ᄌᆞ를 다시 본 듯 례경ᄒᆞ고 보호ᄒᆞ니 엇지 셜강 쇼인의 청을 시ᄒᆡᆼᄒᆞ리오 좌우의 써ᄂᆞ지 아냐 지극ᄒᆞ니 조ᄉᆡᆼ이 쏘 어질

41면

고 풍후ᄒᆞ믈 보고 ᄀᆡᆨ니 심회를 붓칠 곳이 업ᄉᆞ니 져의 써ᄂᆞ지 아니믈 쏘ᄒᆞᆫ 깃거 셔로 더브러 문답 슈응을 념고치 아니코 젼낭강을 건널ᄉᆡ 배의 오ᄅᆞ며 일시의 뇌정 벽력이 텬디 진동ᄒᆞ며 광풍이 대작ᄒᆞ며 대위 붓ᄃᆞ시 오는 바의 쥬즁이 쟝ᄎᆞᆺ 업칠 듯ᄒᆞ더라 션즁이 다 경악 실ᄉᆡᆨᄒᆞ고 황황ᄒᆞᄃᆡ 홀노 조ᄉᆡᆼ이 안ᄉᆡᆨ이 타연ᄒᆞ여 ᄀᆞᆯ오대 인지ᄉᆡᆼ ᄉᆞ는 텬애라 경구ᄒᆞ여 무엇ᄒᆞ리오 션인 왈 원내 이 강을 건널 젹 반ᄃᆞ시 우양을 죽여 슈ᄎᆞ 룡신의 졔ᄒᆞ고 건

42면

너야 무ᄉᆞᄒᆞ고 블연즉 환이 잇ᄂᆞ이다 ᄒᆞ니 조샹셰 잠쇼 왈 인명이 본ᄃᆡ 정ᄒᆞ여시니 룡궁 슈족이 엇지 군ᄌᆞ의 ᄒᆡᆼ션을 범ᄒᆞ리오 안연 부동이러니 이윽고 ᄒᆞᆫ 푸른 룡이 길이 만 여 쟝이나 ᄒᆞ고 하ᄂᆞᆯ ᄀᆞᆺ튼 긔셰를 발ᄒᆞ여 바다흐로브터 쥬즁의 쒸여드러 입으로 물을 뿜으니 비발이 되는지라 쥬즁 졔인이 다 실ᄉᆡᆨᄒᆞ여 업ᄃᆡ여시ᄃᆡ 홀노 조ᄉᆡᆼ이 단좌ᄒᆞ여 경동치 아니코 안ᄉᆡᆨ을 블변ᄒᆞ고 ᄎᆡᆨᄒᆞ여 ᄀᆞᆯ오ᄃᆡ 네 비록 슈족의 웃듬 신령이나 군ᄌᆞ의 곳의 감히 쟉난

43면

치 못ᄒᆞ리니 ᄌᆞ쇼로 풍운을 일위여 인명을 샹히오미 다 너의 죄라 이졔 다시 나의 ᄒᆡᆼ션의 이ᄀᆞᆺ치 쟉변ᄒᆞ여 쏘 인명을 ᄒᆡ코져 ᄒᆞ나 오히려 나는 ᄒᆡ치 못ᄒᆞᆯ 거시니 내 네 죄를 맛당이 텬디 신기의 알외여 참ᄒᆞᆯ 거시로ᄃᆡ ᄎᆞᆷᄂᆞ니 네 군ᄌᆞ의 ᄒᆡᆼ도의 범치 말고 믈너가 ᄉᆞ오ᄂᆞ온 ᄒᆡᆼ실을 곳치라 ᄎᆞ시 션즁인이 니 룡의 긔셰를 보고 반ᄉᆡᆼ 반ᄉᆞᄒᆞ고 놓은 죠샹셔의 엄정ᄒᆞᆫ 말ᄉᆞᆷ과 위엄을 보고 의심ᄒᆞ여 셔셔 관망ᄒᆞ다가 홀연 청포 녹ᄃᆡᄒᆞᆫ 관원이 도여 믈너 ᄌᆡ배

44면

왈 북두셩군이 일즉 ᄒᆡᆼᄒᆞ시믈 슈족이 아지 못ᄒᆞ여 죄를 범ᄒᆞ여시니 바라건대 샤죄ᄒᆞ

쇼셔 ᄒᆞ고 믈너ᄂᆞ니 홀연 간 ᄃᆡ 업고 풍이 그치며 쥬즁이 고요ᄒᆞ여 션즁인이 비로쇼 졍신을 ᄎᆞ려 보니 샹셰 의연 단좌ᄒᆞ여 긔운이 여화츈풍이오 안ᄉᆡᆨ이 ᄌᆞ약ᄒᆞ여 웃고 니ᄅᆞᄃᆡ 네 ᄯᅩᄒᆞᆫ 남ᄋᆞ의 몸이라 엇지 그ᄃᆡ도록 약ᄒᆞ여 쥭을가 너기ᄂᆞ냐 이ᄯᆡ 숀덕쉬 쥬즁의셔 두리온 즁 조ᄉᆡᆼ의 거동을 보고 룡이 변화ᄒᆞ여 ᄉᆞ죄ᄒᆞ고 업써지며 일긔와 풍셰 슌ᄒᆞ믈 보니 진실노 군ᄌᆡ며

45면

셩인이라 그 쟉인이 범인이 아니믈 아ᄅᆞ시나 이ᄃᆡ도록 ᄒᆞ믈 몰나다가 탄복 경악ᄒᆞ기ᄅᆞᆯ 마지 아냐 치하 왈 션ᄉᆡᆼ이 비록 ᄒᆡ외의 몸이 일시 괴로오시나 금일ᄉᆞᄅᆞᆯ 보와ᄂᆞᆫ 비샹ᄒᆞ믈 타인의 비길 ᄇᆡ 아니라 이졔 찬젹ᄒᆞ시니 셔ᄇᆡᆨ의 뉴리와 쥬공의 동관이라 가히 근심ᄒᆞ며 념녀ᄒᆞᆯ 배 아니로다 샹셰 ᄉᆞᄉᆞ 왈 현공의 과도ᄒᆞᆫ 말이 누인의 블안ᄒᆞ믈 돕ᄂᆞᆫ도다 원내 사ᄅᆞᆷ이 셰ᄎᆞ고 졍신이 ᄆᆞᆰ으면 ᄌᆞ연 잡긔운이 진졍ᄒᆞᄂᆞ니 맛초아 쥬즁ᄋᆡᆨ이 젹어 뇽신이 믈너가고 풍셰 화

46면

ᄒᆞ나 다만 능ᄒᆞ미 아니라 군ᄌᆞᄂᆞᆫ ᄯᅩ 허망ᄒᆞᆫ 말을 옴기지 아니ᄒᆞ며 쳥신치 아닌ᄂᆞ니 쳥컨ᄃᆡ 현공은 ᄎᆞ언을 블츌구외ᄒᆞ라 ᄎᆡ관이 더옥 탄복ᄒᆞ더라 월강ᄒᆞ여 일모ᄒᆞᄆᆡ 쥬인을 어더 밤을 지ᄂᆡᆯᄉᆡ 이ᄂᆞᆫ 호부ᄒᆞᆫ 샹고의 집이라 방ᄉᆡ 여러히오 집이 광활ᄒᆞ여 곳곳이 곡식을 ᄡᅡ핫더라 조ᄉᆡᆼ이 ᄀᆡᆨ실의 드러안ᄌᆞ니 겻 벽의셔 우지즈며 알ᄂᆞᆫ 쇼ᄅᆡ 요란코 괴롭거ᄂᆞᆯ 니ᄅᆞ대 내 비록 죄인의 ᄒᆡᆼᄉᆡᆨ이나 샹하 톄면이 그럿치 못ᄒᆞ려든 엇지 나의 ᄌᆞᄂᆞᆫ 겻 벽의 병인을

47면

두엇ᄂᆞ뇨 쥬인이 복디 왈 쇼인이 엇지 노야의 ᄒᆡᆼᄎᆞᄅᆞᆯ 경만ᄒᆞ리잇고마ᄂᆞᆫ 집이 ᄀᆡᆨ실이 업고 다만 이ᄲᅮᆫ이오 병든 거ᄉᆞᆯ 내려 ᄒᆞ와도 이 다ᄅᆞᆫ 병인이 아니라 맛ᄌᆞ식이 쟝ᄉᆞ질 ᄀᆞᆺ다가 공연이 ᄉᆞ질을 어더 쥬야로 알흔 지 ᄉᆞ 삭이라 만일 옴겨 누이랴 ᄒᆞ면 아조 긔졀ᄒᆞ니 못 옴기ᄂᆞ이다 조ᄉᆡᆼ이 츄탁인가 즐퇴ᄒᆞ고 안ᄌᆞ시니 야심토록 통셩이 괴로온지라 문을 열고 그 다히ᄅᆞᆯ 바라보고 안ᄌᆞ시니 홍쟝 ᄎᆡ의ᄒᆞᆫ 미녀도 나오고 검극 든 흑의 군졸이 가득이 나오거ᄂᆞᆯ 이ᄯᆡ 야

48면

ᄉᆡᆨ이 창망ᄒᆞ고 월광이 조요ᄒᆞᆫ지라 샹셰 이를 보ᄆᆡ 분명ᄒᆞᆫ 귀신이라 요괸 쥴 알고 치관을 ᄃᆡᄒᆞ여 니ᄅᆞ대 현공이 져 살긔를 아는다 숀공이 눈을 드러 보고 ᄀᆞᆯ오ᄃᆡ 이 심야의 미인이 져리 만흔요 군졸은 어이 져리 왓는고 아니 ᄀᆡᆨ을 히ᄒᆞ는 무린가 ᄒᆞ고 가쟝 놀납도다 조ᄉᆡᆼ이 함쇼 왈 공이 오히려 아지 못ᄒᆞ는도다 즉시 쇼ᄅᆡᄒᆞ여 ᄀᆞᆯ오ᄃᆡ 여등은 엇던 요괴완대 감히 군ᄌᆞ의 ᄋᆞᆲ히 와 현영ᄒᆞ여 쥭기를 두려 아니ᄒᆞᄂᆞ뇨 쇼ᄅᆡ로조ᄎᆞ ᄒᆞᆫᄂᆞᆺ 귀졸이 ᄋᆞᆲ히 와 업대여 ᄀᆞᆯ오ᄃᆡ 우

49면

리는 이 집 귀신이라 쥬인의 ᄌᆞ식을 쥬야 보ᄎᆡ여 쥭이랴 ᄒᆞ므로 우리 모다 방어ᄒᆞ라 왓더니 귀인의 힝ᄎᆡ 드러 겨시니 믈너가ᄂᆞ이다 그 홍샹 녀인이 일시의 ᄭᅮ러 ᄀᆞᆯ오ᄃᆡ 이 귀신이 허언으로 쇽이니 죄 더옥 즁ᄒᆞᆫ지라 쥬인의 ᄌᆞ식을 쥭이려 ᄒᆞᄆᆡ 샹셔의 조심경 안광이 요괴 알기 태공의 조마경의 지ᄂᆞ는지라 다시 말을 아니코 ᄆᆡ양 힝즁의 궁시를 머리 맛히 두엇는지라 친히 살을 먹여 졔요를 향ᄒᆞ여 ᄡᅩ니 홍의ᄒᆞᆫ 귀졸이 졀ᄒᆞ여 니ᄅᆞ대 북두셩신의 긔운을 ᄡᅩ이

50면

며 이제는 아등이 작난을 못ᄒᆞ리라 믈너가ᄂᆞ이다 급히 다ᄅᆞᄂᆞ니 만흔 음풍이 슬슬ᄒᆞ고 흑뮈 니러ᄂᆞ는지라 샹셰 종쟈로 ᄒᆞ여금 살 마ᄌᆞ 쥭은 거슬 갓다가 본즉 거믄 돗 여러히 살 마져 쥭엇고 큰 벌이 뭉킈여 살의 슈 업시 ᄢᅦ여시니 셔ᄅᆞ져 업시 ᄒᆞ라 ᄒᆞ고 숀공을 도라보와 쇼왈 반ᄃᆞ시 쥬인의 ᄌᆞ식이 나으리라 숀공이 긔특히 너겨 ᄀᆞᆯ오ᄃᆡ 션ᄉᆡᆼ이 능히 엇지 아ᄅᆞ시ᄂᆞ니잇고 답왈 엇지 요ᄉᆞ와 ᄉᆞ름을 분변치 못ᄒᆞ리잇고 이 집의 반ᄃᆞ시 돗과 벌을 만히 쳐 쥭여 이 변이

51면

잇도다 좌위 다 고이히 너기더니 과연 격벽의셔 말쇼ᄅᆡ 긋치고 급히 졔 아비를 부ᄅᆞ는 쇼ᄅᆡ 진동ᄒᆞ거늘 고이 너기더니 졔 아비 니ᄅᆞᄆᆡ ᄀᆞᆯ오대 고이코 긔이ᄒᆞ고 시원코 깃분 일이라 그리 쥭게 알터니 밤ᄉᆡ로 아니 알프니 이제는 살게 ᄒᆞ엿ᄂᆞ이다 쥬인이 듯고 깃브믈 이긔지 못ᄒᆞ여 샹셔긔 고두 칭샤ᄒᆞ여 그 쇼연을 알외니 숀공이 칭하 왈

션ᄉᆡᆼ은 니ᄅᆞᆫ바 군ᄌᆡ라 정명지긔와 텬디 긔운을 다 타 나셔시니 쇽인의 비길 ᄇᆡ 아니라 샹셰 블열ᄒᆞ여 다만 니ᄅᆞᄃᆡ 네 집의 ᄌᆞ쇼로

52면

돗과 벌을 만히 쳐 쥭엿ᄂᆞ냐 쥬인 왈 대대로 돗과 벌노 ᄉᆡᆼ업ᄒᆞ더니 겨유 일 년을 긋쳣나이다 조ᄉᆡᆼ이 웃고 물너가라 ᄒᆞ고 부쟉과 졀구 일슈를 ᄡᅧ 쥬어 문의 븟치라 ᄒᆞ니 일노조ᄎᆞ 쥬인의 ᄌᆞ식이 낫고 무ᄉᆞᄒᆞ니라 숀공이 ᄉᆞᄉᆞ마다 신긔ᄒᆞ니 그 진짓 셩형 군ᄌᆡ라 닐ᄏᆞᆺ더라 홀연 조샹셰 숀이 져리고 비풍이 촉블을 흐리오거ᄂᆞᆯ 스ᄉᆞ로 ᄭᆡ다라 ᄉᆞᄆᆡ 안으로 ᄒᆞᆫ 괘를 엇고 힝즁 ᄌᆞᆸ은 거ᄉᆞᆯ 사ᄅᆞᆷ쳐로 ᄒᆞ여 누이고 ᄌᆞ긔 니블을 덥고 일 방인을 다 좌우로 갈나 니블노 ᄂᆞᆺ출 ᄡᅡ

53면

고 누엇게 ᄒᆞ고 ᄌᆞ긔ᄂᆞᆫ 오히려 ᄌᆞ지 아니커ᄂᆞᆯ 숀공이 경혹ᄒᆞ여 곡졀을 무ᄅᆞ니 니ᄅᆞ지 아니코 쳘삭을 잡고 블을 ᄭᅳ라 ᄒᆞ거ᄂᆞᆯ 숀공이 지긔ᄒᆞ고 압ᄒᆡ 나아가 니ᄅᆞᄃᆡ 션ᄉᆡᆼ의 긔ᄉᆡᆨ을 보오니 졔방ᄒᆞᄂᆞᆫ 일이 이시니 나히 현격ᄒᆞ나 정성의 다정ᄒᆞ미 관포의 지심ᄒᆞ믈 ᄯᅡ로거ᄂᆞᆯ 엇지 긔심ᄒᆞ여 니ᄅᆞ지 아니시ᄂᆞ뇨 조ᄉᆡᆼ이 숀공의 무ᄅᆞ믈 보고 니ᄅᆞᄃᆡ 엇지 현공을 ᄂᆡ외ᄒᆞ리오 의심컨대 블의지변이 이셔도 현공의게ᄂᆞᆫ ᄒᆡ롭지 아니니 방심ᄒᆞ고 구외의 내여 일너든 쾌ᄒᆞ리오 나려

54면

올 적 현공의게 청ᄒᆞᆫ 재 이ᄉᆞᆯ 듯ᄒᆞ니 날 ᄒᆡᄒᆞᄂᆞᆫ 쟈를 거의 ᄭᆡ다를 거시오 공의게ᄂᆞᆫ ᄒᆡ롭지 아니코 그 몸의 니치 아니니 ᄎᆞ셕ᄒᆞᄂᆞᆫ 거ᄉᆞᆫ 졔 청츈의 명ᄉᆞ로 ᄌᆡ풍이 족ᄒᆞ고 인ᄌᆡ로ᄃᆡ 길흉 그ᄅᆞᆺ 드러 젼졍을 스ᄉᆞ로 하마 함ᄒᆡ케 되니 그 ᄌᆡ모를 블승ᄎᆞ셕ᄒᆞᄂᆞ니 연이나 그 위인의 ᄒᆞᆫ조각 쇼명ᄒᆞᆫ 거시 잇ᄂᆞ니 맛ᄎᆞᆷ내 ᄒᆞᆫ번 ᄭᆡ다ᄅᆞ믄 이실지라 내 말을 젼ᄒᆞ여 져로 ᄒᆞ여금 알게 ᄒᆞ고 스ᄉᆞ로 지신ᄒᆞ기를 인ᄌᆞ로 ᄒᆞ여 화망의 ᄲᅡ지게 말나 금야 ᄌᆞ긱이 올진ᄃᆡ 무심 즁 어려올 거시니

55면

ᄎᆞ고로 방비ᄒᆞ여 구ᄎᆞ히 ᄉᆞᆯ기를 도모ᄒᆞ쾌라 손공이 조ᄉᆡᆼ의 여신ᄒᆞ믈 드ᄅᆞᄆᆡ 모골이

송연ᄒᆞ여 그 언ᄉᆞ를 드ᄅᆞᄆᆡ 피셕 샤왈 션싱의 관현 대도와 신명ᄒᆞ미 텬신 ᄀᆞᆺ튼지라 과연 쇼관이 림힝의 블인지ᄉᆞ를 니ᄅᆞ고 드ᄅᆞ미 이시ᄃᆡ 촘아 구외의 내지 못ᄒᆞ엿더니 아지못게라 능히 엇지 드ᄅᆞ시니잇고 샹셰 졍싴 ᄉᆞᄉᆞ 왈 현공이 엇지 복의 블안ᄒᆞ믈 돕ᄂᆞ뇨 원내 져의 날 히ᄒᆞᄂᆞᆫ 일이 ᄒᆞᆫᄀᆞᆺ 져의 허믈ᄲᅮᆫ 아냐 나의 덕힝이 사ᄅᆞᆷ을 감복지 못ᄒᆞ고 샹히지량이 관홍치 못ᄒᆞ

56면

여 친위 깃거 아니므로 이의 밋ᄎᆞ미라 엇지 여ᄎᆞ 과찬ᄒᆞ믈 당ᄒᆞ리오 드ᄅᆞ미 아니라 짐ᄌᆞᆨ이 그러ᄒᆞᄆᆡ 니ᄅᆞ미라 ᄒᆞ고 연이나 잠을 아니 자미 슈고롭도다 ᄒᆞ고 인ᄒᆞ여 ᄌᆞ긔 니블을 바리고 쳘삭을 쥐고 다른 대 누어 ᄌᆞ며 촉을 멸ᄒᆞ고 일힝이 곤ᄒᆞ여 잠을 깁히 드럿더라 어시의 셕한이 셜강의 갑술 취ᄒᆞ여 조샹셔의 뒤흘 ᄯᅡ라오니 발셔 일을 힝홀 거시로ᄃᆡ 셜강이 분부ᄒᆞ기를 치관이 내응ᄒᆞ기를 기다려 들나 ᄒᆞ여시ᄆᆡ 밤마다 쥬인의 드러 동졍을 탐문

57면

ᄒᆞ며 ᄂᆡ응을 기다리ᄃᆡ 숀공의 동졍이 업ᄂᆞᆫ지라 젼당을 무ᄉᆞ히 지ᄂᆡᄆᆡ 셰월만 쳔연ᄒᆞ니 ᄎᆞ일 ᄯᅳᆺ을 졍ᄒᆞ여 즁야의 비슈를 ᄶᅵ고 조니부 햐쳐의 와 침실의 드러 두로 살피니 효월이 희미ᄒᆞᆫᄃᆡ 쟝즁의 금니를 덥고 누은 재 잇고 좌우로 여러히 갈나 누어시니 싱각ᄒᆞᄃᆡ 구셕의 금침을 편 재 조샹셰라 ᄒᆞ여 밧비 칼흘 드러 머리를 버히랴 홀 적 엽흐로셔 난ᄃᆡ업ᄉᆞᆫ 쳘삭이 제 몸을 올가 다릐여 ᄆᆡᄂᆞ니 이시니 놀나 도라본즉 칼흘 발셔 ᄲᅢ

58면

혀 앗고 어ᄂᆡ ᄉᆞ이 긴긴히 동혀 운신을 못ᄒᆞ게 ᄒᆞᄂᆞᆫ지라 셕환의 강용으로도 밋지 못ᄒᆞ니 물이 못나게 동혀 노코 숀공을 ᄭᆡ여 ᄀᆞᆯ오ᄃᆡ 도젹이 드럿거ᄂᆞᆯ 공이 아지 못ᄒᆞ시ᄂᆞ뇨 인ᄒᆞ여 블을 혀라 ᄒᆞ고 좌우의 ᄌᆞᄂᆞ니를 ᄭᆡ오라 ᄒᆞ니 놀나 ᄭᆡ여 보니 블을 혀고 조샹셰 흉녕ᄒᆞᆫ 쟝ᄉᆞ 일인을 긴긴히 동혀 ᄒᆞᆫ 숫출 잡고 안졋ᄂᆞᆫ지라 숀공이 대경ᄒᆞ여 ᄀᆞᆯ오ᄃᆡ 이 지경ᄭᅡ지 밋ᄎᆞ믄 니심ᄒᆞᆫ지라 엇지 능히 잘 동히시뇨 조싱이 탄왈 금야 ᄎᆞ변을 당ᄒᆞ니 엇지 한

59면

심치 아니리오 이의 셕환을 ᄃᆡᄒᆞ여 무슴 일노 즁야의 비슈를 ᄶᅵ고 드러오며 보내던 사름은 뉘고 ᄌᆞ시 무ᄅᆞ니 환이 임의 잡힌 배 되여시니 홀일업ᄉᆞᆫ지라 셜강의 말을 일일이 직초ᄒᆞ고 탄ᄒᆞ여 ᄀᆞᆯ오ᄃᆡ 싱셰 뉭낙ᄒᆞ여 ᄌᆞᄀᆡᆨ 노ᄅᆞᆺ술 ᄒᆞ나 반싱 힝셰의 픽ᄒᆞᆫ 젹이 업더니 금일 잡힌 배 되니 이는 하늘이라 조샹셰 다시 그 사름 쥭인 슈를 무른즉 젼후 열이 너문지라 숀공이 탄왈 이 일은 그져 무더 두지 못ᄒᆞ리니 엇지코져 ᄒᆞ시ᄂᆞ뇨 니뷔 탄왈 살인쟈를 대살ᄒᆞ믄 한

60면

고조의 약법 삼쟝의도 버셔ᄂᆞ지 못ᄒᆞ엿ᄂᆞ니 이졔 내 비록 쥭지 아냐시나 젼후 살인이 십여 인의 졔 입으로 조ᄎᆞ 복초ᄒᆞ니 진실노 노화 보내여 다시 인명을 쳐살치 못ᄒᆞ리니 그 됴픠를 ᄶᅧ혀 현공은 가져 경ᄉᆞ의 알외고 이 본읍 지쥬의 보내여 버히고 죄를 졍히 ᄒᆞ미 현공의 쳐치의 잇ᄂᆞ이다 숀공이 칭복ᄒᆞ여 맛당ᄒᆞ믈 일ᄏᆞᆺ고 셕환의 강용을 보고 자다가 실슈홀가 니부와 숀공이 다시 ᄌᆞ지 아니ᄒᆞ고 셕환을 시쟈로 직히오고 숀공을 대ᄒᆞ여 셜강 위인을 ᄀᆡ탄ᄒᆞ

61면

여 도라가 닐너 부ᄃᆡ 인을 힝ᄒᆞ고 악을 그치게 ᄀᆡ유ᄒᆞ라 ᄒᆞ고 그 쥭이려 보내여시믈 격분 통완ᄒᆞᄃᆡ 조싱이 거지 ᄌᆞ약ᄒᆞ고 언담이 화쳥ᄒᆞ니 닐온바 텬디지량이오 하히지심이라 숀공이 암암 칭복ᄒᆞᄂᆞᆫ ᄯᅳᆺ이 만복의 가득ᄒᆞ여 이로 형언치 못ᄒᆞ더라 날이 ᄇᆞᆰ으ᄆᆡ 셕환의 됴픠를 ᄶᅧ혀 두고 아역으로 본현의 보내여 죄상을 ᄀᆡ별ᄒᆞ고 졍형ᄒᆞ믈 쳥ᄒᆞ니 디뷔 듯고 ᄀᆞᆺ 대경ᄒᆞ여 즉시 자긱을 올녀 뭇고 쳐참 회시ᄒᆞ고 나아가 리부를 보와 경참 흉변의 놀나믈 치위ᄒᆞ니

62면

니뷔 샤왈 누인의 힝실이 박ᄒᆞ고 덕이 열워 이의 밋ᄎᆞ미라 다시 졔ᄀᆡᄒᆞ여 무엇ᄒᆞ리오 지뷔 그 쇼년 영풍이 일식의 찬란ᄒᆞ고 풍치 대인 긔샹이믈 블승탄복ᄒᆞ여 ᄶᅥᄂᆞ기를 앗겨 ᄒᆞ더라 이의 길흘 다시 ᄶᅥ놀ᄉᆡ 쥬인이 빅비 고두ᄒᆞ여 졔 ᄌᆞ식의 고질이 회싱ᄒᆞ믈 칭샤ᄒᆞ고 신명 노애라 칭ᄒᆞᄂᆞᆫ지라 샹셰 괴로이 너기더라 슈삼 일을 힝ᄒᆞ여 비

로쇼 운남의 니ᄅᆞ니 싸 져편은 운남지경이오 이편은 쳔촉디계니 남히 태슈 계연은 ᄌᆞ사 왕슈은이 공문을 보고 즉시 나와

63면

ᄃᆡ졉ᄒᆞ며 쳥ᄒᆞ기를 과도히 ᄒᆞ니 샹셰 스ᄉᆞ로 분의를 ᄎᆞ려 ᄌᆞᄉᆞ와 태슈 보기를 쟝졸이 대쟝 셤기ᄂᆞᆫ 둧 례로 ᄒᆞ고 존귀ᄒᆞ던 긔습을 두지 아니ᄒᆞᄂᆞᆫ지라 ᄌᆞᄉᆞ 태쉬 블안ᄒᆞ여 ᄉᆞ샤ᄒᆞ고 큰 집을 갈히여 ᄃᆡ졉이 과도ᄒᆞ니 샹셰 초ᄉᆞ를 어더 일힝을 안돈ᄒᆞ고 친히 아문의 나아가 졈고의 참예ᄒᆞ니 ᄌᆞ식 황망이 나려 마ᄌᆞ 븟드러 말니고 탄ᄒᆞ여 골오ᄃᆡ 명공의 일시 참변이오 오ᄅᆡ지 아닐지라 쇼관이 이 싸 지뷔나 엇지 명공의 뜰 아ᄅᆡ 힝례ᄒᆞ믈 당ᄒᆞ리잇고 인ᄒᆞ여 오ᄅᆞ

64면

믈 쳥ᄒᆞᆫ대 샹셰 고샤ᄒᆞ고 도라와 ᄎᆞ후 본현과 ᄌᆞᄉᆞ의 ᄌᆞ로 무ᄅᆞ믈 공경ᄒᆞ더라 경뎐으로 더브러 시셔의 마음을 붓치고 륙도 삼냑을 술펴 공부를 젼일히 ᄒᆞ여 심회를 더나 고원을 ᄉᆡᆼ각ᄒᆞ니 망망이 여러 산쳔과 관익이 가렷ᄂᆞᆫ지라 군부와 ᄌᆞ모를 샹모ᄒᆞᄆᆡ 형데 군죵을 ᄉᆞ렴ᄒᆞ여 기러기 날기를 년ᄒᆞ여 존당을 혜아리매 의연 츈몽이라 효ᄌᆞ의 망운ᄒᆞᄂᆞᆫ 회퓌 엇지 초슈의 울기를 면ᄒᆞ리오마ᄂᆞᆫ 오히려 비졀ᄒᆞᆫ 얼골을 ᄀᆞᆷ초고 화복의 관슈홈과 리

65면

합의 ᄯᆡ를 알아 동지 타연ᄒᆞᆫ지라 쇼공이 혜오ᄃᆡ 졔 이십 젼 쇼년으로 친측을 ᄯᅥ나 히외의 죄슈 되니 굿기 강쳘이라도 슬플 빈로ᄃᆡ ᄒᆞᆫ가지로 계츄브터 삼동의 니ᄅᆞ히 좌와를 ᄒᆞᆫ가지로 ᄒᆞ나 ᄒᆞᆫ번 쳑쳑ᄒᆞᆫ 안ᄉᆡᆨ을 보지 못ᄒᆞ니 너모 어려 그러ᄒᆞᆫ지 만ᄉᆡ 슉셩ᄒᆞ고 홀노 니별의 슬프믈 ᄭᆡ둧지 못ᄒᆞ리오 이ᄂᆞᆫ 춤고 견대ᄂᆞᆫ 빅 견고ᄒᆞ미라 더옥 심복ᄒᆞ더라 쇼공이 만리의 구치ᄒᆞ고 납셜이 ᄡᅳ히ᄆᆡ 힝도를 ᄎᆞ릴 길이 업셔 일삭을 엄뉴ᄒᆞᄆᆡ 조샹셔로 지닐ᄉᆡ 조

66면

샹셔 범ᄉᆞ 쳐신이 다 쇼년의 ᄉᆡᆼ각지 못홀 배라 거쳐 의복이 다 죄인의 도리를 극진이

ᄎᆞ릴 ᄲᅮᆫ 아니라 군친 ᄉᆞ렴이 츄호를 간격지 아니ᄒᆞ여 말ᄉᆞᆷ이 군샹긔 다다ᄅᆞᄂᆞᆫ 쳑연ᄉᆞ군ᄒᆞᄂᆞᆫ 눈믈이 ᄡᅥ러질 ᄃᆞᆺᄒᆞᆫ지라 숀공이 일마다 탄복ᄒᆞ더라 ᄒᆡ 밧괴여 명년 신뎡이 되니 샹셔 ᄀᆡᆨ니 회푀 비샹ᄒᆞᆫ 바의 신츈을 당ᄒᆞ여 븍궐의 진하ᄒᆞᆯ ᄯᅴ와 훤당의 신셩지례를 ᄉᆡᆼ각ᄒᆞᄆᆡ 츙효 군ᄌᆞ의 심ᄉᆡ 참담ᄒᆞᆫ지라 팔ᄇᆡ지례를 맛고 니러 ᄉᆞ러안져 야야와 슉부긔셔도 회졍ᄒᆞ

67면

여 겨시도다 두로 영모ᄒᆞᄂᆞᆫ 마ᄋᆞᆷ이 발ᄒᆞ여 스ᄉᆞ로 츄연 탄식ᄒᆞᄆᆡ 쇼ᄅᆡ를 조ᄎᆞ ᄆᆞᆰ은 안슈 옷기ᄉᆡ ᄡᅥ러지ᄂᆞᆫ지라 숀공이 이를 보ᄆᆡ 감회ᄒᆞ여 ᄀᆞᆯ오ᄃᆡ 션ᄉᆡᆼ이 하ᄂᆞᆯ 밧들 긔운이 잇ᄂᆞᆫ지라 엇지 샹감ᄒᆞ시ᄂᆞ뇨 샹셔 안슈를 거두고 ᄀᆞᆯ오ᄃᆡ 군신유의와 부ᄌᆞ유친은 인지막대지륜이라 ᄉᆡᆼ이 이졔 득죄ᄒᆞ여 만리 ᄉᆡ외의 내치ᄆᆡ 우흐로 군샹과 아ᄅᆡ로 친족을 ᄯᅥ나 ᄒᆡ 밧괴이니 인신의 마ᄋᆞᆷ을 니ᄅᆞ지 아냐 알지라 만됴 군하로 더브러 룡탑의 근시ᄒᆞ던 일과 형뎨 ᄉᆞᄆᆡ를 년ᄒᆞ

68면

여 친젼의 뫼시던 일이 ᄭᅮᆷ ᄀᆞᆺᄐᆞ여 능히 타루ᄒᆞ믈 면치 못ᄒᆞᆯ너니 현공의 유약히 너기시믈 보니 ᄌᆞ괴ᄒᆞ도다 나히 어려셔 인군의 은혜를 입ᄉᆞ와 군샹 우러오미 엄친으로 다ᄅᆞ미 업더니 츙효 가ᄌᆞᆨ지 못ᄒᆞ여 령히 슈졸이 되여 신년을 당ᄒᆞ여 블승샹감ᄒᆞ여라 숀공이 탄왈 션ᄉᆡᆼ의 츙효ᄂᆞᆫ 셰인의 바를 ᄇᆡ 아니라 이 ᄀᆞᆺᄐᆞᆫ 졍츙은 텬디 신기 다 알니니 현마 이곳의 오ᄅᆡ 이시리잇고 샹셔 기리 탄식ᄒᆞ더라 슈일 후 숀공이 도라갈ᄉᆡ 니ᄇᆡ 존당 부모긔 슈셔를 닥

69면

가 숀공을 쥬고 잔을 잡아 권ᄒᆞ여 왈 일로의 현공의 덕을 입어 보젼ᄒᆞ여 친밀ᄒᆞ미 지친 ᄀᆞᆺ더니 이졔 도라가시니 ᄉᆡᆼ의 마ᄋᆞᆷ이 지향 업도쇼이다 바라건ᄃᆡ 공은 만니 힝도의 보즁ᄒᆞ시고 일봉 셔신을 친젼의 젼ᄒᆞ여 부ᄌᆞ 샹모ᄒᆞᄂᆞᆫ 졍을 위로ᄒᆞ시게 ᄒᆞ고 비록 죄인이나 디부의 후대와 인심의 순박ᄒᆞ여 의식이 편ᄒᆞ고 몸이 무ᄉᆞᄒᆞ믈 알외여 여러 가지 근심을 덜게 ᄒᆞ시면 공의 덕이라 버거ᄂᆞᆫ 셜의빅을 보와 나의 골돌ᄒᆞᄂᆞᆫ ᄯᅳᆺ을 니ᄅᆞ시고 셔찰을 젼ᄒᆞ여 쥬

70면

쇼셔 숀공이 결연ᄒᆞ믈 이긔지 못ᄒᆞ여 탄왈 션싱을 뫼셔 이곳의 두고 가ᄂᆞᆫ 마음이 실노 결연ᄒᆞᆫ지라 엇지 잠시나 이ᄌᆞ리오 텬되 슌환ᄒᆞ니 쇼인이 ᄑᆡᄒᆞᄂᆞᆫ 날 션싱이 반ᄃᆞ시 영화로이 환경ᄒᆞ실 거시니 기시 셔로 만ᄂᆞ리니 부졀 업시 샹회치 마ᄅᆞ시미 원이로쇼이다 인ᄒᆞ여 니별ᄒᆞᆯᄉᆡ 피ᄎᆞ 년년ᄒᆞ믈 마지 아니ᄒᆞ더라 숀공이 조샹셔로 니별ᄒᆞ고 길히 올흘ᄉᆡ 여러 ᄂᆞᆯ만의 경ᄉᆞ의 니ᄅᆞ러 복명ᄒᆞ온ᄃᆡ 샹이 인견 위유ᄒᆞ시고 ᄀᆞᆯᄋᆞ샤대 유현이 능히 허믈을 뉘웃쳐

71면

짐을 원망ᄒᆞ미 업더냐 숀공이 샹교를 듯ᄌᆞᆸ고 분긔ᄒᆞ믈 이긔지 못ᄒᆞ여 ᄒᆞ더라 탑젼의 쥬왈 신이 엇지 셩샹의 무ᄅᆞ시ᄂᆞᆫ 젼교를 밧ᄌᆞ와 허언을 쥬달ᄒᆞ리잇고 유현이 비록 죄인이나 진실노 지셩 군ᄌᆡ러이다 쥬현 방ᄇᆡᆨ이 공경지례로 ᄃᆡ코져 ᄒᆞᄃᆡ 유현이 일물도 밧ᄂᆞᆫ 거시 업고 미녀 풍악은 ᄉᆡ로이 담쇼 희학홈도 업ᄉᆞ니 슈힝 쳐신이 금옥 ᄀᆞᆺ거ᄂᆞᆯ 뉘 감히 허언을 알외오리잇고 샹이 탄왈 유현의 아름다오믈 ᄉᆡ긔ᄒᆞ여 히ᄒᆞᄂᆞᆫ 재 잇도다 ᄌᆞᄀᆡᆨ은 뉘 보내다 ᄒᆞ

72면

더뇨 숀덕쉬 ᄌᆞᄀᆡᆨ의 료ᄑᆡ를 올니고 왈 오ᄅᆡ지 아냐 유현의 죄루가 쳥텬 ᄇᆡᆨ일ᄀᆞᆺ치 버셔지고 ᄌᆞᄀᆡᆨ 보ᄂᆡᆫ 쟈도 제 스ᄉᆞ로 알외오리니 신이 엇지 분명치 아닌 일노뼈 고ᄒᆞ리잇고 샹이 가쟝 의심ᄒᆞ샤 ᄌᆞᄀᆡᆨ 보ᄂᆡᆫ 쟈를 탁량치 못ᄒᆞ시고 난교의 일을 요악히 너기샤 쇼후 셔시므로븟허 블관이 너기시므로 벼술도 쥬지 아냐 겨시더라 샹이 손공의 츙근ᄒᆞ믈 아름다이 너기샤 특지로 벼술을 형부시즁을 ᄒᆞ이시고 샤쥬ᄒᆞ시고 보내시니 숀공이 샤은ᄒᆞ고 믈너와 몬져 조부의 와 명쳡

73면

을 드리니 운남 ᄀᆞᆺ던 ᄎᆡ관이라 ᄒᆞᄆᆡ 초공이 반가오믈 이긔지 못ᄒᆞ여 친히 나와 마ᄌᆞᆯᄉᆡ 숀공이 쳥말의셔 례ᄒᆞ고 한훤을 파ᄒᆞᄆᆡ 초공이 몬져 문왈 아지못게라 공이 일즉 돈ᄋᆞ를 다리고 만리 원졍의 슈고ᄒᆞ니 일즉 그 몸이 무양ᄒᆞ믈 어드냐 숀공이 슌슌 ᄇᆡ샤ᄒᆞ고 ᄉᆞᄆᆡ 가온대로셔 샹셔의 글월을 밧드러 드리고 대왈 쇼관이 니부를 뫼셔 쥬

야 일실 가온ᄃᆡ 쳐ᄒᆞ여 쟝ᄎᆞᆺ ᄉᆞ오 삭이라 도라올 ᄯᅢᄂᆞᆫ 무양ᄒᆞ시대 그 거쳐와 의식이 너모 직분을 ᄎᆞ려 쳔금지구의 ᄒᆡ로

74면

오미 만터이다 초공이 반가오미 만심 환희ᄒᆞ대 안ᄉᆡᆨ을 졍히 ᄒᆞ고 봉셔를 바다 ᄯᅥᄒᆡ여 보니 대강 ᄒᆞ여시ᄃᆡ 블초 죄ᄌᆞ 유현은 돈슈 ᄇᆡᆨᄇᆡᆨᄒᆞ옵고 삼가 글을 밧드러 엄하의 올니ᄂᆞ이다 ᄒᆡᄋᆡ 무상ᄒᆞ와 대인의 명교를 밧줍지 못ᄒᆞ옵고 몸이 창ᄒᆡ의 ᄲᅡ지고 죄 역률의 걸니오니 비록 스ᄉᆞ로 이 죄를 범치 아닐 쥴은 대인의 명견ᄒᆞ시믈 거의 비최실지라 쇼직 어리고 아득ᄒᆞ오미 ᄌᆞ신지칙이 업셔 이의 밋ᄌᆞ온지라

75면

힝혀 셩텬ᄌᆞ 홍은을 입ᄉᆞ와 하늘 아ᄅᆡ 버히시믈 면ᄒᆞ고 령ᄒᆡ의 ᄂᆡ치시니 셩은이 바다히 여튼지라 감히 누를 한ᄒᆞ오며 무어슬 한ᄒᆞ리잇고 업ᄃᆡ여 ᄒᆡᄋᆞ의 ᄉᆞ졍을 혜아리면 블효지죄 여산이라 머리를 두다려 븟슬 줍고 조희를 림ᄒᆞ여 눈믈이 ᄯᅥ러지고 슬프미 극ᄒᆞᆫ 바ᄂᆞᆫ ᄒᆡᄋᆡ 엄훈을 밧드러 츙효를 셰오지 못ᄒᆞ고 ᄉᆡᆼ휵ᄒᆞ신 몸을 ᄒᆡ외의 더져 구로지은을 져바리고 셩려를 ᄭᅵ치오니 죄 슈ᄉᆞ난쇽이라 하면목으로 텬일을 ᄃᆡᄒᆞ리

76면

잇고 ᄉᆞ졍의 참지 못ᄒᆞᄂᆞᆫ 바ᄂᆞᆫ ᄐᆞᆨ당 훤초의 샹회ᄒᆞ심과 버거 ᄇᆡᆨ부와 대인 슬젼을 알외지 못ᄒᆞ고 하마 회졍 긔한이 림박ᄒᆞᄃᆡ 엄안을 맛줍지 못ᄒᆞᄂᆞᆫ 하졍이 울결ᄒᆞ와 오직 구구ᄒᆞ온 ᄉᆞ졍이 만리를 ᄉᆞᄆᆞᆺ고 외로온 몸이 망운ᄒᆞᄂᆞᆫ 회포를 먹음어 몽혼이 친안을 득승ᄒᆞ고 마음을 어ᄅᆞ만져 신혼 셩졍의 안항을 갈와 슬젼의 배ᄒᆞ려 ᄒᆞ오ᄃᆡ 만리 령ᄒᆡ의 산쳔이 즈음ᄎᆞ고 관익이 막혀시니 쳔박지셩이 가히 촘기 어렵도쇼이다

77면

ᄒᆡᄋᆡ 어린 나히 셩은이 과도ᄒᆞ샤 쟉위 텬관 총직의 니ᄅᆞ고 후녹이 쳔셕의 밋ᄎᆞ니 쟉록을 도젹ᄒᆞ미 극ᄒᆞ고 군덕을 갑ᄉᆞ오미 ᄯᅩ 업ᄉᆞ오니 조믈이 ᄉᆡ긔ᄒᆞ미 이ᄀᆺᄐᆞ니 엇지 ᄉᆞ룸을 탓ᄒᆞ리잇가 오직 셩은을 폐부의 삭이옵고 농안을 ᄉᆞ모ᄒᆞ와 영모지졍이 엄안

으로 ᄒᆞᆫ가지니 니ᄅᆞᆫ바 군신 부ᄌᆞ 일톄라 ᄌᆞ고로 현인 군ᄌᆞ와 츙신 렬ᄉᆡ ᄉᆞ환의 분쥬ᄒᆞ여 진츙 보국ᄒᆞ던 재 죄의 나아가고 화의 걸닌 재 ᄒᆞ나 둘이 아니라 ᄒᆡᄋᆞ쁜 아니니 현마

78면

엇더ᄒᆞ리잇고 일월이 부운을 헤치ᄆᆡ ᄒᆡᄋᆡ ᄒᆞᆫ번 죄루를 신ᄇᆡᆨᄒᆞ고 군부긔 뵈올 날이 이시리니 복원 대인은 블초아를 셩려의 거리ᄶᅵ지 마ᄅᆞ시고 셩톄를 진즁ᄒᆞ샤 만리의 영모ᄒᆞᄂᆞᆫ 하졍을 슬피시믈 바라ᄂᆞᆫ ᄇᆡ로쇼이다 림힝ᄒᆞ여 총총이 알외옵ᄂᆞ니 ᄒᆡᄋᆡ 경니의 신츈을 만나 하졍이 일ᄇᆡ 쳑감ᄒᆞᆫ 바의 ᄎᆡ관의 하직ᄒᆞᄂᆞᆫ 쇼회 더옥 ᄒᆡᄋᆞ의 회포를 돕ᄉᆞᆸᄂᆞᆫ지라 만복 쇼회를 감히 다 알외지 못ᄒᆞ옵고 만일을 알외옵ᄂᆞ니 블

79면

효를 샤ᄒᆞ시고 졍ᄉᆞ를 슬피샤 셩톄 만강ᄒᆞ신 하찰을 통ᄒᆞ시면 쇼ᄌᆞ의 지극히 바라ᄂᆞᆫ 배로쇼이다 ᄒᆞ엿더라 초공이 간필의 감회ᄒᆞ여 얼골을 곳치고 숀공을 향ᄒᆞ여 칭샤 왈 공의 어질미 혈긔 미졍ᄒᆞᆫ ᄋᆞᄒᆡ를 만리의 무ᄉᆞ히 다려다가 두고 ᄯᅩ 신근이 셔찰을 젼ᄒᆞ여 부ᄌᆞ의 쇼식을 통ᄒᆞ니 은혜 크지 아니리오 숀덕싊 ᄇᆡ복 칭샤ᄒᆞ고 일ᄏᆞᆺᄂᆞᆫ 거시 니부의 긔특ᄒᆞ미라 졀강셔 룡신을 졔어ᄒᆞ고 쥬인의 요괴를 ᄲᅧ 다 업시 ᄒᆞ고 ᄌᆞ긱을

80면

잡아 쥭인 셜화를 일일이 젼ᄒᆞ니 초공이 드ᄅᆞᄆᆡ 경히ᄒᆞ믈 이긔지 못ᄒᆞ나 잠쇼 왈 공이 너모 과쟝ᄒᆞᄂᆞᆫ도다 졔 무ᄉᆞ 긔특ᄒᆞ미 잇ᄉᆞ리오 원내 ᄌᆡ조와 덕이 사ᄅᆞᆷ의 ᄡᅥ리ᄂᆞᆫ ᄇᆡ라 공언이 셜ᄉᆞ 올흘지라도 타인의게 누셜치 말나 일즉 쳥운의 올나 고관대작을 가져 과도ᄒᆞ미 ᄌᆡ앙이 날가 쥬야 블평ᄒᆞ여 ᄒᆞ노라 숀공이 탄복ᄒᆞ고 초공의 일월 신ᄎᆡ와 츄슈 안광이 부ᄌᆞ의 다ᄅᆞ미 업ᄉᆞ믈 긔이히 너겨 혜오ᄃᆡ 이 아비 나흐ᄆᆡ 그 아들이 그러ᄒᆞ도다 초공은 단믁ᄒᆞ

81면

미 더으고 니부ᄂᆞᆫ 샹활 지위ᄒᆞ미 더ᄒᆞᆫ 둧ᄒᆞ나 젼형의 ᄀᆞᆺᄐᆞᆫ믄 ᄒᆞᆫ 판의 박은 둧ᄒᆞ고 안광의 찬란ᄒᆞᄆᆞᆫ 더으니 만심 경복ᄒᆞ여 믈너올ᄉᆡ ᄎᆞ후로ᄂᆞᆫ 조가의 친ᄒᆞ미 되여 빈빈

왕리ᄒᆞ더라 초공이 진왕과 존당이며 여러 쟝 글월을 광현으로 ᄒᆞ여금 드려보내고 마음이 어린 ᄃᆞᆺᄒᆞ여 슈젹을 어ᄅᆞ만져 눈믈이 나ᄂᆞᆫ지라 거울을 드러 비최여 보고 탄왈 내 얼골이 져와 ᄀᆞᆺᄐᆞᆯ 거울의 비최나 졔 낫출 보지 못ᄒᆞ니 이 마ᄋᆞᆷ을 플기 어렵도다 인ᄒᆞ여 니부의 셔간으로 ᄂᆞᆺ출

82면

가리오고 쥭침의 누어 셔셔히 ᄉᆡᆼ각ᄒᆞᄆᆡ 슬프고 잔잉ᄒᆞᆷ을 견ᄃᆡ기 어려오니 여러 ᄋᆞ지 잇시나 쇼즁ᄌᆞᄂᆞᆫ 니부오 쇼교쟈ᄂᆞᆫ 광현이라 이졔 그 몸이 만리의 이셔 부모 형뎨를 ᄉᆡᆼ각ᄒᆞ여 혈긔 미졍ᄒᆞᆫ 쳔금지긔를 샹히오ᄂᆞᆫ도다 렴네 번란ᄒᆞ고 심ᄉᆡ 감창ᄒᆞ여 일영 탄식의 냥항뉘 삼삼ᄒᆞ더니 광현 운현이 드러와 야야의 누어 쳬회ᄒᆞᆷ을 보고 경아ᄒᆞ나 연고를 ᄭᆡ돗지 못ᄒᆞ더니 광현이 운남의 형을 ᄉᆞ렴ᄒᆞᄂᆞᆫ 쥴 ᄭᆡ다라 머리를 슉이고 함누ᄒᆞ더라 날회여 눈믈

83면

을 거두고 ᄭᅮᆯ어 쥬왈 대인이 일즉 누으시믈 보옵지 못ᄒᆞ올너니 져역 문안 ᄭᅴ라 빅뷔 드러와 겨시ᄃᆡ 누으샤 블평지식이 겨시니 쇼ᄌᆡ 블승황공ᄒᆞ와 연고를 아지 못ᄒᆞ오니 아옵고져 ᄒᆞᄂᆞ이다 공이 눈을 드러 보니 ᄋᆞᄌᆡ 좌우의 뫼셔 경아ᄒᆞᄂᆞᆫ 긔식과 나즉ᄒᆞᆫ 긔운이 연ᄋᆡ지심을 돕ᄂᆞᆫ지라 ᄆᆞᆰ은 안광은 ᄉᆞ벽의 조요ᄒᆞ고 옥면 셜부ᄂᆞᆫ 빅벽이 틋글을 ᄡᅵ셔시니 단슌 화협의 츈연ᄒᆞᆫ 고은 빗치 얼프지 모친의 졀미 염틱를 가졋ᄂᆞᆫ지라 초공이 강잉ᄒᆞ여 니러 안

84면

져 냥ᄌᆞ를 집슈 탄왈 여등은 집의 편히 이셔 아뷔 ᄉᆞ랑과 어미 졍을 ᄡᅵ엿거니와 여형은 긴 날 져른 밤의 슉식이 블안ᄒᆞ여 만니의 어버이를 ᄉᆡᆼ각ᄒᆞᄆᆡ 반ᄃᆞ시 병이 니ᄅᆞ리로다 이를 ᄉᆡᆼ각ᄒᆞ니 아심이 쳑감ᄒᆞᆫ 고로 누어 심회를 붓치더니 발셔 혼졍 ᄭᅴ 되여도다 ᄉᆞᆫ의 쥐엇던 셔간을 비로쇼 연갑의 너코 관을 고쳐 졍당으로 향홀ᄉᆡ 원ᄂᆡ 초공은 졔ᄌᆞ ᄉᆞ랑이 진왕과 달나 샹히 그 위인이 단졍 침믁ᄒᆞᆫ 쟈ᄂᆞᆫ ᄉᆞ랑ᄒᆞ기를 흔연히 ᄒᆞ여 ᄆᆡᄉᆡ 텬셩의 나ᄂᆞᆫ ᄃᆡ로 ᄒᆞᄃᆡ

85면

일노쎠 그 ᄌ식이 방ᄌᄒ미 업셔 조심ᄒ고 두려ᄒ고 광현 운현은 단졍 침믁ᄒᆞᆫ 고로 싱닉의 ᄉᆞ지ᄌ미 업더라 초공이 졍당의 드러가니 노공과 진왕이 바야흐로 니부의 글을 보고 노공은 톄ᄉ여우ᄒ고 진왕은 위로ᄒᄂᆞᆫ지라 초공이 이셩화긔ᄒ여 친의롤 위로ᄒ고 시야의 양부인을 ᄃᆡᄒ여 ᄋᆞᄌ의 원별을 슬허 함누ᄒᄆᆞᆯ 씨듯지 못ᄒ니 부인이 아ᄌ의 셔간을 보고 ᄉᆡ로이 참연ᄒ고 졍시의 참ᄉᆞ롤 슬허 쥬루 년낙ᄒ니 승샹이 탄식 위로 왈 ᄋᆞᄌ의 셔찰을 보

86면

와도 이러치 말기로 비러시니 부인이 엇지 과샹ᄒ여 만리의 써ᄂᆞᆫ 졍ᄉ롤 싱각지 아니ᄂᆞᆫ냐 졔 셔ᄉ롤 보니 쇼헐ᄒᄃᆡ 약ᄒ지 아니ᄒ고 간졀ᄒ며 동쵹ᄒᆞᆫ 효의 글 가온대 나ᄐ나니 내 실노 아들을 두고 부인이 태교롤 다 어질이 ᄒ엿ᄂᆞᆫ지라 힝도의 쳐ᄉ롤 드ᄅ니 아비 된 재 깃브고 어미 된 재 다힝ᄒᆞᆫ지라 슈년 니별을 샹회ᄒ미 부인의 젼일 대량으로 다ᄅ도다 인ᄒ여 쇼덕슈의 젼ᄒ던 말을 니ᄅ고 희긔 미우롤 움족이니 부인이 드ᄅ미 쏘ᄒᆞᆫ 아름답

87면

고 힝희ᄒ여 쥬루롤 거두고 샤왈 아히 위인이 용녈치 아니ᄒᄃᆡ 슈신 힝ᄉ 이의 다닷기ᄂᆞᆫ 명공의 교훈이 엄졍ᄒ시미라 쳡이 일ᄉ롤 가ᄅ치미 업ᄉ니 엇지 ᄐᆡ교롤 당ᄒ리잇고 졍시의 쇼식을 젼코져 ᄒ나 존당이 아직 몰나 계시고 니시 가부롤 써ᄂᆞᆫ 후 원앙ᄒᆞᆫ 죄롤 무릅쓰고 폐츌ᄒ여 도라가 년샹을 만나 비고ᄒᆞᆫ 졍ᄉ와 다시 츰변을 당ᄒ여 옥골 방신이 아모 곳의 이시믈 아지 못ᄒᄆᆞᆯ 젼ᄒ고 슬허ᄒ니 초공이 ᄀᆞᆯ오ᄃᆡ 니시ᄂᆞᆫ 투쳘ᄒᆞᆫ ᄉ군ᄌ라

88면

용이히 맛출 재 아니니 반ᄃ시 부인의 명쳘보신ᄒ던 규뫼 이실 거시니 원내 니시 부인과 만히 흡ᄉᄒ더니 환란이 쏘 방블ᄒ니 엇지 녀ᄌ의 용식이 유희치 아니리오 부인이 탄왈 쳡은 오히려 당 우히 냥친이 겨셔 보신지칙을 의논ᄒ리 잇거니와 니시ᄂᆞᆫ 뉘 이셔 지휘ᄒ리잇고 쇽졀업시 나뷔 화등의 잠기고 옥이 바아진가 ᄎ셕ᄒᄂᆞ이다 초

공이 탄왈 오아의 운ᄋᆡᆨ이 고이ᄒᆞ여 부부 삼 인이 셰 곳으로 각리ᄒᆞ여 이러틋ᄒᆞ나 맛츰내 단원ᄒᆞᄂᆞᆫ 희ᄉᆡᆨ 이

89면

실 거시니 부인은 념녀를 마ᄅᆞ쇼셔 부인이 정시의 슈ᄉᆞᄒᆞᆫ 쇼식을 모ᄅᆞ고 이러틋 미드믄 츰연ᄒᆞ여 ᄃᆡ왈 명공이 션견지명이 신긔ᄒᆞ시나 이제 형셰로 츄이ᄒᆞᆫ즉 ᄌᆞ뷔 모다 즐길 날이 업슬 듯ᄒᆞ니 쳡의 여ᄋᆡᆨ이 ᄌᆞ부를 침노ᄒᆞ믈 한ᄒᆞᄂᆞ이다 공이 도로혀 미쇼ᄒᆞ더라 이ᄯᅢ ᄌᆞ염 쇼제 시좌ᄒᆞ여시니 촉하의 어리온 ᄐᆡ도와 쇄락ᄒᆞᆫ 긔질이 모부인으로 흡ᄉᆞᄒᆞ여 ᄇᆡᆨ미 쳔광이 오로지 가져거ᄂᆞᆯ 초공이 ᄯᅥ낫다가 보ᄆᆡ 더옥 긔이ᄒᆞ여 흔연이 날호여 운환을

90면

ᄡᅳ다듬고 옥슈를 어ᄅᆞ만져 ᄀᆞᆯ오ᄃᆡ 나의 두 며ᄂᆞ리 ᄉᆡᆨ광이 민망ᄒᆞ거ᄂᆞᆯ 너의 독보ᄒᆞᆫ 얼골이 진실노 념녀로온지라 내 아ᄒᆡᄂᆞᆫ 모ᄅᆞ미 슈심 양덕ᄒᆞ여 ᄌᆡᆨ익을 쇼멸ᄒᆞ고 홍안의 ᄒᆡ로오믈 밧지 말나 쇼제 츄슈 명목이 가날고 팔ᄌᆞ 츈산이 졔졔히 나즉ᄒᆞ여 말을 아니니 부인 왈 이 ᄋᆞᄒᆡ 비록 얼골이 고으나 ᄒᆡᆼ실과 부덕이 진실노 흠홀 곳이 업슬 ᄲᅮᆫ 아니라 셩품과 마음이 만히 명공을 품슈ᄒᆞ여 어미를 담지 아냐시니 ᄒᆡᆼ혀 복을 누릴가 ᄒᆞᄂᆞ이다

91면

공이 쇼왈 날을 달믄들 엇지 유복홀 쥴 알니오 여ᄎᆞ 용ᄉᆡᆨ이 무ᄒᆡ키를 어렵거니와 정니 냥 식부와 이 아ᄒᆡ 나죵은 복녹이 완젼지상이오 근심이 업ᄉᆞ리라 부인이 초공을 신명ᄀᆞᆺ치 밋더니 도금ᄒᆞ여ᄂᆞᆫ 정시 쥭은 쥴 아지 못ᄒᆞ고 이리 니ᄅᆞ믈 츄연이 탄ᄒᆞ더라 명됴의 조노공이 대셔헌의셔 비로쇼 정공의 셔찰을 보고 정시 참ᄉᆞᄒᆞᆫ 흉음을 젼ᄒᆞ니 초공이 블승경악ᄒᆞ나 오히려 의심ᄒᆞᄃᆡ 초공의 침즁ᄒᆞ므로도 이의 다다ᄅᆞᄂᆞᆫ 참연ᄒᆞ미 미우의 가ᄃᆞᆨ

92면

ᄒᆞ여 머리를 숙이고 오ᄅᆡ도록 말을 못ᄒᆞ더니 기리 탄식고 진왕을 보와 왈 쇼뎨 ᄌᆞ쇼

로 안녁이 사름을 아노라 ᄒᆞ더니 금일 정식부의 흉음을 드ᄅᆞ니 셰상식 이의라 정시 ᄒᆞᆫ갓 미뫼 슈발ᄒᆞ올 ᄲᅮᆫ 아니라 긴 눈셥이 눈 밧긔 나지 아니니 긔샹이 청슈ᄒᆞ고 ᄆᆞᆰ은 안칙 효셩 ᄀᆞᆺᄐᆞ니 츄슈 정신을 ᄯᅴ어시니 그 긔운이 경강 안일ᄒᆞ여 슈복이 반ᄃᆞ시 누일샹이라 낭미 ᄉᆞ이 복긔 어리여 ᄌᆞ네 가ᄌᆞ며 오복이 무흠홀 ᄃᆞᆺᄒᆞ니 엇지 일졈 골육이 업시 청년 슈ᄉᆞᄒᆞᆫ 혼ᄇᆡᆨ이

93면

되리오 결단ᄒᆞ여 거즛말 ᄀᆞᆺᄐᆞᆫ디 졍ᄌᆞ산이 샹시라도 이런 말노 ᄉᆞ름을 쇽이지 아닐 거시오 더옥 이ᄶᅥᄋᆡ 희쇼롤 아니리니 쥭을시 젹실ᄒᆞᆫ가 시부니 셰샹ᄉᆞ롤 엇지 미드리 잇고 일노 보와는 니시와 유현이 모도 다 ᄉᆡᆼ각도 아직 아니ᄒᆞᄂᆞ이다 진왕이 정시로 ᄒᆞ여금 ᄒᆞᆫ낫 유치ᄋᆞ도 업시 요ᄉᆞ홀 사름이면 셰샹의 미들 거시 무어시리오 아니 시녀 무리 ᄉᆡᆼ진 거술 그릇 알민가 졔 집의 분명 통부롤 ᄒᆞ고 쥭으미 분명타 ᄒᆞ니 비록 내치인 ᄌᆞ뷔나 복졔롤 엇지ᄒᆞ려 ᄒᆞ

94면

ᄂᆞ뇨 초공이 침음 양구의 대왈 정시 죄악인즉 ᄇᆡᆨ옥 무하ᄒᆞ나 신ᄇᆡᆨ지 못ᄒᆞᆫ 젼은 ᄉᆞ라셔 며ᄂᆞ리로 거ᄂᆞ리지 못ᄒᆞ여시니 엇지 복졔롤 츌히리잇고 반ᄃᆞ시 신누롤 벗는 날 목쥬롤 다려오고 복졔롤 츌혀 ᄌᆞ부로 홀 거시니 쇼뎨 마음의는 실노 밋브지 아니ᄒᆞ여 쥭을 니 만무ᄒᆞᆫ ᄃᆞᆺᄒᆞ니 잠간 ᄉᆞ긔롤 보와 구쳐ᄒᆞ샤이다 인ᄒᆞ여 태부인 못 드ᄅᆞ시는 대 가 통곡ᄒᆞ여 슬허ᄒᆞ나 복졔롤 츌히지 아니ᄒᆞ고 니부의 사름을 보내여 니시의 쇼식을 무른즉 오히려 쥭은 정시와 다

95면

ᄅᆞ미 업셔 간 곳이 업다 ᄒᆞ고 다만 니공지 쟝ᄉᆞ롤 지내고 망극ᄒᆞ여 도라와 잇다 ᄒᆞ는지라 초공이 ᄎᆞ언을 듯고 슈레롤 밀어 니부의 와 니공 령연의 통곡ᄒᆞ고 니공ᄌᆞ의게 조샹ᄒᆞ고 샹ᄉᆞ의 슬프믈 니ᄅᆞ고 버거 ᄌᆞ부의 츔란을 탄셕ᄒᆞ니 공지 흠신 톄읍 ᄉᆞ례ᄒᆞ고 ᄒᆞᆫ 쟝 글월을 밧드러 드리니 초공이 놀나 밧비 ᄯᅥ혀 보니 니시 화벽의 샹셰라 강포ᄒᆞᆫ 도젹이 외로오믈 업슈이 너겨 블인지심이 사름 쥭다 ᄒᆞᆫ 후 그칠 거시미 쳔비롤 ᄃᆡ신ᄒᆞ여 잡혀가니 분명이 궁극ᄒᆞᆫ

96면

쁫이오 ᄌᆞ최 묘망타 ᄒᆞ여 방인을 쇽이는 쁫과 깁히 드러시므로 번거ᄒᆞ여 존구의 실ᄉᆞ를 긔망ᄒᆞ믈 샤죄ᄒᆞ고 만 리 흠노의 무ᄉᆞ히 도라오신 깃브믈 하례ᄒᆞ고 지쳑의셔 배알치 못ᄒᆞ믈 샤죄ᄒᆞ여시니 금슈 필법이 찬란ᄒᆞ고 비졀ᄒᆞᆫ 졍의 인심을 감동ᄒᆞ니 쳔ᄌᆞ 쳔언이 금슈 쥬옥이오 슉ᄌᆞ 톄힝이 글 우희 어리고 간측ᄒᆞᆫ 졍셩이 ᄌᆞᄌᆞ히 나타나 특이ᄒᆞᆫ 용광과 유화ᄒᆞᆫ 옥셩을 보고 듯는 ᄃᆞᆺᄒᆞ니 초공이 간파의 미위 환연ᄒᆞ고 츈풍이 화란ᄒᆞ니 동원의 조흔 빗치 무

97면

ᄅᆞ녹으니 셔간을 졉어 낭즁의 심쟝ᄒᆞ고 흔연이 니공ᄌᆞ를 향ᄒᆞ여 니ᄅᆞᄃᆡ 니부의 투쳘 명식은 노뷔 거의 짐작ᄒᆞ미 이시나 규즁 쇼녀지 원려 고명ᄒᆞ미 이 ᄀᆞᆺ틀 쥴 알니오 이 짐즛 명쳘보심ᄒᆞ미라 노뷔 아룸답고 긔특ᄒᆞ믈 이긔지 못ᄒᆞ리로다 공지 블감빅샤 왈 쳔ᄒᆞᆫ 누의 비록 총명을 ᄌᆞ긔ᄒᆞ오나 엇지 존대인의 과히 포쟝ᄒᆞ시믈 밧ᄌᆞ오리잇고 다만 존문 홍복 혜틱을 입ᄉᆞ와 위란ᄒᆞᆫ 가온ᄃᆡ 피화ᄒᆞ믈 신긔로이 ᄒᆞ오니 도시 조문 덕음이로쇼이

98면

다 공이 이윽히 말솜ᄒᆞ다가 셕양의 부즁의 도라와 존당의 뵈옵고 좌위 고요ᄒᆞᄆᆡ 태부인과 부모긔 니시 탈신 싱존ᄒᆞ여 니부 심원의 깁히 은신ᄒᆞ여 간당이 픠루홀 ᄣᆡ를 가다리는 쥴 알외고 니쇼져의 셔찰을 밧드러 드리니 태부인과 노공 부뷔 간필의 대경 신이ᄒᆞ믈 이긔지 못ᄒᆞ여 글을 ᄌᆡ삼 살펴 그 긔특ᄒᆞ믈 니ᄅᆞ고 거두어 협ᄉᆞ의 간슈ᄒᆞ고 탄왈 니쇼부의 싱존ᄒᆞᆷ은 진젹ᄒᆞ거니와 아지못게라 졍시 옥보 방신이 엇지된고 졍쇼뷔 진실노 싱환치 못ᄒᆞᆫ즉

99면

유현의 금슬 샹화를 니어 종을 창ᄒᆞ고 사를 빗닉 리 업술가 ᄒᆞ노라 진초 이공이 화셩 유어로 위로 쥬왈 텬의 지공무ᄉᆞᄒᆞ시니 졍시 쥭다 ᄒᆞ오나 목젼의 보고 드ᄅᆞ미 업ᄉᆞ오니 혹쟈 ᄉᆞ즁 구싱ᄒᆞ올 도리 잇ᄉᆞ올가 ᄒᆞ옵ᄂᆞ니 복망 대모와 부모는 믈우셩려ᄒᆞ시고 텬도의 슌환지리를 바랄 거시니이다 존당 샹히 역쇼역탄ᄒᆞ며 울울이 유현 부부를

ᄉᆞ렴ᄒᆞᄂᆞᆫ 회픠 ᄉᆡ롭더라 화셜 숀시즁이 셜부의 나아가 셜강을 보고 조니부의 셔간을 쥬고 ᄌᆞ긱의 갓던 말과 니

100면

뷔 예ᄉᆞ로 알고 여ᄎᆞ여ᄎᆞᄒᆞ여 잡아 본현의 보내여 쥭이고 료픽를 쓸너다가 텬ᄌᆞ긔 드리니 샹이 ᄌᆞ긱 보닌 쟈를 ᄌᆡ삼 ᄎᆞᆺ고져 ᄒᆞ시던 바와 니부의 허다히 앗기고 탄ᄒᆞ던 말을 낫낫치 젼ᄒᆞ니 셜강이 늣치 더오며 심신이 황황ᄒᆞ여 어린 다시 입을 여지 못ᄒᆞ고 다만 셔간을 ᄠᅦ여 보니 셔의 ᄀᆞᆯ와시ᄃᆡ 일별이 아득ᄒᆞ여 졀셰 밧괴이니 형의 긔게 여하오 누인은 셩샹의 호ᄉᆡᆼ지덕을 입ᄉᆞ와 아ᄅᆡ로 졔우의 고렴ᄒᆞ믈 입어 젹쇼의

101면

무ᄉᆞ히 득달ᄒᆞ여 안신ᄒᆞ니 우흐로 군친을 ᄉᆞ모ᄒᆞ며 버거 졔우 친붕을 ᄉᆞ렴ᄒᆞᄆᆡ 몽혼이 뎨도의 도라가고 몸은 이향의 뉴락ᄒᆞ니 아심이 비졀이러니 엇지 샹비ᄒᆞ믈 촘으리오 형과 쇼뎨 셔로 ᄉᆞ괴언 지 오ᄅᆡᆫ지라 셔로 원을 ᄆᆡᄌᆞ미 ᄯᅩ 업고 한을 품으미 업ᄉᆞ니 ᄯᅥ나ᄆᆡ 혜오ᄃᆡ 형이 반ᄃᆞ시 누인을 념녀ᄒᆞ여 령히 만리의 보젼ᄒᆞᆯ 도리를 지휘ᄒᆞᆯ가 ᄒᆞ엿더니 뉘 긔약지 아냐셔 흰날이 니를 쥴 알니오 오회라 인명이 즁ᄃᆡᄒᆞ니 군부도

102면

오히려 사름의 죄의 경즁을 ᄉᆡᆼ각ᄒᆞ여 일국이 가살이라 ᄒᆞ여야 버히ᄂᆞ니 아지못게라 이 조운희 셜의ᄇᆡᆨ긔 무슨 죄를 어드며 원을 ᄲᅡᆨ호며 이 지경의 미쳣ᄂᆞ뇨 셩인이 운ᄒᆞᄃᆡ 은혜ᄂᆞᆫ ᄆᆡᆺ고 잇지 말며 원슈ᄂᆞᆫ 플고 니즈라 ᄒᆞ시니 운희 비록 쳔균대량이 업ᄉᆞ나 형의 여ᄎᆞ ᄒᆡ거를 경혹ᄒᆞᆯ지언졍 유심 치부ᄒᆞ여 ᄋᆡᄌᆞ지원을 필보ᄒᆞᆯ ᄯᅳᆺ이 업셔 형을 위ᄒᆞ여 지극 념녀ᄒᆞ고 ᄋᆡ달나ᄒᆞ믄 형이 ᄌᆡ조의 아름다오미 잇고 ᄌᆡ홰 니

103면

ᄇᆡᆨ을 우을지라 이십 젼 ᄐᆡ혹ᄉᆞ로 샹총이 일신의 족ᄒᆞ고 영명이 됴야의 나타ᄂᆞ니 졍도로 ᄉᆞ군보국ᄒᆞ여 츙신으로 힝셰ᄒᆞ여 일신 복녹을 직희고 형의 집 됴션을 현양ᄒᆞ리니 하고로 마음을 괴로이 ᄒᆞ여 사름을 ᄉᆡ긔ᄒᆞ여 션을 바리고 그른 길흘 ᄎᆞᄌᆞ 비록 일

셕의 악을 가리오나 쳔고 믹명을 면치 못홀 거시오 친우를 모함ᄒᆞ여 ᄉᆞ디의 너흠도 인ᄌᆞ의 츰아 못홀 악ᄉᆡ라 쥬샹이 녕명ᄒᆞ샤 맛ᄎᆞᆷ내 션악을 아ᄅᆞ실 거시니 슬

104면

프다 왕법이 삼엄ᄒᆞ거늘 외됴 신ᄌᆡ 궁금의 왕릭ᄒᆞ고 궁희를 결납ᄒᆞ여 사름 히ᄒᆞ기를 타연이 ᄒᆞ여 빙산이 문허지ᄂᆞᆫ 날 형의 몸을 쟝ᄎᆞᆺ 어내 ᄯᅡ희 두며 녕당의 블효와 일셰의 븟그러오믈 엇지려 ᄒᆞᄂᆞ뇨 운희 ᄇᆞᆰ지 못ᄒᆞ고 어지지 못ᄒᆞ나 잠간 ᄉᆞ름 아는 거울이 잇ᄂᆞ니 초의 형이 부졀업시 ᄌᆞᄀᆡᆨ을 보내여 오가의 변을 일우고 젼후의 날을 히ᄒᆞ여 령히 만리의 슈졸을 삼으니 형의 신긔ᄒᆞᆫ 슈단이믈 알오대 한치 아

105면

니ᄂᆞ니 유현의 슈년 찬젹은 빙산이 문허지ᄂᆞᆫ 날이면 셩명이 어두온 곳을 현격히 슬피신즉 ᄌᆞ연이 고토의 도라가 군친과 뎨우를 반기리니 의빅의 잔잉ᄒᆞᆫ 일신을 엇지ᄒᆞ리오 위ᄒᆞ여 념녀컨대 오직 마음을 곳치고 인을 힝ᄒᆞ여 ᄌᆞ칙ᄒᆞ미 올흐니 셩인이 곳치믈 귀타 ᄒᆞ엿ᄂᆞ니 날을 이 지경의 니ᄅᆞ게 하고 ᄯᅩ 셕환을 보내여 쥭이려 ᄒᆞ니 가히 심타 니를 거시로ᄃᆡ 운희 엇지 무고히 쥭으리오 셕환을 잡아 쥭이믄 타일의 형의

106면

동심모의ᄒᆞ던 졍젹을 감초고 형의 그른 곳의 ᄲᅡ지믈 골돌ᄒᆞ여 일편 셔ᄉᆞ를 닥가 형의 ᄉᆡᆼ도를 지휘ᄒᆞᄂᆞ니 형의 총명으로 익이 ᄉᆡᆼ각ᄒᆞ고 타일 뉘웃지 말나 만일 회과 ᄌᆞ칙ᄒᆞᆫ즉 유현이 맛ᄎᆞᆷ내 구교의 ᄂᆞᆺ출 조히 보고 함한포원치 아니리니 ᄇᆞᆰ히 슬피고 익이 샹량ᄒᆞ라 ᄒᆞ엿더라 셜강이 보기를 맛ᄎᆞ믹 면여토ᄉᆡᆨᄒᆞ여 말을 못ᄒᆞ고 져의 셔즁ᄉᆞ의 젼후 악ᄉᆞ를 ᄯᅡ라단니며 본 ᄃᆞᆺ ᄒᆞ니 심신이 ᄎᆞ악ᄒᆞ고 실노 쟝릭를

107면

혜아리믹 두립고 위틱ᄒᆞᆫ지라 두 번 ᄌᆞᄀᆡᆨ을 보내여 인명을 히ᄒᆞ려 ᄒᆞ던 흉심을 셰샹이 알진ᄃᆡ 엇지 ᄉᆞ류의 츙슈ᄒᆞ며 ᄉᆞ름을 ᄃᆡᄒᆞ리오 신ᄉᆡᆨ이 져샹ᄒᆞ여 ᄇᆞᆰ으락 프ᄅᆞ락 숀공이 ᄎᆞ경을 보고 그윽이 이들와 이의 니ᄅᆞᄃᆡ 조운희를 오릭 동쳐ᄒᆞ여 보니 밧근 하일의 두리오미 잇고 안흔 강하의 너른 량이 이셔 일월 명긔ᄂᆞᆫ 그 졍신과 총명이오

츄텬의 샹연ᄒᆞ믄 그 긔운이라 ᄒᆞ믈며 의긔 현심은 텬셩의 나타는 배라 언언이 의빅을 ᄋᆡ달나 ᄒᆞ고 실

108면

노뻐 어질고 ᄊᆡ다라 기리 보젼키를 바라는 뜻이 각별ᄒᆞ여 날을 ᄌᆡ삼 당부ᄒᆞ여 ᄌᆞ긱일ᄉᆞ를 번거히 말고 텬졍의 곳 의빅의게 밀위지 말나 ᄒᆞ니 실노 ᄂᆡ 마음의 감격ᄒᆞ니 현계 홀노 감동치 아니랴 내 의빅으로 몬져 친ᄒᆞ고 친쳑의 졍을 아오라 엇지 조문계의 비기리오마는 ᄎᆞ마 그른 거술 돕지 못ᄒᆞ고 인심이 ᄎᆞ마 대군ᄌᆞ를 ᄒᆡ치 못ᄒᆞ여 림힝 부탁을 ᄒᆞᆫ 일을 다시 힝치 못ᄒᆞ니 낫치 업거니와 쳥컨ᄃᆡ 마음을 곳쳐 조문계의 어진 말을 져바리지 말나

109면

강이 기리 탄식ᄒᆞ고 앙텬 쟝탄 왈 일셰의 엇지 강을 내시고 ᄯᅩ 조문계를 내고 져를 ᄒᆡ코져 ᄒᆞ미 그른 쥴 모ᄅᆞ지 아니ᄃᆡ 졔 됴항의 나셔면 쇄락ᄒᆞᆫ 풍신이 우마 즁 긔린이오 슉슉ᄒᆞᆫ 례모와 엄졍ᄒᆞᆫ 긔운은 늠연이 구츄 샹텬 ᄀᆞᆺᄐᆞ여 츙효 셩힝과 언론 긔질이 셰ᄃᆡ의 걸츌ᄒᆞ니 나 셜강이 혼ᄌᆞ 나셔면 두리온 사ᄅᆞᆷ이 업다가 조문계와 병립ᄒᆞᆫ즉 몸이 쳑동 ᄀᆞᆺ고 긔운이 쇼삭ᄒᆞ여 셔리 마진 빅얌이 룡을 ᄃᆡᄒᆞᆷ ᄀᆞᆺᄐᆞ니 년쇼지심의 분한ᄒᆞ믈 이긔지 못ᄒᆞ여 ᄒᆞᆫ 번

110면

ᄒᆡᄒᆞ고 두 번 ᄒᆡᄒᆞ여 금일의 ᄆᆞᆺᄎᆞ니 셰 냥립지 못ᄒᆞ여 쥭인 후 긋치랴 ᄒᆞ엿더니 졔 나의 힝ᄉᆞ를 슬피미 쇼여일휘ᄒᆞ니 다시 악을 더은즉 내 져는 쥭이지 못ᄒᆞ고 나의 ᄒᆞᆫ 죄를 더ᄒᆞ미라 ᄎᆞ후 마음을 곳쳐 다시 그ᄅᆞ미 업ᄉᆞ려니와 노형은 현인의 지친이라 나의 젼졍 만리를 고렴ᄒᆞ여 허다 허믈을 다시 구외의 내여 셰샹의 알게 말나 숀공이 니러 칭하 왈 만일 마음을 곳쳐 덕을 닥근즉 화를 두로혀 복을 취ᄒᆞ리라 내 엇지 의빅의 과실을 누셜ᄒᆞ리

111면

오 기리 ᄉᆡᆼ각ᄒᆞ여 현인을 감화ᄒᆞ라 셜ᄉᆡᆼ이 탄식고 ᄎᆞ후 악심을 ᄐᆡ반이나 쥬려 졔 스

ᄉᆞ로 ᄌᆞ참ᄒᆞ나 난교를 궁즁의 두어시니 무ᄉᆞ 일 잇슬가 두려ᄒᆞ나 홀일업셔 운남의 왕릭ᄒᆞᄂᆞᆫ ᄉᆞ룸을 듯보와 회셔를 닥가 문계의게 샤죄ᄒᆞ엿더니 젼ᄒᆞ여 가지 못ᄒᆞ고 글을 평진후긔 드린 ᄇᆡ 되여 펴 보니 ᄒᆞᆫ 가온ᄃᆡ 져의 반싱 간계를 닐ᄏᆞᄅᆞ 샤죄ᄒᆞ고 ᄎᆞ후 회과 ᄌᆞ칙ᄒᆞᄂᆞ니 타일 샤ᄒᆞ고 구ᄒᆞ믈 쳥ᄒᆞ엿ᄂᆞᆫ지라 평진후 대로 왈 셜강 쇼인의 악ᄉᆡ 여ᄎᆞᄒᆞ니 맛당이 텬졍의 이

112면

글을 드려 문계를 구ᄒᆞ리라 맛초와 조례뷔 왓다가 보고 탄식 왈 군ᄌᆞ의 대덕으로 쇼인을 감화ᄒᆞᄂᆞᆫ지라 쥬뎨 비록 쇼인의게 잡혀 화를 만ᄂᆞ시나 텬되 쇼쇼ᄒᆞ니 신원이 ᄶᅥᆨ 이실지라 엇지 구ᄎᆞ히 ᄒᆞᆫ 쟝 셔간을 잡아 고ᄒᆞ여 죄를 신빅ᄒᆞ오면 원ᄂᆡ 악쟝이 년친지가로 냥가 졍분이 범연치 아니믄 셩샹이 아ᄅᆞ시고 거셰 쇼공지라 쥬뎨 신원ᄒᆞ나 공논이 못 되리니 아른 쳬 마ᄅᆞ쇼셔 쇼공이 칭션 왈 아셔ᄂᆞᆫ 짐즛 셩현이라 의논이 관대ᄒᆞ니 내 엇지 듯지 아니리오 드ᄃᆡ

113면

강의 셔간을 감초고 샹젼의 알외지 아니ᄒᆞ니라 화셜 평진왕 뎨 이ᄌᆞ 영현이와 솜ᄌᆞ 운현이 졍슉렬의 빵ᄐᆡ 동산이라 영현의 ᄌᆞᄂᆞᆫ 션희니 용뫼 초산의 빅옥 ᄀᆞᆺ고 풍치 금당의 일쳔 양뉴 휘드ᄅᆞ니 봉안은 뉴셩 ᄀᆞᆺ고 와잠미ᄂᆞᆫ 문명이 녕녕ᄒᆞ여 산천 졍긔를 거두워 년협 단슌이 모비의 텬싱 염모를 달마ᄂᆞᆫ지라 방년 십ᄉᆞ의 신쟝이 유여ᄒᆞ고 문쟝 지홰 태ᄉᆞ쳔을 압두ᄒᆞ니 셩되 단졍ᄒᆞ고 말솜이 간약ᄒᆞ여 니른바 옥 ᄀᆞᆺ튼 군ᄌᆡ라 인인이 칭하ᄒᆞ여 진왕의

114면

복되믈 일캇고 조부뫼 혹이ᄒᆞ나 왕은 미양 너모 미려ᄒᆞ고 단졍ᄒᆞ여 근어부인이라 나모라 ᄒᆞ니 초공이 쇼왈 ᄌᆞ식이 방탕ᄒᆞ고 넘ᄂᆞᆫ 거시 민망ᄒᆞ지 단졍ᄒᆞ고 슈힝이 영현 ᄀᆞᆺᄐᆞ면 엇지 부족ᄒᆞ리잇고 왕이 쇼왈 현데 아지 못ᄒᆞᄂᆞ냐 영현이 얼골이 완연이 녀ᄌᆞ의 ᄌᆞ태를 가졋고 셩졍이 조요ᄒᆞ고 단아ᄒᆞ여 쟝부 긔상이 아니라 내 열 아들의 유현만ᄒᆞ 니 업ᄉᆞ니 엇지 ᄋᆡ답지 아니리오 운현이 쟝부 긔샹이 ᄂᆞ오ᄃᆡ 너모 방탕ᄒᆞ고 완만 호일ᄒᆞ니 ᄯᅩᄒᆞᆫ ᄃᆡᄉᆡ로다 노공이 쇼왈 네

115면

열 아들의 긔현이 읏듬이오 셩의 일곱 아들의 유현이 최승ᄒᆞ거니와 얼골 ᄌᆡ조야 고히 이시리오 유현의 버금은 광현이오 긔현의 버음은 긔샹이 쇄락 휜츨ᄒᆞ여 기부지풍이 완젼ᄒᆞᆫ 쟈ᄂᆞᆫ 운현이라 냥공이 복슈ᄒᆞ여 우음을 먹음고 조부인 등이 낭쇼 왈 냥뎨ᄂᆞᆫ 욕심이 무염ᄒᆞ도다 긔현의 열 형뎨와 유현의 칠 형뎨 화긔 풍뉴지용과 옥면 영풍이 룡봉의 긔질이오 개개히 옥경 신션 ᄀᆞᆺᄐᆞ니 그런 아ᄃᆞᆯ이 ᄒᆞᄂᆞ만 이셔도 복이어든 십 ᄌᆞ와 칠 ᄌᆞᄅᆞᆯ 두고 오히려 다사이

116면

ᄌᆞ식의 흉을 포폄ᄒᆞ니 형뎨 등인들 쇼시의 엇지 허믈이 업ᄉᆞ리오 진왕이 미미히 웃더라 영현 운현이 ᄒᆞᆫ가지로 쟝셩ᄒᆞ니 쳔파 만믹 문의 들네더니 셔평후 쳘관이 삼 ᄌᆞ 일 녀ᄅᆞᆯ 두어 녀ᄋᆡ 몬져 쟝셩ᄒᆞ니 십ᄉᆞ 셰의 옥모 월틱와 셩힝 ᄉᆞ덕이 향셕의 슉완이라 조영현의 옥면 유풍을 쳘휘 친히 보고 쥬진의 호연을 간쳥ᄒᆞ여 셩례ᄒᆞ니 부부의 긔질이 일빵 호구오 경금 냥옥이라 양틱 존당이 깃거ᄒᆞ고 구괴 대열ᄒᆞ여 부뷔 화합ᄒᆞ며 관져지락이 일

117면

셰 무비ᄒᆞ니 쳘쇼졔 승슌군ᄌᆞ와 효봉구고ᄒᆞ미 극진지도ᄅᆞᆯ 어더 안일ᄒᆞᆫ 덕도와 요조ᄒᆞᆫ 힝식 쇼졍의 쳔균대량의 밋촐 빈 아니오 니시의 ᄉᆞ군ᄌᆞ지풍의 ᄡᅡ로지 못ᄒᆞ나 시셰의 일대 슉녀라 일개 칭찬ᄒᆞ더라 운현의 ᄌᆞᄂᆞᆫ 셕희니 싱셩ᄒᆞ미 쇄락ᄒᆞᆫ 얼골은 신월이 동녕의 ᄇᆞᆰ앗고 늠늠ᄒᆞᆫ 풍치ᄂᆞᆫ 룡이 오ᄅᆞ며 범이 움ᄌᆞᆨ이ᄂᆞᆫ ᄃᆞᆺᄒᆞ고 잠미 봉안이오 호비 쥬슌이 부왕의 영풍을 오로지 가져시니 신쟝이 팔 쳑이오 슈슈 과슬ᄒᆞ며 뇌뇌ᄒᆞᆫ 거동이 쳔고 영걸이라

118면

긔샹이 발월ᄒᆞ고 셩졍이 휜츨ᄒᆞ여 ᄌᆡ모 문한과 풍광이 일셰의 ᄲᅡ혀ᄂᆞ니 가ᄉᆞᆷ의 경졔대략을 품고 슈즁의 경륜 대ᄌᆡᄅᆞᆯ 가져 운쥬 유악지즁의 결승쳔리ᄒᆞᄂᆞᆫ ᄌᆡ긔 겸ᄒᆞ여시니 보ᄂᆞ니 칭찬 경복ᄒᆞ고 왕이 편ᄋᆡᄒᆞ미 졔ᄌᆞ의 각별ᄒᆞᄃᆡ 다만 긔운이 일셰ᄅᆞᆯ 업누ᄅᆞ고 방탕 호일ᄒᆞ미 두릴 거시 업고 지닉 보ᄂᆞᆫ 미싀이 업ᄂᆞᆫ지라 왕이 비록 쇼시의 식

을 호하고 쇼쇼 례졀을 거리씨지 아냐시나 나히 찬 후ᄂᆞᆫ ᄆᆡ식 슉셩ᄒᆞ여 졔ᄌᆞ 계칙이 초공의 여러 번 지ᄂᆞᆫ지라

119면

졔 공ᄌᆞ의 방일ᄒᆞ미 이시면 친ᄌᆞ 질ᄌᆞ를 혜지 아냐 계칙ᄒᆞ니 ᄎᆞ고로 초공의 졔직 그 야야긔ᄂᆞᆫ ᄐᆡ쟝ᄒᆞ미 업ᄉᆞᄃᆡ 왕의게ᄂᆞᆫ ᄌᆞ로 맛ᄂᆞᆫ지라 운현의 방일 호탕을 보고 외모의 엄슉ᄒᆞ미 늠동 한텬 ᄀᆞᆺ트여 ᄉᆞ오 셰 이후로 ᄂᆞᆺ비출 허ᄒᆞ여 가ᄎᆞᄒᆞ미 업고 반ᄃᆞ시 미우의 상풍이 어ᄅᆡ여 긔운을 졔어ᄒᆞ니 공지 부젼을 림ᄒᆞ면 숑구 젼률ᄒᆞ여 ᄎᆞᆫ ᄯᆞᆷ이 오ᄉᆡ 젓ᄂᆞᆫ지라 연이나 긔운을 쥬리혀고 유혹을 힘쓰며 마음을 가다듬어 녀ᄉᆡᆨ을 먼니ᄒᆞ나 쥬ᄉᆡᆨ 녀악의 밋쳐ᄂᆞᆫ

120면

지라 ᄯᆡ를 어드면 양혹사로 더브러 졔녀당과 진궁 구ᄌᆞ의 곳의 나아가 풍뉴를 ᄃᆡᄒᆞ며 홍상을 겻지어 풍뉴 호탕이 비홀 ᄃᆡ 업다가 부왕이 도라올 ᄯᆡ 곳 당ᄒᆞ면 풍악을 긋치고 늠연 졍슉ᄒᆞ니 왕이 오히려 그 풍뉴 탐ᄉᆡᆨ을 다 아지 못ᄒᆞ더라

조시삼대록 권지구

1면

화셜 조운현이 이ᄯᆡ 십ᄉᆞ 츈광을 당ᄒᆞ여 톄지 언건ᄒᆞ고 만ᄉᆡ 슉셩ᄒᆞ니 왕이 ᄐᆡᆨ부ᄒᆞ기를 비샹이 ᄒᆞ며 ᄆᆡᄑᆡᆨ 영문ᄒᆞ나 용이히 허치 아닌ᄂᆞᆫ지라 졔 셔뫼 웃고 니ᄅᆞᄃᆡ 우흐로 냥지 취실ᄒᆞ실 ᄯᆡ ᄐᆡᆨ부ᄒᆞ시미 이대도록지 아니ᄒᆞ시더니 삼 공ᄌᆞ의 다다ᄅᆞᄂᆞᆫ 이ᄀᆞᆺ치 유별ᄒᆞ시니 원ᄂᆡ 얼굴 긔상이 이ᄀᆞᆺ트므로 편애ᄒᆞ시미신가 ᄒᆞᄂᆞ이다 왕이 함쇼 대왈 ᄎᆞᄋᆡ 굿트여 날 ᄀᆞᆺ다 ᄒᆞ여 귀즁ᄒᆞ미 아니라 긔현은 침믁ᄒᆞᆫ 웃듬

2면

군ᄌᆞ오 영현은 단아 군ᄌᆡ니 예ᄉᆞ로와 근심이 업거니와 운현은 긔운이 하늘을 밧들ᄃᆞᆺᄒᆞ고 호일 방탕ᄒᆞ니 만일 용샹ᄒᆞᆫ 녀ᄌᆞ를 어드면 반ᄃᆞ시 진복ᄒᆞᆯ 길이 업ᄉᆞ니 부ᄃᆡ

특이흔 녀ᄌᆞ를 어더 운ᄋᆞ를 진복ᄒᆞ리니 퇴부를 범연이 ᄒᆞ리잇가 초공이 우왈 ᄎᆞ익 비록 호방ᄒᆞ나 녁냥이 침원ᄒᆞ니 졔가의 근심이 업ᄉᆞ리이다 왕이 우으나 정치 못ᄒᆞ엿더니 황족 연왕이 다만 일녀 이시니 ᄌᆞ못 편익ᄒᆞ더니 금년 츈의 영현이 동방 등과ᄒᆞ미 운현이 데일의 고

3면

등ᄒᆞ니 앙당 쇄락흔 풍광이 만인의 쇼ᄉᆞᄂᆞ고 쇼년 직망은 일셰의 진동ᄒᆞ니 냥조의 옥면 유풍이 뎐샹 뎐하의 바히ᄂᆞᆫ지라 텬심이 블승경애ᄒᆞ샤 각별 위무ᄒᆞ시고 진왕을 블너 칭찬 왈 산고 옥츌이오 히심 츌쥐라 션싱의 긔특ᄒᆞ므로 엇지 범샹ᄒᆞ리오 긔현의 셩ᄌᆞ 도덕은 금 텬하 대현이라 이졔의 아름다오미 여ᄎᆞᄒᆞ오미 흔갓 션싱의 복녹이 아니라 짐의 만힝이라 일빅 하쥬를 폐치 못ᄒᆞ노라 옥빅의 항온을 부이샤 쥬시니 왕이 돈슈 빅샤 왈 신이

4면

박덕 부ᄌᆡ로 외람이 셩은을 입솝고 어린 ᄌᆞ식이 이ᄀᆞᆺ치 셩은을 밧ᄌᆞ오니 실노 여른 복이 숀홀가 ᄒᆞ나이다 두 ᄌᆞ식이 다 년쇼 부ᄌᆡ로 셕은 글귀를 의방ᄒᆞ오나 ᄉᆞ군 찰임흘 ᄌᆡ죄 업ᄉᆞ오니 ᄉᆞ오 년 말미를 쥬샤 다시 고ᄉᆞ를 슈련ᄒᆞ여 셩우를 갑숍게 ᄒᆞ리이다 샹이 왕의 쥬ᄉᆞ를 드ᄅᆞ시고 쇼왈 ᄌᆡ조ᄂᆞᆫ 년치 다쇼의 잇지 아닌지라 금일 운현의 표치 풍광이 완연이 션싱으로 다ᄅᆞ미 업고 쟝원 삼쟝이 쳔고 희ᄉᆡ라 글 가온대 치셰 경륜지귀 은은ᄒᆞ니 션싱은 다

5면

겸치 말나 친히 어화를 ᄭᅩᆺᄌᆞ 쥬시고 ᄎᆞᄎᆞ 하빅를 쥬시며 작직을 분졍ᄒᆞ시니 운현이 신진 명ᄉᆞ로 영춍이 부형을 ᄡᅡ로고 ᄌᆡ풍이 됴야를 경동ᄒᆞ니 연왕이 셩샹긔 이셩 형뎨간이 되ᄂᆞᆫ지라 긔운이 교만ᄒᆞ고 셩졍이 ᄉᆡ험ᄒᆞ므로 샹이 외친내쇼ᄒᆞ여 괴로이 녀기시더라 연왕이 쟝원을 보고 그윽이 유의ᄒᆞ여 만쇄 퇴ᄒᆞ믈 기다려 샤흔 은지를 어더 조싱으로 ᄉᆞ회를 삼으랴 ᄒᆞ더라 영현을 또 한림원의 탁용ᄒᆞ시니 이날 조쟝원이 금화를 숙이고 어쥬를

6면

반취ᄒᆞ여 방하ᄅᆞᆯ 거ᄂᆞ려 궐문 밧긔 나오니 집ᄉᆞ 아역이 젼ᄎᆞ 후응ᄒᆞ여 청동 빵개ᄂᆞᆫ
ᄋᆞᆲ흘 인도ᄒᆞ고 금의 ᄌᆡ인은 ᄌᆡ조ᄅᆞᆯ 결워 부즁으로 도라올ᄉᆡ 진왕 형데 ᄌᆡ후ᄒᆞ고 례
부의 위의 니어 영광이 일노의 덥혓고 풍치 ᄀᆡ샹이 ᄇᆡᆨ일의 찬란ᄒᆞ니 인인이 탄복ᄒᆞ
더라 힝ᄒᆞ여 부즁의 도라오ᄆᆡ 냥 존당의 깃거ᄒᆞ믄 비길 ᄃᆡ 업고 졔 셔모와 졔 뫼져
등이 진왕을 향ᄒᆞ여 칭하ᄒᆞᄂᆞᆫ 쇼ᄅᆡ 물결을 ᄌᆞ호ᄂᆞᆫ ᄃᆞᆺᄒᆞ니 초공의 현미ᄒᆞ미 ᄌᆞ질을
간격지 아냐 깃거ᄒᆞ나 운

7면

남 외로온 ᄋᆞᄌᆞᄅᆞᆯ ᄉᆡᆼ각ᄒᆞ여 화ᄀᆡ 늉흡ᄒᆞᆫ 가온ᄃᆡ 미우의 슈운이 은은ᄒᆞ니 왕이 지ᄀᆡ
ᄒᆞ고 ᄯᅩᄒᆞᆫ ᄎᆞ셕ᄒᆞ더라 각셜 연왕이 샹젼의 청ᄒᆞ여 ᄀᆞᆯ오대 신이 명박ᄒᆞ와 다ᄅᆞᆫ ᄌᆞ식
이 업습고 오직 일녜 이셔 ᄌᆡ용이 누치 아니ᄒᆞ온지라 가셔로 근심ᄒᆞ온 즁 가합ᄒᆞ온
쟈ᄅᆞᆯ 만ᄂᆞ지 못ᄒᆞ여 민민ᄒᆞ옵더니 쟝원 조운현이 룡봉의 ᄀᆡ질이오 니ᄇᆡᆨ의 신ᄎᆡ라 신
의 쇼망의 지ᄂᆞ오ᄃᆡ 평진왕 조뮈 신으로 블합ᄒᆞ와 셔로 만ᄂᆞ면 흔연이 한훤도 펴지
아니ᄒᆞ옵ᄂᆞᆫ지라 신녀로ᄡᅥ 운현의

8면

게 샤혼ᄒᆞ시믈 청ᄒᆞ옵ᄂᆞ이다 샹이 답왈 혼인은 풍화의 대관이오 인륜의 쳐음이라 피
ᄎᆞ 뜻이 맛가진 후야 반ᄃᆞ시 취ᄒᆞ리니 만일 조뮈 허치 아니커든 짐이 조용이 개유ᄒᆞ
리라 연왕이 배왈 그럿치 아니ᄒᆞ이다 신이 뎨실 지친으로 폐하ᄅᆞᆯ 우러러 만ᄉᆞᄅᆞᆯ 바
라ᄂᆞ이다 조뮈 비록 ᄀᆡ절이 어려오나 폐희 지친을 위ᄒᆞ여 셩지ᄅᆞᆯ 엄히 ᄂᆞ리오시면
졔 감히 거슬며 셜ᄉᆞ 샤양ᄒᆞᆯ지라도 슈히 셩례ᄒᆞ라 ᄒᆞ시면 조뮈 엇지 역ᄒᆞ리잇고 이
ᄅᆞᆯ 허치 아니시면 신의 바라든 ᄇᆡ 아니로

9면

쇼이다 샹이 우어 ᄀᆞᆯᄋᆞ샤ᄃᆡ 짐이 조운현을 보니 ᄀᆡ운이 츄텬 ᄀᆞᆺ고 졍신이 뇌락ᄒᆞ여
쳔고 영쥰이라 일쳐로 늙을 재 아니라 만일 경의 녜 요죠슉녀로 질투ᄒᆞᆯ 인믈이 아닌
가 그러치 아니면 운현이 깃거 아닌즉 경녀의 평ᄉᆡᆼ이 쾌치 아니리니 범ᄉᆞᄅᆞᆯ 익이 혜
아리라 녯적 션데 조무의 풍치 ᄀᆡ샹을 과히 ᄉᆞ랑ᄒᆞ샤 금션을 하가ᄒᆞ시ᄆᆡ 쇽절업시

금션의 평싱이 기부를 면치 못ᄒᆞ고 됴모의 원이 밋쳐시니 부부 ᄉᆞ이는 군부의 위엄이나 홀일업고 공쥐 션데 친녀

10면

오 짐의 쇼ᄆᆡ니 만승왕희로ᄃᆡ 존귀ᄒᆞ믈 발뵐 길이 업는지라 실노 짐이 이 혼인을 권치 못ᄒᆞ리로다 연왕이 대분ᄒᆞ여 우 쥬왈 셩샹이 ᄒᆞᆫ갓 조무의 영걸인 쥴만 니ᄅᆞ시고 군신 대의와 군부 위엄을 발뵈지 못ᄒᆞ시니 시고로 조뮈 방ᄌᆞᄒᆞ와 군부를 압두ᄒᆞ여 두릴 거시 업슨지라 신이 비록 어지지 못ᄒᆞ오나 ᄯᆞᆯ을 가ᄅᆞ치ᄆᆡ 조무의 교ᄌᆞ만 못ᄒᆞ리잇가 ᄎᆞ혼을 아니 일워 쥬시면 신이 우분 초ᄉᆞ홀가 ᄒᆞᄂᆞ이다 샹이 쇼왈 경은 노치 말고 구혼ᄒᆞ여 허치 아니커든 짐

11면

이 샤혼ᄒᆞ리라 연왕이 쥬왈 구ᄒᆞ여 드를 니 업ᄉᆞ니 여ᄎᆞ여ᄎᆞᄒᆞ시면 졔 엇지 거역ᄒᆞ리잇고 샹이 지친의 안면을 고렴ᄒᆞ샤 허락ᄒᆞ시고 명일 젼지를 나리와 ᄀᆞᆯ오샤ᄃᆡ 금방장원 조운현은 옥인 걸ᄉᆡ라 짐이 각별 ᄉᆞ랑ᄒᆞ여 그 취쳐 아냐시믈 아는 고로 황친 연왕의 일녜 쳔화군쥬는 짐의 ᄉᆞ랑ᄒᆞ는 빈라 요조ᄒᆞᆫ 슉녜 군ᄌᆞ호귀라 특별이 쥬혼ᄒᆞ여 셩친케 ᄒᆞᄂᆞ니 피ᄎᆞ 왕공의 ᄌᆞ녀를 결혼ᄒᆞᄆᆡ 겸숀ᄒᆞ미 업ᄉᆞ니 즁ᄆᆡ 되ᄂᆞ니는 괴되이셔 밋부지 아니타 홀

12면

진ᄃᆡ 신ᄌᆞ의 도리 아니라 냥개 지실ᄒᆞ고 쇽쇽 셩친ᄒᆞ여 짐심을 져바리미 업게 ᄒᆞ라 교지 나리ᄆᆡ 연왕은 대희ᄒᆞ고 진왕은 미우를 찡긔고 ᄀᆞᆯ오대 운현이 날을 달맛더니 반ᄃᆞ시 금슬의 마쟝이 나리로다 즉시 글을 올녀 왈 신ᄌᆞ 운현이 본ᄃᆡ 무식 쇼활ᄒᆞ여 일무가취온지라 엇지 감히 데실 지친과 빵ᄒᆞ여 군쥬를 욕되게 ᄒᆞ리잇고 신이 본대 셩품이 어리고 고집ᄒᆞ여 싱ᄂᆡ의 ᄯᅳᆺ을 긋치지 못ᄒᆞ는지라 연왕으로 더브러 인친이 되올 복분이 업ᄉᆞ오니 비록 황명이 겨

13면

시나 ᄎᆞ혼은 일우지 못ᄒᆞ오리니 복원 폐하는 은지를 거두시미 원이로쇼이다 샹이 쇼

됴를 보시고 침음ᄒᆞ신ᄃᆡ 쇼낭낭이 간왈 혼인은 냥가 ᄯᅳᆺ이 합ᄒᆞᆫ 후 졍ᄒᆞᄂᆞ니 인군의 위엄이나 이런 곳의 힝ᄒᆞᆯ 거시 아니라 연왕이 일녀를 두고 ᄉᆞ회를 어ᄃᆡ 가 못 어더 구ᄎᆞ히 도모ᄒᆞᆯ 거시 아니오 셩샹긔도 만히 다샤ᄒᆞ시니 조무의 ᄯᅳᆺᄃᆡ로 바려 두쇼셔 샹이 올희 너기샤 즉시 비답 왈 샤혼 일ᄉᆞᄂᆞᆫ 냥가의 조흔 일이라 명을 나리왓더니 션싱의 ᄯᅳᆺ이 이ᄀᆞᆺ치 견확ᄒᆞ니

14면

짐이 엇지 핍박ᄒᆞ리오 연왕도 구구이 쳥혼치 말고 달니 틱셔ᄒᆞ라 ᄒᆞ시니 왕이 깃거 샤은ᄒᆞ고 믈너와 심하의 연왕이 다시 샹의를 요동ᄒᆞᆯ가 두려 급급히 아ᄌᆞ의 호구를 틱ᄒᆞᆯᄉᆡ 이 시졀의 좌복야 태혹ᄉᆞ 남두관은 셰대 명문이오 조년 립됴ᄒᆞ여 작위 경샹의 오ᄅᆞ고 부인 조시ᄂᆞᆫ 팔대왕의 숀녀라 유한ᄒᆞᆫ 덕셩과 슈려ᄒᆞᆫ 용안이 셰ᄃᆡ 독보ᄒᆞ니 남공이 ᄯᅩᄒᆞᆫ 긔졀이 강개ᄒᆞ고 위인이 넘결ᄒᆞ여 일대 군ᄌᆞ 명인이라 초공을 더브러 지긔를 허ᄒᆞ고 관포의 후

15면

졍이 잇더라 슬하의 이ᄌᆞ 일녀를 두어 냥ᄌᆞᄂᆞᆫ 취실ᄒᆞ고 녀ᄋᆞ 션혜 쟝셩ᄒᆞ여 십삼의 밋쳐시니 텬디의 슈츌ᄒᆞᆫ 졍긔와 산쳔의 영긔 어릐여 싱셩ᄒᆞᄆᆡ 옥보 향긔ᄂᆞᆫ 바야흐로 빅셜 무람ᄒᆞ고 홍년이 니술의 져져시며 츄파 빵셩은 ᄉᆞ양이 벽파의 부쇠ᄂᆞᆫ ᄃᆞᆺ 봉황 이미와 관ᄉᆞ 쥬슌이 쳔고 득즁ᄒᆞᆫ 미식이라 셩질 과인ᄒᆞ고 힝동이 유법ᄒᆞ여 기인이 여텬ᄒᆞ고 기지 여신이라 나아오ᄆᆡ 달 ᄀᆞᆺ고 먼니 보ᄆᆡ 히 ᄀᆞᆺ트며 쳔틱만광이 금고의 무빵 가인이라 남공 부뷔

16면

쳔금 지란ᄀᆞᆺ치 애즁ᄒᆞ며 ᄌᆞ네 슈쇼ᄒᆞ니 탐혹 과애ᄒᆞ여 조왕 초공의 ᄌᆞ질을 유심ᄒᆞ나 조부 졔공지 쟝신ᄒᆞ믈 규녀ᄀᆞᆺ치 ᄒᆞᄆᆡ 남공이 밋쳐 슬피지 못ᄒᆞ엿더니 금방 냥조를 보고 크게 경익ᄒᆞ나 연이나 영현은 쳘공의 녀셔오 운현은 연왕이 구혼ᄒᆞᆫ다 ᄒᆞ니 늣게야 알믈 한ᄒᆞ더니 진왕이 샹쇼ᄒᆞ여 퇴혼ᄒᆞ믈 듯고 남공이 ᄯᅳᆺ을 결ᄒᆞ여 평진후 쇼공을 보고 즁ᄆᆡ 되기를 쳥ᄒᆞ니 쇼공이 쇼왈 조치원이 틱부를 비샹이 ᄒᆞᄂᆞ니 형의 녀직 능히 운현을 ᄃᆡ젹

17면

홀 슉녀냐 남공이 쇼왈 아비 쌀을 기리미 남이 듯지 아니려니와 평진휘 く히를 다 도라도 싀덕이 겸비ᄒᆞ미 아녀 굿튼 슉녀를 엇기 어려오리라 쇼휘 대쇼ᄒᆞ고 쾌히 월노되기를 허락ᄒᆞ더니 믄득 초국공 조샹공이 림ᄒᆞ여시믈 알외니 쇼남 이공이 반기고 깃거 년망이 마ᄌᆞ 례필 한훤파의 평진휘 쇼왈 남공의 보치이믈 인ᄒᆞ여 졍히 존부로 향홀가 ᄒᆞ더니 ᄉᆞ원이 니ᄅᆞ니 형의 뜻이 치원이오 치원의 뜻인즉 ᄉᆞ원이라 몬져 취품ᄒᆞ리라 초공이 잠쇼 왈 남형

18면

이 무ᄉᆞ 일노 형을 보치며 우리 형뎨를 대ᄒᆞ여 니ᄅᆞ고져 ᄒᆞ미 무ᄉᆞ 일이뇨 평휘 쇼왈 형과 남형이 셔로 망년지괴라 쇼뎨 다리 건너는 몸 걸 말이 업ᄉᆞ니 남형은 스ᄉᆞ로 구혼ᄒᆞ라 남공이 쏘ᄒᆞᆫ 웃고 인ᄒᆞ여 ᄒᆞᆫ낫 녀ᄋᆞ로 운현으로 구혼ᄒᆞ는 뜻을 니ᄅᆞ고 간쳥ᄒᆞ니 초공이 ᄃᆡ왈 혼인은 냥가 호ᄉᆡ라 형의 명화 벌문으로 인친 되미 블가ᄒᆞ리오 다만 가형이 틱부를 가쟝 유심ᄒᆞ고 질ᄋᆡ 위인이 결호ᄒᆞ니 마음이 무산과 요지의 잇는지라 형은 익이 ᄉᆡᆼ각ᄒᆞ여 혼ᄉᆞ

19면

를 일위게 ᄒᆞ라 남공이 쇼왈 녕빅시 틱부를 비샹이 ᄒᆞ나 아네 족히 담당홀 거시오 조랑이 발월ᄒᆞ나 가히 친졍ᄒᆞ리니 나는 더옥 긔샹을 ᄉᆞ랑ᄒᆞ여 슬하의 동샹을 빗니고져ᄒᆞ미라 초공이 본ᄃᆡ 남공이 인후 졍직ᄒᆞ믈 공경ᄒᆞ는 고로 기네 용샹ᄒᆞ면 이러치 아닌 쥴 알고 우어 왈 맛당이 도라가 샤형긔 품ᄒᆞ여 회보ᄒᆞ리라 연이나 형이 질ᄌᆞ 굿튼 방일 완만ᄒᆞᆫ 녀셔를 갈구ᄒᆞ여 엇지려 ᄒᆞᄂᆞ뇨 쇼휘 쇼왈 령질이 방일ᄒᆞ나 진왕의 쇼시 젹의셔 더ᄒᆞ

20면

던 아니랴 초공이 쇼왈 형이 엇지 아히를 논품ᄒᆞ미 어룬을 들츄어 녯 말을 ᄒᆞᄂᆞ뇨 남의 시비를 니ᄅᆞ미 ᄌᆞ긔 과실이 날 거시니 조심ᄒᆞ라 쇼휘 대쇼 왈 내게 무슨 허믈이 이시리오 여형의 가도지ᄉᆞ는 이졔 젼ᄒᆞ랴 ᄒᆞ면 ᄉᆡ로이 우엄 즉ᄒᆞ니라 남공이 쏘ᄒᆞᆫ 웃더라 초공이 도라가 남공의 구혼ᄒᆞ던 말과 그 드른 말을 다 젼ᄒᆞ니 챡급히 되믈 고

ᄒᆞ니 진왕이 희왈 인친이 뜻의 마ᄌᆞ니 대인긔 알외고 혼ᄉᆞ를 슈히 일우리라 ᄒᆞ고 노공긔 취품ᄒᆞ니 답왈 ᄌᆞ식의 혼인은 아비

21면

쥬혼ᄒᆞ리니 노뷔 근력이 모황ᄒᆞ니 엇지 취ᄉᆞ를 알니오 너의 뜻ᄃᆡ로 ᄒᆞ라 왕이 슈명ᄒᆞ여 즉시 남부의 허혼ᄒᆞ니 남공이 대희ᄒᆞ여 즉시 튁일ᄒᆞ니 일지 촉급ᄒᆞ여 일삭이 가렷더라 ᄎᆞ시 연왕이 진왕의 혼인을 믈니치고 급히 남가의 졍혼ᄒᆞ믈 알고 대로ᄒᆞ여 교아졀치 왈 당당이 분을 플고 말니라 ᄒᆞ더라 쳔혀 군쥬의 아명은 봉교라 옥안 화틱와 졀셰 묘질이 일셰의 ᄲᅡ혀나며 지족다모ᄒᆞ고 담약이 과인ᄒᆞ여 안 마음이 어지지 못ᄒᆞ며 것ᄎᆞ로

22면

인ᄌᆞ 혜질ᄒᆞ여 은악양션ᄒᆞ니 부뫼 긔특이 너기고 보ᄂᆞ니 친이ᄒᆞ더라 일즉 궐듕의 드러가 금츈 쟝원 조운현을 셜쟝 날 고루의셔 구경ᄒᆞ고 평ᄉᆡᆼ 쇼원이 족ᄒᆞᆫ지라 타인을 ᄉᆡᆼ각지 아냐 돌 ᄀᆞᆺᄐᆞᆫ 정셩이 운현의게 ᄆᆡᆺ쳣더니 의외의 진왕이 퇴혼ᄒᆞ고 남가의 졍ᄒᆞ믈 드ᄅᆞᄆᆡ 크게 분앙 왈 내 만일 조랑의 가인이 되지 못ᄒᆞ고 타문의 갈진ᄃᆡ 두 마음 둔 븟그러오미 잇ᄉᆞ올 거시오 텬하의 조랑의 풍치 긔샹이 ᄯᅩ 엇지 잇ᄉᆞ리오 이졔 진왕이 텬명을 블응ᄒᆞ

23면

고 날을 거졀ᄒᆞ니 황친이믈 념고ᄒᆞ미라 운현을 보니 쇼년 영쥰으로 풍뉴호신ᄒᆞᄂᆞᆫ 남ᄌᆞ라 내 일계를 운동ᄒᆞ여 조가의 드러가면 져 남시 엇지 나의 졀셰 ᄋᆡ용을 바라리오 ᄌᆞ연 쇼년 남아의 뜻이 내게 도라오리니 은졍을 니으면 젹인을 젼폐ᄒᆞ여 환문지업을 일우리라 ᄒᆞ여 부왕을 ᄃᆡᄒᆞ여 읍왈 쇼녜 비록 블초ᄒᆞ오나 몸이 쳔승국군의 일녜 되여 엇지 졀의를 빗내고져 ᄒᆞ지 아니리오 규녀의 도리의 외인을 보오미 맛당치 아니ᄒᆞ오ᄃᆡ 금츈 과거

24면

의 쇼녜 궐내의 드러가 믄득 신ᄅᆡ를 여허보오니 쟝원 조운현의 걸츌ᄒᆞᆫ 긔샹을 보오

니 당금 졔일이라 쇼녜 밍셰ᄒᆞ여 조싱이 아니면 도장의 늙으려 ᄒᆞ옵더니 듯ᄌᆞ오니 조가의셔 우리 집을 믈니치고 남가의 정혼ᄒᆞ다 ᄒᆞ오니 쇼녀ᄂᆞᆫ 운현의 둘ᄌᆡ 부인 되기를 념치 아니ᄒᆞ옵ᄂᆞ니 부왕이 여ᄎᆞ여ᄎᆞᄒᆞ여 운현을 청ᄒᆞ여 일위시고 슐노뻐 진취케 ᄒᆞ시고 쇼녀를 내여 뵈시고 간졀이 청혼ᄒᆞ시면 쇼년 남ᄌᆡ 히ᄋᆞ의 졀셰ᄒᆞᆫ ᄐᆡ도를 보면 반ᄃᆞ시 회심ᄒᆞᆯ 거시오 비록

25면

츄탁ᄒᆞ여도 쇼녜 그른 대 계괴 이셔 조가 부ᄌᆞ로 ᄒᆞ여금 쇼녀를 바리지 못ᄒᆞ게 ᄒᆞ리이다 연왕이 무남독녀로 교ᄋᆡ로 병 되미 ᄉᆞᄉᆞ 언쳥ᄒᆞᄂᆞᆫ지라 그 뜻을 셰우지 못ᄒᆞ여도 한림 청ᄒᆞ기를 쐬ᄒᆞ더니 일일은 연왕이 길히셔 운현을 만ᄂᆞ니 빅마 금안의 나ᄂᆞᆫ 다시 달녀오다가 연왕을 만ᄂᆞᄆᆡ 믄득 말을 두로혀 국즁으로 드러가니 빅마 금안 우히 오ᄉᆞ ᄌᆞ퓌 더옥 비샹ᄒᆞ고 옥면 영풍이 일광의 조요ᄒᆞᆫ지라 ᄉᆡ로이 져의 동샹을 삼고져 욕심이 유츌ᄒᆞᆫ지라 믄득 슈레를 머

26면

무ᄅᆞ고 팔흘 드러 읍ᄒᆞ고 청ᄒᆞ여 닐오ᄃᆡ 과인이 본ᄃᆡ ᄌᆡ조를 ᄉᆞ랑ᄒᆞᄂᆞᆫ 마음이 남과 다른지라 현계의 츌뉴ᄒᆞᆫ ᄌᆡ화를 블승탄복ᄒᆞᄂᆞ니 ᄒᆞᆫ번 ᄎᆞᄌᆞ미 업ᄂᆞ뇨 오늘 긔특히 만ᄂᆞ기 영힝ᄒᆞ거ᄂᆞᆯ 엇지 피ᄒᆞᄂᆞ뇨 한림이 졔 흔연이 아른 쳬ᄒᆞᄂᆞᆫᄃᆡ 모홀치 못ᄒᆞ여 마두를 두로혀 도즁의 하마ᄒᆞ여 공경 샤례 왈 쇼싱은 황구 쇼ᄋᆡ라 모쳠텬은ᄒᆞ와 한원의 츙슈ᄒᆞ오나 어린 나히 직임의 즁ᄒᆞ므로 인ᄉᆞ를 폐ᄒᆞ와 ᄒᆞᆫ번도 귀궁의 배알치 못ᄒᆞ오믈 황공ᄒᆞ옵더니 금일

27면

명괴 여ᄎᆞᄒᆞ옵시니 감격 즁 황괴ᄒᆞ여이다 연왕 왈 신진 명ᄉᆡ 황친을 괴로와 ᄒᆞ거니와 너모 경만치 못ᄒᆞ리니 내 궁이 예셔 슈리ᄂᆞᆫ ᄒᆞ니 말머리를 두로혀 내 문정을 빗호고 셔로 왕ᄅᆡᄒᆞ기를 괴로와 말나 한림이 가쟝 괴로오나 년쇼ᄒᆞ여 셰정을 경녁지 아냣고 져의 청이 간졀ᄒᆞ니 면박홈도 어렵고 흔연 샤왈 맛당이 명을 밧드러 후거의 뫼셔 귀궁의 감즉ᄒᆞ오ᄃᆡ 일ᄉᆡᆨ이 느져 친젼의 뵈옵기 느즌지라 금일은 도라가 타일 귀궁의 현알ᄒᆞ리이다 왕이 드른 쳬 아

28면

니ᄒᆞ고 ᄌᆞ긔 하리로 ᄒᆞ여금 조한림의 말을 어거ᄒᆞ여 ᄒᆞᆫ가지로 뫼시라 ᄒᆞ고 ᄉᆞᄆᆡ를 잇그러 말게 오ᄅᆞ기를 간쳥ᄒᆞ니 조ᄉᆡᆼ이 비록 총명 여신ᄒᆞ나 엇지 져 흉심을 알니오 본품이 쇼탈ᄒᆞ고 블과 ᄌᆡ조를 ᄉᆞ랑ᄒᆞᄂᆞᆫ 쥴노 아라 잠간 ᄉᆡᆨ칙ᄒᆞ고 가고져 ᄒᆞ여 왕으로 조ᄎᆞ 연궁의 니ᄅᆞ니 왕이 외궁의셔 ᄃᆡ졉홀ᄉᆡ 흔연이 ᄉᆞ랑ᄒᆞ여 ᄎᆞ후 빈빈이 왕ᄅᆡᄒᆞ여 ᄎᆞᆺ기를 쳥ᄒᆞ고 호쥬 셩찬으로 ᄃᆡ졉ᄒᆞ니 조ᄉᆡᆼ이 집을 써나 여러 곳 단니니 바야흐로 공쟝이라 아름다온 진슈는 금반의 낭ᄌᆞ

29면

ᄒᆞ고 ᄆᆞᆰ은 향온은 옥ᄇᆡ의 가득ᄒᆞ니 ᄉᆡᆼ이 슈ᄇᆡ를 마시고 홀연 졍신이 흐리고 ᄉᆞ지 푸러져 진취ᄒᆞ여 움즉이기 어려오니 강잉ᄒᆞ여 니러 하직고져 ᄒᆞᄃᆡ 졈졈 미란ᄒᆞ니 민망ᄒᆞ여 ᄒᆞ더니 연왕이 닐오ᄃᆡ 내 군의 츌류ᄒᆞᆫ ᄌᆡ풍을 과ᄋᆡᄒᆞ여 동상의 맛고져 ᄒᆞ거늘 녕존이 고집ᄒᆞ여 믈니치니 홀일업거니와 현계ᄂᆞᆫ 과인의 간측ᄒᆞᆫ 졍니를 ᄉᆡᆼ각ᄒᆞ여 다ᄅᆞᆫ 곳의 슉녀를 마ᄌᆞ나 아녀를 ᄌᆡ취의 마ᄌᆞ믈 바라노라 언파의 좌우로 군쥬를 부ᄅᆞ라 ᄒᆞ더니 슈유의

30면

안문이 열니ᄂᆞᆫ 곳의 무슈ᄒᆞᆫ 궁ᄋᆡ 일위 미쇼져를 뫼셔 나오니 ᄊᆡ의 조ᄉᆡᆼ이 혼미ᄒᆞᄂᆞᆫ 약과 독ᄒᆞᆫ 슐이 드러 오쟝 륙뷔 미란ᄒᆞ니 졍신과 긔운이 아득ᄒᆞ여 연왕의 말이 무ᄉᆞᆫ 말인지 아지 못ᄒᆞ고 혼혼ᄒᆞ여 그 비례와 곡경인지 아지 못ᄒᆞ더니 잠간 눈을 드러 군쥬의 션연 쟉틔를 아름다이 너길지언졍 ᄋᆡ회 창망ᄒᆞᆫ 즁 겨유 미인의게 례를 답ᄒᆞ고 ᄌᆞ리의 ᄊᆞ러지니 인ᄒᆞ여 아모른 쥴 모ᄅᆞ니 종쟈와 하리ᄂᆞᆫ 셸니 대후ᄒᆞ엿ᄂᆞᆫ지라 이러구러 날이 어두오ᄆᆡ 연왕이 궁관으로

31면

조한림의 츄종을 믈너ᄀᆞᆺ다가 ᄉᆡᄇᆡ 대후ᄒᆞ라 ᄒᆞ고 이의 조한림을 붓드러 녀ᄋᆞ의 슉쇼로 드리고 군쥬로 ᄒᆞ여금 구호ᄒᆞ게 ᄒᆞ니 금침을 편히 ᄒᆞ여 조ᄉᆡᆼ을 누이니 희라 연군쥐 왕가의 쳔금 옥쥬로 남ᄌᆞ의 풍치를 그혹ᄒᆞ여 음난 간계로 쇼탈ᄒᆞᆫ 년쇼랑을 후려 풍화 대변을 지으니 엇지 ᄎᆞ악지 아니리오 원내 조ᄉᆡᆼ이 부형을 두려 먹지 못ᄒᆞ나 쥬

량이 일 두쥬를 ᄉᆞ양치 아니니 엇지 두어 잔 슐의 인ᄉᆞ를 모ᄅᆞ리오마ᄂᆞᆫ 슐 가온대 졍신 흐리ᄂᆞᆫ 약을 탓ᄂᆞᆫ지라 ᄉᆡᆼ이

32면

쳔만 무심 즁 허핍ᄒᆞᆷ을 인ᄒᆞ여 슈ᄇᆡ를 마신 고로 일쟝 ᄃᆡ란을 만ᄂᆞ니 ᄎᆞ하 분셕ᄒᆞ라 ᄎᆞ셜 쳔화군쥬 궁모 요계로 도즁의 지ᄂᆞᄂᆞᆫ 조한림을 후려다가 졔 방의 누이고 궁악을 다ᄒᆞ니 좌우를 믈니고 졔 혼ᄌᆞ 구호ᄒᆞ더니 조ᄉᆡᆼ이 반야를 침곤ᄒᆞ여 이곳이 아모ᄃᆡᆫ 쥴 모ᄅᆞ고 겻히 사ᄅᆞᆷ이 이시며 업ᄉᆞᆷ을 모ᄅᆞ고 봉교 음녀ᄂᆞᆫ 갓가이 ᄃᆡᄒᆞ여 보건대 눈 ᄀᆞᆺᄐᆞᆫ 미모의 쥬긔 편편ᄒᆞ여 일ᄇᆡᆨ 화신이 웃ᄂᆞᆫ ᄃᆞᆺ 슈려ᄒᆞᆫ 냥미와 달 ᄀᆞᆺᄐᆞᆫ 텬졍이며 ᄒᆡ ᄀᆞᆺᄐᆞᆫ 안광의 단슌 화협이 아니

33면

긔특ᄒᆞᆫ 곳이 업ᄂᆞᆫ지라 음녜 마음이 어리고 삼혼이 표탕ᄒᆞ여 돌 ᄀᆞᆺᄐᆞᆫ 졍과 블 ᄀᆞᆺᄐᆞᆫ 음심이 념치를 일코 겻히 안져 금야 셩ᄉᆞᄂᆞᆫ 만금으로 밧고지 못ᄒᆞ니 졉톄교이ᄒᆞ여 한업ᄉᆞᆫ 졍을 이긔지 못ᄒᆞ더니 ᄉᆡᄇᆡ야 한림이 잠간 긔동ᄒᆞ여 졍신을 졍ᄒᆞ여 눈을 ᄡᅧ 보니 ᄣᅵ 초하 ᄉᆞ월이라 날 긔운이 퍽 덥고 바ᄅᆞᆷ이 고요ᄒᆞ고 촉영이 미미ᄒᆞᆫᄃᆡ 일위 미인이 화쟝 치복으로 취병의 지혀시니 ᄋᆡᄋᆡ졀륜ᄒᆞ여 빅티 미려ᄒᆞᆫ지라 취안을 거듭 ᄡᅧ 보고 누어 가마니 ᄉᆡᆼ각ᄒᆞ니 이곳이 집이

34면

아닌 쥴 ᄭᆡ치ᄆᆡ ᄯᅩ 작일 연왕의 다려오던 일과 쳥혼ᄒᆞ던 일이 ᄉᆡᆼ각ᄒᆞ이ᄂᆞᆫ지라 믄득 무러 왈 이곳이 어ᄃᆡ뇨 군쥐 넌즈시 ᄃᆡ왈 연궁이로쇼이다 ᄉᆡᆼ이 목이 갈ᄒᆞ여 ᄎᆞ를 구ᄒᆞ니 군쥐 친히 나아오거ᄂᆞᆯ ᄉᆡᆼ이 마시고 ᄉᆡᆼ각ᄒᆞᄃᆡ 연왕이 어졔 날을 쳥ᄒᆞ여 혼인을 구ᄒᆞ더니 날을 ᄌᆡ이고 미녀를 ᄉᆞ환ᄒᆞ니 이ᄂᆞᆫ 나의 방탕 호ᄉᆡᆨ을 시험ᄒᆞ여 가셔를 삼고져 ᄒᆞ미니 가히 ᄎᆞ녀를 친히 ᄒᆞ여 졔 나의 호방ᄒᆞᆷ을 슬히 너겨 다시 구혼치 못ᄒᆞ게 ᄒᆞ리라 ᄒᆞ고 가연이 니러나 군쥬의 ᄉᆞᆫ

35면

을 잇그러 침셕의 나아가며 우어 왈 미인의 근본은 모ᄅᆞ거니와 연궁 미챵 아니면 시

녀의 무리라 연뎐히 날을 쳥ᄒᆞ여 밤을 ᄌᆞ이며 미녀를 맛지시니 호탕ᄒᆞᆫ 남이 지ᄂᆡ 볼 숏치 업ᄉᆞ니 일방 미인을 ᄉᆞ양ᄒᆞ리오 이리 니ᄅᆞ며 흔희 쾌락ᄒᆞ여 군쥐 죽은 ᄃᆞ시 이셔 귀쳔을 니ᄅᆞ지 아니ᄒᆞ고 ᄉᆞ양치 아니터라 ᄉᆡ빅 북이 ᄌᆞ로 동ᄒᆞ니 계셩이 ᄌᆞ준지라 군쥬ᄂᆞᆫ 니러 드러가고 ᄉᆡᆼ이 니러 안ᄌᆞᄆᆡ 발셔 셰슈와 조반을 대령ᄒᆞ엿거ᄂᆞᆯ 쇼셰ᄒᆞ고 조반을 햐져ᄒᆞ고 나올ᄉᆡ 눈을 드러

36면

술피니 포진 긔완과 병쟝 금침이 완연ᄒᆞᆫ 신방 ᄇᆡ셜ᄒᆞᆫ 내졍 ᄀᆞᆺ거ᄂᆞᆯ 고이히 너겨 문왈 이곳이 외당이 아녀 어ᄃᆡ뇨 시비 ᄃᆡ왈 군쥬 침쇼로쇼이다 ᄉᆡᆼ이 대경ᄒᆞ여 즉시 밧그로 나와 연왕을 하직ᄒᆞᆫᄃᆡ 믄득 웃고 ᄉᆞᆫ을 잡고 왈 작일은 남이러니 금됴ᄂᆞᆫ 나의 셔랑이로다 ᄉᆡᆼ이 경희ᄒᆞ나 블변안ᄉᆡᆨᄒᆞ고 졍ᄃᆡ이 니ᄅᆞᄃᆡ 대왕은 뎨실 지친이오 쳔승지군이라 말ᄉᆞᆷ이 법되 이ᄉᆞ오리니 엇지 이런 허탄ᄒᆞᆫ 말ᄉᆞᆷ을 ᄒᆞ시ᄂᆞ니잇고 왕이 졍ᄉᆡᆨ 왈 내 엇지 허탄ᄒᆞᆫ 말을 ᄒᆞ리오 네 쟉

37면

일 내 궁의 와 쳥ᄉᆞ의셔 ᄋᆞ녀와 례필ᄒᆞ고 ᄃᆡ좌ᄒᆞ니 교ᄇᆡ 아니면 무어시며 ᄋᆞ녀로 더브러 슉쇼를 ᄒᆞᆫ가지로 ᄒᆞ여 합궁지례를 닐워시니 엇지ᄒᆞ여 허탄ᄒᆞ리오 그러치 아니면 네 무ᄉᆞ 일 녀ᄋᆞ의 슉쇼의 ᄌᆞ고 온다 ᄉᆡᆼ이 ᄎᆞ언을 드ᄅᆞᄆᆡ 분발이 돌관ᄒᆞ고 목지진렬ᄒᆞ여 졍셩 대언 왈 대왕이 비록 뎨실 지친을 유셰ᄒᆞ여 사ᄅᆞᆷ이 참아 못ᄒᆞᆯ ᄉᆡᆼ각의 일노 사ᄅᆞᆷ을 협졔ᄒᆞ고 풍교를 산란ᄒᆞ나 ᄉᆡᆼ이 년쇼 쇼탈ᄒᆞ고 대왕의 인면슈심을 아지 못ᄒᆞ고 이곳의 오기도 ᄉᆡᆼ의 죄여니와 혼

38면

인은 인륜 대관이라 ᄉᆞᄉᆞ 미쳔ᄒᆞᆫ 집도 맛당이 냥개 샹의ᄒᆞ여 례로 구혼ᄒᆞ거ᄂᆞᆯ 대왕은 눈으로 셩교를 술피고 위거왕공ᄒᆞ여 한 ᄯᆞᆯ의 가셔를 구ᄒᆞᄆᆡ 어내 곳의 셔랑이 업셔 음흉ᄒᆞᆫ 쐬로 ᄉᆡᆼ을 잇그러 다려와 졔 비ᄒᆞᆫ 의ᄉᆞ로 날을 취ᄒᆞ여 누이고 고이ᄒᆞᆫ 요ᄉᆡᆨ으로 날을 ᄆᆡᆨ바드니 ᄉᆡᆼ이 대왕의 구혼 일ᄉᆞ를 박쳐 막고져 ᄒᆞ여 미녀를 친압ᄒᆞ여시니 엇지 녕녀로 동락ᄒᆞ여시리오 이ᄂᆞᆫ ᄎᆞ마 군ᄌᆞ의 졍시ᄒᆞ여 드를 배 아니라 왕이 아모리나 죄를 얽으니 조운현도 셰 치 혜 이시니

39면

텬ᄌᆞ 읇히 가도 올흔 대로 알월 ᄲᅮᆫ이라 셜파의 노긔 츰엄ᄒᆞ고 위풍이 규규ᄒᆞ여 ᄉᆞᄆᆡᄅᆞᆯ ᄯᅥᆯ쳐 도라올ᄉᆡ 심하의 ᄎᆞ악 한심ᄒᆞᆯ 마음일 ᄲᅮᆫ 아니라 밤을 나와 ᄌᆞ고 이 변을 만ᄂᆞᄆᆡ 우죄 무죄간 부왕의 엄뇌 쟝ᄎᆞᆺ ᄉᆞ싱의 밋출지라 유유히 두리옴과 민민이 쵸젼ᄒᆞᄂᆞᆫ 의ᄉᆡ 여러 가지로 유츌ᄒᆞ니 연부의 갓던 쥴 이 뉘웃쳐 ᄋᆡ다ᄅᆞ오믈 이긔지 못ᄒᆞ여 그 미인은 결연이 군쥬ᄂᆞᆫ 아니라 어ᄂᆡ 왕가 규쉬 외간 남ᄌᆞ로 동실ᄒᆞ리오마ᄂᆞᆫ 연왕의 험누ᄒᆞ믄 제 ᄯᆞᆯ을 믈니치지 못ᄒᆞ게 ᄒᆞ미라 대

40면

인의 셩품을 알지니 ᄂᆡ 반ᄃᆞ시 큰 죄ᄅᆞᆯ 어더 일쟝 쥭을 경계ᄅᆞᆯ 어더시니 ᄒᆞᆫ번 그릇ᄒᆞᄆᆡ ᄌᆞ식 난쳐ᄒᆞ도다 만복 심녜 요요ᄒᆞ여 부즁의 도라오니 발셔 노쇼 제인이 존당의 신셩ᄒᆞ니 남좌 녀우로 분ᄒᆞ엿거ᄂᆞᆯ ᄉᆡᆼ이 나아가 례ᄅᆞᆯ 맛고 형뎨 항렬을 ᄎᆞ져 츄진 괴슬ᄒᆞ니 진왕이 냥안을 기리 흘녀 문왈 운현은 제 번도 아닌 ᄃᆡ 어ᄃᆡ 가 밤을 지ᄂᆡ되 방쇼ᄅᆞᆯ 내게 알외지 아니ᄒᆞ고 ᄌᆞ힝ᄒᆞ니 아지못게라 너의 ᄒᆡᆼᄉᆡ 졈졈 아비로 아지 못ᄒᆞ고 방ᄌᆞ 무인ᄒᆞ니 가히 한심ᄒᆞ도다 한림이 부복ᄃᆡ

41면

왈 가히 방ᄌᆞ홈 아니오라 나가올 젹 즉시 도라오 량으로 가오ᄆᆡ 알외지 못ᄒᆞ오미오 길희셔 연왕을 만나 위력으로 다려가오니 ᄒᆡ익 즉시 오랴 ᄒᆞ온즉 간청ᄒᆞ여 이시라 ᄒᆞ고 슐을 권ᄒᆞ오니 블과 슈ᄇᆡ의 공연이 어즐ᄒᆞ여 인ᄉᆞᄅᆞᆯ 모ᄅᆞ고 것구러져 밤을 지ᄂᆡ고 오오니 ᄒᆡᄋᆞ의 삼가지 못ᄒᆞᆫ 죄로쇼이다 왕이 노즐 왈 쟝뷔 군부 밧긔 뉘 두리오리오 네 아니 가면 아모 연왕인들 위력으로 다려가리오 공연이 연궁의 가기도 고이ᄒᆞ고 게 가 ᄌᆞ기도 이샹ᄒᆞ니 밤을 한가지로 지ᄂᆡ미 혹 의

42면

합ᄒᆞᆫ 친우로 샹화ᄒᆞ믄 가ᄒᆞ거니와 연왕이 일가 어룬도 아니오 너의 붕ᄇᆡ도 아니라 마지못ᄒᆞ여 가신즉 예ᄉᆞ 한훤ᄲᅮᆫ이라 무ᄉᆞᆫ 연고로 부형 잇ᄂᆞᆫ 사ᄅᆞᆷ이 임의로 나가 밤을 ᄌᆞ며 어질증인들 네 안ᄉᆡᆨ이 츈화 ᄀᆞᆺ고 거동이 숑ᄇᆡᆨ ᄀᆞᆺᄐᆞ니 무슴 병이 블의의 그리 대관ᄒᆞ리오 말을 숢여 아비 쇽이기ᄅᆞᆯ 능ᄉᆞ로 아니 그 죄ᄅᆞᆯ 엇지 면ᄒᆞ리오 안ᄉᆡᆨ이 샹

텬 렬일 ᄀᆞᆺ고 안광이 ᄆᆡᆼ렬ᄒᆞ니 한림이 황황 젼률ᄒᆞᄆᆞᆫ 블가형언이라 오직 돈슈 부복ᄒᆞ여 언언이 ᄉᆞ죄를 쳥ᄒᆞᆯ ᄯᆞᆫ이니 황공ᄒᆞᆫ ᄉᆞᄉᆡᆨ과 두려

43면

ᄒᆞᄂᆞᆫ 거동이 더옥 아ᄅᆞᆷ답고 쇄락ᄒᆞ니 초공은 함쇼ᄒᆞ고 노공은 크게 사랑ᄒᆞ여 나아오라 ᄒᆞ여 ᄉᆞᆫ을 잡고 진왕을 도라보와 ᄀᆞᆯ오ᄃᆡ ᄎᆞᄋᆡ 너를 두려ᄒᆞ미 이 ᄀᆞᆺ거ᄂᆞᆯ 엇지 너모 조ᄅᆞᄂᆞ뇨 오ᄂᆞᆯ은 노부의 쳥으로 아희 죄를 샤ᄒᆞ라 왕이 피셕 쥬왈 엄괴 어ᄎᆞᄒᆞ시니 태벌ᄒᆞ오믈 참으려니와 ᄆᆡ양 이러ᄒᆞ기로 완만ᄒᆞᆫ 아희 졈졈 방약ᄒᆞᆯ가 우려ᄒᆞᄂᆞ이다 한림을 도라보니 관을 ᄉᆞᆨ이고 업ᄃᆡ여 감히 낫ᄎᆞᆯ 드지 못ᄒᆞ거ᄂᆞᆯ 왕이 다시 칙왈 결단ᄒᆞ여 즁치ᄒᆞ려 ᄒᆞ엿더니 엄명이 여ᄎᆞᄒᆞ시니 아직

44면

관셔ᄒᆞ거니와 ᄎᆞ후 넘ᄂᆞᆫ 거죄 이시면 두 죄를 ᄒᆞᆫ ᄃᆡ 다ᄉᆞ리리라 한림이 계슈 ᄌᆡᄇᆡᄒᆞ여 ᄉᆞ죄ᄒᆞ고 시좌ᄒᆞ나 일념의 큰 근심이 잇ᄂᆞᆫ지라 이런 쇼ᄉᆞ의 엄훈이 여ᄎᆞᄒᆞᆯ 졔 연왕의 입으로 무샹ᄒᆞᆫ 말이 ᄂᆞᆫ즉 반ᄃᆞ시 큰 죄를 당ᄒᆞᆯ 거시오 ᄯᅩ 귀쳔간 고이 ᄌᆞ고 나오미 업ᄉᆞ니 스ᄉᆞ로 삼가지 못ᄒᆞ믈 뉘웃고 허다 근심이 만복ᄒᆞᄃᆡ 오히려 안ᄉᆡᆨ을 화히 ᄒᆞ고 긔운이 나즉ᄒᆞ여 외모의 나타ᄂᆞ미 업더라 신셩을 파ᄒᆞ고 왕과 초공이 ᄌᆞ질을 거ᄂᆞ려 조참ᄒᆞ고 도라와 왕이 진궁의셔 외ᄉᆞ를 지휘ᄒᆞ노라 낫 좌긔를

45면

버렷더니 시직 홀연이 연왕이 문의 림ᄒᆞ엿다 ᄒᆞ거ᄂᆞᆯ 례필 한훤파의 진왕이 샤례ᄒᆞ여 ᄀᆞᆯ오ᄃᆡ ᄉᆡᆼ이 ᄒᆞᆫ번 귀궁의 나아가 ᄇᆡ현코져 ᄒᆞᄃᆡ 봉노지하의 관ᄉᆡ 다쳡ᄒᆞ여 예ᄉᆞ 붕우의 한가ᄒᆞᆫ 몸이 아니라 부직 부덕으로 군국 즁ᄉᆞ를 담당ᄒᆞ니 ᄉᆞᆨ야의 한가ᄒᆞᆯ 젹이 업ᄉᆞᆫ 고로 일즉 귀궁을 향치 못ᄒᆞ더니 귀톄 왕굴ᄒᆞ시니 감은 황괴ᄒᆞ여이다 연왕이 흔연 쇼왈 대왕으로 더브러 젼일은 친ᄒᆞᆫ ᄉᆞ이나 금일은 믄득 인친지의 이시니 엇지 젼일과 ᄀᆞᆺᄐᆞ리잇고 왕이 져 말이 억뉴ᄒᆞ여

46면

다시 구혼코져 ᄒᆞ민 쥴 알고 안ᄉᆡᆨ을 졍엄히 ᄒᆞ여 샤왈 져 즈음긔 샤ᄒᆞᆫ 은지를 밧ᄌᆞ오

믜 황감ᄒᆞ나 ᄉᆡᆼ이 비록 여러 ᄌᆞ식이 이시ᄃᆡ 일신이 다ᄉᆞᄒᆞ여 교ᄌᆞᄒᆞᆯ 여개 업셔 돈ᄋᆞ 운현이 방탕 무식ᄒᆞ고 군ᄌᆞ지도와 ᄉᆞ류의 ᄒᆡᆼ실이 비박ᄒᆞᆫ지라 군쥬의 평ᄉᆡᆼ을 욕될 거시오 ᄒᆞ믈며 군쥬ᄂᆞᆫ 금지옥녑이오 돈ᄋᆞᄂᆞᆫ 포의한ᄉᆡ라 귀쳔이 내도ᄒᆞ고 존비 현격ᄒᆞ니 졔 ᄒᆡᆼ혀 셩은을 입ᄉᆞ와 한원의 츙슈ᄒᆞ나 엇지 분을 ᄉᆡᆼ각지 아니ᄒᆞ고 감히 대왕 인친 되기를 ᄉᆡᆼ각ᄒᆞ리오 ᄎᆞ고로 믈너나

47면

미니 대왕은 고이히 너기지 마ᄅᆞ쇼셔 언파의 말숨이 화평ᄒᆞᆫ 가온대 ᄌᆞ연 엄위ᄒᆞ고 녈숙ᄒᆞᆫ ᄀᆡ운이 츄텬 샹노 ᄀᆺᄐᆞ니 연왕이 쇼왈 대왕이 엇지 이러틋 아지 못ᄒᆞ시ᄂᆞ뇨 쟉일의 조한림이 발셔 내 ᄉᆞ회 되엿거ᄂᆞᆯ 엇지 오원ᄒᆞᆫ 말숨을 ᄒᆞ시ᄂᆞ니잇고 진왕이 가연이 우어 ᄀᆞᆯ오ᄃᆡ 대왕이 비록 희롱을 즐기시나 엇지 이런 말숨을 ᄒᆞ여 날을 ᄆᆡ바드시ᄂᆞ니잇고 혼인은 인륜 관ᄃᆡ라 엇지 졔 아비 모ᄅᆞᄂᆞᆫ 셩혼이 일일지ᄂᆡ의 그리 슈이 되리잇고 발셔 운현이 뎡혼ᄒᆞᆫ ᄃᆡ 이셔 길일

48면

이 일슌이 격ᄒᆞ고 발셔 현훈을 보내엿ᄂᆞ니이다 연왕이 정ᄉᆡᆨ 왈 ᄀᆡ 무샹ᄒᆞ나 허언으로 이런 말을 ᄒᆞ여 희롱ᄒᆞ리오 쟉일의 녕냥이 슐을 취ᄒᆞ고 내 집의 왓거ᄂᆞᆯ 내 혼인을 쳥ᄒᆞ니 한림이 흔연이 니ᄅᆞᄃᆡ 가엄이 정ᄒᆞᆫ 곳이 잇거니와 쟝뷔 일쳐로 늙을 것 아니오니 벼술이 옥당 명ᄉᆡ라 권도로 오ᄂᆞᆯ이 길일이니 대왕 면젼의셔 ᄒᆡᆼ례ᄒᆞ고 밤을 지내고 가리니 녕녀를 뵈쇼셔 ᄒᆞᄂᆞᆫ지라 내 실노 운현 ᄉᆞ랑ᄒᆞᄂᆞᆫ 마음이 질족쟈의게 아이미 될가 두려 권도로 녀ᄋᆞ를

49면

뵈고 셔로 교ᄇᆡᄒᆞ고 밤을 녀ᄋᆞ 침쇼의셔 ᄌᆞ고 쇼녀의 비샹 홍졈이 업셔시니 엇지 허탄타 ᄒᆞ시ᄂᆞ뇨 내 말을 밋지 아니커든 조한님이 이실 거시니 무러 보쇼셔 진왕이 ᄎᆞ언을 드ᄅᆞ믜 경히 분완ᄒᆞ믈 니긔지 못ᄒᆞ여 밋지 아니ᄒᆞ나 나가 ᄌᆞ고 오며 일이 이실 쥴 알지라 놉흔 셩이 블 니러ᄂᆞᆺᄒᆞ여 일쟝을 ᄎᆞ게 곳우어 왈 텬하의 엇지 이런 변이 이시리오 내 무샹ᄒᆞ여 ᄌᆞ식을 가ᄅᆞ치지 못ᄒᆞ여 이의 밋쳐시나 대왕은 쳔승지군이시오 뎨실 지친으로 이런 블의의 법을 ᄒᆡᆼᄒᆞ니 어ᄂᆡ

50면

면목으로 황상을 뵈오며 셰샹의 셔랴 ᄒᆞ시ᄂᆞ뇨 ᄎᆞᄉᆞ를 ᄉᆞ획ᄒᆞ여 만일 올흔즉 ᄎᆞᄋᆞ를 쥭여 속죄하고 내 스ᄉᆞ로 텬졍의 쳥죄ᄒᆞ여 교ᄌᆞ 못ᄒᆞ믈 당ᄒᆞ리라 언필의 노긔 대발 ᄒᆞ여 좌우를 ᄭᅮ지져 한림을 잡아 ᄂᆞ리라 ᄒᆞ니 이ᄯᅢ 진왕이 엄녈ᄒᆞᆫ 노긔 등등ᄒᆞ여 슈려ᄒᆞᆫ 냥미의 삭풍이 이러ᄂᆞ고 엄ᄒᆞᆫ 호령은 동일 한텬이라 좌우의 가득ᄒᆞ니 시인이 막블젼률ᄒᆞ고 한츌쳠의ᄒᆞ여 호흡을 통치 못ᄒᆞ나 이ᄯᅢ 한림의 경구 황공ᄒᆞᆫ 거동을 엇지 아니 긔록ᄒᆞ리오

51면

마ᄂᆞᆫ 싱셩ᄒᆞ미 츌어범인이라 이의 안ᄉᆡᆨ을 블변ᄒᆞ고 면관 희의ᄃᆡᄒᆞ고 계하의 부복ᄒᆞ니 왕이 쇼ᄅᆡ를 엄히 ᄒᆞ여 연왕이 니ᄅᆞ던 말을 다 니ᄅᆞ고 ᄀᆞᆯ오대 내 비록 용녈ᄒᆞ나 ᄉᆞ라신 후의ᄂᆞᆫ 네 여ᄎᆞ 비법을 방ᄌᆞ히 못ᄒᆞ리니 ᄎᆞ야의 ᄂᆞ가 ᄌᆞ고 오믈 내 가쟝 통히 ᄒᆞᄃᆡ 이런 난음 핀례지ᄉᆞ를 ᄭᆡ듯지 못ᄒᆞ니 나의 블명이라 젼후 곡졀을 ᄂᆞᆾᄂᆞᆾ치 바로 알외라 일분이나 ᄉᆞᆷ여 허언을 흘진ᄃᆡ 죄 우ᄒᆡ 죄를 더어 반ᄃᆞ시 ᄉᆞ싱을 판단ᄒᆞ리라 한림이 ᄉᆞ러 명을 드ᄅᆞᄆᆡ 이러 지

52면

ᄇᆡ 돈슈 왈 금일 쇼ᄌᆞ의 몸이 이런 고이ᄒᆞᆫ 죄의 ᄲᅡ지문 실노 ᄉᆡᆼ각 밧기라 ᄒᆡᄋᆡ 셜ᄉᆞ 무샹 블초ᄒᆞ오나 슉야 엄훈을 조심ᄒᆞ오니 일즉 호탕타 니ᄅᆞ오나 노류쟝화도 엄명을 두려 ᄀᆞᆺ가히 ᄒᆞ온 재 업ᄉᆞ문 대인의 ᄇᆞᆰ히 아ᄅᆞ시ᄂᆞᆫ ᄇᆡ라 쟝신ᄒᆞ믈 규녀ᄀᆞᆺ치 ᄒᆞ와 방의 나미 업솝더니 요ᄉᆞ이 찰임지후로 셰샹의 나오나 일즉 ᄉᆞᄉᆞ로이 단녀 교우홈도 업솝거든 졔 왕가 황친을 무ᄉᆞ 일 ᄎᆞᄌᆞ리잇가 쟉일 도즁의셔 연왕을 만ᄂᆞ오니 피ᄒᆞ여 말을 도로혀ᄆᆡ 왕이 간졀이 쳥ᄒᆞ

53면

ᄆᆡ 연궁으로 가ᄌᆞ ᄒᆞ오니 ᄒᆡᄋᆡ 년쇼ᄒᆞ여 셰ᄉᆞ를 아지 못ᄒᆞᆫ 고로 졔 ᄯᅩ 왕공 귀인이오 뎨실 지친이라 셜만치 못ᄒᆞ고 어린 마음의 미ᄒᆞᆫ 아히로 은근이 쳥ᄒᆞᄂᆞᆫᄃᆡ 거졀ᄒᆞ고 도라오미 례 아니라 ᄒᆞ와 조ᄎᆞ 가온즉 슈언을 겨유 ᄒᆞ여셔 연왕이 쥬찬을 셩비ᄒᆞ와 친히 잔을 드러 간졀이 권ᄒᆞ거ᄂᆞᆯ 마지못ᄒᆞ와 슈ᄇᆡ를 마셧더니 혼혼 아득ᄒᆞ여 그 후

일은 아모란 쥴 모르옵고 시빅야 잠간 정신을 뎡호여 보오니 히아를 방즁의 드려 누이고 겻히 년쇼 미네 셩장으로 안즈시딕 일분 슈습

54면

호미 업고 남즈롤 만히 지닌 창믈 굿줍거늘 뜻의 싱각호딕 연왕이 괴로이 쳥혼호니 대인이 국쳑 연혼이 거긔 아니오 히익 또 깃브지 아닌지라 이졔 미우롤 겻히 안쳐 날을 시험호니 츠녀를 친밀호여 나의 방탕을 알게 호여 구혼 일수를 그치게 호리라 호옵고 기녀를 친근호옵고 즉시 나와 하직호온즉 연왕의 말숨이 여츠여츠호온즉 히익 분히호오믈 이긔지 못호오딕 도라와 알외지 못호오믄 대인의 엄호시믈 과도히 두리와 츠마 알외지 못호오미오 스스로 연궁의 가

55면

와 오놀이 길일이니 셩례호즈 말숨은 연왕의 만만 무거지언이시니 쇼즈의 죄는 쳐음 떨치지 못호고 연궁의 가온 거시 큰 죄오 슐을 다쇼간 마시미 잘못호여시니 두 죄오 취후의 기녀를 아른 쳬 말고 나올 거술 어린 의수를 닉여싸가 이곳의 색지오니 이 세 일이 히우의 죄라 이 밧근 실노 엄문지하의 다시 죄 업습고 수민 빅 아니오니 대인의 붉으시므로 쇼즈의 어리고 아득호미 실노 엄부를 압두호고 픽례지수를 알고 져즐미 업수믈 술피쇼셔 말숨이 안셔호고 수긔 졍슉호니 진

56면

왕의 명감이 엇지 즈식의 셩품과 시로이 힝신을 싱각지 못호리오 쇼탈호고 잔 념녀 업순 우히 연왕의 궤계의 싸진 쥴 씨다르니 분노호믈 니긔지 못호여 다시 수지져 왈 네 말이 여츠호나 연왕의 말숨이 분명호니 엇지 감히 발명호여 아비를 쇽이누뇨 연왕이 희희 쇼왈 일이 이의 밋츠온 후 닷토와 무엇호리오 조히 냥가의 조흐믈 민줄 분이라 한림다려 왈 네 쟉일의 쳥치 아냐시면 내 무순 념치로 쌀을 내여 너를 쥬리오 네 원내 내 집의 와셔 슐이 슈비를 넘기지

57면

아니호여시니 취호여 인수 모르도록 호리오마는 발셔 어딕 가 즌흙이 되여던지라 쟉

야스는 다 너의 일이여늘 모르는 쳬호고 내 쌀을 례로 마져시니 엇지 모로고 구호는 길을 막노라 쳔인만 너겨 친근호단 말을 내리오 조싱이 무고 억탁지언을 분연호여 왈 대쟝뷔 스죄를 지으나 엇지 부형 면젼의셔 긔이리오 대왕의 인면슈심 아지 못호고 쌀아가미 나의 용렬호미오 쥬량이 비록 젹으나 두 잔 슐의 혼혼호리오마는 반드시 쇽의 무순 농슐이 이시미라 날을 쇽여 이런 곳

58면

의 너코 억늑호나 나는 부형 면젼의 죄를 입고 이술 쑨이어니와 대왕은 엇던 사름이오 녕녀는 쏘 엇던 계집이 되리오 쇼싱이 비록 례법이 블엄호고 슈힝이 비박호나 가정지훈을 밧주와 비례를 아지 못호나니 그릇 간계의 싸져시나 밤의 너게 왓던 거순 귀궁 추환이어나 령녜믈 아지 못호거니와 만일 녕네라 훌진딕 나는 모르고 져주러거니와 녕넨즉 만고 간음 찰네라 죄 맛당이 버힘 즉호니 이거시 젹은 변이 아니오 스스로이 무더 둘 빅 아니라 탑젼의 진쥬

59면

호여 피추 분변홀 싸름이라 싱이 싱셰 십스의 일죽 듯도 보도 못훈 일을 몸쇼 당호니 운익의 긔구호믈 탄호느이다 언파의 분훈 머리털이 관을 가르치고 안광이 진렬호여 분긔 엄엄호니 왕이 아주의 격분호믈 보미 알고 져즌 일이 아니로딕 연왕의 흉계의 쇽음과 귀쳔을 분간치 못호고 친근호여 방일호믈 통히호여 두로 어주러이 믿다르시믈 크게 노호여 이의 무릅흘 쓸고 정딕히 호여 니르딕 싱이 문견이 고루호여 일죽 녕녀와 쇼이의 지조 굿트니는 싱

60면

내의 쳐음이라 셩샹긔 알외여 결단코 져의 블초주를 즁치호여 분을 플니니 녕네 쏘 규녀 힝실노 실힝훈 죄 잇는지라 밧비 도라가 붉히 다스리시고 녕녀와 돈으를 정호여 인연을 일울가 너기지 마르쇼셔 언파의 노긔 츰엄호여 한림을 올녀믹라 호고 좌우로 큰 믹를 굴히여 산쟝 열식 잡으라 호고 엄이 셜쟝홀시 구름 굿튼 군졸 하리는 삼 셔듯 버러 잇고 두 쥴 흑의 군관은 갈느셔셔 믹이 치기를 외고 홍의 군관은 쟝 슈를 혜니 위엄이 뇌졍 굿고 호령이 셩화 굿

61면

더라 왕이 노긔 엄널ᄒᆞ니 ᄆᆡ마다 고찰ᄒᆞ여 집쟝 ᄉᆞ예 넉슬 일코 힘을 다ᄒᆞ니 한림이 ᄐᆡ벌을 바다시나 즁쟝은 평싱 쳐음이라 ᄋᆡᆨ운이 고이ᄒᆞ믈 탄ᄒᆞ고 연왕을 노ᄒᆞᆫ 긔운이 가슴의 밋치고 본셩이 강ᄆᆡᆼᄒᆞ니 엄부의 치시는 바오 하관 ᄇᆡ리 ᄉᆞ름답지 아닌 일노 슈쟝ᄒᆞ믈 ᄌᆞ괴ᄒᆞ여 일셩을 부동ᄒᆞ고 졈누를 먹음지 아냐 마ᄌᆞ니 실노 쟝뷔라 연왕이 목견ᄒᆞᄆᆡ 무류코 분노 왈 령낭이 비록 일시 그ᄅᆞ나 져 무ᄉᆞᆫ 경샹이뇨 진왕이 정ᄉᆡᆨ 부답ᄒᆞ고 오십 쟝의 밋ᄎᆞᄆᆡ 옥뷔 샹ᄒᆞ

62면

여 셩혈이 오술 잠으고 얼골이 찬지 ᄀᆞᆺᄐᆞ여 그ᄎᆞᆯ 쥴이 업ᄂᆞᆫ지라 이ᄯᆡ 졔 공ᄌᆡ 샹부의 셔 망연 부지러니 졍비 ᄎᆞᄉᆞ를 알고 급히 영현을 블너 탄왈 네 부친 셩품이 발노ᄒᆞᄆᆡ 혜아리미 젹으니 운현이 비록 긔골이 쟝대ᄒᆞ나 나히 십ᄉᆞ 동치라 즁쟝을 엇지 이긔리오 슉슉의긔 알외여 ᄲᆞᆯ니 구ᄒᆞ라 한님이 눈믈을 흘니며 샹부의 니ᄅᆞ러 초공이 ᄉᆞᆫ을 대ᄒᆞ여시니 고치 못ᄒᆞ고 착급ᄒᆞ여 긔ᄉᆡᆨ이 현져ᄒᆞ니 초공이 고히 너겨 ᄉᆞᆫ이 도라가ᄆᆡ 운현의 일을 알고 대경

63면

ᄒᆞ여 진궁의 니ᄅᆞ니 바야흐로 ᄆᆡ질이 낭ᄌᆞᄒᆞ고 운현은 뉵십 쟝의 너무ᄃᆡ 눈을 감고 ᄲᅥ러진 혈육을 ᄎᆞᆷ아 보지 못ᄒᆞᆯ네라 초공이 밧비 당의 올으ᄆᆡ 연왕이 노긔를 ᄢᅵ엿다가 초공으로 네필의 밧비 니ᄅᆞᄃᆡ 내 형쟝긔 조용이 ᄒᆞᆯ 말이 이시니 ᄆᆡ질을 긋치라 인ᄒᆞ여 왕의 ᄉᆞ매 나가 미우를 슈집ᄒᆞ고 ᄉᆞᆯ어 왈 쇼뎨 아지 못ᄒᆞ엿더니 운현의 슈쟝이 이 지경의 밋쳐시니 되지경즁은 모ᄅᆞ거니와 운현의 힝ᄉᆞ를 츄이컨ᄃᆡ 결단코 ᄉᆞ죄는 짓지 아닐지라 혈긔 미졍ᄒᆞᆫ

64면

ᄋᆞ히를 쟝칙ᄒᆞ시나 텬륜지졍을 몬져 ᄒᆞ고 엄위를 후의 힝ᄒᆞᆯ지라 금의 경샹이 ᄎᆞ마 보지 못ᄒᆞᆯ지라 이졔 더으셔는 일이 ᄂᆞ게 되게 되여시니 셰 번 ᄉᆡᆼ각ᄒᆞ쇼셔 ᄉᆞ예 ᄯᅩᄒᆞᆫ 초공으로 ᄆᆡ를 머무ᄅᆞ고 다시 진왕의 명을 기다리니 왕이 ᄯᅩ 분노 즁이나 초공의 화ᄒᆞᆫ 긔운과 졀당ᄒᆞᆫ 말ᄉᆞᆷ의 잠간 진졍ᄒᆞ여 기리 탄왈 내 비록 어지지 못ᄒᆞ나 ᄌᆞ식 앗길

쥴을 모ᄅᆞ리오마는 여ᄎᆞ 변괴를 드ᄅᆞ니 분ᄒᆞ미 즉각의 맛고져 시분지라 아의 어질미 나의 과도홈만 알고 돈ᄋᆞ의 무샹

65면

ᄒᆞᆫ믄 아지 못ᄒᆞᄂᆞᆫ도다 공이 대왈 운현이 비록 호일ᄒᆞ나 일단 정심이 졍ᄒᆞ여 비례는 원슈ᄀᆞᆺ치 ᄒᆞᄂᆞᆫ지라 이 곳 ᄉᆞ룸의 쇽인 ᄇᆡ니 이ᄃᆡ도록 즁쟝ᄒᆞ실 ᄇᆡ 아니라 어린 아히 명을 도라보쇼셔 왕이 ᄯᅩᄒᆞᆫ 한림의 신ᄉᆡᆨ이 여회ᄒᆞ믈 보고 노긔 잠간 나리ᄆᆡ 잔잉ᄒᆞᆫ 마음이 나ᄂᆞᆫ지라 ᄆᆡ를 긋치고 먼니 보ᄂᆡ랴 ᄒᆞ니 ᄉᆡᆼ이 졍신을 강쟉ᄒᆞ여 고두 샤왈 히ᄋᆡ 죄 만ᄉᆞ무셕이라 ᄉᆞ죄를 감당홀지라 내치ᄂᆞᆫ ᄌᆞ식 되기를 원치 아닌ᄂᆞ이다 초공이 위로 왈 형쟝 노긔 프러지

66면

시믈 기다려 쳐치ᄒᆞ실 거시니 아직 믈너가 조리ᄒᆞ라 ᄉᆡᆼ이 졍신이 아득ᄒᆞᆫ 즁 부명을 기다려 업ᄃᆡ고 니지 아니니 왕이 본ᄃᆡ 과ᄋᆡᄒᆞᄂᆞᆫ 아ᄃᆞᆯ이라 마음이 져리나 졍ᄉᆡᆨ 칙왈 너 ᄀᆞᄐᆞᆫ 블초ᄌᆞᄂᆞᆫ 내 아니 보미 샹이라 믈너가라 쳔션ᄒᆞ여 슈힝ᄒᆞᄂᆞᆫ 날 날을 볼지어다 ᄉᆡᆼ이 고두 슈명의 졔 공직 눈믈을 드리워 한님을 븟드러 누이고 위호ᄒᆞ니 한님이 쟝탄 왈 대쟝뷔 쳐셰ᄒᆞ미 일월 ᄀᆞᄐᆞ려든 음악ᄒᆞᆫ 계집과 간흉ᄒᆞᆫ 친쳑의 농슐의 ᄲᆡ져 나의 평ᄉᆡᆼ 지개를 일코 부모

67면

유톄를 졈졈이 ᄲᅥᄅᆞ치니 하면목으로 닙어셰ᄒᆞ리오 영현이 피무든 오ᄉᆞᆯ 갈고 다른 오ᄉᆞᆯ 입혀 타루ᄒᆞ믈 마지아니ᄒᆞ니 한님이 도로혀 쇼왈 형쟝이 연약ᄒᆞ시다 쇼뎨 ᄯᅩ 오히려 완연ᄒᆞ거든 이ᄃᆡ도록 ᄒᆞ시ᄂᆞ니잇고 탐해 왈 골육이 ᄒᆞᆫ가지라 네 몸이 알프ᄆᆡ 우형이 우지 아니랴 졍언간의 례뷔 존당을 뫼셔 ᄂᆞ와 이 쇼식을 듯고 대경ᄒᆞ여 니ᄅᆞᄆᆡ 현이 ᄇᆡᆨ형을 보고 긔동코져 ᄒᆞ나 능히 못ᄒᆞ거ᄂᆞᆯ 례뷔 밧비 숀을 잡고 츄연 왈 아등이 블쵸ᄒᆞ여 엄하의 죄

68면

를 ᄭᅵ치오니 대인이 아등을 치죄ᄒᆞ시ᄆᆡ 마음이 알프시ᄂᆞ니 무ᄉᆞ 일 죄 이ᄃᆡ도록 ᄒᆞ

뇨 한림이 ᄇᆡᆨ형의 무릅 우ᄒᆡ 머리ᄅᆞᆯ 언고 츄연 왈 비록 무샹ᄒᆞ나 마음을 방ᄌᆞ히 먹어 어든 죄 아니니이다 인ᄒᆞ여 쟉죄지ᄉᆞᄅᆞᆯ 일일이 고ᄒᆞᆫᄃᆡ 례뷔 ᄒᆡ연 왈 셰샹의 니런 변이 이시리오 내 이 일노 텬졍의 알외여 분을 플니라 한님이 탄왈 무ᄉᆞᆫ 뜻을 텬뎡의 고ᄒᆞ리잇가 연부의 간 쥴 이 ᄌᆞ츰ᄒᆞ니 비록 부형이 샤ᄒᆞ시나 진졍치 못ᄒᆞ리로쇼이다 례뷔 잠쇼 왈 너ᄅᆞᆯ 대쟝부로

69면

아ᄅᆞᆺ더니 이리 잔약ᄒᆞ뇨 져의 부녜 참괴ᄒᆞ지 네 무ᄉᆞᆷ 허믈이리오 잡념녀ᄅᆞᆯ 말고 쟝쳐나 조리ᄒᆞ라 ᄉᆡᆼ이 혼혼ᄒᆞ여 다시 말을 못ᄒᆞ고 샹셔ᄂᆞᆫ 살펴 약을 부즈러니 ᄒᆞ고 졔공직 ᄡᅥᄂᆞ지 아냐 구ᄒᆞᄃᆡ ᄉᆡᆼ이 분에 ᄒᆞ미 병을 도와 쟝쳬 화열이 즁ᄒᆞ니 긔운이 올나 한 ᄉᆞᆯ 물과 약을 나리오지 못ᄒᆞ더라 어시의 연진 냥왕이 셔로 닷토와 연왕은 ᄯᆞᆯ을 보내엿노라 ᄒᆞ고 진왕은 모로노라 ᄒᆞ고 보내면 운현은 아조 쥭여 뜻을 셰우렷노라 ᄒᆞ니 초공이 권ᄒᆞ여 피ᄎᆞ 닷토

70면

미 부졀 업ᄉᆞ니 냥개 샹의ᄒᆞ여 분뇌 진졍ᄒᆞ거든 텬졍의 알외여 쳐분을 기다릴 ᄲᅮᆫ이니 ᄉᆞᄉᆞ로이 닷토미 톄면의 숀샹ᄒᆞ믈 간ᄒᆞ니 연왕이 ᄉᆞᄆᆡᄅᆞᆯ ᄯᅥᆯ쳐 도라가며 왈 졔 ᄌᆞ식이 ᄉᆞ오나와 남의 규슈ᄅᆞᆯ 젹시고 도로혀 모ᄅᆞ노라 ᄒᆞ니 인면슈심이로다 ᄒᆞ니 진왕이 대로하여 운현을 다시 치고져 ᄒᆞ거ᄂᆞᆯ 초공이 ᄒᆡ유 왈 운현이 무ᄉᆞᆫ 죄로 이러ᄒᆞ리잇고 이졔ᄂᆞᆫ 부득이 국가의 알외여 쳐치ᄅᆞᆯ 바라올지라 연왕이 뜻을 엇지 곳치며 아등이 외람이 공후 쟝샹이 되여 ᄉᆞ

71면

군 치졍의 관인지치ᄅᆞᆯ 힘ᄡᅳ며 례의 풍화ᄅᆞᆯ 가다듬으리니 비록 무샹ᄒᆞ나 엇지 타문의 가게 ᄒᆞ며 ᄯᅩ 엇지 문 바라ᄂᆞᆫ 니뷔 되여 오월 비샹이 잇게 ᄒᆞ리잇고 급히 남시ᄅᆞᆯ 춰ᄒᆞ여 원위ᄅᆞᆯ 졍ᄒᆞ고 연군쥬ᄅᆞᆯ 마져 하샹지원을 업게 ᄒᆞ미 관인ᄉᆞᄅᆞᆯ 힘ᄡᅳ미니이다 왕왈 ᄉᆞᄉᆞ의 우형의 블급ᄒᆞᆯ ᄇᆡ라 통ᄒᆡᄒᆞᆫ 바ᄂᆞᆫ 그런 음악지녀로 ᄌᆞ부지렬의 두리오 유현의 강시지란과 ᄀᆞᆺ다 ᄒᆞ노라 승샹이 탄왈 만ᄉᆡ 텬애라 현마 엇지리오 운ᄋᆡ 졔가ᄅᆞᆯ 졍히 ᄒᆞ면 근

72면

심이 업ᄉᆞ리이다 왕이 도로혀 우어 왈 닌광의 쟉란과 다ᄅᆞ미 업도다 져녁 문안을 당ᄒᆞ여 노공이 운현을 ᄎᆞᄌᆞ니 진왕이 피셕ᄒᆞ여 연왕의 말과 운현의 죄범을 알외고 쟝칙ᄒᆞᆫ 슈말을 알외니 태부인 위부인이 함누 왈 어린 아ᄒᆡ 그ᄃᆡ도록 치리오 노공이 품치 아니코 ᄌᆞ젼ᄒᆞ믈 노ᄒᆞ니 왕이 짐쟉고 깁히 황공ᄒᆞ여 긔운을 낫초고 안ᄉᆡᆨ을 화히 ᄒᆞ여 뫼셧더니 노공이 탄왈 고인이 운ᄒᆞᄃᆡ 부뫼 ᄉᆞ랑ᄒᆞᄂᆞᆫ 일을 견마라도 앗긴다 ᄒᆞ거ᄂᆞᆯ 내 노ᄅᆡ의 만금ᄀᆞᆺ

73면

치 져의로 쇼일ᄒᆞ거ᄂᆞᆯ 나의 ᄯᅳᆺ을 바들진ᄃᆡ ᄂᆡ게 품ᄒᆞ고 칙ᄒᆞ리니 임의 자쟉 졍치ᄒᆞ여 날을 업슈이 너기니 ᄉᆞ름이 늙기ᄂᆞᆫ 쥭기도곤 괴롭단 말이 올토다 ᄎᆞ후ᄂᆞᆫ 네 임의로 ᄒᆞ고 존대ᄒᆞᆫ 왕공의 몸이 괴로온 노부ᄅᆞᆯ 한치 말나 진왕이 면관 고두 왈 블초ᄋᆞ의 죄 ᄇᆡᆨᄉᆞ무셕이라 엄교로조ᄎᆞ 황공무지로쇼이다 노공이 탄왈 운ᄋᆡ 나히 겨유 십ᄉᆞ 셰라 무ᄉᆞᆷ 즁죄로 맛ᄎᆞ랴 ᄒᆞᄂᆞ뇨 너의 마음은 아지 못ᄒᆞ리로다 초공이 안ᄉᆡᆨ을 화히 ᄒᆞ고 쥬왈 위부ᄒᆞ여 위의 업ᄉᆞᆫ죡 여러

74면

ᄌᆞ식을 교훈치 못ᄒᆞᆯ지라 형의 념네 여ᄎᆞᄒᆞ와 치칙ᄒᆞ미오 운현이 비록 브러 쟉죄ᄒᆞ믄 아니라도 일이 어ᄌᆞ러오ᄆᆡ 엿지 고이ᄒᆞ리잇고 ᄌᆞ젼 방ᄌᆞᄒᆞ미 아니니이다 ᄒᆞ고 화셩 유어로 고ᄒᆞ니 노공이 비로쇼 운현의 샹쳐ᄅᆞᆯ 뭇고 념녀ᄒᆞ믈 마지아니ᄒᆞ니 왕이 감오ᄒᆞ여 뉘웃더라 ᄎᆞ셜 운현의 병이 날노 더ᄒᆞ여 약을 나리오지 못ᄒᆞ고 화열이 셩ᄒᆞ여 ᄯᅱ여날 ᄃᆞᆺᄒᆞᆫ지라 례부 등이 황황ᄒᆞ여 의약을 ᄡᅳ나 졈졈 위급ᄒᆞ여 쟝ᄎᆞᆺ 사ᄅᆞᆷ의 츌입을 아지 못ᄒᆞ니 노공이

75면

친히 나와 보시고 ᄇᆡᆨ슈의 누쉬 년락ᄒᆞ여 왕을 ᄭᅮ즛더라 왕이 당ᄎᆞ시의 뉘웃쳐 민망ᄒᆞ여 친히 구ᄒᆞᄃᆡ ᄉᆡᆼ이 혼혼 망지ᄒᆞ니 왕이 놀나고 초공으로 더브러 진ᄆᆡᆨᄒᆞ고 명약ᄒᆞᆯᄉᆡ 초공 왈 마음을 ᄡᅳ고 분ᄒᆞ여 ᄂᆞᆫ 병이 ᄒᆞᆫᄀᆞᆺ 쟝독ᄲᅮᆫ 아니라 ᄒᆞ고 모다 위로ᄒᆞ고 챡실이 구약ᄒᆞ더라 왕이 ᄯᅩ 남가의 사ᄅᆞᆷ으로 통ᄒᆞ여 신랑의 병이 즁ᄒᆞ니 하리믈 기

다려 친ᄉᆞ를 지ᄂᆡᄌᆞ ᄒᆞ고 됴회를 블ᄎᆞᆷᄒᆞ고 병을 보니 샹이 ᄯᅩ 경려ᄒᆞ샤 내시로 문병 ᄒᆞ시고 어의로 치료ᄒᆞ시니 쇼년 명ᄉᆞ의

76면

영총이 일셰의 ᄒᆞ나힐네라 왕이 쥬야 구호ᄒᆞ여 일망 후 비로쇼 눈을 ᄯᅥ 보고 부왕이 친림ᄒᆞ여 구호ᄒᆞ믈 알고 황공ᄒᆞ여 금금을 혜치고 니러 안지려 ᄒᆞ거ᄂᆞᆯ 왕이 심하의 ᄋᆡ련ᄒᆞ여 평ᄉᆡᆼ 쳐음으로 슉믁ᄒᆞᆫ 안ᄉᆡᆨ을 곳쳐 집슈 탄왈 네 몸을 병들녀 ᄒᆞ미 아니라 우흐로 훤당 념녀와 부모의 졀려를 ᄉᆡᆼ각지 아니ᄒᆞ고 심녀를 ᄡᅳ고 분을 일워여 다시 심샹의 병을 더으오지 말나 ᄉᆡᆼ이 부복ᄒᆞ여 야야의 만분 화평ᄒᆞᆫ 경계를 듯ᄌᆞ오니 크게 황공ᄒᆞ여 안ᄉᆡᆨ을

77면

화히 ᄒᆞ고 샤죄 왈 우연ᄒᆞᆫ 질양이 셩녀를 ᄭᅵ치오니 쇼ᄌᆞ의 죄 더옥 크도쇼이다 인ᄒᆞ여 부왕의 숀이 니으ᄆᆡ 부ᄌᆞ 정니 쳔륜의 지극ᄒᆞᆫ지라 황공 감은ᄒᆞ여 고개를 슉여 블감앙시ᄒᆞ니 왕이 더옥 ᄋᆡ련ᄒᆞ여 잠간 우음을 먹음고 안식의 지혀 ᄉᆡᆼ을 경계ᄒᆞ여 겻히 누이고 숀을 어ᄅᆞ만져 니ᄅᆞᄃᆡ 아비 비록 이ᄀᆞᆺ치 ᄉᆞ랑ᄒᆞ나 ᄋᆞ히ᄂᆞᆫ ᄆᆡᄉᆞ를 삼가 다시 고이ᄒᆞᆫ 거조를 면ᄒᆞ라 ᄉᆡᆼ이 인ᄉᆞ를 안 후ᄂᆞᆫ 블감ᄒᆞ여 화셩유어로 고왈 쇼ᄌᆡ 블초ᄒᆞ와 니의 니ᄅᆞ오니 죄즁여산이라 지금은

78면

병이 ᄎᆞ도의 드러ᄉᆞ오니 셩톄를 잇비 마ᄅᆞ시고 조병ᄒᆞ시믈 바라ᄂᆞ이다 왕이 그 효슌홈과 조심ᄒᆞ믈 보고 잠간 쇼왈 군샹이 ᄯᅩᄒᆞᆫ 과려ᄒᆞᄉᆞ 문병ᄒᆞᄂᆞᆫ 내시 니어시니 엇지 안심ᄒᆞ리오 ᄉᆡᆼ이 움즉여 샤례 왈 군부의 대은을 갑흘 바를 아지 못ᄒᆞ리로쇼이다 왕이 나와 례부 등 종형뎨 모다 년일 구호 후 일 삭 만의 ᄎᆞ병ᄒᆞ니 쥭음을 슌히 나리ᄂᆞᆫ지라 합개 힝열ᄒᆞ더라 화셜 한림혹ᄉᆞ 조운현이 오ᄅᆡ 됴회 ᄎᆞᆷ네 아니믈 인종황뎨 경려ᄒᆞ샤 파됴 후 진왕을 대ᄒᆞ여

79면

왈 운현의 긔품이 송쥭 ᄀᆞᆺ고 풍치 앙장ᄒᆞ더니 일 삭을 침범ᄒᆞᄆᆡ 쇼임을 바리니 무슨

병이 그리 지리ᄒᆞ뇨 진왕이 부복 쥬왈 운현이 고이ᄒᆞᆫ 변고로 신이 ᄎᆞᆷ지 못ᄒᆞ여 즁칙 뉵십 쟝을 ᄒᆞ엿더니 병근이 되여 지금 신고ᄒᆞᄂᆞ이다 샹이 탄왈 ᄯᅩᄒᆞᆫ 무ᄉᆞᆫ 변이 니런고 년쇼 ᄌᆞ식을 벌 ᄡᅳ미 태과ᄒᆞ여 짐심을 아지 못ᄒᆞ니 험ᄉᆡ로다 진왕이 ᄇᆡ샤 왈 운현 쇼ᄌᆡ 셩녀ᄅᆞᆯ 이리 ᄭᅵ치오니 복이 숀ᄒᆞ리로쇼이다 연왕이 여ᄎᆞ여ᄎᆞᄒᆞ와 운현이 군쥬로 더브러 밤을 지ᄂᆡ

80면

고 도라와시니 신이 통ᄒᆡᄒᆞ여 운현을 쥭여 법을 졍히 ᄒᆞ고져 ᄒᆞᄂᆞ이다 현의 위인이 쇼탈ᄒᆞ여 사ᄅᆞᆷ의 쇽으미오 즐겨 ᄒᆞᆫ ᄇᆡ 아니오ᄆᆡ 부ᄌᆞ지졍으로 약간 벌ᄒᆞ오나 ᄒᆞᆫ갓 쟝쳐만 알흐미 아니오라 분ᄒᆞᆫ 병이 더어 ᄉᆞᄉᆡᆼ이 가려ᄒᆞ더니 슈일 ᄉᆡ ᄎᆞ경의 드럿ᄉᆞ오나 도시 연괴 연왕의 타시라 ᄎᆞᄉᆞᄅᆞᆯ 텬졍의 고ᄒᆞ려 ᄒᆞᄃᆡ ᄉᆞᄉᆞ 더러온 졍젹이라 황공ᄒᆞ오나 이졔 뭇ᄌᆞ오시ᄆᆡ 쥬ᄒᆞ옵ᄂᆞ니 쳐치ᄅᆞᆯ 엇지ᄒᆞ리잇고 샹이 텽파의 ᄒᆡ연ᄒᆞ여 왈 일이 여ᄎᆞᄒᆞ미 도시

81면

연고의 이샹ᄒᆞ미라 운현이 무ᄉᆞᆷ 죄 이시리오 션ᄉᆡᆼ이 범ᄉᆡ 너모 급ᄒᆞ도다 연이나 일이 풍화의 관계ᄒᆞ고 그 녀ᄋᆡ ᄎᆞᆷ아 이셩을 좃지 못ᄒᆞᆯ지라 운현으로 셩친ᄒᆞᆯ 밧 계괴 업도다 진왕이 돈슈 왈 신이 ᄎᆞᆷ아 난음지녀로 ᄌᆞ부ᄅᆞᆯ 삼지 못ᄒᆞᆯ가 ᄒᆞ고 임의 남두관과 졍혼ᄒᆞ여시ᄃᆡ 우연이 유질ᄒᆞ여 아직 믈녀ᄉᆞ오나 슈빙ᄒᆞᆫ 녀ᄌᆡ라 남시를 취ᄒᆞ고 군쥐 개과ᄒᆞ믈 기다려 둘ᄌᆡ로 취ᄒᆞ리이다 샹이 탄왈 연왕이 무ᄉᆞᆷ 연고로 일녀ᄅᆞᆯ 구ᄎᆞ히 구혼ᄒᆞᄂᆞᆫ고 션ᄉᆡᆼ의 말이 맛당ᄒᆞ니 짐

82면

이 엇지 지친의 ᄉᆞ졍으로 공의ᄅᆞᆯ 폐ᄒᆞ리오 ᄒᆞ시고 샹이 엄지로 연왕을 엄ᄎᆡᆨᄒᆞ시니 왕이 감히 발명치 못ᄒᆞ고 우분ᄒᆞ더라 일월이 여류ᄒᆞ여 하뉵월 회간이라 운현이 쾌ᄎᆞᄒᆞ여 관셰ᄒᆞ고 존당의 문안ᄒᆞᄆᆡ 태부인과 위부인이 숀을 잡고 눈믈을 먹음어 ᄌᆡᄉᆡᆼ지인이라 ᄒᆞ고 노공이 ᄯᅩᄒᆞᆫ 깃거ᄒᆞ니 조시 등이 쇼왈 ᄌᆞ식이 비록 아모리 ᄯᅳᆺᄀᆞᆺ지 못ᄒᆞ나 그ᄃᆡ도록 즁히 치리오 네 샹히 모진 범ᄀᆞᆺ치 두려ᄒᆞ더니 고이치 아니ᄒᆞ도다 ᄉᆡᆼ이 괴좌 므연이라 좌위 보건ᄃᆡ 쇄락ᄒᆞᆫ 얼골은 벽공 츄

83면

월이 광치를 토ᄒᆞ고 화ᄒᆞᆫ 긔운은 츈풍의 만물이 부싱홈 ᄀᆞᆺᄐᆞᆫ지라 조부뫼 연익ᄒᆞ고 초공이 탄왈 조시의 음악이 블측ᄒᆞ나 지감은 긔특ᄒᆞ여 운현의 긔샹을 능히 아라 좃고져 ᄒᆞ니 그 위인의 ᄃᆡᄒᆞ면 그러치 아니ᄒᆞ여 엇지 운ᄋᆞ의 가인이 되리오 한림이 공경 대왈 쇼질이 무샹ᄒᆞ오나 여ᄎᆞ지녀를 가인이라 ᄒᆞ시미 블승한심ᄒᆞ오니 쇼질이 산간의 도쥬ᄒᆞ여 가실노 허ᄒᆞ믄 못ᄒᆞ리로쇼이다 일좨 대쇼ᄒᆞ고 초공이 잠쇼ᄒᆞ고 왈 네 남의 규슈를 통간ᄒᆞ고 바리라 ᄒᆞᆫ들 되ᄂᆞᆫ

84면

말이냐 례뷔 잠쇼 왈 다 너의 쇼탈이라 연왕을 ᄯᅡ라간들 엇지 취토록 먹으며 비록 미인을 일방의 너흔들 본 체 아니면 졔 무어시라 ᄒᆞ리오 연왕도 무샹커니와 죵시 너의 호식지심이나 이졔 분ᄒᆞ여 져바리려 ᄒᆞᄂᆞ냐 미셰ᄒᆞᆫ 녀ᄌᆞ도 슈절 함원ᄒᆞ면 바리기 어렵거든 ᄒᆞ믈며 왕공지녀로 바리지 못ᄒᆞ리라 친명대로 남시를 취ᄒᆞ여 가실을 정ᄒᆞ라 네 스ᄉᆞ로 지으미 아니나 뉵십 쟝칙이 오히려 족ᄒᆞ니라 엇지 일노 유명키의 밋게 ᄒᆞ리오 한림이 잠쇼ᄒᆞ여 말을 아니ᄒᆞ거ᄂᆞᆯ

85면

초공이 희긔 유동ᄒᆞ여 왕긔 하례 왈 그 ᄋᆞᄒᆡᄂᆞᆫ 오문의 큰 아ᄒᆡ라 졍대ᄒᆞ고 어질미 조션 덕음이오 기여 졔아ᄂᆞᆫ 근시ᄒᆞᆯ ᄇᆡ 아니라 슈슈의 어질이 ᄐᆡ교ᄒᆞ신 힘을 입으시미니다 조시 등이 말을 이어 칭하 왈 실노 조흔 일이라 왕이 미쇼ᄒᆞ고 긔익ᄒᆞ더라 남부의셔 다시 길일을 보ᄒᆞ니 조부의셔 대연을 베퍼 신랑을 보내고 신부를 마ᄌᆞ며 내외 빈긱이 구름 ᄀᆞᆺᄐᆞ여 정연최 삼 부인과 양왕윤 삼 부인이 각각 식부를 거ᄂᆞ려 위부인을 뫼셔 좌를 졍ᄒᆞ고 졔긱을 슈응ᄒᆞᆯ식 이

86면

ᄯᅢ 양부인이 정니의 슉ᄌᆞ광염을 ᄉᆡᆼ각ᄒᆞ고 더옥 츰연ᄒᆞ더라 강시 조시 좌를 년ᄒᆞ니 념념ᄒᆞᆫ ᄐᆡ되 ᄭᅩᆺ가지 니슬을 마신 ᄃᆞᆺᄒᆞ나 엇지 정니의 쳔태만광의 엇지 밋ᄎᆞ리오 초공 부부의 회포를 이의 알지라 초공이 화평ᄒᆞᆫ 가온대 은은이 광미 슈집ᄒᆞ엿고 양뎡렬이 팔ᄌᆞ 츈산의 슈운이 니러ᄂᆞ니 조시 등 정비 아라보고 츄연 탄식ᄒᆞ여 니부의 부

부 츔화를 ᄎᆞ셕ᄒᆞ더라 금션이 이의 참녜ᄒᆞ니 조노공이 ᄌᆞ녀를 거ᄂᆞ려 드러오니 친쳑 들이 밧비 셔로 볼ᄉᆡ 진왕 형뎨 좌

87면

셕을 년ᄒᆞ여 화ᄒᆞᆫ 얼골과 부드러온 말ᄉᆞᆷ으로 즁인을 깃거ᄒᆞ게 ᄒᆞ니 빵빵ᄒᆞᆫ ᄌᆞ네 좌 우로 갈나 뫼셔시니 남ᄋᆞᄂᆞᆫ 텬샹 군션 ᄀᆞᆺ고 녀ᄌᆞᄂᆞᆫ 월궁션ᄋᆞ ᄀᆞᆺᄐᆞ니 노공이 ᄉᆞᆯ이 반 취ᄒᆞ고 흥이 놉흐ᄆᆡ 홀연 탄식고 눈믈을 나리오니 냥공이 연고를 뭇ᄌᆞ온ᄃᆡ 노공이 슬허 왈 ᄌᆞ숀이 부족지 아니코 가즁의 경ᄉᆡ 젹지 아니ᄒᆞᄃᆡ 허다 졔ᄋᆡ 렬좌ᄒᆞᄆᆡ 유현 의 ᄌᆞ리 뷔여시니 월모 화풍이 눈의 삼삼ᄒᆞ고 청화지셩이 귀의 머무ᄂᆞᆫ지라 외로온 쳑신이 녕히의 더진 지 거의 긔년이라 늙은 마음

88면

의 쳑감ᄒᆞᆷ을 이긔지 못ᄒᆞ리로다 냥공이 이셩 쥬왈 니합이 ᄡᅴ 잇고 화복이 관슈ᄒᆞ니 져의 익회 비샹ᄒᆞ오나 현마 엇지ᄒᆞ리잇고 유현의 신원이 쇼쇼ᄒᆞ오니 대인은 믈녀ᄒᆞ 쇼셔 쇼ᄌᆞ 등 마음을 도라보샤 셩우를 더ᄅᆞ쇼셔 노공이 기리 탄식고 태부인이 안슈 를 금치 못ᄒᆞ더라 신랑을 길복을 입혀시니 노공이 ᄉᆞᆯ피ᄂᆞᆫ지라 뉴샹셰 쇼왈 ᄎᆞᄋᆡ 긔 샹이 완연이 치원의 쇼년 젹 모습이라 부ᄌᆞ의 이 ᄀᆞᆺᄐᆞᆷ을 긔특ᄒᆞ여 ᄒᆞᄂᆞ이다 노공이 쇼왈 원내 나의 졔숀이 부풍 모습ᄒᆞ여 ᄒᆞᄂᆞ토 용녈

89면

ᄒᆞ 니ᄂᆞᆫ 업거니와 운ᄋᆞᄂᆞᆫ 셰샹 걸ᄉᆡ라 졔 아비도곤 나은가 ᄒᆞ노라 샹셰 쇼왈 치원의 긔샹은 걸ᄉᆡ 아니니잇가 노공이 두굿기나 오히려 흠ᄉᆞᄂᆞᆫ 유현이 만리의 찬젹이라 금 션이 노공긔 쥬왈 이졔 후염이 쟝셩ᄒᆞ여시ᄆᆡ 왕이 틱셔ᄒᆞᆯ 의ᄉᆡ 업ᄉᆞ오니 오직 대인 의 념녀ᄒᆞ시믈 바라ᄂᆞ이다 노공이 답왈 ᄌᆞ식의 인륜대ᄉᆞᄂᆞᆫ 그 아비 쥬관ᄒᆞᆯ지라 냥ᄋᆡ 취실ᄒᆞᆫ 후 후염을 념녀ᄒᆞ리다 엇지 노부의 슈고ᄒᆞᆯ ᄇᆡ리오 왕이 냥안을 흘녀 왈 ᄯᆞᆯ의 인륜을 엇지 념녀 아니ᄒᆞ

90면

리잇고마ᄂᆞᆫ 후염은 머리 희여도 무셔워 들 길이 업ᄉᆞᆯ가 ᄒᆞᄂᆞ이다 공쥬의 쇼문을 하

늘노 머리 둔 쟈ᄂᆞᆫ 모ᄅᆞ리 업ᄉᆞ니 엇지 십 삭 ᄐᆡ교ᄒᆞᆫ 남ᄌᆡ 며ᄂᆞ리ᄅᆞᆯ 삼으며 안희ᄅᆞᆯ 졍ᄒᆞ리오 내 아모리 초ᄉᆞ 갈구ᄒᆞ나 사ᄅᆞᆷ만 우이고 ᄉᆞ회ᄅᆞᆯ 못 어드리니 쟝ᄎᆞᆺ 엇지ᄒᆞ리오 조시 등이 낭연이 쇼왈 아이 사ᄅᆞᆷ을 말노 공치ᄒᆞᄂᆞᆫ도다 공쥬의 쇼문이 고요치 아니나 진왕의 쳔금 ᄋᆞ녀로 황샹의 외숀이라 뉘 마다ᄒᆞ리오 쇼뎨지심으로 ᄉᆡᆼ각ᄒᆞ니 황샹의 숀ᄋᆡ나 친녜라도 실노 시특ᄒᆞ니 텬하

91면

의 다시 조무 ᄀᆞᆺ튼 ᄋᆡᆨ구즌 남ᄋᆡ 이ᄉᆞ면 모ᄅᆞ거니와 인ᄉᆞᄅᆞᆯ 츄이컨ᄃᆡ 규방의셔 늙힐 밧 슈 업더쇼이다 공쥐 낫출 븕혀 왈 요순지ᄌᆡ 블초ᄒᆞ고 고슈지ᄌᆡ 슌히시니 후염이 비록 어미 ᄉᆞ오ᄂᆞ오나 조시 문풍의 간ᄃᆡ로 ᄉᆞ오나오리오 쳡이 당년 허믈이 호대ᄒᆞ나 도금ᄒᆞ여 무슨 허믈이 잇관대 즁회 즁 이러ᄐᆞᆺ 비박ᄒᆞᄂᆞ뇨 왕이 졍ᄉᆡᆨ 무언ᄒᆞ고 초공은 먼리 좌ᄒᆞ여 눈을 드지 아니니 셩교의 비례믈쳥이니 블문ᄒᆞ미라 졔인이 ᄉᆡ로이 탄복ᄒᆞ더라 공쥐 눈믈 드리워 초공을

92면

향ᄒᆞ여 왈 왕이 후염의 혼인을 ᄉᆡᆼ각도 아니니 슉슉은 가랑을 듯보와 혼인을 일우게 ᄒᆞ시믈 바라ᄂᆞ이다 초공이 흠신 대왈 형위 ᄌᆡ당ᄒᆞ시니 옥쥬의 과렴ᄒᆞ실 ᄇᆡ 아니니이다 슈연이나 쇼ᄉᆡᆼ도 질녀의 가랑을 유의치 아니ᄒᆞ릿고 진왕이 낭안을 흘녀 공쥬ᄅᆞᆯ 보와 무샹ᄒᆞ고 념치 업ᄉᆞ믈 우람 통히ᄒᆞ니 셕부인이 ᄎᆞᆷ지 못ᄒᆞ여 쇼이찬 왈 치원 부ᄌᆞᄂᆞᆫ 마음의 맛당치 못ᄒᆞ며 눈이 졈졈 가늘고 못 보ᄂᆞᆫ ᄃᆞᆺᄒᆞᄃᆡ 사ᄅᆞᆷ으로 그 안광을 보면 경구케 ᄒᆞ니 실노 눈 들기 괴

93면

롭더라 좌위 대쇼ᄒᆞ고 진왕이 함쇼 왈 비위 조흔 치원 일ᄉᆡᆨ 견대여 지금 셔로 ᄃᆡᄒᆞᄂᆞ이다 초공이 졍ᄉᆡᆨ 왈 이러ᄒᆞ실 ᄇᆡ 아니라 옥쥬의 왕ᄉᆞᄂᆞᆫ 다시 닐너 무익ᄒᆞ니 원컨ᄃᆡ 형장은 관인 후덕ᄒᆞ샤 그리 마오쇼셔 존당이 쇼왈 셩의 말이 올흐니 너모 쥰졀ᄒᆞ미 인덕의 낫블가 ᄒᆞ노라 ᄒᆞ니 공쥐 울며 왈 쳡이 그ᄅᆞᆺ 슉슉을 원망ᄒᆞ엿더니 오늘 당ᄒᆞ여 뉘웃ᄂᆞ니 슉슉은 우리 모녀의 잔잉ᄒᆞ믈 고렴ᄒᆞ쇼셔 초공이 샤ᄉᆞᄒᆞ더라 날이 느져 신랑이 위의ᄅᆞᆯ 거ᄂᆞ려 남가

94면

로 향훌ᄉᆡ 허다 요ᄀᆡᆨ이 젼ᄎᆞ 후응ᄒᆞ여 위풍을 돕ᄂᆞᆫ 바의 미셰ᄒᆞᆫ 신랑이 아니라 일품 관복의 ᄌᆞ금션을 쥐고 단졍이 안져시니 영풍이 ᄇᆡᆨ일의 죠요ᄒᆞᆫ지라 남가의 니ᄅᆞ러 옥샹의 홍안을 젼ᄒᆞ고 신부를 마져 부즁의 도라와 부뷔 교배를 맛ᄎᆞᄆᆡ 조흑ᄉᆡ의 풍ᄉᆡ를 한번 보니 이목을 놀내고 심신을 어리오니 ᄒᆞ믈며 쇼년 아망을 뉘 아니 칭션ᄒᆞ며 ᄉᆡᆼ이 눈을 드러 ᄒᆞᆫ번 보ᄆᆡ 셩덕이 츌어미모ᄒᆞᆫ지라 흑ᄉᆡ 깃분 긔운이 미우를 움즉이니 졔 형데 눈을 쥬어 웃더라 폐

95면

ᄇᆡᆨ을 밧드러 구고와 존당긔 헌훌ᄉᆡ 구고 존당이 눈을 드니 이 믄득 셰쇽 홍분이 아니오 뉵 쳑 신장의 긴 단장을 ᄭᅳ을고 셤셤 나요의 굽으며 힝례ᄒᆞᄂᆞᆫ 거동이 봉황의 노롬이 기산의 놀고 왕뫼 옥경의 됴회ᄒᆞᄂᆞᆫ 듯 신긔ᄒᆞᆫ 녀질과 묽은 긔운이 텬디 졍긔와 산쳔 슈긔를 모도와 쟉인이 츌뉴ᄒᆞ니 안모의 오치 영영ᄒᆞ고 아황의 샹셔의 긔운이 어ᄅᆡ여 일만 화긔 각즁을 쎠시니 ᄇᆡᆨ셜 ᄀᆞᆺᄐᆞᆫ 긔부와 옥 ᄀᆞᆺᄐᆞᆫ 태되며 도화 ᄀᆞᆺᄐᆞᆫ 냥ᄉᆡ의 발월ᄒᆞ고 니마의 단ᄉᆞ와 찬란ᄒᆞᆫ 광

96면

ᄎᆡᄂᆞᆫ 부상 홍일이오 쳥월ᄒᆞᆫ 거동은 쳥공의 쇼월이라 ᄒᆞᆫ번 보ᄆᆡ 눈이 아질ᄒᆞ며 마음이 취ᄒᆞ고 고쳐 보매 공경 ᄋᆡ지ᄒᆞᄂᆞᆫ지라 한업시 고으믄 오히려 쇼졍의 지ᄂᆞ니 존공이 막블경희ᄒᆞ고 즁빈이 닷ᄐᆞ와 하례ᄒᆞ니 진왕과 졍비 깃브미 무비ᄒᆞ더라 초공이 피셕 샤왈 오늘 신부를 보니 용ᄉᆡᆨ은 예ᄉᆞ여니와 유한 졍덕과 인ᄌᆞᄒᆞᆫ 혜덕이 복녹이 졔미ᄒᆞ고 덕량이 심원ᄒᆞ니 당셰 슉녀 졀뷔라 우리 졍슈의 셩덕을 입어 오문의 홍복이라 방탕ᄒᆞᆫ 가부의 긔운을

97면

진압ᄒᆞ고 규ᄂᆡ를 화평케 ᄒᆞ리니 형쟝을 위ᄒᆞ여 하례ᄒᆞ고 운ᄋᆞ의 복을 깃거ᄒᆞᄂᆞ이다 진왕이 희쇼 왈 우형이 조션 여음과 부모의 덕을 입어 슬하 ᄌᆞ식이 션션ᄒᆞ고 셰 아들이 취실ᄒᆞᄆᆡ 며ᄂᆞ리 이갓치 아름다오니 치하를 ᄉᆞ양치 아니ᄒᆞ노라 운ᄋᆞ의 복이 과ᄒᆞ믈 두리로라 존당이 즐기고 노공이 반취의 희희ᄒᆞᆫ 쯧이 만면ᄒᆞ여 희블ᄌᆞ승ᄒᆞ고 조시

등이 좌를 써나 일시의 부모긔 하례 왈 왕년의 부뫼 쁠딕업순 쇼녀를 두시고 샤쇽을 근심홀 적 오늘이 이깃치 셩

98면

만호믈 싱각호리오 부모의 인덕을 텬디신기 묵우호시고 버거 졍뎨의 슉즈 인물이 허다 화란을 진졍호고 호호흔 복이 여산호여 쇼시의 긔특홈과 남시의 아름드오믈 빵득호니 일셰의 흔낫 부인이라 쇼녀 등이 쇼쟝의 구변이 업셔 치하를 능히 다 못호느이다 삼 조시 호치 단슌이 홍유 쇼년을 우으니 부뫼 흔연 왈 녀으 등 치하를 엇지 스양호리오 나의 졔숀이 다 일셰 긔린이라 조션 유명의 여복이 아니랴 진왕이 쇼왈 져져 등이 홀노 졍시 어질미라 호고 쇼

99면

데는 공을 일캇지 아니니 졍시 아모리 어지러도 조무 곳 아니면 엇지 복경이 숩기리오 미양 일가의 의논이 여츠호니 우리 원비 즈존호여 조무의 덕을 아지 못호니 엇지 분치 아니리오 즁인이 일시의 박쇼호고 초공이 미쇼호니 조시 등 왈 두 아이 어지르딕 졍양의 어질믈 짜로지 못호리라 태부인이 쇼왈 나의 쇼녀 삼 인은 녀즁 호걸이오 졍양 이부는 녀즁 셩현이라 이졔 숀부 등이 다 긔특호나 하늘이 돕지 아니리오 화픽 승홍 왈 졍양 이 부인을 등졔호

100면

니 힝혀 그롯 보미 아니라 호시는 말솜을 듯즈오니 금일 연셕샹의 졍양 이 부인과 삼 조부인 이믈을 등딕호리잇가 태부인이 희쇼 왈 연셕 가온딕 미어로 츤조는 너의 졔일이라 아모켜나 솜녀 니비로쇼 등졔호라 화픽 졀호고 쇼릭를 가다듬아 쥬왈 식틱는 니르지 말고 우리 셕틱샹 부인이 마음이 크고 어위츠고 샹활호딕 인익호는 품이 낫부시나 딕개 녀즁 군왕이라 가히 한 고조의 비겸즉호고 뉴샹셔 부인은 인약호나시나 지극 공변되시니 한 혜뎨의 비겸즉

101면

호고 쇼참졍 부인은 단즁 관인호고 덕이 한 쇼뎨로 스싱호니이다 졍슉렬 부인은 아

는 거시 여신ᄒᆞ고 춍명 영긔와 슉덕 션힝이 ᄉᆞ군ᄌᆞ 영웅의 품질이라 지공무ᄉᆞᄒᆞ시니 어진 덕과 여신ᄒᆞᆫ 슬긔 여쳔심이오 양뎡렬은 비와 징견ᄒᆞᄃᆡ 화ᄒᆞ고 어의ᄎᆞ미 슉렬의 더으니 묽고 놉흐며 공변되고 인ᄌᆞᄒᆞ기는 졍렬이 더으시니 우리 졍양이 읏듬이니이다 좌위 일시의 웃고 왈 실노 졍논이라 조부인 등이 낭쇼 왈 셔뫼 우리를 나모ᄅᆞ고 졍양을 찬ᄒᆞ나 이의

102면

보와는 공밍이 비록 셩인이시나 반싱 쳘환ᄒᆞ여 냥셩이 다 피로ᄒᆞ시니 엇지 녁ᄃᆡ 뎨왕의 통일텬하ᄒᆞᄂᆞᆫ 공업의 비기리오 양졍 이뎨로 막기여냐 셩인 군ᄌᆡ라 ᄒᆞ고 우리로 창업지쥬의 비기니 우리 읏듬이오 이뎨 아ᄅᆡ 되니라 졔인이 대쇼ᄒᆞ고 진왕이 함쇼 왈 셕져져는 졔왕의 비겨는 셔모는 그릇 보왓도다 조부인 등이 낭쇼 왈 네 말이 가지로다 아등을 졔왕의 비기고 졍뎨로 군ᄌᆞ의 비기니 일노 ᄋᆡ달나 ᄒᆞ고 아등을 론폄ᄒᆞ니 네 부인은 놉히 요순 ᄀᆞᆺ다 ᄒᆞ라 이러틋

103면

한쇼ᄒᆞ니 냥 존당이 입이 버릿고 오직 승샹이 궤슬 단좌ᄒᆞ여 미우의 츈풍을 씌엿시니 슉연ᄒᆞᆫ 거동이 쳥고ᄒᆞ고 화긔 봄날이 다ᄉᆞᄒᆞ니 실노 쳔츄의 군ᄌᆞ오 일ᄃᆡ 셩현이라 쇼참졍 등 삼 인이 개용 칭경ᄒᆞ여 노공긔 고왈 오놀 즁좌의 의논 분요ᄒᆞ여 졔왕과 군ᄌᆡ 가득ᄒᆞ나 쇼싱은 이 좌즁의 ᄒᆞᆫᄂᆞᆺ 셩인이 이시니 바라보ᄆᆡ 긔특ᄒᆞ고 공밍을 ᄯᅡ라 보옵지 못ᄒᆞ여ᄉᆞ오나 져 거동이 본 젹마다 긔특ᄒᆞ니 치원이 셰샹 건질 ᄌᆡ덕과 ᄒᆡᄂᆡ를 진졍ᄒᆞᆯ 졔 졍츙 대졀이

104면

셰대 무젹이라 맛츰ᄂᆡ 이의 거동을 ᄯᅡ로지 못ᄒᆞᆯ 쥴을 아ᄅᆞ시ᄂᆞ이잇고 삼 인이 숀으로 초공을 가ᄅᆞ쳐 탄복ᄒᆞ니 노공이 ᄌᆞ녀의 희롱의 츰작ᄒᆞ다가 삼 공의 쇼ᄅᆡ로 승샹을 도라보니 아룸다오믈 이긔지 못ᄒᆞ여 웃고 왈 현셔 등 과쟝을 엇지 당ᄒᆞ리오 슈연이나 셩의 힝실과 도덕은 금셰의 븟그러오미 업ᄉᆞᆫ지라 이졔 여러 ᄋᆞᄒᆡ ᄇᆡ호기를 바라노라 진왕이 함쇼 왈 아의 션힝 현심은 텬셩의 타ᄂᆞᆫ ᄇᆡ라 쇼시로 본ᄃᆡ 그러ᄒᆞ나 졔형이 ᄉᆡ로이 놀나ᄂᆞ뇨 셕참졍이

105면

쇼왈 치원의 용심은 가지라 누의ᄅᆞᆯ 기리ᄆᆡ 부인으로 닷토ᄂᆞᆫ다 ᄒᆞ고 스ᄉᆞ로 아이ᄅᆞᆯ 기리ᄆᆡ 아쳐로이 너기ᄂᆞ냐 왕이 ᄃᆡ쇼ᄒᆞ고 초공이 묵연이라 죵일 달난의 졔ᄀᆡᆨ이 각산ᄒᆞ니 태부인이 남시ᄅᆞᆯ 과혹ᄒᆞ여 진궁의 보내지 아니코 영셜당의 쳐쇼ᄅᆞᆯ 졍ᄒᆞ여 머무ᄅᆞ니 운현이 남시로 더브러 은졍이 관곡ᄒᆞ여 금슬 관져지락이 시일의 무비ᄒᆞ고 남시 존당 셤기기와 군ᄌᆞ 졔ᄉᆞ 쇼고ᄅᆞᆯ 각각 례도의 시일 극진ᄒᆞ니 기리ᄂᆞᆫ 소ᄅᆡ 합가의 가ᄃᆞᆨᄒᆞᆫ지라 태부인이 만금 쇼ᄋᆞᄀᆞᆺ

106면

치 ᄒᆞ고 졍니의 괴이ᄒᆞ믈 니어 ᄒᆞᆫ ᄃᆡ 두지 못ᄒᆞ믈 한ᄒᆞ고 샹셔의 만리 찬젹을 유한ᄒᆞ여 ᄣᆡᄣᆡ 샹심ᄒᆞ고 조부모 슉ᄆᆡ와 ᄎᆞ셕ᄒᆞ니 ᄒᆞ믈며 초공 양부인 심ᄉᆞᄅᆞᆯ 니ᄅᆞ리오 이ᄣᆡ 연왕이 녀ᄋᆞ의 모계로 ᄉᆡᆼ각지 못ᄒᆞᆯ 일을 ᄒᆞ고 깃브나 진왕이 맛ᄎᆞᆷᄂᆡ 허혼치 아니코 남시ᄅᆞᆯ 취ᄒᆞ니 군쥬와 왕이 다시 셜분ᄒᆞᆯ 조각을 ᄉᆡᆼ각고 부왕을 가ᄅᆞ쳐 잠잠ᄒᆞ고 셔셔히 도모코져 ᄒᆞ니 ᄎᆞ고로 연왕이 함분ᄒᆞ더라 화셜 빵난이 두병긔 집의 이션 지 달이 너무ᄃᆡ 삼 년 결복을 등

107면

ᄃᆡᄒᆞ여 뜻을 슌ᄒᆞ마 ᄒᆞ고 두병긔ᄅᆞᆯ ᄀᆞᆺ가이도 못 오게 ᄒᆞ고 구든 뜻이 ᄒᆞᆫ번 등문고ᄅᆞᆯ 울녀 쥬인의 원억을 신셜ᄒᆞᆯ 긔틀을 여으ᄆᆡ 져의 일동 일졍을 규찰ᄒᆞ고 경홍이 후번의 집의셔 또 이런 쥬의 이셔 셜강의 궁심 모의ᄒᆞ던 일 ᄂᆞᆺᄂᆞᆺ치 믈너 치부ᄒᆞ더라 어시의 셜강이 니부의 셔간을 보믈브터 악심이 ᄐᆡ반이나 쥬러지고 념녀 호번ᄒᆞ여 심졍이 초갈ᄒᆞ여 밋쳐더니 흐ᄅᆞᄂᆞᆫ 셰월이 ᄇᆡᆨ구 틈 지남 ᄀᆞᆺᄐᆞ여 ᄒᆡ 밧고이ᄆᆡ 조ᄉᆡᆼ이 만리 슈젹이 삼ᄌᆡ 츈취라 조부

108면

의 ᄉᆡᆼ각난 마ᄋᆞᆷ이며 졔우의 ᄎᆞ셕ᄒᆞᄂᆞᆫ 졍회 ᄒᆞᆫ가지오 셩의 ᄯᅩᄒᆞᆫ 깁히 ᄉᆡᆼ각ᄒᆞ샤 훤츨ᄒᆞᆫ 긔샹과 강개ᄒᆞᆫ 품질을 잇지 못ᄒᆞ시니 보내실 젹 죄명이 즁ᄒᆞ고 ᄒᆡᆨ실ᄒᆞ기 젼 경이히 못ᄒᆞ시미나 ᄆᆡ양 마ᄋᆞᆷ이 편치 못ᄒᆞ샤 ᄌᆡ조와 위인을 크게 ᄉᆡᆼ각ᄒᆞ시더니 이ᄣᆡ 난괴 궁금의 이신 지 ᄉᆞ 년의 벼술을 엇지 못ᄒᆞ고 쇼휘 위의 셔시므로브터 샹총이 쇠ᄒᆞ

고 이달나 셜강의 쥬던 요약이 잇는지라 가마니 졍궁 슈라의 범ᄒᆞ엿는지라 쇼휘 신명ᄒᆞ시니 본ᄃᆡ 일월 ᄀᆞᆺᄐᆞ

109면

신지라 슈라를 진어치 아니시고 츈슈를 업시ᄒᆞ여 여러 궁인의 연누ᄒᆞᄂᆞᆫ 거조를 졔방ᄒᆞ시고 노샹궁 진시로 쥬야 간졍을 발각ᄒᆞ라 ᄒᆞ시니 뎐에 밀밀ᄒᆞ샤 궁녀ᄇᆡ 아ᄂᆞ니 업더라 진샹궁이 명을 밧ᄌᆞ와 쥬야의 무심치 못ᄒᆞ여 술피더니 일일은 난괴 요괴로 목인을 ᄆᆡᆫᄃᆞ라 왕후 참변의 뭇고져 ᄒᆞ더니 진샹궁이 본 즉 되여시니 진샹궁이 본ᄃᆡ 강직ᄒᆞᆫ지라 이의 샹젼의 쥬ᄒᆞ니 샹이 대로ᄒᆞ샤 즉시 난교를 ᄂᆞ리와 극형 엄문ᄒᆞ시니 괴 본ᄃᆡ 심지 견강ᄒᆞ고

110면

위인이 괴ᄉᆞᄒᆞᆫ지라 엇지 즐겨 직초ᄒᆞ리오 ᄒᆞᆫ갈ᄀᆞᆺ치 발명ᄒᆞ여 진샹궁이 져를 모함ᄒᆞᆫ다 ᄒᆞ더니 뎐뇌 진쳡ᄒᆞ샤 ᄆᆡ마다 고찰ᄒᆞ샤 슈십 여 장의 밋쳐ᄂᆞᆫ 피육이 휴란ᄒᆞ고 누혈이 님니ᄒᆞ니 견ᄃᆡ지 못ᄒᆞ여 개개히 직초ᄒᆞᄃᆡ 졔 아비를 셜강이 쳐음 보고 ᄒᆞ던 말과 졔 셜강의 집의셔 ᄌᆞ라나 그 은혜를 갑고져 ᄒᆞ여 ᄉᆞᄉᆞ로 강의 ᄯᅳᆺᄃᆡ로 ᄒᆞ니 강이 져를 입궐ᄒᆞᆯ식 내외 교통ᄒᆞ여 변화ᄒᆞ던 개용단을 셜강이 스ᄉᆞ로 삼키고 조싱의 얼골이 되여 ᄌᆞ졍젼의 돌

111면

입흠과 간계로 조유현을 졔 셜싱의 쳥으로 마지못ᄒᆞ여 허다 간모를 힝ᄒᆞ고 졍궁 히ᄒᆞ믈 개개히 복초ᄒᆞ니 샹이 쳥필의 대로ᄒᆞ샤 난교를 가두시고 외헌의 ᄂᆞ샤 됴회를 여러 졔 대신을 모흐시고 금의관을 명ᄒᆞ샤 금문의 졍뉼을 졍ᄒᆞ시ᄆᆡ 문무 각신이 졔졔ᄒᆞ여 그 죄 아모 ᄃᆡ 밋출 쥴을 아지 못ᄒᆞ여 각각 젼뉼ᄒᆞ기를 마지못ᄒᆞ여 ᄒᆞ니 샹이 즉시 셜강을 잡아드리라 ᄒᆞ시니 이ᄶᅴ 셜강이 ᄐᆡ흑ᄉᆞ지렬의 홍포 옥ᄃᆡ로 뫼셧더니 면식이 여토

112면

ᄒᆞ고 허다 라졸이 일시의 각모를 벗기고 ᄉᆞ술의 올가 젼하의 ᄭᅮᆯ니니 샹이 묵묵ᄒᆞᆫ 노

긔를 씌여 난교의 문초ᄒᆞᆫ 초ᄉᆞ를 나리오시고 젼후 악ᄉᆞ를 츄문ᄒᆞ실ᄉᆡ 셜강이 하늘노 좃ᄎᆞ 앙얼이 ᄂᆞ려 이 ᄀᆞᆺ튼 경계를 당ᄒᆞ니 조ᄉᆡᆼ의 말이 ᄉᆞᆺᄉᆞᆺ치 ᄉᆡᆼ각져워 여취 여광ᄒᆞᆫ 즁 너분 곤장이 젼후의 나렬ᄒᆞ고 법관 위ᄉᆡ 죄명을 닑고 형츄를 ᄌᆡ촉ᄒᆞ니 ᄆᆡ이 치라 외ᄂᆞᆫ 쇼ᄅᆡ 구텬을 흔들고 또 흉녕ᄒᆞᆫ ᄉᆞ예ᄂᆞᆫ 쇼ᄅᆡ를 응ᄒᆞ여 힘을 다ᄒᆞ지 아냐 지쳑 텬안이 노ᄒᆞ샤 뉘 ᄒᆞᆫ

113면

조각 인졍을 두리오 ᄒᆞᆫ ᄆᆡ의 ᄲᅧ ᄭᆡ여지고 술졈이 ᄯᅥ러지ᄂᆞᆫ지라 강이 ᄌᆞ쇼로 부귀의 ᄉᆡᆼ쟝ᄒᆞ고 과모의 일ᄌᆞ로 쳔금 교ᄋᆡ를 씌여 ᄌᆞ라 닙신양명ᄒᆞᄆᆡ 부귀 과극ᄒᆞ여 호치ᄒᆞᄆᆡ 엇지 조고만 ᄐᆡ쟝인들 지ᄂᆡ시리오 알프믈 이긔지 못ᄒᆞ여 눈믈을 흘이고 고왈 신의 죄악이 ᄲᅡ혀시니 엇지 맛기를 과히 ᄒᆞ고 알외리잇고 신이 ᄯᅳᆺ을 그ᄅᆞᆺ 잡고 사ᄅᆞᆷ의 ᄉᆡ긔를 ᄐᆡ과히 ᄒᆞ와 조유현 현쳐 졍시ᄂᆞᆫ 신의 친쳑이라 통ᄂᆡᄒᆞᄂᆞᆫ 고로 그 얼골을 본 후로 신이 혼인을 쳥ᄒᆞᆫᄃᆡ 졍셕귀 신을 거

114면

졀ᄒᆞ고 유현으로 동상을 삼으시니 신이 혼인 젼 유현을 ᄉᆞ괴여 여ᄎᆞ여ᄎᆞ 격동ᄒᆞᄃᆡ 유현이 쳥이블문ᄒᆞ고 여러 슌간 부셔를 지어 ᄂᆡ고 ᄌᆞᄀᆡᆨ을 보ᄂᆡ여 그 부부간을 쟉희ᄒᆞ미 신의 ᄒᆞ온 ᄇᆡ라 이번 운남 찬젹도 신의 슈단이로쇼이다 유현이 신을 뮈워 아냐 일일이 글월노 가ᄅᆞ치니 신이 그 글을 본 후ᄂᆞᆫ 크게 감동ᄒᆞ와 신의 허다 죄과를 분ᄒᆞ여 군부긔 고ᄒᆞ고 유현의 원앙을 신ᄇᆡᆨᄒᆞ와 은혜를 갑고져 ᄒᆞ오ᄃᆡ 황공송률ᄒᆞ와 시일을 쳔연ᄒᆞ옵더니 금일

115면

엄문지하의 엇지 은익ᄒᆞ미 잇ᄉᆞ리잇고 인ᄒᆞ여 젼후 악ᄉᆞ와 유현의 어질며 긔특ᄒᆞ믈 매를 더으지 아냐 일일이 직초ᄒᆞᄆᆡ 금쥐와 운남의 ᄌᆞᄀᆡᆨ을 ᄯᅡ라보내니 졍시ᄂᆞᆫ 금강의 슈ᄉᆞᄒᆞ고 셕한은 조샹셔의게 잡힌 ᄇᆡ 되여 죽은 ᄇᆡ 되믈 고ᄒᆞ니 샹이 룡샹을 쳐 대로왈 강의 죄샹이 만ᄉᆞ유경이오 맛당이 형쟝을 쥰ᄎᆞᄒᆞ여 짐심을 쾌ᄒᆞ게 ᄒᆞ고 머리를 버혀 왕법을 졍히 ᄒᆞ리라 이의 ᄆᆡ마다 고찰ᄒᆞ여 일ᄎᆞ 즁장ᄒᆞ니 피 돌지어 흐ᄅᆞ고 신ᄉᆡᆨ이 ᄎᆞᆫ ᄌᆡ ᄀᆞᆺᄐᆞ여

116면

정신을 출히지 못ᄒᆞᄂᆞᆫ지라 대신 반즁으로 일위 현신이 금포를 븟치고 옥홀을 밧드러 츄진ᄒᆞ여 탑젼의 부복ᄒᆞ니 긔위 슉슉ᄒᆞ고 풍신이 쇄락ᄒᆞ여 셩ᄌᆞᄒᆞᆫ 덕은 긴 눈셥의 나타ᄂᆞ고 만심 츙효ᄂᆞᆫ 가슴의 너허 슉연ᄒᆞᆫ 례모ᄂᆞᆫ 늠연ᄒᆞ고 묽은 안치ᄂᆞᆫ 일식을 가리오니 즁인이 대경 칭찬ᄒᆞ고 샹이 룡안을 드시니 승샹 황틱부 초국공 조셩이라 촉노를 ᄂᆞᆺ초고 흔연 샤왈 션싱이 무슴 극간홀 말이 잇ᄂᆞ뇨 승샹이 배복 왈 이졔 죄인 셜강의 젼후 악식 맛당

117면

이 쥭염즉ᄒᆞ오나 일슬의 혹형을 더으시믄 셩쥬의 덕화의 히롭ᄉᆞ오니 아직 형벌을 날회시고 다시 그 죄의 경즁을 의논ᄒᆞ시고 률을 졍논ᄒᆞ샤 졍ᄒᆞ시미 맛당홀가 ᄒᆞᄂᆞ이다 평진후 쇼쳔이 븐연 쥬왈 셜강의 젹지 ᄒᆞᆫ곳 악심을 공교히 ᄒᆞ여 뎐하의 셩덕을 가리오고 국가 동냥을 ᄉᆞ디의 너흐며 간악ᄒᆞᆫ 녀ᄌᆞ를 궁닉의 드리고 외됴 신지 밤을 당ᄒᆞ여 궁희로 동심 모의ᄒᆞ여 변을 지은 죄 역신과 일반이라 승샹 조셩이 너모 인덕을 슝샹ᄒᆞ기로 난신 젹ᄌᆞ를

118면

두호ᄒᆞ오나 셜강의 죄샹이 블용쥐오니 머리를 버혀 셩샹 치화를 어ᄌᆞ러이고 현신을 모시ᄒᆞ고 궁녀의 모역을 동참ᄒᆞᆫ 죄를 졍히 ᄒᆞ쇼셔 례부샹셔 조긔현이 홍포 옥딕로 츌반 부복ᄒᆞ여 나아오니 얼골은 빅옥을 다듬고 풍치ᄂᆞᆫ 일만 양뉘 츈풍의 휘드ᄂᆞᆫ 듯 니빅을 우으며 룡미 봉안의 슈려ᄒᆞᆫ 광치 뎐샹의 ᄲᅩ이ᄂᆞᆫ지라 화ᄒᆞᆫ 쇼릭로 쥬왈 금일 쇼쳔의 쥬ᄉᆞᄂᆞᆫ 살벌을 젼쥬ᄒᆞ여 형벌만 셰우고 관인지덕을 셰오지 아니ᄒᆞ오니 신이 실노 블쥐ᄒᆞᄂᆞ이다 강

119면

의 죄 비록 관영ᄒᆞ오나 바로 역신이 아니라 ᄒᆞᆫ 매를 더으지 아니ᄒᆞ여셔 젼후 악ᄉᆞ를 직초ᄒᆞ오 그 개과ᄒᆞ오믈 가히 알지라 졍형 삼츠를 일시의 더으면 반ᄃᆞ시 즉셕의 폐ᄉᆞᄒᆞ올지라 셩쥬의 덕홰 초목 곤츙의 니ᄅᆞ니 호싱지덕을 힘ᄡᅳ시고 살벌ᄒᆞ기를 쥰졀ᄒᆞ실지라 이졔 그 쇼원을 맛쳐 쥭은 재 업고 회심 ᄌᆞ칙ᄒᆞᄂᆞᆫ ᄡᅴ의 쥭이시면 셩샹의 어

두시믈 후셰 긔롱의 면치 못ᄒᆞ오리이다 화평ᄒᆞᆫ 긔운이 츈풍의 만믈을 술오는 듯 경엄ᄒᆞᆫ 거동은 구츄 상풍이라 일

120면

청션싱의 긔특ᄒᆞᆫ 도덕으로도 일ᄃᆡ의 무젹ᄒᆞ거늘 ᄯᅩ 긔현의 쳥힝과 유현의 긔특ᄒᆞ믈 샹이 칭샤 왈 국개 유복ᄒᆞ여 현인 군ᄌᆞ와 츙효 대졀의 긔남ᄌᆡ 감초엿도다 경의 쥬식 상부의 어질기로 흡ᄉᆞᄒᆞ니 짐이 아름다이 너기노라 강의 죄악이 률뎐을 도망치 못ᄒᆞ리니 일ᄎᆞ 형장을 늣초와 맛츰내 보젼치 못ᄒᆞ리라 초공이 다시 쥬왈 ᄉᆞᄉᆞ의 실노 블힝ᄒᆞᆫ 일이라 강이 만일 회션을 긔약ᄒᆞ여 ᄭᆡ치지 아니ᄒᆞ면 기죄 블용쥐라 지금의 회과ᄒᆞ여 ᄌᆞ칙이 져의 ᄉᆞ오

121면

나오믈 직초ᄒᆞ오니 셩군의 덕화로 일명을 샤ᄒᆞ시미 올흐ᄃᆡ 쇼쳔의 쥬식 여ᄎᆞᄒᆞ오니 셩상은 츙신의 논힉을 조ᄎᆞ샤 셩덕을 힘ᄡᅳ옵쇼셔 즁신이 닷토와 버혀지라 ᄒᆞᄂᆞ니도 잇고 일명 술오ᄌᆞ ᄒᆞᄂᆞ니도 이셔 의논이 분분ᄒᆞ더라 셜강의 ᄉᆞ싱이 엇지 될고 ᄎᆞ쳥하회ᄒᆞ라

조시삼대록 권지십

1면

ᄎᆞ셜 어시의 경홍이 후번의 집의 이셔 빅계로 탈신ᄒᆞ믈 싱각ᄒᆞ더니 가연이 큰 ᄯᅳᆺ을 내여 북궐의 등문고를 울녀 져의 원샹을 알외여 번의 나간 ᄭᅴ를 타 내다라 궐하의 오더니 길희셔 ᄒᆞᆫ 녀ᄌᆞ를 만나오니 낫치 익은지라 홍이 이식히 보더니 다른 사름이 아니라 부인 시ᄋᆞ 빵란이라 경홍이 반겨 븟들고 빵란아 니별 이후 삼 년이라 무양ᄒᆞ며 조부와 부인 긔톄 평안ᄒᆞ시냐 빵란이 임의 니공의 삼상이 거의 진

2면

케 되니 두싱의 겁박을 면ᄒᆞᆯ 길이 업셔 이 날은 마음이 ᄌᆞ연 달나 움즉여 젼후 원샹

을 뻐 가지고 등문고를 울녀 부인을 신빅고져 ᄒᆞ미 맛초와 두병긔는 가즁의 잇지 아니ᄒᆞ고 빵란이 계초명의 인ᄒᆞ여 몸을 빠혀ᄂᆞ와 인가 ᄑᆞ른 의복을 입고 쾌히 대로의 ᄂᆞ와 궐하로 오니 냥녀의 마음이 함긔 요동ᄒᆞ여 훌 쩍 공교히 셜강의 변이 맛 내다ᄅᆞ니 이 쏘 하늘이라 부부 삼 인의 신원이 일시의 거울 ᄀᆞᆺᄐᆞ니 빵난 경홍의 졀의 응시ᄒᆞ여 ᄂᆡ미러라 빵란이 쏘ᄒᆞᆫ 경

3면

홍을 보고 반가오믈 먹음어 숀을 잡고 셔로 지ᄂᆞᆫ 일을 일일히 니ᄅᆞᆯ식 두 마음이 셔로 ᄀᆞᆺ고 냥 부인 화란이 간격이 업ᄉᆞ나 더옥 경홍은 졍부인 ᄉᆞ싱 존망을 모ᄅᆞ므로 눈믈이 비오듯ᄒᆞ여 원통ᄒᆞ믈 금치 못ᄒᆞᄂᆞᆫ지라 빵란이 격졀 감분ᄒᆞ여 왈 노얘 만리의 찬젹ᄒᆞ시고 두 부인의 환란이 여ᄎᆞᄒᆞ시니 우리 냥인이 쥭기를 그음ᄒᆞ여 신원을 쾌히ᄒᆞ고 슈인으로뻐 죄의 나아가게 ᄒᆞ리라 셜파의 냥인이 셔로 졍회를 니ᄅᆞ고 궐하의 다다ᄅᆞ니 금문이 크게 요란ᄒᆞ고

4면

ᄆᆡ질ᄒᆞᄂᆞᆫ 쇼ᄅᆡ 진동ᄒᆞᄂᆞᆫ지라 냥인이 범샹ᄒᆞᆫ 녀ᄌᆡ면 두리온 마음의 입을 열지 못ᄒᆞᆯ ᄇᆡ로대 강렬ᄒᆞ미 문인 렬ᄉᆞ의 풍이 잇ᄂᆞᆫ지라 조금도 구겁지 아냐 등문고를 울녀 북쇼ᄅᆡ 급ᄒᆞ니 샹이 바야흐로 강의 죄를 결단치 못ᄒᆞ여 ᄒᆞ시더니 븍쇼ᄅᆡ를 듯고 위ᄉᆡ 시녀를 잡아 무ᄅᆞᆯ신 빵란의 초ᄉᆞ의 쳔비 빵란은 운남 젹거 죄인 조유현의 데 삼부인 시네라 쥬모 니시 명되 긔구ᄒᆞ여 슈셰의 부모를 실산ᄒᆞ고 유모의 휵양ᄒᆞ믈 입어 십셰의 부모를 ᄎᆞᄌᆞ려 ᄒᆞ고 가연

5면

이 남복을 ᄒᆞ고 경ᄉᆞ의 와 우연이 조샹셔를 만ᄂᆞ니 샹셰 부모와 형데 슈를 무ᄅᆞ며 부모 실산 곡졀을 무ᄅᆞ니 답ᄒᆞᆫᄃᆡ 샹셔의 의긔 현심으로 사름의 급ᄒᆞᆫ 거슬 구ᄒᆞ더니 참졍을 ᄎᆞᄌᆞ 부지 모드ᄆᆡ 쥬뫼 부모 ᄎᆞᄌᆞ 도라온 후 타문 남ᄌᆞ와 얼골을 ᄃᆡᄒᆞ고 일셕의 안ᄌᆞ 슈작을 통ᄒᆞᆫ 풍교를 직희여 혼ᄌᆞ 늙기를 쥬ᄒᆞ니 니참졍이 마지못ᄒᆞ여 조샹셔로 구혼ᄒᆞ니 만됴 ᄇᆡᆨ관이 요ᄀᆡᆨ이 되고 ᄇᆡᆨ냥우구로 례를 뎡ᄒᆞ여 왓시니 엇지 비례의 거죄 이ᄉᆞ리오 조부의 오므로브터 존당

6면

과 졔 부인 등이 니시 화우ᄒᆞ기를 황영의 고ᄉᆞ로 규문의 화락ᄒᆞ더니 강시 ᄉᆞ혼으로 드러오시니 허다 변란이 샹싱ᄒᆞ여 ᄌᆞ긱이 돌입ᄒᆞ고 음부셔를 더지고 무고치독의 흉변이 층츌ᄒᆞ니 강시 유모 경파의 흉계라 정강 두 부인 츌화를 본 후 다시 고이ᄒᆞᆫ 흉심을 발ᄒᆞ여 강부인이 스ᄉᆞ로 계양궁의 공쥬긔 두탁ᄒᆞ여 아쥬를 ᄆᆡᆨ낭ᄒᆞᆫ 일노 함히ᄒᆞ여 시녀를 회뢰ᄒᆞ고 죄를 아쥬긔 모도 씨이고 두병긔를 촉ᄒᆞ여 아쥬의 ᄌᆞ식을 일ᄏᆞᄅᆞ 다려다가 겁박ᄒᆞ라 ᄒᆞ

7면

며 계양궁 쟝로를 발ᄒᆞ여 니부의 블을 노흐니 슬프다 혈혈단신이 텬졍의 죄를 엇고 구가를 ᄯᅥ나 친당의 도라오ᄆᆡ 냥친을 니어 샹ᄒᆞ고 외로이 빈집을 직희여 궁텬 이통이 깁거늘 화셰와 적되 일시의 돌입ᄒᆞ니 졔갈공명이 부싱ᄒᆞ니 이 화를 버셔날 길이 업ᄂᆞᆫ지라 쥬뫼 시러금 ᄒᆞᆯ일이 업셔 쥬뫼 쳔비로 ᄃᆡ신ᄒᆞ고 여ᄎᆞ여ᄎᆞ 두병긔를 잡혀 보내고 몸을 ᄲᅡ혀 션셰 가묘를 품고 명을 도망ᄒᆞ니 아지못게라 셩셰의 원앙ᄒᆞᆫ 일이 이ᄉᆞ믄 간신 젹ᄌᆡ 셩총을 가

8면

리오미라 어ᄉᆞ 원광이 사름의 쳥을 듯고 무거지언으로 인군을 속여 명부를 ᄉᆞ디의 보내오니 신이 쥬인을 위ᄒᆞ여 긔신의 츙셩을 효측ᄒᆞ여 두싱을 ᄡᅡᄅᆞ온 후로 겁측ᄒᆞᄂᆞᆫ 욕을 온가지로 칭탁ᄒᆞ여 면ᄒᆞ옵고 계픠 궁진ᄒᆞ오ᄆᆡ 일쟝 원졍을 텬뎡의 고ᄒᆞ옵ᄂᆞ니 천쳡의 원샹을 일노 결단ᄒᆞᆯ ᄇᆡ 아니라 강시 유모 경픠와 두병긔 부ᄌᆞ와 츄향 션미 션옥과 시어ᄉᆞ 원광을 일체로 무ᄅᆞ샤 진젹ᄒᆞ믈 아ᄅᆞ신 후 힉실ᄒᆞ와 녀ᄌᆞ의 하샹지원을 슬피쇼셔 ᄒᆞ엿더라 ᄯᅩ 경

9면

홍의 쇼의 왈 천쳡 경홍은 젼 니부샹셔 조유현의 원비 정시의 시익라 쳡의 쥬뫼 안흐로 젹인 강시의 히를 밧고 밧그로 셜강이 지친지의를 도로혀 함히ᄒᆞ기를 이심이 ᄒᆞ와 츌화ᄒᆞᄂᆞᆫ 지경의 니ᄅᆞ고 오히려 죽지 못ᄒᆞ여 경후번이란 ᄌᆞ긱을 ᄡᅡᆯ와 보내여 천쳡이 쥬인을 ᄃᆡ신ᄒᆞ여 가오나 쥬인의 ᄉᆞ싱 존망을 아지 못ᄒᆞ옵ᄂᆞᆫ지라 지원 극통이

다 츄향 셜미의 빌미오니 힘히 화를 당ᄒᆞ믄 셜강의 쇼인 연괴라 신쳡이 후번을 조ᄎᆞ 셜강 등 모의ᄒᆞᆫ 바를 낫낫치 드러삽

10면

ᄂᆞᆫ 고로 통원ᄒᆞ믈 이긔지 못ᄒᆞ와 원샹을 알외옵ᄂᆞ니 셜강이 ᄉᆞ족의 힝실노셔 식을 탐ᄒᆞ여 블의지ᄉᆞ를 힝ᄒᆞ믈 다ᄉᆞ려 쥬모의 원억히 힝니의 고초ᄒᆞ믈 판단ᄒᆞ와 슬피옵 쇼셔 샹이 보시고 냥녀의 위쥬 단심과 츙졀 렬ᄉᆞ를 긔특히 너기샤 즉시 원광과 최흑 슈를 일시의 부ᄅᆞ시고 경후번을 잡히며 계양궁노와 두탁의 부ᄌᆞ를 잡혀 국문ᄒᆞ실ᄉᆡ 텬위 엄정ᄒᆞ시고 일이 발셔 크게 나타ᄂᆞᄆᆡ 두탁은 오직 썰며 공쥬의 쳥을 마지못ᄒᆞ여 잡아오ᄆᆡ 니시로 알고

11면

와 오ᄂᆞᆯ ᄉᆡ비 거쳐 엽ᄉᆞ믈 고ᄒᆞ고 궁노 등이 다 니부의 블을 노코 온 슈말을 고ᄒᆞᆫᄃᆡ 후번이 하늘을 우러러 탄식ᄒᆞᄆᆡ 셜강의 젼후 모의ᄒᆞ던 말과 경홍을 졍부인으로 알고 다려와 삼 년의 니ᄅᆞᄃᆡ 졔 말을 듯지 아니ᄒᆞ고 이 변을 내여시믈 알외고 죽기를 쳥ᄒᆞ 거ᄂᆞᆯ 시어ᄉᆞ 원광이 공쥬와 셜의 말을 고지 듯고 샹쇼ᄒᆞ믈 알외고 사죄를 쳥ᄒᆞᆫᄃᆡ 샹이 돌탄 왈 이 가온ᄃᆡ 짐의 실덕이 크도다 ᄒᆞ시고 강시의 시비와 유모 경파를 다 올녀 강시와 공쥬로 동심모의ᄒᆞ던 일을

12면

쳐음브터 일일이 복쵸ᄒᆞᄆᆡ 샹이 힉연ᄒᆞ샤 초공을 도라보와 ᄀᆞᆯᄋᆞ샤ᄃᆡ 녀ᄌᆞ의 투악이 여ᄎᆞᄒᆞ믄 오히려 고이치 아니커니와 강시 젼후 심통은 쳔고의 듯지 못ᄒᆞ던 빅오 요악 쇼인이라 짐이 그릇 현신을 찬츌ᄒᆞ고 쇼인을 좌우의 두어 안흐로 궁닉를 어ᄌᆞ러이고 밧그로 치화를 샹히와 명부를 ᄉᆞ지의 너토다 말숨이 이러시며 샹부 후문의 변을 일위미 다 ᄎᆞ인의 죄라 샹뷔 죽이미 태과타 ᄒᆞᄂᆞ뇨 이ᄯᅢ를 당ᄒᆞ여 유현의 긔특ᄒᆞ믈 아름다이 너기ᄂᆞ니 강녀는 유현 가ᄉᆡ라

13면

맛당이 졔 도라와 쳐치ᄒᆞ믈 기다릴 거시오 최흑ᄉᆞ 슈와 원광은 간인을 동심ᄒᆞ여 짐

을 쇽이고 현인 부부를 함히ᄒᆞ고 궁내를 어ᄌᆞ러이니 삭직 원찬ᄒᆞ고 두탁은 문외의 ᄂᆡ쳐 보ᄂᆡ고 ᄯᅩ 두병긔는 감ᄉᆞ 뎡비ᄒᆞ고 난교ᄂᆞᆫ 목 잘나 쥭이고 허창은 ᄒᆡ도의 ᄂᆡ치고 계양궁 월봉녹을 거두고 셜강을 졍형ᄒᆞ라 ᄒᆞ시고 유현으로 니부샹셔를 겸ᄒᆞ여 참지졍ᄉᆞ 홍문관 태혹ᄉᆞ를 겸ᄒᆞ이샤 례부시랑 됴흠으로 졀월을 가져 쥬야 운남의 가 마져 오라 ᄒᆞ시니 셩샹의 결ᄉᆡ 명

14면

쾌ᄒᆞ신지라 만쾌 일시의 맛당ᄒᆞ시믈 고ᄒᆞ고 조니부를 샤ᄒᆞ시ᄆᆡ 졔봉 친위 흔열치 아니리 업더라 샹이 경홍 빵난을 포쟝ᄒᆞ샤 샹샤를 후히 ᄒᆞ시고 후번을 형쟝 삼ᄎᆞ여 져ᄌᆞ의 가 버히라 ᄒᆞ시니 초공이 낫비촐 화히 ᄒᆞ고 쥬왈 셜강지죄 쥭ᄉᆞ오미 맛당ᄒᆞ오나 ᄭᆡ다ᄅᆞᄆᆡ 회과ᄒᆞ미니 잔쳔을 빌니샤 호ᄉᆡᆼ지덕을 드리오시면 셩덕일가 ᄒᆞᄂᆞ이다 샹이 침음 냥구의 ᄀᆞᆯᄋᆞ샤ᄃᆡ 네 젼후 악ᄉᆞ를 ᄉᆡᆼ각ᄒᆞ라 실노 쥭으미 원민ᄒᆞ냐 강이 돈슈 왈 신의 죄 만ᄉᆞ유경이

15면

오니 부월이 당ᄒᆞ오나 엇지 원앙이 이시리잇고 오직 조문계 닐오ᄃᆡ 화망의 걸니ᄂᆞᆫ ᄂᆞᆯ 내 말을 ᄉᆡᆼ각ᄒᆞ리라 ᄒᆞ던 쥴을 ᄭᆡ다라 슬프고 신의 노뫼 홀노 죄신ᄲᅮᆫ이오니 신의 죄 블효 블츙이라 인지쟝ᄉᆞ의 기언이 션ᄒᆞ고 됴지쟝ᄉᆞ의 기명이 ᄋᆡ라 쥭기를 당ᄒᆞᄆᆡ 슬프고 뉘웃ᄂᆞ이다 이졔 셩명이 샤ᄒᆞ신들 살고져 ᄯᅳᆺ이 이ᄉᆞ리잇가 샹이 초공을 보와 ᄀᆞᆯᄋᆞ샤ᄃᆡ 짐이 경언을 ᄉᆞᄉᆞ 언쳥ᄒᆞᄃᆡ 이의 다다ᄅᆞᄂᆞᆫ 듯지 못ᄒᆞᄂᆞ니 ᄇᆡᆨ이ᄉᆞ지나 샤ᄒᆞᆯ ᄯᅳᆺ이 업도다 초공이 ᄌᆡᄇᆡ 쥬왈 신도 쥭이미

16면

맛당ᄒᆞᆯ가 ᄒᆞ여ᄉᆞᆸ더니 셜강지언이 인비목셕이라 감창ᄒᆞ오미니 강은 비록 졔 죄로 쥭ᄉᆞ오나 어미ᄂᆞᆫ 일ᄌᆞ를 보젼치 못ᄒᆞ와 검하 경혼이 되오면 그 죄 여산ᄒᆞ오ᄃᆡ 오월비샹이 되올지라 인군은 인효로 치텬하ᄒᆞ오니 샤ᄒᆞ샤 그ᄅᆞ지 말믈 호ᄉᆡᆼ지덕이로쇼이다 ᄒᆞ믈며 유현이 무죄ᄒᆞ오나 과도ᄒᆞᆫ 례관이 먼리 슈고ᄒᆞ오리잇고 샹이 우으시고 도라 졔신을 보시니 진왕 조무와 우승샹 연광이 ᄉᆞ모를 슉여 ᄒᆞᆫ 말ᄉᆞᆷ을 아니ᄒᆞ거ᄂᆞᆯ 샹이 문왈 냥경이 무ᄉᆞᆫ 쥬의 잇ᄂᆞ냐 진왕

17면

이 빅왈 신의 쇼견은 셜강의 죄악이 슈ᄉ난속이나 왕법은 ᄉ식 업ᄉ오니 인군의 치쇄 비록 어질기로 쥬ᄒ나 법뎐은 굽히지 못ᄒ고 위엄을 폐치 못ᄒ리니 쌜니 버히샤 후인을 징계ᄒ시고 왕법을 졍히 ᄒ올 빅라 유현의 슈인인 고로 말을 못ᄒ이다 신뎨 셩이 너모 어질기로 과ᄒ믹 유약기의 니ᄅ오니 가히 쓰지 마ᄅ시고 쇼쳔의 쥬ᄉ를 시힝ᄒ쇼셔 연왕이 쏘 쥬왈 조무의 쥬ᄉ와 쇼쳔의 뜻이 신으로 곳ᄉ오믹 알외ᄂ이다 샹 왈 평진후의 말이 짐심의 당ᄒ니 샹

18면

부의 어진 뜻이 일단 호싱지덕이라 샹부의 뜻을 시힝치 못ᄒᄂ니 모ᄅ미 허믈치 말나 초공이 빅샤 왈 신이 인약 블명ᄒ여 ᄉ죄를 구ᄒ미 톄면의 숀샹홀가 블승황공ᄒ이다 사름을 죽이미 너모 급ᄒ믈 잔명을 빌녀 옥의 나리시고 다시 의논ᄒ샤 쳐치ᄒ시믈 바라옵고 유현은 너모 과ᄒᆫ가 ᄒᄂ이다 샹이 쇼왈 션싱은 언진 말이오 짐이 유현을 져바리미 다시 볼 ᄂᆾ치 업ᄉ니 례경ᄒᄂᆫ 은춍을 더으고져 ᄒ거늘 엇지 과ᄒ미 이시리오 ᄒ믈며 부부 삼인의 샹

19면

니 실산이 도시 셜강과 짐의 허믈이라 이졔 졍시를 다려와 원비로 존ᄒ고 니시로 샤ᄒ여 조가의 오게 ᄒ며 두 비ᄌ의 신긔로온 묘계 베프던 바를 드ᄅ니 졍니 냥인의 지략이 긔특ᄒᆫ지라 군ᄌ 슉녀의 운익ᄒ미 짐의 실덕이 되엿도다 유현의 지덕인즉 금일의 졍승 인슈를 쥬어도 족ᄒ거늘 션싱은 과렴치 말나 드듸여 죄인을 옥의 나리오고 됴셔를 지어 직일 운남으로 발숑ᄒ시고 됴회를 파ᄒ시니 진왕 초공이 일시의 퇴됴환가홀식 일심의 경경ᄒ

20면

여 ᄉ려ᄒ던 ᄌ질의 신원이 두렷ᄒ고 환경이 곳가오니 깃븐 마음이 샹쾌ᄒ니 초공의 어진 마음은 강의 회과 ᄌ칙ᄒᄂᆫ 뜻을 잔잉이 너겨 잠간 시일을 쳔연ᄒ여 텬로를 프러 일명을 술와 쥬고져 ᄒ고 진왕은 시각을 밧비 버히고져 ᄒ더라 임의 젼지를 밧ᄌ와 니부의 젼ᄒ고 빵난이 니부로 도라가고 경홍이 쏘ᄒᆫ 뜻이 족ᄒ여 조부로 니ᄅ믹

이쪄 진왕 형뎨 도라와 금일ᄉ를 가져 일일이 알외고 ᄉ명이 발숑ᄒ믈 쥬ᄒ니 냥 존당이 환열ᄒ믈 이긔지 못ᄒ고

21면

합가의 즐겨ᄒ미 믈결을 ᄌ아시니 양뎡렬의 만안 화긔 식로이 비환이 각골ᄒ여 ᄒ고 경홍이 드러와 뵈ᄆ 모다 반기고 그 비샹 츙졀을 탄복ᄒ여 엇지 범연ᄒᆫ 비ᄌ로 비기리오 양부인이 젼도히 정시 참보를 니ᄅ고 눈믈을 금치 못ᄒ니 경홍이 쥬ᄒ고 왈 쥬모를 위ᄒ여 허다 고초 험난을 지ᄂ고 쥭기로 한ᄒ여 등문고를 울녀 신원ᄒ오나 믄득 쇼져의 방신이 강슈의 ᄣ러져 유명이 그음쳐시니 비록 츙셩이 이시나 베플 곳이 업고 깃븐 일이 이시니 알윌 길이

22면

업순지라 슬프미 오ᄂ 여할ᄒ여 일쳔 쥴 안싊 비발 ᄀᆺ트여 식음을 폐ᄒ고 쥭기로 원ᄒ니 부인이 잔잉ᄒ고 그 츙의를 긔특히 너겨 친히 블너 위로ᄒ여 음식을 먹이더라 ᄎ셜 초공이 직시 위의를 출히고 일봉 셔출을 니시긔 보ᄂ고 도라오기를 바라나니 비로쇼 일개 니시 ᄉ라시믈 알고 깃브믈 이긔지 못ᄒ더라 화셜 니쇼졔 심회당의 쥬년을 머리를 나오지 아냐 셰상을 ᄉ절ᄒ고 쥬야 츅원ᄒ미 신루를 버ᄉ며 샹셰 도라오기를 바라고 ᄌ부의 도리를 일워 그 은

23면

혜 갑기를 원ᄒ더니 직긔 도라오니 종텬지통이 촌장을 살오는지라 흐ᄅᄂ 눈쉬 벽히 보틸너니 좌우 시비 홀연이 비읍 즁 빵난을 다려와 허다 깃븐 쇼식을 젼ᄒ매 희츌망외ᄒ여 빵친을 싱각고 오열 샹심ᄒ믈 이긔지 못ᄒ여 난의 숀을 잡고 오열 왈 너의 은혜ᄂ 내 쥭어도 갑지 못ᄒ리로다 내 엇지 너를 비ᄌ로 ᄃ졉ᄒ리오 내 맛당이 뎨ᄆ로 ᄃ졉ᄒ여 슈심 명골ᄒ리라 난이 뉴톄ᄒ더라 명일 엄구의 슈셔와 거쟝이 니ᄅ니 쇼졔 슬허 왈 엄명을 거역

24면

ᄒ미 그ᄅ나 맛당이 ᄉ오 월을 기다려 부모 종졔를 지ᄂ고 존부의 도라가 기리 슬하

의 뫼시리라 ᄒᆞ믈며 강시의 쳐치 아직 결치 못ᄒᆞ여 내 몬져 나아가미 득셰 아니라 샹셔의 도라와 가ᄉᆞ를 쳐치ᄒᆞ고 내 결복ᄒᆞᆫ 후 나아가리라 쥬의를 졍ᄒᆞ고 구고긔 글월을 밧드러 고ᄒᆞᆷ미 혈혈ᄒᆞᆫ 아이 홀노 이셔 졔젼을 쥬쟝ᄒᆞ리 업ᄉᆞ오니 ᄉᆞ오 삭 몸을 빌니샤 망극ᄒᆞᆫ 종졔를 지ᄂᆡ고 뫼시믈 쳥ᄒᆞ고 존명을 블봉ᄒᆞ믈 샤죄ᄒᆞ여시니 구괴 그 셔ᄉᆞ의 ᄋᆡ챵ᄒᆞ믈 감챵ᄒᆞ고 다시 부르지 아니ᄒᆞ며 일념의 졍

25면

시 슈ᄉᆞᄒᆞ믈 통박ᄒᆞ더라 어시의 셜강이 즁형 슈ᄎᆞ를 바다 ᄂᆡᆼ옥의 니ᄅᆞ니 긔식이 엄엄ᄒᆞ고 누쉬 하슈 ᄀᆞᄐᆞ니 뉘웃고 ᄋᆡ달나 ᄉᆡᆼ각ᄒᆞᄃᆡ 내 십ᄉᆞ의 등졔ᄒᆞ여 직품이 일셰의 빗ᄂᆞ고 샹춍이 극ᄒᆞ니 ᄠᅳᆺ을 슌히 ᄒᆞ고 마음을 어질게 먹엇더면 쳥현을 ᄌᆞ임ᄒᆞ고 유현을 밋지 못ᄒᆞ나 일ᄉᆡᆼ을 안과ᄒᆞᆯ 거술 ᄠᅳᆺ을 간ᄉᆞ히 그ᄅᆞᆺ 잡아 몸이 이 지경의 니ᄅᆞᄃᆡ ᄆᆡ명을 싯고 일셰의 븟그러온 쥭엄이 되여 학발 모친과 홍안 쇼쳐ᄂᆞᆫ 누를 바라며 ᄒᆞᆫᄂᆞᆺ 형뎨 업고 슬하의 일

26면

졈 혈육이 업ᄉᆞ니 됴션 후ᄉᆞ도 멸졀ᄒᆞ리니 쥭어도 조션의 죄인이오 션친을 져바리미로다 ᄒᆞ고 의식 이의 밋ᄎᆞ니 긔운이 엄ᄋᆡᆨᄒᆞ여 혼졀ᄒᆞ기를 ᄌᆞ로 ᄒᆞ고 ᄒᆞᆫ 술 미음을 나리지 못ᄒᆞ더니 쟝독이 발ᄒᆞᄆᆡ 만신이 견ᄃᆡ지 못ᄒᆞ니 버히기 젼의 쥭게 되엿ᄂᆞᆫ지라 초공이 이 쇼식을 듯고 ᄎᆞᆨ은ᄒᆞ믈 이긔지 못ᄒᆞ여 부ᄃᆡ 일명을 구코져 ᄒᆞᄃᆡ 셩의 구지 쥭이려 ᄒᆞ시니 여러 번 ᄃᆞᆺ토지 못ᄒᆞ여 쥬ᄉᆞ 침음ᄒᆞᆯ ᄉᆞ이의 셜강의 모 범시 강의 쥭게 마련ᄒᆞ믈 듯고 지원 극통이 알

27면

욀 곳이 업ᄂᆞᆫ지라 두로 ᄉᆡᆼ각ᄒᆞ니 승샹 초국공이 사ᄅᆞᆷ의 급한 거술 구ᄒᆞ고 현심 젹덕이 놉흐며 텬지 그 말숨을 듯ᄂᆞᆫ다 ᄒᆞ믈 드럿던지라 렴치를 블계ᄒᆞ고 교ᄌᆞ를 타고 샹부의 와 초공의게 샤죄ᄒᆞ여 슬픈 ᄉᆞ졍을 교ᄌᆞ 쇽의셔 알외고 ᄒᆞᆫ 목숨을 사라지라 ᄋᆡ걸ᄒᆞ니 ᄉᆞᄅᆞᆷ으로 드ᄅᆞᄆᆡ 셕목이라도 감챵ᄒᆞᆫ지라 초공이 교ᄌᆞ를 보고 놀나 금션을 드러 챠면ᄒᆞ고 시비로 젼어 왈 부인 졍ᄉᆞᄂᆞᆫ 인비목셕이니 엇지 감동치 아니ᄒᆞ리오마ᄂᆞᆫ 녕낭의 범죄ᄒᆞ미 ᄒᆞᆫ두 가

28면

지 아니라 만됴 거경이 다 일구여츌ᄒᆞ여 가살이라 ᄒᆞ고 텬심이 졍코 쥭이려 ᄒᆞ시니 달니 홀 길이 업ᄂᆞᆫ지라 부인이 친히 옥궐의 등문고를 울녀 비원ᄒᆞᆫ 졍원을 알왼 즉 혹 싱이 힘뻐 쥬션ᄒᆞ여 보올 거시니 이 일이 번거ᄒᆞ니 밧비 도라가쇼셔 인ᄒᆞ여 ᄒᆞᆫ 쟝 쇼ᄉᆞ를 지어 쥬고 이ᄃᆡ로 샹언을 올니라 ᄒᆞ니 범시 감격 고두ᄒᆞ고 도라가 쇼됴를 지어 명일 됴회의 등문고를 울니니 이쎄 샹이 셜강을 다시 올녀 즁형을 더으고 쥭이고져 ᄒᆞ더니 믄득 범시 등문고를

29면

치고 글을 올녀 대죄ᄒᆞ고 그 ᄌᆞ식을 살녀지라 ᄋᆡ고ᄒᆞ여시니 말숨이 간측 쳐원ᄒᆞ여 원쉬라도 쥭일 마음이 업고 감창ᄒᆞᆫ지라 어미 몸을 대ᄒᆞ고 샤ᄒᆞ시믈 쳥ᄒᆞ여시니 그 말이 흐른 ᄃᆞᆺ 견쟈로 ᄒᆞ여금 타루ᄒᆞᆯ지라 초국공 조셩이 츌반 부복 왈 강의 죄악이 관영ᄒᆞ오나 ᄉᆞ룸을 죄ᄃᆡ로 쥭이미 셩덕의 당연ᄒᆞ옵고 기모의 졍ᄉᆡ 여ᄎᆞᄒᆞ와 일명을 셩쥬긔 빌미 용샤치 아니시미 셩ᄃᆡ지치의 험ᄉᆡ 될지라 신이 암약ᄒᆞ오나 졔하의 졍ᄉᆡ 블가ᄒᆞ올지언

30면

졍 힘뻐 간치 아니ᄒᆞ오리잇가 셰 번 ᄉᆡᆼ각ᄒᆞ샤 고목이 ᄉᆡᆼ화ᄒᆞ고 ᄉᆞ재 부ᄉᆡᆼᄒᆞᄂᆞᆫ 덕을 드리오쇼셔 샹이 ᄂᆞᆺ비출 곳치시고 샤례 왈 샹부의 짐을 도으믄 다 어진 덕으로 ᄒᆞ니 엇지 거두어 용납지 아니리오 특은으로 강을 운남의 감ᄉᆞ 츙군ᄒᆞ시고 범시를 도라보내시니 초공의 대덕으로 셜강 모ᄌᆡ 슈심명골ᄒᆞ더라 샹이 극히 통히ᄒᆞ샤 직일 방숑ᄒᆞ라 ᄒᆞ시니 ᄎᆞ시 강이 옥문을 나니 관ᄎᆡ 압녕ᄒᆞ여 바로 문외를 ᄂᆞᆯᄉᆡ 졔우 동뉴들니 뉘 도라보리오 범시와 기쳬 ᄎᆞ마

31면

홀노 보ᄂᆡ지 못ᄒᆞ여 긔약 업ᄂᆞᆫ 츙군이니 ᄒᆞᆫ가지로 도라갈ᄉᆡ 경샹이 참혹ᄒᆞ여 녯날 부귀 공명의 번화ᄒᆞᆫ 거시 츈몽이 되엿더라 몸의 쟝독이 크게 오ᄅᆞ고 화열이 발ᄒᆞ여 ᄡᅥᆨᄡᅥᆨ 엄홀ᄒᆞ니 만리 힝도의 ᄉᆡᆼ환ᄒᆞᆯ 길이 업ᄂᆞᆫ지라 모ᄌᆡ며 부뷔 븟들고 셜우믈 이긔지 못ᄒᆞ나 다만 우을 ᄲᅮᆫ이오 ᄒᆞᆯ 길이 업슨지라 강이 오직 하ᄂᆞᆯ을 우러러 기리 탄왈

쇼지 블초ᄒᆞ여 ᄌᆞ견의 이런 블초를 일위고 젼졍을 맛쳐시니 누를 원ᄒᆞ고 누를 한ᄒᆞ오릿고 한 목슘이 나

32면

마시나 운남 만리의 반을 못 가셔 쥭을 거시니 모친은 ᄒᆡᄋᆞ를 ᄶᅡ라 남히 쟝려의 오지 마ᄅᆞ시고 쇼쳐로 집을 직희여 칼 아ᄅᆡ 쥭으니로 혜쇼셔 오직 어진 사름을 ᄒᆡᄒᆞ고 어진 말을 좃지 아냐 이 지경의 맛ᄎᆞ믈 븟그려 ᄒᆞᄂᆞ이다 범시 크게 울고 초공의 ᄒᆞ던 말을 ᄒᆞ고 읍왈 엇지 어진 초공 곳 아니면 우리 모ᄌᆡ 살기를 바라리오 네 이졔 운남 슈졸노 가니 내 누를 바라고 경ᄉᆞ 집을 직희여 이시리오 ᄒᆞᆫ가지로 ᄉᆞᆼ싱을 ᄒᆞ리라 강이 셜우믈 이긔지 못ᄒᆞ나 도라 한홀 말이 업ᄉᆞᆫ지라

33면

겨유 목슘이 걸이여 운남으로 ᄒᆡᆼᄒᆞ니 기쳐와 ᄌᆞ모로 동ᄒᆡᆼᄒᆞ니라 화셜 조부의셔 운남 ᄉᆞ명이 가는 날브터 태부인이 굴지계일ᄒᆞ여 착급히 기다리나 초공이 경시 일노 ᄆᆡ양 고이ᄒᆞ며 참지 ᄒᆞ여 정석귀 결복 죵샹ᄒᆞᄆᆡ 샹이 ᄉᆡᆼ각ᄒᆞ시고 태ᄉᆞ 평쥐후를 봉ᄒᆞ샤 젹거ᄉᆞ마로 쳥ᄒᆞ시며 두 졍공을 젼 벼슬노 브ᄅᆞ시고 졍샤인을 례부시랑으로 브ᄅᆞ시고 한림 운계는 츈방혹ᄉᆞ 우부 도어ᄉᆞ로 부ᄅᆞ시니 졔졍의 영춍이 ᄉᆡ로이 호셩ᄒᆞ고 조부의셔는 이ᄶᅴ의 경시 ᄉᆞ

34면

라 도라오지 못ᄒᆞ믈 슬허ᄒᆞ더라 슈월이 못ᄒᆞ여 졍공 일ᄒᆡᆼ이 황도의 도라와 궐하의 슉ᄇᆡᆨᄒᆞᄆᆡ 텬안이 참쳑ᄒᆞ샤 삼긔 뎟업ᄉᆞ믈 위로ᄒᆞ시고 비우ᄒᆞ시는 은총이 젼쟈의 더으더라 집의 와 가권을 졍돈ᄒᆞᄆᆡ 진왕 곤계 니ᄅᆞ러 반가오믈 이긔지 못ᄒᆞ여 삼샹이 뎟업ᄉᆞ믈 치위ᄒᆞ고 슬프믈 위로ᄒᆞ고 ᄌᆞ부의 참난을 니ᄅᆞ니 졍공이 톄뉘 년락ᄒᆞ여 왈 쇼뎨 명완ᄒᆞᄆᆡ 삼 년으로 무ᄉᆞ 부질 구연시식ᄒᆞ니 일녀지샹을 과췌치 못ᄒᆞ여시나 부녀 텬륜은 인지샹졍

35면

이어늘 져의 무죄ᄒᆞ므로 신루를 싯고 함원 조ᄉᆞᄒᆞ여 시신도 니ᄅᆞ믈 ᄉᆡᆼ각ᄒᆞᆫ즉 쳔고의

블멸지탄이 될지라 쇼뎨 미ᄉᆞ지젼은 엇지 능히 니ᄌᆞ리오 셰샹의 나왓던 ᄌᆞ최 묘연ᄒᆞ여 일졈 골육도 업ᄉᆞ니 명이 박ᄒᆞ미 이ᄃᆡ도록 홀 쥴은 ᄉᆡᆼ각 밧기라 이 한을 어ᄃᆡ 비ᄒᆞ리오마ᄂᆞᆫ 형은 당시 대쟝뷔라 믈이 업친 후ᄂᆞᆫ 홀일업ᄂᆞ니 슬허ᄒᆞ여 무익ᄒᆞ도쇼이다 인ᄒᆞ여 셜강의 젼후 악ᄉᆞ를 일ᄏᆞ라 졍시와 유현의 화란이 다 ᄎᆞ인의 슈단이믈 니ᄅᆞ니 졍공이

36면

듯고 분ᄒᆞᆫ 긔운이 츙텬ᄒᆞ여 아녀의 원슈를 갑흘 거시어ᄂᆞᆯ 형이 엇지 난신 젹ᄌᆞ를 구ᄒᆞ여 운남으로 보ᄂᆡ뇨 내 당당이 명일 텬안을 뵈옵고 강을 도로 잡아다가 머리를 버혀 슈족을 니이ᄒᆞ고 텬하의 회시ᄒᆞ여 아녀의 구원 망령을 위로ᄒᆞ리라 초공이 도로혀 웃고 희유 왈 강의 죄악이 쥭엄 즉ᄒᆞ나 그 졍ᄉᆞ즉 잔잉ᄒᆞ고 ᄒᆞ믈며 회과 ᄌᆞ칙ᄒᆞᄆᆡ 이ᄌᆞ지원을 필보홀 거시 아니오 슈ᄎᆞ 형쟝의 반ᄉᆡᆼ 반ᄉᆞ ᄒᆞ여시니 굿ᄐᆞ여 나라히 간셥ᄒᆞᆫ 죄역이

37면

아니라 ᄌᆞ부의 익회 비샹ᄒᆞ여 이의 밋ᄎᆞ나 엇지 ᄒᆞᆫ곳 강의 타시리오 이졔 만리 쟝려 슈졸이 되ᄆᆡ 그 료ᄉᆡᆼᄒᆞ미 아득ᄒᆞ니 버히기를 샤ᄒᆞ나 쟝하 여ᄉᆡᆼ이니 사라ᄂᆞ기를 바라리오 이졔 형이 쥭이기를 쳥ᄒᆞ니 너모 강박ᄒᆞᆫ 의논이오 지어식부의 슈ᄉᆞᄂᆞᆫ 블승경참ᄒᆞ니 이ᄯᅢ까지 미심ᄒᆞᆫ 일이 이셔 쇼뎨ᄂᆞᆫ 지금 복졔를 아냐 돈ᄋᆞ를 기다리거니와 목젼의 익슈ᄒᆞᄂᆞᆫ 양은 보지 아냐시니 그 쥭으믈 실노 밋지 못ᄒᆞ리라 졍공이 희허 탄왈 쇼녀의 쥭으미 실노 셜강 도젹의 일이

38면

오 믈의 ᄲᆡ지믄 졔 유뫼 보와시니 엇지 밋고 다시 바를 거시 이시리오 드ᄃᆡ여 젹화 만나 피ᄒᆞᆫ 일을 니ᄅᆞ고 믈의 ᄡᆞ진 말을 젼홀ᄉᆡ 졍어ᄉᆡ 좌를 ᄯᅥ나 쳬루 샤왈 쇼질이 금일 년슉을 보ᄆᆡ 낫치 업고 심ᄉᆡ 여할ᄒᆞ니 엇지 하늘을 원치 아니ᄒᆞ리오 이의 쇼져의 믈의 ᄲᆞ지미 호흡 ᄉᆞ이의 ᄯᆞᄅᆞᄆᆞ로 셰궁 력진ᄒᆞ여 믈의 ᄡᅥ러지고 쥭으믈 고ᄒᆞ고 졍공 부ᄌᆞ의 누싊 여우ᄒᆞᆫ지라 초공도 이 말을 드ᄅᆞᄆᆡ 다시 바랄 거시 업ᄂᆞᆫ지라 그 목쥬를 곳 ᄎᆞ져 ᄒᆞᆫ번 슬프믈 펴고져 ᄒᆞ다가 슈이

39면

집으로 오려 ᄒᆞ여 ᄭᅳ치고 비쳑ᄒᆞᆷ을 츰지 못ᄒᆞ여 슈셩 쟝탄의 ᄯᅥ러지ᄂᆞᆫ 눈믈이 쥬쥴ᄒᆞ여 왈 쇼데ᄂᆞᆫ 오히려 져의 쟝원ᄒᆞᆫ 샹모를 깁히 미더 쥭으믈 실노 밋지 아냣더니 도금ᄒᆞ여 사랏다 ᄒᆞ미 가쇼로온지라 하늘이 내 집을 뮈이 너기시고 돈이 복이 업셔 슉녀를 진복지 못ᄒᆞ니 져 챵공이 엇지 ᄎᆞ마 이런 노ᄅᆞ슬 ᄒᆞ실 쥴 알니오 경홍이 격고ᄒᆞᆷ믈 니ᄅᆞ고 츄향 등 간비를 버히고져 ᄒᆞᄃᆡ 샹셔의 모ᄃᆞᆷ을 기다려 쳐치ᄒᆞᆷ믈 고ᄒᆞ고 쳑연 샹감ᄒᆞ다가 도라가 비한이 무궁ᄒᆞ여

40면

샹셔의 도라오ᄂᆞᆫ 깃븐 쇼식을 듯고 졍식부의 슉ᄌᆞ 혜질을 츰연 ᄌᆞ샹ᄒᆞ여 쳐음으로 참보를 듯든 날의셔 더ᄒᆞ여 ᄎᆔ련각의 그 목쥬를 곳초니 태부인이 비로쇼 알고 셜허ᄒᆞ미 각골ᄒᆞ고 양뎡녈이 바아지ᄂᆞᆫ 둣 슬프고 앗겨ᄒᆞ니 경홍이 모든 동뉴를 븟들고 우ᄂᆞᆫ 눈믈이 하슈를 보틸너라 졍어시 형ᄎᆔᄌᆞᄉᆞ를 ᄒᆞ여 부인 오시로 ᄌᆞ녀를 거ᄂᆞ려 가니 졍공 부뷔 결연ᄒᆞᆷ믈 이긔지 못ᄒᆞ여 ᄌᆞᄉᆞ도 샹셔를 슈이 보지 못ᄒᆞᆯ 일을 ᄉᆡᆼ각ᄒᆞ니 더옥 한ᄒᆞ며 셜부인이 환셩지후 셜우미 비

41면

나 더ᄒᆞ여 셜강을 통한ᄒᆞ미 통입골슈ᄒᆞ며 조부의셔 츄향 등이 쥭지 아니믈 분ᄒᆞ나 초공이 츄향 등 경파를 가도와 샹셔의 도라오기를 기다리더라 지셜 조샹셰 젹쇼의 이션 지 삼 년의 밋ᄎᆞ니 머리를 북으로 두루혀 군친을 감샹ᄒᆞ여 슬프믈 금키 어려오니 쇽졀업시 망운ᄒᆞᄂᆞᆫ 한이 길고 영웅의 눈믈이 양금을 젹시ᄂᆞᆫ지라 군종 형데로 힐항지졍의 기러기 항렬을 ᄉᆡᆼ각ᄒᆞ고 의ᄉᆡ 비챵ᄒᆞ나 하휘지도의 오히려 혜아리기를 널이 ᄒᆞ여 몸을 조심

42면

ᄒᆞ여 블효를 삼가고 쳔만 화평ᄒᆞ여 군샹을 원치 아니ᄒᆞ고 길운을 기다려 친셔를 어더 본즉 초공 진왕의 평안ᄒᆞ고 합개 무고ᄒᆞᆷ믈 드러 부공의 만편 경계를 보미 눈믈이 조희의 져ᄌᆞ믈 ᄭᆡ둣지 못ᄒᆞ고 본현 ᄌᆞᄉᆡ ᄌᆞ로 보와 위로ᄒᆞ고 여러 쇼ᄋᆞ로 몽혹을 쇼일ᄒᆞ여 회포를 살으니 삼십 여 인 뎨ᄌᆞ 즁 ᄒᆞᆫ 긔ᄌᆞ를 어더 부ᄌᆞ 졍니를 ᄆᆡ즈니 셩명

은 조션경이오 ᄌᆞ는 조신이니 태조의 ᄌᆞ 문덕황뎨 년간의 승샹 조보의 종숀이오 태혹ᄉᆞ 조광의 숀이라 조광의 ᄌᆞ 훈이 벼슬이 한님

43면

혹ᄉᆞ로 블힝ᄒᆞ여 농조의 원앙ᄒᆞᆫ 일노 운남 찬젹ᄒᆞ여더니 쥭고 일ᄌᆞ 션경이 오직 과모로 더브러 머무다가 기모 졍시 쥭고 션경이 삼샹을 맛춘 후 뉴락ᄒᆞ여 의지ᄒᆞᆯ 곳이 업ᄂᆞᆫ지라 샹셰 션경을 블샹이 너겨 의식을 ᄀᆞᆺ치ᄒᆞ고 훈혹을 ᄒᆞ니 가쟝 총명ᄒᆞ고 인물이 신션의 풍광으로 가쟝 긔특ᄒᆞ고 ᄒᆞᆫ ᄌᆞ를 가ᄅᆞ쳐 십 ᄌᆞ를 통ᄒᆞ니 금셰의 명인이라 크게 ᄉᆞ랑ᄒᆞ여 혹힝을 권쟝ᄒᆞ고 쟝ᄅᆡ 미부를 삼고져 유의ᄒᆞ더라 동십월의 례관이 운남의 니ᄅᆞ니 ᄌᆞᄉᆞ 지현

44면

이 다 모다 치하ᄒᆞᆯᄉᆡ 샹셰 신원이 쾌활ᄒᆞ고 군친이 힝심ᄒᆞ나 안식을 졍히 ᄒᆞ고 ᄉᆞ러브향 ᄉᆞ빅ᄒᆞ고 고두 샤은 후의 친셔를 보고 크게 반기고 하킥을 슈응ᄒᆞᆯᄉᆡ 례부시랑 쇼광윤이 니ᄅᆞ러 직빅 왈 쇼관이 황명을 밧ᄌᆞ와 망쥬야로 왓ᄉᆞ오니 원컨대 슈이 환경ᄒᆞ쇼셔 ᄌᆞ사 슈령이 신셜의 쾌ᄒᆞ믈 치하ᄒᆞ고 명망의 승직을 하례ᄒᆞ여 써놀믈 결연ᄒᆞ니 샹셰 샤례 왈 혹싱의 젹니 고초ᄂᆞᆫ ᄌᆞᄉᆞ 본현의 후의로 보젼ᄒᆞ엿거니와 우연ᄒᆞᆫ 졍니 골육 ᄀᆞᆺ더니 셩은을 입어 고

45면

토의 도라가니 깃브미 젹지 아니ᄃᆡ 미신의 은춍이 태과ᄒᆞ고 현공으로 결연ᄒᆞᆫ 니별이 샹심ᄒᆞ도쇼이다 드ᄃᆡ여 치힝 슈일의 발힝ᄒᆞᆯᄉᆡ ᄌᆞᄉᆞ 군현이 십니졍의 와 니별ᄒᆞ고 군니 마올 사ᄅᆞᆷ들니 그 덕을 일ᄏᆞ라 눈믈 ᄲᅮ려 니별이 년년ᄒᆞ니 샹셰 ᄉᆞ양ᄒᆞ여 만만 숀ᄉᆞᄒᆞ고 각각 위로ᄒᆞ니 져마다 탄복ᄒᆞ더라 힝ᄒᆞ여 졀강을 건너 남히로 향ᄒᆞ니 졍현등이 노복으로 더브러 즐기미 비길 ᄃᆡ 업더라 샹셰 군친을 반기미 젹지 아니ᄃᆡ 나히 어린 ᄃᆡ 텬은이 호셩ᄒᆞ시믈 놀ᄂᆞ고 셜강

46면

의 ᄉᆞ죄 ᄌᆞ가로 빌미라 마음의 참담ᄒᆞ여 환로의 ᄯᅳᆺ이 업고 ᄒᆞᆫ 곳 쳥졍ᄒᆞᆫ 곳의 복거ᄒᆞ

여 형데 군죵으로 한뉴ᄒᆞ고 효봉냥친코져 의ᄉᆡ 이시나 부슉이 경ᄉᆞ의 계시니 믈너가 지 못ᄒᆞᄃᆡ 문외 별쳐를 졍ᄒᆞ고 졍원을 플녀 ᄒᆞ더라 힝ᄒᆞ여 뉵칠 일 졍도ᄂᆞᆫ 나마 낫을 당ᄒᆞ여 믄득 ᄒᆞᆫ 죄인을 압령ᄒᆞ여 오ᄂᆞᆫ지라 교ᄌᆞ의 반ᄉᆡᆼ 반ᄉᆞᄒᆞᆫ 쥭엄을 시러 경ᄉᆡᆨ이 츰비ᄒᆞᆫ지라 참졍이 놀나 좌우로 무ᄅᆞ니 셜강이 쟝하 여ᄉᆡᆼ으로 쳔만 신고ᄒᆞ여 힝ᄒᆞ나 몸을 움ᄌᆞᆨ이지 못ᄒᆞ고 혼혼이 누어 겨유 뉵

47면

칠 일을 힝ᄒᆞ여시니 져기 병이 나은 ᄯᅢ라 눈을 ᄯᅥ 먼니 바라보니 젼후 츄종과 하리 구름 ᄀᆞᆺ고 너븐 곤장과 긴 ᄆᆡ 든 군졸이 길을 열고 졀월을 밧치고 옹위ᄒᆞᆫ 가온ᄃᆡ 홍양산이 바ᄅᆞᆷ의 븟치고 은안 ᄇᆡᆨ마샹의 ᄒᆞᆫ 대관이 안져시니 광ᄎᆡ 먼니 빗최여 일월지표와 셔긔지광의 늉쥰 영걸이라 니부 텬관의 우의 태혹ᄉᆞ의 쟉녹을 ᄯᅴ여시니 호령이 뢰뎡 ᄀᆞᆺ고 ᄉᆞ마 ᄲᅡᆼ개 ᄋᆞᆲ흘 인도ᄒᆞ고 례관이 졀월을 잡아시니 진실노 마음의 칭ᄒᆞᄃᆡ 남ᄋᆞ의 ᄉᆞ업이라 셜강이 놀

48면

나 졈졈 ᄀᆞᆺ가이 ᄉᆞᆯ피니 이 곳 삼 년 젹거 남히 슈젹ᄒᆞ엿던 조샹셰라 강이 이를 보매 간담이 무여지ᄂᆞᆫ ᄃᆞᆺᄒᆞ여 ᄋᆡ다ᄅᆞ며 슬프고 분ᄋᆡᄒᆞ여 뉘웃치미 복발ᄒᆞᄂᆞᆫ 즁 졔 신셰를 ᄉᆡᆼ각ᄒᆞ니 슬프고 후회ᄒᆞ미 병츌ᄒᆞ여 쟝하의 남은 목숨이 초교의 실이여 노모와 쳐ᄌᆞ를 ᄋᆞᆲ희 싯고 만리 ᄒᆡ도의 한업ᄉᆞᆫ 길을 힝ᄒᆞ니 도라올 긔약이 영영 ᄭᅳᆫ쳐지고 일셰의 더로온 일홈과 쳔고의 ᄆᆡ명을 취ᄒᆞ여 젼졍 만리를 아조 맛쳐 이십 소년의 공부ᄒᆞᆫ 공명이 그린 ᄯᅥᆨ이 되엿ᄂᆞᆫ지라

49면

이를 ᄉᆡᆼ각ᄒᆞ니 아홉 구뷔 챵ᄌᆡ 일시의 ᄭᅳᆫ쳐져 기리 ᄒᆞᆫ 쇼ᄅᆡ를 지ᄅᆞ고 말긔 ᄯᅥ러지ᄂᆞᆫ지라 형ᄉᆡᆨ이 엄엄ᄒᆞ고 긔운이 막히니 ᄎᆡ관 등이 쥬믈너 구ᄒᆞ더니 조샹셰 하리로 무러 셜강의 힝ᄎᆞ믈 알고 츄연ᄒᆞ여 다시 ᄉᆞᄅᆞᆷ을 부려 ᄎᆡ관의게 니ᄅᆞᄃᆡ 그 죄인의 거동을 보니 명ᄌᆡ경긱ᄒᆞ여 힝도를 일울 길이 업고 내 ᄯᅩ 친ᄒᆞᆫ ᄉᆞ이러니 쥬인의 나려 쉬게 ᄒᆞ라 ᄒᆞ고 관역의 드지 아니코 ᄉᆞ쳐의 드러 강의 교ᄌᆞ를 다려오라 ᄒᆞ여 친히 븟드러 겻히 안치고 집슈 쳑연 왈 져 무슴 형샹인고

50면

비록 만ᄃᆡ 원슈라도 이 경상을 ᄃᆡᄒᆞ여셔ᄂᆞᆫ 츄연ᄒᆞ려든 ᄒᆞ믈며 구교정이랴 아심이 비여셕이라 이 거조를 ᄎᆞ마 보지 못ᄒᆞ리로다 무ᄉᆞᆫ 일노 말ᄆᆡ암아 이 지경의 니ᄅᆞ럿ᄂᆞ뇨 강이 눈믈이 오월 장슈 ᄀᆞᆺᄐᆞ여 쇼ᄅᆡ를 일우지 못ᄒᆞ니 다만 쳬읍 샤왈 쇼뎨 죄악이 텬디의 ᄌᆞ옥ᄒᆞ여시니 이 몸이 오늘가지 실ᄂᆞᆺ ᄀᆞᆺᄐᆞᆫ 목숨이 잇심도 초국공의 산히지은이라 쇼뎨 형의게 득죄ᄒᆞ미 하늘 ᄀᆞᆺ고 져바린 죄 ᄐᆡ산 ᄀᆞᆺᄐᆞ니 금일 대면이 욕ᄉᆞ무디라 어진 슈셔를 밧들고 감격ᄒᆞ며

51면

븟그러온 한이 교집ᄒᆞ여 회과 ᄌᆞ칙ᄒᆞᄃᆡ 스ᄉᆞ로 과악을 발셜치 못ᄒᆞ여 몸이 이 지경의 ᄉᆡᆨ져시니 터럭을 ᄉᆡᆨ혀도 쇼뎨의 죄ᄂᆞᆫ 다 혜지 못ᄒᆞᆯ지라 셩은이 가ᄃᆞᆨᄒᆞ여 일을 샤ᄒᆞ시나 엇지 셰샹의 머믈 뜻이 잇시리오마ᄂᆞᆫ 노모를 바리지 못ᄒᆞ여 형벌의 맛지 아니코 남은 목숨이 구ᄎᆞ이 만리를 힝ᄒᆞ나 즁노의 낭ᄑᆡᄒᆞ여 셔하의 울음을 깃친 죄인이 되리니 쳔만고의 강의 정ᄉᆞ ᄀᆞᆺᄐᆞ 니 이시리오 말노 조ᄎᆞ 쳬뤼 항뉴ᄒᆞ니 참졍이 ᄂᆞᆾ출 곳치고 탄왈 오슈박힝이나 엇지 ᄋᆡᄌᆞ지원을 가

52면

져 구교의 졍을 이ᄌᆞ리오 왕ᄉᆞᄂᆞᆫ 임의 존의라 졔긔ᄒᆞ여 무익ᄒᆞ고 남ᄋᆡ 벼슬을 ᄒᆞᄆᆡ 화란의 ᄉᆡᆨ지며 먼니 슈조ᄒᆞᄂᆞᆫ 거시 셩인군ᄌᆡ라도 샹ᄉᆡ라 쇼뎨의 슈년 찬젹도 ᄋᆡᆨ회 비샹ᄒᆞ미니 엇지 군상을 원ᄒᆞ며 쏘 어진 ᄉᆞᄅᆞᆷ을 원ᄒᆞ리오 형의 외입ᄒᆞ기도 역시 ᄃᆡᄋᆡᆨ이라 허다 허믈을 지음이 이 쏘 ᄒᆞᄂᆞᆯ이 졍ᄒᆞᆫ ᄇᆡ라 개과 칙션은 셩인도 허ᄒᆞ신 ᄇᆡ니 쇼뎨 무숨 사ᄅᆞᆷ으로 회심 슉덕ᄒᆞᆫ 사ᄅᆞᆷ을 감동치 아니ᄒᆞ리오 마음을 어질이 ᄒᆞ고 츙효를 가죽이 ᄒᆞ여 졍도를 닥근즉 하늘이 형의 츌인

53면

ᄒᆞᆫ ᄌᆡ조를 ᄂᆡ시고 현마 운남의셔 맛게 ᄒᆞ리오 마음을 쳘셕 ᄀᆞᆺ치 ᄒᆞ여 요동치 아니ᄒᆞᄆᆞᆫ 군ᄌᆞ의 졍ᄉᆡ오 텬의로 슌ᄒᆞᄆᆞᆫ 명운의 회복을 니ᄅᆞ미 ᄉᆡᆨᄌᆞ의 힝ᄒᆞᄂᆞᆫ ᄇᆡ라 쇼뎨 쳑신이 니친쳑 기형데ᄒᆞ여 슈졸이 되연 지 삼 년의 마음을 한가히 ᄒᆞ고 뜻을 훤칠이 ᄒᆞ여 졍심을 공부ᄒᆞ니 쟝부의 녁량이 못 견딜 일이 업ᄂᆞᆫ지라 몸의 병이 업고 이졔 형우

를 ᄡᅴ여 고원의 도라가니 형은 초슈의 우롬을 효측지 말고 고인의 직졀을 ᄉᆡᆼ각ᄒᆞ여 일신을 보호ᄒᆞ여 녕당의 블효

54면

를 깃치지 말지어다 화ᄒᆞᆫ 얼골은 양츈의 무ᄅᆞ녹고 어진 의논은 강하를 헤치ᄂᆞᆫ ᄃᆞᆺᄒᆞ고 어진 덕이 지셩으로 ᄒᆞᄂᆞᆫ지라 강이 ᄌᆞᄀᆡᆨ을 보내여 쥭이려 ᄒᆞ고 만단 모계ᄒᆞ던 일을 ᄉᆡᆼ각ᄒᆞ여 져의 어질믈 보니 오히려 고이ᄒᆞ고 일변 감격ᄒᆞ여 겨유 운동ᄒᆞ여 지ᄇᆡ 왈 ᄉᆡᆼ아쟈ᄂᆞᆫ 부모오 구아쟈ᄂᆞᆫ 현형이라 욕뎨 만리의 뇨ᄉᆡᆼ홀 긔약이 업거니와 만일 사라ᄂᆞᆫ즉 형의 은덕을 구쳔의 도라가도 ᄲᅢ의 ᄉᆞᄆᆞᆺ출가 ᄒᆞᄂᆞ이다 샹셰 급히 붓드러 안치고 위로ᄒᆞ여 붕우 ᄎᆡᆨ션을

55면

위유ᄒᆞ니 셔로 ᄉᆞ랑ᄒᆞ믈 니ᄅᆞ더라 인ᄒᆞ여 강의 슈형ᄒᆞᆫ 거술 보니 살이 다 믄허져 흰 ᄲᅢ 낫ᄐᆞᄂᆞ고 뉴혈이 되야 일신의 엉긔여 보기의 놀ᄂᆞ온지라 샹셰 미우를 찡긔여 왈 형의 몸이 이 ᄀᆞᆺᄐᆞ믈 ᄉᆡᆼ각 밧기라 부모 유쳬를 샹희오미 그ᄅᆞᆫ 길을 곳치게 ᄒᆞ미니 ᄎᆞ후나 마음을 잡으라 군뷔 ᄒᆞᆫ가지라 형이 블힝ᄒᆞ여 녕엄이 일즉 기셰ᄒᆞ시고 ᄇᆡ혼 ᄇᆡ젹어 그ᄅᆞᆫ 곳의 ᄲᆡ져시니 군부의 슈ᄎᆞ 형쟝의 회과 ᄌᆞ칙ᄒᆞ여 인덕을 힝ᄒᆞ면 셩샹이 엇지 고토의 오기를 허치 아니시리오 강이 이

56면

말을 드ᄅᆞᄆᆡ 더옥 감분ᄒᆞ고 붓그리더라 조샹셰 웃오술 벗고 침을 가져 쟝쳐를 ᄡᅡ고 롱즙을 ᄲᆞ며 약을 ᄂᆡ여 ᄇᆞᄅᆞ며 ᄇᆡᆨ 깁 한삼을 ᄶᅥ혀 두 다리를 동혀 지셩으로 슈고ᄒᆞ고 조용이 ᄃᆡᄒᆞ여 오반을 한샹의셔 ᄂᆞᆫ화 먹으며 본현의셔 연향ᄒᆞᄂᆞᆫ 샹이 니ᄅᆞᄆᆡ 가ᄌᆞᆫ 음식이 블가승식이어ᄂᆞᆯ 샹이 바로 범부인 하쳐로 가게 ᄒᆞ고 말ᄉᆞᆷ을 붓쳐 문안ᄒᆞ고 친후ᄒᆞᆫ 졍이 통가ᄒᆞᆫ 슉질지의로 ᄒᆞ니 셜강의 모ᄌᆡ 감은 각골ᄒᆞ여 감샤ᄒᆞ여 ᄒᆞᄂᆞᆫ 눈믈이 비오ᄃᆞᆺᄒᆞ더라 조샹셰 ᄎᆡ관을 쳥ᄒᆞ

57면

여 부탁ᄒᆞᄃᆡ 여러 가지로 칭념ᄒᆞ고 급히 가지 말고 조보ᄒᆞ믈 당부ᄒᆞ더라 샹셰 ᄎᆞ야

ᄅᆞᆯ 셜강으로 더브러 ᄌᆞ며 병을 지극히 살펴 낫도록 ᄒᆞ니 비고ᄒᆞᆫ 정ᄉᆞᄅᆞᆯ 참샹ᄒᆞ더라 강이 감격ᄒᆞ고 슬허 죵야토록 ᄒᆞᄂᆞᆫ 말이 죄과ᄅᆞᆯ 만만 샤죄ᄒᆞ고 정시 금강의 슈ᄉᆞᄒᆞᆫ 말과 당쵸 져ᄌᆞᆫ 죄ᄅᆞᆯ 즉고ᄒᆞ니 샹셰 드ᄅᆞᄆᆡ 다 ᄌᆞ가의 짐ᄌᆞᆨ과 다ᄅᆞ미 업ᄉᆞᄃᆡ 일단 경동ᄒᆞ믄 정시 슈ᄉᆞᄒᆞ미라 오히려 안ᄉᆡᆨ이 화연ᄒᆞ믄 정시 쟉인이 용이히 슈ᄉᆞᄒᆞᆯ 재 아니니 혹쟈 ᄌᆞᄀᆡᆨ의 허젼인가 비록 만리 ᄒᆡ외

58면

나 부친 슈셰가 여러 번이나 그런 말숨이 업ᄉᆞ니 밋지 아냐 탄왈 ᄉᆞᄉᆡᆼ이야 비록 내 몸을 ᄒᆡᄒᆞ여도 개회 아니ᄒᆞ거든 ᄒᆞ믈며 일개 부인이리오 ᄎᆞ후ᄂᆞᆫ 슈신 셥힝ᄒᆞ여 젼과ᄅᆞᆯ 부운의 더지라 강이 돈슈 샤례ᄒᆞ더라 명일 셔로 분슈ᄒᆞᆯᄉᆡ 강이 샹셔ᄅᆞᆯ 붓들고 ᄎᆞ마 ᄯᅥᄂᆞ지 못ᄒᆞ여 실셩 톄읍 왈 현형을 오ᄂᆞᆯ 니별ᄒᆞᄆᆡ 하일 하시의 션풍을 ᄃᆡᄒᆞ여 교회ᄅᆞᆯ 드ᄅᆞ리오 몸을 슈졸이 되나 마음은 그림ᄌᆞᄅᆞᆯ ᄯᆞᄅᆞ리라 말노 조ᄎᆞ 누쉬 항뉴ᄒᆞ니 조샹셰 참회ᄒᆞ여 함누 위로

59면

왈 화복이 관슈ᄒᆞ고 니합이 ᄯᅢ가 이시니 형은 샹회치 말나 대쟝뷔 쳐셰ᄒᆞᄆᆡ ᄉᆞᄉᆡᆼ의도 울미 블가ᄒᆞᆫ지라 엇지 부유의 셜셜ᄒᆞ믈 지어 영웅의 긔운을 최찰케 ᄒᆞ리오 쇼뎨 환로의 ᄯᅳᆺ이 업ᄉᆞ니 ᄉᆞ셰ᄅᆞᆯ 보아 문외 심쳐의 한 가지 일을 어더 ᄇᆡᆨ셩이 되고져 ᄒᆞ거니와 오히려 부형의 ᄯᅳᆺ을 모ᄅᆞ니 혹 츌ᄉᆞᄒᆞ미 이슬진ᄃᆡ 형을 구ᄒᆞ여 도로 고토의 도라올 도리ᄅᆞᆯ ᄒᆞ리니 녕당을 뫼셔 만리 험노의 무ᄉᆞ이 보즁ᄒᆞ라 ᄒᆞ고 ᄒᆡᆼ 즁 ᄌᆡᄇᆡᆨ을 ᄲᅥ러 정을 표ᄒᆞᄂᆞ이 젹니 ᄉᆡᆼ이

60면

ᄅᆞᆯ 돕고 남ᄒᆡᄐᆡ슈와 ᄌᆞᄉᆞ긔 셔찰을 붓쳐 범ᄉᆞᄅᆞᆯ 고렴ᄒᆞ믈 부탁ᄒᆞᆯᄉᆡ 셔로 분슈ᄒᆞ여 강은 남으로 가고 샹셔ᄂᆞᆫ 황도로 가니 강의 슬픈 정ᄉᆞ와 샹셔의 년측ᄒᆞ미 비길 ᄃᆡ 업더라 임의 역ᄆᆡ 나ᄂᆞᆫ ᄃᆞ시 도라오ᄂᆞᆫ 마음이 ᄉᆞᆯ ᄀᆞᆺᄐᆞ니 눅칠 일 만의 남문 밧 ᄉᆞ십 니의 쥬인ᄒᆞ니 이곳은 벽운산 취현동 은션항이라 산쳔이 졀승ᄒᆞ고 만학 긔봉과 층암 절벽이 좌우의 ᄶᆞᆨ근 ᄃᆞᆺᄒᆞ고 그 가온ᄃᆡ 평안ᄒᆞᆫ 들이 십여 리나 ᄒᆞ고 광활 심슈ᄒᆞ여 별유션계오 봉ᄅᆡ 방장이라 근쳐의 인

61면

개 즐비ᄒᆞᆫᄃᆡ 다 촌민이오 ᄉᆞ태후의 복거ᄒᆞᆫ 재 업더라 조ᄉᆡᆼ이 만ᄉᆡ 신이ᄒᆞ여 산ᄆᆡᆨ의 아니 신묘ᄒᆞᆫ 곳이 업ᄉᆞ니 이곳을 보고 깃거 혜오ᄃᆡ 취현동 은션항이라 내 뜻의 암합ᄒᆞ니 군친긔 졀ᄒᆞᆯ 뜻이 급ᄒᆞ나 아직 이곳의 머믈고 군부긔 글을 올녀 쇼회ᄅᆞᆯ 고ᄒᆞ리라 쥬의ᄅᆞᆯ 졍ᄒᆞ고 이 밤의 샹쇼와 야야긔 글을 올녀 례관을 보내니 조시랑이 ᄃᆡ경 왈 쇼관이 황명을 밧ᄌᆞ와 일노의 밧비 힝ᄒᆞ믄 션ᄉᆡᆼ을 뫼셔 탑하의 샤은ᄒᆞ여 셩의 깃그시믈 보고져 ᄒᆞ거ᄂᆞᆯ 이의 머무ᄅᆞ고 쇼ᄉᆡᆼ이

62면

혼쟈 가오면 무슨 ᄂᆞᆺᄎᆞ로 샹젼의 뵈오리오 샹셰 츄연 탄왈 나의 간졀ᄒᆞᆫ 쇼회 이ᄉᆞ니 마지못ᄒᆞ미라 현공은 일즉 드러가 복명ᄒᆞ라 ᄂᆡ 엇지 군친긔 밧비 졀ᄒᆞᆯ 마음이 업ᄉᆞ리오마ᄂᆞᆫ 큰 쥬의로 쟉위ᄅᆞᆯ 감당치 못ᄒᆞ여 ᄒᆞ더니 이졔 친쳑의 슈셔ᄅᆞᆯ 경편으로 드려 보ᄂᆡ고 례관으로 샹쇼ᄅᆞᆯ 드려 보닌 후 션경을 ᄂᆡᆺ슬고 운산의 올나 두로 유완ᄒᆞ니 경개 졀승ᄒᆞ고 쥭님 숑ᄇᆡᆨ의 프른 빗치 셜즁의 홀노 ᄉᆡᆨᄉᆡᆨᄒᆞ니 조샹셰 산쳔을 둘너보고 복거ᄒᆞᆯ 곳을 갈희고 마음이 샹

63면

쾌ᄒᆞ여 혜오대 군뷔 만일 허ᄒᆞ시면 만힝이오 그러치 못ᄒᆞ여도 이곳은 발이지 못ᄒᆞ리라 ᄒᆞ더라 어시의 샹이 날을 혜여 유현을 기다리시더니 홀연 조흠이 복명ᄒᆞ고 일봉쇼ᄅᆞᆯ 밧드러 올니고 조샹셔의 퇴됴ᄒᆞᆯ 뜻을 알외니 샹이 크게 블쾌ᄒᆞ여 탄왈 유현이 반ᄃᆞ시 짐을 깁히 유감ᄒᆞ여 삼고의 마즈믈 보랴 ᄒᆞ미로다 이의 쇼ᄅᆞᆯ 보시니 ᄉᆞ의 렬졀ᄒᆞ여 고ᄉᆞ의 ᄌᆡ덕과 미ᄒᆞᆫ ᄇᆞᆫ을 평안이 ᄒᆞ여 산즁의 한가ᄒᆞᆫ 초부 되기ᄅᆞᆯ 버려시니 샹이 람파의 즉시 태혹ᄉᆞ 오명긔

64면

로 셩샹 친필 조셔와 졀월을 가져 다시 조샹셔ᄅᆞᆯ 쳥ᄒᆞ여 즉일 입됴케 ᄒᆞ라 ᄒᆞ시니라 화셜 조부의셔 샹셔의 도라오기ᄅᆞᆯ 기다리ᄂᆞᆫ 마음이 시ᄀᆡᆨ을 기다리더니 경현과 노복이 드러와 뵈ᄆᆡ 합가 ᄎᆞ악ᄒᆞ여 놀ᄂᆞ기ᄂᆞᆫ 니ᄅᆞ도 말고 초공이 침즁ᄒᆞ므로도 쇼ᄅᆡ 급ᄒᆞ믈 ᄊᆡ닷지 못하여 ᄀᆞᆯ오ᄃᆡ 아지못게라 아희 바로 궐하로 갈지라도 하리 이리로 올

둣ᄒᆞ고 오히 쏘ᄒᆞᆫ 도라올 둣ᄒᆞᄃᆡ 엇지 여등만 도라오ᄂᆞ뇨 경현이 졀ᄒᆞ고 봉셔를 드리니 초공이 샹셔의 친필을 보ᄆᆡ 마음이 져

65면

기 편ᄒᆞ여 봉셔를 ᄡᅧ혀보니 ᄀᆞᆯ와시ᄃᆡ 블초ᄌᆞ 유현은 ᄌᆡ빅ᄒᆞ고 글월을 엄하의 밧드러 히ᄋᆞ의 쇼회를 품달ᄒᆞᄂᆞ이다 쇼ᄌᆡ 년쇼ᄒᆞ여 셰ᄉᆞ를 아지 못ᄒᆞ고 분의를 삼가지 못ᄒᆞ와 우흐로 엄교를 어긔오고 아ᄅᆡ로 몸의 ᄌᆡ덕을 혜아리지 못ᄒᆞ와 십삼 쇼ᄋᆞ로 룡문의 참예ᄒᆞ와 한원의 츅슈ᄒᆞ니 사ᄅᆞᆷ이 미ᄒᆞ고 위과ᄒᆞ고 공이 업고 셩은과 영춍이 셩ᄒᆞ여 ᄌᆡ앙이 니ᄅᆞ고 화란이 급ᄒᆞ여 몸은 남히의 슈졸이 되고 죄ᄂᆞᆫ 역률의 범ᄒᆞ니 삼년을 츄ᄉᆞᄒᆞᄆᆡ

66면

이 다 쇼ᄌᆞ의 블초ᄒᆞ미오 조달ᄒᆞᆫ 연괴라 마음을 어ᄅᆞ만져 엄의 밧지 못ᄒᆞᆫ 쥴을 ᄌᆞ칙ᄒᆞ올 ᄯᆞᄅᆞᆷ이러니 이졔 셩은이 늉셩ᄒᆞ샤 손복ᄒᆞᆯ 거죄 만코 외람ᄒᆞᆫ 작치 뉵경의 우ᄒᆡ이셔 감당치 못ᄒᆞᆯ ᄇᆡ라 물셩즉ᄑᆡᄂᆞᆫ 텬디지샹되라 이졔 대인과 ᄇᆡᆨ뷔 쟝샹의 즁권과 셩샹의 례즁ᄒᆞ시미 ᄇᆡᆨ료의 웃듬이오 군죵 형데 쏘ᄒᆞᆫ 쳥현의 봉사ᄒᆞ오니 진실노 두려오오미 조심된지라 쇼ᄌᆡ 문외의 머무러 ᄒᆞᆫ 쟝 쇼봉을 올녀 군부긔 ᄒᆞᆫ 몸을 비ᄂᆞᆫ

67면

바ᄂᆞᆫ 젹은 분을 평안이 ᄒᆞ고 너른 복을 안과ᄒᆞ여 셩ᄃᆡ의 ᄒᆞᆫ가ᄒᆞᆫ ᄇᆡᆨ셩이 되여 기리 부형을 뫼셔 압ᄂᆡ의 낙시를 희롱ᄒᆞ고 뒤뫼히 고ᄉᆞ리를 ᄏᆡ여 증ᄌᆞ의 효를 다ᄒᆞ고져 ᄒᆞ오므로 이 쏘 ᄌᆞ힝치 못ᄒᆞᆯ지라 오직 대인의 명녕을 기다리고 삼 년 니측ᄒᆞᆫ ᄉᆞ졍을 춤고 보신지칙을 ᄉᆡᆼ각ᄒᆞ여 군부긔 우러러 알외ᄂᆞ니 업ᄃᆡ여 하교를 바라ᄂᆞ이다 ᄒᆞ엿더라 어시의 초공이 아ᄌᆞ의 글을 보고 말이 비록 올코 넙의ᄒᆞ미 그ᄅᆞ지 아니나 졔 아비 오히려 히글 빌

68면

의ᄉᆞ를 못ᄒᆞ거든 져의 치ᄉᆞ를 허ᄒᆞᆯ 니 이시리오 진왕이 졍식 왈 ᄎᆞ의 졍셩이 샹활ᄒᆞ더니 오늘 날 집의ᄒᆞᄆᆡ 도로 회식ᄒᆞᆯ 쥴 엇지 알니오 이졔 셩은이 호셩ᄒᆞ시고 존당이

기다리시거늘 싱각지 아니코 문외의 머무러 못된 수양을 흐고 어버이 얼골 보기를 밧바 아니니 크게 그른 일이라 이십 젼 치스흐는 지상이 어듸 이시리오 맛당이 칙흐고 슈이 드러오게 흐라 졔 몸이 아모리 화란의 당흐나 엇지 미리 근심흐리오 초공이 쇼이 듸왈 아히 못 될 의스를 내여 이러틋

69면

흐나 황상이 반드시 일위혀 닐 거시니 념녀홀 빅 아니오 졔 아비 보기를 밧바 아니니 쇼데 다시 블너 무엇흐리오 드듸여 회셔를 아니코 례부샹셔 긔현과 한림 운현이 졔 아오로 더브러 뉵형데 혁을 갈와 남문 외로 나와 셔로 볼식 ᄎ시 조샹셰 례관과 조셔를 마져 일봉쇼를 올녀 청죄흐고 나지 아니니 오직 오흑식 지삼 권흐듸 종시 듯지 아니니 홀일업셔 도라 이듸로 복명흐니 샹이 우려흐샤 초공을 명초흐샤 슈돈을 미루시고 흔연 왈 이늘 샹부를 부르미 타식

70면

아니라 유현이 짐을 유감흐여 문외의 잇고 오지 아니니 청흐미 흔두 번이 아니로듸 견집흐니 션싱은 쌜니 개유흐여 됴회케 흐라 초공이 돈슈 샤왈 신이 ᄌ식을 가르치지 못흐와 현의 힝스가 군부를 모르고 군명을 역흐오니 암약흔 아비 말을 듯지 아닐가 흐느이다 샹이 쇼왈 현윤은 츙효 군지라 경의 말이 나믜 두 번 역지 아니리라 초공이 빅복 왈 원닉 유현 ᄀᆞᄐᆞᆫ 무용 필부를 여ᄎ 과히 달니 아르샤 무어식 쓰려 흐시느니잇고 샹이 답왈 션싱의 츙국의 나는 말

71면

이 닉외를 달니흐미 업더니 금일지언은 가작이라 유현이 무용 필부 아닌 쥴은 션싱이 아는이 엇진 말이뇨 공이 빅샤 왈 현이 지죄 업다흐미 아니오라 츙회 쳔박흐여 군부를 아지 못흐오니 쁘시므로 유익흐미 업스리이다 샹이 역쇼흐시고 슈조를 나리와 글으샤듸 경이 젼일 짐의 일을 원망흐여 다시 보기를 블원흐미니 짐의 허믈이라 경이 맛춤닉 나지 아닐진듸 짐이 친히 가 닛그러 도라오리니 경은 모르미 톄면을 도라보와 됴회흐라 정시랑 화긔로 부르

72면

라 ᄒᆞ시니 공이 마지못ᄒᆞ여 두어 쥴 글을 붓치니라 어시의 조니뷔 샤명을 도라보ᄂᆡ고 니뷔 임의치 못ᄒᆞᆯ가 우려ᄒᆞ더니 믄득 군종 형뎨 니ᄅᆞ러 집슈 년슬ᄒᆞ여 각각 희열ᄒᆞᆫ 빗출 씌여 무궁ᄒᆞᆫ 졍을 통ᄒᆞ니 샹셰 니러 례부와 양어ᄉᆞ긔 졀ᄒᆞ고 존당 부모긔 문안ᄒᆞ고 양태ᄉᆞ 긔거를 무ᄅᆞᄆᆡ 화긔 무ᄅᆞ녹으나 례뷔 츄연 탄왈 네 엇지 되지 못ᄒᆞᆯ 의ᄉᆞ를 내여 이곳의 머무ᄅᆞ고 존당 부모의 일각 여삼츄ᄀᆞᆺ치 기다ᄅᆞᄂᆞᆫ 마음을 ᄉᆡᆼ각지 아닌나냐 샹셰 함쳑 ᄃᆡ왈 쇼뎨

73면

엇지 친측의 졀ᄒᆞᆯ 뜻을 지완ᄒᆞ리잇고마ᄂᆞᆫ 마음이 ᄉᆞ라져 이곳의 은거ᄒᆞ여 졔형뎨로 봉친을 종요로이 ᄒᆞ고져 ᄒᆞ엿더니 부형이 외오 너길진ᄃᆡ 쇼뎨 엇지 일시나 지완ᄒᆞ리잇가 날이 임의 져무러시니 신됴의 가리이다 졔형뎨 환락ᄒᆞ여 ᄎᆞ야를 ᄒᆞᆫ가지로 줄식 셜강의 무샹ᄒᆞᆷ과 난교의 변을 니ᄅᆞ니 니뷔 ᄎᆞ탄ᄒᆞ며 길히셔 만ᄂᆞᆫ 말을 니ᄅᆞ고 츰혹ᄒᆞ다 ᄒᆞ거ᄂᆞᆯ 양혹ᄉᆡ 분연 왈 셜강 역ᄌᆞ를 버히지 못ᄒᆞ믈 한ᄒᆞᄂᆞ니 황샹의 관인ᄒᆞ심과 ᄉᆞ형의 인ᄋᆡᄒᆞ미

74면

라 엇지 잔잉ᄒᆞ리오 ᄂᆡ 너를 강렬ᄒᆞᆫ가 ᄒᆞ엿더니 ᄎᆞ언을 드ᄅᆞᄆᆡ 근어부인이라 조샹셰 탄왈 도ᄎᆞ의 만ᄂᆞ니 구면이라 인심이 측은ᄒᆞ거ᄂᆞᆯ ᄒᆞ믈며 그 회과 ᄌᆞ칙ᄒᆞ미 혈심이라 젹은 한을 품어 급난을 구치 아니면 이ᄂᆞᆫ 인ᄌᆞ의 일 아니라 졔형이 탄복ᄒᆞ더니 졍시랑이 황명을 밧ᄌᆞ와 니ᄅᆞ니 조니뷔 황망이 의관을 졍히 ᄒᆞ고 향안을 배셜ᄒᆞ여 샤은ᄒᆞ고 졍시랑을 만ᄂᆞ 반기고 샹셰 졍공의 삼샹이 덧업ᄉᆞ믈 니ᄅᆞ며 악부모의 긔거를 무ᄅᆞ니 졍시랑이 누의

75면

참경을 ᄎᆞ마 니ᄅᆞ지 못ᄒᆞ고 집슈 왈 밧비 셩은을 갑습지 못ᄒᆞ고 날노 기다리시거ᄂᆞᆯ 머무러 군샹이 근노ᄒᆞ시고 날노 슈고케 ᄒᆞᄂᆞ뇨 됴항 간 체면은 고이치 안커니와 ᄉᆞᄉᆞ 붕비와 일가의 졍은 괴롭고 토심져오믈 이긔지 못ᄒᆞ리로다 령대인 슈셰 여긔 잇다 ᄒᆞ거ᄂᆞᆯ 샹셰 바다 공경ᄒᆞ여 보니 셔의 왈 부ᄌᆞ의 샹별이 삼 년이라 셩은이 여텬ᄒᆞ

여 너를 신빅ᄒᆞ고 외람한 쟉호를 쥬시니 인신의 도리는 쐇니 나가 셩은을 갑고 아비 ᄉᆞ졍을 위로ᄒᆞ미 올커늘 되지 못

76면

ᄒᆞᆯ 의ᄉᆞ로 츙효를 다 샹히오니 여부의 바라던 ᄇᆡ 아니로다 이는 나의 가ᄅᆞ치지 못ᄒᆞᆯ ᄇᆡ니 군부긔 청죄ᄒᆞ여 쳐분을 기다리라 ᄒᆞ엿더라 샹셰 견필의 황공 경동ᄒᆞ여 즉시 졔도로 들ᄉᆡ 졔공ᄌᆞ는 조부로 가고 샹셔는 셩문의 드니 친붕 졔우며 녀항 시민이 다 우러러 반기고 궐하의 다다ᄅᆞ니 니뷔 금문의 ᄃᆡ죄ᄒᆞ고 시랑은 복명ᄒᆞ니 금문의 대죄ᄒᆞ믈 알외니 샹이 대열ᄒᆞ여 밧비 드러오라 ᄒᆞ시니 이ᄯᆡ 승샹이 진왕으로 탑하의 뫼셧더니 샹셰 드러와 ᄉᆞ배 슉

77면

샤ᄒᆞ니 삼 년지ᄂᆡ의 영풍이 더옥 동탕ᄒᆞ여 슈려ᄒᆞᆫ 면광은 츄월이 ᄇᆰ아시며 명명ᄒᆞᆫ 미우의 희긔를 ᄯᅴ엿시며 화ᄒᆞᆫ 안ᄉᆡᆨ은 동군이 화풍을 잇그러 만믈을 부흌ᄒᆞ니 늠늠ᄒᆞᆫ 위풍이 아오ᄅᆞᄒᆞ여 낭비 과슬ᄒᆞ고 엄즁ᄒᆞᆫ 거동이 진왕의 ᄀᆡ걸홈과 승샹의 침음ᄒᆞ미 겸ᄒᆞ여 ᄆᆞᆰ은 안광은 츄슈의 힛발이 비최고 찬엄ᄒᆞ미 젼쟈로 ᄇᆡ승ᄒᆞ니 만됴의 셕기미 오작 즁 봉황이오 우마 즁 긔린이라 좌위 흠앙ᄒᆞ고 진초 이공이 아름다이 너겨 병발 ᄒᆞ니 삼 인의 두긋

78면

기오믈 이긔지 못ᄒᆞ니 샹셰 군친의 얼골을 우러러 반기미 흐뭇ᄒᆞ니 오직 복디 청죄 왈 미신이 츙효 쳔박ᄒᆞ여 망극ᄒᆞᆫ 죄명으로 히외의 ᄃᆡ져 군친의 셩덕을 갑지 못ᄒᆞᆯ가 ᄒᆞ옵더니 화은이 만방의 일월을 더으샤 신의 죄를 샤ᄒᆞ시고 외람ᄒᆞᆫ 쟉위를 쥬시니 엇지 밧비 와 군은을 갑고져 아니리잇고만은 나히 어리고 쟉위 놉흐믹 황황 숑률ᄒᆞ와 마음이 심연 박빙이라 출하리 무용지신이 뎐야의 홈의를 드러 분을 졍히 ᄒᆞ고 셩샹의 쳔만 셰를 츅슈ᄒᆞ여

79면

고인을 효측고져 ᄒᆞ더니 셩은이 여텬ᄒᆞ여 례관이 니음ᄎᆞ니 죄를 무릅ᄡᅳ고 두리오믈

먹음어 군명을 거역ᄒᆞᆫ 죄를 쳥ᄒᆞᄂᆞ이다 어시의 황애 유현을 보시ᄆᆡ 말숨과 례법이 초공과 방블ᄒᆞ니 큰 보ᄇᆡ를 어든 ᄃᆞᆺ 룡안이 희열 왈 짐이 블명ᄒᆞ여 경의 츙현을 아지 못ᄒᆞ고 ᄒᆡ외의 ᄂᆡ치니 엇지 원굴치 아니리오 이졔 짐의 박덕 블명을 념ᄒᆞ여 쇼허의 고졀을 효측고져 ᄒᆞ니 짐이 우려ᄒᆞ더니 이졔 경을 보니 깃브미 젹지 아니토다 샹셰 ᄇᆡ복 왈 셩교 신의 블츙ᄒᆞ미라

80면

감쳥 샤죄로쇼이다 탑하의 두 대신이 츌반 쥬왈 유현이 우흐로 셩은을 잇고 아ᄅᆡ로 부형을 모ᄅᆞ니 엇지 례우ᄒᆞ시는 은뎐을 당ᄒᆞ리잇고 맛당이 률뎐을 샹고ᄒᆞ여 죄를 졍히 ᄒᆞ쇼셔 샹이 놀나샤 보시니 진왕 조무와 승샹 조셩이라 우음을 ᄯᅴ여 샹셔를 보시니 슉부의 말을 듯고 공구 츅쳑ᄒᆞ여 옥계의 머리를 두다려 쳥죄ᄒᆞ니 샹이 진초 이공을 보샤 탄왈 츙신을 구ᄒᆞᄆᆡ 효ᄌᆞ 문의 나다고 ᄒᆞ니 현이 하죄오 짐이 오늘이야 위왕의 십이승 빗최는 구슬을 불워 아니ᄒᆞ

81면

니 냥경은 고이한 말을 말나 이공이 ᄇᆡ샤 왈 유현이 무숨 사ᄅᆞᆷ이완ᄃᆡ 이런 셩은을 당ᄒᆞ리잇고 만좌 졔신이 일시의 쥬왈 조무 등이 너모 쥰졀ᄒᆞ여 ᄌᆞ식을 죄의 너흐니 비인졍이로쇼이다 샹이 조니부를 위ᄒᆞ샤 의관을 쥬시고 나아오라 ᄒᆞ샤 셤슈를 연집 왈 군신은 부ᄌᆞ일톄라 경이 츙년의 남히 쟝려의 샹ᄒᆞ미 젹지 아닐가 ᄒᆞ엿더니 금일 보ᄆᆡ 셜부 화용이 쇄락ᄒᆞ여 ᄀᆞᆺ 핀 화월 ᄀᆞᆺᄐᆞ니 위인의 견강ᄒᆞ미나 긔품이 쟝렬ᄒᆞ여 슈토의 샹ᄒᆞ미 업ᄂᆞ니 경은 츙셩을

82면

다ᄒᆞ여 짐을 도으라 조샹셰 본ᄃᆡ 츌텬 대효로 군뷔 일톄로 삼 년 젹거의 간졀이 그리다가 오늘 이 ᄀᆞᆺ튼 즁권을 밧ᄌᆞ오ᄆᆡ 본심이 만히 조달ᄒᆞ믈 뉘웃고 아조 치ᄉᆞᄒᆞ미 아니라 문외 유벽쳐를 갈히여 뎐원을 일위고 형뎨 더브러 부모를 효봉코져 ᄒᆞ나 ᄒᆞᆫ번 드러와 샹젼의 뵈옵고 졍ᄉᆞ를 알외려 ᄒᆞ더니 부형의 ᄯᅳᆺ을 보고 경동ᄒᆞ며 군은을 황공ᄒᆞ여 됴회ᄒᆞᄆᆡ 은권이 호셩ᄒᆞ여 어쉬 셔로 넌ᄒᆞ니 감은 각골ᄒᆞ미 골슈의 ᄉᆞᄆᆞᆺ고 츙셩이 몸을 쥭여 갑흘 ᄯᅳᆺ이 잇더니

83면

엇지 믈너늘 의식 이시리오 국궁 진췌ᄒᆞ야 눈믈을 흘니고 샤죄 왈 신이 무샹ᄒᆞ와 황야의 셩은을 져바린 죄 슈ᄉᆞ난쇽이로쇼이다 왕ᄉᆞ는 미신의 블츙이라 엇지 감히 한ᄒᆞ며 치부ᄒᆞ리잇고 신의 블초ᄒᆞ미로쇼이다 ᄒᆞ니 샹이 말마다 흠익ᄒᆞ샤 평신ᄒᆞ라 ᄒᆞ시고 룡안의 희긔 가득ᄒᆞ시니 만되 은영을 보ᄆᆡ 졔인의 우러미 태산 북두 ᄀᆞᆺᄐᆞ여 흠복ᄒᆞ니 샹셔 형뎨 도로혀 깃거 아니ᄒᆞ더라 ᄂᆞᆯ이 느ᄌᆞᄆᆡ 퇴됴ᄒᆞ여 집의 도라오니 샹셰 니가ᄒᆞᆫ 지 삼 ᄌᆡ라 합가의 환셩이 믈 쓸

84면

ᄃᆞᆺᄒᆞ고 반가오믈 씌여시니 부슉을 뫼셔 눈을 들ᄆᆡ 아니 깃브미 업고 만심이 흡연ᄒᆞ니 승당 빅알ᄒᆞᄆᆡ 화긔 만좌의 ᄡᅩ이니 궤슬 경좌ᄒᆞ여 존후를 뭇ᄌᆞᆸ고 블효 끼치믈 샤죄ᄒᆞ니 샹활ᄒᆞᆫ 긔운이 긔특ᄒᆞᆫ지라 태부인과 위부인이 좌우로 집슈ᄒᆞ여 반가오미 넘치니 눈믈을 ᄎᆞᆷ지 못ᄒᆞ더라 양뎡렬의 단엄ᄒᆞᄆᆞ로도 웃는 입이 열니여 쥬순의 호치 현영ᄒᆞ니 ᄉᆡᆼ이 ᄌᆞ안을 우러러 환희ᄒᆞ며 냥조모를 위로ᄒᆞ여 화셜유어로 시름을 믈니치니 졔슉뫼 반기고 화셜 등의 치히 분분ᄒᆞ니

85면

초공은 안ᄉᆡᆨ이 흔연ᄒᆞ나 진왕이 니부를 보ᄆᆡ 그 ᄉᆞ랑ᄒᆞ고 귀즁턴 모양이 업셔 안ᄉᆡᆨ이 엄슉ᄒᆞ니 졔쇼년이 경구ᄒᆞ고 니뷔 ᄒᆞᆫ ᄡᅡᆼ 명목이 두루치며 빅부의 미온지ᄉᆡᆨ이 ᄌᆞ긔 신샹의 이시믈 ᄉᆡᆨ다라 경구 츅쳑ᄒᆞ니 조노공의 탐혹 ᄉᆞ랑이 비ᄒᆞᆯ 곳이 업는지라 숀을 잡고 등을 어ᄅᆞ만져 ᄉᆞ랑ᄒᆞ믈 이긔지 못ᄒᆞ더니 의당의 하ᄀᆡᆨ이 구름ᄀᆞᆺ치 모다시니 냥공이 ᄌᆞ질을 거ᄂᆞ려 ᄃᆡᄀᆡᆨᄒᆞᆯᄉᆡ 졔빈이 닷토와 문계의 환쇄ᄒᆞ믈 치하ᄒᆞ니 초공 부지 당치 못ᄒᆞ믈 일ᄏᆞᆺ더라 경틱ᄉᆡ 집슈

86면

ᄒᆞ고 별회를 니ᄅᆞ나 녀ᄋᆞ의 참ᄉᆞ를 니ᄅᆞ지 못ᄒᆞ고 츄연ᄒᆞ여 반가온 ᄯᅳᆺ을 긔록기 어려오니 경공긔 조니뷔 삼샹 맛ᄎᆞ믈 치위ᄒᆞ고 그 ᄉᆞ이 존후를 므러 은근홈과 위곡ᄒᆞ미 반ᄌᆞ의 의를 다ᄒᆞ니 경공이 더옥 감회ᄒᆞ더라 초공 연공 화공이 좌우로 둘너 니부의 긔샹을 ᄉᆡ로이 흠앙ᄒᆞ며 조혹ᄉᆞ 경태ᄉᆞ의 ᄉᆞ랑이 일반이로ᄃᆡ 오직 니참졍을 보지

못ᄒᆞ니 샹셰 노병 침고ᄒᆞ여 뭇 가온ᄃᆡ 오히려 뭇지 못ᄒᆞ더라 날이 져믈ᄆᆡ 졔ᄀᆡᆨ이 각산ᄒᆞ고 초공 졍공 조혹ᄉᆞ 쇼년 명뉴 ᄉᆞ오 인이 머무러 말ᄒᆞᆯ식

87면

진왕이 안ᄉᆡᆨ이 엄졍ᄒᆞ여 일언을 아니터니 쇼ᄅᆡ를 가다듬아 좌우로 ᄒᆞ여금 니부를 잡아 ᄂᆞ리오니 ᄉᆡᆼ이 공구ᄒᆞ여 계하의 ᄂᆞ려 탈관 복디ᄒᆞ여시니 진왕이 ᄎᆡᆨ왈 네 죄를 아는다 니뷔 ᄌᆡᄇᆡ 왈 유ᄌᆞ 셩품이 고체ᄒᆞ고 ᄉᆡᆼ각을 잘못ᄒᆞ여 군명을 블봉ᄒᆞ고 친젼의 니ᄅᆞ지 못ᄒᆞ여 슈일 문외의 지류ᄒᆞ니 엇지 죄를 모ᄅᆞ리잇고 진왕이 ᄎᆡᆨ왈 비록 환로의 뜻이 업ᄉᆞ나 삼 년 히외의 써나 ᄉᆡᆼ각던 부ᄌᆞ지졍과 군샹의 대은을 ᄉᆡᆼ각지 아니코 스ᄉᆞ로 셩은을 미더 방ᄌᆞᄒᆞᆫ 뜻을 내여 문외의

88면

거ᄒᆞ고 셩샹의 슈됴와 례관을 괴롭게 ᄒᆞ며 존당의 기다리시ᄂᆞᆫ 마ᄋᆞᆷ을 도라보지 아니ᄒᆞ니 블효 블츙이라 네 셩쥬를 뵈옵고 졍ᄉᆞ를 이결ᄒᆞ여 ᄒᆞᆯ 일이니 스ᄉᆞ로 믈너안져 교우ᄒᆞᆫ 뜻을 내여 아비 ᄉᆞ졍이 과ᄒᆞ여 일마다 두굿기고 셩샹이 네 풍신을 혹ᄒᆞ샤 그 죄를 ᄡᅵᆺ돗지 못ᄒᆞ시니 시러금 네 아ᄌᆞ비 통히ᄒᆞᆷ을 이긔지 못ᄒᆞ여 죄를 경ᄎᆡᆨ고져 ᄒᆞᄂᆞ니 아는다 니뷔 ᄇᆡᆨ배 고두ᄒᆞ여 ᄉᆞ죄를 쳥ᄒᆞᆯ ᄲᅮᆫ이라 좌우 졔인이 다 놀나더라 졍태ᄉᆡ 진왕을 븟들고 히유 왈 금일 운희 죄 업ᄉᆞ믄 쇼

89면

공지라 쇼견이 달나 슈일 문외의 ᄉᆞ직ᄒᆞ미 무슨 부형을 업슈이 너기미리오 그 대인이 ᄎᆡᆨ지 아니커ᄂᆞᆯ 형이 엇지 남의 쳔금 ᄀᆞᄐᆞᆫ 셔랑을 ᄎᆡᆨᄒᆞ리오 쇼공이 간졀이 말니믈 보고 쳥ᄒᆞ여 오ᄅᆞ라 ᄒᆞᆫᄃᆡ 니뷔 엇지 오ᄅᆞ니오 부복ᄒᆞ여 명을 기다리니 ᄎᆞᆨᄎᆞᆨ 공근ᄒᆞᆫ 거동을 인심이 감동ᄒᆞᄂᆞᆫ지라 례뷔 즁계의 ᄉᆞ러 간왈 졔 비록 그릇ᄒᆞ나 삼 년 니측의 금일 쳐음으로 반가온 졍을 펴지 못ᄒᆞ고 엄노를 만ᄂᆞ오니 마ᄋᆞᆷ이 송구ᄒᆞᆷ을 알지라 평일 효슌ᄒᆞᆷ을 ᄉᆞᆯ펴 샤ᄒᆞ쇼셔 언파의 오ᄅᆞ지 못ᄒᆞ

90면

고 형뎨 냥인이 굴복ᄒᆞ니 경슌지ᄉᆡᆨ이 감동ᄒᆞᄂᆞᆫ지라 좌위 흠션ᄒᆞ여 당의 오ᄅᆞ라 ᄒᆞ나

리뷔 올으지 아냐 부슉의 명을 기다리니 승샹이 날호여 쇼왈 쇼뎨는 평싱 즈식을 가ᄅᆞ치지 못ᄒᆞ여 현ᄋᆞ의 힝ᄉᆡ 여ᄎᆞᄒᆞ나 셩샹이 샤ᄒᆞ시고 삼 년 니졍의 쳐음 보ᄂᆞᆫ 날 졍하의 쑬녀 칙ᄒᆞ미 부ᄌᆞ의 죠용ᄒᆞᆫ 도리 아니라 형쟝은 아히 어리고 고집ᄒᆞ믈 용샤ᄒᆞ시고 그ᄅᆞ미 잇거든 엄치ᄒᆞ쇼셔 진왕이 본ᄃᆡ 깁흔 셩이 아니오 유현이 총을 미더 몸을 ᄌᆞ즁 교우ᄒᆞ미 이술가 영총이 너모 호셩

91면

ᄒᆞ믈 념녀ᄒᆞ고 승샹이 희열ᄒᆞ여 칙지 아니믈 보고 짐즛 이리ᄒᆞ여 즁인쇼시의 알게 ᄒᆞ미러니 초공의 화언의 밋ᄎᆞᄂᆞᆫ 미쇼 왈 아이 ᄆᆡᄉᆞ의 인약지 아니ᄃᆡ ᄌᆞ익ᄂᆞᆫ 태과토다 아비 이리 착급ᄒᆞ고 두 악쟝이 ᄌᆡ좌ᄒᆞ여 원망ᄒᆞ니 샤ᄒᆞ거니와 아비 도린즉 프러지도다 초공이 함쇼ᄒᆞ고 샹셔를 샤ᄒᆞ여 올ᄒᆞ라 ᄒᆞ니 싱이 ᄌᆡᄇᆡ 승당의 초공이 날호여 숀을 잡고 만심 흡연ᄒᆞ니 화긔 낭미의 무ᄅᆞ녹아 좌우다려 왈 렬위 졔형은 쇼뎨 용녈ᄒᆞ믈 웃지 말나 쇼뎨 평싱 ᄆᆡᄉᆞ를 텬진으로 ᄒᆞᄂᆞ니

92면

우리 부ᄌᆡ 만리 외의 난호여 금일이야 만ᄂᆞ니 텬륜지졍은 인지샹ᄉᆡ니 ᄎᆞ고로 ᄇᆡᆨ시 ᄆᆡ양 나의 훈ᄌᆞ의 블엄ᄒᆞ믈 칙ᄒᆞ시니 올흔 쥴 아나 ᄆᆞ음의 나ᄂᆞᆫ 대로 ᄒᆞ미로다 이의 샹셔다려 왈 네 직시 궐하의 복명ᄒᆞ고 우리를 싱각ᄒᆞ여야 인신의 도리여ᄂᆞᆯ 엇지 못되ᄂᆞᆫ 의ᄉᆞ를 내려 ᄒᆞᆫ다 므롯 은ᄉᆞ 퇴됴ᄒᆞᄂᆞᆫ 거시 각각 ᄯᅢ가 잇ᄂᆞ니 너ᄂᆞᆫ 동치의 아히 아비 이시니 의논ᄒᆞ고 홀지라 ᄎᆞ후 숨가 부형의 뜻을 슌ᄒᆞ라 싱이 엄훈의 ᄌᆞ익를 드ᄅᆞ니 감은 황공ᄒᆞ여 십분 슈렴ᄒᆞ고 경슌ᄒᆞ미 일분도 방

93면

약ᄒᆞ미 업셔 무릅 아ᄅᆡ 업ᄃᆡ여 명교를 밧ᄌᆞ와 청죄홀 ᄲᅮᆫ이라 졔인이 칭복ᄒᆞ여 부ᄌᆞ 슉질의 형우 뎨공을 칭하ᄒᆞ더라 날이 황혼의 졔긱이 흣터지니 부슉을 뫼셔 렬좌ᄒᆞ여 말숨홀ᄉᆡ 샹셰 비로쇼 그 조션경 말숨을 고ᄒᆞ고 어린 나히 뉴락ᄒᆞ믈 측은ᄒᆞ여 일셰 영쥰이믈 고ᄒᆞ니 진초 이공이 잔잉이 녀겨 ᄒᆞᆫ가지로 셩인ᄒᆞ여 ᄎᆞ아의 젹션ᄒᆞ미 무빵타 ᄒᆞ더라 야심토록 피ᄎᆞ 셜화ᄒᆞ다가 니공 부부의 망ᄒᆞ믈 니ᄅᆞ고 츔아 졍시의 참ᄉᆞ를 젼치 못ᄒᆞ니 ᄒᆡ외 흉

94면

변을 젼치 아니미러라 샹셰 광현 등 셩쟝ᄒᆞ믈 보고 깃거 웃고 야야긔 쥬왈 삼뎨 이곳치 쟝셩ᄒᆞᄃᆡ 엇지 취실치 아니리잇고 공이 탄왈 너를 일족 됴달ᄒᆞ고 운남 젹니지탄이 이슨 후 마음이 이십을 한ᄒᆞ여 셩혼ᄒᆞ려 ᄒᆞ더니 허다 구친의 허ᄒᆞ미 업노라 조시 등이 쇼왈 현뎨 져 말을 드ᄅᆞ면 작히 민울ᄒᆞ랴 삼질이 쟝셩ᄒᆞ여 슉녀를 마져도 ᄒᆡ롭지 아니커놀 이십을 기다리이오 초공이 잠쇼ᄒᆞ고 노공이 역쇼 왈 네 뜻이 그러ᄒᆞ나 ᄌᆞ위와 우리 밧브니 밧비 슉녀를 택

95면

ᄒᆞ라 초공이 슈명ᄒᆞ더라 화픽 쇼왈 삼 공지 십ᄉᆞ 츈광이라 버들이 삼츈을 당ᄒᆞ여시니 엇지 슉녀를 기다리리오 태부인이 탄왈 이는 날을 못 보게 ᄒᆞ미라 초공이 황공ᄒᆞ여 택부를 알외더라 공이 셜강의 일을 니ᄅᆞ고 죄족 가살이나 졍시 쳑의라 내 겨유 구ᄒᆞ여 보내더니 길히셔 만나 본다 니뷔 츰독ᄒᆞᆫ 졍ᄉᆞ를 알고 ᄎᆞ탄ᄒᆞ니 운현이 쇼왈 형이 무어시라 ᄒᆞ뇨 니뷔 왈 내 엇지 져를 결원ᄒᆞ리오 비록 지심 익우 아니나 거동을 ᄃᆡᄒᆞ니 마음이 블호ᄒᆞ여

96면

여ᄎᆞ여ᄎᆞ 니ᄅᆞ고 남히 쟝려의 혈혈 편모를 뫼셔 ᄉᆞ라ᄂᆞ기 어려오니 엇지 ᄎᆞ악지 아니리오 좌위 탄샹ᄒᆞ고 초공이 희왈 지극 쥬션은 ᄌᆞ숀의 덕이 밋ᄎᆞ리니 내 엇지 깃부지 아니리오 진왕이 비로쇼 화평ᄒᆞᆫ ᄉᆞᄉᆡᆨ으로 니부를 나아오라 ᄒᆞ여 등을 어ᄅᆞ만져 웃고 왈 아비의 이 아들이 맛당ᄒᆞ니 긔특ᄒᆞ거니와 내 마음은 요ᄉᆞ 간악을 대면키 어렵더니 너는 비위 조토다 ᄒᆞᆫ 샹의 식음을 ᄒᆞ고 ᄒᆞᆫ ᄌᆞ리의 잠을 ᄌᆞ니 긔이토다 졔쇼년이 한담ᄒᆞ여 니ᄅᆞ고 진왕이 쇼왈 ᄎᆞ는 아모도 못홀

97면

일이니 뉘 유현을 과격다 ᄒᆞ더뇨 초공이 희허ᄒᆞ미 평싱 쳐음이라 졔ᄌᆞ를 보와 왈 이는 셩현의 여풍이라 너의 쇼쇼 협냥으로 하ᄌᆞ홀 배 아니라 아름답지 아니랴 노공이 블승희열ᄒᆞ여 탄샹 왈 현의 여ᄎᆞᄒᆞ미 졔 부모의 인덕을 가져시미니 근본인즉 부뫼라 좌우로 옥빈의 미쥬를 만작ᄒᆞ여 초공을 쥬어 왈 네 아돌을 잘 나코 어지리 교훈ᄒᆞ미

노뷔 너의게 치하ᄒᆞ노라 이ᄶᅴ 초공이 븍당의 학발이 계시고 냥친은 슈미 반빅의 긔력이 강건ᄒᆞᆫᄃᆡ 군현 ᄀᆞᆺ튼 ᄌᆞ질이

98면

빵빵이 시좌ᄒᆞ미 옥이 가득ᄒᆞᄃᆡ ᄌᆞ질이 어질어 부ᄌᆞ 형뎨 ᄃᆡᄒᆞ여 환셩이 늅늅ᄒᆞ고 노친이 강건ᄒᆞ시미 여ᄎᆞᄒᆞ니 만ᄉᆡ 여의ᄒᆞ여 인싱이 화열ᄒᆞ고 오복이 구젼하고 거출 것 업ᄉᆞ니 삼 년 그리던 ᄋᆞᄌᆞ를 만나 힝ᄉᆞ의 인ᄌᆞᄒᆞ므로 아븨게 치하잔이 니ᄅᆞ니 희로를 남이 모ᄅᆞ더니 화긔 츈풍 ᄀᆞᆺᄐᆞ여 잔을 ᄉᆞ려 밧고 ᄌᆡ빈ᄒᆞ니 셕부인이 쇼왈 네 평싱 희로를 남이 모ᄅᆞ더니 금야는 아들의 덕의 ᄒᆞᆫ 잔 슐을 먹고 웃는 입이 버러시니 너의 깃거ᄒᆞ믄 쉬오미라 승샹이 쇼왈 쇼뎨의게

99면

는 이만 깃브미 업ᄂᆞ이다 진왕이 쇼왈 아심이 ᄂᆞᆺ브니 내 ᄯᅩ 치샤ᄒᆞ리라 이의 잔을 드러 치하 왈 유현을 ᄆᆡ양 박ᄌᆡ라 ᄒᆞ더니 이졔 경박이 잇ᄂᆞ냐 심원ᄒᆞᆫ 녁량이 현뎨의 뒤흘 이룰지라 일 ᄇᆡ를 폐ᄒᆞ랴 승샹이 ᄉᆞ려 잔을 바다 마시니 진왕긔 ᄯᅩ 일 ᄇᆡ를 드려 왈 현을 알기는 아비보다 몬져ᄒᆞ여 겨시니 차이 인도의 갓기 부형의 덕이라 쇼뎨 일ᄇᆡ를 헌ᄒᆞ고 치하ᄒᆞᄂᆞ이다 진왕이 함쇼ᄒᆞ고 거우ᄅᆞ니 화픽 쇼왈 냥위 왕공의 거ᄒᆞ샤 ᄌᆞ질 덕의 슐 ᄒᆞᆫ 잔을 져리 조아ᄒᆞ시ᄂᆞ

100면

잇가 부인이 흔연 왈 부슉은 날회고 나는 져를 샹ᄒᆞ리라 언파의 샹셔를 슬하의 안치고 긔이ᄒᆞᆫ 과품과 미쥬를 먹이니 샹셰 슐이 만흔 고로 반을 마시고 졔뎨를 쥬어 니러나 ᄇᆡ샤ᄒᆞ거ᄂᆞᆯ 조시 등이 쇼왈 쥬긱이 일ᄇᆡ쥬를 남기ᄂᆞ냐 태부인이 다 먹으라 ᄒᆞ니 감히 ᄉᆞ양치 못ᄒᆞ여 마시ᄆᆡ 조시 등이 쇼왈 양뎨를 일ᄇᆡ로 샹 아니시니 슬허ᄒᆞᄂᆞ이다 태부인이 웃고 ᄒᆞᆫ 잔을 양부인을 쥬어 왈 ᄆᆡᆼ모의 삼쳔지교와 태임의 태괴라도 현부는 밋지 못ᄒᆞ리니 샹치 아니랴 부인이 바다 잉

101면

슌의 졉ᄒᆞ고 화파를 쥬어 왈 존명이나 먹지 못ᄒᆞᄂᆞ니 셔모는 난호샤이다 일좨 환쇼

ᄒᆞ더라 이러틋 기리 길이 즐기ᄆᆡ 정시 ᄎᆞᆷᄉᆞ를 니ᄅᆞ지 못ᄒᆞ더니 야심ᄒᆞᄆᆡ 왕은 졔ᄌᆞ로 궁으로 가고 니뷔 승상을 뫼셔 잘ᄉᆡ 부ᄌᆞ의 정이 은근 쳬쳬ᄒᆞ여 ᄌᆞ더니 쳣 잠이 몽농ᄒᆞᆫᄃᆡ 공이 니블 쇽의 너코 몸을 졉ᄒᆞ여 무궁ᄒᆞᆫ 정이 텬륜 밧긔 ᄌᆞ별ᄒᆞ니 샹셰 ᄊᆡ다라 부친의 ᄉᆞ랑을 보고 감동ᄒᆞ믈 이긔지 못ᄒᆞ여 동촉ᄒᆞᆫ 효셩이 비ᄒᆞᆯ ᄃᆡ 업ᄉᆞ니 ᄌᆞᄋᆡ 일이 구구ᄒᆞᄃᆡ ᄌᆞ식의 조심이 여ᄎᆞᄒᆞ니

102면

쇼심 공근ᄒᆞ더라 명일 신셩의 분요ᄒᆞ여 모친긔 조용이 모시지 못ᄒᆞ니 모ᄌᆡ 다 궁거오미 심ᄒᆞ더니 ᄉᆞ오 일 후 고요ᄒᆞ니 초공이 옥ᄆᆡ정의셔 샹셔를 블너 안치고 쟝탄 슈셩의 니ᄅᆞᄃᆡ 너의 ᄃᆡᄒᆞ여 니ᄅᆞ미 더ᄃᆡ고 발셔 통부흠즉ᄒᆞᄃᆡ 젹니의 무익ᄒᆞ고 셰월이 흘너 쥭은 지 삼 년의 ᄎᆞᆷ담ᄒᆞᆫ지라 정시 여ᄎᆞ여ᄎᆞᄒᆞ여 금강의 슈ᄉᆞᄒᆞ니 청츈 원혼이 쳔고의 유한이라 우리 심ᄉᆡ ᄉᆡᆼ각ᄒᆞ면 ᄒᆞᆫ가치 아니ᄒᆞ니 ᄒᆞ믈며 정ᄌᆞ산 심ᄉᆡ랴 드ᄅᆞᄆᆡ ᄎᆞᆷ연ᄒᆞ려니와 남ᄋᆡ 쳐신의 ᄆᆡᄉᆞ를 즁도

103면

로 ᄒᆞ고 범ᄉᆡ 경즁이 이시니 일 녀ᄌᆞ를 위ᄒᆞ여 과거를 말나 양부인이 쥬뤼 삼삼 종횡ᄒᆞ니 샹셰 비심이 극ᄒᆞ나 안ᄉᆡᆨ을 블변ᄒᆞ고 ᄌᆡ빈 왈 흉ᄒᆞᆫ 흉음은 셜강이 니ᄅᆞᆸ거ᄂᆞᆯ 대강 듯ᄌᆞ와거니와 그 쟉인이 심심이 맛출 재 아니니 별단이 잇ᄂᆞᆫ가 ᄒᆞ오ᄃᆡ 갓 와셔 분요ᄒᆞ고 여가치 못ᄒᆞ와 정공 뵈오ᄃᆡ 뭇지 못ᄒᆞ엿더니 하교를 듯ᄌᆞ오니 죽을지언정 인ᄉᆡᆼ이 이의 니ᄅᆞᄆᆡ 만ᄉᆞ를 미들 것 업고 샹격이 허ᄉᆡ로쇼이다 쇼ᄌᆡ 져와 결발 삼 ᄌᆡ의 ᄡᅧ나 실노 부부 륜의를 모ᄅᆞ옵고 원

104면

억ᄒᆞᆫ 죄명을 시러 츌부 되여 슈ᄉᆞᄒᆞᆫ 일이 근본이 쇼ᄌᆞ의 허믈이오 져의 박명이라 이졔 닐너 무익ᄒᆞ옵고 만리 밧긔셔 몰나 복을 ᄎᆞ로지 못ᄒᆞ미 한이니이다 연이나 업친물이니 봉친 시하의 쳐ᄌᆞ를 원렴ᄒᆞ리잇고 말ᄉᆞᆷ이 여ᄎᆞᄒᆞ고 안ᄉᆡᆨ이 타연ᄒᆞ니 부뫼 아ᄅᆞᆷ다이 너겨 왈 강시와 취향을 쳐치ᄒᆞ라 ᄒᆞ니 샹셰 왈 강시 죄악이 여ᄎᆞ고로 삼 녀를 쥭이지 아냣더니 엇지 ᄉᆞᆯ녀 주리잇고 부뫼 니시의 긔묘 렬졀을 니ᄅᆞ고 니공 쥭오미 비원ᄒᆞ믈 젼ᄒᆞᆫᄃᆡ 샹셰 왈 도금ᄒᆞ여

105면

ᄒᆡᄋᆞ의 ᄇᆡᆨ항이 운이ᄒᆞ여 부모긔 뫼신 ᄌᆡ 됴시ᄲᅲᆫ이라 엇지 ᄌᆞ부의 도로 안연이 믈너 이시리오 초공 왈 이ᄂᆞᆫ 나의 ᄯᅳᆺ이라 네 가ᄉᆞᄅᆞᆯ 쳐치ᄒᆞ고 정ᄒᆞ게 ᄒᆞ라 샹셰 유유이 퇴ᄒᆞ니 마음이 비창ᄒᆞ고 즐기미 감ᄒᆞ여 ᄎᆡ련각의 니ᄅᆞ러 보ᄆᆡ 당즁 물ᄉᆡᆨ이 비회ᄅᆞᆯ 돕ᄂᆞᆫ지라 은은ᄒᆞᆫ 구셕의 목쥬ᄅᆞᆯ 뫼셔시니 촉쳐감창이라 삼 년 박대ᄅᆞᆯ 뉘웃ᄎᆞ며 옥골 방신이 슈ᄉᆞᄒᆞ믈 앗겨 심쟝이 붕삭ᄒᆞ니 쳔항 누쉐라 일시 통곡의 쥭침의 ᄡᅳ려져 쟝탄 슈셩의 왈 하늘이 운회와 정시

106면

ᄅᆞᆯ 내시고 무슴 연고로 녹발이 ᄌᆞ라지 아냐 슈즁 어육이 되게 ᄒᆞ뇨 비록 목셕인들 비졀을 츰으리오 ᄒᆞ고 쇽졀업시 누쉬 ᄉᆞᄆᆡ의 젓더라 이ᄯᅢ 초공이 옥ᄆᆡ정의셔조ᄎᆞ 밧그로 가다가 샹셰 난간의 누어시믈 보고 거롬을 머츄고 부ᄅᆞ니 샹셰 부공의 쇼ᄅᆡᄅᆞᆯ 듯고 황망이 니러셔거ᄂᆞᆯ 공이 누흔을 보고 화평이 닐너 화원으로 나오고 혼ᄌᆞ 누어 공연이 심ᄉᆞᄅᆞᆯ 슬오지 말나 ᄒᆞ니 참정이 감샤 국궁의 화셩유어로 대ᄒᆞ고 종용이 언ᄉᆡᆨ ᄌᆞ약ᄒᆞ여 나오니 초공이 쇼년 부부로 ᄎᆞ타ᄒᆞ

107면

믈 어엿비 너겨 흔연 ᄋᆡ즁ᄲᅲᆫ이라 참정이 비록 ᄯᅢ 느ᄌᆞ나 정시ᄅᆞᆯ 위ᄒᆞ여 긔복ᄒᆞ고 졔문 지어 셜졔ᄒᆞᄆᆡ 비한이 무궁ᄒᆞ더라 슈일 후 취향 경파 등 ᄉᆞ 인을 블너 형위ᄅᆞᆯ 베플고 간샹을 츄문홀ᄉᆡ 호령이 츄샹 ᄀᆞᆺ고 노긔 셩화 ᄀᆞᆺᄐᆞ니 견시 재 혼블니테라 경파 등이 간흉ᄒᆞ나 ᄒᆞᆫ 슛ᄎᆞᆫ 발각ᄒᆞᆫ지라 머리ᄅᆞᆯ 두다려 젼후 간졍을 개개 복초ᄒᆞ니 참졍이 블승통한ᄒᆞ여 ᄉᆞ 녀ᄅᆞᆯ 즁형 팔십의 취향을 버혀 효시ᄒᆞ고 니시 간비 션옥도 일체로 버히대 셜ᄆᆡᄂᆞᆫ 원ᄎᆞᆫᄒᆞ고 강녀

108면

ᄅᆞᆯ ᄉᆞ샤ᄒᆞ려 초공긔 고ᄒᆞ니 공이 탄왈 임의 오가의 ᄂᆡ친 후야 유형의 안면을 볼지니 엇지 니심이 쥭이리오 참졍이 부명을 슌ᄒᆞᄂᆞᆫ지라 강시ᄂᆞᆫ 아른 쳬 아니ᄒᆞ고 슈일 후 니가의 나아가 악부모 령연의 통곡ᄒᆞ고 니공ᄌᆞᄅᆞᆯ 보ᄆᆡ 삼샹이 덧업ᄉᆞ믈 위로ᄒᆞ고 부인을 ᄎᆞᄌᆞ 만ᄂᆞ니 쇄락ᄒᆞᆫ 용뫼 벽텬의 쇼월이오 요지의 도홰라 뉵아지통을 지ᄂᆡ여도

텬싱 특용이 졀륜ᄒᆞᆫ 졍신이 취ᄒᆞᄂᆞᆫ지라 샹셰 니시의 쳔틱만광을 보ᄆᆡ 졍시 용화를 더옥 ᄉᆡᆼ각고 츄연 블락의 삼샹을

109면

치위ᄒᆞ고 졍부의 니ᄅᆞ러 악부모를 보니 부인은 참졍의 신풍 쇄락이 쟝쇽ᄒᆞᆷ믈 더옥 반갑고 아름다온 즁 녀ᄋᆞ를 ᄉᆡᆼ각ᄒᆞ니 비한이 간졀ᄒᆞ여 누싊 오술 젹시고 승샹은 참졍의 손을 잡아 누싊 염을 젹시니 참졍이 관을 슉이고 츄파 봉안의 누싊 ᄯᅥ러져 빅년 용화의 졔졍이 다 눈믈을 금치 못ᄒᆞ더라 냥구의 조ᄉᆡᆼ이 눈믈을 거두고 악부모를 위로ᄒᆞ고 만단으로 위회ᄒᆞ니 부인 등 일문이 다 황혹 흠ᄋᆡᄒᆞ더라 참졍이 도라와 한림이 형쉬 외임ᄒᆞᆯ 쥴을 알고 보지 못ᄒᆞᆷ믈 한

110면

ᄒᆞ더라 조니뷔 텬은을 감격ᄒᆞ여 ᄉᆞ군 치졍의 셰ᄉᆞ를 경녁ᄒᆞᄆᆡ 덕홰 젼쟈의 배승ᄒᆞ고 부즁이 완젼ᄒᆞ니 샹총이 늉셩ᄒᆞ고 즁히 너기미 진왕 초공이 블급이라 니공 부부의 삼샹이 진ᄒᆞ고 니시 결복ᄒᆞ니 초공이 니시를 다려와 위로ᄒᆞ고 참난의 보젼ᄒᆞᆷ믈 일ᄏᆞᄅᆞ며 존당이 반기고 양부인 등 ᄉᆞ랑이 탐탐ᄒᆞ여 형샹키 어렵고 구고의 산은 ᄒᆡ덕을 감은ᄒᆞ더라 졍시 슈ᄉᆞᄒᆞᆷ믈 니시 쳐음으로 드ᄅᆞᄆᆡ ᄎᆞ셕ᄒᆞᆷ믈 이긔지 못ᄒᆞ여 조시 등으로 셔로 반기고 슈ᄉᆞᄒᆞ기의 당ᄒᆞ여 닙

111면

심의 긔특ᄒᆞ미 옥부 방신을 잇고 샹셔로 화락을 부운 ᄀᆞᆺᄐᆞᆷ믈 니ᄅᆞ니 됴시 ᄯᅩ 슬허ᄒᆞ기 실노 혈심이러니 믄득 조샹셰 즁당으로 나오다가 됴니 냥 부인을 만나 졍시 말을 니ᄅᆞ고 셩힝이 어질믈 일ᄏᆞᆺ더라

조시삼대록 권지십일

1면

어시의 조샹셰 즁당으로셔 나오다가 됴니 냥 부인을 만나 졍시 말을 니ᄅᆞ고 셩힝이

어질믈 닐킷더라 이후로 가도를 정치ᄒᆞ여 됴니를 나ᄃᆡ 대ᄒᆞ여 흔연 관졉ᄒᆞ며 은근 흔열ᄒᆞ고 밤인즉 부친 침젼을 써느지 아니ᄒᆞ고 형뎨 군종으로 화락ᄒᆞ여 비록 월아 ᄀᆞ튼 미창이나 찻지 아냐 녀승 ᄀᆞ튼지라 초공이 고이 너기고 양부인이 참졍을 대ᄒᆞ여 탄식 왈 정시 ᄀᆞ튼 현쳐를 샹ᄒᆞ고 됴니 한 대 모히ᄆᆡ 너의 심ᄉᆞ를 엇

2면

지 편ᄒᆞ리 슈연이나 네 젹긱이 되여 젹년 샹니ᄒᆞ엿던 부인이 온 지 뉵칠 일이 되나 ᄒᆞᆫ번 ᄉᆞ실노 ᄎᆞᆺ지 아니ᄒᆞ니 무숨 뜻이뇨 참졍이 안식을 화히 ᄒᆞ고 위로 왈 ᄉᆞ싱이 텬야오 화복이 관슈ᄒᆞ니 현마 엇지ᄒᆞ리잇고 져의 명이 박ᄒᆞ고 히ᄋᆡ 유익ᄒᆞ여 그럿커니와 남ᄋᆡ ᄒᆞᆫ번 아니 부인을 ᄉᆞ렴ᄒᆞ리잇고 됴시 유약ᄒᆞ나 ᄉᆞ덕이 잇고 니시 가ᄉᆞ의 난치 아니리니 다만 ᄉᆞ실을 ᄎᆞᆺ지 아니믄 박ᄒᆞ미 아니라 싱인을 대ᄒᆞᄆᆡ 쥭으니를 싱각이 나는지라 잇고져 ᄒᆞ대 결발 삼

3면

년의 부부의 의를 폐ᄒᆞ고 원억히 내쳐 금강 원혼이 되게 ᄒᆞ니 빅인이 유아이ᄉᆡ라 ᄒᆞ니 쟝부의 마음이나 이즐 젹이 업ᄉᆞ니 쥭으믈 듯고 범연ᄒᆞ리잇고 삼 년 내관을 폐ᄒᆞ고 삼 년 박대ᄒᆞᆫ 한을 갑고져 ᄒᆞ미니 ᄌᆞ연 후대ᄒᆞᆯ 젹이 아니 잇ᄉᆞ오리잇고 쇼ᄌᆡ 블초ᄒᆞ오나 립신양명ᄒᆞ고 가유실인ᄒᆞ오니 부모긔 이우를 기치옵고 운남 젹긱의 허다 근심ᄒᆞ오나 오늘가지 이우를 기치오니 블효지죄 여ᄎᆞᄒᆞ니이다 모친은 쇽졀업슨 념녀 마ᄅᆞ샤 근념치 마옵쇼셔 부인

4면

이 감읍 왈 오ᄋᆞ의 말을 드ᄅᆞ니 군ᄌᆞ 유신이라 어미 되여 아름답지 아니리오 네 나히 이십의 농쟝지경을 보지 못ᄒᆞ니 여모의 뜻이 졀박ᄒᆞ고 존당이 농숀을 바라거늘 쥭으니를 위ᄒᆞ여 ᄉᆞ니를 바리미 므어시 유익ᄒᆞ리오 참졍이 ᄌᆞ약히 웃고 왈 ᄌᆞ괴 맛당ᄒᆞ시니이다 사름의 팔ᄌᆡ ᄀᆞᆺ기 어렵고 ᄌᆞ식을 보ᄆᆡ 부부의 친쇼로 가지 아냐 쇼ᄌᆡ 농쟝이 ᄆᆡ몰ᄒᆞ나 결단코 이십 자를 두리니 모친은 과려치 마ᄅᆞ쇼셔 인ᄒᆞ여 모친의 즐기지 아니시믈 민망ᄒᆞ여 왉히 안

5면

ᄌᆞ 화ᄒᆞᆫ 쇼ᄅᆡ로 만물을 싱ᄒᆞᄂᆞᆫ지라 짐즛 유ᄋᆞ의 희롱으로 니릐 왈 태태 ᄒᆡᄋᆞ의 무ᄌᆞᄒᆞ믈 근심ᄒᆞ시나 쇼ᄌᆡ 위력으로 나하도 옥동을 싱ᄒᆞ여 드리리이다 엇지 이런 일의 념녀ᄒᆞ리잇고 어리ᄅᆞ온 말ᄉᆞᆷ이 부인의 시ᄅᆞᆷᄒᆞᄂᆞᆫ 마ᄋᆞᆷ을 믈니치ᄂᆞᆫ지라 부인이 잠쇼왈 여언이 올커니와 지금 무ᄌᆞᄂᆞᆫ 너의 타시라 정시를 쳐음브터 화락ᄒᆞ더면 엇지 일졈 골육이 업ᄉᆞ리오 ᄋᆞ들을 위력으로 나ᄒᆞᆯ 거시면 셰샹의 무ᄌᆞᄒᆞ니 어ᄃᆡ 이ᄉᆞ리오 십 ᄌᆞᄂᆞᆫ 사ᄅᆞᆷ마다 쉽지 아니커니와 옥 ᄀᆞᆺ튼

6면

긔린을 싱ᄒᆞ라 모ᄌᆡ 대ᄒᆞ여 문답ᄒᆞᆯ ᄎᆞ 됴니 냥인이 시좌ᄒᆞ니 니시의 ᄆᆞᆰ은 광염은 금벽이 조요ᄒᆞ고 조시의 ᄌᆞ교ᄒᆞᆫ 태도ᄂᆞᆫ 향긔를 토ᄒᆞ니 부인이 흔연이 안치고 긔화ᄀᆞᆺ치 너기ᄂᆞᆫ지라 참정이 쇼왈 태태 됴니 ᄉᆞ랑이 쇼ᄌᆞ의 더으시니 쇼ᄌᆡ ᄋᆡ달나 ᄒᆞᄋᆞᆸᄂᆞ이다 부인 왈 냥 식부ᄂᆞᆫ 바란 ᄇᆡ 우리쁜이라 엇지 사ᄅᆞᆼ 흡지 아니리오 네 요ᄉᆞ이 규내의 절젹ᄒᆞ고 녀ᄌᆞ의 졍을 슬피지 아니니 내 ᄋᆡ달나 ᄒᆞ노라 오ᄂᆞᆯ노 샹경 샹화ᄒᆞ여 가도를 화히 ᄒᆞ라 쥭으니ᄂᆞᆫ 니의여니

7면

와 기리 화락ᄒᆞ여 가내 화평키를 바라노라 참정이 냥 부인을 보와 왈 ᄌᆞ괴 여ᄎᆞᄒᆞ시니 부인 등이 나의 뭇지 아니믈 원망ᄒᆞ여 모친이 아라 겨신 고로 념녀ᄒᆞ시미라 ᄎᆞ후ᄂᆞᆫ 규내의 잇셔 움즉지 아냐야 후대ᄒᆞᆫ다 니ᄅᆞ리니 일노 두고 보니 고인의 어진 덕이로다 내 정시로 더브러 아시 결발이라 나의 총명이 암연ᄒᆞ여 간언을 혹히 드러 삼 년을 셔로 남ᄀᆞᆺ치 ᄒᆞ여 쥬긱 ᄀᆞᆺᄐᆞ여 박절ᄒᆞ대 뜻 잡기를 유슌이 ᄒᆞ고 마ᄋᆞᆷ을 정히 ᄒᆞ여 ᄒᆞᆫ번 나를 대ᄒᆞ여 블호ᄒᆞᆫ 원ᄉᆡᆨ이 업셔

8면

ᄂᆡ외지심이 츈풍 ᄀᆞᆺ고 힝ᄉᆡ 빙쳥 옥결이라 무죄ᄒᆞᆫ 츌화를 만나도 원ᄒᆞ미 업더니 이졔 부인내ᄂᆞᆫ 태평ᄒᆞᆫ 시절의 ᄉᆞᄉᆞ 못거지 드믈기로 부부 원이 낭ᄌᆞᄒᆞ여 가정의 근심을 일위니 고금 인ᄉᆡ 내도ᄒᆞ믈 ᄊᆡ듯괘라 됴시ᄂᆞᆫ 슈괴ᄒᆞ고 니시ᄂᆞᆫ ᄌᆞ약 단좌ᄒᆞ여시니 양부인이 쇼왈 엇지 험언이 이러ᄒᆞ뇨 어내 녀ᄌᆡ 가부의 아니 오믈 싀어믜게 원망ᄒᆞ

리오 의외지언을 내여 현부ᄅᆞᆯ 보ᄎᆡᄂᆞᆫ다 참정이 웃고 짐즛 부인을 힐ᄎᆡᆨᄒᆞ며 모친의 정시 ᄉᆡᆼ각ᄂᆞᆫ 마ᄋᆞᆷ을 덜게 ᄒᆞᆫ대

9면

부인의 ᄆᆡᆺ친 정은 정시긔 구산 ᄀᆞᆺᄐᆞ여 이즐 길이 업더라 ᄎᆞ시 평진왕의 쟝녀 후염은 금션공쥬 쇼ᄉᆡᆼ이라 부왕의 션풍은 담지 아니ᄒᆞ고 ᄌᆞ모의 홀란ᄒᆞᆫ 태도도 아니 달마 흉ᄒᆞᆫ 얼골과 믜온 거동이 나흐로 조ᄎᆞ 졈졈 더ᄒᆞ여 년쟝 삼오의 가로 퍼진 ᄂᆞᆺᄎᆞᆫ ᄆᆡᆺ돌 ᄀᆞᆺ고 신면 톄지 이샹ᄒᆞ고 흉물이 겸ᄒᆞ여 두역을 험이ᄒᆞ고 일목이 그ᄅᆞᆺ 되여 흉괴 망측ᄒᆞ여 거믄 술이 일편되이 허러 터져 돌졀구 ᄀᆞᆺᄐᆞ니 합개 한ᄒᆞ여 져ᄃᆡ도록 ᄒᆞ미 이샹타 ᄒᆞ고 실노 근심

10면

ᄒᆞ여 폐륜키도 어렵고 셩혼코져 ᄒᆞᆯ진ᄃᆡ ᄒᆞᆫ갓 얼골이 박ᄉᆡᆨ이나 심지 양슌ᄒᆞ면 무염 ᄆᆡᆼ광의 일뉴로 거의 보젼ᄒᆞᆯ 거시로대 션악이 둘이 업고 용심이 부졍ᄒᆞ여 ᄒᆞᄂᆞᆫ 일이 흉포 강악ᄒᆞ니 왕이 보면 미우ᄅᆞᆯ 찡긔고 두통을 삼으니 엄ᄉᆞᆨᄒᆞᆫ 거동이 층가ᄒᆞ므로 후염이 괴로이 녀겨 아비ᄅᆞᆯ 피ᄒᆞ고 보지 아니니 정비 만ᄂᆞ면 개유ᄒᆞ고 경계ᄒᆞᆫ즉 문득 블슌ᄒᆞᆫ 쇼ᄅᆡ로 원망ᄒᆞ여 긔츌이 아니므로 믜워 ᄭᅮ짓ᄂᆞᆫ다 능욕ᄒᆞ거ᄂᆞᆯ 정비 족가치 아니나 렴녀

11면

ᄒᆞ여 왕의 셩품으로 후염의 쇼실을 알면 골육샹잔ᄒᆞᄂᆞᆫ 환이 이실가 두려 허믈을 감초ᄃᆡ 후염이 월염 등을 믜워 샹히 눈을 바로 ᄯᅥ 보지 아니코 만ᄂᆞ면 쥬먹을 쥐여 ᄲᅡ호려 ᄒᆞ니 월염 쇼져ᄂᆞᆫ 쳔균대량이라 족가ᄅᆞᆯ 아니ᄒᆞᄃᆡ 그 동ᄉᆡᆼ이 여ᄎᆞᄒᆞ믈 ᄎᆞ셕ᄒᆞᄃᆡ 회심ᄒᆞᆯ 위인이 아니라 이러므로 ᄐᆡᆨ셔의 의ᄉᆡᆨ 망연ᄒᆞ여 공쥐 착급ᄒᆞ므로 례부와 한림을 블너 됴셕의 보ᄎᆡ니 모ᄃᆞ 근심ᄒᆞ여 두로 듯보ᄃᆡ 부긔 가셰ᄂᆞᆫ 일국의 웃듬이라 공쥬의 대악을 모ᄅᆞ니 업

12면

ᄉᆞ니 뉘 즐겨 결혼ᄒᆞ리오 듯ᄂᆞ니 머리ᄅᆞᆯ 흔드러 허치 아니ᄒᆞ더니 좌복야 쳘신이 삼

주 일 녀를 두어 셩췌ᄒᆞ고 필ᄌᆞ 슈문이 십오의 두목지 풍취와 흑문이 한유 니빅이라 츌즁ᄒᆞᆫ 위인이 일ᄃᆡ 호걸이니 평진왕의 위명 쳥덕을 흠앙ᄒᆞ여 쳥혼ᄒᆞ니 례부 등이 대열ᄒᆞ여 허혼ᄒᆞᆫᄃᆡ 진왕이 머리를 흔드러 왈 비록 졔 모ᄅᆞ고 쳥혼ᄒᆞ나 사ᄅᆞᆷ을 쇽이리오 집의 고요히 두어 가셩을 욕먹이지 말미 올흐니라 초공 왈 비록 그러나 무고이 폐륜ᄒᆞ리오 쳘신의 구혼

13면

이 이시니 모ᄅᆞ미 허ᄒᆞ쇼셔 태부인이 힘뻐 권ᄒᆞ고 조시 등이 권ᄒᆞ니 왕이 죵시 듯지 아니터니 쳘가의셔 구지 쳥ᄒᆞ니 쳘신의 누의ᄂᆞᆫ 금황 총희라 쥬혼을 간쳥ᄒᆞ니 샹이 평진왕을 쳥ᄒᆞ샤 ᄉᆞ혼ᄒᆞ시니 진왕이 마지못ᄒᆞ여 허ᄒᆞ고 아모 일이 이셔도 날을 원치 말나 쳘공이 결혼을 칭탁ᄒᆞ민가 ᄒᆞ여 종시 고지 듯지 아니코 혼인을 일우니 쳘슈문이 쳔고 인결이 대악 발부를 어더 빵이 되믄 그 부형이 고이ᄒᆞᆫ 연괴러라 례부 등이 외ᄉᆞ를 극진이 출히고 졍비

14면

와 공쥐 합력ᄒᆞ여 ᄂᆡᄉᆞ를 출히ᄆᆡ 위의 부셩홈과 긔구의 쟝려ᄒᆞ미 진실노 왕공의 녀의 취가ᄒᆞ며 황야의 질녀믈 알니러라 샹이 일용 혼구를 다 쥬샤 신혼을 빗내시니 공쥬의 길례로 ᄎᆞ등이 업ᄉᆞᄃᆡ 례부 형뎨 깁히 근심ᄒᆞ미 몸의 실닌 병이 되엿더라 길일의 쳘싱이 위의를 거ᄂᆞ려 진부의 니ᄅᆞ러 홍안지례를 일위고 신부의 샹교를 기다릴ᄉᆡ 외당의 빈긱이 만좌ᄒᆞᆫ대 진왕과 초공이 일월 ᄀᆞᄐᆞᆫ 풍광과 츄텬 ᄀᆞᄐᆞᆫ 긔샹이 셰ᄃᆡ의 드믈거

15면

늘 니부 유현과 례부 긔현이 좌셕을 니어시며 그 아ᄅᆡ 층층ᄒᆞᆫ 졔쇼년이 즐지어 셔시니 긔현 유현의 빅옥 ᄀᆞᄐᆞᆫ 면광과 츄월 ᄀᆞᄐᆞᆫ 풍신이 늠늠 쇄락ᄒᆞ여 금옥과 명월 보벽이 셔로 징광ᄒᆞ여 개개히 군션 ᄀᆞᄐᆞ니 완연이 옥경 션회의 졔션이 모ᄃᆞᆺᄂᆞᆫ ᄃᆞᆺᄒᆞ니 ᄒᆞ믈며 부형의 엄슉ᄒᆞᆫ 위와 그 너른 쳥ᄉᆞ의 졔부인ᄂᆡ 렬좌ᄒᆞ여 후염을 단쟝ᄒᆞ여 대례를 지닐ᄉᆡ 지분이 거믄 ᄂᆞᆺ출 가리오지 못ᄒᆞ며 빡 ᄀᆞᄐᆞᆫ 누른

16면

머리와 냥목은 금방울 ᄀᆞᆺ고 두 ᄲᅡᆷ은 ᄉᆞ회 칠ᄒᆞᆫ ᄃᆞᆺ 아름이나 ᄒᆞᆫ 허리 금의가 찬란ᄒᆞᄃᆡ 단쟝의 빗는 거시 흉ᄒᆞᆫ 거ᄉᆞᆯ 더옥 돕는지라 모든 셩아 즁 우두나 찰흑귀 잇는 ᄃᆞᆺ 태부인이 탄왈 여러 ᄌᆞ숀의 이 아힉 여ᄎᆞᄒᆞ니 븟그럽지 아니리오 조시 등이 쇼왈 이런 사ᄅᆞᆷ이 유복다 ᄒᆞ니 엇지ᄒᆞ릿고 태부인이 밧긔 신랑을 브ᄅᆞ라 ᄒᆞ니 진초 이공이 다리고 내당의 니ᄅᆞ니 일가만 잇는지라 태부인이 보시ᄆᆡ 실노 후염과는 텬디 현격이라 쳘싱이 드러가니 너

17면

ᄅᆞᆫ 쳥샹의 븍으로 교의를 노코 빅발 노인이 단좌ᄒᆞ고 지ᄎᆞ 부인이 금교 우힉 앗고 좌우로 홍옥교의 네흘 노코 샹국 부인 셰히 엇개로 년좌ᄒᆞ고 조부인 등 삼 인이며 졔쇼년이 각각 부인을 거ᄂᆞ려 안ᄌᆞ시니 텬연 화풍ᄒᆞᆫ 용안 식태 만고의 독보ᄒᆞ고 우편 네 부인이 더옥 아름다오며 경연 이비 화월지식과 만염지풍이 경국지식이라 렬졀이 놉흔 슉녀를 알니러라 좌우 젼후의 여러 부인내 렬좌ᄒᆞ여시니 쳘싱의 도고ᄒᆞᆫ 눈의도 아질아질ᄒᆞ여 졍신을 출히

18면

기 어렵더니 모든 ᄃᆡ 졀ᄒᆞ니 모ᄃᆞ 긔동 답읍ᄒᆞ고 태부인이 희지 왈 노인이 젹덕 여음으로 여러 ᄌᆞ숀이 이시나 이졔 증숀녀를 셩혼ᄒᆞᄆᆡ 낭군의 아름다오미 바란 밧기라 숀녀의 박용 누질노 산계비질의 난학의 ᄧᅡᆨᄒᆞ미라 외람코 근심 되미 경ᄉᆞ를 모ᄅᆞᆯ네라 쳘싱의 신쉬 박의로다 위부인이 말ᄉᆞᆷ을 니어 만만 누질노 군ᄌᆞ의 건즐을 밧드지 못ᄒᆞᄆᆞᆯ 일ᄏᆞᆺ고 경연과 공쥬 등이 다 ᄀᆞᆺ치 니ᄅᆞ니 쳘싱이 보니 인믈도 흉ᄒᆞ고 ᄉᆞ덕의 버셔는지라 쇼문과 ᄀᆞᆺᄐᆞᄆᆞᆯ 그윽이 탄식ᄒᆞ

19면

고 좌우 젼후의 졔인의 공경 ᄉᆞ랑ᄒᆞᄆᆞᆯ 씌여 졍금 단좌의 공쥬는 흔연 ᄃᆡ락ᄒᆞ여 톄면을 일터라 일식이 느져 신랑이 ᄂᆞ가고 왕이 후염을 조용이 경계ᄒᆞ여 만일 경계ᄃᆡ로 듯지 아니ᄒᆞ면 츌화가 되여도 내 집의 올 의ᄉᆞ를 말고 쥭어 븟그러믈 피ᄒᆞ라 네 마음을 곳치지 못ᄒᆞ면 오늘 니별이 영결이라 ᄒᆞ고 만단 개유ᄒᆞᄆᆡ 미우의 ᄎᆞᆫ 빗치 샹셜이

비비ᄒᆞ니 좌위 숑연ᄒᆞ고 후염이 비록 대악이나 부왕의 엄졍을 당ᄒᆞ여 밋고 쁘는 ᄃᆞᆺ ᄒᆞ믈 드ᄅᆞ니 황공ᄒᆞ고 두려 두 눈을

20면

보니 눈믈이 비오ᄃᆞᆺᄒᆞ니 졍비 위로 왈 이는 너를 개과코져 ᄒᆞ미라 ᄆᆡᆼ광 황시도 후셰의 슉녀로 니ᄅᆞᄂᆞ니 셩힝이 어질면 얼골이 곱지 아냐 관겨ᄒᆞ랴 셜ᄉᆞ 구가의셔 얼골을 나무ᄅᆞᄒᆞ여도 이는 그 허믈이 져의게 이ᄂᆞ니 네 덕을 닥그면 복을 누리지 못ᄒᆞᆯ가 근심ᄒᆞ리오 공쥐 탄왈 내 명박ᄒᆞ여 일녀로 여ᄎᆞᄒᆞ니 엇지 셜지 아니리오 좌즁이 ᄂᆡᆼ쇼ᄒᆞ고 왕이 ᄉᆞᄆᆡ를 썰쳐 외헌으로 나가ᄆᆡ 신부를 뎡의 너코 신랑이 봉쇄하ᄆᆡ 허다 요ᄀᆡᆨ이 대로의 쪄 니ᄅᆞ니 신랑의 옥모 영

21면

풍을 칙칙 칭찬ᄒᆞ여 일ᄏᆞᄅᆞ니 뉘 금슈 쟝쇽의 봉두 귀면을 너허 가믈 알니오 쳘부의 다다ᄅᆞ니 쳘공이 빈ᄀᆡᆨ을 모하 쥬벽이 좌ᄒᆞ고 신부를 기다릴ᄉᆡ 조시로 합환셔의 대례를 일우ᄆᆡ 눈을 드러 신부를 보ᄆᆡ 너븐 면상은 검고 프ᄅᆞ고 얽어 바독 ᄀᆞᆺ고 니ᄆᆡ 내 밀고 눈셥이 쑥 ᄀᆞᆺ고 입이 거두들녀 엄니와 턱이 입 밧게 나시니 ᄎᆞ마 보지 못ᄒᆞᆯ너라 킈는 젹고 허리 아름이나 흉악ᄒᆞ니 즁쵀 실ᄉᆡᆨ을 ᄒᆞ고 쳘ᄉᆡᆼ이 혼비ᄒᆞ여 분ᄒᆞᆫ 긔운이 흉격의 가ᄃᆞᆨᄒᆞ니 신ᄉᆡᆨ이 ᄎᆞᆫ 지

22면

ᄀᆞᆺ트여 밧그로 나가고 신뷔 폐ᄇᆡᆨ을 밧드러 헌구고ᄒᆞ니 셜공 부뷔 혼비ᄒᆞ여 부인이 샹연 슈루 왈 나의 텬션 ᄀᆞᆺ튼 아ᄃᆞᆯ의 귀형을 ᄲᅡᆨᄒᆞ리오 통완ᄒᆞ믈 ᄎᆞᆷ지 못ᄒᆞ여 ᄒᆞᆯ 졔 후염이 눈을 놉히 쓰고 니ᄅᆞᄃᆡ ᄉᆞ톄 모ᄅᆞ는 부인도 잇도다 나는 평진왕 쟝녀오 텬ᄌᆞ의 ᄉᆡᆼ질이오 션황의 외숀이라 엇지 존즁ᄒᆞ믈 모ᄅᆞ고 얼골을 나모라 ᄒᆞᄂᆞ냐 만좌 즁인이 일시의 대쇼ᄒᆞ니 쳘공과 부인이 어린 ᄃᆞᆺ 능히 입을 열지 못ᄒᆞ고 탄식ᄒᆞ니 무슴 흉황으로 존치ᄒᆞ리오 ᄀᆡᆨ이 흥 업시 허여

23면

지나 쳘ᄉᆡᆼ이 놀는 혼ᄇᆡᆨ이 운외의 산비ᄒᆞ니 엇지 화촉의 대ᄒᆞᆯ 쯧이 이시리오 외당의

나와 몸을 움즉지 아니ᄒᆞ더라 ᄎᆞ시 쳘싱이 어히업셔 셕반도 먹지 아니니 냥형이 위로ᄒᆞ고 쳘공이 개유ᄒᆞ여 공쥬의 노를 만ᄂᆞ지 말고 황샹의 ᄂᆞᆺ출 보와 대면ᄒᆞ기를 권ᄒᆞ니 싱이 다시 말이 업더라 후염이 셕샹의셔 신랑의 풍치를 보고 만심 쾌락ᄒᆞ여 드러오기를 기다리ᄃᆡ 그림ᄌᆞ 업ᄉᆞ니 마음의 착급ᄒᆞ여 문을 열고 가 보려 ᄒᆞᄂᆞᆫ지라 유모 시비 븟들너 말녀 왈 쇼져 얼골이 남

24면

만 못ᄒᆞ고 힝식 여ᄎᆞᄒᆞ니 남만 우이고 규힝의 한심ᄒᆞ리이다 후염이 대로 왈 필뷔 무례ᄒᆞ여 신방을 븨오리오 ᄒᆞ고 어ᄌᆞ러이 ᄭᅮ즈ᄌᆞ니 유모 등이 츰혹히 너기더라 후염이 구가의 머무러 망측ᄒᆞᆫ 거동이 무슈ᄒᆞ고 싱의 박ᄃᆡ를 원망ᄒᆞ더라 싱이 명도의 박ᄒᆞ믈 한ᄒᆞ고 시셔로 쇼일ᄒᆞ나 ᄌᆞ연 근심ᄒᆞᄂᆞᆫ ᄂᆞᆺ출 감초지 못ᄒᆞ고 후염을 힝노 ᄀᆞᆺᄐᆞ니 진왕 초공이 빈빈 왕ᄅᆡᄒᆞ여 친근ᄒᆞ니 싱이 ᄌᆞ연 은혜를 감격ᄒᆞ여 조부의 와 쇼일ᄒᆞ나 후염은 대면치 아니ᄒᆞ더라 후염이 가지록

25면

힝식 픽악ᄒᆞ니 쳘공이 쥬쳬 어즈러워 통한ᄒᆞ고 싱은 더옥 한탄ᄒᆞ더라 일일은 조부의 와 한화홀식 진왕이 무러 왈 내 녀ᄋᆞ의 박용으로 도쟝의셔 늙히랴 ᄒᆞ거놀 너의 인륜을 정ᄒᆞ여 우환을 삼으니 실노 녕존의 쇼실이라 너의 풍치 앗가오니 일위 슉녀를 턱ᄒᆞ여 셜치코져 ᄒᆞ더니 태혹ᄉᆞ 뉴셩의 일 녀 과연 슉녜라 쳔거ᄒᆞᄂᆞ니 ᄂᆡ 아들을 날회고 너를 위ᄒᆞ여 즁ᄆᆡᄒᆞ리라 연이나 뉴공이 지실을 혐의ᄒᆞᄂᆞ니 금츈 과거의 립신ᄒᆞ라 쳘싱이 블승감격ᄒᆞ여 빅

26면

샤슈명코 쳘싱이 이후 그 부모의 감은ᄒᆞ믈 보와 잇다감 후염을 ᄎᆞᄌᆞ 친ᄒᆞ믈 니라니 ᄎᆞ 후염의 힝식 무일가관이로ᄃᆡ 일개 칙망치 아냐 후ᄃᆡᄒᆞ고 머므ᄅᆞ나 지취를 유의ᄒᆞ더라 ᄎᆞ년 츈의 셜과ᄒᆞ여 조노공 태부인 권으로 광현 등 삼 ᄋᆞ로 과장의 드러갈식 진왕의 ᄌᆞ숀 즁 몽현이 십삼 셰라 광현의 도덕과 문현의 지ᄉᆞ로 방목을 호창ᄒᆞ니 광현이 웃듬이오 문현이 둘ᄌᆡ오 쳘슈문이 솃지라 창현 등으로 고시ᄒᆞ니 조싱 ᄉᆞ 인과 쳘싱의 풍치 긔골과 문쟝 지혹이

27면

만인 즁 쒸여 ᄇᆡᆨ옥이 진토의 셧긴 ᄃᆞᆺᄒᆞ고 안방젹국지ᄌᆡ라 샹이 크게 칭찬ᄒᆞ시고 진왕 초공을 보와 일ᄏᆞᄅᆞ샤 만번이나 특교로 칭찬ᄒᆞ샤 복을 니ᄅᆞ시고 만됴 ᄇᆡᆨ관이 인ᄌᆡ 어드믈 만셰를 부ᄅᆞ니 진왕 등이 황공무디ᄒᆞ여 ᄌᆡᄇᆡ 왈 신이 무지ᄒᆞ와 삼 ᄌᆞ와 ᄉᆞ회로 참방ᄒᆞ왓더니 텬은이 여텬ᄒᆞ와 일시의 고등ᄒᆞ오니 숀복ᄒᆞᄂᆞᆫ 시비를 두리나이다 샹이 우으샤 면유ᄒᆞ시고 어쥬로 치하ᄒᆞ시며 신인을 어화 쳥삼의 각각 애즁ᄒᆞ시며 벼슬을 쥬고져 ᄒᆞ시니 왕 등은 만

28면

번 개유ᄒᆞ여 삼ᄉᆞ 년 말ᄆᆡ를 어더 ᄌᆡ조와 나히 더ᄒᆞᆫ 후 됴뎡의 ᄎᆞᆷ예ᄒᆞ믈 쥬ᄒᆞᆫ대 샹이 종블윤ᄒᆞ시고 이 년 말ᄆᆡ를 허ᄒᆞ시며 쳘슈문을 즁셔샤인을 ᄒᆞ이시니 샤은 퇴됴의 위의 부셩ᄒᆞ믄 쳔고의 드무더라 긔현 등 십 형데 쇼년 ᄌᆡ샹 관면으로 유복ᄒᆞ미 곽분양의 우흴너라 부즁의 오니 노공이 대셔헌의 졔공ᄌᆞ를 유희ᄒᆞ다가 부문이 들네며 진초이공이 ᄌᆞ셔질을 거ᄂᆞ러 신ᄅᆡ를 압셰워 니ᄅᆞ니 ᄉᆞ 인의 옥안 영풍의 계화 쳥삼으로 금슈 관복을 ᄀᆞᆺ초와 찬란ᄒᆞᆫ

29면

위의 빗ᄂᆞᆫ 광ᄎᆡ 인간의 드무더라 ᄂᆡ당 태부인이 쳑연 함누 왈 내 셕년 쇼텬으로 조별ᄒᆞ고 외로온 몸으로 오늘날 이리 셩만ᄒᆞᆯ 쥴을 엇지 알니오 제숀의 금ᄌᆞ관면이 분의의 넘거늘 여ᄎᆞ 경ᄉᆞ를 당ᄒᆞ니 금셕 슈ᄉᆡ나 다시 여한이 업도다 조ᄉᆡᆼ 등이 일시의 하례ᄒᆞ니 셕태샹의 ᄉᆞᄌᆞ 셕균과 뉴샹셔의 삼ᄌᆞ 뉴한이 각각 ᄎᆞᆷ방ᄒᆞ여 본부로 가믈 고ᄒᆞ니 겹겹 경ᄉᆡ 층〃 ᄒᆞᆫ지라 렬후 공경 만됴 요ᄀᆡᆨ이 다 신ᄅᆡ를 부ᄅᆞ니 노공이 모든 ᄌᆞ숀을 거ᄂᆞ려 졉ᄃᆡ홀ᄉᆡ 비반

30면

이 낭ᄌᆞᄒᆞ고 좌즁이 우러러 고금의 업ᄂᆞᆫ 복녹을 니ᄅᆞ며 그 ᄌᆞ숀으로 쳥혼이 허다ᄒᆞ니 초공이 숀샤ᄒᆞ고 허혼ᄒᆞ니 화쇼ᄉᆡ 간쳥ᄒᆞ여 장원을 유의ᄒᆞ니 조노공이 화쇼ᄉᆞ의 어질믈 아ᄂᆞᆫ지라 초공다려 닐너 왈 광현이 나히 어리나 존당이 바라시미 급ᄒᆞ시니 엇지 슉녀를 ᄉᆞ양ᄒᆞ리오 초공이 ᄇᆡ이슈명ᄒᆞ고 드ᄃᆡ여 허혼ᄒᆞ니 화공이 대열ᄒᆞ여 화

그 유동ᄒᆞ니 졔인이 일시의 칭하ᄒᆞ더라 태혹ᄉᆞ 정쳔이 초공을 향ᄒᆞ여 우어 왈 쇼뎨 일개 슉녀를 어더 합하긔 쳔거ᄒᆞ여

31면

하배를 먹고져 ᄒᆞ더니 화쇼ᄉᆞ의게 아인 빈 되니 익달와ᄒᆞ노라 원내 정혹ᄉᆞ의 표매 쇼시는 강능후 쇼계현의 녀ᄋᆡ라 정혹ᄉᆡ 초공의 은혜를 항샹 감격ᄒᆞ여 ᄒᆞ더니 조쟝원의 긔특ᄒᆞᆷ을 보고 ᄉᆡᆼ각건ᄃᆡ 그 만고 졀염과 독보홀 힝ᄉᆞ를 아는지라 월노를 ᄌᆞ임코져 ᄒᆞ다가 쟝원을 화쇼ᄉᆞ의게 아이니 탐화를 유의ᄒᆞ여 말이 둔ᄒᆞᆷ을 ᄋᆡ달아ᄒᆞ니 초공이 정혹ᄉᆞ의 관즁ᄒᆞᆷ을 아는지라 흔연 왈 형은 일가 ᄀᆞᆺ튼지라 나의 졔ᄋᆞ를 모ᄅᆞ 리 업ᄉᆞ니 광ᄋᆞ로 동년ᄉᆡᆼ이 이시니 형

32면

은 어ᄃᆡ 슉녀 잇던고 쳔거ᄒᆞ라 정혹ᄉᆡ 왈 쇼뎨 두 슉뫼 이셔 셩평쟝 부인은 일즉 과거ᄒᆞ고 강능후 쇼공이 일 녀를 두어 가셔를 갈구ᄒᆞ시매 날노 ᄒᆞ여금 형의게 구혼ᄒᆞ시더니 쇼뎨 요ᄉᆞ이 친병이 이셔 문을 나지 못ᄒᆞ엿더니 이졔 일등 신랑을 화형의게 아엿더니 탐화의 긔특ᄒᆞ미 형의 아ᄅᆡ 아니니 쇼가 규슈를 날을 밋고 허혼ᄒᆞ쇼셔 초공이 미급답의 노공과 진왕이 맛당ᄒᆞᆷ을 니ᄅᆞ고 돗 우희셔 두 혼인을 허락ᄒᆞᄆᆡ 좌중이 다 치하ᄒᆞ더라 일모ᄒᆞᄆᆡ 졔ᄀᆡᆨ이 각산

33면

ᄒᆞ고 화공이 도라가 즉시 ᄐᆡᆨ일을 보호니 길긔 겨유 일 삭이 격ᄒᆞ엿고 쇼가의셔 길긔를 보호니 슈삼 삭이 가렷더라 존당은 깃거ᄒᆞ나 초공은 조혼을 깃거ᄒᆞ미 업더라 니뷔 운남의셔 도라온 후 슈월이 못ᄒᆞ여 졔뎨 등과를 ᄒᆞ니 경ᄉᆡ 희한ᄒᆞ고 진왕은 쳘ᄉᆡᆼ의 득의ᄒᆞᆷ을 ᄌᆞ질의 과경도곤 더ᄒᆞ고 공쥐 과히 깃거 ᄉᆞ랑이 탐혹ᄒᆞ나 쳘ᄉᆡᆼ의 명감이 ᄉᆞ룸의 현우를 빗최는지라 정비 연비와는 언담이 화평ᄒᆞ고 공쥬를 ᄃᆡᄒᆞ면 예ᄉᆞ 한훤ᄲᅮᆫ이니 공쥐 가쟝

34면

못맛당이 너기더라 쳘ᄉᆡᆼ이 립신ᄒᆞᄆᆡ 진왕이 힘ᄡᅧ 쥬션ᄒᆞ여 뉴시를 취ᄒᆞ니 뉴시 유한

ᄒᆞᆫ 덕과 쟉뇨ᄒᆞᆫ ᄐᆡ되 쳘ᄉᆡᆼ으로 일대 가위라 쳘가의셔 블승감격ᄒᆞ여 후염을 십분 후ᄃᆡᄒᆞ대 후염이 투긔 대발ᄒᆞ여 뉴시ᄅᆞᆯ 갓금치며 욕ᄒᆞ니 쳘ᄉᆡᆼ이 조시의 작난이 이심ᄒᆞ면 진왕의게 긔별ᄒᆞ여 악쟝을 쳥ᄒᆞ엿노라 ᄒᆞ고 져히니 후염이 감히 방ᄌᆞ치 못ᄒᆞ니 뉴시 괴로오미 무궁ᄒᆞᄃᆡ 지지ᄒᆞ더라 어시의 쳔화군쥬와 연왕이 운현을 위력으로 합친을 니ᄅᆞ

35면

고 인연은 아득ᄒᆞᆫ지라 쥬ᄉᆞ야탁ᄒᆞ여 남시 희ᄒᆞ기ᄅᆞᆯ 도모ᄒᆞᆯᄉᆡ 쳔홰 ᄒᆞᆫ 요승을 만나니 그 요승이 나라 나뷔 되기ᄅᆞᆯ 잘 ᄒᆞ고 신통을 부ᄅᆞᄂᆞᆫ 고로 ᄯᆡᄅᆞᆯ 여어 환슐ᄒᆞᆫ 일노 남시ᄅᆞᆯ 거두쳐 도라올ᄉᆡ 군쥐 요승을 기다리더니 믄득 호졉이 나뷔ᄅᆞᆯ 닛그러 오니 원내 남시 잠결의 아모란 쥴 모ᄅᆞ고 니ᄅᆞ러시니 군쥐 그 ᄉᆡᆨᄐᆡᄅᆞᆯ 보고 일견의 대로ᄒᆞ고 ᄉᆡ긔ᄒᆞ여 려셩 즐왈 네 쳔비 잡혀온 쥴을 아ᄂᆞᆫ다 남시 졍신을 ᄎᆞ려 본즉 몸의 ᄒᆞᆫ 벌 의샹이 업ᄂᆞᆫ지라 놀나 망극

36면

ᄒᆞᆫ 바의 강ᄒᆞᆫ 호령을 듯고 비로쇼 좌우ᄅᆞᆯ 살피니 누ᄃᆡ 굉려ᄒᆞ여 안ᄉᆡᆨ이 니술 마ᄌᆞᆫ 홍도의 셔리ᄅᆞᆯ 씌엿고 노긔 등등ᄒᆞ여 냥안의 슬긔 늠늠ᄒᆞ니 텬하 간악ᄒᆞᆫ 슬긔라 졍신이 비월ᄒᆞ여 혜오대 내 엇지 오며 나ᄅᆞᆯ 엇지 다려온고 내 사ᄅᆞᆷ의게 원슈 지으미 업고 츌가ᄒᆞᄆᆡ 젹인이 업ᄉᆞ니 고이ᄒᆞ도다 친당의 알미 업고 잉태 만삭의 이 경계ᄅᆞᆯ 당ᄒᆞ니 살 길이 업ᄉᆞ나 회칙할 길이 업ᄉᆞ니 쥭기ᄂᆞᆫ 면치 못ᄒᆞ려니와 쥭어도 시신을 알 길이 업고 복즁 ᄋᆞ히 잔잉토다 ᄒᆞ

37면

고 말을 맛치며 눈믈만 흘니더니 군쥐 그 용광을 보고 더옥 ᄉᆡ긔ᄒᆞ여 금쳑을 드러 머리ᄅᆞᆯ 두다려 왈 내 조운현의 ᄇᆡᆨ년 가우로 이셩지합을 몬져 닐윗거ᄂᆞᆯ 네 요믈이 쟉희ᄒᆞ니 엇지 분치 아니리오 그러나 너ᄂᆞᆫ 녀가 쇼녀ᄋᆞ오 나ᄂᆞᆫ 연왕 금지라 존비 현격ᄒᆞ거ᄂᆞᆯ 필부 운현 젹신으로 조뷔 나ᄅᆞᆯ 거졀ᄒᆞ고 너ᄅᆞᆯ 마져 화락ᄒᆞ니 내 원이 싸혀시니 네 쥭으련다 살연다 남시 ᄆᆡᄅᆞᆯ 마져 골이 바아지ᄂᆞᆫ ᄃᆞᆺ 강렬을 단년홈 ᄀᆞᆺᄐᆞ여 셩음이 ᄆᆡᆼ렬 왈 쳡은 녀염 녀ᄌᆡ 부모의 명으로 조문의 입

38면

승홀 쏀이니 엇지 알니오 군쥐는 황친이라 법뒤로 아니시고 무고이 잡아오시니 그대 모르미 존ᄒᆞ나 내 연궁 쇼쇽이 아니여늘 구타 능욕이 무숨 일이뇨 나는 쥭으려니와 군쥬도 명부를 무단 능욕ᄒᆞ오리오 군쥐 대로ᄒᆞ여 치고져 ᄒᆞ더니 신법시 두어 말을 ᄒᆞ니 여러 궁뇌 즉시 남시를 농즁의 너허 심복 노ᄌᆞ로 오십 냥 금을 쥬어 강의 너허 가ᄅᆞ안는 양을 보고 오라 ᄒᆞ니 모든 노지 용약ᄒᆞ고 농을 지고 남강의 니ᄅᆞ니 하늘이 붉지 아녓거늘 강슈의 너코 보ᄂᆞ니 잇술가 급급히 오니라 슬프다 청

39면

츈의 죄 업시 십ᄉᆞ 청츈의 구가 친가도 모ᄅᆞ게 아히 만삭ᄒᆞ고 남강 원혼이 되니 텬디 무심ᄒᆞ리오 군쥐 이튼날 연왕을 보고 울며 왈 쇼녜 부왕의 독녜 지즁ᄒᆞ거늘 조가 부ᄌᆞ의 고집으로 쇼시를 마ᄌᆞ 다시 계교 업순지라 외삼촌 당당의 양녜 되여 쇽겨 조가 구혼ᄒᆞ미 엇더니잇고 왕이 흔연 쇼지ᄒᆞ니 원내 쟝당은 연왕비 홍시 뎨남이라 츄후 쟝직라 ᄌᆞ녀 업시 슬허 연군쥬를 친녀ᄀᆞᆺ치 ᄒᆞ더니 군쥬와 연왕이 진졍으로 쳥ᄒᆞ니 양녀를 삼고 조부의 쳥혼ᄒᆞ다 ᄎᆞ시 진궁의 일개 졍

40면

당의 함춰ᄒᆞ여 남시 간 딕 업ᄉᆞ믈 알고 일개 실식ᄒᆞ여 슬피니 유랑 왈 쇼져의 의복 나샹이 다 잇고 야간의 몸만 업ᄉᆞ오니 측냥치 못ᄒᆞ리이다 모ᄃᆞ 경참ᄒᆞ더라 왕이 쳔균대량으로도 싱각을 못ᄒᆞ여 셰셰히 듯보와 분연 왈 연궁의 요괴 이셔 운현을 잡아 가던 슈단을 부리미니 듯보와 젹실ᄒᆞ거든 텬졍의 알외리라 초공이 쇼왈 반야의 요젹이 쇼문 잇게 잡아갈 니 만무혼지라 남시 도라오늘 날이야 진위를 알지라 연이나 남시 맛지는 아닐 듯ᄒᆞ니 형쟝은 믈우ᄒᆞ쇼셔 ᄒᆞ고

41면

남부의셔는 이 남쇼져의 쇼식을 듯고 샹ᄉᆞ는 집 ᄀᆞᆺᄐᆞ니 복노로 궁극히 듯보나 남강의 너은 남시를 어딕 가 알니오 남공 부부는 참샹이 쥭으 니도곤 더ᄒᆞ고 조싱이 츌번ᄒᆞ고 졔형뎨 다 듯고 의괴 망측ᄒᆞ여 ᄒᆞ더라 어시의 쟝ᄉᆞ공이 진왕긔 혼인을 간쳥혼딕 왕이 쟝공의 결호ᄒᆞ믈 아는 고로 아ᄌᆞ의 가실이 뷔엿시므로 허혼ᄒᆞ고 한림은 쟝

시를 만ᄂᆞᄆᆡ 옥안 염틱 긔이ᄒᆞ여 옥ᄆᆡ 납셜을 ᄡᅴ엿ᄂᆞᆫ 둧 금봉이 니술을 ᄹᅥᆯ쳐시니 어엿브미 양

42면

왕의 ᄉᆞᆷ을 놀내ᄂᆞᆫ지라 싱이 고인을 잇지 못ᄒᆞ나 견권ᄒᆞ니 신유랑을 ᄶᅵ고 온ᄀᆺ 요슐노 남ᄌᆞ를 고혹게 ᄒᆞ니 미혹ᄒᆞ여 만ᄉᆞ를 잇고 발ᄌᆞ최 쟝시 침쇼의 ᄯᅥᄂᆞ지 아냐 혹ᄒᆞ고 구고ᄂᆞᆫ 쟝시를 미신ᄒᆞ고 남시를 쥬야 ᄉᆞ모ᄒᆞ여 심위 되고 경비ᄂᆞᆫ 더옥 이즐 ᄯᅴ 업더라 직셜 남시 농즁의 드러 복즁ᄋᆞ를 두고 강슈의 더지니 가ᄅᆞ안지 아니코 바름ᄀᆺ치 흘너 농 쇽의 ᄒᆞᆫ 졈 믈이 드지 아니니 만경챵파의 무ᄉᆞᄒᆞ니 홀연 평명의 ᄒᆞᆫ 대관의 힝치 강을 건널ᄉᆡ 이 부인은 동평쟝ᄉᆞ 츄밀 연츙의 내권이라 연공

43면

이 벼술을 ᄉᆞ양ᄒᆞ고 변시 쇼녀로 고토 연쥐로 갈ᄉᆡ 믄득 물 우희 ᄒᆞᆫ 농이 ᄯᅥ 오ᄂᆞᆫ지라 년쇼져 유뫼 사름으로 건져 올니니 유랑이 ᄉᆞ름이 든 쥴을 모ᄅᆞ고 직ᄇᆡᆨ 든 농이라 ᄒᆞ여 여지 아냐 ᄇᆡ를 건너 쥬인의 드니 농즁의셔 ᄉᆞ름이 늣기ᄂᆞᆫ 쇼ᄅᆡ 나거늘 경임 쇼졔 듯고 놀나 유랑으로 열고 보니 일위 미인이 단쟝으로 업대여 반ᄉᆡᆼ 반ᄉᆞᄒᆞᆫ지라 연쇼졔 대경ᄒᆞ여 무릅ᄯᅥ셔거ᄂᆞᆯ 쇼져ᄂᆞᆫ 현심 의긔 놉흔 슉네라 부뫼 만금ᄀᆺ치 ᄉᆞ랑ᄒᆞ고 쳐ᄉᆞ 두연긔로 아시 졍혼ᄒᆞ여 혼긔 지격ᄒᆞ여 가ᄂᆞᆫ 길이

44면

라 쇼졔 놀ᄂᆞ고 츰연ᄒᆞ여 븟드러 ᄂᆡ여 보니 ᄇᆡᆨ틱쳔광이 만고의 졀염이라 쇼졔 츄연 왈 피ᄎᆞ 녀ᄌᆞ로 부인이 쳔고의 변을 만ᄂᆞᆫ가 시브니 원컨대 곡졀을 알고져 ᄒᆞ노라 남시 겨유 졍신을 졍ᄒᆞ여 탄식 왈 태혹ᄉᆞ 남공의 녀로 평진왕 조무의 벼ᄂᆞ리로셔 명운이 ᄎᆞ악ᄒᆞ여 연궁의 변으로 날을 잡아 농의 너허 강의 드리치니 원앙을 엇지 참으리오 잡아 너흘 젹 무슨 요슐인지 혼혼 즁이니 곡졀을 모로리로쇼이다 언파의 옥뉘 진진ᄒᆞ니 쇼졔 ᄋᆡ경ᄒᆞ여 ᄌᆞ가의 의샹을 입히고

45면

낙누 왈 ᄌᆞ고로 홍안은 박명이라 부인의 츰변을 타루ᄒᆞ리로쇼니 우리 만ᄂᆞ미 텬연이

라 슬허 말고 나종을 보쇼셔 남시 ᄉᆞ은ᄒᆞ더니 믄득 혼졀ᄒᆞ거늘 쇼져와 유뫼 구ᄒᆞ여 정신을 ᄎᆞ려 만만 샤례ᄒᆞ고 일승 교ᄌᆞ를 청ᄒᆞ여 부모긔 가 결ᄒᆞ믈 청ᄒᆞ니 연시 ᄡᅥᄂᆞ믈 앗겨 침음 왈 부모긔 품ᄒᆞ고 힝도를 출히리라 ᄒᆞ고 이 밤을 ᄀᆞᆺ치 지ᄂᆡ니 경이 드러 탐탐홀ᄉᆡ 연시 졍혼ᄒᆞᆫ 집은 남공의 ᄆᆡ부 두쳐ᄉᆡ라 아ᄌᆞ를 다려와 혼인을 ᄒᆞ려 하향ᄒᆞ다가 두공을 만나 부인과 의논ᄒᆞ

46면

려 하쳐의 니ᄅᆞ니 쇼졔 부모긔 남시 허다 ᄉᆞ연을 알외고 슉녜믈 일ᄏᆞᄅᆞ니 연공이 대경ᄒᆞ여 다려다가 졔 집으로 보ᄂᆡ라 연일쳥이 남강을 건너 경ᄉᆞ로 올ᄉᆡ 남시 연쇼져로 ᄒᆞᆫ 뎡의 드러 슉쇼를 ᄀᆞᆺ치ᄒᆞ니 남시 부모긔 통쿄져 ᄒᆞ나 연시 말녀 간인의 흉계 무셔오니 이곳의 머므러 ᄯᆡ를 보와 가라 위호ᄒᆞ니 남시 그러히 너겨 ᄎᆞᆷ아 잇더니 ᄉᆞ오 일 후 일개 옥동을 ᄉᆡᆼᄒᆞ니 연공 부인이 인ᄌᆞ하여 극진이 구호ᄒᆞ여 본부의 통쿄져 ᄒᆞ더니 초공이 마ᄎᆞᆷ 연공을 조ᄎᆞ 니ᄅᆞᄆᆡ 셔로 한훤ᄒᆞ다가 연공

47면

이 가마니 연유를 니ᄅᆞ고 이곳의 온 지 뉵 일 만의 ᄉᆡᆼᄌᆞᄒᆞᄆᆡ 남시 친졍의 통쿄져 ᄒᆞᄃᆡ 간인을 두려 못ᄒᆞ고 그 잡혀 간 곳이 연궁이라 ᄒᆞ던 말을 ᄌᆞ시 곳 젼ᄒᆞ니 초공이 희ᄉᆡᆨ이 만면의 가ᄃᆞᆨᄒᆞ고 ᄌᆞ긔 ᄉᆡᆼ각 ᄀᆞᆺᄐᆞ믈 ᄭᅵ다라 칭샤 왈 현형의 인덕과 령아 쇼져의 현심 현덕은 ᄉᆞᄅᆞᆷ의 밋출 ᄇᆡ 아니라 임의 대은을 입어 질부 보젼ᄒᆞ엿고 질ᄋᆡ 지실이 ᄀᆞᆺ 드러와 인심을 아지 못ᄒᆞ니 아직 질부를 이곳의 두어 종ᄂᆡ를 보와 가며 다려가리니 아직 형과 내 알고 외인의게 누셜치 아닐 ᄲᅮᆫ 아니

48면

라 유현도 ᄉᆞᄉᆡᆨ지 말지라 연공이 졈두ᄒᆞ고 초공이 도라간 후 연공이 녀ᄋᆞ로 ᄒᆞ여금 초공의 ᄯᅳᆺ을 남시다려 니ᄅᆞ고 아직 본부의도 통치 말고 이시라 ᄒᆞ니 쇼졔 올히 너기고 존명이라 승슌ᄒᆞ여 연시로 더브러 일실의 쳐ᄒᆞ여 아ᄌᆞ를 보호ᄒᆞ니 연시 ᄃᆡ졉이 ᄡᅥᄂᆞᆺ든 형을 만ᄂᆞ니 ᄀᆞᆺᄐᆞ여 극진ᄒᆞᆫ 졍이 향규의 지심이 되엿더라 초공이 도라와 형왕긔도 고치 아니ᄒᆞ니라 ᄎᆞ셜 텬해 승평ᄒᆞ고 ᄒᆡ내 락업ᄒᆞ여 오ᄅᆡ 병혁을 ᄀᆞ쳣더니 남녁 오랑키 반ᄒᆞ여 반젹이 되여 지계를

49면

침노ᄒᆞ니 변뵈 눈 놀니ᄃᆞᆺᄒᆞᄂᆞᆫ지라 텬지 근심ᄒᆞ샤 됴뎡을 모화 벌젹ᄒᆞ기를 의논홀ᄉᆡ 초국공 진왕이 츌반 쥬왈 신 등이 텬은을 입ᄉᆞ와 장샹의 거ᄒᆞ와 능젹이 창궐ᄒᆞ니 옥톄 슉식이 블평ᄒᆞ신지라 평졍ᄒᆞ여 셩샹 근심을 들니이다 샹이 미급답의 일위 쇼년이 홍포 옥ᄃᆡ로 ᄌᆞ원 츌젼ᄒᆞ거늘 보시니 팔 쳑 신쟝의 원비 과슬ᄒᆞ고 풍광이 텬일지표와 흉즁의 텬디 조화 모략을 쟝ᄒᆞ여시니 위엄이 만됴의 쒸여ᄂᆞᄂᆞᆫ지라 즁인이 개용 칭션ᄒᆞ고 샹이 희열ᄒᆞ여 보시니

50면

홍문관 태흑ᄉᆞ 조유현이라 샹이 깃그샤 초공을 도라보와 왈 션ᄉᆡᆼ이 ᄌᆞ원 츌ᄉᆞ의 유현의 쥬식 여ᄎᆞᄒᆞ니 반ᄃᆞ시 부슉긔 나리지 아닌지라 션ᄉᆡᆼ 쇼견이 엇더ᄒᆞ뇨 초공과 진왕이 유현을 아름다이 너겨 ᄃᆡ왈 지ᄌᆞᄂᆞᆫ 막여뷔ᄂᆞ 유현이 년쇼 미지로 군례 익지 못ᄒᆞ니 국가 대ᄉᆡ 념녀로오나 졔 ᄌᆞ원ᄒᆞ오니 시험ᄒᆞ여 일녀지ᄉᆞ를 빌니쇼셔 평진후 쇼쳔이 칭하 왈 능젹이 반ᄒᆞ온ᄃᆡ 셩샹 홍복이 두터오샤 유현 ᄀᆞᆺ튼 지쟈를 어드시니 ᄒᆞᆫ번 나아가ᄆᆡ 한신이 삼진 졍ᄒᆞ던 공이 이시리

51면

이다 신 등 ᄀᆞᆺ튼 필부ᄂᆞᆫ 국녹만 허비ᄒᆞᄂᆞᆫ 무용이오니 져 쇼년의 위국 츙심이 경졔 대략으로 셩샹 심우를 덜고 아ᄅᆡ로 억조 창ᄉᆡᆼ을 구훌가 힝열ᄒᆞᄂᆞ이다 만되 맛당ᄒᆞ믈 알외니 텬안이 환열ᄒᆞ샤 조유현으로 평능 대원슈를 졍ᄒᆞ시고 ᄉᆞ십 만 대군을 쥬샤 발병케 ᄒᆞ시니 샹이 대원슈 인신을 쥬시고 인검을 쥬샤 션참후계ᄒᆞ라 ᄒᆞ샤 상방보검을 쥬시다 원쉐 돈슈 ᄇᆡ왈 신이 츙을 다ᄒᆞ여 흉적을 버혀 도탄을 구ᄒᆞ고 폐하 즁탁을 갑ᄉᆞ오리니 만일 쇼루ᄒᆞ거든

52면

머리를 밧치리이다 말솜과 위풍이 늠연ᄒᆞ니 ᄎᆞ시 년이 십구 셰라 슈려ᄒᆞᆫ 풍치의 쇄락ᄒᆞᆫ 용광이 학우 신션이라 대원슈 금인을 요하의 ᄎᆞ고 옥 ᄀᆞᆺ튼 셔ᄉᆡᆼ이 변ᄒᆞ여 호랑 ᄀᆞᆺ튼 대장이 되엿시니 만됴 ᄇᆡᆨ관이 칙칙 칭션ᄒᆞ고 만목이 칭숑ᄒᆞ더라 믄득 일위 쇼년이 ᄒᆞᆫ가지로 츌젼을 ᄌᆞ원ᄒᆞ니 풍신 위엄이 음아의 쳔인이 ᄌᆞ폐ᄒᆞ던 위엄이오 만좌

의 광치 동인ᄒᆞ거ᄂᆞᆯ 샹이 깃거 보시니 도어시 양닌광이라 샹이 칭지 왈 짐이 오히려 경을 이졋도다 ᄒᆞ시고 부원슈 좌션봉을 ᄒᆞ이

53면

시니 홀연 일인이 금포 아홀노 늠늠ᄒᆞᆫ 풍치 일월의 광치ᄅᆞᆯ 동ᄒᆞ여 만죠ᄅᆞᆯ 흔드는 ᄃᆞᆺ 녀셩 쥬왈 신이 비록 ᄌᆡ죄 업ᄉᆞ오나 셩은을 만히 입어ᄉᆞ오니 슉야의 갑흘 바ᄅᆞᆯ 아지 못ᄒᆞ와 쥭기로 츙셩을 다ᄒᆞ고져 ᄒᆞ옵더니 양닌광이 비록 ᄌᆡ조 이ᄉᆞ오나 졔 집의는 독ᄌᆞ라 ᄉᆞ졍이 졀박ᄒᆞ니 신이 그 ᄃᆡ로 션봉이 되여 셩은을 만분지일이나 갑고져 ᄒᆞ ᄂᆞ이다 ᄒᆞ거ᄂᆞᆯ 샹이 보시니 한림흑ᄉᆞ 조운현이라 룡호의 변화ᄅᆞᆯ 가져 거록ᄒᆞᆫ지라 샹이 일ᄏᆞᄅᆞ샤 맛당타 ᄒᆞ시더니 양태

54면

ᄉᆡ 부복 쥬왈 닌광이 년쇼 부ᄌᆡ로 문믁을 희롱ᄒᆞ거ᄂᆞᆯ 엇지 만진 즁 대션봉이 되리잇고 ᄒᆞ니 진왕이 부복 쥬왈 지ᄌᆞ는 막여부오 지신은 막여쥬오니 졔 쇼원대로 션봉인을 쥬쇼셔 초공이 쥬왈 양닌광이 본ᄃᆡ 쟝ᄉᆞ의 ᄌᆡ목이라 운현을 블워 아니ᄃᆡ 닌광을 부원슈로 ᄒᆞ옵고 운현으로 션봉을 ᄒᆞ이쇼셔 즁관이 구일ᄒᆞ여 닌광으로 부원슈ᄅᆞᆯ 삼고 운현으로 션봉을 삼다 원슈 파됴 후 부슉을 뫼셔 집의 오니 노공이 놀ᄂᆞ고 태부인이 경왈 내 셔산 낙일 ᄀᆞᆺᄐᆞᆫ 터의 너

55면

의 츌젼ᄒᆞ는다 ᄒᆞᄆᆞᆯ며 유현은 만리 젼별의 그리던 간쟝을 오리지 아냐 니별이 되니 가히 회라 ᄒᆞ랴 원슈 화히 우어 왈 쇼숀이 엇지 니측을 ᄒᆞ리잇가마는 국가 대ᄉᆞ오니 일즉 개가로 도라오리이다 운현이 위로 왈 비록 일시 니측이 극란이로나 형의 신긔 위무로 언마ᄒᆞ여 도라와 휜당의 뵈오리잇가 셩녀의 거리ᄭᅵ지 마ᄅᆞ쇼셔 ᄒᆞ고 냥인이 화긔 츈풍 ᄀᆞᆺᄐᆞ니 조시 등이 위로ᄒᆞ고 니별ᄒᆞ니 이ᄯᅴ의 ᄌᆞ숀이 션션ᄒᆞ여 각하의 머혓고 냥졔 뫼셔시나 냥아의 나가믈 과려ᄒᆞ여

56면

니별을 슬허ᄒᆞ고 오히려 방심ᄒᆞ믈 마지 아니ᄒᆞ더라 날이 져므러 각각 혼졍ᄒᆞ고 부슉

을 뫼셔 나오니 진왕이 니ᄅᆞᄃᆡ 유현은 만리 ᄒᆡ외의 삼 년 ᄯᅥ낫던 니회로 쳐ᄌᆞ의 니별이 ᄎᆞ악ᄒᆞ니 셔로 니별ᄒᆞ고 ᄯᅥᄂᆞ라 원슈 관을 숙여 유유ᄒᆞ니 초공이 탄왈 내 ᄌᆞ식을 ᄃᆡᄒᆞ여 니ᄅᆞ지 아니ᄒᆞ더니 요ᄉᆞ이 념녀이 셰쇄지ᄉᆞ를 말ᄒᆞ거니와 네 가실이 여러히나 화란의 샹심ᄒᆞ여 지금 남녀 간 유치를 보지 못ᄒᆞ니 블효 삼천의 무후 위대라 졍시ᄂᆞᆫ 맛ᄎᆞᆫ 쟈여니와 니시 숙녀 ᄉᆞ덕이 너의게 욕

57면

지 아닌지라 ᄌᆞ식을 두ᄆᆡ 너의 후를 니을가 ᄒᆞᄂᆞ니 이졔 먼니 가니 샹봉이 머럿ᄂᆞᆫ지라 형쟝 훈괴 지극ᄒᆞ시거ᄂᆞᆯ 엇지 유유ᄒᆞ여 ᄌᆞ질지례를 폐ᄒᆞᄂᆞ뇨 원슈 텬연 ᄇᆡ샤 왈 ᄇᆡᆨ부 훈교 여ᄎᆞᄒᆞ시니 쇼ᄌᆞᆨ 엇지 거역ᄒᆞ리오 이윽이 ᄉᆡᆼ각ᄒᆞᄆᆡ 쇼ᄌᆞ의 셩회 쳔박ᄒᆞ고 ᄋᆡᆨ운이 ᄀᆡ구ᄒᆞ여 삼 년 젹니의 늣거온 졍을 닛지 못ᄒᆞ여 ᄯᅩ 니별이 오ᄅᆡ올지라 대의를 잡아 ᄉᆞ졍이 졀박ᄒᆞ오나 금야 ᄉᆞ실의 뫼와 니측ᄒᆞᄂᆞᆫ ᄉᆞ졍을 펴지 못ᄒᆞ나 존당을 뫼오ᄆᆡ 다른 념녜 잇ᄉᆞ오리잇고 초공이 셩효

58면

를 더옥 ᄋᆡ즁 왈 내 엇지 널노 니졍을 펴고져 아니리오마ᄂᆞᆫ ᄆᆡᄉᆡ 슌ᄒᆞᆫ 거시 회라 너ᄂᆞᆫ 고집 말나 원슈 여러 번 간치 못ᄒᆞ여 슈명ᄒᆞ고 진왕 초공이 운현을 다리고 밤을 지ᄂᆡᆯᄉᆡ 원슈ᄂᆞᆫ 부숙이 샹의 오ᄅᆞ 후 옥ᄆᆡ졍의 와 모친을 뫼셔 말ᄉᆞᆷᄒᆞᆯᄉᆡ 부인이 만리 젼진의 니별을 결연ᄒᆞ고 니시 일일지간의 병셰 즁ᄒᆞ니 부인이 친히 가 보고 잇지 못ᄒᆞ여 구ᄒᆞ니 샹셰 ᄌᆞ긔 츌젼을 념녀ᄒᆞᄂᆞᆫ가 화언으로 즐겁게 ᄒᆞᄂᆞᆫ지라 부인이 탄왈 너ᄂᆞᆫ 일마다 근심ᄒᆞᆯ 쥴 모ᄅᆞ니 셩품이로라 ᄒᆞ려니와 잔

59면

잉ᄒᆞᆫ 니시ᄂᆞᆫ 냥친을 여희고 혈혈 일신이 구가ᄲᅮᆫ이어ᄂᆞᆯ 네 쇼탈ᄒᆞ여 규ᄂᆡ 졍ᄉᆞ를 ᄉᆞᆯ피지 못ᄒᆞ고 만리 젼진의 츌ᄉᆞᄒᆞᄂᆞᆫ ᄯᆡ의 니시 병이 즁ᄒᆞ니 근심이 젹으리오 원슈 ᄌᆞ약히 대왈 쥭으니도 잇시니 ᄉᆞ니야 엇지리잇고 ᄒᆡᄋᆞᄂᆞᆫ 져의 비고ᄒᆞᆫ 졍ᄉᆞ를 츄연ᄒᆞ여 근ᄅᆡᄂᆞᆫ 쥭으니ᄂᆞᆫ 잇고 ᄉᆞ니ᄂᆞᆫ 후대ᄒᆞ여 ᄌᆞ의를 밧잡ᄂᆞ니 엇지 과려ᄒᆞ시리니잇고 ᄒᆡᄋᆡ 텬은을 잡고져 츌ᄉᆞᄒᆞ오니 복원 ᄐᆡᄐᆡᄂᆞᆫ 번뇌치 마ᄅᆞ쇼셔 쇼ᄌᆞᆨ 삼 년 슈젹의 블회비경ᄒᆞ고 안진 돗긔 편치 아냐 만리 니별을 ᄒᆞ오니 하졍의

60면

엇지 편ᄒᆞ오리잇고 니시 질양은 일시 미양이라 쟉인이 견강ᄒᆞ니 무ᄉᆞᆫ 념네 잇ᄉᆞ오리잇고 부인이 왈 네 말이 올흐나 그러나 엇지 ᄉᆡᆼ각지 못ᄒᆞ리오 일념의 참통ᄒᆞ믄 졍시 참ᄉᆞᄒᆞ미오 농손의 ᄌᆞ미ᄅᆞᆯ 보지 못ᄒᆞ고 내외 금슬이 흡연치 아냐 조니 냥뷔 쟝신궁한이 이시니 ᄂᆡ 엇지 마음이 한가ᄒᆞ리오 이ᄯᆡ 니시 조원슈 츌ᄉᆞ시의 병셰 즁코 내 마ᄋᆞᆷ이 편치 못ᄒᆞ다 ᄒᆞ더라 조원쉬 모교ᄅᆞᆯ 듯고 흔연 쥬왈 쇼ᄌᆡ 엇지 규내 ᄃᆡ졉이 박ᄒᆞ리잇고 졍시ᄂᆞᆫ 업친 믈이오 됴니ᄂᆞᆫ ᄒᆡᄋᆡᆨ 즁대ᄒᆞᄂᆞᆫ 부뷔

61면

나 운남으로셔 온 후 ᄉᆡ로이 박ᄃᆡᄒᆞ리잇고마ᄂᆞᆫ 직ᄉᆞ의 분망ᄒᆞᆫ 봉친 여가의 한가치 못ᄒᆞ와 ᄎᆞ즐 여가 업ᄉᆞ오니 틈이 나오면 ᄎᆞᄌᆞ미 드무지 아니ᄒᆞ오리니 일노 념녀ᄒᆞ시리잇고 지어ᄌᆞ식은 부부 못고지의 잇지 아니ᄒᆞ오니 앗가 ᄇᆡᆨ야야의 념녀도 이 ᄀᆞᆺ트시ᄆᆡ 뫼셔 ᄌᆞ지 못ᄒᆞ고 믈너 왓ᄉᆞᆸ더니 ᄯᅩ ᄌᆞ괴 여ᄎᆞᄒᆞ시니 이졔 니시 병을 보ᄉᆞ이다 부인이 그 효슌ᄒᆞᆫ 말ᄉᆞᆷ과 화ᄉᆡᆨ을 더옥 ᄉᆞ랑ᄒᆞ여 금쥰의 향온을 더히고 과품을 내여 먹이고 모ᄌᆡ ᄃᆡᄒᆞ여 근근쳬쳬ᄒᆞᆫ 졍이 심곡을 비최오니 샹셰 부모ᄅᆞᆯ 만

62면

나 덧업시 ᄯᅩ 먼니 니별이 심ᄉᆡ 어ᄌᆞ러워 부친이 밤의 찻지 아닐지라 일 쥰 쥬ᄅᆞᆯ 다 마시고 과품을 먹어 양이 차ᄆᆡ 야심ᄒᆞ믈 인ᄒᆞ여 니시 침당의 니ᄅᆞ니 이ᄯᆡ 니부인이 잉ᄐᆡ 삼 삭이라 통셰 가쟝 즁ᄒᆞ니 유모와 빵난이 근심ᄒᆞ더니 샹셰 쇼ᄎᆞ환으로 촉을 들니고 드러오ᄆᆡ 니시 경동ᄒᆞ여 니블을 밀치고 긔동코져 ᄒᆞᄂᆞᆫ지라 샹셰 흔연이 팔흘 드러 머무ᄅᆞ고 각가이 안져 바라보니 구술 ᄀᆞᆺ튼 ᄯᆞᆷ이 흐ᄅᆞ고 약ᄒᆞᆫ 긔질이 쳔촉ᄒᆞ니 츄파 빵셩은 더옥 나족ᄒᆞ고 팔ᄌᆞ 아미ᄂᆞᆫ 아리ᄯᅡ온 거동

63면

과 졀셰ᄒᆞᆫ 풍광이 ᄉᆡ로이 긔특ᄒᆞ니 원쉬 경녀 왈 ᄉᆡᆼ이 오ᄅᆡ지 아냐 능젹이 범ᄒᆞ기로 룡샹의 침쉬 편치 아니시니 신ᄌᆞ의 도리 침식을 편히 ᄒᆞᆯ ᄯᆡ 아니라 ᄌᆞ원 츌ᄉᆞᄒᆞ여 명일 발힝ᄒᆞ더니 ᄉᆡᆼ각 밧 부인의 증셰 위듕ᄒᆞ시니 실로 비샹토다 아지못게라 무슴 병이며 일시지ᄂᆡ의 이리 즁ᄒᆞ뇨 대ᄉᆞᄅᆞᆯ 지류키 어려워 ᄉᆞ졍을 일울 ᄯᆡ 아니라 나오믈

보지 못ᄒᆞ고 써ᄂᆞ게 되니 마음이 어즈럽도다 니시 안식을 정히 ᄒᆞ고 샤례 왈 장뷔 ᄉᆞ군 보국ᄒᆞᄆᆡ 집을 도라보지 아니ᄒᆞ거늘 삼군 장졸을 거ᄂᆞ

64면

리고 원융이 되여 엇지 아녀ᄌᆞ를 권년ᄒᆞ여 마음을 허트리리오 쳡의 병은 일시 질양이라 고당의 안와ᄒᆞ여 구고 혜틱과 슉ᄆᆡ의 홍은이 일신의 져ᄌᆞ니 만무일네라 명공은 쇼쇼 념녀를 바리고 흉적을 쇼제ᄒᆞ고 ᄇᆡᆨ일지츙을 완연이 ᄒᆞ시면 쳡 등이 당즁을 셔ᄅᆞ져 부ᄌᆞ를 영졉ᄒᆞᄆᆡ 원이로쇼이다 옥셩이 금반의 진쥬를 구울니는 듯 ᄇᆡᆨ태쳔광이 촉하의 바ᄋᆡ니 실즁이 찬란ᄒᆞᆫ지라 원쉬 희긔 뉴동ᄒᆞ여 격졀탄샹 왈 부인은 규즁 군ᄌᆡ라 내 비록 용우ᄒᆞ나 부인의

65면

어질믈 내 져바리지 아니리니 나의 길은 념녀 말고 몸을 보즁ᄒᆞ여 부모의 념녀를 ᄭᅵ치지 말나 니시 거슈 칭샤ᄒᆞ고 강질ᄒᆞ랴 실셥ᄒᆞᄆᆡ 만흔지라 원쉬 옥비를 잡아 ᄆᆡᆨ을 볼ᄉᆡ 분명ᄒᆞᆫ 태ᄆᆡᆨ이오 좌ᄆᆡᆨ은 셩ᄒᆞ고 양ᄆᆡᆨ은 동ᄒᆞ여 분명ᄒᆞᆫ 남태라 잉부의 쳑감은 예ᄉᆞ증이라 부모의 농숀 근심과 ᄌᆞ가의 졀박히 기다리던 일이 유신ᄒᆞ니 큰 경ᄉᆡ라 미우의 희긔 가득ᄒᆞ여 만안 츈풍의 쥬슌호치 찬연ᄒᆞ여 숀을 잡고 여산약히지졍으로 니ᄅᆞᄃᆡ ᄉᆡᆼ을 긔이지 말나 부인의

66면

질환이 ᄒᆞᆫ갓 풍샹이 아니라 태샹의 실셥ᄒᆞᆫ 증이라 ᄉᆡᆼ의 알미 헛되지 아니니 부인은 긔이지 말나 니시 슈괴 참안의 긔이미 업ᄉᆞ니 원쉬 대쇼 왈 부인은 날과 지심 부부여늘 무어시 붓그러워 이러틋 쾌ᄒᆞᆫ 말이 업ᄂᆞ뇨 맛당이 올흔 대로 닐너 만리의 가는 마음을 플게 ᄒᆞ라 니시 옥안이 취홍ᄒᆞ여 나즉이 대왈 부ᄌᆞ의 알미 분명ᄒᆞ실진대 무ᄅᆞ실 ᄇᆡ 아니라 쳡이 우연ᄒᆞᆫ 질양이니 엇지 분명치 아닌 일노 구외의 ᄂᆡ여 허탄ᄒᆞ믈 취ᄒᆞ리잇가 쳡의 병은 념녀 말고 쳔금지신을 보즁

67면

ᄒᆞ여 존당 구고의 바라믈 위로ᄒᆞ시며 아ᄅᆡ로 쳡 등의 구구ᄒᆞᆫ 졍을 긔렴ᄒᆞ여 긔한의

오시믈 바라나이다 원쉬 언ᄎᆞ의 지긔ᄒᆞ고 든든ᄒᆞ며 다ᄒᆡᆼᄒᆞ대 창감ᄒᆞᆫ 회포와 정시의 츌인ᄒᆞᆫ 덕으로 슈삼 년 니별의 금슬이 부족ᄒᆞ믈 ᄭᆡᄃᆞ른 후ᄂᆞᆫ 원비의 존흠과 아시 결발 대의를 아오라 ᄌᆞ식이 나ᄆᆡ 종샤를 긔약ᄒᆞ여시니 오ᄂᆞᆯ날 현령이 강슈의 어육이 되고 외로온 넉슨 구원 야대의 가 쳔고 박명지인 될 쥴을 알니오 박ᄃᆡᄒᆞ믈 뉘웃븜과 묘여 참ᄉᆞ를 각골ᄒᆞᆫ ᄉᆡᆼ각이 이의 다다

68면

라 별 ᄀᆞᆺ튼 안광의 믈결이 어ᄅᆡ고 냥미의 슬픈 긔운이 모히니 일셩 쟝탄 왈 ᄇᆡᆨ인이 유아이ᄉᆡ라 미ᄉᆞ지젼의 한을 플기 어렵도다 니시 참정의 거동과 말을 드ᄅᆞ니 ᄉᆡᆼ각이 정시긔 밋촌 쥴을 알고 그 신의를 감탄ᄒᆞ고 정시의 슉ᄌᆞ 인품을 ᄉᆡᆼ각ᄒᆞ니 ᄯᅩᄒᆞᆫ 옥안의 쥬뤼 ᄆᆡᆨᄆᆡᆨᄒᆞ여 위로ᄒᆞ니 원쉬 실셥 념녀ᄒᆞ고 옥슈를 잡고 편히 눕기를 쳥ᄒᆞ고 스ᄉᆞ로 샹샹의 나아가 은애 ᄉᆡ암 ᄉᆞᆺ 듯ᄒᆞ나 병을 념녀ᄒᆞ고 태후를 보호ᄒᆞ노라 ᄒᆞ고 져기 참더라 명됴의 신셩ᄒᆞ고 내당을 지ᄂᆞᆫ 길의

69면

됴시를 보와 니별을 부탁ᄒᆞ니 이ᄯᆡ 됴시ᄂᆞᆫ 태긔 슈삭이라 긔운이 ᄒᆡ틱ᄒᆞ고 식반이 무미ᄒᆞ여 화용이 슈삭ᄒᆞ고 약질이 요연ᄒᆞ여 년년ᄒᆞ여 교교히 곤산의 미옥 잇슴 ᄀᆞᆺ튼 지라 별니의 졍의 슈쳑ᄒᆞ미 빵안의 시름이 밋쳣 쳑연 탄식 왈 만니 ᄒᆡ외의 젹니를 겨유 면ᄒᆞ고 젼진의 근로ᄒᆞ시니 ᄒᆞ믈며 능젹의 셰 크고 젼쟝의 여러 번 왕ᄅᆡᄒᆞᆫ 슉쟝도 이긔기 어렵거ᄂᆞᆯ 부ᄌᆞᄂᆞᆫ 이십 젼의 반ᄉᆡᆼ 혹업ᄲᅮᆫ이라 군례의 엇지 ᄉᆡᆼ쇼치 아니리오 귀톄 슈고홀지라 이를 혜아리ᄆᆡ 쳡의 심ᄉᆡ 버히ᄂᆞᆫ 듯

70면

ᄒᆞ오이다 원쉬 웃고 위로 왈 내 비록 이십 젼 셔ᄉᆡᆼ이나 렴녀치 아니리니 부인은 약질을 보즁ᄒᆞ라 인ᄒᆞ여 니별ᄒᆞ고 정당의 니별을 고ᄒᆞ니 부인과 노공 부쳬 니별을 샹심ᄒᆞ고 좌우 부인내 니회를 결연ᄒᆞ니 원슈와 운현이 위로ᄒᆞ고 부ᄌᆞ 형뎨 잔을 날녀 권년ᄒᆞ더라 진왕 초공이 냥인을 만단 경계ᄒᆞᆫᄃᆡ 냥인이 ᄌᆡᄇᆡ 슈명ᄒᆞ고 진왕이 다시 니ᄅᆞᄃᆡ 유현은 이 가미 반ᄃᆞ시 대공을 일우고 림진ᄒᆞ여 젹을 당ᄒᆞ나 념녀 아니대 운현을 보내ᄆᆡ 혈긔지용으로 ᄆᆡ양 앏흘 당

71면

ᄒᆞ여 그ᄅᆞᆺ ᄒᆞᆯ가 념녀ᄒᆞᄂᆞ니 군즁은 희언이 업ᄂᆞ니 너의 비록 형뎨간이나 쟝막지간이니 ᄉᆞ정을 돈졀ᄒᆞ고 공의ᄅᆞᆯ 잡아 나의게 ᄎᆡᆨ이 오지 아니케 ᄒᆞ라 운현이 ᄇᆡ이슈명ᄒᆞ더라 이ᄶᆡ 됴시 니시 쟝시 좌의 이시니 원슈ᄂᆞᆫ 각별 유렴ᄒᆞ미 업ᄉᆞᄃᆡ 운현을 쟝시 농낙이 남아ᄅᆞᆯ 어리온지라 즁인 쇼시ᄅᆞᆯ 혜지 아냐 낭안이 쟝시 신샹의 밋쳐 년년 ᄋᆡ셕ᄒᆞ니 정슉렬 ᄇᆞᆰ은 안광이 짐ᄌᆞᆨ고 탄셕ᄒᆞ여 됴시 등을 보와 왈 쳡이 쇼시로 험란을 격거 구고의 덕음과 슉ᄆᆡ의 후졍으로 고당의 안

72면

과ᄒᆞ여 ᄌᆞ녜 번셩ᄒᆞ고 어든 며ᄂᆞ리 다 부덕이 이시니 기리 져의 빵류ᄒᆞ미 이실가 ᄒᆞ더니 쇼쟝지변 홰 이러나 남시 ᄉᆞᄅᆞ지고 일야의 형용이 업ᄉᆞ니 쥭다 ᄒᆞᆯ진ᄃᆡ 방신을 렴쟝치 못ᄒᆞ고 그림ᄌᆡ 대희의 부평초 ᄀᆞᆺᄐᆞ니 이ᄂᆞᆫ 도시 쳡의 앙홰 미진ᄒᆞ미라 출하리 유젼의 쥭으믄 참통ᄒᆞᆯ ᄲᆞᆫ이로ᄃᆡ 일월이 오릴ᄉᆞ록 마음이 버히ᄂᆞᆫ 듯ᄒᆞ거ᄂᆞᆯ 무식ᄒᆞᆫ 운현은 이실 ᄶᆡ 은정은 남의 눈의 우이 뵈더니 도금ᄒᆞ여 일분 ᄉᆡᆼ각이 업ᄉᆞ니 ᄌᆞ고로 운현 ᄀᆞᆺᄐᆞ니ᄂᆞᆫ 업ᄉᆞ리라 이졔 고인의 옥 ᄀᆞᆺᄐᆞ믈 망연 부

73면

지ᄒᆞ니 엇지 한심치 아니리오 조시 등이 낭쇼 왈 ᄌᆞ고로 남ᄌᆞ의 ᄯᅳᆺ이 원ᄂᆡ 그러ᄒᆞ니 운현ᄲᆞᆫ이리오 정시 ᄀᆞᆺᄐᆞᆫ 슉녀ᄅᆞᆯ 그 강의 너흐믈 드ᄅᆞᄆᆡ 남시 ᄉᆡᆼ각 아니믈 ᄒᆞᆯ노 ᄎᆡᆨᄒᆞ리오 정비 정ᄉᆡᆨ 왈 운현의 ᄉᆡᆼ각 아니믄 군ᄌᆞ의 뇌락ᄒᆞ미니 외뫼 ᄌᆞ약ᄒᆞ나 츄연 ᄌᆞ샹ᄒᆞ니 유신 쟝뷔라 운현을 비우ᄒᆞ리오 화시 쇼왈 비록 그러ᄒᆞ나 오ᄂᆞᆯ은 원니ᄒᆞᄂᆞᆫ ᄶᆡ니 블평이 마ᄅᆞ쇼셔 남시 ᄋᆡᆨ운이 고이ᄒᆞ여 ᄎᆞ실ᄒᆞ니 한림이 무심ᄒᆞ리오 물이 업침 ᄀᆞᆺᄐᆞ니 ᄎᆡᆨ지 마ᄅᆞ쇼셔 좌위 대쇼 왈 셔뫼 발명을 ᄌᆞᆯ ᄒᆞ시도다

74면

쟝시 미간의 ᄉᆞ긔ᄅᆞᆯ 감초나 토창치 못ᄒᆞ여 진왕 등이 블평ᄒᆞ미 잇고 초공은 짐ᄌᆞᆨᄒᆞ더라 군 정ᄉᆡᆨ 급ᄒᆞ므로 하직고 젹진을 향ᄒᆞᆯᄉᆡ 조노공으로 ᄎᆞᄎᆞ 존당이 경계ᄒᆞ고 양닌광을 집슈 년년ᄒᆞ여 교훈ᄒᆞ니 양ᄉᆡᆼ이 배샤ᄒᆞ더라 양원슈 조원슈 등이 궐하의 하직ᄒᆞᆯᄉᆡ 진왕 등이 ᄒᆞᆫ가지로 됴참의 나아가니 샹이 금문의 셜됴ᄒᆞ시고 일등 녀악으로

젼별ᄒᆞ신ᄃᆡ 원슈 과븐ᄒᆞ믈 ᄉᆞ양ᄒᆞ고 부ᄌᆞ 형뎨 슉질이 각각 젼송ᄒᆞ고 농젼의 빅샤 하직ᄒᆞ여 삼군이 셰 쎄의 난화 젼군의 션

75면

봉장이 슌금 투구의 빅화 슈젼포의 쳔리마를 탓고 위풍이 텬신 ᄀᆞᆺ고 룡호의 거동이라 가온ᄃᆡ 대원슈는 황금갑의 홍금포를 입고 슌금 투구의 양지 빅옥ᄃᆡ를 두ᄅᆞ고 샹방검을 들고 빅셜마를 타시니 일월 ᄀᆞᆺ튼 광치와 츄텬 ᄀᆞᆺ튼 긔상이 초한의 샹풍이 늠렬ᄒᆞ고 경텬위디지지와 안방정국을 두어시니 무후의 청덕과 쥬아부의 위풍이라 삼군의 대외 착란치 아니ᄒᆞ고 위엄이 거록ᄒᆞᆫ지라 초공 진왕 양퇴ᄉᆡ ᄉᆡ로이 칭하ᄒᆞ고 우음을 먹어 십리경의 젼

76면

별ᄒᆞ고 집으로 도라오니 훌훌ᄒᆞ믈 이긔지 못ᄒᆞ여 탄식ᄒᆞ더라 원슈 군젼의 하직ᄒᆞ고 부모 존당의 니별ᄒᆞ고 삼 셩 북쇼ᄅᆡ의 삼군이 호호탕탕ᄒᆞ여 범이 뭉긔는 ᄃᆞᆺ 룡이 엉긔는 ᄃᆞᆺ 긔셰 풍우 ᄀᆞᆺᄐᆞ여 믈미ᄃᆞᆺ 나아가니 쟝ᄒᆞᆫ 위풍과 늠늠ᄒᆞᆫ 덕위 쇼년 장군이오 일대 무젹이라 진초 이공이 즐기더라 만셰 동남의 근심을 맛기고 도라오샤 조노공과 진초 이공긔 샹급ᄒᆞ고 문안ᄒᆞᄂᆞᆫ ᄉᆞ관이 도로의 니어 위로ᄒᆞ시니 조부의셔 텬은을 슉샤ᄒᆞ더라 이ᄯᅢ 남부의셔 녀ᄋᆞ를 일ᄒᆞ므로 우

77면

분 통셕ᄒᆞ여 샹셕의 위돈ᄒᆞ더니 연쇼졔 혼인을 일우ᄆᆡ 두공 부ᄌᆡ 남가의 왕ᄅᆡᄒᆞ니 남시 부모의 유병ᄒᆞ믈 듯고 밤을 당ᄒᆞ여 본부로 도라가ᄆᆡ 옥 ᄀᆞᆺ튼 유ᄌᆞ를 품어시니 남공 부뷔 대희과망이라 빅쥬의 신션이 나린 ᄃᆞᆺ 븟들고 울며 곡졀을 무ᄅᆞ니 쇼졔 옥누를 거두고 지ᄂᆞᆫ 셜화를 알외여 연쇼져의 덕으로 무ᄉᆞ이 ᄉᆞ라 분산ᄒᆞ며 초공이 알고 아직 연부의 이셔 ᄉᆞ셰를 보라 ᄒᆞ시기로 즉시 못 오믈 고ᄒᆞ니 공이 슬허 왈 필연 연군쥬의 작악이니 세샹의 여ᄎᆞ 찰네 이ᄂᆞᆫ고 너의 살미 실노 이샹

78면

커니와 초공의 신긔로도 연부의 감쵸여시라 ᄒᆞ믄 원녀 이시미니 이졔 네 임의 ᄂᆡ 집

의 왓고 조랑은 형을 ᄯᅡ라 츌젼ᄒᆞ여시니 그윽ᄒᆞᆫ 곳의 안신ᄒᆞ고 아직 너의 이슴과 ᄌᆞ식의 아름다오믈 젼치 말미 샹칙이라 너ᄅᆞᆯ 잡아갈 적 엇던 ᄉᆞ름이 무슴 요슐노 잡아가더뇨 내 쇼탈ᄒᆞᆫ 타ᄉᆞ로 술피지 못ᄒᆞ고 너ᄅᆞᆯ 조가의 셩혼ᄒᆞ여 허다 참난이 이시니 엇지 ᄋᆡ답지 아니리오 ᄒᆞ고 숀ᄋᆞᄅᆞᆯ 보니 일월 ᄀᆞᆺᄐᆞᆫ 면뫼 조한림을 뽀앗ᄂᆞᆫ지라 남공이 긔ᄋᆡᄒᆞ여 일노조ᄎᆞ 병이 낫고 남시 일노 몸이 감초와 비복

79면

도 뵈지 아니ᄒᆞ고 조부의셔 ᄉᆞ라시믈 아지 못ᄒᆞ고 셔셔히 보와 구쳐코져 ᄒᆞ나 조ᄉᆡᆼ이 남시 업ᄉᆞᆫ 후 박ᄒᆞ미 이샹ᄒᆞ여 ᄒᆞᆫ번 빙부ᄅᆞᆯ ᄎᆞᆺᄂᆞᆫ 일이 업더니 츌ᄉᆞᄒᆞ고 남공이 념녀하여 녀ᄋᆞ로 졍의 블합ᄒᆞ여 그런가 의아ᄒᆞ더라 화셜 졍시 니고ᄅᆞᆯ ᄯᅡ라 셰샹을 니별ᄒᆞ고 쟝락ᄉᆞ의 슘어 일월을 보내나 외로온 몸이 히포 산사의 뉴락ᄒᆞ여 부모와 구고의 쇼식이 아득ᄒᆞ고 가부의 부탁을 져바리니 씩씩 눈ᄉᆔ 옥안의 종횡ᄒᆞ나 니고의 지극ᄒᆞᆫ 졍셩이 살을 혈고 죽어도 갑기ᄅᆞᆯ ᄉᆡᆼ각고 신셕

80면

의 위로ᄒᆞ여 의식을 극진이 ᄒᆞ고 졍시 일노 힘입어 명년 이월의 밋쳐 홀연 슌산 ᄉᆡᆼᄌᆞᄒᆞ니 산실의 향운이 ᄋᆡᄋᆡᄒᆞ고 셔긔 방광ᄒᆞᆫ 즁 옥골 영풍이 화월이 ᄡᅥ러진 ᄃᆞᆺ 실노 초공 진왕의 모습이라 니괴 하례 왈 부인은 다만 고초ᄅᆞᆯ 근심 말고 쇼공ᄌᆞ만 힘ᄡᅥ 보호ᄒᆞ쇼셔 빈되 지인지감이 업ᄉᆞ나 명만텰하ᄒᆞ고 ᄉᆞ희ᄅᆞᆯ 안공ᄒᆞᆯ 거시니 엇지 심샹ᄒᆞᆫ 아히리잇가 부인이 기리 탄왈 ᄉᆞ부의 은혜 감ᄉᆞᄒᆞ나 엇지 강보아로 귀격을 알니오 ᄉᆞ부의 홍은으로 보젼키ᄅᆞᆯ 바라노라 ᄋᆞ히 텬륜

81면

을 알 길이 업ᄉᆞ니 엇지 슬프지 아니ᄒᆞ리오 언파의 누ᄉᆔ 비오ᄃᆞᆺᄒᆞ니 니괴 위로ᄒᆞ며 지극히 구완ᄒᆞ며 공ᄌᆞᄅᆞᆯ 보호ᄒᆞ고 부인을 구졔ᄒᆞ미 졍셩의 지ᄂᆞ니 부인이 감ᄉᆞᄒᆞ여 타루ᄒᆞ더라 니괴 지극히 구ᄒᆞ여 삼칠일이 지ᄂᆞ니 부인이 향ᄎᆞᄒᆞ고 유ᄋᆡ 완실ᄒᆞ여 부조의 위풍과 모습을 달마시니 쳔고의 옥동이라 셰월이 훌훌ᄒᆞ여 삼 년 츈츄ᄅᆞᆯ 보ᄃᆡ 셰샹 쇼식이 묘연ᄒᆞ고 쇼ᄋᆡ 말을 옴기ᄆᆡ 영풍이 도도ᄒᆞ여 완연이 조니뷔라 말을 ᄇᆡ호고 글ᄌᆞᄅᆞᆯ 히ᄒᆞ며 ᄒᆞᆫ번 드ᄅᆞ면 ᄇᆡᆨᄉᆞᄅᆞᆯ 통ᄒᆞ

82면

더라 부인이 그 츌즁ᄒᆞ믈 두려 글ᄌᆞ를 가ᄅᆞ치지 아니나 ᄋᆞ히 스ᄉᆞ로 모젼의 보ᄎᆡ여 ᄇᆡ호니 ᄒᆞᆫ ᄌᆞ랄 가ᄅᆞ친즉 ᄇᆡᆨ ᄌᆞ를 통ᄒᆞᄂᆞᆫ지라 정시 일노 ᄒᆡ위ᄒᆞ고 슈션의 힘써 의식을 니어 밤인 즉 셔ᄉᆞ 고셔를 술펴 늣기고 탄ᄒᆞ여 신셰의 고이ᄒᆞ믈 슬허ᄒᆞ고 부모와 구고긔 뵈올 길이 업ᄉᆞ믈 쥬야 ᄋᆡ통ᄒᆞ더라 어시의 정ᄌᆞ식 형쥐 도임ᄒᆞ고 부인 오시ᄋᆞᄌᆞ 슈인 녀ᄋᆞ쑨 왓ᄂᆞᆫ지라 ᄋᆡ민치정이 지공무ᄉᆞᄒᆞ니 형쥐 니민이 탄복ᄒᆞ여 타읍의 들니더라 정시 슈품이 형쥐 진동ᄒᆞ여 인읍 명부 부인 쇼져

83면

등이 니고를 ᄎᆞ져 슈를 바드니 오부인이 이런 거슬 슝샹ᄒᆞᄂᆞᆫ지라 니고를 ᄉᆞ괴여 아즁 츌입ᄒᆞ고 슈 노흔 거슬 갑슬 바다 여러 번 쇼용의 쓰니 니고ᄂᆞᆫ 현인 인덕의 화복길젺을 통니ᄒᆞᄂᆞᆫ지라 정부인 일을 지긔ᄒᆞ고 ᄇᆡᆨ금션을 쥬어 슈를 노화 가지고 아즁의와 오부인긔 뵈고 왈 부인이 슈를 귀히 너기ᄆᆡ 긔이ᄒᆞᆫ 거살 가져왓시니 보쇼셔 오시 바다 보ᄆᆡ ᄇᆡᆨ금션의 슈를 노흐ᄃᆡ 긔묘ᄒᆞᆫ지라 황홀ᄒᆞ여 왈 내 무 갑슬 쥬고 ᄉᆞ려 ᄒᆞ거니와 슈 노흔 녀ᄌᆞ를 알고져 ᄒᆞ노라 니괴 쇼왈

84면

산ᄉᆞ의 뉴락ᄒᆞᆫ 재 만ᄉᆞ오니 엇지 이만 ᄌᆡ죄 업ᄉᆞ오리잇가 과연 쇼되 감초와 잇ᄂᆞᆫ 부인이 년긔 이십이 못 되온 긔질이 셰샹의 업ᄉᆞ오며 장낙ᄉᆞ의 슈삼 년을 쇼되 뫼셔 공양ᄒᆞᄂᆞ이다 빈되 경ᄉᆞ의 가 문명ᄒᆞᆫ ᄌᆡ샹가의 슉녀를 두로 보와시ᄃᆡ 이 ᄀᆞᆺ튼 부인은 업삽고 무슨 일노 물의 싸졋거ᄂᆞᆯ 건져 구ᄒᆞ와 아히 쏘 난 지 셰 슬이 되도록 ᄎᆞᆺᄂᆞ니 업ᄉᆞ오니 빈되 ᄋᆡ잔이 너기더니 거야의 부쳬 현몽ᄒᆞ샤 길인을 구ᄒᆞ여 영광이 이실 거시니 몬져 동긔를 ᄎᆞ져 슈족이 샹봉ᄒᆞ고 버

85면

거 부뷔 ᄌᆡ합ᄒᆞ리니 ᄯᅦ를 일치 말나 맛당이 아즁의 자ᄉᆞ부인을 보와 길인의 일신을 영화케 ᄒᆞ라 ᄒᆞ오ᄃᆡ 년인ᄒᆞ올 길이 업ᄉᆞ와 슈를 의방ᄒᆞ고 알외ᄂᆞ이다 오부인이 이 말을 드ᄅᆞᄆᆡ 경동 왈 ᄉᆞ부의 어진 마음이 실노 ᄉᆞ롬의 밋지 못ᄒᆞᆯ ᄇᆡ라 그 녀ᄌᆞ의 셩명이 무어시며 그 가뷔 엇던 ᄉᆞ롬인고 니괴 왈 가부와 써ᄂᆞᆯ ᄯᅦ 니부 텬관으로 일셰

명샹이니 존구의 셩명은 초국공 조무오 가친은 샹국 졍뫼니 고이ᄒᆞᆫ 변난으로 부모를 뫼셔 향니로 가더니 블의지변으로 금

86면

강의 ᄡᅥ러지니 ᄉᆞ라ᄂᆞ미 쳔만 의외라 ᄒᆞ고 그 슈 노ᄒᆞᆫ 거ᄉᆞᆯ 젼ᄒᆞ여 근본을 듯고져 ᄒᆞ미 후문 명가의 단니니 일즉 그 사ᄅᆞᆷ의 아ᄅᆞᆷ다옴과 근본을 모ᄅᆞ리 업ᄉᆞ오나 부인이 신근이 무ᄅᆞ시니 빈되 의심이 니러나 근본을 누츄이 ᄒᆞᄂᆞ이다 오부인이 대경ᄒᆞ여 다시 뭇고져 ᄒᆞᆯ 젹 믄득 금녕이 들니ᄂᆞᆫ지라 자ᄉᆞ의 ᄂᆡ아의 니ᄅᆞᄂᆞᆫ 위의 본ᄃᆡ 승니를 빅쳑ᄒᆞᄂᆞᆫ지라 니괴 황망이 다ᄅᆞᄂᆞ고 ᄌᆞᄉᆡ 드러와 부인을 보고 미우의 희ᄉᆡᆨ이 가득ᄒᆞ거늘 연고를 무른대 답왈 조유현이 평

87면

능 대원슈로 이 ᄡᅡ흘 지ᄂᆞ리라 ᄒᆞ니 엇지 반갑지 아니리오 오시 탄왈 조유현 긔샹이 이러ᄒᆞᆯ 쥴은 알거니와 쇼고의 구원망이 엇지 슬프지 아니리오 쳡이 쟝낙ᄉᆞ 니괴 슈를 가져왓거늘 ᄉᆞ숩더니 니고의 말이 여ᄎᆞ여ᄎᆞᄒᆞ여 셩명은 분명이 모ᄅᆞ고 조원슈 부인 ᄀᆞᆺᄐᆞ니 ᄌᆞ시 뭇고져 ᄒᆞᆯ ᄎᆞ 니괴 갓ᄂᆞ이다 ᄌᆞᄉᆡ 쳥파의 대경 왈 엇지 이런 일이 이시리오 연연 약질이 희슈의 ᄡᅥ러져 ᄉᆞ랏단 말이 밋브지 아니커니와 ᄌᆞ시 므ᄅᆞ면 알니라 아모커나 대원슈 영졉기로 형쥬 일

88면

현이 분쥬ᄒᆞ고 반가온 일이 산란ᄒᆞ니 엇지리오 ᄒᆞ더라 현픽 쥬야 울고 쥭을 거동을 ᄒᆞ니 ᄌᆞᄉᆡ 참혹히 너겨 졔 원ᄃᆡ로 금강의 가 크게 셜졔ᄒᆞ고 통곡ᄒᆞ게 두엇더라 화셜 조원슈ᅵ 남방을 졍벌ᄒᆞ믈 듯고 승승쟝구ᄒᆞ여 ᄌᆞ원 츌젼ᄒᆞ여 졍병 삼십 만과 명쟝 뉵십 여 원을 거ᄂᆞ려 남으로 나올ᄉᆡ 대군이 힝ᄒᆞᄂᆞᆫ 바의 덕틱이 츈양 ᄀᆞᆺ고 위엄이 뇌졍 ᄀᆞᆺᄐᆞ여 만인지젹을 겸ᄒᆞ고 부원슈 양닌광이 경륜지ᄌᆡ 병ᄒᆞ여 셰 대ᄡᅡ림 ᄀᆞᆺᄐᆞᆫ지라 빅셩들니 단ᄉᆞ호쟝으로 왕

89면

ᄉᆞ를 마ᄌᆞ니 원슈ᅵ ᄉᆞ졸을 엄금ᄒᆞ여 츄호를 블범ᄒᆞ고 계견이 놀ᄂᆞ지 아니ᄒᆞ고 초목이

샹치 아니니 니민이 져ᄌᆞ를 옴기지 아니ᄒᆞ더라 힝ᄒᆞ여 금강이 니ᄅᆞ니 칙션의 비단 돗출 다라 강변의 ᄃᆡ후ᄒᆞ고 구름 ᄎᆞ일의 만군 쳔ᄆᆡ ᄉᆞ변을 덥혀시니 원슈 금강을 ᄃᆡᄒᆞᄆᆡ 옥인의 원ᄉᆞᄒᆞᆫ ᄋᆡ졍이 운쇼의 늣기는 듯 강슈는 흉용ᄒᆞ여 슈인의 ᄋᆡ회를 돕고 비풍이 쇼슬ᄒᆞ여 비쟝ᄒᆞ나 셜셜ᄒᆞᆫ 근심이 쇼삭ᄒᆞᄂᆞᆫ지라 강교의 집을 잡아 쥬과를 버려 심회를 이긔지 못ᄒᆞ

90면

여 붓술 드러 글을 지으니 쳔언 만즁이라 기 셔의 ᄀᆞᆯ와시ᄃᆡ 유셰ᄎᆞ 모년 월일의 박졍 니부샹셔 졍남 대원슈 조유현은 쳥작 셔슈로 망실 졍부인 령젼의 돈슈ᄒᆞ고 비한ᄒᆞᆫ 글을 붓치ᄂᆞ니 오호 통지며 오호 ᄋᆞ지라 피ᄎᆞ ᄋᆡᆨ운이 고이ᄒᆞ와 복은 남ᄒᆡ의 찬젹이 되고 낭영은 금쥐로 힝ᄒᆞ나 다시 텬일을 만나 회졍홀가 ᄒᆞ더니 집의 도라오ᄆᆡ 만ᄉᆡ 의구ᄒᆞᄃᆡ 현녕의 얼골을 보지 못ᄒᆞ고 흉음이 귀를 놀내니 슬프미 오

91면

ᄂᆡ를 막아 한이 복즁의 싸혀시니 비록 고관 대쟉의 위국인신ᄒᆞ나 무슨 흥황이 이시리오 이 쇼식을 드른 후는 벼ᄀᆡ의 잠을 못 닐오고 밥이 목의 나리지 아닌는지라 됴운 모우의 넉술 술오미 몃 번인 쥴을 알니오 ᄉᆡᆼ각이 현녕의게 다다라 통원이 하늘의 ᄉᆞ못고 나의 박힝을 뉘웃츤들 어대 가 비ᄒᆞ리오마는 천츄 원긱이 되니 모도 나의 과실이라 슬프다 츙신 의ᄉᆡ 비록 숑빅 ᄀᆞᆺᄐᆞ나 그 인군을 만ᄂᆞ지 못ᄒᆞ면 ᄌᆡ조와 용ᄆᆡᆼ을 펴지 못ᄒᆞ고 녀ᄌᆡ 츌셰

92면

ᄒᆞ나 사름을 만ᄂᆞ지 못ᄒᆞ면 명이 박ᄒᆞᄂᆞ니 녕의 츌셰ᄒᆞᆫ 셩힝 슉덕과 광치 인의로 날 ᄀᆞᆺᄐᆞᆫ 박힝을 만ᄂᆞ미라 ᄇᆡᆨ인이 유아이ᄉᆡ니 아심이 비여셕이오 비여쳘이라 이 한으로 눌다려 니ᄅᆞ며 슬프믈 참으리오마는 오히려 경즁이 잇는지라 북당의 훤초를 뫼신 ᄉᆞ름이 간 ᄃᆡ로 쳑비 슈용을 못ᄒᆞ여 유유ᄒᆞ나 옥면 화음은 이변의 경연ᄒᆞ고 슉ᄌᆞ 인품은 이목의 흣터지지 아니니 쳘셕 심쟝인들 참으리오 희희 통지라 쥭은 톄ᄇᆡᆨ을 거두워 쟝

93면

치 못ᄒᆞ고 복졔를 ᄀᆞᆺ초지 못ᄒᆞ여 망연 부지로 삼 년을 지ᄂᆡ고 고토의 도라와 드ᄅᆞ미 오히려 꿈인가 의심ᄒᆞ고 쇽이는가 ᄒᆞᄂᆞ니 엇지 현녕의 어질기로 오복이 구젼지샹으로 이 지경의 밋ᄎᆞ리오 녕이 본대 졍문의 일 녀ᄌᆞ로 가엄이 녕을 두어 슬하의 닐온 눌붓터 그 ᄋᆡ즁ᄒᆞ시기는 범연ᄒᆞᆫ 식부로 아지 아니시니 도라보ᄂᆡ실 시졀의 부탁ᄒᆞ시는 뜻이 깁고 미드시거눌 녕의 직극ᄒᆞᆫ 셩효로 ᄉᆡᆼ흉지신을 가연이 강슈의 더져 냥가 친졍의 무한

94면

ᄒᆞᆫ 한을 끼치고 날노 ᄒᆞ여금 질통이 잇게 ᄒᆞᄂᆞ뇨 오회라 녕을 아지 못ᄒᆞ고 한ᄒᆞ미로다 만경쳥파의 ᄯᆞᆯ오는 도젹이 셩화 ᄀᆞᆺᄐᆞ니 이ᄯᅢ를 당ᄒᆞ여 강슈의 ᄯᅱ여들 젹 금옥심쟝이 엇더ᄒᆞ리오 비록 쥭으미 ᄎᆞ악ᄒᆞ니 샹졀이 두렷ᄒᆞ여 셰샹의 빗ᄂᆞ고 어진 셩힝은 합문 샹하의 그 덕이 잇고 명이 박ᄒᆞ미 후인으로 눈믈을 드리옴 즉ᄒᆞ거눌 ᄒᆞ믈며 나의 마음이랴 ᄋᆡ지라 몸이 맛ᄎᆞ니 엇지 ᄒᆞᆫ낫 골육이 업셔 신후를 니을 재 업ᄉᆞ믈 ᄒᆞᄂᆞ뇨 가히 셰샹ᄉᆞ

95면

를 아지 못ᄒᆞ리로다 ᄉᆡᆼ이 국은을 입숩고 녕의 신원이 일월 ᄀᆞᆺᄐᆞ여 간비를 버히나 ᄉᆞ룸이 업ᄉᆞ니 ᄒᆞᆫ가지로 쾌ᄒᆞᆫ 말을 일우지 못ᄒᆞ고 여할ᄒᆞᆫ 심ᄉᆡ 셜령 화평ᄒᆞ나 ᄯᅩ 니별을 일울 곳이로다 왕ᄉᆞ로 삼군을 거ᄂᆞ려 금강을 건너니 이곳이 부인 슈ᄉᆞᄒᆞᆫ 곳이라 ᄎᆞ회라 령이 오시믈 알지라 ᄉᆞ룸이 쥭으미 입관 셩복ᄒᆞ고 ᄯᅡ쇽의 들미 고ᄉᆡ로ᄃᆡ 녕은 무슴 죄로 쳔금지구를 강슈의 바려 ᄎᆞ줄 사룸이 업슨즉 어이된고 가뷔 이시ᄃᆡ 울어 그 관을 만지지 못

96면

ᄒᆞ고 인졍이 쇼졀ᄒᆞ여 슬프믈 모ᄅᆞ지 아니ᄃᆡ 봉친지하의 마음ᄃᆡ로 못ᄒᆞ더니 이의 다다라 녕의 맛ᄎᆞ므로 ᄒᆞᆫ 번 울고 ᄒᆞᆫ 번 졍을 아니 펴지 못ᄒᆞᆯ지라 나의 반ᄉᆡᆼ 심곡을 가져 고혼을 위로ᄒᆞᄂᆞ니 녕은 흠향ᄒᆞ라 ᄒᆞ엿더라 원쉬 강슈를 향ᄒᆞ여 실셩 통곡ᄒᆞ니 누쉬 쳔항이라 운현과 닌광이 븟드러 위로 왈 몸의 즁임을 가지고 원융 되여 이러틋

부인의 우롬을 지리히 홀 거시 아니니 모릭미 과상호여 삼

97면

군을 경동치 마릭쇼셔 원쉬 우롬을 긋치고 도로혀 우어 왈 네 말이 가히 우엄즉호도다 날 궃튼 토목 심장이 아니면 졍시 ᄀ튼 부인을 강슈의 너코 혼 번 울 색이리오 만일 여등이 이 일을 당훈즉 반드시 오술 벗고 강슈의 뛰여들고져 홀 사롬들니 도로혀 날을 나모라 부인의 우롬을 혼다 호리오 집의 잇는 쎄는 이즈미 이셔 삼 년을 즐거온 거동궃치 호고 흉보를 드른 지 오릭딕 일양 화평이 지닉더니 도금호여는 졍시를 싱각고 져의 쥭으미 날을 위호미라 대원슈의 위의

98면

아냐 쳔승의 존호믈 가져도 가실을 싱각호여 졔곡호미 그리 고이호리오 셜파의 삼군을 휘동호여 강을 거너 뉵칠 일 후 형쥐 관亽로 갈식 톄면의 마지못호여 공복을 호고 지경의 영딕홀식 삼군의 긔치와 졀월이 븟치고 금극 도창이 샹셜 궃튼딕 원쉬 문긔 하의 빅셜마를 타고 좌우의 대쟝이 호위호여 오니 엄슉훈 위의와 쟝훈 거동이 쳔고의 희한호고 어亽호신 빅모 화월과 샹방검이 위의를 돕고 홍나산은 반공의 쇼亽시니 조원슈의 츄월 궃튼 면광과 룡봉 궃

99면

튼 긔질이 이늘 더옥 식로와 바라보미 찬란훈 광휘 빅셜의 셧겻는 둧 션봉 부원슈 풍광이 오히려 대원슈의 풍용을 돕는지라 졍즈식 반가오믈 이긔지 못호여 피츳 우음을 먹고 직亽로 들식 조원쉬 즈亽의 손을 잡고 창감훈 빗치 가득호여 왈 亽라시믹 즈연 만느거니와 아지못게라 령믹의 익슈지환은 엇진 일이뇨 셜파의 봉목의 믈결이 어릭여 슈려훈 냥미의 비식이 가득호여 자식 빵뉘 금포의 년락호여 기리 탄왈 쇼쇼훈 텬되 亽롬의 춤아 못홀 노릭술 호

100면

시는지라 내 이졔 운희를 보믹 눗치 둣겁고 마음이 익원훈지라 닉 슬픔과 이 한을 엇지 다 긔록호리오 원쉬 즈亽의 과익호믈 보고 도로혀 웃고 탄왈 亽싱이 유명호니 즈

가의 박ᄒᆞ미라 다시 슬허 무엇ᄒᆞ리오 다만 신후를 니어 위로홀 혈속이 업ᄉᆞ니 무순 텬되뇨 셰샹ᄉᆡ 헛되믈 알지라 쇼뎨 오히려 잇기를 공부ᄒᆞ니 니졍의 샹도ᄒᆞ미 오ᄅᆡ고 악부모의 비쳑ᄒᆞ시믈 본 젹마다 져의 블회 비경ᄒᆞ믈 탄홀 ᄲᅳᆫ이라 ᄒᆞ고 경ᄉᆞ 쇼식을 젼ᄒᆞ고 졍공의 글을 쥬니 ᄌᆞᄉᆡ 급히 바다 보고 친회

101면

의 착급ᄒᆞ믈 이긔지 못ᄒᆞ더라 원쉬 됴뎡ᄉᆞ와 붕우의 회포를 젼ᄒᆞ며 일실의셔 ᄌᆞ더니 조용ᄒᆞᆫ ᄯᅢ의 ᄌᆞᄉᆡ 왈 내 오늘 의심된 말을 드러시ᄃᆡ 너의 오ᄂᆞᆫ 쇼문이 들니고 분난ᄒᆞ여 ᄌᆞ시 뭇지 못ᄒᆞ엿더니 쟝낙ᄉᆞ 니승이 아즁의 단니더니 이러 이러ᄒᆞᆫ 일이 이시니 아ᄆᆡ ᄉᆞ라늘 일은 의외요 의심되더라 ᄒᆞ니 원쉬 ᄉᆡ로이 비회 동ᄒᆞ여 왈 형이 완ᄒᆞᆫ ᄉᆞ름이로다 비록 술미 만무ᄒᆞᄃᆡ 엇지 뭇지 아니뇨 ᄌᆞᄉᆡ 왈 명일 현파를 보내여 보고 오라 ᄒᆞ리라 원슈 왈 월츌산이 예셔 몃 니나 ᄒᆞ

102면

뇨 비록 허탄ᄒᆞ나 갑갑ᄒᆞ니 내 알고 가리라 자ᄉᆡ 쳥파의 현파를 블너 쳔리마를 ᄐᆡ와 쟝락ᄉᆞ로 가 그 곡졀을 아ᄅᆞ오라 ᄒᆞ고 ᄉᆞ연을 니ᄅᆞ니 현픿 계명의 ᄯᅥ나 장낙ᄉᆞ로 갈ᄉᆡ 원쉬 파를 보내고 비로쇼 잠을 들ᄉᆡ 믄득 졍시 옥 ᄀᆞᆺ튼 긔린을 품고 완연이 겻ᄒᆡ 누엇거ᄂᆞᆯ 원쉬 반겨 옥슈를 니어 문왈 부인이 니별 삼 년의 금강의 슈ᄉᆞᄒᆞ믈 드ᄅᆞ므로 아심이 여할ᄒᆞ믈 면치 못ᄒᆞᄃᆡ ᄒᆞᆫ번 몽혼의도 만ᄂᆞ지 못ᄒᆞ더니 오늘날 엇지 니ᄅᆞ뇨 부인이 거슈 칭샤 왈 쳡이 물귀신이 요힝 장낙

103면

ᄉᆞ의 유발승이 되여 셰샹을 ᄯᅳᆫᄒᆞᆫ 지 삼 년이라 거거와 부지 이곳의 림ᄒᆞ시니 ᄎᆞᄂᆞᆫ 쳡의 만힝이오 유아로 부ᄌᆞ유친을 완젼케 되니 군ᄌᆞ의 유신ᄒᆞ미 고인을 잇지 아니ᄒᆞ샤 금강의 셜졔ᄒᆞ시므로 쳡이 산 넉시 흠향ᄒᆞ고 오ᄂᆞᆯ 니러ᄅᆞᄂᆞ니 원컨ᄃᆡ 귀톄를 진즁ᄒᆞ시고 쳡을 념녀의 거리ᄭᅵ지 마ᄅᆞ쇼셔 원쉬 ᄒᆞᆫ뭇긔이 깃거 ᄋᆞ히를 바다보니 미목이 샹활ᄒᆞ고 톄형이 쟝대ᄒᆞ여 ᄌᆞ가로 ᄒᆞᆫ 판의 박은 ᄃᆞᆺ하니 ᄂᆞᆺ출 대히고 품의 너허 부인의 ᄉᆡᆼ존ᄒᆞ믈 깃부미 졍치 못ᄒᆞ여 말을 다

104면

시 ᄒᆞ고져 ᄒᆞ더니 개문ᄒᆞᄂᆞᆫ 쇼ᄅᆡ의 놀ᄂᆞ ᄭᅵ다ᄅᆞ니 동방이 희고져 ᄒᆞ더라 원슈 마ᄋᆞᆷ의 훌연ᄒᆞ여 샹시와 다ᄅᆞᆷ믈 탄식ᄒᆞ고 일변 고이ᄒᆞ여 ᄉᆡᆼ각ᄒᆞᄃᆡ 몽ᄉᆞᄂᆞᆫ 허탄ᄒᆞᄃᆡ 원내 졍시 츌범ᄒᆞ던 거시니 맛ᄎᆞᆷ내 쳔고 박명지인이 되지 아닐 듯하고 ᄯᅩ 고이ᄒᆞᆫ 쇼식을 드ᄅᆞᄆᆡ 몽ᄉᆡ 여ᄎᆞᄒᆞ니 혹 ᄉᆞ라 산승이 되엿ᄂᆞᆫ가 져의 위인이 결단코 삭발위승은 아닐 듯ᄒᆞ니 비록 산ᄉᆞ의 의탁ᄒᆞ나 쉼의 아ᄒᆡ 거동이 흡ᄉᆞᄒᆞ니 혹쟈 ᄉᆡᆼ존ᄒᆞᄂᆞᆫ 경ᄉᆡ 잇ᄂᆞᆫ가 심ᄉᆡ 요란ᄒᆞ여 이늘 관ᄉᆞ의 머무러 현파 오

105면

기를 기다리더라 어시의 졍부인이 쟝락ᄉᆞ의셔 셰상 쇼식이 아득ᄒᆞ여 쇽졀업시 옥쟝을 술오더니 일야ᄂᆞᆫ 일몽을 어드니 젼일 ᄉᆡᆨ지던 금강의 몸이 가ᄂᆞᆫ 셰 업시 니ᄅᆞ니 쳔군 만ᄆᆡ ᄉᆞ변의 덥혓고 ᄒᆞᆫ 대장의 위의로 졔젼을 버리고 만편 졔문을 지어 닑으ᄆᆡ 슬픈 말이 비졀ᄒᆞᆫ지라 몸이 나라 그 버린 쥬과를 먹으며 비읍ᄒᆞ더니 겻ᄒᆡ 니괴 ᄭᆡ오ᄂᆞᆫ지라 졔문 셜홰 녁녁ᄒᆞ니 니러 안져 쵹을 ᄇᆞᆰ히고 졔문의 말을 지필의 긔록ᄒᆞ고 몽즁ᄉᆞ를 곰초와 부뷔 만

106면

ᄂᆞᆫ 증험을 삼으려 ᄒᆞ니 일노 마음이 더옥 요동ᄒᆞ여 니ᄅᆞᄃᆡ 쳡이 ᄉᆞ부의 은혜로 보젼ᄒᆞᄆᆡ 지극ᄒᆞ나 부모와 구고 만늘 긔약이 묘망ᄒᆞ니 ᄉᆞ뷔 삼 년을 ᄎᆞᆷ으라 ᄒᆞ더니 삼 년이 다 지ᄂᆞ도록 아득ᄒᆞ니 어내 시졀의 텬륜이 완젼ᄒᆞ리오 ᄉᆞ부ᄂᆞᆫ ᄌᆞ비지심으로 쳡의 원을 일우게 ᄒᆞ라 니괴 웃고 ᄒᆡ유 왈 부인은 근심 마ᄅᆞ쇼셔 관음이 지교ᄒᆞ시미 명명ᄒᆞ시니 오ᄅᆡ지 아냐 길운을 만ᄂᆞ리이다 ᄒᆞ고 이후 더옥 슈를 가져 명문대가의 유심ᄒᆞ여 졍시 근파를 졔도코져 ᄒᆞ더니 오부인이 무ᄅᆞ므

107면

로 셜파ᄒᆞ고 오며 ᄉᆡᆼ각ᄒᆞᄃᆡ ᄌᆞᄉᆡ 졍시라 ᄒᆞ고 얼픗 보니 졍부인 모습이라 내 말을 ᄯᅩ 반겨 드ᄅᆞ니 혹 친쳑인가 혜아리며 오더니 관리 분분이 대원슈 ᄒᆡᆼᄎᆞ를 영졉ᄒᆞ다 ᄒᆞ고 니승 이고라 ᄒᆞ여 ᄧᅩᆺᄎᆞ니 ᄉᆡᆼ각ᄒᆞ고 대원슈 근본을 무른ᄃᆡ 답왈 이 대원슈ᄂᆞᆫ 승샹 초국공의 아들이오 ᄎᆞᆷ지졍ᄉᆞ 니부텬관으로 평능 대원쉬라 요승이 아라 무엇ᄒᆞ리오

ᄒᆞ거늘 니괴 도라와 그대로 닐오대 졍시 초국공 셰 ᄌᆞ를 드ᄅᆞᄆᆡ 쥬뤼 방방ᄒᆞ여 닐오ᄃᆡ 과연 초국공은 나의 존귀라 대원쉬 그

108면
아들이라 ᄒᆞᄃᆡ 여러 아들을 두어 계시니 ᄉᆞ부ᄂᆞᆫ ᄌᆞ시 아ᄅᆞ오라 나의 가군은 안치 일월 ᄀᆞᆺ고 돗ᄂᆞᆫ ᄒᆡ발 ᄀᆞᆺ치 광치 잇고 팔쳑 신쟝의 슈슈 과슬ᄒᆞ고 영웅의 모양이 현져ᄒᆞ니 ᄉᆞ부의 춍명으로 짐쟉ᄒᆞ리라 니괴 왈 자ᄉᆞ부인 오시 춍긔 과인ᄒᆞ시니 ᄌᆞᄉᆞ의 근본을 ᄌᆞ셔히 알면 알기 쉬오리이다 졍시 왈 아모커나 ᄉᆞ부ᄂᆞᆫ ᄌᆞ시히 아ᄅᆞ쇼셔 나의 다셧 거게 다 립신ᄒᆞ여 벼슬을 ᄒᆞ니 혹 자ᄉᆞ로 오기도 고이치 아니니 쳡이 이 말을 드ᄅᆞᄆᆡ 졍신이 황혹ᄒᆞ니 이 ᄶᅵ를 일흐면 쥭을가 ᄒᆞ

109면
노라 졍히 문답홀ᄉᆡ 밧긔셔 고ᄒᆞᄃᆡ 아즁의셔 양랑이 와 ᄉᆞ부를 ᄎᆞᆺᄂᆞᆫ다 ᄒᆞ거늘 니괴 즉시 나와 현파를 볼ᄉᆡ 슈작을 고ᄒᆞ고 오부인 말숨으로 노신을 보내여 그 부인 얼골을 보고 오라 ᄒᆞ시ᄆᆡ 왓ᄂᆞ이다 니괴 왈 그러나 부인 셩되 엄졍ᄒᆞ시니 ᄉᆞ롬을 대치 아니ᄂᆞᆫ지라 원내 ᄌᆞᄉᆞ 샹공 셩명 ᄅᆡ력을 니ᄅᆞ라 현픠 탄식 왈 나의 회포ᄂᆞᆫ 지원극통이니 고인의 위쥬 ᄉᆞ졀ᄒᆞᄂᆞᆫ ᄃᆡ 다다ᄅᆞᄂᆞᆫ 스ᄉᆞ로 붓그리거니와 졍ᄌᆞᄉᆞ 노야ᄂᆞᆫ 졍틱ᄉᆞ 둘지 아들이오 노신은 졍부인 유모로셔 여ᄎᆞ여ᄎᆞ 금강

110면
의 슈ᄉᆞᄒᆞ시니 쳡이 ᄯᅡ라 쥭지 못ᄒᆞ고 골슈의 박히미 춘춘ᄒᆞ더니 이졔 자ᄉᆡ 여긔 오시니 대원슈ᄂᆞᆫ ᄆᆡ뷔라 이 ᄉᆞ연을 드ᄅᆞ시고 부인이 ᄉᆡᆼ존ᄒᆞ미 잇ᄂᆞᆫ가 쳔리마를 쥬어 ᄌᆞ시 아ᄅᆞ오라 ᄒᆞ시고 셔셔 기다리시니 만일 부인을 뵈와 나의 부인이 ᄉᆞ라 겨시면 노ᄉᆞ의 은덕이라 언파의 누쉬 비오듯ᄒᆞ니 니괴 츙셩을 감동ᄒᆞ여 역시 감읍ᄒᆞ고 젼도히 드러가 우어 왈 삼 년 그리던 비회 오늘이야 동긔와 가부를 만ᄂᆞ니이다 ᄒᆞ고 그 젼후 ᄉᆞ연을 젼ᄒᆞ고 현파의 말을 니ᄅᆞ니 졍시 ᄎᆞ언을 드ᄅᆞ

111면
니 비회 교집ᄒᆞ여 유모 곳 아니면 금강 일을 알 니 업ᄉᆞ니 보미 ᄒᆡ롭지 아니타 ᄒᆞ고

유랑을 드러오라 ᄒᆞ니 유랑이 드러와 셔로 보ᄆᆡ 십여 년 양휵던 유랑을 엇지 모ᄅᆞ리오 부지블각의 븟들고 통곡 왈 부인이 엇진 일이오 진여아 몽여아 노쳡이 금강의 ᄯᆞ오지 못ᄒᆞ고 블츙지죄로 쥬야 죽고져 ᄒᆞ더니 오늘날 산 쥴이 다힝ᄒᆞ도쇼이다 정시 어린 둧 취ᄒᆞᆫ 둧 누쉬 산산 왈 나의 명박ᄒᆞ여 죽은 몸이 ᄉᆞ라ᄂᆞᆫ 쥴은 도ᄎᆞ의 다 못ᄒᆞ려니와 본부와 구가 쇼식이 엇더ᄒᆞ뇨

112면

유랑이 부인을 어ᄅᆞ만져 눈믈과 한업ᄉᆞᆫ 경이 흐뭇지오니 능히 말을 못ᄒᆞ다가 비로쇼 정신을 정ᄒᆞ여 조부의 반셕 ᄀᆞᆺ트여 경ᄉᆞ의셔 녜ᄀᆞᆺ치 부귀를 누리시고 ᄌᆞ식 형쥐 도임ᄒᆞ고 대원슈를 마ᄌᆞ 관ᄉᆞ의셔 이 쇼식을 듯고 알나 보내신 말을 ᄀᆞᆺ초 고ᄒᆞ니 부인이 깃거 동ᄉᆡᆼ이 형쥐 온 일이 크게 다힝ᄒᆞ여 슬프미 도로혀 희긔 넘지니 츈풍 화긔라 니괴 평ᄉᆡᆼ을 근심ᄒᆞᄂᆞᆫ 형용을 ᄃᆡᄒᆞ다가 오늘이야 희긔 우희염ᄌᆞᆨᄒᆞ거늘 보매 ᄭᅩᆺ치 셩이 퓌엿ᄂᆞᆫ 모양의 만믈이 다 술

113면

와 바리고 일 ᄇᆡᆨ 화신이 닷토와 웃ᄂᆞᆫ 둧 ᄇᆡᆨ태쳔광이 텬하 미인이라 니괴 치하ᄒᆞ고 현파ᄂᆞᆫ 니고긔 은덕을 무슈 칭하ᄒᆞ여 긋치지 아니ᄒᆞ더라 쇼공ᄌᆡ 나와 모친이 슬허ᄒᆞ다가 즐기ᄂᆞᆫ 화식을 뭇고 노고를 무른ᄃᆡ 현픠 ᄃᆡ경 문지ᄒᆞ니 부인이 탐탐ᄒᆞᆫ 즁 밋쳐 니ᄅᆞ지 아니ᄒᆞ엿다가 탄ᄉᆡᆨᄒᆞᆫ 바를 니ᄅᆞ니 현픠 하 깃거 합쟝 왈 부쳐의 도으심과 ᄉᆞ부의 홍은은 우리 노쥐 셰셰 ᄉᆡᆼᄉᆡᆼ의 갑지 못ᄒᆞ리로쇼이다 이졔 쇼졔 ᄉᆡᆼ존이 쳔고 경ᄉᆞ여늘 쇼공ᄌᆞ의 긔이ᄒᆞ미

114면

비ᄒᆞᆯ ᄃᆡ 업ᄉᆞ오니 일시 급ᄒᆞ여 노야긔 고ᄒᆞᆯ지라 부인이 탄왈 거거ᄂᆞᆫ 다리라 오시나 원슈의 힝ᄎᆞ야 엇지 산ᄉᆞ의 일 녀ᄌᆞ를 위ᄒᆞ여 오시리오 ᄒᆡᄋᆞ의 텬륜을 일우고 나의 친당 구고의 뵈오미 지원이라 니괴 쇼왈 부인은 녀즁 셩인이라 조원쉬 ᄯᅳᆺ이 이러치 아니시리니 엇지 심규의 폐치ᄒᆞ리잇고 유랑이 왈 부인 신원이 일월 ᄀᆞᆺ트시믈 고ᄒᆞ고 츄향 셜ᄆᆡ 셜강 등 말이며 원슈의 부인 ᄉᆞ모ᄒᆞ던 말과 기간 셜화를 고ᄒᆞᆫ대 부인이 봉미를 ᄶᅵᆼ긔여 왈 기죄 만ᄉᆞ무셕이나 나

115면

의 말ᄆᆡ로 여ᄎᆞᄒᆞ니 무어시 깃브리오 유랑 왈 노쳡은 그 고기를 먹고져 ᄒᆞᄂᆞ이다 인ᄒᆞ여 하직고 관ᄉᆞ로 올ᄉᆡ 부인이 일봉셔로 원슈와 자ᄉᆞ긔 보ᄂᆡ고 니괴 젼후 슈말을 알외게 ᄒᆞ니라 하회 분셕ᄒᆞ라

조시삼대록 권지십이

1면

어시의 조원슈 현파를 기다리미 착급ᄒᆞ더니 날이 반오의 도라오니 현픽 희긔 무ᄅᆞ녹아 쟝낙ᄉᆞ의 가 본 일과 슈쟉ᄒᆞᆫ 말ᄉᆞᆷ을 알외고 소공ᄌᆡ 삼 셰 되여 비샹ᄒᆞ던 말을 알외니 자ᄉᆞᄂᆞᆫ 환희ᄒᆞ여 ᄎᆞ경대희ᄒᆞ고 두원슈와 양원슈 크게 치하 왈 원슈의 늉복이라 ᄒᆞ니 ᄎᆞ시 원슈의 마ᄋᆞᆷ이야 닐너 알니오 쥭엇던 부인이 ᄉᆡᆼ존ᄒᆞ고 ᄉᆡᆼ각 밧 삼 셰 긔린을 어드니 환연 희긔 금ᄉᆡᆼ 쳐음이라 이ᄀᆞᆺ치 깃븐 즁이나 단연이 안졋

2면

거ᄂᆞᆯ 모다 희롱ᄒᆞ고 조원슈의 엄슉ᄒᆞ므로도 하 깃거 니고를 금은으로 샹을 쥬더라 ᄎᆞ시 원슈 니고의 즁은을 샤례ᄒᆞ여 샹샤를 만히 ᄒᆞ니 니고ᄂᆞᆫ 청졍ᄒᆞᆫ 니괴라 허다 샹급을 도로혀 블안ᄒᆞ고 부인을 ᄡᅥᄂᆞ믈 슬허ᄒᆞ더라 ᄌᆞ식 하리로 금은을 슈습ᄒᆞ여 월츌산을 향ᄒᆞᆯᄉᆡ 원슈 동힝ᄒᆞᄌᆞ ᄒᆞ니 원슈 ᄋᆞᄌᆞ 볼 ᄯᅳᆺ이 시급ᄒᆞ여 우ᄋᆞ나 대군을 뷔오고 가기 블평ᄒᆞ여 아즁의 오면 보리라 ᄒᆞ니 현픽 봉셔를 올니니 원슈 반가오믈 먹어 ᄡᅥ혀 보니 지샹의 쥬옥이 난

3면

락ᄒᆞ여 ᄉᆞ의 ᄉᆡᆨᄉᆡᆨᄒᆞ고 만편 셔즁의 허다 ᄉᆞ연이라 일희일비ᄒᆞ고 우름이 변ᄒᆞ여 우음이 나ᄂᆞᆫ지라 자ᄉᆡ 하 깃브고 반가와 부인긔 통치 못ᄒᆞ고 금뎡치교와 시녀를 ᄀᆞᆺ초와 쟝낙ᄉᆞ로 갈ᄉᆡ 현파ᄂᆞᆫ 말을 타고 뒤흘 조ᄎᆞ더라 ᄎᆞ시 졍시 자ᄉᆞ의 오믈 듯고 반가오미 극ᄒᆞᆫ 즁 슬프미 교집ᄒᆞ여 셔로 볼ᄉᆡ ᄆᆡᄌᆞ를 븟들고 통곡ᄒᆞ니 보ᄂᆞ니 신긔ᄒᆞ믈 칭복ᄒᆞ더라 자ᄉᆡ 만단 회포를 펴고 유ᄋᆞ를 나오여 보니 쳔고 긔린이라 자ᄉᆡ 왈 문계 아

ᄃᆞᆯ 보기 급ᄒᆞ여 ᄒᆞ고 내 거마를 출혀 와

4면

시니 ᄒᆞᆫ가지로 가기를 ᄌᆡ촉ᄒᆞᆯ시 정부인이 도라가기를 림ᄒᆞ여 평ᄉᆡᆼ지원이 족의로대 이 니고의 삼 년 지극ᄒᆞᆫ 정을 일시의 버혀 도라가믈 의의ᄒᆞ여 츄연이 탄식고 봉황미를 씽긔여 도라 니고를 보와 ᄀᆞᆯ오ᄃᆡ 쳡이 오늘날이 이시믄 다 ᄉᆞ부의 ᄌᆡᄉᆡᆼ지은이라 이졔 도라가기를 림ᄒᆞ여 니별의 슬프미 나의 깃브믈 잇ᄂᆞᆫ지라 어ᄂᆡ 날 다시 모ᄃᆞ믈 긔약ᄒᆞ리오 니괴 눈믈이 환난ᄒᆞ여 왈 셰ᄉᆡ 번복과 니합이 ᄊᆡ 이시니 쇼져의 결연ᄒᆞ기로ᄲᅧ 엇지 길운이 더ᄃᆡ리오마ᄂᆞᆫ

5면

마ᄋᆞᆷ의 바라고 우러기를 관음 화샹 밧드듯ᄒᆞ더니 쳔 리 니별이 아득ᄒᆞ여 다시 뵈올 긔약이 업ᄉᆞ오니 ᄒᆞ믈며 노신이 정신이 졈졈 쇠ᄒᆞ여 경ᄉᆞ 왕ᄅᆡ가 젼일만 못ᄒᆞᆯ지라 부인은 오직 쳔츄 무량지복을 누리실 시절의 빈도의 구구ᄒᆞᆫ 정셩을 잇지 마ᄅᆞ쇼셔 부인이 슈졍의 슬허ᄒᆞ믈 보고 ᄯᅩᄒᆞᆫ 비샹ᄒᆞ믈 이긔지 못ᄒᆞ여 이의 ᄌᆞ긔 협ᄉᆞ지믈을 다 니고를 쥬어 ᄌᆞ긔 본ᄃᆞ시 ᄡᅳ라 ᄒᆞ고 불젼의 나아가 례ᄇᆡᄒᆞᆯ시 심즁의 대은을 일ᄏᆞᄅᆞ 츄ᄇᆡᄒᆞ기를 맛ᄎᆞᄆᆡ

6면

믄득 니러 톄읍ᄒᆞ며 ᄎᆞᆷ아 ᄯᅥᄂᆞ지 못ᄒᆞ니 니고ᄂᆞᆫ ᄒᆞᆫ가지로 형쥐로 오니라 ᄌᆞ식 누의를 다려 관ᄉᆞ의 도라오니 ᄎᆞ시 오부인이 쇼고의 ᄉᆡᆼ환ᄒᆞ믈 당ᄒᆞ여 환연이 깃브미 자ᄉᆞ로 일반이라 정부인의 ᄂᆡ힝치 ᄂᆡᄉᆞ의 니ᄅᆞᄆᆡ 오부인이 신을 벗고 즁계의 나려 마ᄌᆞ 당의 올나 례필ᄒᆞᆫ 후 셔로 붓들고 쳬읍ᄋᆡ통ᄒᆞ며 지난 바를 베플고 자ᄉᆡ 친히 외당의 나아가 조원슈를 ᄂᆡᆺ그러 내루의 드러오니 원쉬 ᄯᅩᄒᆞᆫ 젼일 정ᄉᆡᆼ의 부인으로 샹견ᄒᆞ미 잇고 ᄌᆞ식 간쳥ᄒᆞᄆᆡ ᄉᆞ양치 못ᄒᆞ여 드러

7면

가 오부인으로 례필의 눈을 드러 보니 정부인이 안셔히 례ᄒᆞᄂᆞᆫ지라 반가온 정이 만심 환연ᄒᆞ니 희긔 미우의 녕농ᄒᆞ여 기리 답례ᄒᆞ고 동셔로 분좌ᄒᆞᄆᆡ 자ᄉᆞ 부인이 몬

져 부부의 지합홈과 질ᄋᆞ의 비상ᄒᆞᆫ 졍ᄉᆞ를 치하ᄒᆞ니 원쉬 이곳의 모드미 텬의 쇼쇼ᄒᆞ믈 일ᄏᆞᄅᆞ 유화히 대답ᄒᆞ며 투목으로 부인을 술피니 셜부ᄂᆞᆫ 더옥 윤틱ᄒᆞ여 곤산의 미옥 ᄀᆞᆺ고 화협은 무릉의 도홰 셩히 븕어 향긔를 비왓ᄂᆞᆫ ᄃᆞᆺ 조흔 풍치 일 빅 졀승ᄒᆞ여 벽공 쇼월은 념태 부족ᄒᆞ고 션풍

8면

이질은 표연 쇼쇄ᄒᆞ여 진셰를 버셔 우화등션ᄒᆞᆫ ᄃᆞᆺ 왕모의 녕약을 삼켜시며 신션의 감노를 맛보와 쳔티만념이 유승젼쟈ᄒᆞ니 원쉬 반기며 깃븐 졍이 빗기 흔득여 냥안이 ᄌᆞ로 부인 신샹의 가기를 면치 못ᄒᆞ되 이용이 침엄ᄒᆞ니 그 창히지심과 쳔균지즁을 가히 탁량치 못ᄒᆞᆯ너라 부인이 슈괴ᄒᆞ믈 씌여 몬져 존당 셩후를 뭇줍고 만 리 쟝졍의 환쇄ᄒᆞ믈 치하ᄒᆞᄆᆡ 옥셩이 낭낭ᄒᆞ여 이변을 샹쾌이 ᄒᆞᄂᆞᆫ지라 원쉬 흔연이 친젼의 무양ᄒᆞ심과 무ᄉᆞ

9면

이 샹봉ᄒᆞ믈 깃거 부인의 참변을 일캇고 히ᄋᆞ를 ᄎᆞᄌᆞ니 공ᄌᆞᄂᆞᆫ 현픽 교ᄌᆞ의 담아오므로 최후의 드러온지라 옥골 셩모와 셤셤 셰요의 청삼 홍ᄃᆡ를 둘너 나아오니 거믄 머리털이 바야흐로 니마를 가리와시니 빅년 귀미치 교교ᄒᆞ여 신월이 쳥공의 쇼ᄉᆞ시니 단산의 봉황 ᄀᆞᆺ고 표연이 츈츄 젹 부ᄌᆞ를 위ᄒᆞᆫ 긔린이 됴야의 나련ᄂᆞᆫ지라 텬졍이 두렷ᄒᆞ고 봉미 과안ᄒᆞ여 호비 쥬슌과 년협 셜빈이 당셰의 무빵ᄒᆞᆯ지라 원슈를 가ᄅᆞ쳐 져긔 안ᄌᆞ시니 대인이시니 나아

10면

가 졀ᄒᆞ라 ᄒᆞᆫᄃᆡ 공ᄌᆡ 밧비 니러 원슈긔 ᄌᆡ비ᄒᆞ고 싱내 쳐음이로ᄃᆡ 반기ᄂᆞᆫ 얼골과 긔특ᄒᆞᆫ 거동이 타인지심으로도 긔특ᄒᆞ며 어엿브거든 ᄒᆞ믈며 부모지심이야 가히 측냥업ᄉᆞᆯ너라 이ᄯᅢ 원쉬 황홀ᄒᆞ여 만면 츈풍이 ᄉᆞ좌를 동ᄒᆞᄂᆞᆫ지라 여러 부인이 이시나 나히 이십이 거의로대 슬하의 농쟝ᄒᆞ고 ᄌᆞ미를 ᄆᆡ양 례부의 빵옥을 블워ᄒᆞᄂᆞᆫ 마음으로 이졔 긔ᄌᆞ를 어드ᄆᆡ 그 긔특ᄒᆞ믈 만심 환연ᄒᆞ여 여합쇼원이라 밧비 슬샹의 안치고 숀을 잡고 머리를 쓰다듬아 흔흔히 우

11면

음을 씌엿시니 자식 치하 왈 쇼으의 긔특ᄒ미 ᄒᆞᆫ갓 너를 달마실 ᄲᅮᆫ 아니라 미모 긔품이 녕존 대인과 만히 흡ᄉᆞᄒᆞ니 진실노 당셰 영쥰이 될지라 조문이 더옥 창대ᄒᆞᆯ 바를 알니로다 원슈 쇼왈 강보 적직 엇지 영쥰의 풍이 이시리잇가 그러나 삼긴 곳이 용샹치 아니니 졍가의 용졸ᄒᆞ믈 담지 아니코 오문 광건ᄒᆞᆫ 풍이 이시니 다힝ᄒᆞ도다 자식 대쇼 왈 너를 달마던 무어식 ᄡᅳ리오 졍문이 용졸타 ᄇᆡ쳑ᄒᆞ나 너의 ᄉᆞ오나오믈 담지 아니면 다힝이라 이ᄯᅢ 원슈의 흔열

12면

ᄒᆞᆫ ᄉᆞ랑이 ᄌᆞᄌᆞ혜혜ᄒᆞ여 무러 왈 내 네 아비로대 어이 지금 ᄎᆞᆺ지 아니ᄒᆞ던다 공ᄌᆡ ᄃᆡ왈 야애 히ᄋᆞ를 ᄎᆞᆺ지 아니시니 어린 아히 ᄌᆞ모의 젓슬 ᄲᅥᄂᆞ지 못ᄒᆞᆯ ᄯᅢ의 엇지 부친을 ᄎᆞ즈리잇고 원슈 크게 깃거 왈 네 일홈이 무어신다 대왈 모친이 닐오ᄃᆡ ᄌᆞ식의 일홈은 아비 지을지니 아직 무명이라 ᄒᆞ시니 일홈이 업ᄂᆞ이다 자식 격졀 탄왈 ᄎᆞᄋᆞ의 영오 슈발이 진실노 문계의 아ᄃᆞᆯ이로다 원슈 아룸다오믈 이긔지 못ᄒᆞ여 슬샹의 유희ᄒᆞ미 그 ᄃᆡ답이 물 흐ᄅᆞᆺ듯ᄒᆞ고 ᄌᆞ긔 ᄂᆞᆺ출 대혀 반

13면

기ᄂᆞᆫ 거동이 텬륜 대의를 거의 아ᄂᆞᆫ ᄃᆞᆺᄒᆞᆫ지라 원슈 두굿겨 왈 사룸이 금슈와 다ᄅᆞ니 엇지 일홈이 업ᄉᆞ리오 금일노븟허 명쳔이라 일홈ᄒᆞ고 ᄌᆞ를 달문이라 ᄒᆞᄂᆞ니 너ᄂᆞᆫ 일홈을 욕지 말나 공ᄌᆡ 깃브미 가득ᄒᆞ여 슈명ᄒᆞ고 모친을 도라보며 왈 부친을 뫼셔 집으로 도라가ᄉᆞ이다 말숨이 교교ᄒᆞ여 아룸다오미 금키 어려온지라 원슈 부인을 도라보와 왈 일노조ᄎᆞ 부인의 일싱 힝낙이 쾌ᄒᆞᆯ지라 왕ᄉᆞᄂᆞᆫ 일쟝츈몽이니 엇지 개회ᄒᆞ리오 부인이 념용 ᄃᆡ왈 명박지인이 ᄉᆞᄉᆞ의

14면

고이ᄒᆞ여 필경은 강어의 복을 취오게 되엿더니 하늘이 도으샤 모ᄌᆞ의 목숨이 금일가지 보젼ᄒᆞ여 동싱이 셔로 모히며 부ᄌᆡ 대ᄒᆞ니 진실노 ᄭᅮᆷ ᄀᆞᆺ도쇼이다 원슈 탄식 왈 남으로셔 도라오ᄆᆡ 셔로 모드믈 긔약ᄒᆞ엿다가 ᄎᆞ악ᄒᆞᆫ 쇼식을 드ᄅᆞ니 이 진실노 부형의 니ᄅᆞ심 곳 아니면 그즛말이라 ᄒᆞᆯ지라 내 비록 지감이 업ᄉᆞ나 거의 부인의 본샹을 알

ᄋᆞ거늘 분명이 쥭단 말을 드ᄅᆞ니 엇지 고이ᄒᆞ믈 결ᄒᆞ리오 이번 ᄒᆡᆼ도의 금강을 지내니 실노 한 위극을 면치 못ᄒᆞᆯ지라 부졀업슨 울음

15면

과 슬픈 졔문이 일장 가쇼를 면치 못ᄒᆞ리로다 부인이 ᄯᅩᄉᆞ 왈 쳡의 지식이 암연ᄒᆞ여 대인 명교를 져바려 슈즁의 유톄를 더져 친젼의 블효와 군ᄌᆞ의 졔곡이 슈고ᄒᆞ시믈 일위니 엇지 쳡의 타시 아니리오 이졔 요ᄒᆡᆼ 오늘날이 이시되 구고와 부모긔 알외지 못ᄒᆞ니 쳡의 한이 깁흔지라 녀ᄌᆞ의 ᄒᆡᆼ니 왕반이 어렵고 노즁 젹화를 보므로브터 마옴이 더옥 우구ᄒᆞ니 엇지 경ᄉᆞ를 득달ᄒᆞ리오 조심이 젹지 아니토쇼이다 원쉬 듯기를 다ᄒᆞᄆᆡ 나아가 부인의 옥슈를 잡고 우음을

16면

먹음어 한업슨 ᄯᅳᆺ과 무궁ᄒᆞᆫ 졍이 여산약히ᄒᆞ여 이 밤을 ᄒᆞᆫ가지로 지날ᄉᆡ 구졍을 니어 환흡ᄒᆞᆫ 졍이 측냥 업더라 부인이 거일 몽즁의 금강의 가 졔향을 흠향ᄒᆞ고 졔문을 드러 긔록ᄒᆞᆫ 바를 셜파ᄒᆞ고 지ᄂᆞᆫ 바를 다시금 ᄉᆡᆼ각ᄒᆞ여 아ᄌᆞ를 어ᄅᆞ만지며 슬허 셜파ᄒᆞ니 원쉬 그 신이ᄒᆞ믈 감탄ᄒᆞ여 우어 왈 나의 졍셩이 부인의 산 넉슬 감동ᄒᆞ니 엇지 날을 박졍타 ᄒᆞ리오 연이나 부인 춍명이 능히 몽ᄉᆞ를 이ᄀᆞᆺ치 ᄉᆡᆼ각ᄒᆞ여 졔문을 노코 벗겨닌 ᄃᆞᆺᄒᆞ니 가히 비샹ᄒᆞᆫ 춍명

17면

이로다 인ᄒᆞ여 유ᄌᆞ를 어ᄅᆞ고 부인으로 환락ᄒᆞ여 슈삼 일의 니ᄅᆞᄆᆡ 부인이 졍ᄉᆡᆨ 왈 쳡은 드ᄅᆞ니 남ᄌᆡ 몸을 나라히 허ᄒᆞᄆᆡ 츙을 다ᄒᆞ고 쟝쉬 북쇼릐를 드ᄅᆞᄆᆡ 그 목숨을 잇는다 ᄒᆞ니 이러므로 하우ᄂᆞᆫ 아ᄒᆡ 우ᄅᆞ믈 드ᄅᆞ시ᄆᆡ 과문블입ᄒᆞ시니 이졔 군ᄌᆡ 국명을 밧드러 몸의 대쟝 인슈를 ᄎᆞ시고 삼군 쟝ᄉᆞ를 거ᄂᆞ려 쇼임이 막ᄃᆡᄒᆞ거ᄂᆞᆯ 부녀와 유치를 유년ᄒᆞ실 ᄯᅢ 아니라 원컨ᄃᆡ 일즉이 ᄒᆡᆼᄒᆞ여 닙공쳥ᄉᆞ의 명슈쥭빅ᄒᆞ여 우흐로 군은을 갑고 아ᄅᆡ로 쳡 등의 졍ᄉᆞ를 편케

18면

ᄒᆞ시미 이 쟝부의 ᄒᆞ올 ᄒᆡᆼᄉᆡ라 이의 쳡의 모ᄌᆞ를 유년ᄒᆞ여 왕ᄉᆞ의 완홀홈과 삼군의

희태ᄒᆞ미 크게 념녀로온지라 당돌이 고ᄒᆞᄂᆞ이다 군ᄌᆞᄂᆞᆫ 어린 쇼견을 거두워 쓰시믈 바라ᄂᆞ이다 안식이 단엄ᄒᆞ고 말ᄉᆞᆷ이 당연ᄒᆞ니 원슈 흠연 감탄ᄒᆞ여 ᄂᆞᆺ출 곳치고 왈 부인의 말을 드ᄅᆞ니 ᄉᆡᆼ이 진실노 집의 어진 안ᄒᆡ를 두엇ᄂᆞᆫ지라 내 몸의 엇지 보익ᄒᆞ미 업ᄉᆞ리오 츙언이 귀의 거ᄉᆞ리나 ᄒᆡᆼ의 니ᄒᆞ고 독약이 입의 괴로오나 병의 니타 ᄒᆞ니 이졔 샹봉ᄒᆞ연 지 블과 삼ᄉᆞ 일의 가ᄅᆞ

19면

ᄒᆞᄂᆞ뇨 말이 반갑지ᄂᆞᆫ 아니ᄒᆞᄃᆡ ᄉᆞ리의 당연ᄒᆞ니 오슈박덕이나 엇지 져바리리오 맛당이 명됴의 슈레를 두로혀려니와 나의 쳔금 ᄋᆞᄌᆞ를 홀홀이 니별ᄒᆞ니 악연ᄒᆞ도다 부인이 미쇼 왈 이 ᄯᅩᄒᆞᆫ 실언ᄒᆞ미로다 냥친 슬젼을 써나 견ᄃᆡᄂᆞ니 유치아를 써ᄂᆞ미 무ᄉᆞᆷ 대ᄉᆞ로오리오 원슈 흔연 쇼왈 내 쳐음으로 유치를 보ᄆᆡ 년년ᄒᆞᆫ 졍이 인륜 샹ᄉᆡ라 엇지 고이타 ᄒᆞᄂᆞ뇨 ᄉᆡᆼ이 거관ᄒᆞᄆᆡ 붕우도 허믈을 닐오ᄂᆞ니 업ᄉᆞ대 집의 들ᄆᆡ 니시 나의 허믈을 ᄌᆞ로 닐으고 부인

20면

이 ᄯᅩ 이러틋ᄒᆞ니 괴롭도다 부인이 믁연이러라 원슈 부인과 아ᄌᆞ를 무궁ᄒᆞᆫ 졍이 써늘 ᄯᅳᆺ이 업ᄉᆞ나 국가 즁임이 몸의 ᄆᆡ이니 여러 날 엄뉴치 못ᄒᆞ여 명일노 ᄒᆡᆼ군령을 내고 자ᄉᆞ다려 부인을 이곳의 머무러 가올노 ᄒᆞᆫ가지로 거ᄂᆞ려 가ᄅᆞ ᄒᆞ니 자시 언언이 응낙고 연셕을 여러 젼별 경하ᄒᆞ니 이ᄶᅴ 니괴 오히려 머무러 춤아 부인을 하직지 못ᄒᆞ엿더니 아직 관ᄉᆞ의 머무ᄅᆞ고 환경이 머러시믈 다ᄒᆡᆼᄒᆞ여 ᄒᆞᆫ가지로 잔치의 춤예ᄒᆞ더라 자ᄉᆞ와 양조 삼 인이 ᄒᆞᆫ가지로 렬좌ᄒᆞ여 슐

21면

을 마시며 풍악을 나올ᄉᆡ 부슉의 경계를 명심ᄒᆞ나 이ᄶᅴ의 다다라 쥭엇던 부인을 지합ᄒᆞ고 유지 신월 옥슈 ᄀᆞᆺᄐᆞ여 만ᄉᆡ 여의ᄒᆞ고 ᄒᆞ믈며 지심 친우를 대ᄒᆞ여 호쥬 션찬이 난만ᄒᆞᄆᆡ 가연이 형초의 미녀를 블너 풍뉴를 쥬ᄒᆞ여 환락홀ᄉᆡ 이 가온ᄃᆡ 계슈 허진 두 챵녀의 나히 바야흐로 이십 셰라 톄용이 비샹ᄒᆞ나 냥인이 원ᄂᆡ ᄌᆞ식이 업고 아름다온 아히를 어더 길너 양녀를 삼으니 냥인의 풍믈을 가ᄅᆞ친 기네 만흐ᄃᆡ 그 즁 팔미인의 나히 십ᄉᆞ오 셰ᄂᆞᆫ ᄒᆞ고 팔 우희

22면

홍졈이 잇고 옥안 화용이 졀셰ᄒᆞ며 셤요 봉익이 승난ᄌᆞ진이니 형초 졀식이오 일등 명기라 계슈 희진이 ᄉᆞ랑이 긔츌의 지나 광긱을 뵈지 아니코 텬하호걸을 갈희여 셤겨 양녀의 노년의 의지코져 ᄒᆞ므로 가빈야이 기녀의 나아오지 아냣더니 금일 연셕의 대원슈의 풍치 긔상을 보고 이 인이 블승흠앙ᄒᆞ여 이의 돗글 써나 쥬왈 금일 셩연의 풍믈이 보왐즉지 아니ᄒᆞ나 쳔쳡 등이 깁히 기른 녀ᄌᆞ 팔 인이 이ᄉᆞ오니 쳥컨ᄃᆡ 원슈긔 드려 가무를 보시고 그 일

23면

싱을 졔도코져 ᄒᆞᄂᆞ이다 원슈 이날 슐이 취ᄒᆞ니 홍이 놉흐ᄆᆡ 가연이 웃고 왈 팔 녀를 브르라 ᄒᆞ니 슈유의 팔 녜 홍군 취삼으로 구슬신을 ᄭᅳ러 당하의셔 고두ᄉᆞᄇᆡᄒᆞ니 바라보건ᄃᆡ 여덟 가지 ᄌᆞ미 홍ᄃᆡ 됴양의 써쳐시니 가는 허리 양류 츈풍의 휘드ᄅᆞ니 졀아의 은ᄉᆞ녀를 나무ᄅᆞ고 경졔 숑옥의 비연의 슈정반의 츔츄던 바를 우술지라 혜아흔 심셩과 총민흔 ᄌᆡ질이 진실노 득즁흔 명기라 하늘이 풍뉴 군ᄌᆞ를 내시고 그 풍ᄎᆡ 기싱을 유의ᄒᆞ여 내신

24면

미희 졀식이라 조원슈의 일 빵 명감이 반ᄃᆞ시 냥션ᄒᆞ고 다 각각 왕숀의 쇼희 될 샹뫼이셔 심샹흔 기네 아니믈 보ᄆᆡ 츈풍 화긔를 씌여 그 일홈을 뭇고 나흘 무ᄅᆞ니 팔 미 붓그러오믈 씌여 쳥음을 여러 셩명 년치를 알욀ᄉᆡ 골온 모란 혜월 쳥낭 두경 ᄋᆡ셤 슉경 후연 후진이니이다 화월과 고인을 두고 지흔 일홈이라 원슈 그 ᄌᆞ미를 보ᄆᆡ 믄득 졍흥이 발양ᄒᆞ여 타일 금ᄎᆞ지렬의 메올 ᄯᅳᆺ이 구든지라 계슈 희진을 도라보와 왈 너희 등을 보니 녀즁 의협

25면

이라 내 가쟝 아룸다오믈 긔특히 너기ᄂᆞ니 이 팔 녜 사룸을 셤기지 아냣다 ᄒᆞ니 맛당이 나의 금ᄎᆞ지렬의 ᄎᆡ올지라 너희를 맛지ᄂᆞ니 나의 도라올 ᄯᅢ를 기다리거나 자ᄉᆞ의 환경ᄒᆞ실 ᄯᅢ의 ᄒᆞᆫ가지로 다려가게 ᄒᆞ라 당당이 쟝샹의 쇼실노 부귀를 안과홀 ᄯᅢ의 양모를 져바리지 아니리라 원슈 방탕흔 옥안의 명광이 일좌를 휘동ᄒᆞ고 봉미의 문명

이 어리여 빅옥 안모의 홍광이 난만ᄒ고 솟동산의 일 만 화신이 닷토와 웃는 듯ᄒ지라 호치 찬연이 미옥이 삭여시니 화

26면

ᄒ 긔운이 츈양이 무르녹고 쇄락ᄒ 풍신은 만인을 경동ᄒ니 엇지 ᄒ갓 무릉도화지용와 화류지풍의 아름다온 풍치뿐이리오 평일 그 긔품이 하히 녁량이며 츄샹 엄녈이라 도도ᄒ 말ᄉᆞᆷ이 옥 ᄀᆺᄐ니 졔녜 아득히 넉슬 슬오고 두 눈이 취ᄒ여 어린 ᄃᆞ시 바라렴치를 니ᄌᆞ며 쓰레질ᄒᄂᆞᆫ 뉴의나 츙슈키를 바라ᄂᆞ이다 계슈 ᄒᆡ진이 졀ᄒ여 골오대 노야의 분부를 삼가 쥰힝ᄒ여 ᄎᆞᄌᆞ실 ᄊᆡ를 대후ᄒ오리니 맛ᄎᆞᆷ내 바리지 아니시믈 바라ᄂᆞ이다 다만 팔 녜 쳔ᄒ오나 본ᄃᆡ

27면

예ᄉᆞ 창기 아니오라 졔 어버이 다 냥인으로 일즉 구몰ᄒ니 의탁이 업셔 쳔인 등의게 의지ᄒ나 쯧인즉 졍결ᄒ여 녀ᄌᆞ 졀을 깁히 ᄉᆞ모ᄒ거ᄂᆞᆯ 금일 노야의 말ᄉᆞᆷ을 금셕ᄀᆺ치 미덧다가 만일 다시 ᄎᆞᆺ지 아니신즉 반ᄃᆞ시 함원ᄒᄂᆞᆫ 계집이 되올지라 노야ᄂᆞᆫ 신믈을 쥬샤 쳔인의 마음을 밋부게 ᄒ쇼셔 원쉬 미쇼ᄒ고 졀구 가ᄉᆞ를 지어 팔 챵을 쥬고 숀의 쥐엿던 ᄌᆞ금션을 쥬어 왈 쟝뷔 엇지 말을 내고 너희 쳔뉴를 쇽이리오 도라 ᄌᆞᄉᆞ를 보고 우어 왈 팔 챵은 형쥐 쇽ᄒ 기녜 아니라 비

28면

편ᄒ미 업ᄉᆞ니 내 집의 초요월안이 젹으미 아니로대 ᄎᆞ녀 등의 복샹을 싸ᄅᆞ리 업ᄉᆞ니 결단ᄒ여 금ᄎᆞ의 ᄎᆡ올 거시ᄆᆡ 구쳐ᄒᆯ 도리 어려워 오로지 형을 맛지ᄂᆞ니 거ᄂᆞ려 형가의 두고 나의 도라오기를 기다리라 졍ᄌᆞᄉᆡ 박쇼 왈 이 남활ᄒ 긱아 내 무ᄉᆞᆷ 익으로 ᄆᆡ부의 팔 챵을 맛타 엇지 쥬쳐ᄒ리오 닌광이 쇼왈 ᄉᆞ형이 단엄ᄒ시니 져런 노ᄅᆞᆺ 술 ᄒ고 필경은 엇지ᄎᆞ ᄒᄂᆞ뇨 원쉬 쇼왈 남ᄋᆡ 호ᄉᆡᆨ이 예ᄉᆡ라 비례의 쳐쳡이 아니니 친젼의 알외나 무ᄉᆞᆷ 죄ᄎᆡᆨ이 이시리오 슉시의 션월

29면

뎡 쟉난 일시 남조ᄎᆞ 쟝ᄎᆡᆨ를 당케 ᄒ지 나ᄂᆞᆫ 빅 미인을 모흐나 남의게ᄂᆞᆫ 더옥 ᄒᆡ 업

ᄉᆞ리니 근심치 말나 경조양 삼 인이 일시의 환쇼ᄒᆞ고 운현이 쇼왈 ᄌᆞ범의 션월경 작난의 우리 형뎨 ᄉᆞ십 쟝칙은 이졔 ᄉᆡᆼ각ᄒᆞ여도 원통ᄒᆞ니 너를 다리고 왕ᄂᆡ키 실노 어렵더라 양원슈 대쇼 왈 내 십 쟝은 마ᄌᆞ믄 마ᄌᆞ거니와 뉵십 쟝도 폐치 아냐 미ᄉᆡᆨ을 갈구ᄒᆞᄂᆞᆫ대 엇지 둔육이 셩ᄒᆞᆫ 쎡 이실 거시라 망녕되이 날을 원망ᄒᆞ리오 자ᄉᆡᆨ 두셔를 무러 안 후 일쟝을 박쇼ᄒᆞ고 희학이 ᄌᆞ약

30면

ᄒᆞ니 운현의 명월 ᄀᆞᆺᄐᆞᆫ 안ᄉᆡᆨ의 별 ᄀᆞᆺᄐᆞᆫ 봉안의 년협 쥬슌이며 닌광의 ᄒᆡ월 ᄀᆞᆺᄐᆞᆫ 풍광의 하일 ᄀᆞᆺᄐᆞᆫ 긔위 일셰 영쥰이오 쳔고 풍치니 졔창이 넉술 일코 그 가인이 되고져 ᄒᆞ나 운현은 원슈를 긔탄ᄒᆞ고 닌광은 일념이 조시긔 미쳐시므로 가ᄂᆡ의 홍샹을 유졍ᄒᆞ나 방외 미인은 모호지 아니므로 졔녀를 유졍ᄒᆞ미 업더라 팔 창이 원슈의 가ᄉᆞ와 션ᄌᆞ를 어드ᄆᆡ 스ᄉᆞ로 영힝ᄒᆞ여 파연ᄒᆞᆫ 후 믈너놀ᄉᆡ 원슈 ᄌᆞᄉᆞ와 환경ᄒᆞᆯ ᄣᆡ ᄯᆞᆯ와 경ᄉᆞ의 가 졍부의 뉴ᄒᆞ라 분부ᄒᆞ니 졔

31면

녜 슈명ᄒᆞ고 의희히 믈너나더라 ᄎᆞ야의 원슈 부인과 ᄋᆞᄌᆞ의 안모를 ᄃᆡᄒᆞ여 환흡ᄒᆞᆫ 가온ᄃᆡ나 명일 하직이 쳬쳬ᄒᆞ여 이의 ᄀᆞᆯ오대 나의 마음이 본대 근심이 업더니 이졔 ᄋᆞᄌᆞ를 ᄶᅧᄂᆞ기ᄂᆞᆫ 이러틋 어려오니 진실노 텬륜이 막대ᄒᆞ미로다 부인은 ᄋᆞᄒᆡ를 보호ᄒᆞ여 우리 대인긔 뵈오면 부인이 삼싱지뉸으로 보호홈도곤 깃거ᄒᆞ시리라 이의 팔 미인의 말을 닐오고 졍싱 맛져시믈 젼ᄒᆞ니 부인이 념용 단좌ᄒᆞ여 말슴이 업슨지라 원슈 쇼왈 부인이 투심이 나ᄂᆞ뇨 옥ᄉᆡᆨ이 표

32면

표ᄒᆞ여 말이 업ᄂᆞ뇨 졍시 졍식 왈 쳡이 비박 누질노 년긔 이칠이 ᄎᆞ지 못ᄒᆞ여 셩문의 입승ᄒᆞ여 군의 긔최를 밧들ᄆᆡ 블민 암열ᄒᆞ여 관져의 덕이 업고 슉녀의 방향을 모로ᄂᆞᆫ지라 다쇼 험난을 다 지내고 화란 여ᄉᆡᆼ이 이졔 다시 ᄌᆡ합ᄒᆞ니 진실노 셰샹의 이샹ᄒᆞᆫ 일이라 ᄒᆞᆫᄂᆞᆺ 아히 쳡의 분의의 족ᄒᆞ니 셰샹 영욕이 부운 ᄀᆞᆺᄐᆞᆫ지라 투긔를 엇지 의ᄉᆞᄒᆞ리오 다만 팔 챵을 일시의 다려와 가내의 두시면 져어컨ᄃᆡ 대인 ᄯᅳᆺ이 아니시라 쳡의 어린 ᄯᅳᆺ의 외오 너기

33면

시면 셰월이 오릭도록 플지 아니시니 이제 국ᄉᆞ로 외방의 나와 품고ᄒᆞ미 업시 미녀 셩식을 모흐시미 ᄒᆞᆺ 근신이 깁흐니 부모의 외오 너기시믈 두려 아니시거든 임의로 ᄒᆞ시려니와 가히 삼가는 도리 부형 뫼신 ᄉᆞ룸의 일이 아니라 녜로븟허 붕우 칙션이 이시딕 오형이 ᄒᆞᆫ 말도 말니지 못ᄒᆞ고 이제 임의 신믈을 쥬시고 가ᄉᆞ로 챵화ᄒᆞ여 졔녀의 쇼망이 틱산 ᄀᆞᆺᄐᆞ니 군ᄌᆞ 일 언이 쳔 년 블개라 바리지 못ᄒᆞ게 되엿거니와 쳡의 어린 쇼견의 종시 맛당ᄒᆞᆫ 쥴 모ᄅᆞ므로 화싀으로

34면

답지 못ᄒᆞ미라 본셩이 용졸ᄒᆞ여 부ᄌᆞ의 조화 드ᄅᆞ시게 못ᄒᆞ미니 엇지 투심이라 ᄒᆞ시리잇가 ᄀᆡ되 한월 ᄀᆞᆺ고 단엄ᄒᆞᆫ 말숨이 현인 군ᄌᆞ ᄀᆞᆺᄐᆞ니 원쉬 쳐후의 부경ᄒᆞᆫ 의관을 슈렴ᄒᆞ고 격졀 감탄ᄒᆞ여 칭샤 왈 가빈의 ᄉᆞ현쳐오 국난의 ᄉᆞ량샹이라 부인의 현슉ᄒᆞᆫ 말을 드ᄅᆞ니 족히 내조의 스승이 될지라 경복ᄒᆞ믈 이긔지 못ᄒᆞᄂᆞ니 일족 이 말을 듯지 못ᄒᆞ여 팔 녀로 면약ᄒᆞ믈 뉘웃ᄂᆞ니 그러나 대인긔 내 도라가 법딕로 알외고 거ᄂᆞ리면 죄 되지 아닐 ᄃᆞᆺᄒᆞ고 굿ᄐᆞ여 나의 본 ᄯᅳᆺ이

35면

냥션ᄒᆞᆫ 처쳡 여러흘 구ᄒᆞ여 가즁을 메워 슬하의 난옥이 션션ᄒᆞ여 남익 일싱이 쾌ᄒᆞ고 장부 힝낙이 무흠ᄒᆞ여 문왕의 삼 쳔 후비와 일 빅 아들을 흠앙ᄒᆞᄂᆞ니 싀욕은 셩인도 능히 면치 못ᄒᆞ시니 대인이 비록 슉연ᄒᆞ시나 사름의 셩품이 각각이믈 츄이ᄒᆞ샤 용셔ᄒᆞ시리니 부인은 깁히 념녀 말으쇼셔 부인이 념용 칭샤ᄒᆞ고 다시 한셜을 아니터라 ᄎᆞ야의 부부와 부지 대ᄒᆞ여 명쳔이 슬하의 넘노라 낭낭ᄒᆞᆫ 봉음과 옥 ᄀᆞᆺᄐᆞᆫ 얼골이며 양뉴 ᄀᆞᆺᄐᆞᆫ 신칙

36면

부모의 마음이 농즁케 ᄒᆞᄂᆞᆫ지라 원쉬 만ᄉᆞ를 닛고 어린 ᄃᆞ시 바라보와 쳔금 쇼즁과 만금 교ᄋᆡ 블가형언이라 엄위ᄒᆞᆫ 긔샹이 명쳔의게 더온 ᄲᅧᆨ이 되엿ᄂᆞᆫ지라 부인이 가부의 여텬디 무궁ᄒᆞᆫ ᄯᅳᆺ과 아ᄌᆞ의 교련ᄒᆞ므로ᄡᅥ 가부의 총권이 일신의 가득ᄒᆞ여 젼쟈 츌부명의 비길 빅 아니로딕 ᄉᆞ긔 단엄 안졍ᄒᆞ여 일분 흔희 방약ᄒᆞ미 업ᄉᆞ며 닝담 엄

한ᄒᆞ여 젼ᄉᆞ를 치부홈도 업셔 화긔 아연ᄒᆞ여 삼츈 셔일 ᄀᆞᄐᆞ니 원슈의 한업슨 즁졍이 비길 ᄃᆡ 업ᄉᆞᄃᆡ 니시의 쇼월

37면

ᄀᆞᄐᆞᆫ 광칙와 유명ᄒᆞᆫ 거동과 태후의 동졍이 겸ᄒᆞ엿던 바를 ᄉᆡᆼ각고 그 신샹이 지금 엇더ᄒᆞᆫ고 념녀 적지 아니ᄒᆞ며 됴시의 졀륜ᄒᆞᆫ 약질을 과려ᄒᆞ여 옥안 화용이 쳥등 잔월을 ᄃᆡᄒᆞ여 시름ᄒᆞ믈 잇지 못ᄒᆞ니 남아의 다ᄉᆞᄒᆞ미 니럿틋ᄒᆞ더라 명됴의 대군이 발ᄒᆞᆯᄉᆡ 원슈 ᄌᆞᄉᆞ를 니별 왈 금일 분슈ᄒᆞᄆᆡ 명츈으로 셔로 볼지라 그 ᄉᆞ이 형이 이 ᄶᅡ히 잇기를 밋지 못ᄒᆞ거니와 도라올 시졀의 나의 쳐ᄌᆞ를 거ᄂᆞ려 금쥐 힝노ᄀᆞᆺ치 졈즉히 ᄒᆞ지 말나 자ᄉᆡ 쇼왈 금쥐 힝노

38면

의 졈즉히 ᄒᆞ다 원망 말나 오ᄂᆞᆯ 날 경ᄉᆡ 뉘 쥬미뇨 원ᄂᆡ 금쥐로 보내지 아니던들 그 환이 이시리오 근본이 네 타시라 누의와 어린 질ᄌᆞᄂᆞᆫ 다려가미 네 부탁을 기다리지 아니려니와 져 팔 미인을 엇지 쥬쳐ᄒᆞ라 ᄒᆞ고 익구즌 날을 맛지나냐 원슈 역쇼 왈 다려다가 잘 쥬쳐ᄒᆞ라 악장이 아ᄅᆞ셔도 허믈치 아니시려니와 다만 악뫼 아ᄅᆞ시면 가쟝 블평ᄒᆞ시리니 형은 아ᄅᆞ 쥬션ᄒᆞ라 자ᄉᆡ 답쇼 왈 내 츄동 간 갈 ᄃᆞᆺ시브니 이 ᄶᅡ히셔 다시 너를 못 만ᄂᆞᆯ가 ᄒᆞ노라 원슈 명쳔을 안아

39면

닐오ᄃᆡ 내 블구의 도라오리니 조히 이셔 엄의 겻출 ᄯᅥᄂᆞ지 말나 명쳔이 울며 놋치 아냐 왈 겨유 만나 엇지 ᄎᆞ마 ᄯᅥᄂᆞ리잇고 모친을 두고 부친을 ᄯᆞᆯ오고 시부ᄃᆡ 졋술 어더 먹지 못ᄒᆞ리니 이를 엇지ᄒᆞ리잇고 원슈 안ᄉᆡᆨ을 곳치고 탄왈 내 오ᄅᆡ지 아냐 올 거시니 군즁의 샹인이 빗겨시니 어린 ᄋᆞ히ᄂᆞᆫ 가지 못ᄒᆞᄂᆞ니라 ᄌᆡ삼 위로ᄒᆞ고 현파를 쥬어 왈 내당의 드러가 잘 달내라 ᄒᆞ고 드ᄃᆡ여 호통 삼ᄎᆞ의 대군이 발ᄒᆞᆯᄉᆡ 졍긔 쳔 리의 년ᄒᆞ고 고각이 훤텬ᄒᆞ며 군용이 크게 쟝ᄉᆔᆨᄒᆞ니 그

40면

위엄이 형초를 들네고 희한 쳔고ᄒᆞ니 ᄇᆡᆨ셩 부뢰 남녀 업시 만산 편야ᄒᆞ여 긔야미 ᄠᅮᆫ

시며 벌 뭉킈듯 모다 쳐쳐의 구경ᄒᆞ니 사룸의 엇개 갈며 쌈을 ᄲᅮ려 비 되다 ᄒᆞ미 오늘날 쟝관을 니ᄅᆞ미러라 자ᄉᆡ 십 리 외의 나와 젼별ᄒᆞ고 그 긔률과 엄슉ᄒᆞᆫ 호령을 보고 칭찬 왈 문계ᄂᆞᆫ 셰샹 인걸이라 이십이 ᄎᆞ지 못ᄒᆞ여 힝군ᄒᆞᄂᆞᆫ 영풍이 쥬아부의 령군ᄒᆞ미 아니면 회음의 용밍이라 ᄒᆞᆫ 번 가면 반ᄃᆞ시 ᄉᆞ업을 쥭빅의 드리오고 일홈이 ᄒᆡ내의 진동ᄒᆞ리니 쇼ᄆᆡ의 평ᄉᆡᆼ

41면

이 복 되믈 하례ᄒᆞ노라 부인이 탄식고 말이 업더라 자ᄉᆡ 사룸을 경ᄉᆞ의 보내여 ᄆᆡ제를 만나 조원슈로 셔로 보고 니별ᄒᆞᆫ 슈말을 고ᄒᆞ고 질ᄋᆞ의 슈말을 고ᄒᆞ고 비샹ᄒᆞ미 문계의 부풍을 일ᄏᆞᆺ고 원슈의 본가 셔찰을 ᄯᅩᄒᆞᆫ 조부의 보닐ᄉᆡ 부인이 비로쇼 냥가 부모긔 슈셔를 올녀 모미 산ᄉᆞ의 감초여 삼 년을 셰샹 ᄉᆞ절홈과 요힝 거거를 만나 ᄒᆞᆫ대 모다시ᄃᆡ 즉시 존젼의 ᄇᆡ현치 못ᄒᆞ믈 슬허ᄒᆞ여시니 이 쇼식을 졍조 냥가의 젼ᄒᆞᆯ진ᄃᆡ 그 환열ᄒᆞ믈 보지 아냐 알니러

42면

라 니괴 부인과 공ᄌᆞ를 ᄯᅥᄂᆞᄆᆡ ᄯᅴᄯᅴ로 잇지 못ᄒᆞ여 아즁의 니ᄅᆞ러 부인을 ᄌᆞ로 보고 지극ᄒᆞᆫ 졍이 현파로 일양이라 부인이 감격ᄒᆞ여 몸이 맛도록 잇지 못ᄒᆞᆯ ᄯᅳᆺ이 잇더라 이ᄯᅴ 니괴 졍부인을 니별ᄒᆞ고 울울 블락ᄒᆞ더니 공교히 일위 미쇼져 시신을 어드니 쳔만고의 드믄 졀염이라 니고의 ᄌᆞ비 현심이 크게 잔잉이 너겨 거두어 쟝락ᄉᆞ의 구호ᄒᆞ여 ᄉᆞ오 일이 지ᄂᆞᄆᆡ 졍신을 ᄉᆡ로이 ᄎᆞ리니 니괴 졍부인 잇던 방즁의 두고 ᄋᆡ대 공경ᄒᆞ미 졍부인으로 일양이라 원내 길인의 복

43면

을 하늘이 일편되이 ᄐᆡ이시고 현인은 쥭을 곳을 만ᄂᆞ도 다시 살기를 가ᄅᆞ치미 졀졀ᄒᆞᆫ 창텬의 공번되신 ᄯᅳᆺ이라 조문계 셰샹을 기우릴 ᄌᆡ덕과 천고의 무젹ᄒᆞᆫ 즁 풍치 긔샹으로 일셰를 독보ᄒᆞ게 내신지라 빵젼ᄒᆞᆫ 슉녀와 졀셰ᄒᆞᆫ 미희를 빵빵이 내여 풍뉴화란이 졔미ᄒᆞ여 가되 늉즁ᄒᆞ고 ᄌᆞ네 션션ᄒᆞ여 오 쳐 십 창이 쟝부의 일ᄉᆡᆼ을 쾌케 ᄒᆞ니 아지못게라 ᄯᅩ 엇던 슉완이 이셔 졍니를 능히 대두ᄒᆞᄂᆞᆫ 셩힝 ᄉᆞ덕과 ᄌᆞ미 ᄉᆡᆨ광이 잇ᄂᆞᆫ고 각셜 한님 직ᄉᆞ

44면

경담은 승샹 경셜의 ᄌᆞ오 명쟝 경문챵의 숀으로 문과 쟝원ᄒᆞ여 ᄌᆡ망 청명이 일세를 드레더니 경담이 본ᄃᆡ 형쉬 사름이오 조뷔 다 치ᄉᆞᄒᆞ여 고향의 이시므로 삼 년 말미ᄒᆞ고 고향의 나려오니 몬져 승샹이 졸ᄒᆞ고 삼 년을 겨유 맛ᄎᆞᄆᆡ 또 조부 평쟝공이 기셰ᄒᆞ니 경한림이 년상을 만나 고향의 거려ᄒᆞ미 여러 츈취라 직시 일즉 여러 아들과 ᄯᆞᆯ을 보지 못ᄒᆞ고 윤부인이 빵태로 남녀를 ᄉᆡᆼᄒᆞ니 그 어엿부미 곤강의 아름다온 옥이오 ᄒᆡ져의 ᄆᆞᆰ은 구슬

45면

이오 남은 환이오 녀는 미혜라 녀는 몬져 ᄉᆡᆼᄒᆞ고 남은 후의 ᄉᆡᆼᄒᆞ니라 냥ᄋᆞ의 ᄲᆞ혀나미 졈졈 긔이ᄒᆞ여 셰샹의 희한ᄒᆞᆫ 신긔로온 보ᄇᆡ라 만금 보옥갓치 귀즁ᄒᆞ믈 마지 아니ᄒᆞ더니 쇼져의 ᄭᆞᆺ다온 나히 십일 셰의 밋ᄎᆞᄆᆡ 경직ᄉᆡ 젼후 삼샹의 샹ᄒᆞ고 계모의 이심한 괴로온 일이 극ᄒᆞ므로 믄득 질양이 이셔 일병이 침면ᄒᆞ여 다시 니지 못ᄒᆞ고 기리 셰샹을 바리니 윤부인이 쇼텬을 여희고 비샹 통도ᄒᆞ믈 이긔지 못ᄒᆞ고 고고ᄒᆞᆫ 규녀를 거ᄂᆞ려 오ᄂᆡ 분

46면

붕ᄒᆞ고 후ᄅᆡ 한심ᄒᆞ믈 마지아니ᄒᆞ나 그러나 쇼져의 샹모 거동이 진실노 아름답고 어지러 인 효 공경ᄒᆞᆫ 녁량이 고ᄌᆞ 황영을 졍결ᄒᆞ여 만고 후ᄅᆡ의 아름다온 일홈이 거록히 빗닐 영풍이 잇고 님ᄉᆞ의 덕이 만복의 품은 거시 ᄌᆡ조와 문명이라 공ᄌᆞ 환으로 더브러 일즉 문믁을 희롱ᄒᆞ며 고ᄉᆞ를 녁남ᄒᆞᄆᆡ 신긔로온 ᄌᆡ죄 일취월쟝ᄒᆞ여 박고통금ᄒᆞ며 약난의 ᄌᆡ질을 겸ᄒᆞ여 ᄭᆞᆺ다온 효셩이 졔영의 ᄯᅳᆺ을 품어 일즉 엄친을 샹ᄒᆞ고 육아지통이 오내를 잠가시

47면

니 편모의 위곡ᄒᆞᆫ 졍ᄉᆞ를 념녀ᄒᆞ여 슬프믈 셔리담고 온화ᄒᆞᆫ 긔운과 온슌ᄒᆞᆫ 효셩으로 ᄌᆞ위를 승슌ᄒᆞ며 단부인의 흉포ᄒᆞᆫ 호령을 질원ᄒᆞ미 업ᄉᆞ나 부친의 평ᄉᆡᆼ 괴롭던 바와 모친의 보젼ᄒᆞ시미 어려오미 각골 통박ᄒᆞ나 슬프믈 고ᄒᆞᆯ 곳이 업도다 모녜 위회ᄒᆞ여 비록 상가 후문이나 단부인이 허다 ᄌᆡ믈을 깁히 너허 잠으고 일믈을 내여 ᄡᅳ지 못ᄒᆞ

게 ᄒᆞ니 부인은 쇼졔로 더브러 쥬야 슈션 방젹으로 ᄉᆡᆼ계를 니어 그 괴로오미 비샹ᄒᆞ고 ᄌᆞ녀의 통원이 더옥

48면

깁흔지라 단시 미혜로 질ᄌᆞ를 쥬랴 ᄒᆞ고 가마니 밤을 당ᄒᆞ여 겁칙ᄒᆞ여 위력으로 혼인을 일위면 ᄒᆞᆯ일업시 슌죵ᄒᆞ리라 ᄒᆞ더니 쇼져의 유모 계향이 쇼식을 가마니 탐쳥ᄒᆞ여 윤부인긔 고ᄒᆞ니 부인 모녜 대경ᄒᆞ여 몸이 썰니고 마음이 셔늘ᄒᆞ여 피화ᄒᆞᆯ 모칙이 업ᄂᆞᆫ지라 윤부인의 뎨남 윤시랑 집이 ᄀᆞᆺ갑고 시랑의 ᄒᆞᆫᄂᆞᆺ 녀ᄋᆡ 쇼져와 동년ᄉᆡᆼ인고로 가마니 쇼져를 윤부로 옴기고 말을 내ᄃᆡ 공연이 실셩ᄒᆞ여 도쥬ᄒᆞ다 ᄒᆞ니 단부인이 깁히 의

49면

심ᄒᆞ여 심복 시녀로 두로 탐쳥ᄒᆞ니 쇼져의 ᄋᆡᆨ회 비샹ᄒᆞᄆᆞ로 단부인이 쇼졔 윤부의 슘어시믈 알고 대로ᄒᆞ여 가마니 단ᄉᆡᆼ을 쳥ᄒᆞ여 슈말을 니ᄅᆞ고 윤시랑 나간 ᄶᆡ를 타 아ᄉᆞ 가라 ᄒᆞ니 ᄎᆞᄉᆞᄂᆞᆫ 윤부인이 젼연 부지ᄒᆞ고 쇼졔 ᄯᅩᄒᆞᆫ 윤부의 간 후 방심ᄒᆞ여 죵뎨 윤쇼져와 일실의 쳐ᄒᆞ여 ᄒᆞᆫ가히 지ᄂᆡ더니 단취샹이 윤시랑 집을 ᄲᅡ고 경쇼져를 아ᄉᆞ 가려 ᄒᆞ니 윤시랑은 나가고 다만 노복의 무리만 외문을 직희여시나 반야를 당ᄒᆞ여 잠이 깁흐니 적ᄌᆡ 무인지경

50면

ᄀᆞᆺ치 다ᄅᆞ드ᄂᆞᆫ지라 경쇼졔 이 경샹을 보ᄆᆡ 신이ᄒᆞ고 춍명ᄒᆞ미 조모부인의 일을 지긔ᄒᆞ나 창졸의 욕을 면ᄒᆞᆯ 길이 업ᄉᆞᄆᆞ로 급히 칼흘 ᄲᆡ혀 ᄌᆞ문코져 ᄒᆞ거ᄂᆞᆯ 유뫼 븟들고 말니며 계향이 쇼져를 업고 창황이 내다ᄅᆞ 어두온 대 닷다가 믄득 니함의 ᄲᅡ지니 ᄎᆞ시 하뉵월 망간이라 요쉬 창일ᄒᆞ여 사ᄅᆞᆷ이 쳐쳐의 닉ᄉᆞᄒᆞ니 깁흔 디함 쇽의 물이 한업시 드럿거ᄂᆞᆯ 그릇 실슈ᄒᆞ여 깁흔 산곡으로 쟉로ᄒᆞ노라 곡즁으로 드리닷다가 향니인이 범을 잡노라

51면

곡즁의 디함을 파고 올모를 노하더니 유모와 쇼졔 이곳의 ᄲᆡ져 ᄉᆡᆼᄉᆞ를 아지 못ᄒᆞ엿

더니 이날 맛초와 슈졍 니괴 형쥐 졍부인을 보고 도라오다가 산노 곡즁의 디함 쇽의 셔 두 사름의 시신을 보고 크게 놀나며 츰혹ᄒᆞ여 친히 나아가 건져 내니 두 녀지 몸이 물의 잠겨시ᄃᆡ 져믄 녀ᄌᆞ는 아조 쥭엇고 즁년 녀ᄌᆞ는 인가 복쳡의 의상이니 오히려 쥭지 아닌지라 니괴 즉시 두 ᄉᆞ롬을 건져 닌즉 즁년 녀지 졍신은 아득ᄒᆞ나 쥭을 념녀는 업ᄉᆞ니 ᄒᆞᆫ가지로 다려가고져 ᄒᆞ나 힘이 밋지 못

52면

하여 쇼져의 쥭엄만 품의 품고 슈고로오며 괴로오믈 도라보지 아냐 산즁의 도라오ᄆᆡ 인젹이 오히려 업고 시신이 아름답고 얼골 모양이 긔이ᄒᆞ니 니괴 지셩 구호ᄒᆞ니 삼ᄉᆞ 일의 니ᄅᆞ러는 졍신이 여샹ᄒᆞ고 이곳의 온 연고를 므러 알ᄆᆡ 슬허ᄒᆞ믈 싀로이 졍치 못ᄒᆞ여 ᄒᆞ니 니괴 잔잉ᄒᆞ여 간졀이 근본을 무른대 경쇼졔 심샹치 아닌 니고로 아라 이의 공경ᄒᆞ여 젼후 말을 긔이지 아니코 셰셰히 젼ᄒᆞ나 오히려 단시 흉포ᄒᆞ믄 니ᄅᆞ지 아니려 ᄒᆞ나 니괴 크게 반겨 우어 왈 노신이 비

53면

록 승이 되여시나 경승샹 샹원비 두부인긔 삼촌 슉질이 되는 친쳑이라 부인이 겨신 쎡는 빈되 ᄌᆞ로 부인을 ᄎᆞ져 뵈옵고 친쳑의 졍이 ᄌᆞ연 깁더니 부인이 기셰ᄒᆞ신 후 내 노병ᄒᆞ여 셰샹의 ᄌᆞ로 가지 못ᄒᆞ고 단부인이 날을 친쳑이라 ᄒᆞ고 니심히 츅쳑ᄒᆞ기로 가지 아냐거니와 그 ᄉᆞ이 인ᄉᆡ 이ᄃᆡ도록 고이ᄒᆞ며 단시의 힝ᄉᆡ 반ᄃᆞ시 일을 닐지라 빈되 이갓치 사름을 구ᄒᆞ미 ᄒᆞᆫ 번 두 번이 아니라 쇼져는 방심ᄒᆞ여 이곳의 머무러든 ᄂᆡ 나려가 윤부인긔 가마니 고ᄒᆞ여 마음을 평안케

54면

ᄒᆞ오리니 이곳의 고요이 숨엇다가 아름다온 임쟈를 만나 평안이 도라가시미 샹칙일가 ᄒᆞᄂᆞ이다 경쇼졔 졍신이 아득ᄒᆞᆫ 가온ᄃᆡ나 모친을 다시 보고 ᄉᆞ싱을 결코져 눈믈을 먹음고 샤례 왈 ᄉᆞ부의 직싱지은이 텬디 ᄀᆞᆺᄐᆞ시니 이졔는 싱ᄉᆞ 화복이 ᄉᆞ부의 쟝즁의 잇ᄂᆞᆫ지라 엇지 가ᄅᆞ치믈 져바리리오 슈졍이 크게 ᄉᆞ랑ᄒᆞ여 졍부인을 보내고 결연ᄒᆞᆫ 심ᄉᆞ를 일노쎠 위로ᄒᆞ고 졍부인이 와 잇던 방ᄉᆞ의 머므ᄅᆞ니 쇼졔 그곳의 쳐ᄒᆞ여 마음을 구지 잡아 셰샹을 영결ᄒᆞ여

55면

지ᄂᆡᄂᆞᆫ 즁 모친이 과도히 샹훼ᄒᆞ시믈 념녀ᄒᆞ여 슈졍을 가마니 글월을 닥가 모친긔 졔 무ᄉᆞ히 ᄉᆡᆼ환ᄒᆞᆫ 쇼식을 고ᄒᆞ니 부인이 쳥필의 대열ᄒᆞ여 그곳의 이시라 ᄒᆞ니 슈졍이 ᄯᅩᄒᆞᆫ 깃거ᄒᆞ더라 슈졍이 경시를 어든 후 일일은 일몽을 어드니 ᄇᆡᆨ의 관음이 니ᄅᆞᄃᆡ 경혜ᄂᆞᆫ 이곳 옥경 샹션이라 칠십 일 말ᄆᆡᄒᆞ고 셰샹의 나ᄆᆡ 조군으로 삼ᄉᆡᆼ 슉연이 즁ᄒᆞ니 만일 조유현이 아니면 그 ᄡᅡᆼ이 가치 아니코 네 ᄯᅩ 원앙치를 힘ᄡᅥ 쥬션ᄒᆞ여 사ᄅᆞᆷ의 젼졍을 졔도ᄒᆞ라 조원슈

56면

오ᄅᆡ지 아냐 대공을 일우고 형쥬로 지ᄂᆞᆯ 거시니 네 몬져 졍시로 인연을 ᄆᆡᆺ게 ᄒᆞ고 져의 샹뫼 고금의 드믈고 복녹이 가즁의 영귀ᄒᆞᆯ 팔ᄌᆡ니 대졉ᄒᆞ기를 졍시 아ᄅᆡ로 말나 슈졍이 급히 니러나 ᄇᆡ례ᄒᆞ다가 ᄭᆡ다ᄅᆞ니 침샹 일몽이라 심즁의 신긔히 너겨 이튼날 아즁의 나아가 졍부인을 보고 경쇼져의 슈말을 셰셰히 고ᄒᆞ고 ᄯᅩ 관음이 현셩ᄒᆞ샤 지교ᄒᆞ시던 바를 젼ᄒᆞ고 조원슈로 인연 ᄆᆡᆺ기를 쳥ᄒᆞ니 부인이 그 졍ᄉᆞ를 ᄋᆡ셕ᄒᆞ여 슈졍과 샹의ᄒᆞ여 계교를 졍ᄒᆞ

57면

니라 ᄎᆞ셜 능국왕 금셕탈이 그 쳐 계환으로 더브러 변방을 침노ᄒᆞ니 변방 직흰 쟝슈 그 셰 강포ᄒᆞ믈 보고 능히 ᄡᅧ ᄡᅡ호지 못ᄒᆞᄂᆞᆫ지라 셕탈의 부뷔 몸쇼 대젹ᄒᆞᄆᆡ 향ᄒᆞᄂᆞᆫ 바의 굉쟝ᄒᆞ미 업지 아냐 텬병이 여러 슌 ᄑᆡᄒᆞ고 텬쟝이 젼망ᄒᆞ니 능왕이 스ᄉᆞ로 텬하의 ᄃᆡ젹ᄒᆞᆯ 리 업ᄉᆞ리라 ᄒᆞ여 이의 다시 흥병ᄒᆞ여 군긔를 슈습ᄒᆞ고 군ᄉᆞ를 년습ᄒᆞ더니 홀연 조원슈의 격셰 왓다 젼ᄒᆞ거ᄂᆞᆯ 능왕이 바다보니 그 글의 ᄒᆞ여시ᄃᆡ

58면

텬됴 대원슈 삼노 도총병 조문계ᄂᆞᆫ 글을 능왕 휘하의 보내ᄂᆞ니 우리 태조 고황뎨 신셩 영무로 후덕 관용이 텬하의 덥혀시니 공이 삼황오뎨의 샹칭ᄒᆞ신지라 텬하 인심이 도라가미 쥬민이 셔기로 도라가고 진민이 한뎨긔 븟좃침 ᄀᆞᆺᄐᆞ여 황조를 밧드러 옥셔를 젼ᄒᆞ니 응텬 슌인ᄒᆞ여 대위를 일위시므로 그 텬ᄌᆞ긔 니ᄅᆞ러 문무의 덕과 우슌지화를 ᄡᆞᆯ오샤 ᄉᆡᆼ셩지ᄐᆡᆨ이 초목 곤츙의 밋ᄎᆞᄆᆡ ᄉᆞ셰 남풍가를 부ᄅᆞ고 격양가의 함포

59면

고복ᄒᆞ미 잇ᄂᆞᆫ지라 외국 번왕이 머리를 두다려 셩덕을 감복지 아닐 재 업ᄂᆞ니 홀노 흉노의 강한과 걸안의 무용으로도 간담이 써러지ᄂᆞᆫ 듯ᄒᆞ여 ᄒᆞ믈을 뉘웃고 됴공을 밧드러 부모지국으로 셤기ᄂᆞᆫ지라 너희 무리 텬의를 아지 못ᄒᆞ고 망녕되이 병을 드러 여러 슌 텬됴를 항거ᄒᆞ고 텬쟝을 쥭여 역텬 무도ᄒᆞ니 황텬이 진로ᄒᆞ시고 셩텬ᄌᆞ 너의 관영지죄를 분노ᄒᆞ샤 나라히셔 날을 명ᄒᆞ샤 ᄉᆞ십 만 정병과 륙십 원 명쟝으로 릉

60면

젹의 머리를 버혀 텬하의 회시ᄒᆞ며 변방 ᄉᆡᆼ녕을 건지라 ᄒᆞ시ᄆᆡ 텬됴를 슌슈ᄒᆞ여 뉵ᄉᆞ를 변관의 병셰를 머무러 격셔를 젼ᄒᆞᄂᆞ니 눈을 써 일월의 광명ᄒᆞ믈 보라 ᄒᆞ엿더라 릉왕이 견필의 노ᄒᆞᆫ 머리털이 관을 가ᄅᆞ치고 분ᄒᆞᆫ 긔운이 가삼이 막혀 왈 내 흥병ᄒᆞ므로브터 쇼향의 무젹ᄒᆞ더니 숑젹이 엇던 재완ᄃᆡ 감히 나의 위엄을 업슈이 너기리오 승샹 셔변이 대쟝군 화원으로 병쥬 왈 노ᄒᆞᄂᆞᆫ 거시 병가의

61면

ᄒᆡ를 닐오고 셩이 ᄑᆡ를 일위ᄂᆞ니 숑병이 깁히 블모의 드러와 피곤ᄒᆞᆫ 군마로 몬져 큰 말을 발ᄒᆞ미 가히 두려홀 ᄇᆡ 아니라 맛당이 크게 빠화 ᄌᆞ웅을 결ᄒᆞ리라 굿ᄐᆡ여 이리 노ᄒᆞ미 부졀업슬가 ᄒᆞᄂᆞ이다 능후 계환이 내다라 왈 내 원컨ᄃᆡ 션봉이 되여 숑진 쟝슈의 머리를 ᄒᆞᆫ 칼의 버혀 대왕의 분을 플고 버거 ᄉᆞ졸의 넉슬 술오리이다 능왕이 대희 왈 왕휘 션봉이 되면 반ᄃᆞ시 슈고로이 ᄡᆞ호지 아냐 니긔리라 ᄒᆞ고 이의 숑영의 회답ᄒᆞ여 명일노 졉젼ᄒᆞᄌᆞ 긔약

62면

ᄒᆞ고 크게 분용을 발ᄒᆞ여 텬병을 대적고져 ᄒᆞ더라 ᄎᆞ시 숑원쉬 제쟝을 모화 각각 군령을 젼ᄒᆞ고 삼군을 정제ᄒᆞ고 쳣 빠홈의 젹진 예긔를 꺽그라 ᄒᆞ고 쥬육으로 ᄉᆞ졸을 호궤ᄒᆞ고 마음을 즐겁게 ᄒᆞ니 삼군 쟝졸이 감격ᄒᆞ여 져마다 용약ᄒᆞ고 ᄒᆞᄂᆞ히 열당ᄒᆞ여 우리 원슈의 대은을 갑흐리라 ᄒᆞ더라 명일 원쉬 대군을 휘동ᄒᆞ고 셩봉 운현으로 몬져 쳘원셩을 쳐 직흰 쟝슈 위난을 버히고 셩을 아ᄉᆞ라 ᄒᆞ니 운현이 슈명ᄒᆞ여 대진ᄒᆞ니 긔률이

63면

정졔ᄒᆞ고 위엄이 진동ᄒᆞ니 원쉬 승승쟝구ᄒᆞ여 능국셩의 하치ᄒᆞ고 왕후 계환이 용약ᄒᆞ여 힝챵 약마ᄒᆞ여 몬져 일만 갑ᄉᆞ를 일휘혀 내다라 대진ᄒᆞ고 송진 션봉 운현이 오쳔 정예ᄒᆞᆫ 군ᄉᆞ와 쳔 리 오초마를 치쳐 내다ᄅᆞ니 능휘 바라보ᄆᆡ 홍긔 하의 일위 쇼장이 금갑 금포의 옥ᄃᆡ를 두ᄅᆞ고 룡쳔검을 잡아 나셔니 안광이 먼니 바ᄋᆡ여 븕은 빗치 두우의 쏘이고 빅옥 ᄀᆞᆺ튼 얼골과 츄월 ᄀᆞᆺ튼 텬뎡의 룡미 봉안의 호비 쥬슌이 지분을 쥐ᄒᆞᆫ 미인으로

64면

웃고 언건ᄒᆞᆫ 위의와 늠연ᄒᆞᆫ 풍신이 진실로 일셰 영걸이오 쳔고 풍뉴랑이라 능휘 ᄒᆞᆫ 번 보ᄆᆡ 삼혼 칠빅이 유유 산란ᄒᆞ고 황홀 대경ᄒᆞ여 음욕이 대발ᄒᆞ니 빠홀 마음은 업고 도로혀 ᄉᆞ랑ᄒᆞ옴과 긔특ᄒᆞ미 결을치 못ᄒᆞ여 두 눈으로 송진을 쏘아 바라보더니 ᄎᆞ시 션봉 운현이 녀셩 대즐 왈 젹장은 날과 ᄌᆞ웅을 결ᄒᆞᄌᆞ ᄒᆞ거늘 바라보니 능후 계환이 쟝군의 복ᄉᆡᆨ이오 미인의 얼골이라 고은 쟉태 요요쟉쟉ᄒᆞ여 일만 화봉이 도라와 향긔를 비야ᄐᆞ며 빅옥

65면

의 치ᄉᆡᆨ이 년년ᄒᆞ니 진즛 경국지ᄉᆡᆨ덕이라 션봉이 혜오ᄃᆡ 능젹의 강셩ᄒᆞ믄 ᄆᆡᆼ쟝이 만흐믈 미드미로다 이졔 엇지 져 미인을 보내여 텬병을 항거ᄒᆞᄂᆞᆫ고 가히 우읍도다 믄득 능휘 마샹의셔 옥슈를 드러 기리 읍ᄒᆞ여 왈 몸의 갑쥐 깃쳐 례를 폐ᄒᆞᄂᆞ니 쟝군은 용셔ᄒᆞ라 쳡은 곳 왕휘러니 왕명을 바다 션봉이 되엿시나 이졔 쟝군을 보건ᄃᆡ 반ᄃᆞ시 셰샹을 건질 지조와 만셰를 편히 ᄒᆞᆯ 덕이 잇ᄂᆞᆫ지라 ᄂᆡ 힘을 다ᄒᆞ여 빠호지 아니ᄒᆞᄂᆞ니 쟝군은 능히 쳡심을

66면

알아 져바리지 아니랴 ᄒᆞᆫ 번 쳡이 당당이 군ᄉᆞ의 갑을 벗기고 항복ᄒᆞ여 쟝군을 좃ᄎᆞ리라 션봉이 ᄎᆞ언의 대로ᄒᆞ여 봉안을 놉히 쓰고 농미를 거ᄉᆞ려 대ᄆᆡ 왈 요악ᄒᆞᆫ 계집이 나라흘 반ᄒᆞ고 지아비를 져바려 타인을 보고 욕심을 발ᄒᆞ니 이런 금슈 ᄀᆞᆺ튼 음녀를 보면 비위를 거ᄉᆞ려 겻잡지 못ᄒᆞᄂᆞ니 엇지 이런 비례지언을 니ᄅᆞᄂᆞ뇨 쾌히 ᄒᆞᆫ번

ᄌᆞ웅을 결ᄒᆞ여 음녀를 참ᄒᆞ고 대쟝부의 위풍이 빗ᄂᆞ리라 셜파의 능후를 취ᄒᆞ니 능휘 ᄯᅩᄒᆞᆫ 대로ᄒᆞ여 힘을 다ᄒᆞ고 졍신

67면

을 가다듬아 ᄲᅡ홀ᄉᆡ 운현이 릴희 허리를 굽혀 진납의 팔흘 드러 능녀로 졉젼ᄒᆞ니 칼 쓰ᄂᆞᆫ 법이 신츌귀몰ᄒᆞ여 평ᄉᆡᆼ 용녁을 다ᄒᆞ니 능후의 강용으로 능히 당치 못ᄒᆞᄂᆞᆫ지라 슈십 여 합의 운현의 칼법이 승승쟝구ᄒᆞ니 이 칼 가ᄂᆞᆫ 바의 계환의 머리를 취ᄒᆞ니 옥 ᄀᆞᆺ튼 얼골과 ᄭᅩᆺ ᄀᆞᆺ튼 태되 완연이 ᄉᆞ라진지라 조원쉬 능후의 슈급을 가져 삼군의 회 시ᄒᆞ여 왈 녀ᄌᆡ 되여 타인 남ᄌᆞ의 풍용을 보고 지아비를 반ᄒᆞ며 음욕을 발ᄒᆞ여 념치 를 이ᄌᆞ므로 그 머리를 버혀 그

68면

죄를 졍히 ᄒᆞ노라 졔쟝 군졸이 격졀 탄샹ᄒᆞ여 셔로 닐오ᄃᆡ 미ᄉᆡᆨ은 인지쇼욕이어ᄂᆞᆯ 조쟝군의 쇼년 풍뉴로 만고 일ᄉᆡᆨ을 버히니 진실노 운쟝이 초션을 참홈과 ᄀᆞᆺ더라 일 ᄏᆞᆺ더라 ᄎᆞ시 능왕이 계환의 쥭으믈 듯고 크게 슬워 피갑 샹마ᄒᆞ여 진젼의 내다라 원 슈로 ᄌᆞ웅을 결ᄒᆞ자 ᄒᆞᆫᄃᆡ 즁국 진문이 크게 열이고 호통 삼ᄎᆞ의 일원 쟝군이 홍금 쇄 ᄌᆞ갑의 쳔리 부운총을 타고 ᄇᆡᆨ모 화월 나븟기고 홍나산이 요요ᄒᆞ며 대원슈의 긔치 표표ᄒᆞ니 크게 셔ᄌᆞ를 ᄡᅥ시ᄃᆡ 텬

69면

됴 니부샹셔 겸 참지졍ᄉᆞ 홍문관 태ᄒᆞᆨᄉᆞ 텬하 대원슈 도총병 조문계라 ᄒᆞ엿더라 능 왕이 바라보니 미조ᄎᆞ 좌우 졔쟝이 호위ᄒᆞ고 원쉬 황금갑의 홍포를 쪄입고 옥안 ᄇᆡᆨ 마의 보검을 빗겨시니 풍광이 먼니 바ᄋᆡ여 찬란ᄒᆞᆫ 빗치 ᄇᆡᆨ일노 ᄌᆡᆼ휘ᄒᆞ니 ᄉᆞᆨ연ᄒᆞᆫ 위 풍은 월하의 츄샹이 번득이며 봉안 증광은 안방졍국ᄒᆞᆯ ᄌᆡ조를 감초와시니 냥미의 경 텬위디ᄒᆞᆯ 녁냥과 운쥬유악의 결승쳔리ᄒᆞᆯ 신긔 묘략을 겸ᄒᆞ엿ᄂᆞᆫ지라 젹국이 바라보 고 경공 탄복ᄒᆞ여 ᄇᆡᆨ

70면

쥬의 텬신이 림ᄒᆞ고 옥경 션군이 희롱ᄒᆞᄂᆞᆫ가 두려ᄒᆞ거ᄂᆞᆯ 부원슈 양닌광과 션봉 됴운

현의 동탕호 풍신이 셔로 바익니 삼위 인걸이 셰상을 건지며 유명 쥭빅홀 직죄 이시믈 알지라 능왕이 대경호여 싱각호디 대군을 발호므로브터 호 번도 픽호미 업고 왕후의 독보홀 식광 영뫼 텬하의 당호리 업거늘 호 번 송 션봉의 칼이 나의 스랑호는 부인을 버히니 호갓 스졍의 통박홀 쑨 아니라 병가의 길되 아니로다 송쟝의 신위 져러틋 긔특호여 삼위 대장이 다 영걸이

71면

니 나의 박호미 반드시 위틱호미 만토다 연이나 나의 위엄이 훵힝호고 남방의 대왕이 되여 쇼향의 무젹호니 추뉴는 다 황구쇼으로 구샹유취 마르지 아닌 므리라 비록 풍신은 엄위호나 엇지 나의 만부부당지용을 당호리오 이의 읍호여 왈 몸의 갑쥐 이셔 례를 베프지 못호거니와 능국이 본디 대국으로 간셥호미 업셔 군을 니르혀 동북을 막즈르믄 다른 도젹을 방비호미오 텬됴를 항거호미 아니여늘 변방 진슈호는 관원이 도젹을 막을 직죄 업스므로 혼동호여 쥬문호므로 능

72면

국을 의심호니 이 분호믈 이긔지 못호여 몬져 참호고 후의 고호려 호미여늘 진가를 자시 아지 못호고 황스를 슈고로이 만리 식외의 구치호오니 호믈며 냥병이 디진호오미 맛당이 직조와 힘으로 승부를 결울 거시어늘 몬져 남의 쳐즈를 버히니 인즈의 되 아니라 송이 고아와 과부를 쥭여 텬하를 어드니 블인쟈의 나라히라 호거늘 원쉬 대즐 왈 슌텬쟈는 챵호고 역텬쟈는 망호누니 우리 고황뎨 응텬 슌인호여 대위를 일위시미 요슌의 덕과 우탕의 어질

73면

믈 겸호샤 이제 스대를 이어 치셰호시미 히내 번국이 귀복지 아니리 업거늘 네 텬명을 아지 못호고 시무를 몰나 텬됴를 항거호니 너의 관영호 죄를 샹텬이 돕지 아냐 쳐즈를 보젼치 못호니 오히려 뉘웃지 아니코 또 텬쟝을 항거호니 번신의 되 아니라 죄우히 죄를 더으니 네 만일 용밍과 직죄 잇거든 힘대로 싸화 뉘웃지 말나 능쥐 대로호여 방쳔극을 들고 말을 달녀들거늘 부원슈 양닌광이 엽흐로 내다라 졉젼호니 창법이 신긔호여 슈 합

74면

의 챵 ᄭᅳᆺᄎᆞ로 능왕의 투구ᄅᆞᆯ 벗기고 인ᄒᆞ여 지ᄅᆞ려 ᄒᆞ니 능왕이 대경ᄒᆞ여 말을 쒸여 다ᄅᆞᄂᆞ니 능군이 일시의 내다라 투구ᄅᆞᆯ ᄡᅳ이거ᄂᆞᆯ 능왕이 군ᄉᆞᄅᆞᆯ 거ᄂᆞ려 ᄲᅡ홀ᄉᆡ 능왕이 분발ᄒᆞ여 양원슈의 군으로 크게 ᄲᅡ호니 냥쟝의 긔운이 졈졈 ᄇᆡ승ᄒᆞ여 ᄐᆡ산 낭호와 벽히 챵룡이 씌놈는 ᄃᆞᆺᄒᆞ여 뉵십 여 합의 블분승뷔라 운현이 분연이 ᄂᆡ다ᄅᆞ 대호 왈 졔군은 힘ᄡᅳᆯ지어다 내 ᄆᆡᆼ셰코 이 도적을 버히리라 좌우로 협공ᄒᆞ니 능왕이 ᄯᅩᄒᆞᆫ 대로ᄒᆞ여 운현을 마

75면

ᄌᆞ 오십 여 합의 능적의 강용이 ᄇᆡ승ᄒᆞ거ᄂᆞᆯ 원슈 탄왈 가히 만뷔 무적지용이로다 ᄒᆞ고 즉시 징쳐 군ᄉᆞᄅᆞᆯ 거두어 도라오니 운현이 분연 왈 쇼뎨 힘을 다ᄒᆞ여 능적을 버히려 ᄒᆞ거ᄂᆞᆯ 엇지 군ᄉᆞᄅᆞᆯ 믈니시뇨 원슈 쇼왈 네 오히려 년쇼 긔예ᄒᆞ여 먼 념녜 업도다 능왕의 용력이 과인ᄒᆞ여 신긔 묘계로ᄡᅥ 이길 거시오 ᄒᆞᆫᄀᆞᆺ 용ᄆᆡᆼ으로ᄡᅥ 대적지 못ᄒᆞᆯ지라 그 ᄂᆞᆺ치 구리 ᄀᆞᆺ고 그 살졈이 무쇠 ᄀᆞᆺᄐᆞ니 엇지 ᄲᅡ화 이긔리로 비록 극녁ᄒᆞ여 이긔나 ᄉᆞ졸이 망ᄒᆞ리니 아직 ᄲᅡ

76면

호믈 날회고 그 요긴ᄒᆞᆫ 셩진을 ᄎᆞ례로 아ᄉᆞ 그 우익을 버히면 군ᄉᆡ ᄒᆞᆫ마의 슈고로오미 업시 승쳡ᄒᆞᆯ 거시니 가ᄇᆡ야이 ᄲᅡ호지 못ᄒᆞᆯ지라 운현이 쇼왈 이도 올커니와 아등이 군명을 밧ᄌᆞ와 깁히 블모의 드러와 ᄒᆞ로가 밧분지라 힘으로 능히 이긔량이면 그 ᄯᅩ 굿ᄐᆞ여 ᄭᅬᄅᆞᆯ 운동ᄒᆞ리오 슈히 역적을 쇼멸ᄒᆞ고 개가로 도라가리니 밧비 묘계ᄅᆞᆯ 뎡ᄒᆞ여 신쇽케 ᄒᆞ쇼셔 원슈 즉시 제장을 모화 하령 왈 능군이 이제 이곳의 대젼ᄒᆞ여 ᄲᅡ홈을 기다리고 다른 곳의 예비

77면

ᄒᆞ미 업ᄉᆞ리니 아직 치칙을 구지 직희여 ᄲᅡ호지 아닐 거시ᄆᆡ 부원슈ᄂᆞᆫ 오쳔 병을 인ᄒᆞ여 산곡 쇼로로 조ᄎᆞ 계힝산의 너머 함관을 치고 운현은 오쳔 병을 거ᄂᆞ려 블시의 나아가 셔관을 아ᄉᆞ 직희고 우쟝군 조졍화ᄂᆞᆫ 삼쳔 군을 인ᄒᆞ여 남관을 쳐 네 곳 승디ᄅᆞᆯ 아ᄉᆞ 쟝슈로 직희여 능국 슌치와 인후ᄅᆞᆯ 다 아ᄉᆞ시면 져의 살녀 ᄒᆞ여도 오히려 ᄉᆞ

지 못홀지라 이리 혼즉 능쥬 잡으믄 여반쟝되리라 ㅅ 쟝이 쳥녕ᄒᆞ고 네 길노 나아가니 ᄉᆞ산의 직흰 쟝쉬 비록 승지를 진

78면

슈ᄒᆞ나 련습지 아닌 군졸노 블의의 졍병을 만ᄂᆞ니 창황 분분ᄒᆞ여 대젹지 못홀 ᄲᅮᆫ 아니라 냥원슈의 영웅과 조쟝군의 위의를 엇지 감히 녀허보리오 양원슈는 함관 슈쟝을 참ᄒᆞ고 조션봉은 셔관 승지를 쳐 아ᄉᆞ 쟝슈를 버히고 숑진 긔치를 셰워 ᄇᆡᆨ민을 안무ᄒᆞ고 우쟝군 조계홰 동관 승디를 쳐 이긔고 거긔쟝군 반힝이 남관을 앗고 쟝슈 숀한을 ᄉᆡᆼ금ᄒᆞ니 ᄉᆞ셩을 임의 함몰혼지라 능왕이 이 쇼식을 듯고 대경 왈 ᄉᆞ관은 나의 인후지지라 엇지 이곳

79면

치 힘힘히 아일 쥴을 ᄯᅳᆺᄒᆞ여시리오 임의 ᄉᆞ관 승디 숑쟝의 둔 ᄇᆡ 되여시니 내 쟝ᄎᆞᆺ 위틱ᄒᆞ리로다 승샹 셔번 왈 일이 임의 급ᄒᆞ여시니 군ᄉᆞ를 발ᄒᆞ여 ᄉᆞ관의 간 쟝쉬 도라오지 못ᄒᆞ고 군싀 난호힌 ᄯᅢ를 타 숑진을 치면 가히 이긔리이다 쟝군 화원 왈 신이 혼 니인을 어드니 효용이 졀승ᄒᆞ여 풍운과 비와 안개와 모든 도슐을 임의로 부리니 ᄎᆞ인을 블너 대원슈를 솜아 숑군을 대젹ᄒᆞ면 안져셔 대업을 근심치 아니리이다 능왕이 대희ᄒᆞ여 기인을 부르라 ᄒᆞ여

80면

드러오ᄆᆡ 왕이 눈을 드러보니 낫치 ᄌᆡ빗 ᄀᆞᆺ고 눈이 번개 ᄀᆞᆺᄐᆞ며 킈 구쳑이오 몸픠 두 아름이라 거동이 흉참ᄒᆞ니 능왕이 혼 번 보ᄆᆡ 대경ᄒᆞ여 왈 가히 쟝ᄉᆡ로다 셩명이 무어시며 ᄇᆡ혼 ᄌᆡ죄 무어슬 ᄒᆞᄂᆞᆫ다 쟝ᄉᆡ 대왈 신의 셩명은 구은택이오 별호는 됴셩ᄉᆡ라 ᄌᆡ조는 신이ᄒᆞ미 업셔 귀신을 부리며 호풍 환우ᄒᆞ며 칼홀 들ᄆᆡ 사름의 머리 버히기를 플ᄂᆞᆺᄀᆞᆺ치 ᄒᆞ니 만일 명쥬를 만ᄂᆞ면 ᄯᅳᆺ을 기우려 셤길 ᄇᆡ오 블연즉 산슈간의 오유ᄒᆞ여 몸을 굴치 아니랴 ᄒᆞᄂᆞ이다

81면

능왕이 쇼왈 이졔 쟝군을 ᄇᆡᄒᆞ여 대원슈를 ᄒᆞ여 숑쟝을 ᄃᆡ젹고져 ᄒᆞ니 능히 ᄌᆡ조를

다ᄒᆞ여 젹도를 파ᄒᆞ고 공업을 일울쇼냐 은틱 왈 지긔의 명쥬를 만ᄂᆞ시니 대왕 은틱을 밧ᄌᆞ올진대 엇지 고인의 츙졀을 효측지 아니리잇가 왕이 이의 은틱으로 대장을 삼아 ᄡᅡ호믈 도도니 이ᄯᅢ ᄉᆞ당이 밋쳐 도라오지 못ᄒᆞ엿ᄂᆞᆫ지라 원쉬 장즁의 안ᄌᆞᆺ더니 능왕이 ᄡᅡ호믈 도도ᄂᆞᆫ지라 원쉬 쇼왈 ᄎᆞ젹이 계궁 력진ᄒᆞ여 흉인을 다려왓도다 직시 졔장을 거ᄂᆞ려 진샹의 나

82면

와 ᄭᅮ지져 왈 역텬 필뷔 임의 ᄉᆞ관을 아이고 외로온 셩이 됴셕의 위ᄐᆡᄒᆞ거ᄂᆞᆯ 다시 왓ᄂᆞᆫ다 능왕이 노왈 원쉬 지략을 ᄉᆡᆼ각지 못ᄒᆞ고 망령되이 드러와 내 셩디를 아ᄉᆞ나 조곰도 두려 아니ᄒᆞ노라 ᄒᆞ고 이의 좌우를 도라보와 ᄡᆞ홈ᄒᆞ라 ᄒᆞ니 구은틱 왈 대왕이 친히 대적ᄒᆞ쇼셔 힘을 다ᄒᆞ여 도으리이다 원쉬 눈을 드러 구은틱을 보니 흉녕ᄒᆞᆫ 장ᄉᆞ오 겸ᄒᆞ여 흉즁의 요술을 품어 심샹치 아니믈 보고 능왕을 친히 졉젼ᄒᆞ여 원슈의 칼이 능왕의 머리의 밋ᄎᆞᆺ

83면

더니 은틱이 내다라 환도를 빗겨 원슈의 칼흘 쳐 능왕을 구ᄒᆞ고 냥장이 ᄡᅡ호니 ᄒᆞᄂᆞ히 빅을 당ᄒᆞ여 원쉬의 은혜를 갑고져 ᄒᆞ더니 은틱이 입으로 거믄 긔운을 뿜어 지쳑을 분변치 못ᄒᆞ고 광풍이 대작ᄒᆞ며 쳔군 만ᄆᆡ 슈업시 내다라 송병을 치니 조원쉬 ᄒᆞᆫ번 빅우션을 두ᄅᆞ고 졍풍 두 ᄌᆞ를 쓰고 쳥군 두 ᄌᆞ를 ᄡᅧ 공즁을 향ᄒᆞ여 더지니 홀연 바름이 긋치고 금갑 장쉬 무슈히 내다라 다 송긔를 잡고 일시의 쇼릐ᄒᆞ고 은틱을 좃치니 흑뮈 흣터지고 능군이 대픠

84면

ᄒᆞ고 왕이 황겁ᄒᆞ니 은틱이 몸을 변ᄒᆞ여 큰 범이 되여 입으로 송군을 삼키ᄂᆞᆫ지라 원쉬 급히 몸을 날녀 궁젼을 취ᄒᆞ여 녑흐로 목구뭉을 향ᄒᆞ여 ᄡᅩ니 살이 박혀 은틱이 말긔 ᄡᅥ러지ᄆᆡ 오히려 살을 박은 ᄎᆡ ᄡᅡ호다가 셰 급ᄒᆞᄆᆡ 능군을 쳥ᄒᆞ니 능왕이 친히 살흘 ᄲᅢ히니 긔운이 최찰ᄒᆞ여 대적지 못ᄒᆞ여 다ᄅᆞᄂᆞ거ᄂᆞᆯ 원쉬 ᄯᆞᆯ오지 아니코 병을 거두워 본진으로 도라오니라 네 곳 졔장이 각각 관익을 직희고 공을 밧치니 원쉬 깃거 명일 결젼ᄒᆞ려 ᄒᆞᆯᄉᆡ 셩봉으

85면

로 능왕과 은틱을 여추여추 욕ᄒᆞ여 격노ᄒᆞ라 ᄒᆞ고 부원슈로 뒤히 진쳣다가 능왕이 진문의 들거든 진을 곳쳐 층층이 ᄡᅡ고 ᄉᆞ로잡으라 ᄒᆞ고 기여 졔장을 쥬육으로 호궤ᄒᆞ고 명일 능군으로 ᄌᆞ웅을 결ᄒᆞ리니 여등은 갈력 진츙ᄒᆞ여 셩공 반샤케 ᄒᆞ라 즁군이 일시의 응셩 왈 아등의 쥬쟝 대은을 힘입어 죽어 갑ᄉᆞ와 셩공홀 마음이 업ᄉᆞ리잇고 명일 숑군이 병위를 베플고 능진의 사름을 보내여 ᄡᅡ호믈 도도니 구은틱 왈 조유현의 정명지긔 요

86면

ᄉᆞ를 진정ᄒᆞ고 귀신을 졔어ᄒᆞ니 신긔 묘샨이 당셰의 ᄲᅡ혀ᄂᆞᆫ지라 만일 신이 아니면 대적지 못ᄒᆞ리니 금일 삼군을 호령ᄒᆞ여 대살ᄒᆞ샤이다 능왕 왈 숑병이 개개히 강용ᄒᆞ고 조유현이 무후 한신의 ᄌᆡ죄 잇ᄂᆞᆫ지라 그 션봉과 부장이 다 룡호 ᄀᆞᆺᄐᆞ니 금일 삼군을 정졔ᄒᆞ여 숑군의 예긔를 최찰치 말나 ᄒᆞ고 군용을 엄히 ᄒᆞ여 숑병과 대진ᄒᆞ니 원슈 츌마 대믹 왈 역적을 작일 버히지 아니코 도라보낸 은혜를 ᄉᆡᆼ각지 아니ᄒᆞ여 ᄯᅩ 감히 현용ᄒᆞᄂᆞ뇨 내 오늘

87면

은 죄를 경히 ᄒᆞ리니 목을 느리혀 칼홀 바드라 능왕이 역믹 왈 네 감히 큰 말을 ᄒᆞᄂᆞᆫ다 ᄒᆞ고 다ᄅᆞ드니 운현이 내다라 능왕을 대적홀ᄉᆡ 운현의 칼 ᄡᅳᄂᆞᆫ 법이 셔리와 무지개 ᄀᆞᆺᄐᆞ여 용ᄆᆡᆼ이 빅빅ᄒᆞ고 강용이 분별ᄒᆞ여 이의 력젼홀ᄉᆡ 운현이 타비 즐믹 왈 블힝이 션봉이 되여 너 ᄀᆞᆺᄐᆞᆫ 견융을 대젼ᄒᆞ니 반ᄉᆡᆼ 용무를 욕ᄒᆞ엿ᄂᆞᆫ지라 엇지 붓그럽지 아니리오 네 만일 항ᄒᆞ면 일 명을 샤ᄒᆞ려니와 블연즉 네 머리를 버혀 쥬긔를 잡으리라 능왕이 분믹

88면

왈 황구쇼ᄋᆡ 날을 이ᄃᆡ도록 욕ᄒᆞ리오 내 ᄆᆡᆼ셰코 ᄎᆞ적을 버혀 왕후의 원슈를 갑고 분을 셜ᄒᆞ리라 여등은 힘ᄡᅥ ᄡᅡ호라 졔장이 일시의 다라드러 운현을 치니 능왕과 은틱이 노긔를 이긔지 못ᄒᆞ여 ᄊᆞᆯ아 숑진 즁의 니ᄅᆞ니 운현은 보지 못ᄒᆞ고 원슈 진문을 열고 말을 빗기 잡고 왈 이 궁박 용렬ᄒᆞᆫ 도적이 림진 ᄃᆡ적홀 계교를 못ᄒᆞ고 ᄒᆞᆫᄀᆞᆺ 분긔

롤 발ᄒᆞ여 쌀올 쥴만 아니 만일 네 날을 당ᄒᆞᆯ가 시브거든 즉금 내 진을 능히 칠쇼냐 내 진법을 네 아ᄅᆞ 내라

89면

능왕이 더옥 노ᄒᆞ여 원슈의 위풍을 가쟝 괴로이 너기ᄂᆞᆫ지라 말을 잡고 좌우를 고면ᄒᆞ여 진셰를 보니 팔문의 항외 ᄎᆞ셰 업셔 허슈 착난ᄒᆞ니 치기가 쉬워 뵈ᄂᆞᆫ지라 우어 왈 네 팔문 금사진을 의방ᄒᆞ여시나 대외 부졔ᄒᆞ니 내 엇지 이 진을 파치 못ᄒᆞ리오 은틱이 ᄯᅩᄒᆞᆫ 대군을 년ᄒᆞ여 다라드니 홀연 진이 변ᄒᆞ여 팔문이 변ᄒᆞ여 ᄉᆞ문이 되고 진 가온ᄃᆡ 다시 진이 되여 형샹이 두렷ᄒᆞ여 텬디를 샹ᄒᆞ엿고 이십팔 슈를 안 ᄒᆞ여 쇽이 광활ᄒᆞᄃᆡ ᄉᆞ면이 쳘통 ᄀᆞᆺᄐᆞ여

90면

날개 이셔도 나갈 틈이 업ᄂᆞᆫ지라 능왕과 은틱이 무심 즁 진즁의 다라드러 크게 즛치려 ᄒᆞ더니 진이 곳쳐 되고 등 뒤흐로 일원 대쟝이 정창 대즐 왈 쥐 ᄀᆞᆺᄐᆞᆫ 도젹이 쥭을 ᄶᅡ히 드러시니 섈니 목을 씻고 칼흘 바드라 쇼ᄅᆡ 쳥고ᄒᆞ고 신위 늠늠ᄒᆞ여 범의 위풍이라 ᄎᆞᄂᆞᆫ 부원슈 양닌광이라 능왕이 정신을 거두워 닌광으로 젼블슈합의 은틱이 요슐을 힝ᄒᆞ여 진즁의셔 작변ᄒᆞᄆᆡ 홀연 블이 니러나 동문의 다하시니 눈을 ᄯᅳ지 못ᄒᆞᄂᆞᆫ지라 원슈와

91면

부원슈 ᄎᆞ경을 보고 원슈ᄂᆞᆫ 황긔의 우슈 두 ᄌᆞ롤 ᄲᅧ 들고 닌광은 졔요 두 ᄌᆞ롤 부ᄅᆞᄆᆡ 믄득 비 담아붓ᄃᆞ시 와 블을 ᄭᅥ ᄇᆞ리니 은틱이 정신이 황난ᄒᆞ여 요슐을 다시 힝치 못ᄒᆞ니 숑군이 승승ᄒᆞ여 냥원슈와 션봉 부쟝이 일시의 력젼ᄒᆞ여 셩화ᄀᆞᆺ치 치니 군식 용네ᄒᆞ여 일당빅이라 능군이 정신을 거두워 어우러져 싸호기를 ᄉᆞ시로붓터 신시의 니ᄅᆞᄃᆡ 긋치지 아니니 능군의 쥭은 거시 여산ᄒᆞ고 은틱 능왕이 픠잔군을 거두워 좌츙 우돌ᄒᆞ나 ᄲᅮᆫ 거슬

92면

혜치 못ᄒᆞᄂᆞᆫ지라 은틱이 쥭기를 가올ᄒᆞ여 크게 쇼ᄅᆡᄒᆞ고 믄득 변ᄒᆞ여 ᄉᆞ슴이 되여

쒸여 다라나려 ᄒᆞ거늘 양원슈 활의 살을 먹여 쏘아 그 눈을 맛쳐 쏙뒤가지 쎄엿ᄂᆞᆫ지라 은틱의 흉쟝ᄒᆞ미나 진즁의 업ᄃᆡ고 다시 니지 못ᄒᆞ거늘 양원슈 다ᄅᆞ드러 창 쓧히 쎄여 들고 크게 웨여 왈 너의 대장이 나의 고기 잡ᄂᆞᆫ 그믈의 드러시니 졔군이 만일 항ᄒᆞ면 엇지 샤치 아니리오 말을 맛ᄎᆞ며 은틱을 조ᄎᆞᆺ던 쟝졸 쳔 여 인이 일시의 쇼ᄅᆡ ᄒᆞ고 투항ᄒᆞᄂᆞᆫ지라 양원

93면

슈 은틱을 쾌히 버히고 능왕을 취ᄒᆞ니 능왕이 분발ᄒᆞ여 력젼ᄒᆞᄆᆡ 강용이 빅비ᄒᆞ여 군식 크게 샹ᄒᆞᄂᆞᆫ지라 원슈 즉시 진을 프러 능왕을 노흐라 ᄒᆞᆫᄃᆡ 좌우 제쟝이 대호 왈 이졔 도젹을 거의 잡게 되엿거늘 엇지 문을 여러 노흐리오 원슈 왈 군등은 병셔를 보지 못ᄒᆞ엿ᄂᆞ냐 궁구를 막쥐라 ᄒᆞ엿ᄂᆞ니 이졔 노화보내나 쟝졸이야 무숨 죄 이시리오 오슈부직나 와룡의 칠금ᄆᆡᆼ확을 흠앙ᄒᆞᄂᆞ니 쟝령이 ᄒᆞᆫ 번 ᄂᆞ리ᄆᆡ 군등의 의향을 셰울 ᄇᆡ 아니라

94면

닌광이 즉시 문을 여러 능왕을 방셕홀식 오직 슈십 여 긔를 내고 문을 다다 능왕의 쟝ᄉᆞ를 가도니 여졸이 일시의 투항ᄒᆞ니라 능왕이 겨유 목숨을 도망ᄒᆞ여 슈십 긔로 산곡을 말ᄆᆡ암아 도망홀식 날이 쟝ᄎᆞᆺ 셔령의 써러지고 비황 산노의 창황이 돗더니 믄득 일표 군ᄆᆡ 즛쳐오고 일원 대장이 힝챵 츌마ᄒᆞ니 이ᄂᆞᆫ 좌쟝군 경픽라 ᄲᅡ호더니 믄득 산샹의셔 대호 왈 능젹은 듯지 말나 내 임의 원슈의 녕을 바다 너를 기다린 지 오릭더니라 ᄒᆞ고 만뇌

95면

를 발ᄒᆞ여 쏘니 능왕의 슈십 여 긔 ᄉᆞ산 분궤ᄒᆞ고 능쥐 단신으로 다라ᄂᆞ더니 거긔쟝군 박힝쥬와 우쟝군 조영화와 호위쟝군 왕반이 젼후 좌우로 협공ᄒᆞ고 항복ᄒᆞ라 ᄒᆞᄂᆞᆫ 지라 능왕이 앙텬 왈 항위 오강의 ᄌᆞ믄ᄒᆞ니 내 오늘날 황산 협곡의 망ᄒᆞ미 힘이 업ᄉᆞ미 아니오 텬명이라 ᄒᆞ고 칼흘 드러 ᄌᆞ문코져 ᄒᆞ더니 믄득 함셩이 니ᄂᆞᆫ 곳의 두 쟝쉬 나ᄂᆞᆫ ᄃᆞ시 삼쳔 여 긔를 인ᄒᆞ여 숑진을 헷치고 능왕을 구ᄒᆞ니 ᄎᆞᄂᆞᆫ 승샹 셔번과 쟝군 하원이라

96면

능왕이 이 인을 보고 통곡 왈 내 오늘날 오십 만 병을 픽ᄒᆞ고 일신이 젹의 빠히여 명직시긱이러니 경등의 구ᄒᆞ므로 사리시나 내 하면목으로 도라가 신민을 보리오 냥인이 위로 왈 승픽ᄂᆞᆫ 병가의 샹시니 대왕은 슬허 마ᄅᆞ쇼셔 맛당이 도라가 다시 흥병 셜원ᄒᆞ리라 ᄒᆞ고 송병을 즛치고 왕을 구ᄒᆞ여 내니 ᄉᆞ 쟝이 ᄯᆞᆯ오지 아니커ᄂᆞᆯ 능쥐 겨유 버셔나 이 쟝으로 더브러 다라ᄂᆞ더니 이ᄯᅢ 발셔 황혼이라 홀연 앏희 화광이 조요ᄒᆞ고 고각이 졔명ᄒᆞ며 삼노

97면

병이 일시의 발ᄒᆞ니 좌우ᄂᆞᆫ 셕호병과 범탁이오 앏흘 셩취니 녀셩 즐왈 네 이졔 날개 잇거든 다ᄅᆞᄂᆞ고 블연즉 쌜니 믹이믈 바드라 능왕이 이 쟝을 보와 왈 도적이 여ᄎᆞ 니 심이 ᄯᆞᆯ오니 이졔 ᄒᆞᆫ갓 젹슈의 쥭ᄂᆞ니 ᄌᆞ문ᄒᆞ랴 ᄒᆞ고 졍히 지르고져 ᄒᆞ더니 이 쟝이 붓드러 말니고 보호ᄒᆞ여 다라ᄂᆞ려 ᄒᆞᆫ대 젼후 좌우의 빠 거슬 버셔날 길이 업ᄉᆞ니 ᄉᆞ 쟝이 합녁 공격ᄒᆞ니 범탁은 뒤흐로 조ᄎᆞ 엇게를 치믹 말이 놀나 ᄲᅱ놀 ᄉᆞ이 셕호병은 무예 졀륜ᄒᆞ므로

98면

숀을 가ᄇᆡ야이 놀녀 능왕을 잡아 믹여 크게 외여 왈 임의 젹괴를 잡아시니 여등은 ᄎᆞᄎᆞ 잡으라 범탁은 셔번을 믹고 뉴셩취ᄂᆞᆫ 하원을 믹니 능군이 일시의 슬힝 포복ᄒᆞ여 술기를 비ᄂᆞᆫ지라 ᄉᆞ 쟝이 크게 승쳡ᄒᆞ고 졔군을 거ᄂᆞ려 도라올ᄉᆡ 능쥬와 군신을 함거의 너허 도라와 명됴의 원쉬 영즁 단좌ᄒᆞ고 이의 졔쟝이 공을 밧칠ᄉᆡ 능왕을 계하의 ᄭᅮᆯ니니 능쥐 눈믈을 흘니고 왈 내 지죄 업셔 잡히미 아니라 간계의 쇽으미니 쥭어도 마음은 항

99면

복지 아닌노라 졔쟝이 일시의 고왈 ᄎᆞ젹의 ᄉᆞ오나오미 오늘 항복ᄒᆞ나 내일 반ᄒᆞ리니 밧비 참ᄒᆞ여 남방 싱령의 도탄을 구ᄒᆞ쇼셔 원쉬 좌우를 도라보와 왈 내 운현으로 능국 도셩을 밤의 함몰ᄒᆞ라 ᄒᆞ엿더니 엇지 쇼식이 업ᄂᆞ뇨 언필의 션봉의 ᄉᆞ재 도라와 고왈 션봉이 임의 능국을 앗고 능왕의 두 ᄯᆞᆯ과 두 아들을 다 잡아 가도고 방 븟쳐 안

민ᄒᆞᄂᆞ이다 원슈 희동안식ᄒᆞ여 이의 능왕을 참ᄒᆞ고 하원과 셔번을 대칙 왈 네 인군을 어지리 돕지 아냐 픠악

100면

블의로 인도ᄒᆞ여 이졔 국파신망ᄒᆞ믄 다 너의 죄라 엇지 쥭으믈 면ᄒᆞ리오 즉시 원문의 참ᄒᆞ고 비로쇼 대군을 인ᄒᆞ여 능국셩의 드러가 능왕의 ᄌᆞ녀를 먼니 ᄒᆡ도의 옴기고 능국 남젹 태원길이 인ᄌᆞ 관홍ᄒᆞ고 인망이 도라가므로 셰워 국군을 삼아 ᄉᆞ민을 진졍ᄒᆞ고 ᄉᆞ오 일 군ᄉᆞ를 쉬여 이의 회군ᄒᆞᆯ식 ᄯᅢ 동 십월이니 원슈 츌ᄉᆞᄒᆞ연 지 칠팔삭이라 군친을 영모ᄒᆞ며 삼군을 호궤ᄒᆞ고 금ᄇᆡᆨ을 샹ᄉᆞᄒᆞ니 허다 쟝졸이 젼망ᄒᆞᆫ 재업셔 져마다 숑덕ᄒᆞ니 삼군

101면

졔쟝이 깃거ᄒᆞ더라 십월 쵸슌의 반샤ᄒᆞᆯ식 능왕 틱원길이 ᄇᆡᆨ 니의 젼송ᄒᆞ고 남방 ᄇᆡᆨ셩이 길흘 막아 져마다 눈믈을 나리오니 젹ᄌᆡ 부모 바람 ᄀᆞᆺ더라 원슈 능왕을 대ᄒᆞ여 왈 이졔 능왕 금셕탈이 방종ᄒᆞ여 우흐로 텬의를 역ᄒᆞ고 아ᄅᆡ로 민심을 일흐니 죄악이 텬디의 관영키로 국파신망ᄒᆞ니 힝혀 왕의 어질믈 인ᄒᆞ여 군왕 ᄉᆡᆨ슈를 맛지ᄂᆞ니 솔토지민이 막비왕신이라 모ᄅᆞ미 치국안민ᄒᆞ고 텬됴를 셤겨 군신 대의를 샹ᄒᆡ오지 말나 능왕

102면

이 ᄇᆡ샤ᄒᆞ니 원슈 우왈 왕이 임의 셔믜 엇지 역텬지젹의 국호를 다시 쓰리오 이의 국호를 곳쳐 금이라 ᄒᆞ니 ᄎᆞ후로 금국이 되니라 졔민을 무위ᄒᆞ고 대군이 일시의 발ᄒᆞ여 호호탕탕이 도라올식 십일월 회간의 형쥐 다다라 쳡음을 몬져 황됴의 쥬달ᄒᆞ고 관ᄉᆞ의 드러 졍자ᄉᆞ를 마ᄌᆞ 셔로 반기믈 이긔지 못ᄒᆞ여 립공 승젼ᄒᆞ믈 치하ᄒᆞ고 자식 이ᄯᅢ 승탁ᄒᆞ시믈 입어 바야흐로 병부샹셔 태혹ᄉᆞ로 징쇼ᄒᆞ시니 일마다 쇼원을 맛쳐 깃브믈 도으니 어시의

103면

졍부인이 원슈와 니별 후 회잉ᄒᆞ여 뉴지 ᄀᆞᆺ튼 셰외 젼쟈로 내도ᄒᆞ고 아ᄌᆞ 명쳔이 옥

골 영풍이 더옥 긔이ᄒᆞ여 오직 일월 광ᄎᆡ와 셩인 품질이 기산의 봉황 ᄀᆞᆺ고 츈츄 젹 긔린 ᄀᆞᆺᄐᆞ여 쳥삼을 나붓겨 가ᄃᆞᆨ이 반기며 압히 와 졀ᄒᆞ니 원슈의 엄즁ᄒᆞ미나 부인의 만삭 즁 무양홈과 ᄋᆞᄌᆞ의 츌인ᄒᆞᆷ믈 ᄃᆡᄒᆞ여ᄂᆞᆫ 희ᄉᆡᆨ이 뉴동ᄒᆞ여 숀을 잡고 왈 오ᄋᆡ 그 ᄉᆞ이 이ᄀᆞᆺ치 ᄌᆞ라시니 아지못게라 요ᄉᆞ이도 글을 ᄇᆡᆨ홧ᄂᆞᆫ다 명쳔이 ᄃᆡ왈 모친긔 ᄇᆡ호려 ᄒᆞ면

104면

구시긔 ᄇᆡ호라 ᄒᆞ시고 구시긔 ᄇᆡ호랴 ᄒᆞ면 모친긔 ᄇᆡ호라 ᄒᆞ시니 ᄇᆡ호지 못ᄒᆞ고 오직 잇다감 당시를 닑더이다 원쉬 우음을 ᄯᅴ여 졍샹셔를 보와 왈 형이 발셔 환경ᄒᆞᆫ가 ᄒᆞ엿더니 ᄌᆞ식과 형인이 지금 친젼의 뵈옵지 못ᄒᆞ미 실노 나의 ᄯᅳᆺ이 아니라 내 몸의 왕명이 이셔 오ᄅᆡ 지류ᄒᆞ기 어려오니 몬져 가거니와 형은 밧비 나의 쳐ᄌᆞ와 팔 챵을 거ᄂᆞ려 올ᄂᆞ오라 샹셰 왈 내 ᄯᅩᄒᆞᆫ 급ᄒᆞᆫ 마음이 시위 ᄯᅥᄂᆞᆫ 살 ᄀᆞᆺᄐᆞᆫ지라 엇지 너의 쳐쳡을 호ᄒᆡᆼᄒᆞ리오 원쉬 웃고 ᄎᆞ

105면

야의 부인을 ᄃᆡᄒᆞ여 별회를 니ᄅᆞ고 슈히 샹경치 못ᄒᆞᆷ믈 한ᄒᆞ니 부인 왈 일긔 엄한의 어린 아ᄒᆡ로 쳔 리 원ᄒᆡᆼ의 어렵고 슈일 젼 양대인 슈셔를 뵈온즉 츈간을 기다리라 ᄒᆞ시니 거거 ᄒᆡᆼ되 오히려 명츈간이 되리니 시일이 쳔연ᄒᆞᆷ믈 쳡심이 실노 블안ᄒᆞ이다 원쉬 탄왈 내 ᄯᅩ ᄒᆡᆼ역의 깁히 샹ᄒᆞ니 쳡음을 올니고 이곳의셔 슈일을 조병코져 ᄒᆞ여 일ᄒᆡᆼ ᄉᆞ졸을 각각 머믈너 쉬게 ᄒᆞ고 형쥐 머무른 지 ᄉᆞ오 일의 부인과 ᄋᆞᄌᆞ를 ᄃᆡᄒᆞ여 만ᄉᆞ를 니ᄌᆞ

106면

며 환희 쾌락ᄒᆞ여 ᄇᆡᆨ년의 ᄂᆞᆺ븐 ᄯᅳᆺ이 잇더니 일일은 원쉬 부인을 대좌ᄒᆞ여실 젹 니괴 드러와 ᄇᆡ알ᄒᆞ고 립공 반샤ᄒᆞᆷ믈 하례ᄒᆞ니 원쉬 비록 승리를 괴로이 너기나 그 은혜 심샹치 아니므로 흔연 샤좌ᄒᆞ니 니괴 낭구 후 품으로 조ᄎᆞ ᄇᆡᆨ깁 족ᄌᆞ를 내여 펴며 왈 미인도를 ᄒᆞᆫ곳의셔 파라 달나 ᄒᆞ나 화법이 긔특ᄒᆞ고 그림 가온대 미인의 얼골이 셰샹의 무빵ᄒᆞ니 부인이 ᄉᆞ시릿가 졍시 임의 의논ᄒᆞᆫ 일이라 바다보ᄆᆡ 일위 미인이 단졍이 블젼의 례ᄇᆡ

107면

ᄒᆞ는 거동이라 녹미 셩안과 화협 잉슌이며 운환무빈이라 촉나 셰요의 만염이 긔긔ᄒᆞ여 ᄉᆡᆼ긔 유동ᄒᆞ는지라 찬란ᄒᆞᆫ 용광이 눈의 황홀ᄒᆞ니 경부의 고음과 니부인의 청아쇄락ᄒᆞᆷ을 아오ᄅᆞ ᄉᆡᆨ틱 염광이 경니 이 부인긔 츄호 블급ᄒᆞ미 업순지라 원쉬 겻ᄒᆡ셔 보고 ᄇᆡᆨ 년 긔봉의 그림을 보와도 ᄌᆞ연 마음이 심샹치 아닌지라 웃고 문왈 이 미인도의 긔특ᄒᆞ미 만금 졀뵈라 만일 이 미인이 셰샹의 이시량이면 내 당당이 만금으로ᄡᅥ 기인을 취코

108면

져 ᄒᆞᄂᆞ니 복식 거동이 규슈의 모양이라 만일 이 여자를 알거든 월노를 ᄌᆞ임ᄒᆞ면 이는 부인을 살와 ᄂᆡᆫ 공의셔 더ᄒᆞ리라 니괴 쇼왈 노애 위엄이 ᄒᆡᄂᆡ의 진동ᄒᆞ고 덕망이 일셰를 기우리시니 임의 ᄉᆞ즁의 옥 ᄀᆞᆺ튼 부인이 빵빵ᄒᆞ시거놀 ᄒᆞᆫ 쟝 그림을 보시고 마음을 요동ᄒᆞ시ᄂᆞ니잇고 과연 이 그림 가온대 녀ᄌᆡ 쇼도의 숀의 이시ᄃᆡ 이 녀ᄌᆞ난 혈혈ᄒᆞᆫ 바의 뉵아지통이 호텬을 부ᄅᆞ지져 호읍ᄒᆞ고 조모 단시의 고이ᄒᆞᆫ 용심이 일ᄉᆡᆼ 젼졍을 마희ᄒᆞ므로 여ᄎᆞ 변고를

109면(110면)[1]

만나 노신이 거두어 밧드더니 이 그림은 모친 뉴시 쇼져를 ᄉᆡᆼ각고 쥬야 샹회ᄒᆞ니 그 쇼져의 뎨남 경공ᄌᆡ 이 거동을 그려 모친을 관위ᄒᆞ고 샹ᄒᆡ 벽의 거러 계신 고로 노신이 부인이 경쇼져를 못 보와 답답ᄒᆞ여 ᄒᆞ시므로 잠간 보시게 가져왓더니 노야의 말솜을 드ᄅᆞ니 실쇼ᄒᆞᆷ을 이긔지 못ᄒᆞᆯ쇼이다 ᄌᆡ명 거족으로 방년 십ᄉᆞ의 ᄌᆡ용이 독보ᄒᆞ고 그 모친이 다만 일 녜라 엇지 쳔금 일녀로 엇지 노야 오 부인을 ᄎᆡ와 쳔 니의 니별코져 ᄒᆞ리잇고 원쉬 청파의 희연 쇼

110면(109면)

지ᄒᆞ고 그림을 다시 펴 보미 ᄇᆡᆨ틱 완젼ᄒᆞ고 요조ᄒᆞᆫ 셩심의 나타ᄂᆞ니 마음이 기울고

1) 서강대본 『조씨삼대록』 12권에는 109면부터 112면까지는 필사한 면이 잘못 묶어져 있기 때문에 앞뒤의 내용을 고려하여 면수를 다시 올바로 조정하기로 함. 괄호 속은 서강대본에 필사되어 묶여 있는 면수를 표기한 것이고 괄호 앞의 면수는 내용을 올바로 잡은 면수임.

의식 도로쳐 싱각호디 장뷔 쳐셰의 미식을 수양홀 빅 아니라 이 녀즈의 긔이호미 졍니로 젹쉬라 호믈며 졍시 아황의 덕이 잇고 니시의 온슌호미 겸젼호니 졍시를 취호여 호가지로 졍화슉을 짜라 경소의 오게 호고 대인긔 취호 사연을 알외지 말고 졍틱사를 촉호여 허락을 엇즈온 후 명졍이 취호여 가도를 졍호리라 호고 니고를 대호여 졍시의 근본과 곡졀을

111면(112면)

일일히 뭇고 부인을 도라보와 왈 부인은 싱의 마음을 알지라 내 졍시를 취호여 부인을 맛져 가려 호느니 부인 뜻이 하여오 부인이 함쇼 대왈 군지 뜻을 졍호시미 규녀의 미견이 간셥홀 빅 아니라 군즈의 풍뉴 직덕으로 관관호귀니 가히 뼈 져구 힝치를 바야며 갈담의 화긔를 보리니 쳡이 쏘호 니됴로 더브러 황영의 고수를 효측호여 군즈의 가되 창호고 즈숀이 번셩호여 곽분양을 병구호미 원이로디 그윽이 싱각건디 대인의 공검호시미 쟉

112면(111면)

위 태졍의 오르시고 데즈의 수우로 위극인신호시디 오직 삼위 부인 이시고 다시 호낫 희쳡도 번수호믈 두지 아니시니 군지 우러러 효측지 아니시고 녀식을 보니마다 긔믈을 삼고져 호시니 타일 엄젼의 무어시라 쥬홀고 이를 싱각호믹 쳡심이 경구호이다 원쉬 답왈 부인지언이 금옥 곳도다 우리 야야의 지셩 대덕을 내 실노 바라옵지 못호고 추인의 아름다오미 구호여도 엇기 어려올 쁜 아니라 임의 쳐쳡이 족호니 허호시믈 밧즈와 취호려 호면 져와 내 빅슈 되나 어려

113면

오니 만일 졍혼호고 올나간즉 내 직수의 분망호 몸이 엇지 형쥐를 나려오며 대인긔 허락 밧기는 악장이 쥬션호여 즈연 일이 셩젼호리니 부인은 믈녀호고 즐믹 쇼임을 힘뼈 슉녀를 일치 말나 부인이 쇼왈 대인을 긔망호미 쳡의 마음이 송연 경구호니 호믈며 부지 쟉위 슝고호고 빅힝이 슉연홀 쩍 부형을 긔망호시미 크게 힝실의 유휘호니 쳡이 민망호여 호느이다 원쉬 대쇼 왈 부인 녀즈는 호의 만하 가히 대수를 의논치 못호리니 니고는

114면

힘써 되게 ᄒᆞ라 니고 부인이 임의 윤부인 허락을 바다시ᄆᆡ 미인도를 가져와 원슈를 보게 ᄒᆞ니 조원슈의 호신 풍니로 쇼원을 다ᄒᆞ고져 ᄒᆞᄂᆞᆫ지라 니고를 보ᄎᆡ여 져 집 허락을 바다오라 ᄒᆞ고 졍샹셔 양원슈 등으로 ᄎᆞᄉᆞ를 의논ᄒᆞ니 삼 인이 대쇼ᄒᆞ나 맛당ᄒᆞ믈 일ᄏᆞᄅᆞ 부인긔 통혼ᄒᆞ니라

조시삼대록 권지십삼

1면

화셜 윤부인이 단부인을 두려 비록 니별이 악연ᄒᆞ나 니고의 말ᄲᅮᆫ 아니라 조원슈의 영명은 ᄉᆞ히 쇼공지라 결ᄒᆞ여 허혼ᄒᆞ고 감히 본부로 다려오지 못ᄒᆞ여 다시 외구 윤시랑 집으로 다려와 쇽쇽히 셩혼ᄒᆞ여 졍부인 곳으로 보내려 ᄒᆞ니 원쉬 깃거 튁일ᄒᆞ니 지격슈일이라 양원쉬 쇼왈 져런 남ᄉᆞ를 ᄒᆞ고 네 쟝ᄎᆞᆺ 타일 ᄉᆞ형긔 엇지려 ᄒᆞᄂᆞ다 원쉬 쇼왈 남의 죄의도 ᄉᆞ십 쟝을 마져시니 내 죄의 부형긔 마ᄌᆞ믈 엇

2면

지 념피ᄒᆞ리오 졍샹세 대쇼 왈 이 완만ᄒᆞᆫ 놈이 날을 업슈이 너겨 이런 남ᄉᆞ를 져ᄌᆞ러 날다려 쥬션ᄒᆞ라 ᄒᆞ니 내 당당이 령존대인긔 알외여 즁장을 밧게 ᄒᆞ리라 원쉬 쇼왈 내 엇지 형을 업슈이 너기리오 밋고 ᄉᆞ랑ᄒᆞ므로 내 어려온 일을 다 맛지ᄂᆞ니 잘 구쳐ᄒᆞ라 즁쟝 입으면 내 알프믄 니ᄅᆞ지 말고 녕ᄆᆡ의 심쟝이 오죽ᄒᆞ랴 졍샹세 그 츌뉴ᄒᆞᆫ 위인을 만분 취즁ᄒᆞ므로 ᄎᆞᄉᆡ 그ᄅᆞ믈 아ᄃᆡ 말니지 아니러라 길일의 원쉬 길복을 갓초와 윤가의 니

3면

ᄅᆞ러 젼안을 맛ᄎᆞᄆᆡ 친영ᄒᆞ여 아즁의 니ᄅᆞ니 윤부인이 거ᄌᆞᆺ 단부인을 쇽여 왈 질ᄋᆞ의 혼ᄉᆞ의 가노라 ᄒᆞ고 본부의 와 신랑의 츌인 굉궐ᄒᆞ믈 보ᄆᆡ 부인이 망부를 ᄉᆡᆼ각ᄒᆞ고 츄원 감회ᄒᆞ믈 이긔지 못ᄒᆞ더라 아즁의 와 신랑 신부 쳥즁의셔 교ᄇᆡ홀ᄉᆡ 원쉬 봉안을 흘녀 바라보니 봉미ᄂᆞᆫ 츈산의 아담ᄒᆞ믈 아쳐ᄒᆞ고 냥안 졍긔ᄂᆞᆫ 츄슈 졍치라 텬

연흔 셩덕과 청한흔 힝실이 미우의 현영흐니 텬화 일지 옥누의 숫쳐시며 남히의 오치쥬 빗

4면

출 토하느지라 졍부인의 쳔틱만광의 득즁흔 거동과 니부인의 교결 결쇄흔 광치로 비흐믹 호리 블급흐미 업고 오치 녕농흐고 긔긔묘묘흐니 풍뉴 쟝부의 환열 쾌락흐미 비길 곳이 업슨지라 이늘 졍부인이 길셕을 열믹 아황 녹미의 화긔 온즈흐고 홍협 단슌의 옥치 현영흐니 쇄락흔 광치 경쇼져로 딕흐믹 일빵 슉네라 만좌 졔인이 칙칙 칭탄흐고 양원슈 조쟝군이 다 드러오믹 오부인은 쟝내의셔 여어보더라 니괴 머무러 범스

5면

를 보슬피며 졍부인이 지극 후대흐여 범스의 풍화흐미 미진흐미 업슨지라 조원쉬 외당의 나오믹 경샹셰 하례 왈 운희 굿튼 복인이 잇느냐 빵빵흔 슉녀와 슷 굿튼 미인이 굿초 모드니 타일 녕존대인이 아르시다 일 빅 쟝 밧긔 더을 거시 아니오 네 졍쟝 견고흐미 능히 견딜지니 이 무숨 념네 이시리오 좌위 대쇼흐고 원쉬 쇼왈 형이 남의 길셕의 블길흔 말 말나 우리 대인 쳥덕이 본딕 노예도 샹히오지 아니시느니 엇지 즈식을 쟝 일 빅토록 치시리

6면

오 내 일이 그르나 젼일의 극진 조심흐여 엄의를 밧드왓느니 엇지 치칙흐시리오 운현이 쇼왈 형이 오히려 아지 못흐시는도다 계뷔 미셰지스도 용셔치 아니시니 만일 이 일이 발각흐면 일 빅 쟝의셔 더 어려온 경계 이실가 흐느이다 닌광이 쇼왈 일 빅 쟝의 더으면 쥭이시랴 과도흔 말 말나 이러나 져러나 쾌흐여 뵈는도다 광은 흔번 조시의 얼골을 보고 죄로 스십 쟝을 맛고 스 년을 슈절흐여 남은의 풍졍을 펴지 못흐니 엇지 원억지 아니리오 운현

7면

이 대쇼 왈 붓그럽고 무안토 아냐 이 말을 믹양 들츄느냐 뉘셔 내 누의 위흐여 슈졀

ᄒᆞ라 ᄒᆞ더냐 네 머리 ᄇᆡᆨ두의 밋쳐도 우리 대인이 너를 동샹의 허치 아니시리니 부졀 업시 립졀 말고 슉녀를 갈희여 죵형을 블워 말나 닌광이 즐겨 아냐 냥미를 찡긔여 왈 머리 셸지ᄅᆞ도 조시로 원비 삼은 후 다른 쳐쳡을 두미 나 ᄌᆞ범의 뜻이라 발셔 이팔 쟝년을 괴로이 독쳐ᄒᆞ여 남ᄋᆞ의 힝락을 펴지 못ᄒᆞ니 녕존이 젹블션을 ᄒᆞ시ᄂᆞᆫ지라 원 슈와 운현이

8면

일쟝을 박쇼ᄒᆞ더라 ᄎᆞ야의 원슈 몬져 졍부인 슉쇼의 와 아ᄌᆞ를 어ᄅᆞ만져 년년ᄒᆞ고 부인을 대ᄒᆞ여 쇼왈 신인의 ᄉᆞ랑ᄒᆞ미 고인의 우히나 아직 아들이 품의 써ᄂᆞ니 험ᄉᆡ 로다 부인이 졍ᄉᆡᆨ 단좌ᄒᆞ여 말이 업거ᄂᆞᆯ 원슈 ᄎᆞ쇼 왈 부인이 신인을 보니 엇지 쾌ᄒᆞᆫ 빗치 업ᄂᆞ뇨 졍시 ᄃᆡ왈 군ᄌᆞᄂᆞᆫ 침즁 믁믁ᄒᆞ미 읏듬이라 일시 호ᄉᆞ와 슉긔연이와 블 고이취ᄒᆞ고 허믈의 념녀 업ᄉᆞᄉᆞ 호흥을 발ᄒᆞ시ᄂᆞ니잇가 쳡이 대인의 힝ᄒᆞ시ᄂᆞᆫ 바를 보오니

9면

죤고로 샹경ᄒᆞ시미 존ᄒᆞᆫ 쥬ᄀᆡᆨ ᄀᆞᆺᄐᆞ시니 졔 슉모와 조모 등의 희롱을 슈창ᄒᆞ시ᄃᆡ 일 즉 희쇼의 일을 보ᄋᆞᆸ지 못ᄒᆞ오니 샹히 슉연ᄒᆞ신지라 이졔 군ᄌᆞ의 힝ᄉᆡ 대샹부동ᄒᆞ니 쳡이 한심ᄒᆞ오니 어내 결을의 투심이 ᄂᆞ오리잇가 ᄒᆞ믈며 졍실을 ᄃᆡᄒᆞ여 빈번의 ᄋᆡ증 은춍을 의논ᄒᆞᆯ ᄇᆡ 아니니 이 말ᄉᆞᆷ을 드ᄅᆞᄆᆡ 쳡이 귀를 씻고져 시분지라 군ᄌᆞ의 힝ᄉᆞ 를 시비ᄒᆞ미 당돌ᄒᆞ나 인군이 그ᄅᆞ시면 신히 간ᄒᆞ고 부뫼 유과여시든 ᄌᆞ식이 간ᄒᆞ기 ᄂᆞᆫ 셩교의 경계라 고인

10면

이 내조의 공을 일ᄏᆞᄅᆞ시고 경강이 뵈틀을 인ᄒᆞ여 치국지도를 베프니 공ᄌᆡ 기리신지 라 쳡이 비박ᄒᆞᆫ ᄒᆡᆼ실과 블혜ᄒᆞᆫ ᄀᆡ질이 외람이 부ᄌᆞ의 원비라 일홈을 비러 내샹의 모 쳠ᄒᆞ니 그 허믈이 ᄇᆰ으며 슈힝이 일월 ᄀᆞᆺᄐᆞ샤 대인 셩덕을 니으시면 쳡이 존고 슉덕 을 만일이나 효측ᄒᆞ고져 ᄒᆞ므로 말ᄉᆞᆷ이 기오니 ᄌᆞ못 황괴ᄒᆞᄂᆞ니다 ᄉᆞ긔 단엄ᄒᆞ고 안 ᄉᆡᆨ이 화쳥ᄒᆞ나 내심이 츄월 ᄀᆞᆺᄐᆞ며 ᄉᆞ군ᄌᆞ 렬쟝부의 풍이 가ᄌᆞᆨᄒᆞ니 원슈 돈연 치경 ᄒᆞ여 관을 슈렴ᄒᆞ여 공경

11면

칭지 왈 텬ᄌᆡ ᄌᆡᆼ신 칠 인이면 텬하ᄅᆞᆯ 두시고 졔후 ᄌᆡᆼ신 삼 인이면 블실기국ᄒᆞ고 아비 간ᄒᆞᄂᆞᆫ ᄌᆞ식을 두ᄆᆡ ᄒᆞ믈을 면ᄒᆞ며 남ᄌᆡ 현쳐ᄅᆞᆯ 두ᄆᆡ 그 집이 흥ᄒᆞᄂᆞ니 만일 강후의 규간 아니면 쥬션의 즁흥을 일워며 금일 부인의 규간의 엇지 조문계 허믈을 ᄭᆡᄃᆞᆺ지 아니리오 ᄌᆞᄋᆞ시로 엄훈을 슉야의 조심ᄒᆞ여 엄교ᄅᆞᆯ 어긔오미 업더니 니시ᄅᆞᆯ 췌ᄒᆞᆯ 젹 여ᄎᆞ여ᄎᆞᄒᆞ고 셰월이 오래니 이졔ᄂᆞᆫ 그 죄칙을 거의 면ᄒᆞ려니와 금일 거죄 맛당치 아니믈 알며 남

12면

아의 풍졍을 면치 못ᄒᆞ니 엇지 황공ᄒᆞ미 젹으리오 슈연이나 쟝뷔 만ᄉᆞ의 훤출이 ᄒᆞᆯ지라 ᄭᆡᄃᆞᆺ지 못ᄒᆞ고 근심을 아닐 ᄇᆡ오 ᄯᅩ 신인이 현슉ᄒᆞ니 ᄉᆡᆼ의 쳐궁이 유복ᄒᆞ믈 ᄌᆞ부ᄒᆞ여 췌후 실언ᄒᆞ여 부인 논박을 바드니 참괴ᄒᆞ이다 정시 슈용 샤례ᄒᆞ여 례뫼 침졍ᄒᆞ니 원ᄉᆔ 다시 희롱을 발치 못ᄒᆞ고 몸을 니러 신방의 니ᄅᆞ러 신부ᄅᆞᆯ 샹ᄃᆡᄒᆞ니 화촉 하의 ᄇᆡᆨᄐᆡᆨ만광이 더옥 긔려ᄒᆞ여 셰쇽 홍분을 우을지라 원ᄉᆔ ᄋᆡ즁ᄒᆞ여 촉을 멸ᄒᆞ고 옥슈ᄅᆞᆯ

13면

니으ᄆᆡ 셰요ᄅᆞᆯ ᄇᆞᆺ드러 긴 단쟝을 벗기고 샹요의 나아가니 여산 은ᄋᆡ와 만종 풍ᄂᆔ 비길 곳 업ᄉᆞᆫ지라 신졍이 흡연ᄒᆞ여 명됴의 날이 늣도록 니지 아니ᄒᆞ니 정샹셰 젼어 왈 비록 ᄉᆡ 부인긔 침혹ᄒᆞ여시나 머리 내와다 즁쟝의 하례와 아등의 치하ᄅᆞᆯ ᄉᆞ양치 말나 원ᄉᆔ 이연 쇼지ᄒᆞ고 니러 외당의 나와 오히려 관쇼ᄅᆞᆯ 아냣시니 깃 거ᄉᆞ린 봉황 ᄀᆞᆺ고 구름 포희ᄒᆞᄂᆞᆫ 뇽 ᄀᆞᆺᄐᆞ니 표표ᄒᆞᆫ 신쟝이 편편ᄒᆞᆫᄃᆡ 금표ᄅᆞᆯ ᄇᆞᆺ치고 월ᄋᆡᆨ의 거믄관을 슉여 나와 가연이 웃고 왈 현형

14면

은 무ᄉᆞ 일 남의 단잠을 ᄭᆡ오고 괴로이 청ᄒᆞᄂᆞ뇨 샹셰 함쇼 왈 네 거동이 하 쥬졉들고 용녈ᄒᆞ니 ᄋᆡ쳐ᄒᆞ믈 너ᄀᆞᆺ치 ᄒᆞᄂᆞᆫ 재 어ᄃᆡ 이시리오 원ᄉᆔ 답왈 형이 사ᄅᆞᆷ의 부부 화락ᄒᆞᄂᆞᆫ 곳을 보면 용심을 내ᄂᆞ니 셕년의 누의 방 밧글 규시ᄒᆞ더니 오날 ᄯᅩ 니러ᄐᆞᆺ 날을 보ᄎᆡ니 기의ᄅᆞᆯ 아지 못ᄒᆞ리로다 닌광과 운현이 대쇼ᄒᆞ고 제쟝이 드러와 하례ᄒᆞ니

원슈 늠연이 말ᄒᆞᄆᆡ 늉동 한텬의 믁믁ᄒᆞᆫ 거동이 이시니 즁인이 가연 치경ᄒᆞ여 경탄블이러라 실노 초공지

15면

ᄌᆡ로ᄃᆡ 셩품이 잠간 다ᄅᆞ미 이시니 원슈ᄂᆞᆫ 화려 샹활ᄒᆞ여 언변이 유여ᄒᆞ고 친붕을 ᄃᆡᄒᆞ면 호히 미담이 뉴슈 ᄀᆞᆺᄐᆞ여 사ᄅᆞᆷ을 즐겁게 ᄒᆞᄂᆞᆫ 고로 초공의 단믁홈과 다ᄅᆞ미러라 신인을 ᄃᆡᄒᆞ여 고인을 공경ᄒᆞ고 팔창을 춍희ᄒᆞ며 남ᄋᆞ의 힝낙이 쾌활ᄒᆞ니 일노조ᄎᆞ 복녹이 무량ᄒᆞ고 ᄌᆞ숀이 챵셩ᄒᆞ여 인간 만복이 완젼ᄒᆞ니 문계의 더은 재 업ᄉᆞ리러라 졍샹셰 탄복 흠션ᄒᆞ고 틱일 발힝홀ᄉᆡ 원슈 경공ᄌᆞ를 쳥ᄒᆞ여 보니 일표 인ᄌᆡ오 풍뉘 쇄연ᄒᆞᆫ

16면

지라 옥 ᄀᆞᆺᄐᆞᆫ 군ᄌᆞ오 ᄌᆡ혹이 광박ᄒᆞ니 원슈 ᄉᆞ랑ᄒᆞ여 ᄒᆞᆫ가지로 경ᄉᆞ의 가기를 쳥ᄒᆞᆫᄃᆡ 경ᄉᆡᆼ이 편모의 고혈홈과 가ᄉᆞ의 영체ᄒᆞ므로 ᄯᅥ나지 못ᄒᆞ믈 일ᄏᆞ라 가지 못ᄒᆞᆫ다ᄒᆞ니 원슈 졍샹셔를 보고 미곡 ᄌᆡ빅을 어더 윤부인긔 드려 향니 고초를 위로ᄒᆞ고 니고를 다시 샹ᄉᆞᄒᆞ고 졍샹셔 압흘 당ᄒᆞ여 슈일을 몬져 힝홀ᄉᆡ 림힝의 졍샹셔 글ᄋᆞ쳐 졍부인 힝거를 바로 조부로 보내고 졍쇼져와 팔창은 졍부 별ᄉᆞ의 셜부인이 아지 못ᄒᆞ게 머므ᄅᆞ고 졍태ᄉᆞ긔 촉ᄒᆞ여 ᄌᆞ

17면

긔 드러간 후 여ᄎᆞ여ᄎᆞᄒᆞ라 ᄒᆞ니 졍샹셰 응낙ᄒᆞ여 니별ᄒᆞ고 졍경 냥 부인과 팔창을 거나려 길흘 날ᄉᆡ 윤부인이 번거ᄒᆞ여 녀ᄋᆞ를 다시 보지 못ᄒᆞ고 ᄯᅥ나믈 슬허ᄒᆞ고 졍소제 ᄯᅩ 모친과 거거를 다시 못보고 ᄯᅥ나믈 슬허ᄒᆞ고 블시의 남의 길을 ᄯᅡᄅᆞ니 ᄉᆞᄉᆞ로 명도를 탄ᄒᆞ여 슬프믈 참지 못ᄒᆞ나 심ᄉᆞ를 구지 잡아 외모ᄂᆞᆫ 여샹 ᄌᆞ약ᄒᆞ니 졍부인이 그 졍ᄉᆞ를 년측ᄒᆞ여 ᄒᆞᆫ가지로 길히 오흐니 명쳔이 모친이라 칭ᄒᆞ고 ᄯᅡᆯ오기를 친모ᄀᆞᆺ치 ᄒᆞ더라 화셜 조부의셔 쳔금 냥

18면

숀을 함긔 보내고 태부인과 조노공이 ᄉᆡᆼ각ᄂᆞᆫ 마음이 슉식이 미감ᄒᆞ고 부모의 념녀와

규리 홍안의 우례 깁흔지라 쟝시ᄂᆞᆫ 운현을 ᄉᆞ렴ᄒᆞ여 질병이 니러 샹셕의 더져시니 구괴 ᄒᆡ연이 너기고 니시 질병이 하리고 ᄎᆞ년 즁동의 빵ᄐᆡ 옥동을 ᄉᆡᆼᄒᆞ니 냥ᄋᆞ의 아름답기 옥슈경지 ᄀᆞᆺᄐᆞ며 난봉 교룡 ᄀᆞᆺᄐᆞ니 양부인이 친히 니ᄅᆞ러 환열ᄒᆞ미 만심의 가ᄃᆞᆨᄒᆞ고 존당이 ᄃᆡ열ᄒᆞ여 합문의 치ᄒᆡ 분분ᄒᆞ니 ᄒᆞ믈며 초공이 바라고 념녀ᄒᆞ던 바로 냥개 긔동을 일시의 발ᄒᆞ니 그 긔특

19면

ᄒᆞ믈 비ᄒᆞᆯ ᄃᆡ 업고 희긔 미우의 잠겨시니 진왕이 역시 힝열ᄒᆞ미 쇼시 ᄉᆡᆼᄌᆞᄒᆞ여실 적 ᄀᆞᆺ고 가즁의 하ᄀᆡᆨ이 죵일 부졀ᄒᆞ니 초공이 농숀이 쳐음이라 홀연 됴시 일개 영ᄌᆞᄅᆞᆯ 나흐니 남ᄒᆡ의 진쥬와 곤산의 미옥 ᄀᆞᆺᄐᆞᆫ여 부풍모습이 다 각각 이시니 초공 부부의 희열ᄒᆞ미 비ᄒᆞᆯ 곳 업더라 삼칠 일 후 됴니 냥인이 쇼셩ᄒᆞ여 니러ᄂᆞ고 초공이 ᄋᆞᄒᆡᄅᆞᆯ 다려와 존당 부뫼 보시게 ᄒᆞᆯᄉᆡ 삼 ᄋᆞ의 옥골 긔질이 범ᄋᆡ 아니라 니시의 빵ᄋᆞᄂᆞᆫ 더옥 긔특ᄒᆞ여 젼습부풍이오 됴시의 ᄉᆡᆼᄋᆡ ᄯᅩᄒᆞᆫ 츌

20면

범ᄒᆞᆫ지라 초공이 희동안ᄉᆡᆨᄒᆞ여 안아 태부인긔 드리고 쥬왈 유현이 금년 이십이라 지금 일 ᄌᆡ 업ᄉᆞ믈 우려ᄒᆞ더니 이제 일삭지ᄂᆡ의 삼 ᄌᆞᄅᆞᆯ 어드니 실노 바란 밧기라 ᄒᆞ믈며 유ᄋᆞ의 거동이 령현 슈려ᄒᆞ여 여ᄎᆞ 기특ᄒᆞ니 엇지 다힝치 아니릿가 태부인이 바드며 왈 졔 아비 도라와 이 경ᄉᆞᄅᆞᆯ 볼진ᄃᆡ 반드시 깃거ᄒᆞ리로다 공이 미급ᄃᆡ의 밧긔 정ᄐᆡᄉᆡ 왓다 ᄒᆞᄂᆞᆫ지라 공이 아히ᄅᆞᆯ 노코 나와 셔로 례필의 정공이 희긔 만면ᄒᆞ여 왈 밧비 젼ᄒᆞᆯ 회뵈 이시니 한훤을 날

21면

회고 형쥐 쇼식을 드ᄅᆞ니 쥭엇던 녀ᄋᆡ 다시 살고 업던 숀ᄋᆡ 나셔 삼 셰ᄅᆞᆯ 지냇다 ᄒᆞ니 엇지 희ᄉᆡ 아니리오 이번 길히 운희 부부 부ᄌᆡ ᄌᆡ합ᄒᆞ니 인셰의 희한ᄒᆞᆫ 경ᄉᆡ 아니리오 원내 즉시 사름 부려 희보ᄅᆞᆯ 통ᄒᆞ엿던가 시브ᄃᆡ 하인이 즁노의 젹화ᄅᆞᆯ 만나 몸이 쥭고 형쥐셔ᄂᆞᆫ 거쳐 모ᄅᆞ미 사름 오기 더ᄃᆡ여 깃븐 쇼식을 늣게야 드ᄅᆞ니 엇지 한홉지 아니리오 이의 아ᄌᆞ의 셔간과 정부인 샹셔ᄅᆞᆯ 젼ᄒᆞ니 희긔 것잡지 못ᄒᆞ여 초공이 바야흐로 삼개 숀ᄋᆞ의 아름다오믈 엇고 ᄯᅩ 이 희보ᄅᆞᆯ

22면

드ᄅᆞ니 쉼인가 의심ᄒᆞ여 일변 드ᄅᆞ며 일변 정시의 글월을 보니 ᄌᆡᄉᆡᆼᄒᆞᆫ 셜화와 이제 셔로 만난 바를 일일이 ᄒᆞ엿시니 공이 견필의 경ᄉᆡ 쳡쳡ᄒᆞ고 쾌활ᄒᆞ미 미우를 요동ᄒᆞ니 만면 츈풍이 은연ᄒᆞ여 탄왈 만ᄉᆡ 하늘이라 엇지 인력으로 ᄒᆞ리오 쇼데 원내 ᄋᆞ부의 긔질이 그만ᄒᆞ여 맛지 아니믈 아오ᄃᆡ 형이 분명이 쥭으믈 니ᄅᆞ니 다시 미들 거시 업셔 내 실노 셰ᄉᆞ를 탄ᄒᆞ더니 금일 경ᄉᆞᄂᆞᆫ 실시 녀외라 ᄉᆞ재 부ᄉᆡᆼ도 긔특ᄒᆞᆫ 경ᄉᆞ여ᄂᆞᆯ 다시 쳔니 긔린이 나 삼 셰 되엿다 ᄒᆞ니 유

23면

현이 무ᄉᆞᆫ 운쉬 통ᄒᆞ여 이러틋 슉녀 ᄌᆡ합ᄒᆞ고 업던 ᄋᆞ들이 이시니 이ᄂᆞᆫ 막ᄃᆡᄒᆞᆫ 경ᄉᆡ라 인ᄒᆞ여 됴니 냥 부인 슌산 ᄉᆡᆼᄌᆞᄒᆞ믈 젼ᄒᆞ고 더옥 희열ᄒᆞ니 정공이 ᄯᅩᄒᆞᆫ 치하ᄒᆞ고 블승힝열ᄒᆞ여 쥬ᄇᆡ를 나와 통음홀ᄉᆡ 진왕이 나갓다가 도라와 이 쇼식을 듯고 깃거 정공과 초공을 향ᄒᆞ여 만구 칭하ᄒᆞ고 질ᄋᆞ의 원복을 다힝ᄒᆞ여 ᄒᆞ더라 ᄎᆞ시 조례부ᄂᆞᆫ 쇼시 ᄒᆡ복을 년ᄒᆞ여 삼 ᄌᆞ 일 녀를 나핫고 녀시 범시 다 일 ᄌᆞ식 나하시며 영현이 일ᄌᆡ 잇고 례부의 벼술이 태ᄌᆞ 태부

24면

참지정ᄉᆞ의 올나 명망 직졀이 더옥 빗ᄂᆞ고 태ᄌᆞ를 돕ᄉᆞ오ᄆᆡ 언논과 쳥의 셩현 유풍이라 태ᄌᆡ 년유ᄒᆞ시나 춍명 호혹ᄒᆞ시니 됴얘 열복ᄒᆞ더라 오직 쟝시 ᄒᆡᄐᆡᄒᆞᄂᆞᆫ 경ᄉᆡ 업고 남시 친정의 슈어 유ᄌᆞ를 품어 구 삭의 ᄂᆞᆫ ᄌᆞ식을 구가의ᄂᆞᆫ 쇼식을 통치 못ᄒᆞ고 이ᄯᆡ의 광현이 츌ᄉᆞᄒᆞ여 직임을 츌히ᄆᆡ 즁셔ᄉᆞ인으로 쳥망이 ᄉᆞ셔의 들레고 화시로 종고지락이 흡연ᄒᆞ고 발셔 옥동을 ᄉᆡᆼᄒᆞ니 부풍모습ᄒᆞ여 쳔고 긔동이라 문현이 ᄯᅩᄒᆞᆫ 한원 명ᄉᆞ로 샹춍이 늉

25면

셩ᄒᆞ고 쇼시로 화락ᄒᆞ여 진궁 샹하의 영홰 졔미ᄒᆞ고 복녹이 호호ᄒᆞ며 ᄒᆡ마다 경ᄉᆡ 년쳡ᄒᆞᄂᆞᆫ지라 존당이 정시의 ᄉᆡᆼ존ᄒᆞᆫ 쇼식을 듯고 과도히 즐겨ᄒᆞ고 합ᄉᆞ의 희긔 늉늉ᄒᆞ니 양뎡렬의 깃거홈과 정슉렬의 지친지정과 슉질지의를 아오라 슈이 보기를 바라ᄃᆡ 이ᄯᆡ 일긔 엄한이라 명츈을 기다리며 부모 존당이 다시 냥ᄌᆞ의 쳡보를 기다리며

진왕의 험ᄉᆞᄂᆞᆫ 오직 남시의 일이라 그 옥심 빙질이라 ᄋᆞ모 곳의 뉴락ᄒᆞ여시믈 아지 못ᄒᆞ더니 후의 남공을 만ᄂᆞᄆᆡ 남공이 츰

26면

지 못ᄒᆞ여 잠간 쇼져의 쇼식을 젼ᄒᆞ니 쾌락 환심ᄒᆞ여 범ᄉᆡ 대톄ᄒᆞᆫ 고로 운현이 도라오기 젼의 남시를 다려올ᄉᆡ 남시 감히 엄구의 명을 역지 못ᄒᆞ여 조부의 도ᄅᆞ오ᄆᆡ 옥 ᄀᆞᆺ튼 긔ᄌᆞ를 쎠 아름다오미 금슈 긔화 ᄀᆞᆺ튼지라 구괴 긔ᄋᆡᄒᆞ고 냥죤당이 그 ᄉᆡᆼ환ᄒᆞ미 셰샹의 업ᄉᆞᆫ 희ᄉᆞ로 닐ᄏᆞ라 ᄋᆡ년ᄒᆞ미 쟝즁 보옥이라 가쟝시 남시를 보고 만복 ᄉᆡ 심이 블 니돗ᄒᆞ여 온화ᄒᆞᆫ ᄉᆞᄉᆡᆨ으로 화우ᄒᆞᄂᆞᆫ 거동이 ᄉᆞ랑ᄒᆞᄂᆞᆫ 동긔 ᄀᆞᆺᄐᆞ나 남시 엇져 조군쥬를 몰나보리오 분명 ᄌᆞ긔를 농의 너허 강

27면

슈의 드리치라 ᄒᆞ던 녀진 쥴 아니 모골이 숑연ᄒᆞ여 ᄃᆡᄒᆞ면 찬 ᄯᆞᆷ이 옷ᄉᆡ ᄉᆞ뭇ᄎᆞᄃᆡ 오직 모ᄅᆞᄂᆞᆫ 쳬ᄒᆞ니 그 신셰 잔잉ᄒᆞᆫ지라 졍비 ᄌᆞᄋᆡᄒᆞ고 긔렴ᄒᆞ기를 어린 ᄯᆞᆯᄀᆞᆺ치 ᄒᆞ더라 ᄎᆞ시 초국공 뎨 ᄉᆞᄌᆞ 창현의 ᄌᆞᄂᆞᆫ 슈희니 왕부인 쇼ᄉᆡᆼ이라 사롬 되오미 단졍ᄒᆞ여 변화시의 미옥 ᄀᆞᆺᄐᆞ니 ᄒᆞ믈며 만복 금슈 문쟝이 니두를 우솔지라 임의 냥형으로 일방의 등양ᄒᆞ여 벼술이 한림원의 니ᄅᆞ고 시년이 십오의 인인이 흠앙ᄒᆞ여 ᄆᆡ픠 문의 메여시나 조ᄉᆡᆼ의 셩되 강직ᄒᆞᄃᆡ ᄉᆡᆨ라

28면

미 블 ᄀᆞᆺ고 언에 단졍ᄒᆞ나 ᄒᆞᆫ 병통이 이시니 초공이 샹히 경계 왈 남ᄋᆡ 반ᄃᆞ시 침믁 졍대ᄒᆞ고 관인홀지라 너의 조급 편ᄋᆡᄒᆞ미 ᄋᆞ녀ᄌᆞ ᄀᆞᆺᄐᆞ니 나의 바라ᄂᆞᆫ ᄇᆡ 아니라 네 ᄇᆡᆨ형의 너ᄅᆞ기와 ᄎᆞ형의 단믁홈과 삼 형의 침즁ᄒᆞ믈 ᄇᆡ호면 득즁ᄒᆞᆫ 군ᄌᆡ 되리라 ᄒᆞ니 ᄉᆡᆼ이 ᄇᆡ샤 슈명ᄒᆞ나 쳔셩을 곳치지 못ᄒᆞ더라 너비 구혼ᄒᆞ여 ᄐᆡᆨ혹ᄉᆞ 황광현의 녀를 취ᄒᆞ니 황시 옥안 화용이 졀셰ᄒᆞ고 부덕이 온공ᄒᆞ며 ᄌᆡ질이 쳥한ᄒᆞ여 그 존고의 편경ᄒᆞᄆᆡ 셰 번 나으니 초공

29면

이 대열ᄒᆞ더라 셰월이 ᄌᆞ로 밧괴여 신졍을 당ᄒᆞᄆᆡ 원슈의 쳡음이 뇽젼의 오ᄅᆞ고 글

월이 조부의 니르미 부모 존당의 힝열흐믈 다 긔록키 어려온지라 굴지계일흐여 환경흐기를 기다리더라 즁츈 이월의 원슈의 딕군이 반사흐는 션셩이 니르니 샹이 크게 깃그샤 난가를 휘동흐여 남문 외의 마즈시니 문 외 십 니의 어막을 빅셜흐고 원슈를 기다리시니 진왕 곤계 쏘 즈질을 거느려 어가를 뫼셔 나왓는지라 어시의 조원슈 딕군이 호호탕탕흐여 도라오니 도셩 스민이 닷토

30면

와 문 외의 메여 굿보느니 광야를 덥혓는지라 고구 친쳑이 거마를 갊흐여 나오니 원쉬 먼니셔 바라보니 취막은 쟝공의 년흐고 운무 챠일이 빅일의 갈혀시며 난게 움즉이니 셩개 친님흐시믈 씩드라 이의 삼군을 녕흐여 일시의 결진흐고 원쉬 하마 츄진흐여 산호 만셰흐니 룡안이 대열흐샤 희긔 팔칙의 녕농흐샤 원슈의 옥슈를 잡으시고 크게 반겨 위무흐시딕 경이 흔번 가믹 오늘이 이실 쥴 아르거니와 흔 군스도 샹망흐미 업시 개가로 도라와 짐을 보니 공개우쥬흐

31면

고 직덕이 스이를 들네는지라 짐이 바야흐로 침식이 편흘지니 공을 무어스로써 갑흐리오 짐이 경을 두믹 근심이 업스니 흔굿 능젹을 멸흔 거시 경식 아니오 경을 두어시믈 희힝흐노라 부원슈와 션봉을 쏘 위로 왈 경등 삼 인은 진실노 한고의 삼걸을 블워 아닐지라 짐이 스스로 다힝흐도다 삼 인이 고두 빅샤흘식 원쉬 다시 샤은 왈 미신을 옥톄 친림흐샤 교외의 마즈시니 신이 복이 숀흘가 두리오니 폐하 홍복을 닙스와 흉젹을 쇼졍흐오나 신이 한마의 닛브믈 몸쇼

32면

힝흐미 업시 셔젹을 파흐오니 이 실노 신의 공이 아니라 삼군 쟝스의 힘이니 엇지 갑흐믈 바라리잇고 오직 텬안을 반기와 옥음을 듯즈오니 신의 쇼망이 족흐이다 샹이 쇼왈 경의 말을 드르니 그 츙의를 더옥 감탄흐느니 샹벌이 분명흐면 무어스로써 현우를 표흐리오 원쉬 빅샤흐고 반렬의 부슉을 쳠망흐고 반가오미 즁심의 넘찌고 형데를 도라보니 면면이 희긔를 이긔지 못흐딕 지쳑 텬위의 감히 스경을 니르지 못흐여 오직 눈으로써 졍을 보내더라 샹이 대연을

33면

비셜ᄒᆞ샤 졔쟝 ᄉᆞ졸을 먹이시니 균텬광악은 하늘을 들네고 승젼곡은 틱평을 쥬ᄒᆞ니 홍운 ᄌᆞ뮈 어막을 두ᄅᆞ고 향풍이 습습ᄒᆞ여 요텬슌일의 태평 긔샹이 은은ᄒᆞ고 문무 군신이 금관 됴복으로 좌우의 뫼셔 셔시니 옷빗치 찬난ᄒᆞ고 금옥이 굉쟝ᄒᆞ니 만셰 옥안의 희긔 가득ᄒᆞ샤 숀으로 룡염을 만ᄌᆞ시며 룡안으로 만좌 반렬을 살피시니 진왕과 초공이 ᄌᆞ질의 은영을 과람ᄒᆞ고 블안ᄒᆞ여 ᄉᆞ모를 숙이고 슉연 경근홀 ᄲᅮᆫ이라 그 음이 탄복ᄒᆞ샤 도라 조원슈를

34면

보시니 영풍 쥰골이 만인 즁 ᄲᅱ여나 츄월 ᄀᆞᄐᆞᆫ 면모ᄂᆞᆫ 빅옥을 취식ᄒᆞ고 봉안 징광은 만좌를 빗최니 너른 텬뎡이 일월을 샹ᄒᆞ여 엄슉ᄒᆞᆫ 거동과 쇄락ᄒᆞᆫ 형샹이 츄텬으로 병증홀지라 늠연ᄒᆞᆫ 신위와 침정ᄒᆞᆫ 긔위 즁즁의 초츌ᄒᆞ니 만일 초공과 진왕이 아니면 금텬하 뎨 일대 군ᄌᆞ 영쥰이 될지라 만좌 이목이 서로이 탄복 갈치ᄒᆞ며 텬안이 흠복 경익ᄒᆞ샤 옥비를 ᄎᆞ례로 샤ᄒᆞ시고 ᄉᆞ랑ᄒᆞ시ᄂᆞᆫ 은총이 만됴의 읏듬이라 옥음이 화ᄒᆞ고

35면

화긔 츈풍 ᄀᆞᄐᆞ시니 쥬지슈슌의 옥산이 쟝ᄎᆞᆺ 문허지고져 ᄒᆞᄃᆡ 셩권이 긋치지 아니시ᄂᆞᆫ지라 원슈 부복ᄒᆞ여 군젼의 황공ᄒᆞ믈 ᄉᆞ양ᄒᆞ니 샹이 쇼왈 경이 취후 얼골이 만금으로 ᄉᆞ지 못홀지라 ᄒᆞ믈며 짐이 먹이미 뉘 ᄒᆞ믈ᄒᆞ리오 군신이 즐기믈 다ᄒᆞ고져 ᄒᆞᄂᆞ니 맛당이 경등은 각각 쟉ᄎᆞ로 잔을 드러 경ᄉᆞ를 표ᄒᆞ라 만되 일시의 빅샤 슈명ᄒᆞ고 삼공 뉵경이 ᄎᆞᄎᆞ로 잔을 밧드러 헌ᄒᆞ고 만셰를 츅홀ᄉᆡ 졔 됴관이 금옥이 징연ᄒᆞ고 진퇴 례비ᄒᆞᄂᆞᆫ 거동이 군션이 옥경의 모

36면

ᄃᆞᆺᄂᆞᆫ ᄃᆞᆺ 원슈의 쇄락 슈려홈과 참정의 동일지위와 침믁 졍대ᄒᆞ여 가슴의 공밍 도덕을 쟝ᄒᆞ고 만복의 개셰ᄒᆞᆫ 츙효를 너허 텬하 셩인이오 현명 군ᄌᆞ라 운현의 룡호의 위풍과 광현 문현의 셩ᄌᆞ 도혹이 혁연 초츌ᄒᆞ여 션풍 도골이 개개히 츌범ᄒᆞ니 졔인이 블승경탄ᄒᆞ고 샹이 이의 군경ᄉᆞ의 공뇌 치부ᄒᆞᆫ 거술 보시고 원슈로 다시 본직 대ᄉᆞ

마 병부샹셔 평능후를 봉ᄒᆞ시고 운현으로 례부샹셔 평능빅을 봉ᄒᆞ시고 닌광으로 태흑ᄉᆞ 겸 츄밀ᄉᆞ 평능

37면

빅을 봉ᄒᆞ시고 졔쟝의 공을 ᄎᆞᄎᆞ 분경ᄒᆞ여 쟉ᄎᆞ를 졍ᄒᆞ시ᄆᆡ 원슈 부복 고샤 왈 신이 평릉후 공이 비록 잇ᄉᆞ오나 ᄌᆞ원 츌ᄉᆞᄒᆞ와 쟉샹을 밧ᄌᆞ온즉 이는 쟉녹을 도젹ᄒᆞ오미니 ᄒᆞ면목으로 텬하의 셔리잇고 병부 리부의 즁권은 신의 ᄒᆞᆫ 몸의 쳔ᄌᆞᄒᆞᆫ즉 이는 ᄌᆞ취화란이라 복유 셩명은 신의 지원을 슬피샤 평능후 위ᄎᆞ를 환슈ᄒᆞ시면 신심이 편ᄒᆞ리로쇼이다 초공이 안식을 졍히 ᄒᆞ고 츌반 쥬왈 유현의 미ᄒᆞᆫ 공뇌와 젹은 ᄌᆡ조를 포쟝ᄒᆞ샤 후작이 태즁ᄒᆞ온즉

38면

신은 원컨ᄃᆡ 승샹 인슈를 도로 밧쳐 부ᄌᆡ 외람ᄒᆞᆫ 쟉녹을 도젹ᄒᆞ여 후셰 시비를 듯지 아니ᄒᆞ올지라 복원 셩샹은 슬피쇼셔 말숨이 단엄ᄒᆞ고 안식이 격졀ᄒᆞ니 샹이 탄샹 왈 진왕이 병부를 바리므로 다시 당홀 ᄌᆡ목이 샹부의 ᄌᆞ질의 나지 아니므로 맛지고져 ᄒᆞ나 션싱의 ᄯᅳᆺ이 이러틋 쇼원이 아닌즉 짐이 엇지 핍박ᄒᆞ리오 이의 원슈 본직의 다시 평능후만 더으시고 닌광의 평능빅을 거두시고 병부샹셔를 ᄒᆞ이시니 원슈 평능후를 다시 ᄉᆞ양ᄒᆞ온ᄃᆡ 샹이 졍

39면

식 왈 이는 너모 국은을 이ᄌᆞ며 짐심을 모ᄅᆞ미라 경이 여ᄎᆞ즉 삼군 쟝식 뉘 샹사를 안심ᄒᆞ여 바드리오 원슈 마지못ᄒᆞ여 샤은ᄒᆞ고 날이 쟝ᄎᆞᆺ 져믈ᄆᆡ 평능휘 츌반ᄒᆞ여 환궁ᄒᆞ시믈 쳥ᄒᆞ오니 샹이 비로쇼 거가를 동ᄒᆞ실ᄉᆡ 원슈를 명ᄒᆞ여 대군을 결진ᄒᆞ여 알픠 셔라 ᄒᆞ시고 뒤히 힝케 ᄒᆞ시니 원슈 션샹이 되여 힝홀ᄉᆡ 군용이 졍숙ᄒᆞ고 대외 졔졔ᄒᆞ여 회음을 나모ᄅᆞ고 숀무를 우이 너기니 졔갈무후와 쥬아부의 위풍이 가ᄌᆞᆨᄒᆞᆫ지라 삼십 만 졍병과 뉵십 여 원 쟝슈

40면

ᄎᆞ례로 힝ᄒᆞᄆᆡ 쟝ᄒᆞᆫ 거동이 쳔고 쟝관이라 왑히 ᄐᆡ평곡을 치며 승젼고 쇼ᄅᆡ 요량ᄒᆞ

고 빅뇌 뒤히 호힝ᄒᆞ니 거동의 쟝려ᄒᆞ미 쳔고의 업순지라 힝ᄒᆞ여 봉궐의 드ᄅᆞ신 후 졔인이 일시의 퇴됴홀ᄉᆡ 됴원슈 삼군 쟝졸을 다 각각 도라보내고 부슉을 뫼셔 본부로 도라올ᄉᆡ 졔공이 희식을 씌엿시니 츈풍 긔상을 관시 재 탄복지 아니리 업순지라 부문의 림ᄒᆞ여 냥공이 앏히 셔고 팔 ᄌᆞ질의 거륜이 비후ᄒᆞ여 훤당의 니ᄅᆞ러 평능후 평능빅이 냥 조모와 졔 모친

41면

긔 례를 맛고 슉모 졔미로 례필의 기러기 항렬을 가죽이 ᄒᆞ여 원슈 형뎨 웃는 용쾌 츈풍의 무ᄅᆞ녹아 단슌의 빅옥호치 찬연ᄒᆞ니 오직 그 ᄉᆞ이 존후를 뭇ᄌᆞ오며 영모ᄒᆞ던 하정을 알욀ᄉᆡ 일시지내의 부ᄌᆞ 형뎨 ᄃᆡᄒᆞ여 환연 쾌락ᄒᆞ미 만심이 흔흡ᄒᆞ거늘 고당 학발은 오히려 긔력이 강녕ᄒᆞ고 냥위 조부모와 각각 ᄌᆞ뫼 반셕 ᄀᆞᄐᆞ시믈 보미 쇼망이 여합ᄒᆞ니 슈려ᄒᆞᆫ 냥미의 희긔 유동ᄒᆞᆫ지라 냥 존당과 졔 슉뫼 일시의 반기믈 씌여 희긔 늉늉ᄒᆞ니 조노공이 냥

42면

인의 숀을 잡고 반기며 두굿거오믈 이긔지 못ᄒᆞ여 왈 그 ᄉᆞ이 경ᄉᆡ 즁쳡ᄒᆞ여 우흐로 국가의 근심을 덜고 버거 노부의 즐거오믈 일위니 일즉 네 아비와 아ᄌᆞ비 다 립공 승젼ᄒᆞ여 도라올 젹이 이시나 오늘 ᄀᆞᆺ치 무흠 쾌락ᄒᆞ믈 아지 못ᄒᆞ더니 오늘날 깃브미 녯늘의 지ᄂᆞ니 노뷔 금일 죽어도 쾌ᄒᆞᆫ 넉시 되리로다 냥인이 긔이 ᄌᆡ빈 왈 금일 립공 승젼은 우흐로 쥬샹 홍복과 왕부의 젹덕 여음을 힘입ᄉᆞ오미라 쇼숀 등이 무숨 공이 이시리잇가 몸이 무ᄉᆞ히 도라와 훤당의

43면

봉빈ᄒᆞ믈 엇ᄉᆞ오니 이만 깃브오미 업ᄉᆞ오ᄃᆡ 셩은이 늉셩ᄒᆞ샤 년쇼 부ᄌᆡ로 감히 후빅의 ᄌᆞ리의 웅거ᄒᆞ여 작녹을 도젹ᄒᆞ미 심히 블안토쇼이다 말숨이 이윽ᄒᆞ미 화픠 웃고 냥인을 ᄃᆡᄒᆞ여 왈 크게 깃븐 쇼식이 이시니 그져 못 드를 거시니 즁가를 쥬고 이 깃븐 쇼식을 드ᄅᆞ라 능후 능빅이 다 환연 쇼왈 몬져 니ᄅᆞ시든 우리 쳔금이ᄅᆞ도 드리이다 화픠 왈 군ᄌᆞ 일언은 쳔 년 블개라 후빅이 쳔금 아냐 만금인들 엇지 어려오리오 실신ᄒᆞ면 그ᄃᆡ 등도 인면슈심이라 평능후 나간

44면

ᄉᆞ이 옥 ᄀᆞᆺ튼 셰 아들이 난봉 ᄀᆞᆺ트며 능빅은 이럿던 부인이 비웅의 샹셔를 응ᄒᆞ여 텬니 긔린 농쟝의 경ᄉᆞ를 일워니 이만 깃븐 일이 잇ᄂᆞ냐 냥인이 이 말을 드ᄅᆞᄆᆡ 진실노 깃븐 쇼식이라 냥미의 희긔 녕농ᄒᆞ여 웃고 왈 이ᄂᆞᆫ 우리의 복이라 쳔금이 흙 ᄀᆞᆺ튼들 드리리잇가 조시 등이 대쇼 왈 셔모 등이 깃븐 일을 급히 니ᄅᆞ셔도 ᄒᆞ나토 샹뎐은 엇지 못ᄒᆞ니 가히 블샹타 ᄒᆞ리로쇼이다 ᄂᆡ 맛당이 너의게 반가온 ᄋᆞ희를 뵈리라 즉시 니시의 빵ᄋᆞ와 됴시의 ᄋᆞᄌᆞ와 남시 ᄉᆡᆼᄌᆞ를 ᄐᆡ부

45면

인 뒤흐로조ᄎᆞ 안아 내여 왋히 노화 왈 이 쇼ᄋᆞ의 표치 긔골을 보라 만금인들 앗가오랴 능휘 눈을 드러 보니 ᄉᆞᄋᆞ의 옥안 화용이 조요ᄒᆞ여 완연이 빅벽을 씨ᄉᆞ며 진쥬를 다듬앗ᄂᆞᆫ지라 교교ᄒᆞ여 난봉 ᄀᆞᆺ고 호호ᄒᆞ여 운학 ᄀᆞᆺ트니 능후와 능빅의 영힝ᄒᆞᄆᆡ 비길 ᄃᆡ 업더라 야심ᄒᆞᄆᆡ 각각 슉쇼로 믈너갈ᄉᆡ 능후 형뎨 부슉을 뫼셔 외헌의 나오니 진왕 형뎨 이ᄌᆞ를 도라보와 왈 만니의 근고ᄒᆞᆫ 몸이 편치 못ᄒᆞ리니 ᄉᆞ실의 가 편히 쉬라 ᄒᆞ니 이인이 슈명이퇴ᄒᆞ니 냥공이 그 뜻을

46면

알고 각각 내실노 드러갈ᄉᆡ 능휘 니시를 보고 병이 나으며 냥ᄋᆞ의 경ᄉᆞ로 환희ᄒᆞ여 부부의 졍이 환열 쾌락ᄒᆞ여 별ᄂᆡ 졍회를 펴ᄆᆡ 니시 ᄯᅩᄒᆞᆫ 졍부인 직봉ᄒᆞᆫ 경ᄉᆞ를 치하ᄒᆞ니 깃브미 비길 ᄃᆡ 업ᄉᆞᄃᆡ 니시ᄂᆞᆫ 부모의 ᄌᆞ쇠 업ᄉᆞ믈 슬허ᄒᆞ더라 능빅이 도라오ᄆᆡ 녯 마음이 업고 남시 도라오며 ᄋᆞᄌᆞ의 경ᄉᆞ를 만심 환열ᄒᆞ여 남시를 몬져 보와 치하 왈 변괴 이샹ᄒᆞ여 부인의 쳔금지구로 ᄒᆞ여금 거의 위티케 ᄒᆞ니 필경 모힘ᄒᆞᄂᆞᆫ 재 잇실지라 그 곡졀을 듯고져 ᄒᆞ노라 남시 옷기

47면

ᄉᆞᆯ 념의고 화히 ᄃᆡ왈 이ᄂᆞᆫ 쳡의 운싊 긔구ᄒᆞ미라 흑야 삼경의 몸이 가ᄂᆞᆫ ᄇᆡ 업시 ᄒᆞᆫ 곳의 니ᄅᆞ니 여ᄎᆞ여ᄎᆞᄒᆞᆫ 경샹을 당ᄒᆞ여 죽오미 슈유의 잇고 ᄉᆡᆼ환ᄒᆞ미 만무ᄒᆞ더니 쳔만 ᄉᆡᆼ각지 아닌 활인 ᄉᆡᆼ블을 맛나 이리이리ᄒᆞ여 몸이 다시 양계의 이시나 ᄎᆞ역 텬싊라 누를 한ᄒᆞ며 그 잡아갓던 곳을 어ᄂᆡ 쥴을 능히 알니잇고 이러틋 ᄃᆡ답ᄒᆞ고 일호도

시방 당시 됴군쥐며 져의 작악이 이의 밋쳣던 쥴을 발셜치 아니ᄒᆞ니 능빅이 엇지 그화 근본을 ᄉᆡᆼ각ᄒᆞ리오 다만 그

48면

ᄊᆡ 변괴 ᄒᆡ연ᄒᆞᆷ믈 일ᄏᆞᆺ고 인ᄒᆞ여 원앙 쟝니의 나ᄋᆞ가 관관ᄒᆞᆫ 은졍이 산비ᄒᆡ박ᄒᆞ더라 계초명을 인ᄒᆞ여 니러 관쇼ᄒᆞ고 졍당의 모다 신셩지례를 맛츤 후의 남좌 녀우로 분하여 좌를 일우고 후빅 냥인이 화셩유어로 니회를 고ᄒᆞ여 젼쟝 승픠와 도로 믈졍을 고ᄒᆞ여 호치단슌 가온ᄃᆡ 산협쉬 흐ᄅᆞ는 둣 승안ᄒᆞ는 화긔 츈양이 다ᄉᆞᄒᆞᆫ 둣 쇄락ᄒᆞᆫ 긔샹과 유화ᄒᆞᆫ 면뫼 츄월이 즁텬의 나왓는 둣 사ᄅᆞᆷ의 일만 블평ᄒᆞᆫ 거ᄉᆞᆯ 살와 바리니 이의 모다 어린 ᄃᆞ시 바라보고 존

49면

당 부모의 탐혹 과즁ᄒᆞ믄 비길 ᄃᆡ 업고 ᄯᅩ 양닌광의 ᄌᆡ조와 훈업을 일ᄏᆞᄅᆞ 칭찬ᄒᆞ고 진왕이 ᄯᅩᄒᆞᆫ 긔특히 너기ᄃᆡ 맛ᄎᆞᆷ내 녀ᄋᆞ의 혼ᄉᆞ는 ᄉᆡᆼ각지 아니니 초공이 나즉이 고왈 닌광의 ᄒᆡᆼᄉᆡ 비록 방일ᄒᆞ나 쇼시 허믈노 군ᄌᆞ ᄌᆡ조의 어긔지 아닐 거시오 질녀를 맛ᄎᆞᆷ내 타문의 결혼치 못ᄒᆞᆯ 거시니 ᄉᆞᄉᆡ 슌편ᄒᆞ여 례를 일우미 가ᄒᆞᆯ가 ᄒᆞᄂᆞ이다 진왕이 봉미를 ᄶᅵᆼ긔여 왈 우형이 엇지 이를 모ᄅᆞ리오마는 일념의 양셰 흉인의 일을 ᄉᆡᆼ각ᄒᆞ면 닌광이 비록 왕공의 귀홈과 인셰의

50면

독보ᄒᆞᆯ ᄌᆡ목이나 귀ᄒᆞᆫ 마ᄋᆞᆷ이 업더니 네 말이 여ᄎᆞᄒᆞ니 나의 쇼교녀로 도쟝의 맛ᄎᆞ믈 ᄎᆞ마 보지 못ᄒᆞᆯ지라 혼인은 지극 가타 ᄒᆞ려니와 닌광의 위인이 쳐ᄌᆞ의게 괴로오미 만ᄒᆞᆫ 재라 맛ᄎᆞᆷ내 지란 ᄀᆞᆺᄐᆞᆫ 약녀로 허ᄒᆞ미 념녜 적지 아니토다 초공이 쇼왈 형쟝의 하ᄒᆡ지량으로도 질녀를 위ᄒᆞ여는 이럿ᄐᆞᆺ ᄒᆞ시니 텬륜지의 ᄉᆞ랑ᄒᆞ믈 알니로쇼이다 원내 질ᄋᆞ의 용ᄉᆡᆨ이 찬란ᄒᆞ여 닌광이 아니라도 다른 일이 비상ᄒᆞ리니 엇지 혼인 지초의 미리 이런 념녀를 ᄒᆞ시리잇고 비록 그러나 필경은 유

51면

복지샹이니 질녀 곳 아니면 닌광을 진압지 못ᄒᆞ리니 일온바 텬졍 가위오 일ᄃᆡ 호귀

라 ᄉᆞ회를 갈희시ᄆᆡ 닌광의 우히 업ᄉᆞ리이다 쳘슈문이 비록 화월 풍신이 개셰 영쥰 지인이나 닌광의게 ᄎᆡ를 잡지 못ᄒᆞᆯ 쥴은 아지 못ᄒᆞ시ᄂᆞ니잇고 왕이 쇼왈 우형의 ᄉᆡᆼ각의 일을 결단ᄒᆞᄆᆡ 네 말을 아니 드ᄅᆞ미 업ᄉᆞ나 월염의 혼인은 네 말을 쓰지 아니랴 뜻을 굿지 졍ᄒᆞ엿더니 이 일의 다다ᄅᆞᄂᆞᆫ 아니 듯지 못ᄒᆞ리로다 ᄒᆞ고 닌광으로 동샹을 삼으려 ᄒᆞ더라 이날 평능휘 졍부의 니ᄅᆞ러

52면

빙악을 반기며 악모를 ᄇᆡ견ᄒᆞ니 셜부인이 능후의 긔특ᄒᆞᆷ을 보니 완연이 텬일지풍과 룡봉지ᄌᆡ라 고관대작이 임의 공후의 놉흐미 그 위풍을 도으니 부인이 황홀 탐혹ᄒᆞ여 그 웃ᄂᆞᆫ 입이 졀노 열니고 녀ᄋᆞ의 ᄉᆞ라시믈 다힝홈과 유ᄋᆞ의 긔특ᄒᆞᆫ 경ᄉᆡ 즁쳡ᄒᆞ고 즐거오믈 펴ᄆᆡ 입이 다ᄉᆞᄒᆞ고 안ᄉᆡᆨ이 흔연ᄒᆞ여 미우의 넘지니 능휘 ᄯᅩᄒᆞᆫ 우음을 먹음고 아ᄌᆞ의 긔이ᄒᆞ미 도로혀 아ᄐᆡ를 면ᄒᆞ고 영형 셕대ᄒᆞ여 긔이ᄒᆞ고 부인이 무사ᄒᆞ미 아연 평셕ᄒᆞ여 녹발이 프ᄅᆞ고 홍옥

53면

이 갈ᄉᆞ록 고으믈 일ᄏᆞ라 희연이 샹활ᄒᆞᆫ 화긔 일좌의 가득ᄒᆞ니 부인이 ᄉᆡ로이 희열 과망ᄒᆞ고 만ᄉᆡ 무흠ᄒᆞ여 ᄒᆞ니 엇지 ᄒᆞᆫ번 방활ᄒᆞ미 팔창을 거ᄂᆞ리고 신취를 ᄌᆞ젼ᄒᆞ여 허다 남ᄉᆡ 이시믈 뜻ᄒᆞ여시리오 니의 다다ᄅᆞᄂᆞᆫ 젼일 호탕타 ᄭᅮ짓고 박ᄒᆞ다 나모라ᄒᆞ던 뜻이 부운이 훗터지고 황홀ᄒᆞᆫ ᄉᆞ랑이 아들의셔 너무니 알연ᄒᆞᆫ 화긔 일좌의 낭ᄌᆞᄒᆞ고 쳥아ᄒᆞᆫ 말ᄉᆞᆷ은 유치 등으로 드롬 ᄀᆞᄐᆞᆫ지라 샹셔의 녁량의 그윽이 슬피고 함쇼ᄒᆞ여 그 경예ᄒᆞ믈 낫ᄂᆞᆺ치 아ᄅᆞᄃᆡ 흐ᄅᆞᄂᆞᆫ ᄃᆞ시 공슌ᄒᆞ고 위

54면

ᄒᆞ여 그 깁희를 사ᄅᆞᆷ이 예탁지 못ᄒᆞᆯ너라 졍히 ᄒᆞᆫ가히 뫼셔 말ᄉᆞᆷᄒᆞᆯᄉᆡ 이의 형쥐 일힝이 다 도라오ᄂᆞᆫ지라 능휘 경시와 팔창이 ᄒᆞᆫ가지로 오믈 아ᄂᆞᆫ지라 이의 외당의 나와 고요히 안ᄌᆞ시믈 타 웃고 ᄀᆞᆯ오ᄃᆡ 쇼ᄉᆡᆼ이 욕심이 무염ᄒᆞ여 쥭엇던 안히를 엇고 ᄉᆡ로 신취ᄒᆞᄂᆞᆫ 남ᄉᆡ 잇더니 감히 내 임의로 다려오지 못ᄒᆞ와 부인을 맛져 이리오ᄂᆞᆫᄃᆡ ᄒᆞᆫ 집의 온즉 악모의 용셔ᄒᆞ시믈 바라지 못ᄒᆞ올지라 악쟝의 관인ᄒᆞ시므로 여ᄎᆞ여ᄎᆞᄒᆞ샤 가친긔 혼인을 쳥ᄒᆞ시면 허치 아니실 ᄃᆞᆺᄒᆞᆫ지라 ᄒᆞᆫ 곳 별ᄉᆞ

55면

를 빌니샤 머무르시고 ᄎᆞᄉᆞ를 슌편이 쥬션ᄒᆞ여 쇼ᄉᆡᆼ을 ᄒᆞ여금 가친의게 ᄌᆞ젼ᄒᆞ여 츼ᄒᆞ지 아닌 양으로 죄를 면케 하시면 악쟝의 대은일가 ᄒᆞᄂᆞ이다 졍틱식 어히업셔 도로혀 긔샹을 일마다 두굿기나 거즛 졍식 왈 네 일을 네 알고 어더실 거시니 ᄂᆡ 엇지 맛타 스ᄉᆞ로 쥬션ᄒᆞ리오 ᄒᆞ믈며 녀ᄋᆡ 십ᄉᆡᆼ구ᄉᆞᄒᆞ여 겨유 모ᄃᆞ며 ᄯᅩ 이런 일이 이시니 이 후회를 ᄯᅩ 엇지 알니오 녕존은 며나리 여러힐ᄉᆞ록 즐겨ᄒᆞ시리니 바로 다려다가 쳐치ᄒᆞ고 둘 ᄉᆡᆼ각을 말나 능휘 ᄌᆞ약히 웃고 ᄃᆡ왈

56면

이는 쇼ᄉᆡᆼ의 알 ᄇᆡ 아니니 화슉이 힘써 권ᄒᆞ여 엇게 ᄒᆞ고 나죵을 구쳐ᄒᆞ리라 ᄒᆞ니 아니 쳐치ᄒᆞ리잇고 오직 가친긔 쥬션ᄒᆞ여 엄노를 면케 ᄒᆞ시거나 잘 쥬션ᄒᆞ시기를 악쟝을 바라나이다 졍공이 가연이 웃고 왈 현셰 넘ᄂᆞ미 여ᄎᆞᄒᆞ니 이는 쳐부를 업슈히 너기미로다 나는 구구ᄒᆞ고 다ᄉᆞᄒᆞ믈 면치 못ᄒᆞ리로다 네게 존즁ᄒᆞ믈 밧지 못ᄒᆞ는ᄃᆡ 통분ᄒᆞ도다 ᄒᆞ더라 ᄎᆞ셜 졍시 존고를 뫼셔 옥미졍의 니ᄅᆞᄆᆡ 구괴 ᄯᅳᆯ 아ᄅᆡ 나려 그 숀을 잡아 당의 오ᄅᆞᄆᆡ ᄒᆞ 반갑고 흐뭇ᄒᆞ니 졀ᄒᆞ기를

57면

기다리지 못ᄒᆞ고 좌우로 븟드러 ᄉᆡᆼ환ᄒᆞᆫ 즐거옴과 유ᄌᆞ를 나하 다시 모ᄃᆞ믈 일ᄏᆞᆺ고 졍부인은 각각 존후를 뭇ᄌᆞ오며 그 ᄉᆞ이 화변이 공첩ᄒᆞ여 존당 구고긔 블효ᄒᆞ믈 ᄉᆞ죄ᄒᆞ여 말숨이 슈업셔 날이 맛도록 궁진ᄒᆞ미 업더니 셕반이 오ᄅᆞᄆᆡ 한당의셔 지내고 인ᄒᆞ여 혼졍을 맛ᄎᆞ니 졍시 존고를 뫼셔 침당의 니ᄅᆞ니 조니 냥 부인이 ᄯᅩᄒᆞᆫ ᄯᆞ라 니ᄅᆞ니 부인의 ᄉᆞ랑ᄒᆞ미 가득ᄒᆞᆫ지라 부인의 우러는 졍셩이 모녀지간으로 다ᄅᆞ미 업더라 부인이 식부를 다리고 지는 바를 무ᄅᆞᄆᆡ ᄌᆞ연 야심ᄒᆞ

58면

믈 ᄊᆡ돗지 못ᄒᆞ더니 졍부인이 인ᄒᆞ여 삼ᄉᆞ 일을 뫼셔 졍을 펴니 부인의 ᄋᆡ즁ᄒᆞ미 젼일의 지ᄂᆞ고 됴니로 더브러 졍을 펴ᄆᆡ 써ᄂᆞᆺ던 져ᄆᆡ 셔로 모돔 ᄀᆞᆺᄐᆞ여 반졈 ᄉᆡᄋᆡᄒᆞ는 마음이 업ᄉᆞ니 삼인의 쳔ᄒᆡᆼ 슉덕으로 ᄂᆞᆺ타ᄂᆞ믈 일노조ᄎᆞ 보리러라 평능휘 만식 쇼원의 ᄎᆞ시ᄃᆡ 경시를 다려오지 못ᄒᆞ여 근심이 되엿더라 졍부인이 ᄎᆡ련각을 둘너보고 경

홍을 만누미 숀을 갑고 눈믈을 드리워 골오딕 너는 나의 긔신이라 오히려 쥭기를 면흐고 날을 다시 보니 긔신의 우히로다 경홍이

59면

다힝흐고 반가오믈 이긔지 못흐여 젼후슈말을 고흐니 정시 기리 탄식흐더라 정틱스와 부인이 녀오의 더딕 오믈 직촉흐니 부인이 구고긔 고흐고 귀령홀시 초공이 쾌허흐고 외당의 능후긔 알외미 좌우로 화교 옥륜을 굿초와 부인의 가는 위의를 출히더라 시비 등이 이딕로 알외니 조부인 등이 쇼왈 오늘은 쑤짓지 아니흐고 여추흐니 언에 고금이 다르고 부인을 딕졉이 젼후의 다름 사름이라 가히 질부의 엄명이 남즈를 감동흐며 힝실이 신명을 질정흐여 복녹이 여추흐니

60면

엇지 긔특지 아니며 젼일과 내도흐여 만삭흔 거동이 쏘 옥 굿튼 긔린을 싱흐여 문호를 빗닉라 정부인이 져슈 단좌흐여 잠간 슈괴흔 빗출 씌여시니 이윽고 평능휘 현파를 블너 말을 젼흐여 갈오딕 임의 사셰 흔번 귀령은 막지 못홀 거시나 천리의 구치흐고 쏘 이제 셰쳐 가면 반드시 블평흐미 이실지라 부인의 몸을 우려흐는 빅 아니라 복즁의 으히를 념녀흐나니 모르미 조심흐고 일즉이 오쇼셔 흐니 원내 능후의 이 젼어는 부인이 혼즈 스실의 잇는가 흐여 흐미여늘 현파의 용박흐미

61면

즁회 즁 날쳐 젼흐니 좌우 제 쇼년이 우음을 춤지 못흐고 조시 등이 낭쇼 왈 질으의 부인 념녀흐미 번졉다 흐리로다 정시 슈괴흐여 몸 둘 곳이 업셔 흐니 초공의 침즁흐므로도 잠간 우음을 씌여 정시를 향흐여 왈 너희 산월이 쟝춧 어내 달이뇨 정시 감히 아니 딕답던 못흐여 몸을 굽혀 대답 왈 일삭이 가렷누이다 초공이 경동안식 왈 그럴 즉시면 천리 힝도의 실노 위틱흔 거술 흐엿도다 조심흐여 슈이 오라 정시 빅샤 슈명흐고 도라올시 초공이 능후긔 발셔

62면

즈네 다 이시믈 크게 깃거 왈 유현이 즈식이 느즈믈 근심흐더니 이제는 바라는 바의

너무니 복상을 가히 알니로다 ᄒᆞ니 조시 등이 일시의 칭하ᄒᆞ더라 정부인이 친당의 도라오믹 크게 반기고 슬허 븟들고 도로혀 여취여광ᄒᆞ여 모녀의 우는 눈믈이 하슈 ᄀᆞᆺᄐᆞ여 좌위 다 감샹ᄒᆞ고 정샹셔 부인이 븟드러 개유 왈 임의 왕ᄉᆞ는 뜬 구름 ᄀᆞᆺ고 당시 복녹이 졔미ᄒᆞ니 정샹셔의 부뷔 진즁홈과 조샹셔 등 진즁홈과 ᄋᆞᄌᆞ롤 과이ᄒᆞ는 형샹을 ᄐᆡ반이나 쥬작ᄒᆞ여 슬허ᄒᆞ믈 위로ᄒᆞ니

63면

부인이 울기롤 긋치고 도로혀 우음을 ᄂᆡ여 입이 벌고 깃거ᄒᆞ여 숀ᄋᆞ롤 븟들고 그 츌범ᄒᆞ믈 닐너 셰샹의 쒸여ᄂᆞ믈 ᄌᆞ랑ᄒᆞ고 머리롤 쓰다듬아 닐오ᄃᆡ 네 어미 허다 곤익을 지ᄂᆡ고 이 ᄀᆞᆺ튼 긔동을 ᄉᆡᆼᄒᆞ니 나의 영힝ᄒᆞ믈 어ᄃᆡ 비ᄒᆞ리오 이졔는 죽어도 눈을 감으리로다 인ᄒᆞ여 모녜 ᄃᆡᄒᆞ여 젼후 슈말을 일일히 고ᄒᆞ여 니고의 ᄐᆡ산 ᄀᆞᆺ튼 은덕을 니롤ᄉᆡ 부인 각골 감은ᄒᆞ여 그 셔로 보와 샤례치 못ᄒᆞ믈 한ᄒᆞ더라 정부인이 모친의 뜻을 아는 고로 경시와 팔창의 말은

64면

ᄉᆞ식지 아니ᄒᆞ고 밤을 당ᄒᆞ여 쇼교롤 타고 모친을 긔여 금졍의 나와 경시롤 보니 경쇼졔 외로온 몸이 아직 슈삼 개 비ᄌᆞ로 더브러 즘기여시니 좌우의 친ᄒᆞ니 업고 비록 친족이 이시나 아직 들니미 업ᄉᆞ니 심쟝이 어ᄌᆞ러워 아미의 슈집이 다쳡ᄒᆞ고 옥용의 진쉬 ᄆᆡ쳐 구원을 ᄉᆡᆼ각ᄒᆞ니 도뢰 슈쳔 리라 산쳔이 ᄌᆞ음ᄎᆞ고 어안이 돈졀ᄒᆞ니 편모의 외로옴과 샤뎨의 괴로오믈 ᄉᆡᆼ각ᄒᆞ니 금옥 ᄀᆞᆺ튼 간졍이 낫낫치 ᄌᆡ 되는지라 쳑연 쟝탄의 명도롤 탄ᄒᆞ거ᄂᆞᆯ 경시 츄연 감동ᄒᆞ여

65면

밧비 나아가 집슈 탄왈 부인의 심ᄉᆡ 다 엇지 니러치 아니리오마는 만ᄉᆡ 다 하늘이라 슬허ᄒᆞ기로 무익ᄒᆞ니라 일 형셰롤 보와 령당을 경ᄉᆞ로 뫼셔 올 거시니 즉금 바로 조부로 가지 못ᄒᆞ기는 쳐음으로 뵈는 례롤 아니 출히지 못ᄒᆞᆯ 거시오 조뷔 시방은 극히 분요ᄒᆞ니 안졍ᄒᆞ기롤 기다리미라 아직 이곳이 안졍ᄒᆞ고 내 또 이시니 비편ᄒᆞ미 업는지라 엇지 슬허ᄒᆞ기롤 과히 ᄒᆞ여 연혼 간쟝을 술오리오 경시 탄왈 쳡이 조부로 못 가믈 슬허ᄒᆞ미 아니라 ᄒᆞ는 거동을 슬피오

66면

니 군ᄌᆡ 쳡을 다려오미 스ᄉᆞ로 ᄌᆞ젼ᄒᆞ미오 례의로 취ᄒᆞ미 아니라 즉금 쳡을 쥬체치 못ᄒᆞ여 ᄒᆞ고 필경 이 무ᄉᆞᄒᆞᆯ 쥴을 모ᄅᆞᄂᆞᆫ지라 쳡의 마음이 엇지 조군을 슈힝 군ᄌᆞ로 알앗다가 인륜 ᄃᆡᄉᆞᄅᆞᆯ ᄌᆞ젼 ᄌᆞ힝ᄒᆞᆯ 쥴 알아시리잇고 졍부인 왈 츌졍지시의 엄훈이 맛당ᄒᆞᆫ 곳이 잇거든 취쳐ᄒᆞ라 ᄒᆞ신 엄괴 잇던 고로 부인을 만나 이곳의 왓ᄂᆞ니 아직 고요히 머무러 쥬션케 ᄒᆞ미라 경시 고개ᄅᆞᆯ 슉여 탄식고 말이 업더라 졍부인이 모녜 써ᄂᆞᆺ다가 만나 일시 써ᄂᆞ기 어렵고 경시ᄅᆞᆯ

67면

잇지 못ᄒᆞ나 졍부의 오ᄅᆡ 머므러 ᄊᆡᄅᆞᆯ 탄 즉 경쇼져를 위로ᄒᆞ더라 조부의셔 비록 ᄌᆡ쵹ᄒᆞ나 능휘 경시ᄅᆞᆯ 위ᄒᆞ여 심ᄉᆡ 번란ᄒᆞ여 아직 머므럿더라 일일은 좌위 고요ᄒᆞᆫ ᄊᆡ의 태부인을 뫼셧고 좌우 시ᄋᆞ 등도 믈너간 ᄊᆡᄅᆞᆯ 타 부인 무릅 아ᄅᆡ 나아가 고왈 ᄎᆞ힝의 큰 일을 져즐고 대모의 쥬션ᄒᆞ여 쇼숀으로 죄ᄅᆞᆯ 면케 ᄒᆞ시믈 바라ᄂᆞ이다 부인이 경왈 무숨 일을 져즌고 내 힘으로 너ᄅᆞᆯ 구ᄒᆞᆯ 터이면 엇지 힘을 다ᄒᆞ지 아니리오 ᄌᆞ시 니ᄅᆞ라 평능휘 우음을 머금고 쇼ᄅᆡ를 나죽

68면

이 ᄒᆞ여 경시 취ᄒᆞᆫ ᄉᆞ연과 팔창을 다려온 곡졀을 ᄂᆞᆺᄂᆞᆺ치 고ᄒᆞ고 왈 이 일이 다 대모의 쥬션ᄒᆞ시ᄆᆡ 이시니 오ᄂᆞᆯ 졍공이 와 구혼ᄒᆞᆯ지라 대뫼 아직 잠잠ᄒᆞ고 겨시다가 졍공이 단녀간 후 대인을 쳥ᄒᆞ여 여ᄎᆞ여ᄎᆞᄒᆞ시면 대인이 쳐음은 허치 아닐 거시니 대뫼 온가지로 힘ᄡᅥ 대인을 격동ᄒᆞ시면 대인이 허ᄒᆞ실지라 엇지 거역ᄒᆞ렷고 여ᄎᆞᄒᆞ와 몬져 경시ᄅᆞᆯ 다려온 후 ᄯᅩ 팔창을 이리이리ᄒᆞ고 대뫼 부ᄅᆞ라 ᄒᆞ시면 ᄌᆞ연 허ᄒᆞ실 거시니이다 부인이 놀나며 일변 깃거 ᄀᆞᆯ오ᄃᆡ 경시 네 눈의 드ᄂᆞᆫ 녀

69면

ᄌᆡ면 반ᄃᆞ시 경시로 더브러 샹젹ᄒᆞᆯ지라 네 넘ᄂᆞᆫ 일을 져ᄌᆞ럿거니와 임의 어더온 녀ᄌᆞᄅᆞᆯ 엇지 바리리오 내 네 말ᄃᆡ로 ᄒᆞᆯ 거시니 너ᄂᆞᆫ 졔가ᄅᆞᆯ 잘ᄒᆞ라 팔창은 부졀업ᄉᆞ니 창녀야 누ᄅᆞᆯ 못 ᄯᆞᆯ오리오 다시 이ᄂᆞᆫ ᄉᆡᆼ각지 말나 능휘 웃고 ᄀᆞᆯ오ᄃᆡ 팔창이 아니라도 쇼숀이 오 부인 십 미인은 졍ᄒᆞ여 두려 ᄒᆞ오니 임의 냥션ᄒᆞᆫ 거ᄉᆞᆯ 어더와 바리기ᄂᆞᆫ 블

샹ᄒᆞ고 다시 엇기도 어려온 거시니 명회 쳔ᄒᆞ나 셔리 ᄀᆞᆺ튼 졀힝이 쥭기로뼈 타인은 셤기지 아닐 거시니 엇지ᄒᆞ리잇가 부인이 닐

70면

오ᄃᆡ 님나미 네 아비도곤 더ᄒᆞ니 늙은 할미 호령이 두 가지 일을 다 못ᄒᆞᆯ가 ᄒᆞ노라 능ᄇᆡᆨ이 우음을 먹음고 ᄉᆞ리로 다시금 쥬션ᄒᆞ쇼셔 ᄒᆞ며 이ᄅᆡᄒᆞ여 웃더라 명일 졍ᄐᆡ시 능후의 쳥으로 조부의 니ᄅᆞ러 진왕과 초공으로 더브러 함긔 한화ᄒᆞᆯᄉᆡ 평능후 형데시좌 ᄒᆞ엿더라 졍공이 초공을 향ᄒᆞ여 ᄀᆞᆯ오ᄃᆡ 쇼데 오ᄂᆞᆯ 현형긔 깃분 일노 쥼ᄆᆡᄒᆞ라 와 시니 즐겨 슈힝ᄒᆞ릿고 초이 답쇼 왈 어ᄂᆡ 아ᄒᆡ를 위ᄒᆞ여 월노를 ᄌᆞ임코져 ᄒᆞᄂᆞ뇨 졍공 왈 다른 ᄋᆞᄒᆡ 아니라 나의 셔랑

71면

을 위ᄒᆞ여 ᄌᆞ임ᄒᆞ미라 형쥐 졍담의 녀ᄌᆡ 고이ᄒᆞᆫ 일노 경ᄉᆞ의 뉴락ᄒᆞᄆᆡ 녀ᄋᆞ로 더브러 ᄉᆞ괴여 졍의 ᄌᆞ별ᄒᆞ고 황영의 고ᄉᆞ를 효측고져 ᄒᆞᄃᆡ ᄋᆞ네 존문의 뜻을 아지 못ᄒᆞ여 발셜치 못ᄒᆞ엿더니 경시 녀ᄌᆞ로 ᄒᆞᆫ ᄃᆡ 잇ᄂᆞᆫ 쎠의 우연이 문계로 ᄃᆡᄒᆞ여 그 얼골을 셔로 보와시니 경시 스ᄉᆞ로 븟그려 츰아 다른 ᄃᆡ는 가지 못ᄒᆞ여 그 조뫼 다른 ᄃᆡ 혼인ᄒᆞ려 ᄒᆞᄆᆡ 집을 써나 녀ᄋᆞ를 ᄯᆞᆯᄋᆞ 내 집의 니ᄅᆞ러 별ᄉᆞ의 이시ᄃᆡ 현셔의게 ᄉᆞ단을 니른ᄃᆡ 가실이 족ᄒᆞ고 ᄌᆞ식이 여러히 이시니 타의

72면

업세라 쥰졀이 ᄉᆞ양ᄒᆞ고 경시의 고상ᄒᆞᆫ 뜻은 금셕 ᄀᆞᆺᄐᆞ여 구ᄎᆞ히 타문을 원치 아냐 고요히 도쟝의 일신을 맛ᄎᆞ려 ᄒᆞ니 ᄒᆞ믈며 그 위인이 렬녀 슉완이라 군ᄌᆞ의 상젹ᄒᆞᆫ 호귀니 문계의 위인이 여러 쳐쳡을 모흐나 졔가를 근심할 ᄇᆡ 아니라 인형은 원컨ᄃᆡ 내 말을 허탄이 너기지 말고 경시를 운희의 부빈을 허락ᄒᆞ라 초공이 쳥파의 한 슷츤 드ᄅᆞᄆᆡ ᄇᆡᆨ 가지를 ᄉᆞᄆᆞᆺᄂᆞᆫ 총명이라 능후의 쳥촉이믈 지긔ᄒᆞ고 눈으로 능후를 보며 잠간 우어 왈 이 ᄋᆞᄒᆡ 가중의 여러 쳐실

73면

이 이시니 다시 번ᄉᆞᄒᆞ미 졔 원이 아니오 쳐ᄌᆞ의 졍졀이 일홈이 잇ᄂᆞ니 비록 얼골을

보나 셔로 언약이 업셔 초례를 아니ᄒᆞ여시나 경혼 납비ᄒᆞ미 이시면 타문을 거졀ᄒᆞ고 바라미 졀이라 칭ᄒᆞ미 가ᄒᆞ거니와 엇지 일시 우연이 무심 즁 마조ᄎᆞ 한 번 보기로 아모리 졍렬ᄒᆞᆫ 녀ᄌᆞᆫ들 슈졀ᄒᆞ여 쳔 리의 부모를 바리고 집을 써나 도망ᄒᆞ여 ᄯᆞᆯ오 니ᄅᆞ러시리오 이ᄂᆞᆫ 만만 허ᄉᆞ니 형은 날을 쇽이지 말나 능후다려 왈 졍형의 구혼ᄒᆞ기로 곡졀을 너ᄂᆞᆫ ᄌᆞ시 알 거시니

74면

이를 니ᄅᆞ라 졍공이 말을 가ᄅᆞ친 ᄃᆡ로 잘 ᄒᆞ지 못ᄒᆞ여 의심이 나믈 보고 경공ᄒᆞᄃᆡ 안ᄉᆡᆨ을 화평히 ᄒᆞ고 쇼ᄅᆡ를 나즉이 ᄒᆞ여 쥬ᄒᆞᄃᆡ ᄎᆞᄉᆡᆨ 다 졍시의 당돌ᄒᆞ미 일을 어ᄌᆞ럽게 ᄆᆡᆫ든지라 쇼ᄌᆡ 젼진의셔 도라오지 못ᄒᆞ와셔 경시를 졍시가 보고 그 ᄌᆡ모 셩힝을 ᄋᆡ모ᄒᆞ여 황영의 셩ᄉᆞ로 어린 ᄯᅳᆺ의 효측ᄒᆞ옵고 쇼ᄌᆞ의 일홈으로 납빙ᄒᆞ고 쇼ᄌᆡ 도라오니 취ᄒᆞ라 권ᄒᆞ오ᄃᆡ 쇼ᄌᆡ 다시 번ᄉᆞ의 마음이 업ᄉᆞ와 ᄯᅩᄒᆞᆫ 엄의를 아지 못ᄒᆞ옵고 녀ᄌᆞ의 당돌ᄒᆞᆷ을 칙ᄒᆞ옵고 혼

75면

셔를 도로 ᄎᆞᄌᆞ려 ᄒᆞ온즉 경시 쥬지 아니ᄒᆞ고 슈졀ᄒᆞ여 졔 곳으로 아니 가옵고 경시를 ᄯᅡ라간다 ᄒᆞ오니 스ᄉᆞ로 ᄉᆞᆺ출 엇지 ᄒᆞ올지 쇼ᄌᆞᄂᆞᆫ 대인이 마음의 둘 것 아니니이다 말ᄉᆞᆷ이 균졀ᄒᆞ고 긔ᄉᆡᆨ이 늠연ᄒᆞ니 쳐음은 초공이 의심ᄒᆞ더니 릉후의 긔샹이 츄월동텬 ᄀᆞᆺᄐᆞ여 조금도 경공ᄒᆞ미 업고 말ᄉᆞᆷ이 근리ᄒᆞᆫ지라 졍시로 미러 죄 종두 슈미를 분명이 ᄒᆞ고 조곰도 그ᄅᆞ지 아니ᄒᆞ니 가쟉인 쥴 사름으로 모ᄅᆞ게 ᄒᆞᄂᆞᆫ지라 초공의 일월지광의 ᄉᆞ광지명으로도 ᄌᆞ연 쇽은지라

76면

슉녀지명풍이 이시믈 듯고 아름다오미 타문을 ᄉᆡᆼ각지 아닐 쥴을 알고 허다 남ᄉᆡ 다 능후의 농슐노 ᄒᆞᆫ 쥴을 엇지 알니오 진왕이 웃고 쳥ᄒᆞ여 왈 뎡시의 어진 덕이 가부로 슉녀를 쳔거코져 ᄒᆞ니 이 일이 발셔 슈빙ᄒᆞᆫ 녀ᄌᆞ로 필경 보ᄂᆡ든 못홀지라 일이 슌ᄒᆞ고 녀ᄌᆞ의 하샹지원이 업게 ᄒᆞ라 졍공은 능후의 말을 드ᄅᆞᄆᆡ 어히업셔 ᄒᆞᆫᄀᆞᆺ 우음을 ᄯᅴ엿시니 녀ᄋᆞᄂᆞᆫ 혹 초공이 단즁치 못ᄒᆞ게 너길지언졍 관샤ᄒᆞ려니와 능후의 남ᄉᆞᄂᆞᆫ 졈졈 여ᄎᆞᄒᆞ니 드러ᄂᆞ면 즁

77면

죄ᄅᆞᆯ 면치 못ᄒᆞᆯ지라 ᄒᆞᆯ일업셔 ᄒᆞᆫᄀᆞᆺ 웃고 그러ᄒᆞᆫ 쳬ᄒᆞ더라 능후의 신긔ᄒᆞᆫ 쇼견이 사ᄅᆞᆷ으로 미드미 여ᄎᆞᄒᆞ게 ᄒᆞ더라 초공이 일이 마지못ᄒᆞᆯ 쥴을 알고 우어 왈 현부ᄂᆞᆫ 당셰의 례ᄅᆞᆯ 아ᄂᆞᆫ지라 엇지 가ᄇᆡ야이 ᄂᆡ 뜻을 모ᄅᆞ고 이런 일을 ᄒᆞ리오 투심이 업고 훤대ᄒᆞᆫ 쥴은 알거니와 잠간 부도의 온슌 비약ᄒᆞ믄 본심으로 다ᄅᆞ도다 그러나 간고ᄅᆞᆯ 비샹이 ᄒᆞ고 이의 모드ᄆᆡ 내 엇지 젹은 허믈을 니ᄅᆞ리오 경시 춰ᄒᆞ기ᄂᆞᆫ 내 우흐로 부뫼 겨시니 품ᄒᆞ여 회보ᄒᆞ리라 정공이 칭샤ᄒᆞ고

78면

도라가며 눈으로 능후ᄅᆞᆯ 보니 능휘 궤좌 념슬ᄒᆞ여 냥안이 나죽ᄒᆞ고 긔운이 고요ᄒᆞ여 오직 부젼의 경근ᄒᆞᄂᆞᆫ 거동이 가죽ᄒᆞ여 다ᄅᆞᆫ 일의 거리씨미 업ᄉᆞ니 정공이 탄지 칭션ᄒᆞ고 만심 경ᄋᆡᄒᆞ여 그 위인을 블승흠앙ᄒᆞ여 ᄋᆞᄌᆞ로 귀즁ᄒᆞ미의셔 더ᄒᆞ더라 정공이 간청ᄒᆞ여 슈히 허혼ᄒᆞ라 ᄒᆞ고 도라가니 능휘 급히 ᄐᆡ부인긔 드가 슈말을 고ᄒᆞ고 야애 오셔든 여ᄎᆞ여ᄎᆞ ᄒᆞ쇼셔 ᄒᆞᆫᄃᆡ 부인이 ᄃᆡ쇼 왈 너ᄂᆞᆫ 죄ᄅᆞᆯ 면ᄒᆞ거니와 현뷔 아니 블샹ᄒᆞ냐 능휘 쇼이ᄃᆡ왈 정시ᄂᆞᆫ 미심히

79면

너기시나 죄 쥬실 것 업ᄉᆞᆯ 거시오 쇼ᄌᆞᄂᆞᆫ 발각ᄒᆞᆯ진ᄃᆡ 아니 절박ᄒᆞ니잇가 태부인이 크게 웃더니 맛초와 정양 이 부인이 드러오다가 ᄒᆞᆫ ᄉᆞᆺ출 드ᄅᆞᄆᆡ 신긔ᄒᆞᆫ 총명으로 그 뜻을 알고 블승경히ᄒᆞ여 드러와 시좌ᄒᆞᄆᆡ 능휘 모친을 마ᄌᆞ 정금 궤슬ᄒᆞ여 뫼시니 화긔 온화ᄒᆞ여 다ᄅᆞᆫ ᄉᆞᄉᆡᆨ이 업ᄂᆞᆫ지라 부인의 조심경 안광이 그윽이 ᄉᆞᆯ피고 정ᄉᆡᆨᄒᆞ여 투목 숑시ᄒᆞ니 슉연 정제ᄒᆞ여 단엄ᄒᆞᆫ 거동이 한월이 빅셜의 빗최엿 닷ᄒᆞᆫ지라 능휘 황공ᄒᆞ여 감히 언쇼ᄅᆞᆯ 과히 못ᄒᆞ더니 믄

80면

득 진초 이공이 노공을 뫼셔 드러오ᄆᆡ 졔ᄌᆞ ᄌᆞ숀이 ᄎᆞᄎᆞ 모다 시좌ᄒᆞ니 위태부인이 니ᄅᆞ시ᄃᆡ 초공이 밋쳐 말을 발치 못ᄒᆞ여셔 태부인이 니ᄅᆞᄃᆡ 내 앗가 드ᄅᆞ니 정공이 와 구혼ᄒᆞ더라 ᄒᆞ니 어인 일고 초공이 공슈 ᄃᆡ왈 엇지 이 말ᄉᆞᆷ을 드ᄅᆞ시니잇고 부인 왈 가듕의 조금만 일도 알거든 너와 정공이 ᄃᆡ좌ᄒᆞ여 여러 슈작ᄒᆞᆫ 거ᄉᆞᆯ 모ᄅᆞ리오 여

러 쇼ᄋᆞ들의 젼언으로 드럿노라 초공이 젼후 말솜을 고ᄒᆞ고 니ᄅᆞᄃᆡ 졍식부의 일이 금번ᄉᆞᄂᆞᆫ 미심ᄒᆞ오니 고이ᄒᆞ니이다 태부인 왈 졍시 십싱

81면

구ᄉᆞᄒᆞ여 화란을 ᄀᆞᆺ초 격고 겨유 모ᄃᆞᆺ거ᄂᆞᆯ 이런 말을 드ᄅᆞ면 심시 블평ᄒᆞᆯ 거시니 너ᄂᆞᆫ 졔긔치 말나 졍시를 슈히 취ᄒᆞ미 올토다 유현이 강시를 영츌ᄒᆞ엿고 삼톄 무어시 번ᄉᆞᄒᆞ며 졍시 일인이 무어시 유히ᄒᆞ리오 초공이 ᄇᆡ샤 왈 졍시 옥뫼 블관ᄒᆞ고 ᄋᆞ히 편싀ᄒᆞᆫ즉 다시 가변이 나올 거시니 일노 ᄌᆞ져ᄒᆞᄂᆞ이다 태부인 왈 너의 근심ᄒᆞ미 맛당ᄒᆞ거니와 원내 졔ᄋᆞ 즁의 ᄉᆞ랑ᄒᆞᄂᆞᆫ 바로 져의 풍뉴 긔샹의 빵빵ᄒᆞᆫ 미쳐를 갓초와 쥬문왕의 구십 ᄌᆞ를 블워ᄒᆞᄂᆞ니 비록 타일의

82면

여러히 드러오나 내 쟝ᄎᆞᆺ 몃 셰월을 셰샹의 이시리오 사라실 적 졍시를 마져 긔숀을 빵빵이 보고져 ᄒᆞ노라 초공이 츄연 개용ᄒᆞ고 ᄌᆡᄇᆡ 왈 삼가 존명을 밧들니이다 쇼숀과 유현이 다못 ᄉᆞ지라도 조모의 ᄒᆞᆫ번 깃그시믈 돕고져 ᄒᆞ려든 이ᄀᆞᆺ치 쉬온 일을 봉힝치 아니리오 초공이 쾌허ᄒᆞᄆᆡ 이의 결단ᄒᆞ여 졍공긔 회보ᄒᆞ여 슈히 친ᄉᆞ를 일우라 ᄒᆞᆫᄃᆡ ᄎᆞ고로 혼인이 슈이 일지라도 초공의 명견ᄒᆞ미나 ᄎᆞ 능후의 능숄의 ᄲᅢ젓더라 ᄎᆞ시 졍공이 도라가 조부의 가 ᄒᆞ던 문답ᄉᆞ와 능

83면

후의 ᄃᆡ답을 젼ᄒᆞᄃᆡ 졍부인이 대경ᄒᆞ여 머리를 숙여 말을 아니ᄒᆞ더니 탄왈 조군의 일이 이의 밋출 쥴은 쇼네 오히려 ᄭᆡᄃᆞᆺ지 못ᄒᆞᄂᆞ이다 원ᄂᆡ 졍시의 긔특ᄒᆞ믈 드ᄅᆞᄆᆡ 쇼녀의 마음의도 타문의 보ᄂᆡ기ᄂᆞᆫ 앗가온지라 황영의 고ᄉᆞ를 의방ᄒᆞ여 ᄒᆞᆫ가지로 군ᄌᆞ를 셤기고져 ᄯᅳᆺ이 이시ᄃᆡ 졍ᄉᆞ의 구고긔 고ᄒᆞ고 조용이 구쳐ᄒᆞ려 ᄯᅳᆺ을 가져 군ᄌᆞ의 마음을 알고져 몬져 미인도를 가져 시험ᄒᆞᄆᆡ 긔약지 아녀 블시의 게셔 닐울 ᄯᅳᆺ을 내여 취ᄒᆞ고 도라와 허믈을 다 쇼녀의게 도라보

84면

ᄂᆡ니 비록 이만 못ᄒᆞᆫ 일인들 엄하의 죄를 짓고 무슴 ᄂᆞᆺᄎᆞ로 구고를 뵈오릿가 죄를 발

명코져 ᄒᆞ온즉 가뷔 엄노를 당홀 거시니 여러 가지 블평ᄒᆞᆫ 일이 ᄃᆡ단홀지라 이를 쟝ᄎᆞᆺ 엇지ᄒᆞ릿고 가부의 ᄯᅳᆺ을 슌ᄒᆞ고 일이 무ᄉᆞ케 홀 ᄲᅮᆫ이라 ᄒᆞ더니 졍언간의 조부의셔 허혼ᄒᆞᄂᆞᆫ 셔간이 니ᄅᆞ니 졍공이 웃고 퇴일ᄒᆞᄆᆡ 겨유 일슌이 격ᄒᆞᆫ지라 졍시 머므러 가마니 모친을 긔여 신부의 약간 치장을 일우려 ᄒᆞ나 빙폐ᄒᆞ므로 모친긔ᄂᆞᆫ 조부로 가기를 쵸혀 하직고 나와 다시 친ᄉᆞ를 출

85면

힐ᄉᆡ 경시 연고를 몰나 더옥 의심ᄒᆞ거ᄂᆞᆯ 졍부인이 쇽겨 경시다려 니ᄅᆞᄃᆡ 군직 그ᄃᆡ를 형쥐셔 존당이 모ᄅᆞ시게 취ᄒᆞ여 구괴 드ᄅᆞ시고 보시지 못ᄒᆞ시믈 깃거 아니샤 경ᄉᆞ의 올나오믈 드ᄅᆞ시고 다시 뉵례 ᄇᆡᆨ냥으로 마지라 ᄒᆞ시믄 부인을 공경코져 ᄒᆞ미라 ᄒᆞ니 경시 그러이 너기나 더옥 슈샹ᄒᆞ믈 깃거 아니ᄒᆞ더라 길일이 다다ᄅᆞ니 능휘 위의를 거ᄂᆞ려 졍가 참졍 부즁의 니ᄅᆞ러 신부로 젼안ᄒᆞ고 마ᄌᆞ 도라올ᄉᆡ 부인이 ᄒᆞᆫ 덩의 드러 조부로 도라올ᄉᆡ 부인이 구고긔 뵈오ᄆᆡ 다른 ᄉᆞ식이 업셔

86면

흔연이 안기를 명ᄒᆞ고 오ᄅᆡ 아니온 연고를 무러 반기며 ᄉᆞ식이 희열ᄒᆞ니 졍시 스ᄉᆞ로 황괴ᄒᆞ여 침샹의 안즌 ᄃᆞᆺᄒᆞ더라 조시 등의 ᄌᆞ부와 일가 친쳑이 너른 당의 모혓ᄂᆞᆫᄃᆡ 쇼시 등과 조니 등이 다 좌를 니엇시니 쥬취 단장이 ᄭᅩᆺ슈플을 년ᄒᆞ여 일광을 가리오니 태부인이 흔연ᄒᆞ여 다시 신인의 아ᄅᆞᆷ다오믈 보니 실노 능후의 무궁ᄒᆞᆫ 욕심을 알니러라 신뷔 니ᄅᆞ러 신랑으로 더브러 쳥즁의셔 독좌ᄒᆞ니 능후ᄂᆞᆫ 임의 본 ᄇᆡ나 긔식이 늠연ᄒᆞ고 동지 ᄉᆡᆨᄉᆡᆨᄒᆞ여 례파의 밧그로 나가고

87면

신뷔 조률을 밧드러 냥존당과 구고긔 진헌ᄒᆞ니 즁좌 이목이 일시의 관경홀ᄉᆡ 텬싱특용이 쵸어범뉴ᄒᆞ여 빙옥을 더러이 너기고 광치 태양이 즁텬의 조요ᄒᆞ고 명월이 쳥운의 오른 ᄃᆞᆺ 아황 ᄎᆡ미의 원산을 ᄇᆞᆰ게 그려시며 방환 무빙은 샹셔의 긔운이 모혀시니 ᄇᆞᆰ은 ᄡᅡᆼ경을 다룻ᄂᆞᆫ ᄃᆞᆺ 동방의 졍긔를 토ᄒᆞ니 셜부 월ᄋᆡᆨ은 옥을 나모라 ᄒᆞ고 호비 쥬슌은 단ᄉᆞ를 나모ᄅᆞ ᄒᆞ고 폐월슈화지ᄉᆡᆨ의 요조숙녜라 만좌 빈ᄀᆡᆨ이 칙칙 갈션ᄒᆞ고 존당이 대경 희열ᄒᆞ여 일시의

88면

칭찬 경복ᄒᆞᄂᆞᆫ 하셩을 ᄉᆞ양치 아니ᄒᆞ더라 태부인이 만심 환열ᄒᆞ여 정조니경 ᄉᆞ 인을 둘너 안치고 좌즁의 자랑 왈 친쳑이 공논ᄒᆞ라 나의 숀부 등이 엇더ᄒᆞ뇨 졔인이 만구 칭양 왈 남교의 옥녀오 하쥐의 슉녀로쇼이다 평능후의 쳐복이 쳔고의 드무도쇼이다 태부인이 희열ᄒᆞ시고 초공이 경시를 보니 아ᄅᆞᆷ다오믄 니ᄅᆞ지 말고 여ᄎᆞ 츌인ᄒᆞᆫ 쥴은 몽외라 경시의 권혼ᄒᆞ믈 도로혀 긔특히 너기더라 시고로 일분 미진ᄒᆞ미 플녀 츈풍 화긔 무ᄅᆞ녹아 조시 등이 쇼왈 며ᄂᆞ

89면

리 엇ᄂᆞᆫ 놀은 조흔지 실노 현뎨의 화ᄉᆡᆨ을 보리로다 ᄒᆞᆫ 아들의 다ᄉᆞᆺ 며ᄂᆞ리 무어시 그 ᄃᆡ도록 깃븐뇨 초공이 쇼왈 사ᄅᆞᆷ이 아ᄅᆞᆷ답고 현슉ᄒᆞ믈 깃거ᄒᆞ노라 원ᄂᆡ 며ᄂᆞ리 엇ᄂᆞᆫ 날은 ᄒᆡ롭지 아닌 날이라 형ᄆᆡ 셔로 웃고 하례ᄒᆞ더라 종일 진환의 신부 슉쇼를 셜ᄆᆡ 졍의 졍ᄒᆞᆫᄃᆡ ᄎᆡ련각 ᄆᆡ션당 쳥운당 네 곳이 동셔로 ᄃᆡᄒᆞ여시니 경시 머무러 구고를 밧들고 냥인을 승슌ᄒᆞ고 졔ᄉᆞ를 우공ᄒᆞ여 화의ᄒᆞ여 각각 극진이 셤기며 동동촉촉ᄒᆞ 니 동일지ᄋᆡᄂᆞᆫ ᄉᆞ랑ᄒᆞᄂᆞᆫ 거동이오 츄샹

90면

쇼월은 ᄉᆞ광지은이라 ᄇᆡᆨᄉᆡ 슉요ᄒᆞ고 만ᄉᆡ 초츌ᄒᆞ니 경시 못 밋촐 일이 업고 니시로 츄호 블급ᄒᆞ미 업ᄉᆞ니 곳다온 긔질이 쳔고 슉녜라 능휘 크게 견권ᄒᆞ여 은정이 환연 ᄒᆞ고 만ᄉᆡ 마음의 ᄎᆞ고 ᄯᅳᆺ의 족ᄒᆞᄃᆡ 팔창을 졍부 실즁의 감초고 거두지 못ᄒᆞ여 민민 ᄒᆞ니 남ᄋᆞ의 호신이 이러ᄒᆞ더라 ᄶᅵ의 양부인이 능후의 남ᄉᆞ를 ᄉᆞᆺ쳐 알고 일일은 조 용ᄒᆞ믈 타 문왈 네 이졔 ᄒᆞᆫ 번 길ᄒᆡ 쇼희를 마음ᄃᆡ로 모ᄒᆞ니 호걸이라 ᄒᆞ려니와 군ᄌᆞ 슈신의 ᄒᆡᆼ실이 가쟝 먼지라 네 ᄃᆡ인이 ᄒᆞᆫᄀᆞᆺ 슈샹

91면

으로 니ᄅᆞ지 말고 하쳔도 쇽이믈 보지 못ᄒᆞ여시ᄃᆡ 너ᄂᆞᆫ 이졔 부형을 긔이믈 타연이 ᄒᆞ니 요ᄉᆞ이 양미 토긔ᄒᆞ여 일호도 거출 거시 업ᄉᆞᆫ 형샹이 너의 부친 총명을 종시의 모ᄅᆞᄂᆞᆫ가 ᄒᆞᄂᆞ냐 네 마음이 부형 쇽이믈 능ᄉᆞ로 ᄒᆞ고 형뎨 ᄎᆞ례 웃듬의 잇고 ᄒᆞ믈며 외람ᄒᆞᆫ 텬은이 됴야의 나ᄐᆞᄂᆞ믄 후ᄇᆡᆨ이라 네 사ᄅᆞᆷ의 넘치면 올라와 스ᄉᆞ로 부젼의

올흔 ᄃᆡ로 고ᄒᆞ고 죄를 청ᄒᆞ여 죄의 죄를 더으지 아니미 올커늘 ᄉᆞᄉᆞ의 완만ᄒᆞ고 범남ᄒᆞ여 경공을 촉ᄒᆞ고 대모를 도도와 위엄과 녹낙

92면

즁의 너허 부형을 쇽이고 블고이취를 ᄒᆞ여 죄를 지으미 눈 우히 셔리를 어더시니 비록 혈육이 님니ᄒᆞ나 칙망이 아모 ᄃᆡ 니ᄅᆞ나 네 능히 면홀가 시브냐 네 나히 쳑동이 아니오 몸이 ᄌᆡ샹의 거ᄒᆞ여 일이 나ᄐᆞᄂᆞ는 날이면 그 시졀의 븟그러옴과 무광ᄒᆞ미 엇덜가 시브뇨 셜파의 엄졀 ᄂᆡ담ᄒᆞ미 눈 우히 셔리 곳ᄐᆞ니 능휘 대경ᄒᆞ여 년망이 관을 벗고 모친 무릅 하의 고두 청죄 왈 쇼ᄌᆞ의 무샹 블초ᄒᆞ미 욕ᄉᆞ무디라 ᄌᆞ교 곳ᄉᆞ오면 엇지 죄 우히 죄를 더으리잇고 과연 즉을 익회 다닷고 쇼

93면

년 풍졍의 원근을 ᄉᆡᆼ각지 아니ᄒᆞ와 ᄎᆞᄒᆡᆼ의 ᄉᆞ죄를 범ᄒᆞ옵고 올ᄂᆞ와 ᄉᆞᆺ출 곰초노라 ᄒᆞ고 ᄌᆞ연 남ᄉᆞ를 더은지라 발셔 아ᄅᆞ시미 쇼연ᄒᆞ시니 대인의 아ᄅᆞ시미 됴셕의 이실지라 쇼ᄌᆡ 반ᄃᆞ시 ᄉᆞ죄를 어드리로쇼이다 부인이 탄왈 내 니ᄅᆞ지 아니나 네 부친이 반ᄃᆞ시 알미 이시리니 엇지 ᄌᆞ모의 마음이 편ᄒᆞ며 ᄌᆞ식 잘못 나으미 ᄎᆞᆷ괴치 아니랴 릉휘 황괴ᄒᆞ여 머리를 두다려 젼후슈말과 말솜을 일일히 고ᄒᆞ고 발셔 일이 이의 밋쳐시니 ᄌᆞ위는 ᄎᆞᄉᆞ를 대인긔 고치 마ᄅᆞ쇼셔 비는 말이 금셕을 동

94면

ᄒᆞ는지라 원내 그윽흔 말이 들쳐나기를 잘ᄒᆞ고 조흔 일의 근심이 오는지라 이ᄯᅢ 초공이 졍당의 낫 문안을 파ᄒᆞ고 옥믹뎡의 드러올ᄉᆡ 방즁의 말쇼ᄅᆡ를 ᄒᆞ는 가온ᄃᆡ 부인의 말쇼ᄅᆡ 들니는지라 초공이 다른 말이면 즉시 드러올 거시로ᄃᆡ 언ᄉᆡ 반ᄃᆞ시 남ᄉᆡ 이시믈 듯고 거롬을 멈추고 젼후슈말을 ᄂᆞᆺᄂᆞᆺ치 드른지라 심즁의 십분 통히 졀치ᄒᆞ여 대로ᄒᆞ여 방즁의 드러가지 아니ᄒᆞ고 바로 나오니 부인 모ᄌᆞ는 초공이 드른 쥴은 아지 못ᄒᆞ더라 초공이 밧긔 나와 능빅을 블너 갓가이

95면

안즈라 ᄒᆞ고 졍ᄉᆡᆨ 왈 유현은 능히 아비와 어미를 모ᄅᆞ는 무샹흔 필뷔라 너는 져기 인

심이어늘 혼가지로 동심호여 날을 쇽이기를 안연이 호니 그 엇진 도리뇨 모르미 현의 츌졍시 힝스를 일일이 고호면 오히려 죄를 샤호려니와 블연즉 네 날을 아즈비로 아지 말고 오늘븟터 즈질의 얼골을 디치 아니리니 내 말과 일을 알고 호느니 일일이 고호라 말솜이 동일 혼텬 굿고 긔식이 엄슉호니 평빅이 대경호여 피셕 쥬왈 츳힝의 형과 쇼질이 죄를 지으미 업숩더니

96면

금일 슉부의 엄괴 여츠호시나 감히 씨돗지 못호와 쥬홀 바를 아지 못호느니이다 공이 니르디 너 호령이 명빅지 못호여 여등으로 말이 셔지 못호니 호면목으로 여등의 아비와 아즈비 노르술 호리오 다시 너의 얼골을 보지 못호리라 호고 시자로 평빅을 미러 나가라 호고 침음 졍좌의 능후의 일을 셰셰 상량호미 만일 엄히 장칙을 호여도 능후의 견고호미 스오십 장의는 심상히 너길 거시오 만리 젼진의 구치호여 편히 쉬지도 못호여셔 즁장을 더은즉 병을 일울 쑨이오

97면

그 마음은 곳치지 못홀지라 별단 거조로 능후의 마음을 썩질너 후일을 징계코져 졍호므로 능후를 춧지 아냣더니 평빅이 슉부의 등 미러 내치믈 만나 감히 다시 닷토지 못호고 능후를 츳져 슉부의 칙호시던 말솜과 즈긔 디답을 여츳여츳호미 내치시던 슈말을 일일히 젼호니 능후의 무거온 심스나 츳언을 드르미 경공호미 안식의 나타느고 찬 쏨이 오시 져즈믈 면치 못호니 안연이 혼 씨를 안졉지 못호여 셔헌의 느오니 공이 능후를 보미 노긔 발연혼지라 좌우로

98면

호여금 더러온 믈 혼 즈완을 써오라 호여 엄히 노코 능후를 나리와 슈죄호여 왈 네 신샹의 넘느고 완만호여 무샹 블초호고 아비를 업슴 것굿치 호고 죄상이 늣치 업고 입이 괴로와 니르지 못호니 이는 네 그릇혼 죄 아니라 내 사름의 아비 되여 호령이 명치 못호고 알미 더러워 네 업슈이 너기믈 두니 이는 다 내 죄라 내 스스로 너 보는 디 더러온 벌슈를 마셔 부교로 교즈를 잘못혼 거슬 바드리라 너희 부졍 완만혼 거동을 내 눈의 아니 보미 샹칙이라 내 죄를 알미 내 허믈을 다스리

99면

고 태교 줄못ᄒᆞ기로 우리 부부의 죄를 아ᄂᆞ니 ᄎᆞ후로나 네 날을 아비로 알지 말고 믈너가 임의로 범ᄉᆞ를 ᄌᆞ젼ᄒᆞ라 말슴을 맛ᄎᆞᄆᆡ 졍당을 향ᄒᆞ여 ᄭᅮᆯ어안져 믈 그ᄅᆞ슬 드러 마시려 ᄒᆞᄂᆞ지라 ᄉᆞ긔 한샹 ᄀᆞᆺ고 면뫼 ᄂᆡᆼ렬ᄒᆞ니 능후의 당ᄎᆞ 망극ᄒᆞ미 엇지 ᄌᆞ긔 몸의 쟝 일 ᄇᆡᆨ도곤 더ᄒᆞ지 아니ᄒᆞ리오 심쟝이 착급ᄒᆞ여 좌우의 말리니 업ᄉᆞᆫ즉 경ᄀᆡᆨ의 그 믈을 마실지라 두리오며 착급ᄒᆞ여 급히 올ᄂᆞ와 죽기로ᄡᅥ 부친의 든 물 그ᄅᆞ슬 아ᄉᆞ니 무심 즁 아인지라 면젼의 ᄭᅮ러 스ᄉᆞ로 마

100면

시기를 다ᄒᆞ여 머리를 계하의 부대이여 청죄 왈 ᄒᆡᄋᆡ 죽을 죄를 지어ᄉᆞ오니 복망 야야ᄂᆞᆫ 슈ᄇᆡᆨ 쟝을 더오샤 후일을 징계ᄒᆞ시고 이러ᄐᆞᆺ 과도ᄒᆞᆫ 거조를 마ᄅᆞ사 ᄒᆡᄋᆞ로 ᄒᆞ여금 다시 인뉴의 츙슈케 ᄒᆞ쇼셔 초공이 물 그ᄅᆞ슬 아이고 아ᄌᆞ의 거동을 보니 엄부의 노를 플 ᄇᆡ로ᄃᆡ 방ᄌᆞᄒᆞ미 젼일 밋던 바로 내도ᄒᆞ여 ᄋᆡ달나 시로를 호령ᄒᆞ여 등 미러 내치라 ᄒᆞᆫᄃᆡ 능휘 더옥 망극ᄒᆞ여 청죄 왈 야애 부ᄌᆞ의 은덕을 드리오샤 면젼의 치죄ᄒᆞ시믈 폐ᄒᆞ시ᄂᆞ니잇가 비록 죽기의 니ᄅᆞ나 이의 당

101면

ᄒᆞ리니 엇지 먼니 ᄂᆡ치샤 사ᄅᆞᆷ으로 요란이 알게 ᄒᆞ시ᄂᆞ니잇고 쇼ᄌᆡ 원컨ᄃᆡ 면젼의셔 죽기를 청ᄒᆞᄂᆞ이다 말슴을 맛고 봉안의 눈믈이 비오ᄃᆞᆺ 금포의 년락ᄒᆞ여 ᄇᆡᆨᄇᆡᆨ 돈슈ᄒᆞ고 죄를 당코져 ᄒᆞᆫᄃᆡ 초공이 일분 동ᄒᆞ미 업고 좌우로 부인긔 젼어ᄒᆞᄃᆡ 욕ᄌᆞ 유현이 조시 문즁을 반ᄃᆞ시 욕ᄒᆞᆯ지라 아비와 어미 못 가ᄅᆞ친 죄로 내 스ᄉᆞ로 육단부형ᄒᆞ여 정당의 죄를 청ᄒᆞ리니 부인은 엇지 고당의 안거ᄒᆞ여 무죄ᄒᆞᆫ 사ᄅᆞᆷᄀᆞᆺ치 ᄒᆞᄂᆞ뇨 내 박졀ᄒᆞ미 아니라 아ᄃᆞᆯ의 블초ᄒᆞ믈 ᄭᆡᄃᆞᆺ

102면

고 나의 일이 과도타 마ᄅᆞ쇼셔 말을 맛고 시로를 ᄭᅮ지져 능후를 미러 문 밧긔 내치니 엄엄ᄒᆞᆫ 노긔 평ᄉᆡᆼ 쳐음이라 한풍 셜샹 ᄀᆞᆺᄐᆞ니 능휘 구지 닷토지 못ᄒᆞ여 ᄌᆡᄇᆡᆨᄒᆞ고 ᄶᅩᆺ치여 나올ᄉᆡ 눈믈이 비오ᄃᆞᆺᄒᆞ고 이ᄣᆡ 졔ᄉᆡᆼ 등은 맛초와 진왕이 블너 글을 지이ᄂᆞᆫ ᄃᆡ다 모ᄃᆞᆺ고 능후ᄂᆞᆫ 밋쳐 가지 못ᄒᆞ엿더니 환을 맛ᄂᆞᆫ는지라 존당과 노공이 듯지 못ᄒᆞ

고 진왕이 또흔 아지 못흐니 뉘 이셔 구흐리오 양부인이 젼어를 듯고 그 뜻을 탄복흐여 짐줏 우즈를 격동흐려 즉시 쇼당의 나려 화관과 잠미를

103면

싸히고 사름으로 흐여금 능후의게 젼어 왈 내 비록 어지지 못흐나 조시의 사름 되연지 장춧 슈십 여 년의 비록 즁간의 고이흔 환란을 경녁흐나 네 부친긔 칙흐는 말을 듯지 못흐고 죄를 당치 못흐엿던지라 너 굿튼 블초즈를 둔 연고로 죄를 당흐여 쇼당의 즈쳐죄인흐니 사라시미 쥭음만 못흔지라 네 념치 샹진흐나 흐면목으로 스롬을 대흐리오 이쯰 능휘 감히 샹부의 머무지 못흐여 창졸의 갈 곳이 업스니 진궁 안츈각의 이셔 의관을 히탈흐고 유유히 시름흐는 미우를 펴지 못

104면

흐고 잠연이 눈믈을 흘니더니 모친의 젼어를 드르니 더옥 놀납고 슬허 밧비 협문으로 조츠 모친 겨신 곳의 니르미 부인이 쇼당의 이셔 화관을 벗고 잠미를 싸혀 죄인의 모양으로 쳐흐여시니 능휘 이 거동을 보미 눈믈이 방방흐여 고두 청죄 왈 쇼즈의 죄 만스무셕이오나 대인이 엇지 츰아 이 거조를 흐샤 히우로 흐여금 텬디간의 용납지 못흐게 흐시누잇고 히익 쥭어 모르미 원이로쇼이다 부인이 탄왈 너희 블초 무샹흐미 블가스문어타인이라 너의 대인의 례즁 경대흐시므로

105면

엇지 경시흘 빅리오 츠고로 싱흌의 블민흐믈 즈칙흐여 이 거조의 니르니 한흘 거시 이시리오 여뫼 즁간의 반싱 화란을 격고 너를 쳐음으로 어드믹 과연 풍용이 용쇽지 아니흔지라 부모의 마음의 즐거오미 쟝즁 보옥 굿트여 엄히 교훈흐미 샹흘가 념녀흐여 만금 보쥬로 아라 쟝셩흐니 효우를 지극흔 즈식이라도 어버이 스랑흐므로 당치 못흐믄 고금 상식라 네 부친의 교연흔 쇼연과 녕명지덕으로 졔우를 어질과져 흐미오 인도의 그롯 도라가지 아니케 흐미니 즈

106면

식이 네 웃듬으로셔 엄부의 교훈을 듯지 아냐셔 경인 군즈지도를 힝흘 거시어늘 믄

득 블고이취를 ᄒᆞ고 남ᄉᆞ를 ᄌᆞ젼 ᄌᆞ힝ᄒᆞ여 부모 쇽이믈 능ᄉᆞ로이 ᄒᆞ고 존당을 촉ᄒᆞ여 엄부를 업늘너 제 뜻을 일우니 엇지 필경의 이 ᄀᆞᆺ튼 거죄 업ᄉᆞ리오 너는 쌜니 믈너가 젼 ᄒᆞ믈을 곳쳐 어진 덕을 닥고 ᄉᆡ로 그ᄅᆞ미 업ᄉᆞ면 네 부친이 샤ᄒᆞ시미 이시리니 즈레 초조ᄒᆞ여 몸의 병을 일우지 말나 능휘 다시 ᄌᆞ교를 듯ᄌᆞ오ᄆᆡ 블승황괴ᄒᆞᆫ 즁 모친이 ᄌᆞ긔 죄과를 인ᄒᆞ여 이 지경의 밋ᄎᆞ믈 더옥 각

107면

골 감창 황공ᄒᆞ여 쥭어 죄를 쇽고져 시분지라 모친긔 하직ᄒᆞ고 안츈각의 도라와 셕고ᄃᆡ죄ᄒᆞ여 텬일을 보지 아니ᄒᆞᄂᆞᆫ지라 날이 느즌 후 제 형뎨 곤계 이 일을 알고 대경ᄒᆞ여 모다 진궁 안츈각의 와 ᄎᆞ경을 보고 비황ᄒᆞ여 호언으로 위로ᄒᆞ더라 ᄎᆞ일 져녁의 제인이 렬좌ᄒᆞ여시ᄃᆡ 능휘 업ᄉᆞ니 노공이 연고를 무른ᄃᆡ 초공이 피셕ᄒᆞ여 그 일을 다 알외고 쥬왈 운현은 제 스스로 쟉죄ᄒᆞ미 업ᄉᆞᄃᆡ 능활ᄒᆞᆫ 유현과 동심ᄒᆞ여 아ᄌᆞ비를 쇽이오니 가쟝 통히ᄒᆞ와 눈의 뵈지 말나

108면

ᄒᆞ고 ᄂᆡ쳐습더니 문안의 블참ᄒᆞ엿도쇼이다 노공이 놀나며 일변 우어 왈 이 ᄋᆞ히는 원ᄂᆡ 긔운이 풍용ᄒᆞ고 마음이 활발ᄒᆞᆫ 연고로 일을 넘ᄂᆞ게 ᄒᆞ여시나 쟉인이 총명 군ᄌᆡ라 슈이 ᄭᆡ드ᄅᆞ미 이시리니 관셔ᄒᆞ며 더옥 운현은 죄명이 업ᄉᆞ니 쌜니 부ᄅᆞ라 노공의 명으로 능빅을 부ᄅᆞ니 능빅이 드러와 청죄 왈 쇼숀이 무샹ᄒᆞ와 부슉의 득죄ᄒᆞ니 샤명을 듯지 못ᄒᆞ온지라 감히 존당 문안의 참예치 못ᄒᆞ미로쇼이다 노공이 쇼왈 숀ᄋᆡ 아ᄌᆞ비 명을 두려 이러ᄐᆞᆺᄒᆞ니 효슌ᄒᆞ미로다 ᄒᆞ고 초

109면

공으로 샤ᄒᆞ여 부ᄅᆞ라 ᄒᆞ니 능빅이 비로쇼 드러와 면관 히의ᄃᆡᄒᆞ고 즁계의 부복ᄒᆞ여 블감승당ᄒᆞᆫᄃᆡ 진초 이공이 부형을 쇽이미 인ᄌᆞ의 되 아니믈 졀칙ᄒᆞ니 노공이 블너 면젼의셔 초공의 ᄒᆞ던 슈말을 일일이 뭇고 그 쳐ᄉᆞ의 능흠과 쾌ᄒᆞ믈 도로혀 두굿기고 양부인 업ᄉᆞ믈 놀나 태부인이 무ᄅᆞᄆᆡ 이ᄶᅴ 부인이 초공의 명을 인ᄒᆞ여 쇼당의 나려 례복과 잠이를 ᄲᅢ히고 죄를 당ᄒᆞᆫ다 ᄒᆞᄂᆞ이다 여러 ᄌᆞ뷔 경공ᄒᆞ여 경ᄉᆡᆨ이 십분 블호ᄒᆞ니 광현 등 제죄 다 황황ᄒᆞ여 일시의

110면

다 고왈 형의 남ᄉᆡ 그 ᄌᆞ모의게 아랑곳 업ᄉᆞ오니 톄위 그러치 아니ᄒᆞ온지라 엇지 일신들 쇼당의 나려오시게 ᄒᆞ리잇고 히ᄋᆞ 등 정ᄉᆞ를 살피지 아니시ᄂᆞ니잇고 노공 부부와 태부인이 쇼왈 그 유현이 비록 유죄ᄒᆞ나 그 죄 아비와 어미 ᄒᆞᆫ가지라 엇지 홀노 현부를 쇼당의 ᄂᆞ리리오 ᄒᆞ믈며 현뷔 졔부와 녀ᄋᆡ 가득ᄒᆞ여시니 톄면이 존즁ᄒᆞ거ᄂᆞᆯ 부졀업시 쇼당의 나려 ᄌᆞ부의 황황ᄒᆞ믈 돕고 톄면을 숀샹ᄒᆞ리오 초공이 ᄇᆡ샤 왈 웃듬이 쇼ᄌᆞ의 죄온 고로 더러온 벌슈를 먹으려 ᄒᆞ온즉

111면

남활ᄒᆞᆫ ᄌᆞ식이 졔 스ᄉᆞ로 다 마시오니 벌을 힝치 못ᄒᆞ니이다 좌우 졔ᄆᆡ 셔모 등이 일시의 모다 웃고 ᄀᆞᆯ오ᄃᆡ 남ᄌᆞ가 만ᄉᆞ온즉 두려오미 만타 ᄒᆞ오니 현뎨 등을 니ᄅᆞ미로다 ᄀᆞᆽ초 그ᄅᆞᆫ 거죠를 ᄀᆞᆺ치고 양뎨를 쌜니 청ᄒᆞ라 조노공과 ᄐᆡ부인이 양부인을 청ᄒᆞ여 ᄀᆞᆯ오ᄃᆡ 유현의 범남ᄒᆞ미 현부의 죄 아니라 하고로 쇼당의 쳐ᄒᆞ여 ᄃᆡ죄ᄒᆞ리오 ᄌᆞ녀 등의 황황ᄒᆞᆫ 거조와 우리 좌우를 뵈오지 못ᄒᆞ리니 쌜니 드러오라 양부인이 존당의 아ᄅᆞ시믈 경의ᄒᆞ여 마지못ᄒᆞ여 즉시 드

112면

러와 청죄ᄒᆞ온ᄃᆡ 태부인이 흔연이 위로ᄒᆞ여 다시 쇼당의 드러 ᄌᆞ녀의 우황ᄒᆞ믈 돕지 말나 ᄒᆞ니 양부인이 즐기ᄂᆞᆫ 빗치 업셔 나즉이 샤례 왈 쇼쳡이 블초ᄒᆞ와 무샹ᄒᆞ온 ᄌᆞ식을 나하 존문의 덕음을 져바리게 ᄒᆞ오니 고인의 삼쳔지교와 태임의 태교를 효측지 못ᄒᆞ온디라 이졔 쇼당의 나일 ᄲᅮᆫ이리잇고 실노 츌화를 당ᄒᆞ여도 맛당ᄒᆞ올지라 이졔 구고 존당의 관유ᄒᆞ옵시ᄂᆞᆫ 은영을 엇ᄉᆞ오나 하면목으로 놉흔 집의 안거ᄒᆞ와 명부의 위를 감당ᄒᆞ오리

113면

잇고 조시 등이 쇼왈 양뎨ᄂᆞᆫ 경동ᄒᆞᄂᆞᆫ 말을 드ᄅᆞᄆᆡ 쇼당의 나려 져허ᄒᆞ미 군신지분의를 힝ᄒᆞ니 도로혀 우읍지 아니ᄒᆞ랴 초공이 잠쇼 왈 신ᄒᆡ 인군을 조치미 녀ᄌᆡ 지아비를 밧들므로 ᄎᆞ등이 엇지 이시리잇고 양시의 일이 가쇼롭다 ᄒᆞ올진ᄃᆡ 가부를 업슈이 너겨 닐너도 드른 쳬 아니ᄒᆞ며 시겨도 힝치 아니ᄒᆞ여야 올타 ᄒᆞ시ᄂᆞ니잇고 조시

등이 대쇼 왈 네 부인은 긔특ᄒᆞ거니와 우리ᄂᆞᆫ 례문을 모ᄅᆞ니 너모 져런 일을 ᄒᆞ미 가쟝 가쇼롭도다 초공이 져슈 믁

114면

연ᄒᆞ니 태부인과 조노공이 승샹을 도라보아 갈오ᄃᆡ 유현을 슈히 샤ᄒᆞ라 ᄒᆞ시니 승샹이 유유 슈명ᄒᆞ더라 혼졍을 파ᄒᆞᄆᆡ 졔ᄉᆡᆼ이 모다 안츈각의 니ᄅᆞ니 능휘 머리ᄅᆞᆯ 초침의 더져 폐식 잠와ᄒᆞ고 누싊 여우ᄒᆞ다가 졔뎨 등을 보고 ᄀᆞᆯ오대 내 죄 지으미 태산 ᄀᆞᆺᄐᆞ니 부친의 은샤ᄅᆞᆯ 엇기 어렵고 이의 ᄇᆡᆨ 번 뉘웃ᄎᆞ니 엄졍의 ᄉᆞ뭇출 길이 업ᄉᆞ니 원컨대 졔 현뎨 등은 나의 회포ᄅᆞᆯ 그윽히 살펴 이 ᄉᆞ졍을 대인과 ᄇᆡᆨ부긔 알외여 슈히 은샤ᄅᆞᆯ 입게 ᄒᆞᆷ을 바라노라

115면

말노 조ᄎᆞ ᄇᆡᆨ 년 귀 밋ᄒᆡ 누싊 흐ᄅᆞ니 졔 형뎨 위로 왈 슉뷔 어지시고 ᄇᆞᆰ으시니 뉘웃ᄎᆞᆷ을 아ᄅᆞ신 즉 엇지 샤치 아니ᄒᆞ시랴 너모 마음을 과도히 쓰지 말고 고요히 슈힝ᄒᆞ여 슉뫼 경당의 가시게 ᄒᆞ리라 ᄒᆞ니 능휘 츄연 감탄ᄒᆞ고 회포ᄅᆞᆯ 븟칠 곳이 업셔 ᄒᆞ더라

조시삼대록 권지십ᄉᆞ

1면

익셜 평릉휘 부공의 엄노ᄅᆞᆯ 만나 ᄌᆞ폐쇼당ᄒᆞᄆᆡ 심신이 젼황ᄒᆞ여 먹지 못ᄒᆞ고 ᄌᆞ지 못ᄒᆞᄂᆞᆫ지라 졍비 잔잉이 너기샤 친히 나려와 보시고 먹기ᄅᆞᆯ 권ᄒᆞ신대 ᄉᆡᆼ이 ᄇᆡᆨ모ᄅᆞᆯ 마ᄌᆞ 반갑고 슬허 나즉이 샤례 왈 유ᄌᆞ의 무샹 블초ᄒᆞᄆᆡ 엄젼의 득죄ᄒᆞ와 이곳의 엄뉴ᄒᆞ오니 ᄇᆡᆨ뷔 ᄯᅩᄒᆞᆫ 샤치 아니ᄒᆞ샤 냥대인 엄안을 뵈옵지 못ᄒᆞ옵고 ᄌᆞ뫼 ᄯᅩ 이 일노 말ᄆᆡ암아 쇼당의 쳐ᄒᆞ시믈 듯ᄌᆞᆸ건ᄃᆡ 블초지죄 텬디의 관영ᄒᆞᆫ

2면

지라 엇지 음식이 목의 나리오며 잠이 ᄃᆞᆺ긔 편ᄒᆞ리잇고 스ᄉᆞ로 몸을 닥가 죄ᄅᆞᆯ 쇽고

져 ᄒᆞ오대 밋지 못ᄒᆞ믈 한ᄒᆞᄂᆞ이다 부인이 경계 왈 너의 인효ᄒᆞᆫ 힝실노 일마다 범인의 나으미 잇더니 ᄎᆞᄉᆞ의 다다ᄅᆞᄂᆞᆫ 엇지 이ᄃᆡ도록 어두워 슉슉의 샹ᄒᆡ 교훈을 져바리고 내치인 ᄌᆞ식이 되엿ᄂᆞ뇨 슉슉의 어지로오시미 텬륜의 ᄌᆞ별ᄒᆞ신지라 맛츰내 오ᄅᆡ ᄂᆡ치여 너의 셩효를 져바리시리오 네 슈심 개과ᄒᆞ믈 드ᄅᆞ시면 ᄌᆞ연이 용납ᄒᆞ실지라 너모 조ᄇᆡ야이 초ᄉᆞᄒᆞ미 평일

3면

샹쾌ᄒᆞ던 ᄇᆡ 아니로다 인ᄒᆞ여 음식을 먹이고 그 풍광이 환탈ᄒᆞ믈 보ᄆᆡ 심하의 앗겨ᄉᆞ랑이 친ᄌᆞ ᄀᆞᆺᄐᆞᆫ지라 블승ᄋᆡ련ᄒᆞᆫᄃᆡ ᄉᆡᆼ이 황공 ᄌᆡᄇᆡ 왈 ᄇᆡ모의 친림ᄒᆞ샤 교훈이 이ᄀᆞᆺ치 ᄌᆞ별ᄒᆞ시니 블승감샤ᄒᆞ와 쥬ᄒᆞᆯ 바를 모로리로쇼이다 쇼질이 비록 블초ᄒᆞ오나 일즉 부모의 과칙ᄒᆞ시믈 밧ᄌᆞᆸ지 못ᄒᆞ엿ᄉᆞᆸ더니 슬젼의 내치오믄 평ᄉᆡᆼ 쳐음이라 심ᄉᆡ 환란ᄒᆞ와 ᄌᆞ모의 하당ᄒᆞ신 일이 더옥 쇼질의 마ᄋᆞᆷ을 졍치 못ᄒᆞ올지라 혜아려 강잉치 못ᄒᆞ옵고

4면

심혼이 운외의 흣터졋ᄂᆞᆫ지라 ᄇᆡ모의 은휼ᄒᆞ샤믈 듯ᄌᆞ오ᄆᆡ 믄득 ᄌᆞ모를 ᄃᆡᄒᆞᆫ즉 더옥 심회 비창ᄒᆞ믈 졍치 못ᄒᆞ리로쇼이다 언파의 유연 참ᄉᆡᆨᄒᆞ여 누쉬 년화 냥협의 젹시ᄂᆞᆫ지라 부인이 도로혀 웃고 ᄀᆞᆯ오ᄃᆡ 현질이 하ᄒᆡ지량으로 일즉 거리끼미 업더니 엇지 금일은 이ᄀᆞᆺ치 셜셜이 약ᄒᆞ뇨 모ᄅᆞ미 과려치 말나 능휘 쳑연 ᄇᆡ샤 왈 ᄌᆞ쇼로 잔 마ᄋᆞᆷ이 업ᄉᆞ믄 ᄇᆡ모의 아ᄅᆞ시ᄂᆞᆫ ᄇᆡ오나 실노 부형의 그ᄅᆞᆺ 너기시미 황공 누누ᄒᆞ와 ᄌᆞ연 그러ᄒᆞ온지라 시일노브터 ᄇᆡ

5면

모의 교훈을 명심 블망ᄒᆞ오리이다 졍비 흔연이 웃고 ᄌᆡ삼 위로ᄒᆞ여 드러오니 ᄎᆞ후로 능휘 심ᄉᆡ를 겨유 널녀 두 ᄭᆡ 식반을 나오나 ᄒᆞᆫ ᄭᆡ도 슈미를 펴지 아니ᄒᆞ고 츅쳑 황공ᄒᆞ여 앏히셔 ᄎᆡᆨ을 바드며 노ᄒᆞ시믈 ᄃᆡᄒᆞᆫ 듯 미유의 슈운이 ᄆᆡᆺ쳣고 징쳥이 ᄯᆡᄯᆡ로 봉안의 어린 듯 ᄉᆞ친ᄒᆞᄂᆞᆫ 누쉬 어ᄅᆡ여 ᄇᆡ모를 ᄉᆞ모ᄒᆞᄂᆞᆫ 졍셩이 마ᄋᆞᆷ의 녹ᄂᆞᆫ 듯ᄒᆞᆫ지라 ᄒᆞ믈며 그 텬셩지효로 부득ᄒᆞᆫ ᄉᆞ죄 이셔 부모를 샹리ᄒᆞ여도 슈일 만 부모의 안용을 보지 못ᄒᆞ온즉 우우

6면

ᄒᆞ미 몸의 질괴 닐거ᄂᆞᆯ 이졔 훤당의 시측ᄒᆞ믈 폐ᄒᆞ연 지 달포 되오나 샤명을 엇지 못ᄒᆞ오니 식블감미ᄒᆞ고 침블안셕ᄒᆞ여 신셕의 슬허ᄒᆞ여 ᄎᆞ마 견ᄃᆡ지 못ᄒᆞᄂᆞᆫ지라 광현 등 졔뎨 민망ᄒᆞ여 모다 위로ᄒᆞ나 엇지 능히 ᄒᆡ위ᄒᆞ리오 졔 형뎨의 말이 다 부운 ᄀᆞᆺᄐᆞ여 정혼이 부모 존당의 ᄆᆡᆺ첫ᄂᆞᆫ지라 날노 풍용이 환탈ᄒᆞ고 쇼샥ᄒᆞ여 식반을 바드나 목의 나리오지 못ᄒᆞ고 샹히 즐기ᄂᆞᆫ 쥬배ᄅᆞᆯ 입의 다히지 아니니 정비 ᄯᆡᄯᆡ로 냥찬 미쥬ᄅᆞᆯ 보내나 ᄒᆞᆫ 잔 ᄉᆞᆯ을 마

7면

시지 아냐 초젼ᄒᆞᄂᆞᆫ지라 니부의 밀닌 정ᄉᆞ와 홍문관의 빠힌 문셰 가득ᄒᆞ여시나 벼ᄉᆞᆯ을 ᄉᆞ양ᄒᆞ고 안츈각의 거젹ᄌᆞ리ᄅᆞᆯ 펴고 잇셔 입을 여러 웃지 아니며 말ᄉᆞᆷ을 크게 아냐 화려ᄒᆞ미 ᄒᆞᆫ ᄯᆡ도 업ᄉᆞ니 졔 형뎨 념녀ᄒᆞ고 됴니정경 ᄉᆞ 인이 블안ᄒᆞ여 정당 문안을 블참ᄒᆞ고 잠미ᄅᆞᆯ 색혀 침쇼의 드러시니 존당이 ᄉᆞ 인의 업ᄉᆞ믈 보고 좌우로 부ᄅᆞ니 ᄉᆞ 인이 감히 역명치 못ᄒᆞ여 초쵸ᄒᆞᆫ 의샹으로 화관을 폐ᄒᆞ고 정당의 나아오니 노공 부뷔 ᄐᆡ부인을 뫼시고 진초 이공이 엇게ᄅᆞᆯ

8면

갈와 시좌ᄒᆞ여시니 조시 등 정양 졔 부인과 화파 등이 졔졔히 뫼셔시며 졔 쇼졔 셩렬ᄒᆞ니 남풍 녀뫼 표표히 신션의 셩회 ᄀᆞᆺᄐᆞᆫᄃᆡ ᄉᆞ 인이 금년을 가바야이 옴겨 나ᄋᆞ오ᄆᆡ 낙포의 션네 나리온 ᄃᆞᆺ 즉네 오쟉교ᄅᆞᆯ 나림 ᄀᆞᆺᄐᆞᆫ지라 ᄆᆞᆰ은 광치ᄂᆞᆫ 태양이 산두의 오ᄅᆞᆫ ᄃᆞᆺ 일륜 은셤이 옥난의 바ᄋᆡᄂᆞᆫ ᄃᆞᆺ 관일지풍이 텬화 네 숑이 옥호의 ᄭᆞᆺᄌᆞ시며 부용이 향슈의 쎨쳐시니 단일 유화ᄒᆞᆫ 거동이 외모의 셩덕이 나ᄐᆞᄂᆞ니 존당 구괴 ᄋᆡ지ᄒᆞ고 ᄉᆡ로이 긔ᄋᆡᄒᆞ여 흔연이 좌ᄅᆞᆯ 쥬고 초

9면

공이 그 단쟝이 무식ᄒᆞ믈 보고 문왈 아부 등이 엇지 례복을 폐ᄒᆞ고 슈식이 ᄌᆞ옥ᄒᆞ뇨 정시 피셕 ᄃᆡ왈 쇼쳡이 블능누질노 ᄂᆡ조ᄅᆞᆯ 효측지 못ᄒᆞ와 군ᄌᆞ의 ᄒᆡᆼ식 존하의 득죄ᄒᆞ여시니 엇지 안연이 정당 문안의 화복을 ᄒᆞ오릿가 옥음이 화평ᄒᆞ고 츈풍 화양이 츄샹 렬일의 향연 교슈ᄒᆞ믄 ᄆᆞᆰ은 절치 고금의 슉완이라 됴시 니어 정금 ᄃᆡ왈 가뷔 엄

젼의 득죄ᄒᆞ와 내쳐샤오니 쇼쳡 등이 안연이 존당의 뫼시믈 화식으로 ᄒᆞ오리잇고 니시 지배 왈 쳡은 암용 누질노 군ᄌᆞ의

10면

힝사를 어지리 내조치 못ᄒᆞ고 ᄒᆞᆫ갓 부빈의 슈를 치오니 가부의 득죄ᄒᆞ미 다 쇼쳡의 죄라 죄를 밧ᄌᆞ오믈 됴셕의 ᄃᆡᄒᆞ오니 어ᄂᆡ 마음으로 화관 옥잠을 갓초리잇고 말숨이 쳥아ᄒᆞ여 단산의 봉이 울고 안ᄉᆡᆨ이 온화ᄒᆞ여 츈원의 화봉이 닷토와 웃는 ᄃᆞᆺ 유잉 향ᄉᆡ며 츄파 셩안의 잉순이 고은 거술 ᄡᅴ여 청절 단엄ᄒᆞ니 ᄉᆞ군ᄌᆞ의 풍이라 좌위 다 ᄂᆞᆺ출 우러러 흠션ᄒᆞᄂᆞᆫ 즁 경시 슈습ᄒᆞᄂᆞᆫ 태되 이셔 ᄇᆡ샤 왈 쇼쳡은 년쇼 유미ᄒᆞ온 즁 향촌의 ᄉᆡᆼ장ᄒᆞ와 례도를 모ᄅᆞ오나

11면

ᄉᆡᆼ각건ᄃᆡ 가군의 죄명이 쇼쳡의 연괴오니 졔 부인 즁 죄 가쟝 큰지라 ᄂᆞᆺ출 드러 감히 엄하의 뵈옵지 못ᄒᆞ올 ᄇᆡ오니 존당의 문안을 못ᄒᆞ옵고 ᄉᆞ실의 ᄃᆡ죄ᄒᆞ옵더니 존명을 니어 나아오나 화쟝 셩식을 ᄒᆞ리잇고 ᄒᆞᄂᆞᆫ 쇼ᄅᆡ 옥반의 진쥬를 구을니ᄂᆞᆫ ᄃᆞᆺ 쟉태 애용은 쇼월이 벽공의 걸여시며 ᄇᆡᆨ년이 향기를 토ᄒᆞ고 교교히 쇄락ᄒᆞ며 쟉약히 긔려ᄒᆞ미 어린 나흐로 더옥 비샹ᄒᆞ고 어엿분지라 좌위 어린 ᄃᆞ시 바라보고 넉술 일흐니 초공이 희동안ᄉᆡᆨᄒᆞ여 도라 형ᄆᆡ를 보

12면

고 우어 왈 금일 나의 ᄌᆞ부 등의 언ᄉᆞ 거동이 당금의 슉녀라 유현 ᄀᆞᆺ튼 허황 방탕ᄒᆞᆫ 재 져 ᄀᆞᆺ튼 졀ᄃᆡ 미쳐를 모드미 역시 고이ᄒᆞ고 녀ᄌᆞ의 졍ᄉᆡ ᄯᅩᄒᆞᆫ 가련ᄒᆞᆫ지라 져져 등은 나의 현뷔 엇덧타 ᄒᆞᄂᆞ뇨 셕태샹 부인이 쇼왈 내 보ᄆᆡᄂᆞᆫ 가쟝 범범ᄒᆞ여 평샹ᄒᆞ여 긔특ᄒᆞᆫ 곳을 모로리로다 좌위 크게 웃고 초공이 함쇼 대왈 이 말숨은 허언이시어니와 원내 져져 등의 지인ᄒᆞᄂᆞᆫ 안력으로도 ᄌᆞ부의 아름다오믈 모ᄅᆞ리로쇼이다 뉴샹셔 부인이 낭쇼 왈 현뎨 무ᄉᆞ 일노 아ᄃᆞᆯ은 내쳐 얼

13면

골을 보지 아니ᄒᆞ고 며ᄂᆞ리ᄂᆞᆫ 져대도록 ᄌᆞ랑ᄒᆞ여 평일 단엄ᄒᆞ던 위의를 잇ᄂᆞ뇨 초공

이 대쇼 왈 인졍이 져 ᄀᆞᆺ튼 며ᄂᆞ리ᄅᆞᆯ 아니 두굿기리 업ᄉᆞ오며 아ᄃᆞᆯ은 유죄ᄒᆞ거ᄂᆞᆯ 내치고 며ᄂᆞ리ᄂᆞᆫ 죄 업고 아ᄅᆞᆷ다오니 두굿기미 인지샹ᄉᆡ라 쇼뎨 별의 아니니이다 조시등이 낭낭이 웃고 노공 왈 유현의 일이 넘ᄂᆞ고 ᄊᆡ다ᄅᆞ미 이시리니 모ᄅᆞ미 슈히 샤ᄒᆞ여 ᄋᆞ부 등의 마ᄋᆞᆷ을 편히 ᄒᆞ라 초공 왈 ᄌᆞ식을 알기ᄂᆞᆫ 아비만 ᄒᆞ니 업ᄉᆞ올지라 유현의 힝ᄉᆞᄅᆞᆯ 그만ᄒᆞ여 샤치 못ᄒᆞ오리니 슈삼 삭을

14면

지내와 개과천션을 ᄒᆞ온 후 보ᄉᆞ이다 노공이 머리 조아 다시 부ᄅᆞ라 아니ᄒᆞ더라 초공이 ᄌᆞ부ᄅᆞᆯ 위로ᄒᆞ여 거지 평샹ᄒᆞ라 ᄒᆞ고 두굿기ᄂᆞᆫ 긔ᄉᆡᆨ이 미우의 가득ᄒᆞ니 양뎡렬이 ᄯᅩᄒᆞᆫ 아ᄅᆞᆷ다와 ᄒᆞᄂᆞᆫ지라 졔 형ᄆᆡ 웃고 그 ᄌᆞ부의 츌인ᄒᆞ믈 치하ᄒᆞ더라 능휘 두문블츌ᄒᆞᆫ 지 월여의 샹이 그 병을 념녀ᄒᆞ샤 내시로 문병ᄒᆞ시며 태의로 간병ᄒᆞ시니 텬은이 늉늉ᄒᆞ신지라 졍공 부ᄌᆡ ᄯᅩᄒᆞᆫ 놀나 조부의 니ᄅᆞ러 진초 이공을 보고 능후의 병을 무ᄅᆞᄆᆡ 초공이 졍ᄉᆡᆨᄒᆞ고 ᄀᆞᆯ오ᄃᆡ 블초ᄌᆡ 아비ᄅᆞᆯ

15면

쇽이고 젼후 남ᄉᆡ 무궁ᄒᆞ오니 졔 ᄯᅩ 인심이라 됴항의 나지 못ᄒᆞ미오 병은 아니미라 현형은 돈ᄋᆞ로 옹셔지의 이시니 ᄉᆞ회ᄂᆞᆫ 반ᄌᆞ지의로 허믈을 보고 칙ᄒᆞ여 개유치 아니ᄒᆞ고 동심협력ᄒᆞ여 날을 쇽여 친ᄉᆞᄅᆞᆯ 일우고 팔창을 ᄀᆞᆷ초와 ᄋᆞ히 방ᄌᆞᄒᆞ믈 기ᄅᆞ고 도으니 엇지 한심치 아니ᄒᆞ리오 졍공이 일이 발각ᄒᆞ인 쥴을 알고 우어 왈 쇼뎨 엇지 동심ᄉᆞ회ᄒᆞ고 인형을 쇽이리오마ᄂᆞᆫ 발셔 형쥐셔 일을 일우고 온 ᄇᆡ니 바로 고ᄒᆞ량이면 셔랑이 즁칙을 면치 못ᄒᆞᆯ 거시오 ᄉᆞ단만

16면

요란ᄒᆞ미 이실지라 마지못ᄒᆞ여 친ᄉᆞᄅᆞᆯ 일우고져 ᄒᆞ미니 ᄉᆞ이이의라 발셔 지ᄂᆞᆫ 일을 그ᄃᆡ도록 ᄒᆞ여 안하의 내쳐 후ᄇᆡᆨ의 거관ᄒᆞᆫ 아ᄃᆞᆯ을 일분도 ᄉᆡᆼ각이 업ᄉᆞ리오 초공이 졍샹셔ᄅᆞᆯ ᄃᆡᄒᆞ여 왈 ᄌᆞ고로 붕우 칙션이 이시니 돈ᄋᆡ 비록 무샹ᄒᆞ나 현계 맛당이 례의로 개유ᄒᆞ여 남ᄉᆞᄅᆞᆯ 금ᄒᆞ미 당연ᄒᆞ거ᄂᆞᆯ 엇지 도로혀 방일ᄒᆞᆫ ᄋᆞ히ᄅᆞᆯ 도도와 미녀 셩ᄉᆡᆨ을 한가지로 낭ᄌᆞ히 ᄒᆞ고 날을 쇽이니 평일 친ᄋᆡᄒᆞ던 ᄇᆡ 아니로다 졍샹셰 흔연이 샤죄 왈 쇼ᄉᆡᆼ이 년슉긔 치샤ᄅᆞᆯ 바들가 ᄒᆞᆫ 일

17면

이 오늘 칙교를 바드니 엇지 원민치 아니ᄒᆞ오릿가 쇼싱이 운희를 칙ᄒᆞ여 규졍치 못ᄒᆞ믄 년슉의 말숨의 ᄀᆞᆺ갑거니와 공이 즁ᄒᆞᄆᆡ 젹은 죄를 샤ᄒᆞᆯ가 ᄒᆞ엿습더니 이런 말숨으로 공을 모ᄅᆞ실 쥴은 뜻ᄒᆞ지 못ᄒᆞ리로쇼이다 지어 누의와 질ᄋᆞ를 구ᄒᆞ여 오기ᄂᆞᆫ 동긔지졍이니 년슉의 치샤ᄒᆞᆯ ᄇᆡ 아니여니와 졍부인 ᄀᆞᆺ튼 만고 슉녀를 어더 쳔거ᄒᆞ오니 운희의 경ᄉᆞ를 빗ᄂᆡ고 년슉이 슉녀 현부를 어드믄 쇼싱의 공이라 텬여블슈면 반슈기앙이라 문계의 ᄀᆡ특ᄒᆞᆫ 풍치 ᄀᆡ

18면

질노 슉녀들이 ᄌᆞ연이 모드니 ᄎᆞᄂᆞᆫ 현쇽의 ᄆᆡ인 ᄇᆡ라 엇지 홀노 운희의 남활타 ᄒᆞ며 쇼싱의 타시라 ᄒᆞ오리오 지ᄂᆞᆫ 일을 과히 다ᄉᆞ려 그 얼골을 보지 아니시고 슬하의 내치시니 져 운희 미셰ᄒᆞᆫ ᄉᆞ름이 아니라 덕망과 ᄀᆡ질이 됴야의 들네고 샹춍과 홍업이 일셰의 진동ᄒᆞ니 엇지 쇼쇼ᄒᆞᆫ 일노 부ᄌᆞ 졀의ᄒᆞ기의 니ᄅᆞ리오 아름답지 아닌 쇼문이 일셰의 나타나 졀노 ᄒᆞ여금 지극ᄒᆞ던 효힝을 샹히오며 년슉이 이의 다다ᄅᆞᄂᆞᆫ 너모 엄쥰ᄒᆞ시믈 뜻ᄒᆞ리잇고 바라건대 년슉

19면

은 쇼싱의 ᄂᆞᆺ출 보와 운희의 민박ᄒᆞᆫ 경ᄉᆞ를 슬피쇼셔 초공이 도로혀 웃고 왈 현계의 흐ᄅᆞᄂᆞᆫ 구변이 쇼진을 능타 못ᄒᆞ려니와 돈ᄋᆞ의 무샹ᄒᆞᆫ 죄ᄂᆞᆫ 벗기 어려오니 미셰ᄒᆞᆫ ᄌᆞ식이 아닐ᄉᆞ록 샤치 못ᄒᆞ리니 그대 공이 크나 일이 경ᄃᆡ치 아닌 후ᄂᆞᆫ 실노 블감ᄒᆞ여라 진왕이 대쇼ᄒᆞ고 졍샹셰 우쇼 왈 운희의 죄샹이 비록 크나 년슉의 인ᄌᆞᄒᆞ시므로 젼진의 오ᄅᆡ 구치홈과 허다 슈고를 ᄉᆡᆼ각ᄒᆞ여 일시 쟝칙을 ᄒᆞ이시고 부ᄌᆞ로 용납ᄒᆞ미 올흐실지니이다 초공이 졍식 왈 만리 젼쟝의 구

20면

치ᄒᆞ므로 쟝칙이 가ᄒᆞ랴 진왕과 졍공은 미쇼ᄒᆞ나 초공은 거지 관아ᄒᆞ여 그윽ᄒᆞ니 졍공 부ᄌᆡ 그 뜻을 알고 허치 아닐 쥴을 알아 도라갈ᄉᆡ 능후를 보려 ᄒᆞᆫ즉 문을 닷다 샤왈 쇼싱이 무샹ᄒᆞ여 가엄의 득죄ᄒᆞ고 대인ᄒᆞᆯ ᄂᆞᆺ치 업ᄉᆞ오니 만일 가친의 샤를 어든 후 만만 샤죄ᄒᆞ리이다 ᄒᆞ거ᄂᆞᆯ 졍공 부ᄌᆡ 그 뜻이 견고ᄒᆞ믈 보고 아직 녀ᄋᆞ와 누의를

보고 도라가니라 초공이 슈월이 되도록 ᄎᄌ미 업ᄉ니 능휘 ᄌ연 병을 일위여 폐식 잠와ᄒ고 졔 형뎨도 대치 아냐 쥬야 벼개의 누숴 잠

21면

겻는지라 군종이 근심ᄒ고 광현 등이 형의 간졀ᄒᆞᆫ 심회를 민망이 너겨 ᄌ로 간ᄒ니 초공이 아른 톄 아닌ᄂᆞᆫ지라 노공이 권치 아니니 뉘 초공의 마음을 도로혀리오 진왕이 ᄯᅩᄒᆞᆫ 오ᄅᆡ 보지 아냣더니 슈월이 되여 병이 즁타 ᄒᄆᆡ 본근 ᄉ랑이 ᄌ못 과도ᄒᆞᆫ지라 비로쇼 안츈각의 나아와 셔로 볼식 능휘 슉부의 니ᄅ시믈 듯고 크게 반가오나 비회를 동ᄒ니 다만 ᄯᅳᆯ히 나려 ᄇᆡᆨ슉부를 마즐식 진왕이 눈을 드러 보ᄆᆡ 능휘 홋튼 머리의 ᄡᅴ를 그ᄅ고 관을 벗고 밧비 지ᄇᆡᆨ 청죄ᄒᄆᆡ 눈믈을 금치

22면

못ᄒᄂᆞᆫ지라 표표ᄒᆞᆫ 안광의 홋터진 머리와 형용이 더옥 긔이ᄒ여 깃 다드무ᄂᆞᆫ 봉의 형샹이오 구름의 나는 학이라 ᄆᆰ은 안칙의 ᄉ친ᄒᄂᆞᆫ 누숴 어릐여시니 츄슈 긴 강의 식별이 어릇끼고 영미의 근심ᄒ믈 금치 못ᄒ니 샹셔의 긔운이 텬디 졍화를 모도왓ᄉᆞᆫ지라 오직 화긔 쇼삭ᄒ고 윤틱ᄒᆞᆫ 셜뷔 감ᄒ여 빙옥이 샹조ᄒ고 ᄇᆡᆨ년이 빗겨시니 담홍 혈식이 감ᄒ여 젼후의 다른 ᄉ름이 되엿고 신약블승의ᄒ니 왕이 ᄒᆞᆫ 번 보ᄆᆡ 대경ᄒ여 반가오며 ᄋᆡ련ᄒᆞᆫ 졍회를 능히 막지 못ᄒ여 숀

23면

을 잡고 당의 드러가 경계 왈 너의 남ᄉ와 부형 쇽인 죄 아름답지 아니ᄒ고 그 ᄯᅳᆺ이 너를 개과코져 ᄒᄂᆞᆫ 고로 내 보지 아냣더니 그 ᄉ이 약ᄒᄆᆡ ᄒᆞᆫ 녀ᄌ ᄀᆞᆺᄐᆞ여시니 내 마음이 놀나오믈 이긔지 못ᄒ리로다 무ᄉᆞᆫ 병이 이셔 얼골이 져ᄃᆡ도록 ᄒ엿ᄂ뇨 싱이 부복 쥬왈 유ᄌ의 무샹 블쵸ᄒ온 죄는 슈ᄉ난쇽이라 엇지 죄를 한ᄒ리잇고마는 대인이 죄를 다ᄉ리지 아니시고 먼니 내치오샤 얼골을 대면치 아니시니 쇼질이 ᄌ고로 국ᄉ 곳 아니면 부안을 일시도 ᄯᅥ나오미 업ᄉᆸ다가 슈월이 지ᄂ도록

24면

부모와 제형을 보지 못ᄒ옵고 엄젼의 ᄉ죄ᄒᆯ 지쇽을 젼혀 모ᄅ오니 ᄌ연이 슉식을

잘 못ᄒᆞ오므로 쳔질이 쎠ᄂᆞ지 아니ᄒᆞ오니 이 ᄯᅩᄒᆞᆫ 블회라 쇼질이 ᄉᆡᆼ어교애ᄒᆞ고 쟝어 호화ᄒᆞ여 일 근심을 모ᄅᆞ다가 이졔 ᄌᆞ뫼 하당의 굴하시오니 쇼질이 사ᄅᆞᆷ의 마ᄋᆞᆷ이오 인ᄌᆞ지졍이라 엇지 일시ᄅᆞᆯ 견대리잇고 ᄇᆡᆨ부긔 나ᄋᆞ가 뵈와 회포ᄅᆞᆯ 펼가 바라옵더니 ᄯᅩᄒᆞᆫ 황공ᄒᆞ여 졍치 못ᄒᆞ옵고 구구ᄒᆞᆫ 하졍이 넉슬 슬와 존젼의 님ᄒᆞ미 슬픈 ᄉᆞ졍을 금치 못ᄒᆞ옵더니 ᄇᆡᆨ부의 셩덕이 죄ᄅᆞᆯ 용

25면

샤ᄒᆞ시고 슬하의 무ᄋᆡᆨᄒᆞ시믈 입ᄉᆞ오니 반갑고 영ᄒᆡᆼᄒᆞ오믈 금치 못ᄒᆞ옵ᄂᆞᆫ 바의 더옥 엄안을 ᄉᆡᆼ각ᄒᆞ오니 이 마ᄋᆞᆷ을 븟칠 곳이 업도쇼이다 말노조ᄎᆞ ᄒᆞᄅᆞ난 누슈ᄅᆞᆯ 금치 못ᄒᆞ고 지효의 동촉ᄒᆞ믈 ᄀᆞᆷ초지 못ᄒᆞᄂᆞᆫ지라 진왕이 크게 잔잉ᄒᆞ고 ᄋᆡ련ᄒᆞ여 도로혀 웃고 왈 아이 평ᄉᆡᆼ 어질기ᄅᆞᆯ 쥬쟝ᄒᆞ니 엇지 홀노 일편되이 네게 부ᄌᆞ로 졍니 박ᄒᆞ리오마ᄂᆞᆫ 경계ᄒᆞ여 개과ᄒᆞ고 쳔션코져 ᄒᆞ미라 너ᄂᆞᆫ 모ᄅᆞ미 과례치 말고 슈신셥ᄒᆡᆼᄒᆞ여 ᄒᆡᆼ실을 슈ᄒᆡᆼᄒᆞ면 내 ᄯᅩᄒᆞᆫ 너의 부ᄌᆞ로 화의

26면

ᄅᆞᆯ 힘ᄡᅧ 권ᄒᆞ리라 ᄒᆞᆫᄃᆡ 능휘 블승감샤ᄒᆞ여 니러 ᄌᆡᄇᆡ 샤왈 ᄇᆡᆨ부의 이 ᄀᆞᆺᄐᆞ신 명교ᄅᆞᆯ 듯ᄌᆞ오니 유ᄌᆡ 감은황공ᄒᆞ리로쇼이다 삼가 다시 방ᄌᆞᄒᆞ리잇고 슈신 졔도ᄒᆞ오리니 바라건대 이 ᄠᅳᆺ을 대인긔 통ᄒᆞ샤 샤명을 엇게 ᄒᆞ시믈 바라ᄂᆞ이다 왕이 ᄌᆡ삼 위로ᄒᆞ고 쥬호ᄅᆞᆯ 가져오라 ᄒᆞ여 그 초최ᄒᆞᆫ 긔운을 펴게 ᄒᆞᆯᄉᆡ 능휘 눈믈을 흘니고 ᄎᆞᆷ아 슐을 마시지 못ᄒᆞ여 ᄌᆡ배 왈 쇼질이 무샹ᄒᆞ여 가친긔 득죄ᄒᆞ고 ᄇᆡᆨ부 안젼의 엇지 슐을 먹으리잇고 진왕이 탄왈 인ᄌᆞ의 마ᄋᆞᆷ이 고이치

27면

아니 내 엇지 구지 권ᄒᆞ리오 믄득 셕반이 니ᄅᆞ거ᄂᆞᆯ 진왕이 보건ᄃᆡ 나즌 샹의 두어 가지 찬션이 초초ᄒᆞ믈 면치 못ᄒᆞ여 밥을 겨유 먹을 만ᄒᆞ거ᄂᆞᆯ 진왕이 ᄯᅩᄒᆞᆫ 셕반을 가져오라 ᄒᆞ여 ᄒᆞᆫ가지로 먹으며 ᄌᆞ긔 샹의 거ᄉᆞᆯ 옴겨 쥬어 권ᄒᆞ며 궁비ᄅᆞᆯ 블너 ᄉᆞ지져 ᄀᆞᆯ오ᄃᆡ 능휘 이곳의 ᄌᆞᆷ와ᄒᆞ거ᄂᆞᆯ 엇지 식반을 이리 초ᄎᆞᆯ이 ᄒᆞᄂᆞᆫ다 능휘 ᄃᆡ왈 이ᄂᆞᆫ 쇼질의 쇼원으로 니ᄅᆞᆫ ᄇᆡ오 ᄎᆞᆫ물을 앗기미 아니로쇼이다 진왕이 그 ᄠᅳᆺ을 알고 더옥 아ᄅᆞᆷ다이 너기고 근노ᄒᆞ믈 ᄋᆡ셕ᄒᆞ여 ᄌᆡ삼 프러 니ᄅᆞ고 나오나 능휘 하당ᄒᆞ여 ᄇᆡ

28면

별ᄒᆞ오ᄆᆡ 홀연ᄒᆞ믈 이긔지 못ᄒᆞ여 ᄒᆞ더라 진왕이 도라와 잠시ᄅᆞᆯ 잇지 못ᄒᆞ여 초공을 ᄃᆡᄒᆞ여 ᄀᆞᆯ오ᄃᆡ 유현이 무샹ᄒᆞ기로 내 슈월을 보지 아냣더니 병이 즁타 ᄒᆞ기로 가셔 본즉 실노 병이 식블감미로 얼골이 변ᄒᆞ여시니 적은 근심이 아니라 졔 위인이 명쾌ᄒᆞ고 ᄒᆞᆫ 번 두로ᄆᆡ 요개치 아니ᄒᆞᄂᆞᆫ 셩품이라 젼 허믈을 츄회ᄒᆞ여 슈신 셥힝이 다ᄅᆞᆫ 사ᄅᆞᆷ과 ᄀᆞᆺᄐᆞ여 엄부ᄅᆞᆯ 그리ᄂᆞᆫ 눈믈이 비 오 ᄃᆞᆺᄒᆞ니 네 홀노 부ᄌᆞ의 졍을 ᄉᆡᆼ각ᄒᆞ여 보고 시븐 의ᄉᆡ 아조 업ᄂᆞ냐 초공이 고개ᄅᆞᆯ 숙여 기리 우어

29면

왈 다시 그ᄅᆞ미 업게 ᄒᆞ리라 ᄒᆞ고 대왈 근슈교의리이다마ᄂᆞᆫ 현의 심지 무거워 넘ᄂᆞ미 심샹치 아니ᄒᆞᆫ지라 아직 일 월을 더 보와 회과ᄒᆞ미 쾌ᄒᆞᆫ 후 보려 ᄒᆞ미로쇼이다 진왕이 웃더라 이러구로 일 삭이 되니 능후의 ᄉᆞ친지회 날노 쳑감ᄒᆞ여 샹셕의 바려 슉식을 폐ᄒᆞᄂᆞᆫ지라 광현 등이 니어 그 위약ᄒᆞᆫ 병셰ᄅᆞᆯ 알외여 샤ᄒᆞ시믈 간졀이 쳥ᄒᆞᄃᆡ 초공이 침음 졍식ᄒᆞ여 못 듯ᄂᆞᆫ ᄃᆞᆺᄒᆞ니 기의ᄅᆞᆯ 탁량키 어려온지라 어시의 샹이 평능후의 오ᄅᆡ 유질ᄒᆞ믈 드ᄅᆞ시고 직ᄉᆞ 폐ᄒᆞ믈 우려ᄒᆞ샤

30면

즁ᄉᆡ 나렬ᄒᆞ여 문병ᄒᆞ시고 태의 문의 머엿시니 초공이 깃거 아냐 ᄎᆞᄌᆞ 광현으로 능후의게 젼어ᄒᆞ여 ᄀᆞᆯ오ᄃᆡ 네 무ᄉᆞᆷ ᄉᆞᄅᆞᆷ이완ᄃᆡ 군은을 입고 직ᄉᆞᄅᆞᆯ 폐ᄒᆞ여 즁작을 가지고 병을 칭ᄒᆞ니 이ᄂᆞᆫ 아비ᄅᆞᆯ 역경ᄒᆞ미라 내 ᄒᆞ면목으로 사ᄅᆞᆷ을 대ᄒᆞ리오 시일노 직ᄉᆞᄅᆞᆯ 출임ᄒᆞ고 병을 칭ᄒᆞ여 드러 잇지 말지어다 광현이 나와 이ᄃᆡ로 젼ᄒᆞ니 능휘 황연 경공ᄒᆞ믈 이긔지 못ᄒᆞ여 몸을 니러 명을 드ᄅᆞᄆᆡ 눈믈이 ᄂᆞᆺ히 가득ᄒᆞ여 심곡의 회픠 무궁ᄒᆞ오ᄃᆡ 임의 말ᄉᆞᆷ을 엄하의 젼ᄒᆞ미 더

31면

옥 황공ᄒᆞ여 글월노 졍회ᄅᆞᆯ 알외오리라 ᄒᆞ고 드ᄃᆡ여 안샹의 ᄭᅮᆯ어 졍회ᄅᆞᆯ 펴려 ᄒᆞ오ᄆᆡ 봉안의 ᄆᆞᆰ은 누쉬 년ᄒᆞ여 ᄯᅥ러지믈 면치 못ᄒᆞ더라 ᄡᅳ기ᄅᆞᆯ 맛ᄎᆞᄆᆡ 아오ᄅᆞᆯ 쥬어 왈 너ᄂᆞᆫ 날을 위ᄒᆞ여 황공ᄒᆞᆫ 졍ᄉᆞᄅᆞᆯ 잘 알외여 우형으로 죄ᄅᆞᆯ 더으게 말나 ᄒᆞ니 광현이 위로ᄒᆞ고 형의 황공 츅쳑ᄒᆞᆫ 거동을 비진이 왈외고 글월을 올닌ᄃᆡ 공이 바다 침음 냥

구의 보니 ᄒᆞ여시ᄃᆡ 블초ᄌᆞ 유현은 돈슈 빅배ᄒᆞ고 죄를 무릅써 황공ᄒᆞᆫ 졍ᄉᆞ를 알외ᄂᆞ이다 블초지 무샹

32면

ᄒᆞ와 엄훈을 져바리오니 죄당만ᄉᆞ무셕이로쇼이다 쇼ᄌᆞ의 어두온 심쟝을 ᄉᆞ뭇ᄎᆞ시니 엄안의 내치신 지 삼 삭의 밋ᄎᆞ오니 블효의 죄는 쥭ᄉᆞ와 족ᄒᆞ오나 어린 졍경이 일시 니측을 질고와 다ᄅᆞ미 업삽더니 이졔 삼 삭의 니ᄅᆞ니 인ᄌᆞ의 황황ᄒᆞᆫ 졍니와 슬픈 회포를 어ᄃᆡ가 비ᄒᆞ오리잇고 이졔 죄과를 뉘웃고 젼일을 ᄉᆡᆼ각ᄒᆞ오니 긔운이 져샹ᄒᆞ와 가히 슉식을 못ᄒᆞ옵는지라 더옥 직ᄉᆞ를 젼폐ᄒᆞ와 군샹의 근심을 일우오니 죄당만ᄉᆞ무셕이로쇼이다 부

33면

형긔 슈죄ᄒᆞ고 안하의 내치온 바는 ᄉᆞ문어타인이라 슉야의 의식 젼률ᄒᆞ오니 엇지 니부 텬관의 거ᄒᆞ오며 홍문관 쳥망의 엇지 블초ᄒᆞᆫ ᄌᆞ식이 외람이 거관ᄒᆞ리잇가 어린 ᄉᆞ졍이 여ᄎᆞᄒᆞ와 병을 강잉치 못ᄒᆞ옵고 늉즁ᄒᆞᆫ 셩은이 미신의게 과ᄒᆞ샤 ᄉᆞ명이 년낙ᄒᆞ오니 블초의 더옥 우구ᄒᆞ오믈 이긔지 못ᄒᆞ옵는 즁 진퇴를 졍치 못ᄒᆞ옵고 죄의 경즁을 오히려 분간치 못ᄒᆞ와 ᄡᅥᄡᅥ로 업ᄃᆡ여 존명을 바라옵더니 금일 훈교를 듯ᄌᆞ오니

34면

블승경공ᄒᆞ오니 즉시 단궐의 됴회ᄒᆞ고 직임의 나ᄋᆞ가미 인신의 도리 당연ᄒᆞ오ᄃᆡ 엄젼의 샤죄ᄒᆞ시믈 엇지 못ᄒᆞ온 젼은 히ᄋᆡ 블효 죄인이라 사름을 엇지 ᄃᆡᄒᆞ며 됴항의 셔리잇고 하졍이 여ᄎᆞᄒᆞ므로 엄훈을 밧드지 못ᄒᆞ옵고 머리를 두두려 만 번 쥭기를 무릅써 황민ᄒᆞ온 ᄉᆞ졍을 알외오나 엄교를 위월ᄒᆞ여 방ᄌᆞ히 번극ᄒᆞᆫ 죄 빅ᄉᆞ유경이로쇼이다 우러러 죄를 기다리옵ᄂᆞ니 복원 대인은 히ᄋᆞ의 블초 무샹ᄒᆞ믈 다ᄉᆞ리샤 끈쳐져 가는 심

35면

쟝을 잇게 ᄒᆞ시면 부위ᄌᆞ은ᄒᆞ시는 셩덕일가 ᄒᆞᄂᆞ이다 ᄒᆞ엿더라 초공이 간필의 그 신긔로온 필젹을 보니 빵룡이 셔린 듯ᄒᆞ고 간졀ᄒᆞᆫ 셩효는 만편 셔ᄉᆞ의 나ᄐᆞ나 ᄒᆞᆫ 쟝 셔

간의 혈읍ᄒᆞ믈 알지라 특이ᄒᆞᆫ 인물이 글 우히 나ᄐᆞᄂᆞ시니 초공의 텬륜 ᄌᆞ익 ᄌᆞ연이 감동ᄒᆞᄂᆞᆫ 뜻이 무궁ᄒᆞ여 립긱의 화용이 그리온지라 반갑고 어엿븐 뜻이 식암 솟듯ᄒᆞᄃᆡ 안식을 강잉ᄒᆞ여 글을 다시금 보며 침음 블열ᄒᆞ니 광현 등이 착급ᄒᆞ믈 이긔지 못ᄒᆞ더

36면

라 ᄎᆞ시 샹이 일일은 됴회의셔 평능후 조유현이 오래 유질ᄒᆞ믈 근심ᄒᆞ시니 초공이 쥬왈 유현이 무슨 사ᄅᆞᆷ이라 삼 월을 나지 아니나 교ᄃᆡ를 내지 아니시ᄂᆞ니잇가 유현이 병도 잇습거니와 원ᄂᆡ 무식 쇼활ᄒᆞ와 국가 즁임을 감당치 못ᄒᆞ올지라 니부 병부를 거두워 식쟈로 ᄒᆞ여금 대신ᄒᆞ실가 ᄒᆞᄂᆞ이다 샹이 웃고 ᄀᆞᆯ오샤ᄃᆡ 션싱이 이 엇진 말이ᄂᆞᆫ고 어의 운ᄒᆞᄃᆡ 벼슬은 덕망을 보고 쓰라 ᄒᆞ여시니 유현은 졔셰 안민지지와 니음양 슌ᄉᆞ시할 지현이라 니부 텬관을 니ᄅᆞ

37면

도 말고 만방을 진슈ᄒᆞ기로 블가타 ᄒᆞ리오 너모 겸양치 말나 태ᄉᆞ 셕공이 츌반 쥬왈 금일 조셩이 군젼의 ᄉᆞ정을 인ᄒᆞ여 혐의로 구익ᄒᆞ고 평싱의 겸숀ᄒᆞ던 뜻으로 도로혀 말숨을 내외 잇게 알외오니 도덕의 대험이로쇼이다 유현의 칭병 블츌ᄒᆞ오미 다른 일이 아니오라 기부의게 득죄ᄒᆞᆫ 연고로 눈의 뵈지 말나 ᄒᆞ미 삼 삭이 지ᄂᆞ도록 지금 대죄 즁으로 벼슬의 나지 아니니 유현의 죄 아니니이다 인ᄒᆞ여 유현이 형쥬셔 경시를 취ᄒᆞᆫ 일과 팔창의 곡졀을 ᄌᆞ시 알

38면

외고 유현을 초공이 내치오ᄆᆡ 셩효지심의 ᄌᆞ연 셩질ᄒᆞ오믈 알외오니 샹이 우으샤 그 위인을 긔특히 너기샤 ᄀᆞᆯ오샤ᄃᆡ 큐이 거샹의 가ᄃᆞᆨᄒᆞ믄 호걸의 고식라 족히 두목지 풍치믈 알 거시오 규쉬 셔로 모드니 유현의 풍치 긔샹의 과연 쇼ᄉᆞ나미로다 엇지 샹부의 죄벌이 태과치 아니ᄒᆞ리오 모ᄅᆞ미 짐의 ᄂᆞᆾ출 보와 유현의 죄를 샤ᄒᆞ고 공ᄉᆞ를 슌ᄒᆞ게 ᄒᆞ라 초공이 지비 샤은 왈 신이 블초ᄌᆞ를 교훈치 못ᄒᆞ옵고 가도를 블엄이 ᄒᆞ온 고로 당돌ᄒᆞ와 알외오미 황공ᄒᆞ

39면

옵거늘 셩은이 여ᄎᆞᄒᆞ오시니 신슈부ᄌᆡ나 믈너가 ᄌᆞ식을 계칙ᄒᆞ와 국졍을 찰임ᄒᆞ게 ᄒᆞ오리이다 샹이 우으시고 슈히 찰직ᄒᆞ믈 ᄌᆡ촉ᄒᆞ시니 초공이 믈너오ᄆᆡ 바로 존당의 드러오니 마조ᄎᆞ 졔 ᄌᆞ질이 다 드러와 동셔의 분좌ᄒᆞ엿더라 조노공이 졔숀의 셩렬ᄒᆞ믈 보시고 흔열ᄒᆞ샤 능후의 긔린 ᄀᆞᆺ튼 긔샹을 ᄉᆡᆼ각ᄒᆞ여 ᄎᆞ일 ᄂᆞᆺ비출 곳치고 즐겨 아니니 진초 이공이 연고ᄅᆞᆯ 뭇ᄌᆞ온ᄃᆡ 노공이 기리 탄왈 유현은 나의 쳔금 교숀으로 셕 달을 보지 못ᄒᆞ니 좌우의 셥셥

40면

ᄒᆞ며 노인의 ᄉᆡᆼ각이 간졀ᄒᆞᆫ지라 너ᄅᆞᆯ ᄒᆞᆫ 번 개유코져 ᄒᆞ나 너의 훈ᄌᆞᄒᆞᄂᆞᆫ 위엄을 스ᄉᆞ로 희짓지 못ᄒᆞ여 ᄎᆞᆺ기ᄅᆞᆯ 기다리ᄃᆡ 셕 달이 되도록 동졍이 업ᄉᆞ니 ᄌᆞ연 심ᄉᆡ 조치 아니ᄒᆞ도다 초공이 ᄂᆞᆺ비출 화히 ᄒᆞ고 피셕 ᄃᆡ왈 쇼ᄌᆡ 블초ᄒᆞ와 고인의 아롱옷 입기ᄅᆞᆯ 효측지 못ᄒᆞ고 도로혀 엄의의 역ᄒᆞ미 여ᄎᆞᄒᆞ오니 블승황공하여 감쳥ᄉᆞ죄로쇼이다 이졔 블너 보시미 무어시 어려오시릿가 ᄒᆞ고 즉시 좌우로 능후ᄅᆞᆯ 부ᄅᆞ라 ᄒᆞ니 노공이 ᄃᆡ열ᄒᆞ고 졔ᄌᆡ 깃브믈 이긔지 못ᄒᆞ여

41면

문현이 밧비 나아가 명을 젼ᄒᆞᆯᄉᆡ 이ᄯᆡ 능휘 존당 문안 ᄯᆡᄅᆞᆯ 당ᄒᆞ여 심회ᄅᆞᆯ 뎡치 못ᄒᆞ더니 홀연 문현이 나와 형의 슬허ᄒᆞ믈 보고 감회ᄒᆞ믈 금치 못ᄒᆞ여 얼골 빗출 곳쳐 부명이 나리샤 드러오라 ᄒᆞ시ᄂᆞᆫ ᄯᅳᆺ을 젼ᄒᆞ니 능휘 반갑고 깃브미 쳥텬의 오ᄅᆞᆫ ᄃᆞᆺ 일 만쟝 굴헝의 ᄲᅡ졋다가 평디의 올흔 ᄃᆞᆺ 민ᄂᆞᆫ 동 마ᄂᆞᆫ 동 병이 본ᄃᆡ 노심초ᄉᆞᄒᆞᄂᆞᆫ 병이러니 은샤ᄅᆞᆯ 드ᄅᆞᄆᆡ 경ᄀᆞᆨ의 ᄉᆞ지 가ᄇᆡ압고 심ᄉᆡ 샹쾌ᄒᆞᆫ지라 직시 니블을 헤치고 의관을 슈렴ᄒᆞ고 존당의 드

42면

러가 감히 당의 오ᄅᆞ지 못ᄒᆞ고 계하의셔 머리 조아 ᄇᆡᆨᄇᆡᆨᄒᆞ여 블효지죄ᄅᆞᆯ 쳥ᄒᆞ고 반가오믈 참지 못ᄒᆞ여 봉안의 누쉬 ᄯᅥ러져 국궁ᄒᆞ여 명을 기다리고 축쳑ᄒᆞᆫ 거동과 조심ᄒᆞᄂᆞᆫ 모양이며 슈삼 월을 보지 못ᄒᆞ엿다가 ᄃᆡᄒᆞᄆᆡ 옥골 영풍이 더옥 긔특ᄒᆞ여 일쳔 양뉘 츈풍의 휘들고 일 만 화신의 츈양이 도라오니 온화ᄒᆞᆫ 거동은 동일이 다ᄉᆞ옴

ᄀᆞᆺ튼지라 의관을 오히려 버셔시니 두렷ᄒᆞ여 히 ᄀᆞᆺ고 냥미의 화긔를 씌여 봉안을 ᄂᆞᆺ초와시니 ᄆᆞᆰ은 영긔 좌우의 ᄡᅩ이

43면

ᄂᆞᆫ지라 오직 그 풍용이 쇼삭ᄒᆞ고 담홍 혈긔 감ᄒᆞ여시니 조흔 긔질과 슈려ᄒᆞᆫ 거동이 ᄇᆡᆨ승ᄒᆞ여 송옥의 고오믈 능만ᄒᆞ고 반악의 ᄆᆞᆰ으믈 더러이 너기ᄂᆞᆫ지라 거지 온즁ᄒᆞ여 도로혀 유약ᄒᆞᆫ 사ᄅᆞᆷ이 되여시니 초공이 조용ᄒᆞᆫ 가온ᄃᆡ 훈ᄌᆞᄒᆞᄂᆞᆫ 위의를 보리러라 태부인과 노공 부뷔 크게 ᄋᆡ련ᄒᆞ여 반가오믈 이긔지 못ᄒᆞ여 밧비 오ᄅᆞ라 ᄒᆞᄃᆡ 능휘 부복ᄒᆞ여 부친의 명을 기다리니 그 황공ᄒᆞ여 ᄒᆞᄂᆞᆫ ᄉᆡᆨ이 더옥 긔특ᄒᆞ여 엄부의 근심을 프러 바리게 ᄒᆞᄂᆞᆫ지라 양뎡렬 등 졔뫼

44면

반가오믈 이긔지 못ᄒᆞ고 초공의 엄숙 단엄ᄒᆞ므로도 심즁의 반가오며 두굿기미 가득ᄒᆞ나 오히려 ᄉᆡᆨ 엄녀ᄒᆞ여 냥구 슉시 왈 존명을 승슌ᄒᆞᄂᆞᆫ 거시 너의 도리라 엇지 괴로이 ᄡᅡ히셔 죄슈의 모양을 ᄒᆞ리오 ᄒᆞ고 좌우로 의ᄃᆡ를 쥬어 당의 오르라 ᄒᆞ니 능휘 비로쇼 ᄇᆡ샤ᄒᆞ고 당의 올나 존당 부모긔 그 ᄉᆞ이 문안을 뭇ᄌᆞ오며 죄상을 일ᄏᆞᄅᆞ ᄲᅡᆼ안의 물결이 어리니 이ᄯᅢ 양부인과 초공의 ᄉᆞ랑과 두굿기미 측냥이 업ᄉᆞᄃᆡ 오히려 안ᄉᆡᆨ을 타연히 ᄒᆞ여 □의 신샹의 둘너시니 능

45면

휘 감히 ᄂᆞᆺ출 드지 못하여 관을 ᄂᆞᆺ초고 몸을 굽혀 황공ᄒᆞ미 여좌침샹이라 어리로온 ᄂᆞᆺ치 풍늉화긔ᄒᆞ여 ᄀᆞᆺ초 긔특ᄒᆞ니 태부인과 노공 부뷔 ᄋᆡ지즁지ᄒᆞ여 숀을 잡고 등을 어ᄅᆞ만져 희블ᄌᆞ승ᄒᆞ여 ᄀᆞᆯ오ᄃᆡ 어인 남ᄉᆞ를 ᄒᆞ여 어려온 부젼의 득죄ᄒᆞ엿던다 능휘 돈슈 배샤ᄒᆞ여 명을 바드니 좌우의 슉모 등이 렬좌ᄒᆞᆫᄃᆡ 능휘 셕 달 ᄃᆡ죄의 부친의 계칙ᄒᆞ시ᄂᆞᆫ 명을 듯고져 ᄒᆞᄂᆞᆫ지라 초공이 그 개과ᄒᆞ미 쾌ᄒᆞ믈 보고 어엿비 너기샤 ᄂᆞᆺ출 정히 ᄒᆞ고 일 쟝을 대칙ᄒᆞ니 능휘

46면

언언ᄉᆞᄉᆞ의 샤죄ᄒᆞ고 온ᄌᆞᄒᆞᆫ 긔운이 온용ᄒᆞ니 조시 등이 우으며 희롱ᄒᆞ미 초공이 함

쇼 왈 져져 등이 훈ᄌᆞ의 엄ᄒᆞ믈 아ᄅᆞ시고 아ᄃᆞᆯ의 긔특ᄒᆞ믈 모ᄅᆞ시ᄂᆞ니이다 쇼뎨 비록 유현을 내치고 보지 아니나 만일 졔 위인이 블초ᄒᆞ고 효셩이 박ᄒᆞ량이면 ᄒᆞᆫ갓 아비를 원망할 거시오 방약ᄒᆞ리니 엇지 우우히 조심ᄒᆞ고 두려 ᄒᆡᆼ실을 ᄃᆞᆨ고 마ᄋᆞᆷ을 곳치리오 그 인효의 츌텬ᄒᆞ며 식견이 너ᄅᆞ미니 져져 등은 오히려 모ᄅᆞ시도다 졔쾌 크게 웃고 노공이 깃거 왈 유현은 ᄃᆡ효의 군ᄌᆡ

47면

라 타뉴의 비길 ᄇᆡ 아니라 조시 등이 쇼왈 아의 ᄌᆞ식 ᄉᆞ랑이 태과ᄒᆞ믈 임의 알ᄃᆡ 일ᄌᆞᆨ 구외의 내여 ᄉᆞ랑ᄒᆞ믈 오ᄂᆞᆯ 날이야 쳐음 듯괘라 이럴 쥴을 알며 죄를 쥬믄 엇지뇨 초공이 함쇼ᄒᆞ더라 ᄎᆞ야의 능휘 ᄌᆞ젼의 드러가 쳥죄ᄒᆞ며 반가온 졍을 이긔지 못ᄒᆞᄂᆞᆫ지라 부인이 ᄯᅩᄒᆞᆫ 숀을 잡고 무궁ᄒᆞᆫ ᄉᆞ랑이 뉴츌ᄒᆞ여 후일을 경계ᄒᆞ니 ᄉᆡᆼ이 ᄌᆞ모의 집슈 무ᄋᆡᄒᆞ믈 당ᄒᆞ여 만념이 프러지나 오히려 야야의 명교를 듯ᄌᆞᆸ지 못ᄒᆞ여 급히 ᄇᆡᆨ화헌의 나아가 뵈시ᄆᆡ 부공이 고요

48면

히 단좌ᄒᆞ고 졔졔 등이 못 밋쳐 왓더라 능휘 국궁ᄒᆞ여 황공 츅쳑ᄒᆞᄂᆞᆫ 거동이 실노 동쵹ᄒᆞᆫ 셩효를 다ᄒᆞ여 더옥 긔묘ᄒᆞ니 초공이 비여셕이오 비여쳘이나 엇지 마ᄋᆞᆷ을 도로혀 동치 아니ᄒᆞ리오 집슈 경계ᄒᆞ여 ᄀᆞᆯ오ᄃᆡ 네 삼 삭을 써나 아비 ᄉᆡᆼ각던 마ᄋᆞᆷ이 깁흐나 부ᄌᆞ의 심ᄉᆡ 엇지 다ᄅᆞ미 이시리오 ᄎᆞ후나 경심 계지ᄒᆞ여 슈신 셥ᄒᆡᆼᄒᆞ고 군ᄌᆞ의 침믁 졍ᄃᆡᄒᆞ기를 힘쓰며 츄호도 허랑 호탕ᄒᆞ믈 일우지 말나 ᄉᆡᆼ이 블승감은 황공ᄒᆞ여 야야의 숀을 밧드러 슬젼의 업대

49면

여 눈믈을 흘여 샤죄 왈 쇼ᄌᆡ ᄎᆞ후ᄂᆞᆫ 대인의 명교를 바다 다시 블효를 면ᄒᆞᆯ가 ᄒᆞᄋᆞᆸᄂᆞ이다 셕 달을 니측ᄒᆞ와 ᄉᆞᄉᆞ의 뉘웃치ᄆᆡ 대인ᄒᆞᆯ 안면이 업ᄉᆞ온지라 이졔 은샤를 입ᄉᆞ오ᄆᆡ 엇지 다시 ᄒᆡᆼ신을 곳치지 아니ᄒᆞ리잇고 ᄎᆞ후ᄂᆞᆫ 경심 계지ᄒᆞ와 봉ᄒᆡᆼᄒᆞ오리이다 초공 왈 네 셩은이 호과ᄒᆞ샤 병들믈 념녀ᄒᆞ시ᄆᆡ 네 아비의셔 더ᄒᆞ신지라 삼가 츙셩을 다ᄒᆞ고 셩은을 만의 ᄒᆞᄂᆞ흘 갑기로 긔약ᄒᆞ라 명일노브터 찰직ᄒᆞ여 삼 삭 미진ᄒᆞᆫ 졍ᄉᆞ를 ᄉᆞᆯ펴 다ᄉᆞ리라 능휘

50면

배샤 슈명이러니 이윽고 졔직 다 드러오니 공이 다 믈너가라 ᄒᆞ고 ᄎᆞ야의 능후만 다리고 잘ᄉᆡ 능휘 부친 침금을 살펴 효셩을 다ᄒᆞ니 마음의 다힝ᄒᆞ고 즐거오믈 형샹치 못ᄒᆞ더라 젼과를 바리고 ᄉᆡ로 도덕을 힝ᄒᆞ니 빅시 슉연ᄒᆞ고 졍졔ᄒᆞ여 부친이 취침 후 겻ᄒᆡ셔 뫼셔 잘ᄉᆡ 마음이 든든ᄒᆞ여 깃브믈 억졔치 못ᄒᆞ니 잠이 오지 아니타가 밤들게야 잠을 드니 초공이 ᄭᆡ여 보니 능후를 겻ᄒᆡ 뉘혀시믈 보ᄆᆡ 깃브미 비홀 곳이 업셔 어ᄅᆞ만져 숀을 잡고 능히 잠을 일오

51면

지 못ᄒᆞ니 부ᄌᆞ 텬륜지졍이 ᄌᆞ연 이러ᄒᆞ더라 릉휘 명됴의 됴회ᄒᆞᆫᄃᆡ 샹이 반기고 두굿기샤 굿ᄐᆡ여 그 일을 아른 톄 아니시더라 릉휘 니부의 젹츅ᄒᆞ엿던 공ᄉᆞ를 다ᄉᆞ리ᄆᆡ 사ᄅᆞᆷ 쓰ᄂᆞᆫ 공이 일호도 ᄉᆞ졍이 업ᄉᆞ며 ᄇᆞᆰ은 눈이 져울이오 부ᄅᆞᄂᆞᆫ 말이 신명ᄒᆞ더라 샹총이 됴야를 들네며 위권이 일셰의 진동ᄒᆞ나 공이 더옥 조심ᄒᆞ더라 능휘 이후ᄂᆞᆫ 더옥 개심 슈덕ᄒᆞ니 젼일 활발 대도ᄒᆞ고 광탕ᄒᆞ던 마음은 다 스러지고 침믁 졍직ᄒᆞ고 단엄ᄒᆞ여 대인군ᄌᆞ지도

52면

로 그 부슉의 침믁 단직ᄒᆞ믈 ᄯᆞᄅᆞ니 젼후 두 사ᄅᆞᆷ이 되여 녀ᄉᆡᆨ을 먼니ᄒᆞ며 호활을 블관ᄒᆞ고 국ᄉᆞ 여가의 부슉을 뫼셔시니 시인이 의괴ᄒᆞ고 가즁이 대열ᄒᆞ더라 일일은 태부인이 팔창을 브ᄅᆞ고 젼일 능후의 쇼ᄋᆡ ᄌᆞ현과 치란과 이번 팔창을 ᄒᆞᆫ ᄃᆡ 모화 풍용을 보니 가쟝 긔특ᄒᆞ여 졍실을 공경ᄒᆞ고 극진이 슌젼ᄒᆞᆫ지라 ᄉᆞ랑ᄒᆞ여 각각 방쇼를 졍ᄒᆞ여 각각 시녀 눅 인식 쥬고 슈단 릉라 금은을 후히 샹ᄒᆞ시니 각각 믈너갈ᄉᆡ 시의 졍부인 등이 존당의 뫼

53면

셔 십 인 미녀를 보니 가쟝 ᄲᅢ여ᄂᆞᆫ 인믈이오 현슉ᄒᆞᆫ 녀ᄌᆞ러라 즁인이 탄복ᄒᆞ고 존당과 양부인이 아름다이 너기미 비홀 ᄃᆡ 업더라 팔챵이 이의 오믈 아나 일월이 오릴ᄉᆞ록 효힝을 갈진ᄒᆞ며 슈신을 부즈런이 ᄒᆞ고 규방의 ᄌᆞ최 희쇼ᄒᆞ니 더옥 팔창을 도라보리오 초공이 도로혀 경계 왈 군ᄌᆞ의 도리 ᄉᆡᆨᄉᆡᆨᄒᆞ고 화평ᄒᆞ미 읏듬이어ᄂᆞᆯ 부화쳐슌

의 가내 화평ᄒᆞ고 태ᄉᆞ지덕을 두리니 엇지 ᄌᆞ최 ᄆᆡ몰ᄒᆞ여 녀ᄌᆞ로 남이 되리오 능휘 배샤 왈 쇼직 남활 호식

54면

ᄒᆞ기로 부모긔 득죄ᄒᆞ온지라 마음이 다시 녀관의 ᄯᅳᆺ이 업ᄉᆞᆸᄂᆞ이다 초공이 아름다이 너기나 그대도록 말 쥴을 니ᄅᆞ더라 ᄎᆞ후로 능휘 여러 쳐쳡을 거ᄂᆞ리ᄆᆡ 버들이 휘듯ᄂᆞᆫ 듯 엄정 고요ᄒᆞ니 정부인이 단즁ᄒᆞ여 규문이 고요ᄒᆞ여 적쳡지분의 분명ᄒᆞ고 섯다온 셩덕이 관져지풍을 ᄯᆞᆯ오니 가즁이 슉연ᄒᆞ고 내외 쥰화 츈풍의 무ᄅᆞ녹아 일개 숑덕ᄒᆞ더라 셰월이 흐ᄅᆞᄂᆞᆫ 물 ᄀᆞᆺᄐᆞ여 ᄎᆞ년 초동은 진초 이공의 탄일이라 평능휘 태ᄉᆞ로 더브러 의논ᄒᆞ여 ᄀᆞᆯ오

55면

ᄃᆡ 우리 립신양명의 영현부모를 무어술 니ᄅᆞ미뇨 ᄒᆞᆫ 번 연셕을 크게 여러 헌슈ᄒᆞᄂᆞᆫ 정셩을 펴고져 ᄒᆞᄂᆞ니 아등이 남정 북벌노 골몰 무가ᄒᆞ여 ᄒᆞᆫ 번도 영효치 못ᄒᆞᆫ 원을 플고져 ᄒᆞ노라 ᄒᆞ고 졔직 의논ᄒᆞ여 대연을 베플ᄉᆡ 운무 쟝니 반공의 림ᄒᆞ고 슈막 포진이 일식의 조요ᄒᆞᆫᄃᆡ 내외 빈ᄀᆡᆨ이 그 슈를 혜지 못홀네라 텬직 드ᄅᆞ시고 샹부의 슈셕이라 ᄒᆞ샤 연셕 긔구를 도으시고 어젼 풍악과 교방 풍믈노 영광을 빗내시며 오음륙률의 은던을 드리와 쥬

56면

시ᄂᆞᆫ 거시 여류ᄒᆞ고 각 도의셔 쇼산지물을 도으며 구름 챠일은 반공의 쇼ᄉᆞ며 편편ᄒᆞᆫ 무슈와 청화ᄒᆞᆫ 금곡이 사름의 흥을 돕ᄂᆞᆫ지라 만됴 긔경 렬후와 공경 종친들이 다 츰녜ᄒᆞ니 쳔고 장관이라 내외 너른 당의 부계를 크게 배셜ᄒᆞ나 당이 메엿더라 좌ᄎᆞ를 일울ᄉᆡ 조노공이 쥬좌하시고 젹셔 아오라 여셧 ᄉᆞ회와 냥지 금포 옥ᄃᆡ로 좌우의 뫼시ᄆᆡ 졔숀이 ᄎᆞ례로 뫼셔시니 금옥 관면이 휘황ᄒᆞ고 픽옥이 징징ᄒᆞ더라 날이 반오의 슌비 ᄌᆞ즈며 풍악을 쥬ᄒᆞ여 쇼

57면

년 명뉘 다 취긔를 ᄯᅴ엿시ᄃᆡ 오직 태ᄉᆞ 긔현과 능후 유현과 어ᄉᆞ 영현과 샤인 광현

한림 문현이 일 빅를 블음ᄒᆞ고 술이 니른즉 쥬슌의 졉ᄒᆞ고 희롱이 니ᄅᆞ면 미쇼 단좌ᄒᆞ고 말솜을 부언으로 아니ᄒᆞ나 부형 면젼의 경근ᄒᆞᄂᆞᆫ 례모를 잡고 은은ᄒᆞᆫ 화긔 츈풍의 ᄭᅩᆺ 피기를 흔들고 즁텬의 양긔 다ᄉᆞᄒᆞ니 ᄒᆞ믈며 조태ᄉᆞ의 유화지풍이 진즛 현명 군ᄌᆞ오 현명 직샹이라 텬일지표와 룡봉지질이 츌어외모ᄒᆞ니 쳔승을 긔필ᄒᆞᆯ 광치라 광현

58면

의 단엄과 쳔고 셩현이오 옥면지풍이 만좌를 동ᄒᆞ거ᄂᆞᆯ 평능빅 운현의 호샹지격과 늠늠ᄒᆞᆫ 풍신이 호걸의 군ᄌᆞ오 쳔고 영웅의 문현의 긔샹이 유화ᄒᆞ나 심지가 부를 보지 못ᄒᆞᆯ지라 졔좌 즁 긔린이 나리고 오쟉의 봉되 셧겻시니 만좌 빈긱이 눈을 ᄲᅩ아 탈광ᄒᆞ더라 진초 이공이 노공긔 헌슈ᄒᆞᆯ식 차ᄎᆞ 헌쟉ᄒᆞ고 츅슈가를 부ᄅᆞ니 양양ᄒᆞᆫ 풍뉴 풍광이 ᄒᆞᆫ골ᄀᆞᆺᄐᆞ니 조노공이 흔연 대락ᄒᆞ여 숀ᄋᆞ로 대무ᄒᆞ라 ᄒᆞᆫᄃᆡ 졔죄 노릐ᄌᆞ의 오술 희롱ᄒᆞ고

59면

반의를 입어 열친을 흠모ᄒᆞ니 엇지 거역ᄒᆞ리 이시리오 능휘 흔연이 틱ᄉᆞ로 ᄃᆡ무ᄒᆞ믈 쳥ᄒᆞ니 진왕이 웃고 능빅을 명ᄒᆞ여 태ᄉᆞ와 샤인을 명ᄒᆞ시니 샤인의 긔샹이 디샹션이라 옥골영풍의 편편 금슈 츈풍의 흣날려 흐ᄅᆞᄂᆞᆫ 빅셜의 도홰 셧겻시며 봉목이 가ᄂᆞ려 룡마의 치식이 녕농ᄒᆞ여 진퇴 유희ᄒᆞ여 늠늠ᄒᆞᆫ 긔골이 우마 즁 긔린이라 허리의 금옥ᄃᆡ를 두ᄅᆞ고 엇개의 홍포를 가ᄒᆞ여 빅 년 긔 밋히 직샹의 관면을 븟쳐시니 긔특ᄒᆞᆫ 무쉬 일ᄃᆡ 무젹

60면

이라 더옥 능후 능빅의 신긔로온 노름은 귀신이 돕ᄂᆞᆫ ᄃᆞᆺ 유희ᄒᆞ니 만좌 졔긱이 바라보고 완경을 삼으며 노공과 진초 이공이 두굿기믈 이긔지 못ᄒᆞ고 빅샤 퇴좌의 졔직 ᄎᆞ례로 좌ᄒᆞ니 평싱 공부ᄒᆞ니도곤 나으미 잇더라 만좌 졔인이 놉흔 복을 하례ᄒᆞ니 능후의 발월ᄒᆞᆫ 긔샹이 변ᄒᆞ여 침졍 단즁ᄒᆞᆫ 군직 되엿ᄂᆞᆫ지라 젼일 아던 쟈ᄂᆞᆫ 식로이 신긔히 너기더라 평진휘 웃고 희롱ᄒᆞ여 무러 ᄀᆞᆯ오ᄃᆡ 젼일은 호식ᄒᆞ기로 부젼의 내치여 슈삭을 노심 치질ᄒᆞ엿다 ᄒᆞ

61면

더니 그 곡졀을 듯고져 ᄒᆞ노라 능휘 안식을 졍히 ᄒᆞ고 ᄃᆡ왈 쇼질이 블초 무샹ᄒᆞ믄 블가ᄉᆞ문어타인이어니와 년슉이 엇지 드ᄅᆞ시리잇고 블승황공ᄒᆞ니이다 평진휘 우쇼 왈 내 년질을 위ᄒᆞ여 한 말을 ᄒᆞ리라 년질이 년쇼 호치로 일시 남식 이시나 그 무ᄉᆞᆷ ᄃᆡ관이라 초공 형이 그ᄃᆡ도록 ᄒᆞ니 과치 아니랴 엇지 너의 등이 잠잠ᄒᆞ엿ᄂᆞ뇨 치원 형은 십 셰의 잉혈을 벳고 창녀 열을 샹교ᄒᆞ여 존대인긔 슈쟝ᄒᆞ고 부인을 여ᄎᆞ여ᄎᆞ 어더와 ᄐᆡ쟝 ᄉᆞ십을 감

62면

슈ᄒᆞ여시니 엇지 ᄌᆞ질을 ᄎᆡᆨᄒᆞ리오 졔인이 박쇼ᄒᆞ고 좌위 농낙ᄒᆞᄆᆡ 능휘 졍금 단좌ᄒᆞ여 믁믁ᄒᆞᄆᆡ 싁싁ᄒᆞᆫ 거동이 일좌를 동ᄒᆞ더라 초공이 미쇼 왈 쇼공이 ᄌᆞ긔 힝ᄉᆞ를 ᄲᅵ닷지 못ᄒᆞ고 남의 말을 비쇼ᄒᆞ니 엇지 가쇼롭지 아니ᄒᆞ리오 형의 팔십 쟝 맛던 일은 후ᄉᆡᆼ들이 젼혀 모ᄅᆞᄂᆞ니 쇼뎨 잠간 일너 부슉의 일을 알게 ᄒᆞ리라 드ᄃᆡ여 쥬부인을 도라보와 규내의 쟉란ᄒᆞ고 혼인을 일우며 윤부인긔 ᄲᅡᆷ을 마즈며 노공긔 팔십 쟝을 맛던 일을 본 ᄉᆞ

63면

로 젼ᄒᆞ니 말ᄉᆞᆷ 드믈지언졍 쇼진 ᄌᆞ공의 구변을 일울지라 그 형을 희롱ᄒᆞ믈 ᄆᆡ이 너겨 일 쟝을 셜파ᄒᆞ니 만좨 일시의 박쇼ᄒᆞ고 평진후 ᄌᆞ질이 다 이곳의 모닷ᄂᆞᆫ지라 부형의 일을 감히 웃지 못ᄒᆞ니 각각 참지 못ᄒᆞ여 ᄂᆞᆺ출 두로혀 겨유 참으니 쇼안이 희희ᄒᆞᆫ지라 평능후 유현과 평능ᄇᆡᆨ 운현이 우셔 ᄀᆞᆯ오ᄃᆡ 쇼형이 년슉의 슈쟝ᄒᆞ던 말을 우ᄉᆞᄆᆡ 살긔 우음이 면관을 둘너시니 부형의 ᄋᆡᆨ경을 드ᄅᆞᄆᆡ 놀나 역싁ᄒᆞ믄 올커니와 즐기ᄂᆞᆫ ᄯᅳᆺ은 도로혀

64면

모ᄅᆞ리로다 이ᄯᅢ 경슈ᄂᆞᆫ 평진후 필ᄌᆞ오 쇼슌의 양ᄌᆡ니 오 셰로브터 초공긔 슈혹ᄒᆞ여 평ᄉᆡᆼ 셩품이 옥골이라 풍치 늠늠ᄒᆞ여 양뉴의 고은 거ᄉᆞᆯ 우ᄉᆞ며 니두의 호풍을 나모ᄅᆞ니 문질이 빈빈ᄒᆞ여 공문의 도를 닥고 ᄉᆞ류의 ᄇᆡᆨ힝과 졍츙 대졀이 텬고의 무ᄡᅡᆼᄒᆞ니 초공이 ᄉᆞ랑ᄒᆞ기를 ᄌᆞ식ᄀᆞᆺ치 ᄒᆞ더니 금일 ᄉᆞ부와 부친이 셔로 희롱ᄒᆞ시믈 드ᄅᆞ니

긔운을 ᄂᆞ초고 공슈 시좌ᄒᆞᆯ ᄯᆞ름이오 졔인의 박쇼ᄒᆞᆯ ᄯᅢ의도 웃는 빗치 업더니 능빅의 거동을 보고 봉

65면

안을 흘녀 ᄀᆞᆯ오ᄃᆡ 냥대인이 셕ᄉᆞ롤 니ᄅᆞ샤 희언이 아등의 드롤 ᄲᅮᆫ이어늘 엇지 아등을 비우ᄒᆞ여 긔쇼롤 방ᄌᆞ히 ᄒᆞ리오 졔죄 일시의 ᄉᆞ지ᄌᆞᄃᆡ 경슈의 조용ᄒᆞᆫ 말ᄉᆞᆷ의 밋지 못ᄒᆞ리라 초공이 집슈 탄왈 쇼가 쳔리귀라 쇼형의 호방ᄒᆞ기로 이 ᄀᆞᆺ툰 영ᄌᆞ롤 두니 존슈의 긔이ᄒᆞ시믈 인ᄒᆞ미라 장 팔십을 맛고 쥬부인을 취ᄒᆞᆫ 공이 잇도다 졔쇄 대쇼ᄒᆞ고 노공이 쇼왈 너의 희롱을 드ᄅᆞ니 역시 귀ᄉᆡ로다 초공이 빅샤ᄒᆞ고 평진휘 역쇼ᄒᆞ더라 이ᄀᆞᆺ치 희쇼 달난의 낙

66면

극 진취로 일모ᄒᆞᄆᆡ 노공이 ᄌᆞ숀을 거ᄂᆞ려 내당의 드시니 태부인긔 헌슈ᄒᆞᆯᄉᆡ 긱좌는 장내로 들고 ᄌᆞ부 친쳑은 뫼셔시니 노공이 옥빈롤 밧드러 헌ᄒᆞ고 ᄎᆞ례로 잔을 헌ᄒᆞ여 관옥지풍이며 젹션지풍이라 태부인이 두굿기미 비ᄒᆞᆯ ᄃᆡ 업더라 조노공이 슐이 취ᄒᆞ고 홍이 돕흐ᄆᆡ 진초 이공으로 ᄒᆞ여금 대무ᄒᆞ라 ᄒᆞ니 냥공이 열친지셩이 무궁ᄒᆞ니 엇지 츄샤ᄒᆞ리오 흔연이 명을 밧ᄌᆞ와 존당 부모긔 졀ᄒᆞ고 망룡포롤 붓치며 빅옥 ᄉᆞᄃᆡ롤 두ᄅᆞ고 금관을 숙여 편

67면

편ᄒᆞᆫ 광슈로 늠연ᄒᆞᆫ 풍광이 일월의 징영ᄒᆞ여 명광을 토ᄒᆞ고 츄텬의 계싊 승승ᄒᆞ여 풍치 방블ᄒᆞ니 ᄆᆞᆰ은 안광은 가올 물의 빗겨시며 텬디 건곤의 졍화롤 거두워 덕량이 빈빈ᄒᆞ니 군ᄌᆞ 대되라 영웅의 풍치롤 알지라 ᄉᆞᄆᆡ롤 ᄯᅥᆯ쳐 우쥬롤 광보ᄒᆞ고 건곤을 넛는 직죄 이시니 그 무슈의 능ᄒᆞ믈 알니러라 셔로 희롱ᄒᆞ는 거동이 쳔고의 일인이오 당셰의 독뵈러라 초공의 셩현지풍과 진왕의 광활지풍이 난형난데라 용홰 셔로 방블ᄒᆞ니 피

68면

ᄎᆞ의 긔이ᄒᆞ미 측냥키 어렵더라 ᄎᆞ시의 냥공의 가득ᄒᆞᆫ ᄌᆞ숀이 좌우로 갈나셔셔 부숙

의 신긔로온 무슈를 구경ᄒᆞ고 희긔 가득ᄒᆞ여 우희염즉ᄒᆞ니 ᄯᅩᄒᆞᆫ 쳔고의 쟝관이라 태부인과 조노공이 입이 버러져 깃브미 넘지고 무궁ᄒᆞ니 일가친쳑이 졔셩 갈취ᄒᆞ더라 정슉렬 양뎡렬과 조시 등이 다 각각 헌쟉을 맛치ᄆᆡ 모든 ᄌᆞ뷔 뒤흘 니으니 졍연최 삼비와 양왕윤 삼 부인의 염광이 쇼년 풍ᄎᆡ이 의구ᄒᆞ여 유한ᄒᆞᆫ 덕셩과 가업ᄉᆞᆫ 명광이 만좌를 묘시ᄒᆞ거ᄂᆞᆯ

69면

쇼졍남니경 등이 일셰의 초츌ᄒᆞ니 존당 구고의 ᄉᆞ랑ᄒᆞ며 두굿기미 비길 ᄃᆡ 업더라 조노공이 다시 외당의 나와 냥ᄌᆞ의 츔이 쳔고의 묘ᄒᆞ믈 일ᄏᆞᄅᆞ 크게 우으니 평진후 졍승샹 등이 웃고 왈 치원은 본ᄃᆡ 풍뉴랑이라 가곡 무쉬 능ᄒᆞ미 고이치 아니커니와 ᄉᆞ원은 그런 ᄃᆡ 싱쇼홀가 ᄒᆞ노라 엇지 이곳의셔 시기샤 쇼질비로 구경케 아니시ᄂᆞ니 잇가 조노공이 쇼왈 군등을 뵈ᄌᆞ ᄒᆞ면 노뫼 못 보실지라 내뎐의 드러가 시기믄 열친을 위ᄒᆞ미라 냥공이 ᄋᆡ달나 ᄒᆞ더라

70면

어악과 일등 명기를 드려 졔쾌 가무를 시겨 낙극 달난ᄒᆞ니 쇼년이 다 졔창의 옥모 화태를 보고 희쇠 냥ᄌᆞᄒᆞᄃᆡ 졔조ᄂᆞᆫ 가졍이 슉엄홀 ᄲᅮᆫ 아니라 텬셩지효와 슈신 셥힝이 타류의 빅승ᄒᆞᆫ 고로 오직 부형을 위ᄒᆞ여 화한 ᄂᆞᆺ과 열ᄒᆞᆫ 빗ᄎᆞ로 위쥬ᄒᆞ니 봉안이 ᄉᆡ슬ᄒᆞ고 긔운이 안셔ᄒᆞ여 ᄉᆞᄉᆡᆨ을 보지 아니니 졍슉ᄒᆞᆫ 거동이 실노 군ᄌᆞ 유풍이라 만좌 ᄌᆞ질의 무례홈과 ᄌᆞ긔 등의 거동이 무엄ᄒᆞ믈 ᄭᆡᄃᆞ라 심녀의 탄복ᄒᆞ고 능후의 졔빈를 향ᄒᆞ여 ᄉᆡᆨᄉᆡᆨᄒᆞᆫ 거동과

71면

샹활ᄒᆞᆫ 말ᄉᆞᆷ이 부젼을 당ᄒᆞ여셔ᄂᆞᆫ 나즉ᄒᆞ며 온화ᄒᆞ고 부ᄃᆞᄅᆞ워 유현이 약ᄒᆞᆫ 녀ᄌᆞ ᄀᆞᆺᄐᆞ믈 졔인이 다 고이히 너기고 평진후ᄂᆞᆫ 그 친젼의 이 ᄀᆞᆺᄐᆞ믈 본ᄃᆡ 아ᄂᆞᆫ지라 ᄉᆡ로이 ᄋᆡ경ᄒᆞ더니 됴추밀이 참지 못ᄒᆞ여 쇼왈 문계 팔창을 일시의 친이ᄒᆞ던 풍뉴 긔샹이 엇지 오ᄂᆞᆯ 미녀의 교염ᄒᆞ믈 무심이 보ᄂᆞ뇨 능휘 미쇼 왈 너의 ᄀᆞᆺᄐᆞᆫ 밋친 ᄆᆞ릴ᄉᆡ 존젼을 혜지 아냐 희롱을 방ᄌᆞ히 ᄒᆞ거니와 ᄋᆞ등은 ᄉᆞ실의셔난 팔창은 아냐 십창이라도 ᄉᆞ양 아니려니와 부형의 면젼

72면

의셔ᄂᆞᆫ 녀관을 유희ᄒᆞ여 너의ᄀᆞᆺ치 호탕ᄒᆞ리오 정샹셰 쇼왈 졔 대군ᄌᆡ 본ᄃᆡ 부박ᄒᆞᆫ 일은 못ᄒᆞᄃᆡ 욕심의 찬 쳐쳡은 긔부형ᄒᆞ여 어더오기ᄅᆞᆯ 잘ᄒᆞᆫ다 니ᄅᆞᄂᆞ니라 즁인이 ᄃᆡ쇼ᄒᆞ고 츄밀이 쇼왈 나ᄂᆞᆫ 금시쵸문이라 정형은 ᄌᆞ시 닐너 알게 ᄒᆞ라 정샹셰 능후의 셕ᄉᆞᄅᆞᆯ 일작 셜파ᄒᆞ니 능휘 완이히 함쇼 왈 정형이 날을 웃고져 ᄒᆞᄆᆡ ᄌᆞ긔 쇼힝이 나ᄐᆞ나ᄂᆞᆫ도다 야반의 분쥬ᄒᆞ여 남의 ᄉᆞ실을 엿보ᄆᆡ 비박ᄒᆞᆫ 힝실이 붓그러온 쥴은 모ᄅᆞ고 나의 변슈 맛보믈 지금

73면

의 다힝ᄒᆞ여 ᄌᆞ랑ᄒᆞ니 너희 힝ᄉᆡ 인도의 참예ᄒᆞ미 대군ᄌᆞ의 변슈ᄅᆞᆯ 맛본 덕이니라 됴정 이인이 일시의 ᄭᆡ즛고 셔로 친ᄋᆡᄒᆞ미 동긔 ᄀᆞᆺ더라 종일 진환ᄒᆞᄆᆡ 셕양이 몰셔ᄒᆞ고 호월이 토광ᄒᆞ니 졔ᄀᆡᆨ이 취긔ᄅᆞᆯ 씌여 각산ᄒᆞ고 촉을 니어 부슉을 뫼셔 존당의 드러가 여흥을 니으니 초공이 졔 질ᄌᆞᄅᆞᆯ 경계ᄒᆞ여 ᄀᆞᆯ오ᄃᆡ 우리 여등의 정셩을 막지 못ᄒᆞ여 우흐로 열친을 위ᄒᆞ여 오ᄂᆞᆯ 슈연을 바드나 오개 셩만ᄒᆞ미 외람치 아니며 두렵지 아니리오 너희 내 ᄯᅳᆺ을 밧지 아

74면

냐 ᄒᆞᆫ 번 부려ᄒᆞ기ᄅᆞᆯ 쥬ᄒᆞ여 연셕을 개쟝ᄒᆞ미 실노 나의 ᄯᅳᆺ이 아니라 내 즁빈을 ᄃᆡᄒᆞ여 냥친의 즐기ᄂᆞᆫ ᄲᅵ라 블호ᄒᆞᆫ 비츌 아니 내나 엇지 마음의 편ᄒᆞ리오 졔 ᄌᆞ질이 ᄇᆡ샤왈 비록 비의지ᄉᆞ와 븐 밧긔 ᄉᆞ치ᄂᆞᆫ 금ᄒᆞ시미 당연ᄒᆞ시나 쇼ᄌᆞ 등이 다 ᄌᆡ명의 버려ᄒᆞᆫ 번 부형의 슈셕을 열ᄆᆡ 무ᄉᆞᆫ 외람ᄒᆞ고 블가ᄒᆞ리잇고 두 대인이 과도히 금ᄒᆞ시므로 인ᄒᆞ여 오히려 정셩을 다 펴지 못ᄒᆞ니이다 조시 등이 탄왈 현뎨 등의 겸숀ᄒᆞ믄 ᄉᆞᄅᆞᆷ의 밋출 ᄇᆡ 아니라 졔질은 어질믈 본바다

75면

복녹을 니으라 졔 ᄌᆞ질이 다 일시의 ᄌᆡᄇᆡᄒᆞ고 명을 밧더라 연셕을 다 지내므로 진초 이공의 셩ᄒᆞᆫ 복이 곽영공을 우을지라 우흐로 샹총이 만됴의 쇼ᄉᆞᄂᆞ고 거졀이 일셰의 독보ᄒᆞ여 덕망이 산두의 돕흐미 이시니 일셰인이 다 방ᄌᆞᄒᆞ믈 잡지 못ᄒᆞ고 공경ᄒᆞ고 두려 츄복ᄒᆞ니 이 다 진초 이공의 근신ᄒᆞᆫ 연괴라 ᄎᆞ시 양병뷔 십뉵 청츈의 홀노 쳐ᄒᆞ

여 조시를 어든 후 창녀로 시름을 플고 동셔 구친을 밀막아 오직 됴시를 어든 후 다른 녀즈를 다 취ᄒᆞ려 졍심이 렬

76면

녀도곤 더으니 양공 부뷔 ᄯᅩᄒᆞᆫ 조시의 긔특ᄒᆞᆷ을 본 ᄃᆞ시 알므로 다른 ᄃᆡ를 거졀ᄒᆞ고 초공을 보치여 왈 닌광이 나히 져무나 쟉위 청고ᄒᆞ여 내죄 업ᄉᆞ니 우리 부뷔 나히 만코 ᄉᆞ졍이 급ᄒᆞᆫ지라 진왕이 고집을 어내 날 두로혀 ᄋᆞᄌᆞ로 ᄲᅡᆼ류ᄒᆞᆷ을 보리오 현셔ᄂᆞᆫ 슈히 쥬션ᄒᆞ라 초공이 웃고 ᄃᆡ왈 가형의 ᄯᅳᆺ이 거의 도라져시니 닌광이 아니오 뉘 가형의 동샹이 되리오 악쟝은 과려치 마ᄅᆞ쇼셔 양공 왈 그러나 령형의 고집이 타인과 다ᄅᆞ고 돈ᄋᆞ의 허믈이 녕형의 외오너기미 되

77면

여시니 비록 타문을 ᄉᆡᆼ각지 아니나 친ᄉᆞᄂᆞᆫ 일우기 쉽지 아닐가 ᄒᆞ노라 녕질이 도요의 시름을 플 ᄶᅥᆨ 아니라 양가 ᄉᆞ세 타인과 달나 독ᄌᆞ의 봉사와 빈긱의 슈응을 노인이 능히 당치 못홀지라 ᄒᆞᆷ을며 실가를 졍치 못ᄒᆞ니 방일ᄒᆞᆫ 긔운이 더ᄒᆞ여 창믈을 모흐니 엇지 민울ᄒᆞᆫ 념네 업ᄉᆞ리오 초공이 ᄉᆞ졍을 감동ᄒᆞ여 츄연 ᄃᆡ왈 니ᄅᆞ지 아니시나 쇼ᄉᆡᆼ이 엇지 모ᄅᆞ리잇고 질녜 금년이 십삼이니 져의 년긔 밧부지 아니ᄒᆞ옵거니와 닌광의 졍셰ᄂᆞᆫ 급ᄒᆞ오믈 쇼ᄉᆡᆼ이

78면

임의 아오니 맛당이 도라가 가형으로 샹량ᄒᆞ여 슈히 셩례ᄒᆞ샤이다 양공이 졈두 왈 만일 녕형의 ᄯᅳᆺ을 슈이 두로혀면 실노 나의 다ᄒᆡᆼ이라 현셔의 쥬션을 바라노라 우리 젹막ᄒᆞ여 며ᄂᆞ리 엇기 급ᄒᆞ고 밧부도다 초공이 도라와 진왕을 개유ᄒᆞ여 혼ᄉᆞ를 일우려 ᄒᆞ더라 ᄎᆞ시 조쇼져 월염의 ᄭᅩᆺ다온 나히 바야흐로 십삼이라 옥보 화태 빙졍요라 ᄒᆞ니 하월이 동녕의 오름 ᄀᆞᆺᄒᆞ며 옥결 쳥ᄒᆡᆼ이 빅희의 블하당ᄒᆞᄂᆞᆫ 고집을 효측ᄒᆞ거ᄂᆞᆯ 천만 의외의 광ᄉᆡᆼ의

79면

변란을 만ᄂᆞ므로 일ᄉᆡᆼ 신루를 삼아 더옥 쟝신 슈ᄒᆡᆼᄒᆞ기를 일솜으니 발이 지게 밧글

나지 아니ᄒᆞ고 존당 셩졍지시도 ᄌᆞ조 나지 아냐 모다 믈너가고 태부인이 고요이 겨시믈 타 드러가니 비록 이ᄀᆞᆺ치 고집ᄒᆞ며 단믁ᄒᆞ나 오히려 친쳑 닌리로 조ᄎᆞ ᄌᆞ연 이 ᄉᆞᆺ다온 셩예 일시의 들이고 향을 곰초나 ᄂᆡᆷᄉᆡ를 감초지 못ᄒᆞ니 쟝안 구름 ᄀᆞᆺ튼 공후 귀가의 유남쟈ᄂᆞᆫ 져마다 평진왕의 녀ᄋᆞ오 정숙렬의 쇼ᄉᆡᆼ이라 부귀를 흠모ᄒᆞ여 닷토와 결승의 호연을 구

80면
ᄒᆞ니 진왕이 비록 닌광을 통히ᄒᆞ나 형셰 타문을 ᄉᆡᆼ각지 못ᄒᆞ올지라 동셔의 친의ᄒᆞᄂᆞᆫ 곳마다 거절ᄒᆞ여 졍친ᄒᆞᆫ ᄃᆡ 이시믈 회답ᄒᆞ여 보내니 초공이 간절이 권ᄒᆞ여 ᄀᆞᆯ오ᄃᆡ 임의 다른 곳의 혼인을 거절ᄒᆞ시고 ᄯᅩ 닌광을 슈이 맛지 아니ᄒᆞ시니 질녀로 ᄒᆞ여금 심규의 늙히려 ᄒᆞ시ᄂᆞ니잇가 ᄒᆞᆫ믈며 질ᄋᆡ 닌광의 눈의 혹ᄒᆞ인 ᄇᆡ 되여 지금 취쳐를 아니ᄒᆞ고 그 얼골을 그려 됴셕의 샹ᄉᆞᄒᆞ니 일이 심히 측ᄒᆞ고 풍교의 ᄒᆡ로온지라 ᄉᆞ셰 쇽히 셩혼을 ᄒᆞ여야

81면
올커늘 이ᄀᆞᆺ치 지지ᄒᆞ시니 형쟝의 ᄯᅳᆺ 두시믈 쇼데 실노 아지 못ᄒᆞ도쇼이다 진왕이 가연이 웃고 ᄯᅩᄒᆞᆫ 탄식ᄒᆞ여 ᄀᆞᆯ오대 내 임의 ᄯᅳᆺ을 결ᄒᆞ여시니 지속간 셩친은 ᄒᆞ려니와 오직 한ᄒᆞᄂᆞᆫ 바ᄂᆞᆫ 내 쳔금 ᄀᆞᆺ튼 ᄯᆞᆯ을 가져 양셰의 며나리 삼으믈 실노 한ᄒᆞ고 블원이라 엇지 그 아비된 쟈의 마음이 편ᄒᆞ리오 그 쇼ᄉᆡᆼ지질을 헤아리면 ᄆᆡ양 이 마음의 ᄎᆞᄂᆞᆫ지라 슈히 결단ᄒᆞ여 혼인을 일울 의ᄉᆡ ᄉᆞ라지고 닌광의 넘ᄂᆞᆫ 의ᄉᆞ를 썩거 녀ᄋᆞ의 나히 칙 ᄌᆞ라기를 기다

82면
리미여늘 현뎨 다만 양태ᄉᆞ의 ᄌᆡ촉홈만 인ᄒᆞ여 날을 이ᄀᆞᆺ치 뵈치ᄂᆞᆫ가 시브도다 초공이 쇼이 ᄃᆡ왈 양공도 ᄌᆡ촉ᄒᆞ거니와 ᄉᆞ셰 슈히 혼인을 일우ᄂᆞᆫ 거시 편당ᄒᆞ고 닌광의 다시 고이ᄒᆞᆫ 거죄 이실가 ᄒᆞ옵ᄂᆞ이다 진왕이 초공의 말을 듯고 잠간 웃고 말을 아니ᄒᆞ더라 양ᄉᆡᆼ이 조시를 ᄉᆞ모ᄒᆞᄂᆞᆫ 졍이 날노 깁고 시로 더ᄒᆞ나 평진왕의 ᄯᅳᆺ이 견확ᄒᆞ여 조흔 쇼식을 듯지 못ᄒᆞᄂᆞᆫ 고로 초공이 가마니 왕을 개유홀지언졍 양ᄉᆡᆼ 듯ᄂᆞᆫ ᄃᆡᄂᆞᆫ 혼인 말을 일ᄏ

83면

ᄅᆞ미 업ᄉᆞ니 양ᄉᆡᆼ이 심히 착급ᄒᆞ여 죽기를 가올ᄒᆞ고 다시 션월의 드러가고져 ᄒᆞ나 월염 쇼제 한 번 변을 본 후로브터 모친을 뫼셔 협실의 쳐ᄒᆞ고 일즉 ᄉᆞᄉᆞ 쳐쇼의 도라올 적이 업ᄉᆞ니 어ᄂᆡ 길노 다시 쟉난ᄒᆞ리오 화용이 이목의 보ᄂᆞᆫ ᄃᆞᆺ 쥬야의 ᄆᆡᆺ쳐시니 참지 못ᄒᆞ여 ᄒᆞᆫ 셔간을 지어 가지고 조부의 와 이셔 여러 조ᄉᆡᆼ 등과 말ᄒᆞ다가 내당의 드러가 양뎡렬을 보고 ᄌᆞ염의 긔화 명월 ᄀᆞᆺᄐᆞ믈 보ᄆᆡ 완연이 조시의 옥안 미모를 ᄃᆡ홈 ᄀᆞᆺᄐᆞᆫ지라 마음의 더

84면

옥 창연ᄒᆞ여 그 셔간을 젼ᄒᆞ리를 못 어더 ᄒᆞ더니 진왕의 필ᄌᆞ 계현의 년이 구 셰라 양병뷔 계현을 보고 그짓 쇽여 일 봉 셔를 쥬며 왈 내 앗가 옥ᄆᆡ졍의 드러가니 맛초아 질ᄆᆡ 이 셔간을 봉ᄒᆞ여 진궁의 보내고져 ᄒᆞ거ᄂᆞᆯ 그 봉피의 글시를 ᄉᆞ랑ᄒᆞ여 부졀업시 가지고 ᄂᆞ오니 질네 니ᄅᆞ대 션월뎡 져져긔 젼ᄒᆞᆯ 거시니 갓다가 계현을 쥬어 네 ᄆᆡᄌᆞ긔 젼ᄒᆞ라 ᄒᆞᄆᆡ 내 맛타온 거시라 너를 쥬ᄂᆞ니 다ᄅᆞ니 쥬지 말고 네 션월뎡 ᄆᆡ졔를 쥬라 계현이 본ᄃᆡ 나히

85면

어릴 ᄲᅮᆫ 아니라 ᄒᆡᆼᄉᆡ 잠간 암연ᄒᆞ여 남의 말을 잘 ᄀᆞᆺ지 듯고 두루쳐 ᄉᆡᆼ각지 못ᄒᆞᄂᆞᆫ지라 바히 무심코 봉셔를 바다 ᄉᆞᄆᆡ의 노코 갈오ᄃᆡ ᄆᆡᄌᆞ 등이 됴셕으로 샹종ᄒᆞ며 ᄯᅩ 어내 ᄉᆞ이 셔찰 왕복이 이시리오 ᄂᆡ ᄆᆡ져의 시녜 아니니 이 셔간 젼ᄒᆞ라 단일 니 업도쇼이다 병뷔 왈 무슴 힘들 일이완ᄃᆡ 그만 쳥을 듯지 아니ᄒᆞᄂᆞᆫ다 계현이 마지못ᄒᆞ여 웃고 니러ᄂᆞ니 원내 진궁과 샹뷔 ᄉᆞ이 ᄯᅳᆫ 고로 규슈의 왕ᄅᆡ 비편ᄒᆞ여 혹 모히지 못ᄒᆞᄂᆞᆫ 날은 셔찰노 셔로 왕복ᄒᆞ미 잇ᄂᆞᆫ지라 져

86면

호의 업ᄉᆞᆫ 계현이 무심이 바다 ᄉᆞᄆᆡ의 너흔지라 병뷔 웃고 ᄀᆞᆯ오ᄃᆡ 질네 당부ᄒᆞ여 일치 말고 너를 쥬어 션월뎡의 젼ᄒᆞ라 ᄒᆞ더라 계현이 응낙고 진궁으로 가더니 ᄇᆡᆨ화헌의 니ᄅᆞ니 종형데 가득ᄒᆞ여 바야흐로 표를 지으며 시를 ᄡᅳ거ᄂᆞᆯ 계현이 ᄯᅩᄒᆞᆫ 나아가 좌의 안즈니 진왕이 명ᄒᆞ여 ᄀᆞᆯ오ᄃᆡ 너ᄂᆞᆫ 형데 즁 글이 미거ᄒᆞᆫ지라 몬져 ᄃᆡᄌᆞ를 ᄡᅳ라

계현이 슈명ᄒᆞ고 조회를 펴고 칙필을 ᄲᅢ혀 글시를 ᄲᆞᆯ식 본ᄃᆡ 무심 즁이오 ᄯᅩᄒᆞᆫ 그 셔간을 감초고져 의식 업ᄉᆞᄆᆡ 가연이 웃오

87면

술 버셔 바릴 졔 일 쟝 셔봉이 나려지거ᄂᆞᆯ 진왕이 고이히 너겨 글을 구ᄒᆞ여 볼식 계현이 ᄯᅩᄒᆞᆫ 놀ᄂᆞ고 대ᄉᆞ로온 일이 아니라 업ᄃᆡ여 글시를 ᄡᅳ니 진왕 왈 화젼이 뉘 셔간고 ᄒᆞ니 계현이 ᄃᆡ왈 죵ᄆᆡ 션월뎡의 갓다가 두라 ᄒᆞ오ᄆᆡ 가뎌 가더이다 진왕이 보ᄆᆡ 우히 봉피를 ᄡᅳ지 아냣거ᄂᆞᆯ ᄯᅧ혀 보니 필광이 찬란ᄒᆞ고 믁광이 비무ᄒᆞ니 기셔의 ᄒᆞ엿시ᄃᆡ 병부샹셔 티혹ᄉᆞ 양ᄌᆞ범은 근ᄇᆡ 조쇼져 션하라 남녀 세샹의 ᄂᆞᄆᆡ 부부는 오륜의 쳐

88면

음이라 양싱이 비록 용우ᄒᆞ나 부모의 은덕으로 ᄌᆡ품이 하등이 아니오 군샹의 셩은으로 쟉직이 병부샹셔 태혹ᄉᆡ라 군부의 은총이 만됴의 붓그럽지 아니코 ᄇᆡ혼 바 ᄌᆡ문이 타인의 아ᄅᆡ 아니라 ᄯᅳᆺ의 ᄲᅧ ᄒᆞᄃᆡ 요조슉녀로 남ᄌᆞ의 일싱을 쾌히 ᄒᆞᆷ을 바랏더니 하늘이 길흘 인도ᄒᆞ시고 삼셰 숙연이 즁ᄒᆞ여 우연이 진궁 화원의 ᄒᆞᆫ 번 유람ᄒᆞᄆᆡ 쇼져의 션연 이질을 구경ᄒᆞ니 비록 남녀 다ᄅᆞ고 법례 삼엄ᄒᆞ나 문왕이 셩인으로도 하줘 슉녀

89면

를 오ᄆᆡᄉᆞ복ᄒᆞ시미 모시 뎨일편이 되엿시니 나 닌광은 쇽셰 남ᄌᆡ라 엇지 쇼져 ᄀᆞᆺ튼 슉녀를 보고 ᄉᆞ모ᄒᆞᄂᆞᆫ 졍욕이 업ᄉᆞ리오 ᄒᆞᆫ 번 션월뎡 돌입이 과실이 되나 오히려 쇼져의 비홍이 완연ᄒᆞ니 싱의 힝실이 하혜 미ᄌᆞ의 붓그럽지 아닐지라 하혜 미ᄌᆡ라도 만일 쇼져 ᄀᆞᆺ튼 미식을 혼야의 ᄃᆡᄒᆞ면 그 엇더ᄒᆞ던동 알니오마ᄂᆞᆫ 녕당이 오히려 닌광을 아지 못ᄒᆞ샤 과히 칙망ᄒᆞ시고 우리 냥인을 지지ᄒᆞ시니 닌광이 비록 용녈ᄒᆞ나 몸이

90면

팔 쳑 장부로 풍신이 타인의 나리지 아니코 문벌이 쇼져의 나리지 아닐지라 비록 조

시 아닐들 졀식 미쳐를 어닉 곳의 못 어드리오마는 오히려 앗기는 바는 쇼져의 평싱을 희지으미 나 닌광의 타시라 비록 셔로 이셩의 친을 밋다 니르지 아닐지라도 일셕의 동좌ᄒᆞ여 말을 통ᄒᆞ고 숀을 셔로 잡아 믹믹ᄒᆞᆫ 졍이 임의 두를 츰네ᄒᆞ니 부뷔라 니룰지라도 져바리지 못ᄒᆞᆯ 거시오 가히 타문의 도라가지 못ᄒᆞᆯ 형셰즉 닌광을 빅반ᄒᆞ고 타문을 취

91면

ᄒᆞ미 박힝무신이라 괴로이 대등ᄒᆞ고 녕존당의 회심ᄒᆞ시믈 바라대 맛츰내 동졍이 업ᄉᆞ니 양ᄌᆞ범이 ᄯᅩᄒᆞᆫ 부모긔 독신이오 조션 봉새 막대ᄒᆞᆫ지라 시러금 마지못ᄒᆞ여 ᄉᆞ즁의 옥 ᄀᆞᆺ튼 슉녀를 마즐진대 쇼져ᄂᆞᆫ 하등지인이 되리오 뜻을 알고 결코져 ᄒᆞᄂᆞ니 만일 쇼져의 마음이 녕엄과 ᄀᆞᆺ트여 아룸다온 호걸을 조ᄎᆞ 타문의 도라갈 뜻이 이시면 이 닌광이 ᄯᅩᄒᆞᆫ 타문 슉녀를 취ᄒᆞ고 만일 쇼져의 뎡렬이 초녀를 효측ᄒᆞ여 닌광을 직희고

92면

타문을 싱각지 아니시면 닌광이 머리 셰기를 긔약ᄒᆞ여 쇼져를 기다리고 녕대인의 씨 ᄃᆞ르시기를 긔약ᄒᆞ리니 비록 녀ᄌᆞ의 쇼견이나 그 쥬견은 다 ᄒᆞᆫ가지라 뜻을 결ᄒᆞ여 닌광의 초ᄉᆞᄒᆞᄂᆞᆫ 간쟝을 도라보쇼셔 취광ᄒᆞᆫ ᄯᅦ를 당ᄒᆞ여 션월뎡의 드러가 의논코져 ᄒᆞ대 쇼졔 광싱의 ᄌᆞ최를 피ᄒᆞ여 슉쇼를 ᄇᆞ리시니 감히 나아가지 못ᄒᆞ고 일 봉 셔를 닥가 졍ᄉᆞ를 고코져 ᄒᆞ니 쇼져의 쳥ᄌᆞ 혜질과 낭셩 봉음이 오미의 밋쳣ᄂᆞᆫ지라 어ᄂᆡ 날

93면

능히 이ᄌᆞ리오 쇼졔 오히려 쇼싱의 덕음과 쇼싱의 마음을 아지 못ᄒᆞ샤 다른 호걸을 싱각ᄒᆞ시면 현마 엇지ᄒᆞ리오 익이 혜아려 일ᄌᆞ 회셔를 앗기지 마ᄅᆞ쇼셔 ᄒᆞ엿더라 진왕이 간파의 대로ᄒᆞ여 봉안이 둥글고 면ᄉᆡᆨ이 엄연ᄒᆞ여 좌우로 계현을 잡아 나리와 골오대 네 혹을 폐ᄒᆞ고 두로 단니며 비례 픽도 음탕ᄒᆞᆫ 셔간을 맛타 가지고 누의를 욕ᄒᆞ랴 ᄒᆞᄂᆞᆫ 뜻이 무ᄉᆞᆷ 일이며 내 무ᄅᆞ미 그ᄌᆞᆺ 말노 쇽여 속이기를 능히 ᄒᆞ니 닌광의 무샹ᄒᆞᆷ은 니ᄅᆞ지 말고 너의 ᄉᆞ

94면

오ᄂᆞ온 죄를 몬져 쳐치ᄒᆞ리라 ᄒᆞ니 계현이 혼빅이 비월ᄒᆞ여 눈믈을 흘녀 왈 쇼ᄌᆡ 엇지 대인을 긔망ᄒᆞ리잇고 비례의 셔간을 아도 못ᄒᆞ여ᄉᆞ오니 닌광이 이 셔간을 옥미뎡으로셔 나오며 쥬ᄃᆡ 종ᄆᆡ 뼈 노하거ᄂᆞᆯ 아ᄉᆞᆺᄂᆞ니 종ᄆᆡ가 말ᄒᆞᄃᆡ 계현을 쥬어 션월뎡의 보ᄂᆡ라 ᄒᆞ더라 ᄒᆞ고 쥬옵거ᄂᆞᆯ 바다와 션월뎡의 가고져 ᄒᆞ다가 엄명을 인ᄒᆞ여 이리 드러와시니 진실노 히ᄋᆞᄂᆞᆫ 쇼실이 업ᄂᆞ이다 진왕이 더옥 노즐 왈 네 어리나 오히려 인ᄉᆞ를 알 거시니 네 종ᄆᆡ 등이 션

95면

월뎡의 글을 보닐진대 시녜 만흐니 엇지 구ᄎᆞ히 양싱을 쥬어 너를 맛기라 쳥ᄒᆞ리오 이ᄂᆞᆫ 너조ᄎᆞ 쇽이미라 이졔 구상유취 마ᄅᆞ지 아닌 거시 아비 쇽이기를 일ᄉᆞᆷ으니 엇지 살녀 두리오 크게 호령ᄒᆞ여 결쟝ᄒᆞ려 ᄒᆞᄂᆞᆫ지라 계현이 맛지 아냐 얼골이 ᄎᆞᆫ ᄌᆡ ᄀᆞᆺ트여 ᄋᆡᄆᆡᄒᆞ믈 알외ᄂᆞᆫ지라 초공이 웃고 왈 십 셰 못 된 어린 아히를 쟝칙을 ᄒᆞ온즉 ᄉᆞ싱이 념녀로오니 졔 엇지 감히 허언으로 부형을 쇽이리잇고 닌광의 ᄭᅬ의 감겨시니 이런 일을 념녀ᄒᆞ여 쇼데 친ᄉᆞ를 아니 ᄌᆡ

96면

촉ᄒᆞ더니잇가 계현을 칙ᄒᆞ실지라도 졔 죄의 맛당ᄒᆞᆫ 벌을 ᄡᅳ쇼셔 진왕의 쳔균지심과 하히지량으로도 녀ᄋᆞ를 심규의 아조 늙힐 바를 ᄉᆡᆼ각ᄒᆞᄆᆡ 평ᄉᆡᆼ 쇼교ᄋᆞ로 그 인륜 초관이 ᄯᅳᆺ과 ᄀᆞᆺ지 못ᄒᆞ믈 참연 ᄌᆞ상ᄒᆞᄂᆞ 초공의 긴 날의 만단 ᄒᆡ유ᄒᆞ고 권쥬ᄒᆞᄂᆞᆫ 말ᄉᆞᆷ이 심ᄂᆡ의 개회ᄒᆞ여 셔셔히 허혼코져 ᄒᆞ거ᄂᆞᆯ 양싱의 방쟈ᄒᆞᄆᆡ 다시 진왕의 노를 도든지라 노긔 대발ᄒᆞ여 ᄋᆡᆨ구즌 계현을 즁타ᄒᆞ여 양싱의 예긔를 무류케 ᄒᆞ려 ᄒᆞ더니 초공의 말과 계현의 열

97면

골이 쳥옥 ᄀᆞᆺ고 냥목의 누쉬 가득ᄒᆞ여 넉술 이러시믈 보고 결단ᄒᆞ기를 ᄀᆞᆺ치고 시로를 명ᄒᆞ여 달초홀ᄉᆡ 호령이 뇌셩 ᄀᆞᆺᄐᆞ니 현이 옥각을 놉히 것고 눈믈을 흘녀 ᄆᆡ를 마즐ᄉᆡ 양싱을 원망 왈 사ᄅᆞᆷ을 쇽여 거ᄌᆺ ᄆᆡ져의 셔간이라 ᄒᆞ고 날을 쇽여 이 죄를 엇게 ᄒᆞ니 엇지 통히치 아니리오 진왕이 ᄭᅮᄌᆞ져 왈 ᄆᆡᄌᆞ의 셔간이라 ᄒᆞ여든 쇽아 마타

오는 인식 암녈ᄒᆞ니 그 죄로 마즈라 낫낫치 고찰ᄒᆞ니 옥 ᄀᆞᆺᄐᆞᆫ 살이 미 삿 단는 ᄃᆡ마다 피 쇼ᄉᆞᄂᆞᆫ지라 현이 알프믈 견

98면

ᄃᆡ지 못ᄒᆞ나 ᄒᆞᆫ 쇼ᄅᆡ를 발치 아니코 옥빈의 누쉬 빵빵ᄒᆞᆯ 싸름이라 초공이 ᄋᆡ련ᄒᆞ여 화평이 프러 쥬왈 계현의 죄 아니라 호희 업ᄉᆞᆫ ᄋᆞ히 고지 듯긴들 고이ᄒᆞ리잇가 짐죽ᄒᆞ여 샤ᄒᆞ시오믈 바라ᄂᆞ이다 왕이 본ᄃᆡ 대단ᄒᆞᆫ 일의 발로ᄒᆞ엿다가도 초공지언은 ᄉᆞᄉᆞ 신쳥ᄒᆞᄂᆞᆫ지라 이의 계현을 샤ᄒᆞ고 엄칙 왈 네 이 셔간을 도로 닌광을 쥬어 젼ᄒᆞ라 네 만일 ᄋᆞ녀를 샹님 쳔인으로 아라 방일ᄒᆞᆫ 거조를 이리ᄒᆞᆯ진ᄃᆡ 결단코 큰 일을 ᄂᆡ리라 ᄒᆞ라 ᄒᆞ더라 ᄒᆞ라 ᄎᆞ셜 닌광

99면

이 편지를 계현을 쥬고 회셔를 바라더니 회셔는 보지 못ᄒᆞ고 큰 변이 낫ᄂᆞᆫ지라 닌광이 대분ᄒᆞ여 조싱을 보고 진왕의 블통ᄒᆞ믈 셜파ᄒᆞ니 조싱 왈 슉시 엇지 우리 ᄇᆡᆨ부를 낭ᄌᆞ히 원망ᄒᆞ여 블통타 ᄒᆞᄂᆞ뇨 병뷔 완완 쇼지 왈 ᄉᆡᆨ은 인지쇼욕이오 셩인도 ᄉᆞ복을 보고 반계곡경으로 취ᄒᆞ던다 능휘 가연 쇼왈 슉시도 지기일이오 미지기이로다 나의 경시 취ᄒᆞ기도 쇼쇼 그ᄅᆞ미 잇거니와 슉시의 거조와는 다른지라 경시를 내 비례로 ᄉᆞ모ᄒᆞ여 규쟝 찬혈의 음비ᄒᆞᆫ ᄒᆡᆼᄉᆡ 업고

100면

ᄉᆞᄉᆞ로이 샹견ᄒᆞ여 남의 규슈로 집슈 년슬ᄒᆞ미 업ᄉᆞ나 친명이 업시 블고이취ᄒᆞᆫ 허믈 ᄲᅮᆫ이라 슉시는 남의 규즁의 야간 돌입ᄒᆞ여 ᄋᆞ미를 협박ᄒᆞ고 허락을 ᄌᆡ촉ᄒᆞ여 핍박기를 여디업시 ᄒᆞ고 오히려 긋칠 쥴을 모ᄅᆞ고 여ᄎᆞ 블법의 셔간으로 규녀를 욕ᄒᆞ믈 긔탄업시 ᄒᆞ니 ᄇᆡᆨ부의 노ᄒᆞ시미 엇지 고이ᄒᆞ리잇고 슉뷔 젼일과 달나 몸이 만됴의 츄슈ᄒᆞ여 위권이 즁여산히ᄒᆞ고 샹춍이 산두의 놉흐미 이시며 례경ᄒᆞ시미 ᄇᆡᆨ료의 우럴거늘 지위 ᄌᆡ렬의 년

101면

쇼 직샹과 ᄂᆡ도ᄒᆞ니 엇지 여ᄎᆞ지ᄉᆡᆨ 한심 경히치 아니ᄒᆞ리오 양싱이 우연 탄왈 오슈

박덕부지나 엇지 그ᄅᆞᆷ을 아지 못ᄒᆞ리오마ᄂᆞᆫ 진왕의 고집ᄒᆞ미 날노 이 허락을 밧기 어려오니 가마괴 희고 ᄇᆡᆨ뇌 거무나 구든 뜻을 요개홀 ᄇᆡ 아니오 셔로 모들 긔약이 묘연ᄒᆞ여 우이 셰월만 보닐 ᄯᆞᄅᆞᆷ이니 심니의 착급ᄒᆞ여 참지 못ᄒᆞ미나 이 무순 큰 죄 범ᄒᆞ미 되랴 가히 고집이 태과ᄒᆞᆫ 쟝지니라 비록 이리 니ᄅᆞ고 타연 무려ᄒᆞ나 일노 조ᄎᆞ 심ᄉᆡ 더옥 울결ᄒᆞ여 병이 니러 누으니 샹셕의 침근ᄒᆞ여 ᄇᆡᆨ약

102면

이 무효ᄒᆞ고 식음이 나리지 아니니 양ᄐᆡᄉᆞ와 됴군쥬 황황 초조ᄒᆞ여 눈물을 드리워 극진 구호ᄒᆞ고 태의 대후ᄒᆞ여 치약ᄒᆞ며 문병ᄒᆞ시ᄂᆞᆫ 즁시 낙역ᄒᆞ니 양부의셔 텬은을 크게 황감ᄒᆞ고 초공이 양ᄉᆡᆼ의 침병ᄒᆞᆷ을 짐죽 크게 한심ᄒᆞ나 홀일업셔 형왕을 녁권ᄒᆞ여 ᄉᆞ셰 부득이 양ᄉᆡᆼ으로 동샹의 마ᄌᆞ 다시 아름답지 아닌 쇼문이 젼파치 말게 ᄒᆞᄂᆞᆫ 거시 올흐니 형쟝은 ᄌᆡ삼 술피샤 다시 고집지 마ᄅᆞ쇼셔 진왕의 ᄉᆞ셰 홀일업고 초공의 말은 아모리 난난ᄒᆞ여도 듯ᄂᆞᆫ지라 이의 기

103면

리 탄왈 내 ᄎᆞ마 ᄋᆞ녀로ᄡᅧ 이 혼ᄉᆞᄂᆞᆫ 만만 통한ᄒᆞ나 현마 엇지ᄒᆞ리오 네 임의로 ᄒᆞ라 초공이 대희ᄒᆞ여 이 일노ᄡᅧ 존당 부모긔 고ᄒᆞ고 즉시 양부의 ᄐᆡᆨ일을 보니 혼일이 사ᄅᆞᆷ의 지원을 조ᄎᆞ 지격일슌이라 양ᄐᆡᄉᆞ 부뷔 대희과망ᄒᆞ고 양병부의 병이 ᄎᆞᄉᆞᄅᆞᆯ 인ᄒᆞᆫ 연괴라 진왕이 허혼ᄒᆞ고 ᄐᆡᆨ일을 보ᄒᆞᆷ을 드ᄅᆞᄆᆡ ᄇᆡᆨ병이 운외의 ᄂᆞ고 ᄉᆞ지 경쾌ᄒᆞ며 의ᄉᆡ 샹연ᄒᆞ여 즉시 니러 관쇼ᄒᆞ니 양공 부뷔 더옥 깃거ᄒᆞ더라 일월이 유ᄆᆡᄒᆞ여 혼일이 다다ᄅᆞ니 양부의셔 대연을 개쟝ᄒᆞ여 명

104면

공 거경을 다 쳥ᄒᆞ고 시랑이 시각을 응ᄒᆞ여 ᄇᆡᆨ마 금안의 허다 위의ᄅᆞᆯ 거ᄂᆞ려 진궁의 니ᄅᆞ러 옥샹의 홍안을 젼ᄒᆞ고 좌의 나ᄋᆞ가니 진궁 내연의 셩쟝ᄒᆞᆷ은 니ᄅᆞ도 말고 진초 이공이 노공을 밧드러 쥬벽의 좌ᄒᆞ고 졔ᄌᆡ ᄎᆞ례로 뫼셔시니 옥안 영풍이 ᄉᆡ로이 츌인ᄒᆞ더라 그러나 신랑의 풍치 긔샹이 졔조의 나리지 아니니 진왕이 희긔 뉴츌ᄒᆞ고 만좨 치하ᄒᆞ니 초공이 쇼왈 이 신랑이 우리 집의 심히 ᄉᆡᆼ쇼ᄒᆞ니 드러와 실체ᄒᆞ기 쉽거니와 형쟝 뜻의 신랑이 엇더ᄒᆞ며 즁

105면

미흔 쇼데 하쟉이나 먹을가 시브니잇가 졔인이 일시의 대쇼ᄒᆞ고 진왕이 역쇼 왈 신랑이 뜻의 ᄎᆞ지 아니니 즁인 즁 하쟈은컨니와 벌슈를 먹을가 ᄒᆞ노라 초공이 미미히 웃고 양병뷔 수러 왈 쇼싱이 용녈ᄒᆞ오나 현마 즁미 벌슈 먹이시도록 아닐 거시니 원컨대 우리 ᄉᆞ부를 벌치 마ᄅᆞ시고 닌광이 스ᄉᆞ로 벌빅를 먹어지이다 즁인이 ᄃᆡ쇼 왈 그 신랑이 너모 잔 븟그림이 업ᄉᆞ니 쳐음으로 악쟝긔 방ᄌᆞ흔 죄로 벌슈롤 먹이쇼셔 진초 이공이 다 웃고 쥬반이 압

106면

마다 낭ᄌᆞᄒᆞ니 양싱이 좌의 나ᄋᆞ가 졔 조싱 등으로 엇개를 갈와 안ᄌᆞ 슐을 마시며 언쇠 ᄌᆞ약흔지라 그 풍치 긔샹이 오늘 더옥 발월 샹활ᄒᆞ니 초공이 다시 쾌셔 어드믈 칭하ᄒᆞ더라 내당의셔 태부인과 냥위 부인이며 샹부 부인 쇼졔 다 진궁의 모다 쇼녀의 길ᄉᆞ를 보미 월염 쇼져를 단장ᄒᆞ여 즁쳥의 세우고 조시 등이 칭찬 왈 양싱은 하등지인이완ᄃᆡ 복덕이 이 ᄀᆞᆺᄒᆞ여 여ᄎᆞ 셩녀를 만나 실인을 삼ᄂᆞ뇨 졔 비록 젹션지풍과 반악지모를 가져시나 오질을

107면

밋지 못ᄒᆞ리라 양뎡렬이 미우의 희긔 녕농ᄒᆞ여 왈 질ᄋᆞᄂᆞᆫ 긔특ᄒᆞ거니와 양병부도 못ᄒᆞ지 아니니 하 논박지 말으쇼셔 뎡슉렬이 쇼져의 ᄡᅵ를 두ᄅᆞ고 운환을 바로 ᄒᆞ여 좌우의 고왈 ᄋᆞ네 얼골은 블관ᄒᆞ거니와 요요 셩심과 ᄌᆞ인흔 힝실이 텬셩의 타ᄂᆞᆫ 배라 사롬의 안히와 며ᄂᆞ리 되미 거의 허믈을 엇지 아닐가 ᄒᆞ거니와 쇼견이 다 각각이니 ᄌᆞ모의 마음이 오히려 념네 잇고 양낭이 풍늉 발호ᄒᆞ여 녀ᄌᆞ의 근심이 젹지 아닐가 시브니 엇지 방심ᄒᆞ리오 조시 등이 쇼왈

108면

아직 이 근심은 멀거니와 원ᄂᆡ 양싱을 혹여어나 보와시려니와 친영 젼이나 입막지빈이니 쳥ᄒᆞ여 볼 거시라 양부인이 ᄀᆞᆯ오ᄃᆡ 못 본 신랑과 다ᄅᆞ고 일싀이 느져시니 명일이면 볼 거시니 양부의셔 못 본 신부로 일시 급흘지라 내당의 뵈옵노라 ᄒᆞ면 신부의 힝례 느져지니 이의 의논을 긋치쇼셔 모다 올타 ᄒᆞ고 신부를 블너 뎡의 너흐니 양병

뷔 희긔 외모의 가득ᄒᆞ여 뎡문을 잠으고 상마홀ᄉᆡ 양뎡렬이 정시 등 졔부를 거ᄂᆞ려 ᄒᆞᆫ가지로 나아갈ᄉᆡ 화교 옥륜과

109면

취슈 금뎡이 휘빗취 조요ᄒᆞ고 쟝ᄒᆞᆫ 위의 십 니의 덥혓더라 양부의 다다ᄅᆞ니 됴군쥐 일동 범ᄉᆞ를 졍졔ᄒᆞ여 만당 빈긱을 모도와 신부의 대례를 밧더라

조시삼대록 권지십오

1면

어시의 양뎡녈이 양부의 다ᄃᆞᄅᆞ니 됴군쥐 일동 범ᄉᆞ를 졍데ᄒᆞ여 만당 빈객을 모도와 신부의 대례를 바들ᄉᆡ 양부인이 졔부로 좌의 나ᄋᆞ가니 뎡조니경화 등의 고은 염광이 휘황ᄒᆞ여 만좌에 홍상 분ᄃᆡ 탈ᄉᆡᆨᄒᆞ니 조부인과 태ᄉᆡ 두굿기며 일변 신부의 셩화를 익이 드럿시나 오히려 엇던고 죄오ᄂᆞᆫ ᄆᆞ음이 측급ᄒᆞ엿더니 이윽고 신뷔 니ᄅᆞ러 합근 교비를 파ᄒᆞ매 신부의 일만 염광이 만좌의 조요ᄒᆞ니 신랑의 만면 화긔를 우희

2면

염즉ᄒᆞ더라 단댱을 곳쳐 폐빅 밧드려 구고긔 나ᄋᆞ가니 일 쳑 나요ᄂᆞᆫ 버들이 힘히 업고 표연ᄒᆞᆫ 엇게ᄂᆞᆫ 봉쥐 나ᄂᆞᆫ 듯ᄒᆞ니 칠보 영낙이 고은 낫출 가리오며 쥬취 광념 약ᄒᆞᆫ 긔딜을 니긔디 못홀 듯ᄒᆞ니 긔뷔 백셜 ᄀᆞᆺ고 팔 ᄌᆞ 츈산의 고은 빗치 영〃ᄒᆞ고 빵환 무빈은 즌대의 구름이오 효셩안의 도화 냥협과 단ᄉᆞ 쥬슌이 즉ᄐᆡ 졀륜ᄒᆞ여 먼리 보매 광치 일월 ᄀᆞᆺ고 갓가이 ᄃᆡᄒᆞ매 일만 화봉이 돗토와 일만 향긔를 비왓트니 신댱이 일촌이 더으면 너모 크고 일

3면

촌이 덜ᄒᆞ면 너모 젹으니 빅만 톄되 ᄉᆡᆨ혀나 진션진미ᄒᆞ니 비례ᄒᆞᄂᆞᆫ 규귀 례도의 합ᄒᆞ고 진퇴 졀치 쥬션이 응목ᄒᆞ여 단일ᄒᆞᆫ 거동은 녯날 졍비의 풍이 잇고 현영ᄒᆞᆫ 덕셩은 ᄉᆞ군ᄌᆞ의 녁냥이 잇ᄉᆞ니 니른바 남규의 슉녀요 군ᄌᆞ의 빅년 가위라 만좌듕이 대

경ᄒᆞ여 눈이 ᄉᆡ고 졍신이 취ᄒᆞ이니 신션인가 의심ᄒᆞ고 귀신인가 놀나니 태ᄉᆞ와 부인이 희츌망외ᄒᆞ여 녀ᄋᆞ를 도라보고 우어 왈 금일 이 ᄀᆞᆺ튼 셩녀 쳘부를 슬하의 영화를 니뤄니 ᄎᆞᄂᆞᆫ 다 현셔의

4면

덕이로다 너의 단듕ᄒᆞᆫ ᄆᆞᆯᄉᆞᆷ으로 신부의 아ᄅᆞᆷ다오믄 거의 아ᄅᆞᆺ거니와 이ᄃᆡ도록 긔특ᄒᆞ믄 하늘이 양가를 어엿비 너기샤 이런 현부를 어드니 엇디 조션 덕음이 아니리오 양부인이 칭하ᄒᆞ고 만좨 제셩하례ᄒᆞ니 양공 부뷔 만심 환열ᄒᆞ더라 초공이 외면의 츰예ᄒᆞ매 양공이 내당으로 쳥ᄒᆞ니 제객은 당내의 피ᄒᆞ고 태ᄉᆞ 승상을 향ᄒᆞ야 웃고 왈 금일 신부의 긔특ᄒᆞ믈 보니 내 ᄋᆞ히 범난ᄒᆞᆫ 의ᄉᆡ 고이치 아닌디라 내 ᄋᆞ들의 죄를 샤ᄒᆞ고 현셔의 놉흔 덕이 갑흘 거시 업

5면

ᄉᆞ니 엇디 젹션지덕이 아니리오 초공이 소이 ᄃᆡ왈 이 ᄯᅩᄒᆞᆫ 텬연이라 혼인은 냥가의 조흔 일니니 엇디 과도ᄒᆞᆫ 말솜을 ᄒᆞ시나니잇고 오직 질네 유약ᄒᆞ고 인광이 너모 발월ᄒᆞ니 다소 ᄌᆡ앙이 이실가 두리나이다 ᄒᆞ거늘 이의 공이 탄왈 하늘이 이 ᄀᆞᆺ튼 셩녀를 내 집이 빌니시니 무솜 ᄌᆡ앙이 혹 이슬 줄 알니오 현셔ᄂᆞᆫ 신명ᄒᆞ미 당내를 예탁ᄒᆞ시ᄂᆞᆫ디라 이 말을 드ᄅᆞ매 념네 젹디 아니토다 초공이 대왈 슈연이나 냥ᄋᆡ 다복당이 낫타나니 필경은 다남다복ᄒᆞ매 밋출 거시 업

6면

ᄉᆞᆯ디라 과려치 마ᄅᆞ쇼셔 양태ᄉᆡ ᄯᅩᄒᆞᆫ 올타 ᄒᆞ고 술을 나와 종일 진환ᄒᆞ고 셕일이 도라지매 파연ᄒᆞ고 신부 슉소를 영쇼뎡의 뎡ᄒᆞ고 양부인이 나와 셕식을 친히 권ᄒᆞ고 쇼군쥐 ᄉᆞ랑ᄒᆞ미 미출 ᄃᆞᆺᄒᆞᆫ디라 이날 두시 폐문 블츌ᄒᆞ여 신부의 긔특ᄒᆞ믈 문 굼그로 여어보고 심하의 깃브며 슬프미 오내분붕ᄒᆞ고 구곡이 믈 ᄭᅳᆯ ᄃᆞᆺᄒᆞ여 쳔고의 명박인ᄉᆡᆼ이 구ᄎᆞ히 투ᄉᆡᆼᄒᆞ믄 져 어린 ᄌᆞ식을 길너 오늘 ᄂᆞᆯ을 기ᄃᆞ리미니 이졔 유ᄋᆡ 당셩ᄒᆞ고 벼술이 공후의 거ᄒᆞ고 져 ᄀᆞᆺ

7면

ᄐᆞᆫ 슉녀를 빗ᄒᆞ니 여한이 업슬 ᄇᆡ로ᄃᆡ 내 져를 나핫시나 감히 어미로 거ᄒᆞ디 못ᄒᆞ고 죄폐ᄒᆞᆫ ᄌᆞ최 이의 밋ᄎᆞ니 엇디 안〃ᄒᆞ리오 가마니 눈물이 ᄲᅮ리여 옷기슬 져ᄌᆞ믈 ᄭᆡ듯디 못ᄒᆞ더라 낙극 각산ᄒᆞ고 병뷔 공의 명으로 영쇼뎡의 니ᄅᆞ니 신뷔 긴 단댱을 벗고 촉하의 양뎡렬을 뫼셔 좌ᄒᆞ엿더니 셔연이 니러나 ᄆᆞᄌᆞ니 ᄉᆡᆼ이 팔을 드러 좌를 쳥ᄒᆞ고 양부인이 쇼왈 네 밤도 들지 아녀 신방을 ᄎᆞᄌᆞ니 내 ᄌᆞ연 잇지 못ᄒᆞ리로다 이의 쵹을 잡히고 뎡뎐을 향

8면

ᄒᆞ니 ᄉᆡᆼ이 함소ᄒᆞ고 아직 머므ᄅᆞ기를 쳥ᄒᆞ고 계하의 내려보낸 후 도로 방의 드러 냥신인이 ᄃᆡ좌ᄒᆞ매 시녀 낭〃빅 댱외로 퇴ᄒᆞ고 ᄉᆡᆼ이 촉하의 오매ᄉᆞ복ᄒᆞ던 조쇼져를 ᄃᆡᄒᆞ매 젼일은 쳐음으로 픠ᄂᆞᆫ 매화 ᄀᆞᆺ더니 도금ᄒᆞ여ᄂᆞᆫ 난금 분ᄃᆡ 화광 ᄀᆞᆺᄐᆞᆫ디라 심혼이 표탕ᄒᆞ여 이의 좌를 갓거이 ᄒᆞ고 말을 펴 왈 ᄉᆡᆼ이 비박 누질노 외람이 쇼져의게 특죄ᄒᆞ미 만흐나 ᄎᆞ역 텬연이라 ᄎᆞ시 용셔ᄒᆞᆷ을 쳥ᄒᆞᄂᆞ이다 쇼졔 이의 ᄃᆞ나라ᄂᆞᆫ 젼일을 ᄉᆡᆼ각ᄒᆞ고 금야의 허랑

9면

ᄒᆞᆫ 말ᄉᆞᆷ이 군ᄌᆞ의 버셔나믈 통한ᄒᆞ여 닙을 봉ᄒᆞ고 눈을 나초와 한 목인 ᄀᆞᆺᄐᆞ니 상셔 대쇼ᄒᆞ고 은졍을 니긔지 못ᄒᆞ여 촉을 븟드러 나위의 나ᄋᆞ가니 조시 대경ᄒᆞ여 옥뉘 가득ᄒᆞ나 ᄉᆡᆼ의 힘이 구뎡을 들고 태산을 넘을지라 엇지 〃란 약딜이 슬프믈 발뵈리오 옥슈를 니으고 향메를 졉ᄒᆞ니 이항이 만실ᄒᆞ고 은졍이 산비 ᄒᆡ박ᄒᆞ여 교칠 ᄀᆞᆺᄐᆞ니 조시 분ᄒᆞ고 놀나오미 션월졍 변을 만난 것과 다ᄅᆞ미 업더라 오히려 부모의 명을 밧ᄌᆞ와 가부 듕흠과

10면

인륜 대의를 아ᄂᆞᆫ디라 고이ᄒᆞᆫ 의ᄉᆞ로 피치 못ᄒᆞ나 녀ᄌᆞ의 몸이 되여 이ᄀᆞᆺ치 욕되믈 한ᄒᆞ고 양ᄉᆡᆼ의 긔운이 방약ᄒᆞ믈 보고 맛ᄎᆞᆷ내 그 일ᄉᆡᆼ이 편치 못ᄒᆞᆯ가 내심의 슬허ᄒᆞ고 분ᄒᆞ야 쥬뤼 화협의 구으니 병뷔 웃고 위로ᄒᆞ더라 명죠의 쇼졔 신댱을 니를ᄉᆡ ᄉᆡᆼ이 경대 뒤히셔 문득 글을 지어 왈 거울 가온ᄃᆡ 옥년 ᄒᆞᆫ 줄기 비최니 연셩의 보ᄇᆡ로

다 ᄉᆡ별 일 뺭이 영ᄎᆡ 나니 슉인의 안광이로다 셩젼 운빙은 샹셔의 긔운을 무드니 봉내산 ᄎᆡ운이오

11면

화협 쥬슌이 고은 빗출 씌엿시니 의심컨대 션원의 화봉이 동황의 훈화를 마셔도다 십지 셤슈ᄂᆞᆫ 초옥을 삭엿시니 계슈 그림ᄌᆞ를 조ᄎᆞ 신션의 장쇽ᄒᆞ니 귀경ᄒᆞ리로다 조시 이 말을 드ᄅᆞ매 분ᄒᆞ믈 이긔지 못ᄒᆞ여 문득 거울을 바리고 안정히 니러나 녜복을 가ᄌᆞᆨ이 ᄒᆞ고 뎡당으로 향ᄒᆞᆯᄉᆡ ᄉᆡᆼ이 슯흘 마가 왈 부인이 무ᄉᆞᆷ 년고로 내 말을 듯고 발연 노ᄉᆡᆨᄒᆞ나뇨 내 비록 용녈ᄒᆞ나 부인의 쇼텬이라 ᄒᆞᆯ 거시오 부인이 비록 놉흐나 인광의 안ᄒᆡ라 맛ᄎᆞᆷ

12면

내 초쥰ᄒᆞᆫ 긔상을 길우고 〃이ᄒᆞᆫ 거조를 ᄒᆞᆯ진ᄃᆡ 내 비록 어린 양ᄉᆡᆼ이나 조히 보기 어려오리라 조시 져슈 부답ᄒᆞ고 표연히 드러가니 병뷔 ᄯᅩᄒᆞᆫ 대쇼ᄒᆞ고 졍당으로 드러가매 양공 부뷔 뎡녈노 더브러 신부의 문안을 바들ᄉᆡ 그 아황 운빙이 어졔도곤 ᄉᆡ로와 가바여온 단댱과 텬연ᄒᆞᆫ 슈식이 더옥 긔특ᄒᆞ여 광치 흑야의 명쥬를 빗최고 텬궁의 쇼월이 빗출 토ᄒᆞ니 태ᄉᆡ 입이 벌고 비로쇼 두시를 부ᄅᆞ니 두시 나와 형뎨의 〃로 보ᄂᆞᆫ디라 양공 부뷔 심

13면

하의 ᄎᆞᆼ감ᄒᆞ고 양부인이 ᄯᅩᄒᆞᆫ 슬허ᄒᆞᄃᆡ ᄒᆡᆼ혀 신부와 신랑으로 알게 아니ᄒᆞᄂᆞᆫ디라 양ᄉᆡᆼ이 어려셔ᄂᆞᆫ 두시를 유모로 알더니 ᄌᆞ라매 만ᄉᆡ 긔이ᄒᆞ여 쳔인이 아니믈 뭇ᄂᆞᆫ디라 ᄐᆡᄉᆞ 부뷔 속여 니ᄅᆞᄃᆡ 두시ᄂᆞᆫ 과연 네 형쉬니라 ᄉᆡᆼ이 놀나 왈 형이 계시량이면 ᄒᆡᄋᆞᄂᆞᆫ 지ᄌᆡ라 엇지 매양 대종으로 닐ᄏᆞᄅᆞ시더니잇고 ᄐᆡᄉᆡ 왈 여형이 일 졈 골육이 업시 망ᄒᆞ고 네 긔상이 범범치 아니〃 형망뎨급이 덧〃ᄒᆞᆫ디라 ᄒᆞᆫ대 ᄉᆡᆼ이 완연이 깃거 아녀 왈 그러면 쇼ᄌᆡ 취쳐ᄒᆞ

14면

여 ᄌᆞ식을 나ᄋᆞ든 쇼ᄌᆡ 두시를 두고 스ᄉᆞ로 종당이 되리잇가 녜의 도샹ᄒᆞ고 인의 글

넛시니 히익 결단ᄒᆞ여 이 집 종지 되지 아니리이다 양공이 탄왈 여형이 무상ᄒᆞ여 몸의 누덕이 크므로 싱시의 내 부ᄌᆞ의 륜의를 ᄉᆞᆫ코 ᄉᆞ후의 한 뫼히 들지 아녀 산쳔을 퇴ᄒᆞ여 뭇어시니 엇지 종ᄉᆞ를 영ᄒᆞ리오 이러므로 나라히 고ᄒᆞ고 대종을 쳥ᄒᆞ엿시니 ᄃᆡ식 임의 뎡ᄒᆞ고 긔셰 나ᄋᆞᄂᆞ니라 싱이 츄연 블낙ᄒᆞ고 왈 양시 명개 엇지 이런 일이 잇ᄂᆞ뇨 이러므로 두시 공경ᄒᆞ믈 모친 버금으로 ᄒᆞ

15면

ᄃᆡ 그 쳑연ᄒᆞᆫ 거동과 고단ᄒᆞᆫ 신세 곳 보면 ᄆᆞᄋᆞᆷ이 ᄋᆞᆲᄒᆞ고 의식 감챵ᄒᆞ여 정셩이 범연ᄒᆞᆫ 슈슉지간이 아니라 두시 감히 입으로 모ᄌᆞ의 륜을 니ᄅᆞ지 못ᄒᆞ고 속으로 슬허ᄒᆞᆯ ᄲᅮᆫ이러라 신부의 긔이ᄒᆞᆫ 태도와 츌셰ᄒᆞᆫ 긔질을 대ᄒᆞ여 눈믈을 먹음고 옥슈를 이어 무궁ᄒᆞᆫ 졍이 심상ᄒᆞᆫ 금장 ᄉᆞ이 아니라 조시 죠심경 안광이 ᄯᅩᄒᆞᆫ 륜의를 밧고ᄆᆡ ᄌᆞ연 심식 블평ᄒᆞ미러니 조시 인ᄒᆞ여 머므러 구고를 효봉ᄒᆞ며 군ᄌᆞ를 셤기미 ᄉᆞᄉᆞ의 녜의를 의방ᄒᆞ여 셩회 동〃촉〃ᄒᆞ여 봉영 집옥ᄒᆞ

16면

고 슉흥야ᄆᆡᄒᆞ야 고인의 지나고 두시를 공경ᄒᆞ여 존고의 나리지 아니ᄃᆡ 오직 싱 곳 ᄃᆡᄒᆞ면 화긔 쥬러지고 한월이 빙셜의 바ᄋᆡ여 녈일이 운니의 ᄎᆞ시니 먹〃ᄒᆞ야 벙어리 갓고 귀 먹은 ᄃᆞᆺᄒᆞ니 쳔 번 닐너도 돗지 못ᄒᆞ고 만 번 닐너도 모ᄅᆞᄂᆞᆫ ᄃᆞ시 ᄃᆡ답ᄒᆞ미 업ᄉᆞ니 병뷔 젹셰 샹ᄉᆞᄒᆞ여 쳔신만고ᄒᆞ여 만나 화ᄒᆞᆫ 긔운과 죠흔 낫ᄎᆞ로 관져지낙을 ᄯᆞ올가 ᄒᆞ더니 긔약지 아닌 조시 셕목 ᄀᆞᆺ트여 함구블언ᄒᆞ니 통한ᄒᆞ고 분노ᄒᆞ여 함구블언ᄒᆞ믈 만나면 칙ᄒᆞ고 지유ᄒᆞ야 유셰ᄒᆞ

17면

ᄂᆞᆫ 말솜이 금셕을 녹일 ᄃᆞᆺᄒᆞᄃᆡ 조시 일편단심이 요동ᄒᆞ미 업셔 ᄒᆞᆫ갈ᄀᆞᆺᄒᆞ니 싱이 한심홰 되여 보면 힐칙ᄒᆞ고 기유ᄒᆞ더라 싱이 일〃은 조시 부듕의 니ᄅᆞ매 진왕이 다리고 내당의 드러가 태부인긔 뵈올ᄉᆡ 싱의 츄월 ᄀᆞᆺᄐᆞᆫ 면광과 ᄇᆡᆨ년 귀 밋치며 호치 쥬슌이 완연히 태을 션긱이라 졔 부인이 칭ᄋᆡᄒᆞ믈 니긔지 못ᄒᆞ여 경비 쳐음으로 보매 희긔 만면ᄒᆞ고 최부인과 위부인이 두굿겨 왈 약ᄒᆞᆫ 손녀로 낭군의 긔린 ᄀᆞᆺᄐᆞᆫ 풍도를 뵈오니 진실로 아름다오매 두굿기오나 손녀의 셩

18면

정이 쇼졸ᄒᆞ고 ᄇᆡᄒᆞᆫ 게 너ᄅᆞ지 못ᄒᆞ니 셩문의 득죄ᄒᆞ고 군ᄌᆞ 고안의 블합ᄒᆞᆯ가 ᄒᆞ노라 ᄉᆡᆼ이 피셕 배샤 왈 ᄌᆞ쇼로 존부의 와 ᄌᆞ라 동상의 모쳠ᄒᆞ오니 엇지 졍셩이 범연ᄒᆞ리잇고 금일 존젼의 혈알ᄒᆞ옵고 하괴 여ᄎᆞᄒᆞ오니 블승황송ᄒᆞ여이다 뎡비 말ᄉᆞᆷ을 니어 왈 쇼녀의 비박지질이 군ᄌᆞ의 빵이 아니어ᄂᆞᆯ 텬연이 지듕ᄒᆞ고 ᄉᆞ셰 말지 못ᄒᆞ여 셩친ᄒᆞ나 낭군의 영웅이 쇼녀의 바랄 ᄇᆡ 아니라 산계 비질이 난봉을 ᄧᆞᆨᄒᆞᄆᆡ 무ᄉᆞᄒᆞ믈 바라지 못ᄒᆞᄂᆞᆫ디라 집을 ᄯᅥ난 지 일

19면

슌이나 약질이 무양ᄒᆞ더니잇고 ᄉᆡᆼ이 투목으로 악모를 바라보니 옥이 윤ᄐᆡᆨᄒᆞᆫ 긔보ᄂᆞᆫ 명쥐 다ᄉᆞᄒᆞ고 ᄆᆞᆰ은 광휘 ᄇᆡᆨ셜이 한월의 빗최니 텬연ᄒᆞᆫ 빙ᄌᆞ 광염이 쇼연 홍목을 웃ᄂᆞᆫ 슉연ᄒᆞᆫ 거조와 단엄ᄒᆞᆫ 위의 ᄉᆞ군ᄌᆞ의 풍이 가ᄌᆞᆨᄒᆞ여 화평ᄒᆞᆫ 셩음이 기산의 봉이 놀고 법다온 이언이 물 흐르 ᄃᆞᆺᄒᆞ니 ᄉᆡᆼ이 놀나고 탄복ᄒᆞ야 흠신 샤왈 쇼ᄉᆡᆼ은 무식 필뷔라 일즉 귀궁의 허믈을 어드미 크니 존젼의 뵈오미 황괴ᄒᆞ오나 악당이 관ᄌᆞ인후ᄒᆞ샤 죄를 샤ᄒᆞ시고 거두어 슬하의 동상을 삼으시

20면

니 초례 납빙ᄒᆞ고 뉵녜 ᄇᆡᆨ냥으로 취ᄒᆞ여 화촉의 셩례ᄒᆞ니 부〃 의를 외임의 뎡ᄒᆞ엿거ᄂᆞᆯ ᄉᆡᆼ각 밧 실인의 괴거ᄒᆞ미 쇼ᄉᆡᆼ을 여견싀호호고 함구블언ᄒᆞ여 ᄂᆡᆼ안 묘시ᄒᆞ믈 한광인으로 아옵ᄂᆞᆫ디라 쇼ᄉᆡᆼ이 ᄌᆞ연 심녀를 허비ᄒᆞ여 죄ᄎᆡᆨ을 무릅ᄡᅳ고 겨유 셔로 만나니 묵〃ᄒᆞ여 벙어리오 한 목셕이라 닐너도 듯지 못ᄒᆞ고 무러도 대답지 아니〃 이 ᄀᆞᆺ틀 듈 알앗시면 부형과 ᄉᆞ뷔 권ᄒᆞᆫ들 취ᄒᆞ엿시리잇가 금셕 ᄀᆞᆺ튼 졍셩이 신명을 감동ᄒᆞ여 겨유 어드니 ᄯᅩ 쇼박마존지라 쇼

21면

ᄉᆡᆼ ᄀᆞᆺ튼 어린 남ᄌᆡ 업ᄉᆞ리로쇼이다 말ᄉᆞᆷ을 맛ᄎᆞ매 만면 츈풍이 ᄉᆞ좌를 동ᄒᆞ고 화ᄒᆞᆫ 우음이 쥬슌의 옥치 영농ᄒᆞ니 태부인과 노공이 박쇼ᄒᆞ기를 마지 아니ᄒᆞ고 초공의 단믁ᄒᆞᆷ과 진왕의 침위ᄒᆞ므로도 길이 웃고 왈 신랑의 넘나기 이 ᄀᆞᆺ튼 쟈ᄂᆞᆫ 쳐음 보왓노라 악모를 쳐음 보며 안히 흉도 너모 밧브고 아녀ᄂᆞᆫ 간쳥ᄒᆞᆫ 아히오 너ᄂᆞᆫ 져갓치 부잡

ᄒᆞ니 ᄯᅳᆺ이 부젹ᄒᆞ여 닙을 봉ᄒᆞ엿도다 부인은 복어인이라 엇디 가부를 쇼박ᄒᆞ랴 네 빌고 구〃히 보치지 말고 안식을

22면

ᄲᅵᆨ〃히 ᄒᆞ여 ᄉᆞ긔를 쥰졀히 ᄒᆞ여 녀ᄋᆞ로ᄡᅧ 두리고 탄복게 ᄒᆞ면 ᄌᆞ연 닙이 녈니고 귀 ᄇᆞᆰ으리라 졔인이 대쇼ᄒᆞ고 양셩이 빅샤 왈 악당 교훈이 맛당ᄒᆞ시나 쇼싱이 비록 션월뎡 돌입이 그른들 그 밧게 무숨 죄 이셔 ᄆᆡ양 부잡다 ᄒᆞ시며 조시의게 쇼박마즐 일이 잇ᄉᆞ오리오 바라건ᄃᆡ 악당은 조시를 엄칙ᄒᆞ샤 쇼셔로ᄡᅧ 당부의 위풍을 닐치 아니케 ᄒᆞ쇼셔 왕이 쇼왈 내 너의 방ᄌᆞ호믈 샤ᄒᆞ고 녀ᄋᆞ로 ᄒᆞ야곰 네게 허ᄒᆞ엿거ᄂᆞᆯ 당뷔 되여 안히를 졔어치 못ᄒᆞ고 날다려 청ᄒᆞ니 엇지 괴롭지

23면

아니리오 졔가홀 묘리를 가ᄅᆞ쳐시니 도라ᄀᆞ 그ᄃᆡ로 홀지어다 운현이 ᄎᆞᆷ지 못ᄒᆞ여 우음을 머금고 왈 아ᄆᆡ는 셩인이라 너의 션월 힝실을 더럽게 너기미니 네 죄 듕혼지라 아ᄆᆡ의 말ᄒᆞ믈 들으려 ᄒᆞ거든 ᄆᆡ를 안고 가ᄉᆡ를 져 고두청죄ᄒᆞ여 그ᄅᆞᆺᄒᆞ믈 샤례ᄒᆞ라 아ᄆᆡ 녜의를 심ᄉᆞᄒᆞ니 혈마 타둔이야 ᄒᆞ랴 그 밧 계괴 업ᄉᆞ리라 인광이 쇼왈 나는 아직 그런 일을 경녁지 ᄋᆞ녀시니 모로거니와 육단부형이야 청죄ᄒᆞᄆᆡ 조시 가문 풍쇽인가 네 가쟝 익도다 인광이 비록 쇼박은 마

24면

ᄌᆞ 조부인긔 가ᄉᆡ 져 청죄는 못ᄒᆞ리니 네 계교는 다 ᄡᅳ디 못ᄒᆞ려니와 악댱의 가ᄅᆞ치신 바를 밧드러 강포혼 호령으로 여ᄆᆡ를 휘오리라 뎡슉널이 안정히 니ᄅᆞᄃᆡ 현셰 비록 허믈이 잇ᄉᆞ나 녀ᄌᆡ 엇지 가부를 원망ᄒᆞ며 경만ᄒᆞ여 뭇는 말을 응치 아니리오 이는 녜를 모로미어니와 현셔는 관ᄃᆡ혼 도량으로 아녀ᄌᆞ의 허믈을 칙망치 말고 거ᄂᆞ리믈 위덕으로 ᄒᆞ여 규합의 부덕을 외인이 알게 말나 쳡이 ᄯᅩ 아녀를 칙ᄒᆞ여 군ᄌᆞ긔 샤죄ᄒᆞ리라 싱이 공슈 칭샤 왈 쇼싱이 허믈이 크니 엇지 실

25면

인의 긔거를 칙망ᄒᆞ리잇가마는 ᄌᆞ염을 괴로이 등ᄃᆡᄒᆞ여 셔로 맛나ᄆᆡ 부창부슈ᄒᆞ여

화락ᄒᆞᄂᆞᆫ 의ᄉᆞ를 짓지 못ᄒᆞ고 냉박ᄒᆞᆫ 얼골이 쇼싱의 호흥을 감ᄒᆞ니 심식 블호ᄒᆞ여 발언ᄒᆞ미로쇼이다 평능후 왈 숙시ᄂᆞᆫ 낫치 둣겁고 말이 능호므로 녀러 말 마옵 당부 쳐셰의 엇지 일개 부인을 졀졔치 못ᄒᆞ고 도로혀 흔단을 니ᄅᆞ리오 ᄆᆡᄌᆞ의 함믁ᄒᆞ미 비례를 한심ᄒᆞ야 부잡 광망을 ᄉᆞ괴려 아니ᄒᆞ미라 되 갓디 아니커든 ᄉᆞ괴지 말나 ᄒᆞ여시니 숙시 거동이 언마 단듕ᄒᆞ여시면 부인의 말

26면

ᄒᆞ기를 슬희 너기리오 ᄎᆞ후 힝실을 가ᄃᆞ듬어 ᄆᆡᄌᆞ의 낫게 너기ᄂᆞᆫ 욕을 밧지 말으쇼셔 조문 풍속은 부인이 본ᄃᆡ 가부 셤기기를 군신갓치 ᄒᆞ니 숙쥐 긔롱ᄒᆞᄂᆞᆫ ᄇᆡ 아니라 숙시의 ᄒᆞᄂᆞᆫ ᄇᆡ 한 일도 단듕ᄒᆞ미 업ᄉᆞ니 아ᄆᆡ의 요죠ᄒᆞᆫ 위인으로 대샹부동ᄒᆞ고 하믈며 션월뎡 힝식을 싱각ᄒᆞ면 한심ᄒᆞ여 말ᄒᆞ지 아닐지라 므어시라 칙ᄒᆞ리오 듕이 웃고 능후의 말이 올타 ᄒᆞ니 계현이 쇼왈 이러나 져러나 곰압지 아닌지라 내 죄로 맛기도 어려온ᄃᆡ 양형으로 인ᄒᆞ야 죄 닙으

27면

믄 익둙은디라 보면 뮈오ᄆᆡ 졔 엇디 뮈워 아니리오 ᄃᆡ면ᄒᆞ기 실흐미 괴이치 아니니 만일 져런 가부를 젼경을 혜지 아니코 금쳑으로 탁군을 슬컷ᄒᆞ여 갓가이 붓치지 아닐 거시로ᄃᆡ ᄆᆡ졔 어즐고 유약ᄒᆞ야 일방의 잇ᄂᆞ니라 즁인이 박쇼 왈 널로 ᄒᆞ야 마즌샤ᄆᆡ 너를 ᄉᆞᄌᆞ자니 양아의 일이 ᄯᅩᄒᆞᆫ 쇄롭도다 아녀ᄂᆞᆫ 녜외를 아ᄂᆞᆫ디라 맛ᄎᆞᆷ내 경부ᄒᆞ믈 어긔오디 아니리니 너ᄂᆞᆫ 치가ᄒᆞ믈 법으로 ᄒᆞ고 힝실을 일월갓치 ᄒᆞ야 젼과를 바리면 아녜 ᄌᆞ연 굴복ᄒᆞ야 부도를 직희리라 싱이 웃고 샤례ᄒᆞ더라

28면

이윽고 쳘혹시 드러와 안ᄌᆞ 말ᄉᆞᆷ홀ᄉᆡ 쳘싱 쥰아ᄒᆞᆫ 풍치와 옥면 뉴풍이 극진히 아름다오나 양싱의 찬난ᄒᆞᆫ 용화와 슈월 광치 잠간 밋지 못ᄒᆞ여 언건ᄒᆞᆫ 풍신은 ᄯᅥᄅᆞ지 못ᄒᆞ나 냥긔 셔랑이 진짓 옥인 군ᄌᆡ라 진왕이 두굿거오믈 니긔지 못ᄒᆞ여 희긔 가득ᄒᆞ니 좌위 가셰라 칭ᄒᆞ더라 양싱이 조시로 더브러 관져지낙이 진듕ᄒᆞ나 쇼졔 오직 입을 봉ᄒᆞ고 말을 아니ᄒᆞ되 졍당의 나ᄋᆞ가면 옥이 향을 품고 ᄭᅩᆺ치 웃ᄂᆞᆫ ᄐᆡ되 잇셔 동일지익와 츈풍 화긔를 겸ᄒᆞ엿시ᄃᆡ 싱을 ᄃᆡᄒᆞ면

29면

어ᄅᆞᆷ이 굿고 옥이 ᄎᆞ니 한ᄆᆡ 납셜을 씌엿고 소월이 빙산의 바ᄋᆡᄂᆞᆫ ᄃᆞᆺᄒᆞ니 ᄉᆡᆼ이 창히 ᄅᆞᆯ 니우ᄅᆞ며 츈풍을 잇그ᄂᆞᆫ 긔운과 웃ᄂᆞᆫ 화긔로ᄃᆡ 조시ᄅᆞᆯ 사괴지 못ᄒᆞ야 한 말도 문답지 못ᄒᆞ니 ᄉᆡᆼ이 통한ᄒᆞ믈 이긔지 못ᄒᆞ며 맛나면 뮈온 ᄉᆞ이 갓흐여 미우ᄅᆞᆯ ᄉᆡᆼ긔고 한슉ᄒᆞᆫ 노긔 가득ᄒᆞ니 쇼뎨 빵안을 나초고 동지 안셔ᄒᆞ야 ᄉᆡᆼ의 분〃ᄒᆞᆫ 노긔ᄅᆞᆯ 보나 요동ᄒᆞ미 업ᄉᆞ니 ᄉᆡᆼ이 ᄇᆡᆨ가지로 위염을 보이고 노ᄅᆞᆯ 씌여 호령이 ᄉᆡᆼ풍ᄒᆞᄆᆡ 쇼졔 안연 부동ᄒᆞ니 양부인이 갓고 구괴 아지 못ᄒᆞᄃᆡ 두시 지긔ᄒᆞ

30면

고 져기 민망ᄒᆞ야 종용히 닐너 왈 나ᄂᆞᆫ 명박지인이라 셰샹을 샤결ᄒᆞ연 지 오ᄅᆡ더니 이졔 쇼져의 ᄌᆞ미 운치와 슉ᄌᆞ 혜질을 구경ᄒᆞ니 양문의 경ᄉᆡ라 명박ᄒᆞᆫ 인ᄉᆡᆼ도 유광ᄒᆞ야 다힝ᄒᆞ미 젹지 아니ᄒᆞ도다 사ᄅᆞᆷ이 셰샹의 나매 삼강오샹의 침ᄒᆞ고 듕ᄒᆞ 니 부〃간 ᄀᆞᆺᄐᆞ 니 업ᄂᆞᆫ디라 그ᄃᆡ ᄇᆡᆨ시 슉뇨ᄒᆞᄃᆡ 쇼텬의 허믈 보미 잇ᄂᆞᆫ가 냉낙ᄒᆞᆫ 거동이 남ᄌᆞ의 분노ᄅᆞᆯ 도〃와 화평ᄒᆞᆫ 긔샹을 닐흐니 부도의 온슌ᄒᆞᆫ 도리 아니라 취치 아니ᄒᆞ노라 구괴 아ᄅᆞ시면 블평히 아ᄅᆞ

31면

시리니 그ᄃᆡᄂᆞᆫ 익이 ᄉᆡᆼ각ᄒᆞ라 ᄎᆞ후ᄂᆞᆫ 샹경샹화ᄒᆞ야 희긔ᄅᆞᆯ 상히오지 말나 쇼졔 염임 샤례ᄒᆞ고 그 말슴이 녜되 잇고 유한 뎡졍ᄒᆞ여 덕되 겸젼ᄒᆞᆫ 슉녜믈 공경ᄒᆞ고 진졍 쇼견으로 가ᄅᆞ치믈 감격ᄒᆞ니 엇지 가군을 ᄉᆡᆼᄒᆞᆫ 친존괴믈 ᄭᆡ드ᄅᆞ리오 일로 조ᄎᆞ ᄉᆡᆼ의 분뇌 졈〃 더ᄒᆞ여 일〃은 슐을 취ᄒᆞ고 영쇼뎡의 드러오니 쇼졔 니러 마ᄌᆞ 먼리 단좌ᄒᆞ니 냉엄ᄒᆞᆫ 긔운이 젼쟈로 일반이라 ᄉᆡᆼ이 그 고은 얼골은 이목의 긔이ᄒᆞ고 쳥안ᄒᆞᆫ 옥셩을 듯지 못ᄒᆞ니 ᄆᆞ음의 답〃ᄒᆞ여 문득 졍ᄉᆡᆨ

32면

ᄎᆡᆨ 내 비록 용녈ᄒᆞ나 실인의 가뷔라 ᄉᆡᆼ을 보면 유시 능멸ᄒᆞ믈 층가ᄒᆞ여 결발 슈샥에 한 번 온슌ᄒᆞᆫ 빗츨 못 보고 한 쇼ᄅᆡ ᄃᆡ답을 괴로이 너기니 이ᄂᆞᆫ 왕공의 귀ᄒᆞᆫ 녀ᄌᆡ로라 ᄒᆞ여 ᄌᆞ듕 교오ᄒᆞ미라 만일 인광이 ᄯᅳᆺ의 ᄎᆞ지 아니ᄒᆞ고 구개 ᄆᆞ음의 낫거든 놉흔 몸을 욕ᄒᆞ여 양ᄉᆡᆼ의 쳐실이로라 말고 도라갈 곳이 잇거든 임의로 도라가라 쇼뎨 텽

파의 팔ᄌ 츈산이 젹이 낫고 츄파 냥안이 미〃히 가ᄂ러 일 언을 부답ᄒ니 싱이 취듕 심화를 이긔지 못ᄒ여 분연히 칼흘 드러

33면

상을 깨치고 〃셩 대매 왈 요악ᄒᆫ 녀지 감히 친가 위셰를 밋고 가부의 듕ᄒᆫ 쥴을 아지 못ᄒ니 이 엇지 경부ᄒᄂᆫ 도리〃오 호령이 뇌졍 ᄀᆺᄒ니 쇼졔 일호 요동ᄒ미 업셔 안ᄉᆡᆨ이 ᄐᆡ연ᄒ니 싱이 더옥 분노ᄒ여 쇼ᄅᆡ 질너 좌우를 브ᄅ니 시녀 복쳡이 두려 썰니 응명ᄒ니 싱이 엄히 분부 왈 너히 쥬뫼 쇼텬을 아지 못ᄒ고 능만ᄒ미 여지업ᄉ니 내 비록 미셰ᄒ나 감심ᄒᆯ ᄇᆡ 아니라 썰니 당의 나려 죄를 드ᄅ라 말이 맛지 못ᄒ여 쇼졔 잠이를 그ᄅ셔 셔연이 계하의 나리니 이

34면

ᄯᅥᆨ 룡동이라 일긔 엄한ᄒ니 쇼뎨 다른 사름 갓흐면 치위와 호령을 니긔지 못ᄒᆯ ᄇᆡ로ᄃᆡ 종시 일 언을 블개ᄒ니 싱이 셰워 두고 즈ᄅ기를 한업시 ᄒ여 오도가도 못ᄒ게 ᄒ니 ᄎ일 냉풍이 나의를 붓치니 싱이 심니의 귀골이 샹ᄒᆯ가 념네 젹지 아니되 져의 교오ᄒ믈 꺼싀러 ᄒ므로 초경으로붓허 이경 말의 니ᄅᄃᆡ 셔시니 쇼졔 칩고 괴로오믈 이긔지 못ᄒᄃᆡ 긔운이 식〃ᄒᆯ 쁜이오 종시 일 언을 아니ᄒ고 만신이 한뎐ᄒ야 유모의게 의지ᄒ야 ᄇᆞ롬을 막고 셧더니 시네 이 경

35면

상을 조군쥬긔 고ᄒᄆᆡ 군쥬 ᄃᆡ경ᄒ여 급히 쇼져를 브ᄅ니 명을 니어 드러와 뵈온ᄃᆡ 부인이 겻히 안치고 그 숀을 잡으ᄆᆡ 어름갓치 ᄎᆫ지라 쇼졔 유모를 블너 곡절을 므른ᄃᆡ 유랑이 안쟈 경상을 아뢰니 부인이 탄왈 현부ᄂᆫ ᄃᆡ가 법문의 요조슉네라 빅식 ᄋᆞ름답고 만ᄉᆡ 뜻의 ᄎᆞ니 아쟈의게 과분ᄒ믈 두리거ᄂᆯ 돈ᄋᆞ의 광망ᄒ미 현부를 호령ᄒ야 즉난이 여ᄎᆞᄒ니 엇지 한심치 아니리오 연이나 녀ᄌ의 일싱 고락이 가부의 장듕의 잇ᄉ니 ᄋᆞᄌ의 셩품 화열ᄒ

36면

나 병통이 ᄉᆡ험 과격ᄒ여 한 번 ᄆᆞ음을 뎡ᄒᄆᆡ 구뎡이 가ᄇᆡ야오니 그 뜻을 니른 후

엇기 어렵고 그 슈하의 쳐ᄒᆞ믹 광픽ᄒᆞᆫ 셩을 내면 괴로온지라 현부의 슉뇨ᄒᆞ므로 무숨 일로 그 셩을 도〃왓ᄂᆞ뇨 쇼졔 부복 사죄 왈 쳡이 비박지질로 ᄉᆞ〃마다 군ᄌᆞ 고안의 불합ᄒᆞ온디라 불흡ᄒᆞ미 무숨 일인 쥴 알니잇고 다만 그 슈죄ᄒᆞᄂᆞᆫ 언단이 교오방ᄌᆞᄒᆞ고 경부지례를 일타 ᄒᆞ오니 이는 다 쳡의 블민ᄒᆞ미라 야반의 하당ᄒᆞᄂᆞᆫ 욕을 보오니 ᄌᆞ당감슈어놀 존괴 미세지ᄉᆞ를 이갓치 슬피샤

37면

이갓치 무익ᄒᆞ믈 입ᄉᆞ오니 황공감은ᄒᆞ믈 이긔지 못ᄒᆞ리로쇼이다 부인이 잠쇼 왈 현분의 놉흔 힝실이 엇지 가부를 능만ᄒᆞ며 교오ᄒᆞ미 잇ᄉᆞ리오 져는 셩품이 풍용 화려ᄒᆞ야 현부의 셩경으로 내도ᄒᆞ니 천금 약질이 욕을 보도다 더온 거슬 마시오고 옥슈를 잡아 녹여 쥬며 만단 익정이 ᄌᆞ모 갓ᄐᆞ니 쇼졔 감은 각골ᄒᆞ야 오직 화ᄒᆞᆫ 안식과 나즉ᄒᆞᆫ 긔운으로 일분 블평ᄒᆞᆫ 뜻이 업ᄉᆞᆫ지라 부인이 익지년지ᄒᆞ여 싱을 블너 칙왈 녀ᄌᆞ의 몸이 ᄉᆞ〃 가련ᄒᆞ야 조시 갓ᄐᆞᆫ 슉네 너 ᄀᆞᆺ

38면

ᄐᆞᆫ 탕ᄌᆞ를 맛나니 비록 ᄉᆞ졍의 깃부나 믹양 존잉히 너기거놀 과연 념녀와 갓ᄐᆞ여 좌셕이 미란ᄒᆞ여 너의 광픽ᄒᆞᆫ 위엄과 싀험ᄒᆞᆫ 셩경이 시녀를 난타ᄒᆞ고 현쳐를 구욕ᄒᆞ니 엇지 ᄉᆞ름의 ᄒᆞᆯ 빅리오 내 그 어미 되여 너 갓ᄐᆞᆫ ᄌᆞ식은 가ᄅᆞ치지 못ᄒᆞ야 조시 갓ᄐᆞᆫ 현부를 편히 거ᄂᆞ리지 못ᄒᆞ니 네 공연히 모진 셩을 발ᄒᆞ야 지란 약질을 한풍 냉디의 셰워 두고 몹슬 말노 욕ᄒᆞ니 진실로 고이ᄒᆞᆫ지라 네 구박ᄒᆞ야 가라 ᄒᆞ니 그리 아냐도 능히 친졍에 보내고 다시 다려오지 아니ᄒᆞ리라 광픽ᄒᆞᆫ 너를

39면

맛져 남의 귀ᄒᆞᆫ ᄌᆞ식을 병을 닐윌진ᄃᆡ 어미 된 재 ᄎᆞᆷ괴치 아니랴 병뷔 쇼져를 보믹 노긔 블 갓ᄐᆞᆫ지라 모젼의 님ᄒᆞᆫ 고로 낫빗출 졍히 ᄒᆞ고 쇼릭를 가ᄃᆞ듬아 왈 쇼ᄌᆡ 비록 용널ᄒᆞ오나 결발지의 잇ᄉᆞ오믹 조시 아모리 긔특ᄒᆞ야도 부부 륜긔 명빅ᄒᆞ거놀 쇼ᄌᆞ 알기를 한 밋친 거ᄉᆞ로 ᄒᆞ고 뭇ᄂᆞᆫ 말을 ᄃᆡ답지 아녀 괴거지ᄉᆞ를 부리나 나히 어리니 슈습ᄒᆞ야 그런가 ᄒᆞ야숩더니 졈〃 더옥 교앙ᄒᆞ니 ᄎᆞᆷ아 일방의 ᄃᆡ면치 못ᄒᆞᆯ지라 쇼ᄌᆞ를 바리고 가라 ᄒᆞ오미어놀 므어시라

40면

ᄉᆞ며 알외왓건ᄃᆡ 스ᄉᆞ로 ᄎᆡᆨᄒᆞ시나니잇고 왕공의 녀ᄌᆞ 아녀 황녜라도 ᄒᆡᆼᄉᆡᆨ 져 갓고ᄂᆞᆫ 츌부ᄅᆞᆯ 면치 못ᄒᆞ리니 일졍 그 의모 금션 공주ᄅᆞᆯ 달맛난가 시붓디라 집의 두기 괴로오니 명일이라도 보내옵쇼셔 부인이 더옥 노ᄒᆞ여 ᄭᅮ지져 왈 블초ᄌᆡ 현쳐ᄅᆞᆯ 이러ᄐᆞᆺ 욕ᄒᆞ니 너 갓ᄐᆞᆫ ᄌᆞ식을 두어 양시 조션의 죄인이 될가 ᄒᆞ노라 조시ᄂᆞᆫ 네 보내라 아니ᄒᆞ야도 내보내려니와 남의 쳔금 옥녀ᄅᆞᆯ 곡경으로 구ᄎᆞ이 구ᄒᆞ야 혼인을 닐우고 도로혀 이런 광ᄑᆡ지식 잇ᄉᆞ니 녀ᄌᆡ 가부ᄅᆞᆯ 그ᄅᆞᆺ 맛나ᄆᆡ 괴

41면

로오믈 ᄭᆡᄃᆞᆺ괘라 네 낫치 두텁거니와 하면목으로 진왕을 보려 ᄒᆞᄂᆞᆫ다 ᄉᆡᆼ이 쇼왈 모친은 져의 블초ᄒᆞ믈 ᄎᆡᆨ지 아니시고 ᄒᆡᄋᆞ만 ᄎᆡᆨᄒᆞ시ᄂᆞ니잇가 진왕이 져 갓ᄐᆞᆫ ᄯᆞᆯ을 두어시니 가ᄅᆞ치지 못ᄒᆞ미 ᄎᆞᆷ괴ᄒᆞᆯ지라 쇼ᄌᆡ 무ᄉᆞᆷ 낫치 더우리잇가 그러나 조시ᄅᆞᆯ 도라보낼가 겁ᄒᆞ야 도로혀 웃고 말ᄉᆞᆷᄒᆞᄃᆡ 쇼ᄌᆡ 이러므로 위엄이 셔지 못ᄒᆞ거니와 어나ᄉᆞ이 내치리잇고 그 부형의 낫출 보와 아직 머므러 두고 그 괴물을 가ᄅᆞ치쇼셔 부인이 ᄉᆡᆼ을 ᄭᅮ짓고 쇼져ᄅᆞᆯ 위로 왈 고인이 녀도의 공을 닐ᄏᆞᆺ고 경강의

42면

뵈틀을 인ᄒᆞ야 나라 다ᄉᆞ리ᄂᆞᆫ 도ᄅᆞᆯ 베프니 공ᄌᆡ 기리신지라 이졔 현뷔 법가의 ᄉᆡᆼ댱ᄒᆞ야 슉녀 현비의 ᄒᆡᆼ실을 밧드러 효측ᄒᆞᆯ 거시니 돈ᄋᆞ의 광탕ᄒᆞ믈 개회치 말고 날이치우니 침쇼로 도라가 편히 헐슉ᄒᆞ고 돈ᄋᆞᄅᆞᆯ 어지리 내죠ᄒᆞ야 허믈 곳치고 ᄒᆡᆼ실을 가ᄃᆞ담게 ᄒᆞ면 이ᄂᆞᆫ 현부의 공이라 쇼제 부복 슈명ᄒᆞ고 다시 가ᄅᆞᆫ 명을 드ᄅᆞᄆᆡ 셰렴이 ᄉᆞ연ᄒᆞ나 존명을 거역지 못ᄒᆞ야 유모로 더브러 영쇼뎡의 니ᄅᆞ니 ᄉᆡᆼ이 몬져 나왓다가 부인을 보고 눈을 흘니 ᄡᅥ 낭쇼 왈 ᄉᆞ

43면

ᄅᆞᆷ의 외뫼 져러ᄒᆞ고 내심이 그럿키ᄂᆞᆫ ᄉᆡᆼ각 밧기로다 부인이 위셰ᄅᆞᆯ ᄌᆞ랑ᄒᆞ나 공쥐라도 하가ᄒᆞᆫ 후ᄂᆞᆫ 여ᄎᆞ 교만ᄒᆞ면 한이 이ᄉᆞᆯ 거시니 날을 남으라ᄂᆞᆫ 일이냐 만일 한 말곳 ᄒᆞ면 내 다시 힐난치 아니리라 쇼제 져의 쇽이 졈〃 헤아릴 거시 업ᄉᆞ믈 보고 그ᄋᆞᆨ이 한ᄒᆞ나 ᄯᅩᄒᆞᆫ 네의ᄅᆞᆯ 아ᄂᆞᆫ디라 염임 피셕 ᄃᆡ왈 쳡은 규듕 무식ᄒᆞᆫ 쇼견이라 네의

를 아지 못ᄒᆞ고 고셔를 통치 못ᄒᆞ야 군ᄌᆞ긔 득죄ᄒᆞ미 만흔지라 칙ᄒᆞ시믈 감히 한ᄒᆞ며 츌화를 면ᄒᆞ리잇가 쳡은 드ᄅᆞ니 우히

44면

졍ᄒᆞ면 아릭 ᄌᆞ연 다ᄉᆞ리며 군ᄌᆡ 빅힝이 겸ᄒᆞᆫ ᄉᆞ군ᄌᆞ로 례의로 쳐신ᄒᆞ고 튱효로 힝신ᄒᆞ야 일월지힝으로 공밍을 ᄯᆞ로시면 쳡슈박졍이나 밍광의 거안졔미를 효측ᄒᆞ야 군ᄌᆞ를 샹경ᄒᆞᆯ 거시로ᄃᆡ 부뷔 샹ᄃᆡᄒᆞ야 언쇄 ᄌᆞ약ᄒᆞᆫ 후야 군ᄌᆞ를 공경ᄒᆞᆫ다 ᄒᆞ리잇가 쳡이 어려셔브터 졔형의 닙신 슈힝을 보왓시니 군ᄌᆞ의 힝ᄒᆞ시ᄂᆞᆫ 바ᄂᆞᆫ 례문의 듯지 못ᄒᆞᆫ ᄇᆡ라 어린 ᄯᅳᆺ의 경혹ᄒᆞ야 일죽 무ᄅᆞ시ᄂᆞᆫ 바를 ᄃᆡ답지 못ᄒᆞ고 ᄯᅩ 인ᄉᆡ 쇼졸ᄒᆞ나 부형 밧긔 ᄃᆡᄒᆞ미 업다가 블의의

45면

군ᄌᆞ의 엄위를 ᄃᆡᄒᆞ미 녀ᄌᆞ의 슈괴ᄒᆞ믄 인졍 샹ᄉᆡ라 군ᄌᆡ 관홍ᄒᆞᆫ 도량으로 가옹의 눈 어두우믈 효측지 아니ᄒᆞ고 날마다 졀칙ᄒᆞ고 언단의 부형의 권셰를 밋ᄂᆞᆫ다 일ᄏᆞᄅᆞ매 내치기로 져혀 도라갈 곳이 이시리라 ᄒᆞ니 쳡의 긔구ᄒᆞᆫ 명도로 션월졍 욕을 보고 결부의 죽기를 효측지 못ᄒᆞᆫ 연고로 여ᄎᆞ 구욕을 감심ᄒᆞ니 다 쳡의 죄라 감히 누를 원ᄒᆞ리잇고 죄 이시면 어내 ᄊᆡ의 내치지 못ᄒᆞ야 반야의 하당 구욕ᄒᆞ기를 쳔쳡갓치 ᄒᆞ시니 이ᄂᆞᆫ 군ᄌᆞ의 덕의 숀샹

46면

ᄒᆞ미오 이졔 ᄯᅩ 멸ᄃᆡ 여ᄎᆞᄒᆞ니 이ᄂᆞᆫ 위인이 비박ᄒᆞ미어이와 군ᄌᆞ의 실덕이라 쳡이 존문의 니ᄅᆞ런 지 겨유 슌여에 녀러 가지 거죄 이의 밋ᄎᆞ시니 쳡의 ᄆᆞᄋᆞᆷ이 엇지 히연치 아니리잇고 군ᄌᆞᄂᆞᆫ 심야의 더옥 힝실을 슈련ᄒᆞᄂᆞ니 보리 업다 ᄒᆞ야 심야의 규방의 돌입ᄒᆞᄂᆞᆫ 군ᄌᆡ 잇ᄉᆞ리오 쳡이 비록 츌화를 당ᄒᆞᆯ디라도 쇼견을 휘치 아니ᄒᆞᄂᆞ니 쳡의 셩의 완ᄒᆞ고 구ᄎᆞᄒᆞ야 여러 말숨을 문담ᄒᆞ니 낫치 더으며 ᄎᆞᆷ괴ᄒᆞ야 욕ᄉᆞ무디로쇼이다 말숨이 강개 졀직ᄒᆞ야 기산의

47면

봉이 울며 옥반의 진쥐 구으ᄂᆞᆫ ᄃᆞᆺᄒᆞ니 ᄉᆡᆼ이 어린 ᄃᆞ시 그 닙으로 말ᄒᆞ믈 바라보아 졍

신을 술오더니 그 말숨을 긋치믈 인호야 우어 왈 즈의 허다훈 셜홰 이 굿거니와 실노 싱각 밧기로다 내 븟그럽지 아니〃 직 무어시 븟그러으리오 부인의 셜풍 월모를 흠션호야 곡경의 구추호믈 죄치 아니코 악당의 굿은 뜻을 도로혀 겨우 맛누매 문득 돌사름 갓투여 언어를 블통호니 엇지 놉지 아니호리오 내 드르니 쳘슈문의 쳬 얼골이 박식뿐 아녀 셩힝이 블초

48면

호야 가부를 졀제호고 구가를 아두훈다 호니 원닉 악부뫼 남즈는 낫〃치 잘 나흐시고 녀즈는 다 강악히 나으 계신가 호노라 쇼제 옥안이 담〃호야 다시 말숨을 아니〃 싱이 딕쇼호고 한가지로 금니의 나으가니 은졍이 틱산 하히 갓더라 조시 션월뎡 일이 통입 골슈호야 분훈 고로 비록 가부의 톄면이 존듕훈 쥴 아나 말을 답디 아냐 셕달을 믹〃호매 싱의 노긔 비샹호야 곤옥이 비경호고 존고의 경계와 두시의 말숨이 뎡녕 간측호니 마지못호야 뭇는 말이나 딕호니 싱이 쾌활

49면

호야 은익 침듕호더라 텬지 양병부 총익호미 만죠를 기우리는디라 그 풍치 긔샹을 표호야 쇼항 년쇼 미챵 사십 여 인을 사급호시니 샹셰 스양호나 밋지 못호야 망월누의 머므르고 기 듕 졀식 명기 십 여 인을 유졍호니 날마다 슐을 먹으며 풍류를 드려 쾌락호니 양공 부부는 알지 못호고 조쇼져는 알오대 동지 즈약호야 싱의 즈최 드믈수록 싀훤히 넉이더니 일일은 태식 안의 들딕 쎡를 타 졔창을 다리고 망월루의셔 풍류를 시기고 슐을 먹으며 홍

50면

을 니긔지 못호더니 믄득 벽졔셩이 먼리 들니는 곳의 스륜거를 모라 브문의 님호니 바르믹 스부 초국공이 오는디라 추뤼 본딕 길을 당호야 갓갑고 안이 머니 내당으로 가는 길이 망월루를 지는지라 가셩이 아〃호고 무쉬 편〃호야 인셩이 들네딕 초공이 눈을 드러 보믹 양싱이 딕취호야 봉목이 프러지고 쥬긔 져〃 홍상을 겻지으며 손을 잇글고 희연훈 우음과 풍륭훈 말숨이 즈약호거늘 초공이 추면호고 바로 내당으로 드러가 악부모긔 뵈옵고 질녀를 불너 욺히 나

51면

아오ᄆᆡ ᄒᆞᆫ연 ᄋᆡ듕ᄒᆞ미 친녀 질녀로 간격이 업ᄂᆞᆫ디라 그 ᄉᆞ이 평부ᄅᆞᆯ 뭇고 크게 반겨 ᄒᆞ니 쇼졔 ᄯᅩᄒᆞᆫ 부왕을 뵈옴과 일반이라 유화ᄒᆞᆫ 낫빗과 공슌ᄒᆞᆫ ᄀᆡ운이 온ᄌᆞᄒᆞ야 존당 부모의 평부ᄅᆞᆯ 뭇ᄌᆞ오니 초공이 답왈 아직 반셕 갓ᄐᆞ시ᄃᆡ 대뫼 너ᄅᆞᆯ ᄉᆡᆼ각ᄒᆞ시니 슈히 귀령ᄒᆞ야 뵈오라 인ᄒᆞ야 태ᄉᆞᄭᅴ 뭇ᄌᆞ오ᄃᆡ 인광이 어ᄃᆡ 가니잇가 ᄐᆡᄉᆡ 왈 집의 잇더니 아지 못ᄒᆞ리로다 밧ᄭᅴ 잇ᄂᆞᆫ가 ᄇᆞᄅᆞ라 승샹이 묵연이러니 이윽고 ᄉᆡᆼ이 ᄎᆔᄉᆡᆨ이 만면ᄒᆞ야 냥안이 프러져 ᄉᆞ부ᄅᆞᆯ 보고 황송

52면

ᄒᆞᆫ 빗치 잇더라 례파의 좌ᄅᆞᆯ 뎡ᄒᆞ며 ᄐᆡᄉᆡ 왈 네 어ᄃᆡ 가 져러ᄐᆺ 취ᄒᆞ얏ᄂᆞ뇨 병뷔 ᄃᆡ왈 마춤 붕우로 셔로 권ᄒᆞ여 취ᄒᆞ오니 황공ᄒᆞ와 엄하의 뵈옵지 못ᄒᆞ더니 ᄉᆞ뷔 니ᄅᆞᄆᆡ 아니 뵈옵디 못ᄒᆞ와 니ᄅᆞ럿ᄂᆞ이다 초공이 눈을 드러 인광을 냥구히 바ᄅᆞ보다가 갈오ᄃᆡ ᄉᆡᆼ은 외인이라 악당의 교ᄌᆞ와 가ᄉᆞ의 간예티 아념즉ᄒᆞ오ᄃᆡ 인광의 인ᄉᆞ 힝검은 타인의셔 더 가다듬옴즉ᄒᆞᄃᆡ 인광과 현셔ᄂᆞᆫ ᄒᆞ믈며 ᄉᆞ데지의 잇ᄂᆞᆫ디라 인광의 허믈을 보고 ᄌᆞᆷ〃ᄒᆞ면 이ᄂᆞᆫ 쇼ᄉᆡᆼ이 악당을 져바릴

53면

ᄲᆞᆫ 아니라 그 ᄆᆞ음을 져ᄇᆞ림이라 인광이 방약무인ᄒᆞᆫ 거동이 우흐로 엄부ᄅᆞᆯ 모로고 버거 쇼ᄉᆡᆼ을 아지 못ᄒᆞ니 여ᄎᆞ 무샹코ᄂᆞᆫ 군샹을 엇지 셤기리오 쇼ᄉᆡᆼ이 외람ᄒᆞ오나 졔 ᄉᆞ부라 악당의 못 밋쳐 ᄉᆞᆯ핀 바ᄅᆞᆯ 가히 다ᄉᆞ리지 못ᄒᆞ리잇가 금일 인광이 망월루의셔 슐을 ᄃᆡ취ᄒᆞ고 챵녀로 희롱ᄒᆞᆫ 거동이 ᄉᆞ인 대참이라 쇼ᄉᆡᆼ이 낫출 가리오고 지낫ᄉᆞ오니 졔 벼술이 ᄌᆡ녈의 잇고 ᄯᅩᄒᆞᆫ 년쇼 쳑동이 아니라 범ᄉᆞᄅᆞᆯ 졔 ᄆᆞ음ᄃᆡ로 ᄒᆞ야 부형 뫼신 ᄉᆞᄅᆞᆷ 갓디 아니믈 가히 다ᄉᆞ리리니

54면

오ᄂᆞᆯ 그만두면 내일 ᄯᅩ 져럴지라 엇지 한심치 아니리오 미우의 셔리ᄅᆞᆯ ᄲᅴ리고 안ᄉᆡᆨ이 동텬 셜월 ᄀᆞᆺᄐᆞ니 ᄐᆡᄉᆞ 부뷔 탄복ᄒᆞ여 왈 인광은 현셔ᄅᆞᆯ 가져시니 노뷔 ᄉᆡ질이 침칙ᄒᆞ니 후일을 슴가게 ᄒᆞ라 초공이 ᄇᆡ샤ᄒᆞ나 이ᄯᆡ 병뷔 초공의 말ᄉᆞᆷ과 부모의 답언을 드ᄅᆞᄆᆡ 오직 ᄎᆞᆷ괴 황공히 ᄒᆞ여 엇지ᄒᆞᆯ 쥴 몰나 부복ᄒᆞ여 ᄃᆡ죄ᄒᆞᆯ ᄯᆞᄅᆞᆷ이러니 초공

이 날이 느ᄌᆞᆺᄆᆡ 하직ᄒᆞ고 나올ᄉᆡ 한〃이 쳠ᄇᆡᄒᆞ야 외당의 ᄯᆞᄅᆞ나오니 초공이 텽샹의 단좌ᄒᆞ야 좌우로 병부

55면

ᄅᆞᆯ 잡아 나리오고 ᄉᆞ예ᄅᆞᆯ 명ᄒᆞ야 ᄆᆡᄅᆞᆯ 들라 ᄒᆞ고 탄왈 내 ᄌᆞ식도 당칙을 못ᄒᆞ며 너ᄅᆞᆯ 이 거조ᄅᆞᆯ 펴믄 내 실노 악당의 측은ᄒᆞ믈 픔고 블힝히 네 스ᄉᆡᆼ 노ᄅᆞᆺᄒᆞ연 디 당ᄎᆞᆺ 십 년이오 사ᄅᆞᆷ이 니ᄅᆞᄃᆡ 나의 웃듬 뎨ᄌᆡ라 ᄒᆞ더니 여ᄎᆞ 무샹ᄒᆞᆫ ᄒᆡᆼ실이 잇ᄉᆞ믄 ᄯᅳᆺ 아니 ᄒᆞᆫ ᄇᆡ라 내 ᄉᆞ뷔 되여 ᄌᆞᆯ 가ᄅᆞ치지 못ᄒᆞᆫ 죄라 부모ᄅᆞᆯ 긔탄 아니ᄒᆞ고 방일 음악ᄒᆞ니 엇디 아니 한심ᄒᆞ리오 ᄉᆡᆼ이 공슈 부복 ᄃᆡ왈 뎨ᄌᆞ의 금일 거조ᄂᆞᆫ 감당ᄉᆞ죄라 감히 발명치 못ᄒᆞ거니와 ᄉᆞ뷔 엇디 유현 녈 쳡은 용

56면

납ᄒᆞ시고 홀노 인광의 일시 챵악을 슈죄ᄒᆞ시ᄂᆞ니잇고 초공이 양ᄉᆡᆼ의 말ᄉᆞᆷ을 듯고 정ᄉᆡᆨ 칙왈 유현이 젼일 비록 방일타 ᄒᆞ나 내 ᄋᆞᇁ히셔ᄂᆞᆫ 져런 거동을 보지 아녓고 도금ᄒᆞ야ᄂᆞᆫ 십 챵 아녀 ᄇᆡᆨ 챵이라도 ᄒᆡᆼ신의 유희ᄒᆞ미 업슬지라 네 범ᄉᆞᄅᆞᆯ 유현만치 ᄒᆞ면 챵녀 ᄇᆡᆨ이라도 막디 아니리라 희라 사ᄅᆞᆷ이 부모ᄅᆞᆯ ᄉᆞ랑ᄒᆞᆯ ᄌᆞᆯ을 알고 공경ᄒᆞᄂᆞᆫ ᄌᆞᆯ을 모로면 금슈지ᄒᆡᆼ이라 부형 계신 ᄃᆡ 져 낫빗과 거동을 ᄒᆞ야 안연히 엄부 ᄋᆞᇁ히 니ᄅᆞ리오 내 비록 용녈ᄒᆞ

57면

나 여러 뎨ᄌᆞ와 너 갓튼 완만ᄒᆞᆫ ᄌᆞᄅᆞᆯ 보지 아녀시니 엇지 통히치 아니리오 언파의 대답을 기ᄃᆞ리지 아니코 결당ᄒᆞᆯᄉᆡ 병부의 긔운으로도 구쇽ᄒᆞ야 말을 못ᄒᆞ고 의대ᄅᆞᆯ 그ᄅᆞ고 ᄆᆡᄅᆞᆯ 마ᄌᆞᆯᄉᆡ 양공이 병좌ᄒᆞ야 개〃 고출ᄒᆞ야 셜뷔 샹ᄒᆞᄃᆡ 일셩 부동ᄒᆞ더라 조공이 그치고ᄌᆞ나 ᄒᆞ나 양공이 더 쳐 ᄉᆞ십 쟝의 니ᄅᆞ러 비로쇼 그치니 병뷔 완연히 뫼셔 일분 블호지ᄉᆡᆨ이 업ᄉᆞ니 양공이 ᄉᆞ지ᄌᆞ 무샹ᄒᆞ믈 칙ᄒᆞ고 조공은 일 언을 아녀 도라가니 병뷔 황공ᄒᆞ더라 ᄎᆞ야의

58면

영쇼뎡의 와 쇼져ᄅᆞᆯ 보고 탄왈 요ᄉᆞ니 날을 부인이 뮈워ᄒᆞ더니 삼촌을 보고 무어시

라 ᄒᆞ엿관ᄃᆡ 핑계ᄒᆞ야 사십 개를 듕타ᄒᆞ고 도라가시니 어린 인광의 안히 덕으로 결당ᄒᆞ얏시니 쉬 구원ᄒᆞ고 ᄆᆞ음이나 온슌ᄒᆞ야 ᄆᆞ음을 풀게 ᄒᆞ라 쇼졔 심두의 경동ᄒᆞ나 ᄉᆞ식지 아니ᄒᆞ고 안졍히 ᄃᆡ왈 쳐부도 ᄉᆞ회 ᄐᆡ당ᄒᆞᄂᆞ니 업고 어린 쟈 맛ᄂᆞ니 드므니 우리 슉뷔 고이ᄒᆞ시나 엇지 ᄐᆡ당ᄒᆞ리오마ᄂᆞᆫ 군ᄌᆞ의 십 년 ᄉᆞ데지도로 태장ᄒᆞ시믄 ᄉᆞ리의 당연ᄒᆞ니 엇디 놀랍고 〃이

59면

ᄒᆞ리오 군ᄌᆞ의 힝ᄉᆡ 슈렴ᄒᆞ실 ᄇᆡ라 블승의혹ᄒᆞᄂᆞ이다 병뷔 미우를 ᄉᆡᆼ긔여 짐즛 여러 말노 원망ᄒᆞ여 쇼져를 격동ᄒᆞ니 쇼뎨 오직 못 듯ᄂᆞᆫ ᄃᆞ시 말을 아니〃 병뷔 샹의 올나 흔연ᄒᆞᆫ 졍니 일양이오 쟝쳐를 뵈여 왈 이러나 져러나 부인으로 이 거죄 잇ᄂᆞ니 젼이라 ᄉᆞ뷔 결당ᄒᆞ시더냐 쇼졔 도로혀 미쇼 왈 군ᄌᆡ 쳡을 의심ᄒᆞ시거니와 슉부도 모로시고 부모긔나 흉을 보리라 의심ᄒᆞ시나니잇고 ᄉᆡᆼ이 조시를 보ᄎᆡ여 ᄌᆞ지도 못ᄒᆞ게 ᄒᆞ야 ᄆᆞᄌᆞᆫ ᄃᆡ 낫게 ᄒᆞ라 쇼졔 텽

60면

이블언ᄒᆞ야 슈즉ᄒᆞ미 업더라 조공이 진왕을 보고 인광의 무ᄉᆞᄒᆞ믈 고ᄒᆞ고 결당ᄒᆞ믈 뎐ᄒᆞ니 진왕이 쇼왈 내의 셔랑을 임의로 타둔ᄒᆞ리오 미녀 화락은 남ᄋᆞ의 쇼즉이라 므어시 ᄃᆡ단ᄒᆞ리오 조공이 쇼왈 이리 아녀ᄂᆞᆫ 졈〃 외입이 되리이다 왕이 역쇼 왈 인광의 호활이 일개로 늘글 재 아니라 그 몃 ᄉᆞ름을 모ᄒᆞᆯ 쥴 알니오 나ᄂᆞᆫ 이런 일을 근심치 아닌ᄂᆞ니 ᄉᆡᆼ각ᄒᆞ면 녀ᄋᆞ를 즌흙의 뭇으듯ᄒᆞ다 ᄒᆞ더라 초공이 탄왈 막비텬연이오 막비텬애라 극진히 아름답고 양셰

61면

고두 ᄃᆡ족이니 남이 일너도 하ᄌᆞᄒᆞᆯ 거시 업ᄉᆞ니 ᄆᆞ음의 측ᄒᆞᆯ 쌴이로쇼이다 진왕이 탄식ᄒᆞ더라 명일 병뷔 조부의 와 악부게 뵈오니 초공이 다시 닐ᄏᆞᄅᆞ미 업고 진왕이 흔연이 반겨 말ᄉᆞᆷᄒᆞ매 본ᄃᆡ 댱강을 토ᄒᆞᄂᆞᆫ 쇼견이 샹합ᄒᆞ야 노쇄 다ᄅᆞ나 실노 지긔지간이라 왕이 희연ᄒᆞ야 보면 ᄉᆞ랑ᄒᆞ고 깃거ᄒᆞ더라 병뷔 조시로 더브러 은졍이 ᄐᆡ산 갓튼디라 그윽이 ᄌᆡ취ᄒᆞᆯ 뜻이 잇ᄉᆞᄃᆡ 부뫼 허치 아니ᄒᆞᆯ 거시오 초공을 두려 조심ᄒᆞ더니 하늘이 쇼원을 마초고 조시의 운익이 당ᄒᆞ

62면

는디라 쳔고 요녀를 맛느니 이 엇더훈 사름이뇨 추셜 셔쥬후 곽관셩은 셩샹 츈궁시의 틱즈쇼부로 셩졍 강직후고 위인 명쳘후니 초공과 한가지로 츈궁을 뫼셔 어진 일홈이 죠야의 낫타나고 샹이 즉위후시미 디졉이 후후고 은총이 호연후야 셔쥬후를 봉후시고 국가 듕수를 의논후시더라 일 즈 일 녀를 두어 관치 못후고 녀우 월셩이 죠요치화를 노릭후니 사름 되오미 츈풍 쇼월 갓고 셩졍이 영오후고 지뫼 민쳡후며 일을 당후미 결단 강명후고 얼골이

63면

고와 수랑후옵되 싀랑의 모진 거슬 픔고 독샤의 악을 가젓시니 복쳡의 류라도 득죄후면 공교훈 쇠로 얼거 듁이되 간활후고 부모도 오히려 모로더라 다만 일 녀를 두고 수회를 틱홀식 병부샹셔 양인광을 보고 곽시 흠모후야 부모긔 보치 청혼후야 인광은 허코즈 후디 틱시 거졀 왈 인광이 수듕의 슉녀 취후야 아름다오미 셩비의 풍이니 무고히 지취후리오 후고 허치 아니〃 곽후는 녀우의 쯧이 인광의게 길울고 쳔고 영츈을 수랑후야 황샹긔 청혼훈디 샹이 인

64면

광을 수랑후시고 곽후를 취듕후시는지라 허락후시고 양틱수의 견고후믈 아르시는 고로 무고히 수혼이 되지 아닐가 후샤 파죠 후 인광과 평능후 등을 뎐뎡의 명후샤 한가히 말숨후실식 유현의 도덕의 논의와 인광의 영웅지논이 당강 쳔 리의 것출 거시 업수니 샹이 크게 칭춘후시고 바독판을 나오샤 우어 골우샤디 옛날 당틱종이 위징으로 박독 두시미 쳔고 미식라 오늘 짐이 한가후니 경등으로 긔국을 디후야 승부를 보리라 틱수 긔현이 듀왈 군신을 쇼

65면

호후샤 치국안민지도와 요슌의 덕을 의논후샤 샤히 만민을 술피실 거시어늘 신즈로 한만후믈 청후시고 농낙을 후시릿가 유현이 쥬왈 당초 위징을 신등은 올치 아니케 너기나이다 군신 분의 텬디 갓투니 신등이 년쇼 부지로 셩은을 입수와 외람이 듕신이 되오니 우튱을 다후와 치국을 바라옵느니 망녕도이 군신 분의를 샹히오리잇가 샹

이 냥신의 름연ᄒᆞ시믈 보시고 공경ᄒᆞ샤 왈 가히 나의 급암이라 엇디 경등의 말을 쓰디 아니ᄒᆞ리오 바독판을 가져 승부 결ᄒᆞ믈 경등이 ᄉᆞ

66면

양ᄒᆞ나 아모려도 한 판 승부ᄂᆞᆫ 보리라 인광이 부복 왈 냥조의 말ᄉᆞᆷ이 직언이라 신의 쇼견인즉 다ᄅᆞ니이다 텬위 지쳑의 군신이 ᄃᆡᄒᆞ야 일시 회셔로 긔국이 무슨 ᄃᆡ단ᄒᆞᆫ 허믈이리오 당뎨 갓튼 인군의 일이니 신은 원컨ᄃᆡ 셩샹의 교요ᄒᆞ신 ᄊᆡ 셩샹의 우음을 돕고져 ᄒᆞᄂᆞ이다 샹이 쇼왈 군ᄌᆞ 영운의 되 갓쵸나 뜻이 다ᄅᆞ니 금일 냥조의 졍ᄃᆡᄒᆞ믄 쾌ᄒᆞ고 긔특ᄒᆞ도다 즉시 양병부로 판을 나올ᄉᆡ 유화 유열ᄒᆞ야 어쥐 셧거 승부를 결ᄒᆞ시ᄆᆡ 군신이 크게 샹득ᄒᆞ니 샹이 일변 우으샤 왈

67면

승부ᄂᆞᆫ 나기가 잇ᄂᆞ니 경이 지거든 텬하 동냥지ᄌᆡ를 쳔거ᄒᆞ고 짐이 지거든 슉녀 사혼ᄒᆞ리라 냥조 긔 쳔의를 예탁ᄒᆞ고 인광이 ᄇᆡ샤 왈 ᄉᆞᆷ가 뎐교ᄃᆡ로 ᄒᆞ리이다 호흥이 ᄃᆡ발ᄒᆞ니 삼 판을 ᄃᆡ졉ᄒᆞᄆᆡ 샹이 우으시고 ᄌᆡ조ᄂᆞᆫ 블관ᄒᆞᆫ 일의도 버셔ᄂᆞ지 못ᄒᆞ도다 ᄒᆞ시고 짐이 실신ᄒᆞ리오 ᄒᆞ시며 즉시 젼교ᄒᆞ시ᄃᆡ 쇼부 곽영의 녀로 인광의 ᄌᆡ취를 허ᄒᆞᄂᆞ니라 병뷔 ᄉᆞ양 왈 신의 풍치 ᄆᆡ몰ᄒᆞ고 ᄒᆞ믈며 긔국 일 판의 엇지 ᄉᆞ혼ᄒᆞ시믈 당ᄒᆞ오리잇가 젼교를 환슈ᄒᆞ샤이다 샹 왈 경의 풍치 쟝

68면

낙이 작위 조츤 부인을 뺭〃이 두리니 금ᄎᆞ 소실을 ᄉᆞ양치 말고 취ᄒᆞ라 병부ᄂᆞᆫ 블감쳥이언정 이ᄂᆞᆫ 고쇼원이라 고두 ᄇᆡᄉᆞᄒᆞ고 ᄉᆞ양치 아니ᄒᆞ더라 본부의 와 슈말을 고ᄒᆞᆫᄃᆡ 티ᄉᆡ 깃거 아니나 ᄉᆞ양치 아닐 쥴 알고 황명으로 퇵일ᄒᆞ니 일ᄌᆡ 슈일이 격ᄒᆞᆫ지라 ᄉᆡᆼ이 흔희ᄒᆞ믈 이긔지 못ᄒᆞ야 조시를 취ᄒᆞᆫ 지 ᄉᆞ오 삭이 못 ᄒᆞ야 ᄌᆡ취ᄒᆞ니 심ᄉᆞ를 잔잉이 ᄒᆞ고 진왕 보기를 블안히ᄒᆞᄃᆡ 본ᄃᆡ 광활ᄒᆞ야 거리ᄭᅴ미 업ᄂᆞᆫ지라 조부의셔 쇼식을 듯고 경비 탄왈 풍뉴쟈로 ᄉᆞ회 ᄉᆞᆷ으면 젹인을 놀니리

69면

오마ᄂᆞᆫ 드러오ᄂᆞᆫ 재 어지〃 못ᄒᆞ면 아녀의 신세 편치 못ᄒᆞ리로다 진왕 왈 ᄌᆞ식의 젹

인을 이듸지 근심ᄒᆞ리오 비 탄왈 그러치 아니ᄒᆞ이다 쳡이 명되 긔박ᄒᆞ야 당초 험난을 경녁ᄒᆞ나 텬일을 보므로븟터 연쳬 ᄯᅩᄒᆞᆫ 황명을 ᄯᅳ로니 쳡이 ᄆᆡᄉᆞ의 우환이 업거니와 양싱은 년쇼 풍경이 호방ᄒᆞᆫ지라 졔가를 블응ᄒᆞ리니 쇼녀의 근심이 젹지 아니ᄒᆞ이다 왕이 쇼왈 녀ᄋᆞ의 복샹이 완젼ᄒᆞ니 필경은 무ᄉᆞ홀지라 ᄒᆞ더라 ᄐᆡᄉᆞ 부뷔 조시를 잔잉이 너겨 왈 현뷔 내 집의 온 지 슈삭의 직취 길

70면

셕이 쉬워시니 그듸를 위ᄒᆞ야 깃부지 아니토다 현부는 대가 고문 슉네라 투악이 칠거의 경계이시니 슉녀의 교화를 ᄡᅳ려니와 규문 쥬아의 명풍을 ᄯᅳ로면 우리 노경의 경ᄉᆞ를 보려니와 블연 즉 기홰라 조시 부복 슈명ᄒᆞ고 왈 쳡슈블릉누질이나 외람이 구고의 ᄋᆡ휼지덕을 입ᄉᆞ와 고당의 안와ᄒᆞ니 분의 넘ᄉᆞ온디라 구괴 구혼ᄒᆞ시나 한티 못ᄒᆞ려든 ᄒᆞ믈며 쥬샹의 ᄉᆞ혼을 엇지ᄒᆞ오며 슉녀로 ᄶᅡᆨᄒᆞ올 거시오니 쳡이 한가지로 군ᄌᆞ를 셤겨 구고 봉양을 ᄇᆡᆨ년의

71면

아황의 고ᄉᆞ를 즐길지라 엇지 질투지ᄉᆞ로 냥가의 쳥덕을 ᄇᆞ리〃잇고 말솜이 안졍ᄒᆞ고 츈풍 화긔 ᄌᆞ약ᄒᆞ니 구괴 블승흠ᄋᆡᄒᆞ고 듕ᄃᆡ히 너기더라 쇼졔 믈너 왈 구괴 직취를 알게 ᄒᆞ시니 내 길복을 가초리라 ᄒᆞ고 치단으로 관복을 짓고 흉비를 노화 관복을 가초왓더니 길일을 다ᄃᆞ라는 양뎡녈이 조가 죡현을 모화 연셕을 여러 듕당의 빈ᄀᆡᆨ이 가득ᄒᆞ니 조시 원비의 ᄌᆞ품으로 정결ᄒᆞᆫ 녜복이 톄모의 합ᄒᆞ니 ᄶᅡᆼ룡관을 ᄡᅳ고 목단잠을 옥빈의 가ᄒᆞ고 셰

72면

요의 홍금샹을 두ᄅᆞ고 봉익의 월나숨을 닙어 좌의 나셔니 텬연ᄒᆞᆫ 광치 일륜 옥셤이 셔광을 먹음어 동텬의 오른 ᄃᆞᆺ 쟉ᄐᆡ 쳔빙이 일만 ᄌᆞᄐᆡ 아올나 쥬슌 화협의 고은 빗치 무르녹으니 구괴 ᄉᆡ로이 두굿겨 ᄉᆞ랑ᄒᆞ더라 좌듕 홍분이 슈플 갓ᄐᆞ나 칙〃이 칭션ᄒᆞ야 됴죠슉네라 ᄒᆞ더라 병뷔 드러와 길복을 닙으랴 홀ᄉᆡ 됴부인이 쇼왈 조시 취ᄒᆞᆫ 지 ᄉᆞ오 삭의 ᄯᅩ 신인을 취ᄒᆞ니 그져 그 옷시 이ᄉᆞ니 입고 가라 샹셰 완이쇼ᄒᆞ고 눈을 드러 조시를 보니 양졍

73면

녈이 수지져 왈 조시 이곳의 임의 드러온 지 수오 삭의 신춰ᄒᆞ니 어내 ᄉᆞ이 안히 쇼임인들 ᄒᆞ며 모친이 식이지 아니시니 ᄉᆞ직 업순 길복을 셤기리오 네 어내 념치로 안히롤 조로고져 ᄒᆞᄂᆞᆫ다 싱이 쇼이딕왈 쇼졔 엇지 념치 업ᄉᆞ리잇고 비록 모친이 니ᄅᆞ지 아냐시나 부인의 쇼임을 출히고 가부롤 듕딕홀진딕 미셰ᄒᆞᆫ 가부와 달나 날근 오술 닙혀 보내리잇고 좌위 우음을 먹음고 쇼졔 아미 나즉ᄒᆞ야 일 언을 아니ᄒᆞ고 ᄎᆞ언을 조ᄎᆞ 유뫼 일 습 관복을 가초 나오니 침션의 긔이ᄒᆞ미

74면

싱각 밧기라 만좌듕이 대츤블이ᄒᆞ고 틱시 희식이 만안ᄒᆞ야 왈 쳔고의 투긔 업ᄉᆞᆫ니ᄂᆞᆫ 문왕의 틱ᄉᆞ시라도 길복을 이갓치 ᄒᆞ믄 업ᄉᆞ리니 현부ᄂᆞᆫ 실노 일셰 독보ᄒᆞᄂᆞᆫ 슉녜로다 인광이 무순 지덕으로 이 갓ᄐᆞᆫ 슉녀롤 당홀고 현부ᄂᆞᆫ 스ᄉᆞ로 닙혀 셩덕을 다ᄒᆞ라 쇼졔 피셕 슈명의 온화ᄒᆞᆫ 긔운이 나즉ᄒᆞ야 말솜을 발치 아니나 존명을 공경ᄒᆞ야 감격ᄒᆞᆫ ᄉᆞ식을 화히 ᄒᆞ야 팔ᄌᆞ 아황의 희긔 무ᄅᆞ노으니 일식이 반오의 길복을 드러 나오니 안식이 ᄌᆞ약ᄒᆞ고 ᄉᆞ긔 츈풍

75면

갓ᄐᆞ여 안졍히 고롬을 ᄆᆡ고 씌롤 둘너 날호여 물너나니 ᄋᆡ연ᄒᆞᆫ ᄉᆞ긔 샤좌의 흣허지고 삼 촌 금년의 난향이 복욱ᄒᆞ고 옥결이 의슈 ᄉᆞ이의 낙〃ᄒᆞ니 섯다온 긔질이 빅셰 찬양ᄒᆞᆫ지라 태식 응윤ᄒᆞ니 만좌 이목이 졔셩 갈치ᄒᆞ야 혜 다롤 ᄃᆞᆺᄒᆞ더라 구괴 깃부믈 니긔지 못ᄒᆞ야 웃ᄂᆞᆫ 닙을 긋지 못ᄒᆞ고 양병뷔 탄복ᄒᆞ야 틱산 ᄀᆞᆺᄐᆞᆫ 듕졍이 일빅 미인을 모호나 더ᄒᆞ지 아닐 ᄃᆞᆺᄒᆞ더라 위의롤 휘동ᄒᆞ야 곽부의 니ᄅᆞ러 젼안지례롤 맛ᄎᆞᄆᆡ 신부롤 마ᄌᆞ와 독좌ᄒᆞ고

76면

신뷔 죠률을 밧드러 현구고의 례롤 힝ᄒᆞᄆᆡ 옥안이 화일이 츈풍의 휘듯ᄂᆞᆫ ᄃᆞᆺ 삼식 도쇄 이술을 마신 ᄃᆞᆺ 듀슌이 단ᄉᆞ 갓고 냥안이 별 ᄀᆞᆺ고 운환 무빈의 작틱 ᄋᆡ용이 뇨〃ᄒᆞ야 봉익 초요의 아황 분빅이 쳔고 가인이라 구괴 깃브고 일좨 치하ᄒᆞ야 양싱의 쳐궁이 죠흐믈 일ᄏᆞᄅᆞ니 이쎠 두 신인의 졀셰흠과 가군의 흔희ᄒᆞ미 듕좌의 칭찬ᄒᆞ믈

ᄉᆞ양 아녀 내외 안일ᄒᆞ야 거리ᄭᅵᆯ 거시 업ᄂᆞᆫ 듯ᄒᆞ니 구괴 아름다오믈 이긔지 못ᄒᆞ야 옥슈를 잡고 조시를 가ᄅᆞ쳐 왈 ᄋᆞᄌᆞ의 조강 원

77면

비니 슉덕이 쳔고 슉녀라 한가지로 화우ᄒᆞ야 황영의 고ᄉᆞ를 빗내라 신뷔 ᄌᆡ비 수명ᄒᆞ고 조시 향ᄒᆞ야 공슌 ᄌᆡ비ᄒᆞ니 조시 ᄯᅩᄒᆞᆫ 공슌히 답녜ᄒᆞ고 동녈의 공경을 다ᄒᆞ니 곽시 조시를 보ᄆᆡ 삼혼이 비월ᄒᆞ고 심신이 산란ᄒᆞ여 ᄒᆞ더라 ᄎᆞ일 샹셰 조시 침쇼의 니ᄅᆞ러 짐즛 신인을 류렴치 아니〃 쇼졔 가쇼로이 너겨 야심ᄒᆞᄆᆡ 신방으로 가기를 권ᄒᆞ니 ᄉᆡᆼ이 쇼왈 부인도 신부라 ᄒᆞᆯ 거시오 져도 신뷔라 ᄒᆞᆯ 거시니 몸이 두 곳의 갈니여 ᄉᆞ정이 부인긔 도라가ᄆᆡ 니의 니ᄅᆞᆫ괘라 쇼졔 졍ᄉᆡᆨ 왈

78면

졍실은 ᄯᅳᆺ이 셔로 샹경샹화ᄒᆞᆯ ᄲᅮᆫ이라 엇지 ᄉᆞ졍을 니ᄅᆞ리오 일즉이 도라가 녜를 좃으면 쳡이 방탕ᄌᆞ의 쳐실이라 지쇼를 면ᄒᆞᆯ가 ᄒᆞᄂᆞ이다 실노 군ᄌᆞ의 욕된 ᄉᆞ졍을 구치 아니ᄂᆞ이다 ᄉᆡᆼ이 변연 공경 왈 내 이졔 가리니 부인은 잘 지내쇼셔 연〃ᄒᆞᆫ 졍은 우리 부뷔 희귀히 만나 반 년도 못ᄒᆞ야 타인의게 졍을 옴기믈 한ᄒᆞ나니 부인의 ᄆᆞ음이야 오직ᄒᆞ리잇고 쇼졔 오히려 쇼연지심이라 우음을 춤지 못ᄒᆞ야 쥬슌의 옥치 찬연ᄒᆞ니 말을 아니ᄒᆞ고 ᄇᆡᆨ틔 광염ᄒᆞᆫ지라 ᄉᆡᆼ이 ᄉᆞ졍을

79면

이긔지 못ᄒᆞ야 황혹ᄒᆞ고 집기슈 침기슬ᄒᆞ야 니러날 ᄯᅳᆺ이 업거ᄂᆞᆯ 쇼졔 안ᄉᆡᆨ을 슈졍ᄒᆞ고 몸을 닐기를 ᄎᆡᆨᄒᆞ니 병뷔 쇼왈 내 셩품이 ᄉᆞ부와 내도ᄒᆞ믈 아오ᄃᆡ 실노 도를 조ᄎᆞ힝키ᄂᆞᆫ 어려온지라 내 오직 우리 악당을 본바드리니 부인은 엇지 슉부 효측ᄒᆞ믈 기ᄃᆞ리고 악부를 담지 말나 ᄒᆞᄂᆞ뇨 그ᄃᆡ와 내 뉘 나흐뇨 인물 고하를 ᄉᆡᆼ각ᄒᆞ라 쇼졔 졍ᄉᆡᆨ 왈 가친을 효측ᄒᆞ려 ᄒᆞ여도 쳡이 말니지 아닐 거시니 군ᄌᆡ 이럿틋 부박ᄒᆞ야 우리 부친 ᄯᆞᆯ오기ᄂᆞᆫ 멀가 ᄒᆞ노라 남ᄂᆡ의 지취

80면

다ᄅᆞ고 쳡의 박누ᄒᆞᆫ 긔질노 녀ᄌᆞ 듕의 용녈ᄒᆞ니 엇지 군ᄌᆞ의 비기리오 ᄉᆡᆼ이 쇼왈 이

러나 져러나 긔픔을 조시 등졔ᄒᆞ여야 나가리라 쇼졔 쇼왈 각〃 쇼견이라 남도곤 낫다 ᄒᆞ믄 인ᄉᆞ의 아디 못홀이니 군직 스ᄉᆞ로 예탁ᄒᆞ실지라 쳡이 엇지 알니잇고 ᄉᆡᆼ이 ᄃᆡ쇼ᄒᆞ고 니러나며 왈 ᄉᆞ양지심은 례지단애니 부인의 말이 나흐랴 ᄒᆞ야도 날을 업슈이 너기지 못ᄒᆞ리라 셜파의 직삼 연〃ᄒᆞ다가 도라가니 신부는 긴 단당을 벗고 촉하의 단좌ᄒᆞ야시니 경영 요라ᄒᆞᆫ 긔질이 낙포의 션녀오 월궁의 홍ᄋᆡ

81면

라 ᄉᆡᆼ이 한 번 보ᄆᆡ 정신이 황연ᄒᆞ고 의ᄉᆡ 은근ᄒᆞ니 흔연히 말을 펴 왈 쇼져는 후문의 쳔금 규쉬라 황명이 빗나 샤셔로 맛나미 텬연이라 홀지라 원비 조시는 왕궁의 녀직오 ᄉᆞ덕의 뇨죠슉녜라 부인은 질투치 말고 기리 화동ᄒᆞ야 ᄉᆡᆼ의 내조를 빗내라 곽시 눈을 나리 쓰고 안즈 샹셔를 가마니 보니 ᄇᆡᆨ면 옥모의 명월지풍이 젹강 니ᄇᆡᆨ이라 ᄆᆞ옴이 심솟 ᄃᆺ 은ᄋᆡ 만단 듕ᄒᆞ고 조시 슉녀라 ᄒᆞ고 원비를 니ᄅᆞ니 왕공의 부귀로 ᄌᆡ화 셩덕이 구고와 가부를 흔동ᄒᆞ야 놉고 듕ᄒᆞ미 졔

82면

환 진문의 패업 ᄀᆞᄐᆞ니 ᄉᆡᆼ각ᄒᆞᄃᆡ 내 엇지 운동ᄒᆞ야 젹국 쇼졔ᄒᆞ야 통일ᄉᆞ히ᄒᆞ야 져 ᄀᆞᄐᆞᆫ 영웅 쟝부로 ᄇᆡᆨ년 동낙을 ᄒᆞ리오 겨유 평신 슈렴ᄒᆞ고 안즛더니 ᄉᆡᆼ이 촉을 멸ᄒᆞ고 곽시를 븟드려 나위의 나ᄋᆞ가니 곽시 됴금도 슈습ᄒᆞ미 업는지라 ᄉᆡᆼ이 심듕의 미흡ᄒᆞ나 진졍이 견권ᄒᆞ여 소〃 허믈을 개회치 아니ᄒᆞ더라 곽시 인ᄒᆞ야 효봉구고ᄒᆞ고 승슌군ᄌᆞᄒᆞ야 조시 공경ᄒᆞ믈 쳔쳡이 원군 대졉홈과 일반이라 ᄉᆡᆼ이 풍류 금슬이 날노 흡연ᄒᆞ니 조시는 ᄆᆡ양 정슉ᄒᆞ

83면

고 ᄆᆡ양 ᄃᆡᄒᆞᄆᆡ 긔탄ᄒᆞᄃᆡ 곽시는 알연ᄒᆞᆫ 우음과 낭〃ᄒᆞᆫ 말이 남ᄌᆞ로 ᄒᆞ야곰 ᄌᆞ연 즐겁게 ᄒᆞ는지라 슐이 취ᄒᆞ고 홍이 나면 반ᄃᆞ시 곽시를 차ᄌᆞ 긔탄업시 화락ᄒᆞ더라 ᄎᆞ후 날노 침ᄋᆡᄒᆞ야 족젹이 희월뎡의 써나지 아니〃 됴군쥐 ᄋᆞᄌᆞ의 편벽되믈 통한ᄒᆞ야 ᄉᆡᆼ을 블너 칙왈 네 조시로 결발 반 년의 신인을 취ᄒᆞ니 조시 슉뇨ᄒᆞᆫ 덕셩이 너의 과분ᄒᆞᆫ 안히라 이졔 신인 화월지ᄉᆡᆨ이 이시나 엇디 고인을 이즈리오 이 노모의 골돌ᄒᆞ는 ᄇᆡ로다 ᄉᆡᆼ이 흔연 샤왈 태〃는 과려치 마ᄅᆞ

84면

쇼셔 조시ᄂᆞᆫ 녀 듕 군ᄌᆡ라 ᄇᆡᆨ힝 무흠ᄒᆞ니 ᄒᆞ믈며 쇼ᄌᆡ ᄌᆞ구ᄒᆞ야 취ᄒᆞ야 ᄆᆞᄋᆞᆷ의 가득하고 ᄯᅳᆺ의 족ᄒᆞ엿시니 ᄇᆡᆨ 사ᄅᆞᆷ이 드러온들 엇지 범연ᄒᆞ여 박ᄃᆡᄒᆞ미 이시리잇고 오직 쇼ᄌᆡ 셩품이 희ᄒᆡᄅᆞᆯ 즐기ᄂᆞᆫ 고로 믁〃ᄒᆞᆫ 사ᄅᆞᆷ은 답〃ᄒᆞ온지라 희월뎡은 사ᄅᆞᆷ이 가ᄇᆡ야와 아모 일이라도 승슌ᄒᆞ오니 희ᄒᆡᄅᆞᆯ 위ᄒᆞ야 드러가고 조시ᄂᆞᆫ 혹 간〃이 쇼ᄌᆞᄅᆞᆯ ᄃᆡᄒᆞ면 존빈 뫼신 사ᄅᆞᆷ 갓고 늠연 졍슉ᄒᆞ니 쇼ᄌᆞ의 ᄆᆞᄋᆞᆷ이 ᄌᆞ연 ᄉᆡᆼ쇼ᄒᆞ야 희롱을 발뵈지 못ᄒᆞ고 년쇼 풍졍의 한 말이나 그ᄅᆞᆺᄒᆞᆫ즉 반ᄃᆞ시

85면

낫빗출 엄히 ᄒᆞ고 졍ᄃᆡ히 ᄎᆡᆨᄒᆞ니 말인즉 올흐나 듯기ᄂᆞᆫ 슬흐니 ᄌᆞ연 ᄌᆞ로 드러가기ᄂᆞᆫ 희월뎡만 못ᄒᆞ니 실졍은 ᄐᆡ산 갓고 공경ᄒᆞ기ᄂᆞᆫ 내도ᄒᆞᆫ 쥴 태태 알지 못ᄒᆞ시고 부졀업시 념녀ᄒᆞ시ᄂᆞ이다 부인이 아ᄌᆞ의 진졍을 듯고 역쇼 왈 네로븟허 튱신 녈ᄉᆡ 인군의 허믈을 역간ᄒᆞ미 혹 먼니 류찬ᄒᆞ고 ᄯᅳᆺ의 블합ᄒᆞ면 요슌 우탕이라도 깃거 아니ᄒᆞᄂᆞ니 그러나 침믁 군ᄌᆞᄂᆞᆫ 사ᄅᆞᆷ이 친치 못ᄒᆞ고 경셜 쇼인은 ᄌᆞ연 친근ᄒᆞ미 되ᄂᆞ니 조시의 강녈 ᄉᆡᆨ〃ᄒᆞ믄 당존 위징과 한시 급암이라 너ᄂᆞᆫ 한데ᄅᆞᆯ 효측ᄒᆞ지 말고 회

86면

양의 내치ᄂᆞᆫ 폐단이 업시 그 규간ᄃᆡ로 조ᄎᆞ 군ᄌᆞ의 졔가지도ᄅᆞᆯ 지극 공경히 ᄒᆞ라 튱언이 귀의 거ᄉᆞ리나 ᄒᆡᆼ실의ᄂᆞᆫ 유익다 ᄒᆞ엿시니 조시의 거ᄉᆞ려 간ᄒᆞ고 엄졍ᄒᆞᆫ 말ᄉᆞᆷ이 브드러온 쇼ᄅᆡ의셔 네 신샹이 유익ᄒᆞ믈 ᄭᆡᄃᆞᆺ디 못ᄒᆞᄂᆞᆫ다 ᄉᆡᆼ이 쇼이샤왈 쇼ᄌᆡ ᄌᆞ교ᄅᆞᆯ 명심ᄒᆞ야 봉승ᄒᆞ리이다 이윽고 조시와 곽시 ᄒᆞᆷ긔 드러오니 부인이 흔연 ᄉᆞ좌ᄒᆞ고 아ᄅᆞᆷ다오믈 이긔지 못ᄒᆞ야 한가지로 안치고 ᄉᆞᆯ펴보니 조시 긔화 갓튼 얼골의 츄슈 동졍이 ᄇᆞᆰ고 긔특ᄒᆞ야 실노 졍인 슉네오 곽시의 영오 표일ᄒᆞ믄 하등이

87면

라 못ᄒᆞᆯ 거시로ᄃᆡ 낫〃치 아ᄅᆞᆷ다오믄 블급이라 두굿겨 ᄉᆡᆼ을 도라보와 왈 두 안ᄒᆡ 슉녀 가인이라 분의 과극ᄒᆞ거ᄂᆞᆯ 모로미 후박을 골〃ᄒᆞ여 녀ᄌᆞ의 일ᄉᆡᆼ이 편케 ᄒᆞ고 규문의 화락을 일치 말나 병뷔 긔이 ᄉᆞ왈 태〃 엇지 쇼ᄌᆞᄅᆞᆯ 용녈히 너기시ᄂᆞ니잇고 냥쳬 비록 아ᄅᆞᆷ다오나 쇼ᄌᆞ의 풍치ᄂᆞᆫ 당치 못ᄒᆞ오리이다 부인이 듯고 다만 두굿거워ᄒᆞ

더라 곽시 일일의 투긔디심이 블 이러나듯ᄒᆞ니 것ᄎᆞ로 온화ᄒᆞ나 쇽으로 칼을 삼켜 조시 ᄒᆡᄒᆞ기ᄅᆞᆯ 쥬사야탁ᄒᆞ야 하히지량으로 것ᄎᆞ로 슌후 영오

88면

ᄒᆞ나 쇽으로 악도ᄅᆞᆯ 가져 망지여운이오 춰지여일이라 가부ᄂᆞᆫ 일마다 탄복ᄒᆞ고 만금 쇼듕의 비길 ᄃᆡ 업ᄂᆞᆫ지라 합가 녀노 남복이 다 머리 조아 덕을 츄앙ᄒᆞ고 희망ᄒᆞ므로 북두갓치 ᄒᆞᄂᆞᆫ디라 ᄌᆞ가 후의 은경흠과 내조의 긔특ᄒᆞᆫ 쇼공지라 일마다 긔이ᄒᆞ니 ᄒᆡᄒᆞᆯ 조각을 엇지 못ᄒᆞ고 초젼ᄒᆞ야 능히 잠을 못 일우고 식음을 못ᄒᆞ니 하ᄂᆞᆯ이 현인을 내시ᄆᆡ 현쟈ᄂᆞᆫ 현인을 돕고 악쟈ᄂᆞᆫ 악인을 돕ᄂᆞᆫ지라 곽시 유모 춰한이라 ᄒᆞᄂᆞᆫ 쟈ᄂᆞᆫ 셰샹의 간인이라 곽시 권셰 조시의 아ᄅᆡ오 덕질이 우러〃

89면

바라지 못ᄒᆞᆯ ᄇᆡ니 통한ᄒᆞ야 머리ᄅᆞᆯ 마초고 일일이 샹의ᄒᆞ야 모칙을 ᄉᆡᆼ각ᄒᆞᆯᄉᆡ 춰패 왈 노쳡이 조부인을 보오니 용식ᄲᅮᆫ더러 덕냥이 겸젼ᄒᆞ니 이른바 ᄉᆞ군ᄌᆞ의 슉녀라 우연ᄒᆞᆫ 남이라도 긔특ᄒᆞᆫ 거슬 결을치 못ᄒᆞ려든 하믈며 금슬 진듕한 가부로 이ᄅᆞ리잇고 이졔 쇼졔 용식이 져ᄅᆞᆯ ᄯᆞ로지 못ᄒᆞ고 덕냥이 위권을 밋지 못ᄒᆞᄂᆞ니 이졔 일즉 업시치 아녓다가 후환이 될 거시니 나의 쇼견은 여ᄎᆞ〃ᄒᆞ여 쥬군을 미혹게 ᄒᆞ고 ᄭᅬᄅᆞᆯ 움ᄌᆞ겨 조시ᄅᆞᆯ 폐ᄒᆞᆯ 일을 ᄉᆡᆼ각ᄒᆞ미 조흘가 ᄒᆞᄂᆞ이

90면

다 밧그로 가지록 후히 ᄒᆞ야 구고와 가부로 덕을 일ᄏᆞᆺ고 가듕의 일셰ᄅᆞᆯ 어든 후의 일을 닐울 거시니이다 곽시 탄왈 내 ᄌᆞ고로 얼골과 ᄌᆡ질이 텬하의 우히 업ᄉᆞᆯ가 ᄒᆞ엿더니 쳔만 의외 조시 갓튼 젹국을 맛나실 듈 알니오 쥬야 묘칙을 ᄉᆡᆼ각ᄒᆞ나 져의 위인이 ᄀᆞ비얍지 아니ᄒᆞᆫ디라 ᄇᆡᆨ힝 ᄉᆞ덕이 틈이 업ᄉᆞ니 엇지ᄒᆞ면 조시ᄅᆞᆯ 독당ᄒᆞ고 은총을 아ᄉᆞ랴 어미ᄂᆞᆫ 날을 위ᄒᆞ여 조ᄒᆞᆫ 계교ᄅᆞᆯ ᄉᆡᆼ각ᄒᆞ라 춰패 왈 이졔 조시로 달니 ᄒᆞᆯ 일 업ᄉᆞ오니 몬져 셩되 블슌 교오ᄒᆞ므로 뎡당과 샹공긔 아

91면

ᄅᆞ시게 ᄒᆞ고 여ᄎᆞ〃ᄒᆞ여 상공 ᄆᆞ음을 어두온 후의야 비로쇼 ᄒᆞ야곰 계교ᄅᆞᆯ ᄒᆡᆼᄒᆞᆯ지라

쇼제 이 ᄉᆞ이 옥 갓튼 긔린을 안하 존당긔 ᄃᆡ를 바다 원위를 앗고 조시를 폐ᄒᆞ미 여반당이니이다 곽시 탄왈 어미 말은 올흐나 다른 일은 ᄆᆞᄋᆞᆷ으로 ᄒᆞᄃᆡ 긔린이야 임의로 ᄉᆡᆼᄒᆞ리오 취패 왈 쇼져ᄂᆞᆫ 나의 ᄒᆞ난 ᄃᆡ로 말만 즐 드ᄅᆞ쇼셔 곽시 대희ᄒᆞ더라 ᄎᆞ후 곽시 더옥 은악 양션ᄒᆞ야 병뷔 보ᄂᆞᆫ ᄯᅢ면 조시 공경이 더옥 긔인ᄒᆞ고 은졍이 하히 갓튼 ᄃᆞᆺ 좌우로 은덕을 깃쳐 모계ᄒᆞ더라 어시의 진왕이 ᄎᆞ례

92면

로 ᄌᆞ네 쟝셩ᄒᆞ여 오ᄌᆞ 몽현이 십오 셰 옥당이나 실개 업ᄉᆞᆫ지라 임의 월염을 셩혼ᄒᆞ니 너비 구혼ᄒᆞ야 ᄐᆡ혹ᄉᆞ 단규의 녀를 취ᄒᆞ니 단시 용안 긔질이 긔묘ᄒᆞ나 다만 투긔 위징의 부인 ᄀᆞᆺᄐᆞ야 한림 ᄋᆢᆲ히 시네 어루기지 못ᄒᆞ게 ᄒᆞᄂᆞᆫ디라 한님이 본ᄃᆡ 녜법이 삼엄ᄒᆞᆫ 가온ᄃᆡ 가부 셤기미 군신 갓ᄐᆞ며 샹경여빈ᄒᆞ고 부챵부슈ᄒᆞᄂᆞᆫ 도를 보왓시니 그윽이 부명을 한ᄒᆞ고 ᄉᆞᄆᆡ 썰쳐 외당의 쳐ᄒᆞ고 ᄌᆞ최 내당의 님치 아녀 면목 블견ᄒᆞ니 금슬이 블호ᄒᆞᆫ지라 왕은 대톄ᄒᆞ야 아른 톄 아니

93면

ᄒᆞ고 뎡비 크게 념녀ᄒᆞ야 죠용히 칙ᄒᆞ고 졀박 ᄉᆞ졍을 무러 ᄉᆡᆼ이 고ᄒᆞ니 단시의 ᄒᆡᆼᄉᆡᆨ 졈〃 드러나ᄂᆞᆫ지라 부인이 ᄀᆡ유 왈 부인 녀ᄌᆡ 쇼년의 임ᄉᆞ 번희 갓튼 슉녀 밧긔 뉘 투긔 업ᄉᆞ리오마ᄂᆞᆫ 위징 왕도ᄂᆞᆫ 명인 군ᄌᆞ로ᄃᆡ 투긔로 안ᄒᆡ를 내친 일이 업ᄉᆞ니 허믈며 너의 도량이리오 네 관홍ᄒᆞ미 부형을 밋지 못ᄒᆞ리라 ᄆᆞᄋᆞᆷ을 가다듬어 강잉ᄒᆞ라 ᄉᆡᆼ이 탄식 무언ᄒᆞ고 슉녀를 ᄌᆡ취코ᄌᆞ ᄒᆞ야 ᄐᆡ부인을 쵹ᄒᆞ고 노공을 격동ᄒᆞ야 졍ᄉᆞ를 고ᄒᆞ니 냥 존당이 몽현의 옥모 영풍의 츌인ᄒᆞ믈 ᄋᆡ듕

94면

ᄒᆞ고 투부를 만나믈 통한ᄒᆞ더니 져의 ᄉᆞ졍을 드ᄅᆞ니 가탄이나 왕이 듯디 아니므로 ᄌᆡ취치 못ᄒᆞ더니 ᄆᆡ양 ᄇᆡᆨ형이 쇼시와 ᄎᆞ형의 남시를 보왓ᄂᆞᆫ지라 ᄎᆞ시 긔쥐후 댱탄이 일 녀를 두고 조몽현을 ᄉᆞ랑ᄒᆞ야 간졀이 구혼ᄒᆞ더니 일〃은 태화뎐의 일졔히 모혓더니 평진왕긔 쟝공의 셔간이 니ᄅᆞᄆᆡ 보니 문득 쳥혼ᄒᆞ미라 진왕이 초공긔 뵈고 노공긔 고왈 쇼ᄌᆡ 여러 아들을 두어 번ᄉᆞ를 구치 아니ᄒᆞᄃᆡ 긔현의 ᄉᆞᆷ 쳐와 운현의 냥 쳐ᄂᆞᆫ 실로 ᄯᅳᆺ 갓지 아녀ᄒᆞ거ᄂᆞᆯ 이제 댱탄이 몽현을 갈구ᄒᆞ니

95면

대가 ᄌᆞ손으로 한 녀셔를 못 어더 이리 구ᄎᆞ히 구ᄂᆞ뇨 뜻을 아지 못ᄒᆞ로라 노공이 미급답의 단시 내ᄃᆞ라 머리를 두ᄃᆞ려 고왈 쳡이 비록 어즐지 못ᄒᆞ나 한님의 쳐실이 되여 삼 삭의 득죄ᄒᆞ미 업거늘 공연히 박ᄃᆡᄒᆞ야 륜긔를 폐ᄒᆞ고 동셔로 직실을 갈구ᄒᆞ니 이는 박힝 필부라 가듕 홍샹을 내치이지 아니코 챵녀마다 쇼친ᄒᆞ니 쳡은 심규 폐인이 되리로쇼이다 좌위 힉연ᄒᆞ고 평휘 이런 녀ᄌᆞ는 평싱의 통한이 너기는지라 가연히 몸을 이러 진왕 면젼의 염임슈좌ᄒᆞ고 〃왈 남아

96면

의 일 쳐 일 쳡은 상ᄉᆡ어늘 몽현이 벼슬이 한원의 오로고 몸이 당부라 당공의 구혼이 간졀ᄒᆞ니 엇지 막으며 ᄌᆞ식의 인륜의 한이 입게 ᄒᆞ리잇고 쾌히 허ᄒᆞ쇼셔 일좌 다 능휘 말ᄒᆞ미 올타 ᄒᆞ고 왕 왈 여언이 오의라 현이 용녈ᄒᆞ나 일 쳐로 늙으리오 ᄒᆞ고 허혼ᄒᆞ믈 통ᄒᆞ니 이는 딘왕이 단시 경도 직언을 통히ᄒᆞ야 능후의 말노 셜치코ᄌᆞ ᄒᆞ니 단시 가슴의 일 쳔 진납이 쒸는 듯ᄒᆞᆫ지라 눈물을 흘녀 당슈 갓고 능후를 욕ᄒᆞ고ᄌᆞ 눈을 독히 쓰고 말ᄒᆞ려 ᄒᆞ거늘 한림이 피셕

97면

청죄 왈 투부의 ᄌᆞᆨ변이 여ᄎᆞᄒᆞ니 쇼ᄌᆞ의 죄로쇼이다 언파의 노긔 발연ᄒᆞ야 좌우 시비를 ᄉᆞ지져 단시를 븟드러 침쇼로 보내니 노긔 셔리 갓고 위엄이 취우 갓트니 졔 시네 샹혼ᄒᆞ야 일시의 단시를 ᄡᅳ으러 가니 조시 등이 칭찬ᄒᆞ야 범의 삿기 개 되지 아닛는다 ᄒᆞ니 몽현이 온화 유열ᄒᆞ야 어질 ᄲᅮᆫ이러니 오늘 긔운이 여ᄎᆞᄒᆞ니 엇디 긔특지 아니ᄒᆞ리오 우리 샹히 강ᄒᆞᆫ 거시 부족ᄒᆞ도다 졔 부인이 일시의 칭츤ᄒᆞ니 진왕이 잠쇼 왈 내 평싱 곡졀을 알녀 아니므로 모로더니 다시 부덕이 이ᄃᆡ

98면

도록 ᄒᆞᆯ 쥴 알니오 너는 가졔를 즐 ᄒᆞ야 져의 투악을 업시 ᄒᆞ라 한님이 빅샤 슈명ᄒᆞ야 졔조 등이 몽현을 칭하 왈 금일 너의 일 언의 ᄌᆡ취를 허ᄒᆞ얏시니 엇지 깃부지 아니리오 한림이 웃더라

조씨삼대록 조씨 가문 (진왕) 가계도 1

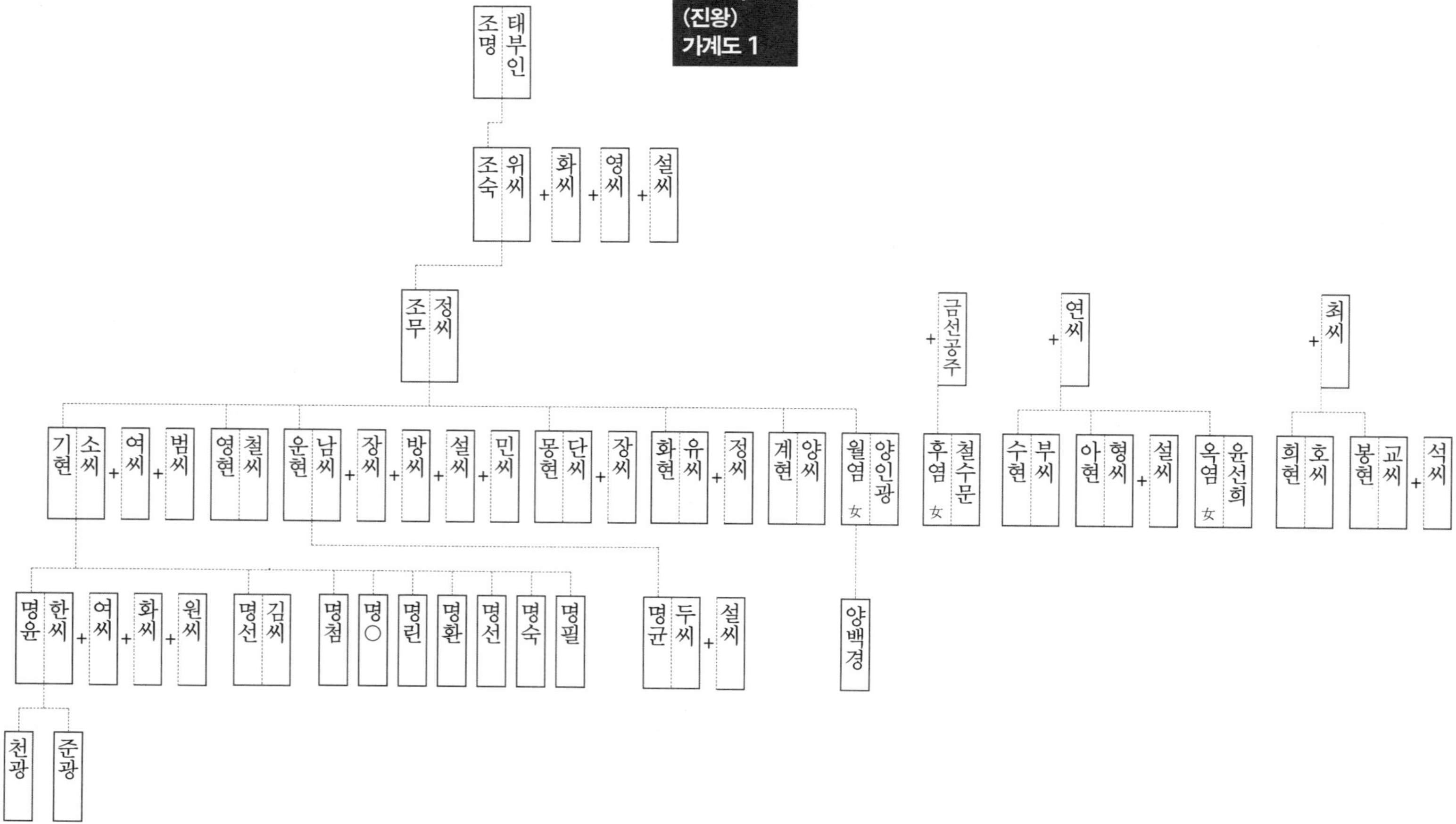

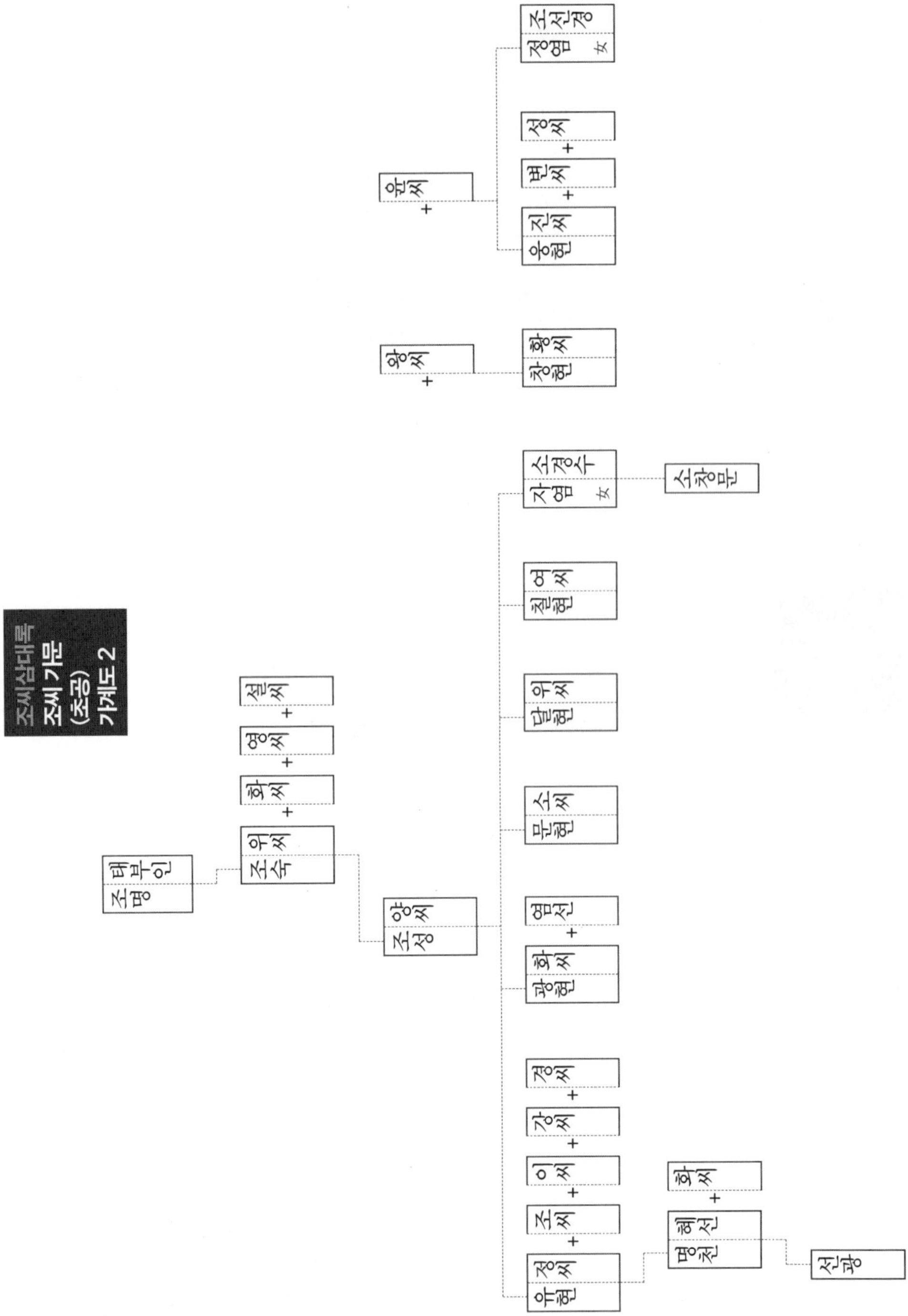
조씨삼대록
조씨 가문
(초공)
가계도 2
조병 태부인
조숙 위씨
화씨
영씨
설씨
조성 양씨
유현 정씨
조씨
이씨
강씨
경씨
명천 혜선
화씨
선광
광현 화씨
염선
문현 소씨
남현 위씨
칠현 여씨
자염 女 소경수
소창문
창현 황씨
왕씨
운현 진씨
변씨
성씨
윤씨
정염 女 조신경